中国图书馆年鉴 2018

ZHONGGUO TUSHUGUANNIANJIAN

中国图书馆学会
国家图书馆 编

国家图书馆出版社

图书在版编目(CIP)数据

中国图书馆年鉴.2018/中国图书馆学会,国家图书馆编.—北京:国家图书馆出版社,2019.8

ISBN 978-7-5013-6679-8

Ⅰ.①中… Ⅱ.①中… ②国… Ⅲ.①图书馆事业—中国—2018—年鉴 Ⅳ.①G259.2-54

中国版本图书馆CIP数据核字(2019)第043681号

书　　名	中国图书馆年鉴2018
著　　者	中国图书馆学会 国　家　图　书　馆　编
责任编辑	高　爽　张　颀　王炳乾　唐　澈
封面设计	耕者设计工作室

出版发行	国家图书馆出版社(北京市西城区文津街7号　100034) (原书目文献出版社　北京图书馆出版社) 010-66114536　63802249　nlcpress@nlc.cn(邮购)
网　　址	http://www.nlcpress.com
排　　版	凡华(北京)文化传播有限公司
印　　装	北京华艺斋古籍印务有限公司
版次印次	2019年8月第1版　2019年8月第1次印刷

开　　本	889×1194(毫米)　1/16
印　　张	41.5　彩插:2.25
字　　数	1356千字
书　　号	ISBN 978-7-5013-6679-8
定　　价	450.00元

编辑说明

1.《中国图书馆年鉴》是反映中国图书馆事业年度发展状况的大型资料工具书。首卷出版于1996年,反映1990年至1995年间的情况。自1999年始,编辑出版周期为隔年一卷,包括1999年卷、2001年卷、2003年卷以及2005年卷。自2006年卷起,改为每年编辑出版一卷。

2.《中国图书馆年鉴》自2007年卷起,由中国图书馆学会、国家图书馆联合主办,编纂工作由国家图书馆研究院《中国图书馆年鉴》编辑部主持。

3.《中国图书馆年鉴2018》反映2017年中国图书馆界的发展状况。

4.《中国图书馆年鉴2018》的动态性信息由全国各省、自治区、直辖市图书馆学会、中国图书馆学会各分支机构及所属各专业委员会、相关专业机构或教学研究机构提供。文中的统计资料来自文化部(今文化和旅游部)、地方文化行政部门、专业协作组织、中国图书馆学会高校图书馆分会以及有关专业机构。文中的参考性、指南性资料,由年鉴编辑部组织整理编辑,并得到中国图书馆学会编译出版委员会图书馆学期刊与年鉴编辑出版专业委员会的指导。专文由年鉴编纂工作委员会确定选题、特邀作者撰写。

5.《中国图书馆年鉴2018》正文采用分类编辑法。全文由图书馆活动图辑、特载、纪事、图书馆事业、学术研究与活动、法律法规与政策性文件、专业文献、统计资料、年度大事记、综合索引等几大部分构成。

《中国图书馆年鉴》主办与编纂单位

主　　办　中国图书馆学会　国家图书馆

编　　纂　国家图书馆研究院《中国图书馆年鉴》编辑部

《中国图书馆年鉴》编辑部

编辑部联系方式：

地　　址：北京中关村南大街 33 号　国家图书馆研究院《中国图书馆年鉴》编辑部

邮　　编：100081

电　　话：(010)88544057

电子邮箱：zgtsgnj@nlc.cn

联 系 人：程　鹏　王旭东

本卷撰稿人（按姓氏笔画排列）

于立梅　万行明　才　保　才华加　马　丽　马　莉　马　骏　马红月　马丽军
马秀峰　马咏欣　马祥涛　马慧艳　王　阳　王　玮　王　卓　王　波　王　茜
王　健　王　彬　王　琳　王　鹏　王　霞　王玉宝　王圣镔　王红霞　王志勇
王丽琴　王秀香　王伯秋　王国强　王昕晗　王诗婧　王海山　王晶静　王塞楠
韦绍芬　牛庆银　丹正佳　乌兰格日勒　文一叶　亢丽芸　计思诚　计雄飞
尹志忠　孔繁青　邓小妩　甘克勤　卢云辉　田　颖　田宏瑞　田愈征　付丽萍
吕晓佩　朱　强　朱本军　伦　宏　刘　平　刘　芳　刘　茜　刘　洋　刘　漪
刘玉宝　刘洁萍　刘梦雪　刘雪蓉　刘韩萍　齐亚军　次旦普赤　江才卓玛
江建忠　汤林芬　安嘉璐　祁月月　许　莉　许迎霞　许静华　孙　坦　孙　诗
孙可超　孙瑶婷　孙慧明　孙德建　孙德强　严　真　杜　敏　杜丽莎　李　伟
李　抒　李　香　李　莉　李　浩　李　婷　李　聪　李木子　李月丽　李文清
李叶霞　李华艳　李凯翔　李洪博　李晋林　李家敏　李继青　李盛福　李维杰
李景贤　李舒琳　李睿敏　李德胜　杨　凡　杨　敏　杨庆怀　杨昕昕　杨海莲
杨粒彬　肖艳丽　吴　华　吴　荇　吴汉华　何先进　何杰锋　何润楠　余　敏
邹艳梅　汪　维　汪　滨　宋一兵　宋元明　宋姬芳　张　伟　张　丽　张　利
张　明　张　虹　张　亮　张　莉　张小云　张小野　张文勇　张世彤　张石欣
张伟云　张旭东　张旭煌　张明华　张建荣　张艳芬　张晓寒　张钰梅　张惠君
张媛艳　张婷婷　张毅宏　陆彩明　陈　杰　陈　妮　陈　晶　陈　瑶　陈　慧
陈大武　陈有志　陈红蕾　陈励和　陈敏仪　陈韶华　武锦丽　武巍泓　范华秀
林宏磊　林智蓉　林嘉琪　果　青　罗　欢　金仙花　金美丽　金晓明　金铁龙
周　明　周雅琦　庞兴梅　赵　燕　赵子龙　赵冬梅　赵青杏　赵树宜　赵树荣
赵瑞雪　赵新萍　郝继英　胡　涛　胡　鸿　胡胜男　柏建平　段蓓虹　侯露露
施　静　施燕斌　姜　进　姜　晓　洪　文　洪光宗　姚晓霞　秦　方　秦　琳
秦大勇　秦晓婕　袁　园　袁祥云　耿　卫　聂延平　索　帅　贾　蔷　顾沿泊
高　莉　高　莹　高乃英　高玉芝　郭　春　郭　娜　郭　毅　唐　兵　唐　圆
唐可心　唐晓应　部先蓉　朗杰卓玛　黄　玲　黄　艳　黄舒敏　菅晓睿
曹　静　曹国强　崔　岩　梁　雪　梁卫坤　梁金平　彭　燕　彭仁耀　董　莹
董　雪　董春花　蒋清媚　辜小红　程倩倩　储　兰　曾文婷　曾观凤　谢　忱
谢永强　谢佳新　雷兰芳　鲍国葆　蔡彤霞　蔡淑敏　廖洪花　谭黎绮珊
颜艳萍　潘雅茵　霍彩玲　魏　进　魏　微

◆ 4 月 6 日，文化部公共文化司在河北石家庄举办第六次全国县级以上公共图书馆评估定级工作培训班，对此次评估定级工作进行具体部署和安排，并就相关工作进行培训

◆ 4 月 21 日，“从莎士比亚到福尔摩斯：大英图书馆的珍宝”展在国家典籍博物馆开展

◆ 4 月 23 日，第十二届文津图书奖颁奖活动在国家图书馆举办

◆ 5 月 23 日，全国公共图书馆文化创意产品开发联盟建设研讨会在国家图书馆召开，该联盟于 9 月正式成立

◆ 5 月 24 日，第 2 届中国与阿拉伯国家图书馆及信息领域专家会议在中国国家图书馆举办

◆ 5 月 17—18 日，第 25 届亚洲及大洋洲地区国家图书馆馆长会议在中国国家图书馆举办

◆ 5 月 25 日，国家古籍保护中心成立十周年座谈会暨全国古籍普查登记工作会议在国家图书馆召开

◆ 7 月 6 日，《赵城金藏》重要历史资料抢救性摄录工作媒体座谈会在国家图书馆召开

◆ 8 月 11 日，“世界插画大展——国际安徒生奖（终身成就）50 周年展”在国家典籍博物馆举办，小读者参观展览

◆ 9 月 9 日，国家图书馆视听服务中心正式开放，读者使用视听点播设备欣赏音乐

◆ 9月1日，由国家图书馆与国家发展和改革委员会合作共建的“发改书吧”正式揭牌运行

◆ 10月12日，国家图书馆总馆南区建成开馆30周年座谈会在国家图书馆召开

◆ 10月12日，《中国图书馆史》在国家图书馆正式发布

◆ 11月4日，《中华人民共和国公共图书馆法》经十二届全国人大常委会第三十次会议审议通过正式颁布

◆ 3 月 21—24 日，中国图书馆学会 2017 年秘书长联席会议暨《中国图书馆年鉴》编纂工作会议在云南保山召开

◆ 7 月 5 日，"阅读推广人"培育行动第八期培训班在内蒙古鄂尔多斯市东胜区图书馆开班

◆ 10 月 11—14 日，中国图书馆学会第七届青年学术论坛在武汉召开，会上为荣获第四届青年人才奖的代表颁奖

◆ 11 月 3 日，在浙江宁波召开的 2017 年"书香社区"论坛上，中国图书馆学会为入围"书香社区"发现活动的社区授牌

◆ 11 月 14—17 日，中国图书馆学会在重庆召开全国图书馆扶贫工作研讨会

◆ 3 月 2 日，青少年经典导读网络平台在首都图书馆正式上线

◆ 3 月 31 日，京津冀三地“共沐书香　悦享好书”青少年经典导读活动在河北省图书馆正式启动

◆ 4 月 24 日，台湾正修科技大学图书馆“阅读北京”图书专区正式亮相

◆ 10 月 13 日，图书馆地方文献工作学术交流暨“北京记忆”新版发布会在首都图书馆举办

◆ 11 月 8 日，阅读北京——“心阅书香　共读共享”2017 全市诵读大赛决赛在首都图书馆举办

◆ 12 月 15—16 日，文化部第六次全国公共图书馆评估组完成对首都图书馆的评估定级工作

◆ 2 月 26 日，朝阳区图书馆金台书院启动仪式暨金台书院国学讲堂开学典礼在北京国声京剧团剧场举行

◆ 4 月 12 日，位于顺义区高丽营镇的顺义区图书馆爱阅读分馆挂牌成立

◆ 4 月 20 日，以“春风十里正读书”为主题的第四届“书香西城·机关读书会”在西城区“甲骨文·悦读空间”举办

◆ 4 月 23 日，由西城区第二图书馆主办的“海棠树下　为您读诗”——第三届世界读书日主题活动在万寿公园举行

◆ 6 月 11 日，“京津冀公共图书馆区域合作联盟”签约仪式在平谷区图书馆举行

◆ 7 月 7—16 日，西城区青少年儿童图书馆参加第三届北京儿童阅读周暨 2017 中国童书博览会并首次设立展台

◆ 10 月 28 日，复建后的左安门角楼作为北京历史文化主题图书馆向市民免费开放

◆ 4 月 26 日，清华大学图书馆开启“清华印记”互动体验空间

◆ 9 月 4 日，北京联合大学图书馆三山五园文献馆正式启用

◆ 4 月 21 日，首届“天津市盲人百科知识竞赛”决赛在天津图书馆举行

◆ 6 月 9—12 日，天津图书馆参加第三届京津冀非物质文化遗产联展

◆ 11 月 8—10 日，天津市数字图书馆推广工程业务培训班在滨海新区图书馆举办

◆ 12 月 11 日，文化部第六次全国公共图书馆评估第二评估组莅临天津图书馆开展实地评估工作

◆ 12 月 18 日，首届京津冀“守望青春 我与图书馆的故事”阅读推广交流展示活动在天津图书馆举办

◆ 4 月 23 日，河北省第十四届（2017 年度）燕赵少年读书系列活动启动仪式在邯郸市图书馆举行

◆ 5 月 10—13 日，河北省第六次全国县级以上公共图书馆评估定级培训暨工作部署会在沧州市举办

◆ 4 月 21 日，邢台市 24 小时自助图书馆正式开馆

◆ 6 月 6 日，沧州图书馆理事会成立大会召开

◆ 2017 年春节期间，涿州市图书馆开展文化惠民下乡送春联活动

◆ 1 月 1 日，山西省图书馆举办“畅想 2017 少儿元旦嘉年华”活动

◆ 9 月 19 日，国家级古籍修复技艺传习中心山西传习所拜师仪式在山西省图书馆举行

◆ 4 月 18 日，朔州市首家城市书房——朔州市图书馆“圕 · 书房”泊咖分馆正式开馆

◆ 1月13日，朔州市图书馆举办“春联来了”——书春日文化活动

◆ 1月17日，长治市图书馆开展“迎新春、送文化、赠春联”书法展示联谊活动

◆ 大同市图书馆新馆

◆ 4月23日，全区首届“诺敏沙图——引领阅读风尚 点燃阅读激情”书香家庭颁奖仪式在内蒙古图书馆举行

◆ 11月19日，在内蒙古图书馆主办的“庆祝内蒙古自治区成立70周年蒙古娃少儿美术作品进京展”闭幕式上，为入选代表颁发荣誉证书

◆ 11 月 24—26 日，2016—2017 年度内蒙古自治区图书馆学会年会暨新时代图书馆事业发展对策论坛在呼伦贝尔市召开

◆ 7 月 5 日，呼伦贝尔市图书馆举办呼伦贝尔文化讲坛第 37 期，文化部原部长王蒙主讲“永远的阅读”

◆ 9 月 29 日，巴彦淖尔市图书馆与市边防支队联合举办“警营朗读者”活动

◆ 5 月 21 日，内蒙古自治区高等学校图书馆馆长论坛在内蒙古财经大学图书馆召开

◆ 12 月 12 日，锡林郭勒盟东乌珠穆沁旗图书馆邀请非物质文化遗产沙嘎游艺传承人授课

◆ 6 月 29 日，辽宁省图书馆打造“图书馆 + 银行”模式，东北首家“银行里的图书馆”落户沈阳市工商银行河畔新城支行

◆ 12 月 2 日，辽宁省图书馆、省图书馆学会承办“砥砺奋进 文化献礼——辽宁省公共图书馆阅读推广五年成果展演展示”活动

◆ 9 月 15 日，辽宁省图书馆、省图书馆学会、省聋人协会承办“弘扬中华传统 传播志愿精神”中华传统礼仪手语大赛

◆ 5 月 27 日—6 月 2 日，沈阳市图书馆承办沈阳地区第 29 届公共图书馆服务宣传周活动

◆ 5月28日，大连市甘井子区图书馆举办庆“六一”儿童节“书香童年 快乐成长”主题活动——“诵经典诗词 承传统文化”经典诵读展演

◆ 10月17日，葫芦岛市图书馆新馆正式对外开放

◆ 4月23日，吉林省图书馆举办首届“换书大集”

◆ 7月23日，长春市图书馆“品读聚乐部”举办首场书友会

◆ 7月20日，“中华古籍普查文化志愿服务行动 · 吉林行”启动仪式在吉林省图书馆举行

◆ 4 月 23 日，抚松县图书馆举办世界读书日“阅读 + 月读 + 悦读”系列活动启动仪式

◆ 2017 年，梅河口市图书馆首次在市内 43 辆公交车上设立“图书流动站”

◆ 6 月 27 日，“美丽家园 · 幸福生活”龙江故事大赛决赛在黑龙江省图书馆举行

◆ 9 月 11—15 日，俄罗斯远东国家科学图书馆代表团访问黑龙江省图书馆，并召开国际学术研讨会

◆ 7 月 27 日，中国图书馆学会主办、哈尔滨市图书馆承办的第 29 届全国十五城市公共图书馆工作研讨会在哈尔滨市召开

◆ 7 月 27—28 日，教育部高等学校图书情报工作指导委员会四届五次工作会议在哈尔滨市召开

◆ 1 月 11 日，日本友人斋藤弥三郎向上海图书馆捐赠私人唱片和光盘

◆ 3 月 4—7 日，中央电视台“朗读者”节目组牵手上海图书馆探索阅读体验新方式

◆ 6 月 14 日，上海图书馆举办“汲古慧今——上海市古籍保护工作十年成果展”

◆ 9 月 27 日，“阅读上图——馆舍沿革变迁图片展”在上海图书馆开幕

◆ 9 月 27 日，上海图书馆东馆开工建设

◆ 10 月 30 日，《上海图书馆藏张元济往来信札》《上海图书馆藏张元济古籍题跋真迹》上图首发座谈会召开

◆ 1 月 8 日，嘉定区首个 24 小时图书馆——“我嘉书房”在嘉定菊园新区正式启用

◆ 8 月 19 日，宝山区图书馆承办的 2017 陈伯吹国际儿童文学经典作品诵读展演活动在上海书展中央大厅举行

◆ 4 月 17 日，江苏省图书馆学会等承办的第六次全国县级以上公共图书馆评估定级培训班（苏州站）在苏州图书馆举办

◆ 12 月 1 日，南京图书馆举办建馆 110 周年庆典活动

◆ 12 月 1 日，南京图书馆“馆史馆”揭牌

◆ 4 月 23 日，张家港市“全民读书月”暨“童话里的城”首届张家港市童话节启动

◆ 5 月 30 日，无锡市图书馆举办“书尚往来”无锡市首届换书大集

◆ 7 月 31 日，无锡边防检查站流动服务点揭牌

◆ 3 月 11 日，宜兴市图书馆举办鞠萍阅读交流会

◆ 4 月 23 日，泰兴市图书馆新馆正式开放

◆ 7 月 30 日，朱永新、曹文轩等 5 人被聘为首批书香盐城形象大使

◆ 11 月 18 日，沿海城市全民阅读联盟在盐城市图书馆成立

◆ 5 月 20 日，第十三届浙江省未成年人读书节开幕式暨朗诵大赛决赛在温州举行，会上为获奖选手颁发证书

◆ 9月29日，《浙江图书馆古籍普查登记目录》等新书首发仪式在杭州举行

◆ 10月30日，浙江省图书馆学会第十五次（2017）学术年会在丽水召开

◆ 11月6日，浙江省图书馆阅读推广活动创意策划大赛在宁波举行

◆ 4月，杭州图书馆启动“中国阅读”项目，并于11月26日举办图书推荐榜发布仪式

◆ 4月23日，“优礼 · 我行”全国少年儿童礼仪故事大赛在杭州少年儿童图书馆启动

◆ 5 月 9 日，作家叶文玲向台州图书馆赠送《叶文玲文集》

◆ 10 月 26 日，纪念张元济先生 150 周年诞辰系列活动之“张元济先生后人捐赠文物展”开幕式在浙江海盐举行

◆ 11 月 25 日，2017“我最喜爱的童书”阅读推广活动（温州地区）颁奖典礼在温州市少年儿童图书馆举行

◆ 4 月 23 日，淳安县图书馆新馆开放

◆ 5 月 11 日，浙江省高校图书馆馆长工作会议在绍兴举行

◆ 4 月 14 日，安徽省图书馆"优秀书刊漂流阅读"活动走进阜阳九中

◆ 4 月 15 日，安徽省图书馆等举办"爱心一日捐"大型公益活动，为贫困孩子募捐书籍

◆ 11 月 17 日，安徽省公共图书馆联盟学习宣传贯彻党的十九大精神系列活动启动仪式暨首场诗文朗诵会在安徽省图书馆举办

◆ 12 月 18—19 日，首届安徽省公共图书馆业务技能大赛在安徽省图书馆举行

◆ 4 月 23 日，福建省图书馆举办“读吧！福建”“悦读，在路上”2017 年世界读书日主题活动启动仪式，同步举办福州诗词状元大赛等活动

◆ 5 月 9 日，第三期全国传拓技术培训班在福建省图书馆开班，邢跃华导师指导学员修复《重修忠懿王庙碑铭》拓片

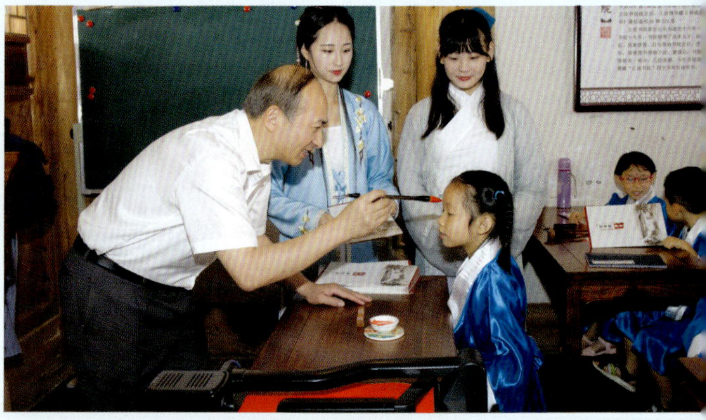

◆ 9 月 9 日，福建省图书馆在正谊书院为小学新生举办“开笔礼活动

◆ 12 月 5 日，福州市图书馆（德旺图书馆）举办新馆开馆暨书香文化周启动仪式

◆ 7 月 7 日，泰国驻厦门总领事馆捐设的厦门大学图书馆泰国图书专架开架，总领事馆总领事及其夫人莅临现场

◆ 4 月 17 日，2017 年全国基层文化队伍示范性培训——全国县级图书馆馆长培训班在江西景德镇举办

◆ 4 月 23 日，赣州市图书馆举办赣州市第一届亲子朗诵与课本剧大赛

◆ 7 月 21 日，南昌市图书馆举办"品读红色经典　传承红色基因"读书沙龙活动

◆ 7 月 23 日，开国将军后代向抚州市图书馆捐赠一批红色书籍

◆安远县孔田镇上魏村村民在农家书屋＋电商服务站阅读书籍

◆4月25日，澳大利亚南澳州州立图书馆教育专员莎朗·莫里斯（Sharon Morris）女士在山东省少年儿童图书馆京剧艺术公益课堂体验京剧魅力

◆6月1日，山东省图书馆与山东人民广播电台为听障读者特别推出“看见·最美的世界”公益活动

◆6月7日，“2017年山东省古籍保护工作会议暨古籍保护培训班”在济南召开，会上表彰全省古籍保护工作先进单位和先进个人

◆2017年寒假期间，山东省图书馆工作人员向缤纷寒假冬令营小营员介绍馆内收藏书目

◆ 3 月 25 日，周敦颐 1000 周年诞辰纪念系列活动启动式暨“千年一脉话濂溪”——纪念周敦颐 1000 周年诞辰学术论坛在湖南图书馆举办

◆ 4 月 20 日，湖南省图书馆学会在第十次会员代表大会上表彰先进会员单位

◆ 9 月 30 日，湖南图书馆举办“月映潇湘　寻味中秋”晚会

◆ 12 月 28 日，湖南图书馆新馆奠基仪式举行

◆ 4月23日，由广东省立中山图书馆、香港公共图书馆、澳门公共图书馆共同举办的“中华文化——2017年世界阅读日粤港澳创作比赛”在三地同时举办颁奖典礼，图为香港特别行政区颁奖现场

◆ 11月21—24日，广东图书馆学会2017年学术年会暨首届图书馆发展岭南论坛在河源市召开

◆ 12月19—22日，第一届城市图书馆学术论坛在广州图书馆举行

◆ 4月23日，佛山首家，也是全国首家由公共图书馆发起、多方社会力量共建的众筹图书馆——尼奥斯自助图书馆正式开馆

◆ 11月15日，中山大学图书馆在学人文库举办“师说 · 问道”学术沙龙

◆河源市图书馆新馆外景

◆ 3 月 28 日，第十次全区自治区、市级公共图书馆馆长培训班在南宁召开

◆ 11 月 30 日，广西图书馆学会 2017 年年会暨第 35 次科学讨论会在钦州召开

◆钦州市图书馆新馆外景

◆ 12 月 22 日，海南省图书馆协会第三次会员代表大会在海南省图书馆召开

◆ 1 月 25 日，重庆图书馆与重庆科技馆战略合作签字仪式在重庆科技馆举行

◆ 2 月 24 日，西部省级公共图书馆联盟成立大会在重庆图书馆召开

◆ 4 月 15 日，重庆图书馆亲子阅读活动“格林童话之夜”之格林剧场分会场现场

◆ 8 月 31 日，重庆图书馆与叶利钦总统图书馆合拍人文纪录片《中俄书途》签字仪式在俄罗斯叶利钦总统图书馆举行

◆ 11 月 9 日，重庆图书馆 24 小时城市书房正式开馆

◆ 11 月 15 日，西南四城市“风 · 雅 · 颂”国学经典诵读暨重庆图书馆建馆 70 周年文艺展演在重庆举办

◆ 4 月 13 日，四川省图书馆举办“百岁文脉　世纪书香——著名作家马识途捐赠仪式”

◆ 8 月 4 日，在四川省图书馆举行的“四川藏羌彝数字文化长廊建设暨文化共享工程走进武警四川省总队战略合作启动仪式”上，现场签订《四川省军民融合发展——公共数字文化建设战略合作协议书》等

◆ 10 月 29 日，四川省图书馆举办“波兰—联合国教科文组织世界遗产摄影展”开幕式

◆ 12 月 8 日，第六次全国县级以上公共图书馆评估定级第十一评估组专家在四川省图书馆开展实地评估工作

◆ 7 月 6 日，首届“四川省高校图书馆服务创新‘维普杯’案例大赛”在电子科技大学举办

◆ 11 月 28 日，在西南交通大学举行的“四川省高校图书情报工作委员会成立 30 周年文艺汇演暨先进图书馆与先进个人表彰大会”上，为先进图书馆颁发奖牌

◆ 3 月 21 日，云南省图书馆与马来西亚沙捞越州图书馆共同签署《云南省图书馆与沙捞越州图书馆合作意向书》，两馆正式建立合作关系

◆ 4月21日，云南省图书馆2017年“4·23”世界读书日系列阅读推广活动正式启动

◆ 5月21日，罗炳辉将军精神座谈会在云南省图书馆举行，正式拉开云南省纪念罗炳辉将军120周年诞辰系列活动的帷幕

◆ 10月27日，“册府千华——云南省藏国家珍贵古籍特展”在云南省图书馆开展

◆ 10月27日，“学习贯彻十九大精神，做好西南民族古籍保护工作——西南民族古籍保护工作座谈会”在云南省图书馆举行

◆ 3月22日，2017年全国省级及副省级公共图书馆参考咨询工作培训活动在陕西省图书馆举办

◆ 9 月 5 日，2017 年“春雨工程——全国文化志愿者边疆行”基层业务培训在新疆塔城地区图书馆举行，陕西省图书馆向该馆赠送陕西地方文献图书

◆ 7 月 12—13 日，“全国图书馆未成年人服务提升计划——甘肃站”专题培训活动在兰州举办

◆ 12 月 12 日，在 2017 甘肃省图书馆学会年会上，为“2017 甘肃图书馆最美故事”获奖者颁奖

◆ 9 月 28 日，甘肃省古籍修复技艺传习所天水市图书馆传习点揭牌并举行拜师仪式

◆ 4 月 23 日，平凉市图书馆举行世界读书日暨“书香平凉”全民阅读活动启动仪式

◆ 5 月 25 日，榆中县图书馆开展关爱留守儿童献爱心活动

◆ 1 月 21 日，"同筑中国梦　共度书香年"春节系列活动启动仪式在宁夏回族自治区图书馆举行，国家非物质文化遗产传承人伏兆娥指导小读者制作剪纸作品

◆ 4 月 23 日，"书香宁夏　为爱朗读"暨"助力脱贫攻坚　关爱留守儿童"大型公益活动启动仪式在宁夏回族自治区图书馆举行

◆ 6 月 6 日，宁夏回族自治区图书馆召开理事会成立大会

◆ 6 月 20 日，西北五省（区）图书馆第四次峰会暨图书馆馆长秘书长联席会议在宁夏固原召开

◆ 8 月 12 日，公共数字文化系列推广活动在宁夏回族自治区图书馆举办

◆ 8 月 15 日，“春雨工程”——全国文化志愿者边疆行之“网络书香”数字图书馆阅读推广活动在宁夏同心县图书馆举办

◆ 1 月 10 日，新疆维吾尔自治区图书馆开展 2017 年“两会”信息咨询服务

◆ 8 月 31 日—9 月 2 日，由新疆维吾尔自治区图书馆、新疆图书馆学会联合举办的“十三五”新疆图书馆事业发展规划研讨会在乌鲁木齐市召开

◆ 4 月 23 日，由新疆维吾尔自治区图书馆、新疆朗诵艺术协会联合举办的“民族团结一家亲——诗文朗诵会”在兵团文化中心举办

◆ 4 月 23 日，“2017 全民阅读·爱心接力——让图书流动起来捐书赠书活动”启动仪式在库尔勒市图书馆举行

◆ 4 月 13 日，塔城地区图书馆在塔城市公安局玛依海边防派出所新增设馆外免费服务点并赠送图书

◆ 4 月 22 日，麦盖提县图书馆到央塔克乡跃进村、东风村开展“4·23 世界读书日送党报党刊”活动

◆ 4 月 13 日，国家科技图书文献中心三届理事会四次会议在北京召开

◆ 9 月 21—22 日，2017 年 NSTL 服务站站长会议在新疆石河子大学召开，会上对 2016 年度先进服务站集体和优秀个人进行表彰

◆ 10 月 26 日，国家科技图书文献中心正式签署 OA2020 关于《大规模实现学术期刊开放获取的意向书》

◆ 6 月 27 日，广东省科技图书馆（广东省科技信息与发展战略研究所）与中国科学院成都文献情报中心在广东省科技图书馆举行“共建海丝知识产权研究中心”协议签约仪式

◆ 11 月 22 日，中国科学技术信息研究所举办吴澄院士“中国制造 2025 和新一代人工智能”主题报告会

◆ 4 月 17 日，为纪念“第 48 个世界地球日”活动，中国地质图书馆组织地质科普进校园系列展，图为小朋友在认真观看生物大灭绝展板

目录

特载

纪事

图书馆事业

学术研究与活动

法律法规与政策性文件

专业文献

统计资料

年度大事记

特　　　载

《中华人民共和国公共图书馆法》正式发布

2017年11月4日，第十二届全国人民代表大会常务委员会第三十次会议通过《中华人民共和国公共图书馆法》，并于2018年1月1日起施行。公共图书馆法共6章、55条，对公共图书馆的设立、运行、服务、法律责任等分别做了详细规定，首次以法律形式明确政府发展公共图书馆事业的责任。这是党的十九大之后出台的第一部文化方面的法律，也是公共文化领域继《中华人民共和国公共文化服务保障法》之后的又一部重要法律。公共图书馆法的出台，标志着我国公共图书馆事业有了根本法律保障，充分彰显国家对公共图书馆事业的高度重视。

《中华人民共和国公共图书馆法》全文

中华人民共和国公共图书馆法

（2017年11月4日第十二届全国人民代表大会常务委员会第三十次会议通过）

目　录

第一章　总　则

第一条　为了促进公共图书馆事业发展，发挥公共图书馆功能，保障公民基本文化权益，提高公民科学文化素质和社会文明程度，传承人类文明，坚定文化自信，制定本法。

第二条　本法所称公共图书馆，是指向社会公众免费开放，收集、整理、保存文献信息并提供查询、借阅及相关服务，开展社会教育的公共文化设施。

前款规定的文献信息包括图书报刊、音像制品、缩微制品、数字资源等。

第三条　公共图书馆是社会主义公共文化服务体系的重要组成部分，应当将推动、引导、服务全民阅读作为重要任务。

公共图书馆应当坚持社会主义先进文化前进方向，坚持以人民为中心，坚持以社会主义核心价值观为引领，传承发展中华优秀传统文化，继承革命文化，发展社会主义先进文化。

第四条　县级以上人民政府应当将公共图书馆事业纳入本级国民经济和社会发展规划，将公共图书馆建设纳入城乡规划和土地利用总体规划，加大对政府设立的公共图书馆的投入，将所需经费列入本级政府预算，并及时、足额拨付。

国家鼓励公民、法人和其他组织自筹资金设立公共图书馆。县级以上人民政府应当积极调动社会力量参与公共图书馆建设，并按照国家有关规定给予政策扶持。

第五条　国务院文化主管部门负责全国公共图书馆的管理工作。国务院其他有关部门在各自职责范围内负责与公共图书馆管理有关的工作。

县级以上地方人民政府文化主管部门负责本行政区域内公共图书馆的管理工作。县级以上地方人民政府其他有关部门在各自职责范围内负责本行政区域内与公共图书馆管理有关的工作。

第六条　国家鼓励公民、法人和其他组织依法向公共图书馆捐赠，并依法给予税收优惠。

境外自然人、法人和其他组织可以依照有关法律、行政法规的规定，通过捐赠方式参与境内公共图书馆建设。

第七条 国家扶持革命老区、民族地区、边疆地区和贫困地区公共图书馆事业的发展。

第八条 国家鼓励和支持发挥科技在公共图书馆建设、管理和服务中的作用,推动运用现代信息技术和传播技术,提高公共图书馆的服务效能。

第九条 国家鼓励和支持在公共图书馆领域开展国际交流与合作。

第十条 公共图书馆应当遵守有关知识产权保护的法律、行政法规规定,依法保护和使用文献信息。

馆藏文献信息属于文物、档案或者国家秘密的,公共图书馆应当遵守有关文物保护、档案管理或者保守国家秘密的法律、行政法规规定。

第十一条 公共图书馆行业组织应当依法制定行业规范,加强行业自律,维护会员合法权益,指导、督促会员提高服务质量。

第十二条 对在公共图书馆事业发展中作出突出贡献的组织和个人,按照国家有关规定给予表彰和奖励。

第二章 设 立

第十三条 国家建立覆盖城乡、便捷实用的公共图书馆服务网络。公共图书馆服务网络建设坚持政府主导,鼓励社会参与。

县级以上地方人民政府应当根据本行政区域内人口数量、人口分布、环境和交通条件等因素,因地制宜确定公共图书馆的数量、规模、结构和分布,加强固定馆舍和流动服务设施、自助服务设施建设。

第十四条 县级以上人民政府应当设立公共图书馆。

地方人民政府应当充分利用乡镇(街道)和村(社区)的综合服务设施设立图书室,服务城乡居民。

第十五条 设立公共图书馆应当具备下列条件:

(一)章程;

(二)固定的馆址;

(三)与其功能相适应的馆舍面积、阅览座席、文献信息和设施设备;

(四)与其功能、馆藏规模等相适应的工作人员;

(五)必要的办馆资金和稳定的运行经费来源;

(六)安全保障设施、制度及应急预案。

第十六条 公共图书馆章程应当包括名称、馆址、办馆宗旨、业务范围、管理制度及有关规则、终止程序和剩余财产的处理方案等事项。

第十七条 公共图书馆的设立、变更、终止应当按照国家有关规定办理登记手续。

第十八条 省、自治区、直辖市人民政府文化主管部门应当在其网站上及时公布本行政区域内公共图书馆的名称、馆址、联系方式、馆藏文献信息概况、主要服务内容和方式等信息。

第十九条 政府设立的公共图书馆馆长应当具备相应的文化水平、专业知识和组织管理能力。

公共图书馆应当根据其功能、馆藏规模、馆舍面积、服务范围及服务人口等因素配备相应的工作人员。公共图书馆工作人员应当具备相应的专业知识与技能,其中专业技术人员可以按照国家有关规定评定专业技术职称。

第二十条 公共图书馆可以以捐赠者姓名、名称命名文献信息专藏或者专题活动。

公民、法人和其他组织设立的公共图书馆,可以以捐赠者的姓名、名称命名公共图书馆、公共图书馆馆舍或者其他设施。

以捐赠者姓名、名称命名应当遵守有关法律、行政法规的规定,符合国家利益和社会公共利益,遵循公序良俗。

第二十一条 公共图书馆终止的,应当依照有关法律、行政法规的规定处理其剩余财产。

第二十二条 国家设立国家图书馆,主要承担国家文献信息战略保存、国家书目和联合目录编制、为国家立法和决策服务、组织全国古籍保护、开展图书馆发展研究和国际交流、为其他图书馆提供业务指导和技术支持等职能。国家图书馆同时具有本法规定的公共图书馆的功能。

第三章 运 行

第二十三条 国家推动公共图书馆建立健全法人治理结构,吸收有关方面代表、专业人士和社会公众参与管理。

第二十四条 公共图书馆应当根据办馆宗旨和服务对象的需求,广泛收集文献信息;政府设立的公共图书馆还应当系统收集地方文献信息,保存和传承地方文化。

文献信息的收集应当遵守有关法律、行政法规的规定。

第二十五条 公共图书馆可以通过采购、接受交存或者捐赠等合法方式收集文献信息。

第二十六条 出版单位应当按照国家有关规定向国家图书馆和所在地省级公共图书馆交存正式出版物。

第二十七条 公共图书馆应当按照国家公布的标准、规范对馆藏文献信息进行整理，建立馆藏文献信息目录，并依法通过其网站或者其他方式向社会公开。

第二十八条 公共图书馆应当妥善保存馆藏文献信息，不得随意处置；确需处置的，应当遵守国务院文化主管部门有关处置文献信息的规定。

公共图书馆应当配备防火、防盗等设施，并按照国家有关规定和标准对古籍和其他珍贵、易损文献信息采取专门的保护措施，确保安全。

第二十九条 公共图书馆应当定期对其设施设备进行检查维护，确保正常运行。

公共图书馆的设施设备场地不得用于与其服务无关的商业经营活动。

第三十条 公共图书馆应当加强馆际交流与合作。国家支持公共图书馆开展联合采购、联合编目、联合服务，实现文献信息的共建共享，促进文献信息的有效利用。

第三十一条 县级人民政府应当因地制宜建立符合当地特点的以县级公共图书馆为总馆，乡镇（街道）综合文化站、村（社区）图书室等为分馆或者基层服务点的总分馆制，完善数字化、网络化服务体系和配送体系，实现通借通还，促进公共图书馆服务向城乡基层延伸。总馆应当加强对分馆和基层服务点的业务指导。

第三十二条 公共图书馆馆藏文献信息属于档案、文物的，公共图书馆可以与档案馆、博物馆、纪念馆等单位相互交换重复件、复制件或者目录，联合举办展览，共同编辑出版有关史料或者进行史料研究。

第四章 服 务

第三十三条 公共图书馆应当按照平等、开放、共享的要求向社会公众提供服务。

公共图书馆应当免费向社会公众提供下列服务：

（一）文献信息查询、借阅；

（二）阅览室、自习室等公共空间设施场地开放；

（三）公益性讲座、阅读推广、培训、展览；

（四）国家规定的其他免费服务项目。

第三十四条 政府设立的公共图书馆应当设置少年儿童阅览区域，根据少年儿童的特点配备相应的专业人员，开展面向少年儿童的阅读指导和社会教育活动，并为学校开展有关课外活动提供支持。有条件的地区可以单独设立少年儿童图书馆。

政府设立的公共图书馆应当考虑老年人、残疾人等群体的特点，积极创造条件，提供适合其需要的文献信息、无障碍设施设备和服务等。

第三十五条 政府设立的公共图书馆应当根据自身条件，为国家机关制定法律、法规、政策和开展有关问题研究，提供文献信息和相关咨询服务。

第三十六条 公共图书馆应当通过开展阅读指导、读书交流、演讲诵读、图书互换共享等活动，推广全民阅读。

第三十七条 公共图书馆向社会公众提供文献信息，应当遵守有关法律、行政法规的规定，不得向未成年人提供内容不适宜的文献信息。

公共图书馆不得从事或者允许其他组织、个人在馆内从事危害国家安全、损害社会公共利益和其他违反法律法规的活动。

第三十八条 公共图书馆应当通过其网站或者其他方式向社会公告本馆的服务内容、开放时间、借阅规则等；因故闭馆或者更改开放时间的，除遇不可抗力外，应当提前公告。

公共图书馆在公休日应当开放，在国家法定节假日应当有开放时间。

第三十九条 政府设立的公共图书馆应当通过流动服务设施、自助服务设施等为社会公众提供便捷服务。

第四十条 国家构建标准统一、互联互通的公共图书馆数字服务网络，支持数字阅读产品开发和数字资源保存技术研究，推动公共图书馆利用数字化、网络化技术向社会公众提供便捷服务。

政府设立的公共图书馆应当加强数字资源建设、配备相应的设施设备，建立线上线下相结合的文献信息共享平台，为社会公众提供优质服务。

第四十一条 政府设立的公共图书馆应当加强馆内古籍的保护，根据自身条件采用数字化、影印或者缩微技术等推进古籍的整理、出版和研究利用，并通过巡回展览、公益性讲座、善本再造、创意产品开发等方式，加强古籍宣传，传承发展中华优秀传统文化。

第四十二条 公共图书馆应当改善服务条件、提高服务水平，定期公告服务开展情况，听取读者意见，建立投诉渠道，完善反馈机制，接受社会监督。

第四十三条 公共图书馆应当妥善保护读者的个人信息、借阅信息以及其他可能涉及读者隐私的信息，不得出售或者以其他方式非法向他人提供。

第四十四条 读者应当遵守公共图书馆的相关规定，自觉维护公共图书馆秩序，爱护公共图书馆的文献信息、设施设备，合法利用文献信息；借阅文献信息的，应当按照规定时限归还。

对破坏公共图书馆文献信息、设施设备，或者扰乱公共图书馆秩序的，公共图书馆工作人员有权予以劝阻、制止；经劝阻、制止无效的，公共图书馆可以停止为其提供服务。

第四十五条 国家采取政府购买服务等措施，对公民、法人和其他组织设立的公共图书馆提供服务给予扶持。

第四十六条 国家鼓励公民参与公共图书馆志愿服务。县级以上人民政府文化主管部门应当对公共图书馆志愿服务给予必要的指导和支持。

第四十七条 国务院文化主管部门和省、自治区、直辖市人民政府文化主管部门应当制定公共图书馆服务规范，对公共图书馆的服务质量和水平进行考核。考核应当吸收社会公众参与。考核结果应当向社会公布，并作为对公共图书馆给予补贴或者奖励等的依据。

第四十八条 国家支持公共图书馆加强与学校图书馆、科研机构图书馆以及其他类型图书馆的交流与合作，开展联合服务。

国家支持学校图书馆、科研机构图书馆以及其他类型图书馆向社会公众开放。

第五章　法律责任

第四十九条 公共图书馆从事或者允许其他组织、个人在馆内从事危害国家安全、损害社会公共利益活动的，由文化主管部门责令改正，没收违法所得；情节严重的，可以责令停业整顿、关闭；对直接负责的主管人员和其他直接责任人员依法追究法律责任。

第五十条 公共图书馆及其工作人员有下列行为之一的，由文化主管部门责令改正，没收违法所得：

（一）违规处置文献信息；

（二）出售或者以其他方式非法向他人提供读者的个人信息、借阅信息以及其他可能涉及读者隐私的信息；

（三）向社会公众提供文献信息违反有关法律、行政法规的规定，或者向未成年人提供内容不适宜的文献信息；

（四）将设施设备场地用于与公共图书馆服务无关的商业经营活动；

（五）其他不履行本法规定的公共图书馆服务要求的行为。

公共图书馆及其工作人员对应当免费提供的服务收费或者变相收费的，由价格主管部门依照前款规定给予处罚。

公共图书馆及其工作人员有前两款规定行为的，对直接负责的主管人员和其他直接责任人员依法追究法律责任。

第五十一条 出版单位未按照国家有关规定交存正式出版物的，由出版行政主管部门依照有关出版管理的法律、行政法规规定给予处罚。

第五十二条 文化主管部门或者其他有关部门及其工作人员在公共图书馆管理工作中滥用职权、玩忽职守、徇私舞弊的，对直接负责的主管人员和其他直接责任人员依法给予处分。

第五十三条 损坏公共图书馆的文献信息、设施设备或者未按照规定时限归还所借文献信息，造成财产损失或者其他损害的，依法承担民事责任。

第五十四条 违反本法规定，构成违反治安管理行为的，依法给予治安管理处罚；构成犯罪的，依法追究刑事责任。

第六章　附　则

第五十五条 本法自 2018 年 1 月 1 日起施行。

文化部举行新闻发布会 解读《中华人民共和国公共图书馆法》

不久前，全国人大常委会表决通过了《中华人民共和国公共图书馆法》，这是党的十九大之后出台的第一部文化方面的法律，对于进一步健全我国文化法律制度，促进公共图书馆事业发展，保障人民群众基本文化权益都具有重要意义。公共图书馆法出台的背景和主要内容是什么，下一步文化部等部门学习贯彻落实公共图书馆法有何举措？14日举行的文化部2017年第四季度例行新闻发布会上，文化部、全国人大教科文卫委员会、国家图书馆等部门相关负责人就这些问题进行了解读。

公共图书馆法是对公共文化服务保障法基本要求的专门化和具体化

全国人大常委会继2016年审议通过公共文化服务保障法、电影产业促进法之后，2017年11月又审议通过了公共图书馆法。全国人大教科文卫委员会文化室主任朱兵说，这些法律陆续出台，实现了文化立法的重大突破，基本完成了文化法律制度的顶层设计，夯实了文化领域立法的基础。

公共图书馆法与此前出台的公共文化服务保障法在相关制度设计上做了哪些衔接？他认为，这两部法律的衔接主要体现在三方面：一是都充分体现了习近平新时代中国特色社会主义思想，明确提出坚持社会主义先进文化前进方向，坚持以人民为中心，坚持以社会主义核心价值观为引领的要求。二是都充分体现了以人民为中心的工作导向，强调要发挥公共文化的服务功能，认真研究新时期人民群众多样化的文化需求。三是公共图书馆法是对公共文化服务保障法基本要求的专门化和具体化。公共文化服务保障法提出的公共文化设施免费开放、加强资源整合、服务项目公示、数字文化建设、社会化发展等基本规定，公共图书馆法不仅在相关章节都做了回应，而且进一步细化完善，使之更有针对性和可操作性。

尽快将法律中确立的公共图书馆各项制度落到实处

文化部将把学习宣传贯彻公共图书馆法作为当前一项重要工作任务。文化部副部长杨志今介绍，下一步，将着力从四方面抓好贯彻落实。一是全面准确把握公共图书馆法的主要精神。公共图书馆法通篇贯穿着满足人民群众基本文化需求这条主线，坚持均衡发展的原则，将推动、引导、服务全民阅读作为重要任务，用法治思维、法治手段来推动公共图书馆实现和保障人民群众基本文化权益，提高人民群众的文化获得感。

二是深入开展学习宣传。将通过召开视频工作会议、举办专题培训班、开展法律宣讲等多种形式，组织全国文化系统进行全面深入的学习宣传。同时，加大面向全社会的宣传力度。

三是推动贯彻实施。尽快将法律中确立的公共图书馆各项制度落到实处，重点推进公共图书馆标准化均等化、法人治理结构、县级图书馆总分馆制建设等相关改革任务落实，促进公共图书馆数字化、社会化发展，切实提高服务效能。加快研究出台与法律相衔接的配套政策，确保公共图书馆文献处置制度如期出台。

四是加强督导检查。重点对地方各级政府履行政府保障职责的情况、文化行政部门推进业务建设的情况、公共图书馆开展服务的情况等进行实地督察。

强化国图核心职能 提供免费便捷高效优质公共文化服务

“这部法律的出台，使公共图书馆发展有了坚强保障。我感到特别欢欣鼓舞，同时也深感责任重大。”国家图书馆馆长韩永进说。

他表示，根据法律要求，国图将着力强化核心职能：切实增强国家文献资源总库建设，推进全国公共图书馆馆藏文献的开放共享；提升面向国家立法决策服务的针对性、前瞻性和专业性，着力打造新型“智库”；深入实施中华古籍保护计划、民国时期文献保护计划；筹建丝绸之路国际图书馆联盟，助推中华优秀传统文化的国际传播。

同时，国图还将依法承担公共图书馆功能，按照平等、开放、共享的要求，面向社会公众提供免费、便捷、高效、优质的公共文化服务。组织实施中华传统文化百部经典、鲁迅手稿全集、国家传统文化典籍整理等项目，全面推动优秀传统文化的创造性转化和创新性发展；全面保障社会公众的基本阅读权利，优化用户阅读、学习及交流互动体验；依托数字图书馆推广工程，构建标准统一、互联互通的国家数字图书馆服务网络，推动公共图书馆利用数字化、网络化技术向社会公众提供便捷服务。（新华网 2017 年 12 月 15 日报道）

主要媒体报道

新时代公共图书馆事业发展新航标
——聚焦公共图书馆法亮点

在中国特色社会主义跨入新时代的历史时刻，公共图书馆法经全国人大常委会表决通过，将于 2018 年 1 月 1 日正式施行。党的十九大之后首部文化立法归于公共图书馆法，彰显了公共图书馆事业在中国特色社会主义文化中的重要地位，体现了公共图书馆在新时代满足人民日益增长的美好生活需要的重要作用，也成为我国历经百余年的公共图书馆事业跨入新时代的标志。

预示公共图书馆事业发展进入快车道

"中国特色社会主义进入新时代，意味着中国特色社会主义道路、理论、制度、文化不断发展，意味着更好地推动人的全面发展、社会全面进步。"北京大学教授、国家公共文化服务体系建设专家委员会主任李国新说，公共图书馆法立法宗旨是保障公民基本文化权益、提高公民科学文化素质和社会文明程度、传承人类文明、坚定文化自信；明确了公共图书馆是社会主义公共文化服务体系的重要组成部分，传承发展中华优秀传统文化、继承革命文化、发展社会主义先进文化是其本质功能。

"由是，我国公共图书馆事业在新时代朝什么方向前进、坚守什么发展原则、承担什么历史重任，法律做出了明确指引。"李国新说。

公共图书馆法明确了新时代公共图书馆在坚定文化自信、推动社会主义文化繁荣兴盛伟大事业中的责任。法律要求，公共图书馆通过以文献信息收集、整理、保存并向公众提供利用为核心的服务，推动、引导、服务全民阅读，履行社会教育职能。专家认为，这是新时代公共图书馆培育和践行社会主义核心价值观，在提高人民思想觉悟、道德水准、文明素养上发挥作用的职业担当。

呼应新时代社会主要矛盾转化的历史要求

公共图书馆法坚持以人民为中心的理念，通篇贯穿满足人民群众基本文化需求这条主线。

国家图书馆馆长韩永进说，法律要求各级公共图书馆向全体社会公众提供免费、便捷、高效、优质的服务，并为此做出了一系列的制度安排。这些制度安排，是在借鉴国外经验的基础上，对中华人民共和国成立以来公共图书馆事业发展经验的全面总结和系统提炼，必将推动我国公共图书馆事业加快实现专业化、体系化、现代化发展，全面提升服务效能，成为不断提高人民群众获得感和幸福感的重要途径。

"公共图书馆法呼应了新时代社会主要矛盾转化的历史要求。满足人民日益增长的美好生活需要，必须提供丰富的精神食粮，必须着力解决好发展不平衡不充分的问题。"李国新说，公共图书馆法明确了国家扶持革命老区、民族地区、边疆地区和贫困地区公共图书馆事业发展的基本原则，明确了公共图书馆服务强化对未成年人、老年人、残疾人等特殊群体的人文关怀，这是解决公共图书馆服务城乡、区域、人群不平衡的重点任务。公共图书馆法把各级政府设立、保障、监管公共图书馆的责任上升为法律责任，明确了鼓励社会力量参与、充分发挥科技在公共图书馆服务中的作用、加强各级各类图书馆的沟通交流和联合服务等重要原则，为向人民群众提供更加充分的公共图书馆服务奠定了坚实基础。

构筑体现公共图书馆事业发展规律的基本制度

公共图书馆法与公共文化服务保障法和重大改革政策紧密衔接，构筑了体现公共图书馆事业发展规律的基本制度，形成了保障人民利用图书馆权利的基本规范。

李国新说，法律规定县级以上人民政府应当设立公共图书馆，将县级人民政府建设公共图书馆总分馆体系上升为法定责任，将公共图书馆免费开放和免费提供基本服务固化为法律制度，对公共图书馆的未成年人服务、服务公示制度、服务反馈机制、读者个人信息保护、志愿服务等诸多重要问题都做出了明确具体的规定。

在上海图书馆原馆长吴建中看来，公共图书馆法开拓了图书馆创新和可持续发展的新空间，有不少新提法如“建立线上线下相结合的文献信息共享平台”“加强与学校图书馆、科研机构图书馆以及其他类型图书馆的交流与合作”，以及“鼓励公民、法人和其他组织自筹资金设立公共图书馆”等。“这些条款为图书馆利用现代技术武装自己、加强图书馆之间的交流与合作、吸引社会力量参与和支持图书馆提供了可持续发展空间。”他说。（新华网 2017 年 11 月 4 日报道，记者周炜）

公共图书馆发展迈入新时代
——专家解读新通过的公共图书馆法

145 票赞成、2 票反对、2 票弃权，11 月 4 日，十二届全国人大常委会第三十次会议表决通过了公共图书馆法。

“这次会议通过的公共图书馆法，是党的十九大之后全国人大常委会通过的第一部文化立法，对进一步促进公共图书馆事业的发展将起到里程碑式作用。”全国人大常委会法制工作委员会行政法室副主任黄薇指出。

为什么要制定公共图书馆法？这部法律有哪些亮点？它的出台有何重要意义？记者就此采访了有关专家。

弥补文化立法数量偏少短板

“新中国成立后不久，就有人呼吁为图书馆立法，图书馆人和学界对这部法律期盼已久，今天终于通过了，很不容易。”中国图书馆学会副理事长、中山大学资讯管理学院教授程焕文激动地对记者说。

文化部公共文化司司长张永新介绍说，这部法律从启动制定到审议通过，历经十几年的时间，社会各界、广大人民群众和文化工作者期盼已久。在全国人大常委会法工委、全国人大教科文卫委员会和国务院法制办等有关部门的大力推动下，今天终于由人大常委会审议通过，它的出台标志着我国的公共图书馆事业有了根本的法律保障。

说到这部法律出台的积极作用，黄薇用了“三个有利于”来总结：一是有利于进一步完善文化立法，为坚定文化自信，建设社会主义文化强国提供法治保障；二是有利于更好地发挥公共图书馆的功能，促进公共图书馆事业的健康发展；三是有利于更好地保障人民群众的基本文化权益。

“文化领域立法比起其他领域立法，总体上有一个数量偏少的问题。本届以来，全国人大常委会贯彻党中央的要求，着力加强文化立法，继电影产业促进法和公共文化服务保障法之后，今天又出台了公共图书馆法，进一步弥补了文化立法在数量上偏少的短板，为坚定文化自信、建设社会主义文化强国提供了强有力的法治保障。”黄薇表示。

程焕文也指出，目前我国国家层面的文化立法只有文物保护法、公共文化服务保障法、非物质文化遗产法等为数不多的几部法律，公共图书馆法的出台体现了国家对图书馆发展的重视。

“同世界上其他许多国家一样，我国终于也有了一部体现时代精神和图书馆事业发展规律的公共图书馆法，充分彰显了国家对公共图书馆事业的高度重视，也体现了我们国家高度的文化自信。”张永新强调。

公共图书馆法有四大亮点

黄薇介绍说，公共图书馆法有四大亮点：第一，明确规定了公共图书馆的地位和发展方针，有利于促进公共图书馆事业的健康发展；第二，明确了政府的责任，加强了公共图书馆服务体系的建设；第三，加强公共图书馆的管理，着力提升公共图书馆的服务质量；第四，鼓励社会力量参与，形成政府主导、社会参与的格局。

该法律在总则中明确规定，公共图书馆是社会主义公共文化服务体系的重要组成部分。"这就是公共图书馆地位的一个体现，'公共图书馆应当坚持社会主义先进文化前进方向，坚持以人民为中心，坚持以社会主义核心价值观为引领，传承发展中华优秀传统文化，继承革命文化，发展社会主义先进文化'，这些规定体现了对党的十九大精神的贯彻，确保了公共图书馆事业的健康发展。"黄薇指出。

程焕文特别留意了法律对发挥公共图书馆功能的规定。他说，这部法律从公共图书馆的设立、运行、服务等方面做了全方位的制度构建，着力加强公共图书馆的管理，提升公共图书馆的服务效力。这些规定，总体上可以促进各级公共图书馆更好地发展，更好地发挥功能，更好地服务广大城乡人民群众，促进公共图书馆事业的健康发展。

据不完全统计，目前我国有几百家民办图书馆，其中有些也向社会提供免费开放服务。"将社会力量兴办的、具有公共图书馆特征的这些民办图书馆纳入法律调整范畴，是这次立法的一个重大突破，也是对社会力量参与公共图书馆建设热情的积极回应，符合当前社会发展阶段人们对公共事业越来越关心、越来越希望能够参与其中的愿望。"国家图书馆研究院副院长申晓娟欣喜地说。

申晓娟认为，公共图书馆法的实施，将有利于营造一个良好、规范的公共图书馆事业发展环境，引导更多民办图书馆向社会提供公共服务，扩大图书馆服务的覆盖面，成为政府兴办的公共图书馆的有益补充，并以此获得政策扶持。法律中有关鼓励社会力量参与建设的条款，将进一步拓宽社会力量参与公共图书馆建设的途径，有利于激发人们对公共事业的参与热情，有助于形成多元投入、多元主体的建设局面。

让阅读成为相伴一生的生活习惯

公共图书馆法第 36 条规定，公共图书馆应当通过开展阅读指导、读书交流、演讲诵读、图书互换共享等活动，推广全民阅读。

对此，申晓娟深表赞同。她指出，向社会提供阅读服务是公共图书馆的基本职能之一。不同于其他机构的阅读服务，公共图书馆向社会提供的阅读服务应当是完全公益的、免费的、平等的、没有任何门槛的。

申晓娟介绍，公共图书馆的阅读服务有其特有的专业化特征，这种专业化体现在图书馆利用馆藏文献资源与馆舍条件，通过举办讲座、展览、读书会、经典阅读等各种活动，延伸公众阅读体验，引导人们深入阅读。仅 2016 年一年，全国公共图书馆就向社会提供书刊文献外借 54725 万册次。

"通过立法形式促进全民阅读，在国外有不少成熟的案例，制定颁布公共图书馆法，明确公共图书馆在推广全民阅读中的职能，通过法律保障公共图书馆事业的发展，对于发挥公共图书馆在全民阅读中的核心作用意义重大。"申晓娟说，它将有助于公共图书馆向社会提供持续稳定的优质阅读服务，吸引更多社会公众走进图书馆，保障弱势群体的阅读权益，让阅读成为更多人相伴一生的生活习惯。

当前，我国社会主要矛盾已经转化为人民日益增长的美好生活需要和不平衡不充分的发展之间的矛盾。程焕文认为，对于公共图书馆来说，"不平衡"既体现在东部与西部发展的不平衡，也体现在东部的不同地区间发展的不平衡。"不充分"则体现在全国虽然有 3000 多个县级以上公共图书馆，但县级以下基层公共图书馆网点少、藏书少，服务读者的能力较弱。

"推广全民阅读，县级以下基层公共图书馆承担着重要使命职责，加强基层公共图书馆建设是未来公共图书馆事业发展的重点。"程焕文指出。（《光明日报》2017 年 11 月 05 日 3 版，记者殷泓　杜羽　刘华东）

纪　　事

《“十三五”时期全国公共图书馆事业发展规划》印发

为推动“十三五”时期公共图书馆事业科学发展，加快构建现代公共文化服务体系，更好地保障人民群众基本文化权益，文化部近日印发《“十三五”时期全国公共图书馆事业发展规划》（以下简称《规划》）。

《规划》从设施网络、文献资源、服务效能和队伍建设几个方面明确“十三五”时期全国公共图书馆事业发展的主要指标：到 2020 年，每万人公共图书馆建筑面积 110 平方米，阅览室座席数 105 万个；人均公共图书馆藏书量 1 册，人均公共图书馆购书经费 1.8 元；年流通 8 亿人次，文献外借 8 亿册次；高级职称人员比例达到 12.7%等。

《规划》围绕中央关于加快构建现代公共文化服务体系的决策部署，明确了“十三五”时期全国公共图书馆事业发展的指导思想、基本原则、主要目标、主要指标、重点任务和保障措施。《规划》指出，公共图书馆要按照公益性、基本性、均等性和便利性要求，以完善设施网络为基础，以丰富服务内容、强化资源整合、提高服务效能为重点，以完善体制机制为保障，努力构建覆盖城乡、服务高效、惠及全民的公共图书馆服务网络，进一步推进全民阅读，坚定文化自信，提高全民族科学文化素质和社会文明程度，增强人民群众对公共文化服务的获得感。

《规划》确定了坚持导向、服务大局，政府主导、社会参与，统筹兼顾、创新发展，服务基层、提升效能的基本原则，提出到 2020 年，全国公共图书馆设施网络进一步完善，文献资源保障能力明显增强，县级图书馆总分馆制基本建立，公共图书馆服务标准化、均等化水平显著提高，信息网络等新技术应用更加普及，法人治理结构建设积极推进，人才队伍建设有效加强，政策法律保障更加有力，社会力量广泛参与，公众对公共图书馆服务的满意度持续提升。

《规划》从完善公共图书馆设施服务网络；加强文献信息资源保障能力建设；提高服务效能，推进公共图书馆服务均等化建设；加强新技术应用，提升数字化服务能力；充分利用馆藏资源，传承和弘扬中华优秀传统文化；加强政策理论研究，完善相关法律法规和行业标准；创新管理体制机制，促进社会化发展；加强国际交流与合作，进一步提升国际影响力等 8 个方面，明确了公共图书馆事业发展的 26 项重点任务。为确保各项任务落到实处，《规划》根据 8 个方面的任务措施，提出了城市 24 小时阅读服务空间、国家文献信息资源总目、中国记忆、数字图书馆推广工程等 19 个具体建设项目。

此外，《规划》还强调要加强公共图书馆事业发展的工作保障。要求各地将公共图书馆建设纳入本地国民经济和社会发展总体规划，纳入政府议事日程和领导班子绩效考核；建立健全经费保障机制，合理保障公共图书馆日常运行经费；完善选人用人机制，培养一支具有现代意识、创新意识和专业水准的公共图书馆从业人员队伍；完善公共图书馆绩效考评制度，加强用户评价和反馈，探索建立第三方评价机制，增强评价的客观性和科学性。（中国文化传媒网报道　记者江超）

《"十三五"时期全国古籍保护工作规划》发布

为贯彻落实中央关于传承和弘扬中华优秀传统文化的重要决策部署，深入做好"十三五"时期中华古籍保护工作，文化部近日发布《"十三五"时期全国古籍保护工作规划》（以下简称《规划》），这是我国古籍保护工作方面的首个五年规划。9月13日，文化部举行新闻发布会介绍《规划》相关情况。

《规划》确定了坚持保护为主、坚持抢救第一、坚持合理利用、坚持加强管理的基本原则，提出到2020年全国古籍资源和保存状况基本摸清，国家级、省级珍贵古籍保护状况明显改善，实施一批珍贵古籍修复项目，完成一批在全国有重大影响的古籍影印出版工作，珍贵古籍缩微复制和数字化成果显著，古籍公共文化服务功能和社会教育的作用更加彰显，古籍保护人才队伍结构不断优化、专业水平明显提升，制度建设、立法工作和标准规范有较大进展，社会参与的广度和深度不断拓展，古籍传承文明、服务社会的能力进一步提升。

《规划》从基本完成全国古籍普查登记工作，切实加大古籍保护力度，全面提升古籍修复能力，加强古籍整理出版和数字化建设，利用古籍传承和弘扬中华优秀传统文化，加强古籍保护制度、法规和标准建设6个方面，提出了加强古籍保护工作的20项重点任务。

《规划》列出中华古籍普查登记、珍贵古籍保护、国家级古籍修复中心和古籍保护实验室建设、古籍整理出版和数字化建设以及中华优秀文化典籍推广5个专栏共16个重点项目，着力增强可操作性，确保各项任务措施落到实处。

自2007年"中华古籍保护计划"实施以来，特别是党的十八大以来，在党中央、国务院的高度重视下，我国古籍保护工作取得了丰硕成果。截至2016年底，全国共完成200万部古籍的普查登记，命名12家国家级古籍修复中心，修复珍贵古籍250万叶。国务院公布5批《国家珍贵古籍名录》（12274部）和"全国古籍重点保护单位"（180家）。通过全国古籍普查登记基本数据库公开发布古籍普查数据40.6万条，完成古籍数字资源4.6万部。（《光明日报》报道，记者韩业庭）

“中华古籍保护计划”实施十周年纪念活动举办

5月25日，国家古籍保护中心成立10周年座谈会暨全国古籍普查登记工作会议在国家图书馆召开。文化部原副部长、国家图书馆名誉馆长周和平，文化部公共文化司司长张永新，国家图书馆馆长、国家古籍保护中心主任韩永进等领导，全国古籍保护工作专家委员会主任李致忠、全国高校古籍整理研究委员会主任安平秋等专家学者，各省、自治区、直辖市古籍保护中心负责人等50人出席会议。

2007年1月，国务院办公厅印发《国务院办公厅关于进一步加强古籍保护工作的意见》，正式启动“中华古籍保护计划”。“中华古籍保护计划”作为“十一五”期间的国家级重要文化工程，是中国历史上首次由国家主持开展的全国性古籍保护工程。《意见》出台后，为加强组织领导，经国务院批准，成立由文化部牵头、10部委共同组成的全国古籍保护工作部际联席会议。为规范和加强全国古籍保护工作的咨询、论证、评审与专业指导，成立全国古籍保护工作专家委员会。2007年5月25日，国家古籍保护中心正式在国家图书馆挂牌成立，6月组建国家古籍保护中心办公室。国家古籍保护中心是“中华古籍保护计划”的具体组织实施单位，担负全国古籍保护的业务指导中心、培训中心、研究中心的职责。主要职能是进行全国古籍普查登记工作；负责全国古籍保护培训工作；推动全国古籍保护研究工作。

座谈会上，与会领导和代表对“中华古籍保护计划”10年历程进行回顾与总结。张永新代表文化部对国家古籍保护中心成立10周年表示祝贺，对10年来全国古籍保护工作取得的成绩予以肯定。 通过解读当前党中央、国务院大力传承弘扬中华优秀传统文化的政策形势，对下一步全国古籍保护工作提出要求与希望。韩永进就10年来全国古籍保护工作的总体情况和发展方向做重要报告，从建立完善体制机制，开展古籍普查，评审《国家珍贵古籍名录》，改善古籍存藏环境，抢救性修复珍贵古籍，培养古籍专业人才队伍，古籍缩微、数字化、影印出版，古籍研究阐释、展览宣传，以及围绕当今社会热点难点从古籍中汲取历史智慧、为现实工作提供文献依据等方面系统总结10年来古籍保护工作成果。与会专家学者李致忠、安平秋、刘家真，省级古籍保护中心代表全勤，国家古籍保护中心战略合作单位代表、中国运载火箭技术研究院战术武器事业部主任王洪波等先后发言。 从各自的工作角度，对古籍保护10年历程进行回顾与评价，并就其未来发展建言献策。会上，国家图书馆（国家古籍保护中心）与中国运载火箭技术研究院、北京大学信息管理系签署战略合作协议，联合浙江大学图书馆、复旦大学图书馆、中山大学图书馆、辽宁省图书馆、首都图书馆、山西省图书馆共同在线发布古籍数字资源。

当天下午，国家古籍保护中心组织各省级古籍保护中心负责人召开全国古籍普查登记会议。文化部公共文化司副司长陈彬斌对“十三五”期间全国古籍普查工作提出要求；国家图书馆副馆长、国家古籍保护中心副主任张志清对普查工作进行具体部署；中国古籍保护协会秘书长梁爱民介绍“中华古籍普查文化志愿服务行动”的进展情况。随后，各省级古籍保护中心负责人与国家古籍保护中心签署古籍普查登记工作任务书，确保“十三五”期间基本完成古籍普查任务。

“中华古籍保护计划”启动10年来，形成较为完善的古籍保护工作协调推进机制，全国古籍保护工作取得一系列阶段性成果。截至2016年，全国古籍普查登记数据完成总量200余万条，1000多家古籍收藏单位完成古籍普查登记工作。古籍分级保护制度基本建立，国务院先后公布五批《国家珍贵古籍名录》，共有457家古籍收藏机构及个人收藏或持有的12274部古籍入选。国务院已命名五批180家“全国古籍重点保护单位”，古籍存藏环境不断改善。国家古籍保护中心组织开展“天禄琳琅”清宫珍籍、“山西省国家珍贵古籍”等大型古籍修复项目，累计修复古籍5万多册（件）、200余万叶，探索出培训基地、传习所、高等院校“三位一体”的人才培养创新之路。截至“十二五”期末，全国古籍从业人员已由2007年以前的不足千人增加到上万人，其中古籍修复专业人员从不足100人增加到1000余人。（国家图书馆网站报道）

第六次全国县级以上公共图书馆评估定级工作开展

为贯彻落实《中共中央办公厅、国务院办公厅关于加快构建现代公共文化服务体系的意见》精神，发挥以评促建、以评促管、以评促用的作用，促进全国公共图书馆事业发展，按照每4年进行1次全国县级以上公共图书馆评估定级工作的要求，2017年1月5日，文化部办公厅下发了《关于开展第六次全国县级以上公共图书馆评估定级工作的通知》（以下简称《通知》），第六次评估定级工作拉开了帷幕。

《通知》明确了评估范围、评估标准及方式、职责分工以及工作步骤。此次评估定级对象为全国省级、副省级、地市级、县级公共图书馆和县级以上少年儿童图书馆。评估定级工作以文化部制定的省级（含副省级）、地市级、县级公共图书馆（少年儿童图书馆）评估标准为依据，评估数据主要采用2013年至2016年评估期数据（标准中另有规定的除外）。此次评估采取线上数据审核、实地评估和第三方测评相结合的方式进行。线上数据主要采取人工填报和平台自动更新的方式进行采集。文化部、中国图书馆学会、各省（自治区、直辖市）文化厅（局）、新疆生产建设兵团文化广播电视局分工负责开展评估定级工作。文化部统筹负责全国县级以上公共图书馆评估定级工作。中国图书馆学会配合文化部负责具体组织实施，组建评估工作小组，对省级和副省级公共图书馆进行评估，并抽查部分县级公共图书馆。各省（自治区、直辖市）文化厅（局）、新疆生产建设兵团文化广播电视局负责本辖区内评估定级工作，组建评估工作小组，对地市级、县级公共图书馆进行评估。文化部委托第三方采取随机抽查方式，进行群众满意度测评，测评结果将纳入评分体系。同时，各省（自治区、直辖市）文化厅（局）、新疆生产建设兵团文化广播电视局根据本地实际，采取多种方式进行群众满意度测评。各省（自治区、直辖市）文化厅（局）、新疆生产建设兵团文化广播电视局负责组织本辖区内各级参评公共图书馆将自评数据录入“全国公共图书馆评估定级管理服务平台”。

2017年3月至5月期间，文化部和中国图书馆学会组织召开第六次全国县级以上公共图书馆评估定级工作部署会，在全国范围内面向各级图书馆组织开展评估定级工作业务培训班10期、专题培训班3期及县级图书馆馆长培训2期，4000余人参加了系统的专业培训。2017年4月至6月，县级以上参评公共图书馆按照评估标准进行自查自评，将自评数据录入“全国公共图书馆评估定级管理服务平台”，经本级文化行政部门审定后报送；2017年7月至8月，各省（自治区、直辖市）文化厅（局）、新疆生产建设兵团文化广播电视局组织评估工作小组，对所辖地市级、县级公共图书馆进行实地评估，审核辖区内地市级、县级公共图书馆上报的数据；2017年9月至10月，文化部会同中国图书馆学会组织评估工作小组，对省级和副省级公共图书馆进行实地评估，审核省级和副省级公共图书馆上报的数据，同时，每个省份随机抽查两个县级公共图书馆；2017年10月底，各省（自治区、直辖市）文化厅（局）、新疆生产建设兵团文化广播电视局将评估工作总结报告分别报送文化部公共文化司和中国图书馆学会；2017年11月至12月，文化部对评估结果进行审核并公示后，确定定级结果，命名一、二、三级公共图书馆。

为做好第六次全国县级以上公共图书馆评估定级工作，根据《通知》安排，2017年4月5日至7日，由文化部公共文化司主办、中国图书馆学会承办、河北省图书馆协办的第六次全国县级以上公共图书馆评估定级工作培训班在河北省石家庄市举办。来自全国各省（自治区、直辖市）文化厅（局）、新疆生产建设兵团文化广播电视局相关处室负责同志、省级图书馆相关负责同志、评估定级工作联络员等100余人参加培训。培训班上，对第六次全国县级以上公共图书馆评估定级工作进行了具体部署和安排，并就相关工作进行培训。此次培训班的举办，集中解决各地评估定级工作组织过程中面临和关注的具体问题，进一步明确评估定级工作的具体任务和步骤流程，有效地指导和推动了各地评估定级工作的有序开展。

根据“全国公共图书馆评估定级管理服务平台”数据统计，省级、副省级、地市级、县级公共图书馆均已顺利完成数据上报工作，共计接受注册机构用户 3000 余个，个人用户约 10000 人，共计 2994 个图书馆经省级文化厅（局）审核完成报名获准参评，其中省级成人馆 45 个，省级少儿馆 13 个；市级成人馆 380 个，市级少儿馆 40 个；县级成人馆 2487 个，县级少儿馆 29 个。各省通过平台组建市、县级图书馆评估小组 388 个。2017 年 7 月 16 日起，逐步展开了县级、地市级以及副省级、省级公共图书馆指标评审，文化部组建 12 个专家评估小组分赴 31 个省（自治区、直辖市）完成了对 58 个省级、副省级公共图书馆的评估工作并在每个省份抽查 1 个地市级公共图书馆和 2 个县级公共图书馆的评估情况。（摘编自文化部网站、中国图书馆学会网站报道）

高校图书馆开展“双一流”环境下的图书馆建设与服务

2017数字资源建设与知识服务学术研讨会

10月16日—18日，“2017数字资源建设与知识服务学术研讨会”在东北师范大学图书馆召开。此次会议由教育部高等学校图书情报工作指导委员会文献资源建设工作组主办，全国师范院校图书馆联盟、大学数字图书馆国际合作计划（CADAL）东北地区中心协办，东北师范大学图书馆承办，旨在推动资源建设与“双一流”建设同步，带动全国高校图书馆共同发展。

国内外报告嘉宾、参会嘉宾、东北师范大学图书馆相关负责人出席开幕式。教育部高校图工委副主任、清华大学图书馆馆馆长邓景康，全国师范院校图书馆联盟理事长、北京师范大学图书馆馆长张奇伟，西南交通大学图书馆馆长高凡，高等教育文献保障系统（CALIS）管理中心副主任、北京大学图书馆副馆长陈凌，武汉大学图书馆副馆长张洪元，美国俄亥俄大学图书馆馆长Scott Seaman，美国乔治·华盛顿大学图书馆馆长兼大学学术创新负责人Geneva Henry，美国卡内基·梅隆大学图书馆馆长Keith Webster，国际图书馆联盟顾问Thomas John Sanville，美国纽约州立大学石溪分校全球图书馆倡议办公室负责人Michael Bailou Huang等参加会议并做报告。东北师范大学图书馆馆长刘万国主持开幕式。

会议以“高校图书馆数字资源建设和知识服务策略与举措”为主题，从图书馆资源建设切入，围绕图书馆服务新时代的变化、机遇和挑战，新时期图书馆建设的功能导向和责任使命以及以“共享”和“特色”为理念内核的图书馆发展策略等方面展开学术讨论，探讨“双一流”环境下图书馆发展规划、联盟合作、用户研究、知识服务等热点问题。来自国内外的16位（国外10位，国内6位）报告专家做了18场报告。清华大学、北京大学、北京师范大学、华东师范大学等104所图书馆200余人参加研讨会。

本次会议对图书馆“该向何处去”的发展性问题做出了充分的理论解答，为图书馆建设和发展提供理论借鉴，为图书馆建设世界级资源与服务体系提供新思路。（教育部高等学校图书情报工作指导委员会网站报道）

全国首个“双一流”大学图书馆建设区域联盟在四川大学成立

在党的十九大胜利闭幕之际，全国首个区域性专业性“双一流”大学建设协作平台——四川省“双一流”大学图书馆建设联盟宣告成立。2017年9月21日，教育部、财政部、国家发展改革委研究并报国务院批准，公布了世界一流大学和一流学科建设高校及建设学科名单。其中，四川省共有8所高校进入首批“双一流”大学和“双一流”学科建设名单。

10月26日，“四川省‘双一流’大学图书馆建设联盟成立暨四川大学一流大学图书馆建设专家咨询会”在四川大学图书馆举行。四川省教育厅、四川大学、四川省图书馆、中国科学院成都文献情报中心、四川省社会科学院文献情报中心、成都市图书馆的领导专家和四川大学、电子科技大学、西南交通大学、西南财经大学、四川农业大学、西南石油大学、成都理工大学、成都中医药大学等8所高校图书馆负责人出席了会议。会议由四川省高校图书情报工作委员会秘书长、四川大学图书馆馆长党跃武教授主持。

在会上，“四川省‘双一流’大学图书馆建设联盟”高校图书馆分别介绍各自的建设目标和发展要点。作为联盟的主要发起人，四川大学图书馆馆长党跃武表示，成立四川省“双一流”大学图书馆建设联盟，旨在建立资源共享、深度融合、全面开放、互补互信的协作机制，进一步推进信息资源、科学管理、信息技术、知识服务等方面的战略合作，共创创新平台，共建创新资源，共享创新经验，共用创新成果。他希望，四川省“双一流”大学图书馆建设联盟真正成为应对管理服务新挑战的智囊、激发管理服务新思想的源泉、交流管理服务新方法的阵地、培育管理服务新成果的园地。同时，他代表联盟高校图书馆期待和欢迎更多的“双一流”建设高校图书馆的加入，共同助力国家的“双一流”建设。

同时，会议还专门进行了四川大学一流大学图书馆建设专家咨询。为了快速推进世界一流大学建设，四川大学将重点打造一流师资队伍建设、一流拔尖人才培养、一流学科平台建设、一流科研创新体系、一流成果转化机制、一流华西医疗服务、一流校地合作体制、一流国际合作交流、一流文化传承创新和一流环境条件保障等“十个一流”。其中，一流大学图书馆建设是一流环境条件保障的主要内容之一。到会领导专家就四川大学初步提出的“引领知识服务和创新服务的智慧图书馆”的一流大学图书馆建设目标和实施四位一体信息资源构建计划、四类高端知识服务打造计划、“四季书香”阅读推广发展计划和四大特色文化资源开发计划的“四个四”的建设计划给予了充分肯定，提出了许多宝贵的意见和建议。（四川大学图书馆网站报道）

国家图书馆总馆南区建成开馆30周年纪念活动举行

10月12日，“国家图书馆总馆南区建成开馆30周年座谈会”在国家图书馆召开。文化部原部长王蒙，文化部党组成员、副部长张旭，文化部原副部长艾青春，文化部原副部长、国家图书馆名誉馆长周和平，文化部公共文化司副司长陈彬斌，国家图书馆馆长、党委书记韩永进，国家图书馆原党委书记、常务副馆长詹福瑞以及馆班子成员李虹霖、孙一钢、汪东波等领导，中国工程院院士张锦秋、崔愷等参与总馆南区建设或维修改造的相关代表，国家图书馆和全国图书馆界代表参加会议。

王蒙表示，很高兴能够参与当时总馆南区建成开馆工作，希望国家图书馆“不忘初心”，在经过30年以后仍然保持兢兢业业、一丝不苟、奋发图强、有所改善的工作精神，使图书馆各项事业不断开拓发展。要适应信息时代需求，加强网站等新媒体平台建设，提供更具吸引力的阅读服务；要积极举办各类丰富多彩的读者活动，吸引各领域专家学者、社会精英和普通读者参与，使图书馆成为大众“文化交流、终身学习、社会教育”的重要阵地。

张旭指出，国家图书馆总馆南区建成开放被誉为中国图书馆事业迈入现代化的重要标志，30年来国家图书馆不论是在设施网络、文献藏量、数字化建设方面，还是在馆藏利用、免费开放、行业引领等方面都取得丰硕成果。希望国家图书馆继续强化服务意识，充分发挥国家图书馆的职能作用；继续深化改革创新，不断提升管理水平和服务效能；继续抓好重点项目，落实“十三五”规划提出的工作任务；继续加强队伍建设，为国家图书馆持续发展提供人才保障。

艾青春表示，国家图书馆总馆南区工程是高标准、高质量、高效率、精心完成的一项举世瞩目的我国文化事业重大工程，是我国图书馆事业发展的一个里程碑，不仅仅是建设完成了一项重大工程，在建设和开放过程中也培养了一批高水平的人才。30年来，国家图书馆始终站在“科学、开创、先进”的图书馆工作前沿，为国家文化建设做出重要贡献。

周和平在讲话中说，国家图书馆建馆108年，许多事件能够载入史册，其中至少有三件事能够写入国史，分别是1909年京师图书馆设立、1931年文津街馆舍建成、1987年总馆南区开放。纪念南区建成开馆30周年之际，要记住三点：一是党中央国务院对国家图书馆新馆建设的关心；二是当时的馆领导带领全馆员工精心做好业务规划和制定各类制度规范，为国家图书馆发展奠定坚实基础；三是员工精神的培育，当时国家图书馆开展了大量各类培训，员工面貌焕然一新，成为推动国家图书馆发展的精神财富。

韩永进简要回顾总馆南区建设历程，对国家图书馆馆舍布局和未来发展进行了全面介绍。他说，今天对南区建成30年的纪念，既是对那段激动人心的历史进行总结和回顾，更是对百年国图艰苦奋斗、开拓进取的创业精神的继承和传扬。国图人将秉承“传承文明　服务社会”宗旨，继续为建设“国内最好、世界领先”的国家图书馆，为传承弘扬中华优秀传统文化、实现“两个一百年”奋斗目标做出新的贡献。

总馆南区建设和维修改造设计单位代表张锦秋、崔愷分别进行了发言，上海图书馆馆长陈超代表图书馆界做发言；与会代表进行交流，回顾历史、展望未来。

10月11日至12月13日，在总馆北区二层大厅举办“册府千载　于兹为盛——国家图书馆总馆南区建成开馆30周年纪念展”，展览分为“馆舍屡迁　事业初创”“事业拓展　空间不敷”“周密选址　紫竹院畔”“群贤共举　汉唐遗风”“两院施绘　三建筑城”“军民协同　有序搬迁”“广获赞誉　引领业界”“功能扩充　服务跃升”“时代之需　北建南缮”“文津余韵　承德续缘”等，共计10个单元。展览以时间为脉络，图文结合，辅以总馆南区开馆以来具有特殊历史意义的实物展品，介绍国家图书馆从建馆到总馆南区筹建、开馆以及以此为基础的业务拓展、修缮扩建等一系列进程，展现国家图书馆总馆南区开馆30年来的辉煌。

国家图书馆总馆南区建设工程是周恩来总理提议，于1975年3月经国务院批准兴建的，周恩来总理在病中亲自审定了建设方案。工程于1983年9月23日奠基，1987年10月6日举行开馆典礼，10月15日向社会开放。这项工程是党的十一届三中全会以后，在改革开放新的历史征程中，党和国家推进社会主义文化事业全面走向现代化的重要战略举措。总馆南区的规划建设及开放服务，还得到李先念、万里、谷牧等多位党和国家领导人的殷切关怀与直接指导，得到首都及全国有关单位的大力支持和无私帮助，也凝聚所有工程参与者的艰苦努力和倾心付出，充分展现一代中国人团结奋进、担当有为、甘于奉献的精神风貌。

国家图书馆总馆南区之所以能被誉为中国图书馆事业迈向现代化的重要标志，远不止因其有一流的建筑和设备。当时的北京图书馆面临现代化转型的历史机遇，在积极筹建新馆同时，明确提出建设全面履行国家图书馆职能的、现代化的“1986—1995年十年建馆目标”，并围绕这一建馆目标，在管理体制和运行机制上进行大刀阔斧的现代化改革，树立了“优质、高效、团结、文明”的馆风，为在一流的建筑和设备基础上实现一流的管理和服务提供坚实保障。

今天的国家图书馆，总建筑面积超过28万平方米，是世界上开放范围最广、服务量最大的国家图书馆，形成总馆南区、总馆北区、古籍馆三个馆区并立，功能相互衔接、互为补充的业务和服务格局。2015年底，国家图书馆新一期的基建工程——国家图书馆国家文献战略储备库项目由国务院批准立项，并被列入国家“十三五”重大文化设施项目，国家图书馆的建设迎来新的发展阶段。（国家图书馆网站报道）

《中国图书馆史》发布座谈会举行

10月12日，由国家图书馆馆长韩永进主编、国家图书馆出版社出版的《中国图书馆史》发布座谈会在国家图书馆召开。文化部公共文化司副司长陈彬斌，国家图书馆馆长、《中国图书馆史》主编韩永进，各分卷主编、多位业界专家，以及国家图书馆出版社有关人员共30余人参加会议。

韩永进、陈彬斌分别讲话，各分卷主编介绍了本分卷的编纂情况，国家图书馆出版社介绍了该书的出版情况，与会专家围绕《中国图书馆史》的价值、图书馆史的研究深入研讨。

《中国图书馆史》是"中国图书馆史"专题研究项目的项目成果。2011年，国家图书馆联合北京大学、武汉大学、中山大学的专家学者组成研究团队，启动"中国图书馆史"专题研究项目，并于2014年12月获国家社会科学基金后期资助。

《中国图书馆史》是我国第一部真正意义的中国图书馆通史，是对先秦迄今3000多年藏书史及图书馆发展史的首次全面记录，也是对我国图书馆事业发展成就及经验教训的深刻总结。全书共计200余万字，分为4卷，其中，《古代藏书卷》由北京大学教授王余光主编，主要梳理先秦至清朝中期的中国图书馆事业发展情况；《近代图书馆卷》由中山大学教授程焕文主编，主要介绍清末至民国时期的中国图书馆事业发展历程；《现当代图书馆卷》由武汉大学教授肖希明主编，介绍中华人民共和国成立以来，尤其是改革开放以来我国图书馆事业的快速发展状况；《附录卷》由国家图书馆研究馆员汪东波主编，包括大事记和重要人物传略两部分。

《中国图书馆史》融贯古今，完整呈现中国图书馆事业发展历程，将古代藏书楼到近现代图书馆的变迁视为一脉相承的发展过程，全书时间跨度虽长，却将重点放在了现有研究中相对薄弱的近代和现当代图书馆发展历史，对1949年以来尤其是改革开放以来图书馆史的研究更是重中之重，填补了中华人民共和国成立以来我国图书馆史系统性研究的空白。

在对中国图书馆史进行分期的过程中，《中国图书馆史》既遵循中国历史分期的普遍性，又充分考虑中国图书馆事业发展的特点与规律，将政治因素、经济因素、技术因素以及图书馆自身发展的特点，作为中国图书馆史分期的主要依据。据此，本部书将中国图书馆史划分为古代藏书（先秦—清中期）、近代图书馆（清末—民国）和现当代图书馆（中华人民共和国成立以来）三大阶段。其中，先秦至清中期主要是中国古代官府藏书、私人藏书、书院藏书、寺观藏书等四大藏书体系产生、发展和完善的历史，与此后的图书馆有着显著的差异；清末西学东渐将西方图书馆理念、技术及方法引入中国，推动中国近代图书馆的兴起和迅速发展，实现了古代藏书楼到近代图书馆的巨大转变；而中华人民共和国的成立，则使得图书馆事业得以纳入国家统筹规划和指导，逐步发展完善，形成适应现代国家和社会发展需要的图书馆体系。

此外，《中国图书馆史》在社会历史发展的大视野中对中国图书馆事业发展进行观察和思考，对政治、文化、思想、经济、技术等方面的变化及其影响给予密切关注，以深入理解图书馆在不同时期的兴衰变化和适应调整过程，探讨其反作用于社会历史变化发展的内在规律。在编纂过程中，本部书还特别对世界重要国家和地区图书馆思想传入中国的历史进行了全面系统的梳理，并对它们在中国图书馆事业发展进程中所产生的影响进行了客观总结和评价，分别从本土化和国际化的不同视角来观察、思考中国图书馆事业发展中存在的一些具体问题。（国家图书馆网站报道）

2017 年中国图书馆屡获国际大奖

中国图书馆包揽 IFLA-BibLibre 国际图书馆营销奖前三名

4 月 19 日，国际图书馆协会和机构联合会（IFLA，中文简称“国际图联”）管理与营销组公布了第 14 届 IFLA-BibLibre 国际图书馆营销奖获奖者，中国队包揽前三，分别由北京科技大学图书馆、上海图书馆和武汉大学图书馆获得。

第一名：《读书天》（READay）——北京科技大学图书馆

《读书天》（READay）是北京科技大学图书馆的重要阅读推广项目，通过每天在图书馆官方微信号上选择并推送一本推荐图书的书评或书中的精彩片段，《读书天》为大学校园营造了一个更好的阅读环境。

第二名：开放数据 2016 应用开发竞赛——上海图书馆

2016 上海图书馆开放数据应用开发竞赛基于上海图书馆家谱知识数据库收集来自全社会的优秀移动应用原型和服务理念。活动传达并体现了上海图书馆在大数据时代对公共图书馆的转型和创新所做的反思与探索。

第三名：“微天堂”真人图书馆——武汉大学图书馆

“微天堂”真人图书馆是由武汉大学图书馆医学分馆主办，与学生社团阅微书社合作的项目。本着“每个人的经历都是一本书”的理念，活动寻找各种有趣有阅历的人，通过采访、编写分类、制作海报、在图书馆微信公众号和主页发布简介等方式，出版真人图书；以人为载体，通过平等交互的形式，“读者”和“书本”进行双向阅读；每本书都配有一名导读，唤起真人图书和读者之间互动的浪潮，让思想碰撞出火花。

国际图书馆营销奖由国际图联管理与营销组和法国 BibLibre 公司共同发起，自 2001 年起开始运作，旨在表彰组织实施富于创意并注重应用效果的营销项目或活动的图书馆及其他信息机构。2017 年度共收到来自全世界 11 个国家 5 种语言的 65 个申请。（摘编自北京科技大学网站和武汉大学网站报道）

广东省立中山图书馆获 2017 年绿色图书馆大奖

7 月 20 日，国际图联的官方网站（www.ifla.org）发布新消息，环境持续性与图书馆特别兴趣组（Environmental Sustainability and Library Special Interest Group）公布了 2017 年绿色图书馆大奖的获奖名单，广东省立中山图书馆并列亚军。第一名的获得者是德国巴特奥尔德斯洛图书馆，并列第二名的获奖者还有香港中文大学图书馆、肯尼亚阅读树图书馆、塞尔维亚乌齐斯图书馆、乌克兰的利沃夫生态教育项目。

本项国际图联的绿色图书馆大奖（Green Library Award）由环境持续性与图书馆特别兴趣组（简称 ENSULIB SIG）于 2016 年创立，由德国德古意特出版社（De Gruyter Publishing）赞助。大奖的宗旨是通过奖励跟环境持续性对话的最佳绿色图书馆，增强图书馆的社会责任以及引领环境教育的意识。

2017 年度的大奖活动共收到来自全球的 35 个申请，申请来自印度、乌克兰、塞尔维亚、中国、美国、哥伦比亚、意大利、葡萄牙、肯尼亚、尼日利亚、伊朗等国家。参与评审的 15 位评委分别来自澳大利亚、法国、芬兰、肯尼亚、德国、葡萄牙、沙特阿拉伯、西班牙、瑞典、美国等国，他们当中有图书馆信息科学专业的学生，有公共图书馆或高校图书馆的专家学者，还有建筑学家。

该奖项于8月16日在德国柏林召开的ENSULIB卫星会议、8月22日在波兰弗罗茨瓦夫召开的国际图联大会的第154分会场颁发展示。

（广东省立中山图书馆网站报道）

图书馆事业

国家图书馆

综述

2017年是"十三五"承上启下的一年，国家图书馆圆满完成全年工作任务。截至12月底，馆藏文献3768.62万册(件)，数字资源总量1603.87TB，全年接待到馆读者超过583.90万人次，网站访问量达9.10亿次，文献流通2555.80万册次，解答各类咨询约104.90万件，举办公益性展览、讲座、培训、演出2460场次。主要工作有：

深入学习贯彻党的十九大精神。将学习、宣传、贯彻党的十九大精神作为首要工作任务，制订工作方案和党委中心组专题学习计划，面向中层干部、党支部委员、青年党员等开展专题教育培训，举办团员青年学习十九大精神知识竞赛，在"支部工作"APP、《国家图书馆通讯》、《党委工作简报》、网站、微博、微信、办公自动化系统等多个平台上开设学习专题、专栏。将贯彻落实十九大精神与推进国家图书馆事业发展紧密结合起来，在全馆统一部署以十九大精神为统领，全面加强党的建设，推进业务建设工作。

积极推进立法，明确国家图书馆职能。国家图书馆新"三定方案"经文化部批复后，加强与全国人大的沟通，在部有关司局支持下，最终《公共图书馆法》第22条明确了国家图书馆的职能定位，为国家图书馆事业提供了重要法律保障与发展空间。在此基础上，馆领导对全馆主要业务部门学习十九大精神、贯彻落实《公共图书馆法》、推进业务工作的情况进行全面深入调研，对照法律要求对国家图书馆内工作进行全面梳理，部署规划未来一段时期的事业发展。开展覆盖全媒体的《公共图书馆法》宣传推广活动，组织员工学习法条，面向全国图书馆界开展业务培训，以充分认识《公共图书馆法》对国家图书馆及全国公共图书馆事业发展的重要意义。

围绕传承弘扬优秀传统文化，全力推进重点工作取得新突破。《中华传统文化百部经典》编纂工作确定四批54种书目和撰稿人，《诗经》《论语》等首批10部图书正式出版；《鲁迅手稿全集》编辑出版项目正式启动，成立编辑委员会与专家委员会，确立编辑出版实施方案，完成鲁迅手稿存藏单位情况统计与核实工作；国家文献战略储备库建设项目通过国内公开招投标确定中标设计单位及设计方案，办理完成项目环境影响评价、社会稳定风险评估、节能审查等专项评估及报批，编制上报可行性研究报告，配合发改委的评审工作；"国家传统文化典籍整理工程"获批立项，第一批4个选题项目启动实施。

创新服务亮点频出。与国家发展和改革委员会共建"发改书吧"，为建设学习型机关，提升机关干部素质本领提供文献信息保障；国家图书馆视听服务中心正式开放，以音乐艺术为主题，以视听服务空间和国图艺术中心为阵地，集成实体盘片、数字资源、图书、期刊等馆藏资源，实现线上线下相结合、实体数字相结合的一站式服务；牵头成立"全国图书馆文化创意产品开发联盟"，举办图书馆文化创意产品开发创新论坛，为全国图书馆界培训文创人才，全年共开发文创产品百余种。

围绕国家图书馆总馆南区建成开放30周年举办系列宣传推广活动。国家图书馆总馆南区的建设历时10余年，得到周恩来、万里等多位党和国家领导人的悉心关怀，其建成开放被誉为是国家图书馆向现代化迈进的标志，也是我国图书馆事业发展史的重要里程碑。2018年适逢国家图书馆总馆南区建成开馆30周年，国家图书馆通过组织召开座谈会，举办纪念展，采集口述史资料，制作专题片，推出在线虚拟读者纪念卡等系列活动，集中对我国图书馆事业乃至文化事业的发展成就进行宣传推广，社会反响强烈；同时，由国家图书馆组织编撰的中国第一部真正意义上的图书馆通史——《中国图书馆史》正式发布，共计4卷220余万字，系统阐释了我国图书馆事业随国家和民族的发展而发展的辉煌成就，获得业界广泛关注。

积极贯彻落实和规划部署"十三五"重点任务。抓住国家文献战略储备库项目、中华古籍保护计划、民国时期文献保护计划和《中华传统文化百部经典》编纂项目被纳入国家、文化部"十三五"发展规划的重要机遇，贯彻落实有关规划要求，发布《国家图书馆"十三五"规划纲要》及民国时期文献保护计划、科研工作、全国图书馆文献缩微工作等4个"十三五"专项规划，制定《国家图书馆〈关于实施中华优秀传统文化传承发展工程的意见〉的实施意见》，确保重点工作任务有部署有落实，通过规划明确发展思路，促进事业全面创新发展。

围绕国家立法与决策提供支持服务。为党政军提供咨询服务1637件，为全国"两会"提供近30个热点选题的资料遴选，编制经济、文化、外交、国防、民政、海外智库等领域专报10余种714期；为国务院参事室提供《基本国情再认识与对未来发展的新建议》《从"参与"到"引领"：中国在联合国及其相关组织的人员状况及对策建议》报告；全年共举办部级领导干部历史文化讲座12场，1708人次听讲；为《公共图书馆法》《行政法规制定程序条例》等法律法规及图书馆领域政策文件的制定出台提供支撑研究和专题资料。

充分发挥国家级公共文化服务设施作用。"国图公开课"上线专题课程49期，多平台直播"跨越时空的交响——中英文学对话"特别活动，当日93万人次观看；第十二届文津图书奖评选出获奖图书10种，推荐图书44种；联合448家图书馆开展"网络书香过大年"活动，130万人次参与；国家典籍博物馆紧密配合国家内政外交重大活动、重要时间节点以及社会文化热点，举办"钢铁长城——纪念中国人民解放军建军九十周年馆藏文献展""从莎士比亚到福尔摩斯：大英图书馆的珍宝""世界插画大展——国际安徒生奖(终身成就)50周年展""从诗经到红楼梦""孔府珍藏文献展"等多场重大专题展览，全年观展达123.09万人次；继续开展"走进典籍博物馆大课堂""我是小小讲解员"等青少年社会教育活动，积极探索开展中小学生研学游，加强与学校教育的衔接。

依托重大文化工程推进优秀传统文化的创造性转化和创新性发展。中华古籍保护计划深入推进，召开国家古籍保护中心成立十周年座谈会；成立"西域文献保护研究中心"，举办第一期全国道教、佛教古籍修复技术培训班，开展《赵城金藏》珍贵史料的整理工作；与四家大型公共图书馆联合在线发布古籍数字资源，带动全国古籍文献资源的开放共享；与中国运载火箭技术研究院签署古籍保护系列产品试用协议，推进新科技产品在古籍保护工作中的应用。数字图书馆推广工程上线网络书香资源检索平台，实现首批100余万条资源的一站式检索服务；移动阅读平台全新升级，全国分站达到327家；举办"网络书香"系列阅读推广活动，服务超过3942万人次；完成首批9家贫困县图书馆文化精准帮扶和服务推广工作；配合文化部开展2016年度公共数字文化工程实地考核工作。民国时期文献保护计划稳步实施，与中国第二历史档案馆签订战略框架协议，推进日本战犯档案整理、日本对华调查档案资料整理、抗日阵亡将士档案调查、滇西抗战档案等抗战文献的整理、研究。

国内外交流合作务实推进。为中国古籍保护协会等3个行业协会和全国图书馆标准化技术委员会等2个标准化技术组织发展提供保障，支持中国图书馆学会承接第六次全国县级以上公共图书馆评估定级工作。配合"一带一路"战略，举办第25届亚洲及大洋洲地区国家图书馆馆长会议、第2届中国与阿拉伯国家图书馆及信息领域专家会议，与厄瓜多尔、毛里求斯等国的国家图书馆签署合作协议，倡导成立金砖国家图书馆联盟，与英国国家图书馆联合举办"从莎士比亚到福尔摩斯：大英图书馆的珍宝"展，反响热烈；继续推进海外中国文化中心数字图书馆、中日韩数字图书馆、中阿数字图书馆等项目。(国家图书馆研究院)

年度工作

【国家图书馆春节活动新闻发布会暨2017年记者座谈会举行】 1月18日，国家图书馆春节活动新闻发布会暨2017年记者座谈会在国家图书馆嘉言堂举行。文化部办公厅副主任喻剑南，国家图书馆馆长韩永进，常务副馆长陈力，副馆长孙一钢以及来自文化部、国家图书馆相关部门负责同志、在京主要媒体记者60余人参加活动。韩永进在致辞中指出，当前，国家图书馆发展格局不断扩大，业务变化日新月异，必将催生更多生动鲜活的新闻题材。希望媒体朋友能够把握时代发展内涵、深入图书馆，写出更多出色出彩的报道，图书馆人和媒体人携手为倡导全民阅读、提升国民素质、建设文化强国做出新贡献。发布会以馆员生动讲解、媒体互动答题、国图乐队穿插春节乐曲演出的方式详细介绍春节读者活动：一是线上活动，举办数字图书馆推广工程“网络书香过大年”，利用国家图书馆手机门户、“掌上国图”客户端、微博、微信等开展新春互动。二是线下活动，包括举办“品书香　赏年俗”——2017年国家图书馆年俗文化展、“赏红楼　迎新年”——M地铁·图书馆“书春日”特别活动、“书香筑梦　金鸡纳福”公益晚会，以及馆长拜年、阅览区读者互动等节日文化活动。（国家图书馆办公室）

【中国古籍保护协会参加“中华古籍保护”公益项目启动仪式】 2月26日，中国古籍保护协会参加财通证券股份有限公司在杭州举办的“中华古籍保护”公益项目启动仪式。中国古籍保护协会会长刘惠平代表协会致辞，国家图书馆副馆长、国家古籍保护中心副主任、中国古籍保护协会常务副会长张志清发表题为“文明终古共春熙——古籍保护传承大有可为”的演讲，并播放古籍保护短片。财通证券股份有限公司现场向中国古籍保护协会捐助善款，用于古籍的原生性及再生性保护。会场外还专门搭建小型展览区，以“浙江记忆”为主题，展示国家图书馆藏《咸淳临安志》《西湖三十二景图》等与浙江相关的古籍，展示古代浙江地区的风貌。本次演讲和展览活动，旨在向社会各界进一步宣传展示中华优秀传统文化，吸引社会力量推动古籍保护事业发展。（国家图书馆办公室）

【国家图书馆与中国第二历史档案馆合作共建战略框架协议签约仪式暨民国时期文献整理出版项目专家评审会举行】 4月11日，国家图书馆与中国第二历史档案馆合作共建战略框架协议签约仪式暨民国时期文献整理出版项目专家评审会在国家图书馆举行。仪式上，国家图书馆常务副馆长陈力、中国第二历史档案馆馆长马振犊分别代表两馆签署合作共建战略框架协议。中国社会科学院近代史研究所所长王建朗、北京大学历史学系教授王晓秋、中国人民解放军军事科学院军事历史和百科研究部部长曲爱国、南开大学日本研究院院长宋志勇等专家见证签约。同日，2017年民国时期文献整理出版项目专家评审会在国家图书馆举行。本次合作，将充分利用双方丰富馆藏和人才优势，结合国家社科基金抗日战争研究专项工程项目的实施，在日本战犯档案整理、日本对华调查档案资料整理、抗日阵亡将士档案调查、滇西抗战档案等抗战文献的整理、研究及人才培养等方面进一步开展系统化合作，共同推进民国时期文献和档案资料的征集、整理、保护、研究和开发利用。（国家图书馆办公室）

【“从莎士比亚到福尔摩斯：大英图书馆的珍宝”展在国家典籍博物馆开展】 4月21日，中国国家图书馆与英国国家图书馆联合举办的“从莎士比亚到福尔摩斯：大英图书馆的珍宝”展在国家典籍博物馆正式开展。文化部部长雒树刚、英国国家图书馆董事会主席布莱克斯通、国家图书馆馆长韩永进、英国驻华使馆公使罗廷在开幕式上致辞。英国国家图书馆馆长卡洛琳·布雷泽、文化部对外文化联络局局长谢金英、国家文物局副局长关强以及来自中国社会科学院、外语教学与研究出版社、北京人民艺术剧院的相关领导和专家出席开幕式。开幕式后，两馆的领导及业务专家举行中英两国图书馆业务交流活动，同日举办“英国文学在中国”主题沙龙。在预展期间，国图公开课举办特别活动：“跨越时空的交响——中英文学对话”。本次展览展出英国标志性作家的9部手稿、2部早期印本，涵盖诗歌、戏剧和小说三个领域，均系首次在国内亮相。中国国家图书馆的馆藏同时展出，包含这些英国文学在中国的著名译作、改编及评论书籍或稿件等。特别是汤显祖和莎士比亚这两位东西方戏剧史上巨擘的作品，明茅瑛刻套印本的《牡丹亭》与乔治三世收藏的1599年《罗密欧与朱丽叶》一同展出，同芳竞艳。同时，还展出嘉兴市图书馆收藏的中国翻译家朱生豪有关莎士比亚的翻译手稿、北京人民艺术剧院提供的《哈姆雷特》戏曲服装等。（国家图书馆办公室）

【“从《诗经》到《红楼梦》——那些年我们读过的经典”展览在国家典籍博物馆开展】 4月21日，国家图书馆举办的“从《诗经》到《红楼梦》——那些年我们读过的经典”展览开展。该展撷英集萃，精选70余件古籍，分为先秦、秦汉、魏晋南北朝、隋唐五代、宋、元、明、清八个部分，通过人物及作品串联起中国辉煌的古典文学，从诗经、楚辞、汉赋到唐诗、宋词、元曲，讫于四大名著为代表的明清小说，包括明铜活字蓝印本《毛诗》，明铜活字印本《白氏长庆集》，清乾隆萃文书屋印本《红楼梦》等众多善本古籍。展厅内还设有“诗书礼乐”版块，现场展示编钟、服饰、活字盘及古琴等展品。（国家图书馆办公室）

【第十二届文津图书奖揭晓】 4月23日，第十二届文津图书奖在国家图书馆揭晓。本次活动由国家图书馆联合北京市海淀区、北京京港地铁有限公司、新华社《北京参考》共同举办。国家图书馆馆长、党委书记韩永进，北京市海淀区委书记崔述强以及来自文化部、国家新闻出版广电总局、新华社、北京市海淀区、国家图书馆、北京京港地铁有限公司等相关单位负责人出席仪式。本届文津图书奖共收到推荐书目1800余种，全国64家图书馆担任联合评审单位，8家媒体评审参与图书推荐和初评环节，14位知名学者进行终评工作，共评选出获奖图书10种，推荐图书44种。《中国文化的根本精神》《德国天才》《造房子》《古乐之美》《大国大城：当代中国的统一、发展与平衡》《消失的微生物：滥用抗生素引发的健康危机》《星空帝国　中国古代星宿揭秘》《吃货的生物学修养》《去野外：探索大自然之旅》《盘中餐》等荣获第十二届文津图书奖，其中社科类5种、科普类3种、少儿类2种。获奖图书中7种是原创作品，3种是翻译作品，原创性作品的数量和质量都比往届有所提高。活动现场公布“第十二届文津图书奖最受读者喜爱的入围图书投票活动”结果。为配合本次文津图书奖揭晓，国家图书馆还举办第十二届文津图书奖获奖及推荐图书展览，全国60多家图书馆在各地的巡展同步开幕。同时，文津图书奖组委会举办文津图书推广活动，共有12家公共图书馆的120名馆长和馆员担任发起人，开展阅读接力活动。（国家图书馆办公室）

【第25届亚洲及大洋洲地区国家图书馆馆长会议在中国国家图书馆举行】 5月17日至18日，第25届亚洲及大洋洲地区国家图书馆馆长会议（简称“亚大会议”）在中国国家图书馆举行。文化部部长助理于群，国际图联主席多纳·希德，中国国家图书馆馆长韩永进，副馆长魏大威、孙一钢，文化部对外文化联络局副局长郑浩等出席会议。30余位来自亚洲和大洋洲地区的20个国家的国家图书馆或承担国家图书馆职能的机构代表参加会议。本次会议主题为“构建可持续发展的区域性国家图书馆网络”。与会代表介绍各馆最新的发展成就，分享各馆在开展国际合作方面的实践和经验。中国国家图书馆做题为“构建推动区域性交流与合作——以中国国家图书馆为例”的专题报告，展现近年来中国国家图书馆在国际图书馆界发挥的积极作用，得到各方肯定。会上，与会代表研究了由中方提出的优化亚大会议组织和管理机制的建议，得到代表广泛认可，对于推动亚大会议的可持续发展具有重要意义。（国家图书馆办公室）

【国家图书馆国家文献战略储备库建设工程建筑设计合同签字仪式举行】 5月22日，国家图书馆国家文献战略储备库建设工程建筑设计合同签字仪式在国家图书馆举行。中国建筑设计院有限公司名誉院长、中国工程院院士崔愷，国家图书馆馆长、党委书记韩永进出席仪式并分别代表合同双方致辞。在此次工程设计招标中，国家图书馆认真贯彻落实文化部领导“科学设计、科学论证、科学编制方案、建设优质工程廉洁工程”的指示精神，经过资格预审、设计方案和技术建议征集、公开招标等多个阶段，历时7个月，最终崔愷院士领衔的中国建筑设计院方案以“隐于自然，融入环境，展现中国建筑园林美”的设计理念得到专家和各有关方面的一致认可，在众多优秀参选方案中脱颖而出，成为中标方案。（国家图书馆办公室）

【第2届中国与阿拉伯国家图书馆及信息领域专家会议举行】 5月24日，由文化部支持、中国国家图书馆主办的第2届中国与阿拉伯国家图书馆及信息领域专家会议在北京举行。文化部对外文化联络局局长谢金英，中国国家图书馆馆长韩永进、副馆长孙一钢、馆长助理汪东波，阿盟秘书处信息、文献与翻译局局长海勒·贾德，巴林、埃及、伊拉克、约旦、科威特、黎巴嫩、阿曼、沙特阿拉伯、突尼斯等阿拉伯国家及阿盟秘书处的10余名馆长、官员、专家，以及国内图书馆界的10余名馆长出席活动。本次会议是文化部“丝绸之路系列文化论坛”活动之一，也是继2014中国—阿拉伯国家图书馆馆长论坛、2015首届中国与阿拉伯国家图书馆及信息领域专家会议之后的又一次中阿图书馆界盛会。会议主题为“中阿图书馆资源的共知共建与共享”，与会代表围绕各馆在文献资源建设、信息资源组织揭示、图书馆建设发展等方面的情况做交流；就各馆在信息社会中如何推动共知、共建和共享，促进图书馆与信息技术的关联发展等问题进行探讨。此外，中方和阿方分别介绍“中阿数字图书馆”合作项目进展，该项目门户网站以展示中阿双方优质数字资源为主要内容，中国国家图书馆首批导入300多种中国古代和现代文献、视频、音频、图片等资源。（国家图书馆办公室）

【国家图书馆入藏杨献珍手稿】 6月9日，国家图书馆入藏杨献珍手稿共计126种126册叶。杨献珍后辈杨力军、杨陆、杨黎虹向国家图书馆捐赠该批手稿，国家图书馆馆长韩永进接受捐赠并颁发捐赠证书，国家图书馆名誉馆长周和平出席捐赠仪式。本次捐赠的杨献珍手稿包括研究马克思主义哲学的文稿、札记，与党校教学有关的讲稿、资料等，其中包括大量从未公开发表的珍贵文稿。这批珍贵文献集中反映了作者的辩证唯物主义哲学思想体系和坚持真理、实事求是的共产主义信念，也折射出了作者的坎坷命运与当代中国哲学的发展曲折，兼具史料价值与文献价值。本次捐赠的手稿将入藏国家图书馆名家手稿文库永久保存。（国家图书馆办公室）

【国家图书馆开展中华优秀传统文化系列推广活动】 6月9日，国家图书馆（国家古籍保护中心）启动中华优秀传统文化系列推广活动。国家图书馆馆长、国家古籍保护中心主任韩永进，国家图书馆副馆长、国家古籍保护中心副主任张志清，孔子博物馆馆长孔德平，中华书局总编辑顾青等参加活动。活动现场，韩永进、孔德平共同为《孔子博物馆古籍普查登记目录》首发揭幕。6月10日至8月26日期间，国家图书馆推出2017年“非物质文化遗产保护讲座月”活动，举办10场非遗专题讲座及相关部分展示，同时，非物质文化遗产图书专题展示、木版年画制作体验等活动也相继举办，力求全面系统地向公众介绍非物质文化遗产保护理念和方式方法，展示我国优秀文化遗产，营造全社会关心非遗、了解非遗的良好氛围。其中，由文化部非物质文化遗产司、国家图书馆和北京联合大学艺术学院联合承办的“非物质文化遗产保护讲座月”特别活动——“非遗中的老北京”于7月21日在国家图书馆举办。活动邀请六大“京味儿”非遗技艺的传承人佟秀芬、李继宗、陈永昌、张彦、翟玉良和杨志刚老师亲临现场，展示非遗技艺的工艺流程，与读者进行互动与交流，并特邀中国艺术研究院工艺美术研究所副所长邱春林老师担任点评嘉宾，对每个项目进行点评。（国家图书馆办公室）

【民国时期文献保护计划宣传推广活动在宁夏固原举办】 6月22日至24日，民国时期文献保护计划宣传推广活动——宁夏站系列活动在固原拉开帷幕。此次活动由文化部公共文化司指导，国家图书馆、中国图书馆学会和宁夏回族自治区文化厅联合主办，宁夏图书馆学会、宁夏图书馆、宁夏古籍保护中心承办，宁夏师范学院图书馆协办。活动由“民国时期文献保护工作研修班”和“民国时期文献保护计划系列展览”两部分组成。国家图书馆民国时期文献保护工作办公室主任、研究馆员马静讲授“民国时期文献保护计划概况”；国家图书馆授课老师朱芊、刘小玲、延卫平、任珊珊分别讲授“民国资料、图书的标引”“民国时期文献的保存保护”“全国联合编目系统民国时期图书联机上载与馆藏编制"和"民国时期文献的保存保护"；在宁夏固原师范学院图书馆举办为期一月的"民国时期文献保护计划"成果展并同时在宁夏回族自治区各公共图书馆进行巡展。（国家图书馆办公室）

【金砖国家图书馆联盟正式成立】 7月6日，第二届金砖国家文化部长会议期间，中国国家图书馆馆长韩永进与巴西文化部国际推广司司长阿当·穆尼兹、俄罗斯国家公众历史图书馆馆长米哈耶·阿法纳耶夫、印度国家图书馆馆长阿兰·库马尔·沙克拉伯蒂、南非艺术和文化部代理总司长加拉德·武西特巴·恩迪玛在金砖国家文化部长们的见证下，共同签署《金砖国家图书馆联盟成立意向书》，标志着金砖国家图书馆联盟正式成立。金砖国家图书馆联盟由中国国家图书馆倡议成立。在文化部对外文化联络局的指导下，经过历时4个月的磋商，各方就举办论坛、合作办展、共建数字图书馆、古籍保护及资源共建共享等方面达成共识。（国家图书馆办公室）

【国家图书馆（国家古籍保护中心）启动《赵城金藏》重要历史资料抢救性摄录工作】 7月6日，由国家图书馆（国家古籍保护中心）主办的《赵城金藏》重要历史资料抢救性摄录工作媒体座谈会在国家图书馆召开。来自国家图书馆（国家古籍保护中心）、临汾市文化局、临汾市非物质文化遗产保护中心等相关单位的10余位专家学者参加座谈。国家图书馆副馆长、国家古籍保护中心副主任张志清主持座谈会。著名文化学者、高级编导、资深电视艺术家葛芸生和中国企业文化研究院原副秘书长、原太岳区第二地委书记史健（李维略）之子李万里，以及国家图书馆研究馆员李际宁分别介绍此次《赵城金藏》重要历史资料抢救性摄录工作开展相关筹划情况和《赵城金藏》的发现过程，以及抗战中八路军保护和抢救《赵城金藏》的感人事迹。临汾市文化局局长董凤妮就《赵城金藏》的保护和当地历史文化发掘的融合工作设想发表了讲话。与会专家就《赵城金藏》重要历史资料抢救性摄录工作进行讨论，为推进此次摄录工作建言献策。

工作组于7月10—25日赴山西太原、临汾、运城等6个地市，到有关地区党史办、档案局收集抗战时期中国共产党领导抗日武装抢救《赵城金藏》的档案、史料等有关内容和资料，抢救性拍摄现存碑铭、寺院、遗址、遗迹。此次拍摄全程近2000公里，逾20个市县，走访各类单位、机构近30家，采访相关知情人50余位，取得许多重要发现。8月11日，召开《赵城金藏》珍贵史料调查工作报告会，公布摄录工作阶段性成果。通过此次抢救性摄录，国家古籍保护中心初步形成一份全面、系统、可靠的历史资料，对《赵城金藏》的传承保护和学术研究具有重要意义。（国家图书馆办公室）

【国家图书馆与武警部队合作共建武警部队数字图书馆】 7月28日，文化部与武警部队签署合作协议。文化部部长雒树刚，副部长杨志今、张旭和武警部队主要负责人参加签约仪式。国家图书馆馆长韩永进、副馆长魏大威及相关部门负责人参加活动。作为文化部与武警部队合作协议落地的一个实践项目，"武警部队数字图书馆"由国家图书馆与武警部队合作共建，依托国家图书馆丰富的馆藏资源，建设基于武警政工网、互联网和移动终端的党建平台、学习平台和文化平台，为武警部队官兵提供广覆盖、多终端的数字图书馆服务，服务范围覆盖全武警部队和基层哨所。"武警部队数字图书馆"建设分步实施，目前已经完成平台搭建。国家图书馆为"武警部队数字图书馆"挑选党建知识、中华优秀传统文化、军事题材和普适性文化资源等资源内容，以主题分类、资源导航、资源推荐等形式提供服务，目前资源总量超过2TB。（国家图书馆办公室）

【世界插画大展——国际安徒生奖（终身成就）50周年展北京站在国家典籍博物馆开幕】 7月11日，由中信出版集团、国家图书馆（国家典籍博物馆）、上海京采文化创意有限公司联合主办的世界插画大展——国际安徒生奖（终身成就）50周年展北京站在国家典籍博物馆开展。国家新闻出版广电总局出版管理司副司长李一昕，国际儿童读物联盟中国分会前主席海飞，国际儿童读物联盟副主席、国际儿童读物联盟中国分会副主席张明舟，国际儿童读物联盟执委Michael Neugebauer，中信出版集团副总经理潘岳，国家图书馆副馆长、国家典籍博物馆常务副馆长李虹霖，中国知名原创绘本作家、首位提名国际安徒生插画奖的中国插画家熊亮以及少儿阅读推广领域的专家出席开幕活动。展览按照年代划分为5个展区。展览设计团队根据展馆特色和空间配置，融入丰富的科技元素和趣味互动活动。（国家图书馆办公室）

【“钢铁长城——纪念中国人民解放军建军九十周年馆藏文献展”在国家典籍博物馆开展】 7月15日，由国家图书馆主办的“钢铁长城——纪念中国人民解放军建军九十周年馆藏文献展”在国家典籍博物馆开展。展览共展出国家图书馆馆藏文献260余册（件）。此外，中国人民抗日军政大学陈列馆提供10件馆藏文献。本次展览以国家图书馆典藏的近代文献特别是革命历史文献为基础，遴选出其中最具代表性的文献作为展品，以时间为脉络全方位展现在中国共产党领导下，革命军队与全国人民一起，前仆后继、英勇奋斗建立的丰功伟绩，引导广大读者和社会公众弘扬红色传统、传承红色基因，不忘初心、继续前进，为实现“两个一百年”奋斗目标、实现中华民族伟大复兴的中国梦而努力奋斗。（国家图书馆办公室）

【“发改书吧”启动仪式暨国家图书馆与国家发展和改革委员会战略合作签约仪式举行】 9月1日，“发改书吧”启动仪式暨国家图书馆与国家发展和改革委员会战略合作签约仪式在国家发改委举行。国家发改委主任何立峰、文化部部长雒树刚见证签约，共同为“发改书吧”揭牌，并实地考察“发改书吧”。国家发改委副秘书长、办公厅主任周晓飞与国家图书馆馆长韩永进分别代表双方签署战略合作协议。国家发改委秘书长李朴民主持仪式。来自中央国家机关工委、国家发改委、文化部、国家图书馆等单位相关负责人出席会议。在书吧建设过程中，国家图书馆组织专人精心遴选图书，推荐1万册精选图书目录，并向书吧免费提供3500余册图书，图书内容聚焦强化“四个意识”、增强履职能力、提升综合素质等方面。同时设计了详细的服务方案，提供办证、“掌上国图”等全方位的图书馆服务；组织专人考察，为建设实用、舒适、人文的阅览空间提供重要参考；发挥业务专长，邀请编目专家对图书资料管理做专业指导；开通网络专线，为国家发改委提供便捷的数字资源服务。（国家图书馆办公室）

【新华社《国家相册》系列微纪录片及出版物捐赠仪式在国家图书馆举行】 9月1日，新华社《国家相册》系列微纪录片及出版物捐赠仪式在国家图书馆举行。新华社总编室主任白林代表新华社捐赠该批文献，国家图书馆常务副馆长陈力接受捐赠并向捐赠者颁发捐赠证书。新华社、人民出版社以及国家图书馆相关部门负责人出席仪式。本次捐赠的文献包括新华社《国家相册》1种5册、新华社微纪录片栏目《国家相册》1—50期光盘。（国家图书馆办公室）

【国家图书馆视听服务中心正式开放】 9月9日，国家图书馆视听服务中心正式开放。国家图书馆馆长韩永进在国图音乐厅举办的开放仪式上致辞，并与古琴演奏家吴文光共同启动视听服务中心，国家图书馆常务副馆长陈力主持仪式。国家图书馆视听服务中心以音乐艺术为主题，以视听服务空间和国图艺术中心为阵地，集合馆藏黑胶唱片、CD、DVD等实体盘片，海量数字资源，以及万余册中外文视听艺术类图书、期刊，通过开展阅览、视听、讲座、演出等形式的公众艺术教育普及和推广活动，实现线上和线下相结合、实体和数字相结合的一站式服务，满足社会公众不断增长的视听需求，面向13周岁及以上的读者365天免费开放。视听服务中心还建立专题网站，提供国家图书馆实体资源以及自建、外购试听数据库的展示和重点推荐，包括志鸟专藏、黑胶唱片、中外文图书、中国经典民族器乐类专辑等特色资源。为展示和传播国家图书馆特色资源建设成果，视听服务中心还收集了一批反映中华优秀传统文化的国图公开课和口述史料的中国记忆视频资源。（国家图书馆办公室）

【全国图书馆文化创意产品开发联盟成立暨图书馆文化创意产品开发培训班在国家图书馆举行】 9月12日，在文化部的指导下，全国图书馆文化创意产品开发联盟成立暨图书馆文化创意产品开发培训班在国家图书馆举行。联盟成立大会上，各单位与会代表针对《全国图书馆文化创意产品开发联盟章程（暂行）》、重点工作建设以及未来工作部署等进行研讨，为联盟工作的顺利开展打下坚实基础。成立大会后，国家图书馆举办为期3天的图书馆文化创意产品开发培训班，邀请文化部文化产业司企业发展处负责人、知名文创设计师，以及国家图书馆、国家博物馆、恭王府等文创经营负责人授课，并赴故宫博物院现场教学，提升各馆文创从业人员的专业水平，启发、探索文创开发经营的发展模式，实现文创经营与图书馆传统职能的协同发展。联盟成立大会现场还举行图书馆文创精品集中展示，来自国家图书馆和联盟各馆的近百件文创精品一同亮相。（国家图书馆办公室）

【"盲人数字阅读推广工程"在国家图书馆启动】 9月13日，由中宣部、财政部、文化部、国家新闻出版广电总局、中国残疾人联合会组织实施的"盲人数字阅读推广工程"在国家图书馆启动。启动仪式由国家图书馆、中国盲文出版社共同承办。中共中央政治局委员、中央书记处书记、中宣部部长刘奇葆出席启动仪式，并向图书馆和盲人教育机构代表发放智能听书机、盲用电脑等盲用阅读设备。随着工程的不断深入开展，国家图书馆、中国图书馆学会将充分发挥其资源平台优势、桥梁纽带作用和社会教育功能，按照中宣部、文化部的统一部署，积极组织做好工程实施过程中相关技术、阅读推广等方面的培训指导，推动"盲人数字阅读推广工程"的全面实施。（国家图书馆办公室）

【国家图书馆举办全国图书馆决策咨询服务业务培训班】 9月19—22日，由国家图书馆主办，中国图书馆学会中央国家机关图书馆分会、宁夏图书馆学会、宁夏回族自治区图书馆承办的全国图书馆决策咨询服务业务培训班在银川举办。来自全国各地30家公共图书馆和其他相关单位的47名学员参加本次培训。培训班邀请上海市政府参事、中国图书馆学会副理事长兼学术研究专业委员会主任吴建中，文化部办公厅信息处主任科员杨玥，宁夏回族自治区人民政府法制办公室经济法规处副处长刘佳，广西壮族自治区桂林图书馆副馆长曹旻，中国图书馆学会国家机关分会秘书长、国家图书馆立法决策服务部副主任白云峰，国家图书馆立法决策服务部研究馆员张曙光，同方知网公共服务行业知识管理公司总经理成鑫，荷兰威科集团法律及财税业务部中国区销售及合作总监刘雪丽8位老师，分别从图书馆的发展趋势、图书馆决策咨询服务对象的需求，以及图书馆决策咨询服务主体的应对策略等方面做报告。国家图书馆立法决策服务部原主任卢海燕最后对本次培训进行总结。培训期间，学员们就图书馆决策咨询实践中的难点重点问题与授课专家互动交流。本次培训班采用微信群方式进行培训管理，立足打造"精致小班"模式，为学员积极提问、相互交流提供了充分的空间。（国家图书馆办公室）

【"拈花——鲁迅藏中外美术典籍展"在国家典籍博物馆开展】 11月3日，由国家典籍博物馆和北京鲁迅博物馆（北京新文化运动纪念馆）联合主办的"拈花——鲁迅藏中外美术典籍展"在国家典籍博物馆开展。本次展览从鲁迅所藏中外美术典籍中择取精华百余种，可谓"拈花"。以时间为脉络，从"童年求知·嗜爱图画""插画古籍·研习传统""外国美术·拿来借鉴""锐意译介·引玉拈花"4个部分，较为全面系统地介绍鲁迅所藏美术典籍，带领观众进入鲁迅的美术书房，领悟他的一颗爱"美"之心，了解他的美术修养以及美术思想的形成渊源，进而通过他的读书生活激励、影响今天的青年。（国家图书馆办公室）

【"中国文化两岸融通——欧豪年书画展"在国家典籍博物馆开幕】 11月25日，"中国文化两岸融通——欧豪年书画展"在国家典籍博物馆第三展厅拉开帷幕。此次展览由国家典籍博物馆、台北华冈博物馆欧豪年美术中心共同主办，中国宋庆龄基金会、台北中山学术文化基金会支持。欧豪年先生出席开幕式并致辞。中国艺术研究院院长连辑，国家图书馆馆长、国家典籍博物馆馆长韩永进，中国书法家协会名誉主席沈鹏，台湾辅仁大学副校长陈荣隆等领导和嘉宾出席开幕式。此次展览遴选欧豪年自20世纪50年代至今的98幅作品。展览举办前夕，欧豪年先生特向国家典籍博物馆捐赠《庐山三叠瀑图》《行书八言联》2幅作品，韩永进代表国家典籍博物馆接受捐赠并为其颁发捐赠证书。（国家图书馆办公室）

【阮章竞笔记手稿捐赠仪式暨中华书局《阮章竞太行山笔记手稿四种》影印本首发式在国家图

书馆举行】 11月27日，阮章竞笔记手稿捐赠仪式暨中华书局《阮章竞太行山笔记手稿四种》影印本首发式在国家图书馆举行。阮章竞之女阮援朝代表家属向国家图书馆捐赠了阮章竞笔记手稿共计87种178册（件）。国家图书馆馆长、党委书记韩永进代表国家图书馆接受捐赠并向阮援朝女士颁发捐赠证书。中共党史人物研究会常务副会长章百家等领导以及来自党史、军史、文学领域的专家学者，图书馆界、出版界等业内人士50余人出席仪式。与会嘉宾围绕阮章竞的文学艺术成就、人生经历等多方面进行深入研讨。此次捐赠的笔记手稿涉及文学、语言、民俗、讲话记录、工作采访等诸多方面，具有重要的史料价值。为了让这批珍贵的历史记录早日面世，阮援朝女士与国家图书馆、中山市中山图书馆三方合作开展阮章竞笔记手稿整理研究项目。在此基础上，中华书局先期影印出版《民间语言记录》《乡间记事》《土改纪事录》《重回太行山笔记》4种太行山笔记手稿。（国家图书馆办公室）

【"孔子·儒学·儒藏——儒家思想与儒家经典名家系列讲座"在国家图书馆开讲】 11月29日，由国家图书馆（国家古籍保护中心）和北京大学《儒藏》编纂与研究中心联合主办的"孔子·儒学·儒藏——儒家思想与儒家经典名家系列讲座"在国家图书馆开讲。国家图书馆馆长、国家古籍保护中心主任韩永进，国家图书馆副馆长、国家古籍保护中心副主任张志清，北京大学副校长、《儒藏》工程首席专家王博，北京大学教授楼宇烈，北京大学《儒藏》编纂与研究中心学术委员会主任李中华，山东省曲阜市文物局局长孔德平等出席首场讲座，来自国家图书馆、北京大学的相关部门负责人，以及部分高校研究生近100人参加活动。该系列讲座先后邀请楼宇烈、孙钦善、牟钟鉴、李中华、安平秋、陈来、王博、魏常海、景海峰、郭齐勇等知名学者做客国家图书馆，引导大众走近儒家经典，更加详尽地了解儒家学说的发端、发展，深刻地体会孔子及其思想对当代中国和世界文化的重要意义。（国家图书馆办公室）

【全国图书馆文化创意产品开发创新论坛暨优秀校企对接会在国家图书馆举行】 12月11日至12日，由文化部文化产业司指导，全国图书馆文化创意产品开发联盟主办，北京国图创新文化服务有限公司承办的全国图书馆文化创意产品开发创新论坛暨优秀校企对接会在国家图书馆举行。国家图书馆副馆长魏大威，国家图书馆副馆长、国家典籍博物馆常务副馆长李虹霖以及部分高校、企业相关负责人出席活动。在创新论坛环节，来自国家图书馆、首都图书馆、金陵图书馆等联盟成员馆以及中央财经大学、阿里巴巴、新浪微博、喜马拉雅等院校及优秀企业的专家和负责人分别做经验分享与主题交流。论坛结束后，举办了优秀校企对接会。（国家图书馆办公室）

【国家图书馆与山西省临汾市人民政府签订《关于加强临汾市文化建设的战略合作框架协议》】 12月13日，国家图书馆与山西省临汾市人民政府《关于加强临汾市文化建设的战略合作框架协议》签约仪式在国家图书馆举行。国家图书馆馆长、党委书记韩永进和临汾市委副书记、市长刘予强出席签约仪式。根据框架协议，双方合作内容包括：一是加强公共文化服务体系建设，依托国家数字图书馆工程、中华古籍保护计划、民国时期文献保护计划等重大文化项目，助推临汾公共图书馆服务体系建设，全面提升临汾公共文化服务体系服务能力；二是携手推进中华优秀传统文化传承，以《赵城金藏》复制工作为抓手，推动"平阳记忆"工程向深度和广度发展，国家图书馆对相关文献资源服务提供支持；三是加强文献资源共建共享，积极策划文化创意产品，促进地方特色文化资源开发，重点联合对平水版古籍文献进行系统研究和整理，选择珍品策划整理出版、专题数据库建设等项目，合作开展学术交流与人才培养；四是在国家图书馆举办临汾市各县（市、区）文化局长、图书馆长培训班，通过到国家图书馆参观、实地调研、学术研讨、专题会议等方式促进双方人才交流与沟通。（国家图书馆办公室）

【郑振铎先生铜像揭幕仪式暨学术研讨会在国家图书馆举行】 12月23日，郑振铎先生铜像揭幕仪式暨学术研讨会在国家图书馆举行。国家文物局党组副书记、副局长顾玉才，国家图书馆馆长、党委书记韩永进，副馆长张志清，福州市长乐区宣传部长郑子毅，福建省图书馆副馆长叶建勤，谢辰生、傅熹年、孙机、李致忠、程毅中等专家学者40余人与会，北京大学教授郑春开代表郑振铎先生家人出席。仪式上，顾玉才、韩永进、郑子毅、郑春开等共同为铜像揭幕。尹悟铭、郑春开、谢辰生、李致忠等专家分别致辞。2017年年初，福州市长乐区委、区政府代表郑振铎先生家乡人民，向国家图书馆（国家古籍保护中心）捐赠资金，为郑先生制作铜像。国家图书馆委托南京艺术学院雕塑家尹悟铭先生进行设计。研讨会上，文博界、文献学界专家学者多人畅所欲言，从各自角度表达对郑振铎先生一生学高德范的仰慕与追思。揭幕仪式结束后，铜像被长期安放在国家图书馆善本阅览室内，供广大群众瞻仰缅怀。（国家图书馆办公室）

【国家图书馆开展读书周系列活动】 12月25日，国家图书馆启动读书周系列活动。期间，《中华传统文化百部经典》首批10部图书正式出版；“激活经典　熔古铸今——《中华传统文化百部经典》首批图书出版”展览在总馆北区二层大厅开幕；“国图公开课”网站、国家图书馆手机门户、数字图书馆推广工程移动阅读平台以及数字图书馆体验区等同步开展线上线下的“百部经典”推广活动；“致敬经典·古韵弥新——文津经典诵读五周年”回顾展开幕。此外，还开展经典图书推荐与分享、馆藏特色资源与服务培训、少年儿童馆“致敬经典”主题故事会等活动。（国家图书馆办公室）

公共图书馆

综述

2017年，全国公共图书馆坚决贯彻落实中国共产党第十九次全国代表大会精神和《中华人民共和国国民经济和社会发展第十三个五年规划纲要》相关要求，积极围绕中央加快构建现代公共文化服务体系的决策部署，以完善设施网络和文献资源保障能力为基础，以完善体制机制为保障，通过开展公共图书馆评估定级工作、继续推进公共数字文化工程建设、深入开展全民阅读活动、传承和弘扬中华优秀传统文化等方式，努力构建覆盖城乡、服务高效、惠及全民的公共图书馆服务网络，增加人民群众对公共文化服务的获得感。

一、加强制度建设，系列重大法律法规、政策规划陆续出台

2017年3月1日，《中华人民共和国公共文化服务保障法》正式施行；11月4日，《中华人民共和国公共图书馆法》经十二届全国人大常委会第三十次会议审议通过，这两部法律为推进我国现代公共文化服务体系建设和公共图书馆事业发展提供根本遵循，对于健全文化法律体系，保障人民群众的基本文化权益具有重要意义。在文化部的领导下，全国各地文化厅局和公共图书馆开展系列活动，营造出学习、宣传、遵守、维护、落实两部法律的良好氛围。全国各级图书馆除利用LED大屏幕、宣传栏、专题讲座、文本赠送、征文答题等传统方式宣传外，还充分利用官方微信平台、文化共享工程网络电视等新媒体广泛进行宣传。例如，广东图书馆学会学术年会以“图书馆发展：法律保障和创新驱动”为主题，首届“图书馆发展岭南论坛”上半场围绕《公共图书馆法》主题进行研讨。陕西公共图书馆服务联盟办公室发文组织全省公共图书馆开展学习宣传贯彻工作，并在榆林、西安、咸阳、兴平、陇县、岐山等8地及厅直文化系统进行普法宣讲活动，累计培训人员达1000余人次。在地方立法层面，《东莞市公共图书馆管理办法》3月1日起施行，这是全国第一个地市级城市图书馆立法。

除立法外，中央和国家还出台一系列重要文化政策制度，为公共图书馆事业发展指明方向。1月，中共中央办公厅、国务院办公厅印发《关于实施中华优秀传统文化传承发展工程的意见》；2月，《文化部“十三五”时期文化发展改革规划》发布；3月，国务院发布《“十三五”推进基本公共服务均等化规划》；4月，《全民阅读促进条例》（征求意见稿）公开向社会征求意见；5月，中共中央办公厅、国务院办公厅印发《国家“十三五”时期文化发展改革规划纲要》和《关于加强文化领域行业组织建设的指导意见》；7月，文化部印发《“十三五”时期全国公共图书馆事业发展规划》；8月，文化部印发《“十三五”时期全国古籍保护工作规划》和《文化部“十三五”时期公共数字文化建设规划》；9月，中宣部、文化部等7部门联合印发《关于深入推进公共文化机构法人治理结构改革的实施方案》。这一系列文化政策的推出，标志着文化领域“四梁八柱”性质的改革主体框架基本形成，各地纷纷因地制宜、抓细抓实，制订各项实施方案精准发力。

二、以评估促发展，县级以上公共图书馆标准化、均等化建设成效显著

为贯彻落实《中共中央办公厅、国务院办公厅关于加快构建现代公共文化服务体系的意见》精神，发挥以评促建、以评促管、以评促用的作用，四年一次的全国县级以上公共图书馆评估定级工作如期开展。1月，文化部办公厅下发《关于开展第六次全国县级以上公共图书馆评估定级工作的通知》，评估工作拉开帷幕。2月，第六次全国县级以上公共图书馆评估定级宣讲工作启动，中国图书馆学会成立宣讲工作专家委员会，联合各地方学会在全国范围内开展评估定级宣讲和培训工作，3月起先后组织广西南宁、广东广州、浙江德清、陕西西安、贵州贵阳、河南郑州、山东淄博、辽宁沈阳、江苏扬州共9期培训班，就公

共图书馆评估定级的要求、工作机制、具体条文解读、平台使用、数据上报、答疑解惑、经验交流等问题细致培训。另外评估定级与图书馆数字化建设培训班、评估定级与图书馆基础业务建设培训班、评估定级与图书馆阅读推广培训班分别在重庆图书馆、四川省图书馆和内蒙古巴彦淖尔市五原县举办。这些培训的参训总人数超过4000人次。

4月，第六次全国县级以上公共图书馆评估定级工作培训班在河北省石家庄市举办，评估定级工作完成部署。"全国评估专家库"开始组建；首次启用的"全国公共图书馆评估定级管理服务平台"开放，县级以上参评公共图书馆开始按照评估标准进行自查自评，并将自评数据录入"全国公共图书馆评估定级管理服务平台"。4—9月，各地组织评估工作小组，对所辖地市级、县级公共图书馆进行培训指导和业务交流，审核辖区内地市级、县级公共图书馆上报的数据，开展实地评估工作，并推荐市县一级图书馆。11月，第六次全国副省级以上公共图书馆评估工作正式启动，副省级以上评估共组建12个评估组，对全国30个省(区、市)共58个参评的副省级以上公共图书馆(含少年儿童图书馆)开展评估，并在每个省份视情况抽查1个地市级和2个县级公共图书馆的评估情况。此次评估过程严格、认真，既充分考虑评估专家的意见，也注意鼓励各级政府和参评图书馆的积极性，激发县级以上公共图书馆的服务效能，在推动全国公共图书馆事业实现充分平衡发展方面效益显著。

三、共建共享，文化资源保障能力和设施网络建设日益完善

2017年，全国公共图书馆获得财政拨款1722791万元，同比增长21.69%，公共图书馆事业进一步发展。截至2017年底，全国共有公共图书馆3166个，比2016年增加市级公共图书馆4个、县级9个；从业人员57567人，同比增长0.63%；建筑面积1515万平方米，同比增长6.39%；图书总藏量96953万册，同比增长7.53%；阅览座席数1064163个，同比增长7.93%；少儿阅览室座席数256151个，同比增长5.78%；供读者使用的电子阅览室终端144255台，同比增长6.94%。全国新增藏量购置费236506万元，其中新增数字资源购置费45242万元；人均购书费1.70元，人均拥有藏书量0.70册(件)。全年举办各种活动155590个(次)，同比增长11.11%；参加活动读者数量8857万人次，同比增长24.08%；全年总流通人次74450万人次，同比增长12.74%①。

在新馆设施建设方面，辽宁省图书馆新馆全面开放，太原市图书馆新馆、福州市图书馆新馆、甘肃省敦煌图书馆新馆、广西壮族自治区钦州市图书馆新馆、辽宁省东港市图书馆改造后新馆、辽宁省葫芦岛市图书馆新馆、内蒙古自治区兴安盟图书馆新馆、重庆市渝北区图书馆新馆及巴南区图书馆新馆、南京市秦淮区图书馆新馆及浦口区图书馆新馆、常州市金坛图书馆新馆及天宁区图书馆、北京市左安门角楼老北京图书馆、江西省修水县图书馆良塘新馆、辽宁省本溪市明山区图书馆、山西省大同市图书馆御东新馆、陕西省咸阳图书馆新馆暨古渡廊桥书吧、陕西省宝鸡市陈仓区图书馆新馆、浙江省淳安县图书馆新馆、天津市河东区图书馆嘉华中心馆、宁夏图书馆少儿馆、福建省泉州市图书馆少年儿童分馆正式投入使用；南宁市图书馆新馆、石家庄市图书馆新馆、大同市图书馆新馆建设顺利进行；陕西省图书馆新馆、苏州第二图书馆、湖南省岳阳市图书馆新馆、广西壮族自治区玉林市图书馆新馆、内蒙古自治区通辽市图书馆新馆和宁夏回族自治区灵武市图书馆新馆主体完工；上海图书馆东馆开工建设，湖南图书馆新馆奠基，西安图书馆举办新馆建设项目论证会。

在服务体系建设方面，各地纷纷落实《中华人民共和国公共图书馆法》《关于推进县级文化馆图书馆总分馆制建设的指导意见》等法规政策要求，继续推进总分馆制为主的服务体系建设。北京市完成全市公共图书馆"一卡通"服务体系的业务管理系统切换工作，部署联网馆206个，数据处理超过600万条。天津市成为全国首个实现全区域范围内各级公共图书馆(含少儿图书馆)免押金借阅服务的省市，并实现全市少儿图书馆通借通还。上海市完成"华东地区外国和港台期刊预定联合目录"的组织、协调和出版工作，继续推进开展协作网成员馆馆际互借服务，落实《上海市文献资源共建共享计划》。重庆市主城9

① 数据源自国家图书馆研究院《2017中国公共图书馆事业发展基础数据概览》。

区公共图书馆与重庆图书馆实现互联互通，一卡通云服务平台业务系统布局到全市25家公共图书馆和各社区乡镇服务点。浙江图书馆借助互联网和物联网技术打造"U书"快借线上借阅平台，在国内首次实现省域范围内的"你选书，我买单"。广东省文化厅印发《关于推进县级文化馆图书馆总分馆制建设的实施方案》(粤文公〔2017〕103号)，对第一批24个总分馆建设试点地区进行实地验收，举办"广东省图书馆总分馆试点建设案例交流会"。浙江省嘉兴市图书馆和嘉兴市质量技术监督局发布《公共图书馆中心馆—总分馆服务体系建设管理规范》，明确总分馆建设的硬件标准、运行管理标准及基本服务指标。浙江温州市图书馆成功申请"城市书房"注册商标和"城市书房布局结构"国家实用新型专利，正式发布《城市书房服务规范》。江苏省苏州市吴江区图书馆承办"全国县级图书馆总分馆制建设研讨会"，正式实施《苏州市吴江区图书馆总分馆建设管理标准》。广东省深圳市《公共图书馆统一服务书目质量控制规范》正式实施；《西安市公共图书馆集群信息化管理平台实施方案》发布；安徽省无为县文广新局制订《无为县总分馆图书流转工作方案》；吉林省长春市图书馆启动"城市阅读书网"服务项目；宁夏回族自治区银川市图书馆建设"城市阅读岛"；山西省太原市县二级总分馆业务管理平台搭建完成并正式启动；广东省东莞图书馆开展东莞市图书馆体系服务调剂书库筹划与调研；广东省佛山市南海区图书馆建成137个24小时读书驿站，打通公共文化服务最后一公里。

四、依托公共数字文化工程建设，公共文化服务效能整体提升

完成年度公共数字文化工程实地考核工作。根据《文化部公共文化司关于开展2016年度公共数字文化工程实地考核工作的通知》部署，2017年3—4月，文化部公共文化司组织多个考察组分赴全国开展2016年度公共数字文化工程实地考核工作，各地全国文化信息资源共享工程省级分中心、省级图书馆作为公共数字文化工程主要组织实施单位，与各省级文化行政部门一道接受考核。考察组对各地实施公共数字文化工程给予充分肯定，同时对工程建设中存在的问题提出整改要求，文化部委托第三方对公共数字文化工程社会效益发挥和群众满意度情况的测评也同步进行。

正式推出国家公共文化云。按照《文化部"十三五"时期文化发展改革规划》、文化部等7部委《"十三五"时期贫困地区公共文化服务体系建设规划纲要》、《文化部"十三五"时期公共数字文化建设规划》等文件以及文化部领导"建设国家公共文化云，占领手机客户端"的指示要求，文化部全国公共文化发展中心统筹整合三大惠民工程，升级推出国家公共文化云，旨在实现公共文化服务"政府端菜"与"群众点菜"相结合，让基层群众通过手机、电脑、公共文化一体机等多终端便捷获取服务。9月，"国家公共文化云推广试点地区培训班"在北京举行，黑龙江省绥芬河市、安徽省全椒县文广局等试点单位交流对接国家公共文化云的具体思路；11月，在中国文化馆年会上，国家公共文化云正式开通，首台试用版落户安徽省全椒县河东新村；12月，"2017年国家公共文化云暨江苏省少儿数字图书馆业务培训班"在江苏省扬州市举办。

各地着力推进重点文化项目建设，包括公共文化云平台项目、数字图书馆推广工程"互联互通"项目、中西部贫困地区公共数字文化服务提档升级项目、"进村入户"专项资源建设项目、戏曲艺术普及教育专题片、微视频征集和推广项目等。辽宁数字图书馆工程建设取得阶段性成果，辽宁省图书馆与国家图书馆连通"读者统一认证"系统，实现与"数字图书馆推广工程"平台的无缝链接，与沈阳、大连、本溪、辽阳、朝阳等地的5个县区图书馆启动专线建设，实现国家图书馆、辽宁省图书馆、省内区县馆三级互联互通的网络构架。宁夏回族自治区完成1500集《听遍中国——宁夏回声特色音频资源库》音频内容的编写与10集《宁夏古塔》系列专题片的剪辑工作；完成宁夏数字文化网(共享工程宁夏分中心网站)页面设计和部署工作；完成"宁夏图书馆公共文化服务云平台建设项目"整体验收。浙江省数字图书馆推广工程网站和浙江省公共数字文化网站完成改版，戏曲动漫网站建设完成，浙江百余公共图书馆联合启动"琅琅书声"走进文化礼堂活动。新疆举办"新疆文化信息资源共享工程技术骨干培训班"，完成2012—2014年度少数民族语言译制项目建设任务共计3220小时，积极推进2015—2017年度4140小时少数民族语言译制项目工作进度。四川藏羌彝数字文化长廊建设暨文化共享工程走进武警四川省总队战略合作仪式启动；边境地区公共数字文化服务培训班在黑龙江省黑河市开班；"湖南省公共数字文化工程"微信公

众号开通；吉林省数字图书馆推广工程"少儿阅读推广"培训班举办。

五、深入开展各类阅读活动，全民阅读氛围浓厚

2017年，"全民阅读"第四次被写入《政府工作报告》，具体表述也由此前的"倡导"改为"大力推动"；《全民阅读促进条例(征求意见稿)》公开征求意见；《吉林省全民阅读促进条例》颁布施行；《重庆市"十三五"时期全民阅读规划纲要》起草提交，《重庆市全民阅读调查报告(2016)》发布；《江苏省"十三五"全民阅读发展规划》印发，2020年全省居民综合阅读率将达到90%；《江西省推进全民阅读行动计划(2017—2020年)》制定，强调发挥各级各类图书馆在阅读推广中的重要作用。全国公共图书馆充分利用4·23世界读书日、服务宣传周、全民读书月、读书季、法定节日、开馆馆庆纪念等各种契机，创新内容和手段，有计划地培养阅读品牌，有目的性和针对性地开展各类全民阅读活动。

广州阅读联盟正式签约；汇悦读·2017徐汇全民阅读季暨书香联盟启动；安徽省巢湖市图书馆创设公园书吧；厦门市图书馆、唐山市图书馆入选"大众喜爱的50个阅读微信公众号"；张家港市打造第一家遇见书屋；太原市图书馆创办导读类刊物《开卷》；2017深圳图书馆"南书房"经典阅读书目、第六届陕西省文化节"石渠书榜"之"年度老陕最爱读的书"阅读榜单发布；第十二届文津图书奖、第六届南京图书馆陶风图书奖、第二届山东省图书馆奎虚图书奖揭晓。重庆图书馆创新推出大型立体阅读活动"格林童话之夜"，将该馆"行走的图书"品牌阅读推广活动扩展到全市41个区县公共图书馆共同参与；2017年阅读北京——"心阅书香　共读共享"诵读大赛决赛在首都图书馆举办；广东省第六届英语电影配音大赛总决赛在广东省立中山图书馆举行；河北省图书馆举办"美丽河北·原创诗歌朗诵会"；福建省图书馆举办"晒出你家'珍宝'"系列活动；黑龙江省图书馆举行"龙江讲坛"500期回顾活动；湖南图书馆举办"湖湘气派　濂溪一脉"纪念周敦颐诞辰1000周年系列活动；辽宁省图书馆举办"文溯书房·真人图书馆系列活动"；宁夏图书馆首期"书香宁夏　为爱朗读"声音课堂开讲；"2017中华经典吟诵大会"全国总决赛在济南市图书馆举行；陕西省组织全省公共图书馆开展"'阅读节里有诗意，三秦无处不飞花'网络诗词大会"、"日有所诵、文韵雕心"同城共读两项大型主题活动；杭州图书馆举办"书脸秀"阅读推广活动。

在少儿阅读推广活动方面，辽宁省图书馆"童阅乌托邦"少儿阅读推广活动获国际图联第14届国际图书馆营销奖提名，广州少年儿童图书馆"一个故事　一国文化——各国领事讲故事系列1"被中国图书馆学会评选为"2016年阅读推广优秀项目"。国家图书馆主办2017年全国少儿诗词在线诵读活动；书香传雅韵，妙笔绘童心——京津两地小朋友绘画交流活动在天津图书馆举行；上海少年儿童图书馆举办2017上海童话节系列活动；湖南省少年儿童图书馆策划并承办"书香湖南·红星闪闪耀童心"阅读推广活动；内蒙古自治区图书馆为庆祝自治区成立70周年举办"蒙古娃"少儿美术作品巡展；山东省图书馆尼山书院推出少儿"新六艺"体验课、国学体验夏令营、冬令营等；福州市图书馆推广"鸟巢书屋"；晋江市图书馆举办"寻找晋江最爱读书的孩子"读书创意展示大赛。

六、落实中央决策部署，古籍保护十年硕果累累

为贯彻落实中央关于传承和弘扬中华优秀传统文化的重要决策部署，文化部《"十三五"时期全国古籍保护工作规划》于2017年8月正式发布。古籍保护地方立法取得突破，国内第一部古籍保护政府规章《镇江市古籍保护办法》正式施行。"中华古籍保护计划"迎来十周年纪念，十年坚守让这项全国性保护工程在古籍普查、文献修复、书库建设以及人才培养等方面结出硕果，全国古籍保护体系基本完成。2017年主要工作进展包括：

国家古籍保护中心成立十周年座谈会暨全国古籍普查工作会议召开，国家图书馆(国家古籍保护中心)与中国运载火箭技术研究院、北京大学信息管理系签署战略合作协议；与各省中心签订全国古籍普查登记工作任务书，确保"十三五"期间基本完成古籍普查任务。

在古籍普查登记方面，全年完成40万条；新增900余家完成古籍普查登记工作的古籍收藏单位；"全国古籍普查登记基本数据库"发布14.36万条，并在微信公众平台发布；出版《全国古籍普查登记目录》19部。《浙江省古籍普查报告》发布，重庆图书馆、浙江图书馆、甘肃省图书馆、宁波市图书馆、温州市

图书馆等地的馆藏古籍普查登记目录出版。

在古籍人才培养方面，国家古籍保护中心举办古籍普查、修复、碑帖编目、传统文化推广等培训班10期，培训学员332人次；2017年传习所导师新收徒29人，以师带徒合计修复古籍2000余册；联合高校做好古籍保护专业硕士培养工作，召开"第二届古籍保护学科建设研讨会"；联合组织2017年"中华古籍普查文化志愿服务行动"，全国44所高校271名大学生文化志愿者分赴62个受援单位，帮助整理、编目古籍51079种363111册。

在古籍数字化方面，"中华医药典籍资源库"建设推进，221种中医古籍影像进行互联网发布；国家古籍保护中心与上海图书馆、首都图书馆等10家单位共同在线发布古籍数字资源；国家图书馆馆藏善本缩微胶片数字化、普通古籍和少数民族文字古籍数字化工作取得突出进展；云南省图书馆对馆藏的1400余种云南本地碑刻拓片进行数字化加工，拟建设云南省拓片数据库。

在古籍再生性保护和整理研究方面，出版《中华传统文化百部经典》首批10部图书、《中国珍贵典籍史话丛书》4种(《广舆图》《淳化阁帖》《四库全书总目》《齐民要术》)、《孔子博物馆古籍普查登记目录》、《书志》第一辑、《清代巴蜀籍考生殿试卷选粹》、《重庆图书馆藏戏曲唱本普查目录及要目叙录》、《浙江图书馆藏国家珍贵古籍题跋图录》、《王文韶日记》、《萧山人物志》、《绍兴风俗志》、《龙井见闻录》、《温州市图书馆藏日记丛刊》、《孙诒让未刊稿本丛刊》、《绍兴图书馆馆藏珍贵古籍图录》、《国朝嵊诗钞·鹿山吟社集》(影印版)等图书，《宋拓淳化阁帖》《四部丛刊》影印版发布，宝鸡典藏古籍数据库等建成。

在海外中华古籍调查与合作保护方面，海外中华古籍书目数据库全年完成数据加工30余万条，其中20余万条通过验收；完成"海外中华珍贵古籍调查"项目；继续开展海外藏《永乐大典》数字化工作，与英国伦敦大学亚非学院(藏五册)、日本国会图书馆(藏一册)、日本东洋文库(藏三十三册)达成出版意向；继续开展《海外中华古籍珍本丛刊》《海外中华古籍书目书志丛刊》等出版项目，出版《普林斯顿大学图书馆藏中文善本书目》(全二册)。

在少数民族文字古籍保护方面，新疆地区已完成19家古籍收藏单位共计14980条汉文古籍普查登记数据；西藏地区已完成820家古籍收藏单位共计14360函藏文古籍普查登记数据；"'十三五'期间贵州少数民族古籍保护研讨会"和"西南少数民族古籍保护工作座谈会"相继召开；水文古籍普查完成11486册，扫描书影近5万幅。

在古籍修复和原生性保护方面，国家古籍保护中心继续推进古籍保护科技文化部重点实验室建设，与中国运载火箭技术研究院合作开展古籍保护装备研制工作；"国家级古籍修复中心"浙江图书馆获得国家可移动文物修复资质；"山西省国家珍贵古籍修复项目"继续开展"天禄琳琅"专项修复工作；云南省图书馆纳格拉洞藏经修复项目完成；南京图书馆正式启动馆藏珍贵古籍修复项目；山东省图书馆出版《潘美娣与古籍修复》，启动"天禄琳琅"宋刻《万卷菁华》孤本修复项目；湖南图书馆完成省内一批浸水古籍抢救性修复。

在古籍保护宣传推广方面，《赵城金藏》重要历史资料抢救性摄录工作取得阶段性成果；吉林省图书馆开设典籍博物馆；"中华优秀传统文化实践基地"建设推进顺利，福建省图书馆正谊书院正式挂牌，黑龙江省图书馆龙江书院挂牌筹备工作完成，大连图书馆白云书院举办"第二期中华优秀传统文化推广培训班"。展览、诵读等系列文化活动精彩纷呈，青海、贵州、河南、四川、云南、内蒙古六省(自治区)开展"册府千华"系列国家珍贵古籍特展；国家图书馆举办"尊师重教，修学研艺——敦煌遗书保护学艺传承活动"；上海图书馆举办"菊香书林——上海图书馆藏张元济文献精品展"、"张元济与中华古籍保护"学术研讨会；"书路修行与古为役——古籍修复特展"在浙江图书馆举行；吉林推出"墨雅余香　纸润流芳——吉林省图书馆藏珍籍展"；辽宁举办"册府菁华——辽宁省图书馆馆藏珍贵古籍展""藏之名山，传之其人——辽宁省珍贵古籍特展"等。

七、深度挖掘馆藏特色资源，致力传承和弘扬中华优秀传统文化

"民国时期文献保护计划"继续推进。截至2017年底，普查平台系统已汇聚国家图书馆、首都图书馆、南京图书馆、上海图书馆、重庆图书馆等22家文献收藏单位的书目数据31万余条、馆藏数据60余

万条。国家图书馆与中国第二历史档案馆签署合作共建战略框架协议，共同推进民国时期文献和档案资料的征集、整理、保护、研究和开发利用。民国时期文献整理出版项目专家评审会举行，重点加强对革命历史文献、抗日战争文献、对日战犯审判文献和近代日本对华调查文献相关项目的推进力度；《山东省政府公报》(1928年—1948年)、《重庆图书馆藏民国时期未刊书丛编》出版，通辽市图书馆收集近百幅民国及日伪时期史料及文物。全国图书馆民国时期文献编目工作研修班举办，重点研讨民国时期图书标引、图书著录、联机上载与馆藏编制等问题。在活动推广方面，“民国时期文献保护计划”宣传推广重庆站、宁夏站、云南站活动相继举行，主要包括“民国时期文献保护计划”系列展览和“民国时期文献保护工作研修班”两个板块内容。在宣传展览方面，国家图书馆主办“不忘初心，砥砺奋进——国家图书馆藏革命历史文献精品展”；安徽省图书馆举办“安徽抗战14年历史及文物展”“永不褪色的记忆——抗战老兵肖像摄影展”；重庆图书馆馆史陈列室正式对外开放，“物华天宝　书韵流芳——重庆图书馆特藏文献暨保护成果展”推出。

文化自信离不开地域文化的发掘，《关于实施中华优秀传统文化传承发展工程的意见》要求“深入挖掘城市历史文化价值”“挖掘和保护乡土文化资源”，地方文献工作重要性进一步凸显。公共数字文化工程“2016—2017年度地方资源建设项目中期评审”工作在各地推进，全国文化信息资源共享工程2017年度地方资源建设项目继续实施。在地方层面，图书馆地方文献工作学术交流暨“北京记忆”新版发布会在首都图书馆举行，新版网站展现北京独有的城市文化并深化京味文化等历史文化资源的研究利用。青海省图书馆拍摄反映青海自然人文生态为主要内容的10集大型航拍专题片《俯瞰青海》，第一季《大美综述》《夏都西宁》《美丽海北》在青海卫视黄金时段播出。福建省图书馆和海峡电视台首次联合摄制的系列纪录片《两岸春节》和《丝海探源》举行首播仪式。陕西省图书馆完成《丝绸之路——文化科技篇》《陕甘宁边区红色记忆——研究文献篇》等特色专题数据库的建设，举办“乡关三秦照片展”之“商洛·一个村庄的300多天”展览，由安康、商洛、汉中三市公共图书馆发起的“陕南地方文献业务建设联盟”正式成立。重庆图书馆《巴渝文库总目》出版；大型纪录片《太行英雄——我的父亲赵亨德》首映活动在山西省图书馆举行；江西省吉水县图书馆举行先贤主题馆开馆仪式；厦门市翔安区图书馆与内厝镇联合出版发行描绘移民历史的连环画——《孔雀东南飞》；鄂尔多斯市图书馆承担大型地方文献丛书《金冠文库》编纂工作；阳泉市图书馆编撰完成三册地方文献资料《阳泉老人忆解放》《阳泉老照片》《解放阳泉侦察情况报告》。

文化创意产品开发工作进入实践领域。37家公共图书馆被确认为文化创意产品开发试点单位，共同发起成立“全国图书馆文化创意产品开发联盟”，起草《全国图书馆文化创意产品开发联盟章程(暂行)》，举办“图书馆文化创意产品开发培训班”，举行“全国图书馆文化创意产品开发创新论坛暨优秀校企对接会”，实现图书馆与社会力量的资源无缝对接。在地方层面，江苏省泰州市印发《推动文化文物单位文化创意产品开发实施方案的通知》，无锡市图书馆以“书汇古今　留印锡图”为主题亮相第七届中国(无锡)国际文化艺术产业博览交易会，镇江市图书馆积极探索以无形资产入股开展文创合作模式。第三届京津冀非物质文化遗产联展举行；山西省图书馆文化创意发展中心成立，阳泉市图书馆开发出“书道文玩”系列文创产品；吉林省文化创意产品开发培训班在长春举办；河南省图书馆召开文化创意产品开发工作研讨会；贵州省图书馆文创公司进行筹备；广西壮族自治区图书馆开展文创调研活动；台湾文创专家袁世文一行到湖南图书馆参观交流。

八、创新管理体制机制，促进图书馆社会化发展

公共图书馆法人治理结构改革深入推进。为深化公益性文化事业单位改革，2017年9月，中宣部、文化部等7部门联合印发《关于深入推进公共文化机构法人治理结构改革的实施方案》，方案明确到2020年底，全国市(地)级以上规模较大、面向社会提供公益服务的公共图书馆等公共文化机构，要基本建立以理事会为主要形式的法人治理结构，引入社会力量参与、形成多元治理结构，提高公共文化机构自身发展能力。首都图书馆、江西省图书馆、成都市图书馆等一大批公共图书馆被列入省级公共文化机构法人治理结构改革试点单位。2017年浙江省公共图书馆推进法人治理结构改革进程加快，杭州市下

城区图书馆、拱墅区图书馆等多家图书馆相继成立理事会。

积极引入社会力量参与图书馆建设。《中华人民共和国公共图书馆法》对社会力量参与公共图书馆建设的方式、所享有的权利和国家给予的扶持政策等做出相应规定。中共中央办公厅、国务院办公厅印发的《关于加强文化领域行业组织建设的指导意见》也鼓励民办图书馆等社会服务机构成立行业组织，要求图书馆、博物馆等方面的行业组织要积极发展社会服务机构会员。在实践领域，民革上海市委与上海图书馆启动“博爱图书，十年百馆”共建合作项目；广州图书馆积极联合社会力量建成多家分馆，由合作方无偿提供500平方米以上馆舍及物业管理、服务人员；广州市黄埔区以政府、社会、市场共建为创新点，建立华新园、乐飞家园、联创空间等园区、企业分馆；广州市越秀区图书馆和广东新华发行集团合作建成四阅分馆；广州市海珠区图书馆和银行合作建设分馆；佛山市首家众筹图书馆尼奥斯自助图书馆正式开馆；深圳市龙岗区图书馆爱子乐分馆也采用众筹模式建立。其他方面，“2017中华古籍普查文化志愿服务行动”在13个省市进行，帮助受援单位完成古籍普查全部工作；辽宁省图书馆招募96名声音志愿者出版首部有声读物《倾听那朵花蕾》；“温州市图书馆发展基金会”举行捐赠仪式；九江市图书馆成立“图书捐赠和交换中心”；烟台市开发区图书馆与退休工人王英余联合举办全国首届《辞海》收藏展；山东省图书馆尼山书院吸纳社会力量组建“尼山书院国乐团”。

九、加强国际交流与合作，进一步提升国际影响力

国际交流日益密切，国际合作日益深入。2017年，中国国家图书馆携手英国国家图书馆合办“从莎士比亚到福尔摩斯：大英图书馆的珍宝”展，此次展览是三年合作项目“大英图书馆在中国：共享知识与文化”的重点活动，其中展出英国文学经典巨著的手稿和早期珍贵印本；携手新西兰国家图书馆合作举办“大爱无疆——纪念路易·艾黎诞辰120周年文献展”；举办第25届亚洲及大洋洲地区国家图书馆馆长会议，会议主题为“构建可持续发展的区域性国家图书馆网络”；举办“第2届中国与阿拉伯国家图书馆及信息领域专家会议”，会议主题为“中阿图书馆资源的共知共建与共享”；签署《金砖国家图书馆联盟成立意向书》。首都图书馆与以色列、摩洛哥、塞尔维亚、斯洛文尼亚等“一带一路”沿线国家签署合作协议，在国外图书馆设置“阅读北京”图书专区。上海图书馆举行“中国图书馆‘走出去’工作研讨会暨‘上海之窗’创建15周年总结会”，已在全球六大洲66个国家和地区的138家机构开设“上海之窗”，纸质赠书累计93274册，电子赠书10059种，与“一带一路”沿线28个国家共45个图书馆和研究机构组成“上海之窗”合作伙伴。重庆图书馆相继在白俄罗斯明斯克州、新加坡设立“重庆之窗——中国图书角”，并赴俄叶利钦总统图书馆合拍人文纪录片《中俄书途》。

四川省图书馆先后与美、法、澳、波兰等国驻成都领事馆以及亚洲动物基金会等合作举办摄影展、图片展、文化月等活动，全年共计推出29场展览，参展人数近180万人次；与澳大利亚维多利亚州立图书馆董事局签订《中国四川省—澳大利亚维多利亚州建立友好省州关系暨系列合作协议》、《谅解备忘录》(MOU)，与维多利亚州立图书馆签订《战略合作协议》，与新南威尔士州立图书馆就馆藏资源管理、数字化建设、读者服务、展览及培训等方面的合作达成共识。广州图书馆举办“美国洛杉矶公共图书馆的管理与实践”学术交流活动，并签署《广州图书馆与美国洛杉矶公共图书馆合作交流谅解备忘录》。广州少年儿童图书馆推出“一个故事　一国文化——各国领事讲故事系列”活动，邀请巴西、俄罗斯、澳大利亚、印度、意大利、新西兰、德国、瑞士等国驻广州领事馆领事到馆与读者分享本国童书故事。厦门市图书馆与首尔中国文化中心、厦门市汉服文化交流协会联合举办“华夏霓裳千年韵”“华夏威仪民俗展”两场展览。山东省图书馆与澳大利亚南澳大利亚州州立图书馆签署合作协议，尼山书院赴韩国进行文化交流活动。黑龙江省图书馆、安徽省图书馆分别举办“通向和谐之路——中美交往史图片展”。内蒙古图书馆完成“外交部内蒙古全球推介活动”展览展陈工作；中俄蒙“万里茶道”文献整理研讨会在呼伦贝尔市召开。连云港市图书馆“连图·丝路艺文馆”正式开馆，这是全国第五家非洲艺术主题展馆。云南省图书馆与马来西亚沙捞越州图书馆签署《云南省图书馆与沙捞越州图书馆合作意向书》，正式建立合作关系。(首都图书馆　孙慧明)

年度工作

北京市

【完成北京市公共图书馆第六次评估定级检查工作】 根据《文化部办公厅关于开展第六次全国县级以上公共图书馆评估定级工作的通知》安排，北京市文化局自2017年3月至9月，对全市地市级图书馆开展评估定级检查工作。3月3日，北京市文化局印发《关于做好第六次全国县级以上公共图书馆评估定级工作的通知》，对全市公共图书馆第六次评估定级工作进行部署，成立以市文化局党组成员、副局长庞微为组长，公共文化事业处处长刘贵民、首都图书馆党委书记肖维平为副组长，公共文化事业处副处级调研员张悦、首都图书馆副馆长邓菊英、陈坚为成员的北京市公共图书馆评估工作领导小组，统筹组织，指导监督，委托首都图书馆具体实施。5月12日，北京市公共图书馆评估定级工作专题会在首都图书馆召开，北京市文化局、各区文化委员会、首都图书馆、各区级图书馆领导及相关工作人员90余人参加会议。会议对北京市参加第六次全国县级以上公共图书馆评估定级工作的公共图书馆进行总体部署与后续工作安排。5月16日至19日，首都图书馆对参加评估的区级图书馆进行具体业务指导。7月26日，北京市文化局印发实地检查通知，确定评估工作的流程、评估时间安排、评估工作专家组成员。8月7日至17日，分为3个组，安排3个阶段，对全市17家区级图书馆（少年儿童图书馆）进行实地评估工作。经评估专家委员会建议，依据《地市级图书馆等级必备条件》《地市级图书馆评估标准》综合评定，推荐北京市怀柔区图书馆等16家区级图书馆为地市级一级图书馆；依据《地市级少年儿童图书馆等级必备条件》《地市级少年儿童图书馆评估标准》综合评定，推荐北京市西城区青少年儿童图书馆为地市级一级少年儿童馆。（首都图书馆　李木子　贾蔷）

【首都图书馆】 2017年是实施“十三五”规划稳步落实的关键之年，首都图书馆各项事业稳步发展。截至2017年底，文献总藏量844.9万册（件），可供读者使用的电子文献藏量601.47TB。新入藏文献34.3万册（件），新购数字资源3.65TB。全年总流通528.6万人次，文献外借213.2万册次，数字资源总使用量2487万次，各类网站点击量1174万次。举办读者活动1154场，参加88.2万人次。完成全市公共图书馆“一卡通”服务体系的业务管理系统切换工作，部署联网馆206个，数据处理超过600万条。

完善馆藏文献资源体系建设，促进实体资源与数字资源优势互补，利用新媒体形式，优化、拓展服务手段，提升资源使用率。整合现有多个APP，实现“首都图书馆”APP和“首图数字图书馆”微信服务号的资源互补服务，使电子图书、休闲杂志、学术资源等内容可一站式服务。挖掘馆藏文献价值，稳步推进自建数据库建设工作，完成“北京记忆”网站平台迁移和整合工作，增设“口述历史”和“非遗传承”等多个栏目。古籍珍善本图像数据库正式上线，发布古籍文献148部。数字化馆藏黑胶唱片3600张。

创新和强化品牌价值，拓展社会合作，推进北京市全民阅读工作。策划组织“‘心阅书香　共读共享’全市诵读大赛”，首次制作并播出电视节目《阅读北京“我是领读者”》，展现领读者的阅读故事。推出全新的北京市红领巾读书活动项目——“青少年经典导读”，以中小学生为指导对象，以经典名著为导读内容，以“互联网+志愿服务”为推广模式，开展青少年阅读推广活动。

本着“以评促建、以评促改、以评促管、以评促创”的原则，统筹兼顾完成全国县级以上公共图书馆第六次评估定级工作。同时受北京市文化局委托，承担北京市公共图书馆评估定级组织实施与评审工作。

持续推动各项国家文化惠民工程建设，完成2016年北京市公共数字文化工程考核工作。持续开展北京市数字文化社区服务工作，完成网站资源转换，启动数字文化社区高清交互平台改版等工作。

发挥中心馆职能，推进公共文化服务体系建设。落实北京市“1＋3”公共文化政策文件要求，推进基层图书资源整合和公共图书配送体系建设，促进基层图书馆业务能力提升。制定

《2017年度北京市基层图书馆（室）建设要求》《北京市基层公共图书馆考核标准》等文件，发布《2017年北京市基层图书馆（室）选配书目》。策划“阅读北京·十佳优读空间——百姓身边的基层图书室推优”活动。

加强京津冀公共图书馆协同发展，促进三地文化交流。联合策划举办“让京津冀古籍里的文字活起来——京津冀文献资源选题、编纂、出版、购藏、保护与利用”主题论坛；共同承办首届京津冀“守望青春，我与图书馆故事”阅读推广交流展示活动；与天津图书馆、天津市少年儿童图书馆、河北省图书馆联手推出“共沐书香 悦享好书”青少年经典导读活动。以“联盟发起馆”身份加入全国图书馆文化创意产品开发联盟，并履行《全国图书馆文化创意产品开发联盟章程（暂行）》相关职责。

以开放的姿态开展对台、对外合作交流项目。与台北市立图书馆共同举办“两岸城市公共图书馆研讨会”和《旧京民俗》数字展览。深化国家“一带一路”战略，以沿线国家图书馆及文化机构为平台，建立“阅读北京”图书空间。与以色列特拉维夫-雅法市立图书馆、塞尔维亚贝尔格莱德城市图书馆等图书馆签订合作协议。（首都图书馆　贾蔷）

【首都图书馆“乡土课堂”2017年度正式开讲】 1月7日，“首图讲坛·乡土课堂”开讲仪式暨新闻发布会在首都图书馆举行。仪式上，首都图书馆党委书记肖维平总结2016年度“乡土课堂”的开展情况，北京市社科联党组副书记荣大力致辞，北京史研究会会长李建平为现场听众揭晓2017年度讲座计划，并以首讲“北京文化中心与‘三个文化带’建设”拉开本年度该系列讲座的帷幕。天坛公园神乐署雅乐团现场演奏“清音雅乐——清代宫廷音乐”。2017年，“乡土课堂”为市民举办50场文化讲座。其中，主打推出的“三个文化带”“皇家坛庙”“匠人·匠心”三大系列，共举办16场相关主题讲座。（首都图书馆　贾蔷）

【首都图书馆开展2016年度阅读北京·十佳优读空间——百姓身边的基层图书室推优活动】 首都图书馆自2016年10月起开展2016年度阅读北京·十佳优读空间——百姓身边的基层图书室推优活动，以展示百姓身边的阅读空间，宣传阅读空间的服务功能，推广服务基层的特色资源，让百姓熟悉身边的基层图书室。17家区级图书馆经初选推荐30家基层图书馆参选。首都图书馆结合区馆上报的参选馆服务情况及“1+3”公共文化政策中关于基层图书馆的各项基本要求，对所有参选馆进行实地考察，对活动进行网络展示，并组织读者投票。2017年2月24日，在首都图书馆召开此次活动专家评审会。评审专家依据评选标准，结合参选馆的建设与服务情况和读者投票数，最终投票推选出10家优秀基层阅读空间，即：东城区永外街道图书馆、西城区大栅栏街道民俗图书馆、朝阳区图书馆团结湖街道分馆、海淀区马连洼街道图书馆、房山区图书馆国学分馆、通州区玉桥街道文化服务中心图书室、顺义区白各庄村图书馆、昌平区回+创业图书馆、门头沟区东龙门数字文化社区图书室和怀柔区北宅村图书室。（首都图书馆　李木子）

【北京市公共图书馆计算机信息服务系统完成切换工作】 3月20日，北京市公共图书馆计算机信息服务系统切换工作正式启动。本次工作将原有图书馆“智慧2000”业务管理系统切换为“Aleph500”业务管理系统，首都图书馆与北京市各区级图书馆围绕技术保障与升级、数据核查汇总、媒体宣传等方面开展各项工作，互相配合推进工作，确保系统切换各项实施要求。4月5日，北京市公共图书馆计算机信息服务系统如期完成所有切换工作，首都图书馆与北京市各区级图书馆全面恢复借书、还书、办证服务以及其他相关读者服务功能。（首都图书馆　贾蔷）

【“阅读北京　品味书香——2017年度首都市民阅读系列文化活动”启动】 3月22日，作为“书香中国·北京阅读季”的重要组成部分，“阅读北京　品味书香——2017年度首都市民阅读系列文化活动”在首都图书馆启动，该活动由北京市委宣传部、北京市文化局主办，首都图书馆、北京市各区文化委员会、首都图书馆联盟承办。著名作家王蒙，国家图书馆副馆长、国家典籍博物馆常务副馆长李虹霖，北京市文化局副巡视员、局工会主席马文，《图书馆报》总编辑袁江，首都图书馆党委书记肖维平等出席活动。启动仪式上，总结 2016 年度“阅读北京”的开展情况并颁发第三届“阅读之城”优秀组织奖等奖项，正式发布 2017 年度“阅读北京”项目的各活动内容，并聘请王蒙担任 2017 年度“阅读北京”项目推广大使。2017 年度“阅读北京”依托北京市公共图书馆四级服务网络开展阅读推广的阵地资源，精心策划全市性阅读系列文化活动，全年开展“心阅书香　共读共享”全市诵读大赛、“阅读伴我成长”活动、“十佳优读空间”推优活动、“阅读之城——市民读书计划”图书评选活动、“最美书评”征集评选活动。这 5 项活动旨在实现“五个一”，即搭建一个阅读平台，推荐一批优秀图书，组建一支基层“领读者”队伍，打造一个阅读活动品牌，推广一批示范基层图书馆的方式。2017 年度“阅读北京”项目通过全市性阅读推广活动，提升公共图书馆的文化服务能力和社会效益，丰富北京市民的精神文化生活，增强首都城市的阅读氛围，为推进首都文化中心建设提供支持。（首都图书馆　贾蔷）

【第七届“北京换书大集”在首都图书馆举办】 为迎接 2017 年“世界读书日”，4 月 22—23 日，第七届“北京换书大集”主题活动在首都图书馆等全市 11 家公共图书馆同时举办。作为 2017 年度“阅读北京”重要文化活动之一，第七届“北京换书大集”以图书交换为核心，以阅读活动和资源推介为两翼，并将志愿精神贯穿其中，通过丰富多元的文化活动，号召全社会关注阅读，走近阅读，分享阅读，在创新阅读推广方式的同时，让市民全方位、立体化地体验图书馆文化信息资源服务。此次活动受到《北京日报》、《北京晚报》、人民网等 10 家媒体的报道。（首都图书馆　贾蔷）

【首都图书馆与“一带一路”沿线国家的图书馆签署合作协议】 9 月 16 日，在塞尔维亚首都贝尔格莱德市市政厅举行的“北京日”活动启动仪式上，首都图书馆与贝尔格莱德城市图书馆签署战略合作协议。9 月 19 日，首都图书馆与斯洛文尼亚卢布尔雅那大学艺术学院、社会科学学院在斯洛文尼亚国家与大学图书馆（即卢布尔雅那大学图书馆）签署谅解备忘录。（首都图书馆　贾蔷）

【北京市领导到首都图书馆调研节日市民文化生活】 10 月 1 日，北京市委书记蔡奇，北京市委副书记、代市长陈吉宁等领导同志到首都图书馆调研节日期间市民文化生活。市领导依次考察“图书交换”文化志愿项目、历史文献特藏资源及“北京记忆”数字文化资源等公共服务空间，体验电子读报机等电子阅读设备，并与文化志愿者和读者亲切交谈。蔡奇对首都图书馆公共文化服务给予充分肯定，并强调要重视图书馆由传统型向现代型的转变，注重与读者的文化交流，加强文化创意产品开发，让图书馆成为市民的书房、交流的客厅和创意的工作室；加强北京地方特色老照片等资源的推广与展示，体现历史文化保护理念，发挥图书馆爱国主义教育阵地作用；提升节日期间文化服务品质，积极引导市民走进图书馆，鼓励市民参与文化活动；要有力发挥图书馆作为公共文化服务体系重要节点的作用，开展丰富的读者讲座、特色沙龙及文化志愿服务等活动，并将成熟的文化活动服务模式推广到基层。蔡奇十分关注首都图书馆特色资源建设及文化服务方式，他指出：北京市委市政府高度重视文化中心建设，首都图书馆应利用阵地性把图书馆建好，充分利用现有空间，通过各种形式展示文化资源；要注重阅读方式的多样化，吸引读者走进图书馆，学习和挖掘知识；要利用现代化技术手段，加强数字资源建设，来满足市民对文化的多层次需求。北京市委常委、常务副市长张工等领导一同调研。（首都图书馆　贾蔷）

【“图书馆地方文献工作学术交流暨‘北京记忆’新版发布会”在首都图书馆举办】 10 月 13 日，由首都图书馆、中国图书馆学会学术研究委员会地方文献研究专业委员会主办的“图书馆地方文献工作学术交流暨‘北京记忆’新版发布会”在首都图书馆举办。地方文献研究专业委员会委员以及来自北京学研究所、北京史研究会、北京市方志馆等单位的代表 60 余人参加此次活动，就“图书馆地方文献工作在网络环境下的发展”“互联网时代图书馆地方文献工作模式的转变”等议题进行深入探讨，同时共同见证“北京记忆”全新网站上线。（首都图书馆　贾蔷）

【2017 年阅读北京——“心阅书香　共读共享”诵读大赛决赛在首都图书馆举办】 11 月 8

日，2017年阅读北京——“心阅书香　共读共享”诵读大赛决赛在首都图书馆举办，此项活动由中共北京市委宣传部、北京市文化局主办，首都图书馆、全市各区图书馆承办，并得到首都精神文明建设委员会办公室、北京市志愿服务联合会的大力支持。此赛分为个人组和集体组，全市23家公共图书馆选送的44组133名选手参与角逐，最终评选出个人组一等奖5名、二等奖7名、三等奖9名，集体组一等奖5名、二等奖7名、三等奖11名。此次大赛累计吸引10万名市民关注，3183人参赛，产生1008个参赛作品，133名“领读者”脱颖而出。12月17日，作为此次全市诵读大赛的最终成果，《阅读北京“我是领读者”》特别节目在北京电视台生活频道播出。通过跟踪拍摄及现场采访诵读大赛中产生的6组“领读者”，着力展现选手在平凡生活中的精彩阅读故事，展现文化北京的风采面貌。节目邀请著名文化学者、北京大学中文系教授张颐武，北京市电视台主持人、首都图书馆文化志愿者姜华担任点评嘉宾。（首都图书馆　贾蔷）

【第四届“阅读之城——市民读书计划”终评会在首都图书馆召开】　11月27日，第四届“阅读之城——市民读书计划”终评会在首都图书馆召开。专家评审团由评论家、学者、近代史研究者解玺璋，作家止庵，中国社会科学院文学研究所原所长陆建德，中国科普研究所副所长颜实，中央民族大学副教授蒙曼，首都图书馆原馆长倪晓建，首都图书馆党委书记肖维平等组成。经过充分讨论，严谨推荐，最终评选出《鱼王》《北京的城墙与城门》《地球之美》《时间之书》和《给孩子讲量子力学》等30种兼具传播知识、陶冶情操、提升素养的图书作为“2017年请读书目”。本书目通过活动官方网站、首都图书馆新媒体、权威纸媒专版等渠道发布，并在全市十余家公共图书馆推出主题展览，面向全市读者进行阅读推荐。本届活动的初评阶段收到读者有效投票共计167196条，较上届活动增加2倍；同步开展的“图书认领”活动收到读者书评226篇。（首都图书馆　贾蔷）

【文化部第六次全国公共图书馆评估定级第一评估专家组完成对首都图书馆的评估定级实地检查工作】　12月15—16日，文化部第六次全国公共图书馆评估定级第一评估专家组对首都图书馆进行评估定级实地检查工作。第一评估专家组由广东省文化厅原副厅长、巡视员杜佐祥，南京图书馆副馆长许建业，武汉大学信息管理学院教授黄如花，广西壮族自治区桂林图书馆馆长钟琼组成，第二书房创始人李岩以观察员身份、中国图书馆学会郭万里以联系员身份参与检查。评估组听取此次评估定级汇报，并对照评估要求，通过审阅资料、现场提问等方式，对服务效能、业务建设和保障条件等情况进行深入细致的调研。在反馈意见会上，评估组肯定北京市各级政府及主管部门对公共图书馆事业发展的重视，肯定首都图书馆工作亮点，总分馆制建设措施得力、扎实推进、成效明显；注重服务创新和品牌建设，在传统服务的基础上引入多元化因素，服务常态化、制度化；同时提出进一步巩固现有发展趋势，促进北京市图书馆事业整体均衡发展等意见和建议。（首都图书馆　贾蔷）

【《北京市东城区推广全民阅读“十三五”时期发展规划》及《2016—2020年北京市东城区图书馆发展规划》专家评审会召开】　6月5日，为贯彻落实党中央、国务院关于开展全民阅读的重要部署，建设书香东城，《北京市东城区推广全民阅读“十三五”时期发展规划》及《2016—2020年北京市东城区图书馆发展规划》专家评审会在东城区第一图书馆三层会议室召开。首都图书馆原馆长倪晓建，首都图书馆副馆长邓菊英、陈坚，北京邮电大学出版社社长代根兴，西城区第二图书馆馆长李金龙5位评审专家出席会议，东城区文化委副主任魏瑞峰主持会议，东城区第一、第二图书馆领导班子成员参加会议。东城区第一图书馆馆长肖佐刚向专家介绍《北京市东城区推广全民阅读“十三五”时期发展规划》及《2016—2020年北京市东城区图书馆发展规划》。专家依次发言，提出宝贵意见。（东城区第一图书馆）

【科普阅读推广专业委员会2017年工作年会在东城区第一图书馆召开】　11月2日，由中国图书馆学会阅读推广委员会、北京市图书馆协会共同主办，中国图书馆学会阅读推广委员会科普阅读推广专业委员会、北京市东城区第一图书馆承办的科普阅读推广专业委员会2017年工作年会在北京召开。年会主题为“数字化时代的科普阅读”，来自全国各地图书馆界的30余名代表参加会议。会议首先由首都图书馆副馆长陈坚对《第二届科普阅读推广优秀案例征集方案》进行解读。随后，河北大学管理学院教授杨秀丹、西安图书馆馆长助理王军、山东省图书馆副馆长王玉梅、世界知识出版社副社长汪琴、神州共享技术公司总经理李华欣分别做题为“大数据时代下的图书馆阅读推广”“中小学科普阅读推广”“图书馆+书院”“少儿科普图书的出版与阅读推广”“应用数字技术推广科普阅读——以VR体验、全景展览为例”的主旨演讲。最后，科普阅读推广专业委员会主任、北京市东城区第一图书馆馆长肖佐刚做专委会2017年工作总结并公布2018年工作计划。（东城区第一图书馆）

【文化部第六次全国公共图书馆评估定级第一评估专家组莅临东城区第一图书馆检查工作】 12月16日，由广东省文化厅原副厅长、巡视员杜佐祥等组成的文化部第六次全国公共图书馆评估定级第一评估专家组莅临东城区第一图书馆检查工作。北京市文化局副局长庞微、公共文化事业处处长刘贵民，首都图书馆党委书记肖维平、副馆长陈坚，东城区副区长葛俊凯、区文化委主任王伟东、东城区图书馆理事会理事长甄军、图书馆党支部书记王芯全程陪同。评估组检查了图书馆的借阅厅室，查看相关档案，听取东城区第一图书馆馆长肖佐刚做的自评报告。专家们肯定了图书馆业务工作，指出该馆在品牌引领、特色建馆、创新驱动、阅读推广、法人治理结构等方面成绩突出，希望借《公共图书馆法》颁布、实施的契机做出更大的成绩，取得更好的服务效能。（东城区第一图书馆）

【左安门角楼老北京图书馆开馆】 10月28日，复建后的左安门角楼作为北京历史文化主题图书馆向市民免费开放。东城区副区长葛俊凯，人民出版社党委副书记、纪委书记王彤，首都图书馆党委书记肖维平，中国图书馆学会秘书长霍瑞娟，东城区文化委员会副主任魏瑞峰等出席开馆仪式。文化界知名人士、读书会代表、阅读爱好者、媒体记者100余人参加此次活动，10余家读书社团获颁铜牌。角楼图书馆除向市民提供阅览服务外，还面向传统文化爱好者、阅读爱好者、社区居民等人群，从“阅读北京”“聆听北京”“艺术北京”“品味北京”四大主题出发，开展丰富的阅读文化推广活动，让参与者在亲身体验中感受北京文化的内涵与韵味。（东城区第二图书馆）

【全民阅读促进立法调研组到西城区第一图书馆调研】 4月12日，为配合做好《全民阅读促进条例》审查工作，西城区第一图书馆馆长樊亚玲参与全民阅读促进立法调研座谈会，汇报西城区第一图书馆全民阅读促进工作开展情况。随后，全民阅读促进立法调研组一行20人来到西城区第一图书馆进行实地走访调研。调研组对图书馆在全民阅读方面所做的工作给予肯定，并希望图书馆工作人员积极参与《全民阅读促进条例（征求意见稿）》公开征求意见，共同做好立法工作。（西城区第一图书馆）

【北京市西城区图书馆管理协会承办全国中小型公共图书馆联合会2017年研讨会】 9月13—16日，全国中小型公共图书馆联合会2017年研讨会在湖南株洲举行。全国中小型公共图书馆馆长、专家和政府有关部门领导140余人与会，共同研讨“中小型公共图书馆的社会合作与发展”的相关问题。西城区第一图书馆副馆长孟兰在大会上做题为“社会力量参与公共图书馆服务体系的机制建设”的主题报告，以西城特色阅读空间为例，向与会者介绍西城区以“砖读空间”“甲骨文·悦读”为代表的社会力量参与合作的成功案例，受到与会同人的关注并加以探讨。（西城区第一图书馆）

【西城区第二图书馆举办“海棠树下　为您读诗——第三届世界读书日主题活动”】 4月23日，由西城区第二图书馆主办的“海棠树下　为您读诗——第三届世界读书日主题活动”在万寿公园举行。西城区第二图书馆馆长李金龙与万寿公园管理处领导、鲁迅研究基金会嘉宾、央视记者以及社区群众等300余人参与此次活动。10余位优秀学者和艺术家与现场社区群众一起，以经典诵读、古曲吟唱等多种艺术形式将中华传统文化寓情于诗，以艺取道，引导心灵向善向美。（西城区第二图书馆）

【西城区举办第四届"书香西城·区直机关读书会"】 4月20日，以"春风十里正读书"为主题的第四届"书香西城·区直机关读书会"在位于西城区下斜街1号的"甲骨文·悦读空间"举办。卢映川、王少峰等西城区领导及120多名机关干部参加活动。"书香西城·区直机关读书会"从2014年开始已连续举办三届，主题分别为"引领人生，点亮征程""读红色经典，树理想信念""品读红色经典，抒发爱党真情"。今年系列读书活动的开展旨在进一步提升区直机关党员干部的政治理论素质，树立终身学习的理念，营造"创建学习型党组织，争当学习型党员干部"的良好读书学习氛围。（西城区第一图书馆、西城区第二图书馆）

【西城区青少年儿童图书馆首次参加中国童书博览会】 7月7日至16日，第三届北京儿童阅读周暨2017中国童书博览会在北京展览馆举行。童书博览会由北京市委宣传部、市新闻出版广电局、西城区委区政府主办，西城区副区长徐利出席开幕式。西城区青少年儿童图书馆首次亮相中国童书博览会，除设立展位并举办2场中英文绘本示范讲读的专题讲座外，还在活动现场为小读者们免费办理阅览证，鼓励小读者参与其主办的"阳光、印象、阅读"摄影比赛。该馆此次参展，不仅展示西城区在面向未成年人开展阅读推广的工作成果，还将近年来"书香西城"的建设成果与西城区独创的特色阅读空间建设情况与读者进行分享。（西城区青少年儿童图书馆）

【朝阳区图书馆开办金台书院】 2月26日，朝阳区图书馆金台书院启动仪式暨金台书院国学讲堂开学典礼在北京国声京剧团剧场举行。2017年，朝阳区联合中国国际友人研究会、浦江学堂、天津方寸轩表演艺术团、北京市第一中西医结合医院等单位，对馆内原有文化讲堂、外语课堂等公益文化活动进行整合，在2016年金台书院德金班的基础上进行扩充。转型后的金台书院重新定位为诠释阅读文化、弘扬传统文化、展示群众文化、互动多元文化的平台。书院下设"国学讲堂""文化展厅""百姓生活""世界采风"等多个板块，涵盖"城市乡愁""大使带你看世界""评话图书""乐活时光""健康生活""语言学习"等多项主题内容，活动方式上也逐步实现免费预约制，线上活动与线下活动相结合。（朝阳区图书馆）

【老工业资源征集与利用研讨会在朝阳区图书馆召开】 3月30日，由朝阳区文化委员会、北京史研究会主办，朝阳区图书馆承办的朝阳区老工业资源征集与利用研讨会在朝阳区图书馆召开。来自朝阳区文化委员会、北京史研究会、北京市档案局、"798"管委会、朝阳区产业办、朝阳区档案局、朝阳区规划艺术馆及正阳书局、慧科讯业网络科技有限公司、首都科学研究决策会、中国知网的领导、专家、学者等30余人参加研讨会。本次会议围绕朝阳区老工业资源的征集、利用、开发、展示内容进行深入研讨，旨在协调、统筹多方研究力量与资源，创新朝阳区老工业遗址相关工作的社会化合作新模式。会后，朝阳区图书馆按照"工作定位精准化、工作方式多元化、呈现方式多样化、社会影响广泛化"的目标逐步推进后续工作，包括与北京史研究会等研究机构签订合作协议，延伸地方文献征集网络，搭建朝阳区地方文献资源数据库等。（朝阳区图书馆）

【朝阳区城市书屋·良阅书房馆正式开启24小时公共阅读服务】 11月25日，朝阳城市书屋发布及授牌仪式暨郎园·良阅书房馆揭幕典礼在郎园 vintage 文创园举办。会上，朝阳区文化委员会主任高春利为已建成的4家朝阳城市书屋——宸冰书坊馆、"798"尤伦斯馆、良阅书房馆、东亿产业园馆授牌。同时，良阅书房馆正式开馆。授牌仪式后，举办郎园大师课，蒋一谈、顾斌、朵渔等12位诗人与200多位诗歌爱好者现场互动，并针对十九大以后新时代阅读与文学思考进行深入探讨。（朝阳区图书馆）

【海淀北部文化中心图书馆走进北新校园】 4月23日"世界读书日"来临之际，海淀北部文化中心图书馆与北京市海淀北部新区实验中学小学部共同举办"阅读北新"启动仪式，北部文化中心图书馆馆长冯锐与北京市海淀北部新区实验中学谭主任共同为流动服务站揭牌。此次馆校合作是该馆推动"书香校园"工作的第一站。图书馆将与该校进行多维度合作，让此次合作模式成为"书香校园"样板，为海淀区创建公共文化服

务体系示范区贡献力量。（海淀区图书馆）

【海淀区图书馆召开示范区创建专家研讨会】 7月21日，为夯实国家公共文化服务体系示范区创建基础，认真做好示范区终期迎检图书馆部分的工作，海淀区文化委员会组织图书馆界的专家学者在海淀区图书馆召开示范区创建专家研讨会。研讨会由海淀区文化委员会主任陈静主持，北京大学信息管理系党委书记、教授张久珍和副教授张广钦，首都图书馆副馆长邓菊英、陈坚，全国中小型公共图书馆联合会会长郭斌等专家参与。研讨会议题包括海淀区公共图书馆总分馆制度的建立与实施、海淀区图书馆特色资源数据库建设方向及特色定位、海淀区图书馆文献资源体系建设与完善。（海淀区图书馆）

【丰台区图书馆开展全民阅读调查】 4月8日，为进一步推广全民阅读、了解市民阅读习惯、征求市民阅读需求与建议，丰台区图书馆抽选辖区内4个社区（村）开展全民阅读调查与座谈活动。向参与活动的读者发放《全民阅读调查问卷》；邀请少年儿童、青年、中老年等不同群体读者畅谈自身的阅读经历，以及自己对传统阅读、信息化阅读的理解与倾向性。座谈中，读者们纷纷介绍各自喜爱参与的阅读活动，并对如何开展阅读、如何通过活动推广阅读提出宝贵意见。（丰台区图书馆）

【丰台区图书馆举办"书香丰台·阅读+"儿童节阅读互动体验活动】 6月3—4日，丰台区图书馆举办主题为"书香丰台·阅读+"的儿童节阅读互动体验活动。图书馆通过微信平台和网站对活动进行宣传报道，近600余人报名参加，数十名志愿者协助服务。活动设立儿童节阅读互动专区，其中包括互动海洋馆、互动英语、运动帮、安全教育VR、互动拍照等主题场景，同时举办讲故事、动手做童话、低幼儿绘本阅读分享等活动。（丰台区图书馆）

【石景山区举办第34届"古城之春"艺术节之"书聚石景山　点亮智慧之光"全民阅读系列活动】 7月，石景山区第34届"古城之春"艺术节之"书聚石景山　点亮智慧之光"全民阅读系列活动暨北京市2017年度首都市民阅读系列文化活动——"心阅书香　共读共享"诵读大赛石景山分赛区诵读活动在石景山区图书馆举行。诵读大赛以"红色基因、绿色发展、金色梦想"为主线，围绕首都公共文化服务示范区创建工作，结合纪念中国人民解放军建军90周年和全面抗战爆发80周年，邀请和鼓励热爱阅读或有诵读特长的读者参与。诵读大赛与"古街乡情"主题征文活动、红领巾读书活动等各种群众性文化活动共同组成本届全民阅读系列活动。（石景山区图书馆）

【房山区文化活动中心召开加快推进基层图书馆建设工作会】 9月7日，为进一步加强对基层图书资源整合与总分馆建设工作的统筹和指导，提高基层图书馆服务效能，推动全民阅读在全区的广泛开展，房山区文化活动中心召开加快推进基层图书馆建设工作会。房山区文化活动中心相关人员与28个街道、乡镇文体中心主任参加会议。会上，房山区文化活动中心副主任朱光介绍街道、乡镇基层图书馆建设要求及下一步将要采取的措施；房山区文化活动中心党支部书记、副主任宋守鹏就基层图书馆管理办法、图书馆网络建设、图书馆申请加入北京市公共图书馆"一卡通"服务要具备的条件等内容做解释说明。（房山区文化活动中心图书服务部）

【燕山文化活动中心图书馆青少年科普分中心正式成立】 6月1日，由房山区燕山文化卫生和计划生育委员会与燕山教育委员会联合主办、燕山文化活动中心图书馆承办的青少年科普分中心启动仪式在燕山文化活动中心门前广场举行。燕山工委宣传部部长于勇、燕山办事处副主任王大利、首都图书馆副馆长胡启军以及各中小学代表和北京市各区图书馆同人200余人参加此次启动仪式，并参观燕山图书馆青少年科普分中心。分中心的设立旨在通过科普教育的活动方式激活学生的科技思维，挖掘学生的科技潜力，拓宽学生的科技视野。（房山区燕山图书馆）

【通州区图书馆举办基层图书管理员培训班】 2017年是通州区创建全国文明城区和首都公共文化服务示范区关键之年。为全力推进基层图书室资源整合与图书馆总分馆制建设，不断提升基层图书管理员综合素质与服务水平，4月25

日，通州区图书馆举办“发现社区图书室”基层图书管理员培训班，来自全区范围内32家基层图书室、公共电子阅览室、数字文化社区的管理员参加此次培训。培训邀请首都图书馆原馆长倪晓建、北京大学图书馆资源建设中心主任张美萍、北京畅想之星技术有限公司培训老师朱嘉星到馆授课。培训结束后，通州区图书馆向32家基层图书室捐赠电子书2000册，以丰富、充实基层图书室馆藏资源。（通州区图书馆）

【顺义区图书馆“爱阅读”分馆挂牌成立】 4月12日，顺义区图书馆馆长史红艳、副馆长李毅及辅导部工作人员一行5人来到位于高丽营镇的“爱阅读”分馆，为该馆送去图书1000册、电脑设备10台，并颁发“顺义区图书馆分馆”的牌匾。“爱阅读”分馆面积1200平方米，馆藏图书20000余册、期刊30余种，阅览座位100余个，馆内设有少儿阅读区、成人阅读区、亲子游戏区等，是一个集阅读、学习、休闲娱乐为一体的综合性阅览场所，也是顺义区推进总分馆建设的重要举措之一。（顺义区图书馆）

【大兴区24小时城市书房正式启用】 6月27日，位于高米店街道滨河街康顺园小区的大兴区24小时城市书房正式启用。来自北京市新闻出版广电局、首都图书馆的领导共同轻点手机屏幕，通过APP发出指令，城市书房内灯光随即亮起，阅览设备纷纷启动。此城市书房面积30平方米，藏书近5000册，电子书总量达40TB，集自助办证、借还书、阅览、电子资源浏览、预约借阅、图书配送、图书漂流、亲子活动8大功能于一体，提供“一站式”阅读服务，无人值守，实现全天24小时智能管理。大兴区阅读服务从此跨入全天候、智能化的新时代。打造24小时城市书房，是大兴区图书馆提升服务效能、拓展服务网络、满足读者个性化阅读的重要手段，是推进公共文化基础设施建设，创建首都公共文化服务示范区的创新举措。（大兴区图书馆）

【昌平区回龙观首家地区图书馆落成】 9月，经过半年筹备，昌平区图书馆回龙观第一分馆正式接待读者，这是回龙观首家地区图书馆。该馆位于融泽家园一号院，内设儿童阅览室，书架将大厅分隔成各有风格的区域，读者可自由选择自己喜欢的阅读区域和方式。目前该馆藏书2万余册，内容涵盖文学、艺术、哲学、政治等各个领域。预计藏书量6万余册。（昌平区图书馆）

【平谷区第九届大众读书工程暨第七届北京阅读季启动】 4月21日，由平谷区文化委员会主办、平谷区图书馆承办的平谷区第九届大众读书工程暨第七届北京阅读季启动仪式在平谷区文化大厦启动。平谷区委常委、宣传部长王红艳，平谷区副区长徐素芝，北京市新闻出版广电局及天津市蓟州区文化广播电视局、河北省承德市兴隆县文化体育旅游局等单位的相关领导出席活动。启动仪式上，与会领导为平谷区第八届大众读书工程优秀组织奖、红领巾读书活动示范单位、“书香家庭”代表、“读书小状元”代表颁奖。随后，由京津冀三地联合打造的阅读成果展以诗朗诵等多种形式呈现。平谷区第九届大众读书工程系列活动全年围绕“书香平谷·悦享阅读”主题开展，通过形式多样、层次分明的阅读推广活动引领阅读新风尚。（平谷区图书馆）

【京津冀公共图书馆区域合作联盟正式成立】 6月11日，由北京市平谷区图书馆主持，联合天津市蓟州图书馆、河北省三河市图书馆、河北省承德市兴隆县图书馆共同组建的“京津冀公共图书馆区域合作联盟”启动仪式在平谷区图书馆举行，来自各成员馆的馆长和代表参加会议。与会代表讨论通过《京津冀公共图书馆区域合作联盟章程》，签署合作协议，宣告京津冀公共图书馆区域合作联盟正式成立。（平谷区图书馆）

【“书香怀柔”全民阅读迎来10周年】 9月28日，“书香怀柔”全民阅读10周年庆典活动暨第十届怀柔区全民阅读活动颁奖仪式拉开帷幕。整场活动从“汲取营养”“点亮人生”“一脉相承”3个篇章讲述读书与成长、读书让人励志、读书与文化传承。“书香怀柔”全民阅读迎来10周年，怀柔区图书馆除开展征文、摄影等活动外，还特别编印《书味香凝》《书有余香》两书，并推出“书香怀柔——全民阅读10周年成果展”。10年来，怀柔区累计举办各类读书活动1600余场次，137万人次参与；收集征文2419篇、摄影作品2049幅，挖掘演讲选手130名，评选“书香家庭”70个、“读书状元”80

名、“读书之星”546 名；基层组织开展“市民大课堂”知识讲座 1366 场。（怀柔区图书馆）

【怀柔区图书馆举办 2017 年基层图书室、共享工程基层服务点管理员培训班】 10 月 10 日至 13 日，怀柔区图书馆分批举办 2017 年基层图书室、共享工程基层服务点管理员培训班。全区 14 个乡镇、2 个街道文化中心的主任和 284 个行政村、33 个社区的文化志愿管理员共 340 余人参加此次培训。培训班特邀首都图书馆老师进行授课，内容包括乡镇、街道总分馆建设和管理，基层共享工程服务点、数字文化社区、公共电子阅览室的使用和管理，《公共文化服务保障法》解读以及基层图书室与共享工程基层服务点检查考核的工作重点及安排。（怀柔区图书馆）

【密云区图书馆举办 2017 年基层图书室、共享工程管理员培训班】 11 月 13 日至 15 日，密云区图书馆举办 2017 年基层图书室、共享工程管理员培训班，各镇街文化中心主任与社区、村图书室共享工程管理员 400 余人参加培训。培训邀请首都图书馆、清华大学等单位专家分别就“图书馆在首都文化建设中的使命担当”“全国文化信息资源共享工程应用”“消防安全”等内容进行授课，并向各镇街、社区、村图书室发放十九大学习辅导读物近 5000 册。（密云区图书馆）

天津市

【概况】 2017 年，天津市共有市级公共图书馆 2 个，区级公共图书馆 30 个，公共图书馆建立分馆共计 103 个。馆舍总面积 32.5 万平方米，阅览座席 1.7 万个。文献总藏量 1662.1 万册（件），其中图书 1471.4 万册，古籍 58.7 万册，报刊 58.9 万件，视听文献 25.6 万件，缩微制品 1.2 万件；开架书刊 887.9 万册；电子图书 1637.8 万册。全年新增藏量 166 万册，新增电子图书 201.9 万册，接待读者 1403 万人次，书刊文献外借 1057.8 万册次。

天津市各图书馆全年共为读者举办讲座、展览、培训班等各种活动 2431 场次，98.9 万人次参与。 其中讲座 1453 场，20.5 万人次；展览 583 场，75.4 万人次；读者培训 395 次，3 万人次。各图书馆通过官方网站、微博、微信等方式向读者提供服务，年网站访问量总计 1483.8 万页次，年文献购置费 7643.7 万元。志愿者服务队伍 149 个，共计 3458 人。流动图书馆全年书刊借阅 23.7 万人次，51.3 万册次。

注重京津冀协同发展。天津图书馆、天津市少年儿童图书馆与首都图书馆、河北省图书馆共同举办京津冀三地“共沐书香　悦享好书”青少年经典导读活动，三地四馆共同签署青少年经典导读活动资源战略合作协议，实现优质文化教育资源的共建共享；天津图书馆作为“特邀嘉宾”参加在廊坊国际会展中心举办的第三届京津冀非物质文化遗产联展，为观众现场展示珍贵馆藏、文创产品，介绍古籍修复与保护技艺；天津图书馆、首都图书馆、河北省图书馆共同承办首届京津冀“守望青春，我与图书馆的故事”阅读推广交流展示活动，以多种形式集中展现京津冀三地读者与图书馆的难忘情缘。

数字图书馆推广工程建设工作稳步推进。举办政府公开信息数据审核与分站建设培训班、天津市数字图书馆推广工程业务培训班，邀请国家图书馆、河北省图书馆、天津图书馆以及有关技术厂商的专家授课。

读者服务工作持续深化。在全市公共图书馆（含少儿图书馆）开展中文图书免押金借阅服务，实现全区域范围内各级公共图书馆免押金服务；天津图书馆联合中国盲文图书馆、天津市残疾人联合会联合举办“天津市视障文化服务阅读推广培训班”，交流先进典型经验，探讨当前视障文化供需矛盾及服务发展方向；天津图书馆主办首届“天津市盲人百科知识竞赛”、首届“天津市视障信息技术技能比赛”等。扩大服务范围及受益面，促进本市公共文化服务均等化。

创新优化馆员培训模式。利用“天津市图书资料专业人员培训平台”，采用线上和线下相结合的方式开展馆员继续教育培训，为图书资料专业人员提供丰富且具针对性的学习内容和灵活便捷的学习方式。2017 年累计上线 24 门课程，共计 113 学时。（天津市图书馆学会）

【京津冀三地“共沐书香　悦享好书”青少年经典导读活动启动】 3 月 30 日，京津冀三地“共沐书香　悦享好书”青少年经典导读活动启动仪式在河北省图书馆举行。此次活动由天津图书馆、天津市少年儿童图书馆联合首都图书馆（北京市少年儿童图书馆）、河北省图书馆共同主办，在启动仪式上四馆共同签署青少年经典导读活动资源战略合作协议。该活动以京津冀三地中小学生为服务对象，以教育部推荐的经典名著为导读内容，邀请三地专家学者、文化名人、骨干教师和高校学生作为专业的文化志愿者，依托青少年经典导读专用互联网平台，开展主题讲座、导读示范课、班级读书会等形式多样的在线志愿服务，并与丰富的线下阅读推广活动相结合，实现优质文化教育资源的共建、共享。本次活动启动后，三地中小学生都能免费参加共读，一同领会经典名著的精神魅力，百万家庭将直接在京津冀文化资源协同建设中受益。（天津图书馆）

【天津在全市公共图书馆开展中文图书免押金借阅服务】 自4月23日“世界读书日”起，天津图书馆、天津市少年儿童图书馆及全市各区级公共图书馆（含少儿图书馆）正式实施中文图书免押金借阅服务，天津成为全国首个实现全区域范围内各级公共图书馆免押金借阅服务的省市。同时，天津图书馆开通免费向读者发送借阅到期微信提醒服务。在全市公共图书馆开展中文外借图书免押金借阅服务，取消服务门槛，是天津市委、市政府2017年20项民心工程项目之一，以鼓励读者通过信用度和借阅量的累积实现图书借阅册数的提升，引导广大市民多读书、读好书，以文化发展涵养城市文明。（天津图书馆、天津市少年儿童图书馆）

【“政府公开信息数据审核与分站建设”专题培训班在天津图书馆举行】 7月19日至20日，天津地区数字图书馆推广工程资源联合建设工作之“政府公开信息数据审核与分站建设”专题培训班在天津图书馆举行。北辰区图书馆、宝坻区图书馆等12家公共图书馆的副馆长和业务骨干参加培训。培训为期2天，邀请国家图书馆副研究馆员萨蕾就“政府公开信息元数据著录规则”“政府公开信息建设方案”“政府公开信息数据审核流程”“政府公开信息项目平台使用”等内容进行专项讲解。（天津图书馆）

【第二届“大众美育馆——小画笔，画世界”天津市少年儿童图文创作线下征集活动在天津图书馆举办】 8月21日，由文化部全国公共文化发展中心、中国文化馆协会主办，全国文化信息资源共享工程天津分中心承办的第二届“大众美育馆——小画笔，画世界”天津市少年儿童图文创作线下征集活动在天津图书馆举办，来自天津市和平区中心小学的40余名小朋友参加此次活动。本次征集活动分为少儿图书和期刊分类的讲解、“小画笔，画世界”绘画创作讲堂和绘本故事会及体验阅读三个环节，结合天津图书馆的少儿文化信息资源，引导儿童通过画笔，用图画表达对“一带一路”发展战略的理解，激发创意，推进少儿美育教育。（天津图书馆）

【天津图书馆举办首届天津市视障信息技术技能比赛】 10月13日，天津图书馆与天津市盲人协会联合举办首届天津市视障信息技术技能比赛，来自全市的55名选手参加技能比拼。比赛以微信形式争夺答题权，题目内容以智能手机应用为主，考察选手们在使用出门导航、乘车出行、沟通交友、学习充电、冲浪购物等软件的熟练与准确程度，先进的智能设备已融入广大视障朋友的生活中。此次比赛为天津图书馆承接中国残联“盲人阅读推广与社会教育示范应用项目”的收官之作，进一步丰富视障读者的文化生活，是在提供生活技能培训、心理疏导干预等方面进行的一次有益尝试。在此前的4月21日，作为该应用项目活动之一，天津图书馆举办首届天津市盲人百科知识竞赛决赛，6支区代表队共18名选手参赛，内容涉及天文地理、自然科学、历史文化、时事政治等方面，最终河东区代表队夺魁。（天津图书馆）

【天津市数字图书馆推广工程业务培训班在滨海新区图书馆举办】 11月8日至10日，由天津图书馆（数字图书馆推广工程天津分中心）主办、滨海新区图书馆承办的“天津市数字图书馆推广工程业务培训班”在天津滨海新区图书馆举办。全市共22个推广工程成员馆相关负责人及技术人员参加此次培训。培训邀请国家图书馆、河北省图书馆、天津图书馆以及有关技术厂商的专家和老师，就数字图书馆推广工程在建设利用、推广服务、规则标准、前沿技术等方面内容进行深入讲解与探讨。参会人员参观有“最美图书馆”之称的天津滨海新区文化中心图书馆并体验VR技术在图书馆服务中的最新应用。此次培训内容丰富充实且在行业内具有较高的技术水平，有助于推动天津市各区级公共图书馆数字图书馆推广工程建设，确保数字资源联合建设工作及其他项目的顺利实施。（天津图书馆）

【文化部第六次全国公共图书馆评估第二评估组莅临天津图书馆开展实地评估工作】 12月11日，由辽宁省文化厅原副巡视员康尔平任组长，深圳少年儿童图书馆馆长宋卫任副组长，武汉大学信息管理学院教授肖希明、东北师范大学信息管理学院硕士生导师陈昊琳任观察员的文化部第六次全国公共图书馆评估第二评估组莅临天津图书馆开展实地评估考察工作。评估组专家对天津图书馆馆容馆貌、设施设备、管理服务等进行考察，召开评估工作汇报会，并对评估数据和原始佐证材料进行审核。在评估反馈会上，评估组对天津市公共图书馆事业发展予以肯定，也对本次评估中存在的问题提出针对性的意见和建议。（天津图书馆）

【首届京津冀"守望青春，我与图书馆的故事"阅读推广交流展示活动在天津图书馆举办】 12月18日，由京津冀三地文化行政主管部门联合主办，天津图书馆、首都图书馆、河北省图书馆共同承办的首届京津冀"守望青春，我与图书馆的故事"阅读推广交流展示活动在天津图书馆文化中心馆区举办。三地文化行政主管部门、公共图书馆负责人和近百名读者代表参加本次活动。京津冀三地图书馆通过报刊、广播电视、网络、微博、微信等多种方式面向全社会公开征集大量素材，通过老照片展览、微电影展播、读书故事分享、情景剧演出和名篇朗读等多种形式，集中展现京津冀三地读者与图书馆的难忘情缘。通过本次活动，京津冀三地公共图书馆建立了合作开展阅读活动的新机制，实现京津冀三地阅读推广工作水平的共同提升。（天津图书馆）

【天津市少年儿童图书馆承办2017年天津市中小学生"好书伴我成长"读书系列活动】 由天津市精神文明建设委员会办公室、市教育委员会等单位主办，天津市少年儿童图书馆承办，新蕾出版社（天津）有限公司协办的2017年天津市中小学生"好书伴我成长"读书系列活动于3月至9月举办，全市共有1161所中小学校80.85万中小学生参与。读书系列活动以"迎全运　讲文明　践行社会主义核心价值观"为主题，在广大中小学生中开展文明礼仪教育，大力弘扬中华传统文化和传统美德，全面提高广大中小学生思想道德素质，培育和践行社会主义核心价值观。活动中征文、漫画及剪纸三项比赛的一等奖作品结集出版《2017年天津市中小学生好书伴我快乐成长（十）——读书活动获奖作品集》。（天津市少年儿童图书馆）

【全市少年儿童图书馆实施通借通还】 "通借通还"项目是天津市政府承诺20项民心工程之一，同时也是2017年天津市文广局20件实事之一。天津市少年儿童图书馆首先对全市区少年儿童图书馆读者借阅情况及借书管理规则等进行调研，撰写情况分析报告；组织召开各区少年儿童图书馆馆长协调会，邀请天津图书馆技术部的有关人员现场讲解通借通还工作的具体技术操作方法要求；与天津市图书馆学会共同举办"全市少年儿童图书馆通借通还服务工作培训班"，在围绕报刊采访、流通办证、采编业务等专题培训的基础上进行现场答疑，有针对性地提高图书馆业务人员的能力和服务水平。首批购入6000余册图书专门用于启动通借通还，并在2017年底实现与天津市6家区少年儿童馆之间的通借通还。通借通还服务体系的建立，基于全市统一的图书馆自动化管理系统平台，实现区域内图书馆集群化管理，降低系统运行和管理成本，实现多层级图书馆服务网络体系的资源共享，有力推动了天津市公共图书馆事业均等化、标准化发展。（天津市少年儿童图书馆）

【泰达图书馆公共数字文化服务稳步推进】 2017年，泰达图书馆文化推广工程元数据仓储项目全部完成，取得第三方质检报告及结项报告。成功申报2018年资源联建图书馆公开课项目。先后举办"网络书香过大年"、贺新春数字文化虚拟现实VR体验活动、共享工程2017春节系列文化服务、"文化共享·数图推广"宣传服务月、"网络书香·世界读书日"在线视频讲座、"网络书香讲坛"等主题活动，吸引更多读者用户走进图书馆，让读者体验新技术在公共文化服务中的最新应用，向公众广泛宣传文化惠民工程资源与服务。（泰达图书馆）

【泰达图书馆通过ISO9001:2015质量管理体系认证】 泰达图书馆按照ISO9001：2015新版标准要求，启动内部培训和文件整理工作。通过细化过程控制文件，质量管理过程由22个扩充到42个，控制文件由98个缩减为60个，梳理管理风险46项，并列出全部风险清单，进一步规范质量管理过程，增强质量意识，促进管理与服务有机结合。（泰达图书馆）

【泰达图书馆科技文献服务加速推进】 国家科技图书文献中心（NSTL）泰达服务站荣获2017年度优秀服务二等奖、宣传创新奖，连续七年获得表彰。泰达图书馆2017年组织策划“泰达信息素养公开课”，举办专场培训讲座18场。启动“科技文献泰达行”品牌服务，深入天津昂赛、芯硕精密等多家科技企业开展上门服务培训19次，推介馆藏数字资源与信息服务。通过举办“创新动力源”——科技文献达人赛，为9家企业的80余名一线科研人员提供科技文献资源查询便利化服务。开展企业创新与人才引进定制服务，为一线科研人员提供论文被SCI、EI等数据库收录及引用查询服务。深度打造“科技文献服务季”品牌服务，推出“科技服务助力科技小巨人腾飞”“科技文献服务‘泰达行’”“科技服务走进双创示范区”“‘扫一扫’有惊喜”“答问卷赢大奖”“创客空间体验活动”等6大主题，实现对区内小巨人企业的科技信息服务全覆盖。开展前沿理论交流，与清华同方联合举办“知识发现与知识服务新模式”研讨会，对外发布“泰达发现”信息服务平台，该平台集成馆藏全部数字资源，为用户查找、获取馆藏数字资源提供一站式服务，为提升区域科研创新能力提供重要的文献信息支撑。（泰达图书馆）

【和平区图书馆承办“和平共享书吧”】 3月29日，“和平共享书吧”正式入驻滨江购物中心和滨江商厦。和平区图书馆馆藏图书以此为起点，开启崭新的城市阅读漂流之旅。“和平共享书吧”是由和平区文化和旅游局、和平区消防支队主办，和平区图书馆承办的全新城市阅读体验空间，首期预计投放涵盖畅销小说、少儿绘本及时尚休闲期刊等各类书籍1万余册，每册书籍均贴有“和平共享书吧”标签。书吧全面引进数字阅读机，内存大量高清畅销书并定时更新，使用手机扫描二维码即可阅读。结合商场的实际情况，书吧内重点配有普及消防安全的相关知识类书籍和宣传册。“和平共享书吧”成为提升公共文化服务水平和市民文化素养的载体平台。（和平区图书馆）

【和平区少年儿童图书馆“小雨点”智慧营地暨“小雨点滋润流动花朵”项目启动落实】 2017年，和平区少年儿童图书馆“小雨点”智慧营地暨“小雨点滋润流动花朵”项目启动并落实。项目通过家庭、学校、社会“三位一体”教育模式，邀请社会各领域知名专家做客“小雨点”智慧营地，分别从普及国学文化、传播科学知识、培养动手实践能力、加强爱国主义教育、欢度节日主题活动等方面举办一系列少儿公益活动，并给予“流动花朵”特殊群体深切关爱，受到社会各界的高度关注。项目自创办以来，在社会上享誉良好，获得全国、市区级众多奖项。该馆在总结经验的基础上开拓思路，锐意创新，致力于少儿公益事业，开展趣味绘画、阅读讲座、文艺演出、寒暑假快乐营地等一系列特色新颖的主题读书活动，受到社会各界的高度关注。全年共举办活动27期，数千人次参与，同时荣获中国图书馆学会“全民阅读”优秀组织奖。（和平区少年儿童图书馆）

【和平区少年儿童图书馆创办“小雨点”心语悦读活动】 2017年，和平区少年儿童图书馆创办“小雨点”心语悦读活动，借助微信公众平台将纸质绘本编辑成动态音频进行推送推广，让孩子随时随地听故事，为未成年人的健康快乐成长保驾护航。1月至12月，与天津电视台滨海广播合作举办“寻找读书的声音，推荐滨海广播声音大使”全媒体活动；与和平区文明办、“扫黄打非”办公室、教育局、新闻出版局等部门联合举办和平区中小学生“绿书签”读书系列活动。通过全方位、多层次的阅读推广活动，培养中小学生“多读书读好书”的理念。该活动征集到的优秀作品在中国图书馆学会主办的“我听·我读——2017年全国少儿读者朗诵大赛”活动中荣获“有声阅读基地”团体奖。（和平区少年儿童图书馆）

【和平区部分中职小学校开通通借通还服务】

3月至12月，和平区少年儿童图书馆率先在全区中职小学校中开展通借通还服务。在充分考察全区中职小学校承载能力的基础上，选取满足条件并适合开展通借通还服务的学校进行试点。首批1000册图书投放到和平区四平东道小学，充实到学校的图书室，并开展首批通借通还服务试点校开通仪式。少儿图书馆的工作人员现场免费给学生们办理通借通还借阅证。截至2017年底，已有5所中职小学校开通通借通还服务。这一服务最大限度地整合适合未成年人阅读的图书，使中小学生在校就能享受到少儿图书馆的优质图书资源，进一步实现和平区“三位一体”教育功能。（和平区少年儿童图书馆）

【河东区图书馆嘉华中心馆正式开馆】 2017年8月，河东区图书馆嘉华中心馆正式落成开馆。馆区坐落于河东区新开路华昌街70号嘉华国际商业中心四层，建筑面积5000余平方米，是天津市首个文化与商业体相结合的公共图书馆。馆内共有通借通还图书万余册，涉及哲学、社会科学、自然科学、综合性图书等多种类型，并将根据读者需求增加文学、艺术、历史、医药养生等方面的图书，预计配备图书4万册。启用通借通还、阅览自习、展览等业务，同时借助网络技术实现集自动化、智能化、信息化于一体的功能设置，设有自助办证机、自助借还机、24小时自助还书机等便民服务设备，升级的硬件设施和幽雅舒适的内部环境，受到商户和周边居民的一致好评。（河东区图书馆）

【红桥区图书馆建设立法决策服务平台】 2017年，红桥区图书馆投入专项资金建设“天津市红桥区图书馆立法决策服务平台”，为天津市红桥区政府各个部门提供立法决策依据。全年累计处理读者咨询7554人次，提供专题咨询与情报分析服务11次，服务范围涵盖政府机关、学校、企业等。（红桥区图书馆）

【滨海新区塘沽图书馆第一老年养护院分馆正式揭牌】 4月28日，滨海新区塘沽图书馆和滨海新区第一老年养护院合作建立塘沽图书馆第一老年养护院分馆。滨海新区塘沽图书馆为该分馆提供适宜老年人阅读的图书1000余册、杂志200余册，其中还包括100余册大字图书，并按季度更新，双方携手增强公共文化服务网络体系建设，扩大辐射面，实现图书文献资源共建共享。（滨海新区图书馆）

【“书香社区”共建单位授牌仪式在滨海新区图书馆举行】 11月16日，十九大精神宣讲暨“书香社区”共建单位授牌仪式在滨海新区图书馆举行，标志着滨海新区图书馆总分馆三级网络建设正式拉开序幕，也是党的十九大召开之后滨海新区图书馆为市民提供更加充分、便利的文化服务的重大举措，是滨海新区图书馆践行党的十九大精神的重大成果。共建“书香社区”模式将图书送到居民家门口，成为提升读者服务质量的有效途径。（滨海新区图书馆）

【武清区图书馆举办“服务宣传周”系列活动】 5月25日至5月31日，武清区图书馆开展以“倡导全民阅读　共建文明武清”为主题的服务宣传周活动：举办武清区中小学生“好书伴我成长”读书系列活动；展出“撸起袖子加油干，凝心聚力奔小康——迎接党的十九大胜利召开”主题图片24组；举办“浓情粽意”迎端午——端午节阅读推广活动，包括现场包粽子、制作香囊和端午节知识问答等环节，共吸引100余人参与；开展为老年人送书活动，向松鹤园养老院的老人赠送90册杂志。（武清区图书馆）

【津南区图书馆打造心理成长服务品牌——亲子伊甸园】 3月13日，津南区图书馆创建心理成长服务品牌——亲子伊甸园。该服务品牌下设一系列公益免费亲子课程，邀请国家二级心理咨询师刘殿霞主讲，两季共8期课程。 第一季包含4期，分别是微景观设计、绘本阅读与心理绘画、亲子瑜伽、亲子绘画；第二季包含4期，分别是多肉微景观、五谷粘贴画、绘本阅读、压花书签。累计134组家庭368人参与受益，进一步拓展津南区图书馆的服务内容，提升社会影响力。（津南区图书馆）

【津南区图书馆开展喜迎十九大畅想中国梦少儿专题活动】 10月17日至31日，津南区图书馆在少儿借阅部开展喜迎十九大　畅想中国梦少儿专题活动。专题活动包含4项内容：①图书期刊推荐展览，通过微信平台推荐关于党史故事、中国梦、社会主义核心价值观图书期刊共10本，线下设专题展示区，吸引450余名少儿读者参观阅览；②学雷锋志愿服务活动，组织28名少儿志愿者和12名南开大学大学生志愿者开展图书分类、文明监督、读者引导、智慧空间等志愿服务，弘扬十九大精神、践行社会主义核心价值观；③童声诵读社会主义核心价值观，组织并拍摄12名少儿读者朗诵《社会主义核心价值观儿歌读本》中的12首核心价值观儿歌，在图书馆微信平台和网站上宣传展示；④“我为祖国送祝福”图片征集，收到来自津南区中小学50名学生的图片，包含集体照和个人照，精选10张进行微信图片展。（津南区图书馆）

河北省

【概况】 2017年，河北省公共图书馆基础设施建设进入快速发展阶段。全省现有公共图书馆170个，其中省级馆1个、市级馆11个、县级馆158个，包含一级馆21个、二级馆29个、三级馆45个。在2017年文化部组织的第六次全国县级以上公共图书馆评估定级工作中，省市县三级公共图书馆共计147个参加，参评率86.47%。全省推荐上等级市、县图书馆116个，其中市级馆9个、县级馆107个，比第五次评估增加22个。市、县两级图书馆平均建筑面积4122.3平方米。石家庄市图书馆新馆规划建筑面积5.5万平方米，总投资5亿多元，即将竣工。财政资金投入的增加为公共图书馆发展提供强有力的保障。市县两级馆文献总藏量4104.5万册，服务能力与信息化水平显著提升。24小时自助图书馆等流动服务设施日益普及。全省公共图书馆从业人员结构和整体素质进一步优化，多元化的用人机制逐步形成。人员知识结构趋于合理，专业技术人才比例逐步扩大。志愿者队伍建设与管理机制不断完善，已经走上规范化道路。

除基础保障水平不断提高外，河北省公共图书馆业务建设水平有明显加强，服务效能增强，呈现出良好的发展势头。基本服务推陈出新。今年河北省继续举办服务案例创新竞赛，激发读者服务创新活力，涌现大量优秀案例。服务质量的提高，带来群众获得感和满意度的提升。根据读者满意率调查，河北省绝大多数图书馆满意率达到90%以上。

业务建设卓有成效。全省公共图书馆，尤其是市级图书馆充分发挥资源优势，积极探索资源共享与业务合作，逐步建立起统筹协调的公共图书馆服务体系。廊坊市图书馆以创建国家公共文化服务体系示范区为契机，联通22个分馆。石家庄市图书馆建成区县基层分馆15个，全部实行统一服务、统一编目、统一调配资源和统一管理。图书馆服务体系建设以来，各分馆服务效果明显。数字图书馆资源建设力度不断加大。多个馆建设地方文化特色数据库，实现自建数据库的规模化、系统化。河北省图书馆继续以到馆培养、以干代训的形式为8个贫困县培养基层文化工作者，每年选派业务骨干分期分批到贫困县图书馆开展业务辅导与项目支持工作。（河北省图书馆　田宏瑞）

【河北省图书馆为省人大会议代表服务】 1月7日至12日，河北省图书馆选派9名馆员深入省十二届人大五次会议现场和驻地，为代表们提供专题信息咨询服务。河北省图书馆作为省文献信息传播中心，积极发挥社会责任和政治责任，充分利用馆藏文献优势和网络信息化服务手段开展立法决策服务建设，为党政机关提供决策参考信息。河北省图书馆精选“公共文化服务体系”“京津冀协同发展”等10个社会热点专题整合为“两会”文献资料汇编。组成课题组，提供现场无法解决的特殊文献服务需求。为代表们提供远程登录省图书馆官网服务，以便访问近20个数据库的信息资源和专门开辟的“两会”专栏。推出“省图书馆服务两会”APP，为代表们提供“两会”日程安排和全国各大媒体对河北省“两会”的报道等。在“两会”驻地设置借阅机，方便代表们下载阅读报刊及电子书。同时做好代表建议录入等工作。（河北省图书馆　田宏瑞）

【河北省图书馆以公共文化服务推进精准扶贫】 2017年，按照河北省委、省政府的统一安排部署，河北省图书馆选派工作组进驻蔚县南留庄镇回回墓村对口帮扶，开展精准扶贫工作。省图书馆立足本职、坚持创新，紧抓精准扶贫工作重点，做到将图书馆工作性质与扶贫工作要求相结合，实现扶志与扶智；将图书馆工作内容与贫困群众需求相结合，促进项目脱贫；将技术服务创新与改变贫困群众生产生活方式相结合，提升公共文化服务和扶贫效能。河北省图书馆将优秀品牌服务资源延伸到基层农村，通过“送书下乡”、组织培训、慰问演出等形式丰富群众文化生活。投资8万余元建起村图书室。通过“合作社＋帮扶干部＋贫困户”模式，实现项目扶贫全覆盖。投资实施互联网宽带进村入户工程，完善通信网络覆盖。为该村建设门户网站，安装数字文化设施，搭建村级公共数字文化服务平台，切实缩小城乡公共文化服务“数字鸿沟”，实现文化事业与精准扶贫互助双赢。（河北省图书馆　张晓寒）

【文化部2016年度公共数字文化工程考核组莅临河北考核指导】　4月9日至11日，文化部2016年度公共数字文化工程考核组来到河北进行实地考核。考核组由陕西省图书馆原馆长谢林任组长，重点考核河北省文化信息资源共享工程、数字图书馆推广工程、公共电子阅览室建设计划、数字文化馆试点工程政策、措施及推进情况。河北省文化厅副巡视员梁扉就公共数字文化工程建设推进情况向考核组进行汇报。考核组认真查阅工程建设工作近年来的档案资料，并实地考察河北省图书馆、省文化信息资源共享中心机房等地，参观省文化信息资源共享中心设立的“公共数字文化服务展示区”，并现场体验。考核组一行于4月10日前往唐山市图书馆等地进行实地考察指导。4月11日上午，考核组及相关工作人员召开情况反馈会，在听取汇报、查阅资料、实地查看的基础上，向省文化厅反馈考核意见，肯定建设以来的成就并提出希望在总结过往经验、教训的基础上，改进不足、提升效能，切实推进公共数字文化建设不断前进。（河北省图书馆　田宏瑞）

【河北省副省长徐建培视察省图书馆】　4月9日，河北省人民政府副省长徐建培到省图书馆视察，省政府副秘书长李璞、省文化厅厅长张妹芝培同。徐建培一行视察省图书馆总服务台、共享大厅、书目检索区、自助借还区、电子阅报区以及京津冀协同发展主题馆、燕赵红色记忆馆、地方文献阅览室、古籍阅览室、少年儿童服务区等。省图书馆馆长李勇陪同视察并介绍设施设备、文献资源以及读者服务等情况。视察结束后，徐建培对省图书馆近年取得的发展成绩给予充分肯定，他指出，省图书馆作为省级公共图书馆，要深入贯彻落实党的十九大精神，适应人民群众的需求变化，努力创新功能定位，助推全民阅读推广，着力改善办馆条件，提升文化服务质量，增强群众文化获得感；要不断提升创新服务能力，为河北省现代公共文化服务体系建设、文化强省建设做出更大贡献。（河北省图书馆　田宏瑞）

【教育部等多部门领导带领残障儿童到河北省图书馆视察研讨】　8月1日下午，中国社科院研究生院教授、教育部语言文字应用管理司原司长姚喜双在河北省文化厅厅长张妹芝、省残联党组书记朱立杰、省教育厅总督学韩爱丽等人的陪同下，带领11名残疾儿童到河北省图书馆视察指导，省图书馆副馆长冉华全程陪同讲解。姚喜双一行参观视察省图书馆盲文图书、视听文献等资源，盲文刻录、盲人上网、助听助视等专业设备，以及日常开展的无障碍服务等。随后参观体验省图书馆少儿阅览室、多媒体阅览室、儿童活动中心和导演播室，并录制诗朗诵视频作为河北省“点亮冀韵”朗读大赛的参赛作品，还观看省图书馆为残疾儿童举办的“关注残障儿童　共享诵读快乐”朗诵会。最后，姚喜双与省图书馆馆领导就无障碍服务特别是残障儿童阅读指导、诵读活动策划、公益展览讲座等问题进行深入研讨，张妹芝就省图书馆多项工作提出指导性意见。（河北省图书馆　田宏瑞）

【“美丽河北·原创诗歌朗诵会”在河北省图书馆举办】　8月25日晚，由中共省委宣传部主办，河北省图书馆等单位承办的“美丽河北·原创诗歌朗诵会”在河北省图书馆举办。省委宣传部等部门领导参加此次活动。百余名来自各行各业的读者、文学爱好者参加朗诵会，他们用诚挚情感、动情语言唱响美丽河北，讴歌美丽家乡。此次诗歌朗诵会的5首原创诗《守望金土地》《城市黄玫瑰》《舌尖上的安全卫士》《致敬特教教师》和《传承》，分别以美丽河北·最美致富带头人张大棍、最美环卫工孙玉伟、最美政法干警王瑜、最美教师王晓萌、最美传承人安素娟为原型和素材创作。开场诗《美丽河北——我爱恋的土地》和歌曲《雨冀南，雪塞北》也是特别为诗会创作。此次诗歌朗诵会满足了不同读者多元化的文化需求，丰富了省图书馆的服务形式，营造

了浓厚的文化氛围。（河北省图书馆　田宏瑞）

【日本鸟取县立图书馆到河北省图书馆访问交流】 10月10日至13日，日本鸟取县立图书馆馆长福本慎一一行5人到河北省图书馆访问。省图书馆馆长李勇等领导会见访问团，并陪同参观省图书馆服务窗口、演播室和采编部等基础业务部门。之后召开两馆业务交流座谈会，就今后文献交换、馆藏书目共享、地方特色展览合作等问题进行交流研讨，并达成初步共识。访问团还到沧州市图书馆等地参观考察。两馆自1995年建立友好交换关系以来，本着对等交换的原则每年交换书刊，并多次派代表团访问交流。今后两馆将进一步深化业务合作与人员交流，促进两国、两省县的文化融合与友好交流。（河北省图书馆　田宏瑞）

【河北省图书馆特藏部主任苏文珠当选党的十九大代表】 河北省图书馆特藏部主任、古籍保护中心办公室主任苏文珠从事图书资料工作30年，先后获得“省直文化系统创先争优优秀共产党员”“全国古籍保护工作先进个人”“燕赵文化英才”等荣誉称号。1987年参加工作以来，从地方文献的征集和读者服务，到古籍的普查、管理和保护，苏文珠边工作边钻研。河北省图书馆地方文献收藏规模日益提升，全省古籍保护条件得到改善，科学有序的保护体系正在形成。凭借对古籍与地方文献工作的一腔热情，以及高度的责任感与事业心，苏文珠同志当选党的十九大代表。党的十九大胜利召开后，苏文珠积极宣讲十九大精神，从文化系统到社区、学校，从省会石家庄到秦皇岛、衡水、张家口、邯郸等地，她参加20余场宣讲活动。苏文珠认为，应充分发挥图书馆等公共文化机构的阵地作用，加强古籍中所蕴含的优秀传统文化的挖掘和开发，增强文化自信，弘扬传统文化。（河北省图书馆　田宏瑞）

【石家庄市图书馆创新工作取得新突破】 世界读书日期间，石家庄市图书馆推出“快借阅——你选书，我买单，京东送书到您家”活动，成为河北省针对读者开放性线上采购图书的首家公共图书馆。活动内容是读者选书，图书馆买单，京东快递送书到读者家。每位读者限购图书1册，每册图书单价不超过60元，每种书读者购买总数不能超过5册。活动期间，市民体验了“动动手指图书到家”的借书新模式。活动形式具备方便、快捷、自主的特点，受到读者好评。此项活动是石家庄市图书馆适应“互联网+”模式及图书馆行业供给侧结构性改革的创新实践探索。另外，河北省图书馆引进并安装集朗读练习、录制、演讲训练、阅读为一体的物联网设备——朗读亭，为读者提供朗读体验平台，开创图书馆阅读服务新模式。（石家庄市图书馆）

【秦皇岛市图书馆文化助盲活动得到多方好评】 9月13日，由中宣部、财政部、文化部、国家新闻出版广电总局、中国残疾人联合会等五部门组织实施的“盲人数字阅读推广工程”在国家图书馆启动。全国10家公共图书馆受邀参加，其中9家省级图书馆，秦皇岛市图书馆作为唯一1家地市级图书馆代表参加，充分彰显近年来秦皇岛市图书馆在助盲、助残阅读推广活动中取得的成就。秦皇岛市图书馆利用节假日、“国际盲人节”等，积极开展“欢度盲人节，喜迎十九大”、志愿者助盲基础技能培训等活动。依托视障图书室的盲文书籍、视听读一体机和盲用电脑等盲用阅读设备，致力打造规范化、专业化的扶盲助残志愿服务队伍，双管齐下为盲人等特殊群体读者服务。通过努力，秦皇岛市图书馆视障阅览室逐步发展为具有一定规模的盲人信息交流平台。秦皇岛市图书馆的文化助盲活动得到残疾人和社会各界的认可好评，吸引数百家单位参观学习，媒体报道千余篇，并获得“全国盲人阅读推广优秀单位”“全国五星级文化助盲志愿服务团队”的荣誉称号。（秦皇岛市图书馆）

【唐山市图书馆打造特色微信公众号平台】 6月1日，由中国新闻出版传媒集团、中国全民阅读媒体联盟主办的第二届“大众喜爱的50个阅读微信公众号”推荐活动在第27届全国图书交易博览会上揭晓。唐山市图书馆微信公众号成为全国图书馆类5个入选公众号之一。该馆还凭借“内容为王，打造特色微信平台”项目荣获2017年“第四届河北省图书馆服务创新案例竞赛”二等奖。该馆微信公众号平台365天每天推送文章，第一时间预告图书馆活动，全年推送图文消息1150余篇，总点击量超过166万人次，共吸引4万余人关注；还为读者提供图书查询、续借、预约、活动报名、在线阅读等功能，已经成为图书馆与读者间沟通的重要平台。（唐山市图书馆）

【廊坊市图书馆承办第27届全国图书交易博览会】 5月31日至6月3日，第27届全国图书交易博览会在廊坊市举办。廊坊市图书馆作为承办单位，负责接收并分配全国出版发行单位向河北省集中捐赠的价值585万元的图书和阅读体验卡，承办廊坊本土作家作品展及新书签售会，“读者之家”授牌及相关组织工作，还为“十大读书人物”颁奖典礼等活动推送、组织吟诵表演节目，受到各方一致好评。在上海市出版代表团赠书仪式上，代表团捐赠了总价值10万元的精品图书，其中不乏《中国家谱资料选编》等极具价值的图书。书博会期间，廊坊市图书馆还集中举办全民阅读推广活动，包括专题讲座、读者沙龙、诗歌诵读会、绘本故事会、智慧空间体验、创客空间等，参与读者近千人次。（廊坊市图书馆）

【沧州市图书馆理事会成立】 6月6日，沧州市图书馆理事会成立大会在该馆召开。沧州市文广新局副局长张艺等领导、11名拟聘理事以及该馆中层干部和馆员代表共计30余人参会。张艺被聘为理事长，沧州市图书馆馆长宋兆凯被聘为副理事长；包括市财政局、市机构编制委员会办公室等政府职能部门相关科室负责人，业界专家、知名学者，图书馆管理层和馆员代表在内的11位同志被聘为第一届理事会理事；沧州市图书馆主管会计被聘为理事会监事。在随后召开的理事会一届一次会议上，审议通过《沧州市图书馆理事会章程》，听取“沧州市图书馆2017年工作目标”及上半年工作完成情况汇报，发布“沧州市图书馆理事会2017年工作计划”。（沧州市图书馆）

【邢台市24小时自助图书馆开馆】 4月21日，邢台市24小时自助图书馆开馆仪式在市图书馆举行，邢台市人民政府副市长邓素雪，市委宣传部、市文广新局、市纪委等部门领导出席开馆仪式。自助图书馆面积180平方米，配备24个阅览座席，可供读者24小时自习和室内阅读，提供图书借还等业务。馆内精选纸质图书6000余册，还设置歌德电子图书借阅机，内存3500册电子图书、100多种电子期刊报纸。所有图书均定期更新。市民办理读者证后即可刷卡进入，感受自助阅读的乐趣和便捷。建设24小时自助图书馆是邢台市人民政府2017年的重点工作，是邢台市的民心工程。它的建成运行，是邢台市图书馆利用现代科学技术提升公共图书馆服务能力的重要举措，对于倡导全民阅读，建设书香社会、书香邢台起到重要推动作用。（邢台市图书馆）

山西省

【概况】 2017年，山西省图书馆基本公益服务稳步推进。全年入藏图书22625种58590册，购买数字资源21个。接待读者212.52万人次，借还书刊222.77万册次，办理读者证22332个，整理分馆图书17000余册，流通站图书借还25937册次。举办公益讲座233场、公益展览23场、主题艺术沙龙23场，累计服务1000余人次。举办大型朗诵会3场、读书沙龙25场，累计近3000人次参与。网上推荐新书12期，举办阅读推荐展览11次。

公共数字文化惠民工程落到实处。数字资源建设已完成15个系列300余集文化专题片、9个多媒体数字资源库。12月，拍摄制作的《山西年俗——武乡顶灯》获中组部2017年度全国党员干部现代远程教育优秀课件节目一等奖。古籍保护工作《山西省图书馆古籍普查登记目录》正式出版。举办“2017年中华古籍普查文化志愿服务行动山西行”活动，发现明万历七年至清康熙四十六年刻印的《径山藏》172册、明刻本230余册、清宣统元年本地乡绅信函1封。完成103家单位古籍收藏的数据采集工作，举行传习所拜师仪式暨修复工作座谈会。“山西省国家级珍贵古籍修复”项目取得突破性成果，21件国家一级珍贵古籍全部修复完成。全省民间石刻文献拓制保护工程进展顺利。

总分馆制建设不断深化。组织实施太原市图书馆分集群系统的建设、业务培训及该分集群所属县馆数据的迁移。完成对繁峙、五台、阳高县图书馆的总分馆部署及业务培训。

品牌服务特色鲜明。一是文源讲坛系列讲座内容和形式不断创新，效益和影响不断扩大，“文化行三晋　讲座走基层”服务项目先后在阳泉、晋城等12个市、县开讲，共举办讲座123场，累计服务近4.7万名市县读者。文源讲坛面向太原市教育局“实践育人共同体联盟”第一批试点单位中小学生开展讲座服务，累计发布讲座7场，提供听讲名额450个；二是《晋图系列信息专刊》和《晋图指南》广受好评，2017年编辑《晋图专递》40期、《晋图实用信息》（农业实用信息）12期、《晋图实用信息》（文化视点）37期，为省委宣传部舆情处和省政府信息处报送舆情200期，省委宣传部舆情直报700条，为各级领导提供各类专题信息资料21个，编发《晋图指南》6期；三是“两会”服务方式与时俱进、不断创新，2017年山西省图书馆第11次助力“两会”服务，除现场发放6大专题资料外，还在代表、委员驻地提供电子书刊借阅机，APP查阅馆藏资源，建立“两会”信息服务平台等创新服务。

文化志愿服务触角不断延伸。新挂牌成立服务基地1个，培育新服务项目2个，累计服务读者10万人次，山西省图书馆文化志愿者团队被文化部评为“2017年基层文化志愿服务典型团队”，家庭志愿者团队管理模式——“亲子志愿家庭”策划方案获得“创新案例优秀奖”。

阅读推广活动初具品牌效应。一是面向少儿读者，打造“桐叶”系列读书会、绘本沙龙等阅读栏目，举办少年儿童阅读年系列活动，获得“阅读推广贡献奖”“阅读活动优秀组织奖”等10余项荣誉和奖励；二是面向视障读者，实施阅读推广与社会教育示范项目，开设“我是你的眼——阅享人生”微信读书栏目；三是面向普通读者，开设长风读书会活动，以推荐图书为基础，以分享交流为形式，以推广阅读为导向，半年时间举办8期。

3月31日，在上海召开的中国古籍保护协会一届三次理事会上，山西省图书馆等5家单位被增补为常务理事单位。4月23日下午，“书香三晋　文化山西”全民阅读系列活动启动仪式在太原理工大学举行，山西省图书馆等21家单位荣获全省首批全民阅读示范基地。（山西省图书馆　梁金平　彭燕）

【全省文化工作会议代表前来山西省图书馆参观】 2月24日下午，在山西省文化厅副厅长郑中夏带领下，全省各市、县150余名文化工作会议代表前来省图书馆参观。代表们先后参观了省图书馆文创产品展示基地、上海百年戏曲电影展、视障阅览室、少儿阅览室、专题阅览室、报刊数字化阅览室、音乐视听室、多媒体体验区和专题阅览区。省图书馆解说人员做了全面详细的介绍。与会代表在参观过程中对省图书馆开展的工作给予肯定。（山西省图书馆　梁金平　王健）

【“星星的孩子·多彩的世界”2017年山西自闭症儿童关爱行动暨自闭症儿童绘画作品展举行】 3月18日上午，在第十个“世界自闭症日”来临之际，由山西省图书馆联合中国邮政集团公司山西省分公司、山西省青少年维权中心、山西方舟自闭症研究院、小桔灯爱心联盟主办的“星星的孩子·多彩的世界”2017山西自闭症儿童关爱行动暨自闭症儿童绘画作品展在山西省图书馆正式启动。此次展览共展出近百幅山西方舟自闭症研究院孩子们（最大18岁，最小只有3岁）的绘画作品。中国邮政集团公司山西省分公司推出了展画制作明信片等公益文创产品现场展销活动，希望以销售利润全部捐赠给自闭症儿童的方式，来唤起更多人对自闭症孩子的关爱。（山西省图书馆　梁金平　王健）

【2017年山西省图书馆“文源视界”首场巡展在四川启幕】 4月8日上午，“华夏中国梦　三晋文化行”山西省图书馆“文源视界”全国巡展之“山西古建民居”肖刚手绘作品展在四川省图书馆启幕。本次共展出肖刚手绘作品及包括山西文化主题招贴在内的展品150余件。此次展览让四川观众近距离感受到来自山西本土的剪纸、石窟、面食、皮影、窑洞、花鼓、汾酒等独特山西文化魅力，促进蜀地群众对山西文化的了解，促进公共图书馆馆际间的跨省份、跨地域文化交流。（山西省图书馆　梁金平　王健）

【山西省图书馆首个社区分馆投入使用】 6月21日，山西省图书馆首个社区分馆——太原市小店区坞城东街社区分馆正式投入使用。该馆作为公共图书馆社区分馆，可为社区居民办理省、市、区图书馆通用的借书证。居民在省、市、区图书馆借阅的图书，也可就近归还到社区分馆。小店区图书馆计划打造10个社区分馆，均与山西省图书馆总分馆系统联网，具备与全省各公共图书馆通借通还的“一卡通”服务。社区分馆的开通对进一步延伸公共图书馆服务触角，拓宽社区服务领域，丰富社区居民学习休闲生活具有重要的意义。（山西省图书馆　梁金平　王健）

【山西省图书馆召开“2016—2017年度地方资源建设项目中期评审专家论证会”】 7月27日，“2016——2017年度地方资源建设项目中期评审专家论证会”在山西省图书馆举行。会议介绍本年山西省地方资源建设的总体情况、各个项目的建设宗旨与基本内容、项目建设进度。5位评审专家观看部分样片，并分别对《“山西旅游”系列微视频》、《文源微视频》、《发现山西——文源讲坛专题讲座》（第二季）、《山西历史名人》、《山西民俗·曲艺篇》、《守望家园——山西传统手工技艺》（第二季）、《山西省红色历史动漫》和《山西戏曲动漫》（第二季）8个项目提出意见建议，大项目要确保主题和内容符合党和国家的方针政策，要确保立意深远、结构清晰；在涉及历史的项目上要注重发挥专家团队的作用，注重引入最新的学术观点与研究成果；在叙述方式上要注意民间视角，坚持民间表达。（山西省图书馆　李德胜　彭燕）

【2017年山西省图书馆“三区”基层文化工作专题培训班在吕梁市图书馆举行】 8月23日，为提升“三区”公共文化服务水平，进一步强化基层文化工作者素质能力建设，由山西省图书馆主办、吕梁市图书馆承办的“三区”基层文化工作专题培训班在吕梁市图书馆举行，来自阳曲县、陵川县、兴县、浮山县等地的文化行政主管部门领导及公共图书馆业务人员60余人参加培训。培训内容包括公共文化服务保障法解读、山西公共文化服务机构免费开放模式构建与制度创新、群众文化活动的策划组织与实施、广场舞的创作与推广等内容。参训学员们认真学习，增强自身理论水平和业务能力，努力在构建现代公共文化服务体系中发挥应有的作用。（山西省图书馆　李德胜　彭燕）

【国家级古籍修复技艺传习中心山西传习所拜师仪式及山西省藏国家级珍贵古籍修复工作座谈会举行】 9月19日，国家级古籍修复技艺传习中心山西传习所拜师仪式在山西省图书馆举行。国家图书馆（国家古籍保护中心）、山西省文化厅、山西博物院及高校系统的相关领导专家出席仪式。该传习所于2016年在山西省图书馆挂牌，聘请国家图书馆资深古籍修复专家胡玉清为导师；此次9名省图古籍修复工作人员拜胡玉清为师，以“名师带徒”的培训形式，为山西培养高水平古籍修复人才。拜师仪式结束后，还举行了山西省藏国家级珍贵古籍修复工作座谈会。自2016年山西省古籍保护中心启动省藏21件国家一级珍贵古籍修复工作以来，胡玉清导师全程参与、指导并制订修复方案、实施修复，取得业界瞩目的阶段性成果。这次“师带徒”古籍修复人才培养长效机制的建立，有助于推动山西省古籍保护与修复工作的持续稳健发展，对保护中华传统文献典籍，传承中华传统文化起到积极作用。（山西省图书馆　李德胜　彭燕）

【文化部第三评估组莅临山西省开展第六次全国副省级以上公共图书馆实地评估工作】 12月11日下午，文化部第六次全国副省级以上公共图书馆第三评估组一行5人莅临山西省图书馆，开展副省级以上公共图书馆实地检查评估指导工作，召开实地评估汇报会，实地查看山西省古籍修复中心、拓片整理现场、地方文献专题图书展区、视障阅览室等地，对照评估要求，通过审阅资料、现场提问等方式，对山西省图书馆服务效能、业务建设和保障条件等情况进行深入细致的调研。12月12日上午，评估组通过实地参观、听取汇报、抽查资料，对太原市小店区图书馆的评估定级情况进行了抽查，下午，赴太原市图书馆进行调研。12月12日下午，第六次全国副省级以上公共图书馆评估定级工作意见反馈会在山西省文化厅召开，会上，中国图书馆学会副理事长刘小琴代表评估组对山西省公共图书馆事业发展取得的成绩表示充分肯定，同时，评估组专家针对工作中存在的问题也提出宝贵意见和建议。（山西省图书馆　李德胜　彭燕）

【山西省公共图书馆视障文化服务与阅读推广交流培训班召开】 12月15日，山西省图书馆、曲沃县图书馆联合举办的山西省公共图书馆视障文化服务与阅读推广交流培训班在临汾市曲沃县开班。来自全省54个市县图书馆的馆长及分管领导参加培训。张冠杰以“志愿服务助力盲人阅读推广”为题分享中国盲文图书馆志愿者所开展的“阅读与生活”服务经验；魏书莉立足“让阅读无处不在——中国盲文图书馆数字资源服务”主题讲解中国盲文图书馆为视障读者所提供的方便快捷的数字资源服务以及我国助盲设施设备的投入和使用情况。本次培训开拓思路与强化联系并举，交流在实践中创新的视障阅读推广工作，建立全省公共图书馆视障文化服务与阅读推广微信平台，对提升全省公共图书馆视障阅读推广服务起到助力作用。（山西省图书馆　李德胜　彭燕）

【山西省图书馆馆员能力提升培训班开班】 12月27日上午，山西省图书馆馆员能力提升培训班在报告厅开班。培训班邀请石家庄学院图书馆馆长、河北省图书馆学会副秘书长李文革做题为“关注馆员职业成长，打造精英图书馆员”的培训讲座。图书馆200余名干部职工参加培训学习。本次培训是学习宣传《中华人民共和国公共图书馆法》，更好地开展公共文化服务，提升员工素质，进而引领全省公共图书馆事业发展的重要举措。山西省图书馆将统筹规划，建立培训工作长效机制，实现业务培训常态化，在邀请全国业界专家学者进行专题讲座的同时，培养一支省馆的培训人才队伍，赴省内基层图书馆开展业务培训，促进市县图书馆发展。（山西省图书馆　李德胜　彭燕）

【太原市图书馆】 10月1日，经过3年改扩建后的太原市图书馆全面对外开放。改扩建后的图书馆总建筑面积达53066平方米（地上六层，局部地下两层）。实行空间全开放、时间全天候、功能智能化、文献多样化的服务模式。设有社科借阅区、自科借阅区、数字阅览区、亲子阅读馆等60个服务区域，阅览座席3616个，供读者使用的计算机300余台，应用RFID技术和无线网络全覆盖。设有24小时自助图书馆、全年无休自习室，开辟自习加简餐服务的读者餐厅，建立图书馆集群管理平台，与全省公共图书馆实施总分馆制，一证通用，通借通还。馆藏国内外纸质文献资料总量140万册（件）。其中，三晋文化地方文献3万余册；古籍近10万册（含善本近1万册），中华再造善本1.33万册。馆藏全国地方志6000余册，可供读者阅读的数字文献资源295.1TB。开馆以来，文献总流通约51.87万册次，服务总流通约70.83万人次，日均接待量7870人次，新办读者证38396张；单日接待量最高达15867人次，突破太原市图书馆历史上接待读者量的最高峰值。新馆开放之际，太原市图书馆还面向业界和读者创办了以建设书香太原、推广全民阅读为宗旨的导读类公益性刊物《开卷》。（太原市图书馆　张建荣）

【太原市县二级总分馆业务管理平台搭建并正式启动】 4月6日上午，太原市图书馆召开市县二级总分馆业务管理平台启动会。会议就总分馆业务管理平台的交割和数据迁移工作进行了讨论及安排。太原市图书馆与9个县区图书馆签订总分馆协议。与山西省图书馆技术人员经过48小时通宵系统上线调试，于4月16日省馆正式迁移ORACLE数据库。太原市图书馆接管太原市各区县公共图书馆业务数据，市县二级总分馆业务管理平台正式搭建完成。（太原市图书馆　张建荣）

【大同市图书馆】 2017年，大同市图书馆新馆内部装修建设仍在进行中，新馆建筑面积为2.2万多平方米，占地面积为8733平方米。设有报刊阅览室、参考工具书及地方文献阅览室、读者自学自修室、电子阅览室等10个对外服务窗口。有电脑140余台，阅览座位3000多个。截至12月，图书馆自动化设备到货80%，机房及网络建设已全部完成并调试正常。图书馆总分馆建设系统及设备已安装完成。新馆藏书以社会科学类文献为主，兼收藏自然科学类文献和电子出版物。2017年采购中文图书1.9万册。完成6万册旧书（从2008—2016年期间的购书）的回溯建库工作，以及国家图书馆捐赠的4.5万册图书和期刊的数据加工。该馆华北星城分馆、魏都新城分馆、晋商银行分馆全年共接待读者约4万人次，借阅图书约12万册次。

利用国家传统节假日以及“世界读书日”、“图书馆服务宣传周”、“全民读书月”、寒假、暑假等节点，举办讲座30场、展览4场、座谈会4场，播放电影7场，征文活动1次，朗诵会2次，举办首届大同市图书文化节，组织残疾人自强不息文艺专场活动，参与大同市首届文博会。（大同市图书馆　赵新萍）

【朔州市图书馆】 2017年，朔州市图书馆拥有注册读者3.8万人，新办理读者证6974张；拥有各类藏书近33万册，新增图书9941册、期刊249种、报纸78种；新增数字资源2TB。全年共接待读者97.39万人次，文献借还总量近47万册次，读者满意度高达92%。全年共为分馆更换图书7400册，服务分馆29次；流动图书馆全年累计出车88次，服务场所16个，服务约1万多人次。举办活动230场，受众12621人次。继续推广"朔州大讲堂"、"手抄地方文献"阅读推广活动、"放牛班"亲子观影写作计划项目、"耳朵听书"等品牌项目。社会合作持续加强，开展"组工书屋""圕·书房""智慧空间数字体验区""朗读亭"等全民阅读活动。全年共招募成人志愿者130名，服务时长5760小时；少儿志愿者70名，服务时长500小时。全年官网发布新闻公告875条，点击量共计20.53万次；朔州市图书馆官方微信公众号推送微信243次，推送条目814条，粉丝数13658人；微信活动报名平台利用率大大提高，全年共发布活动122场、活动报名读者2793人次，共计访问28088次。4月18日上午，朔州市首家城市书房——朔州市图书馆"圕·书房"泊咖分馆在朔州市民福街正式揭牌开馆。4月23日下午，"书香朔州　文化朔州"全民阅读活动启动仪式和寻找"最美读书人"暨十大必读好书权威推荐活动在朔州市图书馆举行。（朔州市图书馆　李凯翔）

【长治市图书馆】 截至2017年底，长治市图书馆总建筑面积1.1万平方米，设置青少年借阅、期刊报纸阅览、廉政文化阅览、盲人阅览、图书借阅、数字阅读等服务区域20个，阅览座席1200个，读者服务区50M无线网络连接覆盖达到100%。图书馆使用Interlib图书馆集群管理系统、RFID图书管理系统开展业务服务，周开放时间达68小时。累计藏书62.3万余册，其中古籍近3万册，期刊2000余种，报纸900多种近4万多册。 征集、编目地方文献2437种。数字资源总量达到15TB。全年接待读者38万人次，新增读者证8145个，图书流通量达到45.8万册次，图书馆数字门户的点击量达到88.2万次，移动图书馆的点击量过百万。流动图书车服务作为长治市图书馆的品牌，到12月底，共办理读者证400张，开展下基层服务达420个车次，真正成为百姓生活中离不开的流动图书馆。长治市图书馆在第四次、第五次、第六次全国公共图书馆评估中均被评为国家一级公共图书馆。（长治市图书馆　马丽军）

【晋城市图书馆】 2017年，晋城市图书馆拥有注册读者9.8万人，各类藏书66万余册，其中新增图书3万余册。全年纸本文献借阅总量超过38万余册；各类型电子文献下载总量34.7万余次，与纸质文献借阅量基本持平。购置新书60万元，2.2万余册；投入9万余元专项培训经费，开展基层文化队伍业务培训300余人次。全年共举办48场讲座。 41台城市街区24小时自助图书馆借阅总量达到馆内借还总量的30%，其中借书量达到25%，还书量达到35%。"学雷锋志愿者"目前登记在册为1100人，日均服务10人左右，累计服务时长7916小时。同时开办"晋城图书馆志愿者之家"公众号。（晋城市图书馆　陈妮）

【阳泉市图书馆】 2017年，阳泉市图书馆年流通量31.12万人次，书刊文献外借7.77万人次、13.57万册次，有效读者证为55118个，总藏量为38.03万册（件），其中少儿文献为7.26万册（件）。自购电子图书藏量3.06万册。举办各类讲座、展览、培训班141场，参加1.27万人次。相较2016年，年流通人次增加8%，办证读者增加11632人，新增藏量10107册（件），电子书新增藏量5168册。5月2日，阳泉市图书馆被山西省文化厅确定为全省14家省级文创试点单位之一。（阳泉市图书馆　李维杰）

【吕梁市图书馆】 2017年，吕梁市图书馆坚持365天开馆，办理读者证392个，外借部接待到馆读者9521人次；数字阅览室接待读者2400人次；图书年流通32.69万册次；全年订购期刊245种、报纸9种，共支出经费28444元；过刊装订475册；普通图书因没有经费，无法购置，此情况已连续三年。全年接受赠书171册。数字资源联建项目已完工，收录政府公开信息1万条，加工地方文献电子书1.5万页，有元数据8000条。全年网站访问量66.13万人次。

微信公众平台订阅号共推荐电子书 25 期总计 175 册。微信公众平台订阅量为 4.8 万人。全年新增 24 小时电子书借阅点 5 个，读者下载图书数量为 23 万册次。与吕梁新闻综合广播联合推出的“书香吕梁”周一至周五每晚 9：00—9：30 分播出，全年共推荐 230 册图书，听众达 3 万人。新建临县南圪垛分馆和兴县蔡家崖分馆，新增图书流通站点 5 个，分别是吕梁市纪检委、久安社区、离石区看守所、图书馆暨文化广场建设工地、莲花池派出所，提供图书集体借阅 4500 册次。（吕梁市图书馆　张婷婷）

内蒙古自治区

【概况】 截至 2017 年底，内蒙古自治区有公共图书馆 117 个，其中自治区级图书馆 1 个，盟（市）级图书馆 12 个，旗（县）级图书馆 104 个。实际使用总建筑面积为 40.65 万平方米，其中书库面积 6.24 万平方米，书刊阅览室面积 8.94 万平方米，电子阅览室面积 2.30 万平方米。阅览室座席共 31973 个，其中少儿阅览室座席 7248 个。文献总藏量为 1786.86 万册（件），其中图书 1505.04 万册，古籍 34.68 万册，报刊 142.95 万件，视听文献 14.67 万件；电子图书 1089.22 万册。2017 年新增纸质藏书 144.71 万册，新增电子图书 494.84 万册，购买报刊 2.63 万种。全区发放有效借书证 64.31 万个，总流通 1003.07 万人次，书刊文献外借 780 万册次。组织各类讲座 1393 次，参与读者 21.35 万人次；举办各类展览 495 个，观展读者 36.87 万人次；举办各类培训班 530 个，培训读者 4.21 万人次。（内蒙古自治区图书馆学会　乌兰格日勒　李文清）

【内蒙古自治区图书馆】 2017 年，加工入藏中文图书 35366 种 69150 册，蒙文图书 635 种 8617 册；全年征订国内版中文期刊 1763 种 2170 份、中文报纸 315 种 380 份，蒙古文期刊 43 种、蒙古文报纸 12 种。呈缴书、报、刊等文献资料共计 67 册。接受赠书 599 种 1549 册。接待到馆读者 60 余万人次，流通图书 20.12 万册次，有效读者证 36110 个。新建 12 个分馆，提供图书 49100 册。50 个分馆累计借阅图书 75541 万册次。举办公益讲座、展览、读书会共计 40 余场。承办内蒙古第十一届社会科学普及周和内蒙古科技活动周暨全区第二十二届科普活动宣传周活动。少儿馆通过职业体验活动引导阅读，开展体验活动 200 余场次，组织主题活动 65 场，播放 7D、9D 科普电影 500 场次，组织节日专题、阅读推广、志愿者参观等活动 20 余次。读者服务中心组织开展系列读书活动 50 余次。为迎接自治区成立 70 周年特举办“书香草原　大美北疆——蒙古娃少年儿童美术作品大赛”，优秀作品在内蒙古自治区图书馆、上海图书馆、首都图书馆等进行巡展。继续开展自治区“两会”服务，提供蒙汉文《两会专题资料汇编》、精品图书、提案议案专题文献查询、线上线下文献资源阅读等服务。

积极利用主流媒体、内蒙古图书馆网站、微信公众平台、微博、户外 LED 大屏等新媒体平台加强对外宣传，发布各类活动信息 500 余条。组织策划并完成“开放的中国：壮美内蒙古，诚邀五洲客”外交部内蒙古全球推介活动的展陈设计及布展工作，受到外交部、自治区党委政府高度认可。“数字文化走进蒙古包”在全区新建站点 580 个（61 个一级站、519 个移动站的建设），组织培训 2830 余人次。8 月上旬组织举办“彩云服务”中美专家论坛，来自美国图书馆协会的雅典娜博士、蒋树勇女士以及公共文化服务体系建设专家委员会部分专家 10 余人参加。（内蒙古自治区图书馆学会　乌兰格日勒　李文清）

【内蒙古图书馆残障人图书馆开展“心之光——为盲人朋友讲电影”主题公益活动】 2017 年，内蒙古图书馆残障人图书馆开设“心之光——为盲人朋友讲电影”主题活动，为视障人士提供免费进入影院，并享受由志愿者现场义务解说的服务，视障人士通过志愿者的解说充分发挥想象，由二维的“听电影”转化为立体的“看电影”。内蒙古图书馆文化志愿者、内蒙古电视台著名主持人苏日娜用醇厚的声音与电影音效对白相互配合，为盲人朋友讲述《归来》《海洋天堂》《肖申克的救赎》《阿甘正传》等 12 部电影；内蒙古图书馆文化志愿者、内蒙古电视台《蔚蓝的故乡》主持人金鸿君讲述电影《集结号》；呼和浩特市第二中学副校长张斌讲述电影《飞跃老人院》。累计观众 400 余人次。（内蒙古自治区图书馆学会　乌兰格日勒　李文清）

【全区首届书香家庭颁奖仪式举行】 4月23日上午，以"诺敏沙图——引领阅读风尚 点燃阅读激情"为主题的全区首届"书香家庭"颁奖仪式在内蒙古图书馆举行，来自全区10余所高校图书馆馆长及各盟市图书馆负责人共计500余人出席。内蒙古自治区图书馆党委书记赵景琦、内蒙古自治区图书馆学会常务副理事长乌恩致辞并向获奖的书香家庭表示祝贺。来自全区各盟（市）的10位"书香家庭"获奖者在现场分享他们的读书体会。此次评选从全区12盟（市）及旗（县）推送的93个"书香家庭"案例中，经专家组评审，最终评选出62个"书香家庭"，及另外8个盟（市）图书馆优秀组织奖。（内蒙古自治区图书馆学会 乌兰格日勒 李文清）

【内蒙古图书馆完成外交部内蒙古全球推介活动展览展陈工作】 7月21日，外交部在北京举行"开放的中国：壮美内蒙古，诚邀五洲客"外交部内蒙古全球推介活动，来自130多个国家的驻华使节和国际组织代表，中外媒体代表，部分世界500强和跨国企业负责人，外交部等国家部委有关负责人，内蒙古自治区相关部门、各盟（市）主要负责人约500名嘉宾出席本次活动。内蒙古图书馆负责本次全球推介会的展陈设计及布展工作，在现场通过图片、实景、模型并结合民族美食品尝活动和民族艺术现场表演等多种形式，生动表述"红之魂——辉煌内蒙古""绿之韵——开放内蒙古""白之洁——多彩内蒙古""蓝之美——壮美内蒙古"四大展陈主题，从风光民俗、开放进取、发展规划、民族珍宝等方面展示内蒙古，助力推介活动取得成功。（内蒙古自治区图书馆学会 乌兰格日勒 李文清）

【蒙古国后杭盖省新闻文化代表团到内蒙古图书馆参观交流】 9月13日，蒙古国后杭盖省新闻文化代表团一行13人到内蒙古图书馆参观交流，重点参观24小时街区图书馆、残障人图书馆、"草原印象"展厅、少年儿童图书馆、蒙古文图书馆，详细了解内蒙古自治区图书馆创新服务"数字文化走进蒙古包""彩云服务"项目。（内蒙古自治区图书馆学会 乌兰格日勒 李文清）

【庆祝内蒙古自治区成立70周年蒙古娃少儿美术作品巡展】 内蒙古图书馆于2016年—2017年在全区举办"书香草原 大美北疆——蒙古娃少年儿童美术作品大赛"，作为内蒙古自治区成立70周年献礼项目。比赛共征集来自全区12个盟（市）的旗（县）、乡村、牧区近2000余幅各民族少年儿童创作的绘画、书法、手工艺作品。此次大赛获奖的600余幅优秀作品于8月5日自治区成立70周年期间在内蒙古图书馆展出，并于11月4日在上海图书馆举办首次进沪展览，展出作品近百幅。随后"蒙古娃"美术作品二次进京在首都图书馆进行巡展。12月15日"蒙古娃"美术作品首次赴俄罗斯展览，并在俄罗斯国内巡展。（内蒙古自治区图书馆学会 乌兰格日勒 李文清）

【呼和浩特市图书馆】 2017年，呼和浩特市图书馆共接待读者20万人次，图书流通10万册次，新增读者8000人，年新增图书约5万册。5月15日，呼和浩特市图书馆完成装修改造工程，正式对外开放接待读者。改造后的期刊、报纸阅览区面积达576平方米，少儿书库面积为475.2平方米，24小时自助图书馆面积为437.4平方米。根据文化部下发的《文化部办公厅关于开展第六次全国县级以上公共图书馆评估定级工作的通知》要求，呼和浩特市图书馆于2017年3月份开始着手准备本次评估工作，7月10日完成自查自评阶段的工作。"青城文化讲坛"继续为广大读者送上各类讲座、读书会等节目。继续开展青城记忆系列讲座，共举办"远去的呼和浩特""呼和浩特市地方餐饮文化及传统小吃""乳都——来龙去脉"3场。青城文化讲坛开办"乡音话青城"系列讲座，举办12期。青城文化讲坛与雷蒙公益团队合作开展的公益健康讲座栏目"雷蒙健康小屋"举办38期。（内蒙古自治区图书馆学会 乌兰格日勒 李文清）

【包头市图书馆】 包头市图书馆积极参与2017草原阅读季活动，举办"尚书讲坛"14场、法律讲堂6场，受众5000余人次；举办公益展览7期、真人图书馆8期、书刊推荐30期、公益读书会24场及第四届大型灯谜文化活动，放映公益电影20场、国图公开课视频讲座56场、共享工程少儿影片展播56场。开展第六届鹿城读书节·包头市图书馆第二十二个世界读书日系列活动，在此期间举办公益文化活动30余场，号召图书馆联盟各成员单位推出各类活动134项。举办盲人电脑及智能手机培训、播放无障碍电影26场，完成“绘本故事会”35期、“手工制作”（原名“兴趣时间”）22期、“妈妈帮”亲子活动12期、有声阅读耳朵图书馆12期、阅读推广活动11期、“宝贝计划”走进25家幼儿园服务5700组家庭、第二课堂阅读课102期服务3231名学生，举办夕阳红电脑公益培训班156课时、蒙古语培训班24次。通过不断向基层延伸服务触角、启动分馆及流通点建设，开展面向社区、农村、部队、学校等基层单位延伸服务，共建起63家图书分馆、流通点，书刊流通达2.3万册次。发挥社科普及基地的作用，参与科普活动周举办的4项活动，吸引3000人次参与。（内蒙古自治区图书馆学会　乌兰格日勒　李文清）

【包头市图书馆开展“宝贝计划”花开幼儿园系列活动】 包头市图书馆自2015年启动“宝贝计划”走进幼儿园阅读系列活动。采用“图书馆+”社会合作发展模式，与幼儿园及包头文艺广播FM98.1、樊登读书会、悠贝亲子图书馆等多家社会机构合作，以“听绘本”“讲绘本”“送绘本”为主要活动形式，即将绘本故事录制成音频，家长通过手机微信收听、走进幼儿园为孩子们现场讲读绘本并推荐图书、包头市图书馆向幼儿园流通绘本并定期更新，并由此延伸出绘本剧、手工制作、图书推荐、家长课堂等创新内容，实现“家、园、馆”资源共建共享，促进少儿持续阅读。首批“宝贝计划”阅读推广基地包括12家幼儿园，涵盖4100多名学前儿童和3000多组家庭，开展活动213次，参与师生达6700多人次，流通绘本4000多册，带动数千家庭进行亲子阅读，并陆续被多家媒体报道。（内蒙古自治区图书馆学会　乌兰格日勒　李文清）

【呼伦贝尔市图书馆】 该馆全年到馆读者17.17万人次，平均每天接待读者471人，比2016年读者到馆率增长16%。年借阅册次34994册，比2016年借阅率提高43%。分馆及流通站流通15.39万人次、86351册次。办理借阅卡7399个。举办各类活动121场，直接参与读者45239人，惠及读者78683人（含中小学生）。采购中文、蒙文图书1131册，订阅报纸88种、期刊649种。接受捐书22155册，价值537431元；为基层文化站、分馆及学校等捐赠书刊3600册，价值54000元。举办“呼伦贝尔文化讲坛”15期，听众2510人。举办各类展览10场，部分展览走进机关、厂矿、学校、监狱等。重点抓好服务空间布局、文献资源补充完善、数字资源的搜集加工、藏书组织与读者服务、环境美化及档案整理等工作，共计投入84万元。4月7日，推出“呼伦贝尔文化沙龙”。（内蒙古自治区图书馆学会　乌兰格日勒　李文清）

【兴安盟图书馆】 2017年，兴安盟图书馆分别在科右中旗检察院、扎赉特旗努文木仁乡、乌兰浩特市爱国办事处普惠社区、乌兰浩特市五一办事处天元社区设立4个流动图书站，投放第一期流动图书共5000余册，并设立法治图书专架和民族团结图书专架。积极推进全民阅读工程，继续深入打造品牌文化活动——“书香兴安”阅读系列活动，联合盟纪委举办“清风廉影”摄影漫画展，开展幼儿社会实践活动等大小阅读活动10余场，并在全区荣获全民阅读优秀项目奖。6月1日至7日组织全体在岗业务人员前往内蒙古图书馆参加培训学习。8月18日，兴安盟图书馆新馆开馆仪式举行，澳门基金会为图书馆新馆建设无偿援助3000万元建设资金及4000册精美书籍。（内蒙古自治区图书馆学会　乌兰格日勒　李文清）

【通辽市图书馆】 2017年，通辽市图书馆全年接待读者31.3万人次，借阅图书37.8万册次。推荐新书24期，开展读者活动102次；在城市社区、机关单位、学校和旗县嘎查村建分馆45个，创建通辽市首家24小时自助图书馆。采购纸质文献2万余册（件），购入电子资源近20TB；开展“你点书·我买单”线下和京东线上读者购书活动，启动并完成蒙文图书数据库回溯建库工作。开通移动客户端（移动图书馆）、图书馆网站和图书馆微信公众账号，支付宝芝麻信用服务办证借还图书及同城快递送书上门服务。打造数字体验区，引进VR骑行、3D影院等智能设备；新馆主体建筑完工，内部装修工作启动。广泛深入开展阅读活动，科尔沁文学部落、女作家阅读沙龙、科尔沁书虫、成吉思汗族谱研究会、“相与析”书友会、樊登读书会、中华传统文化促进会、爱心公益书友会等年内开展读书活动几十场。收集近百幅弥足珍贵的民国及日伪时期专题地图、大量写真照片与相关文献书籍，对于研究民国及日伪时期通辽地区历史具有重要史料及文物价值；编辑馆藏的地方志条目10余万字，知青上山下乡文件成系列；收藏于地方文献查阅室的《范仲淹家谱》经专家鉴定列入国家三级文物名录。2017年通辽市图书馆被评为市文明单位标兵；获内蒙古自治区读书活动奖4项。（内蒙古自治区图书馆学会　乌兰格日勒　李文清）

【赤峰市图书馆】 2017年全年共接待读者38.58万人次，文献借阅23.36万册次。举办各种形式的阅读推广活动230场。通过赤峰市图书馆总分馆体系，与旗（县、区）公共图书馆共建共享，实现市、县、乡、村四级图书馆服务体系，推动全民阅读活动覆盖全市城乡。提升“赤峰市图书馆微信公众平台”服务效能，全年累计关注人数达6268人。在馆内建成主城区首家24小时自助图书馆。新建分馆4所，分馆总数达38所。恢复成立赤峰市图书馆学会。建立完善的志愿者队伍，使志愿者服务达到规范化、常态化。获得国家图书馆和赤峰文化学者捐赠图书3万余册。完成赤峰记忆项目——口述历史数字工程第一期工程。（内蒙古自治区图书馆学会　乌兰格日勒　李文清）

【锡林郭勒盟图书馆】 截至11月，锡林郭勒盟图书馆共接待读者3.96万余人次，解答读者咨询890余人次，图书报刊流通量3.54万余册次。新购进纸质图书7900余册，征订2018年报刊杂志242份。全年共征集地方文献230余册。开展2017年世界读书日、图书馆服务宣传周及第十一届科学普及周活动，举办2期“守望相助　亮丽北疆”——科普知识进社区活动。积极开展“图书进社区、进校园”活动，为各图书流动借阅点更换图书9800余册。年内在赛白努爱心公益协会和锡林浩特市楚古兰街道办事处建新图书流动借阅点，目前馆外图书流动借阅点已达21个。组织全盟图书馆馆长和业务骨干30余人参加在天津仁爱学院图书馆举办的业务知识培训班。4月15日，锡林浩特市图书馆与市教育科技局、共青团锡林浩特市委、教育园丁书店在市文化中心联合举办以“漫画激发想象力，幽默开启创造力”为主题的漫画大赛，共有来自锡林浩特市在校小学生500余人参赛；7月21日，该馆承办的“全盟精品图书展”在锡林郭勒文化园举办。（内蒙古自治区图书馆学会　乌兰格日勒　李文清）

【乌兰察布市图书馆】 2017年，乌兰察布市图书馆完成图书借阅3.96万人次、9.04万册次，接待到馆读者20.60万人次。移动图书馆下载量16.97万次。年订阅期刊514种、报纸137种。已搭建起“数字图书馆”“文化资源共享工程”硬件平台，配备计算机120余台，网络宽带100M，存储能力67TB，服务器数量8台，各阅览室和读者休闲区均实现无线网络覆盖。设有电影图书馆、音乐图书馆、移动图书馆、少儿多媒体图书馆、触摸型阅读机、24小时电子图书自助借阅机及1台自助办证（借阅证）机。认真落实公共图书馆免费开放政策，坚守阵地借阅服务，开展馆外流动服务，利用“数字图书馆”和“文化资源共享工程”平台，为公众提供高效便捷的阅读服务。11月5日，“彩云服务”平台落户乌兰察布。（内蒙古自治区图书馆学会　乌兰格日勒　李文清）

【鄂尔多斯市图书馆】 2017年，鄂尔多斯市图书馆接待到馆读者111.76万人次，文献流通39.7万册次。立足馆藏，着力加强古籍文献、地方文献、蒙文文献等特色文献建设。大力拓展服务效能，共举办少儿阅读体验活动20项，受众人数达3000人，开展全区首家“24小时室内自助智能图书馆”“康巴什、东胜、伊旗三地通借通还”、线上线下“你阅读我买单”等创新服务项目，截至12月份，线下“你阅读我买单”借阅图书18000多册，线上“你阅读我买单”借阅2000多册，总价约为62万元。鄂尔多斯市图书馆承担大型地方文献丛书《金冠文库》编纂工作，负责资料选择、联系作者、图书扫描、文字校对等任务。（内蒙古自治区图书馆学会　乌兰格日勒　李文清）

【巴彦淖尔市图书馆】 2017年1—3季度，巴彦淖尔市图书馆共接待读者16.28万人次，其中自学10.16万人次、借阅56081人次、查阅5119人次。外借12.25万册次、查阅4916册次、修补图书2207本，发放借阅证2262个。春节期间，举行“阅读之星”评选活动，召开社区、乡镇图书共建点迎新春座谈会，为小朋友们免费播放优秀影片，邀请本地知名作家、艺术家走进FM95.8演播室，与广大听众交流，分享阅读感悟。举办全市“宝贝世界”儿童蒙古语讲故事比赛。4月19日，自治区文联文化调研组一行10余人到巴彦淖尔市图书馆“典藏巴彦淖尔”文献陈列室考察调研。4月23日，在《巴彦淖尔日报》公布“绿色崛起，赛过江南”全民阅读有奖百题知识竞赛题目及答题卡。5月17—18日，来自故宫博物院、国家图书馆、中国第一历史档案馆、内蒙古图书馆、内蒙古河套文化博物院的5位专家学者为该馆收藏的近18000册汉文古籍线装书，以及10多种近2000册满文古籍善本进行评估与鉴定。（内蒙古自治区图书馆学会　乌兰格日勒　李文清）

【乌海市图书馆】 2017年，乌海市图书馆通过公开招投标的方式，新购置文学、历史、哲学、教育、工业、艺术等22个大类图书26222册。同时新建乌海市数字图书馆，购买超星电子图书、名家讲坛、博看期刊和知网论文等服务并购置相应数字资源，新增免费下载电子书5万余册和电子期刊40万余册。乌海数字图书馆投入使用，新增一系列数字资源服务，读者可以通过互联网和微信服务平台，免费下载电子书、电子期刊、知网论文和名家讲座等。全年下乡送书1000余册。（内蒙古自治区图书馆学会　乌兰格日勒　李文清）

【阿拉善盟图书馆】 2017年，阿拉善盟图书馆共采购图书2979种9175册，编目入藏图书3567种8420册。接受个人捐赠图书218册，接受启明公益基金捐赠图书3570册。订购期刊622种，电子期刊2000种。新办借阅证1204张，新签订图书流动服务协议5份，新建图书流动点5个。各服务窗口总流通12.78万人次，比上年增加2万余人次。咨询1.24万人次，书刊文献外借9.16万人次、10.22万册次，向读者推荐新书介绍专栏60期。馆外图书流动服务点配送图书3366册次。面向基层赠送图书11219册，服务残疾读者送书上门32册。举办80期针对少儿读者的“故事会”阅读活动，12期“阿拉善文化讲堂”，受众1800余人次。举办5期“全民阅读讲堂”。截至2017年底，该馆微信公众号粉丝数量达到4288人，全年发布信息点击量达到5万余次。（内蒙古自治区图书馆学会　乌兰格日勒　李文清）

辽宁省

【概况】 截至2017年底，辽宁省共有县级以上公共图书馆（含少儿图书馆）129个。其中省级图书馆1个、副省级图书馆4个（含少儿图书馆2个）、市级图书馆19个（含少儿图书馆9个）、县区级图书馆105个（含少儿图书馆6个）。

辽宁省公共图书馆总建筑面积达到69.55万平方米，公共文化服务能力不断提升，文献资源体系更加完善，实体文献总藏量3705.50万册。全民阅读推广工作更加深入，4月23日—6月30日，全省各级公共图书馆、少年儿童图书馆围绕“书香辽宁·逐梦前行”这一主题开展全民读书节活动，同时在全省开展“童声诵美德　童心筑辽宁”辽宁省第二届少儿故事大赛、“童筑辽宁悦享未来”读书征文大赛、少儿国学经典百题知识竞答等一批阅读推广品牌和特色主题阅读活动。数字图书馆工程建设取得阶段性成果，辽宁省图书馆与国家图书馆连通了“读者统一认证”系统，实现与“数字图书馆推广工程”平台的无缝链接，与沈阳、大连、本溪、辽阳、朝阳等地的5个县区图书馆启动专线建设，实现国家图书馆、辽宁省图书馆、省内区县馆三级互联互通的网络构架。古籍保护工作硕果累累，“努力名山接薪火——辽宁省古籍保护工作十周年成果展”“册府菁华——辽宁省图书馆馆藏珍贵古籍展”“藏之名山，传之其人——辽宁省珍贵古籍特展”多视角、多元化地展现和揭示了中华优秀典籍的文化魅力与深邃内涵。大连图书馆在“全国古籍普查平台”上新著录线装古籍和民国时期文献577部5729册；文化志愿服务制度体系健全，志愿者参与文化志愿服务渠道畅通，建立了以省图书馆为总队，全省41家文化志愿服务单位为分队的组织模式，省图书馆被共青团辽宁省委确定为“辽宁省共青团志愿服务基地”。

公共图书馆服务品牌得到认可，辽宁省图书

馆的“对面朗读”项目被中宣部、中央文明办授予全国志愿服务“四个一百优秀案例”。“童阅乌托邦”少儿阅读推广品牌被文化部评为百个文化志愿服务示范活动，并获得IFLA国际图书馆营销奖提名。“辽宁省首次举办文化助盲志愿者培训班”“省图辽大合作培养古籍保护人才”等多项工作被文化部网站、省政府网站、《辽宁日报》等媒体宣传报道。《中国文化报》以“砥力奋进谱写新篇”为题，就辽宁省图书馆5年来的文化服务成果进行全面报道。沈阳市图书馆的“星期六剧场”品牌活动、大连图书馆的“白云书院”、锦州市图书馆的“当文字遇见声音”等服务品牌深受读者欢迎。辽宁省图书馆、大连图书馆、大连开发区图书馆、辽阳市图书馆等开展的项目在第一届公共图书馆创新创意征集推广活动中获得最佳创新奖。

为贯彻落实《文化部办公厅关于开展第六次全国县级以上公共图书馆评估定级工作的通知》精神，辽宁省129个公共图书馆中，有103个参与此次评估定级工作。辽宁省图书馆学会受辽宁省文化厅委托，顺利完成各市、县区级公共图书馆的评估定级工作，得到文化部第一评估组各位评估专家的肯定。（辽宁省图书馆学会）

【辽宁省图书馆新馆全面开放】 4月23日，辽宁省图书馆新馆全面开放。全面开放后新增中外文文献借阅区、信息咨询服务区、历史文献阅览区、地方文献服务区等区域，进一步满足广大读者文化需要，为市民提供更多更好的文化资源和服务。（辽宁省图书馆学会）

【辽宁省图书馆“童阅乌托邦”少儿阅读推广活动获国际图联第14届国际图书馆营销奖提名】 4月19日，国际图联图书馆管理与营销组宣布第14届IFLA-BibLibre国际图书馆营销奖获奖者。辽宁省图书馆的“童阅乌托邦”少儿公益阅读推广品牌，从全世界65个申请项目中脱颖而出，被评委提名为10个最富于启发性的项目之一。“童阅乌托邦”少儿阅读推广活动，是辽宁省图书馆面向3至8岁小读者及其家庭推出的四维绘本阅读、传统文化体验、指间创意阅读、儿童戏剧游戏、玩具总动员、阅读书目推荐、主题展览及儿童文化集市等多种形式的阅读推广活动。（辽宁省图书馆学会）

【全省《公共文化服务保障法》暨参加第六次全国县级以上公共图书馆评估定级工作培训班举办】 5月11—13日，由辽宁省文化厅主办，辽宁省图书馆、辽宁省图书馆学会承办的“全省《公共文化服务保障法》暨参加全国县级以上公共图书馆评估定级工作培训班”在沈阳开班。来自全省14个地级市文化局的领导以及各市县区图书馆和少儿图书馆的馆长或负责同志160余人参加培训。培训班邀请辽宁省文化厅党组成员、副厅长杨世涛，上海图书馆上海科技情报研究所副馆（所）长周德明，辽宁省图书馆馆长、辽宁省图书馆学会理事长王筱雯，辽宁师范大学管理学院硕士生导师张文亮，华博胜讯信息科技（北京）有限公司评估定级产品研发负责人胡凤彬做专家解读。（辽宁省图书馆学会）

【辽宁省图书馆在线发布珍贵古籍资源】 为提高图书馆馆藏古籍资源的社会公众利用率，辽宁省图书馆采用数字化手段进行古籍影像资源库建设，在保护古籍原件的同时满足社会公众的古籍文献查阅需求。5月25日，辽宁省图书馆首次通过互联网向社会在线发布101部馆藏古籍数字资源，全部为馆藏“闵凌刻”特色古籍。（辽宁省图书馆学会）

【辽宁省首届少年儿童阅读推广月系列活动举办】 7月20日—8月20日，辽宁省图书馆、辽宁省图书馆学会联合举办“辽宁省首届少年儿童阅读推广月系列活动”，活动由辽宁省图书馆牵头，与省内各市少年儿童图书馆和抚顺、本溪、阜新、朝阳、葫芦岛等市图书馆合作，通过“经典绘本巡展”、“经典国学百题知识问答”、“童筑辽宁 · 阅享未来”主题征文及“图书馆奇妙夜”等多项活动推进全省少年儿童阅读推广工作，打造多维度的少年儿童阅读空间。（辽宁省图书馆学会）

【辽宁省图书馆与辽宁大学联合办学培养古籍保护人才】 10月19日，辽宁省图书馆（辽宁省古籍保护中心）与辽宁大学合作培养古籍保护专门人才协议签字仪式在辽宁大学历史学院举行。辽宁省图书馆与辽宁大学历史学院有关领导等嘉宾出席签字仪式。双方商定，省图书馆与辽宁大学历史学院合作培养“古籍保护与修复”方向研究生，共同制订人才培养方案，省图书馆以国家古籍保护人才培训基地为依托，推荐全国著名古籍保护专家和学者教授，并承担相关实践课题的教学任务。（辽宁省图书馆学会）

【沈阳地区公共图书馆系统公开课举行】 5月8日，沈阳地区公共图书馆大型公开课在沈阳市图书馆举行。来自全市各级公共图书馆、少儿图书馆业务骨干及部分读者代表300余人到场听课。课程特邀济南市五一劳动奖章、济南市拔尖人才、全国古籍保护先进个人等荣誉称号的济南市图书馆馆长郭秀海，东南大学哲学与科学系教授、中国人民大学“佛教与宗教学理论研究所”兼任研究员、东南大学佛教文化研究所所长、金陵图书馆兼职馆长董群前来授课。（沈阳市图书馆　张世彤）

【沈阳市图书馆理事会正式成立】 6月26日上午，沈阳市图书馆理事会正式成立。理事会理事成员由来自政府官员、文化界名人、著名企业家代表以及图书馆职工等各界人士组成，设有理事长、副理事长、理事等13人。沈阳市文化广电新闻出版局领导到会表示祝贺，并分别向理事会理事长、副理事长颁发任命书；向11名理事会理事颁发聘书。（沈阳市图书馆　张世彤）

【2017全市图书馆系列读书活动启动仪式在大连图书馆举行】 4月21日，由大连图书馆和大连市图书馆学会联合举办的“‘书香大连逐梦前行’——2017年全市图书馆系列读书活动”启动仪式在大连图书馆拉开帷幕，市委宣传部、市文化广播影视局相关领导以及全市公共、高校、科研院所图书馆部分领导出席启动仪式。市文化广播影视局副局长郑玮彤在仪式上为“大连图书馆多媒体阅览区、音乐图书馆”揭牌；大连图书馆与大连出入境检验检疫局、驻军某部装备部签署建立分馆协议。（大连市图书馆学会）

【大连图书馆举办第二期中华优秀传统文化推广培训班】 7月4日，由国家古籍保护中心主办、大连图书馆承办的“第二期中华优秀传统文化推广培训班”开班典礼在大连图书馆举行。国家古籍保护中心办公室主任助理王红蕾、国家古籍保护中心办公室庄秀芬、大连图书馆终身名誉馆长张本义、大连图书馆馆长辛欣以及来自全国31家公共图书馆和高校图书馆的35名学员出席开班仪式。国家古籍保护中心“中华优秀传统文化实践基地”2014年在大连图书馆挂牌，开启了在全国推广“图书馆+书院”的文化传承新模式。（大连图书馆学会）

【大连市少年儿童图书馆成立少图创客空间】 1月1日，大连市少年儿童图书馆打造全新品牌活动，成立少图创客空间。为未成年人提供mini机床、沙画、无人机、3D打印小课堂等设备及活动，培训未成年人自主发现问题、分析问题、解决问题的平台能力，促进未成年人创造性思维的发展。全年共计举办活动251次，参与活动读者达1550人。（大连市少年儿童图书馆　梁雪　何润楠）

【鞍山市图书馆服务宣传周活动全面启动】 5月28日，鞍山地区公共图书馆服务宣传周活动正式启动。活动期间，鞍山市图书馆开展了“图书馆知识”有奖竞答活动和文化志愿者招募、微信公众号推广、免费发放数字资源阅读卡、数据资源宣传展示、地方文献征集展示、专题期刊展览、新书推荐等活动，鞍山市文化大讲堂推出“超越梦想”关注未成年人心理健康专题讲座；同时举办“图林文华——中国图书馆近现代学人墨迹展”。（鞍山市图书馆　许迎霞）

【鞍山市少年儿童图书馆对全市中小学图书管理员进行培训】 6月15日上午，由鞍山市教育局与鞍山市文化广电新闻出版局联合主办、鞍山市少年儿童图书馆承办的2017年鞍山市中小学图书馆管理员培训班在钢都小学正式开班。7月，鞍山市少年儿童图书馆相继对海城市、台安县和岫岩县中小学图书馆管理员开展培训。共有469所学校、477名学员参加培训。（鞍山市少年儿童图书馆　崔岩）

【海城市图书馆获中国图书馆学会“全民阅读示范基地”称号】 海城市图书馆多年来通过“少儿寒暑假品牌活动”“全民读书日”“图书馆服务功能宣传”“文化惠民送书进乡村”“农家书屋培训与指导”等多项活动开展全民阅读推广工作，连续获得中国图书馆学会全民阅读“先进单

位”，2017年获得中国图书馆学会“全民阅读示范基地”称号。(海城市图书馆)

【抚顺市图书馆开展抚顺市第十届全民读书节活动】 5月5日至6月28日，抚顺市图书馆组织抚顺市党、政、军、群及企业等39家单位开展抚顺市第十届全民读书节活动，两个月共举办读书活动60余项、200余次。本届读书节以“书香抚顺·逐梦前行”为主题，举办重点图书“七进”活动，先后走进机关、社区、家庭、学校、企业、乡村、军营，开展各类读书活动50余次，送去图书、杂志、科技信息共计2万余册。举办各类读书竞赛与有奖征文活动、专题讲座活动70余次，为建设书香抚顺做出积极贡献。(抚顺市图书馆学会　菅晓睿)

【本溪市完成区域公共图书馆服务网络体系建设】 11月，本溪市图书馆完成以市图书馆为地区中心馆、县区图书馆为支撑、社区分馆为图书流通点的一卡通三级联网借阅体系，实现全市范围内中心馆与县区馆及社区分馆之间的资源共建共享、网上检索、一卡通用、通借通还，形成完善的图书馆服务网络体系。为做好全民阅读推广工作，延伸图书馆的服务触角，本溪市图书馆在平山区小学设立本溪市首个中小学分馆。(本溪市图书馆学会　张虹)

【东港市图书馆改造后正式开放】 11月14日，东港市图书馆经过改造后正式对外开放。改造后的东港市图书馆，开放面积增加至3800平方米，内部建有成人借阅区、少儿借阅区、报刊阅览区、电子阅览区、低幼阅读区、地方文献室、档案室、报告厅、读者自习区、读者休闲区等14个开放区域，藏书量由10.6万册增加至12万册。(东港市图书馆　邹艳梅)

【锦州市首家24小时自助图书馆正式开馆】 11月21日，锦州市首家24小时自助图书馆正式对读者免费开放。该馆面积100平方米，配有纸质图书3300余册，内容包括中外文学、人物传记、养生保健等。自助图书馆引入先进的无线射频识别（RFID）技术，集自助借还、视频监控、安全门禁等于一体；还设有自助办证机，可供读者自助办理借书证。(锦州市图书馆　董雪)

【营口市图书馆举办视障读者特色阅读推广系列活动】 5月23日，营口市图书馆与营口市残疾人联合会联合举办“书香承载梦想　阅读点亮人生”视障读者特色阅读推广系列活动。活动邀请中国盲文图书馆从事全国无障碍电影培训工作的老师为视障读者及来自营口市图书馆、营口市慈善总会和营口职业技术学院的100余名文化志愿者进行《烈日灼心》无障碍电影体验，为文化志愿者进行无障碍电影脚本制作培训，并向视障读者代表颁发“全国百名优秀读者”荣誉证书。(营口市图书馆学会)

【阜新市第七届全民读书节启动仪式在阜新市图书馆举行】 4月23日，以“书香阜新　筑梦前行”为主题的阜新市第七届全民读书节启动仪式在阜新市图书馆举行。来自活动组委会成员单位、学生代表及现场观众500余人参加活动。启动仪式现场，市朗诵艺术家协会的诵读者声情并茂地诵读经典诗文；表彰第二届全国“书香之家”荣誉称号获得者。(阜新市图书馆)

【辽阳市图书馆免押金二代身份证办证业务正式上线】 1月9日，辽阳市图书馆开通免押金图书外借功能，辽阳市户籍人口可通过二代身份证在辽阳市图书馆及各社区分馆自助激活成为图书馆读者，身份证就是借书证，无须交纳押金即可借4本图书。辽阳市图书馆身份证代替读书证的借阅方式为辽宁地区首创，为市民提供了便捷的阅读方式。(辽阳市图书馆　祁月月)

【葫芦岛市图书馆新馆正式开放】 10月17日，葫芦岛市图书馆新馆正式开放。新馆位于龙港区，建筑面积14236平方米，读者阅览座席1000个，馆藏纸质文献20万册，电子文献11万册。开设报刊阅览室、社科外借室、文史外借室、电子阅览室、参考咨询室、自学室、视障阅览室等。新馆运用先进技术和无线网络全覆盖，为读者提供文献查询、数字阅览、自助办证、自助借还等智能化的服务。(葫芦岛市图书馆　王卓)

吉林省

【第十四届“感动吉林”2016年度人物颁奖典礼在吉林省图书馆举行】 2月25日，由《新文化报》、吉林年鉴社、吉林省图书馆主办，吉林省榆树钱酒业有限公司协办的第十四届“感动吉林”2016年度人物颁奖典礼在吉林省图书馆大报告厅拉开大幕。王浩南、初建美、王莉、胡文河、宫金杰、申亮亮、李万君、姜晓波、夏治国、陈玉珍（夫妇）、徐振明获得2016年度“感动吉林”人物称号。吉林省人大常委会副主任车秀兰等领导为“感动吉林”年度人物颁奖，400多名观众观看颁奖典礼。吉林省图书馆作为吉林省精神文明建设的中坚力量，与《新文化报》一道，参与此项活动，这不仅是服务公众、服务社会，践行社会主义核心价值观的一个具体行动，还是发挥公共图书馆社会职能的重要体现。（吉林省图书馆　侯国柱）

【吉林省文化共享工程技术骨干阅读推广培训班在长春举办】 4月11—13日，吉林省图书馆在长春举办“吉林省文化共享工程技术骨干阅读推广培训班”。此次培训以“阅读推广”为核心，邀请到中国阅读研究会会长、中国图书馆学会学术研究委员会委员暨阅读推广委员会副主任徐雁，吉林省全民阅读学会副会长赵云良、中国图书馆学会阅读推广委员会委员毕洪秋、长春市图书馆策划推广部主任刘怡君、白城市图书馆副馆长张莹等5位老师为学员授课。来自全省各市（地）、县公共图书馆技术骨干100余人参加培训。（吉林省图书馆　侯国柱）

【“朝阳区中小学校外育人联盟”基地落户吉林省图书馆】 4月11日，“朝阳区中小学校外育人联盟成立启动仪式”在长春举行。吉林省图书馆副馆长宋艳出席仪式，并与长春市朝阳区教育局签订联盟协议。“朝阳区中小学校外育人联盟”是朝阳区教育局在基础教育改革发展新阶段的新举措，本着“走出去办教育”的思路，以积极融合社会资源，拓宽教育渠道为方式，先后与13家社会单位签订合作协议。吉林省图书馆作为成员单位之一，充分发挥公共文化服务窗口的重要作用，以本馆青青草系列活动、农民工子女系列活动为基础，扩大育人覆盖面、增强育人合力，发挥资源优势、空间优势、平台优势和专业优势，与教育部门携手为未成年人健康成长提供服务。（吉林省图书馆　侯国柱）

【吉林省图书馆首届换书大集举办】 吉林省图书馆首届换书大集于4月23日开启，100张桌子上摆满了用来交换的图书，参与换书的读者络绎不绝。每一个换到心仪图书的读者都很欣慰，换书大集为读者搭建了一个以书会友的爱心公益平台，传递“分享阅读、快乐阅读、绿色阅读”理念，激发大家的阅读兴趣，唤醒家中“沉睡”的图书，是一次很有意义的活动。吉林省新华书店、吉林文史出版社、长春联合书城、学人书店、吉林省全民阅读学会等单位向首届换书大集捐赠很多优秀书籍，部分图书将用于捐建农民工子弟校学生书房和公益燕窝书馆。活动共收到捐赠、交换的图书近万册，近5000人参与交换。（吉林省图书馆　侯国柱）

【吉林省图书馆获评吉林省知识产权（专利）服务业品牌培育机构】 4月，吉林省图书馆参考咨询工作再传捷报，获评成为“吉林省知识产权（专利）服务业品牌培育机构”。此次入选是该馆继2017年获评“吉林省省级专利文献服务网点”之后在知识产权领域取得的又一项省级资质。未来，吉林省图书馆将在知识产权政策、资源保障等方面进一步取得吉林省科学技术厅（吉林省知识产权局）重点支持并获得行业品牌先发优势。该馆的知识产权服务凭借在信息资源、分析工具和人才技术等领域的深厚积淀，建立了智库服务、党政机关决策咨询、企业竞争情报服务、科技查新服务和知识产权服务五大核心业务，依托高素质的专业服务团队、深厚的智力咨询服务积累和多年的工作经验，为政府机关、企事业单位发展助力助智，得到社会各界的广泛认可。（吉林省图书馆　侯国柱）

【吉林省文献联合编目中心正式成立】 5月10日，吉林省文献联合编目中心成立及签约仪式在吉林省图书馆召开。省图书馆采编部主任仲维华介绍中心成立情况，采编部副主任冯昕杰宣读《吉林省文献联合编目中心章程》和《吉林省文献联合编目中心成员馆协议书》。省图书馆馆长赵瑞军与分中心代表单位长春市图书馆馆长谢群、吉林市图书馆馆长石继禹，成员馆代表单位梅河口市图书馆长李伟、敦化市图书馆馆长秦大勇签订协议书。吉林省文献联合编目中心的正式成立，在加快构建公共文化服务体系，保障人民基本文化权益，消除信息获取不平等等方面发挥

重要作用。（吉林省图书馆　侯国柱）

【吉林省文化创意产品开发培训班在长春举办】 6月20日，由吉林省图书馆、吉林省古籍保护中心主办的"吉林省文化创意产品开发培训班"在长春开班。来自全省各图书馆、博物馆及相关文化单位的50余位工作人员参加培训。培训班邀请国家图书馆古籍馆副馆长陈红彦、国家博物馆经营与开发部副主任蒋名未、国家图书馆展览部副主任张立朝、复旦大学文物与博物馆学系副教授郑奕、东北师范大学历史文化学院满族历史语言文化研究中心沈景春分别从"古籍文化产品创意的定位与思考""国博文创产业的实践、思考与新探索""创意，让典籍活在当下""博物馆文化产品与服务的开发""从文物到文创——让历史走进生活"方面进行授课。本次培训对深入发掘该省文化文物单位馆藏文化资源，开发文创产品，发展文创产业，培养文创人才，推动文创产品开发工作具有重要意义。（吉林省图书馆　侯国柱）

【"2017年中华古籍普查文化志愿服务行动·吉林行"落幕】 8月16日，由中国古籍保护协会主办，吉林省古籍保护中心承办的为期一个月的"2017中华古籍普查文化志愿服务行动·吉林行"志愿服务行动圆满结束。活动招募的东北师范大学和吉林大学的17名志愿者在省古籍保护中心老师的带领下，分赴吉林省社会科学院、吉林省教育学院、长春市宽城区图书馆开展工作在图书馆员手把手地指导下，了解古籍普查的工作流程和基本内容，学习使用工具书和确定古籍文献信息，认真参与核查出库文献数量，有条不紊地投入到古籍普查登记目录及书影录入等工作中，帮助受援单位圆满完成古籍普查全部工作，总计清点古籍20775册，普查数据2941条。（吉林省图书馆　侯国柱）

【2017年"扶贫大讲堂"全省巡讲活动开启】 为深入开展"健康生活　悦动吉林"系列活动，推动精准扶贫相关工作，按照吉林省政府、省文化厅"脱贫攻坚"战的统一部署，由吉林省文化厅主办，吉林省图书馆承办的2017年"扶贫大讲堂"全省巡讲活动于8月1日在图们市开启。"扶贫大讲堂"2017年全省巡讲工作以吉林省国家级贫困县为重点，兼顾省级贫困县，设延边、白山通化、白城3条线路，覆盖汪清、图们、龙井、和龙、长白、柳河、大安、镇赉、洮南、通榆10个市（县），邀请省内不同领域的专家学者进行10场巡讲，直至8月25日结束。内容包括返乡创业合理规划、心理压力疏导、和谐家庭建设，以及对中央扶贫攻坚工作的政策解读和实践研究等。结合"扶贫大讲堂"，吉林省图书馆制作了"扶贫大讲堂"公益讲座光盘合集，内容涵盖家庭和睦、勤劳致富、普法常识、地方文化四个系列，向全省9个市（州）1493个贫困村下发。（吉林省图书馆　侯国柱）

【吉林省图书馆开设典籍博物馆，首场展览"墨雅余香　纸润流芳——吉林省图书馆藏珍籍展"开展】 9月28日，吉林省典籍博物馆首场展览"墨雅余香　纸润流芳——吉林省图书馆藏珍籍展"正式开展，标志着吉林省典籍博物馆正式落成并对外开放。此次展览共展出80部吉林省图书馆具有代表性的珍贵典籍，年代从唐代至民国时期，版本有写本、刻本、稿本、抄本、活字印本、套印本、钤印本以及批校题跋本、四库底本等多种类型，按年代分为"典籍撷英集珍凝萃""内府藩府　精刻为贵""碑拓钤印　以广流传""稿抄校本　孤本秘籍""套印聚珍　光彩焕然"及"地方文献　乡土记忆"6个部分，另有古籍基础知识、藏书楼藏书印、典籍脉络等介绍。吉林省典籍博物馆是继国家典籍博物馆后，国内首家依托图书馆馆藏建立的省级典籍博物馆，集典籍收藏、展示、研究、保护、公共教育、文化传承、文化休闲于一体。此次展览是吉林省内规模最大、珍本最多的一次馆藏珍籍的集中展示，其中大部分珍籍为入藏以来首次亮相。（吉林省图书馆　侯国柱）

【吉林省图书馆、吉林省音乐家协会战略合作协议签订】 10月30日，吉林省图书馆与吉林省音乐家协会经过友好协商，正式签订《吉林省图书馆　吉林省音乐家协会战略合作协议》，结为战略合作伙伴。在今后的合作中，双方将利用现有资源，相互支持，共同开展形式多样、内容丰富的高品质公益文化活动，以丰富吉林省民众文化生活，提高民众文化素养，实现文化资源共享，共同推进吉林省公共文化事业的发展。（吉林

省图书馆　侯国柱）

【“青青草”杯原创作品大赛精品展在吉林省图书馆开展】 11月1日，由吉林省文化厅、吉林省教育厅、共青团吉林省委共同主办，吉林省图书馆、中小学德育工作办公室承办的吉林省第十四届“青青草”杯原创作品大赛精品展在吉林省图书馆少儿展区展出。“青青草”杯原创作品大赛是省图的品牌活动之一，旨在关爱少年儿童成长，搭建艺术展示平台。此次比赛共收到来自长春、吉林、辽源等地的3000余幅参赛作品。作品激情洋溢，用色大胆，充分展现少年儿童丰富多彩的文化生活和昂扬进取的精神风貌。展出的100余件装裱精美的艺术作品，涵盖素描、水粉、国画、书法等多种艺术形式，将整个展厅装点得绚丽夺目、童趣盎然。（吉林省图书馆　侯国柱）

【数字图书馆推广工程吉林省文献联合编目中心培训班举办】 11月14—15日，吉林省图书馆举办文献联合编目中心培训班。来自全省57家公共图书馆110多馆员参加培训。培训期间，国家图书馆中文采编部索晶、吉林省图书馆采编部李博昭及马戬分别讲授“全国联编中心历程及发展方向”“中文图书机读编目规则简介”“图书分类与《中图法》的使用规则”。学员们还实地观摩了省图书馆采编部工作流程。（吉林省图书馆　侯国柱）

【吉林省古籍保护工作会议在长春召开】 12月28日，2017年吉林省古籍保护工作会议在长春召开。吉林省古籍保护中心主任、吉林省图书馆馆长赵瑞军等领导以及全省各古籍收藏单位代表近30人参会。会议总结2017年古籍保护工作情况，部署安排下一步工作。“2017中华古籍普查文化志愿服务行动·吉林行”志愿服务活动受援单位代表对这次志愿者活动进行经验介绍与交流。会议邀请东北师范大学古籍整理研究所所长李德山从东北地区文献的产生、发展及演变3个方面做“略说东北文献”讲座。（吉林省图书馆　侯国柱）

【长春市图书馆启动“城市阅读书网”服务项目】 “城市阅读书网”服务项目是在长春市图书馆“中心馆——总分馆制”的框架下，以长春市图书馆为中心馆，各区（县）图书馆为区域总馆，各社区（街道）图书馆为分馆，以汽车流动图书馆、24小时自助图书馆、农家书屋、书店为延伸的多级阅读服务网络。同时将实体图书馆与虚拟图书馆有效融合，实现图书馆服务的全覆盖。以“全市一卡通”无障碍的通借通还体系为载体，打造覆盖城乡、区域、人群的均等化、便捷化服务模式，使图书馆服务触手可及。2017年，在二道、南关、双阳等区建设了20家标准化示范分馆，初步制订了示范分馆自助设备配置方案和建设标准，为下一步建设工作打好基础；进一步完善流动图书馆的定时定点服务线路，全年出车服务300余次，共办理借书证3653多个，借阅文献4万余册次，接待读者6万余人次；12月底，又在地铁1号线安装24小时自助借还机，进一步完善书网建设的内容。（长春市图书馆　王英华）

【长春市图书馆在第五届长春市民读书节期间举办多项阅读推广活动】 第五届长春市民读书节期间，长春市图书馆举办专题讲座、文化沙龙、亲子阅读、公益课堂、文化展览、数字阅读、文献展阅等11类85项阅读推广活动。9月15日，读书节启幕当晚，在图书馆一楼大厅举办“图书馆之夜”活动，发布2017年《长春市民荐读书目》和2017年度长春市《市民阅读倡议书》；举行长春市图书馆2016—2017年度“读书小状元”和长春市2016—2017年度“借阅之星”颁奖仪式；其后，“家书传世　阅读之美”经典家书朗诵会、“陶笛音乐会”将此次活动推向高潮。读书节启幕第二天，举办“阅读推广日”系列阅读活动，朗读会、音乐会、阅读大冲关、新媒体阅读体验活动、漫读书友会、话剧表演、音乐会、咖啡及本地原创文化体验活动等精彩活动内容令人目不暇接，受到广大读者的欢迎。（长春市图书馆　王英华）

【长春市图书馆推出“喜阅——‘你选书，我采购’全民借阅行动计划”】 “喜阅——‘你选书，我采购’全民借阅行动计划”于4月推出。读者在长春市内6家书店凭读者证免费借阅最新图书“先睹为快”。在9月长春市民读书节期间，“喜阅”行动再次升级——与京东商城携手，市民可以足不出户网络下单、免费快递送书到家。此举实现以读者为主导的资源建设模式，成为图书馆传统采购模式的有效补充，不但让馆藏选择更加贴合市民阅读需求，也成为促进阅读的有效方式，深受市民欢迎，被长春市委宣传部授予“2017 年度全市宣传思想文化工作创新奖”。（长春市图书馆　王英华）

【长春市图书馆馆刊《品读》升级改版】 2017 年，长春市图书馆馆刊《品读》完成升级改版，加大经典阅读篇幅。合并与阅读有关的知识栏目，增加名人读书、品评名篇等版块，与读者分享名人的阅读方法、阅读感受等；同时加入突显地域特色的版块，传播优秀地方文化。通过升级改版，提升刊物的品质与内涵，发挥刊物引领阅读的重要作用，努力打造成为市民的“口袋书”，更好地发挥阅读推广宣传载体作用。2018 年全年共编辑《品读》6 期、市民读书节专刊 1 期。《品读》因其在全民阅读推广工作中发挥的积极作用，而荣获“2017 年中国图书馆界阅读推广类十佳内刊内报奖”。（长春市图书馆　王英华）

【长春市图书馆“新时代传习所”揭牌】 12 月 9 日，长春市图书馆“新时代传习所”揭牌。“新时代传习所”既是长春市图书馆广大干部职工的理论学习课堂，也是长春市图书馆向广大读者搭建起的新时代传播新思想的新平台、新阵地。“新时代传习所”与“城市热读”品牌活动相结合，开展“城市热读・十九大专题”系列讲座“六走进”活动，宣传新时代中国特色社会主义思想的同时，着力扩大图书馆文化服务的影响力，把“新时代传习所”打造成为具有特色的学习品牌，为建设东北亚现代化文化名城添砖加瓦、贡献力量。揭牌仪式后，长春市委党校教授、长春市“党的创新理论”宣讲团副团长王健做题为“开创新时代的政治宣言行动纲领”的首场讲座，深入解读党的十九大精神，充分阐释习近平新时代中国特色社会主义思想是开创新时代的政治宣言和行动纲领。（长春市图书馆　王英华）

【延边朝鲜族自治州图书馆少儿 3D 数字体验馆开馆】 1 月 18 日，延边朝鲜族自治州图书馆少儿 3D 数字体验馆正式开馆。该体验馆利用 3D 数字技术，将书本上的平面图片变成 3D 立体图像，同时引进 VR 虚拟现实等高新技术，作为新型阅读模式向少儿读者群体推广，从而吸引小读者的阅读兴趣。体验馆展示项目内容丰富、互动性强、寓教于乐，可以阅读科普、安全常识等少儿期刊、有声绘本，体验动画、音效等多媒体声光电效果。3D 图书通过多媒体和 3D 技术，将纸面上枯燥的知识变得灵活有趣，令到馆的小读者流连忘返。（延边朝鲜族自治州图书馆　金仙花）

【延边朝鲜族自治州图书馆开展诗文化朗读欣赏活动】 8 月 31 日，“抒情延边，不朽的诗魂”诗文化朗读欣赏活动在延边朝鲜族自治州图书馆开展。州文化广电新闻出版局、州作家协会、州朝鲜语文工作委员会相关领导出席开幕式。活动现场，延边诗朗读协会会员进行朝鲜语诗歌朗诵表演，通过一首首承载着民族历史、民众情感与理想的诗歌，让现场观众重温延边建州 65 年来的风风雨雨，歌颂不朽的诗之灵魂。特别是 8 位朝鲜族小朋友朗诵的《母语之歌》更是赢得现场观众的阵阵掌声。除现场诗歌朗诵外，延边图书馆还展出庆祝建州 65 周年主题诗画展。（延边朝鲜族自治州图书馆　金仙花）

【四平市图书馆完成《大清全地图》修复工作】 四平市图书馆馆藏珍品《大清全地图》，系日本国东京三省堂编辑所亀井忠一编绘，于日本明治三十七年十月，清光绪三十年九月（公元 1904 年 7 月）在东京印刷发行。全图长 220 厘米，宽 190 厘米，比例尺为 1：250 万。质地表面用地图纸印刷，底面用蚕丝纱布托裱。图的左上方有清朝末年著名的桐城派作家、曾国藩得意门生、京师大学堂总教习吴汝纶亲笔所题“大清全地图”5 个行书大字，笔锋遒劲有力。该地图无论从政治、军事、经济方面都有很高的研究价值和现实的参考作用。由于历史久远，该地图已严重损坏。四平市委书记赵晓君特别就此批示：“《大清全地图》存世稀少，应该给予特殊珍藏、保护”。2017 年，在市委领导的高度重视和大力支持下，馆班子二度赴京，请专家对其进行修复和完善，经过不懈努力，目前修复工作已经完成，该图电子版采集也已完成。（四平市图书馆）

【四平市图书馆开展“万卷图书进军营”活动】

为彰显四平市双拥模范城风采，在2017年“八一”建军节到来之际，四平市委常委、副市长韩秀桃带领四平市文化广电新闻出版局、四平市图书馆携3000册新版图书，来到部队慰问驻地官兵。几年来，四平市图书馆通过开展“万卷图书进军营”活动，分别在驻四平市各部队建立分馆，设立漂流书箱，源源不断地输送精神食粮，激发官兵的读书和创作热情。一些战士有的通过自学，掌握了汽车修理、家电维修、计算机操作等实用技能，通过了技能等级考试；有的创作的文学作品屡见报端；还有的通过自学文化课程参加高等教育自学考试，取得大学文凭。“万卷图书进军营”活动提高了官兵的文化素养，拓展了官兵们的退伍择业空间，促进了部队人才建设。（四平市图书馆）

【四平市图书馆做好盲文图书馆工作】 四平市图书馆内设立的盲人阅览室成立于2012年5月，被中国盲文图书馆纳为支馆，成为当时中国盲文图书馆在全国的6家支馆之一，正式更名为中国盲文图书馆吉林省四平市支馆。该馆盲文书阅览室占地约60平方米，藏书8000余册，配有盲文学习机、台式电子助视器。其书籍分为大字体书和盲文书。大字体书主要是盲人按摩医学教科书，盲文书内容涵盖医学、法律、政治、社会生活、文学艺术和文化教育等，基本满足盲人读者的阅读需求；电子阅览室占地约60平方米，其内有28台电脑、2台笔记本和1台液晶电视、100台读书机、3台点显器、30套阳光读屏软件、100套有声光碟、若干套无障碍电影，以供盲用电脑的使用、读屏软件的教学、电子书的借阅和无障碍影视的播放。日均接待读者6—7人次，年借阅量300册，经常到馆读者100余人，四平阅读分会注册会员7000余人。（四平市图书馆）

【桦甸市首届儿童阅读季落幕】 桦甸市图书馆于6月1日启动首届“儿童阅读季”，活动历时三个半月，贯穿整个暑期。通过举办交换爱心书籍、制作交换书签、展示阅读成果、图书馆参观实践、优秀朗诵片段展播等阅读推广活动，为少年儿童营造书香假期的浓郁氛围，激发他们的阅读兴趣。本次阅读季，突出发挥总分馆制服务体系的优势，由社区分馆互为联动，组织区域内的社会培训机构踊跃参与，有效搭建起未成年人读书、学习、交流的桥梁。阅读季期间，共交换爱心书籍100册，制作书签50个，展播优秀资源5场次，免费赠送图书214册，收到读书笔记35份；评选出“爱心阅读小天使”5人，“阅读之星”10人。丰富多彩的读书活动让小读者从书中获取知识，汲取营养，通过分享，相互信任、相互交流、相互学习、共同成长。（桦甸市图书馆　黄艳）

【敦化市图书馆构建“11386”公共阅读服务体系】 2017年，敦化市委、市政府积极构建“11386”公共阅读服务体系，以1个图书馆为基地、1个“阅读广场”为基点、3个“德润书屋”为支撑、86个公交“图书翼站”为辐射，实现知识流动和公共阅读全覆盖。为此，敦化市图书馆充分发挥公共文化服务阵地作用，承担全市捐赠12万余册书刊的接收、登记、筛选、分类、盖章、夹放书签、打包及分配等工作，并建立“书香敦化”微信公众号；每天在“阅读广场”和“图书翼站”投放书刊供市民阅读，“德润书屋”实现24小时自助办证、借还服务。在吉林省全民阅读协会和《新文化报》联合主办的最美阅读空间评选活动中，敦化市“阅读广场”和“德润书屋”被评为“最美阅读空间”称号。（敦化市图书馆　王塞楠　秦大勇）

【白山市图书馆开展助残日献爱心活动】 5月18日，白山市图书馆“放飞爱心　书送希望”助残日献爱心活动在白山市逸夫学校举行。逸夫学校的学生大多是聋哑儿童和智障儿童，学校在完成教学任务的同时，根据孩子不同情况，积极主动地开展多种形式康复治疗，特教老师付出了艰辛劳动。为缓解老师的压力，丰富学生的文化生活，让师生们在阅读中快乐的工作、学习、生活，让孩子们平等地享受同正常孩子一样的阅读权利，感受到社会大家庭的温暖，活动当天，白山市图书馆向该校捐赠图书300多册，现场播放爱国影片《智取威虎山》，以此表达对特教老师的崇敬和孩子们的关爱，受到师生的欢迎。（白山市图书馆）

黑龙江省

【概况】 2017年，黑龙江省共有公共图书馆109个。馆舍建筑总面积达32.65万平方米，阅读座席28168个。总藏量2158.41万册。财政拨款3.05亿元。专项购书经费2149.20万元，新购藏量182.97万册，其中报刊25141种。从业人员1688人，其中专业技术人员1396人，包括中级职称631人、副高级职称383人、正高级职称98人。有效借书证82.18万个。书刊文献外借379.05万人次、794.44万册次，总流通人数1071.71万人次。计算机6332台（其中电子阅读室终端数4189台），图书馆网站访问量达1454.18万页次。组织各类讲座1357次，参加人数19.46万人次。举办展览781个，参观人数75.05万人次。举办培训班1302个，培训人数5.13万人次。

2017年，黑龙江省图书馆报送的“古诗词吟唱公开课”及铁力市图书馆报送的“‘雪精灵’快乐寒假读书活动”，同获中国图书馆学会颁发的“2016年全民阅读推广优秀项目”。黑龙江省大兴安岭市明苑社区、阳光社区，哈尔滨市景和社区获得2017年“书香社区”荣誉称号。哈尔滨市香坊区图书馆荣获“全国阅读示范基地”称号。（黑龙江省图书馆学会秘书处）

【“龙江讲坛”举办纪念杨子荣牺牲70周年专题讲座】 2月23日，在特级侦察英雄杨子荣烈士牺牲70周年之际，“龙江讲坛”走进东北烈士纪念馆，举办“纪念特级侦察英雄杨子荣牺牲70周年”专题讲座。讲座由东北烈士纪念馆原业务副馆长、研究馆员温野主讲，武警部队官兵和社会各界人士200余人在报告厅聆听讲座。（黑龙江省图书馆学会秘书处）

【第六次全国县级以上公共图书馆评估定级培训班举办】 4月7—9日，由黑龙江省文化厅主办，黑龙江省图书馆承办的第六次全国县级以上公共图书馆评估定级培训班在哈尔滨举办。来自全省13个市（地）、128个县（区）图书馆馆长、业务骨干210余人参加培训。黑龙江省文化厅副厅长韩慧峰致辞。黑龙江省图书馆馆长高文华对本次评估定级工作提出具体要求。叶艳鸣、胡凤彬、袁澍宇、许静华、宋彦峰等老师对公共图书馆评估标准进行详细解读。（黑龙江省图书馆学会秘书处）

【2017年黑龙江省公共数字文化资源服务推广培训班举办】 4月9日，由黑龙江省文化厅主办，黑龙江省图书馆承办的“2017年黑龙江省公共数字文化资源服务推广培训班”在哈尔滨举办。来自全省13个地（市）、128个区（县）图书馆馆长、业务骨干等200余人参加培训。黑龙江省图书馆馆长高文华分析全省现阶段公共数字文化服务中存在的问题、缺口，提出相应的解决方法和指导性意见。授课老师对公共文化一体机资源更新与维护、数字资源宝及数字资源硬盘安装与使用等内容进行讲解。（黑龙江省图书馆学会秘书处）

【刘艺先生藏书捐赠仪式在黑龙江省图书馆举行】 4月16日，“刘艺先生藏书捐赠仪式”在黑龙江省图书馆举行。刘艺，曾任中国书法家协会副主席，享受国务院特殊津贴，荣获中国书协特殊贡献奖，在第四届中国书法兰亭奖评选中，荣获中国书法艺术最高奖——中国书法兰亭奖·终身成就奖。刘艺之子刘继维代表家人将父亲生前的部分著述和藏书无偿捐赠给黑龙江省图书馆，共计584种780册，包括诸多当代著名书法家、艺术家、评论家的作品、专著、合集等，代表着当今书坛的艺术水平。高文华代表黑龙江省图书馆接收捐赠，并颁发收藏证书。（黑龙江省图书馆学会秘书处）

【《白云飞渡》系列阅读推广活动举办】 为传承优秀地域文化、弘扬龙江地方文明、推进全民阅读，黑龙江省图书馆以地域精品文献《白云飞渡——中国首位战地女记者张郁廉传奇》为2017年阅读推广活动主线，设计系列阅读推广活动。活动于4月23日正式启动，在全省范围内组织实施。具体内容包括：组织全省19个图书馆和8家读书会参与千人“共读时光”活动；与黑龙江省老艺术家协会联合举办“哈尔滨老建筑漫谈”和“文化踏查之旅”活动；与黑龙江省电视台国际交流部共同推出“张郁廉纪录片观影会”活动；与中央书店、呼兰河读书会合作开展“真人图书名家访谈”活动；与浩源地方文献博物馆联合录制“口述历史”活动；由黑龙江省图书馆主导的启动仪式、读书会、真人图书活动等。（黑龙江省图书馆学会秘书处）

【黑龙江省视障文化服务与阅读推广培训班

举办】 5月9—12日，中国盲文图书馆与黑龙江省残疾人联合会、黑龙江省图书馆在省图书馆联合举办阅读推广与视障文化服务培训班。全省地市盲人协会主席、地市图书馆视障阅览室负责人、盲人读者等50余人参加培训。黑龙江省图书馆无障碍服务部主任夏曦明详细介绍省图书馆视障文化服务现状与馆内盲用产品、无障碍电影讲解与阅读推广活动。中国盲文图书馆阅读推广与发行部主任肖黎与学员分享中国盲文图书馆视障文化服务探索案例。（黑龙江省图书馆学会秘书处）

【“龙江讲坛”举办500期回顾活动】 5月13日，“龙江讲坛”500期回顾活动在黑龙江省图书馆举行。主办单位黑龙江省委宣传部、省文明办、省文化厅、省社科联、省科协的领导，讲座专家代表以及听众400余人参加活动。活动由黑龙江省社科联副主席刘幸主持。来宾们观看“百姓文化盛宴——龙江讲坛500期回眸”纪录片，了解“龙江讲坛”的发展过程。省委宣传部副部长刘光慧代表主办单位致辞，概况总结了“龙江讲坛”自2006年1月创办以来，成为省内重要的宣传教育基地与深受百姓喜爱的公益文化服务品牌的发展历程。黑龙江省文化厅巡视员綦军宣读“龙江讲坛”500期“优秀讲座专家”“优秀听众”名单，孙慕天等16位讲座专家、黄霖等10位听众受到表彰。500期讲座特约黑龙江省著名作家阿成以“读城·读书·写作”为题，解读读书与文学创作的心路历程，阐述作家的作品风格和城市的血脉亲情。回顾活动同步推出“‘龙江讲坛’500期回眸”纪念画册和展览。

“龙江讲坛”已经跻身于知名度与公信度较高的品牌讲座行列，2015年，被中宣部授予“全国基层理论宣讲先进集体”称号，是本次获此殊荣的唯一的省级讲座。（黑龙江省图书馆学会秘书处）

【2017年黑龙江省地市公共图书馆馆长工作会议召开】 5月26日，2017年黑龙江省地市公共图书馆馆长工作会议在省图书馆召开。来自哈尔滨、齐齐哈尔、牡丹江等13个地市的图书馆馆长，及黑河市文物管理办公室、绥化市文化广电新闻出版局文化科、绥芬河市图书馆、抚远市图书馆的有关领导共31人参加会议。省文化厅社文处处长李春芝做“黑龙江省第六次县级以上公共图书馆评估定级工作”报告。省图书馆馆长高文华、副馆长张大尧，省文化厅社会文化处宋彦峰，省图书馆数字资源建设部主任于爱君等，分别就评估工作的相关问题进行讲解。“黑龙江省公共图书馆信息服务联盟”和“黑龙江省公共图书馆馆际互借和文献传递联盟”在会上成立。（黑龙江省图书馆学会秘书处）

【“网络书香·数字图书馆建设与服务”宣传推广项目（黑龙江）站系列活动举办】 7月19日，由国家图书馆、中国图书馆学会、黑龙江省文化厅主办，黑龙江省图书馆、黑龙江省图书馆学会承办的2017年“网络书香·数字图书馆建设与服务”宣传推广项目（黑龙江站）系列活动——图书馆馆长及业务骨干高级研讨班在省图书馆启动。启动仪式由省图书馆馆长高文华主持，省文化厅副厅长韩慧峰、中国图书馆学会副理事长朱强分别致辞，黑龙江省各级公共图书馆馆长及业务骨干200余人参加仪式和培训。仪式后，全体领导、专家和学员参观数字图书馆体验区。在为期2天的培训环节，共安排4位专家为学员系统讲授数字图书馆建设与服务方面的课程，国家图书馆信息技术部主任谢强讲授“图书馆服务创新与数字图书馆推广工程建设”，中国人民大学信息资源管理学院教授索传军讲授“数字图书馆的转型与发展”，浙江图书馆副馆长刘晓清讲授“信息技术驱动与图书馆融合创新”，国家图书馆数字资源部版权管理组副组长韩新月讲授“自建数字资源版权管理”。（黑龙江省图书馆学会秘书处）

【“美丽家园·幸福生活”龙江故事大赛决赛在黑龙江省图书馆举行】 6月27日，由黑龙江省文化厅主办、黑龙江省图书馆承办“美丽家园·幸福生活”龙江故事大赛决赛在省图书馆举行。大赛以讲故事为表现形式，宣传龙江大地涌现出的优秀历史典故、历史人物、先进典型和感人事迹，弘扬龙江历史文化和龙江精神。经过专家评审，现场评选出一等奖5个，二等奖10个，三等奖8个，优秀组织奖、组织奖若干。此项目荣获黑龙江省全民阅读活动优秀项目奖、出版界图书馆界全民阅读年会2017全民阅读案例一等奖。（黑龙江省图书馆学会秘书处）

【"通向和谐之路"图片展在黑龙江省图书馆展出】 8月14日，由美国驻沈阳总领事馆与黑龙江省图书馆共同举办的"通向和谐之路：美中交往史（1784—1979年）"图片展在黑龙江省图书馆开展，读者及媒体朋友50余人参加开幕式。开幕式由省图书馆馆长高文华主持，美国驻沈阳总领事馆文化领事方大年（Daniel Phelps）、黑龙江省文化厅社会文化处处长李春芝出席开幕式并致辞。展览分为"初次接触""官方交流""知识分享""文化感知""军事合作""恢复邦交"6部分，以图文并茂的形式，展现两个世纪中，中美两国的重要交往和友谊，清晰地再现两国首脑、外交官、商人、移民、企业家、学生等各界人士和平、友好往来的史实，体现不同的文化思想背景下的相互尊重和友好交流。（黑龙江省图书馆学会秘书处）

【俄罗斯远东国家科学图书馆代表团访问黑龙江省图书馆】 9月11—15日，以雅库巴·塔吉亚娜·尤里耶夫娜（Якуба Татьяна Юрьевна）馆长为团长的俄罗斯远东国家科学图书馆代表团一行6人，对黑龙江省图书馆进行为期5天的交流访问。自1990年起，两馆建立了学术交流与馆际合作关系，2003年正式签署学术交流互访协议，建立长期互访机制。27年来，两馆之间的交流合作为中俄两国图书馆同人搭建沟通的平台，提供相互学习、共同提升的机会，促进中俄图书馆事业的发展。在中国黑龙江省图书馆和俄罗斯远东国家科学图书馆国际学术研讨会上，远东国家科学图书馆副馆长、信息计算中心主任等5位俄罗斯学者做学术报告。期间，代表团还参观大庆市图书馆、大庆石油科技馆、黑龙江省博物馆和果戈里书店等黑龙江省重要的文化场所。（黑龙江省图书馆学会秘书处）

【2017年黑龙江省公共数字文化建设与服务培训班举办】 11月13—16日，由黑龙江省图书馆主办的2017年黑龙江省公共数字文化建设与服务培训班在哈尔滨市举办。来自全省公共图书馆馆长、业务骨干200余人参加培训。培训为期3天，授课专家包括文化部全国公共文化发展中心培训保障部副处长焦延杰、黑龙江大学信息管理学院副院长蒋永福等。培训内容包括《中华人民共和国图书馆法》解读；《关于推进县级文化馆图书馆总分馆制建设的指导意见》解读；"国家公共文化云"；新媒体与数字图书馆服务；"十三五"时期的数字图书馆推广工程服务推广；公共数字文化服务设备使用与维护等内容。省图书馆馆长高文华做"深入实施文化惠民工程　促进公共文化平衡充分发展"主旨报告。同时，利用本次培训的机会，在全省范围内全面启动"国家公共文化云"试点建设工作和"百姓购书，你看书我买单"活动。（黑龙江省图书馆学会秘书处）

【第六次全国县级以上公共图书馆评估定级专家组莅临黑龙江省图书馆实地评估】 根据第六次全国副省级以上公共图书馆评估工作的统一部署，四川省文化厅原副厅长、巡视员李兆泉担任组长，杭州图书馆馆长褚树青担任副组长，河北省图书馆学会常务副理事长顾玉青和贵州省图书馆副馆长钟海珍担任组员的第四评估组一行6人，于12月11日至13日对黑龙江省公共图书馆进行实地评估，并抽查大庆市图书馆、大庆市林甸县图书馆和哈尔滨市南岗区图书馆的评估工作。12月12日下午，评估专家组在黑龙江省文化厅副厅长韩慧峰、社会文化处处长李春芝等陪同下，实地检查黑龙江省图书馆，并对照评估标准认真审阅档案资料和佐证材料，就部分情况与相关负责人进行了解和征询。12月13日上午，召开第六次副省级以上公共图书馆评估黑龙江省评估工作反馈会。韩慧峰汇报黑龙江省公共图书馆事业及评估定级工作情况，高文华汇报黑龙江省图书馆的重点工作。最后，评估专家组向省文化厅和省图书馆反馈评估意见。（黑龙江省图书馆学会秘书处）

【哈尔滨市图书馆举办"一书·一城"阅读服务品牌活动】 4月23日，由中共哈尔滨市委宣传部、哈尔滨市文化广电新闻出版局主办，哈尔滨市图书馆承办的"一书·一城"阅读推广品牌活动在哈尔滨市道里区新华书城启动。活动以书的视角，探寻哈尔滨这座古老而簇新的城市，采用专题阅读的形式呈现，分别俯瞰特色美食、建筑设计、艺术生活、人文历史等与哈尔滨息息相关的文献记忆，让更多的读者以朗读者、讲述者、表演者等多种角色参与其中，感受阅读乐趣。2017年共举办6期活动。该活动荣获中国

图书馆学会公共图书馆分会举办的第一届公共图书馆创新创意征集推广活动最佳创新奖。（黑龙江省图书馆学会秘书处）

【哈尔滨市图书馆召开汽车图书馆成立 30 周年工作会议】 11 月 10 日，哈尔滨市图书馆召开汽车图书馆成立 30 周年暨基层流动站人员培训工作会议。全体馆员及各流动服务站工作人员参会。哈尔滨市图书馆馆长李冬梅致辞。汽车图书馆主任赵军做 30 周年工作总结与未来规划。哈尔滨市图书馆于 1987 年创建汽车图书馆，30 年间由最初的 3 家发展到现在各具特色的分馆、流动站 30 家，其中分馆 6 家、图书流动站 14 家、乡镇图书站 10 家，基本形成覆盖城乡的公共文化服务体系，行程达 45 万公里，年均服务 80 次以上。会议期间，哈尔滨市图书馆的工作人员对流动分馆、流动站人员进行业务培训。（黑龙江省图书馆学会秘书处）

上海市

【概况】 2017 年，根据文化部《关于开展第六次全国县级以上公共图书馆评估定级工作的通知》要求，在上海市文化广播影视管理局组织领导下，经过各级文化主管部门和图书馆的共同努力，完成“第六次全国县级以上公共图书馆评估定级”上海市区（县）级公共图书馆评估工作。上海地区参评的 20 个公共图书馆基本分都在 910 分以上；18 个成人图书馆加分项全部超过 250 分，总分都在 1200 分以上。

上海市公共图书馆行业连续第 4 次被上海市人民政府授予 2015—2016 年度第 9 届“上海市文明行业”荣誉称号。上海图书馆荣获全国文明单位“三连冠”，上海市文明单位“十连冠”。青浦区图书馆、虹口区图书馆、长宁区图书馆被授予全国文明单位荣誉称号。全市共有 17 个市、区公共图书馆获 2015—2016 年度上海市文明单位，占市、区图书馆总数的 90%。

上海市中心图书馆进一步改善和提升对全市公共图书馆的服务能力和保障能力。“一卡通”业务发展保持平稳态势，2017 年度，办理“一卡通”读者证 19.8 万张，较 2016 年减少 5.38%；“一卡通”持证读者数 363.2 万张；“一卡通”文献流通借还 6505.8 万册次，较 2016 年减少 0.75%；“一卡通”文献入藏量 2941.4 万册，较 2016 年增长 6.46%。其中，办理少儿“一卡通”读者证 4.1 万张，较 2016 年减少 1.23%；“一卡通”少儿读者持证数（含电子学生证）159.8 万张；“一卡通”少儿图书借还 2150 万册次，较 2016 年增长 1.95%；“一卡通”少儿图书入藏量为 337.1 万册，较 2016 年增长 14.28%。

上海市公共数字文化工程建设在文化部全国公共文化发展中心、上海市文化广播影视管理局关心支持下，开展公共数字文化建设，探索公共数字文化在地方资源建设方面的成效。组织申报 2018 年度全国文化信息资源共享工程地方资源建设项目 10 个，获批准立项项目 2 个；2015—2017 年度地方资源建设项目在建项目 13 个，提交 2017 年第 2 次验收工作验收项目 6 个；完成并通过 2011—2014 年度立项项目验收 12 个，其中《“爱上海”微视频》《上海松江民俗》2 个项目建设质量受好评；组织全市各支中心讲座资源征集申报评审，共签约 60 讲；组织“打破时空限制　尽享云端服务——上海市嘉定区‘文化嘉定云’创新案例”“‘上海音色’系列音频——‘阅读好声音’全城微朗读大赛案例”等申报公共数字文化创新服务案例。进一步加强数字图书馆推广工程影响力。组织开展“网络书香过大年”新春活动；组织开展全市数字图书馆推广工程数字资源整合情况调查、“一带一路”相关图书馆数字资源情况调研等工作。

上海市文献资源共建共享各项工作都取得持续稳健的新进展。完成“华东地区外国和港台期刊预定联合目录”的组织、协调和出版工作；继续推进开展协作网成员馆馆际互借服务工作，网上联合知识导航站服务导航站共有来自 7 个国家和地区、53 个图书馆和科研院所的 133 位专家加盟；落实《上海市文献资源共建共享计划》，继续举办图书馆学情报学高级研修班，扎实推进上海市外文期刊采购协调，确保上海地区外文期刊收集的完整性和系统性。

2017 年是上海古籍保护取得阶段性成果的重要一年。值“中华古籍保护计划”实施 10 周年，上海古籍保护中心举办“汲古慧今——上海市古籍保护工作十年成果展”，联合主办“汲古慧今：中华文化的根脉与传承——2017 年沪台研讨会暨第三届海峡两岸古籍高峰论坛”；与中国古籍保护协会合作，首次在沪开展“古籍保护志愿者行动”；举办“菊香书林——上海图书馆藏张元济文献精品展”、“张元济与中华古籍保护”学术研讨会。2017 年是上海图书馆古籍研究整理成果最为丰硕的一年，共有 6 种文献获 2016 年度全国“优秀古籍图书奖”；完成旧西文图书、民国文献、古籍文献共 14.23 万册未编历史文献清点。

2017 年是上海图书馆“上海之窗”外宣项目成立 15 周年，已在全球 6 大洲 69 个国家和地区的 152 个机构开设“上海之窗”，共计捐赠图书 10.8 万册。15 年来，作为“中国图书对外推广计划”的重要组成部分，“上海之窗”已从原先以赠书为主向开展文化活动拓展，并通过国际会议、征文活动、讲座展示等进一步加强与“一带一路”沿线国家和地区的文化交流，“上海之窗”已分布于“一带一路”沿线国家的 56 个机构和图书馆，成为助推“一带一路”建设的有力抓手。（上海市图书馆学会秘书处）

【“博爱图书，十年百馆”共建合作项目启动】 2 月 14 日，民革上海市委与上海图书馆“博爱图书，十年百馆”共建合作项目启动仪式在上海图书馆举行。市政协副主席、民革上海市委主任委员高小玫，上海图书馆党委书记叶汝强，民革上海市委副主任委员董波，民革上海市委秘书长华一飒，上海图书馆副馆长周德明出席启动仪式。启动仪式上，董波对“博爱图书，十年百馆”公益项目开展的背景与开展现状等基本情况做介绍，高小玫代表民革上海市委向前期的合作单位代表颁发图书捐赠纪念证书，董波与叶汝强分别代表合作单位双方签署合作共建协议书。（上海市图书馆学会秘书处）

【纳西族东巴古籍文献与丽江古代绘画展开展】 2 月 17—24 日，上海图书馆和云南省图书馆联合东巴古籍文献收藏最多的玉龙纳西族自治县图书馆，共同推出“圣灵之光”纳西族东巴古籍文献与丽江古代绘画展。开幕式上，上海图书馆、云南省图书馆、玉龙纳西族自治县图书馆签署三方合作协议并交换图书。在 2 月 17—19 日上午的活动现场，东巴文大师阿恒东塔当场创作纳西象形文字书法作品，并向上海图书馆捐赠东巴象形文字书法作品《祈福经》。（上海市图书馆学会秘书处）

【影印《宋拓淳化阁帖》（泉州本）首发】 上海图书馆藏《宋拓淳化阁帖》由上海古籍出版社仿真影印出版。2 月 21 日在上海图书馆举行首发式，上海图书馆副馆长周德明和上海古籍出版社社长高克勤共同为该书揭幕。上海的碑帖研究者、收藏家参加座谈会。《宋拓淳化阁帖》（泉州本），南宋时刊刻于泉州，主持人为庄夏，故又称“庄夏刻本”。传世“庄夏刻本”仅存 2 部，分藏中国国家博物馆和上海图书馆。上海图书馆所藏《宋拓淳化阁帖》（泉州本），历经袁枢、袁赋诚、朱汝修、许焞、张镜菡、张玮等名家递藏，卷尾有张伯英、张玮题跋，具有极高的文物价值和版本研究价值。此次影印本限量发行 200 套，每套附编号收藏证书。（上海市图书馆学会秘书处）

【上海图书馆藏家谱数字化第 3 批资源上线】 2 月 24 日，上海图书馆藏家谱数字化在线资源第 3 批资源投入运行。新增 3052 种家谱数字化资源上线，使在线的家谱总数达到 6086 种。在新增的 3052 种全文上网的家谱中，增加粟、景、申屠、宾、承、冷、明、危、戎、闻人、匡、宦、濮、丰、郦、符、斯等稀见姓氏，还增加盛宣怀《龙溪盛氏宗谱》、胡适《上川明经胡氏宗谱》、徐寿《锡山徐氏宗谱》、钱基博与钱钟书父子《堠山钱氏丹桂堂家谱》等近现代名人的家谱。（上海市图书馆学会秘书处）

【“朗读亭”走进上海图书馆】 3 月，央视《朗读者》节目线下应运而生的“朗读亭”来到上海，第 1 站就在上海图书馆。3 月 4—7 日，节目组在上海图书馆知识广场东侧设置“朗读亭”，亭内设立有专业录音设备，读者可在朗读亭里选择自己喜欢的经典文选，读给亲朋、读给自己。节目组进行全程录制，并在影像中挑选出最感动人心的朗读者，参加央视节目录制。活动 4 天共计 600 余人参加，最多一天录制近 200 人，每天连续录制 12 个小时以上，排队时间长达数小时。活动受到媒体的广泛关注，《中国文化报》《环球时报》等中央媒体，《解放日报》等沪上主流媒体，上海广播电视台多个频道频率，澎湃新闻等新媒体记者来到现场采访，共发布原创性报道 40 余篇。（上海市图书馆学会秘书处）

【《科学》杂志影印版出版首发座谈会召开】 3月10日，上海图书馆、上海科学技术文献出版社、上海科学技术出版社联合主办的《科学》杂志影印版出版首发座谈会在上海图书馆召开。来自上海社科院历史研究所、中国近现代新闻出版博物馆、南京图书馆、华东师范大学的专家，对《科学》的文献学术价值进行研讨。《科学》杂志于1915年在上海创办，是中国近现代延续时间最长、影响最为深远的综合性科学期刊，在诸多方面参与和见证中国近现代科学的发生与发展。本书系该刊1915—1960年间1—36卷的首次全文影印（不包括1985年后《科学》接续出版部分），全书共90册，第1册为导论、总目卷，第2册为索引卷，其余88册为原刊之影印部分。（上海市图书馆学会秘书处）

【吴建屏院士手稿捐赠仪式暨捐赠展举行】 3月31日，中国科学院院士吴建屏手稿捐赠仪式在上海图书馆举行。上海图书馆馆长陈超接受吴建屏院士子女的捐赠，并向他们颁发2017年度首个“妙笔”手稿贡献奖。这是近年来中国文化名人手稿馆入藏科学家手稿和档案数量最多的一次捐赠。中国文化名人手稿馆在展厅显要位置设专柜陈列并展示吴建屏院士的部分研究论文、实验笔记、科研图谱、所获荣誉等珍贵文献。（上海市图书馆学会秘书处）

【上海图书馆被命名为公共文化服务大数据应用文化部重点实验室实践基地】 4月15日，上海图书馆在公共文化服务大数据应用文化部重点实验室启动会上被命名为重点实验室实践基地。公共文化服务大数据应用重点实验室于2016年12月29日经文化部批准成立，由文化部全国公共文化发展中心和北京大学信息管理系联合共建。本次启动会向到会的实验室学术委员会委员颁发聘书，向7家实践基地授牌。上海图书馆原馆长吴建中、副馆长刘炜被聘为实验室学术委员会委员。（上海市图书馆学会秘书处）

【沈建中摄影作品捐赠展举行】 作为上海图书馆“4·23”世界读书日活动之一，“创造者——二十世纪中国文化名人肖像”沈建中摄影作品捐赠展于4月21日在上海图书馆开幕。在开幕式上，文化学者沈建中向上海图书馆捐赠了127幅摄影作品。这批摄影作品的肖像主人均出生于1912年前，包括朱屺瞻、郑逸梅、冰心、汪静之、苏步青、贺绿汀、巴金、吕叔湘、顾廷龙、夏征农、施蛰存、雷洁琼、周有光、钱君匋等，是一份珍贵的20世纪中国文化名人档案。展览持续至5月20日。（上海市图书馆学会秘书处）

【《四部丛刊》影印版发布仪式暨古籍保护座谈会召开】 作为上海图书馆纪念张元济诞辰150周年系列活动之一，《四部丛刊》影印版发布仪式暨古籍保护座谈会于4月28日在上海图书馆举行。会议由上海图书馆、中共绍兴市委宣传部、高等教育出版社联合主办。新版《四部丛刊》编制了索引卷，并依据北京鲁迅博物馆、浙江图书馆、绍兴图书馆、浙江越生美术馆等单位所藏《四部丛刊》进行补配扫描，对原来存在的印刷、装订问题，予以纠正。全书共精装656册。座谈会上，高等教育出版社副社长陈建华、绍兴市文化产业投资发展有限公司副总经理吴华良、浙江越生文化传媒有限公司董事长寿林芬向上海图书馆赠送全套影印版《四部丛刊》。（上海市图书馆学会秘书处）

【2017上海版画作品年度精选展举办】 由上海图书馆中国文化名人手稿馆、上海市美术家协会版画艺术委员会共同主办的“2017上海版画作品年度精选展”于5月8—11日在上海图书馆举办。开幕式上，81岁高龄的版画家洪建华现场向中国文化名人手稿馆捐赠版画作品100件。本次展出的作品大部分是2017年度评选出的精选作品。此外，还遴选历届优秀作品和老一辈版画家的代表作，使展品具有更丰富的面貌和时代的积淀。（上海市图书馆学会秘书处）

【“汲古慧今——上海市古籍保护工作10年成果展”举办】 6月14日，由上海市古籍保护中心主办，上海12家古籍收藏单位参与的“汲古慧今——上海市古籍保护工作10年成果展”在上海图书馆开幕。本次展览甄选各参与单位收藏的70件古籍精品，面向公众集中展示。10年来，上海地区的古籍保护工作成绩斐然，共有7家古籍收藏单位被列入“全国古籍重点保护单位”，9家单位被列入“上海市古籍重点保护单位”。各收藏单位及个人的1473种古籍入选《上海市珍贵古籍名录》，913种古籍入选《国家珍贵古籍名录》；全市现有国家级古籍修复中心1家（上海图书馆），国家古籍保护人才培训基地2家（上海图书馆、复旦大学图书馆），国家级古籍修复技艺传习中心传习所2家（上海图书馆、复旦大学图书馆）；复旦大学率先在国内高校中成立古籍保护中心和中华古籍保护研究院，开创上海高学历古籍保护人才培养的教学实践。本次展览分为“旧藏撷华”“新奔掇英”两个单元。同时以50余块展板全面介绍10年来上海市主要古籍收藏单位的古籍保护工作成果。展览为期5天。6月15日还举办“沪台论坛暨第3届海峡两岸古籍保护高峰论坛”，交流两岸古籍保护经验。（上海市图书馆学会秘书处）

【唐振常手稿捐赠上海图书馆】 7月4日，唐振常手稿捐赠仪式在上海图书馆举行。唐老哲嗣唐明向上海图书馆捐赠其父作品手稿60余件，其中大多为唐振常的代表作，有自传《记者生涯话半生》，陈白尘《大风歌》的剧评《黄钟大吕奏大风》，学术研究代表作《吴虞研究》《吴虞与青木正儿》等，具有重要的历史文献价值。多件手稿都同时包含了初稿和校改稿。上海图书馆副馆长、中国文化名人手稿馆馆长周德明接受捐赠。（上海市图书馆学会秘书处）

【“秘鲁记忆:1890—1950”摄影展举办】 由上海市人民政府外事办公室、秘鲁共和国驻上海总领事馆、上海图书馆主办的“秘鲁记忆：1890—1950”摄影展于7月24—30日在上海图书馆举行。展览共展出60幅图片，囊括19世纪末至20世纪中期包含秘鲁自然风光、历史文化遗迹、社会发展、风土人情等方面的作品。其中在国际上获得奖项的秘鲁籍摄影师马克思·T.瓦格斯的作品，其独特的艺术视角展现了秘鲁美丽的自然风光和独特的人文景观。展览中还有展现华人移民在秘鲁日常生活的作品，见证两国人民的深厚情谊和历史渊源。（上海市图书馆学会秘书处）

【杨以磊藏书票原作与藏品捐赠仪式举行】 9月4日杨以磊藏书票原作与藏品捐赠仪式在上海图书馆举行。杨以磊现场捐赠200余件藏书票原作和多件记录中国藏书票发展过程的重要史料。这是上海图书馆历史上首次实现版画名家一门3人作品入藏本馆，完成了持续20余年的捐赠接力。杨以磊出自版画世家，是版画家杨可扬哲嗣。在20世纪90年代，杨可扬就开始向上海图书馆捐赠版画代表作。杨可扬的作品是每年上海图书馆版画作品精选展中的必展之作和镇展之宝。其婿张子虎也是版画重要捐赠者。2015年，上海图书馆为张子虎举办了个人纪念画展，并出版《刀笔华年——张子虎美术作品集》。（上海市图书馆学会秘书处）

【2017年“中华古籍普查文化志愿服务行动”总结座谈会举行】 座谈会于9月15日在上海图书馆举行。中国古籍保护协会2017年度组织开展“中华古籍普查文化志愿服务行动”的地区有山西、吉林、上海、江苏、安徽、山东、湖北、四川、云南、新疆10个省（自治区、直辖市）。志愿行动从3月起部署，4月开展基层调研，5、6月招募志愿者，到7、8月正式实施。全国44所高校271名大学生文化志愿者在62个基层受援单位帮助整理、编目古籍51079种363111册。其中，上海志愿者在黄浦区明复图书馆完成354部623册、上海文庙管理处完成180部603册古籍普查工作。（上海市图书馆学会秘书处）

【上海图书馆东馆开工建设】 9月27日，作为上海市文化东进战略的重大文化体育设施项目的上海图书馆东馆在浦东花木地区开工建设，预计2020年竣工。上海图书馆东馆由丹麦SHL事务所与上海建筑设计研究院携手合作设计，建筑面积约11.5万平方米，地上7层、地下2层。上海图书馆东馆方案简洁而现代，远远看去，建筑像一座漂浮在公园树冠上方的雕塑体。建筑物的主体为开架阅览、学习研讨等空间，两端设不同功能体块：北侧是容纳千人的报告场馆、展览和活动空间；南侧为儿童专馆。两个馆区均面向绿化庭院。在功能上，东馆凸显“资源保障中心、知识交流中心、决策咨询智库、技术体验中心、国际交流平台”5大功能，还有上海社联国际学术中心和上海通志馆的馆中馆设置。为读者提供阅览座席约6000个，全开架藏书约480万册，全面引进数字阅览等智能化服务，成为城市的“书房、客厅、工作室”。（上海市图书馆学会秘书处）

【阅读上图——馆舍沿革变迁图片展举办】 图片展于9月27日—10月8日在上海图书馆展出，向市民读者讲述上海图书馆馆舍的故事，共同展望通向未来的世界级复合型图书馆。展览开幕式上，上图东馆建筑设计模型首次公开亮相，上海图书馆（上海科学技术情报研究所）馆所长陈超与上海图书馆（上海科学技术情报研究所）理事会理事、文汇报社党委书记、社长黄强共同为东馆模型揭幕。馆所历任领导，丹麦SHL建筑事务所合伙人、上图东馆主设计师Chris Hardie，读者代表和职工代表出席。图片展展示了上海图书馆从1952年成立，经历4馆合并，到上海图书馆与上海科学技术情报研究所的图情合一，淮海中路新馆建成，再到上图东馆开工建设，各阶段馆舍的历史和建筑风貌。展览分4个板块：回望昨天、品读今天、续写明天、我为东馆献计策。（上海市图书馆学会秘书处）

【戈公振遗著《世界报业考察记》出版】 2017年初，爱国进步报人、新闻记者、新闻史研究开创者戈公振86年前被侵华日军所毁书稿《世界报业考察记》在上海图书馆中国文化名人手稿馆中被发现。这部书完成于1931年，书稿曾交付商务印书馆准备出版。1932年，“一·二八”事变爆发，日军对商务印书馆实行定点轰炸，该书排印稿随商务印书馆建筑毁于战火。此次戈公振《世界报业考察记》由商务印书馆以手稿影印和整理稿两种方式出版，新书发布会暨出版座谈会于10月20日在上海图书馆历史文献中心举办。（上海市图书馆学会秘书处）

【菊香书林——上海图书馆藏张元济文献精品展举办】 10月30日下午，上海图书馆主办的“菊香书林——上海图书馆藏张元济文献精品展”在上海图书馆第一展厅开幕。开幕仪式上，张元济之孙张人凤先生向上海图书馆捐赠了张元济生前所用的毛笔、印章，上海图书馆馆长陈超接受捐赠。上海图书馆馆长陈超、上海古籍出版社总编辑吕健、上海人民出版社副总编辑齐书深、上海图书馆职工代表王宏为《上海图书馆藏张元济文献及研究》《涉园图咏》首发揭幕。本次馆藏文献集中展示张元济先生译书、印书、藏书、著书以及社会交往5个方面的第一手文献。100余名专家学者参加开幕式。展览期间，上海图书馆、上海市文史研究馆、商务印书馆还在上海图书馆联合主办张元济与中华古籍保护学术研讨会。（上海市图书馆学会秘书处）

【中国图书馆“走出去”工作研讨会暨“上海之窗”创建15周年总结会召开】 会议于11月17日在上海图书馆举行，中宣部对外推广局、国家图书馆、中国图书进出口公司、中共上海市委宣传部、上海市外办、上海市友协、上海市新闻办、上海市文广局和杭州图书馆等多位领导和专家与会。上海图书馆的文化交流品牌“上海之窗”创立于2002年，并于2004年加入“中国图书对外推广计划”（CBI），通过向境外图书馆及藏书机构捐赠由国内出版的图书，全方位地向境外读者介绍中国历史和文化。（上海市图书馆学会秘书处）

【上海少年儿童图书馆开展2017上海童话节系列活动】 2017年暑假期间，上海少年儿童图书馆举办2017上海童话节系列活动。上海童话节创立于2013年，2017年活动以“阅读经典，感知中华”为主线，突出主题活动与阅读展演，通过9大活动板块200余项活动，将阅读、艺术、美学与创新基因融入孩子自由的童话梦想世界，打造童话主题的文化盛世。自创立以来，上海童话节已吸引区县、街镇图书馆以及1200余所中小学校、幼儿园及相关机构的600万多人次参与。上海童话节已逐步成为上海少年儿童文化艺术实践与成果展示交流的舞台。（上海市图书馆学会秘书处）

【上海全市少儿图书馆共推“中华创世神话”】 2017年暑假，上海少年儿童图书馆携手全市各区公共图书馆，共同举办“开天辟地——中华创世神话”系列宣传推广活动。在7月27日的启动仪式上，“开天辟地——中华创世神话”在线知识库首发与小读者见面。本次“开天辟地——中华创世神话”系列阅读推广活动，内容还包括在线“中华创世神话”知识闯关大赛以及各区公共图书馆同步开展的17个线下主题活动。（上海市图书馆学会秘书处）

【黄浦区图书馆第一届理事会成立】 12月28日，黄浦区图书馆第一届理事会成立大会在黄浦区文化局召开。黄浦区图书馆第一届理事会第一次会议通过《上海市黄浦区图书馆理事会章程》，根据提议表决产生第一届理事会理事长，由中国作家协会会员、复旦大学特约研究员、复旦大学海派文学社副社长李淳（淳子）担任。表决通过《上海市黄浦区图书馆理事会工作报告制度》《上海市黄浦区图书馆信息公开制度》《上海市黄浦区图书馆绩效评价制度》《上海市黄浦区图书馆理事会运行经费使用管理办法》等多项理事会章程制度。（上海市图书馆学会秘书处）

【汇悦读·2017 徐汇全民阅读季暨书香联盟启动】 汇悦读·2017 徐汇全民阅读季暨书香联盟启动仪式于 4 月 22 日在徐汇区图书馆书香部落举行，同时发布 2016 年徐汇区阅读报告《汇悦读　阅读徐汇》。"汇悦读书香联盟"是在徐汇区文化局指导下，由徐汇区图书馆联合区域内具有阅读元素的文化场所和阅读类文化团体（个人）、机构和社会组织成立。它以公共图书馆为"书香部落"，联合倡导区域内具有阅读元素的实体书店、咖啡馆、艺术空间等文化场所成为"书香驿站"，鼓励支持开展阅读推广并提供公益阅读服务的文化团体（个人）、教育和出版机构及其他社会组织等成为"书香行者"，推动促进有条件进行书刊借阅和图书漂流的社区、楼宇、商圈等成为"书香坊"，并通过"约书吧"服务，将图书馆公共文化资源与社会资源、互联网应用有效结合。13 个书香驿站、10 家书香行者以及 76 家书香坊成为"汇悦读书香联盟"首批成员。（上海市图书馆学会秘书处）

【第四届"上海好童书"评选揭晓】 6 月 1 日，第四届"上海好童书"评选揭晓暨颁奖典礼在普陀区图书馆举行，普陀区图书馆"上海市儿童文学研究阅读推广基地"同时揭牌。来自出版、教育、图书馆、儿童文学领域的专家学者、作家、少年儿童及家长代表等 500 余人参加颁奖典礼。2017 年，普陀区图书馆除继续推广"上海好童书"，还推出一系列阅读推广新举措：制定阅读推广 3 年行动计划、开展"生命个性"化青少年荐书活动、启动阅读推广人培育工程、推出社会阅读组织扶植机制等。在颁奖典礼上，市文联宣布本届"上海好童书"获奖名单，并向 18 名阅读奖获得者、8 个优秀阅读单位、4 个优秀阅读小组颁发奖状和奖杯。"上海好童书"全国出版社阅读推广联盟也在当日举行首次交流会。（上海市图书馆学会秘书处）

【2017 试客巢 Scratch Pi 青少年创客大赛举办】 11 月 25 日，由杨浦区图书馆主办、杨浦区文化局团委协办、树上信息科技（上海）有限公司承办的 2017 试客巢 Scratch Pi 青少年创客大赛在杨浦区图书馆举行。本届大赛以"创新·体验·成长"为主题，共吸引全市 40 名中小学选手参赛。大赛制作现场，中小学选手以两人一组的形式分别围绕"科学小发明"及"智能家居"命题项目开展试客巢 Scratch Pi 编程制作。在大赛作品评选环节，专家评委们结合作品的创意、外观、程序设计、功能可行性以及展示答辩依次为选手打分，并评选出本次大赛的各个奖项。选手们在"编玩边学"的体验过程中掌握了用知识去解决实际问题的综合能力，培养了创造性思维和团队合作能力。（上海市图书馆学会秘书处）

【2017 陈伯吹国际儿童文学经典作品诵读展演举办】 8 月 19 日，由陈伯吹国际儿童文学奖理事会、上海市教育委员会指导，陈伯吹国际儿童文学奖理事会办公室、上海市语言文字工作委员会办公室主办，宝山区图书馆承办的 2017 陈伯吹国际儿童文学经典作品诵读展演活动，在上海书展中央大厅举行。市新闻出版局、市文广影视局、市教委、市语委，宝山区委、区政府，陈伯吹儿童文学基金专业委员会，少年儿童出版社，宝山区文广影视局等相关领导及著名儿童文学作家出席活动。同时，全市中小学生代表、儿童文学爱好者们及书展现场近 3000 名观众参加并观摩本次活动。2017 年是陈伯吹国际儿童文学经典作品诵读比赛举办的第 3 个年头，征集活动从 3 月份启动，共征集作品 226 个，涉及英语、法语等多语种。最终评选出一等奖 2 名、二等奖 4 名、三等奖 6 名，部分获奖作品作为展演节目参与上海书展的现场展演。（上海市图书馆学会秘书处）

【2017 嘉定读书月活动举办】 读书月于 5 月 20 日—8 月 27 日举行，由嘉定区精神文明建设办公室、嘉定区文化广播影视管理局主办，嘉定

区图书馆以及各街镇文体中心承办。本届读书月以“悦读嘉定”为名，结合上海市民文化节、上海·嘉定读书会大会、嘉定企业文化年等主题活动，吸引市民了解和走进公共图书馆。在近百天的活动中，通过嘉定区图书馆以及各街镇文体中心共同承办的名人讲座、主题展览、阅读分享、骑游行走、知识竞赛、培训课堂等形式，带领市民体验阅读快乐。推出《悦读嘉定——嘉定区公共阅读地图》，收录最新的嘉定区公共图书馆及其延伸服务点信息，让市民了解、使用图书馆。“倡导全民阅读，建设书香社会”，读书月活动已连续举办9年。（上海市图书馆学会秘书处）

【“我嘉书房”打造不打烊的小书房】 嘉定区首个以政企合作模式运行的延伸服务项目24小时图书馆“我嘉书房”于1月8日正式启动。“我嘉书房”是嘉定区吸引优质社会资源提升公共文化服务品位的全新探索，为社区居民打造了一个休闲阅读的综合空间。1月8日，首个“我嘉书房”在嘉定菊园新区正式揭牌启用，成为嘉定区公共图书馆“全覆盖”服务网络中的新生力量。“我嘉书房”（菊园·绿地天呈）位于嘉定区菊园新区嘉唐公路169弄109号101室，设计藏书5000余册，报刊杂志60余种，阅览座席70余个。高颜值的“书房”，融合了24小时自助图书室、社区文化空间、市民科创实践基地、志愿者自治基地、公益休闲区域等多元功能，不但纳入上海市中心图书馆“一卡通”系统，与全市公共图书馆通借通还，还提供自助借还图书、自助办理读者证等便捷服务。此外，免费的Wi-Fi网络也让市民畅快使用各类终端设备。（上海市图书馆学会秘书处）

【浦东新区第二届“阅读好声音”大赛举办】 11月4日，浦东新区第二届“阅读好声音”大赛决赛在塘桥街道文化中心剧场举行。此次比赛由浦东图书馆、浦东新区教育发展研究院和上海浦东航头百姓文体服务中心共同举办。活动从9月下旬开始启动，共收到来自浦东图书馆区域（街道、镇）中心馆、各行业分馆；浦东图书馆域外合作共建图书馆，浦东图书馆安徽六安市“候鸟书屋”选送的以及网上报名的作品176件。最终李怡冰获得成人组一等奖，李奥运和魏可馨获得青少组一等奖。（上海市图书馆学会秘书处）

【爱心书架走进金山医院】 4月24日，“爱心书架公益明天”启动仪式在复旦大学附属金山医院住院楼9楼儿科病区举行。此次活动由金山区文化广播影视管理局、团区委、区卫生和计划生育委员会主办。这是金山区图书馆首次尝试把“儿童图书馆”搬进金山医院的儿科病房，全新的阅读体验，为患儿带去更多人文关怀。金山区图书馆为医院图书馆挑选了200余册图书，其中大部分为优秀儿童读物，从内容到排版都非常适合儿童阅读；小部分为成人书籍，适合陪同的家长阅读。为防止细菌交叉感染，住院楼内还为图书配备了杀菌机。（上海市图书馆学会秘书处）

【2017年青浦区儿童阅读推广人培训班结业仪式举行】 于11月24日举行。此次培训活动由上海市图书馆学会与青浦区图书馆、青浦区图书馆学会联合主办，旨在推动青浦区儿童阅读推广人队伍向专业化、正规化方向发展。本次培训共分24个课时，经综合考评，共有35人获得结业证书，其中31人被聘为儿童阅读推广人，并收到上海市图书馆学会的聘书。（上海市图书馆学会秘书处）

江苏省

【概况】 截至2017年底，江苏省、市、县（市、区）三级共有公共图书馆109个（含独立编制的少儿图书馆7个），其中省级馆1个，副省级馆1个，市级馆15个，县级馆92个。实际使用总建筑面积为122.4万平方米，其中书库面积17.4万平方米、书刊阅览室面积22.7万平方米、电子阅览室面积2.9万平方米。阅览室座席共65425个，其中少儿阅览室座席16699个。实体文献总藏量8597.6万册（件），其中普通图书7563.4万册、古籍343.3万册、报刊511.2万件、试听文献117.4万件（套）、缩微制品5.7万件（套）。电子图书总量7142.4万册。2017年新增实体文献795.6万册（件），新增电子图书1218.3万册，购买报刊8.7万种。获财政拨款总经费112375万元，其中专项购书经费16337.7万元。南京图书馆获财政拨款总经费16177.4万元，其中专项购书经费4500万元。全省发放有效借书证1300.7万个，总流通2970.2万人次，书刊文献外借5585.7万册次。组织各类讲座3545次，听众54.1万人次；举办各类展览 1566 个，观展读者 374.4 万人次；举办各类培训班 2359 个，培训 10.8 万人次。共有计算机 11739 台，电子阅览室终端 6769 个，图书馆网站总访问量 9562 万页人次。共有从业人员 3473 人，专业技术人员 2350 人，其中具有中级职称 1083 人、副高级职称 320 人、正高级职称 49 人。（江苏省图书馆学会　李浩　储兰）

【南京图书馆被授予“公共文化服务大数据应用文化部重点实验室实践基地”】 4 月 15 日，公共文化服务大数据应用文化部重点实验室启动会在北京大学召开。南京图书馆作为 7 家单位之一被授予全国“公共文化服务大数据应用文化部重点实验室实践基地”称号。其中公共图书馆 3 家，分别是：南京图书馆、上海图书馆、福建省图书馆；其余 4 家单位为：宁波市文化局、中山市文化广电新闻出版局、成都市文化广电新闻出版局和重庆市文化委员会。（江苏省图书馆学会　李浩　储兰）

【南京图书馆参加“江苏文脉整理与研究工程”工作推进会】 4 月 20 日上午，“江苏文脉整理与研究工程”工作推进会在南京召开。省委常委、宣传部部长王燕文出席并做讲话，南京图书馆馆长、《江苏文库·书目编》主编徐小跃，副馆长全勤参加会议。徐小跃和凤凰出版社、南京大学文学院、南京师范大学文学院、省社科院、省社科联等单位的 8 名代表做交流发言。随着“江苏文脉整理与研究工程”的推进，南京图书馆（江苏省古籍保护中心）作为主要责任单位，已经收集全省古籍收藏单位数据 19 万条，完成任务的三分之二。该工程计划历时 10 年左右时间，从成果呈现形式上看，分为书目、文献、精华、方志、史料、研究等“六编”，将编辑出版 300 本江苏典籍、3000 本江苏文库。（江苏省图书馆学会李浩　储兰）

【南京图书馆被授予“国家公共文化政策研究实验基地”】 5 月 8 日，国家公共文化政策研究实验基地 2017 年度会议在山东省曲阜市召开。南京图书馆被授予“国家公共文化政策研究实验基地”，副馆长许建业作为实验基地代表做大会发言。（江苏省图书馆学会李浩　储兰）

【第四批《江苏省珍贵古籍名录》、江苏省古籍重点保护单位和江苏省古籍保护单位评审会召开】 5 月 9 日，第四批《江苏省珍贵古籍名录》、江苏省古籍重点保护单位和江苏省古籍保护单位评审会在南京图书馆历史文献修复中心召开。南京图书馆馆长徐小跃，江苏省文化厅公共文化处处长杨树发、副调研员宋伟敏出席会议。此次古籍申报量大，稿抄本多，评审难度大。专家组采取分组形式，把各自前期的初审意见进行汇总交流，严格按照省珍贵古籍名录评选标准，遴选出“时代早、流传少、价值高”的古籍。（江苏省图书馆学会李浩　储兰）

【南京图书馆馆藏珍贵古籍修复项目正式启动】 5 月 18 日，南京图书馆召开“南京图书馆珍贵古籍修复方案专家论证会”。会议特别邀请国家古籍保护中心办公室主任林世田、国家图书馆古籍馆副馆长陈红彦、国家图书馆国家级古籍修复传习中心导师朱振彬、天津古籍保护中心办公室副主任万群 4 位专家与会指导。南京图书馆党委书记韩显红出席会议并致辞，南京图书馆副馆长、江苏省古籍保护中心主任全勤主持会议，南京图书馆历史文献修复中心全体工作人员参加会议。与会专家认真听取《永类钤方》《天下郡国利病书》和《太平御览》3 种馆藏古籍的破损情况和修复方案，现场查看待修复的古籍，通过南京图书馆珍贵古籍修复方案，期待南京图书馆出版修复研究成果，为珍贵古籍修复提供范例。（江苏省图书馆学会李浩　储兰）

【南京图书馆科技查新中心正式揭牌】 7 月 3 日，南京图书馆举行科技查新中心揭牌仪式。南京图书馆馆长徐小跃、党委书记韩显红，省文化厅公共文化处处长杨树发等领导、国家图书馆参考咨询部主任王磊出席仪式，共同为南京图书馆科技查新中心揭牌。揭幕仪式结束后，王磊应邀以“深化科技参考工作　提升信息服务能力”为题，为到场 200 多名南图员工做专家讲座。（江苏省图书馆学会李浩　储兰）

【海峡两岸第四届玄览论坛举办】 10 月 17—18 日，海峡两岸“第四届玄览论坛”在台湾举办。南京图书馆党委书记、副馆长韩显红等一行 10 人出席论坛，近 200 名台湾图资学界、各级图书馆及文化部门的同道们共襄盛举。“玄览论坛”是海峡两岸文化盛事，由南京图书馆与现设于台北的汉学研究中心共同发起主办，自2014年起，“玄览论坛”在两岸同源馆轮流举办。开幕式上，汉学研究中心主任曾淑贤与韩显红分别致辞，互赠精选出版品。本届论坛以“图书馆Plus——知识流转与空间型塑”为主题，邀请台湾大学数位人文研究中心主任项洁教授进行专题演讲，两岸13位专家学者分别就“图书馆Plus：无墙化与图书馆新貌、跨界合作与服务新径”“知识Plus：古籍再造与知识重构、数位人文与知识分享、云端学习与阅读新貌”等主题进行论文交流。（江苏省图书馆学会李浩　储兰）

【南京图书馆举办建馆110周年庆典活动】 12月1日，南京图书馆举办建馆110周年庆典活动。江苏省文化厅党组书记、厅长徐耀新，国家图书馆常务副馆长陈力，上海图书馆馆长陈超出席并先后致辞。南京图书馆馆长徐小跃致欢迎辞，南京图书馆党委书记韩显红主持庆祝大会。徐耀新、陈力、陈超和徐小跃共同为此次馆庆活动揭幕，徐耀新等领导和嘉宾参观南京图书馆并为“国学馆”“和畅文苑”“多媒体欣赏室”和“馆史馆”揭牌。期间，举办南京图书馆建馆110周年主旨论坛，陈力做主旨报告“公共图书馆的‘转型’与‘再定位’——学习《公共图书馆法》的体会”；中国图书馆学会副理事长、上海市政府参事、上海图书馆原馆长吴建中做主旨报告“新时代　新课题　新作为”；美国中央华盛顿大学图书馆学教授、图书馆技术服务部门主任傅平做主旨报告“图书馆技术发展新趋势”；南京图书馆馆长徐小跃做总结报告“图书馆与人文精神”。参与论坛的嘉宾与同行进行互动交流。此外，还同期举办“江苏公共图书馆事业发展成果主题展览”和“锐意进取　砥砺前行——江苏省古籍保护事业十年工作成果回顾展览”。（江苏省图书馆学会李浩　储兰）

【江苏省社科院图书馆与金陵图书馆签署战略合作协议】 6月12日，江苏省社科院图书馆和金陵图书馆在多功能厅签署战略合作协议。江苏省社科院党委委员、副院长樊和平，金陵图书馆馆长董群、书记焦翔，江苏省社科院图书馆馆长陈清华、副馆长赵军出席签约仪式。签约仪式上，赵军宣读两馆战略合作的主要内容，董群和陈清华分别代表两馆在协议上签字。（金陵图书馆）

【书香南京——第三届金陵图书馆读者节正式启动】 10月14日，“书香南京”——第三届金陵图书馆读者节开幕暨“那书与我”征文活动等颁奖仪式在图书馆报告厅举办，来自南京市盲人协会、手佳盲人按摩保健中心、南京市盲校、各大高校的金图文化志愿者团队、社会各界的“朗读者”志愿者以及老、中、青金图读者近500人齐聚一堂，为阅读加分，为金图点赞。（金陵图书馆）

【常州市天宁区图书馆建成开馆】 12月19日，常州市天宁区图书馆举行开馆仪式，天宁区图书馆面积近3000平方米，馆藏图书5万余册、报纸期刊200多种，馆内阅览座席近400个。是常州市第一家全委托管理的图书馆分馆，实现与常州市级图书馆资源统一、管理统一、服务统一的“总分馆模式”，标志着常州市以市级馆为中心，区（县）级馆为骨干，街道、居委会、社区馆（室）为网点的三级图书馆总分馆体系进入一个全新阶段。目前，常州市3个总馆、59个分馆、150个基层综合性文化服务中心的公共图书馆总分馆体系已经建成，覆盖人群超200万人。（常州市图书馆）

【金坛图书馆新馆举行开馆仪式】 12月29日，金坛图书馆新馆举行开馆仪式。仪式上，金坛古籍印刷厂有限公司向金坛图书馆捐赠古籍印刷精品925种13088册。新馆建筑面积15000平方米，共投资1.2亿元，主体分为四层。馆内设总服务台、展厅、少儿借阅室、低幼启蒙室、多媒体室、报告厅、综合借阅室、报刊杂志阅览室、金坛古籍馆、金坛非遗馆、金坛人文馆、办公区等功能分区，馆藏图书65万册，内设近1000个阅览座席。（常州市图书馆）

【常熟市少儿数字体验馆开馆】 1月12日，常熟市少儿数字体验馆开馆，成为江苏省县级市首家少儿数字体验馆。体验馆依托南京图书馆（江苏省少儿数字图书馆）数字资源，结合本馆特色数字资源，共建有少儿数字体验区（数字化资源及数字阅读设备的阅读及使用）、儿童创绘区（AR体验、手工创作、趣味实验等）以及多功能活动厅（电影赏鉴、专家讲座、主题型沙龙、VR体验等）3个场所。（常熟市图书馆）

【第十届常熟市阅读节在虞山镇举行】 4月22日，第十届常熟市阅读节暨第七届常熟市少儿阅读节启动仪式在虞山镇举行。本届阅读节以“阅读，让常熟更美丽”为主题，与第七届常熟市少儿阅读节、各乡镇阅读节有机整合，期间举办各类阅读活动185项。（常熟市图书馆）

【苏州工业园区图书馆主题特色馆——“家庭图书馆”正式开放】 3月3日，苏州工业园区图书馆景城分馆正式开放，标志着苏州工业园区图书馆打造的主题特色馆——“家庭图书馆”正式与读者见面。4月，首届园区幸福家庭推荐书目问世；9月，举办形式创意活泼的家庭阅读接力阅读活动等，围绕“幸福，从家庭阅读开始”的概念，苏州工业园区图书馆发起的家庭阅读推广项目在园区形成较高影响力。（苏州工业园区图书馆）

【苏州图书馆“网上借阅　社区投递”服务获社会好评】 2017年，苏州图书馆结合当下构建信用社会的发展趋势，与支付宝合作推出“信用借还”服务。“芝麻信用”积分达到一定分值就可以体验“免办证、免押金、线上借、送上门”的信用借书模式，既突破了图书馆办证借书的限制，又通过信用的模式，运用科技的力量，推进城市文化与信用建设。全年“网上借阅　社区投递”服务共借出图书121.9万册次，投递包裹49.5万个，“书香苏州”APP活跃用户数量达到195万人。（苏州图书馆）

【2017中国图书馆界阅读推广类内刊内报研讨会暨中国图书馆学会阅读推广委员会推荐书目专业委员会2017年工作会议在苏州召开】 会议于11月23日至24日召开，由中国图书馆学会阅读推广委员会主办，中国图书馆学会阅读推广委员会推荐书目专业委员会、苏州市图书馆学会、苏州图书馆承办，来自全国各地公共图书馆、高校图书馆的专家、学者、专业人士近100名代表参加会议。会议对在“2017年中国图书馆界阅读推广类十佳内刊内报”展阅评优活动中的获奖刊物进行颁奖。成都市图书馆的《喜阅》、长春市图书馆的《品读》、常熟市图书馆的《读书台》等刊物荣获“2017中国图书馆界阅读推广类十佳内刊内报”。深圳图书馆的《行走南书房》、嘉兴市图书馆的《味书轩》、德清县图书馆的《问红》等刊物荣获“新秀奖”。（苏州图书馆）

【遇见书屋在张家港市投入使用】 3月，全市第一家遇见书屋在张家港市步行街投入使用，书屋外形美观、小巧精致，占地仅1平方米，内可容纳70余本图书。4月6日，中共中央政治局委员、中央书记处书记、中宣部部长刘奇葆同志在江苏省委书记李强同志的陪同下视察遇见书屋，给予高度肯定。遇见书屋是利用“互联网+”科技手段实现图书漂流、知识共享的公益性阅读平台，提供手机扫码、免费借阅、图书漂流、图书捐赠、信息查询、24小时自助等多种服务功能，实现图书漂流可控化、公益捐赠可视化、线上线下活动联动化。2017年，总投资50余万元建成开放17家。（张家港市图书馆）

【张家港市最美悦读空间森林书屋开放】 森林书屋3月1日起对公众开放，是张家港市2017年政府民生实事项目之一，位于人流密集的梁丰生态园内，建筑面积700平方米，藏书1万余册。设有文化长廊、文明阅读区、休闲放松区、森林生态区、活动沙龙区几大功能区。按照“绿色、生态、自然”的理念，成为会呼吸的绿氧图书馆，实现阅读与休闲、人与自然的和谐统一。（张家港市图书馆）

【2017年首期江苏省公共数字文化建设培训班举办】 5月31日至6月3日，由江苏省公共数字文化建设中心主办、张家港市图书馆承办的2017年首期江苏省公共数字文化建设培训班暨“江苏省公共图书馆馆际快借服务网”集体签约仪式在张家港市举行。来自全省各市、县（区）图书馆馆长及业务骨干共200余人参加培训。全省108家公共图书馆馆长参加签约，标志着“江苏省公共图书馆馆际快借服务网”建设与服务进入正式实施阶段，为全省公共图书馆服务体系建设再上新台阶做出积极的探索。（江苏省图书馆学会李浩　储兰）

【南通市图书馆设立特教中心盲文图书流动点】 5月26日，南通市图书馆在南通特殊教育中心建立盲文图书流动点。通过把盲人阅览室“搬进”社区、学校和引进盲人数字图书馆等多种形式与途径，推动盲人阅读活动持续、有效、健康发展，为更多的弱势群体、残障人士提供阅读服务。（南通市图书馆）

【泰州历史文献特色库开通上线】 5月，“泰州历史文献特色库”数据库上线，数据库内容分为六大类：历代志书、泰州文史、地方学派、地方家谱、馆藏珍籍、档案图片，版本以泰州市图书馆收藏的纸质历史地方文献为主，涵盖泰州地域范围内的多种文史资料，著述时间截至1960年。目前平台已上传历史文献103部、14275页，为读者提供方便快捷的互联网全文图片阅读服务。（泰州市图书馆）

【泰兴市图书馆特色古籍数据库正式开放】 12月初，泰兴市图书馆特色古籍数据库建成上线。数据库收集各类地方文献古籍2220册，共7个专题，包括：嘉庆、光绪、宣统县志三部及地方志33部，延陵家谱12部，柴墟名人专题22部，泰兴名宦专题26部，寓居名贤专题36部，邑人修志专题8部，季振宜藏宋元珍本35部等。（泰兴市图书馆）

【盐城市“图书馆公益联盟”文化志愿服务项目获文化部表彰】 在文化部公布的2017年文化志愿服务典型名单中，盐城市图书馆打造的“图书馆公益联盟”志愿服务项目荣获全国基层文化志愿服务活动典型案例表彰。（盐城市图书馆）

【沿海城市全民阅读联盟在盐城市图书馆成立】 11月18日，沿海城市全民阅读联盟成立仪式在盐城市图书馆举行。本次活动是由沿海城市全民阅读联盟筹备组主办，盐城市全民阅读促进会、南通市全民阅读促进会、连云港市全民阅读促进会、青岛市图书馆、上海市崇明区图书馆共同承办。（盐城市图书馆）

【盐城市“‘天天悦读1+X’全民阅读服务模式”获得国家公共文化服务体系创建示范项目】 12月7日，在北京召开的第四批国家公共文化服务体系示范项目创建工作评审会议上，盐城市“‘天天悦读1+X’全民阅读服务模式”以评委全票赞同的优异成绩顺利通过评审，获得创建资格。（盐城市图书馆）

【江阴市图书馆开展“三味书咖”城市阅读联盟建设】 自2014年下半年项目启动以来，江阴市图书馆认真考察、层层筛选，积极发展阅读联盟新成员。2017年新增漫步咖啡城中社区分馆1家阅读联盟服务点，至今共建成9家，目前有7家联盟点正常开放服务。建设至今，“三味书咖”阅读联盟点已成为该馆全民阅读重要的活动阵地，各联盟点积极参与“市民讲堂”、“读读书”阅读沙龙等阅读推广活动，受到读者的欢迎。（江阴市图书馆）

【江阴市图书馆被授予“阅读推广人”培育项目实践基地】 10月16—20日，由中国图书馆学会主办，江阴市图书馆承办的2017年“阅读推广人”培育行动——阅读推广基础工作专题培训班举办，来自全国各级各类图书馆的220余人参加培训。此次培训课程设置主要针对图书馆在阅读推广工作中的基础工作和要点，既有工作概述等理论层面的课程，也有读书会的运营和培育等实践课程。培训班上，授予江阴市图书馆“阅读推广人”培育项目实践基地称号。（江阴市图书馆）

【无锡市图书馆参展第七届文博会】 10月12—16日，无锡市图书馆以“书汇古今　留印锡图”为主题，亮相第七届中国（无锡）国际文化艺术产业博览交易会，融入教育、科技、网络、艺术等不同领域的精髓，打造多元化、个性化、浸入式阅读互动和体验展区。充分挖掘馆藏资源、品牌活动，利用馆藏古籍《唐诗画谱》《牡丹亭记》、殿试卷等元素进行设计，制作观展手册、馆藏插画书签、殿试卷笔记本、行李牌等精美的文创产品，赠予参与活动的市民，累计共发放近2000件，受到市民的青睐。（无锡市图书馆）

【连云港市图书馆“丝路艺文馆”正式开馆】 “连图·丝路艺文馆”于12月16日“一带一路”国际日正式开馆，成为全国第五家非洲艺术主题展馆。开馆期间举办“一带一路上的非洲艺

术”讲座、非洲艺术沙龙、展览等系列活动，接待读者500余人。（连云港市图书馆　亢丽芸）

【中国丝绸之路——海洋文化论坛暨海图展览在扬州举办】 11月17—19日，由扬州市图书馆、深圳市盐田区图书馆、金陵图书馆联合承办的中国丝绸之路——海洋文化论坛暨海图展览在扬州市图书馆举行，来自全国各地的海洋文化研究学者、全国十余家图书馆代表以及外国友人围绕“一带一路”展开学术讨论，畅谈海洋文化，为“一带一路”的文献建设建言献策。（扬州市图书馆）

【扬州市“四位一体”公共图书馆服务体系建设被评定为优秀】 2017年，扬州市图书馆先后建成开放自在公园、扬子津、仁丰里、四望亭、市民中心等12家城市书房，以及中国人寿、文化宫、财政局、市委、智谷等5家分馆。6月7日，扬州市“四位一体”公共图书馆服务体系建设项目接受文化部委托省文化厅组织的专家组中期督查，被评定为优秀。此项工作获2016年江苏省思想文化宣传工作创新奖和扬州市人民政府工作创新奖，并入选扬州广播电台2017年10个赞工作之一。（扬州市图书馆）

【2017年国家公共文化云暨江苏省少儿数字图书馆业务培训班举办】 12月25—27日，“2017年国家公共文化云暨江苏省少儿数字图书馆业务培训班”在扬州举办。培训班由南京图书馆、江苏省公共数字文化建设中心主办，扬州市少年儿童图书馆承办。培训主要围绕国家公共文化云的推广、全省大数据中心建设、省少儿数字图书馆平台使用、少儿读者活动的组织与管理、少儿数字阅读推广活动的选题、少儿数字阅读活动课件实例培训等几个方面展开。来自全省110家公共图书馆的馆长、少儿活动负责人共175人参加培训。（扬州市少年儿童图书馆）

【“扬州市未成年人法治教育基地”正式挂牌】 5月7日，扬州市关心下一代工作委员会、扬州市人民检察院关心下一代工作委员会联合举行挂牌仪式，正式在扬州市少年儿童图书馆建立“扬州市未成年人法治教育基地”，打造扬州市人民检察院“法治课间餐”系列活动中校外教育的一个重要基地。由市检察院关工委老同志、市检察院普防处干警组成的基地法治宣讲员队伍，将利用周六、周日为青少年播放法治微电影、PPT课件等法治宣讲作品，并开展有奖问答互动，进一步提升未成年人法治教育工作，促进全市未成年人健康成长。（扬州市少年儿童图书馆）

浙江省

【概况】 截至2017年底，浙江省共有县（市、区）以上公共图书馆101个，其中省级图书馆1个，市级图书馆14个（其中市级少儿图书馆3个），县（市、区）以上图书馆86个。从业人员3607人，其中专业人员2204人，包括正高职称59人、副高职称298人、中级职称995人。全省公共图书馆馆舍面积107.71万平方米，阅览座席6.85万个，其中少儿阅览室座席1.64万个，盲人阅览室座席1259个。

2017年全省公共图书馆经费投入12.87亿元，藏书总量7812.91万册，新增藏量753.23万册，新增电子图书2626.61万册。有效借书证1040.55万个，外借文献6982.16万册，图书馆网站访问量8718.53万人次，全年总流通1.11亿人次。组织各种讲座5258场次，听众89.981万人次；举办展览2618次，观展读者745.58万人次；举办培训6769场次，参加39.48万人次。

第六次全国县级以上公共图书馆评估定级工作顺利完成。浙江省95家公共图书馆参与此次评估定级，组织制订全省图书馆评估定级实施方案，举办公共图书馆评估定级培训班，组建本省评估专家团队赴全省各地开展实地评估。12月7日至14日，文化部第五评估组到浙江省开展实地评估，评估组通过听取总结汇报、实地考察、审阅材料等方式，先后评估了杭州图书馆、杭州少年儿童图书馆、浙江图书馆和宁波市图书馆，抽查了宁波市镇海区图书馆、温州市瓯海区图书馆和温州市图书馆。通过以评促建、以评促管、以评促用的方式，进一步提高全省公共图书馆的服务效能和管理水平。

文化体制改革进一步推进。2017年，浙江省公共图书馆继续推进法人治理结构改革，杭州市下城区图书馆、杭州市拱墅区图书馆、桐乡市图书馆、绍兴市柯桥区图书馆、绍兴市上虞区图书馆、诸暨市图书馆、嵊州市图书馆、舟山市定海区图书馆、岱山县图书馆、台州市黄岩区图书馆、玉环县图书馆、三门县图书馆、天台县图书馆、丽水市云和县图书馆等多家图书馆相继成立理事会。截至2017年底，浙江已有50家公共图书馆成立理事会。

加强公共文化服务体系标准化建设，推进服务网络优化布局、规范管理、机制保障。温州市图书馆成功申请“城市书房”注册商标和“城市书房布局结构”国家实用新型专利。12月12日，和温州市标准化研究院联合起草的《城市书房服务规范》正式发布，明确城市书房服务规范的术语和定义、职责、设施设备、服务资源、服务内容、管理要求、监督与考核等内容。该项目被列入温州市级服务业标准化试点项目以及浙江省级标准化试点项目。5月15日，嘉兴市图书馆和嘉兴市质量技术监督局发布《公共图书馆中心馆—总分馆服务体系建设管理规范》，明确总分馆建设的硬件标准、运行管理标准及基本服务指标。12月31日，绍兴图书馆联合绍兴市质量技术监督局发布《电视图书馆建设管理与服务规范》，明确电视图书馆的基本服务内容、节目建设内容、展示设计、管理要求等。

全民阅读活动深入开展。以4·23世界读书日、图书馆服务宣传周等为契机，全省各级公共图书馆开展“图书馆之夜”、阅读马拉松、阅读推广人计划、第十三届浙江省未成年人读书节等系列全民阅读活动。4月23日当天，全省72家公共图书馆联动开展阅读马拉松活动，共举办各类图书馆活动641场，参加人数超过4000人。发布浙江省公共图书馆2016年度阅读报告。此外，浙江全省78家公共图书馆联动走进各地文化礼堂；与浙江新闻客户端、杭州地铁运营分公司合作，开展“彩虹悦读在浙里”系列活动，开通“彩虹悦读在浙里”阅读专列；联合肯德基在全省开展“我是小书迷”阅读推广活动。杭州图书馆开展“中国阅读”项目，组建“中国阅读”专家库，整合图书馆界、图书销售出版以及相关专家学者的资源，提供图书推荐服务，于11月发布“中国阅读”图书推荐榜。

服务模式不断创新。3月，浙江图书馆借助互联网和物联网技术打造“U书”快借线上借阅平台，向全省读者推出“U书”快借服务，在国内首次实现省域范围内的“你选书，我买单”，全年外借图书3.37万余册（含续借）。4月23日，杭州图书馆推出“信用借还图书”服务，凡芝麻信用分550分及以上市民，均可享受免押金、免办卡线上借书服务。4月，温州市成立温州读书会联盟，100家读书会成为首批会员单位。5月，绍兴市开通市民卡借还图书功能，全市7家公共图书馆通过市民卡实现图书借还。

浙江省数字图书馆推广工程网站和浙江省公共数字文化网站完成改版，戏曲动漫网站建设完成。浙江省全民学习中心开通，实现全省用户在任何地点、任何时间都可学习。浙江省农村文化礼堂数字文化服务网站建成并上线提供服务。“数字文化讲师团”开展下基层活动116场，培训7685人。组织全省公共图书馆开展各种在线互动阅读活动，参与读者139.76万人次。“浙江文化通”客户端年下载安装量2.77万个，安装总量达14.74万个；年用户访问量382.96万余次，访问总量达1036.73万次。“浙江网络图书馆”年访问量1159.64万次，文献传递30.75万次，电子图书阅读55.42万次，期刊下载567.43万篇。2017年，浙江省公布首批41个省级网上文化家园项目名单，浙江文化通APP、浙江文化通微信公众号项目入选。

古籍保护成果累累。截至2017年底，浙江在全省范围内基本完成古籍普查工作，浙江省古籍保护中心发布《浙江省古籍普查报告》，全面总结浙江省现存古籍的数量、价值、分布、保存状态等情况。出版浙江图书馆、宁波市图书馆、温州市图书馆、嘉兴市图书馆、绍兴图书馆、临海市图书馆等6家公共图书馆的馆藏古籍普查登记目录。浙江图书馆完成可移动文物普查1.43万套（件），修复馆藏古籍1.31万叶（张），新整理并刷印雕版2.51万片。《浙江图书馆藏国家珍贵古籍题跋图录》出版，《两浙文丛》课题获浙江省社会科学规划办公室“浙江文化研究工程（第二期）”立项。杭州图书馆整理出版《王文韶日记》《萧山人物志》《绍兴风俗志》《龙井见闻录》。温州市图书馆编辑出版《温州市图书馆藏日记丛刊》，联合浙江大学图书馆整理出版《孙诒让未刊稿本丛刊》。绍兴图书馆出版《绍兴图书馆馆藏珍贵古籍图录》、《国朝嵊诗钞·鹿山吟社集》（影印版）。（浙江省图书馆学会秘书处）

【浙江公共图书馆举办首届阅读马拉松】 4月

23日，第21个世界阅读日当天，浙江省72家公共图书馆4000多人联动进行首届阅读马拉松挑战赛。参赛读者只要在6小时内读完《门对孤山——丰子恺与杭州》，就可获赠图书与纪念奖牌。挑战赛从上午10点到下午4点在全省各公共图书馆同时同步进行。挑战赛结束后，《门对孤山——丰子恺与杭州》的作者徐玲芬来到浙江图书馆现场与参赛读者们进行交流。（浙江省图书馆学会秘书处）

【浙江省第十三届未成年人读书节暨朗诵大赛决赛举行】 5月20日，由浙江省文化厅主办，浙江图书馆、温州市文化广电新闻局承办，温州市少儿图书馆执行承办的浙江省第十三届未成年人读书节暨浙江省未成年人朗诵大赛决赛在温州举行，来自全省11个地级市的160余名选手精彩亮相。启动仪式上，分别播放读书节10周年纪念宣传片与本届读书节宣传片，表演《浙江省未成年人读书节节歌》《满江红》《中国话》等开场节目。浙江省文化厅副厅长叶菁宣布本届未成年人读书节正式启动，省未成年人朗诵大赛决赛正式开赛。决赛分小学组与中学组两个组别进行，历时6个多小时。比赛同期在线网络直播。 经过激烈角逐，温州市《岳阳楼记》等6组作品荣获一等奖，绍兴市《中华魂》等13组作品荣获二等奖，嘉兴市《江南组诗》等23组作品荣获三等奖。浙江省未成年人读书节从2005年启动以来，已经举办十二届，本届读书节以“感受语言魅力，向国学经典致敬”为主题开展各类活动1200余场，近100万人参与。（浙江省图书馆学会秘书处）

【浙江省公共图书馆启动“琅琅书声”走进文化礼堂活动】 10月28日，浙江省公共图书馆“琅琅书声”走进文化礼堂启动仪式在以“孝”文化为特色的诸暨市江藻镇吴墅村文化礼堂举行，同步拉开全省百家公共图书馆联合行动，让“琅琅书声”走进全省各地百家文化礼堂活动的帷幕。启动仪式上，诸暨市图书馆与吴墅村文化礼堂当场签署一对一服务协议，常年开展送故事、送展览、开设图书流通站等服务，并捐赠500册图书丰富吴墅村文化礼堂的图书建设。全国文化信息资源共享工程浙江省分中心向诸暨市11家文化礼堂赠送中国文化网络电视多媒体文化互动播出终端，为基层群众提供更加便捷、贴近生活的公共数字文化服务。全省共有76家公共图书馆组织千余名文化志愿者，500余个朗诵作品，走进各家文化礼堂，发挥各地特色，共筑“书香浙江”。（浙江省图书馆学会秘书处）

【浙江图书馆推出“U书”快借服务模式】 3月，浙江图书馆推出“U书”快借服务模式。“U书”快借是借助互联网与物联网技术打造的线上借阅平台。读者通过网站、支付宝服务窗、微信服务号像“淘宝”一样，足不出户，方便地借到中意的新书，免费快递到家。“U书”快借真正缩短了图书馆和读者的距离，实现省内读者无差别地借阅，是浙江图书馆贯彻落实《中华人民共和国公共文化服务保障法》的一项实实在在的落地举措。“U书”快借读者覆盖全省所有地区，全年外借图书3.37万余册（含续借）。“U书”快借推出后，通过支付宝办理图书证的读者数量激增，仅3月15日当天在支付宝办证的数量就有2000余张。（浙江省图书馆学会秘书处）

【浙江省公共图书馆绘本阅读推广人培训班举行】 3月24—25日，浙江省公共图书馆绘本阅读推广人培训班在杭州举行，全省各图书馆业务骨干及热爱绘本阅读推广的志愿者200余人参加培训。培训班由浙江图书馆与河南九智英才教育有限公司、台湾知书房出版社合作举办，邀请4位台湾儿童心理学的研究领域专家来解读儿童绘本。培训班从“如何选择适合的绘本”“如何建立绘本读书会”“你的绘本读对了吗？”“绘本如何丰富读者的生命”等方面授课，运用大量的案例分析、互动游戏、活动演练进行培训。（浙江省图书馆学会秘书处）

【浙江省视障文化服务与阅读推广培训班在杭州举办】 5月9—12日，由中国盲文图书馆、浙江省残疾人联合会、浙江图书馆共同主办的浙江省视障文化服务与阅读推广培训班在杭州举办，培训班以“阅读推广与视障服务”为主题，来自全省11个地市县级公共图书馆领导、视障阅读服务业务骨干及残联、盲人协会主席，共76名代表参加培训。浙江省残疾人联合会、中国盲文图书馆和浙江图书馆等领导分别致辞，视障读者代表赵成分享自己的阅读历程。浙江大学李超平做“为特殊人群的阅读服务”专题讲座。山西省图书馆、中国盲文图书馆和浙江图书馆的馆员分享各馆视障阅览服务的创新案例、数字图书馆资源及使用等内容，共同探讨盲协与公共图书馆承诺资源共享，互通有无，携手共建视障服务机制等内容。（浙江省图书馆学会秘书处）

【浙江图书馆藏珍贵佛经古籍展举行】 9月16—30日，浙江图书馆与杭州灵隐寺共同举办的“浙江图书馆藏珍贵佛经古籍展”在灵隐寺举行。为向大众展示中国佛教传统文化的独特魅力，展览精心安排了“梵音传东土”“东南有佛国”“法华在人间”3个章节，以珍贵的佛经为媒介向观众描绘佛教在中国的发展，以及佛教在日本、韩国和越南的传播情况。展览荟萃各国珍贵佛经50余部，其中著名的有长达9余米的唐代写本《妙法莲华经》、吴越国王钱俶刻本《一切如来心秘密全身舍利宝箧印陀罗尼经》、元代《普宁藏》等佛门重宝，共有14万人次观看展览。（浙江省图书馆学会秘书处）

【2017年古籍编目工作研讨会召开】 9月29日，由浙江省古籍保护中心主办、国家图书馆出版社协办的“2017年古籍编目工作研讨会”在杭州召开，华东地区50余家古籍藏书单位近70名代表出席。省古籍保护中心在会上首次公开发布《浙江省古籍普查报告》，全面总结省内现存古籍的数量、价值、分布、保存状态等情况，浙江在全省范围内已基本完成古籍普查工作。复旦大学图书馆教授吴格、上海图书馆研究馆员陈先行、天津图书馆研究馆员李国庆、国家图书馆出版社总编殷梦霞分别做主旨报告。下午在3个分会场，分别对古籍编目及《中华古籍总目》分省卷的编纂进行主题研讨。各位专家学者就省古籍保护中心提供的《中华古籍总目·浙江省卷》样本进行讨论，为下一步浙江省的古籍编目和分省卷的编纂工作打开新的思路。（浙江省图书馆学会秘书处）

【“书路修行与古为役——古籍修复特展”在浙江图书馆举行】 11月16—23日，“书路修行与古为役——古籍修复特展”在浙江图书馆举行。展览通过工具篇、材料篇、技艺篇、成果篇、传承篇等5个篇章，借助丰富的直观展示、视频展现、活态演示，让观众通过不同的角度重新“看见”古籍修复的细节之美，向社会更为广泛地传播古籍修复的意义，介绍古籍修复的发展历程，2500位读者参观展览。（浙江省图书馆学会秘书处）

【杭州图书馆启动“中国阅读”项目】 4月，杭州图书馆正式启动“中国阅读”项目。6月，组建“中国阅读”专家库，开展“中国阅读”图书推荐榜的图书推荐工作。专家库成员由全国图书馆界、出版界、文学评论界、作家代表和杭州市委宣传部领导等近百位专家、学者组成，以确保图书推荐榜发布的权威性和客观性。“中国阅读”图书推荐榜整个评审过程以图书馆借阅流通量、图书销售零售量为基础，从每个子榜单排名前1000名的图书中选取70种图书，通过初评和终评两轮专家组的选取，最终选出7个子榜，共计68本推荐图书，在“中国阅读”微信公众号上推送，并于11月26日举办图书推荐榜发布仪式。（浙江省图书馆学会秘书处）

【杭州图书馆推出信用借阅服务】 杭州图书馆与蚂蚁金服旗下芝麻信用、苏州嘉图公司、邮政速递4家合作推出“信用借还图书”服务。4月23日，“信用借还图书”服务正式上线，使杭州成为首批开放线上借书服务的城市，“免押金、免办卡、线上借、送上门”，凡芝麻信用分550分及以上的市民，均可享受免押金、免办卡线上借书服务。并于9月和11月举办“2017公共图书馆信用服务论坛”，对“信用借还图书”服务进行宣传和推广，发布《公共图书馆信用服务杭州宣言》，有27家公共图书馆共同签署宣言。目前，杭州图书馆通过逐步归纳探索，形成“信用+阅读”模式，推广至杭州市各区县图书馆。（浙江省图书馆学会秘书处）

【杭州少儿图书馆启动“悦读快车——孩子们的流动图书馆”项目】 9月1日，由杭州少儿图书馆与芬兰通力百年基金会和浙江锦麟公益基金会合作的“悦读快车——孩子们的流动图书馆”项目在外来务工者子弟学校——莫干山路小学正式启动。“悦读快车”的“服务”开进淳安的乡村小学以及下城区、江干区、西湖区、拱墅区等学校，在21所学校开展借阅、阅读推广活

动28次，覆盖杭州市9个城区，借阅图书20799册次。（浙江省图书馆学会秘书处）

【宁波市图书馆推出“天一约书”服务】 2017年，宁波图书馆推出全新的阅读品牌“天一约书”，借助互联网技术打造图书借阅O2O模式。“天一约书”依托畅销书榜单进行图书采购，同时根据实际情况及时补充和调整借阅书籍，最大程度保证读者的借阅需求。“天一约书”服务实现公共图书馆文献服务精准化供给，提升读者个性化、多元化的阅读需求。（浙江省图书馆学会秘书处）

【温州读书会联盟成立】 4月22日上午，由温州市委宣传部、市文化广电新闻出版局主办，温州市图书馆承办的温州读书会联盟成立仪式暨2017“书香温州”阅读论坛举行。市委宣传部副部长胡瑞怀、市图书馆理事会理事长李国胜等领导出席成立仪式。联盟聘请温籍学者、复旦大学教授吴松弟担任委员会主任，温籍学者、清华大学文科工作委员会副主任胡显章为总顾问。温州读书会联盟是由市文化广电新闻出版局发起、市图书馆牵头组建的，是以“凝聚社会力量，倡导公共阅读”为宗旨，各单位读书会、民间读书会自愿参与的联合体系。已面向社会公开招募近百家读书团体。联盟的成立充实和提升了“城市书网”公共阅读服务体系的文化价值和文化内涵，对温州阅读的发展有着里程碑意义。（浙江省图书馆学会秘书处）

【温州市图书馆发展基金会捐赠仪式举行】 11月22日上午，温州市图书馆发展基金会捐赠仪式在温州市图书馆举行。市图书馆理事会理事长李国胜以个人名义向该基金会捐赠500万元，分5年进行，每年捐赠100万元。捐赠的资金将主要用于开展图书馆文化公益事业的活动、推进全市公共图书馆服务体系的现代化建设、奖励在图书馆事业发展中有突出贡献的先进集体及个人等活动。该基金会创建于2015年12月，旨在凝聚有志于文化公益事业的社会力量，推动全社会关心支持公共图书馆事业，促进温州市公共图书馆事业的全面发展。（浙江省图书馆学会秘书处）

【温州《城市书房服务规范》正式出台】 12月12日，由温州图书馆和温州市标准化研究院联合起草的《城市书房服务规范》（DB3303T64）（以下简称《规范》）正式发布。《规范》明确了城市书房服务规范的术语和定义、职责、设施设备、服务资源、服务内容、管理要求、监督与考核等内容。《规范》适用于温州市行政区域内的城市书房，其他的场馆型24小时自助图书馆可参照执行。（浙江省图书馆学会秘书处）

【嘉兴“图书馆第一课”项目启动】 2017年1月，嘉兴“图书馆第一课”项目正式启动。“图书馆第一课”是嘉兴市图书馆总分馆服务体系在开展“馆校合作”项目基础上，将图书馆的每一项服务以一堂生动的推介课形式送进校园，并邀请小读者们走进图书馆亲身体验的活动。除了开展入馆教育外，还包括发放阅读礼包、开展作家进校园阅读推广活动、开展数字图书馆阅读体验活动、提供信息素养教育等多项内容。全年嘉兴市图书馆及11家区、镇（街道）分馆与当地中小学、幼儿园等开展了22场形式各异的“图书馆第一课”活动，共计约有5600名中小学生、婴幼儿及其家长参与。12月27日《中国文化报》对嘉兴的“图书馆第一课”做专版报道。（浙江省图书馆学会秘书处）

【《叶文玲文集》首发仪式暨作品研讨会在台州举行】 5月9日，《叶文玲文集》首发仪式暨作品研讨会在台州市图书馆举行。作者叶文玲先生亲临现场，全国人大教科文卫委员会副主任金炳华，中国作协副主席陈建功，《人民文学》主编施战军，浙江省作协党组书记、副主席臧军等领导和嘉宾百余人参加了首发仪式。首发式同步进行网络视频直播，在线收看人数最高2.7万人。叶文玲先生作为中国当代文坛的著名台州籍作家，恪守“美是文学的生命”的宗旨，50余载致力于文学创作，收获颇丰。近千万字的十六卷《叶文玲文集》是叶文玲先生多年发表作品的集大成之作，它的出版标志着社会和文学界对她创作的认可，也是对她创作生涯的完美总结。首发仪式上，叶文玲先生向台州市各县市区图书馆捐赠《叶文玲文集》。（浙江省图书馆学会秘书处）

【绘本馆藏建设与亲子阅读推广研讨会在台州召开】 6月24—25日，由中国图书馆学会阅读推广委员会主办，浙江省图书馆馆学会、台州市图书馆承办的“绘本馆藏建设与亲子阅读推广研讨会”在台州市图书馆召开。全国阅读学会会长、中国图书馆学会阅读推广委员会副主任、南京大学教授徐雁，来自全国各地近100位代表参加本次研讨会。研讨会上，著名少儿阅读推广人杨涤、冯乐声分别做题为“用绘本滋养孩子的心灵”和“绘本讲读技巧”的专题讲座；张家港少儿图书馆、温州少儿图书馆分享“彩虹姐姐故事会”和“毛毛虫上书房”案例；徐雁教授等4位少儿阅读专家在亲子阅读推广论坛做报告。最后，台州市亲子阅读志愿者进行现场展示。（浙江省图书馆学会秘书处）

【湖州市图书馆迎来首位驻馆院士】 11月30日，湖州市图书馆迎来首位驻馆院士——中国科学院院士、古生物与地层学家陈旭，与读者分享《我与祖国改革开放这些年》。该馆启动“驻馆院士”项目，通过邀请国内两院院士驻馆开设系列高精尖产业、领域及学科的知识讲座和交流互动，服务地方经济发展，发挥现代公共图书馆功能，探索“科技叠加人文”的服务新尝试。计划通过3年，邀请不少于10位国内前沿科技领域的院士来馆开展讲学等活动，开展专业和产业、理论和应用、专家和大众的对话与互动，弘扬科学精神、坚定强国梦想。（浙江省图书馆学会秘书处）

安徽省

【概况】 截至2017年底，安徽省共有各级公共图书馆124个，其中省级馆1个，市级馆16个，县（区）馆107个。文献总藏量2537.10万册（件），其中图书2100.94万册（件）；古籍62.60万册（件），其中善本44278册（件）；盲文图书76289册；电子图书4565.10万册，其中自建54.67万册；视听文献45.77万件（套）；缩微制品9754件（套）；当年购买报刊33279种。有效借书证178.52万个。总流通人数2376.33万人次，书刊文献外借1069.64万人次、1899万册次。公用房屋建筑总面积47.9万平方米，其中书库面积8.97万平方米，阅览室面积15.04万平方米，书刊阅览室面积11.24万平方米，电子阅览室面积2.19万平方米。阅览室座席39852个，其中少儿座席数10652个，盲人阅览座席数1451个。流动图书车30辆，流动图书馆书刊借阅76.57万人次、106.55万册次。组织各类讲座2374场，参与读者45.09万人次；举办展览900场，观众207.13万人次；举办各类培训班1008期，培训86729人次。开展基层培训辅导42259人次。志愿服务队伍151支，志愿者5321人。开发文化创意产品94种。（安徽省图书馆学会　武巍泓）

【安徽省图书馆着力推进重点文化工程建设】 2017年，安徽省图书馆继续加大重点文化工程建设力度，不断提高数字资源建设水平和质量。公共数字文化建设专项资金（2017、2018年度）申报立项15个项目，以自建方式开展《安徽非遗》《安徽古建筑》《江与淮》等文化专题片建设。实施安徽公共文化云平台项目、数字图书馆推广工程“互联互通”项目、中西部贫困地区公共数字文化服务提档升级项目、“进村入户”专项资源建设项目、安徽戏曲艺术普及教育专题片、“文化安徽”微视频征集和推广项目。

省古籍保护中心完成全省63家公藏单位的80270部古籍普查登记工作，占全省公藏单位古籍总量的98.2%。审定出版《安徽师范大学图书馆馆藏古籍普查目录》，并向国家图书馆出版社提交《安徽博物院馆藏古籍普查目录》审定稿。完善古籍分级保护制度，整理出版《安徽省国家珍贵古籍名录图录》《首批安徽省珍贵古籍名录图册》。完成大宗珍贵文献征集入藏，接收公安机关托管珍贵历史文献294件册，收藏入库章伯钧先生家人捐赠的第三批珍贵古籍38种452册。首次承接枞阳县图书馆委托的古籍修复任务，体现国家级古籍修复技艺安徽传习所的作用。中华古籍保护协会“2017年中华古籍普查文化志愿服务行动”在安徽率先行动，为宣城市图书馆、岳西县图书馆等9家单位完成2068部10022册古籍的普查登记任务。（安徽省图书馆学会　武巍泓）

【安徽省图书馆少儿部荣获省直机关“巾帼文明岗”荣誉称号】 2017年3月，安徽省图书馆少儿部被省直妇工委授予2016年度省直机关“巾帼文明岗”荣誉称号。省图书馆少儿部把“巾帼文明岗”创建活动作为精神文明建设的重要组成部分来抓，积极深化创建活动，充分发挥女职工“半边天”的重要作用，开展以“服务创一流、巾帼展风采”为主题的富有时代气息和特色的活动，以创建“全国巾帼文明岗、争当巾帼建功标兵”为动力，为推广少儿阅读，建设书香安徽做出应有的贡献。（安徽省图书馆学会　武巍泓）

【安徽省 24 家公共图书馆接受古籍普查督导】 3 月 9 日，安徽省古籍保护中心抽调省图书馆 8 名古籍业务骨干组成 4 个督导组，分赴皖南、皖北、安庆、合肥片区，对 24 家未完成古籍普查申报的基层公共图书馆进行实地督导。经过对各图书馆古籍存藏情况实地考察，督导组指导各馆完成古籍和民国线装书的整理编目、分类排序、普查登记、书影拍摄、财产标记、书签填写、专柜或专架存放等。督导组积极宣讲国家及文化部“十三五”发展规划中关于古籍保护工作的定位，并就古籍存藏条件的改善和古籍保护意识的加强等方面与各馆主要负责人展开对话，得到积极反馈。针对古籍藏量较大、人手紧缺，古籍普查启动较为缓慢的部分图书馆，联系安排有古籍普查经验的志愿者前往该馆协助开展工作，加强在线指导。普查新发现善本 11 部，其中包括祁门馆藏孤本明抄本《祁阊志》、当涂县馆藏明末汲古阁刻本《周礼注疏》、枞阳县馆藏明刻本《慈溪黄氏日抄分类》、巢湖馆藏明刻本《二如亭群芳谱》等。（安徽省图书馆学会　武巍泓）

【安徽省图书馆数字资源远程访问系统正式上线】 3 月 20 日，安徽省图书馆远程访问系统正式上线，持有省图书馆借书证的读者可利用账号与密码进行登录，即可实现馆外随时随地访问省图书馆数字资源库。远程访问系统正式上线使广大读者更加有效利用安徽省图书馆数字资源，提升了数字资源使用率。（安徽省图书馆学会　武巍泓）

【安徽省图书馆举办“通向和谐之路——中美交往史图片展”】 5 月 12 日下午，由安徽省图书馆、美国驻上海总领事馆联合举办的“通向和谐之路——中美交往史图片展”在安徽省图书馆开幕。展览分“初次接触”“官方交流”“知识分享”“文化感知”“军事合作”“恢复邦交”6 部分共 120 余张历史照片，见证中美两国人民在不同的文化背景下相互尊重、友好交往的历史，也诠释 200 多年间中美人民结下的深厚友谊。（安徽省图书馆学会　武巍泓）

【全省第六次县级以上公共图书馆评估工作专家培训会在合肥举办】 7 月 27—28 日，由安徽省文化厅主办、安徽省图书馆承办的第六次全省县级以上公共图书馆评估工作专家培训会在合肥举办。省图书馆馆长林旭东主持开班仪式，省文化厅公共文化处处长何颂冰、副处长刘奇中出席，全省公共图书馆系统 100 余位评估专家参加此次培训。省图书馆副馆长王建涛根据评估评分细则及平台专家打分注意事项，进行逐条梳理和详细讲解。通过培训，评估专家们对第六次公共图书馆评估工作的重要性及评估信息化有了深刻了解，大家明确评估工作的目标、任务及操作程序，有助于评估定级工作的顺利进行。（安徽省图书馆学会　武巍泓）

【安徽省图书馆举办“新四军在安徽——纪念中国人民解放军建军 90 周年专题报告会”】 7 月 29 日上午，“新四军在安徽——纪念中国人民解放军建军 90 周年专题报告会”在安徽省图书馆举行。报告会由合肥市军休一所老干部、原中国人民解放军电子工程学院张兴华教授主讲。60 余名安徽省新四军后代莅临现场，共同追忆先辈富有传奇色彩的革命生涯。中新网、安徽网、《合肥晚报》、合肥电视台等多家媒体对此次活动进行报道。（安徽省图书馆学会　武巍泓）

【安徽省图书馆举办“湘鄂赣皖四省公共图书馆联盟廉政文献巡展”】 8 月 10—30 日，由安徽省图书馆主办，江西省图书馆、湖北省图书馆、湖南图书馆协办的“湘鄂赣皖四省公共图书馆联盟廉政文献巡展”在安徽省图书馆展出。展览共精选出湘鄂赣皖四省图书馆联合推荐的优秀廉政书籍 100 本，体裁包含诗歌、散文、人物传记、理论研究等，内容涵盖政治、经济、法律、哲学、历史等多个领域。为帮助参观者更多地了解廉政文献内容，省图书馆还将展出的廉政文献的书目信息制作展板同期展出。（安徽省图书馆学会　武巍泓）

**【《图书馆视障人士服务规范》研讨会在安徽

省图书馆召开】 9月1日，国家标准《图书馆视障人士服务规范》研讨会在安徽省图书馆召开，中国盲文出版社副总编辑沃淑萍、省图书馆馆长林旭东等参加本次研讨会。近年来，省图书馆积极组织开展视障阅读文化活动，受到盲人读者的好评并多次获得表彰。省图书馆作为国家标准《图书馆视障人士服务规范》的起草单位之一，2016年还成功申报中国残疾人联合会的“盲人阅读推广与社会教育示范应用”项目，标明业界对省图书馆视障服务绩效的认可。会议期间，针对图书馆界专家对《图书馆视障人士服务规范（草案）》提出的反馈意见，6位标准起草人认真讨论，逐条研读，最终达成共识并做出修订说明。（安徽省图书馆学会　武巍泓）

【安徽省图书馆推进盲人数字阅读推广工程建设】 2017年9月，由中宣部、财政部、文化部、国家新闻出版广电总局、中国残联组织实施的“盲人数字阅读推广工程”在国家图书馆启动。安徽省图书馆作为“盲人数字阅读推广工程”项目的实施主体，按照中宣部、文化部等相关部委的要求，建立专项账户，实行专账管理、专款专用，按要求完成采购任务；针对特殊群体完善服务规范，制订项目实施方案细则，做好宣传推广工作，争取让更多盲人读者受益。安徽省目前有残疾人401.5万人，其中视力残疾79.2万人。长期以来，省图书馆坚持“服务第一、读者至上”的宗旨，立足本馆，引导省内各级公共图书馆，面向盲人读者积极开展阅读推广服务。同时不断完善无障碍设施设备，设立残障人士阅览室、活动室，配备近千册盲文图书及各类盲用阅听设备。联合省、市残疾人联合会，开展形式多样的盲人阅读活动，组建了一支近百人的文化助残志愿者队伍，常年为盲人读者提供送书上门、接送到馆参加活动等服务，受到盲人读者的欢迎和好评。（安徽省图书馆学会　武巍泓）

【安徽省图书馆举办“回望马克思　重温《资本论》”展览】 9月14日，由安徽省图书馆策划、安徽省公共图书馆阅读推广联盟主办的“回望马克思　重温《资本论》——纪念《资本论》德文第一卷出版150周年图文展”在省图书馆开展。本次展览共展出29块展板，通过图文结合的方式介绍《资本论》的基本内容、观点、贡献与地位等，展览还讲述马克思的生平故事和伟人品格。同步展出与《资本论》相关的馆藏图书40余册，供读者参考查阅。该展览在省图书馆展览结束后，即在全省公共图书馆阅读推广联盟各成员馆进行巡展。（安徽省图书馆学会　武巍泓）

【安徽省图书馆2017年学术征文及研讨活动召开】 10月23日上午，安徽省图书馆2017年学术研讨会召开，馆领导及员工100多人参加此次学术研讨会。自6月1日省图书馆以“第六次公共图书馆评估：新思维　新举措　新路径”为题面向全馆员工发布2017年学术征文通知后，共收征文19篇，评出一等奖1篇、二等奖3篇、三等奖6篇。在此次研讨会上，共有9位优秀论文作者结合本职工作，理论联系实际，分别从省图书馆文化创意产品开发、第六次公共图书馆评估工作、图书馆员职业生涯规划、公共图书馆人才队伍建设、少儿阅读推广、公共图书馆新媒体服务、读者服务数据统计分析等层面，全面探讨第六次公共图书馆评估背景下，图书馆发展的新思维、新举措、新路径。此次学术征文和学术研讨会的举办，对促进馆员相互学习与提高，提升专业队伍的整体学术水平和能力发挥了积极的促进作用。（安徽省图书馆学会　武巍泓）

【安徽省公共图书馆联盟学习宣传贯彻党的十九大精神系列活动正式启动】 11月17日，以“宣传十九大　讴歌新时代”为主题的安徽省公共图书馆联盟学习宣传贯彻党的十九大精神系列活动启动仪式暨首场诗文朗诵会在安徽省图书馆报告厅开幕。省文化厅党组成员、副厅长周明洁、省文化厅相关处室负责人、省图书馆班子成员及中层干部、全省公共图书馆联盟成员馆馆长、读者代表、省内部分媒体记者等200多人参加启动仪式和诗文朗诵会，国家公共文化云平台通过国家公共数字文化网转播此次活动。会议号召全省公共图书馆联盟120多个成员馆要充分利用文献、场地、人才和读者优势，集中开展党的十九大精神学习宣传活动；通过举办诗文朗诵会、专题讲座和展览、知识竞赛、读书征文比赛、编印专题文献、设立图书专架等形式，面向基层、面向群众，宣传党的十九大精神。省图书馆推选“十九大”宣讲专家开展公益讲座巡讲活动；组织“掌声聚民心·开启新时代——学习宣传党的十九大图文展”等多个主题展览在基层巡展，通过丰富多彩的图片和文字引导读者学习理解习近平新时代中国特色社会主义思想。（安徽省图书馆学会　武巍泓）

【安徽省图书馆举办“永不褪色的记忆——抗战老兵肖像摄影展”】 12月20日，2017年度“国家艺术基金”传播交流推广项目“永不褪色的记忆——抗战老兵肖像摄影展”在安徽省图书馆展出。此次摄影展由河南省艺术摄影学会、安徽省艺术摄影学会、安徽省图书馆、河南省文化馆、安徽省文化馆共同主办，以此纪念抗日战争全面爆发80周年，并向在抗日战争中英勇献身和做出贡献的全体老兵致敬。开幕式当天，有来自合肥监狱的干警，安徽艺术传播学院的师生及省、市摄影界、新闻界的朋友等近200余人参加了影展。该展览以图文的形式展示1931年至1945年间150位抗战老兵的肖像，这些老兵中现年最大的110岁、最小的90岁，每个人的经历都是一段传奇。安徽电视台、《市场星报》、《安徽商报》、《安徽画报》、中安在线、《合肥晚报》等媒体记者在现场进行了采访报道。（安徽省图书馆学会　武巍泓）

【首届安徽省公共图书馆联盟业务技能大赛在安徽省图书馆举办】 12月18—19日，“首届安徽省公共图书馆联盟业务技能大赛”复赛、决赛在安徽省图书馆进行。经初选，共选拔出16支代表队、48名参赛选手进入复赛，复赛和决赛阶段采取网上答题、现场竞答和实务操作的方式进行，内容涵盖基础理论、读者服务、文献分类编目、重点文化工程、图书馆管理、公共文化政策法规等多项内容，全面考察全省图书馆从业人员的综合业务能力。宿州市图书馆代表队获得团体一等奖；宣城市图书馆代表队的高芙利和宿州市图书馆代表队的赵莉莉获得个人一等奖；安庆市图书馆代表队的吴小星获得本次业务技能大赛的“最佳业务能手”称号；合肥市图书馆、铜陵市图书馆等5支图书馆代表队获优秀组织奖。此次大赛的举办，旨在提高全省公共图书馆服务能力，促进公共图书馆从业人员业务技能的提升。（安徽省图书馆学会　武巍泓）

【合肥市图书馆推出“快递到家”借阅服务并开启“信用＋阅读”新模式】 6月28日，合肥市图书馆与邮政速递物流安徽政务中心牵手合作，面向广大市民推出“快递到家”服务。市民只需要绑定一张合肥市图书馆发放的联盟读者证，通过移动终端访问该馆微信平台→在线服务→快递到家，或者通过电脑访问图书网上借阅O2O平台，进行选书、加入借书架、借阅、填好寄送地址，再支付5元运费后，就可以耐心等着图书配送到家。这种打破交通不便、节约读者时间的创新服务手段，让众多热爱阅读、但苦于没有时间来图书馆办理借阅的市民纷纷点赞。7月6日，《人民日报》第16版以《合肥市图书馆快递服务上线》为题报道合肥市图书馆借助互联网与物联网的技术推出的“快递到家”借阅服务。随后，中国青年网、中国文明网、人民网、中国图书馆学会、搜狐、四川社会科学在线等多家权威媒体纷纷进行转载报道。8月22日，合肥市图书馆联手支付宝蚂蚁金服旗下芝麻信用打造信用图书馆，面向广大市民推广免押金信用借阅服务。依托该馆线上丰富的馆藏书籍，基于芝麻信用，以互联网为纽带，将图书馆海量藏书与线上选书借阅、线下快递送书的服务结合起来，简化高信用人士图书证办理手续，开启“信用＋阅读”公益借阅新模式。（安徽省图书馆学会　武巍泓）

【合肥市图书馆迎接省级评估专家组进行实地评估】 8月24日，根据文化部开展第六次全国县级以上公共图书馆评估定级要求及安徽省文化厅对合肥市评估定级工作安排，由安徽省图书馆馆长林旭东等组成的省级评估专家组对合肥市图书馆评估定级情况进行实地评估。合肥市文化广电新闻出版局党组书记、局长郑家余重点介绍了合肥市公共文化服务的工作亮点——城市阅读空间和中心馆建设。市图书馆馆长李永钢就市馆的基本情况、工作进展和存在问题3个方面做详细汇报。专家评估组一行实地察看了市图书馆馆舍建筑、读者空间、文献资源及服务窗口运行情况，逐项核实评估平台上传数据和材料。实地评估反馈会会上，评估专家组组长林旭东代表专家组对合肥市图书馆在迎评工作中领导重视、政策保障有力、评估材料准备充分等给予肯定，同时指出合肥市图书馆在推进法人治理结构改革、吸引社会力量办馆、数字化复合型图书馆建设、特色品牌服务等方面的工作成效显著，并就需增加

持证读者数量、加强人才队伍建设、健全人才激励制度、学术研究与创新研究等提出建议和意见。（安徽省图书馆学会　武巍泓）

【巢湖市首家公园书吧向市民开放】 5月4日，巢湖市图书馆爱巢图书阅读点正式向市民开放，该图书阅读点位于巢湖市城北爱巢口袋公园内，建筑面积130多平方米。设计合理、功能齐全、环境优雅，配有图书2500册、报纸期刊20多种，内容包括哲学、社会科学、历史、文学、医药卫生、儿童读物等，可满足不同读者群体的阅读需要。该阅读点水电网（包括Wi-Fi）均已开通，可与市图书馆联网，实现通借通还。读者在悠闲慢步和奔波歇脚的同时，在此感受到阅读带来的温馨和快乐，减少了读者往返图书馆的奔波和劳累。巢湖市规划建设10个公园图书阅读点。（安徽省图书馆学会　武巍泓）

【阜阳市图书馆完成古籍普查工作】 5月，经安徽省图书馆推荐，安徽大学历史系两位研究生作为志愿者赴阜阳市图书馆开展古籍普查活动，经过10多天的紧张工作顺利完成。经查，阜阳市馆共收藏古籍476部，其中经部41部，史部143部，子部120部，集部97部，其他75部，版本多为清代刻本和民国影印本。（安徽省图书馆学会　武巍泓）

【临泉县图书馆移动端APP正式上线】 8月，临泉县图书馆移动端APP正式上线。APP提供100万种以上原貌图书，支持所有图书全文下载，提供300种以上适合移动阅读的报纸资源，并且实现报纸的当日更新，还包括学术视频、社交功能、学习小组、特色专题众多功能。首页还有本馆动态、入馆须知、移动图书馆、期刊、报纸、名师讲坛、读者服务、书架等模块，可直接线上查询、学习、阅读，在零散时间完成知识的积累。临泉县图书馆移动端APP的上线和推广，使读者能够方便、快捷、利用图书馆的资源，最大限度地满足居民对公共文化的需求。（安徽省图书馆学会　武巍泓）

【蚌埠市图书馆开展全民阅读活动】 4月22日，蚌埠市图书馆“珠城·悦读会——全民阅读推广活动”被评为安徽省“十佳全民阅读推广活动”。该活动是由蚌埠市图书馆主办的蚌埠市全民阅读系列活动之一，旨在营造全民阅读的良好社会氛围，提升阅读品质、丰富市民的精神文化生活，取得良好的社会效应，受到市民欢迎和好评。10月，蚌埠市图书馆荣获中国图书馆学会授予的“2016年全民阅读先进单位”称号。该馆设有阅览座席近500个，年接待读者60余万人次；全年365天对社会开放，免费为市民提供书刊外借、阅览、文献检索、参考咨询、视障人士阅览等服务；定期或不定期举办公益性培训、经典诵读、讲座、展览等各种主题活动；积极开展一系列送书籍、送关爱、送信息、送便捷，进校园、进社区、进企业的基层流动图书服务，关注异地务工人员及弱势群体、重视少儿阅读推广工作，建有农村、学校、社区、劳教所、福利院、军队等近20个馆外服务点及分馆，普遍均等地保障了广大市民的基本文化生活需求。（安徽省图书馆学会　武巍泓）

【国家公共文化服务云亮相全椒县图书馆】 2017年10月，国家公共文化服务云首台试用版落户全椒县河东新村。国家公共文化服务云是文化部最新推出的一款集菜单式、点单式、预约式、超市化于一身的一站式公共数字文化服务平台，重在面向县以下提供一站式公共数字文化服务。该平台具有共享直播、资源点播、活动预约、场馆导航、大数据分析五大核心功能，基层群众可通过手机、电脑、公共文化一体机等多终端获取服务。在全椒河东新村落地以来，在全椒城乡迅速掀起一股宣传安装体验推广的热潮。全椒县图书馆率先将该平台安装在图书馆电子阅报机、歌德机、超星移动图书馆上运行，所有公共区域、阅览室均准备了二维码方便读者扫码，并安排志愿者帮助、引导读者登录下载安装手机APP客户端，观看各类直播、浏览文化资源，随时尽享文化大餐，丰富精神文化生活。（安徽省图书馆学会　武巍泓）

【无为县启动“图书流转”共享图书资源】 5月，无为县文化广播电视新闻出版局制订《无为县总分馆图书流转工作方案》，将全县各类图书定期进行流转，在不增加投资的前提下，使县图书馆、分馆、村图书室之间的图书资料互相交换，不仅避免各村重复购买书籍造成的浪费，还盘活存量书籍，最大限度地发挥分馆、农家书屋图书资源共享作用。6月，“图书流转”活动在全县20个乡镇全面推开，缓解了农村群众看书难、借书难问题。县政府将此项工作纳入文化工作考评的重要组成部分，要求各乡镇安排专人负责分馆正常对外开放工作，对进馆图书全部进行网上登记，凭证借阅，规范管理。同时，每年对分馆、村级农家书屋图书进行流转、更新，每次不少于100本。每个村要安排一名热心、责任心强的村干部兼职农家书屋管理员，负责农家书屋正常对外开放工作，最大限度地满足基层群众借阅需要。无为县启动“图书流转”共享图书资源的举措，为进一步推进基层公共文化服务体系建设，发挥好县图书馆、乡镇综合文化站分馆和村级农家书屋等文化阵地作用，满足农民群众日益增长的阅读需求，提升农村公共图书服务管理水平发挥作用。（安徽省图书馆学会　武巍泓）

【太湖县图书馆荣获“第十一届安徽省文明单位”称号】　6月20日，太湖县图书馆被安徽省文明委授予“第十一届安徽省文明单位”称号。该馆曾获“第十届安徽省文明单位”，一直以来重视文明创建工作，坚持以实际行动践行社会主义核心价值观，加强和提高图书馆职工政治思想、业务素质、社会公德、职业道德、家庭美德为重点，以爱岗敬业、奉献社会、全心全意为人民服务为宗旨，以树立图书馆良好形象、争做人民满意的工作人员为主题，配合县争创全省文明县城，深入开展交通志愿服务、无偿献血、特殊人群（老年人、农民工、留守儿童、残疾人）文化服务等文明创建系列活动。通过多种形式的创建活动，使太湖县图书馆精神文明建设工作取得长足的进步。全馆职工的文明意识明显增强，各方面工作成绩显著，树立了图书馆“读者第一服务至上”的良好形象，以文明创建为抓手有力地促进了各项工作的开展。（安徽省图书馆学会　武巍泓）

【宁国市图书馆“宁阳读书会”获省文化厅表彰】　7月，安徽省文化厅对全省17个优秀群众文化志愿辅导项目予以通报表彰，宁国市图书馆的“宁阳读书会”系列阅读推广服务活动获得表彰。“宁阳读书会”自2013年推出，该项系列活动按四季划分：春季——“世界就在您身边”、夏季——“快乐暑假　快乐图书馆”、秋季——“知识与心灵邂逅”、冬季——“让经典与您同行”，并与世界读书日、图书馆服务宣传周等重大节庆内容相结合，推出“特殊还书日”“图书跳蚤市场”等固定惠民内容，同时广泛招募志愿者参与其中，并为他们量身策划各类读书活动，如“英语沙龙”“趣味数学”“安全知识课堂”等。以此既为志愿者提供了展示平台，又确保了活动的多样性，深受广大读者的欢迎。（安徽省图书馆学会　武巍泓）

【徽州地方文献捐赠仪式在黄山市图书馆举办】　1月18日上午，“徽山仰止，文献足征”——徽州地方文献捐赠仪式在黄山市图书馆报告厅举办。黄山市地方志办公室、市文学艺术界联合会、市社会科学界联合会共同向市图书馆捐赠徽州地方文献245册，包含徽州社会科学、徽州文化大辞典、徽州摄影集、徽学刊物、徽州史料、地情书、人物志、地方文学、黄山年鉴等各类文献。（安徽省图书馆学会　武巍泓）

福建省

【概况】　2017年，伴随着《公共文化服务保障法》的实施和公共文化服务体系建设的持续推进，福建省公共图书馆以第六次全国县级以上公共图书馆评估定级为契机，加大财政投入，大幅度提升服务水平和服务质量，有力地推进了公共图书馆事业的健康发展。

全省公共图书馆免费开放服务全面实行。各馆的公共空间设施场地及服务项目免费开放，服务效能稳步提升，切实保障读者利用图书馆的公益性、基本性、均等性、便利性。2017年，全省有县级以上公共图书馆90个，其中省级馆2个、副省级馆2个、市级馆9个、县级馆77个。建筑面积50.92万平方米，阅览室座席37364个，文献总藏量3322.26万册（件），总流通2970.12万人次，书刊文献外借3350.67万册次，门户网站总访问量7829.64万页次。其中由著名企业家曹德旺捐资4亿元建设的福州市图书馆新馆（德旺图书馆）正式开馆，是社会力量参与公共文化服务的成功实践。

全省公共图书馆智能化服务全方面推进。各馆均推出无线热点 Wi-Fi 服务，建设本馆网站，推出微信公众服务平台，实现馆藏资源检索、借阅、数字资源在线阅读等服务功能；“掌上闽图”“掌上厦图”和“移动少图”等移动图书馆陆续推出，实现电子资源一站式检索与全文移动阅读；福建省图书馆、大田县图书馆、鼓楼区数字图书馆等先后开设数字体验空间，改变公众利用图书馆的方式和体验；部分市、县图书馆还引进智能书架，使图书准确定位，方便读者检索。全省还在24个精准扶贫县（市）和5个重点扶贫村配置文化精准扶贫数字阅读体验设备与资源。通过结合新技术、新环境打造的智能服务，有效地拓展了图书馆服务范围，满足广大民众多元化的文化需求。

全省公共图书馆服务体系建设进一步完善。截至2017年，全省各级图书馆建有分馆824个，汽车图书馆19辆，流动服务书刊借阅57.30万人次、106.98万册次。厦门市公共图书馆服务联合体、泉州市公共图书馆文化服务网络体系、三明市公共文化服务体系等区域公共图书馆服务网络体系建设模式日趋成熟完善；莆田地区、福州地区等通过建立分馆，初步形成设区市与县域内实体文献资源共建共享；各地区公共图书馆在社区、学校、部队、养老院、监狱、福利院等建立多个流通点，把服务工作延伸到村、社区、部队、学校基层；24小时无人值守“城市书房”建设热度持续不减，有效延长图书馆开馆时间，扩大服务辐射范围。泉州市图书馆建成2个“百姓书房”，共接待读者4万人次，借阅图书2.9万册次，办理借阅证1000个，“15分钟阅读圈”的成功实践为全省公共图书馆服务体系建设做出新的有益探索。

福建公共文化服务云平台建设稳步推进。在全省85家县级以上图书馆实现与福建省图书馆虚拟网联通的基础上，福建省图书馆着手建设福建公共文化服务云平台。2017年相继完成福建省图书馆读者服务大数据分析平台、福建省图书馆服务大数据智慧墙（含微信移动智慧墙）、国家公共文化服务云平台（福建节点）大数据采集等系统平台建设；12月，以省内21家省、市、县公共图书馆的总分馆大数据分析服务与推广为建设内容的“福建省公共文化服务云平台建设与服务推广项目”启动。

此外，各馆在推进法人治理机构改革、促进图书馆服务供给社会化、开发图书馆文创产品等方面也开展了积极的探索与实践。福建省图书馆、福州市图书馆、三明市少年儿童图书馆等图书馆理事会相继成立并运行。（福建省图书馆学会秘书处）

【举办学习宣传贯彻《公共文化服务保障法》系列活动启动仪式】 3月5日，福建省文化厅在省少年儿童图书馆举办学习宣传贯彻《公共文化服务保障法》系列活动启动仪式。省政府副秘书长赖碧涛等领导出席活动，共同按动“学习宣传贯彻《公共文化服务保障法》系列活动启动球”，拉开全省广泛深入学习宣传贯彻《公共文化服务保障法》的序幕。在启动仪式现场，主办单位向广大市民赠阅2000多册《公共文化服务保障法》；来自全省文艺院团的文化工作者举行文艺惠民演出，用舞蹈、歌唱、杂技、小品、戏曲等12个精彩纷呈的节目，进一步弘扬文化法治精神，营造学习、宣传、遵守、维护《公共文化服务保障法》的良好氛围，推动依法构建公共文化服务体系，更好地保障人民群众的基本文化权益。（福建省少年儿童图书馆）

【举办福建省第六次全国县级以上公共图书馆评估定级工作培训班】 4月5—9日，由福建省文化厅主办、福建省图书馆承办的第六次全国县级以上公共图书馆评估定级工作培训班在福州举办，全省各系统共计140名学员参加培训。培训邀请第六次全国县级以上公共图书馆评估定级宣讲专家委员会主任、南开大学商学院信息资源管理系教授柯平，第六次全国县级以上公共图书馆评估定级宣讲专家委员会委员、陕西省图书馆原馆长谢林，广东省立中山图书馆馆长、广东图书馆学会理事长刘洪辉，浙江图书馆副馆长刘晓清，华博胜讯信息科技（北京）有限公司副总经理刘树峰等进行授课。（福建省图书馆学会秘书处）

【启动福建省2017年世界读书日主题活动】 4月23日，由国家图书馆、文化部全国公共文化发展中心、中国图书馆学会指导，福建省文化厅主办，福建省图书馆、福州晚报社等单位承办的“读吧！ 福建”、“悦读，在路上”——2017年世界读书日主题活动启动仪式在省图书馆举行。省文化厅党组成员、副厅长陈吉，省直机关工委宣传部部长张兵等领导出席活动。启动仪式上，公布了第二届“读吧！ 福建”读书征文活动评选结果并进行表彰，启动“读吧！福建”——全省图书馆阅读推广联盟“4·23”世界读书日阅读活动和第三届“读吧！福建”全民阅读及读书征文活动。在仪式现场，省图书馆与新华网股份有限公司、省广播影视集团海峡卫视签署战略合作协议。由海峡电视台独家出品的五集大型人文纪录片《天下妈祖》在活动当天完成省图书馆入藏仪式，由双方首次联合摄制的系列纪录片《两岸春节》和《丝海探源》举行首播仪式并在海峡卫视播出。另外，活动现场还同步举办福州诗词状元大赛、中华优秀传统文化图书展、馆藏数字资源宣传推广、缩微报打印、微信照片打印，并在网上开展“福建文化记忆”数字影像展等活动，通过新颖活泼的形式，吸引社会大众一起分享阅读，相互激励阅读。（福建省图书馆）

【举办第三期全国传拓技术培训班】 5月9日，由国家古籍保护中心、福建省文化厅主办，福建省古籍保护中心承办的第三期全国传拓技术培训班暨第一期福建省传拓培训班在省图书馆举行开班仪式，国家图书馆副馆长、国家古籍保护中心副主任张志清，福建省文化厅副厅长林守钦，省图书馆馆长郑智明出席，来自全国24家古籍保护单位的35名学员接受为期半个月的传拓技术培训。开班仪式前，举行福建省图书馆正谊书院荣膺“中华优秀传统文化实践基地”称号的授牌仪式，以及国家图书馆古籍馆高仿宋元建本和清康熙《福建舆图》高仿复制件的移交仪式。培训班邀请上海图书馆资深古籍修复及传拓技术研究专家邢跃华，著名碑帖研究专家、上海图书馆研究馆员仲威，著名高浮雕传拓大师、“国家级古籍修复技艺传习中心李仁清传习所”的李仁清等老师为学员授课。（福建省图书馆）

【举办21世纪海上丝绸之路数字图书馆资源建设培训班】 5月16—19日，由国家图书馆主办，福建省图书馆、泉州市图书馆承办，中国图书馆学会“一带一路”工作委员会协办的21世纪海上丝绸之路数字图书馆资源建设培训班在泉州举办，来自“海上丝绸之路”沿线的11个省、自治区的67家图书馆的81名工作人员参加培训。培训班主要课程有：上海社科院世界经济研究所所长权衡主讲的“‘一带一路’建设：从经济强国到文化自信”、上海图书馆原馆长吴建中主讲的“‘一带一路’与中华文化走出去”，以及国家图书馆数字资源部副主任吕淑萍的“国家图书馆‘一带一路’历史文化数据库建设框架”、福建省图书馆馆长郑智明的“‘一带一路’建设中的图书馆作为空间”和海南省图书馆馆长李彤的“海南与‘一带一路’文化渊源”。除专题讲座、经验分享外，培训班还安排现场教学，让学员们近距离感受海上丝绸之路在泉州这个“丝路起点”发展的时代脉络。（福建省图书馆）

【福建省图书馆携手便民自行车站点推广全民阅读】 3月6日，福建省图书馆在全市15个便民自行车站点安装“微信图书馆”的宣传标志，联手福州市公共自行车运营管理有限公司，共同打造“绿色站点+书香站点”，助力福州市的文明城市创建。市民通过扫描“书”上二维码，可获得“微信图书馆”的2.5万种电子书、3800种期刊、1.3万部学习视频等免费数字资源，并获取公益讲座活动等服务信息。（福建省图书馆）

【福建省图书馆、厦门市图书馆获评“2016年度优秀全国科普教育基地”】 3月9日，中国科学技术协会办公厅公布2016年度全国科普教育基地考核结果，福建省图书馆、厦门市图书馆获评“2016年度优秀全国科普教育基地”。1057家参与考核的全国科普教育基地中评审产生110个优秀基地，福建省图书馆和厦门市图书馆是全国图书馆界唯一获此殊荣的2个图书馆。（福建省图书馆厦门市图书馆）

【福建省图书馆举办2017年“文化和自然遗产日”系列活动】 5月25日—6月10日，福建省图书馆联合福州晚报社共同举办“晒出你家‘珍宝’”系列活动，包括：一场“晒宝”集市、一场“教你认识家藏‘珍宝’”分享会、一场网络大“晒”和线上“珍宝”图片展等。5月25日，网络“晒宝”活动启动，开通网络投票平台，读者通过省图书馆微信公众号平台发送家藏“珍宝”图片与文字介绍参与活动。6月4日，省图书馆邀请福建收藏家协会副会长郑榕生举办“漫谈家庭收藏与艺术品投资”主题讲座。网络“晒宝”活动共收到100多位市民提供的近2000

件“珍宝”，近万名网友参与投票。闽剧有声电影《炼印》文献资料等5件“珍宝”获得“网络人气奖”。6月10日上午，省图书馆在一楼多功能厅举办“晒宝”集市与“教你认识家藏‘珍宝’”分享会，邀请9位持宝人带着他们的“珍宝”现场晒宝，400余位读者参加活动。综合网络“晒宝”和现场分享情况，记载宋代理学大家朱熹世系的民国四年版朱氏宗谱手抄本等5件文献分别获得5个单项奖。（福建省图书馆）

【福建省图书馆正谊书院举行小学新生“开笔礼”仪式】 9月9日上午，秉承“释菜礼”尊师重道传统，福建省图书馆在正谊书院举办“开笔礼”活动，50名小学新生参加活动。福建省文化厅党组成员、副厅长，中国艺术研究院中国书法院研究员陈吉先生作为开笔礼正宾出席活动。“释菜礼”是古代入学时祭祀先圣先师的一种典礼。正谊书院借助“释菜礼”举办开笔礼，旨在通过古韵飘香的仪式，继承和发扬中国传统“释菜礼”尊师敬道精神。活动中，正宾陈吉先生为孩童额头点朱砂，寓意“朱砂启智”，并亲笔示范书写“人”字，教孩子们识字习礼，养浩然正气于胸襟。（福建省图书馆）

【福建省少年儿童图书馆联合三单位举办文化下乡活动】 1月19日，福建省少年儿童图书馆联合福州市图书馆、长乐市图书馆、长乐市潭头镇人民政府在潭头镇举办以“共享八闽文化，共建有福之州”为主题的文化下乡活动。活动现场，省少儿馆组织“新春送吉祥，祝福进万家”书写春联、“手拉手传递温暖，心连心共促成长”流动图书车上门送书、凯迪克获奖图画书展，福州市馆带来“魔法气球变变变”活动与剪纸艺术展示，长乐市馆组织“百花争斗艳，灯谜乐团圆”猜灯谜活动，潭头镇政府举办“法律科普宣传”和“送医送药送温暖”活动，受到当地群众的热烈欢迎。（福建省少年儿童图书馆　福州市图书馆）

【福建省少年儿童图书馆举办“名家讲坛”少儿阅读推广系列讲座】 2—3月，由国家图书馆少年儿童馆和福建省少年儿童图书馆共同主办的“名家讲坛”少儿阅读推广讲座在省少年儿童图书馆举行。著名儿童文学作家、天津师范大学比较文学博士子鱼为读者带来“童诗，增进语文起步”“童话，合情合理的胡说八道”两场讲座，全国知名“诗人教师”丁云为读者带来“童诗住在哪里”讲座。4月15日，全国知名儿童阅读推广人李一慢为读者带来“从亲子共读到独立阅读”讲座。7月8日，业界知名的亲子阅读专家、来自美国的Brian Sturm博士带来“儿童阅读材料选择与讲故事技巧”讲座，现场读者在Brian博士的带领下，感受到亲子共读的魅力。（福建省少年儿童图书馆）

【福州市图书馆推广“鸟巢书屋”活动】 根据《市创建办关于印发〈全市推广“鸟巢书屋”的工作方案〉的通知》要求，福州市图书馆积极开展推广“鸟巢书屋”活动。11月15日，市图书馆“鸟巢书屋”推广活动在市仓山区永南中学启动。截至12月，陆续对福州民族中学、福州市双虹小学、晋安区红光苑小学、闽清井后小学、罗源蓝天幼儿园等五区八县共计17所中小学、幼儿园赠送50个“鸟巢书屋”和1500本图书。（福州市图书馆）

【福州市图书馆举办新馆开馆暨书香文化周启动仪式】 12月5日，位于闽江北岸中央商务区望龙一路2号的福州市图书馆（德旺图书馆）新馆正式开馆。福州市委副书记、市长尤猛军，著名企业家曹德旺，中国人民大学常务副书记张建民，福建省文化厅厅长石建平，福建省新闻出版广电局局长陈立华等领导和来宾出席开馆仪式并共同为新馆揭牌。仪式上，尤猛军代表市政府向曹德旺颁发终身荣誉馆长聘书，曹德旺向市图书馆捐赠其自传书籍《心若菩提》。新馆由曹德旺先生捐资4亿元兴建。现有馆藏100万册（件），阅览座位3000个，无线网络全面覆盖，设置闽都非遗馆、闽都文化研究等特色功能区域，管理与服务实现智能化。以开馆为契机，福州市图书馆（德旺图书馆）启动第一届书香文化周，举办榕图大讲堂、中文图书你选我购、“书籍的历史”图片展、林则徐家风家训展、高科技互动体验、福州市非遗精品展等18场阅读推广活动。（福州市图书馆）

【厦门市图书馆推出电子书阅读体验和借阅活动】 1月7日上午，厦门市图书馆在一楼大厅举办“读够（DO GO）”电子书阅读体验和借阅活动，首次推出 Kindle 电子书阅读器，推广无纸化“绿色”阅读，受到读者热捧。短短两天，140 台电子书阅读器被全部借空。电子书阅读器预装 399 本电子书，覆盖历史军事、经典名著、经管理财、历史军事、亲子育儿、人生哲学、人文社科、生活保健、文化艺术、小说传记、政治法律等类别最新出版的高清晰精品电子书，每月更新 100 本。读者借阅电子书阅读器可凭本人有效借阅证且借阅证押金余额不得低于电子阅读器价格，即可办理电子书阅读器借还服务。同时，图书馆在微信公众号上还配套推出“读够”极限赛和体验赛，供读者交流阅读体验。（厦门市图书馆）

【厦门市图书馆“兴趣课堂”试用直播进万家】 1 月 9—12 日，厦门市图书馆开展 8 场为期 4 天的“兴趣课堂”活动，吸引 496 人次参与。“兴趣课堂”开设了涵盖海洋科考、生物研究、材料科学、航空航天等知识的科普课程，中外著名画家及其作品美术欣赏的启蒙课程，通过结绳法搭脚手架等实际动手技能和开展团队合作的课程。“兴趣课堂”是厦门市图书馆“青少年寒假热读”系列活动的主打内容，也是该馆打造 10 年的口碑品牌活动。除为金安小学、高林中心小学等外来务工人员子弟学校预留 30 个名额外，图书馆还通过微信公众号平台开放报名，第一分钟就有 104 位粉丝拼抢 30 个名额。为使更多无法来现场的小读者受惠，工作人员尝试采用直播方式，向“青少年阅读 QQ 一群、二群”及微博读者同步播放活动现场实况，用技术创新弥补活动资源有限的短板，受到青少年欢迎，仅 4 天累计观看量达 10337 次。（厦门市图书馆）

【厦门市图书馆举办中华诗词赏析系列活动】 2017 年 2—3 月，厦门市图书馆举办“中华诗词赏析”推广系列活动。活动内容包括：配合热播节目《中国诗词大会》推出“最美古诗词”专题书展，推荐 156 种有关唐诗、宋词、诗经、楚辞的鉴赏类图书，展出期间多次补书，均被读者取阅一空；举办“穿越时空的遇见——中学生诗歌阅读指导”讲座，190 余名听众参加；举办“春声诗韵——古诗词中的春天”展览，以古诗词中的春思、春景、春游为主题，展示名家眼中的春天；举办“回归‘诗国’——漫谈古典诗词欣赏”讲座，特邀厦门大学中文系教授王玫主讲，210 余名读者听讲；该馆“书虫”青少年阅读会开展进商圈拓展活动，在 JFC 品尚中心举办“咏春”诗词会，喜爱诗词的家长、青少年 100 余人参加活动，除诗词朗诵、古诗新唱外，诗词会还融入颇具地方特色的闽南语古诗，以不同的表现形式展现诗词的无穷魅力。（厦门市图书馆）

【厦门市图书馆与韩国首尔中国文化中心合作举办主题展】 4 月 1 日起，由韩国首尔中国文化中心、厦门市图书馆和厦门市汉服文化交流协会联合举办的“华夏霓裳千年韵”“华夏威仪民俗展”两场展览在韩国首尔中国文化中心网上展厅展出。展览展示中国汉服及民俗发展史及其文化特色，为韩国民众提供近距离感知中国文明礼仪、体验中国文化的机会。厦门市图书馆借助首尔中国文化中心这一国际交流平台，通过形式多样的信息服务为韩国民众打开一扇了解中国、认识厦门的窗口，在中韩两国人民之间架起一座新的文化交流桥梁。（厦门市图书馆）

【厦门市图书馆举办世界读书日全城共读系列活动】 2017 年，在第 22 个“世界读书日”来临之际，由厦门市图书馆发起，全市 10 家公共图书馆、5 家书店、33 家民间读书机构共同参与“真诚相邀全城共读——4·23 全民阅读推广活动”。活动通过好书共选、好书共推、好书共享、好书共读 4 个环节，组织各项活动 41 场次，吸引 2.4 万人次参与。前期开展的“厦门读书人最想分享的十本好书”线上票选活动于 4 月 8 日启动，万余名读者参与其中。为进一步提高读者参与的积极性，图书馆微信公众号同步推出“翻‘阅’赢 Kindle”线上小游戏，并连续推出 10 期“聆听书籍之美——厦门读书人最想分享的十本好书”候选图书音频赏析。同时，在总馆大厅举办“定格阅读瞬间——创意 3D 情景拍摄”“厦门读书人最想分享的十本好书——候选图书介绍展”等活动，让读者从多种角度了解候选图书。4 月 23 日下午 15：00，全市 17 个分享点同时开展“厦门读书人最想分享的十本好书”读书分享会，分享点涵盖公共图书馆、学校、书店、商圈等，吸引来自全市各地近 700 名读者参与。同日，市图书馆还携手新华书店、厦门外图书店在图书馆大厅举办“挑心仪好书，让厦图买单”图书荐购活动，共有2000余位读者参与，荐购图书1867册。“世界读书日”期间，市图书馆还通过微信公众号向读者征集“脸书”。该馆还首次为“世界读书日”活动设计专用LOGO，并制作“真诚相邀全城共读”主题T恤衫、拍摄具有市图书馆元素的宣传照。（厦门市图书馆）

【厦门市图书馆举办何丙仲先生藏碑志拓片捐赠仪式】 8月11日上午，“何丙仲先生藏碑志拓片捐赠仪式”等系列活动在厦门市图书馆拉开帷幕。何丙仲先生是厦门颇有威望的地方文史专家，出版过闽南文化研究专著10余部。为向何丙仲先生捐赠地方文献的公益行动表示敬意，该馆举办《何丙仲藏碑志拓片捐赠协议》签定仪式、“墨拓烟云谁解其味——何丙仲藏碑志拓片资料展”、厦门收藏家座谈会等系列活动。厦门市委原副书记、市图书馆名誉馆长吴凤章，市文广新局副局长李云丽、叶细致等领导以及何丙仲先生的家属、厦门收藏界40多位专家学者、媒体记者等出席捐赠仪式，并参观展览和参加座谈。何丙仲先生捐赠的近800件碑拓资料，是市图书馆首次接受捐赠的地方碑拓专题资料，不但丰富了图书馆石刻文献等特色馆藏的收藏，也将为厦门地方文化的研究和传承提供珍贵的第一手资料。《厦门日报》《厦门晚报》《海西晨报》等媒体对系列活动进行了报道。（厦门市图书馆）

【莆田市图书馆走进高林小学开展“快乐悦读”活动】 4月12日上午，莆田市图书馆副馆长张翔带领馆员走进埭头镇高林小学开展“快乐悦读”阅读推广活动，并将300多册少儿图书赠予高林小学图书室。乐儿阅读数据的小兰老师给现场的低年级孩子们带来一场多媒体故事阅读课《鲁滨孙漂流记》，引导学生们迅速进入故事阅读状态；市图书馆工作人员还在阅读课后完成赠送图书的入库交接，并做编目上架指导和阅读辅导工作。（莆田市图书馆）

【泉州市图书馆少年儿童分馆投入使用】 3月15日，泉州市图书馆少年儿童分馆开放运行，受到广大市民的欢迎。少儿分馆的服务效能显著，截至12月31日，全馆馆藏总量20万册，全年总流通60万人次、95万册次（其中外借55万册次），办理借阅证5097个。同时还开展形式多样的读者活动：举办绘本讲读活动49场次、手工活动92场、珠心算、木偶剧表演、涂鸦等18场次；接待来自全市各中小学、幼儿园、社会机构及团体参观和实践活动30场；举办少儿主题展览9场、讲座19场；每周末都举办周末影院和少儿VR体验活动。（泉州市图书馆）

【漳州市图书馆举办“古城·邂逅”系列活动】 1月7日，由漳州市文化广电新闻出版局主办、漳州市图书馆承办的“古城·邂逅”系列活动拉开帷幕。活动包括：“邂逅水仙花”展览，展出水仙花雕刻作品及水仙花名贵品种，邀请水仙花雕刻技艺代表性传承人张文江先生现场展示雕刻技艺，微信平台抽取的30名幸运读者还可亲身体验雕刻乐趣，并将自己的作品带回家；“漳州市非物质文化遗产项目展演”，漳浦剪纸、漳州木偶头雕刻等7个项目参加漳州古城的展演，现场设置DIY体验区，观众可在传承人的指导下亲自体验漳州木版年画等项目，还加入“手绘古城”元素和闽南语歌曲表演，带来全新视听体验；“邂逅彩扎”制作，省级非遗项目诏安彩扎的代表性传承人林养生现场讲述诏安彩扎的历史和特点，指导读者制作属于自己的元宵花灯，给大家带来佳节祝福。（漳州市图书馆）

【漳州市图书馆举办“让古文献活起来——古籍修复与传拓技艺展”】 6月10日，漳州市图书馆举办文化和自然遗产日主题活动：“让古文献活起来——古籍修复与传拓技艺展”。展览共展出古籍修复与传拓工具的图片65张、工具10余件、古籍修复作品和拓片30余件，展示古籍修复与传拓技艺的流程及相关专业知识。活动现场除有专业人员进行讲解之外，还设置传拓技艺体验环节，参观者可在传拓老师的指导下亲手制作拓片，更可免费将自己的作品带回家，体味传统文化带来的乐趣。（漳州市图书馆）

【三明市图书馆开展三明智慧父母读书会活动】 4月23日上午，三明智慧父母读书会启动仪式在市图书馆一楼大厅举行。读书会倡议以“家”为阵地，以“悦”为心灵，以“读”为平台，努力打造“家业、学业、事业”三业并举的幸福平台。该馆向三明市妇女儿童活动中心、徐碧街道东乾社区、龙岗社区居民委员会、东安社区等 14 个组织授予三明智慧父母读书会阅读点牌子。截至 12 月 31 日，全部阅读点均开展活动，其中 5 个阅读点开展常态化活动，一年共举办活动 40 余场，惠及三明市区 300 多个家庭。活动得到众多家庭的点赞，三明电视台、《三明日报》等媒体多次报道读书会活动。（三明市图书馆）

【三明市图书馆视障阅读空间正式揭牌】 5 月 21 日上午，三明市图书馆视障阅读空间暨中国盲人图书馆三明市支馆揭牌仪式在三明市图书馆七楼举行。市残联副理事长卢军、副调研员胡玉明，市图书馆馆长黄泽民，市盲人协会会长江华参加揭牌仪式。同时，市盲人协会“学习点燃希望”读书会也在此成立。在三明市图书馆视障阅读空间，视障朋友可通过触摸全国地图，感受神州的地大物博；可通过“阳光读屏”上网浏览时事新闻；可细细倾听有声读物，可下载音频试听；还可在馆内阅读盲文书籍。（三明市图书馆）

【三明市少儿图书馆举办徐雁教授公益讲座】 5 月 11 日，由三明市少儿图书馆、三元区总工会和三元区妇联共同举办，南京大学信息管理学院教授、中国图书馆学会阅读推广委员会副主任徐雁教授主讲的“家训的智慧、家教的魅力”在三明市少儿馆开讲。徐教授围绕“耕读传家久，诗书继世长”的中国传统人文理念，结合诸葛亮、颜之推、章太炎、朱熹、曾国藩等人文世家的家书、家训、家风内容及其家教案例，阐发“积财千万，无过读书”“贫者因书而富，富者因书而贵”“人生惟有读书好，最是书香能致远”的民间传家教子智慧，讲述亲子阅读的基本技巧、书香家庭建设的成功案例和终身学习的有益经验，300 多名家长听讲。（三明市少儿图书馆）

【南平市图书馆成立国学教育基地】 12 月 16 日，南平市图书馆在李侗学堂成立国学教育基地。市图书馆支部书记刘忠旺、市诗词楹联学会副会长陈建平、伊剑平及南平市著名书画家吴如桂共同为国学教育基地揭牌。仪式上，孩子们齐声诵读《弟子规》，刘忠旺致辞。仪式后，陈建平为小朋友讲解《七步王声律启蒙》。吴如桂即兴画作《春晓读书图》赠予市图书馆收藏。李桐学堂是市图书馆成立的第一个馆外国学教育基地。今后，市图书馆将定期组织开展经典诵读、故事赏析、诗词创作等国学教育活动与讲座，进一步弘扬民族优秀传统，传承中国经典文化。（南平市图书馆）

【晋江市图书馆开展 2017 闽台地区优秀传统文化交流活动】 6 月 16 日，为推动晋江、金门两地的文化交流，推动海峡两岸文化遗产的交流与传播，晋江市南音、高甲、木偶等传统戏曲演员以及“一生阅读计划”的优秀小读者等一行 32 人前往金门，开展为期 3 天的 2017 闽台地区优秀传统文化交流活动。此次活动由国台办海峡两岸出版交流中心、晋江市文体新局、金门县文化局、晋江市图书馆等联合举办。期间，晋江市图书馆与金门县文化局举行两地特色文献互赠仪式，并参观金门县立图书馆，了解和体验金门的传统手艺——喜灯制作。另外，还开展南音、高甲戏、掌中木偶表演的互动交流活动。（晋江市图书馆）

【香港汉荣书局一行参观石狮市图书馆】 4 月 24 日下午，石狮市图书馆迎来全国政协委员、香港汉荣书局董事长石汉基，香港汉荣书局创办人石景宜博士的夫人刘紫英等一行到馆参观、交流。该馆同时接受汉荣书局通过中国宋庆龄基金会捐赠的 570 余种 1400 多册港台版图书，内容包括生活百科、经济管理、历史文献和文学艺术等。（石狮市图书馆）

【长泰县图书馆组织开展全国优秀盲人读者评选活动】 2 月 17 日—4 月 11 日，由中国盲文图书馆主办、长泰县图书馆承办的“书香承载梦想　阅读点亮人生”全国优秀盲人读者评选活动在长泰县范围内有序开展。为便于盲人读者参与活动，图书馆安排工作人员到各读者家中实地走访，了解其阅读事迹、阅读书目、存在困难等。经县优秀盲人读者评选小组研究评定，推荐戴小平、郝福庆作为候选人，报名参加全国优秀盲人读者活动。经过中国盲文图书馆专家评审，戴小平、郝福庆分别荣获全国“百名优秀读者”“阅读达人”荣誉称号。同时长泰县图书馆也荣获全国优秀盲人读者评选活动的“优秀组织奖”。（长泰县图书馆）

江西省

【概况】 截至2017年底，江西省共有公共图书馆112个，其中省级1个，市级11个，县（市、区）级100个。馆舍总建筑面积达44.1万平方米，阅览室座席36951个。全年获得财政拨款2.9亿元，其中新增藏量购置费3846万元。从业人员1553名，其中在编人员1461名。文献资源（不含电子文献）总藏量2902万册（件），纸质图书年入藏量168万册，电子文献年入藏量558.99万册。数字资源总量达1488.75TB，其中自建数字资源总量355.19TB。随着全省公共图书馆办馆条件的进一步改善，全省各级文化部门不断加强管理，不断创新公共文化服务手段，提升公共图书馆的服务功能和服务水平。

深入推进免费开放，服务效能得到提升。2017年，全省有效借书证总量达到150万个，总流通达1673万人次，书刊文献外借908万册次，举办讲座、培训活动共2651场次，展览1233场。

有力推进县级图书馆总分馆制建设。江西省2016年开始在全省范围内分批推进县级图书馆总分馆建设试点。首批推出26家试点单位，各级政府高度重视，在经费上给予大力支持，市级中心馆在技术支撑上给予保障，县级总馆积极努力，在站点选择上结合当地实际情况，因地制宜地开展分馆建设。截至2017年底，26家试点单位已建成并开通运行分馆131个，基本构建起以市图书馆为中心馆、县（区）图书馆为总馆、街道与乡镇图书馆为分馆、社区与农家书屋为基层馆的四级总分馆服务体系。

整合资源、共建共享、联合发展。经过充分酝酿和反复研究，赣西地区公共图书馆联盟于2017年5月正式成立，进一步加强萍乡、宜春、新余三个市图书馆之间的合作与交流，推动赣西地区公共图书馆事业协同发展，提升图书馆服务水平和服务效益。

依托“古籍保护工程”，完善全省古籍普查登记管理体制。江西省古籍保护中心办公室通过网络或电话保持与国家古籍保护中心和全省各古籍收藏单位的联系，上传下达，接受各单位人员的咨询，努力推动全省古籍普查工作深入开展。江西省古籍总藏量为89582部，2017年底已初步完成古籍普查工作的单位有83家（85070条）。

加快创新，积极开展平台建设。2017年，江西省开始开展全省贫困地区公共数字文化服务提档升级项目建设，对通过立项的52个贫困乡镇级综合文化站和99个数字文化驿站的所属贫困地区开展公共数字文化服务提档升级工作；完成国家图书馆在2016年批复的4个县区数字图书馆和2017年批复的3个县区数字图书馆的互联互通建设工作。（江西省图书馆学会　谢佳新）

【《全国古籍普查登记目录》审校人员培训班举办】 3月14日，由国家古籍保护中心主办、江西省古籍保护中心承办的第十六期《全国古籍普查登记目录》审校人员培训班在省图书馆举办。省古籍保护中心、省图书馆、国家古籍保护中心的有关领导出席开班典礼，来自江西省36家古籍收藏单位的39名学员参加此次培训。培训为期两周，培训内容包括古籍普查登记目录整理规范、审校要求与审校实践。省古籍保护中心从江西各古籍收藏单位现有普查目录中提取36家单位的4万余条数据供本次培训班进行审校。（江西省图书馆学会　谢佳新）

【江西省图书馆举办2017年第一期全省数字图书馆推广工程暨文化共享工程培训班】 5月16—18日，江西省图书馆在南昌举办2017年第一期江西省数字图书馆推广工程暨文化共享工程培训班。来自全省各设区市、县（区）图书馆分管馆长、业务骨干120余人参加此次培训。培训邀请7名数字图书馆推广工程和文化共享工程方面的技术专家，围绕全省文化共享工程发展规划、第六次全国公共图书馆评估定级平台、公共电子阅览室建设、ILAS软件与图书馆评估系统技术对接、网络系统安全、基层服务平台建设等内容进行授课。授课采取互动研讨、参观交流、经验分享等多种形。此外，在本次培训期间，来自全省111个设区市、县（区）图书馆的分管馆长、业务骨干响应省馆号召，各馆之间积极交换通借通还协议书及馆际互借工作单，为实现全省公共图书馆互联互通，最大限度方便读者借阅做出努力。（江西省图书馆学会　谢佳新）

【“清风雅韵——鄂湘赣皖四省联盟廉政文献展”在江西省图书馆举办】 7月16—31日，由江西省图书馆主办，湖北省图书馆、安徽省图书馆、湖南图书馆共同承办的“清风雅韵——鄂湘赣皖四省联盟廉政文献展”在江西省图书馆展出。本次展览共精选出四省图书馆联合推荐的优秀廉政书籍90本，内容涵盖小说、人物传记、研究论文、访谈记录等，涉及政治、经济、法律、哲学、历史等多个领域，通过将这些书籍的书目信息制作成图片进行展览，使读者能够更加直观、快速地理解书籍概况。（江西省图书馆学会　谢佳新）

【江西省古籍保护中心向国家图书馆赠送《国家珍贵古籍江西珍本丛刊》】　9月13日，《国家珍贵古籍江西珍本丛刊》赠书仪式在国家图书馆举行。江西省文化厅党组成员、副厅长任永新向国家图书馆赠送该批文献，国家图书馆馆长、国家古籍保护中心主任韩永进接受赠书并颁发捐赠证书。江西省图书馆馆长周建文、省文化厅社会文化处副处长涂为民以及国家图书馆相关部门负责同志出席仪式。《国家珍贵古籍江西珍本丛刊》是江西省委宣传部、省文化厅于2015年启动的“江西古籍再造工程”项目，其宗旨是对该省珍贵古籍进行抢救性保护。用纸选用江西省入选第一批“国家级非物质文化遗产名录”的铅山连四纸。第一辑选目四种，一是明嘉靖四年刻十七年增修三十八年递修本嘉靖《江西通志》，江西省图书馆藏；二是明万历彩绘绢本《江西全省图说》，国家图书馆藏；三是宋刻本《重刊邵尧夫击壤集》；四是宋刻本《邵尧夫先生诗全集》。（江西省图书馆学会　谢佳新）

【江西省图书馆举办2017年江西省数字图书馆推广工程第二期培训班】　9月25—28日，江西省图书馆在萍乡举办江西省数字图书馆推广工程2017年度第二期培训班。来自吉安、赣州、萍乡、宜春、抚州5市共55名市、县（区）图书馆分管馆长、业务骨干参加此次培训。此次培训由江西省图书馆数字图书馆推广工程相关技术专家和国内数字资源建设行业的著名培训师共同组成授课教师组，围绕国家数字图书馆推广工程专题研讨、互联互通项目建设及维护、地方特色数字资源建设与地方特色文化研究、RFID智能图书管理系统等内容进行授课。（江西省图书馆学会　谢佳新）

【江西省图书馆举办2017年全省公共图书馆采编业务培训班】　9月27—28日，江西省图书馆在上饶市举办2017年全省图书馆采编业务培训班。各公共图书馆分管采编业务的馆长、采编部门主任及业务骨干共106人参加此次培训。培训期间，省图书馆编目和审校老师向学员们详细讲授书目数据制作方法、文献审校、采编系统操作流程等采编业务内容。本次培训采取课堂教学、现场操作、互动交流相结合的授课模式，授课内容与采编实际工作紧密结合。学员们通过两天的学习和交流，深入了解采编核心业务知识，全面掌握采编系统各模块的操作方法，采编工作能力得到有效提升，为基层公共图书馆采编工作发展夯实了基础。（江西省图书馆学会　谢佳新）

【江西省图书馆举办2017年全省公共图书馆视障文化服务业务培训班】　10月31日—11月2日，由中国盲文图书馆和江西省图书馆联合主办的2017年江西省公共图书馆视障文化服务业务培训班在南昌举办。来自全省各设区市、县（区）公共图书馆馆长及视障文化服务工作负责人共110余人参加本次培训。培训过程中，中国盲文出版社副总编辑沃淑萍介绍中国盲人图书馆“五个中心　一个窗口”的视障文化服务模式，向学员们传授宝贵的经验和服务创意。省盲协主席孟国鸣介绍当下视障人士的阅读现状，并做题为“让盲人阅读插上数字的翅膀”的讲座。来自中国盲文图书馆和盲文出版社的其他老师为学员们详细讲解盲用阅听辅助产品、图书馆视障阅览室建设解决方案、中国盲文出版社文化产品、盲人数字阅读推广工程等内容。（江西省图书馆学会　谢佳新）

【江西省古籍保护中心举办2017年全省古籍保护工作管理人员培训班】　11月27—30日，由江西省古籍保护中心（江西省图书馆）主办、宜春市图书馆承办的2017年全省古籍保护工作管理人员培训班在宜春市图书馆举办，宜春市文化广电新闻出版局、省图书馆相关领导出席开班仪式。江西省图书馆学会古籍保护部成员、有关高校图书馆、中学图书馆、各设区市公共图书馆、县级公共图书馆及省级以上古籍重点保护单位分管古籍工作的馆领导及古籍普查工作骨干等66人参加培训。此次培训人员来自38家古籍收藏单位，培训内容包括古籍普查登记目录出版流程、古籍保藏与修复、古籍普查登记目录审校示例，对学员们做好《古籍普查登记目录》的审校出版工作有着积极的推进作用。（江西省图书馆学会　谢佳新）

【九江市图书馆成立图书捐赠和交换中心】 4月23日，九江市图书馆成立的图书捐赠和交换中心正式运行。该中心于每周日14:30—17:00开放，读者可自带图书，经工作人员换算后获得换书券，凭券可在换书区选择所需的图书。前期换书区可供选择的图书大多是由市图书馆提供，全部为全新国内正版图书，涉及文艺小说、社会科学、自然科学、工程技术、少儿读物等类别。当该中心的图书累积到一定数量时，市图书馆将不定期组织爱心捐书活动，把图书送到急需的社区及边远山区、学校。活动当天近百位读者参与此项活动，交换图书278本，折合金额3955元。（江西省图书馆学会　谢佳新）

【赣西地区公共图书馆联盟成立大会暨第一次学术研讨会召开】 为进一步加强新余市图书馆、宜春市图书馆、萍乡市图书馆三馆之间的合作与交流，推动赣西地区公共图书馆事业协同发展，提升图书馆服务水平和服务效益，经过新余、宜春、萍乡图书馆行业的充分酝酿，赣西地区公共图书馆联盟正式成立。5月26日，赣西地区公共图书联盟成立大会暨第一次学术研讨会在萍乡市图书馆召开。萍乡市文化广电新闻出版局、宜春市图书馆、新余市图书馆的领导及萍乡市辖区县级公共图书馆馆长代表共40余人参加会议。会议宣读并通过赣西地区公共图书馆联盟章程、建设实施方案和联盟宣言，在馆际互借、资源共享等方面达成共识。（江西省图书馆学会　谢佳新）

【吉安市图书馆理事会成立】 6月29日上午，吉安市图书馆理事会成立暨一届一次会议在吉安市图书馆会议室举行。该馆首届理事会的理事产生，采用了组织推荐和社会招募相结合的方法，最终确定理事15名，成员既有组织委派、推荐，也有市人大代表、政协委员和工青妇代表，更有普通读者代表。成立大会后，吉安市图书馆第一届理事会召开第一次会议。各位理事对《吉安市图书馆理事会章程（草案）》提出合理化建议，副理事长、市图书馆馆长邹美兰介绍图书馆的基本情况以及全年工作安排。理事长、市文广新局副调研员吴岳最后讲话，希望各位理事充分发挥作用，尽职尽责，对图书馆事业发展积极建言献策。（江西省图书馆学会　谢佳新）

【开国将军后代向抚州市图书馆捐赠一批红色书籍】 7月23日，开国将军后代合唱团抚州演唱会在汤显祖大剧院举行。在演出开始前，部分开国将军后代向抚州市图书馆捐赠一批红色书籍，有人物传、图集、专题集、回忆录等多种类别。市图书馆馆长孔彬代表市图书馆接受开国将军后代的图书捐赠，同时赠送图书收藏荣誉证书并合影留念。（江西省图书馆学会　谢佳新）

【赣州市图书馆设立少儿红色主题教育馆】 为弘扬苏区精神，让孩子们从小接受红色文化启蒙教育，赣州市图书馆于11月新增设少儿红色主题教育馆。该馆设在赣州市图书馆一楼。馆内含有100余册内容生动、适合小朋友阅读的《漫画红都》；墙上布置有31块图文并茂的展板，展示全国苏维埃代表大会、中央红军突围长征等方面的历史；屏幕还可播放国内首部红色文化启蒙教育动画片《红游记》。少儿红色主题教育馆周末开放，可容纳24名小朋友入座学习。（江西省图书馆学会　谢佳新）

【新余市渝水区图书馆成立书咖式县区图书馆】 2月初，江西省首家书咖式县区图书馆——新余市渝水区图书馆正式向读者免费开放。渝水区图书馆将原有的外借室、书库、报刊室等重新整合，1500平方米的空间被分为新书上架区、阅览读书区、咖啡休闲区和文艺沙龙区4个区域，整体风格显得清新明快。和传统图书馆不同，该图书馆以“图书＋咖啡＋沙龙”的新模式，进一步提升群众阅读服务档次，让读者在一边品尝免费咖啡一边阅读的休闲方式下爱上阅读，感受书香。目前全库图书实现图书馆自动化集成系统ILAS III数字化借阅管理，采用全开架式、借阅藏一体化服务模式。（江西省图书馆学会　谢佳新）

【修水县图书馆举行新馆开馆仪式暨系列读

书活动】 9月28日，修水县图书馆良塘新馆举行开馆仪式，九江市文广新局、市图书馆、修水县政府有关领导，县文广新局系统全体干部职工，县二中师生代表，以及义宁镇洋洲社区居民代表500余人参加活动。开馆仪式上，北京华夏翰林文化艺术研究院、九江中奥投资有限公司、北京华夏鼎盛文化传媒公司分别赠书1000册、2000册和500册。随后，图书馆举办一系列读书活动，包括“穿越时空的国学智慧”讲座、猜谜语有奖活动、少儿故事会、图片展等。（江西省图书馆学会　谢佳新）

【吉水县图书馆举行先贤主题馆开馆仪式】 10月26日，吉水县图书馆举行先贤主题馆开馆仪式，县政府、吉安市图书馆有关领导，杨万里故事传承人杨巴金及读者200余人出席仪式。吉水先贤主题馆位于县图书馆3楼，是吉安市第一家先贤资料馆，定位为“展示吉水先贤风貌的平台、传播传统文化的教育基地”。（江西省图书馆学会　谢佳新）

山东省

【概况】 截至2017年底，全省公共图书馆共有152个，其中省级图书馆1个、副省级图书馆1个、计划单列市图书馆1个、市级图书馆15个、县（市、区）级图书馆134个（其中日照市岚山区、聊城市东昌府区、莱芜市莱城区图书馆正在筹建）。

在第六次全国县级以上公共图书馆评估定级工作的推动下，全省各地各级图书馆在经费、馆舍、设备、设施等方面大幅增加，公共图书馆服务体系建设再上新台阶。馆舍总建筑面积107.4万平方米，比上年增长14.7%。阅览室座席62796个，其中少儿阅览室座席14161个。计算机总台数11414台，数字资源存储容量3864TB，网站年访问量2903万次。财政拨款总经费6.7亿元，比上年增长2.2%，其中购书经费1.6亿元，人均购书费1.63元，比上年增长73%。文献总藏量7002万册（件）（含电子图书），比上年增长37.4%，新增文献1379.5万册（件）（含电子图书）。全省发放有效借书证325万个，比上年增长14%。总流通4216万人次，文献外借3235万册次，分别比上年增长14.4%和6.6%。建立分馆2376个，流动图书馆（车）书刊借阅234万册次。组织举办各种读者活动12787次，其中讲座5741次、展览1798次。全省专业人员共计2793人，其中高级职称427人，中级职称1083人，比例分别为15.3%和38.8%。（山东省图书馆　王彬）

【山东建成乡村儒学讲堂逾9200个】 山东省进一步完善“图书馆＋书院”模式，加快城乡儒学讲堂建设。2017年2月，山东省内公共图书馆已全部建成尼山书院，乡村（社区）儒学讲堂达到9200多个，举办各类活动逾4万场次，参与群众超500万人次。山东建设乡村儒学讲堂的举措，对弘扬赡老敬亲的传统美德，改善乡风民俗，营造和谐农村、和谐社区，发挥重要的文化启智作用。自2014年起，山东开始以基层综合性文化服务中心为主阵地建设乡村（社区）儒学讲堂，并列入公共文化服务体系建设目录。省文化厅同时组织各市、县尼山书院充分发挥优势，整合师资力量，定期派驻优秀讲师到本区域内贫困村儒学讲堂现场授课，针对贫困村存在的实际问题面对面为群众答疑解惑，提升其道德素质和文明水平。（山东省图书馆　王玮）

【文化部2016年度公共数字文化工程考核组莅临山东考核指导】 3月12—14日，文化部公共数字文化工程考核组莅临山东，对全省2016年度公共数字文化工程的建设情况进行实地考核。此次考核主要针对省级文化行政部门贯彻落实《文化部公共数字文化工程管理办法》、2016年度推进公共数字文化资源建设和省级公共数字文化工程组织实施单位推进文化信息资源共享工程、数字图书馆推广工程、公共电子阅览室建设计划等工程情况进行考核。此外，文化部委托第三方对山东省公共数字文化工程社会效益发挥和群众满意度情况的测评也同步进行。考核组首先听取省文化厅关于山东省2016年度文化共享工程、公共文化云平台、数字图书馆推广工程、公共电子阅览室建设、海疆数字文化长廊等公共数字文化工程情况的汇报并就有关问题进行现场质询与档案查阅和实地考察；随后随机抽取并实地考察青岛市公共数字文化工程的建设情况，并对此次实地考核情况进行口头反馈。考核组对山东省在海疆万里数字文化长廊建设、“光明之家”盲人数字图书馆、“青云图”云图书馆等方面的探索和创新给予充分肯定，同时指出在公共数字文化工程建设和服务方面存在的不足并提出改进的意见和建议。（山东省图书馆　王玮）

【山东举办第十二届全省读书朗诵大赛】 在4月23日第22个“世界读书日”到来之际，第十二届全省读书朗诵大赛颁奖典礼在山东省图书馆举行。此次大赛由省文化厅主办，省图书馆学会、省图书馆、省广播电视台广播经济频道承办，17市图书馆协办。大赛围绕“书卷长流　伴随一生——悦读在路上”主题，结合“中国人民解放军建军90周年”“香港回归中国20周年”活动展开，立意突出，富有时代感。大赛于3月中旬启动并接收读者咨询报名，省图书馆和17市图书馆积极响应联动，读者踊跃报名，参与热情高，参赛人数较之往年大幅增加，参与选手有1万余人，儿童组报名人数持续增长，外地参赛选手增长趋势明显。本届大赛17市图书馆的参与人数、组织措施、评委水平等都达到空前，这充分体现大赛的全民参与性和群众的阅读热情。（山东省图书馆　王玮）

【2017年山东省古籍保护工作会议在济南召开】 6月7日，“2017年山东省古籍保护工作会议”在济南召开。来自全省17市公共图书馆、省直驻济古籍保护单位、省级“古籍重点保护单位”负责人等共50余人参加会议。会议对2016年度全省古籍保护41家先进单位和71名先进个人进行表彰，公布第一批山东省“省级古籍修复站”名单，举行古籍修复成果《潘美娣与古籍修复》的出版首发式，省古籍保护中心与市中心和各重点收藏单位签订《山东省古籍普查登记工作任务书》，并对参会人员进行古籍普查及管理方面的培训。（山东省图书馆　王玮）

【“网络书香·数字图书馆建设与服务”宣传推广项目（山东站）系列活动在烟台举行】 6月14日，“网络书香·数字图书馆建设与服务”宣传推广项目（山东站）系列活动启动仪式在烟台举行。本次活动由文化部公共文化司指导，国家图书馆、中国图书馆学会、山东省文化厅主办，省图书馆、省图书馆学会承办，烟台图书馆协办，活动为期一周。本次活动包含为期两天的专业培训，面向山东全省160余名各级各类图书馆馆长、业务骨干，开设有关数字图书馆的资源、软硬件建设，管理服务等培训课程。培训班邀请国家图书馆信息技术部主任助理李志尧、中国农业科学院农业信息研究所所长孙坦等4位专家授课，引入先进理念和实际操作经验，为山东数字图书馆的建设和推广培养专业技术人才。除专业培训外，主办方还在烟台图书馆内开辟数字服务展示体验区，对数字图书馆推广工程建设五年间成果做集中展示。既有“动静结合”的新媒体展示又有多种多媒体终端设备互动体验，将特色数字资源与多媒体终端相结合，凸显在当今全媒体平台上，数字图书馆的便利性和趣味性，与普通读者分享国家数字图书馆建设的成果。（山东省图书馆　王玮）

【山东省尼山书院暨乡村（社区）儒学工作会议在曲阜召开】 12月13日上午，山东省尼山书院暨乡村（社区）儒学工作会议在济宁曲阜召开。全省17市文化广电新闻出版局、图书馆及乡村（社区）儒学代表共106人参加会议。会上宣读“尼山书院建设示范单位”“乡村（社区）儒学示范点”名单并颁奖。省文化厅与济宁市人民政府代表共同为尼山书院三孔研学游基地揭牌。山东省尼山书院分别与济南、青岛两市尼山书院代表签订尼山书院联盟协议，这标志着全省尼山书院运行机制日趋完善。尼山书院联盟的建立，将在进一步完善运行和服务机制，完善建设、服务、活动、教材、管理等方面的标准体系，保障其建设规范化管理和科学化发展中发挥重要作用。（山东省图书馆　王玮）

【山东省图书馆举办全省公共数字文化建设与服务培训班】 1月16—18日，山东省图书馆（山东省文化信息资源共享中心）在枣庄市举办“全省公共数字文化建设与服务培训班”。全省17市图书馆（文化共享工程支中心）公共数字文化建设分管领导与技术部门负责人，137县（区）图书馆（文化共享工程支中心）公共数字文化建设技术负责人参加培训班。培训班上，文化部全国公共文化发展中心培训保障部副处长焦延杰结合文化共享工程进村入户工作介绍全国公共数字文化发展现状，要求山东省抓住中央逐步加大对公共数字文化投入的契机，进一步提升文化共享工程“进村入户”工作、海疆数字文化长廊和公共文化云平台的服务水平。省图书馆技术人员介绍山东省公共文化云平台、公共电子阅览室监管系统操作与应用以及文化共享工程中国文化网络电视、公共文化一体机、海疆数字文化长廊数字渔家乐设备的操作与使用。（山东省图书馆　王玮）

【台湾辅仁大学等校师生参访团访问山东省图书馆】　1月18日，台湾辅仁大学、东华大学、师范大学和政治大学的师生共33人，在参访团团长、辅仁大学图书资讯学系教授张琏女士带领下，在山东省台办、济南市台办领导陪同下来到山东省图书馆，就古籍保护修复等进行交流访问。在座谈中，省图书馆副馆长李勇慧介绍省古籍保护中心、省图书馆在古籍保护及修复、古籍保护中心运作等方面的工作情况，重点就古籍管理、普查、修复、展示、研究和利用"六位一体"保护模式做介绍。双方就相关具体工作进行深入交流，气氛热烈。参访团一行还参观了"册府琳琅"展厅，现场观看修复工作并做进一步交流。本次活动对于推动两岸文化交流，特别是古籍文献保护与开发利用方面的交流合作具有重要意义。（山东省图书馆　王玮）

【山东省图书馆依托尼山书院打造传承优秀文化平台】　山东省图书馆尼山书院（以下简称"书院"）自建成后，成功推出明湖高端对话、国学公开课、尼山书院会讲日、尼山书院国乐团"国乐杏坛"丝竹雅集等多项重要活动，被山东省人民政府评为"第二届山东省文化创新奖"项目，被国家古籍保护中心授予"传统文化传承基地试点单位"等称号。书院知名度日渐高涨，已成为深受省内民众欢迎的传承中华优秀传统文化的大平台。书院学术讲座如"国学公开课""国学养生课堂""国术课堂""沙画公益课"、夜间"阅读今晚"系列读书讲座等已经初步形成品牌效应，年均举办各类讲座260余场次，受众近21万人次。此外，书院开设"永奠和平——济南青岛德州地区受降展"和"翰墨书香——百年馆史展"两个主题展室，在二楼设齐鲁先贤英模展，自开展以来接待参观者达2万余人次。2017年新年期间，推出尼山"新六艺"非遗项目及传统民俗文化体验周。其中，针对青少年、儿童推出少儿"新六艺"体验课、国学体验冬令营等，设置包括少儿太极、诵读经典、中国剪纸以及礼、乐、射、御等六艺的修习等课程，让参加活动的孩子领略中华优秀传统文化的魅力；针对传统文化爱好者开设山东特色非遗项目展示、金石拓片体验、太极拳体验活动等，让群众贴近感受非遗等传统文化魅力。书院吸纳社会力量，由志愿乐手组成公益演出团队"尼山书院国乐团"，向社会推出"尼山书院'国乐杏坛'丝竹雅集"活动。另外，通过组建"尼山琴社""尼山义塾"等公益组织，传承古代书院的社会教育作用，使之成为学校教育和家庭教育的有益补充，为书院赢得良好的社会美誉度。2017年，书院还积极"走出去"，全面推进"进社区、进校园"举措，相继举办"社区儒学讲堂""公益讲座进小学"等活动。2017年2月，在省馆尼山书院带动下，山东省内公共图书馆已全部建成尼山书院，成为国内体系完整、覆盖广泛、内容丰富、形式活泼、群众欢迎、效果显著的传统文化服务传播传承重要机构之一。（山东省图书馆　王玮）

【山东省图书馆举办全省图书馆新媒体、新技术、新服务展示交流会】　2月28日—3月1日，由山东省图书馆、省图书馆学会主办的"2017年全省图书馆新媒体、新技术、新服务展示交流会"在日照市图书馆举行。全省17市图书馆及各区县图书馆馆长170余人参加会议。本次会议包括图书馆新媒体、新技术、新服务高层论坛，交流会，展览会和读者体验日4项内容。上海图书馆副馆长刘炜、山东科学院情报研究所所长杨子江、山东省图书馆副馆长周玉山分别做"知识的历史与图书馆未来""新技术支撑媒体新服务"和"山东公共文化服务云平台建设的若干思考"专题报告，日照市图书馆、济南市图书馆、东营市河口区图书馆、济宁市高新区图书馆分别介绍在新媒体、新技术应用方面取得的经验。会议同期举办新媒体、新技术、新服务展览和数字图书馆推广工程建设成果展，除安排与会人员参观外，还举办了读者体验日活动，读者可在展示区体验日新月异的科技产品与服务。（山东省图书馆　王玮）

【山东省图书馆举办首届全省图书馆采编业务研讨会】　山东省图书馆、省图书馆文献编目中心联合9家出版社于3月28—29日在济南市举办首届山东地区图书馆采编业务研讨会。省图书馆、全省17市图书馆分管资源建设的馆长、采编业务人员及9家出版社馆配服务人员等60余人出席会议。会上通报《关于表彰2012—2016年全省图书馆文献资源共建共享先进集体、先进个人的决定》，并为荣获先进单位的代表颁发奖牌和荣誉证书。会议特邀国家图书馆中文采编部主任、全国图书馆联合编目中心主任王洋做题为“互联网+时代图书馆文献采编业务的发展方向”的主旨报告。出版社代表卢红兵介绍当前出版动态和馆配市场环境，9家出版社的出版重点和馆配特色，让图书馆采编人员更加了解以图书馆为核心的馆配市场情况。会议还安排采编业务的经验交流，青岛市图书馆、淄博市图书馆先后做典型发言。在分组讨论中，与会者围绕政府采购下的馆社服务模式、采编业务模式选择、当前采编业务面临的新问题以及采编业务转型等问题，提出富有建设性的建议和意见。各出版社代表也对此次研讨会给予充分肯定，表示将全力支持与配合全省采编工作开展，为读者配备好书，提供规范化、标准化的文献资源服务。（山东省图书馆　王玮）

【中国图书馆学会公共图书馆分会基层图书馆工作委员会在济南成立】 3月31日，中国图书馆学会公共图书馆分会基层图书馆工作委员会第一次工作会议在山东济南举行。基层图书馆工作委员会挂靠山东省图书馆，旨在为促进基层图书馆事业的发展提供政策方向及措施参考，推动基层图书馆可持续发展。目前委员20人，来自全国东、中、西部10个省、市、县的公共图书馆及高校。（山东省图书馆　王玮）

【澳大利亚南澳州州立图书馆专家应邀访问山东省图书馆】 4月20日，根据两馆此前签署的合作协议，澳大利亚南澳州州立图书馆信息技术专家Andrew Piper和教育干事Sharon Morris应邀到山东省图书馆开展为期20天的访问交流。省馆邀请两名专家在报告厅做“南澳州州立图书馆公共文化服务的经验介绍”主题讲座，详细介绍当地文化艺术、图书馆建设的发展现状，并就现代阅读服务、数字资源建设以及历史文化传播等方面做系统讲解，加强省馆员工对南澳州州立图书馆等国际文化机构服务理念和服务方式的认识。两名专家随后在尼山书院、古籍保护中心、计算机中心、少儿部等部门开展深入交流。此次访问交流，对拓宽省馆员工公共文化服务思路、提升服务能力起到积极作用，为双方进一步拓展合作领域、提升人文交流水平奠定基础。（山东省图书馆　王玮）

【第二届奎虚图书奖揭晓】 4月23日，第二届奎虚图书奖颁奖典礼暨获奖作品分享会在山东省图书馆报告厅举行。奎虚图书奖由省图书馆发起，17市图书馆共同参与，从上年度全省出版图书中遴选佳作，荐之于众，以供读者阅读收藏。第二届奎虚图书奖评选自年初启动以来，共汇集2016年驻鲁出版社出版图书1184种，一轮入围50种，二轮入围36种。经过地市图书馆推荐、微信线上评选投票活动、组织专家审读书目、专家评审委员会终评等环节，综合网上图书投票、地市图书馆推荐等因素，评选出2016年度鲁版优秀奖图书4种（人文社科类3种、科普类1种、少儿类空缺）、推荐奖图书10种、特别奖图书1种，其中以微信投票方式参与的读者超过13万人次。奎虚图书奖倡导在省图书馆及各市图书馆设置鲁版图书阅读专架，引导读者阅读鲁版佳作。同时设立线上奎虚图书奖读者互动专栏，吸引读者参与“读好书，写书评”有奖活动，在线分享入选鲁版图书的阅读点评。获奖作品阅读推广活动也陆续推出，围绕获奖图书举行展览、讲座及访谈等推介活动，为读者和获奖图书的作者及出版社搭建交流平台。（山东省图书馆　王玮）

【山东省图书馆举行“警地共建图书室”揭牌仪式】 7月29日，山东省图书馆、上海师范大学与山东公安边防总队共同设立的“警地共建图书室”揭牌仪式在灵山岛“海疆边防书屋”举行。省图书馆副馆长周玉山、上海师范大学图书馆馆长刘民钢、山东公安边防总队政治部副主任赵斌，以及青岛边防支队驻岛官兵代表、驻地部分干部群众参加仪式。灵山岛“警地共建图书室”位于海防前沿，是军地共建的首批样板图书室之一，省图书馆向该图书室赠送自动化借阅系统，上海师范大学图书馆赠送书刊5000册。仪式结束后，与会代表实地参观灵山岛“海疆边防书屋”建设情况和文化工作成果，并就军民融合发展、文化交流共建等合作重点进行深入探讨，达成合作意向。根据共建协议，上海师范大学和省图书馆将联合总队分别在青岛、烟台、威海、日照等地边防部队设立图书分馆，实行图书常态更新、期刊定点投放，为深化“海疆书香”工程增添新资源、新动力。（山东省图书馆　王玮）

【山东“全民阅读·委员立行”活动走进军营】 7月31日，在纪念中国人民解放军建军90周年之际，山东省图书馆会同省政协办公厅、省新闻出版广电局、联合日报社等单位负责同志及热心公益事业的政协委员代表一起走进中国人民解放军驻济某部队，为部队官兵送上图书、购书券以及全民阅读卡等文化产品，并献上节日的祝福。此次图书捐赠活动是深入推进“全民阅读·委员立行”活动开展的重要环节。活动现场，省政协副秘书长、办公厅主任燕翔，省新闻出版广电局副局长孙杏林，省图书馆副馆长周玉山等共同向驻济部队捐赠军事、历史、科技、文学四大类价值6万元的图书和1万元购书券及1000张数字阅读卡。部队官兵可在电脑端和手机端免费阅读10万种数字图书、3万集有声图书、3000种期刊，也可登录“联合日报APP”阅读各地政协文史书刊、《联合日报》优秀文章。（山东省图书馆　王玮）

【山东省图书馆整理出版《山东省政府公报》（1928—1948年）】 作为民国时期文献保护工作办公室公布的民国文献保护整理项目之一，《山东省政府公报》（全106册，以下简称《公报》）于2017年6月正式出版。《公报》从立项到整理出版历经三年多的时间，该书以省图书馆所藏《公报》为主体，对缺藏而留存于其他公共图书馆的《公报》加以补配并进行系统整理。《公报》先后共出版819期，展现了山东1928—1948年的历史进程，具有重要的史料价值，是民国时期山东省政府公布法规、宣达政令、发表文件的机关刊物。在整理的过程中发现，抗战时期《公报》也在继续出版，一方面是国民党山东省政府在鲁南共出版8期，另一方面伪山东省公署也继续出版241期，这使得《公报》的编撰更加完整，打破了抗战期间《公报》停刊的认识，这段资料的补齐也成为研究山东抗战史和伪政权史的重要史料。期间，在搜集整理全国其他公共图书馆《公报》的藏书情况中，从国家图书馆、上海图书馆、四川省图书馆、重庆图书馆、贵州省图书馆现存部分馆藏中最终补得上百期所缺整期，并从南京图书馆补充缺页、残缺单页近百页。（山东省图书馆　王玮）

【山东省文化共享工程“进村入户”工作培训班在全省举办】 7月12日—8月28日，由山东省文化信息资源共享中心主办、17市图书馆承办的山东省文化共享工程“进村入户”工作培训班先后在济南、潍坊、青岛等17市举办，来自各市图书馆、文化馆，各县区图书馆，文化资源共享工程支中心，部分乡镇文化站的相关负责人和业务骨干共计400人参加轮训。本次培训主要内容是文化共享工程“进村入户”工作专项设备、公共文化数字支撑平台、公共文化服务云平台系统的使用说明，同时向获得2014—2015年度全省公共电子阅览室建设先进单位称号的乡镇综合文化站等相关单位发放中国文化网络电视机顶盒。（山东省图书馆　王玮）

【山东省图书馆开展尼山书院赴韩文化交流活动】 应韩国庆尚北道国立安东大学的邀请，9月19—23日，山东省图书馆副馆长、省尼山书院秘书长李西宁率领山东省尼山书院国乐团一行14人赴韩参加“第四届韩中儒学人文交流对话会暨韩中文化音乐交流会”。中国驻釜山总领事郭鹏、驻韩国大使馆教育参赞艾宏歌，韩国安东市市长权宁世、安东大学孔子学院名誉院长李润和等中韩贵宾及两国学术界、文化界代表共200人出席本次活动。交流会期间，先后开展“中韩传统建筑与现代文化”国际学术会议、“中韩文化交流音乐会”、“邹鲁之香”文化纪行等文化交流活动，双方就中韩两国传统书院的历史和发展进行深入探讨。山东省尼山书院与韩国儒士文化教育院签订合作协议书，旨在促进两国青少年参加多样化文化体验活动，促进传统文化关联团体、人士及材料交流及双方有意向的合作与交流。（山东省图书馆　王玮）

【山东省图书馆举办全省数字图书馆推广工程建设与服务培训班】 12月11—13日，由山东省图书馆、省图书馆学会主办的全省数字图书馆推广工程建设与服务培训班在临沂举办，全省各级公共图书馆的专业人员160余人参加培训。本次培训班特邀国家图书馆副研究馆员邵燕、萨蕾，高级工程师童忠勇等专家进行授课，详细总结国家数字图书馆推广工程“十二五”期间的实施情况，解读国家数字图书馆“十三五”发展规划等内容，并围绕下一阶段山东数字图书馆建设进行深入交流与探讨。（山东省图书馆　王玮）

【山东省“光明之家”视障文化服务联盟正式成立】 12月19—20日，由山东省图书馆、省盲人协会主办，枣庄市图书馆承办的山东省“光明之家”文化助盲技术培训班在枣庄市举办。省文化厅公共文化处、省图书馆、中国盲人出版社、省盲协、枣庄市文广新局以及来自全省各市县图书馆、残联、特殊教育学校的代表110余人参加开班仪式。仪式上宣读《山东省“光明之家”视障文化服务联盟章程》，省图书馆、省盲协分别与各级图书馆、残联、特殊教育学校签署《山东省“光明之家”视障文化服务联盟协议书》，该联盟正式成立。本次培训班围绕中国盲文图书馆视障文化服务、视障阅听辅助产品介绍及应用、“光明之家”数字服务平台的操作与使用、信息无障碍发展与展望、盲残群体对信息无障碍技术应用的体验及需求等内容展开，并为全省20个脱贫攻坚任务比较重的区县图书馆颁发“光明之家视障数字阅览室”牌匾和相关服务设备。（山东省图书馆　王玮）

【“2017中华经典吟诵大会”全国总决赛在济南市图书馆举行】 11月2—3日，由中国孔子基金会主办，中国孔子网、济南市图书馆、山东孔子文化产业发展有限公司承办的“2017中华经典吟诵大会”全国总决赛在济南市图书馆报告厅举行。来自全国17个地区的80组决赛选手被分为成人组和青少年组，进行为期两天的吟诵展示，将中国这一传承已久的非物质文化遗产展现给观众。经过激烈角逐，分别评出两个组别的冠、亚、季军，一、二、三等奖，最具人气奖，优秀指导奖和优秀组织奖等奖项。此次吟诵大会全国总决赛选手得到吟诵界资深专家——中华诗词学会副会长、中国诗词大会首席顾问周笃文，湖南省吟诵学会会长史鹏，河南省吟诵学会会长、华调吟诵传人华锋等7位评委的专业指点和精彩点评，选手们在比赛中不仅用自己的方式演绎传统吟诵文化，更是在评委的点评和指导下受益匪浅、不断提高。（济南市图书馆）

【青岛市图书馆举办“诗韵青岛”活动】 2017年11月，作为“2017青岛市民文化艺术节”的一项重要活动，由市文广新局主办、市图书馆作为第一承办单位的“诗韵青岛”活动正式启动，共吸引全市近千名爱好者报名参赛。12月2日，“诗韵青岛”青岛首届诗词高手挑战会在青岛电视台八百平米演播室拉开序幕。晋级的18位青岛本土诗词高手，以诗会友，切磋技艺。他们中既有青岛诗词协会会员、朗诵协会副秘书长、高校老师、诗社社长等专业人士，也有在读大、中、小学生，其中年龄最大的44岁，最小的只有11岁。经过三轮答题，由青岛市图书馆选送的两位选手分获冠、亚军。爱青岛手机客户端、青岛网络广播电视台对此次活动进行了现场网络直播。（青岛市图书馆）

【烟台图书馆举办“悦读阅精彩”首届淘书节】 2017年元旦前夕，烟台图书馆尼山书院和东方文化市场联合举办“悦读阅精彩”首届烟台淘书节。本次淘书节历时17天，共有来自烟台地区及河南、河北等外地书商100多家参展，展出古旧书籍万余册、新书10万余册，单日接待读者1万余人次。本次淘书节分别在东方书城和古旧书展厅开设图书置换区、共享区、阅读区、捐赠区、购置区、书画品鉴区、奖品区等7个区域，并开展“经典古籍”“红色文化”“伟人风采”等文化主题展。烟台图书馆在东方书城西展区推出“褚墨传香，盛世遗珍”——烟台市珍贵古籍联展，图书馆古籍专家在现场进行古籍鉴宝。淘书节期间，还开展读书交流会、专题座谈会、纪念毛主席诞辰123周年等丰富多彩的活动。淘书节闭幕式上，邀请部分人大代表、政协委员就全社会倡导读书风尚举办专题座谈会，并发出《树立良好读书风尚，促进社会文明和谐》的读书倡议。（烟台图书馆）

【烟台市举办儿童阅读推广人培训班】 11月4—5日，烟台图书馆承办烟台市第二期儿童阅读推广人培训班。此次培训由烟台市文化广电新闻出版局主办，来自全市公共图书馆、绘本馆、幼儿园、民间阅读团体、读书会等共100余名儿童阅读推广工作者参加。培训班邀请国内知名的儿童阅读推广专家和图书馆一线的实践者分享他们在儿童阅读推广领域的经验和体会。国家图书馆少年儿童馆馆长王志庚、中国海洋大学儿童文学专家朱自强、温州市少年儿童图书馆活动推广部主任潘芳分别就“做一个儿童阅读领读者”“绘本阅读与幼儿心智成长”“开启书式生活”授课，辅以经典案例，分享阅读推广的目的、意义及方法、技巧，并围绕公共图书馆、民间阅读组织、幼儿园各方在全民阅读方面如何有效地互动、资源共享等内容进行有针对性的辅导和探讨。（烟台图书馆）

【“淄博市民学习中心”数字平台建成开放】 淄博市图书馆从2016年上半年开始提出实施总分馆服务体系、打造市民学习中心平台等项目的建设报告。经过一年多的规划、设计、建设和调试，2017年8月31日，“淄博市民学习中心”数字平台正式建成开放。该平台充分利用市图书馆原有及新购数字资源，实现资源的整合、统一检索、文献互助、互借，为用户提供一个全新的终身学习模式，使图书馆从资源型服务转向学习型服务；可为市民提供便捷的在线学习、资源搜索、生活休闲、文化娱乐等全方位、个性化服务，建立市民数字化学习档案，构建终身学习服务体系，满足社会个体多层次、多方面的学习需求。（淄博市图书馆）

【青岛市黄岛区首创全省“图书馆链接书店”借阅模式】 青岛市黄岛区图书馆链接新华书店“悦读零距离”活动，是一个以“私人定制”为鲜明特色的全新服务模式。持区图书馆有效借书证的读者均可在新华书店任何一个门店任意挑选所需图书，免费借阅，把资源丰厚的实体书店变身为读者可随到随办（借书证）、随办随借、随读随还的全民公益图书馆。该活动自开展以来，3万余名读者从中受益。在2017年初开展的黄岛区2016年度“十大道德模范”“十件文明好事”评选中，经过评委会筛选，征求纪检、政法、信访等部门意见，青岛西海岸新闻网等媒体公示投票，以及综合评审等流程，图书馆链接新华书店“悦读零距离”活动被授予“十件文明好事”奖项。（青岛市黄岛区图书馆）

【即墨市图书馆举办“墨墨”智慧加油站——我是小小辩论家主题辩论赛】 7月2日，在即墨市2017年“书香即墨 阅读悦美”全民读书活动期间，即墨市图书馆举办了第三届“墨墨”智慧加油站——我是小小辩论家主题辩论赛。山东电视台即墨市小记者团以及自由报名的少儿读者共24名孩子组成的6支代表队参加比赛。辩论赛围绕“读万卷书比行万里路更能开阔视野”“全民微信时代是增加还是减少了人与人之间的交流”“学校教育重要还是家庭教育重要”3个辩题展开辩论。经过紧张激烈的辩论，每个辩题最终决出1个优胜队，并评选出最佳辩手。评审老师对参赛各队给予中肯细致的点评，并对选手参赛礼仪和辩论技巧做出指导，让各位小辩手受益良多。（即墨市图书馆）

【威海市文登区图书馆“书香使者”志愿服务队获表彰】 2017年3月4日，威海市文登区文明办、团区委对2016年度全区优秀志愿组织和个人进行表彰，文登区图书馆“书香使者”志愿服务队荣获“文登区先进志愿服务组织”称号。文登区图书馆“书香使者”志愿服务队自成立以来，区图书馆先后拟定《志愿者招募办法》等规章制度，制作“图书馆尼山书院志愿者”上岗胸牌和红马甲，每年分别对“优秀志愿者”和“优秀学生志愿者”进行表彰，目前已发展成员300余人。志愿者们积极参与图书馆的各项管理和服务活动，从图书馆最基础的上书、排架、导读等基础工作，一直延伸到利用自身文化专长举办读者活动，先后开办读书沙龙、朗诵沙龙、观影创客沙龙、国学诵读活动和书画、古琴、瑜伽、外语、魔方等培训体验活动，拓展了志愿服务领域，年志愿服务时长超过1000小时，服务读者1万余人，取得显著的社会效益。（威海市文登区图书馆）

河南省

【河南省公共数字文化服务暨第六次公共图书馆评估定级培训班在郑州举办】 5月2—4日，由河南省文化厅主办，省图书馆和省图书馆学会承办的河南省公共数字文化服务暨第六次公共图书馆评估定级培训班在郑州举办。开幕式上，省文化厅公共文化处处长崔玉山对全省近年来公共文化事业的发展情况进行介绍，公共文化处调研员张德祥对第六次公共图书馆评估定级工作相关安排进行介绍。本次培训班为期 3 天，来自全省各级公共图书馆的 310 名学员参加培训。国家图书馆温泉主讲公共数字文化建设与服务，阐述数字文化建设的目的、意义及数字文化服务的对象和方式；宁波大学园区图书馆原馆长颜务林以“基层公共图书馆的数字化建设”为题，为学员讲解基层图书馆数字化建设中面临的问题及解决方案；省图书馆副馆长申少春与研究馆员任大山分别从服务效能、业务建设和保障条件等三个方面对地市级、县级公共图书馆评估标准、必备条件进行详细解读和例证分析；“全国公共图书馆评估定级管理服务平台”研发人员胡凤彬主讲该平台填报的注意事项。（河南省图书馆学会　严真　马秀峰　刘洋）

【河南省第六次公共图书馆评估专家培训班在郑州举办】 8 月 8 日，由河南省文化厅主办，省图书馆和省图书馆学会承办的河南省第六次公共图书馆评估专家培训班在省图书馆学术报告厅举办，来自全省各级、各类图书馆及行业外人士共 75 位专家参加培训。省文化厅副厅长康洁、省图书馆馆长孔德超出席会议。康洁在讲话中希望各位评估专家要吃透评估标准的要求，发挥自身业务能力，通过评估对全省图书馆事业产生推动作用。省文化厅公共文化处调研员张德祥宣读《河南省第六次公共图书馆评估定级工作方案》，省图书馆副馆长申少春解读《第六次评估标准细则及相关事项》，省图书馆杨凡现场演示“评估专家平台”的操作流程。（河南省图书馆学会　严真　马秀峰　刘洋）

【河南省公共图书馆服务创新与服务效能经验交流会在濮阳召开】 12 月 18—20 日，由河南省图书馆主办、濮阳市图书馆承办的 2017 年河南省公共图书馆服务创新与服务效能经验交流会在濮阳召开。全省各级公共图书馆的 170 余名馆长参加会议。会议由省图书馆书记仝光辉主持。省文化厅公共文化处调研员张德祥做重要讲话，濮阳市文化广电新闻出版局党组书记、局长张玉民致辞，上海图书馆副馆长周德明做题为“公共图书馆的服务创新与服务效能”的专题报告。与会代表在会上进行了经验交流与新技术推介，濮阳市图书馆、永城市图书馆、许昌市图书馆、平桥区图书馆 4 馆馆长和省图书馆文创中心主任分别做主题发言。会后，与会人员参观濮阳市图书馆新馆及分馆。（河南省图书馆学会　严真　马秀峰　刘洋）

【河南省公共图书馆未成年人阅读服务联盟业务交流培训在郑州举行】 8 月 30 日，河南省公共图书馆未成年人阅读服务联盟（以下简称“联盟”）业务交流培训在省少年儿童图书馆举行。此次培训是联盟成立后首次举办的活动，由省少年儿童图书馆、省图书馆学会和松社书店共同主办。省文化厅党组成员、副厅长康洁出席活动并致辞。该联盟委员及 58 家成员单位负责人参加此次活动。省少年儿童图书馆馆长、联盟主任崔喜梅介绍联盟的组织架构及成员设置，并部署联盟工作以及近期的活动安排。省图书馆副馆长、联盟副主任牛松立宣读《河南省未成年人阅读服务联盟倡议书》，与会代表共同签署倡议书。在省少年儿童图书馆举办的“大家讲堂”上，特邀国家图书馆原馆长詹福瑞做关于公共图书馆未成年人阅读服务的专题讲座，以新的服务理念指导未成年人阅读服务工作。当天还进行了“河南省公共图书馆未成年人阅读服务问卷调查”。联盟将以推进全省公共图书馆未成年人阅读服务水平的整体提升为愿景，遵循公益均等的原则，通过深入合作的形式，发挥各地方自身特色文化资源优势，为全省未成年人阅读服务工作贡献智慧和力量。（河南省图书馆学会　严真　马秀峰　刘洋）

【“2017 全民阅读——河南省少年儿童阅读年系列活动”表彰会在郑州召开】 12 月 28 日，由河南省文化厅主办、省少年儿童图书馆承办的“2017 全民阅读——河南省少年儿童阅读年系列活动”表彰暨河南省公共图书馆未成年人阅读服务联盟会议在省少年儿童图书馆召开。省文化厅党组书记宋丽萍，省文化厅党组成员、副厅长康洁等相关领导参加会议。会议对“2017 全民阅读——河南省少年儿童阅读年系列活动”进行简要回顾，并对圆满完成活动的单位及个人进行表彰，宋丽萍、康洁等为获奖代表颁发证书。随后，与会领导及图书馆代表共同启动“《中华人民共和国公共图书馆法》宣传周”活动序幕。宋丽萍对“2017 全民阅读——河南省少年儿童阅

读年”系列活动做总结讲话。（河南省图书馆学会　严真　马秀峰　刘洋）

湖南省

【概况】 2017年，湖南省共有公共图书馆139个、分馆507个，建筑面积47.171万平方米，从业人员2149人，专业技术人员1518人，其中正高级职称9人、副高级职称136人、中级职称771人。总馆藏量3050.16万册，有效借书证171.38万个，总流通2176.80万人次，书刊文献外借1849.16万册次。组织各类讲座4233次，举办展览942个，举办培训班2377个，培训21.99万人次，开展基层培训辅导3.842万人次。拥有计算机7226台，其中供读者使用电子阅览室终端数4887台，图书馆网站访问量6130.47万次。购书专项经费4080.2万元。阅览室座席38091个。志愿者服务队伍15435人。流动图书车54辆，流动服务书刊借阅61.761万人次，书刊借阅93.48万册次。（湖南图书馆）

【湖南图书馆】 2017年，湖南图书馆全年接待到馆读者约242万人次；读者外借41.8万人次，文献外借约189万册次；举办讲座及各类阅读文化推广活动417场，参加活动56万余人次；举办视频讲座10场，大型活动“千年一脉话濂溪——周敦颐诞辰1000周年系列活动”直播收看25万人次；举办展览27场，观展人数7万余人次；百姓课堂开设课程214门、2079堂，培训学员7万余人次；新办证2.3万个；网站访问量4273万次。12月28日，湖南图书馆新馆建设奠基仪式在长沙市梅溪湖二期中央景观轴边隆重举行。（湖南图书馆　王昕晗）

【湖南图书馆进行消防安全隐患整改工程】 2—12月上旬，湖南图书馆按照分层、分区域整改方案，经过10个月的紧张施工，完成一期工程各项施工任务。本期整改主要包括阅览大楼、书库、消防控制室火灾报警系统、消火栓系统、电气配电系统，中心机房、书库气体灭火系统，室外强电、弱电、消防给水管网改造，场地道路改造以及相关部位的加固、建筑装修恢复等。（湖南图书馆　张文勇）

【湖南图书馆举办纪念周敦颐诞辰1000周年系列活动】 3—6月，湖南图书馆组织策划主题为“湖湘气派　濂溪一脉”的纪念周敦颐诞辰1000周年系列活动。此次活动是湖南图书馆及省图书馆学会与湖南省湖湘文化研究会、湖南省濂溪学研究会、凤凰网国学频道合作，本着“立意高远、合作广泛、效果明显”的原则，重点组织策划“周敦颐诞辰1000周年纪念系列活动”启动式暨“千年一脉话濂溪——纪念周敦颐诞辰1000周年学术论坛”“湘水余波　濂溪一脉——纪念周敦颐诞辰1000周年展览”“道南正脉千年纪——纪念周敦颐诞辰1000周年4·23‘世界读书日’广场活动”“千年之约　圣迹之旅——纪念周敦颐诞辰1000周年游学活动”。通过各类媒体平台参与系列活动的读者近400万人次，省内各主流媒体报道数量达281条，中央电视台CCTV-4“中国新闻”栏目对此活动也进行了采访报道。（湖南图书馆　王茜）

【湖南省公共数字文化工程持续发展】 2017年，湖南省公共数字文化工程持续发展。平台建设方面，“中西部贫困地区公共数字文化服务提档升级”项目为123个贫困地区的基层综合文化服务点统一配置浏览/下载一体机、互动体验播出终端等设备设施；数字图书馆推广工程互联互通项目为长沙县等7个县级图书馆统一采购安装防火墙、10M专网光纤，使其接入国家数字图书馆网络体系。资源建设方面，湖南省地方资源建设6个项目通过国家评审获得立项，立项总金额为265万元，其中湖南图书馆获批项目3个，长沙市图书馆、湘西州图书馆、郴州市图书馆各获批项目1个。培训与服务推广方面，6月，举办湖南省公共数字文化工程馆长培训班；11月，“网络书香·数字图书馆建设与服务”宣传推广项目（湖南站）系列活动在湖南图书馆举行，两次培训全省共有200余人次参加。（湖南图书馆　程倩倩）

【郭齐家、郭齐勇兄弟湘图讲坛会讲“中国式家庭教育”】 北京师范大学教授郭齐家致力于中国传统文化教育的教学与研究；武汉大学国学院院长、教授郭齐勇致力于中国思想文化史、中国哲学史的研究与传播。在当代学界，亲兄弟在各自的研究领域取得丰硕成果者不多，在一起会讲同一话题更是非常罕见。4月18日，湘图讲坛特邀郭齐家、郭齐勇，在湖南图书馆主楼一楼多媒体演示厅精彩开讲，以“中国式家庭教育：从传统走向未来”为主题，为广大读者带来当今如何加强家庭教育、传承发展中华优秀传统文化的重要启示。现场150余名读者及通过凤凰网“风直播”平台的近80万观众共同聆听此次讲座。（湖南图书馆　陈韶华）

【组织全省青少年党史国史主题教育活动】 6—11月，由湖南省文化厅、省文化厅关工委主办，文化共享工程湖南省级分中心、湖南图书馆和省图书馆学会承办的青少年党史国史主题教育活动在全省有序开展，活动旨在倡导青少年继承和发扬革命前辈的优良传统，激发广大青少年的爱党、爱国热情。湖南图书馆及全省14个市州的100余家图书馆相继开展党史国史主题文献展、专题讲座、知识竞赛、红色电影展播、走进红色教育基地、演讲比赛等500多场活动，吸引20多万人次现场参与、数百万人次线上参与，媒体新闻报道约2500余条。（湖南图书馆　程倩倩）

【湖南图书馆完成省内一批浸水古籍抢救性修复】 9月19日，湖南图书馆圆满完成东安县图书馆一批浸水古籍抢救性修复，并举行交接仪式。7月初，东安县遭受特大洪灾，位于龙溪河县城段沿河路的东安县图书馆因洪水侵入馆舍，200余册珍贵古籍线装书被洪水浸泡，因无修复技术力量，该馆向湖南图书馆紧急求援。省馆古籍修复人员采用冷冻、冷藏干燥、自然干燥、逐页夹吸水纸干燥等方式进行抢救处理，经过近两个月的紧张工作，终于使这批珍贵文献得以保存并恢复。（湖南图书馆　许莉）

【湖南图书馆举办“月映潇湘　寻味中秋”晚会】 9月30日晚，“月映潇湘，寻味中秋”湖南图书馆2017年迎中秋晚会在馆内知识广场举行，吸引近200名读者观看。晚会分“千年窑火耀明月”“月光下的美妆霓裳”和“举家团圆”等多个篇章，将湖湘文化与中秋节巧妙结合，以古籍善本为媒，通过引经据典，真实再现古今三湘大地的中秋佳节。铜官窑陶艺非遗传承人刘志广介绍铜官窑的历史与陶艺相关知识；省艺术职业学院美术系主任周朝晖教授对中国历代服装与妆容发展脉络做详细解说；省吟诵学会会长史鹏、副会长曹琴与16名小学生现场演绎经典古诗词和革命诗词。同时，湖南图书馆馆藏的北宋赵佶《文会图》、李公麟《孝经图》等珍贵图片，铜官窑陶器器皿以及改良的精美古装都在活动现场向读者展示，让读者在领略民族传统文化独特风采时，更直观地感受到百年湘图深厚的文化底蕴。（湖南图书馆　陈韶华）

【全国图书馆学基础理论研讨会在湘潭召开】 10月20—22日，2017年全国图书馆学基础理论研讨会在湘潭大学召开。湘潭大学纪委书记董康明，湖南省图书馆学会理事长张勇，湘潭大学公共管理学院院长盛明科，上海《图书馆杂志》常务副主编金晓明，湘潭大学图书情报系原主任荀昌荣，北京大学信息管理系党委书记、图书馆学基础理论专业委员会副主任张久珍等领导出席并致辞。此次研讨会由中国图书馆学会学术研究委员会主办，图书馆学基础理论专业委员会、湘潭大学公共管理学院、湖南图书馆、湖南省图书馆学会承办，《图书馆》编辑部协办。张勇代表省图书馆学会和《图书馆》编辑部发言。沙勇忠、索传军、王旭明、龚蛟腾分别主持4场分主题研讨。（湖南图书馆　张钰梅）

【全省公共图书馆参考咨询联盟工作会议在湖南图书馆召开】 11月10日，湖南省公共图书馆参考咨询联盟工作会议在湖南图书馆召开，来自全省13个市（州）中心图书馆的主管馆领导和咨询员参加会议。湖南图书馆信息服务部主任李月明对2016—2017年度联盟工作情况进行总结。联合在线咨询平台技术员介绍外文、稀缺文献检索技能技巧，解答平台使用过程中遇到的难题。大家畅所欲言，分享在参考咨询工作中积累的经验，并对下阶段联盟工作提出建议。湖南图书馆党委书记伍艺、副馆长王旭明出席会议并为李青远等11名受到通报表彰的优秀咨询员颁奖。（湖南图书馆　张媛艳）

【湖南图书馆举办首届儿童阅读推广人培训】 11月25日，湖南图书馆针对开心故事绘文化志愿者团队“故事爸妈”举办首届儿童阅读推广人培训班。湖南教育报刊社《小学生导刊》杂志主编邓湘子、国家二级心理咨询师李慧、湖南首批亲子阅读推广人殷姿、湖南阅读联盟发起人杨玉梅等受邀，为上百名有志于儿童阅读推广的爸爸妈妈们上了一堂生动的阅读推广课。通过培训与实践，提升了阅读推广人策划故事会的能力，让儿童在阅读中找到乐趣。（湖南图书馆　姜进）

【文化部第六次全国公共图书馆评估定级第七评估专家组完成湖南图书馆实地评估】　12月7—9日，文化部派出的第七评估专家组一行5人，先后对湖南图书馆、湖南省少年儿童图书馆等全省多家公共图书馆开展实地评估。12月8日，实地评估汇报会在湖南图书馆举行。湖南图书馆党委书记、副馆长伍艺从服务效能、业务建设、保障条件三个方面，对湖南图书馆近四年来的工作情况，进行了全面、系统的介绍。同时，还对湖南图书馆新馆建设工作推进情况进行汇报。评估组观看了湖南图书馆迎评估电视汇报片，查阅评估档案和统计资料，咨询相关问题，实地考察多个业务窗口以及馆容馆貌。评估专家对湖南图书馆开展的各种读者服务工作，以及“有限空间、无限服务”的理念给予高度评价。次日，评估组对评估工作进行反馈。评估组组长倪晓建通报评估检查情况，并充分肯定湖南图书馆所取得的成绩。最后提出两点建议：一是希望政府加大对湖南图书馆的经费投入，加快新馆建设，尽快改善办馆条件，为图书馆事业发展提供良好平台；二是希望湖南图书馆利用馆藏特色资源优势，在文化创意产品开发方面走在全国前列。（湖南图书馆　李婷）

【湖南图书馆新馆奠基】　12月28日，湖南图书馆新馆建设奠基仪式在长沙市梅溪湖二期中央景观轴边隆重举行。奠基仪式由省文化厅党组书记、厅长禹新荣主持，省委常委、省委宣传部部长蔡振红，副省长向力力、省政协副主席欧阳斌等领导出席仪式并为新馆培土奠基。省政府办公厅、省发改委、省财政厅、省国土资源厅、省住房与城乡建设厅等相关省直厅局，以及长沙市人民政府、湘江新区管委会负责人出席并见证奠基。新馆建成后，位于韶山路的湖南图书馆老馆主要服务中心城区读者，将通过提质改造，打造成为集借阅、讲座、展览、社会教育及培训等功能于一体的精品馆；位于梅溪湖的新馆将打造“一馆四中心”，即国内一流的省级图书馆，全省数字文化资源开发和利用中心，全省古籍文献和地方文献的收藏、保护、研究、展示和服务中心，全省图书馆学术交流和研讨中心，湘江新区与邻近地区公共文化服务中心。（湖南图书馆　杨庆怀）

【湖南图书馆举办“走近经典　戏韵三湘——湖南地方戏剧知识进校园”系列活动】　1—12月，“走近经典　戏韵三湘——湖南地方戏剧知识进校园”系列活动走进株洲，联合株洲市教育科学研究院开展师资培训系列活动，同时在株洲市成立7个湖南省中小学戏曲传承教学研究实验基地，将戏曲文化传承与教学正式纳入株洲市2017年中小学音乐教学计划。该活动于2016年起在全省开展，迄今已举办大型活动15场，邀请19位戏曲名家现场教学，培训400余所学校的中小学音乐教师和大学生，有17万余人通过网络直播参加培训。（湖南图书馆　杨敏）

【湖南省少年儿童图书馆组织“书香湖南·红星闪闪耀童心”阅读推广活动】　4—11月，湖南省少年儿童图书馆策划并承办由省委宣传部、省文明办、省文化厅、省教育厅等联合主办的“书香湖南·红星闪闪耀童心”阅读推广活动。参与活动的有全省公共图书馆110个、中小学1112所，共开展主题阅读活动1177场次、暑期读书活动1718场次，举办中国人民解放军军史连环画展览564场次，收到少年儿童读者原创手绘明信片7011件、阅读笔记5613本。各类媒体报道5000余篇次，印发宣传资料20余万份，由正式刊物刊载少年儿童读书笔记、心得体会、手绘主题明信片等2000余篇。全省共有103万名少年儿童参与此次活动。潇湘晨报《十几岁》杂志社等单位给予支持合作。此次活动以主题图书推荐、阅读推广讲座、阅读笔记和手绘作品展览赏析等形式，搭建了少儿阅读推广的专业化平台。其中，省少儿图书馆馆员自创自绘，在馆内举办纪念建军90周年英雄画谱展览，省委宣传部、省文化厅领导到馆观看指导。（湖南省少年儿童图书馆　金铁龙）

【株洲市图书馆获评“全国学雷锋示范窗口”】　株洲市图书馆共有文化志愿者2000多名，通过各种形式开展“我是雷锋家乡人，学雷锋志愿者”系列活动，在全市掀起学雷锋见行动的活动高潮，倡导市民加入为公共文化普及推广的志愿者服务队伍，2017 年新增志愿者 300 名，年底株洲市图书馆被中宣部、中央文明办评为“全国学雷锋示范窗口”。（株洲市图书馆　张伟）

【株洲市图书馆开展数字资源库建设】 经过近年来的不断开发和建设，株洲市图书馆基本建成醴陵陶瓷、醴陵烟花、株洲名人、炎帝文化 4 个特色数据库。建成株洲历史上的今天、株洲地方音频等自建数字资源 3TB，购买及自建数字资源 27TB。公开课建设 50 集，政府公开信息加工 8000 条、地方数字化 2 万页。《株洲晚报》数字化 4.7 万版，网站典藏 100 个。（株洲市图书馆　张伟）

【岳阳市图书馆迎接第六次全国县级以上公共图书馆评估定级检查】 8 月 20 日，湖南图书馆副馆长邹序明率专家评估组一行，到岳阳市图书馆进行第六次全国县级以上公共图书馆评估检查工作，岳阳市文广新局局长费荣新等陪同。评估组一行实地察看了馆容馆貌，详细了解馆内藏书、人员配置、免费开放服务、新馆建设进展等各项工作情况。随后市文广新局副局长丁建兵、市图书馆副馆长郭继红从服务效能、业务建设、保障条件三个方面向专家组分别汇报全市 11 个公共图书馆以及市馆自评情况、取得的成绩及在此次评估中的不足之处。专家组对照评估标准，细致地评审了市图书馆的自评材料，对市图书馆重视阵地服务、品牌活动、地方文献建设、未成年人阅读推广、新馆建设、营造浓厚文化氛围等给予充分肯定。同时，也指出在经费投入、人员队伍、体制机制等保障方面还存在不足，并对加强学术研究、数字资源建设、图书馆服务宣传与推广等今后重点工作提出多项指导性建议。（岳阳市图书馆　张亮）

【湘潭市图书馆加快总分馆及图书流动点建设】 2017 年，湘潭市图书馆充分发挥中心图书馆龙头作用，加强本地区协作、协调，积极推进图书馆总分馆制试点建设，并开展送书下乡和文化帮扶活动，组织开展基层图书馆（室）业务辅导和调研等。通过 InterLib 软件平台，湘潭市图书馆实现与湘潭县图书馆、雨湖区图书馆、岳塘区图书馆、韶山市图书馆等 4 个县级馆以及风车坪社区分馆、弗弗西里分馆、南盘岭社区分馆、梅林桥镇分馆、湘潭县四中楠竹山中学等 5 个分馆的通借通还，资源共享。（湘潭市图书馆　唐圆）

【祁东县图书馆开展“书香飘农家　共建新农村”系列活动】 11 月 6 日，祁东县图书馆率文化志愿者们走进凤歧坪乡中心小学，为孩子们送上一堂生动有趣的绘本课，并在宝莲洞村带领村民们诵读我国传统文化经典《大学》。这是祁东县图书馆为推动全县 55 个贫困村图书室建设，落实文化扶贫工作，在广大农村营造“好读书、读好书、读书好”的良好氛围，丰富村民和留守儿童的精神生活所开展的系列活动。（祁东县图书馆　肖艳丽）

广东省

【概况】 截至 2017 年底，广东省共有市县（区）级以上公共图书馆 146 个，其中县级图书馆 117 个。全省公共图书馆馆舍总面积 152 万平方米，共有从业人员 4953 人，其中高级职称 584 人、中级职称 1713 人。2017 年全省公共图书馆购书经费 31300 万元，购书 1102.85 万册，总藏量共计 12017 万册。计算机总数达 12955 台。总流通达到 6410.7 万人次，书刊文献外借 8973.37 万册次，组织各类读者活动 31629 次，参与读者 732.8 万人次，其中组织各类讲座培训 9032 次，举办展览 2054 个，举办各类阅读推广活动 20543 次。

积极开展第六次全国县级以上公共图书馆评估定级工作。广东图书馆学会骨干参加中国图书馆学会在南宁举办的评估定级培训班；承办中国图书馆学会评估定级培训班（广州站），并在基层举办二期评估工作培训班。广州、深圳等多地也举办相关培训。2—8 月，广东省文化厅组织全省 146 个公共图书馆进行图书馆自评、组织专家组初评和复评等工作。同时，针对 14 个乡镇图书馆，按文化部颁布的“县级图书馆评估标准”，召集组织 7 个专家组，分赴全省各地实施评估。广东省此次组织参评的县级以上公共图书馆占全省县级以上公共图书馆总数的 93.6%，此次评估基本分在 1300 分以上、1200—1300 分、1100—1199 分、1000—1099 分、1000 分以下的图书馆分别是 13 个、47 个、21 个、17 个和 50 个。

认真学习宣传《公共文化服务保障法》和

《公共图书馆法》。广州市图书馆学会举办《公共文化服务保障法》解读专题学术讲座。深圳图书情报学会举办第四届“城·书·人”书香福田论坛，邀请省内外专家共同探讨《公共文化服务保障法》和《公共图书馆法》，并邀请李国新教授做《公共图书馆法解读》讲座。以“图书馆发展：法律保障和创新驱动”为主题的广东图书馆学会学术年会邀请刘洪辉、巫志南两位专家分别做“法律保障视野下的图书馆创新驱动”和“《公共文化服务保障法》的重要意义和精神实质”为主题的两场主旨报告，首届“图书馆发展岭南论坛”论坛上半场围绕《公共图书馆法》主题进行研讨。东莞图书馆举办《公共图书馆法》展览，并对2017年3月1日起施行的《东莞市公共图书馆管理办法》进行宣传贯彻。

创新服务模式，享受新技术阅读便利。深圳图书馆与港铁（深圳）轨道交通有限公司合作推出“M地铁·图书馆”。该馆在图书馆服务宣传周期间集中推出一系列新的服务项目，包括：“快递到家”“文献转借”，二维码读者证，推出深圳图书馆微信服务号。广州市越秀区图书馆在全省率先推出网上信用借阅模式，网上借书，快递到家。中山纪念图书馆新建的东区、西区、南区、石岐区4个自助图书馆也推出芝麻信用免押金借阅服务。广州少年儿童图书馆第39个分馆——华南师范大学附属天河实验学校分馆采用“人脸识别借书”技术，成为全省首家使用这一技术的图书馆。

持续开展业务培训和学术交流，队伍素质不断提高。全国图书馆“图画书故事衣”创作研修班在广州少年儿童图书馆举行。广东省文化厅主办“公共文化建设现场”——2017广东公共文化研讨会。广东省立中山图书馆、广东图书馆学会在河源、珠海举办2期广东公共图书馆业务培训班，在珠海金湾区举办县域总分馆研讨会。广东省立中山图书馆举办广东省公共数字文化培训班。广东省中心图书馆委员会、广东省科学技术情报学会共同举办8讲图书情报知识系列讲座。广州市图书馆学会举办广州市未成年人图书馆总分馆体系从业人员业务培训班等。

拓展读者活动，推广全民阅读。广东省文化厅发文，4—10月在全省组织举办2017年“粤读越精彩”全民阅读系列活动。广东图书馆学会、广东省立中山图书馆联合有关单位举办第七届图书馆杯广东全民英语口语大赛、广东省第六届英语电影配音大赛、广东省第七届盲人诗歌散文朗诵大赛决赛暨第三届盲人散文创作大赛颁奖典礼等规模较大的全省比赛。深圳开展“图书馆之城”2017年深圳读书月系列活动。东莞图书馆举办“悦读·在路上”第四届骑行文化系列活动和2017年东莞动漫之夏系列活动。中山市中山图书馆举办“中山市少年儿童‘跟随名家颂诗文’活动暨‘跟随名家颂诗文’全国少年儿童诵读大赛”。佛山图书馆打造佛山阅读联盟主题读书会、佛山领读者、市民馆长、南风学堂、佛图群“英”会等活动品牌。广州少年儿童图书馆持续开展“一个故事　一国文化——各国领事讲故事”系列活动，被中国图书馆学会评选为“2016年阅读推广优秀项目”。广州图书馆、广州少年儿童图书馆、深圳图书馆、佛山市图书馆等发布年度阅读报告，展示服务绩效和阅读成果。

继续推进总分馆试点建设，服务体系不断完善。图书馆、文化馆总分馆试点建设工作被省政府列入“2017年十件民生实事”。广东省文化厅印发《关于推进县级文化馆图书馆总分馆制建设的实施方案》（粤文公〔2017〕103号）。3月27日—4月14日，对第一批24个总分馆建设试点地区进行实地验收。13个试点地区通过验收，其中广州市黄埔区、佛山市禅城区、江门市开平市转为示范地区。广东图书馆学会举办“广东省图书馆总分馆试点建设案例交流会”，形成“金湾共识”，并组织第二批图书馆总分馆试点的14个县（区）图书馆负责人赴江苏、上海两地考察学习。注重联合社会力量，助推事业发展。如广州图书馆积极联合社会力量，建成多家分馆，由合作方无偿提供500平方米以上馆舍及物业管理、服务人员等；广州市黄埔区以政府、社会、市场共建为创新点，建立华新园、乐飞家园、联创空间等园区、企业分馆；越秀区图书馆和广东新华发行集团合作建成四阅分馆；海珠区图书馆和银行合作建设分馆；佛山首家众筹图书馆尼奥斯自助图书馆正式开馆；深圳市龙岗区图书馆爱子乐分馆也采用众筹模式建立。广州、深圳、东莞等多地组织召开全市公共图书馆馆长联席会议。东莞图书馆开展东莞市图书馆体系服务调剂书库筹划与调研。佛山市南海区图书馆建成137个24小时读书驿站，打通公共文化服务最后一公里，取得良好服务效益。深圳《公共图书馆统一服务书目质量控制规范》2017 年 12 月 1 日起正式实施。

努力推动区域联盟和资源共享。全国图书馆参考咨询联盟管理中心在惠州市举办全国图书馆参考咨询馆员经验交流会议。佛山市“文群共建”工作会议暨公共文化设施联盟成立仪式在佛山市图书馆举行。“深圳文献港 3.0”发布，新推出“资源统一发现与获取”“馆际互借”“学者知识库”3 大板块。肇庆市图书馆加入“粤西联盟”。

加强对外交流，交往互动频繁。广东省立中山图书馆、香港公共图书馆、澳门公共图书馆共同举办“中华文化——2017 年世界阅读日粤港澳创作比赛”。广东省中心图书馆委员会组织代表赴香港特别行政区公共图书馆开展参观和学习交流活动，组织代表赴波兰参加第 83 届国际图联大会（IFLA）。广东省立中山图书馆获得国际图联 2017 年绿色图书馆大奖并列亚军，并和广东图书馆学会对外交流委员会共同组织 2017 年粤港澳公共图书馆交流考察。广州市图书馆学会联合广州图书馆举办主题为“美国洛杉矶公共图书馆的管理与实践”的学术交流活动，并签署《广州图书馆与美国洛杉矶公共图书馆合作交流谅解备忘录》。中国图书馆学会公共图书馆分会主办的第一届“城市图书馆学术论坛”在广州图书馆举行。（广东图书馆学会　何杰锋）

【2017 年“粤读越精彩”全民阅读系列活动全面启动】 4 月 23 日上午，由广东省文化厅主办、广东省立中山图书馆和各级公共图书馆承办的 2017 年“粤读越精彩”全民阅读系列活动在省立中山图书馆正式启动。广东省文化厅副巡视员王莉等领导及省内图书馆界代表和嘉宾共 300 余人出席启动仪式。启动仪式上，珠三角地区图书馆向粤东西北少数民族、贫困地区赠送图书，为“中华文化——2017 年世界阅读日粤港澳创作比赛”获奖代表进行颁奖，举办“悦读，在路上”诗文朗诵会。2017 年“粤读越精彩”全民阅读系列活动从 4 月延续至 12 月，围绕“悦读，在路上”主题，开展包括全民悦读倡导、古籍保护宣传展示、指尖悦读推广、共享悦读、智慧悦读、圆梦阅读等 6 大板块、19 个重点活动。（广东省立中山图书馆）

【2017 年广东公共图书馆业务培训班（粤东地区）在河源举办】 4 月 25 日，由广东省立中山图书馆、广东图书馆学会、河源市文广新局联合主办的 2017 年广东公共图书馆业务培训班（粤东地区）在河源市图书馆新馆开班。河源市委常委、宣传部部长张玲和广东省立中山图书馆馆长刘洪辉分别在开班仪式致辞。本次培训班为期 2 天，来自粤东地区各地市级和县级公共图书馆的 120 多名学员参加培训。本次培训邀请广东省立中山图书馆馆长刘洪辉、佛山市图书馆馆长屈义华、广东省立中山图书馆研究辅导部主任陈卫东等专家，分别从第六次公共图书馆评估总体要求与要点、基层图书馆管理与服务的难点与对策、广东省公共图书馆在第六次评估工作中的问题等 3 个方面对评估工作进行详细剖析。针对本次评估网上填报工作，本次培训还邀请省馆研究辅导部副主任彭杰、网络部工程师王保华分别对图书馆系统管理平台和评估系统上报平台的使用进行说明和演示。（广东省立中山图书馆　陈杰）

【广东省第七届盲人诗歌散文朗诵大赛决赛暨第三届盲人散文创作大赛颁奖典礼举办】 5 月 19 日，由广东省文化厅、省残疾人联合会主办，省立中山图书馆、省盲人协会、省图书馆学会承办的广东省第七届盲人诗歌散文朗诵大赛决赛暨第三届盲人散文创作大赛颁奖典礼在省立中山图书馆举行。本次活动是 2017 年“粤读越精彩”全民阅读系列活动和第七届广东残疾人文化节的重要组成部分。中国盲人协会副主席李庆忠、广东省文化厅副厅长陈杭、省立中山图书馆副馆长倪俊明等领导、嘉宾以及省内盲人选手、观众共 300 余人出席活动。大赛期间，省盲人协会在省馆同步举办第二届南粤信息无障碍论坛。此次信息无障碍论坛除主论坛外，还设置文化教育、出行、生活和辅助器具 4 个分论坛，为科研单位和盲人之间面对面交流搭建平台。（广东省立中山图书馆　王丽琴）

【广东省图书情报知识系列讲座举办】 8—10 月，广东省中心图书馆委员会、省科学技术情报学会共同举办 8 讲图书情报知识系列讲座。来自全省公共、教育、科研三大系统的图书情报单位工作人员近千人参加。广东省中心图书馆委员会继续面向全省图书馆界招聘义务授课讲师。中山大学图书馆副研究馆员汤罡辉，中国科学院广州能源研究所高级工程师林丽珊，广东省科技图书馆馆员朱妍，佛山市图书馆馆员陈艳，珠海城市职业技术学院图书馆馆员张晋鹤，广东省立中山图书馆副研究馆员史江蓉、馆员秦晓婕和占磊等 8 位授课老师分别讲授“学校教辅馆员的社会地位再认识”“专利的基本知识与应用”“学术资源发现与获取系统的研究与建设”“公共图书馆管理体制改革与服务创新——以佛山市图书馆为例”“开放资源环境下图书馆员信息素养自我能力提升途径”“公共图书馆志愿者招募与管理”“面向视障人士的公共图书馆服务——以广东省立中山图书馆为例”“图书馆纸质图书 PDA 采访模式绩效评估研究——以广东省立中山图书馆为例”专题讲座。（广东省立中山图书馆　杜丽莎）

【广东省中心图书馆委员会组团参加第 83 届国际图联大会】 8 月 19—25 日，广东省中心图书馆委员会组织省内公共、高校、科研三大系统图书馆界代表一行 4 人参加在波兰弗罗茨瓦夫市举行的第 83 届国际图联大会（IFLA）。代表团由广东省立中山图书馆副馆长李毅萍领队，成员有广州图书馆副馆长罗小红、佛山市图书馆副馆长温树凡及广东省科技图书馆综合办公室主任张旭煌。广东省立中山图书馆获得国际图联 2017 年绿色图书馆大奖并列亚军，该馆在国际图联大会的第 154 分会场颁发展示了获奖成果。

出访期间，代表团与弗罗茨瓦夫市的国家、省、市图书馆及弗罗茨瓦夫大学图书馆进行了交流，并参观波兰国家图书馆。根据行程安排，全体代表团成员到广州友好城市罗兹市进行交流访问，会谈后参观了 3 个市立图书馆（社区图书馆），并与馆员进行深入交流。（广东省科技图书馆　张旭煌）

【2017 年粤港澳图书馆交流座谈会举办】 9 月 7 日，粤港澳图书馆同行交流座谈会在广东省立中山图书馆召开。广东省文化厅副厅长刘启宇、香港中央图书馆馆长郑学仁、澳门文化局公共图书馆管理厅厅长邓美莲、广东省立中山图书馆馆长刘洪辉以及粤港澳图书馆工作人员代表约 50 人参加。省馆副馆长倪俊明主持会议。刘启宇致欢迎辞。郑学仁、邓美莲、方家忠、刘洪辉等分别介绍各图书馆的概况。在为期两天的交流中，港澳公共图书馆同行先后参观考察珠海市图书馆、珠海市金湾区图书馆、江门市五邑图书馆、江门市新会区景堂图书馆、江门市蓬江区 24 小时自助图书馆、佛山市图书馆、广州图书馆及广东省立中山图书馆。（广东省立中山图书馆　杜丽莎）

【广东省第六届英语电影配音大赛举办】 11 月 19 日下午，广东省第六届英语电影配音大赛总决赛在广东省立中山图书馆举行。本届比赛由广东图书馆学会、广州图书馆、深圳图书馆、佛山市图书馆、肇庆市图书馆与省立中山图书馆联合举办，主题为“文化岭南，国际视野”。从 9 月开始，各图书馆分别组成赛区，共吸引 400 多支队伍、近 2000 名不同年龄层的选手报名参加，参赛人数再创新高。最终 15 支优秀参赛队伍、56 名高手进入总决赛。英语电影配音大赛是省立中山图书馆具有影响力的阅读推广品牌之一，于 2012 年创办，迄今已经成功举办 6 届，近万人参与其中。（广东省立中山图书馆　林嘉琪　黄舒敏）

【广东省立中山图书馆举办 2017 年广东省公共数字文化培训班】 11 月 30 日—12 月 1 日，广东省立中山图书馆举办 2017 年广东省公共数字文化培训班。来自全省 21 个地级市公共图书馆负责公共数字文化建设的分管领导、部门主任和技术骨干等 60 多人参加。省馆副馆长吴昊出席开班仪式并致欢迎辞。国家图书馆数字资源部副研究馆员萨蕾以“‘十三五’时期推广工程数字资源建设与整合揭示服务”为题，国家图书馆数字资源部韩萌以“‘十三五’时期数字图书馆推广工程服务融合与创新”为题，佛山市图书馆副馆长黄百川以“佛山市公共数字文化服务状况”为题，广州图书馆数字资源与技术保障部主任陈荧以“广州图书馆服务体系建设实践”为题，省馆网络资源部钱海钢以“广东省立中山图书馆信息化建设实践”为题，分别进行授课。（广东省立中山图书馆　杜丽莎）

【2017 年广州市公共图书馆馆长联席会议在广州图书馆召开】 3 月 9 日，广州图书馆组织召开 2017 年广州地区公共图书馆馆长联席会议，广州少年儿童图书馆、各区图书馆负责人参

加。会议由广州图书馆馆长方家忠主持。会上，方家忠介绍2017年“广州读书月”活动方案，与会代表积极发言提出意见；会议还讨论研究全市2017年公共图书馆服务体系建设计划、“图书馆之城”安排及服务体系建设成效、存在问题、下一步发展等内容，并就第六次全国县级以上公共图书馆评估定级工作展开交流。（广州图书馆）

【广州阅读联盟正式签约】 7月11日上午，广州阅读联盟签约仪式及座谈会在广州图书馆举行，来自24家读书会的成员及12家新闻媒体的记者共50余人出席。此次加入广州阅读联盟的24家读书会中，有12家获得一定的经费支持。广州图书馆还将为所有加入该联盟的读书会在活动场地、图书荐购、阅读指导等方面提供支持。未来一年，加入广州阅读联盟的24家读书会将走入图书馆、户外、咖啡馆、学校、医院、社区等地广泛开展阅读推广活动，面向公众提供不少于240场活动。签约仪式结束之后，广州图书馆相关工作人员与各个读书会的负责人及成员举行座谈会。各负责人分别介绍读书会的特色与未来开展活动的计划，为广州阅读联盟发展献计献策，希望借助联盟平台，以资源共享的方式更好推动读书活动在各个层面的开展。（广州图书馆）

【“美国洛杉矶公共图书馆管理与实践”学术活动在广州图书馆举办】 7月12日，广州市图书馆学会联合广州图书馆举办主题为“美国洛杉矶公共图书馆的管理与实践”的学术交流活动，活动由学术讲座及业务研讨会两部分组成，来自广州地区各级图书馆近300名从业人员参加本次学术活动。活动开始前，广州图书馆馆长方家忠与美国洛杉矶公共图书馆馆长约翰·扎伯共同签署《广州图书馆与美国洛杉矶公共图书馆合作交流谅解备忘录》，为今后两馆深入开展交流合作奠定良好的基础。来自广州地区各级公共图书馆约40名代表还参加当天下午举办的业务研讨会。（广州图书馆）

【广州少年儿童图书馆暑期日均借出2.5万册图书】 短短两个月暑期，羊城少儿显示出高涨的阅读热情，广州少年儿童图书馆2017年暑假期间每天借出2.5万册图书，单日还书量峰值32265册图书，即每小时归还4033册图书，创历史新高。为丰富广大青少年儿童的阅读生活，该馆暑期策划开展活动392场，吸引近11万人次参与。广州少年儿童图书馆新馆开放以来，服务量持续增长，各项数据再创新高，2017年1—8月接待读者突破100万人次，同比增长18%；外借文献421万册次，同比增长27%；读者满意度达97.3%，获得广州市民的高度认可，成为未成年人假期充电、开阔视野的好去处。（广州少年儿童图书馆）

【2017年广州市未成年人图书馆总分馆服务体系从业人员业务培训班开班】 9月27日上午，2017年广州市未成年人图书馆总分馆体系从业人员业务培训班在广州少年儿童图书馆开班，广州少年儿童图书馆副馆长、市图书馆学会未成年人专业委员会主任吴翠红出席开班仪式并做开班动员。本次培训为期2天，共有来自34个单位的78名馆长、业务骨干和技术人员参加。培训内容主要围绕广州市未成年人图书馆服务概述及相关规章制度解读、未成年人图书馆日常管理、图书馆集群管理系统、少儿数字资源利用及读者服务的创新应用等多个主题，同时特别邀请广州图书馆技术部主任陈荧和中心图书馆办公室沈艺红两位老师，为学员们讲授全市基层图书馆建设现状与通借通还服务技术。（广州少年儿童图书馆）

【广东省首家“人脸识别借书”图书馆开馆】 11月15日上午，广州少年儿童图书馆第39个分馆——华南师范大学附属天河实验学校分馆开馆。首期配备纸质少儿图书近万册，少儿数字资源库15个、28TB，联入全市公共图书馆通借通还平台，实施“统一平台、统一规范、统一服务、通借通还、资源共享”。该馆采用“人脸识别借书”技术，读者只需对着图书自助借还书机上的摄像头进行人脸识别，绑定个人借书证后，个人信息即可自动保存到人脸识别系统中，以后读者无须携带借书证，只需“刷脸”立即可以借还图书和查询相关信息。该馆成为目前广东省内首家使用“人脸识别借书”技术的图书馆。（广州少年儿童图书馆）

【广州少年儿童图书馆创立“各国领事讲故事”系列阅读活动】 自2016年8月起，广州少年儿童图书馆与广州机关党员志愿者星火服务队创立志愿服务新模式，在特色主题馆外文馆中推出“一个故事 一国文化——各国领事讲故事系列1”活动，旨在提升公共图书馆阅读活动层次。活动已邀请巴西、俄罗斯、澳大利亚、印度、意大利、新西兰、德国的驻广州领事到馆与读者分享本国童书故事，带领小读者们体验跨国界阅读。该活动社会反响热烈，每场活动均吸引上百名少年儿童参加。2017年10月，“一个故事 一国文化——各国领事讲故事系列1”被中国图书馆学会评选为“2016年阅读推广优秀项目”。2017年12月16日，瑞士驻穗总领事馆副总领事白睿先生亲临广州少年儿童图书馆，与小读者分享瑞士绝美的风景名胜以及悠久的人文风情。（广州少年儿童图书馆）

【2017年深圳市公共图书馆馆长联席会召开】 4月6日上午，2017年深圳市公共图书馆馆长联席会在深圳图书馆召开。会议由深圳市文体旅游局公共文化处副处长聂昌友主持。副馆长王林对2015—2016年深圳市“图书馆之城”建设工作进行全面回顾与总结。深圳图书馆馆长张岩就2017年深圳市“图书馆之城”建设计划与要点进行部署。与会馆长和各级文化行政相关负责人展开深入交流和讨论，在肯定“图书馆之城”过去两年建设成就的基础上，重点对2017年工作计划和“图书馆之城”未来发展提出意见和建议。最后，由深圳市文体旅游局公共文化处处长陈朝龙做会议总结。（深圳图书馆 余敏）

【深圳文献港3.0发布，新推3大服务板块】 4月22日，“深圳文献港3.0”发布会在深圳大学城图书馆举行，新推出“资源统一发现与获取”“馆际互借”“学者知识库”3大板块。由深圳图书馆、深圳大学城图书馆、深圳大学图书馆3家初创馆合作创建的“深圳文献港”于2009年推出，是深圳市“图书馆之城”建设与服务的一个重要品牌，在全国区域文献资源共建共享领域具有较高的知名度和影响力。经过多年的建设与发展，“深圳文献港”的合作馆新增深圳职业技术学院图书馆、南方科技大学图书馆、香港中文大学（深圳）图书馆。6家合作馆领导以及馆员代表、学者代表、读者等100余人参加发布会。发布会上，6家合作馆馆长同时现场加盖各自的馆藏章，宣布“深圳文献港3.0”正式上线。（深圳图书馆）

【“阅在深秋”公共读书活动在深圳举办】 在第十八届深圳读书月启动之际，10月29日，由深圳市文体旅游局指导，深圳图书情报学会、深圳图书馆主办，全市多家公共、高校图书馆共同承办的“阅在深秋”公共读书活动，拉开深圳“图书馆之城”2017深圳读书月系列活动的大幕。在深圳图书馆水幕广场，由全市各图书馆精心设计的13个阅读区域一字排开，每个馆的阅读区域约30—40平方米，以文献展示、现场阅读、数字资源推介、自由交流等方式，展示图书馆丰富多元的文化功能和阅读的便利、宁静与美好。现场共接待读者2万多人次，关注微博微信读者近7万人次，媒体报道10余篇次。此次读书月期间，作为全民阅读推广重要阵地，深圳市各级各类图书馆为市民提供丰富多彩的读者活动。据不完全统计，全市各级公共图书馆组织实施的各类型活动多达600余项，占深圳读书月活动总量近2/3。其中，开展重点活动73项，包括此次深圳图书馆牵头组织的“阅在深秋”公共读书活动。（深圳图书馆）

【深圳市正式发布实施《公共图书馆统一服务书目质量控制规范》】 11月14日，深圳市市场监督管理局发布《公共图书馆统一服务书目质量控制规范》（以下简称《规范》），并于12月1日起正式实施。此举标志着深圳地区公共图书馆书目数据质量控制体系建设迈上新台阶。《规范》由前言、引言、范围、规范性引用文件、术语和定义、编制原则、编目规则、联合编目平台、编目流程、编目培训、数据质量管理及参考文献等12个部分组成，是公共图书馆统一服务书目质量控制的重要技术指导文件。《规范》由深圳图书馆和深圳市标准技术研究院联合编制，项目于2015年1月启动，最终在2017年6月通过深圳市市场监督管理局标准处组织召开的专家评审会。（深圳图书馆 洪光宗）

【东莞图书馆举办“悦读·在路上”第四届骑行文化系列活动】 4月22日，东莞图书馆举办“悦读·在路上”第四届骑行文化系列活动启动仪式。本次系列活动共开展5项内容：骑阅总分馆活动之东城分馆、图书放漂活动、骑行阅读月活动、第四届自行车文化图文展与图文展知识抢答活动及自行车电影欣赏和骑行文化视频展播。广泛宣传“绿色出行、健康环保、休闲阅读”的理念。（东莞图书馆　张石欣）

【东莞图书馆举办2017东莞动漫之夏系列活动】 8月3—7日，东莞图书馆举办2017东莞动漫之夏系列活动，以“动画中国”为主题，策划“动画中国——经典动漫同读共赏主题展”“东莞动漫社团祭”“东莞万寿模型交流会”“似颜绘——漫像写生”“中国动画剪影——郭梦剪纸课程”等21项主题展览和动漫活动。这些活动涵盖视、听、学、互动、周边展销等动漫内容，丰富多彩。据统计，本次活动参与读者达到61573人次，并被50余家媒体报道，取得良好的社会效益。（东莞图书馆　秦琳）

【2017“佛山韵律·书香怡城”全民阅读系列活动启动】 4月22日，2017“佛山韵律·书香怡城”全民阅读系列活动启动仪式在佛山市图书馆举行。佛山市人民政府副市长俞进等领导以及市文明办、市文联、市图书馆、社会阅读组织、阅读联盟加盟单位等相关负责人与成员、市民读者共约200人共同出席。活动内容包括：《2016佛山市联合图书馆阅读报告》发布、佛山历史文化薪火相传——《（民国）忠义乡志（校注本）》首发、佛山阅读联盟主题读书会星级读书会颁奖、阅读联盟新成员（合作伙伴）授牌、寻找佛山“阅读网红”、聘请市民馆长、“佛山领读者”引领“全城共读”及专家阅读论坛等。（佛山市图书馆）

【佛山市首家众筹图书馆正式开馆】 2016年10月，佛山市图书馆发起智能图书馆的合作方征集，先后收到来自企业、学校的多个咨询及合作意愿。2017年1月，市图书馆与佛山市尼奥斯建材有限公司达成合作意向，历经3个多月的施工筹备，尼奥斯自助图书馆于3月底建设完毕。4月8日，市图书馆向社会发布尼奥斯自助图书馆众筹公告，倡议广大市民积极加入到图书馆的建设中来。短短15天，已众筹到阅读推广活动60余场、图书200余册。4月23日，由市图书馆发起、多方社会力量共建的佛山首家众筹图书馆——尼奥斯自助图书馆正式开馆。（佛山市图书馆）

【佛山市公共文化设施联盟成立】 8月31日，佛山市“文群共建”工作会议暨公共文化设施联盟成立仪式在佛山市图书馆举行。省文化厅公共文化处和市、区相关部门领导、市级公共文化设施管理单位主要负责人以及“文化中枢”四大联盟成员负责人共计约200人参加会议。本次会议由佛山市公共文化服务体系建设协调组统筹市文广新局、市科技局、市体育局和市总工会、团市委、市妇联等部门联合举办。会上，市图书馆作为公共文化设施联盟第一次工作会议的召集单位汇报相关情况，包括研究通过《佛山市公共文化设施联盟章程》《佛山市公共文化设施联盟“圆桌会议”制度》及宣言，并选举产生市图书馆作为首届联盟主席单位。有关部门一致达成“共建共享”的认识，并着力从机制共建、阵地共享、信息互通、品牌共创、人才共育等方面推动佛山市公共文化设施联盟建设。（佛山市图书馆）

【2017广东公共文化研讨会在佛山市图书馆举行】 9月20—22日，由广东省文化厅主办，佛山市文广新局、禅城区文体局承办的“公共文化建设现场”——2017广东公共文化研讨会在佛山市举行。来自省内外的公共文化专家学者、文化管理部门负责人、公共文化机构和相关企业代表近250人齐聚佛山。此次研讨会由开幕式、分主题研讨会以及实地考察组成。中山大学资讯管理学院教授、中山大学图书馆馆长程焕文解读《公共文化服务保障法》；文化部国家公共文化服务体系建设专家委员会委员、浙江大学城市学院现代公共文化研究基地主任阮可通过生动鲜活的实践案例重点介绍公共文化服务如何融入生活；广州图书馆馆长方家忠介绍广州图书馆之城的建设情况。随后，3位主讲嘉宾和广东省立中山图书馆馆长刘洪辉就本次主题进行开放式讨论。最后，国家公共服务体系建设专家委员会主任委员、北京大学信息管理系教授李国新点评发言，分别对3场分主题研讨进行总体评价。22日下午，特邀巫志南教授在佛山市图书馆举办专题学术讲座，为佛山基层图书馆从业者详述“公共文化数字化”课题。（佛山市图书馆）

【"跟随名家颂诗文"全国少年儿童诵读大赛在中山启动】 4月22日世界读书日前夕，中山市中山图书馆、中山市教育信息中心联合中国图书馆学会儿童与青少年阅读推广专业委员会、中国少年儿童新闻出版总社，在中山市东区远洋小学举办"中山市少年儿童'跟随名家颂诗文'活动暨'跟随名家颂诗文'全国少年儿童诵读大赛启动仪式"。此次诵读大赛是儿童与青少年阅读推广专业委员会联合中国少年儿童新闻出版总社等单位，面向全国5—14岁青少年举办的线上诵读大赛，通过聆听大师的朗诵，录制自己的诵读作品上传参与大赛。本次活动邀请配音及朗诵界的泰斗张家声老师，现场与观众分享从艺60余年的结晶——朗诵的艺术，同时对参与现场朗诵的学生进行点评指导。（中山纪念图书馆　梁卫坤）

广西壮族自治区

【文化部2016年度公共数字文化工程考核组到广西壮族自治区图书馆检查工作】 3月9日，文化部公共数字文化工程考核组到该馆进行2016年度公共数字文化工程建设情况的实地考核。考核组由首都图书馆原馆长倪晓建带队，成员包括文化部全国公共文化发展中心研发推广部处长陈移兵、国家图书馆信息技术部副主任邢军等。自治区文化厅党组成员、副厅长严霜，自治区文化厅公共文化处处长黄松，自治区文化厅公共文化处副处长熊健厚，以及馆长韦江和副馆长彭松林陪同考核组检查。此次考核主要针对省级文化行政部门贯彻落实《文化部公共数字文化工程管理办法》、2016年度推进公共数字文化资源建设和省级公共数字文化工程组织实施单位推进文化信息资源共享工程、数字图书馆推广工程、公共电子阅览室建设计划等工程情况进行考核。此外，文化部委托第三方对广西公共数字文化工程社会效益发挥和群众满意度情况的测评也同步进行。（广西图书馆学会　韦绍芬）

【广西壮族自治区图书馆开展文化扶贫活动】 2017年，广西壮族自治区图书馆分4批次深入对口帮扶的昭平县马圣村开展慰问帮扶精准扶贫工作。打造马圣村数字文化驿站，为该村配备公共文化数字一体机、VR设备、计算机等价值近10万元的设备。（广西图书馆学会　韦绍芬）

【第六次全国县级以上公共图书馆评估定级首期培训班在南宁举办】 3月13—15日，由中国图书馆学会主办，广西图书馆学会、广西壮族自治区图书馆承办的第六次全国县级以上公共图书馆评估定级培训班（南宁站）在广西南宁成功举办。本次培训班为期3天，来自全国各省级（副省级）公共图书馆的馆长、业务骨干160余人参加培训。以此首期培训拉开第六次全国县级以上公共图书馆评估定级培训工作的序幕。（广西图书馆学会　韦绍芬）

【广西壮族自治区政协办公厅与广西壮族自治区图书馆举行工作交流会】 6月1日，自治区图书馆馆长韦江、党委书记黄艳等一行5人赴自治区政协参加自治区政协办公厅与图书馆的工作交流会。会议由自治区政协副秘书长、办公厅副主任班源泽主持，韦江做"广西图书馆信息服务工作汇报"，就自治区图书馆馆情、为政协会议提供信息服务的情况、其他省市与人大及政协合作情况、图书馆与人大的合作情况、与政协的合作探讨等5个方面进行汇报。（广西图书馆学会　韦绍芬）

【广西壮族自治区图书馆举办广西古籍保护计划十年成果展】 6月10—20日，由自治区古籍保护中心举办的"广西古籍保护计划十年成果展"在自治区图书馆一楼大厅展出。展览从建立古籍保护工作机制、增加财政投入、申报《国家珍贵古籍名录》和全国古籍重点保护单位、颁布《广西珍贵古籍名录》、命名广西古籍重点保护单位、完成全区古籍普查、抢救保护民族文献、改善古籍保管保护条件、壮大古籍保护人才队伍、提升古籍修复水平等方面，图文并茂地展示了广西十年来实施中华古籍保护计划取得的阶段性成果。现场还同时展出部分图书馆馆藏的入选《国家珍贵古籍名录》的古籍。（广西图书馆学会　韦绍芬）

【广西壮族自治区图书馆举办广西"三区"公共图书馆综合素质能力提升研修班】 8月21—25日，由广西壮族自治区图书馆主办、北京大学信息管理系承办的广西"三区"公共图书馆综合素质能力提升研修班在北京大学举办。本次研修班由该馆馆长韦江和副馆长彭松林亲自带队，

参加培训学员为广西南部片区市县级公共图书馆的馆长、业务骨干以及该馆部分中层干部共60人。（广西图书馆学会 韦绍芬）

【文化部第六次全国县级以上公共图书馆评估组莅临广西壮族自治区图书馆开展实地复核评估工作】 12月4—5日，由南开大学商学院信息资源管理系教授柯平担任组长，重庆图书馆馆长任竞担任副组长，四川省图书馆馆长何光伦、厦门图书馆馆长林丽萍及重庆图书馆副研究馆员易红作为成员的文化部第六次全国县级以上公共图书馆第十评估专家组莅临广西壮族自治区图书馆，开展实地复核评估工作并进行评估意见反馈。自治区文化厅副巡视员黄燕熙，公共文化处处长黄松、副处长熊健厚等先后陪同并参加评估意见反馈会议。评估组一行听取该馆馆长韦江做评估定级工作汇报，随后参观检查报刊借阅室、社会科学借阅室、东盟文献阅览室等服务窗口和古籍书库及机房，并查阅相关的评估定级材料。（广西图书馆学会 韦绍芬）

【《农富广西——广西农村创富榜样人物专题片》在全州举行开机仪式】 12月27日，《农富广西——广西农村创富榜样人物专题片》开机仪式在广西全州县举行。广西壮族自治区图书馆科学研究中心主任张鹤明、公共数字文化建设中心副主任李臻、全州县宣传部副部长唐宏以及部分农民致富代表出席开机仪式。活动得到全州县当地政府的大力支持，现场参与活动的群众达100多人次，人民网、中国网、腾讯网、新浪网等多家媒体进行报道。该专题片是自治区图书馆2017年获得立项的文化部地方特色资源建设项目。按照项目的建设规划，项目将建设三期，主要选取近年来在广西社会主义新农村建设过程中涌现出来的在绿色养殖、特色种植、生态旅游等方面致富的农村榜样人物进行专题片拍摄。（广西图书馆学会 韦绍芬）

【广西壮族自治区图书馆获得多个奖项】 2017年，该馆被评为2016年度广西文化厅直属单位先进集体、2016年度“广西三八红旗集体”、2016年度广西社科联系统舆情信息工作成绩突出单位、2017年广西“十月科普大行动”先进单位以及中国图书馆学会2017年“共筑中国梦 共度书香年”活动表现突出单位荣誉称号。（广西图书馆学会 韦绍芬）

【广西桂林图书馆概况】 截至2017年底，广西桂林图书馆在职员工144人，其中大专以上学历127人，研究生有27人。全年新增藏量3.55万种13.13万册，馆藏总量305万册（件）。全年接待读者177万人次，借阅书刊637万册次，网站访问量456万次，移动图书馆点击量1168万次。完成科技查新315项。外购数字资源新增6.38TB，总量达43.3TB，自建资源数据达180万条，数字资源总量达60多TB。设立馆外流通点44个，开展各类读者服务活动607次，参加活动47万余人次。与全市12家县（区）图书馆全面实现“一卡通”通借通还服务。获得“桂林市宣传思想战线先进单位”等奖项。（广西图书馆学会 韦绍芬）

【广西桂林图书馆举办“我们的节日 三月三”民俗文化活动】 2017年“壮族三月三”期间，该馆以“我们的节日 三月三”为主题，围绕广西传统民俗文化知识，以线上线下互动形式开展民俗文化活动。内容包括“壮族三月三”民俗文化嘉年华游戏、桂图展览、公益讲座、少儿专场艾草香包DIY、彩色绣球制作等，还创新活动模式，依托微信公众号同期推出“爱我中华——中华民族风情展”、民俗知识微信答题活动，为广大市民奉上精美的节日盛宴，让市民在收获知识的同时也感受到浓郁的广西民族风情。（广西图书馆学会 韦绍芬）

【广西桂林图书馆举行秦似先生诞辰100周年纪念会】 10月15日，由桂林市文化新闻出版广电局主办，广西桂林图书馆、广西抗战研究会、桂林抗战研究会承办的“秦似先生诞辰100周年纪念会暨图书捐赠仪式”在广西桂林图书馆举行。桂林市政协副主席钟麟，中共桂林市委副秘书长、办公室主任刘春燕等领导，秦似先生家属代表吴智棠和家乡代表，以及相关专家学者、论文作者等出席捐赠仪式。仪式上，吴智棠向广西桂林图书馆捐赠秦似生前著述、手稿、照片、书画等文献，随后嘉宾参观“纪念秦似诞辰100周年专题展览”。在下午举办的“秦似先生诞辰100周年纪念座谈会”以及“秦似先生研究学术研讨会"上，与会嘉宾对秦似先生的文学成就和对广西抗战文化事业及桂林抗战文化城的特殊贡献进行研讨、交流。（广西图书馆学会 韦绍芬）

【广西桂林图书馆参加西部省级公共图书馆联盟活动】 "4·23"世界读书日期间，广西桂林图书馆组织广西区域图书馆联盟51个成员馆共同开展"图书馆与生活：阅读·人·空间"摄影大赛，共收到摄影作品191幅。6月，该馆组织相关专家对征集到的作品进行评审，评选出一等奖5个、二等奖8个、三等奖10个、优秀奖15个，同时选送10幅优秀作品至西部省级公共图书馆联盟参加大赛评审，作品荣获一等奖1个、二等奖2个、三等奖2个、优秀奖1个。11月1日，广西桂林图书馆按照联盟统一部署，与其他成员馆共同举办了获奖作品展，共展出获奖作品60多幅。（广西图书馆学会 韦绍芬）

【广西桂林图书馆完成第六次全国县级以上公共图书馆评估定级工作】 2017年，全国公共图书馆迎来第六次县级以上公共图书馆评估定级工作。广西桂林图书馆于3—5月组织桂北辅导区63名基层图书馆馆长、业务骨干前往广州、贵阳等地参加中国图书馆学会举办的6期评估定级培训班，帮助基层图书馆理清脉络、把握标准，为基层图书馆前期开展评估定级工作奠定良好的基础。4月25—28日，该馆举办2017年免费开放经费管理暨县级以上公共图书馆评估定级工作培训班和桂林市县级公共图书馆评估定级培训班，邀请文化部评估宣讲委员会专家和本馆具有丰富实践经验的评估组骨干授课，全区14个地市112家公共图书馆的馆长和财务人员共计210人参加此次培训；7—8月，在前期网上初评基础上组织3个评估工作小组，深入本馆辅导区桂林、柳州、来宾、河池、贺州和梧州6个地市，对5家市级图书馆、46家县（区）级图书馆进行实地抽查复评工作。12月2日，文化部第十评估组到广西桂林图书馆进行实地评估，评估组认为该馆在信息咨询服务、区域服务体系共建共享、志愿者服务、地方资源建设等方面特色鲜明、成绩突出、成效显著，领导班子建设坚强有力，并对该馆发展提出三点建议，希望政府加大经费和人员保障力度，加强区域统筹协调。（广西图书馆学会 韦绍芬）

【广西桂林图书馆深入开展扶贫攻坚工作】 2017年，广西桂林图书馆通过召开扶贫工作协调会、选派青年骨干组建尖刀队、选派第一书记驻村帮扶、培训扶贫政策及技能、实地入户走访慰问、建好"一户一册一卡"脱贫台账等方式，多举措助力帮扶点全州蕉江乡蕉江村精准脱贫工作。全年共入户走访贫困户500余人次，帮扶20户贫困户脱贫。春节、建党节、国庆和中秋节期间，向扶贫点困难党员和贫困户送去价值26000余元救灾济困慰问物品；多方筹措资金为曹家、赤竹坪、茶源、高屋场、冷水浸、蕉江村等村屯架桥修路，解决村民出行难问题；争取4万元民生资金筹建蕉江村委"村级文化活动中心"，丰富蕉江村300多名群众的文化生活；开展"广西桂林图书馆2017年扶贫日活动"，为蕉江小学援建图书室1间，并捐赠图书、文体用品、书架、阅览桌椅等物资，开展"读经典 做书签——当爱书的好孩子"等服务活动，力争让扶贫工作更有成效。（广西图书馆学会 韦绍芬）

【广西桂林图书馆开展"创城"工作】 2017年是第五轮全国文明城市创建的总评年，也是桂林市文明城市创建工作三年见成效的关键年。广西桂林图书馆根据市"创城"领导小组关于做好2017年创建全国文明城市公益宣传工作的通知精神和各级政府的相关部署，召开创建文明城市工作动员会议，传达"创城"工作要求，组建馆"创城"领导小组，明确"创城"目标任务，扎实开展"创城"工作。在馆领导班子的统一安排下，利用馆舍阵地开展宣传，营造"创城"氛围；建立文明服务窗口，全面开展高质量、文明、平等服务；进一步完善志愿者服务站配套设施，广泛开展系列志愿服务活动。全年开展服务宣传活动600余场，以"创全国文明城 做文明桂林人""文明礼貌伴我行""家风的确立与传承""我为创城做什么"等为主题，将习近平视察广西讲话精神和社会主义核心价值观理念融入文化活动中。（广西图书馆学会 韦绍芬）

【广西桂林图书馆临桂新馆开放显成效】 广西桂林图书馆临桂新馆自2016年12月30日试运行以来，受到广大市民的广泛关注。2017年，该馆重点打造的新馆创意空间、旅游阅览室、精品展厅、中央阅读大厅等区域的各项服务工作有序进行，各区域功能、设施建设不断完善。新馆接待了来自国家图书馆、外省兄弟馆，以及广西区内各市、县公共图书馆，高校图书馆等同行。团市委、桂林市少年宫、中小学校等单位和社会团体也纷纷组织人员参观新馆。在听取工作人员对各空间的服务功能、馆藏资源等情况的详细介绍，以及对3D打印、VR虚拟现实等新技术体验后，参观人员对广西桂林图书馆的历史、现代阅读环境及公益服务内容有了更深入和全面的了解。（广西图书馆学会　韦绍芬）

【广西桂林图书馆开展“国图公开课”网络直播】 2016年，广西桂林图书馆参与数字图书馆推广工程推出的公共开放课程平台“国图公开课”的直播活动。2017年，该馆策划了“桂林，那些值得津津乐道的文化”“桂林古村落文化漫谈”“乐趣收藏话书画”“阅读，让家庭开出幸福花”等4场网络直播讲座，通过“国图公开课”专网，以线上线下相结合的方式向全国33个省市进行现场直播，实现资源的立体化推送。（广西图书馆学会　韦绍芬）

【南宁市图书馆】 截至2017年12月底，南宁市图书馆共有在职在编员工57人，其中高级职称2人、中级职称31人、初级职称17人；具有本科学历35人、具有硕士研究生及以上学历5人。年度专项购书经费预算为166万元，其中，纸质文献120万元，占72.29％；数字资源10万元，占6.02％。全年文献入藏18514种40742册（件），馆藏总量为124.14万册。阅览座位1016个。全年到馆读者170万人次；文献外借10.26万人次，电子书借阅4.62万次；新办理借书证7199张，累计有效借书证70654张；新建馆外图书流通站24个，流通图书6万册，累计建立馆外图书流通站129个。同时，与网咖、星巴克等合作，在全市建立26家“图书小站”，多途径拓展图书馆的服务渠道。此外，为读者搭建微信、微博、官方网站等服务“微桥梁”，2017年馆微信公众平台累计关注人数13019人，图文发布193篇，微刊制作66期，图文页阅读199011人次，分享转发6816次，收藏697人，菜单点击92513次；官方微博发布博文136条，微博粉丝841人，博文阅读504287次，粉丝互动283次。2017年，先后荣获“出版界图书馆界全民阅读年会（2017）”全民阅读案例三等奖、“喜迎十九大·多彩文新广”——南宁市文化新闻广电局系统职工第一届书画摄影大赛优秀组织奖等奖项。（南宁市图书馆　杨粒彬　李舒琳）

【南宁市图书馆新馆建设顺利进行】 南宁市图书馆新馆建设项目是南宁市迎接广西壮族自治区成立60周年计划重点推进的重大项目之一。项目总建筑面积36109.3平方米，其中地上建筑面积为26440平方米，地下建筑面积为9669平方米，设计藏书量200万册，阅览座席2000个，网络节点约3000个。项目总投资41758.26万元，于2016年12月30日开工建设，2017年8月8日主体结构封顶，预计2018年6月30日前竣工交付。截至2017年12月30日，项目完成年度投资16102万元，占年度计划的107.35％；开工累计完成投资24841万元，占总投资的59.48％。新馆以营造富于力度的区域性标志性建筑和城市重要文化节点为目标，融合梯田、铜鼓、风雨桥等地方特色元素，呈现出高雅大方的建筑格调。建筑设计充分体现人性化、生态化、开放化、智能化、标志化的理念；服务设施充分体现“求知、休闲、交互”的现代书房服务理念，为读者在学习、研究之余提供一个面对面的共享交流空间。新馆计划于2018年12月面向公众开放试运行。（南宁市图书馆　杨粒彬　李舒琳）

【南宁市图书馆建设北部湾区域图书馆服务联盟】 南宁市图书馆继续深化“城乡一体化联合图书馆”四级网点建设，在与各县、城区图书馆共同完成12个村级公共服务中心图书室“一卡通”建设任务，建成联合服务体系四级服务网络的基础上，开展“北部湾区域图书馆服务联盟”建设。2017年8月，南宁市“城乡一体化联合图书馆”与北海市17家公共图书馆群实现城际文献通借通还的图书馆联合服务。（南宁市图书馆　杨粒彬　李舒琳）

【南宁市图书馆迎接第六次全国县级以上公共图书馆评估定级工作】 2017年，南宁市图书馆全面收集资料材料，做到早研究、早准备、早落实，在评估中获评一级图书馆。在做好本馆迎评工作的基础上，履行市图书馆的中心馆职能，协调指导各县区馆开展迎评工作，承办“南宁市公共图书馆第六次评估定级工作培训班”，并组织评估小组成员分赴全市12家县（区）图书馆开展评估工作阶段检查和现场指导，同时开通24小时评估工作服务热线，帮助解决评估工作中遇到的问题。（南宁市图书馆　杨粒彬　李舒琳）

【南宁市少年儿童图书馆】　2017年，南宁市少年儿童图书馆在职职工20人，其中，高级职称3人、中级职称10人、初级职称6人，90%的职工具有大专以上文化水平。全年共加工分编入库图书12651种39194册，其中，连环画532种2548册，绘本、低幼读物3184种10216册，期刊合订本550种1768册，报纸合订本57种322册。馆藏总量为668282册（其中纸质图书460008册、期刊合订本15957册、视听文献13149册、电子图书178300册）。馆内现有阅览座席689个。按第六次全国公共图书馆评估要求，该馆建成小人书书库、智慧家长库、绘本库和东盟书库4个特色馆藏库，提升馆藏质量。经自治区评估组到馆实地评估，获得967分（满分1000分），确保了该馆一级图书馆的荣誉称号。4月，该馆获“全国盲人阅读优秀组织奖”，8月被确定为中国盲文图书馆南宁市少年儿童支馆。（南宁市少年儿童图书馆　周明）

【南宁市少年儿童图书馆进行馆内升级】　1月，南宁市少年儿童图书馆完成对原有的智慧家长阅读中心和爱薇园绘本馆的改造升级，二者合而为一后正式对外开放。内设1台“行知国学”电子图书一体机（存有10000册电子绘本）、8000册纸质绘本和1000册家庭教育类图书，为3—7岁的学龄前儿童及家长提供更优质的阅读服务，并于8月实现绘本图书自助借还。8月，该馆爱薇园芽芽馆开始免费对外开放，在周末期间面向0—3岁婴幼儿开展早期全脑教育课、快乐阅读&手工等主题活动，同时也成为面向家长开展智慧家长成长主题文化沙龙的主要阵地。（南宁市少年儿童图书馆　周明）

【南宁市少年儿童图书馆联合馆外力量进行图书馆建设】　该馆依托社会力量，积极与政府、社会工作机构和一些优秀的教育培训机构合作开展图书馆分馆（流通站）建设。2017年，建成“青空间”北宁社区、五村岭社区，与南宁市图书馆共同创建青秀山书院分馆、孔庙国学分馆等5家分馆，并为已建分馆和流通站配送图书17次，共计10647册。（南宁市少年儿童图书馆　周明）

【南宁市少年儿童图书馆完成“盲人阅读推广与社会教育示范应用项目”】　“盲人阅读推广与社会教育示范应用项目”是该馆向中国残疾人联合会申报得到的省部级项目。项目执行时间为2016年9月—2017年12月。为能顺利完成项目各考核指标，为更多的盲童服务，该馆组织、配合、指导舍得学校分馆积极开展公益讲座、好书分享、爱薇园绘本故事会等活动。项目实施期间，开展读书周、“走进盲画世界，用爱点亮未来”文化联欢会及盲画心禅课堂暨曾柏良师生盲画艺术展等活动20多场次，近2000人次受益。4月，舍得学校分馆学生李锦获得“全国优秀盲人读者”荣誉称号。12月，该项目顺利结题。（南宁市少年儿童图书馆　周明）

【柳州市图书馆建设活动品牌】　柳州市图书馆致力于打造优秀的阅读推广活动品牌：“手工绘本DIY”教小朋友自己动手制作绘本；“双语悦读会”以说故事的形式激发学生学习英语的积极性；“主题阅读分享课”让小朋友在轻松愉悦的氛围中感受阅读魅力；“科普知识小课堂”帮助小朋友了解科学知识；“多带一本书”志愿者公益文化服务，为社会特殊群体特别是有阅读需求但行动不便、无法到馆借阅的残障人士、空巢老人和贫困户提供人性化、个性化的志愿服务；“微书评”活动是面向社会公众征集阅读心得、读书笔记、图书推介、内容摘抄或一句话感言，以促进阅读、服务阅读、分享阅读的活动；柳州市图书馆年度读书征文等活动。在2017年全国少年儿童阅读年活动中，柳州市图书馆获得“优秀组织奖”，“多带一本书”志愿者公益文化服务获得柳州市第二届青年志愿服务项目大赛铜奖。（广西图书馆学会　韦绍芬）

【柳州市图书馆征集到一批古籍文献】　2017年，柳州市图书馆征集到一批少数民族古籍和清代及民国时期家谱、族谱。其中，有关梅山文化的少数民族古籍共计16种16册，内容涉及梅山的古老文化以及少数民族自创的文字等。搜集到的清代及民国时期家谱共计229种630册，共有辛、颜、毛、易等57个姓氏，包括宁、游、谌等稀有姓氏，此外，还征集到《中国廖氏通史》等33种44册族谱。这些文献资料为研究广西、湖南、江西等地区家族的历史沿革、世系繁衍、人口变迁、家族文化传承等起到推动作用。（广西图书馆学会　韦绍芬）

【钦州市图书馆新馆正式对社会开放】 5月31日，钦州市图书馆（含少年儿童图书馆）新馆正式开馆，新馆共4层，建筑总面积11472平方米，采取“以购代建”分期付款方式建成。自新馆开放以来，新办借阅证6411张，到馆读者达251206人次，日均读者流量约1495人次。年开展活动达140多场次，参与活动5万多人次，各类讲座培训等60多场次。同时致力于建设钦州市数字图书馆，包括建设图书馆网站、手机图书馆、“云阅读——书香钦州”微信阅读平台、电子书下载机等资源。除了在馆内放置电子书借阅机，还在钦州市内的汽车总站、高新工业园区、宁越花园小区、市财政局、市政务中心等群众聚集区域设置电子书免费下载借阅机；在图书馆一楼大厅设有共享工程公共文化一体机、政府公开信息查阅机、电子触屏读报机、电子期刊机、中文在线借阅机、库客音乐机等，读者手机“扫一扫”“摇一摇”就能实现随时随地阅读；少儿馆还采购两台适合少儿读者阅读的多媒体一体机。（钦州市图书馆　陆彩明）

【贺州市图书馆】 2017年，贺州市图书馆有在职在编人员20人。新增纸本文献1.15万册，累计藏量27.12万册；电子文献藏量0.78万册。全年发放借书证2024个，持证读者累计17149人；接待各类读者33511人次，其中电子阅览室接待读者7764人次，读者上机阅读达12463小时；各类咨询服务共338次。同时，在继续推进图书馆微信公众号、读者群阅读信息推送服务工作的基础上，建立图书馆网站，开通移动阅读和电子图书数据库服务项目，累计服务读者15.25万人次。（广西图书馆学会　韦绍芬）

【贺州市图书馆开展系列读者活动】 2017年，该馆推进“寿城读书秀——《礼记》读书心得演讲秀”读者品牌活动，全年共开展7次，通过引导读者阅读传统经典名著，以演讲的形式分享读书心得，宣传中华优秀文化。同时开展“道德讲堂”22期，1760人次参加活动；开展各类文化展览20期，展出作品1680幅，44614人次参观；举办爱国主义读书教育活动、诗歌朗诵会等5次。“壮族三月三”期间，走进平桂朝阳学校开展读者讲故事比赛活动；联合贺州市太白路小学开展“经典润童心·书香溢校园”读者朗诵比赛。“4·23”世界读书日期间，联合贺州学院图书馆在八步区步头镇瑶族山村黄石村开展主题为“经典润童心·书香溢瑶山”的国学经典诵读活动，并为瑶乡赠送图书、电脑等用品。6月8日，到贺州市强制隔离戒毒所了解图书阅读服务点的阅读需求情况，为戒毒所的学员更换新书籍。（广西图书馆学会　韦绍芬）

【北海市图书馆获中国图书馆学会全民阅读相关表彰】 10月，北海市图书馆荣获中国图书馆学会授予的“全民阅读示范基地”称号；“珠城书友会”项目被评为“2016年阅读推广优秀项目”。（北海市图书馆　蒋清媚）

【北海市图书馆“广西北部湾经济区图书馆联盟”项目获得文化部立项】 12月8日，北海市图书馆申报的“广西北部湾经济区图书馆服务联盟”项目通过文化部评审立项。该项目旨在整合北部湾经济区42家县区级以上公共图书馆资源，提供资源共享、通借通还“一卡通”等服务，实现北部湾经济区公共图书馆的均等化、同城化、一体化发展；构建功能强大的区域性文献信息支撑平台和图书馆公共文化服务体系，为本地区的发展提供强有力的文献信息资源保障。北海、南宁两市通借通还“一卡通”服务开通一年以来，已完成通借通还4000多人次、20000多册次，受到广大读者的欢迎和好评。（北海市图书馆　蒋清媚）

【玉林市图书馆】 玉林市图书馆现有工作人员44人，其中，高级职称2人、中级职称19人。设有办公室、采编部、流通部等12个部门、8个对外服务窗口和300个阅览座位，全年正常开放，每周开放时间66.5小时。2017年共服务读者 63 万多人次，馆内总流通 54 万人次，书刊文献外借 25.34 万册次，流动图书借阅约 10 万册次，新办理借书证 9488 个，移动图书馆点击量 13.67 万次，文献传递 4315 篇，玉林市图书馆微信公众号关注 26147 次。截至 2017 年底，新增图书 2.33 万册，馆内总藏量 65.2 万册（不含电子文献）。利用春节、元宵节、端午节、寒暑假等节假日，开展“名家为你写春联”、“悦读荟 · 闹元宵”、“品味端午 · 巧做香包”、书法班、写作辅导班、“书韵飘香 · 阅读人生”玉林市图书馆网上竞赛答题等系列读者活动。2017 年，荣获玉林市创建国家公共文化服务体系示范区工作先进单位、2016 年度“文化广西”微视频征集评选活动优秀作品奖、2017 年度“八桂书香远，诗书气自华”——首届广西壮族自治区全民阅读网络知识答题竞赛优秀组织奖。（广西图书馆学会　韦绍芬）

【玉林市图书馆开展文化扶贫活动】 玉林市图书馆采取送书下乡和阅读进农家、阅读进校园等方式，积极开展文化脱贫助困工作。2 月 16 日，在福绵社区举行玉林市 2017 年文化科技卫生“三下乡”集中示范活动。6 月 27 日，到北流市石窝镇开展送书下乡阅读推广活动，并向该镇中心校赠送图书 500 册，服务留守儿童 3000 多人次。12 月下旬，到北流塘岸镇金城村开展送书上门和阅读有奖游园活动，关注贫困儿童阅读，助推文化扶贫。（广西图书馆学会　韦绍芬）

【玉林市图书馆开展关爱特殊群体活动】 2017 年，玉林市图书馆新购入一键式阅读机、盲文点显器以及 40 种有声读物和 190 部无障碍电影等视障阅读服务设备与资源。组织开展视障文化服务和阅读推广会、无障碍电影播放、视障人士上网培训等系列活动 7 场次，服务视障读者近 500 人次，丰富了视障人士的精神文化生活。玉林电视台、《玉林日报》等媒体对该馆视障服务活动多次进行宣传报道。（广西图书馆学会　韦绍芬）

海南省

【海南省残疾人文化专场活动在省图书馆举办】 4 月 24 日，海南省图书馆与新华社新闻信息中心海南中心、海南省残疾人联合会在省图书馆共同举办“朗读经典 · 书韵飘香——世界读书日海南省残疾人文化专场活动”。活动邀请海南大学人文传播学院教授海滨担任主持人，海南省作家协会副主席张浩文、海南广播电台《百草园》主持人李成、海南音乐广播主持人大超等担任评委。活动中，残疾人朗读古今中外文学经典、小说、散文、诗歌等各类优秀作品及反映海南发展变化的文学类创作作品。省残疾人联合会党组书记、理事长符永，新华社海南分社副总编辑周正平，省图书馆信息咨询部主任王志康等嘉宾为参与活动的残疾人颁发奖项和奖品。本次活动通过新华社客户端、海南频道、新华社重点报刊、新华联播网户外电子屏幕、微信集群等全媒体资源平台采取线上 + 线下、新媒体 + 传统媒体的方式，进行宣传。（海南省图书馆）

【海南省图书馆开展“六一”系列文化活动】 6 月 1 日，海南省图书馆开展“六一”系列文化活动。活动主题是：让世界因我而美丽。活动采取现场报名、现场参与的形式。活动内容有“快乐书童”故事大王讲故事，由小朋友们按自己的理解，向现场观众讲述或朗诵《白雪公主》《节约用水》《晓出净慈寺送林子方》等童话故事和古诗；“科学表演秀、科学实验操作”分为两个环节，第一个环节是“科学表演秀”，老师给小朋友们表演科学实验“火山喷发”，第二个环节是“科学实验操作”，小朋友们在老师的指导下，亲自动手制作小飞机；“绘本手影表演剧”主要以皮影的形式讲述绘本故事《好饿的毛毛虫》；“让世界因我而美丽”六一儿童节晚会，小朋友表演了《渔舟唱晚》《劝学》《如果我是一滴水》《愿你慢慢长大》《父与子》等节目。（海南省图书馆）

【海南省文化共享工程“微视频制作与新媒体传播”培训在海口举办】 8 月 9—10 日，海南省文化共享工程“微视频制作与新媒体传播”培训班在海口举办，来自全省各市县文化广电出版体育局、公共图书馆、文化馆、边疆万里数字文化长廊建设服务站点的 150 余名文化工作者参加培训。开班仪式上，海南省文化广电出版体育厅社会文化处彭卫华做培训动员。省图书馆副馆长张蕊对本次培训活动提出具体要求和期望。为期两天的培训中，中国传媒大学新闻学院副教授李建刚、中国传媒大学电视台技术部副主任张俊，分别以“如何用手机拍摄专业的微视频作品”“视频编辑技巧与软件应用”为题，以丰富的案例和实用的视频编辑软件操作为切入点，对学员进行培训。在特别展示环节，各市县代表展示各区域特色文化，李建刚做指导点评，省图书馆馆长李彤做总结。（*海南省图书馆*）

【海南省图书馆举办“仲夏阅之梦”活动】 8月25—26日，海南省图书馆举办“仲夏阅之梦”活动，来自“馆校合作”学校的学生、农村留守儿童、外来务工人员子女、“妈妈志愿者”子女和读者，共计60组家庭参加活动。活动内容有：科普实验，孩子们在化学老师的带领下感受化学科普实验变化莫测；手工小制作，让孩子体验科普小制作，学习物理原理，引导孩子探索世界；美食制作，现场制作美食小点心，感受分享的乐趣和生活的艺术；给爸爸（妈妈）的一封信，孩子通过给爸爸或妈妈写一封信的形式，加深亲子间情感沟通；图书馆帐篷亲子夜读，夜间在图书馆搭建帐篷，休息前开展亲子阅读和图书馆赠书活动；亲子早读，以梦想为主题，让孩子和家长清晨在省图书馆一起大声朗读，享受亲子共读时光；放飞梦想，在亲子早读结束后，孩子们在心愿卡中写下自己的愿望，珍藏在梦想箱中，约定一年后再开启。（*海南省图书馆*）

【海南省数字图书馆推广工程服务与建设培训班暨总分馆建设交流会在澄迈召开】 8月29日—9月1日，海南省图书馆主办的“海南省数字图书馆推广工程服务与建设培训班暨总分馆建设交流会”在澄迈召开，来自省图书馆、各市县公共图书馆、乡镇文化站、村级文化室和“馆校合作”代表共150余人参加活动。此次活动特邀国家图书馆信息技术部主任谢强，浙江省嘉兴市图书馆原馆长、研究馆员章明丽，国家图书馆信息技术部宋姝和数字资源部邵燕，分别做主题为“国家数字图书馆的建设与发展思考”“总分馆建设与未来发展趋势”“数字图书馆移动服务建设与实践”和“推广工程建设发展与服务推广”的专题讲座。（*海南省图书馆*）

【文化部第六次全国县级以上公共图书馆评估组到海南省图书馆评估指导工作】 11月21—22日，文化部第六次全国县级以上公共图书馆评估第九组组长、文化部全国公共文化发展中心主任李宏，副组长、黑龙江省图书馆馆长高文华，组员、吉林省图书馆副馆长宋艳等5人，到海南省图书馆评估指导工作。海南省文化广电出版体育厅副厅长宁虹雯、社会文化处处长肖晖等陪同。评估组一行参观检查省图书馆少儿部、中华传统文化教育基地、阅读空间和地方文献中心等服务窗口，听取省图书馆馆长李彤的评估定级工作汇报。在实地查看和听取汇报后，李宏代表评估组对省图书馆开展此次评估定级工作情况给予肯定，并提出存在不足以及指导性意见。宁虹雯指出，省图书馆要结合专家组成员就评估工作中发现的问题及提出的建议和意见，深入开展调研，并学习借鉴其他兄弟馆的经验和做法，形成可行性报告上报省文体厅，厅里再协调相关处室和部门联合研究解决问题，共同促进全省图书馆事业的发展。（*海南省图书馆*）

重庆市

【概况】 2017年，重庆市县以上公共图书馆共43个，馆舍面积合计34万平方米，阅览座席27622个，从业人员964人；年新增藏量购置费为2445.6万元，年新增数字资源购置费1708.8万元，总藏量达1671.79万册（件）；书刊文献借阅546.23万人次，1222.65万册次。

重庆市公共图书馆通借通还工作继续深入开展。主城九区公共图书馆与重庆图书馆实现互联互通，一卡通云服务平台升级，业务系统布局到全市25家公共图书馆和各社区乡镇服务点。一卡通文献供应量达到311.41万册，持证读者突破34.15万人，外借61.23万人次、299.82万册次。全市43个公共图书馆加入重庆市公共图书馆讲座展览联盟，开展巡讲40场、巡展60场。

重庆市文化共享工程继续稳步推进。在市文化委员会统筹下，携手重庆有线、市群众艺术馆，依托国家大数据实验室项目，打造“巴渝文化云”项目，建设融合化、综合性数字文化服务平台；完成2017年（第二批）及2018年（首批）专项经费申报，总计1434万元；完成2014年、2015年两个批次文化共享工程地方特色资源17个数据库的制作及网站发布，统筹全市23家公共图书馆完成2015年度资源联建项目建设；通过开展以进城务工人员为服务对象的“重庆市文化共享工程农民工服务联盟”、以乡村留守儿童为服务对象的“蒲公英梦想书屋”两个大型活动，带动全市公共文化单位开展文化惠民服务活动，形成“1＋N”品牌效应，取得良好效果。

重庆市古籍和民国文献保护工作扎实开展。完成全市43家公共图书馆、高校图书馆、博物馆、寺庙等古籍收藏单位的古籍普查登记工作；厘清全市古籍藏量及保存现状。截至2017年底，全市入选国务院公布一至五批《国家珍贵古籍名录》266部，其中重庆图书馆入选217部。重庆市“十三五”规划重点文化项目《巴渝文库》首部作品《巴渝文献总目》7册问世；《重庆图书馆藏民国时期未刊书丛编》《重庆图书馆古籍普查登记目录》《清代巴蜀籍考生殿试卷选粹》《重庆图书馆藏戏曲唱本普查目录及要目叙录》等书籍相继出版发行。

2017年，重庆各级图书馆围绕世界读书日、图书馆服务宣传周、科技活动周、文化遗产宣传月、重庆读书月、公共图书馆法等大型宣传活动以及节假日期间，精心组织展览、讲座等形式多样、内容丰富的活动，取得广泛社会影响。全年组织公益讲座1604场，参与26.36万人次；举办展览996场，参观180.87万人次。（重庆图书馆）

【重庆图书馆】 2017年，重庆图书馆全年共接待到馆读者240万余人次，书刊外借（含通借通还）85万余册次。新入藏图书7.7万种。数字资源总量突破120TB，其中自建资源达到62TB。新办读者证3.2万个，累计办证36万个。

贴近时代，引领市民文化生活。开通24小时城市书房，充分满足闭馆期间读者各项服务需求；开辟双创·数字体验区，提供Kindle、VR、AR等数字阅读设备展示体验，开展Kindle电子阅读器外借服务；打造公共数字文化体验区，集中展示重庆市文化共享工程、数字图书馆推广工程、公共电子阅览室建设计划优秀成果。

跨界融合，不断创新服务模式。“互联网＋”，推出“网上借书　重图到家”项目，升级“你阅读　我买单”智慧阅读服务，实现“线上点单、线下配送”O2O图书借阅方式；“图书馆＋”，与重庆科技馆达成战略合作协议，“馆馆合作”再次升级，首次将著作权侵权纠纷案庭审现场搬到图书馆，继续深化馆校合作，携手神州专车，倡导“共享阅读”，打造流动图书馆；“志愿者服务＋”，依托“红绿熊心阅读”“蒲公英梦想书屋”等服务项目，为志愿者搭建服务市民、实现自身价值的平台，受到《人民日报》专题报道。“重庆市视障人群志愿服务关爱行动”荣获“全国青年志愿服务示范项目创建提名奖”。

勇担重任，全民阅读再当排头兵。深入推进全市公共图书馆通借通还工作，升级一卡通云服务平台，将一卡通业务系统布局到全市25家公共图书馆和各社区乡镇服务点，实现各区县区域内通借通还；起草并提交《重庆市“十三五”时期全民阅读规划纲要》，发布《重庆市全民阅读调查报告（2016）》；组织筹备大型全民阅读推广活动，创新推出大型立体阅读活动“格林童话之夜”，将本馆“行走的图书”品牌阅读推广活动扩展到全市41个区县公共图书馆共同参与，统筹协调“4·23世界读书日暨重庆读书月”系列活动，受众人群10万人次。

鉴古知今，举办馆庆70周年系列文化惠民活动。重庆图书馆馆史陈列室正式对外开放，在“物华天宝　书韵流芳——重庆图书馆特藏文献暨保护成果展”上首次展出镇馆之宝，举办“喜庆十九大　共圆中国梦——西南四城市‘风·雅·颂’国学经典诵读暨重庆图书馆建馆70周年文艺展演”。

共建共享，构建文化命运共同体。主导成立西部公共图书馆联盟，承办联盟首场活动“阅读·人·空间”主题摄影大赛，开启西部地区图书馆事业发展历史新篇章；举行全国图书馆扶贫工作研讨会，组织贫困地区基层青年馆员到发达地区图书馆实地培训；与俄罗斯叶利钦总统图书馆合作拍摄“中俄媒体交流年”重点项目《中俄书途》纪录片，该纪录片荣获“中俄交流”项目优秀组织奖、优秀项目奖。（重庆图书馆）

【“馆馆合作”——重庆图书馆与重庆科技馆战略合作正式达成】 1月25日，重庆图书馆与重庆科技馆战略合作签字仪式在重庆科技馆举行。重庆图书馆党委书记、馆长任竞，重庆科技馆党委副书记、馆长高军代表双方签署战略合作协议，标志着“馆馆合作”正式达成。仪式结束后，合作立即启动，首次共办“科技人文走基层”活动。两馆分别通过流动图书车、科技大篷车，将科普图书展示、科技资源体验等科普、文化资源融合服务送进九龙坡公租房小区——民安华福社区，为社区民众带去生动形象的科学文化体验。两馆将在合作框架下，继续推出更多、更好的科普文化产品，为广大市民提供更多、更好的精神食粮，为加快构建现代公共文化服务体系，推进“科学发展、富民兴渝”做出积极贡献。此次合作标志着重庆科技馆与重庆图书馆两家科普基地正式跨界合作、携手共进，共同助推科普事业繁荣发展。（重庆图书馆）

【西部省级公共图书馆联盟正式成立】 2月24日，西部省级公共图书馆联盟成立大会在重庆图书馆召开，国家图书馆常务副馆长陈力，重庆市文化委员会副巡视员谢宾，西部各省（区、市）图书馆领导及相关负责人出席大会。重庆图书馆馆长任竞介绍西部省级公共图书馆联盟筹备情况，就图书馆联盟内涵和意义、我国图书馆联盟现状、西部省级公共图书馆联盟目标和任务进行充分解释，介绍西部省级公共图书馆联盟章程，并对章程框架结构和主要内容进行详尽说明。西部各省（区、市）图书馆负责人对联盟章程进行深入讨论，在资源共享共建、联合参考咨询、专业人才培养、开展惠民服务等方面充分交换意见，并对联盟组织机构搭建及运行机制初步达成共识。陈力代表国家图书馆对该联盟成立表示祝贺，对联盟下一步发展进行具体业务指导，并就各家图书馆都非常关心的第六次全国公共图书馆评估工作和图书馆参与创制文创产品等重点、热点问题答疑解惑。（重庆图书馆）

【重庆图书馆亲子阅读体验项目“格林童话之夜”入围2018年国际图联市场营销奖前十名】 4月15日晚，重庆图书馆举行大型亲子活动“格林童话之夜”，开设格林剧场、我与童话、星空影院、篱笆王国、水晶舞台、林中小径、梦想花园7个会场，打破传统阅读方式，通过表演、阅读分享、电影、中英文亲子赏读、小剧场、展览、游园嘉年华以及与童话人物合影拍照等多维度、立体化形式，让读者感受经典阅读乐趣，2000余人当晚到馆参加。该活动是重庆图书馆依托“馆中馆”——杨武能著译文献馆的珍贵馆藏，面向重庆市少年儿童读者及家庭开展的浸入式亲子阅读体验项目，属全国首创自主营运类项目，入围2018年国际图联市场营销奖前十名。（重庆图书馆）

【杜塞尔多夫市立图书馆赠书仪式在重庆图书馆举行】 5月8日，由重庆图书馆和德意志联邦共和国驻成都总领事馆共同举办的“杜塞尔多夫市立图书馆赠书仪式”在重庆图书馆举行。德国驻成都总领事施恪先生代表杜塞尔多夫市立图书馆向重庆图书馆赠送德语图书共计25册，其中涵盖文学大家如君特·格拉斯、海因里希·海涅、海因里希·伯尔登的作品，还有杜塞尔多夫及北威州旅游、经济等方面的风光图册和DVD光碟等。重庆图书馆曾于2012年、2013年连续两年向杜塞尔多夫市立图书馆赠书并建立“重庆之窗”。4月21日，在这批赠书到达重庆之前，德国杜塞尔多夫市政府在位于该市老城的海涅故居，同样先行举办向友好城市重庆的赠书仪式，中国驻杜塞尔多夫总领事馆总领事冯海阳先生出席。（重庆图书馆）

【重庆图书馆馆史陈列室正式对外开放】 6月20日，作为“1＋3”重庆文化艺术历史记录工程建设项目的重庆图书馆馆史陈列室正式对外开放，献礼重庆图书馆建馆70周年。该陈列室位于图书馆三楼，占地100平方米，通过珍贵历史照片和文物档案，首次系统呈现重庆图书馆历史全景，全面回顾与总结重庆市图书文化事业发展历程。除介绍重庆图书馆馆史及发展情况的平面展览外，室内专设罗斯福图书馆场景还原区，不仅有3D手绘罗斯福图书馆楼梯场景，还将老馆所保存的目录卡片柜、桌椅以及地板还原于此，追忆再现罗斯福图书馆别致优雅的阅览环境和古朴浓郁的书香气息。设置高精度窄边三屏拼接终端进行视频展播，以星空密布的时间点为表现形式，围绕缘起罗斯福、风雨兼程两大主题动态展示各个阶段重要历史信息。该设备操作性强，可支持多人同时段操作、自助翻阅等功能。（重庆图书馆）

【重庆图书馆第9个“重庆之窗”在新加坡设立】 8月26日，作为新加坡中国文化中心重庆文化年的重要组成部分，重庆图书馆设立的“重庆之窗——中国图书角”在新加坡中国文化中心主任马红梅女士、南方大学校长祝家华博士、狮城书法篆刻会会长曾广纬先生、马来西亚现代书画联盟总会长符永刚博士等100多位社会各界人士的见证下，正式对市民开放。这也是重庆图书馆继在英国、泰国、贝宁、德国、哈萨克斯坦、西班牙、俄罗斯、白俄罗斯等国家之后设立的第9个“重庆之窗”。此次“重庆之窗”配备中英文对照图书、音像资料100余册：其中80册涵盖重庆历史文化、自然风光、经济发展等方面内容，多角度全方位展示重庆魅力，另外20册是根据中国文化中心建议精选的中国优秀绘本，包括文津奖获奖图书《这就是二十四节气》等。（重庆图书馆）

【重庆图书馆赴俄罗斯叶利钦总统图书馆合拍人文纪录片《中俄书途》】 8月26日—9月9日，重庆图书馆馆员远赴俄罗斯叶利钦总统图书馆开展业务交流，并拍摄人文纪录片《中俄书途》，通过重庆图书馆馆员深入体验叶利钦总统图书馆的业务工作，记录下中俄两国的图书馆建设、馆藏保护利用和人文交流合作。重庆图书馆成为第一个进入叶利钦总统图书馆拍摄的外国馆。纪录片将反映中俄两国图书馆在读者服务、数字工程和举办展览等方面的内容，推出后将在中俄两国进行推广传播，加深中俄文化了解，促进馆际交流与合作。该纪录片的拍摄也是重庆市政府推进2017年“中俄媒体交流年”重点项目之一。（重庆图书馆）

【西南地区四城市“风·雅·颂”国学经典诵读暨重庆图书馆建馆70周年文艺展演落幕】 11月15日，西南地区四城市“风·雅·颂”国学经典诵读暨重庆图书馆建馆70周年文艺展演在重庆群星剧院落幕，此次活动由中国图书馆学会和重庆市文化委员会指导，重庆图书馆承办，以“喜庆十九大　共圆中国梦”为主题。国家图书馆、全国各省级、副省级图书馆、贫困地区基层图书馆、重庆市各区县图书馆代表，重庆图书馆全体员工，读者代表和热心市民莅临观看。整个演出分为上下两个篇章。上篇，演出由重庆、成都、贵阳、昆明四城市选送的《春江花月夜》《中国话》《春之歌》《赤壁》等经典诵读；下篇，《书香梦》《书韵流芳》《书中岁月长》等情景展示以推进全民阅读为主旨。重庆图书馆为杨武能、赵嘉福、薛淑仪颁发荣誉馆员证，授予李文衡特殊贡献奖，以表彰他们为重庆图书馆70年来的发展所做出的杰出贡献。该晚会通过国家公共文化服务云、中国文化网络电视各终端以及重庆本地基层播放点进行现场直播。（重庆图书馆）

【重庆·武陵山公共图书馆联盟正式成立】 3月2日，“重庆·武陵山公共图书馆联盟”在武隆区正式成立。该联盟由黔江区、南川区、武隆区、秀山县、酉阳县、彭水县、丰都县、石柱县、忠县9个区（县）公共图书馆共同参与协商成立。成立大会上，各联盟成员馆对联盟章程进行深入讨论，在资源共享共建、馆际互借服务、学术报告等方面充分交换意见，对联盟运行机制达成共识，并举行联盟成立签约仪式。（重庆市图书馆学会）

【渝东北图书馆联盟正式成立】 3月17—18日，渝东北联盟大会及图书馆联盟筹备工作会议在奉节县举办。联盟由万州区图书馆、奉节县图书馆、云阳县图书馆、开州区图书馆、梁平区图书馆、巫山县图书馆、城口县图书馆、垫江县图书馆组成。筹备会议拟定联盟主要工作范围，推选出万州区图书馆为联盟理事长单位，万州区图书馆馆长吴天舒任理事长，奉节县图书馆馆长朱波任副理事长，负责组织、协调和制定联盟发展战略，成立联盟秘书组为日常办事机构，负责联盟运行的组织协调、平台管理和档案保存等工作。（重庆市图书馆学会）

【渝北区图书馆新馆正式对外开放】 6月28日，作为渝北区新文化地标的渝北区图书馆新馆正式向市民开放。新馆馆舍建筑面积10764平方米，按国家地市级一级图书馆标准建设。馆内设有报刊阅览室、图书馆借阅室、少儿阅读中心、老年阅览室、电子阅览室、数字体验区、24小时自助图书馆等16个免费开放功能室。拥有纸质藏书40万余册，报刊近1000种，数字资源近50TB，并采用“借、藏、阅、网”为一体的管理模式，形成以社科类图书为重点，书画艺术类图书为特色，兼顾少儿图书、地方文献、盲文图书、电子资源互为补充的藏书体系。为读者提供报刊阅览、图书借阅、自助借阅、自修、讲座、

阅读活动及培训等项目的免费服务。（重庆市图书馆学会）

【巴南区图书馆新馆正式对外开放】 8月，位于巴南区文化艺术中心内的巴南区图书馆新馆正式对外开放。新馆总建筑面积13470平方米（含鱼洞、李家沱直属分馆），纸质及数字文献资源90万余册。采用人性化、开放化、智能化、标志化运行理念，设置24小时图书馆、少儿图书馆、市民学习中心、科技体验中心、自助学习区等特色场馆，读者座席1500余个，日均接待读者约2300人次。开展巴人图语、小葵花公益课堂、月芽亲子阅读、巴图夜语、巴图视界、巴图大讲堂、老来乐兴趣培训班、巴图科学院、掌上巴图、圆梦·共享阳光艺术课堂、农民工技能培训、电子书屋推广活动等12大系列品牌活动。2017年，巴南区图书馆被国家新闻出版广电总局表彰为“农家书屋全面建设十周年先进集体”，被中宣部、文化部、国家新闻出版广电总局表彰为“第七届全国服务农民、服务基层文化建设先进集体”。（重庆市图书馆学会）

四川省

【概况】 截至2017年底，四川省共有公共图书馆203个，其中文化部命名的三级以上公共图书馆118个。全省公共图书馆实际使用房屋面积62.8万平方米，阅览室座席55179个，电子阅览室终端7966台，计算机终端11249台。从业人员2413人，其中专业技术人员1402人，占总从业人员的58.1%。有志愿者队伍226个，注册志愿者8467人。

服务效能不断提升。全省年总流通2601万人次，较上年增加10.3%；有效读者证约181万个，较上年增加36%；书刊文献外借1845万册次，较上年增加5.3%；讲座、展览、培训合计6309次（个），较上年增加3.2%。

业务建设稳步推进。全省文献资源建设不断完善，2017年末，文献总藏量约7111万册（件），其中电子图书约3319万册，年新增文献入藏量约256万册。全省大力实施文化信息资源共享工程、数字图书馆推广工程、公共电子阅览室建设计划，建成覆盖全省的省、市、县（区）、乡镇（街道）、村（社区）五级服务网络，建立网点5万余个，全面实现公共数字文化服务进农村、进军营、进校园、进社区、进机关。各图书馆积极探索数字化服务体系建设，推出手机图书馆、24小时自助图书馆服务、公共数字文化服务区建设等，实现海量数字资源查询利用、高品质影音欣赏、新媒体互动体验等功能。古籍普查工作有序推进。截至2017年底，全省古籍藏量近220万册（件），已纳入统计古籍收藏单位92家，其中已完成古籍普查登记单位60家，完成普查登记目录13.93万条约150万册。全省入选《国家珍贵古籍名录》237种，国家级、省级古籍保护单位33个。

特色图书馆建设不断加强。全省各图书馆立足本馆实际，着力构建公共图书馆差异化、特色化发展格局。省图书馆实施李一氓、李劼人文库暨展览项目，张大千文献中心建设；广安市建成“邓小平文献资料中心”；三州地区重点推进阿坝藏文图书馆、凉山彝文图书馆建设等。

改革创新进一步深化。省图书馆作为文化体制改革试点单位，积极稳妥推进法人治理结构改革试点工作；率先以成都图书馆和部分区县图书馆为试点单位，启动探索建立理事会制度。各市州、区县大力推进总分馆制建设，一方面将农家书屋纳入统一管理，另一方面创新合作机制，引入社会力量多渠道开辟分馆建设。

国际合作不断深入。省图书馆先后与美国、法国、澳大利亚、波兰领事馆、亚洲动物基金会等合作举办摄影展、图片展、文化月等活动，全年共计推出展览29场，观展人数近180万人次。省图书馆还与澳大利亚维多利亚州立图书馆董事局签订《中国四川省—澳大利亚维多利亚州建立友好省州关系暨系列合作协议》《谅解备忘录》，与维多利亚州立图书馆签订《战略合作协议》，与新南威尔士州立图书馆就馆藏资源管理、数字化建设、读者服务、展览及培训等方面的合作达成共识，促进四川省公共图书馆在国际交流方面的发展。（四川省图书馆学会　刘韩萍）

【2017年首场汉藏文化交流活动举行】 3月7—9日，四川省图书馆2017年首场汉藏文化交流活动在阿坝州金川县广法寺举行。四川省汉藏文化交流活动组组长何先进以及部分汉藏文化交流基地代表约200人参加开幕式。金川县佛教协会副会长、广法寺活佛班玛仁清就举办像雄文明活态传承展示目的做说明；阿坝州委州政府原顾

问、四川省汉藏文化交流专家组组长李茂就举办像雄文明活态传承展示活动的意义及如何深化汉藏文化交流活动做讲话；金川县委常委、宣传部部长郑刚就如何传承、展示和宣传金川悠久的历史文化做重要指示。开幕式最后，四川省图书馆再次向汉藏文化交流流动图书服务点金川县广法寺图书室赠送图书 63 种 190 册。在随后召开的汉藏文化交流工作座谈会上，与会人员就如何深入开展汉藏文化交流活动，如何编辑出版《像雄文明在金川》《金川民俗大典》两部书以及拍摄金川历史题材影片《斧头勇士》等进行专题研讨。（四川省图书馆　何先进）

【四川省图书馆馆长会议召开】　4 月 13 日，全省图书馆馆长会议在四川省图书馆召开。省委宣传部、文化厅、省图书馆的领导及来自成都、泸州、德阳、绵阳、广元、乐山、广安 7 市党委宣传部部长，市、县公共图书馆馆长，高校、省委党校、市委党校图书馆馆长以及中科院成都文献情报中心、省社科院文献信息中心主任共计 240 余人参加此次会议。省图书馆馆长何光伦总结去年全省图书馆工作，并提出来年工作计划；成都图书馆馆长胡建强介绍全市总分馆建设、通借通还的工作经验；四川大学图书馆馆长马继刚汇报成都地区高校图书馆面向社会免费开放情况；富顺县图书馆馆长郭先敏介绍其在古籍普查、修复工作方面的成绩和经验做法。会议还对 2016 年度四川省全民阅读示范基地、古籍保护工作示范单位与示范工作者、四川省“最美基层图书馆”、四川省公共数字文化创新服务示范单位与示范工作者等进行表彰及授牌。（四川省图书馆　侯露露）

【四川省图书馆举办“书香天府·全民阅读”系列活动】　4 月 22 日，由中共四川省委宣传部等单位主办，四川省图书馆和四川广播电视台共同承办的“爱读 IDO 周末分享会”在四川省图书馆启动。首场活动寻找“最美诗词朗诵家庭”决赛在省馆举行，活动通过父母与孩子共同诵读经典诗词的方式，促进父母与孩子的情感交流。4 月 23 日，由四川省文化厅与四川日报社联合举办的“书香四川 2017 年现代阅读服务月”和“悦读家——书香家庭　唯美阅读”等系列活动在省图书馆举行。同时还举行被誉为“巴蜀鬼才”的戏剧家、辞赋家、杂文家魏明伦向省馆捐赠手稿及藏书仪式。（四川省图书馆　黄玲）

【四川省图书馆成功申报四川省博士后创新实践基地】　四川省图书馆高度重视创建四川省博士后创新实践基地工作，自接到《四川省人力资源和社会保障厅关于开展 2017 年博士后创新实践基地申报工作的通知》以来，集中一切能够集中的力量，汇集全馆资源展开申报。省文化厅重点关注此次申报，对申报材料严格把关、积极推荐。四川省人力资源和社会保障厅在申报答辩前到省图书馆进行实地考察并针对答辩材料提出改进意见。10 月 17 日，由四川省中心图书馆委员会办公室副主任郑蜀、特藏部主任林英组成答辩小组，参加博士后创新实践基地的申报答辩工作，答辩内容以省图书馆的定位、条件、项目资源和平台为重点。经过四川省人力资源和社会保障厅组织的一系列审核和考察，11 月，该馆成功申报四川省博士后创新实践基地。（四川省图书馆　谢忱）

【全国人大法律委员会赴四川省图书馆开展《公共图书馆法》立法调研】　10 月 24 日上午，全国人大常委会委员、全国人大法律委员会副主任委员李连宁率调研组赴四川省图书馆进行《公共图书馆法》立法调研，听取四川省公共图书馆事业发展情况汇报及四川省各部门、各系统代表对《中华人民共和国公共图书馆法（草案）》（以下简称《草案》）的修改意见。李连宁一行参观省图书馆，询问有关免费开放、古籍保护、决策咨询、数字化建设等工作开展情况，对省图书馆工作予以高度评价，并与四川省人大常委会代表、全国人大代表、四川省文化厅代表、市州人大常委会代表以及图书馆、图书馆学会、出版社系统代表进行座谈。此次调研座谈会对《草案》的完善很有帮助，意义重大。（四川省图书馆　陈瑶）

【“川图·微图书馆”被评为四川省十佳志愿服务项目】　12 月 5 日是“国际志愿者日”，由四川省文明办主办，省志愿服务基金会、成都市文明办承办的“四川志愿·携手圆梦”2017 年度四川省暨成都市志愿服务展示交流活动在成都市举行。活动现场对四川省十佳志愿服务项目、十佳志愿服务组织、十佳志愿服务社区、十大最美志愿者进行表扬，省图书馆的“川图·微图书馆”获得四川省十佳志愿服务项目的荣誉，是省文化系统中唯一获得表彰的项目。四川省图书馆文化服务志愿者支队拥有在册志愿者2211名，其中1877人参加过服务；到馆服务团队近20个，参与人数2000余人，服务次数7500余次，服务受众达上百万人次。（四川省图书馆　唐可心）

【西南地区四城市“风·雅·颂——国学经典诵读”成都地区决赛举办】 11月4日，由中国诗歌万里行组委会指导，成都市文化广电新闻出版局和青白江区人民政府主办，成都图书馆、青白江区文体广电新闻出版和旅游局承办的西南地区四城市“风·雅·颂——国学经典诵读”成都地区决赛在青白江区体育馆举办。来自成都分赛区的23支优秀队伍近100名选手悉数登场，以多种创新表现形式，为观众奉上一场传统文化的饕餮盛宴。此次活动得到社会各界的广泛关注和热切参与。截止到10月初，全市各个区（市）县的文化单位和学校近3000人参与国学经典诵读活动。经过初赛和决赛的激烈比拼，成都图书馆的《中国话》与青白江区文体广电新闻出版和旅游局的《短歌行》获得第一名。（成都图书馆办公室）

【泸州市图书馆走进“两会”开展信息服务】 1月5日，泸州市图书馆进驻市“两会”会场，利用本馆丰富的馆藏书刊、电子图书、数据库等资源，为“两会”代表、委员提供便捷的获取图书馆文献信息资源和服务的方式和途径。工作人员在指导使用电子借书机的同时，推广使用“移动图书馆”，满足了委员们数字化阅读和随时获取文献信息的需求。在“你选书，我买单”服务现场，“两会”代表和委员在办理完“一卡通”借阅卡后，在推荐书目中选取自己所需的图书，图书馆立即购买，及时送到代表、委员手中，满足“两会”代表、委员借阅新书的需求。市图书馆在5天的“两会”服务中，共解答咨询300余人次，发放各类宣传资料400余份，赠送“网上读书卡”260余张，使用电子图书期刊借阅机260余人次，下载电子书1200余册次。工作人员热情的工作态度、良好的服务意识受到“两会”代表、委员们的普遍赞誉和好评。（泸州市图书馆）

【泸州市少年儿童图书馆首期公益培训开班】 5月13日，泸州市少年儿童阅读实践中心首期公益培训拉开序幕。150余名小朋友走进市少年儿童阅读实践中心，开启为期两个月的兴趣发现、学习之旅。此次培训是“公益1000”儿童系列培训活动，由泸州市少年儿童图书馆、市益生励志协会主办，市少年儿童阅读实践中心与西南医科大学承办。以该实践中心为活动载体，引入益生公益“七大启蒙公益项目”，招募大专院校优秀学生志愿者授课，以互动参与课的形式，为广大未成年人免费提供医学、法律、美术、舞蹈、手工等培训的公益课堂。培训课程贯穿知法守法、身心健康、文明礼仪、急救常识等知识点，以提高青少年个人文化修养。（泸州市图书馆）

【巴中市图书馆开展“感恩母爱传递孝道”主题活动】 5月12日（母亲节）下午，巴中市图书馆以流动图书车为载体，在巴州区法院广场开展以“感恩母爱　传递孝道”为主题的阅读推广活动。市图书馆现场给读者发放《二十四孝》宣传活页500余份，提供读者免费现场阅读的孝道书籍300册，为100名读者现场办理借阅证，同时，为市民免费播放该馆全民阅读宣传片及孝道影片《法官妈妈》。（巴中市图书馆　袁祥云）

【巴中市图书馆在全国少年儿童经典阅读书法作品大赛中获得多项大奖】 12月22日，由中国图书馆学会主办，武汉市少年儿童图书馆和长春市少年儿童图书馆承办的“2017年全国少年儿童经典阅读书法作品大赛”获奖名单出炉。巴中市图书馆学会、巴中市图书馆选送的作品分获金奖3个，银奖4个，铜奖16个；巴中市图书馆副馆长郎多闻与少年儿童阅览室主任齐亚军荣获“优秀组织个人奖”。来自巴州区第三小学的窦红梅与通江县广纳镇中心校的李双全等19名老师荣获“优秀指导教师”奖。市图书馆荣获优秀组织奖。奖次与数量在全国位居前列，也是四川省唯一获奖单位。（巴中市图书馆　齐亚军）

【凉山州图书馆参加“文化扶贫春雨行　惠泽大桥庆六一”活动】 5月26日，凉山州文化广电新闻出版局在冕宁县大桥乡田坝村举办“文化

扶贫春雨行　惠泽大桥庆六一”送文化下乡活动。州图书馆在活动现场布置40块湿地科普摄影展，将带来的500份摄影报和大量的《大凉山特色农产品实用技术》《粮油作物》《叶菜类保护地栽培》等相关农业科普书籍和500份科普宣传资料免费发放给现场群众。同时，州图书馆和州新华书店共同向大桥乡小学捐赠书籍17000册，价值合计人民币28万元。（凉山州图书馆）

【甘孜州图书馆举办亲子绘本阅读及经典阅读活动】 6月1日，由甘孜州委宣传部、甘孜州文体广电新闻出版局主办，州图书馆承办的“庆六一国际儿童节”亲子绘本阅读及经典阅读活动在州图书馆举办。此次活动也是州图书馆全方位打造少儿读者乐园，实现“推动全民阅读，建设书香甘孜”的又一举措。工作人员提前精心布置少儿阅览室，设计活动方案。活动当天，以书为媒，以阅读为纽带，家长陪伴小朋友们在阅览室共同阅读、讨论，在浓浓的书香、阅读中过“六一”儿童节。“亲子共读”活动的开展，营造良好的学习氛围，提高学生课外阅读的兴趣，实现家长与孩子共同阅读与学习、阅读与生活、阅读与成长的融合。此次活动共有100名家长和孩子参与，发放图书馆宣传资料100余份。（甘孜州图书馆）

【四川省人大及省图书馆领导到乐山市调研】 6月6—7日，四川省人大常委会副主任李向志、省文化厅副厅长赵红川以及省图书馆馆长何光伦率队，深入乐山市犍为县、五通桥区和市中区，通过实地考察、听取工作汇报、召开座谈会等形式，对乐山贯彻实施《四川省公共图书馆条例》（以下简称《条例》）情况开展检查。执法检查组认为，乐山市高度重视公共文化服务体系建设，公共图书馆部分建设走在全省前列；全市公共图书馆服务内容、模式和体制机制不断创新，彰显乐山历史文化名城风采，也促进了地区文化繁荣发展。执法检查组希望乐山市进一步强化对公共图书馆事业重要性的认识，不断提升公共图书馆服务能力和水平；进一步强化《条例》的宣传学习和培训，把《条例》的各项规定和具体举措全面贯彻落实到基层，促进《条例》的全面落地；进一步强化责任意识，加强人大和社会监督，落实好地方政府的主体责任，坚持问题导向，在政策、资金、项目、人才、服务等方面加大力度，进一步加强《条例》的法制保障，推动公共图书馆事业科学发展。（乐山市图书馆）

【雅安市图书馆“阅读超市”正式开放】 7月17日，雅安市图书馆“阅读超市”正式对外免费开放，市人大市政协专委会、市文体广新局领导，市直属文化系统领导、职工，图书馆志愿者、读者，以及6县2区分管副局长、图书馆馆长等共计500余人参加“阅读超市”开放仪式。“阅读超市”设计新颖，环境优美。将图书馆行业要求与雅安本土文化结合，融入“熊猫文化”“茶文化”“三雅文化”以及“非遗文化”，打造“雅、静、闲、和”的阅读环境。设立5大功能区即盲人阅览区、报刊阅览区、数字阅览区、休闲阅览区和图书借阅区。在图书排架陈列方面，引入书店卖场的先进理念，设置“中小学生优秀读物”“中外旅游”“国学”“地方文献”“茶文化”“熊猫文化”等主题图书专架。图书馆外摆放24小时自助图书借阅机。实现零门槛、基本服务项目全免费服务。“阅读超市”将“阅”“赏”“借”融为一体，满足读者的阅读需求，是公众阅读的最佳场所，开放首日就接待读者1600人。（雅安市图书馆　王鹏）

【江油市图书馆举办“聆听世界·触摸希望”——携手走进图书馆盲人读书活动】 12月27日上午，“聆听世界·触摸希望”——携手走进图书馆盲人读书活动在江油市图书馆举办，活动由江油市残疾人联合会、市盲人协会、市图书馆联合举办。活动主办方领导，市盲人协会的50余位视障人士及其陪护人员和10余名志愿者出席活动。大家在活动中分享自己的心路历程，互相鼓励。在场还有专业人士对盲人朋友们进行智能手机使用、盲文阅读的相关培训。会上，市图书馆馆长黄敏向陈应强颁发证书，感谢他为图书馆捐赠31册盲文图书，并向宣传台视电子助视器、盲用听书机等馆内视弱阅读设备。（江油市图书馆　孙瑶婷）

【四川省2017年“书香天府·农民读书月”活动启动仪式举行】 12月19日，四川省2017年“书香天府·农民读书月”活动启动仪式在绵阳市三台县新生镇举行。本次活动主题为“以党的

十九大为引领 谱写中国梦美丽四川篇章”，由中共四川省委宣传部、省委农工委等八部门联合举办，三台县图书馆参加本次活动。三台县委书记马辉致辞，农民阅读代表宣读倡议书，优秀农家书屋管理员代表发言，省全民阅读活动指导委员会成员单位领导和绵阳市领导向现场农民朋友赠书，省新闻出版广电局副巡视员肖世军代表省全民阅读活动指导委员会办公室向三台县赠送价值20万元码洋的图书。三台县相继开展图书捐赠、全民阅读倡议、文艺精品下乡演出、农民美术书法展、农民手机摄影展、“农家书屋”农民征文展、文物图片展、梓州名人图片展、书法对联创作及赠送、惠民图书展销等活动。（三台县图书馆 林智蓉）

贵州省

【概况】 截至2017年底，贵州省共有公共图书馆98个，其中省级馆1个、市级馆9个、区县级馆87个、专业图书馆1个；从业人员1081人，总藏书量1385.6万册，总面积25.7万平方米。阅览室座席总数24560个，计算机总数5507台。全年举办各类读者讲座1572次，参加培训1.6万人次。（贵州省图书馆学会 王霞）

【贵州省公共图书馆第六次评估定级工作完成】 2017年是公共图书馆第六次评估之年，接到《文化部办公厅关于开展第六次全国县级以上公共图书馆评估定级工作的通知》后，省文化厅高度重视，召开厅党组会、厅长办公会进行研究部署，划拨30万元作为评估定级的工作经费，成立由厅党组成员、副厅长黎盛翔任组长，各市州文广新局分管领导、厅公共文化处领导、省图书馆领导班子为成员的评估定级工作领导小组，指导和组织全省评估定级工作。领导小组多次召开会议，对评估工作进行细致周密的安排，要求以“以评促建、以评促管、以评促用”为原则，提升读者服务工作整体水平的精神去完成此次评估工作。2月中旬，制订并印发《贵州省关于开展县以上公共图书馆第六次评估定级工作的实施方案》。举办针对图书馆评估定级工作的培训班，各市（州）、县（区）负责本馆评估定级的工作人员参加培训。从上报文化部批准的29名专家中抽选出24人，特邀省外专家1人，共25人，作为贵州省开展此次评估定级的专家，分成6个专家组分赴9个市（州）88个县进行评估，每组由1名带队处领导和3至5名专家组成。

7月15—30日，各组专家对本组负责评估的区域进行网上初评，根据各参评馆上报网络的材料，进行初步评分，了解各参评馆的基本情况。7月31日—8月20日，各组分赴所负责的评估区域进行实地评估。通过实地查看、查阅资料、询问座谈等方式深入了解参评馆的保障条件、业务建设、服务效能的状况，并现场进行评估。评估结束后，专家组与当地党政领导及文化部门相关负责人召开反馈会，指出图书馆存在的问题，并提出相关意见和建议。8月23日，省文化厅召开贵州省第六次全国县以上公共图书馆评估定级工作会，认真听取6个评估专家小组的工作情况，并将评估工作情况及结果报厅党组。9月初，省文化厅对部分存在异议的参评图书馆进行复核，至此，贵州省各市（州）、县（区）公共图书馆的评估定级工作全部完成。此次评估定级共有91个图书馆参加评定，其中市级馆8个、县级馆83个。按照《图书馆定级必备条件和评估标准》要求，全省共评出一级馆12个（市级馆4个、县级馆8个），占参评馆总数的13.19%；二级馆16个（市级馆0个、县级馆16个），占参评馆总数的17.58%；三级馆43个（市级馆2个、县级馆41个），占参评馆总数的47.25%；建议不评级别馆20个（市级馆2个、县级馆18个），占参评馆总数的21.98%。（贵州省图书馆学会 王霞）

【贵州数字图书馆建设】 2017年，贵州数字图书馆在资源建设方面，通过召开领导、专家及读者代表座谈会，确定数字资源的续订与新购内容，完成21个数据库的续订，3个新购数据库的政府采购工作，包括：全球报纸数据库、中国典藏古籍库和书香贵州平台，同时引进30个数字资源库进行试用。数字图书馆经过8年多的建设，已建设完成近30个数据库，资源总量超过100TB。完成与国家图书馆联合建设的数字图书馆推广工程年度资源建设项目，地方文献数字化21万页，网事典藏200个，政府信息公开信息4万条，图书馆公开课60讲。协调国家图书馆并指导全省各市级数字图书馆推广工程建设。至2017年底，贵州数字图书馆访问量达1562万人次，注册用户达120多万人。（贵州省图书馆

学会　王霞）

【文化信息资源共享工程贵州省分中心工作情况】 2017年，文化信息资源共享工程贵州省分中心主要完成以下几项工作：中西部贫困地区公共数字文化服务提档升级项目招标，公共数字文化服务云平台项目招标，乡镇综合文化站效能远程管理系统（乡镇公共电子阅览室管理平台）项目招标，协助文化厅完成乡镇、社区、村公共数字文化建设相关工作，"贵州文化云"前期准备工作以及召开全省中西部贫困地区公共数字文化服务提档升级项目培训工作会。

在资源建设方面，完成的主要工作有：2016年度地方资源建设项目招标工作、2013—2015年度部分项目省内初验工作；指导德江县、威宁县等中心设施设备的维护以及国家文化部公共数字文化工程实地督导检查工作，配合国家中心开展"微视频""心声音频馆""小画笔画世界"征集等工作；数字体验馆接待中组部、省委宣传部等领导及社会公众约5000人次；完成文化部、省文化厅交办的省图书馆文创公司前期筹备工作。由贵州省分中心负责的地方资源建设项目：《印江古法造纸》《贵州三线建设——黔南篇》《贵州土司文化系列——海龙囤》《贵州布依族高台狮灯》《贵州苗族跳花节》《贵州榕江侗族萨玛节》《贵州少数民族村寨——地扪侗寨》《贵州少数民族村寨——梭戛苗寨》《贵州安顺屯堡》《贵州古法造纸技艺之印江》《贵州苗族独木龙舟节》专题片及多媒体资源库已完成省内验收。自建资源总量近10TB。省中心2016年度地方资源建设项目《川黔入盐》《百年石门坎》专题片及多媒体资源库，《贵州古村落系列》《贵州抗战遗址系列》《贵州红色历史动漫》专题片等7个项目已完成公开招标并开始实施建设。完成2018年度地方资源建设项目申报工作，经国家中心评审后，《贵州历史文化名人系列专题片》《贵州"百工"系列微纪录片》等6个项目获得立项；完成88个县级支中心资源下发工作。由省中心制作的《水书习俗》专题片入围2017中国（广州）国际纪录片节"金红棉"评优单元复评。（贵州省图书馆学会　王霞）

【贵州省图书馆"布客书屋建设项目"助推精准扶贫】 在省文化厅的大力支持下，贵州省图书馆"布客书屋建设项目"成为针对贫困地区留守儿童的精准扶贫文化惠民项目。"布客书屋"儿童阅读推广服务项目整合省馆及社会资源，倡导文化志愿服务，为流动人口学校、乡村学校以及特殊群体建设少儿公益图书室。2017年完成德江、威宁、石门坎、麻江、三穗、正安、湄潭等8个项目点的建设工作。该馆少儿服务已形成以"儿童阅读推广""特色文化志愿服务""文化精准扶贫"为内涵的图书馆服务品牌。（贵州省图书馆学会　王霞）

【贵州省公共图书馆馆长培训班举办】 为了广泛开展《公共文化服务保障法》的普法宣传，提高图书馆从业人员的业务素质和服务效能，贵州省图书馆和贵阳孔学堂数字图书馆于3月15—17日在贵阳孔学堂承办由贵州省文化厅主办的"全省公共图书馆馆长培训班"。各市（州）馆汇总各所辖各县（区）馆馆长及馆员参加此次培训。3月16日上午的开班仪式上，北京大学信息管理系教授李国新做《公共文化服务保障法》的解读。3月16日下午，由贵州师范大学图书馆原馆长、贵州省高校图工委秘书长张伟云为学员授课。通过系统的培训，让大家对图书馆公共服务有了新的认知和理解。之后还特邀图书馆专家讲授"图书馆大数据服务应用和读者粉丝经营"以及"构建智慧城市文化风景线——图书馆总分馆制的智能实现"的课程。（贵州省图书馆学会　王霞）

【"探索大洋彼岸——2017年美中旅游摄影展"在贵州省图书馆举办】 9月29日—10月29日，由美国驻成都总领事馆、贵州省图书馆、贵州省图书馆学会共同举办的"探索大洋彼岸——2017年美中旅游摄影展"在贵州省图书馆展出。主要呈现中国摄影家王建军拍摄的美国西部国家公园风光和美国摄影师Jed Weingarten拍摄的中国西部自然风光以及野生动物作品。在读者交流会上，王建军还分享了自己的旅游摄影经历和经验，让大家受益匪浅。互通有无，发出"贵州声音"，此举对省馆的对外交流提供了有益的探索。（贵州省图书馆学会　王霞）

【册府千华——贵州省藏国家珍贵古籍特展】 10月13日，在国家图书馆、贵州省文化厅的支持下，省图书馆推出“册府千华——贵州省藏国家珍贵古籍特展”，在一个月的时间内先后展出150余部孤本佳椠。这其中既有唐宋写本、元明刻本、明代孤本兵书和西南名儒郑珍、莫友芝、黎庶昌等人的稿抄本，也有极具贵州民族特色的彝文、水文、布依文的珍贵少数民族古籍。这次珍贵古籍特展，是省内展出珍本最丰富、规格最高、规模最大的一次古籍展览。展览期间还举办了多场讲座。（贵州省图书馆学会　王霞）

【贵阳市图书馆两项新服务模式获奖】　在2017年中国图书馆学会开展的“创新引领未来——第一届公共图书馆创新创意作品征集推广活动”中，贵阳市图书馆两个作品获奖。此次活动共征集来自全国28个省区市的有效作品311个，评选出获奖作品138个，其中，贵阳市图书馆的“‘阅享易栈’图书分享平台建设创新全民阅读推广模式”获最佳创意奖，“无证化借阅创新推广模式　指静脉技术建设案例”获优秀奖。“阅享易栈”图书分享平台以分享书柜和手机APP为主要组成要件，在城市综合体、购物中心、社区、公园、景区等人流密集区域设置分享书柜，市民通过手机APP借书还书，以解决图书阅享的“最后一公里”问题。指静脉技术是一种新的生物特征识别技术，它利用手指内的静脉分布图像来进行身份识别，具有识别快速与准确度高、保存个人隐私更加安全的特点。使用指静脉借书技术，实现了图书馆无证化借阅，将给读者带来极大的便利。贵阳市图书馆是目前全国首家开通“指静脉借阅”技术系统的公共图书馆，这一创新已经申请实用新型专利。（贵阳市图书馆　郭春）

云南省

【云南省图书馆】　截至2017年底，云南省图书馆外借书刊56.6万册次，免费接待读者215.5万人次，新办读书证11235个，新建图书馆分馆3个、馆外图书流通点4个、全民阅读示范点3个，各项均创下历史新高。

完成文化部第六次评估定级工作中该馆评估任务，同时完成对全省公共图书馆评估工作。在省文化厅的领导下，该馆抽调部分副高以上专业技术人员组成5个专家组，对全省各州市图书馆开展评估定级工作。

进一步深化免费开放，提升服务效能。实施一批创新服务项目，打造一批服务品牌。自主研发的虚拟软件“云图参考”获国家版权局“计算机软件著作权登记证书”。继续开展2017年“两会”服务工作。积极筹建经典图书阅览室，面向社会开展“经典中文图书书目推荐”活动。正式运行自助办证系统。实施全民阅读推广新尝试，进一步树立起“读者俱乐部”“少儿英语读者会”等一批影响力大的阅读品牌。继续树立“云南文化大讲堂”公益讲座品牌，并发布网上讲座、网上培训。打造云图会展品牌，全年共承办各类会议、活动200场次。利用国家法定节假日、世界读书日等契机，举办各类丰富多彩的阅读推广活动，共计73次。继续做好志愿者服务工作，加强志愿者服务站管理。加强全国文化系统廉政文化教育基地和云南省直机关廉政文化基地建设，制作廉政警示宣传牌及年度工作计划，将省馆纪检监察图书资料室打造成各省直单位开展党风廉政教育活动的平台，并积极配合省纪委，完成云南网上廉政图书馆的读者办证等工作。此外，还为各类特殊群体提供高质量创新型人性化服务。继续做好视障文化服务工作，全年共免费接待盲人读者533人次。继续扎实做好未成年读者服务工作，全年共接待未成年读者19万人次，外借少儿图书近10万册次、阅览84万册次；继续打造“青少年心理健康咨询及系列讲座”“全脑教育系列培训”“少儿创客文化空间”等3个少儿读者服务品牌。

进一步加强业务建设，增强专业能力。丰富馆藏资源，加强联合编目；进一步提高地方文献工作水平；充分发挥省级馆的示范引导作用，加强基层培训，促进全省图书馆学术繁荣；扩大对外协作协调。与马来西亚沙捞越州共同签署《云南省图书馆与沙捞越州图书馆合作意向书》，正式建立合作关系；先后两次接待缅甸图书馆代表团来访。

深入实施全省古籍保护计划，促进优秀文献典籍传承体系建设。全省古籍普查登记工作不断推进；古籍修复特别是少数民族古籍修复水平继续提升；古籍数字化建设成绩显著。加工善本483种2120册、图像242348幅，对馆藏的1400余种云南本地碑刻拓片进行数字化加工，已完成1038种2650页拓片的数字化，为下一步建成云南省拓片数据库打下坚实基础；古籍出版与研究工作成果丰硕。与云南人民出版社合作，完成《云南省入选国家珍贵古籍名录》的整理出版工作，并筹备出版《云南辛亥光复文献资料丛编》《丽江木氏诗文合集》。（云南省图书馆）

【云南省图书馆自主研发的虚拟参考咨询软件“云图参考”获国家版权局权威认证】 为顺应图书馆参考咨询工作信息化、智能化发展趋势，云南省图书馆通过对参考咨询工作现状、发展、用户需求、信息传递等方面进行深入研究，明确目标，制订方案，历时四年，编制完成虚拟参考咨询软件“云图参考”。2017年，经中国版权保护中心严格审核，该软件获得国家版权局“计算机软件著作权登记证书”权威认证，这也是云南省图书馆第一个完全拥有自主知识产权的创新软件项目。“云图参考”提供的信息服务项目有“云南省委宣传部舆情信息直报”“东南亚”“云南文化热点监测”“高校舆情动态周报”“人大立法”“纪检工作”“云南公共文化”。其中“云南省委宣传部舆情信息直报”受到省委宣传部的肯定，连续三年获得表彰。与此同时，以“云图参考”为基础平台，构建“云南省公共图书馆参考咨询联盟”，以带动促进全省公共图书馆参考咨询工作的发展，提升该馆对全省公共图书馆参考咨询工作领域的引领和辐射作用。（云南省图书馆）

【云南省图书馆举办系列数字资源阅读推广活动】 2017年，云南省图书馆依托丰富的数字资源，开展了丰富多彩的数字资源阅读推广活动。在元旦节邀请昆明市五华区益心青少年事务社会工作服务中心的留守儿童，到省图书馆数字阅读体验区，学习使用数字图书馆推广工程学习资源及该馆多媒体数字资源，并进行实际操作体验。孩子们还在工作人员的指导和教学下，学习体验3D打印制作。1月14日，在数字阅读体验区举办“音乐与电影·听觉与视觉的完美融合”数字体验活动，由工作人员现场为读者讲解经典影片和音乐。通过参加活动，读者感受到音乐与电影中听觉与视觉的完美融合。举办“数字资源寻宝”活动，通过向读者发放数字资源宣传资料，并组织读者在数字阅读设备上参加答题和抽奖，进一步宣传推广该馆数字资源。2月11—12日，在省图书馆读者服务大厅开展“数字资源闹元宵”活动，通过数字资源宣传讲解、邀请读者关注云南省图书馆微信公众号等多种形式，有效增进广大读者对该馆数字资源的了解，学会充分利用公共数字文化资源。（云南省图书馆　刘雪蓉）

【云南省图书馆举办我的创客故事暨云图小创客评选活动】 2月11日，由云南省图书馆、省图书馆学会主办的“我的创客故事暨云图小创客评选会”在少儿阅览室举行。参与的小读者们，有的来自下岗工人家庭，有的来自进城务工人员家庭。他们在家长的陪同下，讲述了个人创客作品的创意、理念等。最后由专业评委老师评选出一等奖1名、二等奖3名、三等奖6名。云图“创客文化空间”全年共举办不同主题的创客活动69场，线上报名人数超过6000人次，线下参与人数超过2000人次。同时，“创客文化空间”建立读者微信群11个，入群家长超过1200人。（云南省图书馆学会　金美丽）

【云南省图书馆少数民族古籍抢救修复文化志愿服务项目获国家级表彰】 3月1日，由中共中央宣传部、中央文明办等11个部委联合开展的2016年宣传推选学雷锋志愿服务“四个100”先进典型名单揭晓，云南省图书馆少数民族古籍抢救修复文化志愿服务项目入选“最佳志愿服务项目”。2012—2017年，国家图书馆在云南省举办3期全国少数民族古籍修复技术培训班，云南省古籍保护中心独立举办3期全省少数民族古籍修复技术培训班，对全省乃至全国古籍修复技艺较为突出的古籍修复人员进行培训。2014年10月，国家级古籍修复技艺传习中心云南传习所揭牌。通过边学习、边修复的形式，抢救性修复彝文古籍《占死星神书》《占病书》等250册14000余页，藏文古籍《大宝积经》《大般若蜜多经》等近2000片珍贵少数民族文献。（云南省图书馆　颜艳萍）

【“朗读亭”进驻云南省图书馆】 4月14—18日，“朗读亭”进驻云南省图书馆，吸引大量读者到馆参与朗读活动。“朗读亭”是《朗读者》的情感收集站，昆明是“朗读亭”抵达的第六站。“朗读亭”进驻该馆共5天，受到广大读者欢迎。很多读者通过电话、微信、微博等渠道咨

询相关情况，每天平均有数百人次前来实地体验，双休日一些时段甚至出现读者排队参加朗读的盛况。（云南省图书馆）

【云南省图书馆与云南广播电视台国际广播合作开展公益阅读活动】 4月15日，云南省图书馆与云南广播电视台国际广播《今夜》阅读节目合作，在省图书馆开展主题为“每个人的珍藏”的公益阅读活动。活动由《书海扬帆》节目及《今夜》节目的创办者、“天使的书房”发起人、云南广播电视台国际广播节目监制孙云燕及《读书》节目的虎良灿联袂主持，邀请云南人民出版社资深编辑、文学评论家韩旭，昆明广播电视台《精彩文萃》主播王革等嘉宾，讲述与阅读之间割舍不断的情缘。到场100多位爱书人分享喜爱的经典图书。该馆为参与活动的每位读者赠送了《云南省图书馆馆藏珍品图录》和《云南省图书馆馆藏善本书录》作为纪念。（云南省图书馆）

【云南省图书馆2017年“4·23”世界读书日系列活动启动】 4月21日上午，以“让阅读成为习惯，让书香溢满云南”为主题的云南省图书馆2017年“4·23”世界读书日系列阅读推广活动正式启动。此次系列活动持续开展一个月，主要活动项目包括经典中文图书书目征集、“读书，让人生更美好”读后感征文评选、“少儿英语读书会”“普洱茶文化图书馆”系列读者活动、《云南纸币》新书发布会暨云南纸币展览、“悦读，红色经典在我手”青少年创客文化空间主题活动、“‘艺术即经验’——孩子在艺术中完成的心理成长”青少年心理健康教育讲座、数字图书馆推广工程系列宣传推广活动、“古籍修复技艺现场展示”、开辟“还书绿色通道”等，总计有14个大项、20次阅读推广活动。（云南省图书馆　杨昕昕）

【云南省第六次县级以上公共图书馆评估定级培训班举办】 4月26—29日，由云南省文化厅主办，云南省图书馆、省图书馆学会承办的第六次县级以上公共图书馆评估定级培训班在云南省图书馆举办。来自全省各州市、县的各级公共图书馆馆长、业务骨干共350余人参加培训。第六次全国县级以上公共图书馆评估定级宣讲工作专家委员会委员专门应邀到昆明为全省学员授课。通过培训，不仅使基层图书馆人员准确掌握评估定级工作的部署、要求、标准和细则，也让大家深入了解今后公共图书馆事业发展的趋势和方向。（云南省图书馆）

【云南省图书馆开展为残疾人服务活动】 为促进公共文化服务均等化，在一年一度的“全国助残日”（每年5月第三个星期日）到来之际，云南省图书馆于5月20日在一楼报告厅正式设立无障碍电影放映厅，来自昆明各区和昆明市盲哑学校的近百名盲人读者到场欣赏了无障碍电影《青花》。今后，在每月第三个星期六以及全国助残日、10月15日国际盲人节、12月3日国际残疾人日将定期播放无障碍电影。此外，云南省图书馆还与省盲协联动，通过直播软件YY频道89561263向全省盲人直播无障碍电影音频。

6月20—23日，由中国盲文图书馆、云南省图书馆联合主办的“2017年云南省公共图书馆视障文化服务业务培训班”在省图书馆举办。来自全省16个州市和129个县（区）的各级公共图书馆馆长、视障服务工作负责人，以及部分盲协主席共170余人参加培训。此外，省图书馆、昆明市图书馆、保山市图书馆、德宏州图书馆、个旧市图书馆在培训班上做经验交流，分享各地开展视障文化服务工作的经验；全体学员参观省图书馆盲人阅览室。（云南省图书馆　李聪）

【云南省图书馆举办2017年“图书馆服务宣传周”系列阅读推广活动】 每年5月的最后一周，是文化部确定的“全国图书馆服务宣传周”。云南省图书馆从5月20日至6月初，举办以“图书馆，让阅读走进千家万户”为主题的12大项、14次阅读推广活动，取得明显社会效益。其中，广受各界赞誉和读者欢迎的活动主要有：与省社科联联合举办“纪念罗炳辉将军诞辰120周年座谈会暨图片展”；充分发挥“普洱茶文化图书馆”的特色资源，连续举办普洱茶冲泡技巧和“庾氏家族与墨江茶业”“普洱茶文化知识”等茶艺培训及学术讲座；继续发挥盲人读者服务的优势，设立全省无障碍电影放映厅，并为盲人读者放映无障碍电影；通过与省盲协合作，在香格里拉市、个旧市、建水县、开远市、曲靖市、玉溪市，以及昆明华夏中专老校区等地增设10个盲文图书服务点，配发盲文图书、无障碍电影和有声资源等，为广大盲人读者提供一个便捷获取文化知识的场所；在“六一”儿童节到来之际，重点推出多项针对少年儿童的活动，包括“我们的节日——3D打印之‘龙舟’”创客文化空间活动、“少儿英语读书会”、“爱能幸福家庭教育”系列讲座、“脑力精英大课堂”等；作为国家级古籍修复中心、国家级古籍修复技艺传习中心云南传习所，还举办“古籍修复技艺现场观摩体验”活动，使读者近距离了解古籍保护工作，感受真切的古今交融，体验别样的穿针引线。此外，“云南文化大讲堂”公益讲座、数字图书馆推广工程宣传推广、文化共享工程宣传推广等活动也吸引了各界群众的热情参与和关注。系列活动为进一步向社会公众宣传图书馆、增强全社会的图书馆意识、提高图书馆利用率、促进全民阅读，发挥了积极的作用。（云南省图书馆 杨昕昕）

【纪念罗炳辉将军诞辰120周年系列活动在云南省图书馆举行】 5月21日，“罗炳辉将军精神座谈会”在省图书馆举行，正式拉开云南省纪念罗炳辉将军诞辰120周年系列活动的帷幕。该系列活动由云南省社科联、省图书馆主办，彝良县委、县政府和省八路军新四军抗日历史研究会等单位协办。原南京军区司令员、中国新四军暨中华抗日根据地研究会会长朱文泉上将，省老领导吴光范，省八路军新四军抗日历史研究会顾问任远芳、朱新华出席会议。武警官兵、高校学生和社会各界嘉宾300余人参加会议。

罗炳辉将军是云南昭通彝良人，他的一生是“为革命尽忠，为人民尽孝”的一生。“人民的功臣——罗炳辉将军事迹展”也于当天在省图书馆开展，展览持续到6月19日。（云南省图书馆）

【“中华古籍普查文化志愿服务行动·云南行”在云南省图书馆启动】 7月10日上午，由中国古籍保护协会主办、云南省图书馆暨省古籍保护中心承办的2017年“中华古籍普查文化志愿服务行动·云南行”活动启动仪式在省图书馆举行。来自云南大学历史与档案学院的师生和全省古籍普查单位的部分业务骨干，以及省图书馆古籍业务骨干等志愿者共77人参加启动仪式。按照计划，从7月11日起，71名古籍普查志愿者奔赴大理州图书馆、大理市图书馆、洱源县图书馆、剑川县图书馆、巍山县图书馆、宾川县图书馆、鹤庆县图书馆等7家单位开展古籍普查工作，完成受援的7个图书馆古籍普查工作。（云南省图书馆 计思诚）

【云南省图书馆开展第六次全省州市图书馆评估定级工作】 按照文化部关于开展第六次全国县级以上公共图书馆评估定级工作的部署，根据云南省文化厅制订的《云南省2017年县级以上公共图书馆评估定级工作实施方案》及有关通知精神，省图书馆抽调部分副高以上专业技术人员组成5个专家组，对全省各州市图书馆开展评估定级工作。与以往评估定级工作不同的是，此次公共图书馆评估定级采取线上数据审核、实地评估和第三方测评相结合的方式进行。截至7月15日，各州市、县图书馆全部完成网上填报任务。为做好对州市图书馆的检查评估，省文化厅专门成立评估定级工作领导小组及办公机构，及时下发相关通知，明确评估定级的方法步骤和时间路线图。专门邀请上海图书馆副馆长周德明、云南大学图书馆原馆长万永林、云南省社科院图书馆原馆长宋绮等著名图书馆学专家参加评估工作。按照相关工作要求和程序，各个专家组首先在网上对全省州市图书馆填报的自评数据进行严格、细致的线上数据审核；随后，克服行程远、时间紧、任务重等困难，按照分工分组深入各州市图书馆，严格采取听取汇报、实地查看、检查复评、总结反馈等程序，进行规范而严谨的实地检查评估。此外，按照省文化厅的部署，全省各州市分别组建专家组，对本地区县级图书馆进行检查评估。

12月1日，文化部评估专家组工作反馈会在省图书馆召开，标志着省图书馆已经完成第六次评估定级各个阶段的工作任务。评估组对省图书馆评估工作给予充分肯定，认为评估工作准备充分、资料翔实、工作人员敬业负责。通过评估，省图书馆全面掌握了近四年来的各项工作情况，准确查找到工作中存在的问题和不足，促进相关业务建设、政府保障和服务提升，真正实现“以评促建、以评促管、以评促用”的目标。（云南省图书馆学会 金美丽）

【云南省藏多部国家珍贵古籍首次公开展出】 10月27日，由国家图书馆（国家古籍保护中心）、云南省文化厅主办，云南省图书馆（云南省古籍保护中心）承办的“册府千华——云南省藏国家珍贵古籍特展”在省图书馆开展。此次展览是云南省近年来展出古籍珍本数量最多、价值最高、规模最大的一次，展出全省入选《国家珍贵古籍名录》的珍稀古籍 150 部，含汉文古籍 121 部、民族古籍 29 部。展出的汉文古籍宋、元、明、清各代皆备，具历史文物性、学术资料性、艺术代表性，且多为传世年代久远，存世稀见，文献价值、版本价值重要者，价值不可估量。其中，多部珍品为首次面向社会展出。除省图书馆外，参展的还有云南大学图书馆、省社会科学院图书馆等 9 个古籍收藏单位。该展览历时一个月，向社会免费展出。展览期间还举办两场古籍保护专题讲座。（*云南省图书馆　计思诚　颜艳萍*）

【2017 年云南省公共图书馆业务技能大赛举办】 10 月 27 日，由云南省图书馆、省图书馆学会主办，各州、市图书馆协办，同方知网（北京）技术有限公司云南分公司提供技术支持的“信息时代　数字未来——2017 年云南省公共图书馆业务技能大赛决赛”在省图书馆举行。来自省内 13 个州、市图书馆的 40 余名选手参赛。此次大赛从今年 4 月起率先开展线上活动，经过持续 5 个月的竞答，各州、市图书馆组织人员参与答题 700 余次。决赛当天，通过紧张激烈的角逐，最终有 5 支队伍获得“最佳组织奖”，35 名选手分获一、二、三等奖。通过比赛，参赛的各州、市图书馆工作人员的业务技能尤其是数字图书馆业务技能得到提升。（*云南省图书馆*）

西藏自治区

【西藏自治区图书馆】 2017 年，西藏自治区图书馆在自治区党委、政府的高度重视下，在自治区文化厅的有力指导下，深入广泛学习领会贯彻党的十九大精神，围绕中心、服务大局，充分发挥公益性公共图书馆职能职责，深入实施免费开放、文化信息资源共享工程和数字图书馆推广工程，稳步推进藏文古籍保护工作，积极打造“书香西藏”建设，为构建现代公共文化服务体系开展了扎实有效的工作。

1. 延伸社会服务，充分发挥图书馆社会职能。一是积极做好基础读者服务工作。全年接待到馆读者近 9 万人次，借阅图书 1.6 万册次，超额完成年初制定的年接待读者 8 万人次和年图书馆借阅 1 万册次的目标；举办藏文“声明学—韵律学”等讲座。二是通过世界读书日系列宣传活动、图书馆服务宣传周系列活动、“阿佳讲故事”等活动，走进校园、走进社区、深入基层，充分发挥“城市教室”的作用，切实为读者提供个性化服务，满足读者的不同需求，共同实现“以文载道，以文化人”的目的。三是增加图书服务点，拓展延伸服务范围，全年分别与 4 个单位签订建立分馆协议，建立 2 个图书馆服务点，配送 960 种 1900 册、价值 4 万余元的图书；为 20 个基层图书馆及资料室配发图书 3.82 万册。

2. 资源数字化建设初见成效。一是完成全区基层图书馆数字资源提升活动的 4TB 数字资源封装工作；建立图书馆系统百兆级光纤互联平台；搭建图书馆结构化网络综合布线系统覆盖的网络信息点，为采访、编目、借阅、公共查询、录入建库等各个业务岗位提供网络支撑平台。二是完成 2016 年度地方特色文化、红色文化专题、译制资源建设项目的招标工作；完成各在建项目的中期专家验收，包括：“藏族手工技艺大全之石刻、木雕、木刻印板文化专题片”“西藏少数民族文化系列专题片之珞巴族文化专题片”“天籁之音藏北格萨尔艺人独家说唱音频资源库”等。三是完成 2017 年度地方特色文化、红色文化专题、译制资源建设项目的申报工作，向国家公共文化发展中心申报的“藏族饮食文化微视频”“藏族十明学专题资源库之戏剧学系列讲座”“藏族手工技艺大全之建筑专题片”等项目获得立项。

3. 特色馆藏建设成果显著。对 2016 年整理、编目的 360 余函馆藏“如哇仓”古籍文献进行整理上架，面向读者服务。

4. 古籍保护有序推进。一是完成昌都市 6 个县区的古籍普查工作，共普查古籍 1155 函。二是拍摄墨竹工卡县芒热寺 232 叶古籍残叶建档图片 496 幅，整理隆子县白嘎寺古籍散叶 834 叶，清洗、除尘 680 叶，修复 138 叶。三是完成 50 函馆藏古籍的建档工作；整理、建档、录入汝巴仓征集古籍 25 部 419 函；整理、补录山南地区、拉萨市古籍普查登记表 1200 余项；加工、整理、编目苯教古籍文献 14 部 334 函。四是出版发行《雪域宝典——西藏自治区第一、

二、三批国家珍贵古籍名录藏汉对照版》《藏文古籍概论》《中华古籍书志书目丛书——西藏自治区图书馆藏文古籍——文集卷》《直贡噶举大法库文集目录》《西藏阿里地区藏文古籍名录》《西藏那曲地区藏文古籍名录》《西藏自治区第四批国家珍贵古籍名录图录》等古籍普查成果。自治区图书馆正式成为中国古籍保护协会第一批理事成员单位，为下一步开展西藏古籍保护工作，使珍贵典籍文献得到有效传承，使中华优秀文化得以延续弘扬奠定良好基础。

5. 加强人才建设。一是组织开展学习考察和学术交流活动，馆内外学习、培训、考察、参加会议人员 40 人次，如派员参加第六次全国县级以上公共图书馆评估定级首期培训班，这些活动极大地提升了全馆干部职工政治思想水平和业务技能，为构建现代公共文化服务体系奠定良好的人才基础。二是通过邀请区内外相关方面的专家、学术带头人，举办 16 期馆员素质提升系列讲座，主题包括“强化‘四个意识’，勇于担当作为”“公共文化服务体系建设中的图书馆定位和发展趋势”“古籍数字化基础知识”等。三是提升科研水平，由自治区图书馆报送的《关于西藏基层公共图书馆建设发展的调研报告》荣获自治区宣传部颁发的 2016 年度“优秀调研成果奖”；古籍专家白张参加了由中国藏学研究中心主办、青海师范大学承办的全国首届藏文古籍整理与研究高层论坛，并做题为“从藏文古籍写本题记之谈藏益体”的学术报告，其论文入选此次论坛的学术论文集。（西藏自治区图书馆）

【西藏自治区图书馆在咖啡馆设立服务点】 2 月 22 日，自治区图书馆在“谁的咖啡”咖啡馆建立该馆第 172 个图书服务点，配备图书 1800 余册，价值近 5 万余元。考虑到咖啡馆人流量大，每个人对图书的喜好不同，所以配备不同种类的图书供客人选择。将图书馆业务服务与咖啡馆相融合，是该馆扩大服务半径的一次有益探索。（西藏自治区图书馆）

【西藏自治区图书馆组织开展图书捐赠及阅读推广活动】 3 月 27 日，自治区图书馆组织开展“爱心赠书，为梦起航”活动。为激励学生积极参与读书活动，营造书香氛围，进一步加强自治区图书馆与偏远地区孩子们的联系，该馆向阿里小学赠送图书 500 余册。活动期间，图书馆员向同学们介绍了阅读的好处，希望他们积极参与读书活动，记录读书的心得，从小做个热爱读书的孩子。（西藏自治区图书馆）

【西藏自治区图书馆举办“西图讲坛”公益讲座促进全民阅读推广】 4 月 15 日，为推进公共文化服务标准化、均等化、社会化，扩大读者获取知识的途径和方式，进一步促进自治区全民阅读推广，自治区图书馆举办的“西图讲坛”公益系列讲座正式拉开帷幕。自治区文化厅党组书记、副厅长龙志刚，自治区文联党组成员、副主席、西藏作协常务副主席吉米平阶，自治区图书馆党委书记肖华、馆长努木等及社会各界文学爱好者共计 180 余人参加开幕式，龙志刚、吉米平阶、努木分别致辞。此次“西图讲坛”系列讲座以“我的文学　我的梦”为主题，特别邀请中国作家协会全国委员会委员、西藏作家协会副主席、西藏文学主编次仁罗布讲述他的中篇小说《界》的创作历程，并鼓励年轻的文学爱好者多读书，阅读积累更多的创作元素。此次讲座为听讲读者提供了提升自身素质的知识平台，得到读者的积极反响。（西藏自治区图书馆）

【西藏自治区图书馆举办“4·23”世界读书日系列活动】 4 月 23 日，自治区图书馆举办以“书香校园”为主题“4·23”世界读书日系列活动，为拉萨市第八中学学生配送价值 2 万元的图书，丰富了青少年的精神文化生活；在图书馆业务大厅通过办理读书借阅证和邀请关注自治区图书馆微信公众号等活动，向读者赠送 300 余套《西藏舞蹈艺术》光盘，在公共阅览桌上粘贴近 70 张微信二维码宣传图，当天关注自治区图书馆微信公众号的读者近 120 人，营造了良好的阅读氛围。（西藏自治区图书馆）

【西藏自治区图书馆领导参加日喀则市图书馆布展设计征求意见会】 5 月 9—10 日，自治区图书馆副馆长且增卓玛和边巴次仁赴日喀则市参加“日喀则市图书馆布展设计征求意见会”。在“十二五”期间，西藏自治区图书馆、昌都图书馆和林芝图书馆都进行了改扩建，山南、那曲、日喀则新建了地市图书馆，西藏的公共图书馆基本覆盖七地市。日喀则市图书馆是“十二五”公共文化基础建设项目之一，规划用地4311.98平方米，总投资2025万元，2015年7月动工，2016年11月竣工。为尽快实现新馆开馆，早日对读者开展服务，日喀则市文化局专门组织设计人员、邀请图书馆专家，召开布展设计征求意见会。自治区图书馆两位副馆长协同市文化局领导和设计方，在新馆现场做了认真细致的调查。在此基础上，结合在自治区图书馆从事多年管理工作的经验，从新馆现有空间的功能定位到设备的需求和采购方案、软硬件的选择等方面提出很多宝贵意见和可行的建议。（西藏自治区图书馆）

【首届艾巴仓公益书法培训班结业典礼在山南市举行】 5月20日，首届艾巴仓雄赤派书法培训班在山南市举行结业典礼。西藏自治区图书馆副馆长边巴次仁、西藏书法协会主席拉巴次仁、艾巴仓培训学校全体教职人员和学员共计300余人出席典礼。此次培训班为期一年，是由自治区图书馆和艾巴仓民族文化传播有限公司联合举办的公益培训，旨在为社会各界喜爱藏文书法的人士提供免费的学习和交流平台，助推藏文书法的全面普及。自2016年开班以来共计60人次参加培训。（西藏自治区图书馆）

【西藏自治区图书馆举办中华人民共和国成立前后西藏对比专题讲座】 5月23日，为纪念西藏和平解放66周年，自治区图书馆举办新旧西藏对比专题讲座，特邀自治区党委宣讲团成员、自治区党校党史党建教研部副教授曲宗做题为“铭记历史　珍惜今天　开创未来”的讲座，来自社会各界读者和自治区图书馆员工50余人听取讲座。曲宗通过大量史料，以坚实的理论知识揭示中华人民共和国成立前西藏的黑暗落后，细数和平解放以来西藏发生的翻天覆地变化，阐述百万农奴解放纪念日的重要意义和西藏从黑暗走向光明、从落后走向进步、从贫穷走向富裕、从专制走向民主、从封闭走向开放的光辉历程；特别对新时期西藏各族人民凝心聚力谋发展，更加坚定跟党走，把西藏建设成团结、富裕、文明的新西藏而努力奋斗的重要性做深刻阐述。（西藏自治区图书馆）

【西藏自治区图书馆召开首批志愿者动员大会】 7月1日，为了营造“人人争当志愿者，共创美好新生活”的氛围，强化志愿者服务作用，自治区图书馆组织召开首批志愿者动员大会。会上，详细介绍馆内各部门的工作职能以及各项活动，解读《西藏图书馆志愿者管理办法》及《西藏图书馆志愿者协议书》，讲解志愿者基础性知识。志愿者们为践行志愿服务进行庄严宣誓。（西藏自治区图书馆）

【西藏自治区图书馆举办暑期少儿活动】 7月20日，为丰富少年儿童的暑期课余生活，自治区图书馆开展了“小小图书管理员”活动。活动期间，各位“小管理员”在工作人员的指导下，学习如何整理馆内图书，如何给书贴磁条、色标、条码、分类号及如何推荐图书等基本知识。小管理员们在工作人员的帮助和小伙伴的配合下，出色地完成了此次活动，并得到丰富的礼品。此次活动旨在培养孩子们爱护书籍、热爱公益的精神，增强孩子们的沟通及社会适应能力。7月26日，在馆内举办首届“悦读伴爱成长”暑假亲子朗诵比赛，来自西藏各地市多个学校的32组选手参加活动。活动中，有母子档、父女档、同学档，表演自如、默契合作，赢得观众们的阵阵掌声。来自拉萨市实验小学的旦央啦和她的母亲朗诵的《阅读是一盏灯》获得比赛一等奖。（西藏自治区图书馆）

【援藏干部容铁向西藏自治区图书馆捐赠图书】 7月25日，“文化厅援藏干部、著名书画家容铁向西藏自治区图书馆捐赠图书仪式”在自治区图书馆举行，自治区党委宣传部副部长、文联党组书记张晓峰，自治区党委统战部副部长吴庆军，自治区文化厅厅长岗青出席仪式并讲话，部分读者及图书馆全体馆员参加捐赠仪式。作为文化部第七批援藏干部，自治区文化厅副厅长、著名书画家容铁特别关注西藏图书馆事业的发展，曾于2016年向自治区图书馆捐赠由他本人参与研发的“中国汉字历代字体检索数据库”及配套图书，2017年再次个人出资15万元向自治区图书馆捐赠图书5000册。（西藏自治区图书馆）

【西藏自治区图书馆接待旅美藏族专家学者参观团】 7月29日，西藏自治区图书馆接待经中央统战部批准同意的我国驻纽约总领馆组织的旅美藏族专家学者一行 14 人。自治区图书馆副馆长边巴次仁带团参观馆内各阅览室、古籍保护中心、藏文书库等，专家学者听取该馆资源建设情况和西藏数字文化网、自治区图书馆微信公众平台运营情况等，观看“西图讲坛”讲座现场。双方就图书馆资源共享、“4·23”世界读书日活动开展等方面内容进行深入、细致的交流。美国拉孜图书馆白马本先生表示为自治区图书馆提供民族出版社 1982 年以前出版的藏文版《民族画报》及《人民画报》电子版。此次参观交流增进双方的了解，取得了共识，加深了友谊，使自治区图书馆事业的发展思路更清晰、视野更宽广。（西藏自治区图书馆）

【西藏自治区图书馆举办雪顿节“阿佳讲故事”系列活动】 8 月 26 日，自治区图书馆组织举办了以雪顿节为主题的“阿佳讲故事”系列活动。活动中，为了使小读者更加直观、形象地理解故事情节，“阿佳”们通过幻灯片绘声绘色地讲述了《岗拉梅朵》（汉语版）和《青蛙与乌鸦》（藏语绘本）两篇精选故事。在“阿佳”们的引导下，小读者的发散思维被激发，并用自己丰富的想象力和充满童趣的语言相互交流，积极回答每一个问题。随后，“阿佳”们还以雪顿节为主题讲述雪顿节的由来和有关风俗习惯，并现场教授藏戏面具的制作方法，小读者们制作出了精美的藏戏面具手工作品。（西藏自治区图书馆）

【德仲寺尼姑西热旺姆向西藏自治区图书馆捐赠藏文古籍】 8 月 29 日，拉萨市墨竹工卡县德仲寺尼姑西热旺姆向自治区图书馆捐赠由其上师传予她的一函珍贵藏文古籍文献——《普贤上师言教》（藏纸刻本）。副馆长边巴次仁代表图书馆接受捐赠，对捐赠者表示衷心的感谢，同时回赠馆藏证书，并带领捐赠者一行参观自治区古籍保护中心、古籍修复中心、图书馆古籍保护部编目室和古籍书库，以便使捐赠者一行进一步了解图书馆的古籍保护与传承工作。（西藏自治区图书馆）

【西藏自治区图书馆举办全区首届盲人知识竞赛】 在 10 月 15 日第 34 个国际盲人节当天，自治区图书馆与自治区盲人协会联合举办“牵手视障读者　阅读还您光明”首届盲人知识竞赛主题活动。本次竞赛吸引全区 20 名视障选手参赛，分为 4 个小组参与答题，竞赛内容涵盖中国传统文化、自然科学、党建和世界历史等知识，现场精彩纷呈、高潮迭起，博得台下观众的热烈掌声。同时，西藏著名青年歌手罗布桑珠和盲人哈达嘎布乐队献演助兴，活动在温馨、欢乐、和谐的氛围中落幕。自治区文化厅、自治区残联、自治区图书馆、自治区盲人协会有关领导出席活动现场，并为获奖选手颁发证书，自治区图书馆还向参赛选手赠送盲文书籍和视听 U 盘。（西藏自治区图书馆）

【西藏自治区古籍保护中心完成芒热寺古籍修复工作】 11 月 9 日，自治区图书馆馆长、自治区古籍保护中心主任次旦普赤和副馆长边巴次仁以及古籍保护中心的两名修复人员前往墨竹工卡县尼玛江热乡芒热村芒热寺进行修复古籍交接，墨竹工卡县文化局领导、芒热寺寺管会主任及全体工作人员与寺院僧人参加交接仪式。这批古籍因当时该寺收藏条件简陋、保护不当等原因导致部分古籍有霉蚀、褶皱和水浸、粘连等现象，急需进行抢救性保护。在通过与芒热寺寺管会和相关单位协调后，将待修复的古籍移交至区古籍保护中心进行修复。通过该中心修复人员近 3 年的努力，于 2017 年 9 月修复完成总计 232 叶散叶古籍的工作。此次古籍修复的完成，对促进中华优秀传统文化的保护、传承、发扬具有重要的意义。（西藏自治区图书馆）

【西藏自治区古籍保护中心推出一批古籍普查成果】 西藏自治区古籍普查自 2009 年启动以来，在自治区党委、政府及社会各界的大力支持下，目前已完成拉萨市、阿里地区、那曲地区、林芝地区和山南地区的古籍普查工作。为进一步宣传古籍普查保护工作的重要意义，充分展示全区古籍普查、申报、保护工作取得的初步成效，增强全社会参与古籍保护工作的良好氛围，2017 年，《西藏阿里地区藏文古籍名录》《西藏阿里地区珍贵古籍图录》《西藏那曲地区藏文古籍名录》《西藏那曲地区珍贵古籍图录》和《西藏自治区第四批国家珍贵古籍名录图录》陆续正式出版发行。此次古籍普查成果的出版，是顺应习近平总书记在十九大报告中提出“深入挖掘中华优秀传统文化蕴含的思想观念、人文精神、道德规范，结合时代要求继承创新，让中华文化展现永久魅力和时代风采”的要求，也是改变古籍文献“重藏轻用”现状的有力举措。（西藏自治区图书馆）

【第六次全国县级以上公共图书馆评估专家组实地评估指导西藏自治区图书馆】 11月23—28日，以崔为工为组长的第六次全国县级以上公共图书馆评估第十一评估专家组一行4人莅临西藏自治区检查指导西藏公共图书馆建设事业。23日，评估组专家在自治区文化厅巡视员阿齐和自治区图书馆领导的陪同下到自治区图书馆进行实地考察、评估；随后，查阅各项评估指标档案，咨询指标填写中存在的疑问。在自治区图书馆党委书记肖华主持的评估汇报会上，自治区图书馆馆长次旦普赤做详细的评估工作汇报，阿齐做重要指示。28日下午，在自治区文化厅召开反馈会，专家组按照评估标准对西藏图书馆评估工作情况做详细反馈。（西藏自治区图书馆）

陕西省

【概况】 陕西省现有公共图书馆112个（含少儿图书馆3个），其中省级馆1个，副省级馆1个，地、市级馆8个，县级馆102个。从业人员共计2020人，其中高级职称87人、中级职称582人。全省公共图书馆总藏量1733.2万册，其中图书1442.72万册，古籍57.31万册（其中善本5.92万册），报刊171.94万册，视听文献、缩微制品18.01万册（件）。全年总流通1357.45万人次，书刊文献外借453.76万人次、795万册次。组织各类讲座1893次，参加30.13万人次。举办展览995个，参加130.9万人次。举办培训班1734个，参加9.86万人次。基层培训辅导8.22万人次。实际使用公用房屋总建筑面积28.36万平方米，其中书库面积6.02万平方米，阅览室面积9.19万平方米。阅览室座席数共计23741个，其中少儿阅览室座席5725个。计算机共计5884台，供读者使用电子阅览室终端4202个，图书馆网站访问量15173.43万页次。分馆共计505个，流动图书车104辆，流动服务书刊借阅共计57.52万人次、86.41万册次。全省各级财政拨付公共图书馆的总经费共计33639.6万元，专项购书经费共计3528.8万元。（陕西省图书馆　王阳　万行明）

【基础设施建设】 2017年，陕西省图书馆在新馆完成主体封顶的情况下，启动并完成内外装饰设计方案的制订，制订、上报新馆人员编制方案和人员招聘方案，初步制订完成新馆信息化建设、专用设备、文献补充等方案。西安图书馆举办新馆项目建设前期准备工作专家论证会。咸阳图书馆新馆暨古渡廊桥书吧正式对全社会免费开放。铜川市区县公共图书馆24小时自助图书馆及管理系统全面升级，成为全省首个RFID系统公共图书馆全覆盖的地市。延安市图书馆采购安装新馆部分图书设备。宝鸡市陈仓区图书馆新馆建成并投入使用，建筑面积3500平方米。吴堡县图书馆完成柳青文学馆近200平方米的装修和展览工作，馆内展览柳青先生的代表作《创业史》等作品和研究柳青的资料达870余种。（陕西省图书馆　王阳　万行明）

【文献资源建设】 2017年，全省新增文献藏量116.71万册，新增电子图书106.28万册，购买报刊24992种。省馆年度文献采购经费为1000万元，全年现采中外文图书65682种，预订中外文图书、视听资料5606种。宝鸡市陈仓区图书馆接受北京蔚蓝公益基金捐赠图书1115种2199册。铜川图书馆新书采购7024种22122册。平利县图书馆通过到省市争取书籍、倡导社会捐赠书籍、购买书籍等多种途径，全年新增纸质文献20089册、电子文献4000册。

在地方文献资源建设方面，省馆征集地方文献1210种1923册。全省36个公共图书馆向省馆交换地方文献40次，共计621种1143册；省馆向34个公共图书馆交换文献39次，共计1227种1461册。西安市临潼区图书馆开展“临潼地方民俗文化地域风貌”图片资料、“临潼非物质文化遗产”征集等活动。西安市鄠邑区图书馆征集《杨明轩文集》《户县老照片》《户县农民画精品集》等珍贵地方文献200种228册。凤翔县图书馆通过邀请函、微信公众号平台等方式征集来自全国各地的凤翔籍书画家作品集（册）350余册、书画作品140幅。咸阳图书馆加强征集咸阳地方文献及咸阳作家著作，共计807种2815册。渭南市图书馆强化剪纸非物质文化遗产推广，打造特色主题体验区。安康、商洛、汉中三市公共图书馆共同发起成立“陕南地方文献业务建设联盟”，并举办首届“陕南特色地方文献联展”和“陕南地方文献建设”馆员论文大赛活动。石泉县图书馆征集当地新闻、旅游、林业、蚕桑农业、非遗文化等音像资料850GB，扩展地方文献的收藏范围。

在地方特色资源建设方面，省馆建设完成“丝绸之路——文化科技篇”“陕甘宁边区红色记忆——研究文献篇”等特色专题数据库，基本完成“听遍陕西特色音频库”“中国记忆”等项目，“陕北民歌”项目通过文化部2018年地方资源项目立项；筹备“柳青文学奖”专题资源，完成四届柳青文学奖77种作品书目整理及馆藏抽提工作。佳县、蓝田县、富平县图书馆分别建成“佳县白云山”“印象蓝田”“富平陶瓷”多媒体资源库。铜川图书馆完成“耀州古瓷”数据库项目建设方案。铜川市王益区图书馆制定“铜川市王益区特色馆藏资源建设实施方案”，形成包括孟姜女文化、铜川煤历史、陶瓷发展等方面的文献资源50余种，分类整理《王益杂谈》《王益书院的历史变迁》等5种特色馆藏。渭南市临渭区自建地方特色数字资源“三贤故里　文化临渭”专题数据库，通过网络平台充分展示临渭地区特色文化资源。延安市图书馆进行延安古文化多媒体数据库的建设，启动馆藏地方文献书目数字化工作。榆林星元图书楼自建胡星元数据库、陕北说书多媒体库、连环画书目数据库。神木市图书馆建成可检索的地方文献电子书目数据库。定边县图书馆建设“张献忠研究文献数据库”，现已上线对读者免费开放。

在数字资源建设与服务方面，省馆完成电子阅览室的改造和升级，增加“互动拍照”、VR体验、“听书墙”、“朗读亭”等新技术和新媒体体验设备；新增“陕图讲坛”上网服务，上传至网站120多场，利用数字图书馆推广工程的“图书馆公开课”平台，首次实现“陕图讲坛”的多机位网络在线直播；加工完成特色数字资源12.513TB，办理数字资源证7309个；开展一系列数字资源宣传活动，稳定其利用率，数字资源服务器访问登录413.33万人次，数字资源检索79.33万次、下载154.29万次，数字资源浏览量达到2982.43次。西安图书馆全年新增电子图书3万余册，6个自建数据库资源总量51.01TB，5个外购数据库资源总量49.15TB，数字资源总量达100.16TB。渭南市临渭区图书馆购买数据库6个，可用数字资源达81TB；实现图书馆网站、微信图书馆数字化远程阅览。神木市图书馆新建移动图书馆系统。定边县图书馆搭建定边县图书馆公共文化服务平台（数字图书馆）。宝鸡市图书馆通过全市公共数字文化工程建设验收检查；举办“童音诵古韵·经典有新声”2017年全国少儿诗词在线诵读、“普及科学知识，感受科技魅力”——青少年科普体验等活动数百场次。丹凤县图书馆培训全县文化站干部和优秀农家书屋管理员，并在竹林关阳河村开展数字阅读推广活动。（陕西省图书馆　王阳　万行明）

【阵地服务及品牌建设】 2017年，根据陕西公共图书馆服务联盟的统一安排，全省公共图书馆积极承办、落实联盟组织策划“2017年春节文化惠民活动”“第二十五届科技之春”宣传月活动、“悦读，在路上”4·23世界读书日暨全民阅读活动、“尚书明礼　书香三秦”第五届陕西省阅读文化月活动4项大型主题阅读推广活动，通过展览、讲座、培训、征文、读书会等形式共组织活动6329场次，其中自主开展活动5947场次，参与人数总计241万余人次。全年开展活动场次同比增幅68.0%，参与人次同比增幅26.6%。省馆自主策划、举办阅读推广活动93场次，同比增幅9.4%；参与人数达30万余人次，同比增幅47.7%。举办“学在陕图”公益课堂12期55场次，服务1.45万人次。开展“陕图读书会”活动13场次，服务9560人次。“陕图讲坛”举办讲座73场，新增讲座师资56名，参与读者23320人次，场均上座率为99.8%。“陕图展览”举办展览26场，观众6.9万余人次。省馆再次被中国图书馆学会评为“全民阅读示范基地”。西安图书馆策划组织“天禄讲坛”讲座60场，观众1万余人次；举办“天禄画卷”展览15场，接待读者万余人次；开展“天禄学苑”读友会活动60场；编辑出版《天禄集英》杂志4期。扶风县图书馆新创“图书馆+书院”的合作模式，与扶风多贤书院合作，举办“让经典引领生活，我与父母读经典”诗文朗诵会，全年开展经典诵读58场次、书法培训56场次。渭南市临渭区图书馆以“阵地建设+阅读活动+流动服务+网络”为主导，打造“青春之梦　快乐阅读”“临图大讲堂”“作家妈妈讲绘本”“渭南·书享荟”4个服务品牌。神木市图书馆全年开展培训、讲座、读书会、绘本会、体验课等多种形式的阅读推广活动900余场次，在“麟州讲堂”“承行国学”培训课程基础上，汇编经典诵读材料，打造课程化的经典阅读体验模式；引进创客空间、音乐图书馆、VR虚拟阅读等，丰富读者的阅读体验。靖边县图书馆与妇联合作成立“国学经典读书会”，开办“国学经典课”；利用节假日免费为青少年开设机器人智力开发培训，该项培训被中国图书馆学会作为典型案例入选全国县级图书馆建设和服务创新案例。安康市图书馆在全市创建各类读书会51个；成立“安康市送阅读志愿服务队”，为4个城市社区日间照料中心、3家农村敬老院开展送阅读示范活动。（陕西省图书馆　王阳　万行明）

【参考咨询服务】 2017年，省馆承接课题咨询107项，文献提供915篇，编辑《决策参考》24期；联合西安图书馆、延安市图书馆、渭南市华州区图书馆、神木市图书馆、洛南县图书馆等多家基层联盟馆共同编辑“两会”专题资料，发放专题资料1600余份，提供课题服务12项，并定期为人大代表、政协委员推送信息，做好跟踪服务。全省共有20家图书馆为当地“两会”提供服务。西安图书馆利用网络新技术开展实时咨询，建立完整的咨询档案；依托中国政府公开信息整合服务平台西安站开展政府公开信息服务工作。泾阳县图书馆开展政府信息公开查询业务，为政府机关编辑专题资料8期。渭南市临渭区图书馆配合“两学一做”专题学习教育，设立党建图书专架、廉政图书专架、“两学一做”电子图书和专题数据库，开展廉政图书进机关活动和党建廉政信息服务。宜川县图书馆设立政府信息公开查询专区，配备政府信息查询机、参考咨询机，设立咨询台。（陕西省图书馆　王阳　万行明）

【未成年人及弱势群体服务】 省馆全年新办理少儿读者证和普通读者证2904个，接待读者35.97万人次，外借书刊12.5万人次、57.8万册次，接待电子阅览3240人次；开展“蒲公英绘本故事屋”、“蒲公英小剧场”、科普讲座等少儿阅读活动52场次，参加活动近4000人次；赴陕西省长安强制隔离戒毒所开展捐书助读活动，携手西安3所高校暑期实践队赴渭南市三张镇西洛村小学等3所学校捐书助读，联合陕西科技大学汇海基金会赴铜川市红土镇女儿花梦想家园捐书助读，捐赠图书合计541种692册。西安市长安区图书馆开展第七届“关注乡村学生·分享阅读快乐”活动、“中华少儿经典诵读”、“科学少年·乐趣无边”少儿科普系列活动等。西安市鄠邑区图书馆组织第三届“我的一本课外书”演讲比赛，参与选手500多人；与20多个小学、幼儿园、培训机构合作开展第三届“故事大王”活动，组织周赛、月赛26场次，参与选手800多人。铜川市印台区图书馆在三里洞中心幼儿园开展“为爱导航，让爱回家”关爱留守儿童志愿活动，为30名留守儿童送去幼儿书籍。白水县图书馆创办“小苹果故事会”亲子阅读活动。延安市图书馆在馆内建成“少儿创客空间”，开辟亲子绘本阅读区、创意绘图区等6个功能区域；创设“Sunflower光大乐园”“小夫子国学馆经典诵读”等主题系列活动，举办首届“中山杯”少儿绘画大赛。吴起县图书馆开展“蒲公英”表演园地、“七彩小课堂”等品牌活动。安康市汉滨区少儿图书馆成立“初见书友会”“留守儿童梦想读书会流水分会”等4个阅读团队，组织各团队定期开展读书分享活动。

省馆全年接待视障读者1771人，借书46人次、112册次，心理辅导111人次，帮助读者查找下载资料79.5GB；开展“你是我的眼睛——声音志愿者经典诵读”明盲儿童读书会、“用心看电影”残障儿童观影会、“学雷锋帮助残疾人”家访等主题活动9场次，参加读者1540人次；举办盲人电脑初级培训班、陕西省视障文化服务与阅读推广培训班等，共培训学员326人次。西安图书馆每月组织一次盲人伴读活动。西安市鄠邑区图书馆针对留守儿童、进城务工人员、残疾人、老年人、戒毒人员等特殊人群，开展以送书、送活动、送资源、送电影、送展览为主题的“爱尚阅读”活动，到机关、敬老院、学校等20多家单位举办活动20余次。宝鸡市陈仓区图书馆与残联合作，接受赠送盲文杂志300册、永德读屏软件2套、手持式电子助听器2台、一键式智能阅读器1台。凤翔县图书馆设立盲人视听阅读室。渭南市临渭区图书馆全年开展为残障读者上门送书服务15次，提供图书120余册；在微信平台发布听书资源，开展好书推荐。（陕西省图书馆　王阳　万行明）

【馆外延伸服务】 省馆全年流通服务车接待读者6816人次，外借图书6778册次；新增省政协、长庆兴和园等5家分馆，分馆全年共计接待读者132324人次，外借图书80472册次，办证184张，更换配送图书36520册次；24小时街区自助图书馆全年借书1236人次、1519册次。西安市灞桥区图书馆建成“书香西安”阅读吧和小书屋13个，并配合西安市“书香之城”建设开展“万人万卷·阅动西安”系列活动。西安市长安区图书馆开通移动图书馆，推动行政区域内三级网络建设，建成阅读吧5个、小书屋6个，设立17个基层服务点。扶风县图书馆发挥图书流动车作用，定期为169个村进行阅读推广宣传。岐山县图书馆利用图书流动服务车走进镇村开展服务40多次，开展阅读推广等活动150多场次，服务群众5万多人次。铜川市将“互联网+”你看书我买单服务在印台区农家书屋试点推广，截至2017年底，共采购图书1104种，配副本图书2640册。延安市图书馆先后与延安市委办、市政府办、市人大、市政协、市直机关工委、省属旅游集团公司等机关、企事业单位合作建立流动书屋12个，更新配置图书7440册，截至2017年底，共建立馆外流动书屋37个、流动服务点56个，年接待读者8万余人次。安康市图书馆建成陕南首家24小时自助图书馆——“安康阅读吧”，配备纸质图书6000册、报刊30份、电子读物10000册、数字连环画1000册；新增玉卓分馆、金太阳艺术培训学校等8个流通服务点，全年配送书刊3812册。（陕西省图书馆　王阳　万行明）

【体系化建设】 2017年，全省加入陕西公共图书馆服务联盟的公共图书馆已达108家，占总数的96.3%；加入联合编目的达到100家，占总数的90%；通过联盟组织举办阅读推广活动6329场次，同比增长68%，参与人数达241万人次，同比增长26.6%。举办面向基层图书馆的各类培训11期，参与培训548人次。配合省文化厅继续推动县域公共图书馆总分馆制建设，出台陕西省公共图书馆总分馆制的实施方案。西安图书馆申请获准国家第三批公共文化服务体系示范项目，制订《西安市公共图书馆集群信息化管理平台实施方案》。蓝田县图书馆加强图书馆总分馆建设，建成县委、柳家湾等12个分馆，总分馆建设覆盖率达到63%。渭南市临渭区图书馆形成以区图书馆为中心馆，纵向形成区、镇（街道）、村（社区）三级服务网络；横向联合企业、学校、部队等图书馆（室），形成1个总馆、2个中心馆、4个分馆和20个图书室的图书馆服务网络，实现区域内资源共建共享。石泉县图书馆首个分馆——池河分馆正式对外开放，与县图书馆实现图书互借互通“一卡通”，是全县首个“四统一”标准化分馆。富平县图书馆作为陕西省首批在全县推广总分馆制建设的4个县馆之一，在条件具备的镇建立6个分馆，分馆设备及藏书累计投入资金20余万元，共购新书4000余册。（陕西省图书馆　王阳　万行明）

【文化信息资源共享工程建设】 2017年，文化信息资源共享工程陕西省分中心配合省文化厅完成2016年度“进村入户”终端设备的采购配发，完成陕南三地市贫困地区公共电子阅览室提档升级设备配发和调试安装等工作，为78个乡镇综合文化站公共电子阅览室及158个数字文化驿站配备的大屏公共文化一体机、中国文化网络电视互动播出终端、平板电脑、摄像机等新设备全部到位。资源项目建设方面，在省文化厅统一部署下，组织专家对2017年陕西地方资源项目申报建设进行筛选评审，报经文化部审批立项的新建、联建、续建地方特色资源项目共10个，建设内容涵盖多媒体资源库、文化专题片、微视频集、戏曲动漫等多种形式；建设完成地方资源项目7个，包括专题片14集、讲座类资源库1个、多媒体资源库3个，已提交全国公共文化发展中心进行终审验收。完成“进村入户”讲座资源建设156部。组织协调各级基层服务网点，参与“共享工程帮您忙”免费为进城务工人员购买火车票，2017年文化、科技、卫生“三下乡”，“4·23”世界读书日阅读推广，端午节“传承端午情意　诵读中华经典”等各类活动300余场次，累计服务20万人次。举办现场和远程培训34场，参与培训8万余人次。部署安装综合管理软件平台，全省已有96个县级图书馆安装该软件并开始应用。（陕西省图书馆　王阳　万行明）

【数字图书馆推广工程建设】 2017年，省馆积极配合国家图书馆开展数字图书馆推广工程工作，推进资源联合建设项目在陕西地区的实施；联合全省公共图书馆参加全国范围的“网络书香过大年”数字资源推广活动，举办第三届陕西省数字图书馆推广工程“我心中的图书馆”少儿绘画比赛；先后举办“图书馆公开课”培训班及“数图推广工程服务推广”培训班；配合国家图书馆完成扶贫共建的数字资源服务宣传工作，分别在富平县图书馆、丹凤县图书馆、丹凤县阳河村发放国家图书馆数字资源阅览证；完成全省公共图书馆申报 2018 年度数字图书馆推广工程资源联合建设项目的经费预算。西安图书馆与县区级图书馆联网，先后开展以“迎新春”“数字阅读与您相伴”“迎十九大　庆双节”为主题的 14 场数字阅读推广系列活动。咸阳图书馆数字图书馆初步建成，读者通过任何一个 PC 终端或移动终端，均可阅读百万册电子图书、5000 多种报刊杂志。（陕西省图书馆　王阳　万行明）

【古籍保护工作】　2017 年，陕西省古籍保护中心审核全省公共图书馆和陕西师范大学图书馆的古籍普查登记目录 17628 条，至此基本完成全省 71 家古籍存藏单位的 10 万余部古籍普查工作；启动《中华古籍总目——陕西分卷》的编纂工作；承办全国第六期古籍修复技术与工作管理研修班，修复完成馆藏雍正铜活字版《古今图书集成》294 册 25356 页。宝鸡市图书馆建成“宝鸡典藏古籍数据库”，实现古籍文献的再生性保护。凤翔县图书馆完成馆藏古籍文献的电子信息档案著录和信息上传工作。蒲城县图书馆在全国古籍普查平台上著录古籍 2678 册、数据 260 条，审核后的古籍 2376 册、数据 239 条。商洛市商州区图书馆完成全国古籍普查平台著录全部工作，著录古籍 3637 册、数据 522 条，并报省馆古籍办审核。（陕西省图书馆　王阳　万行明）

【人才培训】　2017 年，依托全省专业技术人员继续教育培训基地、陕西公共图书馆服务联盟、陕西省图书馆学会、共享工程陕西分中心等机构，举办陕西公共图书馆服务联盟第十二期联合编目培训班、陕西省 2017 年基层图书馆馆长培训班、2017 年联盟参考咨询信息员高级研修班、全省贫困地区公共图书馆管理与创新专题研修班共 4 期培训班，累计培训 111 家单位的学员 178 人次、256 课时。分别在安康市、宝鸡陇县、定边县、榆林市举办 4 期“三区”人才支持计划文化工作者专项培训班，共培训 370 人次。完成文化厅直属系统专业技术人员继续教育培训任务，举办在职专业人员培训公需课 9 期、专业课 8 期，累计培训 4276 人次、624 课时。（陕西省图书馆　王阳　万行明）

【胡和平省长到陕西省图书馆调研公共文化服务工作】　5 月 4 日，陕西省省长胡和平到省馆调研公共文化服务工作，了解省馆免费开放、全民阅读和古籍保护等情况，并深入正在建设的省馆新馆建设工地查看施工进度。副省长姜锋、西安市市长上官吉庆、省政府秘书长陈国强及其他省级有关部门负责人参加活动，省文化厅厅长刘宽忍和省馆馆长马民玉陪同并介绍相关情况。（陕西省图书馆　王阳　万行明）

【陕西省图书馆举办“图书馆公开课”培训班】　5 月 8—12 日，陕西省图书馆和蓝田县图书馆共同举办 2017 年陕西省数字图书馆推广工程“图书馆公开课”培训班，来自全省市县公共图书馆的 50 多名学员参加本次培训。培训特邀国家图书馆副研究馆员、中国记忆项目负责人田苗就“国家图书馆记忆项目”和“图书馆公开课”，福建省图书馆现代技术中心负责人兼文化共享工程副主任王其标就“福建地方特色文化资源建设与服务”等内容，进行详细介绍讲解；西安建筑科技大学华清学院教授柏雨果、朱宇分别讲授“摄影创作与欣赏”“影视剪辑概述及应用基础”等业务知识并开展实际操作培训。（陕西省图书馆　王阳　万行明）

【陕西省图书馆承办第五届陕西省阅读文化月活动】　9 月 28 日，由省文化厅、民进陕西省委会主办，省馆、陕西新华出版传媒集团承办的第五届陕西省阅读文化月开幕式在省馆举行。本届活动主题为“尚文明礼　书香三秦”。文化部原副部长、国家图书馆名誉馆长周和平出席并做“加快构建现代公共文化服务体系，全面推进县级图书馆事业发展”主题报告，民进陕西省委会副主任、省作协副主席朱鸿发布 2017 年“石渠书榜”之“年度老陕最爱读的十本书”。在 9 月 28 日—10 月 28 日的阅读文化月期间，省馆联合陕西公共图书馆服务联盟和省图书馆学会，组织全省公共图书馆开展"'阅读节里有诗意，三秦无处不飞花'网络诗词大会""日有所诵、文韵雕心"同城共读两项大型主题活动，举办"石渠书榜"之"年度老陕最爱读的书"阅读榜单发布及线上线下展览等各类文化活动40余场，参与人数达10万人次。中新社、《西安晚报》、《文化艺术报》、人民网、西部网、央广网、腾讯大秦网、陕西电视台等多家媒体均以较大篇幅集中报道阅读文化月相关活动。（陕西省图书馆　王阳　万行明）

【陕西省图书馆举办"乡关三秦照片展——商洛·一个村庄的300多天"展览】 10月23日，省馆策划的"乡关三秦照片展——商洛·一个村庄的300多天"展览在馆内扇形大厅展出。此次展览共展出照片337张，同时进行网上在线展出，并通过陕西公共图书馆服务联盟成员馆举办联展。商洛市图书馆、安康市图书馆，洛南县图书馆、神木县图书馆等11家成员馆在本馆及其他文化场所布置现场展出，还通过各地县文化之窗、官方微博、微信平台、政府信息网报道宣传。展览为期1个多月，在全省举办联展46场次，观众10000人次。该展览于12月15—17日走出陕西，在湖北孝昌"第三届乡贤论坛暨第五届全国爱故乡大会"会场进行展出。（陕西省图书馆　王阳　万行明）

【陕西公共图书馆服务联盟宣传贯彻《中华人民共和国公共文化服务保障法》】 2017年，陕西公共图书馆服务联盟办公室先后下发通知，组织全省公共图书馆开展学习宣传贯彻《中华人民共和国公共文化服务保障法》的工作，并在各成员馆积极响应的基础上及时发现和总结文化法规学习宣传贯彻工作中涌现出来的新思路、新举措、新经验，择优在《联盟工作简报》上进行刊发。根据省馆党委安排，组织4个支部12位党员编制"《公共文化服务保障法》学习"知识题库及试题各1套，并由省文化厅下发。省馆专家以"法制环境下公共文化服务的制度保障：《公共文化服务保障法》解读"为题，在榆林、西安、咸阳、兴平、陇县、岐山等8地及厅直文化系统进行普法宣讲活动，累计培训1000余人次。（陕西省图书馆　王阳　万行明）

【西安图书馆完成第三批创建国家公共文化服务体系示范项目中期建设】 西安图书馆入选第三批创建国家公共文化服务体系示范项目——"西安市公共图书馆集群信息化管理平台"制订完成平台实施方案，以该管理平台为主体，通过构建供给网络、优化供给结构、提升供给质量、增强供给效率，实现供需之间的有效对接，推动需求数量与品质增长。项目的实施对公共文化领域"供给侧改革"，提升全市公共图书馆的阅读环境和服务质量效果明显。2017年，顺利完成项目中期建设任务，市、区、县、分馆实现图书通借通还，电子资源共建共享，社区自助图书馆建设成效明显。（陕西省图书馆　王阳　万行明）

【咸阳图书馆新馆建成开放】 9月30日，历时4年建设筹备的咸阳市市民文化中心和古渡廊桥建成，咸阳图书馆新馆暨古渡廊桥书吧作为其中主要组成部分正式免费开放。新馆及书吧总建筑面积16600多平方米，设计藏书100多万册，阅览座席1000多座。新馆是目前陕西省乃至西部地区面积最大、设施最先进的地市级公共图书馆，力求以业务建设为中心，以丰富广大市民文化生活为目的，为促进咸阳历史文化特色发展提供有力支持。（陕西省图书馆　王阳　万行明）

【陕南地方文献业务建设联盟成立】 5月27日，由安康、商洛、汉中三市公共图书馆发起的"陕南地方文献业务建设联盟"在安康市宣告成立。联盟成立以来，举办首届"陕南特色地方文献联展"和"陕南地方文献建设"馆员论文大赛；与省内外30余家公共图书馆签订文献交流与业务合作协议，对外交流文献178种182册，接收外馆交流文献392种421册。（陕西省图书馆　王阳　万行明）

【铜川图书馆"互联网+"你看书我买单服务实现读者点单服务】 铜川市于2015年入选第三批创建国家公共文化服务体系示范区。随着创建示范区步伐的加快，铜川图书馆"互联网+"你看书我买单服务项目进一步推进，读者自助购书量成倍增长，实现读者的点单服务，此服务项目被中共铜川市委宣传部评为2016年全市宣传思想文化工作创新奖一等奖。省新闻出版广电局将这一特色模式在铜川市印台区的农家书屋试点推广，在读者中产生较大影响。截至2017年底，共采购图书1104种，配副本图书2640册，投入经费11.11万元。（陕西省图书馆　王阳　万行明）

甘肃省

【概况】 2017年，甘肃省文化厅、甘肃省新闻出版广电局、甘肃省体育局、甘肃省发展和改革委及甘肃省财政厅等五厅局联合印发《甘肃省推进县级文化馆图书馆总分馆制建设方案》，为促进优质资源向基层倾斜、延伸提供政策支持。

截至2017年底，甘肃省共有县以上公共图书馆103个，其中省级馆1个、市级馆17个、县区级馆85个（含市级少儿馆2个、县区级少儿馆2个）。从业人员1473人，其中专业技术人员873人（含研究馆员11人、副研究馆员84人、馆员372人）。实际使用总建筑面积28.41万平方米，其中书库面积5.57万平方米、书刊阅览室面积4.79万平方米、电子阅览室面积1.21万平方米。阅览室座席21726个，其中少儿阅览室座席5968个、盲人阅览室座席636个。全省公共图书馆藏书总量1496.03万册（件），其中普通图书1129.23万册、古籍52.09万册（含善本9.67万册）、报刊合订本213.82万册、视听文献11.22万件、缩微文献0.41万件。电子图书总量316.25万册。全年新增纸质文献94.21万册、电子图书41.77万册，订购报刊2.16万种。全省累计发放有效借书证42.36万个，总流通774.86万人次，书刊文献外借661.8万册次。组织各类讲座1131场次，听众18.59万人次；举办展览449场次，观众45.06万人次；举办各种类型的培训班404个，培训人员3.45万人次。全省公共图书馆拥有计算机5358台，其中供读者使用的电子阅览室终端3505台，网站访问量532.47万次。全省共有流动图书车58辆，设立分馆56个，其中流动书刊借阅34.4万人次、52.07万册次。全省建有志愿者服务队伍139个，志愿者2039人。开发文化创意产品53种。

2017年是第六次全国县级以上公共图书馆评估年，此次评估采用信息化的评估方式，要求在线填报指标数据。为加深各图书馆对评估指标的理解和熟悉数据填报流程，省文化厅主办“全省第六次公共图书馆评估定级工作培训班”，并成立评估定级工作领导小组，抽调专业人员组成评估小组，通过看、查、听、问等方式，落实自评、初评、复评、终评程序，对全省11个市级图书馆、3个少儿馆、77个县区级图书馆和甘肃省矿区图书馆共92个图书馆进行评估。12月初，文化部评估专家组对平凉市图书馆、华亭县图书馆、崇信县图书馆进行了抽查评估。

各级党委、政府和文化部门对图书馆的支持力度逐年加大，2017年财政拨款增幅明显。中央财政负担的公共图书馆免费开放经费的80%全部足额到位；甘肃省财政负担的10%经费也全部足额到位；地方财政负担的另外10%经费尚有部分县区不能足额落实。全省2017年度财政拨款总经费30646.3万元，比上年增加3322.8万元，同比增长12.16%；其中购书专项经费2284.7万元，比上年增加193.1万元，同比增长9.23%；实际使用新增藏量购置费2322.6万元，比上年增加305.3万元，同比增长15.13%；新增数字资源购置费606.3万元，比上年增加24.4万元，同比增长4.19%。虽然财政拨款总额有明显增幅，但经费结构还需不断完善，数据显示，2017年度全省仍有8个市州级图书馆、46个县区级图书馆没有单列购书专项经费。

阅读推广与品牌服务齐头并进。结合每年度的“全民阅读活动”“世界读书日”“图书馆服务宣传周”“全民读书月”以及各个节假日，全省各级公共图书馆因地制宜，开展诸如读书节、报告会、演讲会、读书征文比赛、少儿绘画书法比赛等形式多样的阅读推广活动。甘肃省图书馆打造“周末名家讲坛”“阳光工程”“亲子阅读活动”“农民工之家”“中国传统文化公益讲座”“《四库全书》展”等诸多服务品牌。兰州市图书馆承办的“兰州读书节”重点开展金城大讲堂名家讲座、残障读者阅读推广、线上数字阅读活动、“创意在身边”科技主题活动展等13项活动。张掖市甘州区图书馆的“甘州讲堂”“金张掖书香文库”“国学经典诵读”及《张掖阅读报》等文化品牌特色明显。天水市图书馆的“陇右讲堂”、白银市图书馆的“书香之城”建设、平凉市图书馆的“道德讲堂”、嘉峪关市少儿图书馆的“少儿阅读推广故事屋”活动、安宁区图书馆的“BRT公交站台图书漂流站”、肃南县图书馆的家庭读书“十佳户”评选活动、榆中县图书馆的“未成年人国学经典”服务、陇西县图书馆的“城乡共读，书香陇西”活动、敦煌市图书馆的“敦煌读书节”、天水市麦积区图书馆的“麦积区读书节”、陇南市武都区图书馆的儿童特色美术创意活动、康乐县图书馆的“国学讲堂”等，均在当地形成品牌并取得良好口碑。

文化信息资源共享工程建设继续推进。在地方特色资源建设方面，完成《甘肃名城》《甘肃特色传统文化》专题片等 5 个项目的评审和验收，完成《甘肃古村落》专题片等 3 个项目的三维全景制作任务，完成《甘南藏区寺院文化》《丝绸之路上的甘肃》专题片等 10 个项目的招标工作。启动 2018 年度地方资源建设项目申报工作，申报的《甘肃传统手工艺（三）》专题片等 3 个项目获批立项。全年拍摄《周末名家讲坛》43 部、《书画研究院书法讲座》12 部，编辑加工视频 30 部。在甘肃省公共数字文化支撑平台建设方面，硬件平台和基础软件系统部署基本完成，二期云平台项目完成方案拟定上报和平台招标工作。

公共电子阅览室建设有序进行。已完成管理信息系统与网络安全系统部署工作，并积极开展公共电子阅览室社会化合作资源导航平台建设。继续与省教育厅、省残联、省军区、省武警边防总队以及有关基层单位合作开展平台建设和资源导入等工作。继续推进边疆万里数字文化长廊建设工作，在已完成全省边疆地区 20 个乡镇基层服务点和 80 个数字文化服务点建设任务的基础上，联合省军区和省武警边防总队开展资源共建共享工作，进一步加强全省边疆地区文化建设。

数字图书馆推广工程进展顺利。继续统筹省馆与各市（州）、县（区）图书馆之间开展资源联合建设工作，年内启动 2016、2017 年度资源联合建设工作；完成 2017 年（第二批）和 2018 年（第一批）资源联合建设项目立项申报工作；完成 2016 年图书馆公开课资源建设、网事典藏等 11 个数字图书馆推广工程资源联合建设分项目的任务报备工作。启动 2016、2017 年度数字图书馆推广工程互联互通建设工作，与省内 10 家县级公共图书馆共同开展推广工程互联建设立项，并制订互联互通工作实施方案。完成全省县级以上公共图书馆 4TB 电子资源的配发工作，指导各馆开展资源部署及服务，提升其公共数字文化服务能力。

中华古籍保护计划有效推进。古籍普查工作任务接近尾声，全省 46 家古籍收藏单位在线提交普查数据 5.2 万条，涵盖 56 万册古籍，完成全省汉文古籍藏量的 91%。陆续整理出版《甘肃省古籍普查登记目录》等古籍普查成果，指导具备条件的西北师范大学图书馆、西北民族大学图书馆、武威博物馆、甘州区博物馆、甘肃中医院大学图书馆等申报第六批全国古籍重点保护单位。在成功申报“国家级古籍修复技艺传习中心甘肃传习所”之后，省古籍保护中心又在天水市图书馆设立“甘肃省古籍修复技艺传习所传习点”。拍摄完成《古籍修复师·师有宽口述史》专题片。“古籍修复技艺”项目参加了在敦煌举办的首届“文化和自然遗产日”宣传展示活动，并入选甘肃省第四批全省非物质文化遗产项目。全年修复珍贵古籍 96 种 224 册 14005 页。

图书馆员岗位培训和继续教育依托省图书馆学会、文化信息资源共享工程省分中心、省古籍保护中心、继续教育中心开展。全年举办面向图书情报从业人员的各类培训班、研讨班、报告会等 20 期，培训学员近 3000 人次。省图书馆继续教育中心继续与武汉大学合作开办图书情报专业硕士学位研究生班，现有在职研究生 17 人；与北京大学、四川大学合办的远程教育学历班招收新生 28 人。（甘肃省图书馆学会）

【甘肃图书情报界讲座展览联盟 2017 年度工作会议在兰州召开】 4 月 27 日，甘肃图书情报界讲座展览联盟 2017 年度工作会议在省图书馆召开。出席会议的有联盟副主任、省图书馆副馆长许新龙等领导以及各成员单位的代表共计 50 多人。会议分两个阶段进行。在工作会议阶段，与会代表讨论并通过联盟 2016 年工作总结、2017 年工作要点、2017 年讲座展览巡讲巡展资源说明等文件。在讲座展览经验交流阶段，来自公共、高校、科研单位图书馆的 3 个代表分别做大会发言，介绍各馆举办讲座、展览的工作经验。（甘肃省图书馆学会　张毅宏）

【2017 年甘肃省基层图书馆信息化建设培训班在兰州举行】 7 月 4—5 日，2017 年甘肃省基层图书馆信息化建设培训班在兰州举行，来自全省 14 个市（州）、86 个县（区）图书馆、甘肃矿区图书馆及少儿图书馆的馆长和技术人员共

124人参加培训。省文化厅公共文化处调研员薛占平出席开班仪式并致辞，省图书馆副馆长许新龙对2017年甘肃省基层图书馆信息化建设工作做阶段性总结和安排下一阶段工作。本次培训根据全省基层图书馆信息化建设工作需要和文化信息资源共享工程2017年培训工作安排组织开展，主要培训公共电子阅览室信息网络安全系统及管理信息系统安装、部署，甘肃省公共数字文化支撑平台特色应用系统使用，基层图书馆数字资源加载及信息发布，以及基层图书馆评估定级有关内容。特邀兰州大学信息科学与工程学院副院长马志新做“信息技术与网络安全建设”专题讲座。本次培训对推进2017年基层图书馆信息化建设，完善公共数字文化服务，提升公共图书馆网络安全防范能力起到促进作用。（甘肃省图书馆学会　张毅宏）

【中国残联副主席李志军一行考察甘肃省图书馆盲人服务工作】 8月2日，中国残联副主席、中国盲人协会名誉主席李志军，中国残联理事、中国盲人协会副主席李庆忠等在省图书馆副馆长许新龙的陪同下参观省少儿图书馆和盲人及盲文阅览室。在随后召开的盲人读者服务工作交流会上，福建省盲人协会主席王永澄、山东省盲人协会主席汤建泉、甘肃省盲人协会主席常伟分别在会上做交流发言，中国盲文出版社副总编辑沃淑萍就下一步为甘肃全省盲人读者提供盲用阅读设备项目做说明。（甘肃省图书馆学会　张毅宏）

【甘肃省图书馆举办第一期全省古籍修复技术培训班】 9月11日，第一期甘肃省古籍修复技术培训班在省图书馆开班。省图书馆副馆长许新龙主持仪式，副馆长陈军致欢迎词，师有宽先生代表老师发言，来自全省各地的培训班学员和省古籍保护中心全体员工参加开班典礼。省古籍保护中心副主任宋焱介绍全省古籍保护工作情况，易雪梅讲授甘肃印刷史，师有宽讲授古籍装帧技法，何谋忠讲授古籍修复原则，李辉讲授古籍版本基本知识。随着理论与实践课程的循序推进，培训班还陆续邀请国家图书馆等单位的名师前来授课。培训班举办正逢教师节期间，开班当天下午，甘肃培训基地和传习所举行主题为“尊师重教，修学研艺”的敬师座谈会，在省图书馆从事古籍保护工作近半世纪的易雪梅、师有宽两位先生接受众位弟子行礼献花。

9月28日，此次培训班在省图书馆结业，同时举行“甘肃省古籍修复技艺传习所天水市图书馆传习点”的揭牌仪式。天水市图书馆馆长陈建中与国家级古籍修复技艺传习中心甘肃传习所导师师友宽共同为传习点铜牌揭幕，该馆古籍部主任李东晖现场向师友宽先生鞠躬、敬茶，行拜师礼。（甘肃省图书馆学会　张毅宏）

【甘肃省图书馆文化志愿者服务队成立】 9月29日，甘肃省图书馆举行文化志愿者服务队成立仪式，省文化厅公共文化处处长张万儒、省图书馆副馆长许新龙出席仪式并致辞。来自各行各业的志愿者及盲人读者100余人参加这次活动。会上公布《甘肃省图书馆文化志愿者服务队管理章程》以及“甘肃省图书馆自学室文化志愿者”名单，与会嘉宾和领导为参加仪式的志愿者代表发放绶带，并一起观看省图书馆举办的盲人读者才艺表演。（甘肃省图书馆学会　张毅宏）

【庆阳市图书馆触摸屏阅读一体机进驻市政府政务服务中心】 2017年春节过后，庆阳市图书馆触摸屏阅读一体机进驻庆阳市政府政务服务中心。触摸屏阅读机采用红外四点双屏屏幕，预装5万余种图书、1.5万余种有声资源、3000余集绘本资源、1000余种期刊、800余种报纸，囊括少儿选课视频、书法大师、中外名画馆和美术资源馆等10类资源。阅读机充分利用无线移动网络、互联网和多媒体技术，使人们不受时间、地点和空间的限制，通过使用各类移动设备扫描阅读机上的二维码，就能够方便快捷地查询、浏览各类资源，满足全市各类读者群体的阅读需求，实现“动动手指，就将图书馆搬回家”的愿望。（甘肃省图书馆学会　张毅宏）

【敦煌图书馆新馆正式对外免费开放】 4月23日世界读书日当天，敦煌市图书馆新馆正式对公众免费开放。新馆总建筑面积7300平方米，主体建筑含地下一层及地上四层，共五层，内设借阅区、阅览区、地方文献资料室、少儿区、3D立体书体验区等14个功能区。借新馆开馆之际，该馆在全市范围组织开展以“悦读，在路上”为主题的全民阅读推广活动，同时启动第五届敦煌读书节，内容包括筹建敦煌市书友会、

朗读会并举办第一次座谈会，聘请阅读推广人，开展“书香之家”评选等活动。（甘肃省图书馆学会　张毅宏）

【平凉市图书馆成为全市首批社科普及基地】 7月14日，平凉市委宣传部、市社科联命名平凉市图书馆为全市首批社会科学普及基地，并在该馆举行命名挂牌仪式，市委常委、市委宣传部部长张正等领导出席挂牌仪式并致辞。各县区委宣传部长、相关单位负责人、市社科联、市图书馆全体干部职工，新闻媒体记者共计70多人参加此次活动。仪式结束后，张正一行参观市图书馆数字资源体验区和儿童阅读体验室两个新增服务窗口，并亲自体验VR虚拟现实设备。（甘肃省图书馆学会　张毅宏）

【中华优秀传统文化资源建设与全民阅读推广研讨会在张掖市举行】 8月10—12日，由国家图书馆（国家古籍保护中心）、张掖市甘州区人民政府等主办，国家图书馆出版社、甘州区文化广播影视新闻出版局、张掖市图书馆及甘州区图书馆共同承办的中华优秀传统文化资源建设与全民阅读推广研讨会在张掖市举行。开幕式上，国家古籍保护中心、国家图书馆出版社向张掖市图书馆捐赠包括《国学基本典籍丛刊》在内的图书，总价值20余万元。宁夏大学人文学院院长胡玉冰教授做题为“经典阅读与传承”的主旨报告。会议围绕“地方文献资源抢救保护与整理出版”和“全民阅读与少儿绘本推广”两个主题，分别进行分会场研讨。此次会议的举办，为中华优秀传统文化资源建设和张掖市全民阅读活动的深入开展起到积极促进作用。（甘肃省图书馆学会　张毅宏）

【兰州市安宁区图书馆建立甘肃电商谷产业园图书流动站】 甘肃电商谷产业园是兰州市安宁区政府与社会力量共同投资打造的全省首个综合型、全业态电子商务产业园区，总建筑面积4234.62平方米，毗邻西北师范大学、甘肃政法学院、兰州交通大学等高校及金牛商业街，地理位置优越，交通便利，创业氛围浓厚，配套设施完善。9月15日，安宁区图书馆在该产业园建立图书流动站，配置500册图书以及24小时数字图书馆设备，为大学生创业和企业开展电子商务活动、休闲阅读提供一站式、全方位服务，努力打造省内最具产业特色和发展优势的休闲阅读基地。（甘肃省图书馆学会　张毅宏）

青海省

【文化部2016年度公共数字文化工程考核组对青海进行考核指导】 4月13—15日，文化部2016年度公共数字文化工程考核组莅临青海检查指导公共数字文化工程建设工作。由文化部全国公共文化发展中心副主任陈胜利任组长，国家公共文化服务体系建设专家委员会委员、中国传媒大学教授杨乘虎、国家图书馆数字资源部主任曹宁、全国公共文化发展中心培训保障部处长刘刚为成员的考核组一行，就青海省文化行政部门贯彻落实《文化部公共数字文化工程管理办法》、2016年度推进公共数字文化资源建设和省级公共数字文化工程组织实施单位推进文化信息资源共享工程、数字图书馆推广工程、公共电子阅览室建设计划等工程情况进行全面考核调研。考核组对青海省公共数字文化工程进行意见反馈，充分肯定青海省公共数字文化建设取得的成效，认为青海省公共数字文化工程建设领导重视，政府保障有力，全省统筹工程建设成效显著，特色突出，暗访情况较好。在肯定成绩的同时，也指出在数字公共文化工程建设和服务方面的不足，并提出改进意见和建议。（青海省图书馆　蔡淑敏）

【全省县级以上公共图书馆第六次评估定级培训班在青海湟中举办】 5月11—13日，由青海省图书馆主办的全省县级以上公共图书馆第六次评估定级培训班在湟中举办，98人参加培训。省文化和新闻出版厅公共文化处处长边振刚、省图书馆馆长张景元出席开班仪式。参加过中国图书馆学会培训的省图书馆几位同志分别就服务效能、业务建设、保障条件、平台使用等方面进行讲解。这次培训使全省县级以上公共图书馆明确今后工作的方向，为准确填报评估数据和以后更好地开展图书馆工作打下良好基础。（青海省图书馆　蔡淑敏）

【“文苑英华”馆藏精品古籍展在青海省图书馆举办】 6月10—20日，由青海省文化和新闻出版厅主办，省图书馆承办的2017青海文化旅游节“书香青海·全民阅读”系列活动之“文苑英华馆藏精品古籍展”在省馆举办。展品经过精心挑选，品类多，价值高。其中：善本古籍《文房肆考图说》曾为民族英雄林则徐所收藏；手抄本《史纲》蝇头小楷，尽善尽美；碑拓《周子扬墓志铭》更为青海地方碑志中的名作，墓主周子扬即民国时期杰出的文化名士周希武，他在青海写成的《玉树调查记》一书，对研究青海藏族、清末民国玉树的发展状况等有着极高的参考价值。（青海省图书馆　蔡淑敏）

【全国基层文化队伍示范性培训——第六期全国县级图书馆馆长培训班在青海西宁举办】 8月6—12日，由文化部公共文化司主办、中国图书馆学会承办、青海省图书馆和青海省图书馆学会协办的“全国基层文化队伍示范性培训——第六期全国县级图书馆馆长培训班”在青海省西宁市举办。中国图书馆学会副理事长、国家图书馆常务副馆长陈力、青海省文化和新闻出版厅副厅长董杰人分别致辞。来自全国各县级公共图书馆馆长142人参加培训。文化部原副部长、国家图书馆名誉馆长周和平，国家行政学院教授程萍，中央党校马克思主义学院副教授李双套，苏州图书馆原馆长邱冠华，佛山市图书馆馆长屈义华，上海图书馆副馆长周德明，南开大学信息资源管理系教授柯平，分别讲授“加快构建现代公共文化服务体系，全面推进县级图书馆事业发展”“县级图书馆馆长领导力提升”“学习习近平总书记关于全面从严治党的重要论述”“县级图书馆阅读推广”“县级图书馆管理”“县级图书馆服务效能提升”“县级图书馆服务体系和总分馆制建设”等课程。此次培训班内容丰富，专家授课精彩纷呈，学员互动气氛热烈，所学内容对提升我国县级公共图书馆馆长的政治理论、公共文化政策、县级图书馆总分馆体系建设和业务建设以及领导力等，具有非常重要的促进作用和现实指导意义。（青海省图书馆　蔡淑敏）

【图书馆文献传递、资源共享经验交流座谈会在青海省图书馆召开】 为加强青海省图书馆和高校图书馆交流与合作，借鉴共享图书馆资源建设工作经验，10月25日上午，北京高校文献资源保障体系（BALIS）管理中心组织原文传递、馆际互借服务中心和国家科技图书文献中心成员刘春鸿、徐飞等15人到省馆进行工作交流。座谈会上，BALIS管理中心常务副主任、中国人民大学图书馆副馆长刘春鸿介绍BALIS馆际互借、资源协调等工作情况，同时介绍培训中心、联合采访咨询服务等分中心的运行情况；徐飞主任对省图书馆读者到馆人数和青年读者入座率以及读者服务工作给予高度赞扬。与会者围绕省图书馆“小规模智慧图书馆”概念、文化服务建设和服务宣传推广策略等进行深入交流。（青海省图书馆　蔡淑敏）

【“图书馆与生活：阅读·人·空间”主题摄影展在青海省图书馆开展】 2017年2月，青海省图书馆与重庆等12家西部图书馆正式结成“西部省级公共图书馆联盟”，并签订友好协议。为加强联盟成员馆之间的交流与合作，共建书香社会，彰显人文关怀，更好地展现图书馆的文化生活与精神风貌，经联盟成立大会商议举办“图书馆与生活：阅读·人·空间”主题摄影大赛，鼓励广大市民、读者用镜头展现图书馆的美好风光，捕捉图书馆的阅读瞬间，记录与图书馆有关的人、事、物、景，发现美、记录美、传递美、弘扬美，让广大读者更加了解图书馆、热爱图书馆，培育和谐创新的图书馆文化。活动经过联盟成员馆在各自举办初赛的基础上选送10幅作品参赛，摄影展于11月1日在省图书馆正式开展。（青海省图书馆　蔡淑敏）

【强化地方特色资源建设　提升资源建设质量】 为呈现青海省图书馆建馆82周年建设成就及数字资源建设10周年技术力量，向党的十九大献礼，该馆数字资源建设管理中心精心策划，摄制了反映青海自然人文生态为主要内容的10集大型航拍专题片《俯瞰青海》。第一季《大美综述》《夏都西宁》《美丽海北》于11月2日在青海卫视黄金时段播出，这也是青海省首部全部采用航拍手段完成的电视作品。2017年，该馆数字资源建设成果突出，共完成项目招标8项，完成项目投资2397.5万元，制作资源成片169部，译制藏语资源1495小时。（青海省图书馆　蔡淑敏）

【文化部第十二评估专家组莅临青海省图书馆开展评估工作】 根据文化部第六次全国副省

级以上公共图书馆评估工作的统一部署，12 月 20—24 日，以文化部评估宣讲工作专家委员会副主任、上海图书馆副馆长周德明为组长，湖北省图书馆党委书记贺定安为副组长，山东省图书馆馆长冯庆东、大连图书馆馆长辛欣、上海图书馆读者服务中心副主任林琳为组员的文化部第十二评估专家组莅临青海，对青海省图书馆进行实地评估，并对部分州、县图书馆进行实地抽查。在评估工作汇报会上，省文化和新闻出版厅党组成员、副厅长董杰人向评估组专家介绍青海省公共文化服务体系近年来的发展状况和取得的新成就，省图书馆馆长张景元简要汇报该馆参与本次评估的准备以及自评情况，着重介绍开馆后在办公条件和创新服务上取得的新突破。评估组专家根据评估指标，通过审阅资料、现场交流等方式，对该馆的服务效能、业务建设和保障条件三个方面的情况进行深入细致的核查。在评估定级工作意见反馈会上，评估组对该馆在硬件设施配套、地方资源建设以及读者服务方面的措施、亮点和取得的成效给予肯定，同时，对该馆在这次评估工作中存在的问题和不足提出宝贵意见和建议。（青海省图书馆　蔡淑敏）

【西宁市图书馆开展全民阅读活动】 5 月 22 日下午，西宁市全民阅读活动领导小组在城西区文化艺术中心召开“2016 年全民阅读活动总结表彰暨西宁市阅读推广人联盟成立”大会。会议共有四项议程：一是市文广局党组副书记、副局长谢宏芳对“2016 年全民阅读活动”进行总结并安排部署“2017 年全民阅读活动”工作；二是省文化新闻出版厅副厅长吕霞，市人大常委会副主任朱战坡，市委宣传部副部长陈宗君，市文广局党组书记、局长施永新，市直机关工委副书记李连春对在 2016 年全民阅读活动中涌现出的先进集体、书香之家、先进个人进行表彰；三是市图书馆馆长王海山对成立“西宁市阅读推广人联盟”的文化背景进行介绍，四是西宁市优秀阅读推广人代表李春莺发言。（西宁市图书馆　王海山）

【文化部第十二评估专家组莅临大通县图书馆开展评估工作】 12 月 21 日下午，以上海图书馆副馆长周德明为组长的文化部第十二评估专家组一行 5 人在青海省文化厅领导的陪同下，莅临大通县图书馆进行第六次全国公共图书馆评估定级实地检查评估。专家组在对该馆和少儿分馆进行实地检查后，听取该馆馆长哈金花关于图书馆评估定级工作汇报。通过对评估定级申报材料审查和实地查看等审核程序，专家们对该馆在人员少、经费紧张、基础条件差的现状下，依旧坚持读者第一的服务理念，能够克服困难，将图书馆工作搞得有声有色给予高度评价，同时提出相关意见和建议。（大通县图书馆　高乃英）

【海西州图书馆】 2017 年，海西州图书馆文献总藏量为 52.3 万册，其中纸质图书 19.1 万册、电子图书 33.1 万册；获财政拨款总经费 960.3 万元，其中专项购书经费 90 万元；全年共接待读者 161075 人次，新办理借书证 977 个（截至 2017 年底共办理借书证 11391 个），图书流通 93620 册次；举办各类讲座 19 次、展览 9 次、培训 7 次；微信平台发布图书馆服务和活动信息 110 条，图书馆网站访问量近 5 万次；每周开馆时间达 80 小时（含夏季夜间开放时间）；共有工作人员 32 名，其中副高级职称 3 人、中级职称 6 人、初级职称 4 人。2017 年，被海西州妇女联合会评为“巾帼建功先进集体”，荣获青海省文化和新闻出版厅命名的 2016 年度“全民阅读推广中心”称号，被共青团海西州委员会、中共海西州委统战部评为“海西青年民族团结进步先进集体”。（海西州图书馆　马丽）

【海西州图书馆举办第 29 个服务宣传周系列活动】 5 月 27 日—6 月 2 日，在第 29 个图书馆服务宣传周之际，海西州图书馆以“图书馆，让阅读走进千家万户”为主题开展服务宣传周活动。一是举办“图书馆服务宣传周”启动仪式，推出好书推荐，开展图书馆电子资源体验活动，并在现场发放图书馆宣传资料和《公共文化服务保障法》宣传册 200 余份；二是举办“书香润万家·同悦书香”家庭书箱发放仪式，为 180 多个家庭办理家庭借书证，并配置一个家庭书箱及相应的书籍，满足和方便每个家庭成员的阅读需求，让阅读伴随着家庭成员健康成长；三是举办“倾听心声　促进服务”读者座谈会，为 2016 年度“优秀读者”和图书流动点赠送精选图书，同时邀请在座的读者朋友和流动点工作人员开展座谈，分享阅读体会，并对图书馆的服务和建设

提出意见与宝贵建议。（海西州图书馆　马丽）

【国家民委民族团结进步创建工作考核验收组一行莅临海西州图书馆检查指导工作】 12月5日，国家民委民族团结进步创建工作考核验收指导小组一行莅临海西州图书馆检查指导民族团结进步创建工作。在省、州、市有关领导的陪同下，国家民委监督检查司副司长杜宇及浙江省民宗委副主任钟昌明等考核验收指导小组一行参观海西州图书馆德都蒙古文献中心和藏文文献中心以及各图书借阅室，考核验收指导小组对该馆在促进民族团结创建工作中所做的努力表示充分肯定，认为图书馆将民族团结工作与文化服务工作紧密结合、自然衔接，打造具有高原地区民族特色的群众文化服务。（海西州图书馆　马丽）

【文化部第十二评估专家组莅临海南州图书馆开展评估工作】 12月22日，文化部第十二评估专家组组长周德明一行4人在青海省文化厅和省图书馆相关领导陪同下，冒着严寒和缺氧来到平均海拔3200米的海南藏族自治州图书馆进行实地抽查评估。评估组专家通过实地查看、听取汇报和查阅资料等程序进行认真、严谨的对照检查。海南州人民政府秘书长陈学涛、州文化体育广电局局长葛文军、副局长加羊出席汇报会，海南州图书馆馆长尕藏才让做第六次评估定级工作汇报。在反馈意见环节，各位专家对该馆各项工作给予充分肯定和高度评价，认为该馆的馆舍设计典雅、布局合理，馆内设施完善、功能齐全，注重人才引进和培养，业务基础工作扎实，数字化建设日渐成熟，工作理念、工作态度、工作效能均呈现出较高水平，同时提出合理化意见和建议。此次是海南州图书馆在第六次全国县级以上公共图书馆评估定级工作中代表青海省地（市）级公共图书馆接受文化部评估组专家评估，基本达到“以评促建，以评促管，以评促用”的目的。（海南州图书馆　丹正佳）

【海北州图书馆】 海北州图书馆位于西海镇原子路75号，面积5070平方米。始建于1964年，当时为原国营二二一厂图书馆，该馆退役后交由海北藏族自治州政府使用，1979年复建。2000年从州群艺馆中分离出来，成为独立事业法人单位，是海北州西海镇地区唯一一所公共图书馆。目前馆内设有采编室、藏文阅览室、电子阅览室等，在汽车站、医院、军营、社区、旅游景点等馆外设置图书流动点14处、电子阅览机2部。馆内外全部对外免费开放，实行“零门槛”服务。现有阅览席位40个，少儿阅览席位30个；藏书13万余册，报纸26种，期刊150余种。2017年，入藏地方文献776册、少儿图书7876册、藏文图书1158种3861册、杂志123种；全年办理借书证328个，读者7000人次，图书流通14000册次；组织讲座3次，参加300人次；举办展览、培训各1次，100余人次参加。（海北州图书馆　李睿敏）

【文化部第十二评估专家组对黄南州图书馆进行实地考察评估】 8月29日，文化部第十二评估专家组一行对黄南州图书馆开展第六次全国公共图书馆评估定级实地评估工作。评估中，专家组结合网上资料审核、佐证资料完善和实地检查情况进行点评，对黄南州文体广电局给予黄南州图书馆的支持，图书馆自身积极努力，认真完成评估定级指标资料和申报，取得的成绩和细致工作给予充分肯定，同时提出中肯意见。黄南州图书馆对此次评估工作准备充分，在阅读推广与社会教育、网络资源服务、文献资源建设等方面工作成绩显著，尤其在“送书下乡”、下基层业务辅导、图书馆服务流动建立、阅读推广服务、业务人员培训方面比较突出，基本达到以评促建、以评促管、以评促用的目的。（黄南州图书馆　董春花）

【玉树州图书馆基本】 玉树州图书馆新馆坐落于格萨尔王广场北侧，建筑面积5150平方米，于2015年9月30日向读者免费开放。人员编制12人，在编人员11人。图书馆内设有期刊报纸阅览室、儿童阅览室、藏文图书阅览室等，共有阅览座位310个；藏书40万余册，其中电子图书30万册。（玉树州图书馆　李继青）

【玉树州图书馆举办首届“藏文书法日”活动】 为传承民族优秀文化，弘扬藏文书法艺术，挖掘藏文书法人才，展现藏文书法魅力，4月30日，玉树州图书馆与玉树州书法家协会共同举办首届“藏文书法日”活动。玉树州书法家协会主席扎嘎及旦巴江措及西然巴丁、尕松尼玛、郑万里等

30余名书法家参与活动，在图书馆现场书写、赠送藏、汉文书法作品500余幅。（玉树州图书馆　李继青）

【刚察县图书馆举办“书香藏城·共享阅读”系列活动】 2017年“世界读书日”期间，刚察县图书馆以“书香藏城·共享阅读”为主题，开展全民阅读“进学校、进社区、进机关、进农村、进军营、进家庭”系列活动，营造全民读书、终身学习的良好氛围，推动“全民阅读”活动深入开展。4月23日下午，在刚察县民族寄宿制初级中学体育场举办“藏文课本剧表演比赛”，800多名师生观看比赛。共有12个班参加课本剧大赛，每个班1个剧目，内容以课本为主。课本剧比赛让学生多方面汲取文化营养，开阔学生视野，丰富校园生活，提高学生的综合素质。（刚察县图书馆　才保）

【天峻县举办“图书进寺院”活动】 10月19日，由天峻县委宣传部、县委统战部、县文体广电局共同举办的“图书进寺院”活动在江河镇色尔仓寺、生格乡阿汗达勒寺等9个宗教寺院开展，县委副书记、县委宣传部部长桑周，县委统战部部长才拉加等参加活动启动仪式。此次活动为全县9个宗教寺院配送图书1134册，图书内容包括政治、经济、文学、科学知识、法律、宗教等。同时，为管理好、发挥好“寺庙书屋”的作用，县文体广电局安排县图书馆专业人员帮助寺院进行图书分类、归档、整理、上架工作。“图书进寺院”活动作为国家公共文化服务体系建设的一项重要工作，是繁荣和发展先进文化、构建和谐社会的必然要求，是实现好、维护好、发展好宗教寺院僧侣基本文化权益和主要途径；在为广大僧众提供了解和学习现代知识、科技知识、法律知识及先进文化机会的同时，对发挥宗教教职人员在少数民族群众中的影响力，促进藏传佛教文化与现代文化相融合具有十分重要的意义。（天峻县图书馆　才华加）

【称多县图书馆开展循环图书下乡活动】 3—7月，称多县图书馆负责人江才卓玛带领图书馆全体工作人员赴县直各乡镇和社区以及县直各学校开展循环送图书活动。按照各乡镇和各学校的实际情况，由县图书馆统一采购，并多次下乡循环发放。此次送书下乡活动共向全县6个乡镇村赠送图书和音像制品近10万余册，图书内容以藏文书籍、学生课堂素材等资料为主，同时还有文化艺术、格桑尔传、人文历史等书籍。通过开展送书下乡活动，让农牧民在家门口就能学习知识、获取信息，活跃和丰富群众精神文化生活，提高群众整体素质和文明程度。（称多县图书馆　江才卓玛）

【化隆县图书馆举办农家书屋培训班并送书下乡】 5—7月，为充分发挥化隆县“农家书屋”在促进农村经济社会发展中的作用，提高书屋管理人员的业务素质，县图书馆在全县17个乡镇为362家“农家书屋”的图书管理员举办培训班。培训班在每个乡镇逐一进行培训，邀请青海师范大学图书馆的教授进行授课，内容包括“农家书屋”工程建设的重要性、“农家书屋”管理工作和基本服务等。同时，县图书馆为每家书屋送图书近120册、宣传物品100多份，为广大农民朋友送去精神食粮。（化隆县图书馆　杨海莲）

【祁连县图书馆】 2017年，祁连县图书馆图书总藏量为23219册，收集和整理上架地方文献1203册，年度新购置盲文图书497册；全年办理借书证960个，读者流通44500人次，图书流动45200册次。在公共场所设立便民图书阅览点32个。全年举办读者座谈会3次，参加读者110余人，通过倾听读者心声，深入了解读者需求，进一步建立图书馆与读者之间良性互动、和谐融洽的关系，更好地为读者学习成才提供优质服务。全年开展送图书下乡活动16场次。3月1—12日，县图书馆组织县锅庄舞协会和广场舞健身协会在6个乡镇、40个行政村开展“百日攻坚”文化惠民送文化送图书送戏下乡活动，共演出40场，宣传展示各类图书、期刊等18000册，服务群众12000余人次。（祁连县图书馆　曹静）

宁夏回族自治区

【概况】 截至2017年底，宁夏回族自治区共有公共图书馆25个，中文图书总藏量为639.2万册。全年总流通452.1万人次，书刊文献外借357.2万册次；举办各类读者阅读推广活动588场，近23.5万人次参加；举办展览160场，观众近10万余人次；举办讲座148场，近2万人次参加；举办培训181次，近8000余人次参加。

基础设施不断完善，服务能力进一步提升。宁夏图书馆少儿馆正式开馆，面积约1500平方米，配备3万余册新绘本、近8万册电子新书以及2000余册电子连环画。吴忠市图书馆在秦韵社区设置全区首家24小时自助借阅室。固原市原州区图书馆兴建新馆舍并筹建原州区数字化图书馆。灵武市图书馆新馆建成，项目总投资近3000万元，建筑面积5063.8平方米。青铜峡市图书馆投资7万元对馆内的网络、电子设施进行维护，开展“手机图书馆”推广活动，通过电话、QQ、微信平台等数字化手段为读者提供借、阅、询一体化服务。

大力开展阅读推广工作，持续打造品牌活动。宁夏各级公共图书馆以每年的世界读书日、图书馆服务宣传周等作为依托，开展丰富多彩的主题阅读推广活动，打造读者耳熟能详的图书馆品牌活动。2017年，宁夏图书馆举办了形式更加多样、内容更加丰富的阅读推广活动，包括“纪念毛泽东诞辰123周年作品展”“中外名人与图书馆”等主题展览；“塞上讲坛”“朔方人文科学大讲堂——带你看电影”等讲座；“为爱朗读”、“同筑中国梦　共度书香年”春节系列活动、“4·23”世界读书日系列读者活动、“童阅汇”青少年阅读推广计划等活动；利用网络平台开展网上“对春联”“猜灯谜”“有奖竞答”“推送资源展播”等，满足不同读者的精神文化需求，并打造多个活动品牌。银川市图书馆开展“书香银川·银川书香”全民阅读活动暨“银川读书日”系列活动，包括“书香银川·百姓讲堂”讲座、图书交换与捐赠、“你买书·我买单”、精品图书优惠展销、数字图书馆知识宣传等；读书月暨“4·23”世界读书日系列活动，包括“市民换书大集”、助残公益活动、朗读分享会等，得到市民的一致好评，品牌效应极大凸显。吴忠市图书馆在“全民阅读·书香吴忠”暨“4·23”世界读书日启动仪式等品牌活动下，举办多项阅读推广活动，包括首届“吴忠市聚焦阅读”摄影大赛、吴忠市首届中小学生硬笔书法大赛、“国风家训·诗韵端午”经典诗篇诵读展演活动等。石嘴山市图书馆举办“书香进基层，服务零距离”“知识不打烊，阅读零门槛”“星海湖文化大讲堂”“星海湖诗词诵读会”“星海湖公益城市主题书屋”等阅读推广活动。中卫市图书馆以“全民阅读·悦读中卫”为主题开展的“4·23”世界读书日系列活动，包括“作家著作馆文化长廊”、“书香中卫”大讲堂、“书香中卫·朗读有你”等品牌活动。贺兰县图书馆打造“书香贺兰”活动品牌，开展“你购书　我买单”、第一届“乡村读书节”、公共数字文化服务宣传推广、社区读书会等。银川市金凤区图书馆的品牌活动“小鬼当家”系列之全民阅读进商圈、第二届“你推荐·我买单”荐书、“最炫民族风·最爱中国字”金凤区少儿汉字听写会等活动也具有极大的社会影响力。

总分馆制深入推进，延伸服务配套进行。宁夏图书馆继续打造社区服务阵地，新建宁夏旅游投资集团、民盟宁夏委员会等4个一卡通服务网点；与区总工会合作改建、新建青铜峡铝业宁东分公司等10个服务网点，开通区政协分馆；加大对51个社区图书室文献的调配频率，全年共配送图书3.53万册；各社区服务网点全年接待读者20多万人次，文献流通22多万册次。完善以银川市图书馆为总馆，兴庆区、金凤区、西夏区图书馆为分馆，22个街道中心图书馆为服务点的银川市公共图书馆总分馆服务体系，银川市图书馆在三区两县一市建立的“百家图书流通服务点”达到118个，定期为各图书流通点免费配送图书；在全市公共场所建立20个“城市阅读岛”，配送书、报、刊资源和数字阅读设备，拓展城市阅读空间。石嘴山市图书馆正式启动与大武口区图书馆的总分馆建设工作，逐步实现“一卡通”的借还模式；在大武口区汽车站和市第二人民医院建设2个城市公益主题书屋并正式对外开放。中卫市图书馆在沙坡头区中山社区、黄河花园、长安社区设立分馆，与宁夏大学中卫校区、中卫市职业技术学校授牌签约成立中卫市图书馆宁夏大学中卫校区分馆、中卫市图书馆职业技术学校分馆。吴忠市图书馆利用流动图书车对现有41个流动服务点定时定点开展服务活动，全年配送图书2万余册。贺兰县图书馆开展图书“四送六进”及文化“惠农资源”下乡活动20次，为全县10个社区图书流动点配送期刊1540册、报纸11220份，为欣荣村等分馆配送图书13970册、期刊1500册。石嘴山市大武口区图书馆分别在6个社区建成分馆，初步实现通借通还的图书馆总分馆建设模式。石嘴山市惠农区图书馆分别在万德隆商业广场和红果子镇新建分馆，实现通借通还。吴忠市红寺堡区图书馆建立以该馆为总馆，柳泉乡、玉池村、红寺堡镇、香园村为分馆的红寺堡区公共图书馆总分馆服务体系，建立红寺堡回民中学“图书馆+学校”课外阅读教学基地，全年为各个图书室及流动服务点配书1.5万余册。

加强特殊群体服务，保障平等阅读权利，切实为未成年人（包括留守儿童）、老年人、残疾人及外来务工人员提供丰富多彩的活动。宁夏图书馆为留守儿童学校赠送体育用品、学习用具、图书期刊等；与希望小学等联合举办“相伴共读，书香润德，读书月手拉手爱心传递”等活动；向宁夏残联、西夏区文昌路街道宁朔北社区残障人士等赠送期刊1600余册；设立“指尖课堂”，为中老年以及其他有这方面需求的读者介绍智能手机及平板电脑的软件应用；常态化为进城务工人员提供购票和农闲时节送书上门服务等。银川市图书馆在加大组织与宣传“共享阳光·爱心助盲”志愿服务活动力度的基础上，进一步丰富视障读者服务活动，开展“共享阳光与爱同行”志愿者助盲服务培训、“共享阳光与你同行”——“书香”之旅助残公益活动等；开展的少儿活动有银川市第二届青少年创客大赛、品牌文化活动“共享读书乐”送书到校园等，协办2017年全国青少年创意写作大赛并获得“最佳组织团队”；坚持开展“送书下乡”活动，以宁夏2017年全民阅读活动启动仪式暨首届塞上乡村读书节开幕式、“银川市文化惠民四送六进”暨“美丽乡村　文化大集”送戏下乡启动仪式等活动为依托，开展特色馆藏图书展示、数字化阅读推广，现场办证及赠发书刊，免费发放农民朋友关注的种植、养殖及文学、少儿、教育类书刊2000册。石嘴山市图书馆打造“牵手残疾人，走进图书馆”“大手拉小手，爱要大声说出来”“爱在重阳，又见重阳”等特殊群体阅读推广品牌活动。吴忠市图书馆举办“我颂我读”“小小修补师”等少儿、亲子阅读推广及优秀电影放映等活动；为残疾人举办“关注特殊人群·共享阅读快乐”等活动。贺兰县图书馆免费举办老年人书画作品展览并开设中老年人计算机免费培训学习班；每逢节假日，送书、送电影到工地，在乡镇设立图书文化站，为进城务工人员送服务到身边。

提供专业的参考咨询、地方文献服务以及“两会”服务。宁夏图书馆全年在线咨询回复41083人次，上传附件41083件，读者好评率100%；接待专项咨询课题374项，提供参考文献3055册（份）；积极服务“两会”，编辑印刷500份《资政参考》送至每位代表委员手中，现场放置两台电子书借阅机供代表、委员实时在线或下载阅读电子资源；每月编辑、印刷两期《读讯》，向自治区党政领导推荐新书好书，发挥图书馆的智库作用。银川市图书馆在“两会”召开期间，通过现场设置的歌德电子书借阅机为“两会”代表、委员提供电子书下载服务，同时提供图书期刊借阅、图书交换、办理读者证等服务。

文化共享工程建设及数字图书馆推广工程工作亮点突出。截至2017年底，宁夏已建设文化共享工程1个省级分中心、4个市级支中心、20个县级支中心、192个乡镇及2266个基层服务点。在资源建设方面，征集和自建地方特色视频资源约600集，完成地方特色数据库建设5个，均已通过文化部全国公共文化发展中心验收，并向读者和基层群众提供服务；申报立项2018年地方特色资源建设项目3个。在平台建设方面，积极参与中西部贫困地区公共数字文化服务提档升级和公共文化服务云平台建设，“宁夏图书馆公共文化服务云平台”建设项目整体验收。在服务方面，争取文化部全国公共文化发展中心支持，通过开展中西部贫困地区公共数字文化提档升级项目，对宁夏9个贫困县（区）的27个乡镇文化站和53个村综合文化服务中心服务终端进行升级，满足基层公共文化需求；开展文化共享工程和公共电子阅览室人员培训与服务推广，邀请国家图书馆和公共文化发展中心及业界专家在银川市、同心县举办培训班3期，共培训学员215人；组织全区市县支中心参加公共文化发展中心组织的“童声演绎、传承文化”——心声音频馆“读给你听”系列音频网络征集和第二届“小画笔，画世界”全国少年儿童图文创作网络征集活动。完成中宁县、盐池县等4个基层图书馆数字图书推广工程互联互通建设项目；完成地方图书数字化（1万页）、图书馆公开课资源建设（100节）、图书馆自建资源元数据仓储（2000条）、唯一标识符注册与维护（2000

条）4 个项目的数字资源联合建设。完成 2016 年度公共数字文化工程考核，文化部第七考核组对宁夏图书馆在公共数字文化建设及服务推广方面所做工作给予充分肯定。

古籍保护工作稳中有进。在古籍普查登记方面，审核完成全区 20 家市县图书馆、文博单位及高校图书馆的古籍普查登记与数据审校工作。在古籍保护宣传方面，通过宁夏图书馆网站与微博，不定期推送国家古籍保护中心有关古籍保护的方针政策与古籍保护的相关知识、自治区古籍保护工作开展的动态等内容。在民国文献保护方面，承办由国家图书馆、中国图书馆学会、自治区文化厅联合主办的“民国时期文献保护计划”宣传推广活动——宁夏站系列活动，组织全区各市县（区）公共图书馆、文博单位、高校图书馆管理人员及业务骨干参加其中的民国时期文献保护工作研修班培训；同期举办民国时期文献展暨庆祝中国共产党成立 96 周年展览，做好兄弟馆的参观协调和珍贵文献的讲解，加强馆际合作。

加大区内业务培训力度，解决各馆培训经费紧缺问题。举办面向全区公共图书馆馆长及业务骨干的全国图书馆决策咨询服务业务培训班、“春雨工程·网络书香”阅读推广活动暨宁夏公共数字文化建设培训班、数字图书馆推广工程馆长（西部地区）培训班、宁夏回族自治区视障文化服务与阅读推广培训班等重要培训 8 场次，现场培训 700 余人次，通过国家数字文化网数字学习港网络培训 5000 余人次。

按时保质保量完成全区县级以上公共图书馆第六次评估定级工作。宁夏图书馆作为省馆积极响应，第一时间成立评估定级工作领导小组，根据文化部和文化厅下发的评估定级相关文件精神，本着“以评促建、以评促管、以评促用”的原则，动员全馆员工开展评估定级的各项准备工作；成立以馆长任组长的评估定级工作领导小组，下设 7 个工作小组，层层落实责任，营造全馆上下人人关心评估、人人为评估努力的良好氛围；制定、印发《宁夏回族自治区图书馆关于组织开展第六次全区县级以上公共图书馆评估定级工作的实施方案》，同时将该方案下发至全区各市县（区）公共图书馆，要求各市县（区）馆据此制订本馆的评估定级实施方案；派员参加在广西南宁、辽宁沈阳、河北石家庄举办的培训班，准确掌握评估指标的具体要求。经自治区文化厅批准，举办面向全区各市县（区）文化局长、馆长和业务骨干参加的第六次评估定级培训班，邀请文化部第六次全国县级以上公共图书馆评估定级宣讲工作专家委员会周德明、谢林、张文亮、胡凤彬 4 位专家，现场解读指标，为全区各级公共图书馆做好评估定级工作奠定坚实基础。根据文化厅部署，组成宁夏回族自治区评估定级工作专家组，对全区 24 个公共图书馆开展客观公正的评估工作，并现场对遇到的问题进行指导和讲解，保证全区公共图书馆评估定级工作在规定时间内保质保量完成。（宁夏图书馆学会　吕晓佩）

【宁夏 2017 年全民阅读活动暨首届塞上乡村读书节启动】 4 月 23 日，以“重塑耕读传家，传承乡风良俗”为主题的宁夏 2017 年全民阅读活动暨首届塞上乡村读书节在银川市金凤区和顺新村启动。自治区、国家新闻出版广电总局数字出版司以及银川市、金凤区有关领导出席启动仪式。各市、县（区）文化新闻出版广电部门主要负责人、良田镇农民、部分教师、学生代表等近千人参加此次活动。启动仪式上，与会领导向和顺新村、良田镇光彩回民小学捐赠图书和歌德电子书借阅机。银川市组织村民和中小学生开展经典诵读与演讲表演赛。首届塞上乡村读书节为期 3 个月，开展全城捐书、“乡村讲堂”、“送书下乡·图书赶集”、全城微阅读大赛、首届塞上农民手机摄影大赛、农民工阅读现状调研、“阅读之星”评比等品牌活动，目的是将阅读从农村抓起、从基层做起，吸引更多的人投身全民阅读，激励社会各界参与书香农村建设。（宁夏图书馆学会）

【宁夏图书馆举办“童阅汇”青少年阅读推广计划开幕式暨首期活动】 2 月 18 日，“童阅汇”青少年阅读推广计划首期活动在宁夏图书馆报告厅拉开帷幕。本次活动由宁夏图书馆、宁夏广播电视台少儿频道等共同主办，银川市 260 余名小学、幼儿园的老师、学生及其家长参加。“童阅汇”青少年阅读推广计划是宁夏图书馆充分发挥图书馆阅读推广主阵地作用，从 2017 年起，每月第三个星期六在本馆开展古文化知识接龙、故事会、诗歌朗诵比赛、青少年讲座、户外知识库、绘本阅读、科学小课堂等各种有利于少年儿童成长的文化活动。第一期活动主要通过故事讲解、诗歌朗诵及有节奏的互动等，激发青少年的阅读兴趣，对他们今后的学习生活产生积极的影响。此项活动全年共举办12场，参加读者3000人次。（宁夏图书馆学会）

【宁夏图书馆举办世界读书日大型公益活动】 4月23日，“书香宁夏·为爱朗读”暨“助力脱贫攻坚·关爱留守儿童”大型公益活动启动仪式在宁夏图书馆南门外广场举行，3000余人参加活动。本次活动由自治区党委宣传部、自治区直属机关工作委员会、宁夏图书馆等单位联合主办，宁夏广播电视台交通广播等单位承办。在启动仪式开始前，由区直机关领导干部、宁夏大学国际交流学院留学生及热心市民参加的公益徒步行活动率先进行。启动仪式上，自治区文化厅副厅长刘浩、宁夏交通广播总监周新文分别致辞，共同呼吁大家在繁忙的生活之余，放下手机，给自己留些时间阅读，丰富精神世界。宁夏书画院院长、著名书画家周一新为活动题词，并向宁夏图书馆捐赠自己的部分藏书，韩彬馆长代表宁夏图书馆接受捐赠。网易直播同步报道此次活动，点击量97万次。（宁夏图书馆学会）

【宁夏图书馆举办“书香宁夏　为爱朗读”声音课堂首期活动】 5月27日，“书香宁夏　为爱朗读”声音课堂第一期活动在宁夏图书馆西部美术馆举办，100余名读者参加。本期活动邀请宁夏广播电视台播音指导、中国播音主持金话筒奖获得者姚军和宁夏广播电视台播音部主任、著名主持人张静涛朗诵林清玄的散文《雪的面目》、铁凝的文章《草戒指》，随后来自社会各界的朗读爱好者分别朗读《贺兰山》《我的暖一寸长》等作品，两位老师对每一位朗读者进行专业、详细的点评与指导，通过朗读让现场观众感受到文学作品的价值和意义。该活动每月第四个星期六在宁夏图书馆举办，以此项活动为平台挖掘出更多优秀的朗读爱好者，签约成为宁夏交通广播“为爱朗读”艺术团成员，不定期将优秀的朗诵篇目以微信链接推送、光盘录制、数字图书馆网络传送等方式送入社会福利院、特殊教育学校、敬老院、乡镇文化站以及每一位热爱阅读、热爱朗诵的大众身边，让广大读者从阅读的氛围中受益，充分发挥宁夏图书馆阅读推广主阵地作用。（宁夏图书馆学会）

【宁夏图书馆理事会成立】 6月6日上午，宁夏图书馆理事会成立大会在图书馆一楼报告厅举行，选举产生宁夏图书馆理事会理事13人、监事会人员5人。理事会组成人员分别是主管单位1人、业界专家1人、读者代表2人，社会代表3人以及本馆管理层和职工代表6人。经理事会选举产生理事长、副理事长、理事会工作部部长、党支部书记等。会议还选举产生宁夏图书馆监事会。宁夏图书馆组建理事会是2017年自治区深化文化体制改革重点任务之一，也是自治区加快构建公共文化服务体系和提升公共文化服务效能的重要内容和有力抓手，为全区公益性文化事业单位改革提供了很好的借鉴和示范。（宁夏图书馆学会）

【宁夏图书馆少儿馆开馆】 7月29日，宁夏图书馆少儿馆正式开馆并迎来首批小读者。少儿馆是在宁夏图书馆少儿借阅区基础上新扩建而成的，位于宁夏图书馆一二层，面积约1500平方米，为小读者准备了3万余册新绘本、近8万册电子新书以及2000余册电子连环画。新扩建的少儿馆不仅环境优美，充满童趣，还通过合理的图书分类方式为小读者提供更舒适、更安全、更具美感的阅读环境。其中新增玩具阅览区、儿童拼图及益智游戏区、亲子阅览区等。除此，还设立小型剧场，可以举办不同主题的讲座。在少儿馆二层设立专门的电子阅览区，配备8万册电子新书和8台高配置电脑、100兆宽带以及安全的网络保障。（宁夏图书馆学会）

【文化共享工程宁夏分中心举办第一届公共数字文化推广活动】 8月12—17日，文化共享工程宁夏分中心分别在宁夏图书馆、银川市阅海万家社区文化中心、吴忠市利宁社区、青铜峡市裕民街道综合文化中心开展4场公共文化宣传推广活动，并建立3个基层应用推广点。本次活动对宣传文化共享工程国家中心、宁夏分中心的公共数字文化资源和特色应用起到推动作用。线上全平台媒体对本次活动报道约150篇次，浏览报道约500万人次，线下累计参与活动1200人次。（宁夏图书馆学会）

【银川市图书馆建设“城市阅读岛”】 “城市阅读岛”是银川市文化新闻出版广电局于2017

年重点实施的阅读推广项目。采取银川市图书馆配送书、报、刊资源，读者免费阅览的方式，每个“城市阅读岛”配备20余种期刊、10种报纸和300—600册图书，还专门配备电子图书下载机，扩大“岛”内图书容量，市民可以利用手机无线下载，随时阅读。7月28日，首批10个“城市阅读岛”正式面向读者开放。当天，在银川市文化新闻出版广电局相关负责人和银川市图书馆工作人员的带领下，20多名来自各行各业的市民代表和媒体记者组成“开岛观光团”，先后参观了其中的6个“岛”，一起感受城市“书式”生活的便利与变化。至年底已在全市公共场所建立“城市阅读岛”20个。该项目获得2017年度“书香银川·银川书香”全民阅读活动示范项目一等奖。（宁夏图书馆学会）

【贺兰县图书馆启动总分馆建设】 4月，贺兰县图书馆总分馆首批开工项目欣荣村分馆建设启动，改造建设经费30万元，改造面积208平方米，招标采购总分馆数字图书馆平台升级及自助借还设备74万元。该分馆采取文化馆、图书馆共建共享、分时服务模式，配置图书4500册、自助借还设备2套、公共数字文化一体机1台、超星数字图书借阅机1台、音响1套，开通20MB无线Wi-Fi，内设阅览座席42个、休闲座椅16个，可实现与总馆平台统一、借还统一、服务统一的要求。自6月15日试运行以来，先后开展“四点半课堂”、“关爱农村留守儿童、共创祖国美好未来”爱心志愿服务、“喜庆十九大　童心展风采”凤凰陶艺体验、特色手工艺品制作竞技、文广局送戏下乡以及体验公共数字文化“云码”有礼等活动，深受村民好评。11月3日，贺兰县图书馆欣荣村分馆举行正式开馆仪式。该分馆建设模式得到自治区政府领导的高度评价，成为文化精准扶贫的典型和亮点。（宁夏图书馆学会）

【吴忠市图书馆举办“三区”公共图书馆专业技术人员和图书管理员培训班】 12月13—15日，吴忠市图书馆举办红寺堡区、盐池县、同心县公共图书馆专业技术人员和图书管理员培训班，80余人参加培训。培训班邀请宁夏社科院图书资料中心主任李习文、宁夏图书馆网络技术部主任孙戈、宁夏图书馆共享工程部主任张明乾、深圳文华数字图书馆信息咨询有限公司经理王珩及吴忠市图书馆马晓明分别就“公共数字文化建设与服务”“数字图书馆网络信息安全”“宁夏地方文献建设”“县级图书馆总分馆制建设”及“图书馆馆藏发展”等内容做专题培训讲座。（宁夏图书馆学会）

新疆维吾尔自治区

【概况】 截至2017年底，新疆维吾尔自治区共有各级公共图书馆107个。入藏新疆少数民族文字文献图书总量为1036.8万册，其中图书类维吾尔文117.5万册，哈萨克文30.6万册，蒙古文5.7万册，其他文种20.2万册。图书馆从业人员共有975人，其中高级职称96人、中级职称338人、初级职称260人。全年举办各类读者活动1297场，参加15.03万人次；举办展览363场，观众55.46万人次；举办讲座761场，参加5.94万人次；举办培训845次，参加3.27万人次。

读者服务的广度和深度不断加大。结合每年的全民阅读活动、世界读书日、图书馆服务宣传周活动，各馆因地制宜，开展丰富多彩的主题活动，吸引越来越多的读者走进图书馆、利用图书馆。自治区图书馆在新疆大学举办“悦读，在路上”——2017年“书香新疆·全民阅读”启动仪式及新疆古籍保护与修复展，启动“爱护书籍　传承文明——书籍装帧艺术”手工坊，开展“文学是做梦的艺术”“《论语》解读”“我爱阅读·我要成长”主题讲座，“你选书，我买单”读者荐购，“民族团结一家亲”诗文朗诵会，第十二届文津图书奖展览等活动，充分发挥图书馆的公益性职能，向市民宣传世界读书日的有关知识，宣扬多读书、读好书。在自治区图书馆的带动与引领下，各地州图书馆全民阅读活动同样开展得如火如荼。如乌鲁木齐市图书馆开展每年一度的“天山读书月”系列文化活动，参加2017年自治区全民终身学习活动周展览；昌吉州图书馆举办“书香昌吉‘民族团结一家亲’——悦读，在路上”主题系列活动；阿勒泰地区图书馆举办“阅读伴我成长”、文化“六进”图书进社区赠书活动；伊犁州图书馆开展“民族团结一家亲”读书演讲活动；和田地区图书馆举办“悦读，在路上——书香和田”诗文朗诵会活动；阿克苏地区图书馆开展“悦读，在路上”全民读书月系列活动；博州图书馆开展“你选书，我买单”大型荐书活动；库尔勒市图书馆启动2017年世界读书日“全民阅读·爱心接力——让图书流动起来”捐书赠书活动；奎屯市图书馆举办“大手拉小手，书香润童年”亲子阅读推广活动；麦盖提县图书馆开展“4·23世界读书日送党报党刊”活动；吉木萨尔县图书馆开展“扫海量书，抽幸运大奖”活动等，在全社会形成“爱读书、读好书、善读书”的良好氛围和文明风尚，受到各族民众的好评。

开展文化下基层活动，发挥图书馆的整体效益，惠及更多群众。2017年，各馆通过送书下乡、进社区、进学校、进军营等活动，把图书馆的服务送到广大读者身边，增强人们的读书意识和图书馆意识，营造良好的大众阅读氛围。伊犁州图书馆开展的文化惠民“送书、送数字资源、送讲座”进基层活动；巴州图书馆与库尔勒教育矫治局开展“图书文化进场所”文化活动；奎屯市图书馆举办“书香暖冬·科技知识基层行”活动；鄯善县图书馆进乡镇开展图书流动服务；福海县图书馆走进校园举办书签设计大赛等，极大地丰富了各族人民的精神文化生活。

为进一步使馆藏文献资源利用最大化，各馆还在基层设立分馆或图书流动站作为读者服务的延伸。自治区图书馆在原有分馆的基础上，在和平都会等地新设分馆。各地州图书馆也纷纷建立基层图书流通点，实现馆藏信息资源的共享。如昌吉州图书馆在驻昌部队建立分馆；哈密地区图书馆在边防支队直属机动队建立分馆；喀什市图书馆成立企业分馆；库尔勒市图书馆在新苑社区建立馆外服务点等，让各族群众都能享受到各种文化资源。

关注未成年人，关注弱势群体，图书馆充分发挥其教育引导功能，保障公民的阅读权利。自治区图书馆在乌鲁木齐儿童福利院举办“送温暖·献爱心”活动，给孩子们送去喜爱的图书；阿克苏地区图书馆开展“我读书，我快乐，我读书，我美丽”亲子阅读活动；和静县东归图书馆举办“六一”促团结少儿书画、手工技艺大赛等，让弱势群体充分感受到社会的关怀与温暖。

全力推进新疆第六次全国县级以上公共图书馆评估定级工作。7月14日—8月11日，经自治区文化厅周密安排、详细部署、积极落实，各地（州、市）文体局、图书馆的全力配合，评估定级专家组本着实事求是、客观公正、认真仔细的原则，历时29天，完成全疆14个地（州、市）级图书馆的网上初评、实地核查、网上复评和实地反馈，并对36个县级图书馆评估工作进行抽查，最终顺利完成评估工作，整体参评率100%。通过实地评估，切实发现基层图书馆工作的特点、亮点，特别是对口援疆工作以来的可喜变化，同时也深入了解到基层图书馆发展的难点，为今后全疆公共图书馆事业发展开拓了崭新思路。此外，为更好地总结此次评估工作经验，由自治区文化厅主办，自治区图书馆、自治区图书馆学会承办的2017年新疆地区第六次县级以上公共图书馆评估定级工作总结会于12月7日在乌鲁木齐召开，来自全疆各地文广新局主管文化的领导及各级公共图书馆馆长、业务骨干等73人参加会议。与会代表在总结评估工作的同时，依据《“十三五”时期全国公共图书馆事业发展规划》，谋划和思考2018年图书馆事业发展的基本思路以及“十三五”规划落实工作。（新疆维吾尔自治区图书馆学会　赵燕）

【“悦读，在路上”——2017年“书香新疆·全民阅读”启动】 4月23日，由新疆维吾尔自治区文化厅、新疆大学主办，自治区图书馆、自治区图书馆学会、新疆大学图书馆承办的“悦读，在路上”——2017年“书香新疆·全民阅读”在新疆大学启动。新疆大学学生代表祖力皮卡尔宣读“书香新疆·全民阅读”倡议书，由此拉开2017年全民阅读活动序幕，带动全疆公共图书馆开启“悦读之旅”。活动现场，开展移动图书馆、数字资源阅读推广、“保护古籍，传承文明”主题展览以及由新疆古籍保护中心举办的“古籍装帧艺术手工坊”作品展等系列活动；同步揭晓国家图书馆评出的第十二届文津图书奖，并在自治区人大常委会机关分馆举办相关展览，共展出展板34块，展示获奖图书以及历届获奖图书回顾等，吸引百余人前来观展，深受读者欢迎。（新疆维吾尔自治区图书馆学会　赵燕）

【“2017年春雨工程——新疆维吾尔自治区、新疆生产建设兵团部分基层骨干培训班”举办】 10月9—13日，培训班在成都全国文化干部培训基地、全国文化信息资源共享工程培训基地四川艺术职业学院举办，来自新疆维吾尔自治区及新疆生产建设兵团的图书馆、文化馆基层骨干60余人参加培训。此次培训是继中央新疆工作座谈会后，文化部全国公共文化发展中心为进一步加强新疆地区公共文化建设、提升新疆基层文化骨干业务素质而举办的第六次援疆培训，文化部全国公共文化发展中心充分调研新疆公共数字文化建设基层文化骨干工作需求，精心安排课程内容，创新培训形式，增加视频直播和线上互动等新颖授课模式，以保证学习效果。此外，还邀请相关知名专家分别就文化共享工程资源建设、公共文化服务云、文化志愿服务与品牌建设、文化志愿服务项目的组织与策划等内容授课，并专题学习李国新教授关于《公共文化服务保障法》解读讲座的视频。（新疆维吾尔自治区图书馆学会　赵燕）

【2017年新疆文化信息资源共享工程技术骨干培训班举办】 11月16—18日，由新疆维吾尔自治区文化厅主办、自治区文化信息资源共享工程管理中心承办的此次培训班在乌鲁木齐举办。自治区文化厅厅长玉素甫江·麦麦提出席开班仪式并致辞。来自全疆14个地（州、市）级支中心、94个县（市、区）级支中心的200余名学员参加培训。此次培训的课程内容与培训模式相较以往有很大改变。课程内容方面，除设置政策解读、图书馆理论发展与转型、共享工程数字资源服务产品及应用推广、新疆公共数字文化建设与服务等课程外，更加注重意识形态领域工作安全；培训模式方面，新增二维码扫描进行满意度调查，有效收集培训真实反馈。（新疆维吾尔自治区图书馆学会　赵燕）

【新疆维吾尔自治区图书馆】 2017年，自治区图书馆二期改扩建工程期间，各分馆共接待读者62514人次，年文献借阅量55899册次，网站访问量22729次，数字资源访问量258914次。大力推进阅读推广、专题讲座、展览等服务活动，举办讲座、展览、读者活动28场次，参与读者达万余人次。文献资源建设方面，采购图书14386种39535册，订购现报451种、现刊2321种，呈缴、捐赠图书956种1545册，征集地方文献623种1697册，新增数字资源1546小时。

创新活动方式，打造品牌服务。围绕“4·23”世界读书日，开展“你选书，我买单”图书荐购、“书香新疆·全民阅读”展览等阅读推广活动；创新“昆仑讲坛”讲座模式，提高讲座服务水平，举办各类主题讲座9场；开展“尚书品读”之“寻书记”“端午话诗情”“探秘童心”“根植于时代和大地的文学”等系列活动；组织策划“书香佳苑”之“我爱图书馆”读者培训、庆“诺茹孜节”诗歌、舞蹈表演等系列活动；面向特殊群体，开展“春暖花开·书香心间——为弱势群体免费送书上门”，针对老年读者开展“时光之旅——手把手教您制作电子相册”培训，针对青少年读者开展“我爱阅读·我要成长”主题活动、“童声诵古韵，经典有新声”少儿诗词在线诵读、“童声演绎、传承文化”系列音频及第二届“大众美育馆——小画笔，画世界”少年儿童图文创作网络征集活动，进军营开展“致敬最可爱的人”——庆祝中国人民解放军建军九十周年活动等。努力营造民族团结、书香新疆的文化氛围，让优秀书籍成为联结各族人民心与心和情感沟通的纽带，让全民阅读传递建设和谐新疆的正能量。

开展自治区“两会”信息服务，为“两会”编纂《决策与参考——2017年自治区“两会”专题资料汇编》《自治区文化工作会议专题资料汇编》，提供移动图书馆客户端、微信公众号“电子期刊”阅读专区、电子阅报机等数字化服务，赢得代表委员的赞誉；为党政军、教育和企事业单位提供专题信息检索服务，累计检索文章800余篇、图书100余册；编辑出版《东部看新疆》《咨询研究参考》《境外新疆资讯》等专题文献48期。

开展地方文献资源保护与开发。首次与全国图书馆文献缩微复制中心合作，完成缩微拍照设备的接收、安装、调试工作。开展新疆地方报纸的缩微拍摄工作，按计划完成2007年《兵团日报》的拍摄任务，共750拍。

中华古籍保护计划深入开展。继续推进全疆古籍普查登记工作，全年完成汉文古籍普查704部16800册，少数民族文字古籍普查4056部4073册；开展第六批《国家珍贵古籍名录》申报工作，共收到全疆11家古籍收藏单位100部古籍的申报，已完成初审；联合中国古籍保护协会开展“中华古籍普查文化志愿服务·新疆行”活动，遴选来自2所高校的6名志愿者，完成3

个地州7家古籍收藏单位的少数民族文字古籍普查工作，共普查古籍2863部5221册，同时开展古籍保护调研、业务辅导等工作，有力推动全疆古籍普查工作的进程；古籍修复工作有序开展，完善古籍修复档案管理制度，购置古籍修复设施设备，修复古籍572叶；加强古籍保护宣传与推广，开展“书籍装帧艺术”手工坊及作品展示活动、“保护古籍　传承文明”大众签字活动、古籍修复宣传展览等，社会反响强烈。

文化共享工程、数字图书馆推广工程建设工作成效显著。2012—2013年度6个地方特色资源库顺利通过国家中心验收，同时积极推进2014—2017年度10个地方特色资源库建设项目进度；完成2012—2014年度少数民族语言译制项目建设任务，共3220小时，积极推进2015—2017年度4140小时少数民族语言译制项目工作进度；完成2018年公共数字文化资源建设项目申报工作；完成公共文化数字支撑平台建设项目硬件设备和软件系统的安装部署以及特色应用系统的开发研制；推进2014—2018年度数字图书馆资源联建项目的实施进度；发挥自身技术优势，承担国家图书馆中国记忆项目“图书馆界重要人物口述”之新疆农业大学图书馆副馆长袁正祥的访谈记录拍摄工作；启动全区基层图书馆互联互通建设项目，完成与5个县级基层图书馆10MB高速专线和移动服务网络建设工作。文化部公共数字文化工程建设第八考核组于4月对新疆地区2016年度公共数字文化工程建设进行实地考核，在实地察看、查阅资料、听取汇报的基础上，考核组对工程建设工作给予充分肯定，同时提出意见与要求。

自治区图书馆近年来高度重视科研工作，2016年申报的“新疆国家农村信息化示范省建设工程”分课题“多语种民族特色文化信息资源处理及共享服务平台”项目，以及与中国科学院新疆分院文献信息中心联合申请的“中亚科技文献信息资源集成共享平台”建设项目，正在有序进行中。

落实《中央新疆工作协调小组关于新疆若干历史问题研究座谈会议纪要》精神，积极开展馆藏文献、信息资源及自治区图书馆门户网站等的排查工作；同时指导全疆图书馆对馆藏书刊及本馆下设网站、微信公众号信息发布内容进行全面排查，强化责任意识、阵地意识，确保全区意识形态领域安全的需要。

有序开展“十三五”事业发展规划编制工作。建立主要部门牵头、相关部门参与的工作机制，与南开大学合作，积极推进规划预研及文本编制工作。围绕事业发展环境及目标，从新馆建设、资源保障、服务效能、科学管理等方面进行专题研究，进一步明确发展思路，确定发展重点，策划发展项目，规划发展路径，形成《新疆维吾尔自治区图书馆“十三五”发展规划》草案第六稿，采取多种形式面向馆内外广泛征求意见。（新疆维吾尔自治区图书馆学会　赵燕）

【新疆维吾尔自治区图书馆带动全疆公共图书馆开展“两会”服务】 1月10日，自治区图书馆连续第八年进驻自治区“两会”现场，为“两会”提供决策参考、信息咨询等服务。八年来，驻地现场服务内容从基础借阅办证服务延伸至数字资源推荐，服务形式从图书期刊借阅扩展至掌上阅读，专题文献从媒体报道的简单汇集至专家学者的深度剖析，服务成效得到极大提升。今年重点加强信息专题时效性、针对性以及现场服务主动性，编辑的《2017年自治区“两会”专题资料汇编》紧紧围绕社会稳定和长治久安总目标，精选十大热门主题供代表和委员参考，并首次将此资料汇编至移动图书馆客户端，方便读者下载阅读，得到与会代表及委员们的肯定与好评。同时，自治区图书馆依托全疆公共图书馆参考咨询联盟，利用馆内丰富的馆藏和多学科背景的人力资源优势，凭借多年“两会”专刊编辑和现场服务经验，主动联络各地（州）图书馆，通过“帮、带、扶”，指导基层馆结合地区特点开展“两会”信息咨询服务工作，特别是“两会”专刊的编撰，从信息检索到内容筛选，从封面设计到内容架构，帮扶基层馆首次推出联合制作的“两会”专刊供与会代表、委员参阅。其中，吐鲁番市高昌区图书馆、阿勒泰市图书馆、巴音郭楞蒙古自治州图书馆等推出的“两会”信息咨询服务均收到良好效果，这不仅是基层图书馆自身业务发展的需要，也是不断推进地区决策科学化民主化进程的有力举措。（新疆维吾尔自治区图书馆学会　赵燕）

【新疆维吾尔自治区图书馆举办数字资源联合建设培训班】 3月9日，为切实做好全区第六次全国县级以上公共图书馆评估定级工作和2016至2017年度数字图书馆推广工程资源联合建设工作，着力提高新疆数字图书馆从业人员综合素质，自治区图书馆在乌鲁木齐市举办新疆维吾尔自治区数字资源联合建设培训班。来自自治区图书馆和全疆14个地（州、市）级图书馆的馆长及业务骨干共计73名学员参加培训。其中，评估工作特邀文化部第六次评估定级专家培训委员会成员胡凤彬详细解读评估定级指标与细则；数字资源联合建设工作特邀在项目建设上有丰富经验的老师做详细讲解。数字资源联合建设工作以“合作共建”和“合理共享”为原则，集全国公共图书馆之力共同建设优秀数字资源。新疆地区各馆通过参与2013至2015年度建设项目，馆藏数字资源得到较大丰富，数字图书馆从业人员专业素养也得到显著提升。（新疆维吾尔自治区图书馆学会　赵燕）

【新疆维吾尔自治区图书馆举办“民族团结一家亲”诗文朗诵会】 4月23日，以“爱国爱疆，民族团结”为主题的“民族团结一家亲”诗文朗诵会在兵团文化中心拉开帷幕。本次活动由自治区图书馆、新疆网、一心悦读文化科技有限公司联合举办，以13首饱含深情的诗文朗诵作品呈现在观众面前。《唐诗二首》《凉州词》共忆古代诗词经典；《雨说》等作品抒发情怀、引起共鸣；《祖国啊，我亲爱的祖国》《致新疆》《柔巴依组诗》等作品歌颂祖国，赞美新疆，表达各民族同胞和睦相处、和衷共济、和谐发展的共同愿望。朗诵会主题鲜明、内容丰富，表演者用富于变化的声音、情绪、动作演绎出作品的不同情境，带领观众从一个故事走向另一个故事，孕育出浓浓的书香氛围和“爱国、爱疆”的感人情怀。现场近1000余名读者观看朗诵会，气氛热烈。（新疆维吾尔自治区图书馆学会　赵燕）

【新疆维吾尔自治区图书馆举办“书香佳苑·尚书品读”系列活动】 “书香佳苑·尚书品读”系列活动是自治区图书馆开展“全民阅读”的重要举措之一。2017年，自治区图书馆联合新疆网、一心悦读文化科技有限公司，分别于5月30日、8月27日、9月23日、11月30日，邀请新疆知名作家李东海、阿依努尔·毛吾力提，新疆著名作家赵光鸣，新疆作家、诗人郁笛，新疆作家李健主讲“端午话诗情”“根植于时代和大地的文学”“高蹈的尘土与低处的火焰”“生活因书香而精彩”，直接对话读者，畅谈自己的创作经历与感悟，分享诗歌、散文的魅力。4次活动共吸引作家协会、文学爱好者及市民近200人次参与。（新疆维吾尔自治区图书馆学会　赵燕）

【为爱行走　传递文化——新疆维吾尔自治区图书馆为基层配送数字资源】 12月22日，自治区图书馆再次带着优秀数字文化资源来到1100多公里外的阿克苏地区阿瓦提县英艾日克乡苏盖提艾日克村，这已是该馆一年来第七次为基层输送资源。自2014年开始，自治区图书馆结合“访惠聚”驻村工作，联合自治区各厅机关单位，从新疆文化共享工程分中心资源库中筛选拷贝各类优秀数字文化资源，以移动硬盘、资源服务宝、光盘等形式配送到基层驻村点。2017年，共行走15400多公里，向基层配送数字文化资源7.5TB，服务群众11.5万人。（新疆维吾尔自治区图书馆学会　赵燕）

【新疆维吾尔自治区图书馆完成“中国图书馆界重要人物专题”新疆区口述史拍摄工作】 自2016年6月自治区图书馆向国家图书馆中国记忆项目中心提交中国记忆项目“中国图书馆界重要人物专题”资源共建项目书获批后，馆领导高度重视此项工作，成立项目领导小组，由馆长亲抓亲管，明晰组内成员各自职责与分工，阶段性审验拍摄成果，督导落实各环节是否到位。拍摄工作自2017年4月5日起，至6月20日结束，历时76天，共入户及户外采访拍摄21次。此项工作得到国家图书馆中国记忆项目中心的高度认可，并将其作为第一批口述史共建单位的典范在“中国图书馆界重要人物专题”资源共建工作培训班上进行展示介绍。（新疆维吾尔自治区图书馆学会　赵燕）

【乌鲁木齐市图书馆】 2017年，乌鲁木齐市图书馆共接待到馆读者52.19万人次，书刊借阅32.24万册次；举办各类文化活动197场次，惠及民众2.51万人次。该馆以第六次全国县级以上公共图书馆评估定级工作为契机，将资源建设纳入图书馆工作重点，根据评估标准，以用户需求为基础，调整、优化图书馆资源结构，规划馆藏建设。为进一步提高资源利用率，推广服务的普及性，在汗腾格里清真寺、杭州路街道办事处百信花苑百信书坊新建2个直属分馆，在第三拘留所建立流通借阅点，并实现与米东区图书馆的通借通还。（乌鲁木齐市图书馆　田愈征）

【乌鲁木齐市图书馆开展“天山读书月”系列活动】 4月23日，由中共乌鲁木齐市委宣传部、乌鲁木齐市文明办、乌鲁木齐市文化局（新闻出版局、版权局）等单位共同主办的2017年乌鲁木齐市“天山读书月”系列活动在市图书馆正式启动。启动仪式上，主办单位向市图书馆分馆、南湖南路片区管委会安居社区、乌鲁木齐市第十九中学等4家单位赠送图书，为10名荣获2016年度乌鲁木齐市“阅读之星”的读者颁发荣誉证书并赠送图书卡、微书房阅读卡。“天山读书月”系列活动从4月开始，持续到11月结束，活动期间举办各类主题阅读活动，其中面向青少年组织开展中国梦和社会主义核心价值观宣传教育，充分利用少年宫、儿童活动中心等开展校外阅读活动，培养青少年阅读习惯。（乌鲁木齐市图书馆　田愈征）

【全国第六次自治区地(市)级公共图书馆评估定级专家组来乌鲁木齐市图书馆检查评估工作】 7月27日，以自治区图书馆馆长历力为组长的自治区地（市）级公共图书馆评估专家组一行6人来馆实地检查评估工作。评估汇报会由乌鲁木齐市图书馆党支部书记吾买尔江·乌斯满主持。在听取综合汇报和查看实地情况后，历力代表专家组对市馆评估定级工作情况进行现场反馈，并对市馆自主研发的服务数据统计发布平台及应用新媒体进行图书馆宣传推介等给予高度评价；同时指出图书馆在硬件设施上还需要进一步争取上级政策和资金的更大支持，更大地发挥自治区首府地市级公共图书馆的公共文化服务职能和辐射带动作用。（乌鲁木齐市图书馆　田愈征）

【乌鲁木齐市图书馆首推新疆大型原创文化访谈类栏目“阅讲人生·新疆人物访谈”】 2017年，乌鲁木齐市图书馆精心策划推出大型原创文化访谈类栏目——“阅讲人生·新疆人物访谈”。该栏目植根于新疆丰富、多元、特色文化沃土，以展示新疆人物风采、宣传推介大美新疆、激发各族群众爱国、爱疆情感为主旨，特邀乌鲁木齐市电视台著名节目主持人羊晏为访谈栏目主持人，现场面对面地与新疆本土文化艺术领域的著名作家、画家、音乐家、舞蹈家及文化名人进行深入对话访谈，倾听他们成长的故事，追寻他们闪光的足迹，讴歌大美新疆，展示文化新疆杰出人物壮美的人生画卷。栏目策划酝酿历时近半年，结合新疆文化发展实际，于10月1日在市图书馆六楼报告厅举办首期活动，特邀中国著名诗人、散文家、西部军旅作家周涛为听众阅讲人生。（乌鲁木齐市图书馆　田愈征）

【乌鲁木齐市图书馆推出学习宣传贯彻十九大精神系列文化活动】 2017年，乌鲁木齐市图书馆推出系列活动宣传贯彻党的十九大精神。一是在馆内举办历时半年的“中国共产党的历程”主题展览，同时将展览送到社区、学校、部队等地进行巡展，扩大宣传范围；二是设立“十九大图书专架”，为读者提供十九大学习材料；三是举办“十九大报告解读”讲座，邀请自治区党校专家做客“文化讲坛”，面向全市干部群众对十九大报告进行详细解读；四是编制《决策参考·十九大专刊》，依据网络、数据库及报刊等大量信息资源，分类编制信息资料，为上级机构及各行业领导干部学习领会十九大精神、指导工作开展提供决策参考依据；五是利用馆内宣传栏、LED电子屏等进行十九大精神宣传，营造浓厚的宣传氛围。（乌鲁木齐市图书馆　付丽萍）

【伊犁州“书香暖冬·科技知识基层行”活动启动】 1月6日，此次活动在伊宁县英塔木乡英塔木村正式启动。启动仪式上，伊犁州图书馆为英塔木乡赠送价值2000元的图书；伊宁县图书馆为该乡赠送500余册图书和期刊，内容涵盖科技、教育、文学、生活常识、医疗保健等方面。随后，特邀专家为村民做以科技教育知识为主题的讲座，辅以知识问答相结合，村民们积极踊跃参加，现场气氛热烈。讲座结束后，图书馆工作人员一行又赴2016年设立的“万册图书进村居”阅读分享点迪力夏提家，为其配送图书100余册。该阅读分享点自建立以来，为周边村民提供阅读和外借服务，创造了良好的阅读氛围。“书香暖冬·科技知识基层行”活动以寓教于乐的方式“变冬闲为冬忙”，给农牧民群众送

讲座、送展览、送图书，旨在普及科学知识，保障人民群众的基本文化权益。（新疆维吾尔自治区图书馆学会　赵燕）

【塔城地区图书馆开展首届“最美家庭图书馆”评选活动】 2月21日，塔城地区图书馆联合塔城地区爱心妈妈协会共同举办首届“最美家庭图书馆”评选活动。由两家单位共同组成的评审团针对此次评选活动规定评选标准，然后根据家庭藏书量、每年所购图书数量、藏书是否适合家中所有年龄层、是否定期开展读书交流活动等分项来评选“最美家庭图书馆”。共有22个来自不同民族的市民家庭参加此次活动。评审团对参选家庭所提供的图片及文字简介进行评审，通过综合得分选出获奖家庭图书馆，最终评选出特等奖2名、一等奖1名、二等奖3名、三等奖4名。（新疆维吾尔自治区图书馆学会　赵燕）

【哈密市图书馆举办中国流动科技馆哈密站巡展】 2016年10月—2017年2月，中国流动科技馆哈密站巡展在哈密市图书馆举办。此次活动由新疆科技馆、伊州区委员会、伊州区政府、哈密市委宣传部等主办，伊州区委宣传部、科协、教育局及哈密市图书馆承办，一经开展便得到全市各界人士的积极响应，5个月的巡展活动共吸引来自哈密市各学校学生及家长46000人次参观，周末每天参展人数均突破800人次，活动现场气氛热烈，尤其是小学生的观展热情极高，反响良好。（新疆维吾尔自治区图书馆学会　赵燕）

【昌吉州图书馆首家分馆揭牌】 3月23日，昌吉州图书馆首家分馆——军分区分馆揭牌仪式在昌吉州军分区军体活动中心举行。昌吉军分区政治部副主任张信文、昌吉州图书馆馆长杨永睿以及部队官兵、图书馆员100余人参加仪式。该分馆设置在新建成的军体活动中心，占地面积约80平方米，藏书8000余册。仪式结束后，州图书馆工作人员就图书分类、上架等专业知识现场与军分区官兵进行座谈交流。此次分馆的设立，是在昌吉州开展第三批创建国家公共文化服务体系示范区工作大背景下进行的一项重要活动。按照示范区创建精准服务要求，昌吉州图书馆将在全州范围内实施总分馆制，充分整合全州图书资源，依托数字化建设平台，实现图书借阅通借通还，更加方便群众阅读。（新疆维吾尔自治区图书馆学会　赵燕）

【阿勒泰地区图书馆举办2017年全民阅读推广活动启动仪式】 4月20日，仪式在吉木乃县体育馆举行。此次活动由阿勒泰地区文体广新局、吉木乃县委宣传部主办，县文体广新局、阿勒泰地区图书馆等承办，500余人参加启动仪式。活动当天，举行“阅读伴我成长”赠书、文化“六进”图书进社区赠书以及分享“我读过的一本好书”等活动。后期陆续推出“4·23”送讲座进基层、主题图片展、“你选书，我买单”、少儿绘画、资源展播、送辅导进基层等15项活动，在活动内容和方式上不断创新，逐渐提升影响力，使阅读逐步走进各族群众的生活中。（新疆维吾尔自治区图书馆学会　赵燕）

【克拉玛依市图书馆开展2017年少儿诗词在线诵读活动】 6月1日，“童音诵古韵·经典有新声”——2017年少儿诗词在线诵读活动在克拉玛依市图书馆启动。此次活动由国家图书馆主办，旨在依托于国家数字图书馆“文津经典诵读”资源，以在线诵读古诗词的形式，引导少儿读者充分利用数字图书馆优质资源，激发其对中华传统文化经典的阅读学习兴趣。读者通过数字图书馆推广工程微信公众号或克拉玛依市图书馆微信公众号均可参与活动。活动分为三个阶段，6月1—30日为作品征集阶段，7月15日前为作品点赞阶段，7月16日—8月4日为称号授予阶段。市图书馆在官方网站和微信平台上进行线上宣传，同时在馆内放置宣传展架和宣传折页进行落地宣传。（新疆维吾尔自治区图书馆学会　赵燕）

【博州图书馆开展“砥砺奋进的五年”主题图书阅读推介活动】 8月4日，由博尔塔拉蒙古自治州党委宣传部主办，博州图书馆、锦绣社区承办的此次推介活动在锦绣社区二楼举行，吸引120余名社区居民参与。博州图书馆为此精心挑选红色经典、“两学一做”、习近平总书记系列重要讲话读本等推荐图书100余册，旨在宣传党的十八大以来党和国家事业发展的生动实践、辉煌成就、宝贵经验，着力唱响主旋律、弘扬正能量、振奋精气神，激励和引领全州各族干部群众紧密团结在以习近平同志为核心的党中央周围，坚定不移贯彻落实党中央治疆方略，以优异成绩迎接党的十九大胜利召开。活动结束后，博州图书馆将推荐书籍放置于锦绣社区图书馆分馆供读者借阅。（新疆维吾尔自治区图书馆学会　赵燕）

【2017 年中国语文朗读评选活动新疆巴州赛区总决赛举行】 4 月 22 日，2017 年中国语文朗读评选活动新疆巴音郭楞蒙古自治州赛区比赛在库尔勒图书馆启动，各学校相继成立分赛场，并有序完成海选、复赛。巴州地区各县市近 3000 名学生参与此次活动，经过层层选拔，最终有 44 名选手进入决赛。7 月 28 日，由巴音郭楞电视台、巴州文化艺术创作中心、巴州图书馆、库尔勒图书馆等共同主办的巴州赛区总决赛在库尔勒文化馆举行。比赛分为幼儿组、小学低年级组、小学高年级组和初、高中组，分别角逐出 4 个特等奖、6 个一等奖、10 个二等奖和 24 个三等奖，巴州特教学校等 4 家单位荣获组织奖。此次大赛极大地提高了学生朗诵水平、语言文化交流能力和语言应用能力。（新疆维吾尔自治区图书馆学会　赵燕）

高校图书馆

综述[①]

2017年，高校图书馆的馆均经费高于2016年，馆均文献资源购置费、馆均电子资源购置费亦高于2016年，馆均纸质资源购置费持续减少。馆均馆舍面积较2016年略有上升；有109所高校图书馆在建新馆。人才队伍素质进一步提升，高学历人才比例更大，减员增效充满活力。数字化设施全面普及，信息技术应用更加深入。资源共建共享活动走向拓展和深入，中国高等教育文献保障系统（CALIS）和中国高校人文社会科学文献中心（CASHL）在资源建设、平台再造、服务提升、管理优化、协同创新等方面稳健发展，已成为支撑和保障中国高校教学科研的重要信息基础设施。

教育部高等学校图书情报工作指导委员会、中国图书馆学会高等学校图书馆分会积极发挥研究、咨询、协调和指导作用，有力推动高校图书馆合作共建、协同创新。

一、2017年高校图书馆基本统计数据

（一）文献资源购置费

共有849所（2016年是830所）高校图书馆在"教育部高校图书馆事实数据库"中提交2017年的年度总经费统计数据。年度总经费平均值[②]为650.4万元（2016年是610.4万元），与2016年相比，增加40万元，中位值[③]落在340.8万元（2016年落在314.1万元），比2016年增加26.7万元，标准差[④]为977.4万元（2016年是856.3万元），极差[⑤]为13332.8万元（2016年是8370.5万元），这些数据表明：我国高校图书馆的年度总经费存在差距，且在逐年加大。各高校对图书馆的经费投入差距大、不均衡，与各高校年度财政收入有关，也与校领导对图书馆的重视程度密切相关。表1是我国高校图书馆年度总经费区间分布状况。

表1　2016—2017年高校图书馆年度总经费分布

年度经费（万元）	2017年（%）	2016年（%）	向上累积（%）
<10	0.9	1.4	1.4
10—49.99	5.9	6.4	7.8
50—99.99	11.2	11.0	18.8
100—149.99	8.6	9.2	28.0
150—199.99	7.6	9.1	37.1
200—499.99	27.9	26.3	63.4
500—999.99	20.5	20.0	83.4
1000—1999.9	10.7	10.3	93.7
2000及以上	6.7	6.3	100.0

① 文中统计数据均来自"教育部高校图书馆事实数据库"，网址：http://www.scal.edu.cn:18080。

② 平均值指的是各高校图书馆填报的有效数据之和除以填报有效数据的高校图书馆的数量所得到的值。

③ 中位值指的是将有效数据从高到低排序，排在最中间的高校图书馆所填报的值。

④ 标准差指的是各高校图书馆填报的有效数据偏离平均数距离的总平均数，它能描述出各高校图书馆填报此项数据集合的离散程度。

⑤ 极差是指在各高校图书馆填报的有效数据中，最大值与最小值之差，也能描述数据离散度。

2017年,提交文献资源购置费的高校图书馆有842所,均值为564.3万元(2016年为529.5万元),继续呈增长趋势,也延续了2008年以来连续增长的态势,见图1。中位值为287.5万元,众值①为130万元(2016年是10万元),标准差为1013.3万元(2016年是754.6万元)。

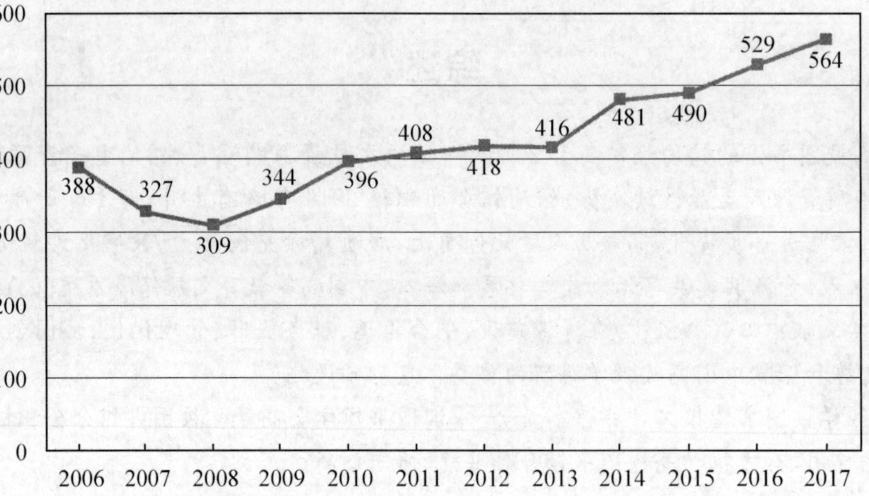

图1　2006—2017年高校图书馆馆均文献资源购置费(万元)

1. 纸质文献资源购置费

有826所高校图书馆提交2017年度纸质文献资源购置费,总和为21.23亿元,较2016年的21.95亿元减少0.72亿元。纸质文献资源购置费的均值为257万元(2016年是264.1万元)。纸质文献资源购置费均值的分布状况见图2。近5年纸质文献资源购置费的均值呈轻微波动状态,表明高校图书馆纸质文献资源购置费的支出趋于相对稳定。中位值为172万元(2016年是170万元)。

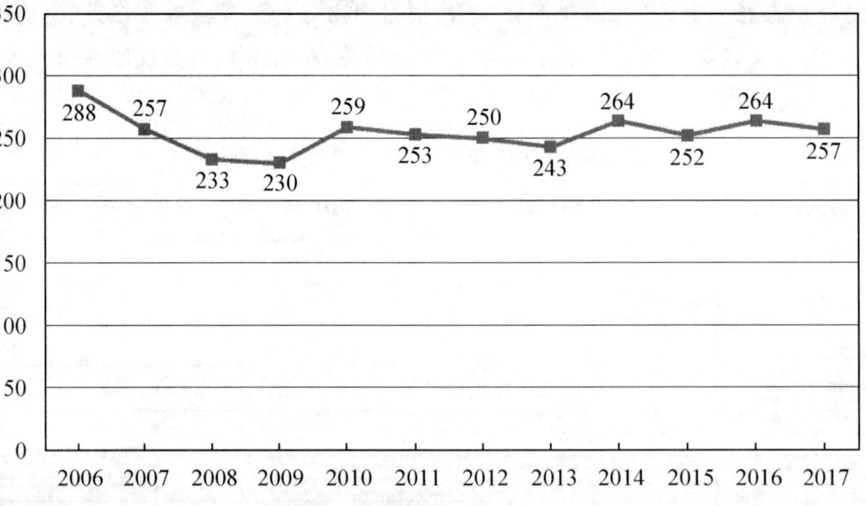

图2　2006—2017年高校图书馆馆均纸质文献资源购置费(万元)

2. 电子资源购置费

有782所高校图书馆提交电子资源购置费,总和为25.55亿元(2016年是21.98亿元),均值为326.7万元(2016年是288.1万元),占馆均文献资源购置费的57.9%(2016年是54.4%),较2016年提高3.5个百分点。在文献资源购置费中,电子资源购置费所占比例已经过半,呈逐年上升趋势,增长的斜率正在变大,表明电子资源购置费将成为图书馆资源购置费支出的主要部分,图书馆行业需要尽早制定措施,来应对电子资源购置费滥涨对图书馆带来的冲击。电子资源购置费均值的分布状况见图3。中位值为111.5万元(2016年是95.8万元)。众值是30万元,标准差为550.4万元,最小值仅为140元,最大

① 众值指的是各高校图书馆填报的有效数据中,出现频次最高的值。

值达到 4904 万元，两者相差达 350284.71 倍(2016 年的差距是 5456.3 倍)。这些表明：高校图书馆电子资源购置费的离散程度大，馆际差别明显，而且差距在逐年增大。

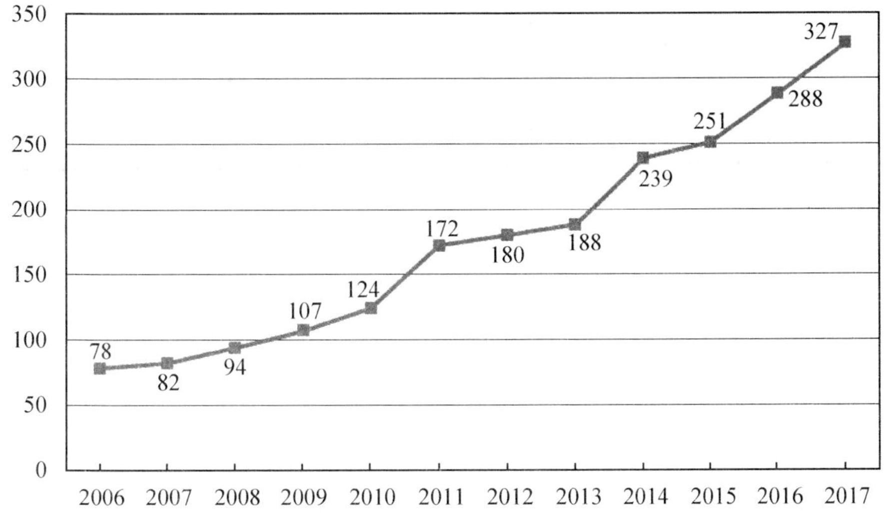

图 3　2006—2017 年高校图书馆馆均电子资源购置费(万元)

(二)馆舍面积

1. 馆舍总面积

2017 年，共有 777 所高校图书馆提交馆舍建筑规划面积，总面积是 1961.7 万平方米(2016 年是 1976 万平方米)，馆均值为 2.52 万平方米，相较于 2016 年的 2.49 万平方米略有增加。标准差为 1.82 万平方米，比 2016 年的 1.78 万平方米略高，表明部分高校图书馆新盖了面积更大的馆舍。中位值为 2.1 万平方米，众值是 2 万平方米。在高校图书馆馆舍面积的变动趋势上，2006 至 2010 年、2012 至 2014 年，呈稍微陡峭型增长趋势，但在 2011 年呈缓慢增长趋势，2015 年呈回落趋势，这些与提供数据的高校图书馆数量有关系，但更多表明高校图书馆的建筑空间已经从跃进增长时期进入平稳增长时期。馆均建筑面积的分布状况见图 4。

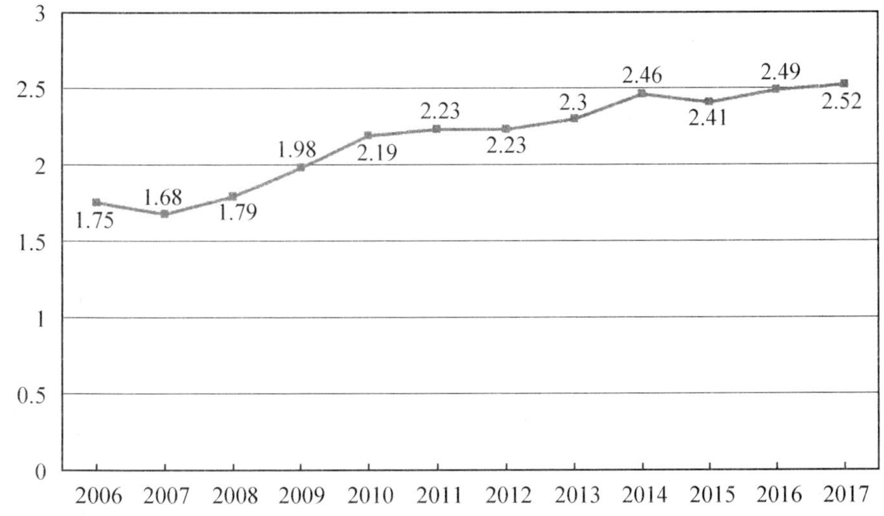

图 4　2006—2017 年高校图书馆馆均建筑面积(万平方米)

2. 在建馆舍面积

2017 年，有 109 所高校图书馆提供在建馆舍建筑面积，总面积为 244.7 万平方米(2016 年是 308.9 万平方米)，馆均值是 2.24 万平方米(2016 年是 2.41 万平方米)，标准差是 1.49 万平方米，众值是 2 万平方米，中位值为 2 万平方米。这些表明，高校图书馆的在建馆舍面积呈回落趋势，与前述高校图书馆馆舍总面积的数据进行叠加分析，也更能说明高校图书馆的馆舍建筑面积趋于稳定。馆均在建新馆设计馆舍面积的分布状况见图5。

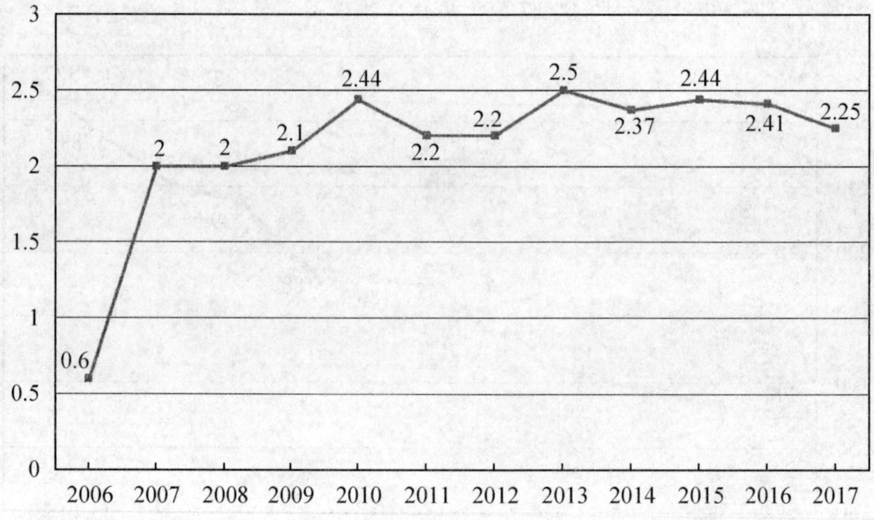

图5 2006—2017年高校图书馆馆均在建新馆设计建筑面积(万平方米)

(三)人力资源

高校图书馆的人力资源包括在编馆员、合同制职工、临时聘用人员、勤工助学人员等,大体可分为在编工作人员、无编制工作人员两类。2017年所填报数据继续验证前几年分析数据所得出的结论:高校图书馆的文献资源收藏总量与馆舍面积持续增长,但在编工作人员的馆均人数却持续下降,这表明图书馆在持续压缩编制,已有工作人员的任务逐年加重,图书馆需要聘用更多的编制外合同工或临时工。图书馆工作人员总量持续降低,也表明图书馆开展服务的人力资源成本继续摊薄,馆员的压力日益加重,图书馆需要购置更多智能化设施来取代图书馆员的日常事务性工作,最典型的便是自动借还书机、自动导航系统、一站式搜索系统等。

1. 在编工作人员整体状况

2017年,有850所高校图书馆提交有效的在编工作人员数据。在编工作人员的总人数为31620人,馆均37.2人(2016年是38.1人),中位值为27人,众值为9人,标准差为33.5人,这些表明:各高校图书馆在编工作人员的数量差异较大,总的看来,人数近些年呈现出持续减少趋势。

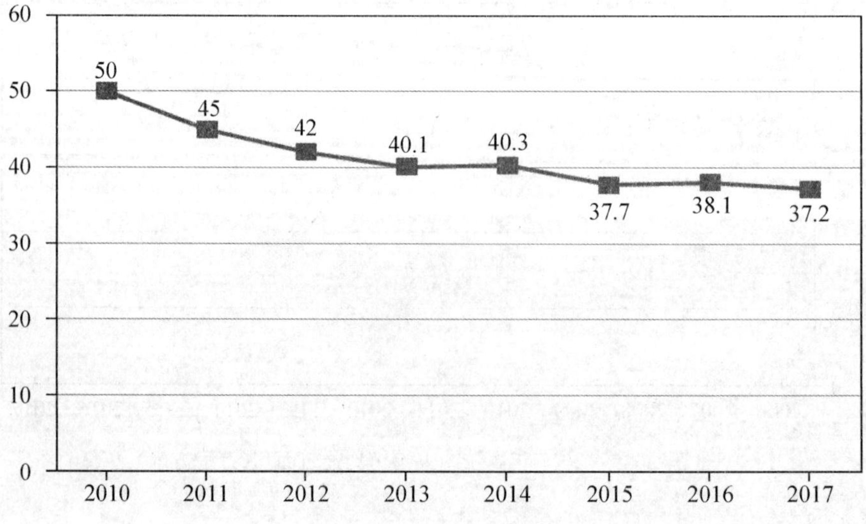

图6 2010—2017年高校图书馆馆均在编工作人员(人)

2. 在编工作人员的性别结构

共有 824 所高校图书馆提交在编工作人员的性别数据①，其中男性总量是 10181 人，占在编工作人员总数的 33.2%，均值是 12.4 人，2016—2012 年，各年度男性在编工作人员的均值依次是 12.7 人、12.6 人、13.5 人、14.0 人、14.6 人；中位值和众值分别是 9 人与 4 人，标准差是 12 人。通过分析各年份均值数据，可知高校图书馆男性在编工作人员所占比例总体上趋于下降，这也意味着女性在编工作人员所占比例在缓慢上升。女性总量是 20488 人，占在编工作人员总数的 66.8%，均值是 24.9 人，2016—2012 年，各年度女性在编工作人员的馆均值是 25.6 人、25.3 人、27.1 人、27 人、28 人；中位值是 18 人，众值是 6 人，标准差是 24 人，女性在编工作人员的馆均值处于持续降低态势，主要与高校图书馆缩编有关，但在编女性工作人员所占比重整体上呈现出稳中有升的趋势。高校图书馆在编工作人员的总人数近 5 年来一直呈走低态势，男女比例正向严重失衡方向发展，各馆在纳新时可考虑是否对性别结构进行干预，否则，未来高校图书馆的男性工作人员将更为稀缺，只能分布在需要体力与技术的岗位上，比如水电工、信息系统维护员等。

3. 在编工作人员的受教育状况

共有 816 所高校图书馆提供博士学位工作人员的数据，其中有 530 所高校图书馆没有聘用博士学位工作人员，表明博士学位工作人员在高校图书馆依然处于稀缺状态。有 286 所高校图书馆聘用博士学位工作人员，总人数为 870 人(2016 年是 834 人，2015 年是 695 人)，处于持续增长状态。对提交数据的高校图书馆进行平均值处理，每馆聘用博士学位工作人员 1.07 人(2016 年是 0.97 人，2015 年是 0.95 人)，中位值和众值均为 0 人，标准差是 2.46 人。我国高校图书馆中博士学位工作人员所占比例依然不容乐观，65%的高校图书馆没有获得博士学位的工作人员，14.5%的高校图书馆仅聘用 1 名博士，7.7%的高校图书馆聘用 2 名博士，7%的高校图书馆聘用 3—4 名博士，仅 5.9%的高校图书馆聘用 5 名以上博士。

共有 824 所高校图书馆提交在编硕士学位工作人员的数据，其中有 86 所高校图书馆未聘用硕士学位工作人员，748 所高校图书馆聘用拥有硕士学位的工作人员，在编硕士学位工作人员总人数有 8512 人(2016 年是 8687 人)，平均每馆聘用硕士学位工作人员 10.33 人(2016 年是 10.11 人，2015 年是 9.85 人)，中位值是 6 人，众值为 0 人，标准差是 12.75 人。10.4%的高校图书馆未聘用硕士学位工作人员，19%的高校图书馆聘用 1—2 名硕士学位工作人员，18.5%的高校图书馆聘用 3—5 名硕士学位工作人员，17.5%的高校图书馆聘用 6—10 名硕士学位工作人员，14.9%的高校图书馆聘用 11—16 名硕士学位工作人员，聘用硕士学位工作人员 17 人及以上的占 17.4%。上述数据表明：硕士学位工作人员已成为高校图书馆人才招聘的主要对象。从总体上看，各高校图书馆硕士学位工作人员的数量在持续稳定增长，高校图书馆工作人员的学历学位层次在稳步提升，硕士学位图书馆员已成为高校图书馆的主要有生力量。

在本科学历工作人员方面，共有 820 所高校图书馆提交数据，本科学历工作人员共有 14957 人，是硕士学位工作人员总人数的 1.76 倍(2016 年为 1.85 倍，2015 年为 1.87 倍)，平均每所高校图书馆聘用本科学历工作人员 18.2 名(2016 年为 18.8 名)。由此可知，本科学历工作人员依然是高校图书馆开展服务的主力军，但比例正在减少，相对于硕士学位工作人员的数量优势也在逐年减弱。全国有 8 所高校图书馆未聘用本科学历工作人员，占 1%，这类情况一般发生于在编工作人员稀少的图书馆，因为工作人员攻读在职硕士学位，提升了自身的学历学位层级。在高校图书馆中，聘用 1—10 名本科学历工作人员的占 38.8%，聘用 11—20 名本科学历工作人员的占 23.2%，聘用 21—30 名本科学历工作人员的占 11.4%，聘用 31—50 名本科学历工作人员的占 11.6%，聘用本科学历工作人员超过 50 名的占 4.4%。

共有 819 所高校图书馆提交在编大专学历工作人员数据，总人数为 4795 人。其中，105 所高校图书馆未聘用大专学历工作人员，占 12.8%。在聘用大专学历工作人员的高校图书馆中，聘用 1—2 名大专

---

① 由于有部分高校图书馆未提供在编男性职工或在编女性职工的数据，只提供了在编职工总人数，无法判断这类高校图书馆的在编职工性别，故在编男职工与在编女职工的总人数小于在编职工总人数。

学历工作人员的占26%，聘用3—7名大专学历工作人员的占33.7%，聘用8—15名大专学历工作人员的占19.3%，聘用大专学历工作人员超过15人的占8.3%。

共有816所高校图书馆提交学历为大专以下的在编工作人员数据，总人数是1522人。其中，369所高校图书馆未聘用大专以下学历在编工作人员，占45.2%。聘用1—5名大专以下学历工作人员的高校图书馆占45%，与2016年的47.1%相比，降低2.1%。

高校图书馆的人力资源结构正向高学历、多学科与专业化发展，这些特性在入选"双一流"的高校图书馆中表现得较为明显，借助T值检验①便能发现，"双一流"高校图书馆的在编工作人员，其学历学位层级明显高于"双一流"以外的前"211工程"高校图书馆或普通高校图书馆。由此可断定，高校图书馆的人力资源结构正向高学历方向发展。但从高校图书馆工作人员学历学位的提升速率上看，位于发达城市的重点高校图书馆，其工作人员的学历学位提升速率最快；而欠发达城市的非重点高校图书馆，其工作人员学历学位的提升速率较为缓慢，主要是因为他们还处于转型期的起步阶段。

4. 无编制工作人员状况

合同制职工。共有810所高校图书馆提交合同制职工人数数据，总人数为6310人。2017—2013年，合同制职工的馆均值依次为：7.79人、7.51人、8.1人、7.7人、7人；中位值为3人，众值是0人，标准差是11.47人。合同制职工的馆均人数处于增长趋势，它也是高校图书馆应对学校压缩编制的一种有效方法；合同制职工是高校图书馆用人的长期趋势，一些事务性工作将由合同制职工来处理。

临时工。有809所高校图书馆提交临时工人数数据，总人数为3641人。全国高校图书馆临时工人数的馆均值为4.5人，2016—2014年，临时工人数的馆均值依次为4.5人、4.8人、5.4人；中位值是0人，众值也是0人，标准差为9.7人。高校图书馆各年度所聘临时工馆均值均低于合同制职工馆均值，表明临时工属于短期务工行为，所聘人数一般与高校图书馆的工作任务安排相关。

勤工助学学生。有811所高校图书馆提交勤工助学人数数据，总人数为23409人。馆均值为28.9人，略高于2016年的27.6人，中位值是14人，众值是0人，标准差是51.5人。由此可知，各高校图书馆勤工助学的人数相差较大，这主要与图书馆人力资源、资金充裕度等有关，"985工程"高校图书馆勤工助学的人数最多，其次为非"985工程"类的"211工程"高校图书馆，而普通高校和高职高专院校的勤工助学人数较少。

（四）信息资源共享能力

向外传递文献是衡量高校图书馆文献资源保障能力的重要指标，向外传递文献越多，表明高校图书馆的文献资源保障能力越强。2017年有541所高校图书馆提交向外传递文献的数据，总量是272.5万篇，2016—2013年，各年份总量依次是：207.3万篇、137万篇、199万篇、654.5万篇。馆均传递0.5万篇，2016—2012年，各年份馆均值依次为：0.25万篇、0.27万篇、0.2万篇、0.21万篇、0.26万篇。有6.2%的高校图书馆向外传递文献量超过1万篇，2016年为4.7%，2015年为10.7%，2014年为4.9%，2013年为5%，2012年为8.2%；有9.3%的高校图书馆向外传递文献在1000篇到1万篇间，2016年为6.9%，2015年为14.1%，2014年为9.3%，2013年为9.8%。从上述数据分析可知，近5年来，高校图书馆向外传递文献量总体保持稳定，但最近4年呈微升趋势，各高校图书馆间已建立起较为稳定的文献资源共享关系，合作能力正在增强。

文献传入量也是衡量高校图书馆服务能力的重要指标，有578所高校图书馆提交此项数据，文献传入总量为1988.32万篇，馆均值为3.44万篇，2016年为1.64万篇，表明各馆文献需求量的翻倍增长。对比文献传入量与文献传出量，可以发现文献传入量更多，表明高校图书馆还通过其他非高校图书馆的资源共享平台来获取所需文献。

---

① T值检验指的是对不同类型高校图书馆某项数据的平均值差别的显著程度进行比较，如果两类高校图书馆填报数据的总方差相等，则说明两者的平均值区别不显著；如果两类高校图书馆填报数据的总方差不等，则说明两者的平均值有显著差别。

二、2017年高校图书馆的工作

高校图书馆的宏观协调和指导工作主要由教育部高等学校图书情报工作指导委员会(简称“高校图工委”)和中国图书馆学会高等学校图书馆分会(简称“高校图书馆分会”)来开展。两大图书馆联盟——中国高等教育文献保障系统(以下简称“CALIS”)和中国高校人文社会科学中心(以下简称“CASHL”)则继续承担资源共建共享大本营的作用,克服各种困难,继续为全国高校提供文献保障。

(一)高校图工委的工作进展

1月9日,高校图工委、“爱课程”网(http://www.icourses.cn)在北京大学信息管理系联合举办图书馆(学)在线课程联盟成立大会暨首批在线开放课程建设研讨会。来自北京大学、清华大学等25所高校的40余位代表与会。会议开展在线开放课程建设与应用培训,并对首批在线课程选题进行论证与评议。会议确定的首批18门在线开放课程,在联盟网站(http://lis.icourses.cn/)陆续上线。

6月15—16日,由高校图工委战略规划组主办,安徽省高校图工委、北京人天书店有限公司协办,安徽医科大学图书馆承办的全国高校图书馆统计与评估研讨会在安徽医科大学召开。战略规划组成员和全国高校图书馆的业务骨干230多人参加会议。会议围绕“高校图书馆统计与评估”主题,邀请11位专家做专题报告,还设置开放论坛,10位代表做“精彩100秒”的即席演讲。本次研讨会是高校图工委主持召开的第一次图书馆统计评估专题研讨会,既有理论方法的研讨,也有实践经验的分享;既有来自国内专家的本土化视角,也有来自英国、美国的国际化视角,对当前我国高等学校图书馆的统计与评估具有指导意义。

7月27—28日,高校图工委四届五次工作会议在黑龙江省哈尔滨市召开,高校图工委委员、各省图工委秘书长90余人参加会议。会议的主题是“高等教育新形势与高校图书馆新发展”,5位专家做主题报告。8个工作组和高职高专分委员会汇报工作进展。随后分成5组展开讨论。会议解决数字资源统计指标的设置和解释问题,并将高校图书馆评估指标体系的修订作为下一步的重要任务。

10月16—18日,由高校图工委文献资源建设工作组主办,全国师范院校图书馆联盟、大学数字图书馆国际合作计划(CADAL)东北地区中心协办,东北师范大学图书馆承办的“2017数字资源建设与知识服务学术研讨会”在东北师范大学图书馆召开。会议以“高校图书馆数字资源建设和知识服务策略与举措”为主题,从图书馆资源建设切入,围绕图书馆服务新时代的变化、机遇和挑战,新时期图书馆建设的功能导向和责任使命以及以“共享”和“特色”为理念内核的图书馆发展策略等方面展开学术讨论,探讨“双一流”环境下图书馆发展规划、联盟合作、用户研究、知识服务等热点问题。来自国内外的16位(国外10位,国内6位)专家做18场报告。清华大学、北京大学、北京师范大学、华东师范大学等104个图书馆200余人参加研讨会。本次会议对图书馆“该向何处去”的发展性问题做出充分的理论解答,为图书馆建设和发展提供理论借鉴,为图书馆建设世界级资源与服务体系提供新思路。

10月27—28日,由高校图工委信息素养教育工作组和清华大学图书馆主办,贵州民族大学图书馆、北京慕华科技公司承办,贵阳孔学堂文化中心协办的“互联网+背景下信息素养教育研讨会”在贵阳孔学堂举行,来自全国109家图书馆的近200名专家学者参会。会议围绕全球信息素养教育的前沿与趋势、信息素养教育的标准与框架、面向大学生认知特点的信息素养拓展、以学生为中心的教与学、信息素养教育与基于MOOC的混合式教学、信息化条件下的新型教学与能力实践等重要课题进行深入探讨,并充分分享信息素养MOOC课程设计与制作、混合式教学实践探索+翻转课堂应用、信息素养教育嵌入院系课程、信息素养标准与教育方式和内容改革、雨课堂实践等案例。

11月1—2日,由高校图工委主办、山东师范大学承办的全国高校图书馆志愿者服务工作经验交流与研讨会在山东师范大学举行。来自全国86所高校图书馆的约230多位代表参会。本次会议是教育部高等学校图书情报工作指导委员会首次就志愿者工作进行研讨,精选17个案例分3个层次进行交流,启发各高校图书馆充分认识开展志愿者工作的重要意义,以创新精神继续推进志愿者工作,更好地激励和培育大学生们在志愿服务中健康成长。

11月1—3日,由高校图工委、高校图书馆分会、上海交通大学图书馆主办,山东大学图书馆承办的

"第十届图书馆管理与服务创新论坛"在山东大学图书馆举行,来自全国各大高校、科研机构的300余位专家、学者出席论坛。论坛以"十载奋进耕耘路,传承创新谱华章"为主题,全面总结论坛10年来的工作成果,围绕与图书馆服务创新密切相关的热点问题,通过专家报告、案例分享、互动交流等形式展开研讨、交流,广泛深入地探讨图书馆的创新转型和可持续发展策略。

11月16—17日,由高校图工委读者服务创新与推广工作组、CALIS管理中心主办,上海交通大学图书馆、辽宁省高校图书情报工作委员会、辽宁大学图书馆联合承办的"第二届全国高校图书馆阅读推广案例大赛暨研讨会"在辽宁大学举行。来自全国120所高校的参赛选手及观摩馆员300人参加会议。大赛设置专家评委与大众评委进行现场打分。30个参赛队通过PPT、视频、展演等丰富多彩的形式,充分展示各高校图书馆各具特色的阅读推广工作成果。最终评审出一等奖5项、二等奖10项、三等奖案例15项。赛后3位专家做主题报告,与在场馆员就阅读推广活动策划、空间建设等问题进行深入探讨和广泛交流。会议促进了高校图书馆在阅读推广的理念、内容、方法、手段和经验等方面的交流与分享,进一步推动高校图书馆在文化传承创新中充分发挥作用。

11—12月,高校图工委秘书处和CALIS管理中心召开两次座谈会,讨论"高校图书馆事实数据库"的开发问题。

2017年,高校图工委秘书处继续做好各类通知的审核、定稿、盖章、分发、发布工作,维护教育部高等学校图书情报工作指导委员会网站和高校图书馆事实数据库的运营。解答各项关于事实数据填报和高校图书馆发展问题的咨询。汇总"教育部高校图书馆事实数据库"中2016年数据,发布各项排行榜,提交《2016年高校图书馆发展概况》给中国图书馆学会,综述和数据内容编入《中国图书馆年鉴2017》。秘书处所属的《大学图书馆学报》编辑部稳健运行,完成大量审稿工作,收稿1970篇,退稿1814篇,退稿率为92.1%,用稿80篇,用稿率为4.1%,处理中的稿件76篇,比例为3.9%。不断充实学报网站和APP,出满6期。4月1—2日,"大学图书馆的新趋势:环境、空间、资源、服务高端论坛暨《大学图书馆学报》2017年编委会"在重庆大学召开。18位编委和重庆大学图书馆馆长及该馆骨干馆员参加会议。在中国知网和万方数据公司发布的影响因子年报中,《大学图书馆学报》的影响因子均位居图书馆学情报学期刊第二名。

(二)CALIS的工作进展

2017年,中国高等教育文献保障系统管理中心继续坚持"普遍服务"的原则,在教育部高教司的领导下,在管理中心统一部署管理,各全国中心、地区中心、省级中心以及各省级高校图工委的大力支持下,按规定执行2017年运维预算经费,各项服务运行平稳,成员馆数量稳步增加,顺利完成全年运维任务。

CALIS联机编目中心在发展多语种文献联合目录基础上,加大书目延伸成果的开发力度,深化多媒体书目资源共享合作服务。同时,努力构建CALIS采编一体化系统,实现以"采编"基础业务外包为导向,与出版商、发行商、馆配商协作,建立基于"产业链数据交换"的业务协作平台,重塑图书采编业务流程,通过出版行业和图书馆之间的深度融合,实现编目前置,彻底解决图书馆采编业务外包以及馆配招标服务出现的一系列问题,提升外包质量,推动大数据平台应用。

CALIS与EBSCO合作,引入开源的新一代图书馆服务开发平台FOLIO,共同构建开放、非营利、面向中国图书馆需求的新一代图书馆系统,并支持图书馆、信息技术企业及开发爱好者基于该平台进行图书馆个性化及创新应用开发,逐步形成开放、多元、丰富的中国高校图书馆应用开发及交易市场。

CALIS与河北省新华书店有限责任公司签署战略合作协议,本着推动CALIS采编一体化服务体系协同发展的宗旨,双方积极开展合作,拓展发展空间。合作内容包括:馆配合作、出版发行增值服务、研究合作等。

CALIS管理中心与河北大学签署合作框架协议,支持京津冀信息服务协同创新中心建设。根据协议,双方将在人才培养、科学研究、成果转化等方面进行全面合作。成立CALIS河北分中心,招聘研发人员参与项目研发,并接收河北大学管理学院研究生来CALIS进行实习,打造产学研相结合的资源共享平台。

结合现代职业教育的理念，通过“CALIS 高职高专图书馆发展计划”，从系统改造、资源重组、服务再造、岗位调整、人员培训、课题研究、协同创新等方面帮助陷入发展困局的高职高专图书馆突围，快速实现数字化服务和信息化管理，带动高职高专图书馆的转型发展，拓展新的服务领域。

为应对未来发展需求，2017 年 CALIS 管理中心进行组织机构的重要调整，将原有的 7 个部门重组为信息服务中心、技术中心、数据中心、业务支持中心，并新建事业发展中心，专门负责 CALIS 产品和服务的推广。进一步明确各部门工作职责的划分和协同机制，有效地推动管理中心的工作。

(三)CASHL 的工作进展

2017 年，中国高校人文社会科学中心继续在建设“国家人文社会科学信息资源平台”的总体目标下，以国家需求、教学科研需要为导向，加强资源内容建设，深入拓展服务，努力寻求多方面合作，推动全国范围的人文社科文献信息资源共建共享，扩大 CASHL 的社会影响，为用户提供高效率高水平的文献信息服务。

1. 资源建设

2017 年，CASHL 外文期刊订购基本保持稳定，外文期刊发订 2165 种，因载体变化、停刊、撤订、非卖品等原因，实际执行采购 2133 种，比 2016 年减少 32 种。文科引进专款图书订发总量基本稳定。全国 70 所高校通过“高校文科引进专款图书订购信息平台”共发出自主采购 32072 笔(比上年增加 402 笔)，学科协调订购 23539 笔(比上年减少 1149 笔)。外文图书回溯补藏持续增长。在我国国家建设和发展过程中，文科外文文献建设存在一段时期的断档，回溯补充断档期的文献十分必要。本年通过协调采购回溯补藏 10247 种。为紧跟国家发展战略，促进区域战略研究，助力教学科研和拓展学生阅读范围，周边国家非西文小语种文献新发订 1968 种。在采购大型特藏方面，新发订大型特藏 20 种，引进总量达 207 种。此外，继续将华东南 7 家图书馆[①]的 7000 多种民国文献馆藏和国家哲学社会科学期刊中的 260 万余篇论文纳入数据。

2. 服务、推广

2017 年，新增 CASHL 成员馆 24 家，总量达 831 家；服务馆总数达 35 家(含上海图书馆)；CASHL 中心系统新增用户 6577 人，中心总用户数达 127415 人，通过 831 家成员馆获得一卡通的用户总量累计近千万人。

文献传递与馆际互借方面，截至 2017 年底，CASHL 可服务印本图书达 200 余万种，印本期刊达 26400 余种，共处理印本图书馆际互借 7610 笔，处理期刊文献传递 63275 笔，平均完成时间 1.87 天，满足率达 96.29%。电子资源服务方面，截至 2017 年底，CASHL 可服务电子书达 41.7 万种，CASHL 经费所购电子书[②] 2017 年下载量 17 万余次，累计达 294 万余次；CASHL 经费所购电子刊[③] 2017 年下载量达 225 万余次，累计下载次数达 2379 万多次。与 2016 年的服务情况相比，2017 年 CASHL 服务主要有以下特点：①CASHL 馆际借书服务量继续增长；期刊或图书部分章节文献传递服务量明显下降；代查代检服务，虽然服务馆从 2016 年的 6 家中心馆扩大到 17 家中心馆，但业务量却大幅下降。②CASHL 文献服务继续保持高满足率。③在服务完成时间方面，大部分中心馆都能达到较快的服务响应，但因个别中心馆的影响使得平均完成时间只是略有提高。

继续开展“特藏＋＋”深度服务。2017 年“特藏＋＋”深度服务项目见表 2：

---

① 复旦大学、厦门大学、华东师范大学、福建师范大学、上海大学、绍兴文理学院、中国科学院上海生命科学信息中心生命科学图书馆。

② EEBO、ECCO、MyiLibrary、AHI、PsycARTICLES、Gale LRC、HUP EBOOK。

③ JSTOR、PAO。

表 2　2017 年 CASHL“特藏 + +”深度服务项目

序号	项目名称	资源类型	申报单位	申报人
1	《杜鲁门口述历史全集》深度服务	缩微平片	华东师范大学	陈枝清
2	阿拉伯边界报告系列丛书深度揭示与服务	图书	兰州大学	宋　戈
3	《影印标点韩国文集丛刊(续)》目次检索	图书	南京大学	慎月梅
4	《美国和卡斯特罗的古巴》解密档案的揭示与服务	缩微胶卷	南开大学	李红钢

继续开展为 CASHL 服务发展提供新思路的前瞻性研究。2017 年共有 7 个 2016 年服务前瞻性研究课题结项，见表 3，这些课题对 CASHL 的未来服务创新和发展提供了新思路、新方法，有的课题已经得到实际应用。

表 3　2017 年结项服务前瞻性研究课题

序号	课题名称	学　校	项目主持人
1	基于 WOS 和用户调查的 CASHL 文献保障率研究——以经济学学科为例	中国人民大学	宋姬芳
2	CASHL 馆际互借与文献传递服务的制度保障研究	厦门大学	杨　薇
3	“双一流”建设背景下 CASHL 的深度学科服务研究	南开大学	张　蒂
4	“双一流”背景下基于 PI 制的 CASHL 教育学科深度服务研究	东北师范大学	孙　波
5	基于用户分析的 CASHL 西北区域中心服务策略研究	兰州大学	孙　林
6	基于 CASHL 的学科分析共享模式研究——以教育学学科为例	北京师范大学	张　玲
7	CASHL 东北地区俄语、朝鲜语文献服务研究	吉林大学	李爱华

宣传推广工作继续深化。2017 年，各中心馆配合服务优惠活动，继续开展丰富多彩、形式多样的宣传推广活动。各中心馆通过下基层调研、带着 CASHL 串门、举办服务研讨会等形式走入其他兄弟院校；通过深入院系、现场宣讲、张贴海报、关注 CASHL 微信号发放小礼物等活动走近读者；同时采用传统媒体和新媒体相结合的全媒体宣传方式，有针对性地进行服务宣传，扩大 CASHL 文献传递服务在师生中的认知度。

3. 海内外合作

持续助力 CASHL 成员馆馆员发展。2017 年，CASHL 接受来自广西科技大学、内蒙古财经大学、湖北民族学院、西安翻译学院的 4 位馆员参加北京大学、复旦大学基地培训并顺利结业。

举办“第四届中美高校图书馆合作发展论坛”。3 月 15—19 日，“第四届中美高校图书馆合作发展论坛”在多伦多大学图书馆召开。会议探讨高校图书馆知识服务新方向，包括智库文献信息建设与服务、人文资源的数字化与数字人文、学科/新兴学科与跨学科知识服务、中美图书馆的学术合作等。来自全国 23 个单位的 39 位专家出席会议。

开展 7 次“开世览文名师讲堂”。为进一步推动 CASHL 大型特藏在高校研究中的可视度，并提供内容深度服务，CASHL 携手 Springer、Nature 共同发起“开世览文名师讲堂”，以 CASHL 的 187 种大型特藏为发端，邀请海内外人文社会科学领域的学者面向全国举办公开的免费讲座。全国的人文社会科学学者、学生通过这个平台，既可以足不出户听名家讲座，又可以更全面地了解 CASHL 引进的相关资源。

（教育部高等学校图书情报工作指导委员会　吴汉华　王波　姚晓霞　朱本军　宋姬芳　朱强）

年度工作

普通高校图书馆

北京市

【概况】 2017 年，北京地区高校图书馆继续整合优质资源，优化各地资源交流，深化和推广北京地区高校图书馆文献资源保障体系（以下简称“BALIS”）馆际互借、联合传递，联合数据库的应用。为了开展高校学科服务，响应国家教育部加强高校学科建设服务的号召，进一步推动全国高校学科服务的发展，北京大学、清华大学、浙江大学和 CALIS 管理中心的老师们共同组成 CALIS 讲师团，对 CALIS 助力高校学科服务建设进行全面的诠释。

北京地区高校图书馆继续完善文献资源保障体系。1 月，北京地区高校文献资源保障体系与国家科技图书文献中心（NSTL）开展合作，完成 BALIS 与 NSTL 原文传递系统对接测试，融合系统正式上线运行，双方开展原文传递服务，同时加强相关业务培训工作。BALIS 原文传递中心围绕“NSTL 走入北京高校”组织开展本年度宣传月活动，全方位宣传 BALIS 原文传递服务内容和服务方式，侧重宣传通过 BALIS 统一检索平台获取 NSTL 资源，让更多的读者高效、快捷、免费共享 NSTL 海量科技类文献资源。BALIS 原文传递中心与 NSTL 用户服务中心于宣传月期间走进中央财经大学等五家成员馆进行宣传培训，各成员馆也自行开展丰富多彩的宣传活动。4 月 7 日，举办“NSTL 走入北京高校”暨 2017 年 BALIS 原文传递中心高校馆员培训交流会，对如何更好利用 NSTL 和 BALIS 做讲解。

2017 年，BALIS 馆际互借各种服务数据快速增长，服务质量稳步提高，统计系统内开户数 87 家，正式签约馆增加至 80 家。读者注册人数新增 9269 人，提交请求 22949 条。主要分布在中国人民大学、中国社会科学院研究生院、北京化工大学、北京师范大学、中国传媒大学、中央财经大学、中国青年政治学院、北京大学、清华大学、北京交通大学等高校。请求已满足数 15242 条，满足率 67.20%。BALIS 原文传递服务 2017 年统计注册人数 9947 人，服务量 22339 条，满足率 83.95%。

各成员馆全年为高校师生及社会用户提供科技查新、论文收录引用检索等各类服务共计 7162 项，为用户申报科技项目立项、鉴定、报奖及个人学术评价、职称评定等提供有力的材料支撑。与 2016 年相比，服务总量增幅较大，主要源于本年度论文收录引用需求量的增长。

在北京市教委领导的大力支持和各成员馆的共同努力下，北京高校网络图书馆已经走过 15 个年头。经过 15 年的成长和积淀，现在北京高校网络图书馆的成员馆已经发展为 51 个，读者服务人数达到 40 多万人，各市管院校图书馆基本已经涵盖其中，各项工作也得到深入推进。北京高校网络图书馆自成立之日起，一直以数字文献资源建设为基础，利用 90%的经费购买或补贴各成员馆需求量大的中文数据库。不断丰富电子资源馆藏，提升各成员馆文献保障水平。在教学参考资源共享网项目、联合网上虚拟参考咨询项目、馆员培训项目的建设过程中，培养了适用网络信息化服务的高校图书馆管理和业务人员。

在世界读书日来临之际，北京市教委、北京地区高校图书馆工作委员会（以下简称“北京高校图工委”）在中国人民大学图书馆联合举办 2017 年北京高校图书馆面向北京中小学参观开放日活动仪式，主题为“走近古籍典藏，传承国学文化”。北京市教委于 2015 年启动北京高校图书馆面向北京中小学设立参观开放日工作。工作开展两年来，在京高校图书馆发挥图书资源优势，积极开展社会服务，面向中小学开放预约，对于促进教育资源共享，引导中小学生感受大学文化氛围，激发中小学生学习和探索兴趣发挥重要作用。（首都图书馆　张小野）

【召开 CALIS 助力北京地区高校学科服务研讨会】 3 月 31 日，“CALIS 助力北京地区高校学科服务研讨会”在中国人民大学召开，会议由 CALIS 管理中心主办，BALIS 管理中心承办，中国人民大学图书馆副馆长宋姬芳主持，中国人民大学图书馆党总书记、BALIS 原文传递中心主任徐飞到现场并致辞。由北京大学、清华大学、浙江大学和 CALIS 管理中心的老师共同组成的 CALIS 讲师团，以“CALIS 查收查引平台现状与发展前景”“CALIS 查收查引系统建设和北大的应用实践”以及“CALIS 学科评估平台应用服务”等内容为话题切入点，对 CALIS 助力高校学科服务建设进行全面的诠释，对于学科服务建设过程中出现的问题给出解决方案。（北京高校图工委　魏微）

【举办 2017 年北京高校图书馆面向北京中小学参观开放日活动】 4 月 21 日，在世界读书日来临之际，北京市教委、北京高校图工委在中国人民大学图书馆联合举办“走近古籍典藏，传承国学文化——2017 年北京高校图书馆面向北京中小学参观开放日活动”。市教委高教处、北京高校图工委及在京部分高校图书馆负责人、教师代表、中学生教师代表及新闻媒体代表参加活动。为落实中央重视和弘扬优秀传统文化的精神，活动邀请北京 101 中学的教师、学生参观中国人民大学图书馆文库和古籍典藏，让小读者近距离感受中华典籍；同时，北京高校图工委秘书长、中国人民大学图书馆馆长、中国人民大学国学院教授黄朴民为小读者做题为“活在当下的国学”的主题报告，培养和引领中学生热爱国学、热爱中华传统文化。活动仪式上，北京市教委高教处调研员荣燕宁，清华大学图书馆馆长、图工委副主任邓景康先后发表讲话。会上颁发 2016 年高校图书馆社会开放工作优秀奖。（中国人民大学图书馆　袁园）

【北京大学开放研究数据平台被 DCI 收录】 3 月 13 日，从 Web of Science 平台的 Data Citation Index 数据库（以下简称“DCI”）获悉，由图书馆负责建设和维护的北京大学开放研究数据平台（http：//opendata. pku. edu. cn）已经被 DCI 收录。DCI 是国际著名的数据引文索引，于 2012 年推出，旨在推动研究数据的检索、引用与评价。北京大学开放研究数据平台成为 DCI 被引数据来源，表明平台建设受到国际权威的认可，有利于北京大学的数据产出被国际同行发现和利用，从而提升国际学术影响力。目前，平台已经建设数据空间 20 个、数据集 111 个，其中包括中国家庭追踪调查（CFPS）、中国健康与养老追踪调查（CHARLS）、中国历代人物传记资料库（CBDB）等具有较大影响力的多学科数据，集中展示北京大学本校科研团队从事调查研究及参与国际合作的最新数据产出，也体现北京大学为创建世界一流大学所承担的社会责任。（北京大学图书馆）

【北京大学图书馆新版英文主页正式上线】 3 月 20 日，北京大学图书馆新版英文主页（http：//www. lib. pku. edu. cn/portal/en）正式上线，为校内外读者提供服务。随着建设世界一流大学进程的不断推进，北京大学的国际声誉不断提升，国内外学术交流日益频繁，越来越多的留学生来校学习，越来越多的国外访问学者来校交流。北京大学图书馆顺应这一趋势，启动新版英文主页项目建设。新版英文主页在技术框架上采用 Drupal 框架；在界面设计上进行优化和创新，使网站既保持双语界面的风格统一又能保证英语读者方便便捷地享受网站服务；在页面内容方面，不仅提供一次点击便捷跳转的语言切换功能，而且力求做到中、英文版主页页面内容完全、精准的对应表述和表现。为保障英文内容的准确和专业，图书馆还特别邀请北京大学外国语学院英语系的老师为全站内容进行总审校。新版英文主页正式上线后，北京大学图书馆成为中国内地首家提供中英文对照内容门户服务的高校图书馆。（北京大学图书馆）

【北京大学 Gartner 服务项目启动】 4 月 6 日，北京大学 Gartner View Point 分享会暨国际一流信息化战略工作坊在图书馆举办。北京大学常务副校长吴志攀、副校长王杰莅临会议并致辞，学校科研部、信息化管理与建设办公室、计算中心、教师教学支持中心等管理部门领导以及有关院系的教师应邀参会。会议通过专题报告和开放讨论，对信息化和数字化环境中高等教育机构所面临的机遇与挑战进行深度分析，对如何以高水平的信息化手段助力世界一流大学的规划管理和学科建设进行讨论。会议由图书馆馆长朱强、副馆长聂华主持。本次会议是北京大学 Gartner 服务项目的启动会。作为该项目的执行单位，图书馆计划在全校进一步推广 Gartner 服务。具体措施包括通过举办专题讲座或走访座谈的方式，协助学校相关部门深入了解和熟悉该服务项目的内容，并提出对该项目的建议和服务需求；根据实际需求，通过推送研究报告、与Gartner分析师团队交流等支持方式，获取相关资源、建议和支持。Gartner公司成立于1979年，专门从事针对信息技术的调查研究，提供权威的咨询报告，为各类组织机构提供现状评估和趋势预测服务。（北京大学图书馆）

【北京大学图书馆举办第一期“北京大学数字人文工作坊”】 4月13日，“北京大学数字人文工作坊”系列活动的第一期在图书馆正式开启。本期工作坊由图书馆朱本军和罗鹏程联袂主讲，主题为“数字人文与大数据中的社会网络分析（Social Network Analysis，简称SNA）及Gephi软件操作”，分别介绍数字人文的概念、内容内涵和全球数字人文的基本现状，以及SNA软件工具在人文领域（特别是史学领域）的应用案例、具体的社会网络分析工具Gephi的操作使用方法。近年来，作为利用数字技术或工具促进人文领域教学与研究的新兴跨学科研究领域，“数字人文”（digital humanities）受到学者和研究人员的广泛关注。（北京大学图书馆）

【北京大学图书馆与中国化工信息中心签署战略合作协议】 4月26日，北京大学图书馆与中国化工信息中心签署战略合作协议。战略协议的达成标志着图书馆首次与企业信息服务机构开展深度合作，这是高校信息服务的一次创新尝试。战略签约仪式当天，双方即开展了首次情报创新服务研讨会，会上由中国化工信息中心资深情报分析师和培训专家顾方、牛倩倩分别做题为“面向创新管理的情报体系建设”“建设战略情报精准获取能力”的主题报告，报告分享了中国化工信息中心的情报服务框架、企业创新情报服务指标与方法、企业信息服务典型案例等。作为国内情报服务的资深机构之一，中国化工信息中心的企业信息服务理念和方法等有很多值得北京大学图书馆借鉴的地方。研讨会上，图书馆也以交流的形式介绍了北京大学学科竞争力分析报告、北大科学前沿等项目的数据积累、指标体系和分析方法等，概述了北京大学图书馆科研支持服务的体系与框架，为业界了解高校情报信息服务提供契机。（北京大学图书馆）

【北京大学图书馆举办第二届“北京大学数字人文论坛”】 5月26日，第二届“北京大学数字人文论坛”在北京大学图书馆举办，论坛由该馆和北京大学人文社会科学研究院联合主办，主题为“互动与共生：数字人文与史学研究”。论坛特别邀请来自北京大学、中国人民大学、浙江大学、复旦大学、南京大学、陕西师范大学、上海图书馆、台湾大学、香港科技大学、爱尔兰国立梅努斯大学、哈佛大学、加州大学伯克利分校等国内外大学的数字人文与史学研究领域前沿专家学者做专题报告，吸引来自全国23个省及北美、欧洲等地近300名科研人员、大学师生参会。北京大学校长助理、社会科学部部长王博教授，北京大学图书馆馆长朱强，北京大学人文社会科学研究院副院长渠敬东教授出席会议并致辞。开幕式由北京大学图书馆副馆长聂华主持。“数字人文”（digital humanities）可以为史学研究提供新方法、新工具，帮助历史学者提出、重新界定和回答史学问题，而数字技术、工具和平台在史学研究中的成功运用也可以促进数字人文的研究和发展。（北京大学图书馆）

【北京大学图书馆举办“梁漱溟与北大”展览】 9月11日，由北京大学图书馆主办、北京大学山东校友会协办的纪念梁漱溟执教北京大学一百周年（1917—2017）“梁漱溟与北大”展览在图书馆开展。此次参展的资料主要由北京大学图书馆和梁漱溟亲属提供。展览一共包括16个展柜，内容包括梁漱溟与北大的缘起，梁漱溟在北大的教学与言论、著述以及《东西文化及其哲学》《中国文化要义》《人心与人生》《这个世界会好吗？》等多种梁漱溟著作的各种中外版本和梁漱溟的书信与手稿等。展览精心设计14块展板，主要介绍梁漱溟的早年经历和在北京大学任教期间的主要成就，其中不乏与梁漱溟有关的珍贵图片。（北京大学图书馆）

【清华大学图书馆建设开放首个阅读体验中心】 4月23日，清华大学首个浸润式阅读体验中心“邺架轩”在图书馆北馆（李文正馆）正式开放。“邺架轩”取名自清华校歌中的“左图右史，邺架巍巍”“肴核仁义，闻道日肥”，意在通过阅读滋养身心，培育精神丰满的清华人，丰富校园文化内涵，彰显大学文化品位，满足清华读者日益增长的阅读需求。全国人大常委、民盟中央副主席、中国文联副主席张平，商务印书馆党委书记肖启明，清华大学党委副书记邓卫等出席仪式并致辞。仪式由清华大学图书馆馆长邓景康主持。张平、商务印书馆总经理于殿利、肖启明、邓卫一同为“邺架轩”揭幕。江苏教育出版社总编辑王瑞书，校友代表、《光明日报》高级记者、《博览群书》杂志社社长董山峰，人文学院副院长彭刚等校内外嘉宾、师生代表等近百人参加仪式。“邺架轩”面向校内外人士开放，校内师生可以刷工作证或学生卡入内，校外人士可以登记身份后入内。运营时间暂定每天 10：00—22：00，之后根据师生需求进行调整。（清华大学图书馆）

【清华大学图书馆举办民国时期馆史文献展】 4 月 24 日—5 月 10 日，清华大学图书馆民国时期馆史文献展在该馆北馆一楼大厅展出。近百页民国资料陈列于 8 个展柜之中，分为 4 组内容：1933 年清华大学图书馆概况、教师・书・图书馆、学生・图书馆、馆际书函。“国立清华大学图书馆一览”展柜展陈的民国二十二年文献显示了该馆当时建制的完备程度。清华教师与图书馆以书为媒的史迹资料展出 3 个展柜，所涉人物有朱自清、冯友兰、陈寅恪、王国维、毕树棠、吴宓、俞平伯、郑振铎、潘光旦、林语堂、刘崇鋐、吴景超、刘文典、赵万里等 10 余人。（清华大学图书馆）

【清华大学图书馆开启“清华印记”互动体验空间】 4 月 26 日，“清华印记”互动体验空间在图书馆北馆举行启动仪式。互动体验空间利用新媒体技术，以清华特色馆藏资源为基础，设立历史长廊、清华记忆、数字学术、电子书瀑布流等栏目，为读者近距离感受清华的历史和文化带来全新体验。清华大学图书馆收藏有一大批弥足珍贵的古籍文献与文物，这些馆藏珍品经历了战争年代的战火洗礼与和平建设时期的发展繁荣，在清华大学的人文学术发展和人文学科重建中发挥重要作用。数字人文利用现代数字化、可视化技术和 3D 扫描与打印等技术，把重要典籍文献和文物直观呈现出来。在互动体验空间，读者可以利用移动设备采集更多的相关信息，感受深厚的文化熏陶。（清华大学图书馆）

【清华大学图书馆举办馆藏《资本论》珍本展】 4 月 29—30 日，“清华图书馆藏《资本论》珍本展——纪念《资本论》第一卷出版 150 周年”在该馆老馆清华文库阅览室举办。这次展览首次展出国内罕见收藏的《资本论》第一卷第 1 版，还囊括马克思恩格斯逝世前出版的全套原版《资本论》，是国内唯一一套完整收藏，同时还展出《资本论》第一个中译本（1930 年）等珍贵版本。（清华大学图书馆）

【北京师范大学图书馆举办馆藏古籍精品展】 4 月 19—21 日，北京师范大学图书馆在该馆古籍珍藏展室“弘文轩”展出馆藏的部分精选古籍。本次展览围绕展示馆藏精品和梳理馆藏源流，分别选取馆藏古籍精品和反映北京师范大学不同历史时期收藏的古籍各 20 部予以展示。馆藏精品展中，展出馆藏年代最早的唐写本《胜天王般若波罗蜜经》、宋元明清各时期的精刻精印本等，反映不同时期古籍刻印的风格；馆藏源流展中，通过选取学校不同历史时期收藏的古籍，梳理北京师范大学、北京女子师范大学、北平大学女子文理学院、辅仁大学这几所高校发展更名的历程。（北京师范大学图书馆）

【全国师范院校图书馆联盟古籍工作会议在北京师范大学图书馆召开】 7 月 7 日，全国师范院校图书馆联盟古籍工作会议在北京师范大学图书馆召开。全国师范院校图书馆联盟理事长暨北京师范大学图书馆馆长张奇伟出席会议并致辞，国家古籍保护中心以及部分师范院校图书馆的近 40 位代表参加此次会议。国家古籍保护中心办公室主任助理王红蕾首先介绍中华古籍保护计划的总体情况，首都师范大学、北京师范大学等 9 所学校图书馆的代表就各馆古籍收藏情况，古籍整理、保护与开发工作及古籍相关服务开展情况相继做专题报告。北京师范大学图书馆副馆长黄燕云汇报全国师范院校图书馆联盟资源建设中心的工作进展。会议围绕图书馆馆藏古籍资源的整理与保护、古籍普查工作的进展、师范联盟成员馆间古籍资源的共知共享三个主要议题展开讨论。（北京师范大学图书馆）

【北京师范大学图书馆举办“纸质文献修复与保护”讲座】 11 月 13 日，北京师范大学图书馆

"纸质文献修复与保护"讲座在第一会议室举办。本次讲座由澳门文物部门协会会长陈志亮主讲，吸引来自国家博物馆、国家图书馆、故宫博物院、中国美术馆、首都图书馆、中国人民大学图书馆、中央民族大学图书馆、首都师范大学图书馆、中国书店、厦门大学档案馆及一些民营修复机构的40多位同人参加，同时听讲的还有北京师范大学古籍与传统文化研究院、文学院、历史学院的师生和图书馆的部分工作人员。讲座围绕以下三个方面展开：古籍修复定量问题、库房管理和环境控制问题以及修复案例介绍。（北京师范大学图书馆）

【中国人民大学图书馆举办第三届全国高校文库建设研讨会暨人大文库成立三十周年纪念会】 10月19—21日，第三届全国高校文库建设研讨会暨人大文库成立三十周年纪念会在中国人民大学图书馆召开，该馆党委书记兼副馆长徐飞致开幕辞。此次会议主题是"新形势下的高校文库建设与可持续发展"，为促进全国高校文库的建设和发展，加强文库特色服务的创新性与可持续性开展全方位的对话和交流。研讨会分别由中国人民大学图书馆副馆长兼党委副书记刘春鸿、副馆长宋姬芳和清华大学图书馆特藏部主任袁欣、图书馆文库工作部主任贾芳主持，袁欣、北京大学图书馆特色资源中心主任邹新明、浙江大学图书馆高艳、上海交通大学图书馆兰小媛、武汉大学图书馆白建明、中国人民大学图书馆刘静、北京师范大学图书馆肖亚男等分别做主题报告。（中国人民大学图书馆　袁园）

【北京联合大学整合资源统一全校图书馆管理方式】 4月10日，北京联合大学整合资源统一全校图书馆管理方式。北京联合大学应用文理学院、师范学院、商务学院、生物化学工程学院等4个图书馆并入北京联合大学图书馆统一管理，校图书馆在各校区设分部。统一全校图书馆管理方式后，深化管理机制改革，经过广泛调研，在9月完成机构重新设置和教职工岗位聘任工作，在流通阅览部、资源建设部、参考咨询部、信息技术部的基础上新成立阅读推广部、读者活动部和学科服务部，有力推动图书馆服务育人工作的开展。（北京联合大学图书馆　赵树荣）

【北京联合大学图书馆三山五园文献馆启用】 9月4日，北京联合大学图书馆在应用文理学院的大力支持下，在建有北京学文库、严文明先生文库、燕京校友文库的基础上创建并启用三山五园文献馆。文献馆主旨是服务北京"四个中心"功能定位、体现北京深厚文脉底蕴和文化资源特色，集中陈列三山五园的文化创意产品、珍贵图集等。现有图书4000多册，全面、系统地整理、收集北京建都至今860余年间，与三山五园相关的历史、地理、园林、建筑、文化、自然景观等方面的文献资料。在服务学校人才培养和地方文化建设中发挥越来越大的作用。（北京联合大学图书馆　洪文　聂延平）

【中国矿业大学（北京）图书馆智慧学习空间启用】 9月1日，中国矿业大学（北京）图书馆智慧学习空间建成并正式启用。该空间引入全新的功能设计理念，更加关注读者，靠舒适的环境、养眼的视觉效果、理想的主题空间、个性化与多样化服务来满足读者的需求，方便读者阅读纸本文献、电子文献、研讨、交流乃至休闲。在空间布局、功能设计、舒适、生态环境等方面有所创新。靠大数据分析读者的阅读历史，以便提供给读者个性化的引导与智慧服务。（中国矿业大学（北京）图书馆　唐兵）

【第二届全国音乐院校图书馆联盟会议暨2017音乐艺术院校图书馆编目研讨会在中央音乐学院图书馆举办】 11月16—17日，第二届全国音乐院校图书馆联盟会议暨2017音乐艺术院校图书馆编目研讨会在中央音乐学院图书馆举办，全国16所音乐艺术院校图书馆参加会议，并就图书馆编目的相关问题展开研讨。中央音乐学院图书馆编目部参与会议主题发言，并与其他音乐艺术院校图书馆编目人员探讨编目技术有关问题，进行编目经验交流。此次会议在图书馆编目工作标准化与规范化上达成共识，进一步明确与CALIS的合作。（中央音乐学院图书馆　郭娜）

天津市

【概况】 截至2017年底，天津市共有各类型高等学校59所，其中本科院校19所、高职高专院校25所、独立院校（三本）11所、军事院校4所。

天津高等教育文献信息中心（简称 TALIS）负责全市高校图书馆的数字化建设。截至 2017 年 12 月底，TALIS 利用天津市教育信息化建设项目投资，采取“TALIS 买断”和“与成员馆联合引进”模式，共引进中外文数据库系统 70 个，子库达 300 多个，资源总量处于全国省中心首位，为推动天津高校教学科研发展提供重要保证。为保证联盟联采资源的高效利用，剔除个别使用率差的资源，编制《TALIS 联盟联采资源续订原则（试行稿）》，针对数据商的“预警机制”和“退出机制”，对合同期内使用效果不理想或者售后服务不佳、成员馆反映强烈的数据库供应商予以警告或者暂停续订的处理。

2017 年，天津市高校图书馆举办多项学术研讨、交流及读者服务工作。天津独立学院、军事院校图书情报工作委员会分中心召开图书馆建设与管理工作经验交流会；举办京津冀高校图书馆信息资源服务与共享协同创新联盟学术交流年会；成立中国古籍保护协会古籍保护志愿服务专业委员会暨文化志愿者联合会；举办“书香天津”第三届大学生“悦读之星”暨读者之星杯微书评大赛汇报表演等；组织天津各高校参加在内蒙古呼和浩特市召开的华北地区高校图协第 31 届学术年会。（天津市高等学校图书情报工作委员会）

【召开图书馆建设与管理工作经验交流会】 5 月 12 日，天津独立学院、军事院校图书情报工作委员会分中心在北京科技大学天津学院图书馆（以下简称“天津学院”）召开“图书馆建设与管理工作经验交流会”。天津高校图工委常务副秘书长、TALIS 副主任李广生以及来自天津 10 所独立院校、1 所民办院校、3 所军事院校近 40 人出席交流会。与会人员参观天津学院图书馆馆史馆、档案室，听取该馆馆长刘淑娥做题为“图书馆十二年管理感悟”的发言。天津学院图书馆在档案管理、馆史建设方面做了非常细致的工作，取得显著成绩，对兄弟馆的建设发展起到启发、借鉴作用。（天津市高等学校图书情报工作委员会）

【京津冀高校图书馆信息资源服务与共享协同创新联盟学术交流年会在天津举办】 11 月 9 日，京津冀高校图书馆信息资源服务与共享协同创新联盟 2017 年学术交流会在天津科技大学河西校区图书馆报告厅举行。交流会邀请联盟成员馆北京科技大学图书馆馆长季淑娟、北京工商大学图书馆馆长马春晖、河北科技大学图书馆馆长韩育做主题报告。京津冀高校图书馆信息资源服务与共享协同创新联盟旨在依托 CALIS、CASHL、BALIS、TALIS 等共建共享和协同服务平台，争取中央和地方政府立项支持，成立联合研究和服务团队，开展合作研究和协同服务，在资源共建共享、协同服务创新、专业人才培养、事业发展规划等方面，以学科服务合作为载体，推动各馆发展，深化资源共享，促进协同服务，提高学科服务能力，探索新型馆际合作模式，建设服务京津冀协同发展的信息资源共享机制，进而建立京津冀信息资源服务与共享协同创新共同体。（天津市高等学校图书情报工作委员会）

【南开大学图书馆开展“南开读书节”系列品牌活动】 4 月 21 日，南开大学图书馆联合南开大学学工部、研工部和团委推出的以“丽泽南开翰墨香”为主题的第七届“南开读书节”系列活动在津南中心馆多功能厅开幕。活动为期一个月，包括：第三届“书香天津”大学生校园“悦读之星”评选活动，The key of library——寻找圕（图书馆）密码，“走进古籍、浸润书香”文化体验活动，换种方式“读”名著——读名著、赏电影、享心得，图书馆 · 遇见文明的自己——文明倡议展等活动。（南开大学图书馆）

【南开大学图书馆加强队伍建设　创新驱动优化空间服务】 2017 年，南开大学图书馆积极适应“双一流”建设需要，全面调整部门建制。着眼于服务科学决策，提供大学科竞争力分析数据，建立学科服务部；着力加强文化展示、活动和宣传，成立文化建设和推广部；稳固基本运行保障，织密风险防范体系，设立后勤保卫部。加强馆员培养，立足岗位营造复合型人才成长环境；扩大干部轮岗交流，促进工作创新。进一步优化空间管理，津南馆增设文化展示空间、读者互动空间，增设朗读亭、教师阅览室，设立马克思主义专题书架和中华传统文化书架。逸夫馆大修搬迁工作启动，完成古籍特藏文献布局工作。（南开大学图书馆）

【天津大学图书馆以改革深入推进各项工作】 2017年，天津大学图书馆着力深化改革，求真务实，扎实推进各项工作。文献资源建设稳步发展，基础服务不断优化，品牌文化活动持续丰富。特别是在空间建设方面，继续调整完善馆舍空间布局，促进服务功能转型与升级。北洋园校区图书馆积极开发教师备课室、录播室等特色空间资源，卫津路校区图书馆北馆完成馆舍改造，科学图书馆完成无线网络覆盖。在内部管理、队伍建设方面，完成组织架构全面调整、馆内干部聘任及全员聘岗等系列工作，为图书馆持续繁荣发展奠定人事、人才基础。（天津大学图书馆）

【《春夏秋冬》特种邮票首发仪式暨著名学者冯骥才先生讲坛在天津财经大学举行】 3月20日，由天津财经大学图书馆与中国邮政集团公司天津市集邮公司共同主办的《春夏秋冬》特种邮票首发仪式暨著名学者冯骥才先生讲坛在天津财经大学举行。全国政协常委、天津大学冯骥才文学艺术研究院院长、著名作家冯骥才莅临活动现场并做主题演讲。冯骥才以“四季”“诗与画”“读书”为关键词，探讨中国文化蕴含的意境与智慧，鼓励青年学子珍惜时光，多读人文经典著作，开阔视野，追求真理，提升精神境界。此次活动申报的参赛案例“邮芳书香　共享悦读”在2017年11月举行的“第二届全国高校图书馆阅读推广案例大赛”中荣获二等奖。（天津财经大学图书馆）

【天津师范大学图书馆获批全国古籍重点保护单位】 4月23日，天津地区古籍保护成果展开幕仪式暨天津师范大学图书馆获批全国古籍重点保护单位揭牌仪式在天津师范大学图书馆举行。开幕仪式由天津师范大学副校长梁福成主持，国家图书馆副馆长、国家古籍保护中心副主任张志清等领导、天津师范大学图书馆和历史文化学院的负责人以及来自天津市22家公私藏书单位的代表等出席揭牌仪式。（天津师范大学图书馆）

【中国古籍保护协会古籍保护志愿服务专业委员会暨文化志愿者联合会在天津成立】 11月8日，中国古籍保护协会古籍保护志愿服务专业委员会暨文化志愿者联合会成立大会在天津师范大学举行。此次会议由中国古籍保护协会主办，天津师范大学图书馆承办。中国古籍保护协会会长刘惠平等出席。来自上海图书馆、南京图书馆、山东省图书馆、湖北省图书馆等15个委员单位代表及南开大学、山东师范大学、金陵科技学院等合作院校代表近40余人、天津师范大学古籍保护志愿者委员会的100余名学生代表参加会议。（天津师范大学图书馆）

【天津音乐学院图书馆举办“书香天津”校园“悦读之星”评选系列活动】 4月20日，天津音乐学院2017“书香天津”第三届大学生校园“悦读之星”校内决赛在天津音乐学院图书馆举行。活动旨在进一步推动全民阅读的开展，倡导广大师生多读书、读好书，提高大学生综合素质，提升校园文化。比赛由图书馆、宣传部、团委共同主办，经校内专家评审推选，共9名同学晋级，民乐系2015级研究生徐杉同学获得一等奖，并代表学校参加天津市表演赛。在全市32所高校推荐的选手中，徐杉荣获表演赛一等奖；另有4人获市级“悦读之星”提名奖。（天津音乐学院图书馆）

【中国民航大学图书馆设立物资采购管理岗】 8月，为理顺物资采购流程，中国民航大学图书馆设立物资采购管理岗，由专人负责图书馆各类物资的采购过程管理，实现采购管理的规范化和精细化。将分散在各业务部门的采购需求集中统一办理，节省人力，采购质量提高。如采购管理人员应广大教师和科研人员的要求，启动Elsevier Science Direct数据库的采购调研工作，向107名专家学者发出调研问卷，并结合学校近5年国际论文发表情况、专家学者调研情况以及硕士点分布情况制订符合学校需求的SD数据库订购方案，订购方案中专家建议的期刊采纳率达到91.6%。（中国民航大学图书馆）

河北省

【概况】 截至2017年底，河北省共有各类高等学校图书馆114个。其中普通本科高校图书馆49个（含民办12个），高职高专图书馆59个（含民办11个），成人高等学校图书馆6个。馆舍总建筑面积78.9万平方米，阅览座位共7.2万个。华北理工大学新馆投入使用，河北医科大学、燕山大学、河北工业大学、河北工程大学等 5 个图书馆的新馆正在建设中。文献总藏量 5719 万册，年度经费投入 1.95 亿元，95%以上的高校图书馆建有网站。从业人员 2032 人，其中专业技术人员 1629 人，占 80%；持证读者 54 万人。（河北省高校图工委）

【2017 年河北省高校图书馆年会召开】 6 月 26—28 日，由省高校图工委主办、河北建筑工程学院承办的“高校图书馆的服务创新之路——2017 年河北省高等学校图书馆年会”在河北省张家口市召开，河北省教育厅高教处副处长林伟，河北建筑工程学院院长师涌江、河北建筑工程学院副院长翁维素，北京大学教授刘兹恒，河北大学图书馆学系主任赵俊玲等领导和嘉宾出席大会，来自河北省 50 多家高校的 160 余名代表参加会议。整个会议围绕“高校图书馆服务创新”这一主题展开。刘兹恒和叶艳鸣分别做题为“新媒体环境下高校图书馆的发展”“新媒体、新技术、新服务——基于知识空间的图书馆创新服务”的主旨报告。分会场围绕高校图书馆管理创新、服务创新和资源建设工作创新进行专题发言和热烈讨论。（河北省高校图工委）

【首届“知网杯”河北省高校图书馆服务创新案例大赛举办】 2017 年，为充分发挥河北省高校图书馆的服务职能，促进交流学习，推广先进思想，大力提高全省高校图书馆的整体创新服务能力与水平，河北省教育厅、河北省高校图工委联合举办首届“知网杯”河北省高校图书馆服务创新案例大赛。此次大赛是河北省高校图书馆系统的最高级别专业赛事。共收到 31 所高校的 63 个案例。经过评委初审和现场决赛，最终评出特等奖 1 个、一等奖 2 个、二等奖 3 个、三等奖 6 个、优秀奖 12 个。河北大学图书馆的案例“‘囲·送你离别，感恩母校，一路伴书’——河北大学图书馆毕业季暖心志愿服务活动”荣获特等奖，华北理工大学图书馆的案例“双微互动，展读者风采，线上线下，品书香校园——‘诵读　感悟　分享’华北理工大学书香校园诵读者大赛”和河北金融学院图书馆的案例“跟踪学科前沿，助力教学科研——河北金融学院图书馆学科动态专题报道服务案例”荣获一等奖。（河北省高校图工委）

【河北省高校图书馆资源建设研讨会暨资源建设馆员培训班举办】 为迎合河北省实现由教育大省向教育强省的转变和“双一流”建设目标，提升高校图书馆资源建设质量，增强资源建设馆员业务素养，11 月 22—25 日，由河北省高校图工委主办、河北大学图书馆承办的“河北省高校图书馆资源建设研讨会暨资源建设馆员培训班”在保定召开。河北大学副校长李军凯、河北省教育厅高教处副处长高明等领导出席开幕式并致辞，东北师范大学图书馆馆长刘万国等 8 位专家授课，来自河北省高校图书馆的 80 多名代表参加此次培训。此次培训班通过采取专家报告、经验交流与案例分享等方式，深入探讨“双一流”建设、“互联网 + ”时代背景下图书馆信息资源建设的理论与实践，对提升河北省高校图书馆信息资源建设水平起到了积极的推动作用，使图书馆更好地为学校教学科研、学科建设和人才培养提供服务和保障。（河北省高校图工委）

【教育部科技查新工作站 Z01 河北大学分站签约仪式在河北大学举行】 3 月 3 日，教育部科技查新工作站 Z01 河北大学分站签约仪式在河北大学主楼 302 会议室举行。教育部高等学校图书情报工作指导委员会主任、北京大学图书馆馆长朱强，河北大学副校长李军凯、河北大学图书馆馆长张如意出席签约仪式，北京大学图书馆研究支持中心主任张春红，CALIS 管理中心业务办公室主任冯英，河北大学宣传部、信息技术中心、学科建设与学位管理处，京津冀信息服务协同创新中心、图书馆和各学院代表参加签约仪式。教育部科技查新工作站 Z01 河北大学分站在河北大学的建立是科技服务平台共建共享的重要举措，将为河北大学“双一流”建设和“一省一校”建设工作发挥良好助力作用。（河北大学图书馆）

【北京大学—河北大学馆际借阅签约及借阅证互换仪式在河北大学举行】 根据《京津冀信息服务协同创新共同体合作协议》内容中的资源共享计划，落实新型的馆际文献资源共享合作模式，扩大北京大学、南开大学、河北大学三校读者利用文献信息资源的范围，3 月 3 日，北京大学—河北大学馆际借阅签约及借阅证互换仪式在河北大学举行。北京大学和河北大学图书馆之间率先办理馆际借阅证，读者持证可相互免费借阅对方馆藏文献。馆际借阅证的开通是信息资源共享的有力手段，这将有效促进两校信息资源和信息服务互通共享，为下一步京津冀信息服务协同创新平台的建立打下坚实的基础。（河北大学图书馆）

【河北大学图书馆当选保定市“十佳全民阅读基地”】 2017年，在由保定市文化广电新闻出版局、保定市全民阅读办公室组织的保定市2016年“十佳全民阅读基地”“十佳全民阅读社会组织”和“十佳全民阅读推广人”评选活动中，河北大学图书馆获得2016年度保定市“十佳全民阅读基地”称号，该馆朱立平老师荣获“十佳全民阅读推广人”称号。（河北大学图书馆）

【河北省高校图书馆馆长论坛暨CALIS助力高校学科服务业务研讨会召开】 6月7—9日，由CALIS管理中心主办、燕山大学图书馆承办的河北省高校图书馆馆长论坛暨CALIS助力高校学科服务业务研讨会在秦皇岛举办。CALIS管理中心副主任、北京大学图书馆副馆长陈凌和河北省图工委副秘书长、河北大学图书馆副馆长任瑞娟出席开幕式并致辞。CALIS技术中心陈金莉、北京大学图书馆马芳珍、武汉麦达电子有限公司何宏祥等多位专家授课培训，来自河北省本科高校的馆长、业务骨干近70余名代表参加本次会议。会议围绕CALIS发展趋势及CALIS新开发的“查收查引自动化系统”展开培训，并就图书馆资源建设中存在的问题以及CALIS的下一步发展展开探讨。此次会议对河北省高校图书馆之间资源的共建、共知、共享以及“双一流”建设背景下学科服务业务的不断发展和完善具有重要推动作用。（燕山大学图书馆）

【燕山大学图书馆承办2017年高等学校图书馆新任馆长高级研修班】 为了提升新任馆级领导的图书馆专业素养，创新办馆理念，培养职业情感和工作热情，由中国图书馆学会高等学校图书馆分会、教育部高校图书情报工作指导委员会、北京大学图书馆主办，燕山大学图书馆、中国教育装备采购网承办，万方数据、百度学术协办的2017年高等学校图书馆新任馆长高级研修班于7月3—8日在秦皇岛举办。中国图书馆学会副理事长、高校图书馆分会主任、北京大学图书馆馆长朱强，燕山大学图书馆馆长李慧剑出席开班仪式并致辞。朱强、澳门城市大学图书馆馆长燕今伟、北京大学图书馆副馆长肖珑、北京大学图书馆副馆长聂华、武汉大学图书馆党委书记楚龙强、中国农业科学院文献信息中心主任孙坦、南开大学信息资源管理系教授柯平等多位专家授课，来自全国高校的近70名图书馆领导参加研修。既定授课结束后，研修班学员赴燕山大学图书馆就文献资源建设、学科服务、管理制度等业务工作进行参观考察与交流探讨。此次研修班对于促进燕山大学图书馆拓展学习交流渠道、丰富业务知识积累、加强图书馆建设和管理具有重要的推进作用，尤其是为新图书馆的运行和管理提供新的理念和方法。（燕山大学图书馆）

山西省

【山西高校图工委修改章程推动高校图书馆事业发展】 2017年，结合工作实际，山西高校图工委秘书处积极组织力量对已不适应时代发展的2009年制定的“图工委章程”中的关键性条款“组织结构”及其他有关条款进行研究，并做出针对性地修改和完善。修订后的章程于2017年12月8日在图工委秘书长会议上进行讨论、修改并表决通过，经省教育厅审核批准生效。此次修订引入“协同变化，以岗构建，自然衔接”的理念，解决因各单位组织人事变化造成工作衔接问题的历史性难题，理顺组织结构关系，为图工委工作的顺利开展提供稳定持续有效的规范性依据。（山西大学图书馆　赵冬梅）

【山西高校图工委组织联合采购活动】 11月1日，山西高校图工委在山西大学图书馆组织山西高校图书馆联合采购谈判活动。达成“EBSCO平台ASP + BSP及ASC + BSC数据库”“中科多媒体教育资源数据库”“超星期刊数据库”“读秀学术搜索与百链云图书馆”4个产品的合作意向，签署备忘录及合作文件。（山西大学图书馆　赵冬梅）

【“百年大讲堂”之“从《资治通鉴》看中国传统政治文化及其现代启示”讲座在山西大学图书馆举办】 5月8日，山西大学图书馆举办“百年大讲堂”系列讲座之“从《资治通鉴》看中国传统政治文化及其现代启示”。特邀河北省委党校教授、中央电视台百家讲坛《评说资治通鉴》系列节目主讲人丁万明主讲。讲座围绕《资治通鉴》的地位与影响、《资治通鉴》中蕴含的修身之道、《资治通鉴》记载的豪杰枭雄、如何研读《资治通鉴》进行讲解。（山西大学图书馆　赵冬梅）

【山西大学图书馆举办跨界融合创新发展研讨会】 8月17—18日，山西大学图书馆联合山西省图书馆、清华大学图书馆、香港大学图书馆和《中国学术期刊（光盘版）》电子杂志社有限公司在山西太原主办以“转型升级、跨界融合、创新发展”为主题的“2017年数字出版与数字图书馆融合发展国际研讨会”。本次会议使业界对图书馆的新业态以及融合发展与协同创新有了更加清晰而深刻的认识，对推动山西省高校图书馆的现代化、信息化、数字化建设以及转型发展具有重要意义。（山西大学图书馆　赵冬梅）

【山西大学图书馆启用座位管理系统并延长开放时间】 9月18日起，山西大学图书馆为解决学生占座问题，提高座位使用效率，启用座位管理系统，并实现座位管理系统与微信平台的对接，工作人员可以通过微信平台非常方便地了解图书馆各个区域座位使用情况，学生也可以通过平台预约、选座，解决图书馆长期以来的排队拥挤问题。2017年11月起，开馆时间延长到晚上11点，每周开馆时间达到94小时，超过《普通高等学校图书馆章程》规定的周开放时间。（山西大学图书馆　赵冬梅）

【山西财经大学提出构建“六个图书馆”的战略规划】 2017年，山西财经大学图书馆以“加强内部管理，提高馆员素质，提升图书馆形象”为目标，提出构建“六个图书馆”的战略规划，即齐抓共管，建设平安图书馆；赶超图强，建设创新图书馆；智能环保，建设现代图书馆；凝心聚力，建设和谐图书馆；正风铸魂，建设文化图书馆；仁爱共享，建设幸福图书馆。该战略规划于2月14日全馆大会上宣布，明确图书馆今后发展的目标和方向，并以此为契机开展全年工作，修订完善各项规章制度，开展安全教育培训，组织业务培训等。（山西财经大学图书馆　王玉宝）

【“芸窗雅事”中国传统文人雅集主题展览在山西财经大学和太原科技大学举办】 10月18—30日，山西财经大学图书馆举办“芸窗雅事”中国传统文人雅集主题展览，活动展现中国传统书画的魅力，弘扬中国优秀传统文化。通过活动不仅让同学们深刻感受到中华文化源远流长的深厚底蕴，也陶冶了同学们的情操，进一步推动校园文化建设。展览期间，于24日举办“高校图书馆文化艺术空间建设”研讨会，省内高校10余位馆长到会参加研讨，共同品读中国传统文人雅集展览。11月，太原科技大学图书馆为丰富大学校园课余文化生活，也举办了“芸窗雅事”中国传统文人雅集主题展览，受到师生的一致好评。（山西财经大学图书馆　王玉宝）

【山西财经大学与地方公共图书馆签署援助协议】 2017年，山西财经大学图书馆与清徐县图书馆、古交市图书馆签订援助合作协议，图书馆开始面向这些兄弟县、市馆提供文献资源共享服务，并赠送各种学术科技期刊242种2644册。同时，图书馆还面向周边社区读者办理图书借阅证，一方面提高图书馆图书的流通借阅率，拓展图书馆的服务领域，另一方面向周边地区的社会开放服务，将本校图书馆服务地方经济建设提上日程。（山西财经大学图书馆　王玉宝）

【山西师范大学馆藏社科数字资源日渐优化】 2017年3月，山西师范大学图书馆自建特色数据库“山西师范大学博硕士论文数据库”和“山西师范大学图书馆馆藏线装古籍数据库”数字化工作正式启动。5—11月，该馆配合学校“十三五”规划“一体两翼”的布局，结合社会科学文献资源需要长期积累和自然科学研究专注最新研究成果的不同特点，图书馆重点进行馆藏社科数字文献资源体系建设。在学校的大力支持下，利用2016和2017年项目申报争取到的中央支持地方高校建设下拨资金300万元，以本地镜像的方式购买3部大型中文数据库：北京爱如生公司的“中国基本古籍库”、上海图书馆的“晚清、民国期刊全文检索数据库”、国家图书馆的“中国数字方志库”，极大地丰富馆藏社科数字文献资源，提升社科数字文献资源的检索能力，为学校文科教学与科研，重点学科攀升计划实施，国家和省级社科项目申报和完成奠定坚实的文献资源

基础。（山西师范大学图书馆　李晋林）

【山西师范大学启动《山西师大文库》建设】 2017年，山西师范大学图书馆启动《山西师大文库》的筹备工作。在考虑彰显本校学科特色、学术传统、历史文化积淀的前提下，在新校区新馆建设、60周年校庆、教育部本科教学评估的推动下，通过校友会联系接受捐赠或购买的方式，广泛征集一直在山西师范大学工作的教职工、与山西师范大学曾有过工作关系的党政干部和教师、山西师范大学毕业学生等有关人员的著作，逐步丰富此部分馆藏。（山西师范大学图书馆　李晋林）

【运城学院启用自助借还书机系统】 2017年1月，运城学院图书馆自助借还书机正式启用，自助借还书系统可自行完成对读者卡识别、图书的条形码扫描、图书的充消磁作业、数据上传等功能，读者通过机器实现自主借还，操作简便，在人员不增加的情况下，有效延长图书馆服务时间，提升服务质量。（运城学院图书馆　马莉）

【图书文献资源订购决策支持系统在太原科技大学正式启动】 2017年3月，太原科技大学图书馆启用图书文献资源订购决策支持系统，实现图书馆对电子资源访问量、下载量的数据统计、监测功能。基于统计数据可以达到对电子资源的绩效评价和分析，从而可以促进电子资源采购资金的合理使用。（太原科技大学图书馆　赵子龙）

内蒙古自治区

【内蒙古大学图书馆】 内蒙古大学图书馆现馆舍面积达44000平方米。2017年新增中、外文及蒙古文图书13.57万册；接收各类赠书6038册；资料室新增书刊近6171册；装订期刊417册，馆藏印本资源293.66万册；中外文数据库96个；向CALIS中心提交数据7517条；相关蒙古文电子书数据加入防盗版水印；开放共享图书接口；制作蒙古文期刊630余册。扫描欧洲国家所藏蒙古文古籍文献缩微胶卷，形成图片文献3930页。入库博士硕士学位论文478余篇。接待读者144.97万人次，阅览室周开放101.5小时；借还图书近40万册。共完成各类型查新报告505项；出具个人或机构论文查证报告485份；完成文献传递167件14195页，馆际互借41册。（内蒙古自治区图书馆学会　乌兰格日勒　李文清）

【内蒙古大学举办蒙古文数字图书馆开通暨与包头市共建共享工程启动仪式】 5月17日，内蒙古大学启动包含蒙古文文献管理系统、蒙古文文献资源数字共享平台、蒙古学信息服务平台等9大文献信息资源体系的“内蒙古大学蒙古文数字图书馆”，并与包头市公共图书馆、各高校图书馆建立蒙古文图书文献信息资源的共建共享。内蒙古大学图书馆收藏蒙古文文献约15万册，是全球最大的蒙古学文献中心，馆藏的蒙古文图书、学术期刊以及包括《甘珠尔经》在内的重要蒙古文古籍均已实现数字化，开通耶理巴文献管理集成系统。启动仪式上，包头市向内蒙古大学图书馆赠送《梅力更召蒙古文通经集成》。（内蒙古自治区图书馆学会　乌兰格日勒　李文清）

【内蒙古大学图书馆建设“桃李湖畔·书香内大”校园文化精品项目】 2017年内蒙古大学图书馆继续举办“桃李湖畔·书香内大”文化育人系列活动。举办桃李湖畔·名师讲堂64场，名师讲堂累计举办105期；桃李湖畔·英语沙龙5场，英语晨读坚持5个学期；桃李湖畔·读书会7场；桃李湖畔·学者赠书14场；桃李湖畔·经典诵读2周；桃李湖畔·真人图书3期；桃李湖畔·原创诗词大赛；“桃李湖畔·我与内大图书馆”有奖征文大赛；桃李湖畔·共读一本书和桃李湖畔“朗诵经典”朗读比赛等活动。“桃李湖畔·书香内大”文化育人项目的各项活动得到凤凰卫视、新华网、中国教育在线（教育部主管）、中国之声（央广传媒）、东方网、《内蒙古日报》、《呼和浩特日报》、内蒙古电视台、网易内蒙古、正北方网等多家主流媒体报道，收到较好的社会效益。（内蒙古自治区图书馆学会　乌兰格日勒　李文清）

【内蒙古师范大学图书馆】 2017年，内蒙古师范大学图书馆馆藏纸质书刊累计达到225万册，拥有中外文数据库75个（其中自建数据库3个），开放阅览室21个，阅览座位3208个，年接待读者130万人次，外借图书93991册次，电子资源检索下载量2457.4万篇次，事业编制及校内备案制职工86人（高级职称33人）。购入《清代钦差驻库伦办事大臣衙门档案档册汇编》《清代阿拉善和硕特旗满文档案选编》《民国边政史料汇编》《清代阿拉善和硕特旗蒙古文档案选编》等大型民族和地方文献。参与CALIS联合目录建设成绩显著，同时还致力于中国少数民族文献联合目录建设。对中心机房设备进行升级改造，引入Oracle数据库系统。面向全校师生多次举办数据库培训讲座，为新入职教师开展“无障碍获取学术资源”专题讲座。（内蒙古自治区图书馆学会　乌兰格日勒　李文清）

【内蒙古师范大学图书馆完成古籍线装书清点工作，“馆藏线装古籍目录数据库”上线】　9月，内蒙古师范大学图书馆历时3年，完成对线装古籍图书清点工作，共清点在架古籍图书7102部（以排架号计算）12887函81380册。对馆藏古籍线装图书进行清点基础上，每函或每册增加书名、著者、出版等信息，打印出统一格式的标架标牌逐一进行整理标架。整理完成《图书馆馆藏线装古籍图书清查工作总结》《图书馆馆藏线装古籍清点目录》《内蒙古师范大学图书馆馆藏古籍线装书目录》。对所藏古籍加装函套，标注名目。随着清点工作完成，内蒙古师范大学图书馆“馆藏线装古籍目录数据库”上线，向读者提供馆藏线装古籍图书的书目检索，更加方便读者利用。（内蒙古自治区图书馆学会　乌兰格日勒　李文清）

【内蒙古农业大学图书馆】　内蒙古农业大学图书馆现有馆舍面积25986平方米，馆藏纸质文献159.05万册，可提供阅览座位1600余个。设有7个部室，职工76人。其中博士学位5人，硕士学位10人；正高级职称2人，副高级职称31人。2017年共验收中文图书23636种69899册，中外文期刊11996册。全年完成现采、目录选购中文图书15832种47496册，订购中文期刊1070种1219份，外文期刊65种65份，报纸76种97份，蒙文图书258种1114册。接待读者65.35万人次，新书分类、上架、排架、定位、盘点23636种69899册。上架中文期刊1070种、报纸76种、外文期刊65种。完成16万册保留本文献排架、上架工作；定期交换学报1207册。荣获CALIS全国农学文献信息中心“先进集体单位”的荣誉称号。（内蒙古自治区图书馆学会　乌兰格日勒　李文清）

【内蒙古农业大学图书馆举办图书馆报刊中心开馆启用仪式】　6月30日，内蒙古农业大学在东校区图书馆报刊中心门前举行图书馆报刊中心开馆启用仪式暨庆祝自治区成立70周年弘扬民族文化趣味知识竞赛系列活动开幕式，副校长芒来出席启用仪式并为报刊中心揭牌，图书馆馆长王明玖主持启用仪式。趣味知识竞赛系列活动由宣传部、林学院、图书馆主办，大学生职业定位与发展协会承办，包括活动开幕式、草原文化讲座、知识竞赛等环节。（内蒙古自治区图书馆学会　乌兰格日勒　李文清）

【内蒙古工业大学图书馆】　截至2017年11月底，内蒙古工业大学图书馆馆藏纸质图书共计44.71万种134.01万册，购买中外文电子图书共计136.08万种，电子期刊34314种，Elsevier-SD、EBSCOhost、SCI、EI、万方和中国知网等大型中外文数据库共66个，拥有218TB存储空间、27台服务器。数字资源续订工作共计使用经费765万元。共计接待读者167.17万人次，日均达到6191人次。各类镜像和网络数字资源全年全天24小时在校园网上开通，图书馆网站全年读者访问量达137万人次。（内蒙古自治区图书馆学会　乌兰格日勒　李文清）

【内蒙古自治区首家本科高校“校园书屋”进驻内蒙古工业大学】　7月7日，新华发行集团校园书屋进驻内蒙古工业大学启动仪式在内蒙古工业大学金川校区逸夫图书馆举行。内蒙古党委宣传部、内蒙古新闻出版广电局、内蒙古新华发行集团股份有限公司及内蒙古工业大学的领导等出席。“校园书屋”是内蒙古新华发行集团股份有限公司和内蒙古工业大学本着“优势互补、资源共享、互惠互赢、共同发展”原则协议建成，这也是自治区本科高校中的首家“校园书屋”。（内蒙古自治区图书馆学会　乌兰格日勒　李文清）

【内蒙古医科大学图书馆】　2017年，内蒙古医科大学图书馆总建筑面积30381.64平方米。现有专业技术人员69人，主编或参编著作8部，发表论文20篇。主持科研项目，国家级1项、省部级2项、校级2项，获批实用新型专利3项。馆藏纸质图书156.96万册，纸质期刊1142种，电子图书79.99万册。2017年图书经费投入639万元，新增纸质图书50362册。收藏甘珠尔经（108卷）和丹珠尔经（124卷）等珍贵文献2万余册。现有数据库64个。馆藏文献资源建设坚持“保证重点、突出特色、优化结构、注重实效”的文献资源建设原则，形成以医学、药学、生物学为主，兼顾社会科学、自然科学的，纸质文献与电子资源相结合的馆藏文献资源保障体系。在提供传统纸质文献服务的同时，图书馆拥有各类阅览室11个（座位数约1700个）、学科服务中心1个、内医人文库1个、录播多媒体教室1个、研修间3个、多功能电子阅览室1个及地下基藏书库，共有568台计算机。图书馆服务水平全面提升，接待读者45131人次，借书17244册。举办读书月或宣传周活动等读者活动10次，开放OPAC查询系统、网上荐书系统等服务项目。安排各类数据库及信息服务讲座10次，专题读者培训2000余人次。（内蒙古自治区图书馆学会　乌兰格日勒　李文清）

【内蒙古医科大学图书馆开展蒙医药文献保护工作】 内蒙古医科大学图书馆大力加强民族地方文献建设，完善蒙医药文献及中医古籍文献保护及专用设备建设，改善阅览环境，建立古籍文献阅览室。建立《中国医学史》实践课堂，并挂牌“中医医史文献实验室”，成为中医学院古籍文献实习基地。实现传统医学文献藏、阅、学一体化管理。完成反映内蒙古医科大学图书馆馆藏蒙医药文献的蒙汉双语《蒙医药文献索引图录》工具书的编撰出版工作，并荣获2017年CALIS医学中心基金项目三等奖。（内蒙古自治区图书馆学会　乌兰格日勒　李文清）

【内蒙古财经大学图书馆】 2017年，内蒙古财经大学图书馆全年投入经费791万余元。其中，数据库建设投入570万元，比2016年增加375万元；纸质图书投入115万，比2016年增加9万元。新增数字资源库15个，达到60个；新增中文图书、蒙古文图书分别为9472种19372册、444种901册；完善并增设蒙古文特色资源、草原丝绸之路文库、财大文库和特藏文库资源。全面实行“一卡通行、自助服务”的模式。加大人才队伍建设力度，馆员读书活动、服务形象建设、服务能力建设工作进入制度化阶段，大力引进高层次人才，打造高学历、多学科、高水平、年轻化的馆员队伍。各类文化活动形成常态，参与人数众多。加入全国财经高校特色资源自建共享平台，举办首届内蒙古地区高校图书馆馆长论坛，全区各高校图书馆馆长、副馆长及业务骨干60余人参加，会上各馆长就总分馆模式、文献信息资源建设和服务创新等问题进行交流。（内蒙古自治区图书馆学会　乌兰格日勒　李文清）

【内蒙古赤峰学院图书馆】 截至2017年底，赤峰学院图书馆完成4万余册纸质图书的采购任务，馆藏纸质图书总量为120.8万册，全年新增图书达44525册；续订、新增数据库总量为33个，先后开通30多个数据库的试用；电子图书累计616220册，电子期刊累计24340种；对各借阅室的近40万册蒙汉文图书进行全面清点和典藏；新引进1名硕士研究生，馆员多次参与图书馆会议及相关培训。全年累计接待读者约130万人次；书刊外借量21333册次；电子资源访问量630.71万次，相比2016年增长137.42万次；增加1500多个阅览座位，安放休闲座椅，更新全部门牌标识及书架架标；围绕“4·23”世界读书日开展读书节系列活动，积极开展阅读推广工作；开展深层次的信息咨询服务，强化参考咨询业务；加强图书馆自动化、网络化、信息化、数字化建设；加强图书馆微信公共服务平台的建设，充分发挥移动图书馆的功能；加强自建数据库建设，提供特色化文献资源服务。（内蒙古自治区图书馆学会　乌兰格日勒　李文清）

【内蒙古赤峰学院图书馆举办世界读书日系列活动】 赤峰学院图书馆开展以“品读经典　传承文明”为主题的读书节活动，并于4月28日下午举行读书节活动启动仪式。读书节活动自4月23日开始至5月31日结束，内容涵盖“世界读书日”主题宣传、读书节活动启动暨读书协会成立、“那些年我们品读的经典”精品图书推介、“享读经典”诵读大赛、古韵流芳——中华传统文化大赛、数字资源宣传与培训等6项子活动。同时，图书馆还组建微信公众平台“赤峰学院师生阅读交流群”，并依托读书协会组建“赤峰学院读书协会交流群”和“赤峰学院读书协会会员群”，以传播阅读信息，引导师生共读，营造书香氛围。（内蒙古自治区图书馆学会　乌兰格日勒　李文清）

吉林省

【北华大学图书馆举办“专利知识”讲座】 3月28日，在北华大学东校区图书馆报告厅举办“专利知识”讲座，邀请知识产权培训师、专利代理人郭慧主讲。讲座从专利的概念、分类、发展历史、审查制度等角度介绍专利文献基础知识，重点介绍如何利用 incoPat 科技创新情报平台获取专利信息情报。通过现场操作实践，在互动中学员对数据库有了深度掌握，学习到一些简单实用的检索技巧，增进师生对专利申请及知识产权保护的认识，为提高学校专利申请的质量和效率起到积极的促进作用。（北华大学图书馆　汤林芬）

【北华大学图书馆举办“十里春风　书香悦动”主题读书宣传月系列活动启动仪式】 4月21日，为纪念第22个“世界读书日”，北华大学图书馆与校党委宣传部、校团委、校语委、北京超星公司联合举办的以“十里春风　书香悦动”为主题的读书宣传月系列活动正式启动。“阅读推广活动优秀奖”、“图书借阅之星”、“好书推荐奖”、“那些年，感动我的一本书”书评征集大赛“最佳书评奖”等获奖者受到表彰；发布2017年“北华人书单”和“北华大学2016年阅读大数据”；北华大学党委副书记徐国成、图书馆馆长王毅军为启动仪式揭牌。启动仪式当天，图书馆还举办“你选书　我埋单”图书荐购、中英文有奖猜谜，“悦读绕口令，看谁读得快”有奖阅读活动、参考咨询服务、电子文献阅览室免费上机等系列活动。（北华大学图书馆　王圣镔）

【北华大学图书馆北校区馆学习空间、书苑沙龙正式投入使用】 8月，北华大学北校区图书馆进行阅览室功能改造，原外语学习共享空间更改为书苑沙龙，原自修室、研究间阅览室合并为学习空间。经过改造，增加了投影仪、音响、创客直播等现代化设备。通过馆内改造，进一步深化“读者第一、服务至上”的思想，树立创新服务理念，改进服务方法，提升服务质量，以科学管理制度和现代技术为手段，高质量、高效益地为学校教学、科研和管理服务。（北华大学图书馆　胡涛）

【北华大学图书馆东校区打造个性休闲阅读空间】 为满足广大读者休闲、就餐等需要，北华大学图书馆在东馆设立休闲咖啡吧，广大读者可以在室内就餐、开展交流活动。8月，在书苑沙龙里面设立新东方外语学习空间和中科创新学习空间两个学习空间，给读者打造轻松的交流、研讨、分享学习空间，空间设有小型讨论区和学习区，配备相关的电子产品和数据库资源。截至2017年，新增阅读共享空间休闲家具及学习空间阅览座位545个。（北华大学图书馆　张旭东）

【北华大学图书馆新生入馆教育工作顺利完成】 8月31日—9月2日，北华大学图书馆开展为期3天的新生入馆教育，全校2017级新生参加“如何利用图书馆”系列培训教育。图书馆高度重视本次培训，积极制订详尽的工作预案，并根据图书馆的实际情况，修订入馆教育培训课件，以保证新生入学教育工作顺利进行，图书馆10余名教师参与此次培训。培训中，主讲老师向同学们介绍图书馆的重要作用、馆舍情况、文献资源状况、服务内容、机构设置、开馆时间、怎样借还图书、联机目录查询、有关索书号与分类法的基本知识、图书馆网站及入馆注意事项等问题；带领同学参观馆舍布局，通过实际演示，让同学们以最快的速度、亲身体验的方式认识图书馆，加深对图书馆服务功能的印象，使新生在入学之初就对图书馆产生浓厚兴趣，了解使用图书馆的基本方法，对图书馆的重要地位、文献资源和信息服务等有清晰的认识和了解。（北华大学图书馆　汤林芬）

【北华大学图书馆举办“丹枫迎秋　书香浸染”迎新季阅读推广系列活动之“传承国学经典　致敬万世师表”经典配音、朗读、话剧大赛】 11月10日，由北华大学图书馆、共青团北华大学委员会、北华大学语言文字工作委员会、北京超星集团联合主办，图书馆志愿者协会协办的“传承国学经典　致敬万世师表”经典配音、朗读、话剧大赛总决赛在南校区文科楼117举行。本次比赛由东、南、北三个校区图书馆志愿者协会共同参与策划、组织实施。比赛分为“传承国学，音绎经典”主题配音大赛、“新生时代人，北华诵读者”朗读大赛、“剧”精彩——话剧大赛三个版块。初赛利用超星学习通完成，经过大众评比最终有15个作品进入决赛，产生最佳人气奖和优秀组织奖。本次比赛是为纪念孔子诞辰2568周年而举办的经典诵读系列活动之一，每年都定期开展不同形式的活动。今年的比赛活动，不仅营造了全校师生爱读书、读经典的良好氛围，而且促进了大学生对超星学习通的使用，锻炼大学生在舞台上展现自己的风采的能力。（北华大学图书馆　王圣镔）

【长春光华学院图书馆开设书法兴趣课堂】 2016年11月，长春光华学院图书馆开设书法兴趣第二课堂，为全校书法爱好者搭建交流互动平台。2017年7月至8月，进行空间再造，9月“鉴朗轩”启用，面向全校师生开放。鉴朗轩因刘勰的《论养气》中“水停以鉴，火静而朗”而得名。其占地面积约150平方米，内置先进的现代多媒体教学设备，融艺术人文经典图书收藏、学术、文化交流、艺术课堂、书画创作等多功能于一体，是专业从事书法教学活动的教室。藏书区设计藏书量为1万册左右，活动区可同时容纳50人。鉴朗轩为书法爱好者提供了一个良好的展示平台，同时不定期举办具有特色的各种活动，如联合各大高校开展书画展、承办校内书画展、举办“迎新春，送福联”书法笔会活动等。（长春光华学院图书馆）

【长春光华学院图书馆举办4·23世界读书日系列活动】 2017年4月，长春光华学院图书馆举办以“用阅读润泽生命，用文字见证成长”为主题的读书系列活动。此项活动已连续开展了三年，包括：读者之星，公布2016年度借阅排行前20名给予嘉奖；书库体验，以游戏的形式，利用OPAC查询系统、图书馆微信平台及超星移动图书馆查找所给图书书名，最终在书库找出图书；“超星·云舟杯”阅读笔记大赛；光华诗词大会；“读书使青春展翅，知识让生命飞翔”趣味读书活动等各类阅读活动共14场。此项活动倡导学生多读书，读好书，推进书香校园建设，从而培养学生养成良好的阅读兴趣和阅读习惯，进一步提高在校学生的综合素质。（长春光华学院图书馆）

黑龙江省

【概况】 2017年，黑龙江省现有高校图书馆82个，其中本科院校图书馆39个（含民办12个），高职高专图书馆43个（含民办6个）。黑龙江省高校图书情报工作委员会推进高校共享数据库及数字图书馆和人文社科共享数据库建设项目的设立，引进外研社FIF外语多媒体学习数据库和“一带一路”战略平台数据库并投入试用。财政厅批准全省高校图书馆中外文纸质图书、外文期刊统一招标采购。（黑龙江省图书馆学会秘书处）

【黑龙江省高校图书馆第六届部主任学术研讨会召开】 6月20日，以“图书馆转型与新型服务能力建设”为主题的黑龙江省高校图书馆第六届部主任学术研讨会在东北农业大学图书馆召开，来自哈尔滨工业大学、佳木斯大学等省内50余所高校图书馆300余人参会。上海交通大学图书馆副馆长郭晶做题为“高校图书馆文化育人服务实践与思考”的报告，北京大学图书馆研究支持中心主任张春红做题为“高校图书馆科研支持服务的构建与实施”的报告，国家图书馆参考咨询部主任王磊做题为“从参考工作发展看图书馆新型服务能力建设”的报告。（黑龙江省图书馆学会秘书处）

【第四届教育部高等学校图书情报工作指导委员会第五次工作会议在哈尔滨召开】 7月27—28日，第四届教育部高等学校图书情报工作指导委员会（以下简称“图工委”）第五次工作会议在哈尔滨市召开。各省、自治区、直辖市高校图工委秘书长等90余人参加会议。开幕式由图工委副主任、清华大学图书馆馆长邓景康主持，东北农业大学副校长郭翔宇致辞，黑龙江省教育厅副厅长王淑云介绍黑龙江省高等教育的现状与发展前景。高校图工委主任朱强做主旨讲话。会议的主题是“高等教育新形势与高校图书馆新发展”，5位专家做“广泛浸润经典，拓展阅读推广”“国际化背景下图书馆的角色定位与实践”“图书馆发展和新一代图书馆系统建设”等学术报告。（黑龙江省图书馆学会秘书处）

【东北三省一区高校图书馆新型服务能力建设学术研讨会暨第一届东北及内蒙古地区高校图书馆馆长论坛召开】 11月24日，由东北三省及内蒙古自治区高校图工委联合主办，黑龙江省高校图工委秘书处承办，北京福卡斯特信息技术有限公司等协办，《图书情报工作》杂志社学术支持的东北三省一区高校图书馆新型服务能力建设学术研讨会暨第一届东北及内蒙古地区高校图书馆馆长论坛在大庆市召开。黑龙江省高校图工委秘书长刘世英、吉林省高校图工委秘书长禹平、辽宁省高校图工委秘书长刘宁宁、内蒙古自治区高校图工委秘书长鲍玉来及东北三省一区95所高校图书馆240余位代表出席会议。北京大学教授朱强做题为“图书馆的发展与机构变革”的学术报告，《图书情报工作》杂志社主编初景利做题为“图书馆出版：新领域、新能力、新挑战”的学术报告，中国人民大学信息资源管理学院索传军做题为“关于图书馆知识服务的思考”的学术报告；4省区高校图书馆开展典型经验交流；3个协办单位以“数据集成与服务读者需求”为主题做报告。（黑龙江省图书馆学会秘书处）

【哈尔滨职业技术学院图书馆举办“当名著遇上电影”微影评大赛】 哈尔滨职业技术学院图书馆将馆藏著作与电影赏析相结合，举办了“当名著遇上电影”微影评大赛。活动采取线上活动的方式，经过推广、参赛、投票等环节，于2017年11月底结束。活动从10月17日至11月27日，推出“当名著遇上电影”图书展，播放经典电影4部，发布原创微信图文6篇。来自哈尔滨职业技术学院7个二级学院的509名学生参赛，7000余人次关注，2446人投票。票选出一等奖1名、二等奖3名、三等奖6名、优秀奖10名。（黑龙江省图书馆学会秘书处）

【黑龙江大学图书馆获“2016—2017年度CALIS联合目录日文和俄文数据库建设先进单位”称号】 CALIS是经国务院批准的我国高等教育总体规划中三个公共服务体系之一，旨在建设以中国高等教育数字图书馆为核心的教育文献联合保障体系，实现信息资源共建、共知、共享。黑龙江大学图书馆是CALIS俄文、日文联机编目成员馆。2017年CALIS联合目录数据库建设年度排行榜发布，黑龙江大学图书馆获得“CALIS联合目录日文数据库建设先进单位”和“CALIS联合目录俄文数据库建设先进单位”荣誉称号。（黑龙江省图书馆学会秘书处）

上海市

【概况】 2017年，上海市高校图工委进一步加强全市高校图书馆馆际合作交流，积极推进长三角区域共享服务平台建设。全年举办学术研讨、文化交流、赛事等各类活动20余次；举办长三角范围图书馆学基础理论与实践培训以及前瞻性的高校图书馆战略分析、高校文献资源建设与绩效管理研讨会，设立长三角地区图书情报研究基金，促进长三角地区高校图书馆联动发展。长三角地区高校文献资源共享云服务平台运行良好，电子资源总量稳步提升，达到33万册。全市普通高等学校文献资源累积量稳步增加，文献资源购置总经费较2016年略有增加，其中购置电子资源的经费比例继续提升。组织8项优质资源联合采购，完成217种数据库的单一来源采购论证，资源共建共享成效显著。首次发布《2016年度上海高校图书馆发展报告》。（上海市图书馆学会秘书处）

【上海高校图书馆数据库单一来源采购论证会议召开】 4月26日，根据上海市各高校图书馆采购中外文数据库的实际需求，上海高校图工委文献资源建设工作组召开上海高校图书馆数据库单一来源采购论证会议，对上海各高校图书馆提交的中外文数据库的采购特性进行单一来源论证。经专家组讨论，确定217种数据库资源符合单一来源采购特性，应该以单一来源方式进行采购。（上海市图书馆学会秘书处）

【2017年首届高校图书馆战略情报分析研讨会召开】 11月9—10日，2017年首届高校图书馆战略情报分析研讨会在上海交通大学图书馆召开。会议由上海市高等学校图书情报工作委员会、长三角地区高校图书馆联盟主办。来自长三角地区及武汉、西安等地的40余家高校图书馆的60余位代表出席会议。研讨会邀请业内专家以案例分享的方式进行授课，使与会人员掌握开展相关情报分析的总体思路、具体流程、重点难点及操作方法和实用技巧。（上海市图书馆学会

秘书处）

【2017年全国高校信息素养教育研讨会召开】 研讨会于11月14—15日在上海同济大学举行，由教育部高校图书馆工作指导委员会信息素养教育组主办，同济大学图书馆（上海高校图工委信息素养教育工作组组长单位）承办。来自全国90家单位的近150名专家学者共同探讨中国高校信息素养教育的发展方向。（上海市图书馆学会秘书处）

【高校文献资源建设与绩效管理研讨会召开】 11月23—24日，高校文献资源建设与绩效管理研讨会在上海交通大学图书馆召开。本次研讨会面向长三角高校图书馆，由上海市高校图书情报工作委员会、长三角地区高校图书馆联盟主办，上海交通大学图书馆承办，来自长三角地区30余所高校的54位代表参加此次研讨会。本次研讨会就文献资源建设的各种新方法、新模式，突出绩效管理的建设思想，强化学科建设的关键指标等方面进行探讨。（上海市图书馆学会秘书处）

【2017年上海高校图书馆馆员职业能力建设培训及研讨会召开】 11月29日，由上海高校图工委馆员职业能力建设工作组主办的“上海高校图书馆馆员职业能力建设培训及研讨会”在上海大学图书馆举办。上海高校图工委、上海大学图书馆等领导及来自上海地区19所高校图书馆的60名馆员参会。会议邀请原华东师范大学图书馆常务副馆长余海宪、复旦大学图书馆副馆长张计龙做专题报告。（上海市图书馆学会秘书处）

【2017“知网杯”上海高校信息资源发现大赛举行】 11月30日，上海高校图工委与同方知网技术有限公司上海分公司主办的“2017年‘知网杯’上海高校信息资源发现大赛”在华东师范大学图书馆举办。全市39所高校的2500多名师生参加初赛。按照比赛规则，决出个人优胜奖100名（一等奖10名、二等奖20名、三等奖70名），15所高校代表队进入决赛。上海海关学院获团体一等奖，上海思博职业技术学院、上海交通大学获团体二等奖，华东师范大学、复旦大学、上海第二工业大学获团体三等奖，其他代表队分别获最佳组织奖和优秀组织奖。（上海市图书馆学会秘书处）

【2017年长三角地区高校图书馆联盟暨三省一市高校图工委秘书长会议召开】 12月29日，会议在南京大学仙林校区杜厦图书馆召开，江苏省高校图工委程章灿、罗钧，浙江省高校图工委郑江平，安徽省高校图工委储节旺、林泽明，上海市高校图工委陈进、杜夏明等参会。4地图工委秘书长分别对年度工作进行汇报发言。上海高校图工委秘书长陈进就“智慧图书馆的构架规划”做专题报告。参会人员对长三角联盟合作共建机制、资源联合采购的共建共享模式进行交流讨论。（上海市图书馆学会秘书处）

【复旦大学接收陈毅元帅藏书与文献资料捐赠，成立陈毅元帅藏书与文献研究中心】 3月14日，陈毅元帅藏书与文献资料捐赠仪式在复旦大学光华楼举行。陈毅元帅家属向复旦大学捐赠陈毅元帅日记、生前收藏和使用过的中外文图书、相册以及叶剑英元帅亲题的“毅公书屋”牌匾原件等珍贵文献材料。

10月12日，陈毅元帅藏书与文献研究中心在复旦大学文科图书馆揭牌落成。中心的成立旨在保存和维护陈毅元帅藏书及相关文献，并提供研究服务。同日，陈毅元帅收藏文献与新四军建军80周年纪念展开展，并举行陈毅元帅铜像捐赠仪式。（上海市图书馆学会秘书处）

【上海交通大学图书馆4·23世界读书日系列活动举行】 以“春诵华章·畅享学在交大的阅读时光”为主题，上海交通大学图书馆联合校党委宣传部、学指委、校工会、教育技术中心等职能部门，共同举办2017年世界读书日系列活动。在4·23世界读书日当天，发布2016年上海交通大学读者阅读状况分析报告。系列活动中重点推出了“领读者”品牌活动。（上海交通大学图书馆）

【华东师大图书馆开展“古典中国智慧”导读活动】 4月13日，华东师大图书馆“古典中国智慧”系列导读活动启动，与院系社团合作，共同邀请在各领域有深度研究的校内外专家作为领读人、导读者，引导学生亲近经典、阅读经典。导读活动共举办7场读书会，包括华东师大教授刘梁剑与学生一起逐字逐句研读王船山《周易内传》、同济大学教授柯小刚导读虞世南《笔髓论》之心术与笔法和同济大学副教授陈畅与学生共读朱熹《中庸章句集注》等。（上海市图书馆学会秘书处）

【华东师范大学受赠《教会祷文》】 6月，纽约大学董事会主席威廉·伯克利（William Berkley），将其收藏的第一本中文完整版的《教会祷文》（*the Book of Common Prayer in Mandarin*）捐赠给华东师范大学。该书于同治十一年（1872年）出版，北京华美书局大字铅印本，线装6卷，装帧精美，在特制的暗红色摩洛哥羊皮的精装硬面函套上，烫金印有白玉兰花与轮船的图案，是当时的上海城市标志，书脊烫金。里面是中式蓝布函套，内衬大理石花纹纸。内封有译者包约翰和施约瑟的亲笔签名。从早期的英文版（1549）算起，这部大书从拉丁文到英文，从西方到中国，又回到西方，最终归于中国上海华东师范大学，可供深入发掘的历史文化资讯十分丰富。（华东师范大学图书馆）

【同济大学图书馆闻学堂开展传统文化系列活动】 3—6月，同济大学图书馆闻学堂联合中国美术学院艺术管理与教育学院、同济大学建筑与城市规划学院主办“来图书馆看敦煌”系列活动。活动包括敦煌线描粉本、拓片展，同济大学图书馆馆藏精品文献展，丝路梵相——敦煌临摹作品展，配合展览还举办“匠心神韵·敦煌”系列讲座和“敦煌的秘密”手绘活动。11—12月，同济大学图书馆闻学堂主办“诗画东西”主题展览。展览包含“诗中有画——英译诗词、诗画作品展”“画中有诗——馆藏古代绘画精品展”两部分。（上海市图书馆学会秘书处）

【同济大学图书馆举办“燃情西班牙”立体阅读系列活动】 4—6月，为庆祝同济大学建校110周年及中西学院成立5周年，同济大学图书馆与中西学院共同举办“燃情西班牙”立体阅读系列活动，围绕西班牙文化开展“浓情伊比利亚”——西班牙文化及中西学院建设成果展，西班牙风物画展、《堂吉诃德》不同中译本书衣百影展，“浓情相遇”——中西文学作品翻译对话，“西语世界”阅读推广活动，西班牙、阿根廷电影展映等多类活动，吸引万余人次参与。（上海市图书馆学会秘书处）

【上海商学院图书馆举办第3届上商读书节】 4月23日，上海商学院图书馆、宣传部、学生处、团委、工会等部门联合举办了第3届上商读书节。教师活动包括：“政府统计数据漫谈之旅游统计数据的分析方法”主题沙龙、“锐思学术沙龙之金融大数据和量化投资”主题沙龙、“PPT的逆袭秘籍”主题沙龙、“带着PS去旅行”主题沙龙等；学生活动包括：锐思学术论文写作方法讲座、知网信息检索大赛、新东方口语公益讲座等。（上海市图书馆学会秘书处）

江苏省

【图书情报学科发展与图书馆服务转型高峰论坛暨2017年《图书情报研究》期刊建设与发展座谈会召开】 4月19日，会议在江苏大学召开，来自北京大学、武汉大学、南京大学、中国人民大学、南京理工大学等高校的图书情报学专家共20余人参会，来自南京、扬州、镇江地区高校及江苏大学图书馆、管理学院的150余人聆听论坛报告。论坛特邀武汉大学信息管理学院院长方卿、南京大学信息管理学院院长孙建军、北京大学信息管理系主任李广建担纲论坛报告嘉宾。卢章平主持《图书情报研究》期刊建设与发展座谈会，与会专家对《图书情报研究》10年来的发展及取得的成绩表示高度赞许，并就CN刊号获取、进一步突出办刊特色、出版周期和时间、数字化出版及新媒体应用等问题提出建议。（江苏大学图书馆）

【数字资源与知识服务研讨会暨CALIS第十五届引进数据库培训周举行】 5月16日，由中国高等教育文献保障系统（CALIS）管理中心及高校图书馆数字资源采购联盟（DRAA）理事会联合主办、东南大学图书馆承办的“数字资源与知识服务研讨会暨CALIS第十五届引进数据库培训周”在东南大学开幕。东南大学和CALIS管理中心的有关领导、DRAA理事会成员、中国科学院文献情报中心的专家、成员馆的领导和来自全国的高校图书馆代表和全球数据出版商、代理商等650多位代表出席会议。培训周为期4天，主题为“数字资源与知识服务”，共举行9

场主题报告、特邀报告，3场主题培训，18场数据库商专题报告，开展29场数据库使用培训和用户座谈。（东南大学图书馆）

【高校图工委文献资源建设工作组研究课题中期检查、CALIS采编一体化项目研讨会暨CALIS资源建设专家工作组会议召开】 5月24—25日，“高校图工委文献资源建设工作组研究课题中期检查、CALIS采编一体化项目研讨会暨CALIS资源建设专家工作组会议”在南京大学鼓楼校区图书馆召开。全国高校图工委、CALIS技术中心、南京大学图书馆等相关领导及北京大学、清华大学、南京大学等40余个主要“985”“211”院校图书馆共50余位代表参加会议。（南京大学鼓楼校区图书馆）

【2017·中国高校图书馆业务转型与发展论坛召开】 6月9日，由江苏省高校图工委文献资源建设专业委员会主办、南京医科大学图书馆承办、重庆维普资讯有限公司协办的“2017·中国高校图书馆业务转型与发展论坛”在无锡召开。来自江苏省高校的80多位代表出席。东南大学副馆长钱鹏，南京师范大学图书馆馆长管红星，江苏省高校图工委文献资源建设专业委员会副主任、南京医科大学图书馆馆长冯振卿分别做题为“高校图书馆助力研究者提升学术声望”“智慧图书馆再认识与文献资源体系再造”“以图书馆数据服务支持学校学科建设”的专题报告。（南京医科大学图书馆）

【2017’江苏高校图书馆发展论坛举行】 10月23日，“2017’江苏高校图书馆发展论坛”在南京大学杜厦图书馆举行。来自江苏省各高校图书馆的近百位馆长与会。江苏省高等学校图书情报工作委员会向27位多年来为江苏省高校图书馆事业发展做出突出贡献的同志颁发“JALIS工程建设特别贡献奖”，表彰131位“江苏省高校图书馆2015—2017年度先进工作者”、首届江苏省图书馆数据管理与服务创新专题创作大赛的获奖单位和个人并颁发奖牌和奖杯。（南京大学杜厦图书馆）

【江苏省独立学院、民办学院图书馆2017年学术年会召开】 10月25—26日召开。本次学术年会由江苏省高校图书情报工作委员会独立学院图书馆工作协作小组主办、南京医科大学康达学院图书馆承办。南京医科大学康达学院、江苏省高校图工委等单位领导及来自全省独立学院、民办学院图书馆的馆长及代表参加本次年会。会议邀请江苏省高校图工委副秘书长、南京大学图书馆副馆长罗鈞，南京医科大学图书馆馆长冯振卿，超星研究院院长徐贵水，南京医科大学康达学院图书馆馆长王如兰等4位专家就高校智慧图书馆的建设、发展与提升的主题做学术报告。大会对2017学术年会获奖论文的作者和图书馆进行表彰并颁发获奖证书，并编印《智慧图书馆时代的服务转型与创新》论文集。会议期间召开江苏省独立学院、民办学院图书馆第十一届馆长联席会。（南京医科大学康达学院图书馆）

【2017华夏阅读论坛暨书评馆员培训与全民阅读立法促进研讨会召开】 10月30日至11月1日，由中国阅读学研究会、中国图书馆学会图书评论与阅读推广专业委员会、江苏省图书馆学会阅读推广委员会、江苏省高等学校图书馆情报工作委员会主办，江苏大学图书馆承办的2017华夏阅读论坛暨书评馆员培训与全民阅读立法促进研讨会在镇江召开。来自全国各级各类图书馆的从业者、学会会员以及特邀专家、学者、同行等近300人参会。会议邀请业内专家从全民阅读立法促进与阅读推广的时代使命、图书馆与全民阅读推广人的培训工作两方面做专题报告；从图书馆阅读推广创新服务的新共识、“2017年度馆员书评”评述、院校阅读环境的营造与大学生读书习惯的提升、图书馆阅读推广小杂志等方面对与会代表做培训；邀请国内阅读推广的优秀单位做案例分享。本次研讨会探讨全民阅读立法与图书馆阅读推广工作之间的关系，交流各级各类图书馆在推进全民阅读可持续发展过程中的新方法、新思路和新案例，对深化创新读者服务工作，促进全民阅读，推动学习型社会建设具有深远的意义。（江苏大学图书馆）

【江苏省高校图工委情报咨询专业委员会2017年学术年会暨20年情报咨询成果交流会举行】 11月1—3日，江苏省高校图工委情报咨询专业委员会2017年学术年会暨20年情报咨询成果交流会在河海大学常州校区举行。会议以

"情报咨询与智慧服务"为主题，进行了主题报告、成果交流、业务研讨等活动内容。来自江苏省50多所高校图书馆专家代表140余人参加本次年会。学术年会上，江苏省高校图工委情报咨询委员会主任、河海大学图书馆馆长余达淮做情报咨询专业委员会2017年工作报告。南京大学图书馆邵波副馆长做题为"智慧图书馆视野下的知识服务"的报告，东南大学图书馆李爱国馆长做题为"Altmetrics：学术评价新思路"的报告。来自省内各高校图书馆的专家、业务人员以及相关软件公司的技术人员做11场报告。大会还对获得江苏省高校图书馆情报咨询信息服务工作的43位"先进个人"和18个"先进团队"进行表彰。（河海大学常州校区图书馆）

【2017江苏省高等学校图书馆馆长培训会议举行】 11月3—5日，"2017江苏省高等学校图书馆馆长培训会议"在南京理工大学图书馆举行。来自全省高校80余所图书馆的近百位馆长参加会议。香港理工大学图书馆馆长黄朝荣、上海交通大学图书馆馆长陈进、武汉大学图书馆馆长王新才、南京图书馆馆长徐小跃、北京大学图书馆副馆长聂华、南京理工大学图书馆馆长张小兵、上海图书馆原馆长吴建中、南京邮电大学图书馆馆长钱军、南京大学图书馆副馆长罗钧、南京农业大学信息科技学院院长郑德俊分别做题为"大学图书馆的未来发展""泛学科化服务步入纵深""大学图书馆的未来发展""国学与人生""永不停步——图书馆作为大学教学、学习和研究的心脏""从量的发展到质的提升：研究图书馆的新课题""院校阅读环境的营造与大学生阅读习惯的提升""区域性数字图书馆联盟建设之思考""知乎的知识服务之道及其对图书馆的启示"等的专题报告。在培训结业仪式上，图工委领导、报告专家为学员们颁发结业证书。（南京理工大学图书馆）

【2017江浙两省数字图书馆发展论坛召开】 11月8—10日，论坛在湖州师范学院召开。由江苏省高校图书情报工作委员会现代技术应用专业委员会、江苏省图书馆学会数字图书馆建设专业委员会、浙江省图书馆学会新技术应用分委会、浙江省图书馆学会数字图书馆建设与研究分委会、浙江省高校图工委网络数字化专业委员会联合举办，湖州师范学院图书馆承办，共有江苏、浙江两省公共图书馆、高校图书馆的200余位代表参加本次论坛。论坛围绕智慧图书馆建设与发展，研讨人工智能、云平台、大数据、新一代图书馆自动化系统等新技术、新模式。论坛邀请北京大学图书馆副主任游越等专家做学术报告。（湖州师范学院图书馆）

【江苏省高校图书馆文献资源建设专业委员会2017年年会暨工作研讨会召开】 11月15—17日，由江苏省高校图书情报工作委员会文献资源建设专业委员会主办，中国矿业大学图书馆承办的江苏省高校图书馆文献资源建设专业委员会2017年年会暨工作研讨会在中国矿业大学南湖校区图书馆召开。江苏省各高校图书馆文献资源建设的主管领导及相关负责人员150余人参加会议。清华大学图书馆馆长邓景康、南京大学图书馆副馆长邵波、ProQuest亚太区图书事业部销售总监 Vicna Vinesh分别做主题报告。各高校图书馆的馆长、主任及相关行业公司代表带来8场报告。会议还围绕报告内容进行分组讨论及总结汇报。讨论会后举行"江苏省高校图书馆文献资源建设先进个人"的颁奖仪式，共有60所高校的共94名一线文献工作者获此殊荣。（中国矿业大学图书馆）

【江苏大学图书馆建成国际赛珍珠文献资源中心】 9月7日，江苏大学图书馆成立"国际赛珍珠文献资源中心"，打造国际最有影响力的赛珍珠资源平台和研究基地。该中心2015年筹建，依托镇江市赛珍珠研究会、国内外赛珍珠研究专家，采用多渠道的资源收集手段在全球开展资源征集活动，现已收藏原著作品、各语种译著、研究专著、研究论文、学位论文、剧本、书信等共计800余种1000余册，成为国内外收藏赛珍珠文献资源品种最多、内容最丰富的文献资源中心，在国内外产生一定的影响。国际赛珍珠文献资源中心的建成促进东西方文化交流，为国内外赛珍珠研究学者、专家提供学术交流和研究的资源服务平台。（江苏大学图书馆）

【智慧图书馆二期（智能机器人）正式发布】 5月18日，由南京大学计算机科学与技术系、计算机软件新技术国家重点实验室陈力军教授课题组研发的智慧图书馆二期（智能机器人）在南京大学杜厦图书馆正式发布，为南大115周年校庆献上一份独特的贺礼。发布会后举行CADAL江苏地区中心资源服务研讨会，与会专家就面向服务的图书馆技术发展、共享与实践等话题展开深入交流和讨论。（南京大学杜厦图书馆）

【常州非物质文化遗产展览走进常州高校】 11月29日，常州文广新局联合常州大学、常州轻工学院、常州机电职业技术学院等6所高校举办的非物质文化遗产展览走进常州大学图书馆，通过图片和文字结合的形式展出常州的非物质文化遗产。常州非物质文化遗产包括民间文学、曲艺、传统舞蹈、戏剧、音乐、美术、技艺、医药、传统体育、游艺与杂技等11个类别57个项目。展览详尽描述了常州的“金坛剪纸”“常州萝卜干腌制技艺”“常州梨膏糖制作技艺”“常州梳篦”等非物质文化遗产名目。（常州大学图书馆）

浙江省

【概况】 2017年，浙江省高校图书馆事业继续稳步推进。馆舍面积持续扩大，有3所高校图书馆新馆正式投入使用，有5所高校图书馆正在建新馆。根据66所高校图书馆填报的数据统计，全年总经费约3.39亿元，其中用于纸质文献购置费约1.58亿元，用于电子资源购置费约1.45亿元。

人才队伍素质进一步获得结构性提升，高学历人数持续增长。各高校图书馆在编职工人数基本保持稳定，66所高校图书馆有正式在编工作人员1948人，其中：博士32人，硕士620人，第二学士学位7人，本科1068人，大专215人；正高级职称69人，副高级职称373人，中级职称1119人，初级职称303人。

文献资源建设稳步发展。各高校图书馆根据学校发展与学科建设新要求，在加强纸质文献与电子资源采访工作的同时，各馆都加强特色文献资源库的建设。根据66所高校图书馆填报的数据统计，全年新增中文纸质图书约280.52万册，外文纸质图书8.7万余册，中文电子图书约2075.66万余册，外文电子图书124.42万余册。截至2017年底，66所高校图书馆文献资源累积总量约2.51亿册。

读者服务工作正常有序开展，大部分高校图书馆保持每周98小时对外开放，网络数字化资源7×24小时对读者开放。在为“双一流”学科服务方面，许多高校图书馆开展学科评估、情报分析、专利咨询等服务工作，取得很好的成效。在文化建设方面，积极打造有影响力的文化品牌，讲好“中国图书馆最美故事”；将博物馆展览引入高校，开展“中华文明高校行”活动。还有些学校继续利用自身资源优势积极为地方经济建设和社会发展服务。

浙江省高校图书情报工作委员会积极发挥组织、协调和指导作用。定期召开全省高校图书馆馆长工作会议、高职高专院校图书馆馆长工作会议；契合全省高校图书馆的现实需求，举办选题新颖、形式多样的种类学术研讨活动，为馆员业务能力提升及图书馆事业稳步发展搭建平台；组织评优、评奖及科研项目申报工作，获省教育厅专项课题立项15项，图工委立项不资助项目6项；克服稿源不足困难，出版刊物《浙江高校图书情报工作》2期。（浙江省高校图工委秘书处）

【2017年浙江省高校图书馆馆长工作会议召开】 5月11—12日，2017年浙江省高校图书馆馆长工作会议在浙江越秀外国语学院召开。全省近100所高校图书馆的馆长、图工委各专业委员会主任及秘书处成员等共150余人参加会议。省教育厅高教处、浙江越秀外国语学院有关等领导出席会议开幕式并讲话。开幕会上对浙江省高校图书馆2015—2016年度先进集体、优秀馆长、先进个人进行表彰。会议听取省高校图工委副主任兼秘书长田稷的“浙江省高校图书情报工作委员会2017年工作报告”、中山大学图书馆副馆长罗春荣的“基于多元数据的学科分析与决策支持服务的实践与探索”以及武汉大学信息管理学院邱均平的“世界一流大学与一流学科比较分析”等专题报告。在图书馆管理与服务创新论坛环节，杭州电子科技大学图书馆馆长陈琳、浙江大学图书馆馆长助理瞿晶、浙江旅游职业学院图书馆馆长卢静怡、浙江理工大学图书馆馆长张瑞林、宁波大学图书馆与信息中心馆长助理豆洪青、金华职业技术学院图书馆馆长胡朝德、温州医科大学图书馆馆长楼新法、宁波大红鹰学院图书馆馆长颜先卓、浙江纺织职业技术学院馆长董珍时、杭州万向职业技术学院图书馆严时国围绕

"管理和服务创新"的主题分别做报告，并和与会嘉宾进行互动交流和讨论。（浙江省高校图工委秘书处）

【浙江省高校图书馆学科情报分析高级研讨班举办】 6月22—23日，研讨班由浙江省高校图工委信息咨询与用户教育专业委员会、ZADL服务组主办，浙江师范大学图书馆承办，科睿唯安信息服务有限公司协办。省内部分高校图书馆馆长、咨询部业务骨干等60余人参会。开幕式由ZADL服务中心秘书长、浙江大学图书馆服务总监钱佳平主持。省高校图工委副秘书长郑江平、浙江师范大学图文信息中心主任陈玉兰等在开幕式上致辞。会上科睿唯安解决方案专家做题为"深化学科服务，支撑科研决策——InCItes科研表现分析平台简介与应用""基于事实型数据的世界一流大学和一流学科建设"的主题报告，浙江大学图书馆咨询部主任沈利华应邀做题为"浙江大学图书馆情报服务的探索与实践"的专题报告。会上研讨班学员还进行为期半天的上机操作培训。（浙江省高校图工委秘书处）

【浙江省高校图书馆第六届青年学术论坛举行】 10月13日，会议由浙江省高校图工委学术委员会主办，浙江商业职业技术学院承办，北京万方数据股份有限公司协办。来自省高校图工委的领导和学术委员会专家、全省各高校图书馆馆长和青年馆员代表130余人参加本届论坛。本届论坛以"图书馆学研究前沿与服务创新"为主题，采用专家学术报告与现场互动相结合的形式进行。特别邀请浙江省高校图工委副主任、宁波大学图书馆与信息中心主任刘柏嵩，浙江省高校图工委学术委员会主任、浙江大学宁波理工学院图书馆馆长赵继海，浙江省高校图工委学术委员会副主任、浙江师范大学图书馆副馆长王云娣，NSTL服务工作组组长蔡志勇和万方数据产品总监沈超做专题报告，并与参会代表进行互动探讨。（浙江省高校图工委秘书处）

【2017年浙江省高职高专院校图书馆馆长工作会议召开】 10月26—27日，会议由浙江省高校图工委高职高专院校图书馆分委会主办、嘉兴职业技术学院图书馆承办。来自全省50所院校的图书馆馆长、同人及分委会委员参加会议。高校图工委副主任兼秘书长田稷参加会议并致辞，对"馆员风采展示"手机摄影获奖作品进行现场颁奖；分委会主任胡朝德介绍"分委会2017年工作情况和2018年工作计划"，分委会副主任兼秘书长叶新明就"馆员风采展示"手机摄影比赛的征集、专家评审和奖别确定等情况做说明。温州职业技术学院图书馆馆长李小娟做图书馆为培养"工匠"人才服务的专题报告。嘉兴职业技术学院图书馆馆长毛杰、宁波卫生职业技术学院图书馆副馆长朱心琪、义乌工商职业技术学院图书馆馆长朱小香和浙江交通职业技术学院图书馆叶新明就图书馆阅读推广专题做相关报告。会议期间，还分别就图书馆阅读推广和图书馆为培养"工匠"人才服务两个专题内容进行分组讨论。（浙江省高校图工委秘书处）

【中华文明高校行——《兰亭的故事》走进浙江大学】 11月10日，由浙江省高等学校图书情报工作委员会、国家文化遗产保护科技区域创新联盟（浙江省）、绍兴市文化旅游集团有限公司共同主办，浙江大学图书馆、兰亭书法博物馆承办的"中华文明高校行——《兰亭的故事》走进浙江大学"活动在浙江大学紫金港校区图书馆拉开帷幕。《兰亭的故事》是中华文明高校行系列活动的首个主题展，内容还包括专题讲座、主题书展、文创产品展示以及互动与体验。（浙江省高校图工委秘书处）

【"文献资源建设新技术·新理念·新常态与新方位"学术研讨会】 11月16—17日，会议由浙江省图书馆学会资源建设与共享分委会和浙江省高校图工委期刊专业委员会联合主办，嘉兴图书馆承办。来自全省公共图书馆、高校图书馆和科研院所图书馆的80多位代表与会。香港中文大学张甲做题为"智慧图书馆资源服建设"的主题报告，赵继海、沈红梅、陈益君分别做题为"融入AI的图书馆资源与服务""嘉兴市图书馆总分馆数字资源建设与服务"和"图书馆发展的新方位与资源建设的新常态探讨"的学术报告。夏明春、陈剑光、郑福根分别就"共享经济环境下关于'共享图书'的思考""海外中国学研究及相关文献"和"高校图书馆文献资源共知共建共享实践"进行学术分享。（浙江省高校图工委秘书处）

【浙江省高校图书馆服务创新学术研讨会召开】 12月7—8日，浙江省高校图书馆服务创新学术研讨会在宁波大红鹰学院召开。研讨会由浙江省高校图工委信息咨询与用户教育专业委员会和网络数字化专业委员会联合主办，宁波大红鹰学院图书馆承办。来自浙江省各高校图书馆馆长、业务骨干80余人参加会议。宁波大学图书馆馆长刘柏嵩、科睿唯安公司郭杨、超星公司的欧阳宇虹以及宁波大红鹰学院图书馆馆长颜先卓分别围绕人工智能的应用、专利信息分析、图书馆资源的新应用以及宁波大红鹰学院图书馆创“服务示范”经验等内容做主题报告。（浙江省高校图工委秘书处）

安徽省

【安徽省首部馆藏古籍普查登记目录正式出版】 2017年1月，由安徽师范大学图书馆汇编、安徽省古籍保护中心审校的安徽省首部馆藏古籍普查登记目录——《安徽师范大学图书馆古籍普查登记目录》正式出版发行。该目录收录馆藏古籍书目数据6705条，标志着安徽省古籍普查登记工作总体进入收官阶段。《安徽师范大学图书馆古籍普查登记目录》是国家图书馆出版社项目《全国古籍普查登记目录》系列之一。（安徽省图书馆学会　武巍泓）

【中国科学技术大学图书馆举办“点亮未来之星”培训会】 5月9日，中科大图书馆与中科大人文与社会科学学院联合举办“点亮未来之星”之人文与科学学院培训会。同方知网（CNKI）安徽分公司产品经理刘晓灵介绍CNKI如何在科研过程中担当“好助手”的角色。EBSCO中国区高级培训师蒋哲就如何利用EBSCO获取英文学术信息以及EBSCO所囊括的内容进行介绍，通过检索技巧、文件夹使用、新知通报设定三大版块，指导师生们利用EBSCO获取英文学术信息。来自中科大人文与科学学院的广大师生们就CNKI和EBSCO在使用过程中遇到的问题向两位主讲人进行互动。（安徽省图书馆学会　武巍泓）

【安徽省“高校馆员新型能力论坛”暨馆员专业知识竞赛举行】 5月18—19日，安徽省“高校馆员新型能力论坛”暨馆员专业知识竞赛在安庆师范大学举行。本次大会由安徽省高等学校图书情报工作委员会主办，安庆师范大学图书馆承办。主题是：高校馆员新型能力建设与提升。本次活动对提升安徽省高校图书馆馆员服务能力建设起到了积极的推动作用，加强了安徽高校图书馆的相互交流与学习。（安徽省图书馆学会　武巍泓）

【安徽省高校图书馆知识服务新范式研讨会在安徽农业大学图书馆召开】 5月24日，安徽省高校图书馆知识服务新范式研讨会在安徽农业大学图书馆召开，会议由安徽省高校数字图书馆、安徽农业大学图书馆、同方知网安徽分公司联合举办，旨在更好地推动安徽省高校图书馆服务转型，及时把握读者最新需求，加快推进安徽省高校图书馆知识服务范式的创新。安徽农业大学图书馆馆长吴文革做题为“基于供给视角的图书馆服务范式转型与创新”的专题发言。九江学院副校长王万山做题为“中国大学创业教育进展及图书馆服务”的报告。同方知网对高校的基于知识服务整体解决方案进行详细说明，汇报同方知网在新一代数字图书馆方面做出的积极探索，并就CNKI移动服务实践、图书馆服务新范式与安徽省各高校图书馆专家、同人展开深入探讨。（安徽省图书馆学会　武巍泓）

【2017年东南十一省（市、区）省属重点师范大学图书馆馆长协作会暨“智慧图书馆与图书馆未来管理”研讨会举办】 6月22—23日，研讨会在安徽师范大学举行，来自东南十一省（市、区）12所省属重点师范大学图书馆的26位代表参加会议。与会代表围绕会议主题，就各馆实施管理改革的经验与做法、智慧图书馆建设的经验和愿景、智慧图书馆建设案例等进行广泛的交流，并对“智慧图书馆”对图书馆的意义和作用提出自己的意见和看法。会上，与会代表就加强东南十一省（市、区）省属重点师范大学图书馆战略协作、建立“共知共建共享”平台等展开探讨与交流，在馆员互派学习交流、教师教育资源等特色共建共享方面达成共识。大会决定设立协作会秘书处，秘书处常设于南京师范大学图书馆，负责收集和整理各届协作会的相关资料，协调具体合作事宜。此次会议有助于大家从图书馆的发展和自身学科背景的视角出发，集思广益，推动图书馆事业的发展和加强东南十一省（市、

区）省属重点师范大学图书馆之间的协作。（安徽省图书馆学会　武巍泓）

【安徽省高校图工委举办暑期继续教育高级研讨班】 6月28日—7月3日，安徽省高校图工委举办暑期继续教育高级研讨班。上海图书馆原馆长、上海市图书馆行业协会会长吴建中做题为“国内外图书馆转型与创新动态”的报告，武汉大学信息管理学院博士生导师司莉系统讲述“图书馆与信息服务营销”，《大学图书馆学报》副主编王波根据自己的工作和学术研究体会讲述“图书馆学论文的写作与投稿的方法和技巧”。此外，研讨班还邀请UI设计师，2016年全国PPT设计大赛一等奖获得者马志强讲解PPT进阶之道。本期高研班进一步拓宽全省高校图书馆馆员学术视野，提高了业务能力和学术水平。（安徽省图书馆学会　武巍泓）

【2017年安徽省高校研究生信息素养夏令营举办】 7月9—14日，2017年（第五届）安徽省高校研究生信息素养夏令营在合肥工业大学举行。本届夏令营由省教育厅主办，省高校数字图书馆、合肥工业大学图书馆承办，以“创新引领未来”为主题，旨在激发创新意识，培养创新思维，持续提升研究生在科研学习活动中的信息获取、信息挖掘分析、信息处理能力。共有来自全省25所高校的200余名学生和指导教师参加夏令营。为加强省内各高校营员之间的沟通，培养团队协作能力，夏令营期间还举行了信息素养课题大赛。本次大赛主题包括“一带一路”“中国自主品牌创新”“大数据时代下物联网发展应用”等。（安徽省图书馆学会　武巍泓）

【安徽省高职院校图书馆外文资源建设研讨会召开】 11月30日，安徽省高职院校图书馆外文资源建设研讨会在安徽警官职业学院召开。由安徽省高等学校图书情报工作委员会、安徽省高等学校数字图书馆主办，安徽警官职业学院、合肥蓬安数据技术服务有限公司承办。来自省内30余所高校图书馆40余位馆长和业务骨干参加研讨会。安徽水利水电学院图书馆馆长丁传奉做题为“图书馆服务新模式”的专题报告，安徽工商职业学院副馆长林莉做题为“规范管理、服务育人”的报告。中国科技大学图书馆馆长宁劲提出图书馆资源建设功能性需求、探索性需求和引导性需求的3个层次。安徽农业大学图书馆馆长吴文革提出读者至上、服务至上的图书馆管理理念。本次研讨会提供图书馆资源建设经验交流平台，有助于应对新形势下图书馆资源建设的转型与创新。（安徽省图书馆学会　武巍泓）

福建省

【概况】 截至2017年底，福建省共有各类高等学校图书馆92个，其中：普通本科高校图书馆37个（含独立学院7个），专科院校图书馆52个（2017年增加1个，教育部正式批复设立福州墨尔本理工职业学院），成人教育院校图书馆3个，在编人员总数1700余人。

图书馆服务水平全面提升。福建省高校图书馆的读者总人数100多万人。每周开馆时间馆均90小时，本科高校图书馆周开馆时间平均达到100小时以上。全省高校图书馆纸质文献总量7000余万册，外借书刊500余万册，电子资源下载量4000余万篇。在特色专题文献数据库建设上，自建数据库累积数量100余个，自建数字资源累积总量达到20余万GB。自建数据库数量最多的是福建师范大学图书馆19个和厦门大学图书馆15个，自建数字资源总量最多的是厦门大学图书馆6.35万GB和福建师范大学图书馆3.19万GB。

馆舍面积持续扩大。馆舍面积总计140余万平方米，超过5万平方米的图书馆有5个：厦门大学图书馆、福州大学图书馆、福建师范大学图书馆、福建农林大学图书馆、华侨大学图书馆，其中最大的是厦门大学图书馆10余万平方米。全省高校图书馆拥有阅览座位14余万个。

经费投入稳定增长。2017年，全省高校图书馆文献资源购置费27000余万元（其中全年电子资源购置费13000余万元），文献资源购置费最高的是厦门大学图书馆3000余万元和福建师范大学图书馆2000余万元。购纸质资源费用最多的是福建师范大学图书馆1200余万元，购电子资源费用最多的是厦门大学图书馆2300余万元。

网络化、数字化设施全面普及。全省高校图书馆拥有计算机1万余台、各种类型服务器800余台，存储总容量4000余TB，网络交换机端口总数达到28000余个。

福建省高校数字图书馆（FULink）的建设成效显著。截至2017年底，FULink成员馆已有50个，开展文献提供、文献传递、联合借阅、移动图书馆等个性化文献信息资源的“一站式”服务，实现文献信息资源的共建共享。全年通过“文献提供服务系统”的文献传递方式，共获得各成员馆本馆未收藏的文献达到44万篇；通过“书后光盘管理系统”下载113.77万张光盘数据；通过“移动FULink”的移动图书馆服务，读者共安装APP客服端1.64万次，登录680.47万次，用户点击量达到15154.32万次，通过手机文献传递103.89万篇。在福州大学城的8所图书馆有1912人次的读者通过“联合借阅系统”到其他成员馆借出纸质图书1000多册。开展参考咨询与学科服务，提供SCI收录及ESI学科分析报告（“福建省高校数字图书馆成员馆高校EXI潜力学科分析与预测”和“福建省高校数字图书馆成员馆高校Web of Science发文情况与ESI学科领域发展情况分析”等），为推进高校优势特色学科建设，打造“双一流”建设核心竞争力提供服务。（福建省高校图工委秘书处　郭毅）

【福州大学图书馆被认定为全国专利文献服务网点】 2017年，福州大学图书馆被国家知识产权局认定为“全国专利文献服务网点”，是福建省唯一获此资质的图书馆。（福州大学图书馆）

【福州大学举办2017高校新型智库建设与创新学术研讨会】 4月23—26日，2017高校新型智库建设与创新学术研讨会在福州大学怡山大厦举行。研讨会由福建省社科联、福州大学、中国科学院文献情报中心主办，福州大学经济与管理学院、社科处和图书馆联合承办，来自全国各高校、社科单位、高校图书馆智库研究的近300名专家学者参会，福建省社科联党组书记冯潮华和福州大学党委书记陈永正致辞。研讨会以“高校新型智库建设与创新”为主题，设有“高校智库与学术研究”“文献情报机构转型与高校智库服务”“智库研究方法及智库评价”3个分论坛，邀请13位在智库建设领域全国知名的高水平专家学者，共同研讨高校智库在“双一流”建设中的机遇与作为。（福州大学图书馆）

【福建师范大学举办大型历史文献《台湾文献汇刊续编》出版座谈会】 3月25日，大型历史文献《台湾文献汇刊续编》出版座谈会在北京人民大会堂举行。《台湾文献汇刊续编》由福建师范大学方宝川与谢必震两位教授领衔，集合一批专家学者历时10余年搜集整理完成，由九州出版社出版。全书共计100册，分为“诗文别集”“平台、抚台文献史料”“台湾舆志风俗”等8个专辑。主编方宝川代表编委会介绍编纂缘由、主要内容与体例以及学术文献价值与现实政治意义。与会专家普遍认为，该《续编》进一步揭示了海峡两岸有着深厚的文化渊源，既具重要学术价值，又有重大的现实意义。（福建师范大学图书馆）

【全国中医药图书信息学术会议在福建中医药大学召开】 11月2—5日，由中华中医药学会主办、福建中医药大学承办的全国中医药图书馆信息学术会议暨第十四届全国中医院校图书馆馆长会议在福建中医药大学召开，来自全国33所中医药高等院校、省内6所高校的87名图书信息专家共聚一堂，就中医药图书信息的学术发展进行研讨和交流。福建中医药大学副校长刘献祥，福建省图书馆学会理事长、省图书馆馆长郑智明分别在开幕式上致辞。厦门大学图书馆馆长萧德洪做题为“数字学术环境与学术图书馆”的专题学术报告，引起与会代表的高度关注和思考；北京中医药大学、中国中医科学院、南京中医药大学、广州中医药大学等7位大学图书馆的馆长，分别从“双一流”建设的角度就高等中医药院校图书馆的转型发展，图书情报业务中知识挖掘、学科服务、创新服务和空间改造等方面做学术报告。（福建中医药大学图书馆）

【厦门大学举行泰国图书专架开架仪式】 7月7日上午，厦门大学举行泰国驻厦门总领事馆图书捐赠仪式暨泰国图书专架开架仪式，泰国驻厦门总领事馆总领事及其夫人，厦门大学副校长邬大光、图书馆馆长萧德洪等人出席此次活动。泰国驻厦门总领事馆此次向厦门大学图书馆捐赠10万泰铢，用于购买相关图书及资料，并在该馆区域研究资料中心开设泰国图书专架。这是该总领事馆支持中泰两国文化交流的善举，也是图书馆区域研究文献典藏与共享的创举——通过国家或地区之间官方渠道的联系，为区域研究提供

更具针对性的学术资料，同时促进国际友好交往。（厦门大学图书馆）

【泉州师范学院举办全民阅读月暨闽南文化进校园系列活动】 10月18日上午，泉州师范学院图书馆、校团委联合举办2017年泉州师院全民阅读月暨闽南文化进校园系列活动开幕式，并开启系列活动之一——时光邮局“致四年后的自己”，该活动邀请5位读者代表给4年后的自己写一封信，信件由校团委负责人加盖邮戳后投入邮箱，邮箱将在4年后开启。此次系列活动持续到年底，内容还包括鸟巢图书馆红色阅读推广、“你挑书，我买单”、图书馆的“青春岁月”摄影大赛、微书评享好书数字阅读推广、FULink检索技能竞赛、“纸质阅读与电子阅读”辩论赛、大学生读书沙龙、刺桐会“非遗”进校园、第二届闽南方言文化大赛、闽南语唐诗诵读大赛等14个活动，旨在通过该系列活动，带动全校师生读者广泛参与，引导大学生以书为伴，回归阅读、热爱阅读、享受阅读，建设书香校园。（泉州师范学院图书馆）

江西省

【概况】 截至2017年底，江西省共有普通学校、独立学院和成人高等学校108所，其中普通高等学校100所（含独立学院13所）、成人高等学校8所。

2017年，江西省高等学校图书情报工作委员会（以下简称“江西省高校图工委”）组织全省高校图书馆填写《高校图书馆事实数据库》，为撰写《高校图书馆发展蓝皮书2016》提供数据，江西省共有86所高校填报了上一年度相关数据，其中有50多所学校为新增填写。在此基础上编写《2016江西省高校图书馆发展报告》。

进行江西省高校数字图书馆建设项目的推广建设。2017年，江西省高校数字图书馆一年内共收到各类读者的文献请求量203400篇（册），其中中外文期刊113739篇，图书42408册，中外文学位论文38152篇，读者的请求满足率达100%，其中成员馆传递文献总量为24248篇（册）。在各成员馆中大力推广江西省高校数字图书馆业务工作，2017年设计、印制《江西省高校数字图书馆用户使用手册（2018）》6000份，发放给各成员馆进行宣传推广；为全省高校图书馆馆长及业务骨干做《江西省高校数字图书馆及文献传递简介》讲座；维护、更新江西省高校数字图书馆平台网站和微信公众号，发布各高校图书馆会议通知、各高校图书馆动态等。（江西省图书馆学会　谢佳新）

【图书馆知识服务新范式研讨会召开】 5月19日，江西省高等学校图书情报工作委员会、湖南省高等学校图书情报工作委员会联合在南昌市召开图书馆知识服务新范式研讨会。湘、赣两省高校图书馆馆长、业务骨干共70余人参加研讨交流。江西省高校图工委秘书长、江西师范大学图书馆馆长许婕致欢迎辞，九江学院副校长王万山做题为“中国大学生创业教育进展与图书馆服务”的专题报告。湖南省高校图工委秘书长、湖南大学图书馆馆长郑章飞做“大学图书馆转型与风险控制”的专题报告。会上还通报CNKI产品最新进展情况，介绍关于研学型数字图书馆、全球学术产品服务等知识服务新范式，到场的图书情报专家就基于高校图书馆双创教育的整体解决方案等问题进行深入探讨和交流。（江西省图书馆学会　谢佳新）

【江西省高校图工委常委馆馆长会议召开】 6月22日，江西省高校图工委二届十七次常委馆馆长会议在江西师范大学图书馆召开，江西省高校图工委常委馆领导13人出席，会议由江西师范大学图书馆馆长许婕主持。会议主要商讨江西省高校图工委2017年的工作计划、活动组织等各项议题。会议还讨论关于协调图书馆资源采购程序、图工委各专业委员会开展学术研讨活动、开展馆员业务培训及文体活动等相关事项。（江西省图书馆学会　谢佳新）

【景德镇陶瓷大学图书馆成功入选全国专利文献服务网点】 7月14日，中国国家知识产权局发布《关于公布全国专利文献服务网点名单的通知》，景德镇陶瓷大学图书馆名列其中。全国专利文献服务网点是全国专利信息传播利用工作体系的基础节点，是服务创新驱动和经济发展的专利文献支持中心、专利信息咨询中心和知识产权公共教育中心。为贯彻落实《国务院关于新形势下加快知识产权强国建设的若干意见》（国发〔2015〕71号），加强知识产权信息公共服务建设，促进专利信息的广泛传播和有效利用，国家知识产权局选拔批准了120家单位为全国专利文献服务网点。其中，江西省有景德镇陶瓷大学图书馆与江西省知识产权服务中心两家入选该项服务网点。（江西省图书馆学会　谢佳新）

【2017年江西省高校智慧图书馆研讨会暨培训班举行】 11月20—23日，由江西省高校图工委主办的“2017年江西省高校智慧图书馆研讨会暨培训班”在江西外语外贸职业学院举行，全省共36所高校图书馆近70位馆长、业务骨干参加。中国图书馆学会阅读推广委员会副主任、南京大学信息管理学院教授徐雁、华中师范大学图书馆馆长李玉海、湖南省图书馆副馆长邹序明分别以“文本性与数字化——担当全民阅读推广，创新读者服务工作”“技术视角下的高校智慧图书馆发展浅探”及“图书馆的绩效提升”为题做主题报告。在互动环节中，各馆交流当前图书馆服务工作的开展情况，共同探索图书馆服务创新的新理念、新路径、新方法，展望图书情报业务工作美好的未来。（江西省图书馆学会　谢佳新）

山东省

【2017年山东省高校(本科)图书馆馆长工作会议召开】 4月19—20日，由山东省高校图工委主办、山东师范大学图书馆承办的2017年山东省高校（本科）图书馆馆长工作会议在山东师范大学召开。来自全省59所高校（本科）图书馆馆长和同人参加会议。会上通报省教育厅新一年高校图书馆建设的工作打算，以及将启动对全省高校图书馆开展调研和拟出台落实教育部《普通高校图书馆规程》的指导意见等工作情况，并对全省高校图书馆做好新一年的工作提出希望与要求。会议邀请西南交通大学图书馆馆长高凡做题为“学习规程，贯彻规程，创新服务”的报告，电子科技大学图书馆馆长李泰峰做题为“新规程视角下图书馆的服务创新——以电子科技大学图书馆为例”的报告。山东大学、山东理工大学等省内5所高校图书馆先后进行经验交流。（山东师范大学图书馆）

【山东师范大学举办第六届读书节系列活动】 4月23日上午，在第22个世界读书日来临之际，由山东师范大学图书馆和校党委宣传部、研究生工作部、学生工作处、团委联合举办的以“诵读经典，塑造心灵”为主题的山东师范大学第六届读书节系列活动开幕式暨启动仪式在长清湖校区图书馆举行，近千名师生参加此次活动。开幕式上，对在2016年度借阅纸本图书排在前十名的同学进行表彰，与会领导、嘉宾为这些被誉为“师大书虫”的同学颁发荣誉证书，获奖学子代表现场分享读书心得；同时表彰2016年度图书馆优秀志愿者，以表彰和鼓励志愿者同学们为图书馆运行和发展做出的贡献。民进山东省委和东方君基金会还分别向图书馆志愿者协会和志愿者学生代表赠送锦旗、感谢信，对该协会组织志愿者参加2016年、2017年“关爱英烈、寻访慰问金门战役老兵”活动表示敬意和感谢。开幕式上还举行图书馆“文明服务岗”争创活动启动仪式，员工代表宣读“文明服务岗”倡议书，图书馆职工和志愿者同学纷纷签名附议。开幕式结束后，举办图书馆“创客空间”3D打印作品展、“雕版印刷”及“碑刻拓印”展示与体验、法言法语读书经验交流会、电子资源宣传与现场答疑、“朗读者，遇见诗歌遇见你”师生朗诵会等活动。千佛山校区同时开展“优秀志愿者”表彰、“书影随行”征文颁奖、图书漂流、2016年图书馆大数据展示等活动。自2012年图书馆发起举办第一届读书节开始，至今已连续举办六届，成为学校颇具影响力的文化品牌和师生一年一度的文化盛宴。（山东师范大学图书馆）

河南省

【河南省高校图书馆2017年工作会议在郑州大学召开】 4月14—15日，河南省高校图书馆2017年工作会议在郑州大学西亚斯国际学院图书馆举行，全省各高校图书馆馆长和相关人士200余人参加会议。河南省高校图书情报工作委员会（以下简称“省高校图工委”）副主任兼秘书长崔波主持开幕式。西亚斯国际学院理事长陈肖纯致开幕词，省高校图工委主任崔慕岳、教育部高校图工委副秘书长王波、省图书馆学会副理事长申少春等领导先后讲话。与会领导还为2016年度“管理与服务创新先进单位”、“阅读文化经典，建设书香校园先进单位”、“优秀阅读推广出版物”推荐单位等各类先进单位代表颁奖。与会代表听取“河南省高校图工委2016年工作报告”“河南省高校图工委 2017 年工作安排”等工作报告和“高校图书馆阅读推广的现状和展望”“图书馆热点问题探讨”等学术报告，并就“关于编制河南高校图书馆发展规划有关意见的情况说明”进行了分组讨论。（河南省图书馆学会　严真　马秀峰　刘洋）

【高校新型智库建设与协同创新发展论坛在河南财经政法大学举办】　4 月 21 日，由河南财经政法大学与同方知网（北京）技术有限公司联合主办的高校新型智库建设与协同创新发展论坛在该校图书馆举办，来自国内高校智库、协创中心、图书情报、科研管理等领域的近 100 位专家学者参加本次会议。会议邀请中科院文献情报中心编辑出版中心主任初景利做题为“从学术研究到智库研究”的报告，南京理工大学王曰芬做题为“面向智库的情报搜集与分析方法”的报告，河南财经政法大学图书馆馆长焦军普做题为“协同创新，搭建智库平台——河南财经政法大学图书馆服务探索”的报告。学者们围绕新型智库建设和协同创新领域中的系统方法论、智库发展与“互联网 +”、“大数据”的有机结合等热点问题展开深入探讨。（河南省图书馆学会　严真　马秀峰　刘洋）

【河南省高校图工委高职高专分委会创新发展研讨会在郑州召开】　5 月 11—12 日，河南省高校图工委高职高专分委会创新发展研讨会在郑州召开。共有包括高职高专、独立学院在内的近 60 名馆长参会，会议由高职高专分委会副主任、河南经贸职业学院图书馆馆长娄冰主持。省高校图工委副主任兼秘书长崔波做题为“高校图书馆文化建设”的专题报告，高职高专分委会副主任、濮阳职业技术学院图书馆馆长孙玉芝做题为“图书馆空间再造”的报告。会议还就图书馆管理服务、队伍建设、资源建设等进行专题研讨。高职高专分委会主任、河南工业职业技术学院图书馆馆长刘红普最后做会议总结发言。（河南省图书馆学会　严真　马秀峰　刘洋）

【河南省高校图书情报工作委员会信息资源建设委员会工作交流会在河南大学图书馆召开】　5 月 19 日，河南省高校图书情报工作委员会信息资源建设委员会工作交流会在河南大学图书馆召开。来自全省高校图书馆的 40 余名代表参加会议。河南大学图书馆党总支书记郭鸿昌主持开幕式。省高校图工委副主任兼秘书长崔波和河南大学图书馆馆长郑合勋分别致辞。在此次会议上，郭鸿昌当选为信息资源建设委员会主任，升达经贸管理学院图书馆馆长王槐深、洛阳理工学院图书馆馆长谢琳惠当选为副主任。省高校图工委副主任李景文为当选委员颁发聘书并讲话。在工作交流阶段，河南大学图书馆采编中心副主任张丽、郑州大学图书馆副馆长马越、河南师范大学图书馆采编部主任徐玉红、郑州轻工业学院采编部主任董敏红、升达经贸管理学院图书馆馆长王槐深、洛阳理工学院采编部主任沈光亮分别就各自图书馆在信息资源建设方面的特色和创新点进行汇报。在专家报告阶段，河南省高等教育文献保障系统（HALIS）办公室主任、郑州大学图书馆系统部主任白广思做题为“图书馆资源建设问题探讨”的报告，主要介绍 HALIS 的情况、纸质馆藏建设问题、图书智能采购系统等。（河南省图书馆学会　严真　马秀峰　刘洋）

【河南省高校图工委人力资源建设专业委员会第一次会议在郑州大学召开】　6 月 27 日，河南省高校图工委人力资源建设专业委员会第一次会议在郑州大学本部图书馆召开。省高校图工委副主任兼秘书长崔波，省高校图工委副主任、郑州大学图书馆馆长姚武以及省内相关高校图书馆负责人与会。会议讨论并交流高校图书馆的党务工作、思想建设工作、人才队伍建设、职工教育、干部管理等工作，其中着重讨论了图书馆工会业务培训和职工活动组织工作，图书馆人力资源短缺问题、图书馆经费二级分配的问题以及图书馆消防安全管理问题。会议取得丰硕的讨论成果，也期待各专业委员会尽快行动起来，履行主要职责，制订工作计划，团结和动员图书馆同人，积极开展活动共同推动全省高校图书馆事业的稳步健康发展。（河南省图书馆学会　严真　马秀峰　刘洋）

【河南省高校图工委现代技术应用专业委员会成立大会暨 2017 年工作会议在河南理工大学召开】　7 月 11 日，由省高校图工委主办、河南理工大学图书馆承办的河南省高校图工委现代技术应用专业委员会成立大会暨 2017 年工作会议在河南理工大学召开。现代技术应用专业委员会成员单位的馆领导及部主任等30余人参加会议。本次会议以“智慧图书馆—图书馆新技术应用及未来趋势”为主题。开幕式上，河南理工大学副校长张锟到会祝贺并致辞，省高校图工委副主任兼秘书长崔波宣读省高校图工委关于成立现代技术应用专业委员会的文件，省高校图工委副主任李景文为专委会主任、副主任及委员颁发聘书。HALIS办公室主任、郑州大学图书馆系统部主任白广思，郑州大学图书馆技术部主任欧阳晓斌分别做题为“数字图书馆建设——以郑州大学为例”和“图书馆系统建设漫谈”的专题报告，随后由两家厂商代表介绍RFID技术及其在图书馆的应用案例。与会代表围绕上述报告等展开讨论，分别就智慧图书馆的概念、实现途径、技术与人文之间的关系、RFID智能技术应用注意事项、数字资源与纸质资源购置比例等关键问题踊跃发言。（河南省图书馆学会　严真　马秀峰　刘洋）

湖南省

【湖南师范大学图书馆自主开发微信座位管理系统与智能存包柜管理系统】　3月，湖南师范大学图书馆自主研发的“微信座位管理系统”正式投入使用，此系统荣获中国图书馆学会高等学校图书馆分会组织的“2017年高校图书馆发展论坛”应用案例一等奖。《中国日报》、新华网、人民网、红网、《长沙晚报》、湖南经视、都市频道等数十家中央、省内外媒体前来采访报道。《中国日报》网主页、微博，共青团中央微博等主流媒体还纷纷“点赞”，网友把该系统亲切地称为“反占座神器”，一度成为网络“热词”。此外自主开发的智能存包柜管理系统，利用微信进行灵活管理，有效解决读者长期占柜的难题，提高存包柜使用效率。（湖南师范大学图书馆　刘茜）

【湖南省高职图工委举办纪念第22个世界读书日系列活动】　4月27日，湖南省高职图书馆工作委员会纪念第22个世界读书日系列活动在湖南交通职业技术学院召开。王章华、田刚、卢嗣之、贺华、郑章飞、邹序明、唐晓应等领导、嘉宾出席，来自全省40余所高职院校图书馆馆长、参赛选手200余人参加本次会议。系列活动包括以“智能创作空间　技术提升服务”为主题的“超星·云舟杯”专题创作大赛决赛和“诵读国学经典·弘扬中华文化”长沙市区高职院校第八届“读者之星”演讲比赛决赛。全省共有31所高职院校的150多位老师、14所高职院校28名“读者之星”参加两个大赛的决赛。（湖南省高职图工委　唐晓应）

【2017年中南六省(区)高校图书馆学术会议在衡阳召开】　11月22—24日，由湖南、湖北、广东、广西、河南、海南六省（区）高等学校图书情报工作委员会主办，湖南省高等学校图书情报工作委员会、南华大学图书馆承办的2017年中南六省（区）高校图书馆学术会议在衡阳召开。湖南省教育厅高等教育处处长曾力勤、副处长张平、南华大学副校长雷小勇出席会议，中南六省（区）320余名高校图书馆代表参加会议。南华大学副校长雷小勇致辞，曾力勤处长总结了湖南省30年来高校图书馆事业发展的巨大成就，并结合中共十九大报告对高校图书馆提出希望和要求。大会特邀中山大学图书馆馆长程焕文做题为“新时代高校图书馆的使命与挑战”的主题报告。河南省高校图工委副主任张怀涛、武汉大学图书馆馆长王新才、海南大学图书馆副馆长李文化、中山大学图书馆副馆长罗春荣、广西科技大学图书馆馆长梁晓天先后就本省高校图书馆协作与发展、转型与创新等做专题报告。大会同时邀请本次年会征文获奖论文作者进行论文交流，与部分图书馆资源开发商家、技术商家进行技术前沿的交流，六省（区）图工委秘书长和“双一流”学校馆长与参会代表开展头脑风暴答疑互动。湖南省高校图工委秘书长、湖南大学图书馆馆长郑章飞做会议总结。会议最后向下次年会的主办方海南省高校图工委移交会旗。（湖南大学图书馆　陈有志）

【2017湖南省普通高等学校图书馆馆长年会在衡阳召开】　11月22日，2017年第3次湖南省高校图工委常委会、湖南省普通高等学校图书馆馆长年会在衡阳召开。湖南省教育厅高等教育处副处长张平出席会议，全省40所普通高校70余名代表参加会议。会议对2017年湖南省普通高校“一校一书”阅读推广活动进行总结与表彰。湖南大学等10所学校获得“优秀组织

奖”；湖南理工学院“一校一书”书王争霸大赛等10个案例获得创新“创新案例奖”；中南大学张昊博等113人获得“读书心得奖”；长沙学院李胜义等18人荣获“优秀阅读推广人”称号。湖南师范大学、长沙理工大学、湘潭大学、湖南理工学院在会议上分享了“一校一书”阅读推广经验。在会议上，湖南省高校图工委秘书长郑章飞对2017年图工委工作与全省“一校一书”阅读推广工作进行总结。（湖南大学图书馆　刘平）

【湖南大学图书馆创立新书闪借阅览室】 11月28日，“新书闪借阅览室启动典礼暨湖南省新华书店有限责任公司捐资助学仪式”在湖南大学图书馆特藏分馆举行。湖南大学副校长谢赤、湖南省新华书店副总经理肖新喜出席仪式。“新书闪借阅览室”是由新华书店与湖南大学图书馆联合创立的阅读服务平台。只要是湖南大学师生，凭校园卡就可以直接在阅览室把看中的新书借走，整个借阅手续全部在闪借阅览室办理。（湖南大学图书馆　郜先蓉）

【湖南省图书馆学会第十届高职院校图书馆工作专业委员会召开成立大会】 12月14日，湖南省图书馆学会第十届高职院校图书馆工作专业委员会成立大会在长沙召开，湖南省图书馆学会理事长张勇出席会议，湖南省图书馆学会第十届高职院校图书馆工作专业委员会全体委员参加了会议。张勇理事长为每位委员颁发了聘书。会议就湖南省图书馆学会第十届高职院校图书馆工作专业委员会工作机制、基本职责与今后主要工作进行了讨论并达成一致共识。（湖南省高职图工委　唐晓应）

【湖南省高职图书馆工作委员会2017年学术年会在长沙召开】 12月14—16日，湖南省高职图书馆工作委员会2017年学会年会在长沙职业技术学院召开。来自全省48所高职院校140余名代表参加会议。教育部图工委秘书长、CALIS中心副主任、北京大学图书馆副馆长陈凌，宁波大学园区图书馆原馆长颜务林在年会上分别做题为“新时代、新定位、新思路——高校图书馆的转型创新之路”“从文献保障到学习研究和创新保障”的主题讲座。年会还举办题为“高职院校图书馆转型与创新”的学术论文征文活动、“‘知网杯’服务创新是图书馆转型的驱动力”为主题的高职图书馆服务创新案例大赛等活动。（湖南省高职图工委　唐晓应）

广东省

【广东省高等学校图书情报工作指导委员会2017年年会举行】 11月29日至12月1日，广东省高校图工委2017年年会在东莞召开。会议由广东省高等学校图书情报工作指导委员会主办，中山大学图书馆承办，来自全省90余所高校图书馆和20多家企业共250多名代表参加。会议开幕式上，广东省教育厅高教处处长郑文和广东省高校图工委主任、中山大学图书馆馆长程焕文分别致辞。广东省高校图工委秘书长、中山大学图书馆副馆长罗春荣对广东省高校图书馆2016年年度发展报告与广东省高校图工委2017年工作进行总结。武汉大学信息管理学院副院长黄如花和程焕文分别做题为“大数据时代的信息素养教育变革”“新时代高校图书馆的使命与挑战”的演讲。广东省高校图工委服务创新专业委员会主任、南方医科大学图书馆馆长顾萍，信息技术专业委员会副主任、华南理工大学图书馆副馆长蒋春林，教育培训专业委员会副主任、韶关学院图书馆馆长官建生，高职高专分委会主任、深圳职业技术学院图书馆馆长刘兰平分别做服务创新、信息技术、交流与合作及教育培训、高职高专等方面的专题工作报告。（广东省高校图工委）

【古籍脱酸及加固技术装置协同创新研究项目启动会举行】 3月2日上午，古籍脱酸及加固技术装置协同创新研究项目启动会在中山大学图书馆举行。广州市人大常委会主任、《广州大典》主编陈建华，中山大学校长罗俊，中山大学图书馆馆长程焕文等领导及项目研究团队负责人以及中山大学化学学院教授陈旭东及研究团队成员出席会议。

古籍脱酸及加固技术装置协同创新研究是广州市政府委托的重要项目，由中山大学和《广州大典》研究中心牵头，复旦大学、国家图书馆（国家古籍保护中心）等单位协同研究。会上，陈旭东详细介绍项目的研究内容、技术路线和进度计划，提出为适合中国古籍和民国文献的纸张加固方法、加固工艺和设备产业化研发的研究目标。国家图书馆的子项目负责人田周玲简要介绍了文化部重点实验室——国家图书馆古籍保护科技实验室，并对国家图书馆负责的子项目“无水液相脱酸方法的关键技术研究”做简要介绍。复旦大学的研究团队代表、复旦大学图书馆副馆长杨光辉对子项目“整本古籍脱酸工艺的关键技术研究”进行汇报。本次项目启动会议举办成功，宣告了《古籍脱酸及加固技术装置协同创新研究》项目全面展开，各研究单位将以研究总体目标为纲领，全力开展相关的研究工作。（中山大学图书馆）

【国家社科基金重大项目“非物质文化遗产数字信息资源管理研究——以分类存储和语义检索为中心”开题报告会举行】 3月11日上午，2016年度国家社科基金重大项目“非物质文化遗产数字信息资源管理研究——以分类存储和语义检索为中心”开题报告会在中山大学图书馆举行。文化部原副部长、国家图书馆名誉馆长周和平，以及来自全国非物质文化遗产保护领域和图书馆学领域的专家、广东省文化厅相关领导、学校科研院相关负责人、资讯管理学院相关领导、课题组的子课题负责人和核心成员等50余人参加本次开题报告会。会议由项目首席专家程焕文主持。资讯管理学院常务副院长张靖代表项目组介绍课题的整体设计情况，各子课题的负责人及核心成员分别阐述子课题的拟研究问题、重点难点、研究思路、研究方法、研究计划和预期成果。与会专家提出宝贵建议。国家图书馆“中国记忆”项目负责人田苗向课题组成员介绍“中国记忆”项目的工作思路及建设经验。

“非物质文化遗产数字信息资源管理研究——以分类存储和语义检索为中心”项目于2016年在国家社科基金重大项目的招标中中标立项，由中山大学资讯管理学院程焕文担任首席专家，文化部原副部长周和平，中山大学中国非物质文化遗产研究中心主任宋俊华，资讯管理学院张靖、路永和，重庆大学图书馆馆长杨新涯分别担任5个子课题的负责人。作为一项跨学科研究的项目，由中山大学资讯管理学院联合中山大学中国非物质文化遗产研究中心、国家图书馆、中山大学图书馆与重庆大学图书馆共同申报。该项目旨在通过对非遗数字信息资源的多源异构特性及其整合方案、分类标准、元数据方案、数据管护以及语义分析及其应用等问题的研究，为相应的数字化与系统建设奠定坚实的理论与技术基础。（中山大学图书馆）

【第十一届华南文献保护论坛举行】 6月9日，中山大学图书馆主办的华南文献保护论坛在广州中山大学图书馆举行。论坛由中山大学图书馆副馆长、古籍修复中心主任林明主持，来自四川成都、广州、东莞、珠海等地区的43名文献保护专业从业人员以及中山大学资讯管理学院文献保护与修复专业2016级的12名研究生参加。广东省博物馆、广东省文物保护科技中心馆员刘晓清做题为“潮湿环境石质文物的常见病害及保护研究”的主题报告；中山大学资讯管理学院2015级图书情报学硕士马泳娴做题为“澳大利亚国家图书馆《文献保护政策总纲领》研究”的报告；中山大学资讯管理学院2016级图书情报学硕士潘健做题为“西行慢记——2016级文保专硕西南游学纪行”的汇报。林明对论坛发言进行总结并为发言嘉宾颁发感谢状。（中山大学图书馆）

【首届粤港澳高校图书馆联盟年会暨馆长论坛在澳门大学召开】 12月13—14日，由粤港澳高校图书馆联盟主办、澳门大学图书馆承办、高等教育辅助办公室资助及澳门图书馆暨资讯管理协会支援的首届粤港澳高校图书馆联盟年会暨馆长论坛在澳门大学图书馆召开。年会围绕“跨区域图书馆联盟：高效营运及未来展望”的主题，来自葡萄牙、美国、澳大利亚的专家学者及70余名来自我国粤港澳三地图书馆的专家和代表参加。澳门高等教育辅助办公室代主任曾冠雄、圣约瑟大学校长代表、澳门大学图书馆馆长潘华栋、香港中文大学图书馆副馆长刘丽芝及中山大学图书馆副馆长周纯等出席开幕式。论坛为各地专家学者提供了相互交流的平台，并借此汲取不同地区的经验，启发与会者对图书馆相互合作的研究策略。同时，粤港澳图书馆代表共聚一堂，研讨各地图书馆的联盟经验，回顾发展的历程，并报告各区域联盟的未来计划。

“粤港澳高校图书馆联盟”由澳门大学图书馆倡议、香港中文大学图书馆及中山大学图书馆附议，在2017年6月6日正式成立并签署合作协议。协议的目的是汇集粤港澳精英大学图书馆，促进三地图书馆交流协作，推动资源共建共享，达到互利共赢的目标。联盟主要合作领域包括馆际互借、文献传递、出版物交换、馆员交流与培训等，以冀协助科研工作。联盟首届理事会理事长由澳门大学图书馆馆长潘华栋担任，副理事长则由中山大学图书馆馆长程焕文及香港中文大学图书馆馆长李鲁思出任。（中山大学图书馆）

【华南师范大学举办"阅读马拉松"】 "阅读马拉松"是华南师范大学图书馆主办的一校 3 区联动的长线读书活动，其创意诞生于 2016 年的首届阅读推广创意征集大赛，是读者喜爱的阅读推广项目。"阅读马拉松"分为"全程马拉松"和"半程马拉松"两种参赛方式。参赛者可根据实际情况自由选择。活动将采用分站考核的办法对所有参赛者进行考核，考核内容为提交书评和参加读书分享会 2 种方式。5 月 12 日，华南师范大学首届"阅读马拉松"大赛正式启动，"阅读马拉松"由 4 站组成，4 站阅读书目为《棋王树王孩子王》《人生的枷锁》《呼兰河传》《红与黑》。自活动推出即得到 3 个校区读者的热烈追捧，204 名同学积极加入马拉松的队伍。10 月 27 日"阅读马拉松"抵达终点，历时近 6 个月。11 月初举行"阅读马拉松"的终点颁奖典礼，首届"阅读马拉松"落幕。（华南师范大学图书馆）

广西壮族自治区

【2017 年粤桂琼高校图书馆特色资源建设学术研讨会暨 CASHL 华南区域中心工作会议在广西大学召开】 10 月 16—17 日，由 CASHL 华南区域中心（中山大学图书馆）主办、广西大学图书馆承办的 2017 年粤桂琼高校图书馆特色资源建设学术研讨会暨 CASHL 华南区域中心工作会议在广西大学图书馆举行，来自 53 所学校的 83 名会议代表参加本次会议。会上，CASHL 管理中心秘书长朱本军做题为"CASHL 资源服务现状、新动态与展望"的报告；广西大学图书馆副馆长庞蓓做题为"广西高校图书馆特色资源建设现状及思考"的报告；中山大学图书馆副馆长周纯做题为"CASHL 华南区域中心工作汇报"的报告。CASHL 华南区域中心工作人员就 CASHL 馆际互借与文献传递服务流程进行培训，参会代表参加培训并进行在线测试进一步强化学习。

重庆市

【概况】 2017 年，重庆市共有本科院校图书馆 28 个（含民办独立本科），高职院校图书馆 40 个，军队院校图书馆 3 个，成人高校图书馆 4 个。26 所高校参与"维普"、EBSCO、SPRINGER 等各种数字资源联合采购。CALIS 重庆文献信息服务中心三期建设稳步进行。10 所高校正式成为重庆市数字信息资源服务体系（CDISS）合作单位。由高校配套资金购置的 4 种数字资源在重庆高校数字图书馆共享平台全部安装部署完毕，并向 44 个成员馆开放使用。"重庆市高校图工委科学研究基金"设立，旨在支持重庆市高校图书馆文献资源建设及创新服务研究，5 个项目获得资助。（重庆市图书馆学会）

【教育部直属师范大学图书馆第 23 届馆长联席会议暨全国师范院校图书馆联盟常务理事会议召开】 5 月 19 日，教育部直属师范大学图书馆第 23 届馆长联席会议暨全国师范院校图书馆联盟常务理事会议在西南大学图书馆召开。来自北京师范大学、东北师范大学等 10 余所高校图书馆领导参会。西南大学副校长周常勇和全国师范院校图书馆联盟理事长、北京师范大学图书馆馆长张奇伟分别在开幕式上致辞。会上分别介绍各校图书馆工作情况，分享工作经验，全国师范院校图书馆联盟各业务中心进行工作汇报。教育部直属师范大学图书馆馆长联席会议是师范类大学图书馆高端工作会议，每年举办一次，由部属 6 所师范大学图书馆轮流主办，到 2017 年已成功举办 23 届。（重庆市图书馆学会）

【重庆大学牵手京东阅读推出全新电子图书服务模式】 12 月 15 日，"重庆大学——京东阅读战略合作会议"在重庆大学图书馆召开，国内知名电子图书服务商——京东阅读与重庆大学达成战略合作：包括面向全校师生的电子图书阅读、读者在京东商城上订购图书由图书馆买单流程的打通、电子图书的长期保存服务等，有效解决目前电子图书出版行业和图书馆行业对接问题，借助京东的社会化平台，为读者提供更多、更新的电子图书，并逐步向校友群体拓展。这也是京东阅读首次正式宣布与高校图书馆合作，此举将为高校读者带来全新电子图书阅读体验。重庆大学副校长孟卫东、图书馆馆长杨新涯、京东数字阅读总经理罗卿及京东阅读战略合作伙伴——图书馆资源和系统服务商北京汇云博图科技有限公司总经理刘义勇等出席并见证本次战略合作签约仪式。（重庆市图书馆学会）

四川省

【概况】 四川省共有普通高等学校109所，其中本科院校51所，高职（专科）院校58所。根据对82所主要高校图书馆的统计，截至2017年底，馆舍建筑面积172.94万平方米，读者座位18.7万个。文献资源购置费3.76亿元，其中，电子资源购置费1.8亿元。文献累积总量3.37亿册（含电子图书），购置中文纸质图书485.4万册，外文纸质图书2.5万册，中文纸质报刊14.2万余份，外文纸质报刊1万余份，中文电子图书5082.02万册，外文电子图书138.25万册，中文电子报刊131.9万份，外文电子报刊53.56万份，数据库754个，自建数据库268个。外借纸本书刊787万册次，电子资源下载量1.4亿余篇次。全省高校图书馆正式职工2259人，其中博士58人、硕士534人，本科以上学历的比例约占75%，中高级职称比例达63%。

2017年，四川省高校图书馆认真贯彻教育部《普通高等学校图书馆规程（修订）》，充分发挥图书馆在一流大学和一流学科建设中的作用。创新协作机制，加强科学管理和服务创新，共同推动全省高校图书馆文献资源建设、信息技术平台建设与读者服务水平的大力提升，为全省高等教育人才培养、科学研究和学科建设提供了优质高效的文献信息保障。

文献信息资源共建共享工作持续推进，文献保障水平显著提高。“四川高校图书馆数字资源采购引进评估咨询专家组”积极组织数据库的科学评估，极大提高各馆文献经费的使用效益。四川省高校图工委、中国高等教育文献保障系统（CALIS）西南地区中心与四川省中心、中国高校人文社会科学文献中心（CASHL）西南中心积极服务，有效地推进全省高校教学资源共建共享。

服务能力和服务水平大幅度提升。全省高校图书馆积极引进新技术，延长服务时间，通过数字图书馆、移动图书馆及微信、微博等新媒体网络平台深入开展文献信息服务，使广大师生使用图书馆更加便利快捷。

大学生阅读指导和推广活动更丰富多样，更系统性、常态化。2017年西南交通大学图书馆、四川大学图书馆、电子科技大学图书馆通过了中国图书馆学会开展的“全民阅读示范基地”复核。乐山师范学院图书馆被中国图书馆学会评为“全民阅读先进单位”。四川师范大学、西南石油大学等15所高校图书馆荣获四川省、“全民阅读先进单位”，四川理工学院、四川文理学院等5所高校图书馆荣获“全民阅读优秀组织奖”。乐山师范学院图书馆被命名为“四川省全民阅读示范基地”。

队伍建设成效显著，人员结构进一步改善，馆员综合素质和业务技能不断提升。四川省高校图工委及其下设的各协作组和专业组举办各种研讨会、工作会，进行各种深度业务培训和工作交流，举办创新案例大赛，积极参与图书情报界的学术交流活动。各高校图书馆积极开展学术研究，重视培养高层次的专业馆员。每年举行的四川省高校图书馆“专家论坛”，大力拓展图书馆员的学术眼界。

高职院校图书馆和社会力量办学学院图书馆不断加强规范化、科学化建设，整体水平持续提升。（四川省高校图书情报工作委员会秘书处　姜晓　孙诗）

【成都地区高校图书馆向社会开放】 2017年，四川省12所高校图书馆的社会开放工作成效明显，一共办理校外读者证17069张，借还图书6481册，到馆阅览人数达27.39万人次，接待参观6907人，并为校外读者提供检索、查新服务2241项，文献传递与馆际互借服务1931篇。特别是到馆阅览人数超过前三年的总和。四川省高校图工委在成都市政府组织的“贯彻落实《成都市社区教育促进条例》座谈会”上做“成都地区高校图书馆面向社会开放服务情况报告”。（四川省高校图书情报工作委员会秘书处　姜晓　孙诗）

【2017年川渝独立学院及社会力量办学院校图书馆协作组年会】 5月10—12日，由四川省高校图工委主办、重庆市高校工委协办、四川工商学院主办的川渝民办高校图书馆第七届馆长论坛暨四川省高校图工委社会力量办学协作组年会

在眉山召开。川渝两地 34 所高校图书馆馆长、专家学者、馆员代表共计百余人参加大会。会议分开幕式、主题会议、分组讨论和文化考察 4 部分进行。主要围绕在民办教育促进法修订，应用型转型的背景下，民办高校图书馆如何加强建设，强化管理，拓展服务，寻求合作等课题展开深入研讨。（四川省高校图书情报工作委员会秘书处　姜晓　孙诗）

【2017 年四川省高校图书馆建设发展研讨会】 5 月 18—19 日，2017 年四川省高校图书馆建设发展研讨会在西华师范大学举行。此次研讨会由四川省高校图工委主办，西华师范大学承办。四川省教育厅、西华师范大学、上海交通大学图书馆、四川省图书馆学会、四川省高等学校图书情报工作委员会等单位的领导及来自全省 77 所高校图书馆的 130 余名代表参加研讨会。本次会议分为图工委秘书长会议、开幕式、专家报告、专题发言和讨论交流 5 个阶段进行。会议的召开进一步增强全省高校图书馆之间的交流沟通，增强业界各馆的凝聚力和向心力，为进推动四川省高校图书馆事业又好又快发展奠定坚实的基础。（四川省高校图书情报工作委员会秘书处　姜晓　孙诗）

【四川省高校图书馆第十三届专家论坛暨数图新服务应用研讨班召开】 10 月 27 日，四川省高校图书馆第十三届专家论坛暨数图新服务应用研讨班在西南交通大学犀浦校区图书馆召开。四川省图书馆学会、北京大学图书馆等单位的特邀专家及来自省内各大高校图书馆的馆长及业务主管和业界代表共 200 多人参会。四川省图书馆学会秘书长王嘉陵、北京万方数据股份有限公司副总经理张利及西南交通大学图书馆馆长高凡分别致辞。特邀专家围绕"科技大数据环境下的图书馆知识服务"做报告。论坛以拓宽馆员的思路和眼界，深化馆员对图书馆现状和未来趋势的认识和理解，提升全省高校图书馆办馆水平和服务水平为宗旨。（四川省高校图书情报工作委员会秘书处　姜晓　孙诗）

【川渝高校情报工作研究会第二十七次学术年会暨第二十七次常委会】 11 月 8—11 日，由川渝高校情报工作研究会主办、重庆邮电大学图书馆承办的"川渝高校情报工作研究会第二十七次学术年会"在重庆举行。来自川渝两地的 99 个单位 212 名代表出席大会。此次会议分为主题报告、专题报告、获奖馆员代表的论文交流 3 部分，紧紧围绕"双一流"建设背景下图书馆服务创新，包含学科服务、智慧图书馆建设、大数据等，内容丰富，反映了国内高校图书馆界当下的研究热点和研究成果。本次学术年会还对征文评选结果（一等奖 17 篇，二等奖 34 篇）进行了颁奖。会议的成功召开，使与会代表进一步了解当前图书馆行业的发展趋势、最新研究成果，对川渝高校图书馆为双一流建设服务提供了思路并具有良好的借鉴意义，对提升馆员业务素质、促进川渝两地高校图书馆间的沟通合作具有重要意义和贡献。（四川省高校图书情报工作委员会秘书处　姜晓　孙诗）

【四川省高校图工委成立 30 周年活动】 11 月 28 日，"阅图三十载　喜庆十九大"——四川省高校图书情报工作委员会成立 30 周年文艺会演暨先进图书馆与先进个人表彰大会在西南交通大学举行。教育部高教司、全国高校图书情报工作委员会等单位有关领导，四川省图书馆学会、四川省图书馆、中科院成都文献情报中心、四川省社科院文献信息中心等单位特邀嘉宾，参加西南地区高校图工委联席会议的领导和代表近 600 人出席。大会由四川高校图工委副秘书长、西南交通大学图书馆馆长高凡主持。四川省高校图书情报工作委员会秘书长、四川大学图书馆馆长党跃武做四川省高校图工委 30 年工作汇报。会议还对在图书情报服务工作中辛勤耕耘、成果突出的"先进个人"和"先进图书馆"进行表彰，以鼓励先进，树立典型，更好地促进四川省高校图书馆工作的发展。（四川省高校图书情报工作委员会秘书处　姜晓　孙诗）

【第二十二届西南地区高校图工委联席会议】 11 月 28—29 日，第二十二届西南地区高校图工委联席会议在成都市召开。此次大会由四川省高校图工委主办，西南财经大学图书馆承办。教育部高教司教学条件处、四川省教育厅高教处、教育部高校图工委等单位领导以及来自西南地区三省一市一区（四川、云南、贵州、重庆及西藏）119 所高校图书馆的 240 余位代表参会，探索高校图书馆的区域合作与改革创新，共同谋划新时代高校图书馆事业的新发展和新作为。会议特邀教育部高等教育文献保障系统（CALIS）管理中心副主任、北京大学图书馆副馆长陈凌，昆明理工大学图书馆馆长廖寅，重庆大学图书馆党总支副书记魏群义，凯里学院图书馆馆长陈洪波，西南财经大学图书馆馆长聂富强分别做题为“CALIS 新一代图书馆平台建设”“信息素养和多元化素质教育相结合的图书馆育人平台建设与实践”“移动图书馆服务的思考与实践”“特色与服务——凯里学院图书馆利用馆藏特色文献为学校教学科研服务为例”“新时代、新战略、新战术、新行动”的主题报告。（四川省高校图书情报工作委员会秘书处　姜晓　孙诗）

【四川省本科院校协作组研讨会暨成都地区第 46 届高校图书馆馆长研讨会】 12 月 8—9 日，由四川省高等学校图书情报工作委员会主办、四川文理学院图书馆承办的四川省本科院校图书馆协作组研讨会暨成都地区第 46 届高校图书馆馆长研讨会在达州召开。来自全省 37 所高校图书馆及嘉宾代表共计 100 余人参加会议，与会高校图书馆馆长围绕图书馆文化进行了深入交流和探讨。四川文理学院校长刁永锋，四川省高校图工委秘书长、四川大学图书馆馆长党跃武在会上致辞。四川省高校图工委副秘书长姜晓传达了教育部图工委工作会议精神，重点强调双一流建设是当前高等教育改革发展的一个重点任务，各高校馆要结合双一流建设加强和学校的衔接工作。随后，四川大学、电子科技大学、成都医学院、四川文理学院 4 所高校图书馆馆长围绕高校图书馆文化建设分别做主题报告。与会代表就图书馆文化建设过程中的实践和思考做深入讨论，同时分享各自的成功经验。（四川省高校图书情报工作委员会秘书处　姜晓　孙诗）

【四川省高校图工委高职高专协作组 2017 年年会暨“图书馆建设与发展”研讨会】 12 月 14—15 日，四川省高校图工委高职高专协作组 2017 年年会暨“图书馆建设与发展”研讨会在泸州职业技术学院召开。会议旨在推动资源建设与“双高”建设同步，带动全省高职高专图书馆共同发展。会议由四川省高校图工委主办、泸州职业技术学院承办。四川省高校图工委等领导以及全省 50 所高职高专图书馆的分管领导、馆长、业务骨干及学院部分干部职工等 100 余人参加会议。会议就新时期高职高专图书馆建设的功能导向和责任使命达成广泛共识，形成以“共享”和“服务”为理念内核的图书馆发展策略的工作思路，对高职高专图书馆在新时期的建设和发展起到重要促进作用。（四川省高校图书情报工作委员会秘书处　姜晓　孙诗）

【第四届四川省高校图书馆现代技术年会】 12 月 22 日，四川省高校图工委第四届现代技术年会在成都理工大学召开，技术年会由四川省高校图书馆情报工作委员会主办，成都理工大学图书馆承办，来自四川省 48 所高校图书馆 130 余名代表参会。大会还举办“首届高校图书馆技术引领与支撑案例展示大赛”，评选出 2 个一等奖、4 个二等奖、8 个三等奖，最佳创意奖 1 个、最佳实用奖 2 个。本次年会对于推动四川地区图书馆现代技术建设与服务创新，全面提升图书馆的技术服务水平具有重要意义。专家们的主题报告，为新一代图书馆现代技术的选择和运用提供具有参考价值的理论依据。（四川省高校图书情报工作委员会秘书处　姜晓　孙诗）

贵州省

【概况】 截至 2017 年底，贵州省共有各类高等学校图书馆 49 个。其中普通本科高校图书馆 21 个，本科独立学院 6 个，贵州党校图书馆 1 个，贵州广播电视大学图书馆 1 个，专科院校图书馆 20 个。其中，新建图书馆 23 个，建筑总面积约为 63.4 万平方米，馆均面积约为 2.76 万平方米，读者座位 57200 个。纸质图书总藏量约为 2250 万册，新增中文图书 113.26 万册，外文图书 3320 册，共发放有效借书证 34.41 万个。各高校馆服务时间长（周 78—104 小时）、文献资源开架率高（95%以上的馆藏文献全开架提供读者借阅）、自动化程度高、快捷（一卡通管理，多校区图书互借互还等）。各高校馆充分发挥图书馆作为学校培养大学生信息素养主阵地作用，针对学生的培训教育多；以新技术的运用为切入点，加快推进网络化、数字化、信息化建设，加强本馆数字化信息资源建设和特色资源建设。

贵州省高等学校图书馆工作指导委员会组织“馆员专业培训、社会培训”课件推选、交流、任课活动 2 次，“馆员职称申报与业务能力提升”培训等图书馆学专业培训，CASHL 利用推广、培训，与贵州省图书馆学会联合组织举办 2017 年全省图书馆学术年会。

开展业务培训，将高校图书馆的服务辐射到社会。2017 年 9 月贵州民族大学图书馆承办全国民族古籍审查培训班。贵州省高校图工委参加 2017 年贵州省公共图书馆馆长培训班工作，贵州省高校图工委秘书长做“公共图书馆服务转型、创新”思考的报告，对图书馆未来建设发展趋势、新技术应用等进行研讨，来自全省公共图书馆的馆长及馆员共 100 余人参加培训；参加贵州省第六次全国县级以上公共图书馆评估定级工作，4 所高校图书馆的 7 位研究馆员被推荐为贵州省文化厅第六次公共图书馆评估专家，2 位专家担任专业组组长。

2017 年 7 月，高校图书馆 2 位专家应全国人大常委会法工委要求，参加省人大常委会法制工作委员会组织的《中华人民共和国公共图书馆法（草案）》专题讨论会，提出书面修改意见并发言。

凯里学院图书馆面向社会开放，凯里学院图书馆为助推凯里打造文明城市，积极开展全民阅读新阵地的文明图书馆创建活动。从 2017 年 4 月 1 日起向社会公众全面开放，主动为社会读者提供无偿服务，读者只要凭有效身份证明就可以进入图书馆阅读。已有社会读者 200 余人到馆办理借阅卡。贵州民族大学图书馆连续三年荣获“全民阅读先进单位”称号，是贵州唯一获此称号的高校图书馆。（贵州省高校图书馆工作指导委员会秘书处　张伟云）

【贵州高校《文献资源发展政策指南》编制研修培训班举行】 10 月 29 日至 11 月 1 日，贵州省高校图工委在贵阳举办《馆藏文献资源发展政策》编制研修培训班，来自全省各高校馆、公共图书馆的副馆长、采编部主任、采访馆员共计 74 人参加培训。培训采取聘请省外专家做专题学术报告、省内图书馆界专家讲授相关课程、专题研讨方式进行。培训内容：馆藏发展政策概述、馆藏评价、馆藏文献资源建设相关规范解读、图书采访、图书采访容易出现的问题、图书预定与验收、馆藏发展政策编制文本结构、文献集中采访与协作等。专家报告：数字资源馆藏发展政策、文献资源发展政策及其编制。（贵州省高校图书馆工作指导委员会秘书处　张伟云）

【机构知识库与知识发现新模式研讨会在凯里学院举办】 12 月 15 日，贵州省高校图工委联合中国知网在凯里学院举办机构知识库与知识发现新模式研讨会，共同探讨机构知识库与知识发现新模式等相关议题。参会的各图书馆分管技术的馆长、副馆长、技术部相关负责人，围绕图书馆的资源发现与知识服务、“双一流”背景下机构知识库的现状与发展、凯里学院机构知识库使用介绍分享、大数据时代下图书馆如何推进中外文资源的高效利用等重要课题进行探讨。与会人员还参访凯里学院民族文化博物馆及图书馆特色馆藏。（贵州省高校图书馆工作指导委员会秘书处　张伟云）

【2017 年“互联网 +”背景下信息素养教育研讨会在贵州民族大学图书馆召开】 10 月 27—28 日，由清华大学图书馆主办、贵州民族大学图书馆承办的 2017 年“互联网 +”背景下信息素养教育研讨会在贵阳孔学堂举行。清华大学图书馆馆长邓景康、北京大学图书馆副馆长肖珑、武汉大学信息管理学院副院长黄如花及全国 109 家单位近 200 名专家学者参会，共同探讨“互联网 +”背景下信息素养教育相关议题。（贵州省高校图书馆工作指导委员会秘书处　卢云辉）

云南省

【云南省高校图书馆 2017 年馆长工作会暨图书馆联盟理事会召开】 3 月 30 日，由云南省高校图书情报工作委员会、图书馆联盟主办，云南警官学院图书馆协办的云南省高校图书馆 2017 年馆长工作会暨图书馆联盟理事会议在云南警官学院召开。云南警官学院、省高校图工委等单位领导以及 50 余家高校图书馆馆长和图书、数字资源企业代表等 120 余人出席会议。会议开幕式由云南警官学院图书馆馆长刘静波主持。云南警官学院党委副书记刘功华介绍云南警官学院的办学情况、发展经历、取得的成就，以及图书馆近年来的建设发展情况。云南省高校图工委秘书长殷国聪代表云南省高校图工委和云南省高校图书馆联盟做 2016 年度工作总结及 2017 年云南省高校图工委工作要点的报告。他提出启动云南省高校图书馆事实数据的收集和整理工作，并根据云南省高校图书馆发展的实际情况，起草《云南省高校图书馆年度发展报告》。图工委各专业委员会、联盟专项工作组进行工作交流。云南大学图书馆等7个大学图书馆的馆长分别从图书馆联合信息服务、资源建设协调、参考咨询、业务培训、技术支持、学术研究、区域合作、高职高专建设与发展等专项工作进行大会交流与总结并提出2017年度工作计划。本次会议不仅促进了全省各高校图书馆之间全方位、多层次的交流与合作，还推动高校图书馆事业的建设与发展，为高校图工委和图书馆联盟组织完成2017年度工作任务打下很好的基础。（云南省警官学院图书馆）

【云南省第八届中美图书馆实务论坛举行】 7月4日上午，由云南省高校图工委与美国华人图书馆员协会共同主办、昆明医科大学承办的2017云南省第八届中美图书馆实务论坛在昆明医科大学举行。来自全国40多所高校的200余名专家、学者参加论坛。会议围绕“互联网背景下高校图书馆创新思维”这一主题，邀请6位美国华人图书馆员协会专家、4位高校图书馆专家及1位图书情报界学者做主题报告，并从大会收取的160余篇论文中评选出8位作者做优秀论文交流。本届论坛共同探讨互联网时代高校图书馆建设、服务与发展的理论和实践问题，交流创新思想及创新发展经验；共同促进高校图书馆事业发展，弘扬图书馆文化，探究图书馆未来发展与走向，努力建设新时代的图书馆，为高校“双一流”建设提供强大文献信息保障和学科知识服务。（昆明医科大学图书馆）

陕西省

【概况】 截至2017年底，陕西省共有各类高等学校图书馆100个。其中：普通本科高校图书馆44所，高职高专院校图书馆38个，独立学院图书馆12个，军事院校图书馆6个。以下信息来自67个高校图书馆的统计数据。

馆舍条件。图书馆馆舍面积总计为157.25万平方米，平均馆舍面积2.35万平方米，比上年馆均增加272平方米。在建新馆面积为4.83万平方米。阅览座位总计16.78万个，馆均2504个。

人员结构。在编职工2341人，馆均35人。在编职工中，本科及以上学历者占75.78%。其中，博士52人，占2.22%；硕士及第二学士学位586人，占25.03%；本科1136人，占48.53%。在编职工中，中级及以上职称者占66.43%。其中，正高级职称94人，占4.02%；副高级职称421人，占17.98%；中级职称1040人，占44.43%。

经费投入。年度经费总计37556.22万元，馆均年度经费560.54万元，比上年馆均增加56.95万元，增长11.31%。文献资源购置费总计33196.82万元，馆均495.47万元，比上年馆均增加34.58万元，增长7.50%。其中，馆均纸质资源购置费236.99万元，占文献资源购置费的47.83%，比上年减少2.73%，占比呈持续减少趋势；馆均电子资源购置费258.23万元，占文献资源购置费的52.12%，比上年增长2.72%，占比呈持续增加趋势。

文献保障。年购中文纸质图书合计372.82万册，馆均5.56万册，比上年馆均增加8649册；年购外文纸质图书合计4.51万册，馆均673册，比上年馆均增加42册；年购中文电子图书合计7160.81万册，馆均106.88万册，比上年馆均增加54.11万册；年购外文电子图书合计416.52万册，馆均6.22万册，比上年馆均增加383册。馆均中文纸质图书累积119.95万册，比上年增加4.35万册；馆均外文纸质图书累积5.60万册，比上年增加885册。

服务状况。图书馆在册读者合计119.94万人，馆均1.79万人。年外借书刊合计763.94万册次，馆均12.13万册次。每周开馆时间合计6276小时，馆均93.7小时，其中周开馆最长时间为125.5小时，最短为60小时。截至2017年底，陕西省高校图工委累计向全省各类图书馆发放通用借书证1300个。（西安交通大学　张惠君　安嘉璐）

【举办新入职人员培训会】 由陕西省高校图工委主办、西安理工大学图书馆承办的2017年陕西高校图书馆新入职人员培训会于10月27日在西安理工大学图书馆举行，来自省内28所高校的87名新馆员参加培训。西安理工大学图书馆馆长王浩主持会议并致欢迎词。本次培训分为3部分：专家讲座、朋辈交流及读者服务案例展示、在线答题和颁奖。研究馆员强自力以“图书馆业务知识概论”为题，结合大量日常工作的实例和图片，深入浅出地讲解图书馆学专业基础知识；研究馆员康万武的“漫谈图书馆文献检索和参考咨询工作”从一个资深馆员的视角，介绍文献检索和参考咨询工作的意义、工作流程等；西安理工大学图书馆彭慧介绍“运用馆员隐性知识，开展立体化导读型阅读推广”的读者服务案例；西安交通大学图书馆安嘉璐分享入职以来的工作经验与心得。手机在线答题环节，对与会人员进行了图书馆专业基础知识测试。（西安交通大学　张惠君　安嘉璐）

【召开陕西省高等学校图书情报工作会议】 12月14日，2017年陕西省高等学校图书情报工作会议在陕西师范大学长安校区召开，来自全省72所高校图书馆的110多位馆领导参加。本次会议主题为“高等教育新形势与高校图书馆新发展”。陕西师范大学党委副书记马博虎出席会议并致辞。陕西高校图工委副主任委员、西安交通大学图书馆馆长贾申利代表图工委做工作报告，对图工委2017年工作进行回顾和总结，并通报2018年工作安排和设想。特邀嘉宾、同济大学图书馆党委书记慎金花做题为“情报分析服务实践进展与发展趋势”的报告。在服务创新经验交流环节，西安交通大学图书馆常务副馆长邵晶做题为“让图书馆空间成为学生自主实践的场所——iLibraryClub模式新探”的报告；西北农林科技大学图书馆副馆长赵善廷做题为“他山之石，可以攻玉——与中信所开展战略合作　助推学校‘双一流’建设”的报告；西安电子科技大学图书馆馆长卢朝阳做题为“传承西电精神　塑造文化平台”的报告；陕西师范大学图书馆李永明馆长做题为“服务自觉与管理自觉——陕师大图书馆阅读推广活动实践与思考”的报告；西北工业大学图书馆副馆长戚红梅做题为“基于信息分析的数字资源绩效评价”的报告；西安欧亚学院图文信息中心罗征副主任做题为“信息化条件下的图书馆运营思考与实践”的报告；陕西省高校图工委秘书长张惠君做题为“数说陕西高校图书馆发展状况”的报告。陕西省高校图工委下属6个工作组分别汇报2017年工作计划完成情况及2018年的工作打算。会议期间，还举行陕西高校图书馆信息咨询服务“6＋X”合作首批合作单位代表签约仪式。（西安交通大学　张惠君　安嘉璐）

【以“菜单服务”方式开展馆员培训专家巡讲】 2017年，为增强馆员培训的针对性，探索馆员培训新途径，陕西省高校图工委启动以“菜单服务”方式开展馆员培训专家巡讲活动，即：图工委提供专家报告目录，各馆根据实际需求从中选择主讲专家和讲座题目。全年共征集9位专家20个选题的讲座，内容涵盖图书馆学基础知识、文献资源建设、参考咨询及学科服务、图书馆管理、新技术应用、论文写作等方面。全年专家为12所高校图书馆上门巡讲，共计举办29场讲座、1196人次参加。（西安交通大学　张惠君　安嘉璐）

【启动陕西高校图书馆信息咨询服务“6＋X”合作模式】 2017年，为充分发挥陕西高校现有科技查新工作站的作用，探索区域内信息咨询服务整体能力提升的创新模式，带动省内高校图书馆信息咨询工作的进一步开展和业务水平的提升，陕西省高校图工委启动全省高校图书馆信息咨询服务“6＋X”合作模式，即：依托现有的6家科技查新工作站，带动、帮扶有意愿的图书馆开展查收查引、科技查新等工作，并通过该模式的推广，让那些有意愿做事，但条件还不成熟的图书馆借助于外力实现相关业务零的突破。本着自愿参加、自由组合的原则，截至2017年底，共达成9组合作意向，分别为：西安交通大学—西藏民族大学、西安交通大学—西安欧亚学院、西安交通大学—西安翻译学院、西安交通大学—西安工程大学、西安交通大学—西安医学院、西北农林科技大学—杨凌职业技术学院、长安大学—西安科技大学、西安电子科技大学—西安欧亚学院、西安电子科技大学—安康学院。（西安交通大学　张惠君　安嘉璐）

【举办创一流建设背景下的高校信息素养教育研讨会】 6月2日，由陕西省高校图工委教育培训工作组主办、西安理工大学图书馆承办的创一流建设背景下的高校信息素养教育研讨会在西安理工大学金花校区图书馆报告厅举办，来自省内50多所高校图书馆的馆长、业务骨干共计220多人参加会议。西安理工大学副校长罗兴锜出席会议并致辞。西安工程大学图书馆副馆长谷秀洁以“信息素养教育国外近况”为题，就国外信息素养研究进展进行详细深入的解读。西安欧亚学院图文信息中心副主任罗征、西安科技大学图书馆信息咨询部主任郭利伟、榆林学院图书馆副馆长张建娥、西安理工大学图书馆情报室王海萍、西北农林科技大学图书馆信息部副主任钟云志分别以“从信息素养到数据素养——以欧亚学院图书馆为例”“从‘图’开始——西安科技大学新生信息素养教育实践”“本科生信息素养能力教育的实践——以榆林学院为例”“基于需求驱动的信息素养培训”“从被动需求到主动探索——谈研究生信息素质教育”为题，结合各自学校的工作实践，围绕本科生、研究生、教师科研人员等各层次读者的信息素养教育展开分析和研讨，并分享各校在工作实践中收获的成果和经验。（西安交通大学　张惠君　安嘉璐）

【召开古籍与特藏文献工作研讨会】 6月5日，由陕西省高校图工委古籍与特藏工作组主办、陕西师范大学图书馆和陕西理工大学图书馆共同承办的陕西高校图书馆古籍与特藏文献工作研讨会在陕西理工大学图书馆召开，来自省内25个图书馆的馆领导和特藏建设工作人员共50余人参加会议。研讨会由陕西理工大学图书馆馆长王长安主持。陕西理工大学副校长程琳杰、省高校图工委秘书长张惠君、省古籍保护中心办公室主任扬居让先后致辞。西安交通大学强自力、陕西师范大学丁献峰、西北农林科技大学白君礼、西藏民族大学孔繁秀、长安大学李均宏、西安科技大学张峰、延安大学贾翠玲、陕西理工大学张显锋等8个院校图书馆的代表分别就特藏建设、古籍收集整理与保护、特色文献资源建设与服务、地方文献建设等内容做大会交流发言。陕西师范大学图书馆副馆长田向阳最后做总结发言。在交流讨论中，大家一致认为，古籍与特藏文献作为图书馆资源中不可或缺的组成部分，体现着一个学校的办学传统和办学特色，认真做好古籍及民国文献、地方文献、民族文献、专题文献等独具特色的资源建设，建立健全高校特藏文献保障体系，对提高图书馆的办馆层次、增强服务保障能力，具有重要的现实意义。（西安交通大学　张惠君　安嘉璐）

【召开高职高专院校图书馆馆长年会】 11月24日，由陕西省高校图工委高职高专工作组主办、咸阳职业技术学院图书馆承办的2017年陕西省高职高专院校图书馆馆长年会暨图书馆工作研讨会在咸阳职业技术学院召开。来自省内31所高职高专院校的60余位馆长、专家学者参加会议。咸阳职业技术学院党委书记刘聪博、副院长芮红亚出席会议并代表承办方分别致辞。会议围绕“贯彻‘十三五’规划，共谋图书馆发展”的主题展开研讨交流。省高校图工委秘书长张惠君做题为“数说陕西省高职高专院校图书发展状况”的报告，用翔实的数据展示近几年全省高职高专院校图书馆的发展情况；陕西国防工业职业技术学院图书馆馆长仝荣才传达2017年教育部高校图工委高职高专分委年会暨馆长论坛会议精神；陕西省高校图工委高职高专工作组组长、西安铁路职业技术学院图书馆馆长袁素瑛详细介绍《普通高等学校图书馆规程》高职高专院校实施指南的制定背景以及《全国高职高专院校图书馆评价指标体系（试行）》的基本情况；西安工程大学图书馆研究馆员尹方屏做“如何发现和获取馆藏缺藏文献”的专题报告。陕西工业职业技术学院图书馆馆长南欢做会议总结。（西安交通大学　张惠君　安嘉璐）

【召开流通阅览工作研讨会】 11月29日，由陕西省高校图工委读者服务工作组主办、西北农林科技大学图书馆承办的陕西省高校图书馆流通阅览工作研讨会在西北农林科技大学举办，来自省内40所高校图书馆的160余人参加。西北农林科技大学图书馆副馆长赵善廷致欢迎辞。西安交通大学图书馆副馆长强自力和长安大学图书馆副馆长陈鹰分别主持会议。来自西安交通大学、西北工业大学、西北农林科技大学、陕西师范大学、西安建筑科技大学等11所高校的图书馆领导及业务骨干分别做16个主题报告，内容涵盖高校图书馆流通业务调查、馆藏布局调整、流通服务创新发展、阅读推广、新技术应用、读者需求分析等方面的思考和实践。研讨会设互动答疑环节，与会人员就实际工作中遇到的问题展开激烈探讨。省高校图工委秘书长张惠君最后做总结发言。（西安交通大学　张惠君　安嘉璐）

【举办读者服务案例展示交流活动】 12月7日，由陕西省高校图工委读者服务工作组主办、西安欧亚学院图书馆承办的第五届陕西高校图书馆员读者服务典型案例展示交流会在西安欧亚学院图书馆举办，来自省内41所高校图书馆的174名馆员参加。本次活动共收到26所图书馆的102个案例，经过专家初评，选出46个案例参加交流竞赛活动。根据提交案例的内容，比赛分为四个组依次进行，分别为：为人找书、流通台问题处理、参考咨询服务、特色服务。有关高校图书馆馆领导和资深专家共17人组成临时专家组，采用不记名投票方式，最终评选出优秀案例27个。（西安交通大学　张惠君　安嘉璐）

甘肃省

【概况】 截至2017年底，甘肃省共有各类高等学校图书馆44个，其中普通本科院校图书馆17个、独立院校图书馆4个、高职高专院校图书馆23个。馆舍面积接近或超过5万平方米的有兰州大学、西北民族大学、兰州财经大学3所图书馆。其中兰州大学图书馆入选兰州市第一批历史建筑保护名录，馆舍面积6万平方米，阅览座席5664个，工作人员109人，其中硕士研究生及以上学历人员39人，本科学历人员44人，大专学历人员26人。正高级专业技术人员2人，占人员总数的2%；副高级19人，占17.4%；中级63人，占58%。西北民族大学馆舍面积5.02万平方米，阅览座席5841个，工作人员67人，其中硕士研究生及以上学历人员19人，本科学历人员40人，大专学历人员7人。正高级专业技术人员6人，占人员总数的9%；副高级26人，占38.94%；中级29人，占43.3%。

文献信息资源建设能力不断增强。兰州大学图书馆通过开展“走入学院”活动调查文献信息资源需求，搜集书目13万余条。订购中文图书2.8万余种、外文图书2032种，订购中文期刊1111种、外文期刊104种；图书编目入藏1.99万种4.83万册；回溯建库日文文献7128种8064册，伊斯兰文献1935种3873册，民国文献8500册，过刊7775册，并荣获2016—2017年度CALIS联合目录馆藏数据建设先进单位奖。西北民族大学图书馆全年加工新书10.6万册，订购中文报刊1392种，馆藏纸质图书累计209.61万册。兰州财经大学图书馆全年采购新书1.79万种7.14万册，其中经济管理类图书占年度采购量的40%以上；订购外文期刊65种、中文期刊1013种1987份，报纸71种。在特色文献资源建设方面，兰州大学图书馆着重搜藏敦煌学、西域学、中亚学、宗教学、藏学、回族学、伊斯兰研究文献及相关主题文献，订购英文及日文文献759种，藏文文献42种，蒙文文献5种，维文文献4种；“兰大文库”图书累计入藏2082种3158册；新入藏纸质博硕士论文3436篇、优秀本科生论文694篇，累计入藏纸质博硕论文3.62万篇、优秀本科生论文3127篇。接受包括东洋文库、兰州大学出版社、西北少数民族研究中心、新疆维吾尔自治区政府、历史文化学院相关学者等317个机构和个人的捐赠文献815种1162册（函）。

数字资源数量持续增加。兰州大学图书馆数据库及文献管理应用系统共计103种（中文数据库53种，外文数据库50种），较2016年增加18个，开放获取资源数据达到1041万条，收取电子版博硕论文3476篇、优秀本科生论文709篇，完成《兰州大学数字文献使用与分析报告（2016）》。西北民族大学图书馆订购中外文数据库48个，采购外文原版电子图书2.09万册，中外文电子图书累计183.87万册。兰州财经大学图书馆增订“一带一路”战略支撑平台、中国知网—中国引文数据库等，新增超星电子图书本地镜像5万册，馆藏电子资源总量累计246.86万册。

读者服务水平不断提升。兰州大学图书馆全年文献借还总量为30.1万册，文献传递3549件，馆际互借1382件，CALIS满足率95.76%，CASHL满足率83.13%，多媒体服务接待读者近30.7万人次。西北民族大学图书馆全年接待读者101.79万人次，图书馆网站访问量25.46万次，纸质图书借阅量18.22万册次，电子期刊下载量3440.01万余篇，电子图书下载和阅览量8.1万余册。兰州财经大学图书馆全年接待读者191万余人次，图书流通总量221057册，电子资源访问量637.91万次、下载量10.4万篇。

阅读推广活动力度不断加强。兰州大学图书馆举办以“悦读·趣读·享读”为主题的“2017书香兰大”阅读节系列活动，开展书评征集活动及阅读之星评选，组织“风速对话”读书分享会活动，并邀请校长王乘教授、原《读者》杂志社彭长城主编等参与活动；与校团委联合成立兰州大学阅读推广社团，与《读者》杂志社下设的《读者》读书会共同开展阅读推广工作。西北民族大学图书馆继续开展“尽情畅游图书，共享知识乐趣”主题阅读推广系列活动，举办首届信息素养知识大赛、首届新书现场展销、首届女职工知识技能大赛、首届图书馆馆藏师生绘画展、于右任旧藏拓片精选展、图书馆数字资源利用问卷调查、“爱国影片”展播、绘画作品展，读者之星评选等系列活动，极大地丰富了师生精神文化生活，提升校园文化品位。兰州财经大学图书馆在世界读书日期间，开展读书征文比赛、现场售书、咨询体验、电子资源讲座、图书馆馆寻宝大赛等多项活动，10 月开展电子资源宣传推广月活动，组织真人图书馆活动，组建了学生读者委员会。

为科研服务能力稳步提升。兰州大学图书馆全年科技立项和结题类查新 209 个，其中国内外查新 112 份，论文引用收录类查询报告 441 个，检索记录 3 万余条；完成《美国 News 大学排行榜分析监测报告》《英国 QS 大学排行检测分析报告》等 6 份大学排行榜监测报告，《2017 年自然指数排行榜兰州大学指标监测》《2017 年 ESI 数据兰州大学指标监测快报》等科研指标评价监测报告；建成兰州大学机构知识库学院子站 35 个，累计访问量近 253 万次。兰州财经大学图书馆则与兰州大学图书馆签订科技查新合作协议，以满足该校师生的科技查新需求。

读者信息素养教育积极推进。兰州大学图书馆以课堂教育、阵地教育、走入学院三个层次的信息素养教育方式，开展“一小时讲座”20 场，对本科生、研究生进行培训 31 场，组织中外文数据库网络培训 8 场，会议培训 9 场。西北民族大学图书馆以专题、定题服务为主开展读者培训工作，主动推送图书馆资源，全年举办各类培训 30 场，培训 6923 人次。兰州财经大学图书馆通过参观、讲解、组织学生参加高校信息素养大赛等方式，开展学生信息素养教育，举办讲座 5 场，开展馆员培训讲座 2 场。

图书馆科研工作不断深化。兰州大学图书馆发表科研论文 14 篇，其中 CSSCI 来源期刊论文 7 篇，获批教育部人文社科一般项目、甘肃省哲学社会科学规划项目、兰州大学教学研究项目各 1 项，馆内科研项目立项 10 项；“阿拉伯边界报告系列丛书深度揭示与服务”获批 CASHL“特藏++”深度揭示服务项目。西北民族大学图书馆全年发表论文 17 篇，出版著作 2 部，获批中央高校项目 5 项，省教科规划项目 1 项，科研成果获奖 20 项。（甘肃省图书馆学会）

【图书馆数字文献发展趋势与创新服务系列研讨会召开】 5 月 17—18 日，由甘肃省高等学校图书情报工作委员会（以下简称“甘肃省高校图工委”）主办的 2017 年甘肃省高校图工委委员馆馆长工作会议子会议——图书馆数字文献发展趋势与创新服务系列研讨会在兰州召开。来自甘肃省高校图书馆业务主管馆长、相关工作人员以及青海、宁夏、陕西等部分高校图书馆同人共 200 余人参加会议。此次论坛设立“图书馆智能化管理与服务专题研讨会”“高校协同创新与知识服务新范式研讨会”“新学术传播模式下的数字资源服务创新研讨会”“图书馆智慧服务与空间再造业务研讨暨产品展示会”等分会场，就数字文献发展趋势、图书馆服务创新、智能化管理、资源深度利用、创客空间等方面展开深度研讨，同时在图书馆未来建设发展方面明确方向与参考目标，对甘肃省高校图书馆事业发展起到一定的推动作用。（甘肃省图书馆学会　张毅宏）

【2017 年甘肃省高校图工委委员馆馆长工作会议召开】 5 月 19 日，2017 年甘肃省高校图工委委员馆馆长工作会议在兰州工业学院图书馆召开。兰州工业学院副校长魏军出席会议并致辞。来自全省 30 余所高校图书馆馆长、业务工作负责人及合作伙伴代表共计 80 余人参加会议。会议邀请重庆大学图书馆馆长杨新涯、兰州理工大学图书馆馆长张全文分别做题为“智慧图书馆服务”“基于用户需求驱动的图书馆服务”的专题报告。兰州财经大学图书馆馆长田济民对甘肃省高校图工委 2017 年工作做说明。兰州大学图书馆副馆长宋戈通报 CALIS、CASHL、CADAL 工作进展情况。省高校图工委副秘书长、兰州大学图书馆副馆长王勇对甘肃省高校图工委 2016 年财务运行情况做说明。甘肃省高校图工委委员馆馆长工作会议是省高校图书馆一年一度重要的交流和学习盛会。（甘肃省图书馆学会　张毅宏）

【兰州大学图书馆与中科院兰州文献情报中心举办业务协作座谈会】 5 月 4 日，兰州大学图书馆与中科院兰州文献情报中心联合举办业务协作座谈会。会议由兰州大学图书馆馆长沙勇忠主持。会议交流阶段，兰州文献情报中心副主任吴新年、系统与资源建设部主任祝忠明、战略情报研究部主任肖仙桃分别介绍该中心的基本业务架构，开展语义化知识管理与服务技术研发，开放知识资源的发现与组织建设及服务，面向主题（领域）的信息采集、推送与分析研究等业务情况，与兰州大学图书馆领导班子成员、信息技术部、查新中心、数字资源建设部负责人及业务骨干对相关业务做深入的交流与探讨。双方在交换馆员、开放资源平台利用、专题资源库建设、IR升级与功能扩展、情报研究等方面达成重要共识。（甘肃省图书馆学会　张毅宏）

【CASHL新媒体服务走入西北师范大学】 4月28日，西北师范大学图书馆在专家楼会议室举办互联网环境下图书馆微信平台建设交流座谈会，来自甘肃省部分高校图书馆的馆长及新媒体服务人员60余人参加会议。座谈会上，兰州理工大学图书馆、西北师范大学图书馆、甘肃农业大学图书馆、西北民族大学图书馆分别以"兰州理工大学2016年新媒体发展报告""一名称职的微信平台小编该是怎样的""甘肃农业大学微信平台的应用与展望""微信公众平台在高校图书馆阅读推广中的应用研究——以西北民族大学为例"为题，就当前如何开展新媒体服务的理念、设想、模式与大家进行分享与交流。为推广与宣传CASHL服务，兰州大学图书馆（CASHL西北中心）副馆长宋戈在会上对CASHL服务理念、政策、文献资源共知、共建、共享、协调服务创新等方面进行讲解；兰州大学图书馆CASHL服务咨询馆员孙林以"CASHL微博、微信平台服务与推广"为题，详细诠释CASHL新媒体服务以及CASHL开展多元化服务所采取的举措。此次会议对于提高西北地区高校图书馆的服务能力、创新实践工作方法发挥重要作用。（甘肃省图书馆学会　张毅宏）

青海省

【青海大学图书馆】 青海大学图书馆现由校本部图书馆和2个分馆、2个科学院馆组成，即医学院图书馆、青大附院图书馆、农林科学院科技信息所和畜牧兽医科学院科技信息所。校本部图书馆现有职工22人，其中研究馆员4人、副研究馆员6人、副教授1人，中级职称9人；硕士及以上学历7人、大学本科15人；下设文献检索教研室，有8人承担全校"文献检索与利用"课程的教学任务；2017获批国家级科研项目1项。校本部图书馆新馆大楼2016年9月投入试运营，馆舍面积30600平方米，阅览座位3100个，学生数与阅览座位之比约为6：1，开馆时间全天约13小时。目前主要开展的业务有图书借阅、数据资源用户培训、论文查收查引、影音欣赏、研讨室预约、电子阅览、阅读推介等工作。截至2017年底，全校图书馆馆藏纸质文献总量为167万册，其中校本部图书馆馆藏文献总量为88万册，涵盖理、工、农、文、史、经、哲、法、教育、管、医等十几个学科门类。馆藏图书以农牧、藏医药最为特色；并拥有国内外著名数据库77个，电子图书80万种，电子期刊近4.8万种，为学校教学和科研工作提供有力地文献支撑。近年来，图书馆始终坚持"读者第一、服务育人"的办馆宗旨，坚持以"资源建设为基础，以读者服务为根本，以科学管理为保障"，秉承"服务师生、服务教学、服务科研"的服务理念，着力推进图书馆精神文化、制度文化、行为文化、环境文化的和谐发展，以其全开放的馆藏结构布局，开阔的阅览空间，健全的设施设备，丰富的文献资源及先进的管理模式，期望能够将图书馆建设成为集文献信息中心、文化休闲中心、学习交流中心和科技示范中心为一体的现代大学图书馆。（青海大学图书馆　孔繁青）

【青海大学图书馆新馆全面开放】 2017年，青海大学图书馆新馆面向读者全面开放。上半年，新馆陆续开放读者休闲区、电子阅览区、社科图书阅览区、自科图书阅览区等，随后图形图像展示区也完成项目验收，为读者提供3D影院放映和3D打印体验。新馆日均接待读者约3500人次，月均10万余人次。全年电子阅览区接待登录使用云桌面读者10030人次。申请图书馆公众号，关注人数达到4483人。在线接待读者3832人次，解答读者咨询3475条。（青海大学图书馆　孔繁青）

【青海师范大学图书馆开展精准扶贫工作】 2017年，青海师范大学图书馆进一步夯实扶贫工作，在1月、7月、12月间分别到贫困户家中，开展扶贫帮户慰问工作，全体党员及馆员

40余人次深入4户贫困户家中，发放慰问金和慰问品，折合人民币共计6160元，为大通县上毛佰胜村的4户贫困户尽绵薄之力，送去图书馆人的温暖和关怀。（青海师范大学图书馆　王琳）

【青海师范大学图书馆新馆开馆】 2017年3月，在图书馆大楼尚未整体交工、施工建设仍在进行的情况下，根据学校要求，图书馆开始进入紧张的搬迁工作。全体馆员克服搬迁工程大、任务重、强度大的困难，经6个月的共同奋战，完成300余车次、100余万册馆藏图书、家具及设备的搬迁工作，为新馆开馆奠定基础。9月新学期开学之时，一座布局合理、功能完备、设施先进、特色鲜明的大学图书馆正式面向全校师生整体开放，被学校授予搬迁运行"先进集体"。（青海师范大学图书馆　王琳）

【青海卫生职业技术学院图书馆长期设立民族团结教育专架】 青海省自古以来就是一个汉、回、藏、撒拉等多民族聚居的地方。为更好地响应党中央、省委省政府的号召，加强各民族大团结，宣传民族文化，弘扬民族精神，学院图书馆在阅览大厅开设民族团结教育专架，在每年采购图书时注重对民族团结教育方面图书的购入，供广大师生读者阅览，使到馆每位读者都能有机会得到民族团结的教育和熏陶，使每位读者都能融入中华民族的大家庭。每学期新生入馆教育时，图书馆员都会为各族师生深入讲解"一条道路""两个共同""三个离不开""五个认同""五个维护"等一系列有关民族团结进步的话题，取得良好的宣传教育效果。民族团结教育专架展示的图书充分体现了丰富多彩的民族文化，也体现学院长期以来对思想政治教育和民族团结教育工作的重视。（青海卫生职业技术学院图书馆　赵青杏）

宁夏回族自治区

【宁夏大学图书馆】 2017年，宁夏大学图书馆采购纸本图书总金额313万元，预订图书18173种52160册；编目加工、典藏入库中文图书25169种66434册、学位论文852种852册。续订数据库63个，新增12个，开通试用数据库26个，电子文献资源建设总经费1100余万元。收缴研究生纸质学位论文862册，电子版841份。累积馆藏宁夏大学学生学位论文7877册、宁夏大学教师著作743种。对全校本科新生进行"科学利用图书馆"讲座32场；对2017级研究生进行"科学利用文献信息资源"入学教育讲座2场。

在学科服务方面，利用CSCD、CSSCI、SCI、CPCI、EI等数据库分析2012—2016年宁夏大学等8所本科院校科研产出状况，形成《宁夏高校科学研究与社会服务状况与对策研究》报告，统计分析包括高校专利数据、申请国家自然科学基金、哲学社会科学基金项目情况，呈现8所本科院校在一流学科建设中的现状。（宁夏图书馆学会）

【宁夏师范学院图书馆】 截至2017年底，宁夏师范学院图书馆馆舍面积1.5万平方米，阅览座席1600个，读者使用的计算机300多台。馆内职工31人（在编23人，外聘8人），党员12名（其中在编10人，外聘2人）。馆藏纸本图书78.2万册，电子图书73万册，现刊1264种。全年读者流通16.56万人次，图书流通7.7万册。订购中国知网等13种数据库，3个主要数据库年访问量233.47万人次。开展各类读者活动近310场次。

图书馆管理设施日趋现代化，为方便广大师生检索利用，提高文献利用率，图书馆全面实现计算机管理，采用RFID自助借还图书集成管理系统，建设馆藏中外文书刊书目数据库，实行藏、借、阅、检一体化全开架服务和分借分还服务，自早8点至晚10点不间断开放。另外提供期刊电子阅读机、自助打印、移动图书馆等各项服务。（宁夏图书馆学会）

【北方民族大学图书馆】 截至2017年底，北方民族大学图书馆馆舍面积2.4万平方米，阅览座席2290个。馆内职工53人（在编45人，外聘8人），其中：在读博士3人，硕士11人；副研究馆员14人，馆员24人，助理馆员6人。馆藏纸质文献155万余册，电子文献161.35万册，中文数据库32个，外文数据库12个，中文期刊1449种，报纸93种。全年接待读者2.1万人次。

阅读推广方面，举办校园阅读推广活动创意

项目征集、南开大学教授徐建华读书报告会、图书馆馆藏文献资源检索比赛、国学经典书目导读、年度“悦读之星”评选表彰等“世界读书日”系列活动，以及“传承发展·自信担当”专题书展、南京大学教授徐雁专题讲座、微信推送国学经典等第四届“礼敬中华优秀传统文化”系列活动。学科服务方面，开展有针对性的信息咨询服务、个性化的推介服务，邀请 SCI、中国知网、超星、万方、畅想之星等数据库商来校开展“一小时讲座”活动，共举办信息素养培训专题系列讲座 20 场。创新性开展志愿者服务工作，联合校团委面向全校学生发布“书香志愿者”招募通知，吸引大批热爱图书馆工作、热爱公益事业学生的积极参与；开展 2017 年度优秀“书香志愿者”评选及表彰奖励活动，有效激发高校青年志愿者的服务热情。图书馆科研工作取得重大突破，成功获批国家社会科学基金项目和宁夏哲学社会科学基金项目各 1 项。（宁夏图书馆学会）

【宁夏医科大学图书馆】 宁夏医科大学图书馆始建于 1958 年，现有雁湖校区逸夫图书馆和双怡校区图书馆。截至 2017 年底，馆舍总面积 1.9 万平方米，阅览座席 2500 个，馆内职工 31 人。形成“以医学教育为主，人文素质教育并重”的馆藏体系。馆藏总计 102.8342 万册，其中：纸本图书 64.8 万册，中外文各类数字资源 35 种，数字资源镜像总量为 19034.12GB，音视频 1055 小时，学位论文 447.87 万篇，数字期刊 1.26 万种，电子图书 103.86 万种。订购中国知网、Sring_link 等数字资源 13 个，24 小时全天开放，随时满足读者检索、阅览、打印及下载的需要。办理新读者注册 2350 人次。平均每天到馆读者约 3000 人次，全年图书流通 15.73 万册次。

服务平台建设方面，作为 CALIS 医学文献保障体系宁夏地区医学中心馆，宁夏医科大学图书馆通过数字资源远程访问系统与一站式文献服务系统，实现中外文期刊全文自助式传递功能，可服务于区内各教学医院以及全区医疗卫生机构的医护人员；同时依托校园网，以图书馆的 OPAC 检索系统和数字资源为基础建立图书馆 WEB 服务（7×24 小时开通），全面揭示图书馆的数字文献资源，尽可能让读者直接访问更多的信息，有效发挥全区医学文献信息服务中心的作用。加强与全国医学类院校图书馆、宁夏各高校图书馆的联系与交流，巩固该馆三级文献信息保障体系。全年完成科技查新 122 项，总量较去年有所提高。基础设施建设方面，在不减少现有藏阅空间与不改变服务模式的前提下，通过对双怡校区图书馆阅览空间进行改造，将各楼层空间充分利用起来，增加阅览桌 60 张、书库 1 个；雁湖校区逸夫图书馆增加讨论桌 30 张。为更合理利用空间，提高阅览空间的舒适性和安全性，按构建三线书库的模式调整两个校区的图书整体布局，真正体现为师生服务的宗旨。馆员业务培训方面，开展部门业务学习和员工学术讲座 9 人次；选派员工参加各类业务培训及学术会议 25 人次，选派新入职员工到大连理工大学图书馆脱产培训学习 1 年。（宁夏图书馆学会）

新疆维吾尔自治区

【新疆师范大学图书馆】 2017 年，新疆师范大学图书馆共接待读者 105.35 万人次（含专业分馆及学院资料室接待读者 0.22 万人次），3 个校区借还书总量为 19.26 万余册，电子阅览室接待读者 10.25 万人次，图书馆主页访问量约为 8.99 万次；开展各类主题讲座 20 场；文献传递服务传递论文 1400 篇，代查代检 50 余人次，研究生论文查重 80 余人次；承担 2017 年自治区职称评审论文认定工作，共接待教师 265 人，认定论文 1061 篇，并为 6 所本科、9 所高职高专、11 所中职学校的教师做相似性检测工作，检测人数 289 人，检测论文 1558 篇；完成 2017 年本科生及预科基地 19.34 余万册春秋季教材的发放工作，同时完成 2017—2020 年本科生及预科基地的教材招标工作。全年采购纸本汉文图书 3.98 余万册，民文图书 1679 册；接收登记赠书 1649 册，联系对口支援院校、出版商、发行商，积极争取赠书 3000 余册；加工汉文图书 2.35 余万册，民文图书 0.25 万册，RFID 图书 2.6 万余册，验收过刊 0.32 万册。（新疆师范大学图书馆　林宏磊）

【新疆师范大学图书馆开展“百本书悦读工程”活动】 2017 年，根据《新疆师范大学“大学生经典悦读百本书工程”实施方案》（新师教字〔2017〕5 号）要求，学校自 2016 级本科生开始，启动实施经典悦读工程，并纳入人才培养方案修读学分规定。为推进此项工作顺利进行，学校图书馆不断完善“百本书工程”图书的资源建设，1000多种图书也陆续上架供读者借阅。为方便学生阅读，图书馆已完成20个学院书目订单信息补充工作，并将所有图书全部报订且把相关电子图书配套发布在超星移动图书馆和图书馆公众微信平台上，号召师生积极参与百本书经典悦读活动。（新疆师范大学图书馆　林宏磊）

【新疆师范大学图书馆开展全民读书月活动】 结合4·23“世界读书日”，新疆师范大学图书馆举办以“重温经典，一起悦读”为主题的读书月系列活动，内容包括新书资源现场导看、“中国知网”读者阅读奖励、文献资源利用与图书馆服务讲座、“放下手机游戏、捧起名著经典”读者签字、“你选书，我买单”、“爱心图书漂流岛”、“特别还书月”以及读者座谈会等。通过开展丰富多彩的读书月活动，鼓励学生热爱读书，养成良好的读书习惯，提升自身修养，让阅读成为一种生活习惯，营造浓厚的读书氛围，打造书香校园，充分发挥图书馆第二课堂的作用。（新疆师范大学图书馆　林宏磊）

【新疆医科大学图书馆】 2017年，新疆医科大学图书馆共接待到馆读者103.1万人次，图书借还总量约为14万册，其中电子图书借阅量达4.47万册；移动图书馆新增用户1340人次，总点击量1901.6万次；图书馆微信订阅号用户达6274人，比去年增加29.7%；图书馆微信服务号用户1.1万人次，比去年增加23.8%；通过微信等网络平台续借及解答读者问题7.42万人次，比去年增加23.8%。全年共完成好书专架7次，微信好书推送43期；馆内举办不同规模学习讲座10余场，数据库推介讲座24场，内容涵盖图书馆资源利用、移动数字图书馆、文献管理软件、专利数据库检索、可视化分析工具、INCITES在科研中作用等；全年完成查新报告231份，SCI收录引用报告1061篇，PUBMED检索报告12篇，收录引用报告263篇，EI报告5篇，论文认定报告4736篇，相似性检测报告1159篇。同时，还为学校学科建设、图书馆新馆建设、学校津贴分配改革、学校科研奖励改革、学校发改处项目课题结题等提供数据支撑（调研分析），并在竞争情报、学科评价、文献计量学研究方面较以往有所突破，完成2015—2017年疆内5所高校SCI发文统计报告、全国12所省部委共建学校调研分析报告、20所对口支援高校医学学科排名调研报告、35家查新站收费标准调研报告、引进人才分析报告等。截至2017年底，纸质资源总量达168.8万册（包括图书馆馆藏图书137.7万册，各学院图书5.7万册，装订期刊25.3万册），其中新增纸质资源5.1万册（包括图书馆新增图书4.6万册，各学院新增图书2913册，装订期刊2463册）。累计订购数据库44个，其中中文数据库25个、外文数据库19个，内容涉及医学、生物、社会科学等多领域，同时先后开放中医医案知识服务与共享系统、英文学术论文语言润色服务系统、外文医学文献网等使用通道。为更好地服务读者，还对门户网站网址进行变更，更新查新平台服务系统，新建北校区电子阅览室，重新分配VPN账号，以惠及更多附属医院及校外医、教科研人员。申报并通过国家知识产权局审批，成为全国120家专利服务网点之一。（新疆医科大学图书馆　索帅）

【新疆医科大学图书馆开展2017年读书月活动】 4月23日，新疆医科大学图书馆举办以“阅读·跨越时空　真知·点亮未来”为主题的读书月系列活动，先后开展主题征文、演讲比赛、找书比赛、“阅读之星”评选等20余项活动，参与人员达3000余人，受众5000余人次以上，覆盖面涉及各学院、各职能处室及各附属医院。（新疆医科大学图书馆　索帅）

【新疆医科大学图书馆成立“丝绸之路医学信息研究所”】 5月10日，“丝绸之路医学信息研究所”正式成立。研究所致力于建设与学校定位相适应的优秀医学信息研究机构，主要服务对象为三个层面：一是新疆医科大学系统及各个附属医院，二是疆内卫生医疗行业及国内同行，三是覆盖丝绸之路沿线及周边国家的用户。主要服务内容是通过研究所的运行，为用户提供全面精准的平台资源和知识服务、情报信息服务及科学评价，为构建本校丝绸之路国际医学教育中心、丝绸之路国际医学科研中心、丝绸之路国际临床医学中心提供更好的情报信息服务与学科评价服务，助力新疆“一带一路”战略医疗卫生领域知识

创新、服务创新。（新疆医科大学图书馆　索帅）

【新疆医科大学图书馆承办 CALIS 全国高校医学图书馆 2017 年学术年会暨两岸三地医学图书馆馆长论坛】 6 月 12 日，会议在新疆医科大学图书馆举行。此次会议由中国高等教育文献保障系统（CALIS）全国医学中心（北京大学医学图书馆）主办、新疆医科大学图书馆承办，来自全国各地及区内 41 所高校图书馆近 100 名馆长和部门负责人参加会议。会议围绕 CALIS 全国高校医学图书馆工作最新议题——高校图书馆的转型与变革、学科服务与科研管理、科技创新评价与决策支持、资源建设与阅读推广、信息素养教育等，以专题报告和馆长论坛交流的方式展开，还对国际上广受欢迎的生物医学电子信息资源进行专门展示。本次会议是新疆医科大学图书馆承办的首次全国性学术会议，既加强了与全国医学图书馆的交流，开阔了视野，同时也是对学校和图书馆一次难得的宣传与推广。（新疆医科大学图书馆　索帅）

党校图书馆

【概况】 按照全国党校系统图书馆工作会议精神以及《中共中央党校关于进一步发挥党校系统图书馆功能的若干意见》《党校图书馆工作规程》的要求，2017 年，党校系统图书馆各项工作均取得新进展。

传统服务能力日益提升。不断提升文献采编的及时性、科学性、有效性，突出党校特色。建立中央党校“好书共享微信群”，发动专家、学者在线推荐采购书目，提高工作效率，进一步贴近一线教师的需求。窗口服务部门坚持以人文的理念、热情的态度、灵活的工作方式，为读者提供周到便利的服务。3 月，中央党校图书馆与党史部共建“中共党史资料中心”，并对目前阅览室进行空间改造，打造读者“爱来”“常来”的“第三空间”。

以“四大专题数据库”为重点的数字资源建设稳步推进。按照中央党校校委下发《全国党校系统图书馆数字资源建设规划（2016—2020 年）》（中校发〔2016〕38 号文件）的要求，全国党校系统图书馆着眼于服务党校“干部培训、理论建设、思想引领、决策咨询”四大职能，围绕党校的中心工作以及教学与智库建设创新工程的需要，“十三五”期间重点建设好“四大专题数据库”——“马克思主义理论教育专题数据库”“习近平总书记系列重要讲话精神专题数据库”“领导干部修养专题数据库”“新型高端智库建设专题数据库”等。

党校系统共建共享平台建设初见成效。“十三五”期间，中央党校以专题数据库建设为中心，统一建设标准，试行联合采购机制，建立全国党校系统数字资源共建共享平台。3 月，中央党校图书馆在铜陵市委党校举办全国党校系统图书馆技术人员专题培训班，对数字资源建设标准与规范进行全面系统的培训。同时，中央党校图书馆与中国社科院图书馆达成战略合作协议，免费为全国党校系统 127 家图书馆开通国家哲学社会科学学术期刊数据库（NSSD）。

参考咨询服务水平逐步增强。中央党校图书馆全面修订《网文参阅》《网上动态》和《中央党校舆情专报》3 份内刊的编辑规范，进一步提升杂志编辑、审核、管理的制度化与科学化水平。全年编辑《网上动态》18 期，全面反映中央党校教师的言论观点；编辑《中央党校舆情专报》4 期，反映外界关于中央党校的评论信息以及地方党校的重大情况等；继续扩大改版后的《网文参阅》送阅范围，2017 年起进一步扩大至进修部省部班、培训部中青一、二班学员，目前每期发送量超过 550 册。同时，不断推动《党政干部参考》杂志转型发展和规范发行，扩大影响，提高办刊水平和质量，全年编辑出版 24 期，共计约 200 万字。截至 2017 年 12 月，《党政干部参考杂志》已与 38 家地方党校刊物杂志社建立交流合作关系，杂志已纳入部分地方党校职称评选的期刊目录内，影响力稳步提升。

文化展演活动形式多样。中央党校图书馆全年举办 30 场文化展演活动，其中展览 12 场、演出 18 场，取得良好的效果，提升了校园文化活动的水平。18 场演出活动，一是坚持党校姓党，坚持突出主业主课，党性教育和红色题材占比 50%；二是坚持精品为上原则，优秀剧目率占比为 39%；三是坚持国家级与地方级演出院团相结合的原则，其中国家级院团 5 个，占比 28%。展览的形式也更加多样，中国名片大桥摄影展中的展品介绍与桥梁科普相结合，敦煌展中的数字化新科技介绍，大国工匠展中的展览与体验互动、讲座与品鉴结合的展览方式，让更多的人从参观中获得收获和体验。这些文展活动，突出弘扬主旋律，着力建设红色校园文化，打造干部教育的“第二课堂”。（中央党校图书馆　杜敏）

【中央党校图书馆组织开展世界读书日系列活动】 3月16日至5月3日，中央党校图书馆在校内开展以“跟着总书记读好书”为主题的系列阅读推广活动。活动主要包括6大版块：主题书展、数字资源专题展、“学习中国”主题展、阅读之星评选、21天阅读计划、“跟着总书记读好书”阅读推广周活动等。常务副校长何毅亭、时任副校长赵长茂、副校长甄占民在展览期间赴现场参观并给予指导。主题书展共邀请21家权威出版单位，展出与党校主业主课相关的精品图书6000多种，其中部分赠送给观展读者，剩余部分留存作为馆藏。数字资源专题展邀请26家数据库商（34个数据库）参展。阅读之星评选活动根据统计数据，共评选出10名“2016年阅读之星”、6名“2017年读书月阅读之星”、5名“21天阅读计划优秀读者”，并给予获奖读者以表彰奖励。21天阅读计划活动通过“中央党校图书馆”微信公众号推出，引起校内校外读者的广泛参与。“跟着总书记读好书”阅读推广周活动受到学工人员的热切关注。据统计，共有1500多名学工人员到现场观展。从活动启动到阅读推广周开始前的一个月时间内（3月16日—4月15日），到馆借阅读者达453人次，比2016年同期增长26.2%；图书借阅量达2917册次，比2016年同期增长43%。4月，校外访问电子资源4917人次，比3月增长28.1%；电子资源点击14.8万次，比3月增长32.2%；资源下载73000MB，比3月增长46.5%。此次系列活动提升了读者对图书馆的关注度，增强图书馆服务读者的能力。（中央党校图书馆　杜敏）

【中央党校图书馆举办全国党校系统图书馆技术人员专题培训班】 3月27—29日，全国党校系统图书馆技术人员专题培训班在安徽铜陵举办。此次培训班由中央党校图书馆主办，铜陵市委党校和同方知网（北京）技术有限公司协办。全国48家副省级以上党校、4家地市级党校以及安徽省地市级党校图书馆的技术和专业骨干共计79人参加培训。此次培训班围绕《党校图书馆核心元数据集规范》《党校图书馆元数据应用规范》《党校数字图书馆资源与服务统一编码规范》《党校图书馆数字资源唯一标识符规范》《全文版式与内容加工规范》等5项标准规范内容，采取专家讲授与学员上机操作相结合的方式，分别邀请地方党校图书馆馆长、中国知网（北京）有限公司、中新金桥技术有限公司的相关专家，具体讲授“怎样建好专题数据库”，党校信息资源的共建共享模式，专题数据库的建设方式，TPI和CIM信息资源建设与管理系统平台的使用方法，纸质资源数字化加工的流程、加工规格、质量要求、元数据标引和XML文件制作等内容。此外，技术专家现场演示由中央党校图书馆联合中新金桥技术有限公司共同开发的“习近平总书记系列重要讲话精神”专题数据库的安装、发布和使用方法。除了专家讲解，培训班每天都安排学员上机操作的培训。同时，还就本次培训的课程设置、对以后培训工作的建议、地方党校图书馆拟申报“四大专题数据库”子库、子课题项目等情况进行摸底调查。（中央党校图书馆　杜敏）

【中央党校图书馆古籍特藏室被授予“第一次全国可移动文物普查先进集体”荣誉称号】 根据《国务院关于开展第一次全国可移动文物普查的通知》（国发〔2012〕54号）要求，我国开展第一次全国可移动文物普查。2015—2016年，中央党校参加第一次全国可移动文物普查工作，具体工作由图书馆承担，按普查统一标准登录文物138882件（套）、293230件。2017年3月，国务院第一次全国可移动文物普查领导小组办公室组织开展表彰活动，全国共评出先进集体80家、先进个人80名，中央党校图书馆古籍特藏室被授予“第一次全国可移动文物普查先进集体”荣誉称号。这次普查使图书馆准确摸清家底，有利于进一步科学调整馆藏布局，为空间改造、改进馆藏条件做好前期准备，也为申报“全国古籍重点保护单位”打下坚实基础。（中央党校图书馆　杜敏）

【“习近平新时代中国特色社会主义思想”专题数据库上线使用】 2017年12月，“习近平新时代中国特色社会主义思想”专题数据库（十九大召开前名称为“习近平总书记系列重要讲话精神”专题数据库）完成总库建设，并上线使用。该数据库以习近平总书记十八大以来的重要讲话、论述、著作等为主体，涵盖国内外各方面专家对习近平系列重要讲话的权威解读、国内外评论与专题研究等，集文章、图书、图片、音视频等多种形式于一体，力求全方位多角度深层次地展现习近平系列重要讲话的丰富内涵与精神实质。数据库由中央党校图书馆协同陕西、河北、福建、浙江、上海、重庆等地方党校图书馆共同建设，实现数据库资源的共建共享。中央党校图书馆负责总库建设以及整体协调、统一管理、验收评估等工作，地方党校图书馆集中力量按照标准规范建设好“习近平在梁家河”“习近平在正定”“习近平在福建”“习近平在浙江”“习近平在上海”等子库，与总库相对接，以丰富的资源全面展现习近平的工作轨迹，系统揭示习近平成为党中央核心、全党核心的深厚历史逻辑、实践基础与人民意愿。在数据库建设中，中央党校图书馆项目组创新工作理念，建立联动协调机制，运用互联网信息技术手段、开放的互联网思维和大数据分析方法，在数字资源的平台建设、资源的深度加工与整合、数据库的组织等方面取得一系列新的突破。“习近平新时代中国特色社会主义思想”专题数据库是中央党校图书馆创新工程的一项重要成果，也已经成为中央党校新型高端智库建设中一项不可或缺的内容，为“十三五”期间党校系统图书馆数字资源建设工作奠定良好的开局。（中央党校图书馆　杜敏）

【京津冀三地党校图书馆数据库建设联席会在河北省委党校召开】　3月2日，由北京市委党校图书馆、天津市委党校图书馆、河北省委党校图书馆联合举办的“京津冀党校数据库建设联席会”在石家庄召开。会议紧紧抓住京津冀协同发展的历史性机遇，贯彻全国党校系统图书馆工作会议精神，进一步推动地区与地区之间、党校与党校之间的信息化建设的交流与融合。3家党校图书馆的馆长及十几位馆员参会。会议按照全国党校系统图书馆工作会议精神、《全国党校系统图书馆数字资源建设规划（2016—2020年）》和《“四大专题数据库”建设实施方案》的具体要求，围绕服务于“干部培训、理论建设、思想引领、决策咨询”的顶层规划，立足党校教育规律、图书馆发展方向以及信息技术服务和新媒体发展的趋势，通过开展图书馆数字资源建设，切实推动京津冀三地党校图书馆的协同合作，促进数字资源的共建共享工作。会议就深化京津冀数字资源合作与共享、进一步建设精品数据库达成共识。（中央党校图书馆　杜敏）

【浙江省委党校图书馆举办“四大专题资源库”建设专题研讨班】　4月20—21日，浙江省委党校图书馆举办全省党校系统特色专题资源库建设研讨班，部署“四大专题资源库”建设相关工作。全省党校系统图书馆负责人和相关技术人员等70余人参加会议。校委委员、教育长陈立旭出席会议并讲话。图书馆馆长刘庆华详细解读《全省党校系统第三批特色专题资源库项目申报指南》，对项目申报和建设工作进行部署，并提出7个方面的具体要求。会议还安排资源库建设专题讲座，开展资源共建共享平台的使用培训，与会人员就资源库建设相关问题进行交流研讨。（中央党校图书馆　杜敏）

【湖北省委党校召开全省党校系统图书馆工作暨业务能力培训会议】　12月15日，湖北省党校系统图书馆工作暨业务能力培训会议在省委党校召开。全省各市州党校分管副校长及图书馆负责人、省委党校各教研部负责人及资料员、图书馆全体人员等参加会议。省委党校常务副校长陶良虎出席会议并做主题报告，中央党校图书馆副馆长张学森一行3人受邀出席会议并进行业务指导。会议从新时代党校系统图书馆工作的定位出发，深刻探讨如何做好图书馆工作。会议介绍了湖北省党校系统图书馆近年来工作取得的显著成绩，并明确下一步的发展方向。（中央党校图书馆　杜敏）

【四川省委党校图书馆】　四川省委党校图书馆担负着为校院教学、科研、决策咨询服务的重任。图书馆在加强纸质文献资源建设之外，着力于数字图书馆建设，现有外购及自建数据库20余个。2017年，首次举办全省党校行政学院系统图书馆业务培训班；“领导干部移动阅读平台”成功申报中央党校“四大文库”项目；举办“4·23”世界读书日活动，参与人数超过500人次；开通使用“数字资源远程访问系统”，便利读者在校外通过互联网访问图书馆数字资源。

（四川省委党校图书馆　施静）

【四川省委党校举办首期全省党校行政学院系统图书馆业务培训班】 10月16—20日，2017全省党校行政学院系统图书馆业务培训班在四川省委党校举办，来自全省市州、区县党校的46名图书馆从业人员参加培训。此次培训的突出亮点在于结合培训对象的实际需要，对培训课程的精准设置和对讲授专家的科学遴选。培训班邀请中央党校图书馆副馆长刘俊瑞结合该馆转型发展实践作全面贯彻全国党校工作会议和全国党校系统图书馆工作会议精神解读；四川省委党校教授李翔宇解读习近平系列重要讲话精神；四川省图书馆原副馆长王嘉陵系统介绍现代视野下的图书馆服务。在实践教学环节，四川省委党校图书馆副馆长肖友国介绍该馆转型发展实践亮点，包括创新读者服务、数字资源建设和阅读推广等；四川省委党校图书馆数字信息部主任魏太亮介绍数字资源建设与利用的方法与技巧。此次培训是四川省委党校在全省党校行政学院系统举办的首期图书馆业务培训班，紧扣新时期党校图书馆转型发展的主题，培训内容包含理论知识学习和实践教学环节，学员反映良好。（中央党校图书馆　杜敏　四川省委党校图书馆　施静）

军队院校图书馆

【概况】 2017年，着眼重塑重构新型军事人才培养体系，为建设世界一流军队提供有力人才保障的使命任务，军队院校、科研机构、训练机构改革有序推进。军队院校图书馆深入学习贯彻习近平强军思想，以服从军队改革大局为重，以服务院校教学科研改革为中心任务，在积极稳妥做好机构重组、人员转岗分流、干部落编定位等紧迫而繁重任务的同时，主动适应军队院校重建重构重塑后核心职能使命，突出姓“军”为战、备战打仗的服务导向，努力转变思想观念和工作模式，在新的起点上发挥图书馆信息服务保障职能，为创建世界一流军队、培养能打仗打胜仗现代军事人才提供高质量的信息支撑。

服务院校改革调整，发挥图书馆教育职能作用。2017年，在军队院校改革调整中，各馆充分发挥图书馆教育职能，配合各院校开展的专题教育活动，举办多种形式的宣传教育活动。4月份，国防大学图书馆为配合学校开展的“坚决拥护服从改革，忠实履行新的使命”专题教育，以“周六讲坛”为平台，邀请国防大学教授徐焰做题为“中国军事变革的历史启示”讲座，深化全校官兵对国家和军队改革的理解。5月份，火箭军指挥学院图书馆配合学院开展的“传承红色基因、弘扬砺剑精神”专题教育，播映“维护核心、听从指挥主题教育活动微课视频”，激励全院官兵以实际行动维护核心、看齐追随、听从指挥、服从改革。6月份，陆军勤务学院训练基地图书馆配合学校开展的“融入陆军，适应陆军”专题教育，在数字图书馆平台上传陆军军史、经典战例等影像资料，强化学院官兵姓军为战意识。

庆祝建军90周年暨党的十九大召开，开展浓郁特色的军旅读书月活动。2017年，正值中国人民解放军建军90周年及党的十九大胜利召开，各馆积极开展各具特色的军旅读书月活动。国防大学政治学院南京教学区图书馆组织“追寻领袖足迹·飞扬军旅青春”征文活动。国防科技大学图书馆设立“十九大”主题与党建类图书专架，并组织系列读书活动。陆军勤务学院武汉营区图书馆举办“书香溢军院，雅言韵经典”朗诵比赛。海军潜艇学院图书馆引进专业“朗读亭”，为读者创造舒适时尚的朗读环境。航天工程大学图书馆举办“迎盛会、展国宝”书画暨航天模型展，展示长征系列火箭等武器装备模型。信息工程大学图书馆举办“传承经典、砥砺前行”主题音乐会、研发“习近平强军思想学习平台”，不断浓厚学习资源中心政治文化氛围，陶冶官兵思想情操。

着眼院校改革调整后新使命新任务，开展融入实战化教学科研的信息服务。2017年，军队院校图书馆紧随军队改革形势，突出实战需求，瞄准作战应用，全方位地开展融入实战化教学科研改革的信息服务。国防大学联合作战学院图书馆，配合学院教学体系课程改革，推送“‘双化’教学改革”等专题数据库。国防大学军事文化学院图书馆，紧贴任职教育新特点，推送“一切为打赢”“沙场追梦流”“明天上战场”等供学院课程教学参考的视频作品库。火箭军工程大学图书馆按照新的院系结构，采取一个馆员对应一个院系的模式提供“一对一”学科服务。信息工程大学图书馆积极推进实施“馆院共建”工程，按照学校改革调整后的学科群设置，配备由学习资源中心专职学科馆员和各学院专家教授兼职学科馆员组成的学科馆员服务团队，设立专门的专家学科馆员工作室，开展“真人图书面对面”服务。航天工程大学图书馆为学校教学科研改革开展定题开源情报研究，围绕国内外航天领域的重大事件、热点问题和前沿技术，编辑《卫星军事应用参考》等情报产品，提供应急情报咨询服务。

贯彻军民融合发展战略，探索军地信息资源共享模式。2017 年，军队院校图书馆积极贯彻党中央提出的军民融合发展战略，采取“走出去，引进来”的方式，与地方图书馆开展学术交流与资源共享服务。国防科技大学图书馆承建的“CALIS 军队院校文献信息服务中心”充分利用国家高等教育文献保障体系的建设成果，实现文献资源的军民融合，为军队院校全面提高科技创新能力和国际科技竞争能力提供优质高效的文献信息保障，截至 2017 年底，该中心已有成员馆 48 家，全年文献传递 600 余篇次，资源远程访问近 16 万次，在线参考咨询 800 余人次。国防大学政治学院西安校区图书馆、火箭军指挥学院图书馆、陆军军医大学图书馆分别与陕西省图书馆、湖北省图书馆、重庆市图书馆建立学术讲座共享关系，组织军校学员参加“陕图讲坛”“长江讲坛”“重图讲座”等活动，邀请地方专家学者来校做学术讲座。工业与信息化部所属 7 所院校与军队 6 所综合大学图书馆联合组成的“国防高校（7+6）图书馆联盟”、武汉地区“（7+7）军地高校图书馆联盟”，积极开展军地图书馆学术交流与资源共享活动，对推动图书馆服务创新具有重要的意义。（国防大学图书馆　李抒　李莉　国防科技大学图书馆　曾文婷　陈红蕾　胡胜男　陆军勤务学院训练基地图书馆　陈晶）

【军队院校图书馆开办多个学术讲坛】 2017 年，军队院校图书馆紧贴教学科研改革，以图书馆为阵地，积极开办学术讲坛活动。国防大学图书馆以“周六讲坛”为平台，邀请本校徐焰、孟祥青、王宝付、朱成虎、杨毅等名师大家，围绕中国军事变革、国家利益、中美关系、朝核问题、中越作战、外军教育、十月革命等国际国内热点焦点问题，举办 11 场讲座。海军指挥学院图书馆以“图书馆讲坛”为平台，聚焦钓鱼岛列岛归属、军民融合思想在维护海洋权益中的运用、海军支持国家参与全球海洋治理等热点焦点问题，举办多场学术讲座。火箭军指挥学院图书馆以“知行讲坛”为平台，围绕创新思想、前沿理论、学术热点、先进技术等内容，邀请社会名流、专家学者、学院名师、一线指战员授课，截至 2017 年底已举办 35 场，受益读者近万余人次，营造出探求真知的学术环境和宽松和谐的学术氛围。（国防大学图书馆　李莉　海军指挥学院图书馆　蔡彤霞　火箭军指挥学院图书馆　曹国强）

【国防大学政治学院图书馆创办任职教育系列活页教材】 2017 年，国防大学政治学院图书馆为配合 2017 年度教学改革大讨论和“教育质量年”活动，与马克思主义学院及各专业系的专家教授密切配合，创办任职教育系列活页教材。活页教材是由馆员和教员根据当前形势和学科专业要求，自行摘录、剪辑、编写的辅助教学参考资料。它以全军思想政治教育内容为核心，包括五个系列：党的创新理论系列、军队政治工作理论与现实问题系列、党史军史系列、军事和作战系列、新闻传播与舆论宣传系列，专题涉及时事、政治、军事、经济、新闻舆论等多个学科领域，主要包含习主席系列重要讲话精神、学习贯彻党的十九大精神、“四个全面”战略布局、“一带一路”、军民融合、建军 90 周年等 39 个专题，模块设置包括时事背景、理论解读、社会影响、动态报导等导航体系。合作教员近百人次，出版 60 余册，总计约 200 万字，出版发行近万册，既服务院校的教学科研，又服务任职学员所在的部队机关。（国防大学政治学院图书馆　伦宏）

【国防科技大学图书馆优化馆藏空间，提升个性化服务品质】 2017 年，国防科技大学图书馆依托自身资源优势不断优化馆藏空间，充分展现军队院校的文化特色。6 月，图书馆新建的创客空间、屋顶花园阅读空间正式对读者开放。创客空间可为读者提供 3D 打印、音频录制编辑、视频剪辑等设备，还配有相关书籍、投影仪、打印机等设施，可以举办读书沙龙、创客分享会、音乐分享会、小型讲座等。屋顶花园阅读空间位于大学三号院馆五楼，可为军校读者提供优雅舒适的阅读体验和学习氛围。创客空间和屋顶花园阅读空间等个性化服务空间的建设，为军校学员开展学术创新、社会实践、文化交流等活动提供了资源、场所和展示平台，浓厚了军校学员共同探索、协同创新、交流分享的学习氛围。（国防科技大学图书馆　周雅琦　谢永强　施燕斌）

【陆军工程大学石家庄校区图书馆举办“阅读经典、砥砺强军”军旅图书及电影展】 5月，为纪念中国人民解放军建军90周年，陆军工程大学石家庄校区图书馆组织策划了以“阅读经典、砥砺强军”为主题的军旅题材主题书展及电影展。图书馆精心挑选了强军战史、现代化军队建设等20个专题馆藏图书，以及《飞天》《战狼》《刘老庄八十二壮士》《我的战争》等军事题材影片，引导读者回顾我军光辉历程、体会人民军队的伟大、缅怀革命先烈，以实际行动为建军90周年献礼。（陆军工程大学石家庄校区图书馆　孙德强）

【陆军装甲兵学院图书馆为基层官兵建立学习资料室】 9月，为丰富陆军基层小远散单位官兵日常工作、学习、生活，陆军装甲兵学院图书馆组织调拨书架、期刊架各1组和报纸架2组，为基层单位建立学习资料室。所选书刊都是在征求官兵意见后精心挑选的，共提供《中外军事影视》《兵器》《读者》等2017年度期刊24种，军事、会计、计算机、机械、小说等各类图书92种184册。学习资料室建成后，驻守在基层单位的官兵一致表示这些图书资料不仅给他们的日常生活提供了精神食粮，很多技能方面的书也为他们今后走出军营再就业打下了良好的理论基础。（陆军装甲兵学院图书馆　牛庆银）

【陆军勤务学院武汉营区图书馆举办“书海拾贝”图书检索竞赛】 4月20日，陆军勤务学院武汉营区图书馆与第二课堂学员自主管理委员会联合举办“书海拾贝”图书检索竞赛，30多名学员报名参加此次活动。经过紧张激烈的比拼，研究生三队学员康悦、五营十四连学员胡霖玮获得一等奖。“书海拾贝”图书检索竞赛以寓教于乐的形式增进学员对图书馆整体情况的了解，不但激发学员们文献检索及阅读的兴趣，提高信息素养，同时进一步展现图书馆丰富的馆藏资源和先进的检索平台，得到学员们的一致好评。（陆军勤务学院武汉营区图书馆　果青）

【海军潜艇学院图书馆开展“2017蓝鲸读书月”活动】 4月23日，海军潜艇学院图书馆以“世界读书日”及“中国海军节”为契机，组织开展“2017蓝鲸读书月”活动。内容丰富多彩，形式多样，主要包括：“与书共舞　绽放青春——4·23海军节暨读书日新书展”、国学经典文化沙龙、“抒怀新时代　奋进新征程——书法绘画摄影展”、“见微知书——微拍图书推荐视频”、“芳华印象——我的军校生活”照片墙照片征集等活动。读书月活动不仅吸引广大学员参与，而且图书馆还充分发挥学员们的创造力，吸引广大学员参与活动的组织策划及宣传，既丰富学员们的文化生活，也为学员们创造一个自我展示的良好平台。（海军潜艇学院图书馆　宋一兵）

【海军大连舰艇学院图书馆举办“吹响强军新号角，共筑美丽中国梦”优秀影片展】 11月，为庆祝党的十九大胜利召开，海军大连舰艇学院图书馆举办“吹响强军新号角，共筑美丽中国梦”优秀影片展播活动，为广大读者展播《开局之年》《强军之路》《大进军——解放大西北》《建国大业》《海洋宇宙》等大型政治理论专题片、文献纪录片和系列爱国主义教育题材影视作品。本次优秀影片展播活动，让广大读者能够真正寻找到具有中国精神、中国灵魂的中国故事，唱响新时代主旋律，传递中国正能量，在新的历史起点上不忘初心，砥砺奋进。（海军大连舰艇学院图书馆　李叶霞）

【空军指挥学院图书馆开展面向全军的信息资源服务】 2017年，空军指挥学院图书馆坚持“面向战场、面向部队、面向未来”的服务宗旨，发挥军事信息资源优势服务部队，为空军地空导弹兵、空军航空兵、空军雷达兵、空军飞训基地等部队共享数字资源，安装中国军事图书总库、中国军事期刊论文总库、中外文军事报纸文章数据库、中文畅销图书资源库、中文学术图书资源库、外国空军航空航天期刊论文库、网络军事新闻数据库、网络军事文献数据库，并对技术人员进行使用培训。截至2017年底，已为全军176个单位建立了镜像服务站点，受到机关、部队、院校、科研单位的普遍欢迎。（空军指挥学

院图书馆　吴华）

【空军航空大学图书馆举办庆祝建军 90 周年军旅诗词会】 4 月 13 日至 5 月 10 日，空军航空大学图书馆举办“铁笔鹰魂剑胆心，飞花令传鸣镝音”——庆祝建军 90 周年军旅诗词会。初赛阶段，凡是与“军事”相关的如“军事战略、军事战役、军事战术”或与战役相关的行动，与战术相关的武器、技术等皆可作为诗词原创写作对象，要求作品充分展现“四铁”精神，展现“六有”飞行英才的血性、学识和情怀。在晋级赛阶段，要求在获奖的诗（古体诗和近体诗）、词、赋作者中进行现场或线上诗词飞花，例如以“军”字作为飞花令的关键字。经过激烈角逐，共有《江城子·军魂》《江城子·雏鹰展翅》《满江红·泸定桥》等 12 首诗词获奖。通过举办军校原创诗词活动，旨在发挥中华传统文化铸魂、育人、励志作用，让饱受强军文化滋养的官兵以诗言志，展现敢打必胜、建功空天的革命情怀，为建军 90 周年献礼。（空军航空大学图书馆　孙德建）

【火箭军指挥学院图书馆创新入馆教育】 9—10 月，火箭军指挥学院图书馆对新学员入馆教育进行全面改革，采取专题授课、资源介绍、问卷调查和实地参观相结合的方式，分别为任职教育及学历教育不同班次近 380 名学员开设《人才培养与图书馆》课程。课程分别从图书馆历史、图书馆名人、阅读与人生、学习与成才、图书馆资源、图书馆服务等方面讲解图书馆的历史地位，强调图书馆在个人成才道路上的重要作用，旨在提升学员们成才认识、增强打赢忧患，传播阅读理念、推荐资源利用、介绍特色服务，增强学员自主学习意识。同时，图书馆还以课后问卷调查的方式了解各班次学员需求，共收回学员问卷调查 380 份，其中，学员向图书馆推荐好书 100 余册，推荐本单位特色资源 40 余条，提出意见建议 50 余条。课程影响力广，深受学员好评，已经成为火箭军指挥学院图书馆的一张名片与品牌。（火箭军指挥学院图书馆　曹国强）

【火箭军工程大学图书馆创新阅读推广活动】 2017 年，为积极营造军校读书氛围、提升学员人文素养，火箭军工程大学图书馆以世界读书日为契机，组织以“校园花香沁，四月读书天”为主题的第七届校园读书节活动。活动期间举办数字资源讲座、3E 英语口语大赛、青春留言板、书海寻宝、非物质文化遗产制作及作品展、世界最美图书馆展等活动。图书馆还积极在引领学员好读书、读好书、勤思考上下功夫，组织成立了“苇草塘读书会”。读书会每月举办一期，每期邀请校内不同嘉宾推荐阅读不同题材的图书，并与读者进行互动交流。通过对图书主题线索的引导，让学员在思维运转中成长，提升了宏观思维能力。（火箭军工程大学图书馆　刘玉宝）

【航天工程大学图书馆向生长干部大队赠送军事航天科普图书】 9 月 8 日，航天工程大学图书馆积极开展伴随式延伸服务，主动联系上门，将图书馆主编的《军事航天技术》《世界军事航天发展概论》2 种图书共 120 册，赠送给生长干部大队的 6 个学员队。《军事航天技术》是《中国军事百科全书（第二版）》中的学科分册，全书共选收 290 个条目，重点介绍军事航天技术的基本理念、基础原理、相关技术以及主要航天系统。《世界军事航天发展概论》力求在军事航天理论体系、技术体系、装备体系和知识体系等方面，全面系统地反映世界军事航天的整体发展。两种图书内容系统全面，具有科学性、知识性，有助于激发学员学习兴趣、培养航天素养、开拓学术视野。（航天工程大学图书馆　尹志忠）

【信息工程大学图书馆全力打造智慧图书馆】 2017 年，信息工程大学学习资源中心以满足读者需求和服务质量保障为目标，利用大数据、物联网、移动互联网、云计算等新一代信息技术手段和其他智慧化相关技术，以整合线上线下资源为重点，通过对传统图书馆进行升级、优化和改造，以及对图书馆现有知识的科学发现和有机整合，使图书馆能够深刻感知外部服务环境、读者需求和服务模式的变化趋势，以“为读者提供智慧服务”和实现“图书馆智慧管理”为目标，建设创新、融合和可持续发展的新型图书馆。研发“自助综合服务平台”，建设智慧学习空间，提供 3D 智能数字全景导航，打造数字阅读区、多媒体试听区、人工智能体验区等，配备可交互桌面终端及互动分屏的智慧学习 IC 空间，实现图书馆文化氛围的全面再造、以读者为中心的服务流程再造、以数据为中心的管理流程再造和以云平台为基础的应用系统融合再造。（信息工程大学图书馆　耿卫）

【武警指挥学院图书馆举办世界读书日系列活动】 4月20—21日，武警指挥学院图书馆举办精彩纷呈的世界读书日系列活动。手绘书签和“书脸”摄影作品征集，分别以读书学习、人与图书封面的巧妙嫁接为主题，武警官兵踊跃投稿。“朗读者”活动，参与者选择精美的文字，用平常的情感读出文字背后的价值，展现武警官兵有血有肉的真实人物情感。“从来至味是读书”微书评活动，为广大武警官兵搭建了展示自我文采与分享交流心得的平台，活动共收到征文622篇，经专家评审，160篇作品获奖，其中一等奖28名，二等奖60名，三等奖72名。“文明阅读”主题签名和建言献策专栏引人驻足，读者在展板上签下名字，写下意见建议，留下对图书馆建设和发展的期盼。读书有“礼”、特别还书日、“今天我是管理员”等互动性强的活动更是拉近了馆员与读者的距离，广受好评。“你选书，我买单”是由图书馆组织的读者代表现采图书活动，让读者根据教学科研需求为图书馆采购新书，增强图书的针对性。活动期间，广大武警官兵纷纷报名争当图书馆义务馆员，期望为图书馆建设尽一份绵薄之力。（武警指挥学院图书馆　李月丽）

【第十七届国防高校(7+6)图书馆联盟学术年会召开】 会议于5月19—20日在西北工业大学召开，主题为“双一流”大学建设背景下的“中国云图书馆建设”。来自北京航空航天大学等7所工业与信息化部所属院校，以及解放军信息工程大学等6所军队院校图书馆馆长和代表共计38人参加会议。各成员馆代表围绕会议主题、结合本馆工作进行经验交流研讨，并就“互联网+”环境下的国防高校图书馆业务及创新发展等议题进行深入探讨和交流，对于进一步推动图书馆各项工作的发展，更好地为学校教学科研服务，为国防科技事业发展服务发挥重要作用。会议期间，与会代表还前往空军工程大学图书馆、西北工业大学长安校区图书馆进行现场参观和交流。会后，由13所国防高校图书馆共同参与的集图书馆联合目录、资源共享及文献传递多功能为一体的“国防高校图书馆联盟共享平台”正式上线试运行。该平台在建设国防高校图书馆联盟文献资源的共享共知和文献传递服务系统，全面整合和揭示联盟高校图书馆数字资源的收藏、建设状况，提高联盟数据标准化著录水平，便利各馆进行文献交流，最终实现联盟高校文献资源共建、共知、共享方面发挥积极作用。（空军工程大学图书馆　陈大武）

专业图书馆

年度工作

科研院所图书馆

国家科技图书文献中心

【概况】 2017年，国家科技图书文献中心（以下简称“中心”或NSTL）和各成员单位不忘初心、牢记使命、开拓进取、扎实工作。坚持基础性、公益性的定位，把科技文献资源保障和服务作为基本任务，全面完成各项基础性工作和专项任务。顺利完成“十二五”科技文献信息专项经费审计，通过科技文献信息专项2017年财政支出绩效评估。

一、基础性工作全面完成

2017年，中心在各类文献资源建设、数据加工和数据库建设、网络系统运维管理、多样化信息服务等方面，全面完成年度计划。

印本资源建设持续稳定，对已订购印本文献进行深化评估，停订553种，补充创新发展急需的新兴学科、交叉学科及热点研究领域重点的印本文献1005种，印本资源结构更加优化，全年发订外文印本24853种。

数字文献持续可靠保障，全国开通网络版外文现刊680种，事实型数据库3个；开通回溯期刊总量3027种。支持成员单位订购开通全文外文期刊22000余种；支持与CALIS等机构联合采购661种；订购网络版中文期刊12000种；继续订购为西部地区及西藏、新疆、青海等边远地区用户开通中文电子图书25万种。

加工文摘类数据326万条、引文类数据3563万条；形成3万种期刊名称、264万机构名称、200万基金名称和2360万作者名称的规范数据库，为数据关系计算和发现系统建设奠定良好数据基础。统一文献元数据标准正式出版，启用统一文献元数据标准和元数据标准登记系统，为NSTL实现系统建设的标准化和规范化奠定基础。

城域网及网络服务系统运行可靠安全，平稳运行率达99%。中心站用户访问达1.3亿次，文献检索360万次，二次文献浏览150万次。在“十二五”支撑计划项目成果“智能检索系统”基础上，积极推进基于STKOS的语义标注、词表辅助检索、双语检索、检索结果汇聚显示和全文服务等方面的工程化应用改造，2017年11月，NSTL智能检索系统正式上线服务，为全国科技文献用户提供全新的搜索引擎服务。

与高校、学术机构、业界同行开展紧密合作，加强NSTL资源和服务的宣传推广与培训。如与北京地区高校图书馆文献资源保障体系（BALIS）联合开展“国家科技图书文献中心宣传推广系列活动暨首届北京地区高校视频大赛活动”，在中国科技信息研究所举办“NSTL走入北京高校”暨2017BALIS原文传递中心高校馆员培训交流会，在上海交通大学图书馆召开“NSTL走入华东高校文检课”暨2017 CALIS文献获取工作研讨会等。全年推广培训用户2万多人次，逐步构建起一个多模式、多渠道组合拳式的宣传推广体系。实现印本文献原文传递123万篇。新增个人注册用户21210人。新建用户管理平台1个、专题镜像平台1个，接口单位2个，一站（服务站）两平台（用户管理平台和专题镜像平台）一接口（接口嵌入机构）服务体系依托单位总量达140家。全国开通网络版数据库新增78家开通机构，多种模式采购网络版文献资源使用量6669万篇。与11家企业国家重点实验室进行需求对接和培训。在新疆石河子大学召开2017年NSTL服务站站长会议，对2016年度先进服务站集体和优秀个人进行表彰。

继续深化援疆援藏服务，新建西藏特色产业情报平台等3套专题数据库和应用技术平台，累计搭建平台及专题数据库15个。为两区定向培养图书馆员14人，开展培训21场次。

企业服务模式进一步拓展。新增航空航天、智能制造、重点钢材产品、能源行业等5个重点行业专题特色服务，整合资讯、文摘、专利、标准、成果等数据累计240余万条，提供专利分析、特种研究报告、查新报告等情报产品1300多份。新增面向机器人、特种钢企业聚集区和创新基地的服务，为7家领军企业提供顾问式服务。

二、重点工作成效显著

强化开放资源、元数据采集常态化。随着外文印本出版逐年减少，中心不断优化资源建设订购策略，在印本资源订购数量稳定在2.4—2.6万种的基础上，加强开放资源战略保障建设，开放资源采集在成员单位全面展开。集成管理平台基本完成，开放期刊建设流程打通，实现从发现推荐——遴选评价——任务下发——采集编目——入仓统计等业务流程的监控管理。对期刊、会议录等6种开放资源权益风险进行评估，提出有效可行的权益风险监控方案，采集的开放资源数据量及质量都达到预定要求。5月25日，开放学术资源服务系统正式上线提供服务。已获得开放学术资源期刊6090种/3873965篇、会议录708个/60139篇、科技报告1049份、学位论文8500份、课件4149个、科技图书684册。元数据多渠道采集工作流程已基本建立，通过与科睿唯安（Clarivate Analytics）公司、Emerald、Wiley、Taylor Francis等9个出版社、中图公司、教图公司等机构元数据合作，年度累计获得14163种期刊（103229期）的1862379篇文献元数据，覆盖NSTL订购期刊品种71%。同时已开展与Springer元数据及非中国集团采购的ProQuest学位论文元数据合作磋商，进展良好。

科技文献数字资源长期保存体系建设取得新进展。新签署CUP期刊、Emerald期刊、ProQuest学位论文、万方数据库等4种资源的长期保存协议。完成协作保存网络管理平台开发部署，以及中科、中信、北大3个保存节点的系统升级。在iPRES 2017、IFLA会议、专业图书馆学术年会介绍国家长期保存系统（NDPP）建设成绩和进展，反响强烈。开通“国家数字科技文献资源长期保存体系”网站，开展非文献型数字资源长期保存技术调研。

面向管理部门和重大项目提供信息决策支持服务。快速响应财政部科教司、科技部基础司、香山科学会议办公室需求，积极组织急需的文献资料搜集和政策研究咨询服务。向科技部、财政部送阅2016—2017年信息情报产品目录，报送46份报告、64份简报。《创新型国家基础研究投入》《国家重点实验室的支持模式与管理机制》等多篇报告受到科技部、财政部有关司的高度评价。在总结为国家重大科技专项提供情报信息支撑经验基础上，2017年开展面向国家重点研发计划项目的科技文献信息和知识情报支撑与保障工作。为承担11个国家重点研发计划专项的44家研发机构提供11份深度情报分析报告，推送55期动态信息简报。依托15个重点领域网络信息平台，信息源2815个，提供网络信息265万条，编辑报道3850篇，快报189期，形成12份深度领域态势发展分析报告。大幅提升信息产出质量和数量。

面向国家三大战略提供科技信息支撑服务。开通“国家重大战略信息服务平台”，包含丝绸之路经济带、海上丝绸之路、长江经济带、京津冀协同发展4部分。努力满足国家三大战略实施中决策管理机构与任务承担机构对文献信息和知识情报的共性与个性需求。举办“实现信息情报共享支撑国家三大战略”高端论坛，影响广泛，被人民网、科技网、央广网等媒体竞相报道。与北京第二外国语学院合作，出版《中国“一带一路”投资安全研究报告2018》。编制的“一带一路”智库报告多次得到中央领导批示。

推动业务流程再造和科技文献的开放获取发展。面对科技发展和用户需求的变化，成立专项工作组，剖析业务系统和流程，推动面向知识服务的业务布局和业务流程的再造，规划设计了支持大数据环境下的知识资源发现和获取、分析评价和学科化服务的业务再造方案。分析、语义关联和探索发现的业务布局和业务流程，为NSTL可持续发展和实现知识化服务提前规划和部署。根据科技文献出版、发行、应用的开放发展趋势，积极响应，正式签署Open Access 2020（OA2020）关于《大规模实现学术期刊开放获取的OA2020倡议意向书》，推动全球大多数学术期刊从订阅形态转变为开放获取形态，实现平稳、快速、服务于学术界的转型。在全球学术交流体系的治理、改革和创新中，顺应发展，增加更多的中国元素。

扎实推进“新一代国家科技创新开放知识服务系统”建设。在“十二五”国家科技支撑计划项目基础上，中心多次组织同行专家咨询和需求调研，向科技部有关司局报送《新一代国家科技创新开放知识服务系统——国家重点研发计划重点专项建议稿》，建议设立“新一代国家科技创新开放知识服务系统”重点研发计划项目。为巩固重大项目的研究成果，充分发挥项目课题结余经费的效益，开展面向外文科技文献信息的知识组织体系（STKOS）后续研究，加快推进国家重点研发计划重点专项申报工作，紧扣下一代知识服务系统的建设目标和任务，适时启动重点研发项目的先期研发。（国家科技图书文献中心）

【召开 2017 数字信息资源建设学术研讨会暨第五届国家科技文献资源建设研讨会】 9 月 13—15 日，2017 数字信息资源建设学术研讨会暨第五届国家科技文献资源建设研讨会在宁夏银川召开。会议由中心联合高等教育文献保障系统、中国科学技术情报学会共同举办，宁夏回族自治区科学技术发展战略和信息研究所承办。来自国内图书情报机构、论文作者、中心以及各成员单位从事资源建设相关工作的 150 余人参加会议。此次研讨会的主题是“面向发现服务的资源建设”，探讨和研究数字信息资源建设的新问题、新趋势和新策略，以推动数字信息资源的全面保障和精准服务，促进科技信息文献和高校文献资源的保障建设。与会专家分别结合各自资源建设情况以及教学、科研、管理等工作，从文献资源建设、数字资源整合与服务、元数据技术等方面做专题报告。（国家科技图书文献中心）

【举办“实现信息情报共享，支撑国家三大战略”高端论坛】 10 月 31 日，由中心主办的“实现信息情报共享，支撑国家三大战略”高端论坛在北京举行，中心主任彭以祺、中科院文献情报中心主任刘会洲及科技部基础研究司相关领导参会并致辞。会议围绕“国家三大战略”政策与焦点问题、NSTL 支持“国家三大战略”信息服务成果分享、“国家三大战略”科技信息服务共性问题研讨 3 个主题，邀请三大战略方面的政策专家、科研专家，及 NSTL 成员单位、服务站代表，沿线相关科技信息机构代表等展开深入研讨与交流。会上开通 NSTL 国家重大战略信息服务平台（http://strategyinfo.las.ac.cn/）。该平台是围绕“国家三大战略”打造的一站式信息服务平台，含丝绸之路经济带、海上丝绸之路、长江经济带、京津冀协同发展 4 个子平台，集成 17 家沿线机构、9 家中科院境外机构、43 项三大战略沿线特色资源，建立了快速服务通道，达到资源服务共享，可有效满足“国家三大战略”在信息服务中的共性需求与个性需求。（国家科技图书文献中心）

【举办 2017 年国际合作交流汇报会】 11 月 30 日，中心在北京举办 2017 年国际合作交流汇报会，中心主任彭以祺、副主任吴波尔和沈仲祺出席会议，来自各成员单位共计 70 余人参加此次会议。6 个出访团组代表以及 2 位访问学者分别做汇报，介绍国外图书文献和科研机构在开放获取计划、发展与管理策略等方面的先进理念与经验，探讨国外出版机构在数字出版、知识服务等方面的成功案例和思考，分享交流与合作中的心得、体会和建议。（国家科技图书文献中心）

中国科学院文献情报中心

【概况】 2017 年是“十三五”推进的重要一年，也是中国科学院文献情报中心（以下简称“中心”）在新的定位下，调整优化业务结构、创新工作发展机制的重要一年。中心积极探索支撑“四个率先”、全面推动实施全院文献情报系统及中心“十三五”规划，坚持面向科技决策、面向科技创新、面向区域发展战略性科技信息需求的文献情报服务创新。

围绕国家科技发展需求，面向国家创新驱动发展，以中国科学院“率先行动”计划为导向，以“迎接全球开放科学研究挑战，在业务上发展知识服务，空间上拓展文化功能，提升与世界科技强国建设目标相适应的知识服务能力，成为国际一流的国家科技知识服务中心”为建设目标，努力在分布式大数据知识资源体系建设、覆盖创新价值链的科技情报研究与服务体系以及科技期刊集约化数字出版与知识服务体系三个方面实现重大突破；并重点培育五个方向，包括语义知识组织与服务，情报研究方法体系建设，精准信息服务，新型数字出版，科学文献与科学数据关联融汇。

启动分布式大数据知识资源体系建设，持续夯实与优化综合知识资源基础设施建设。截至 2017 年底，共引进数据库 177 个，院内共计

1838 所次参加当年集团采购，可共享外文期刊 18212 种、外文图书 146394 卷/册、外文工具书 34740 卷/册、外文会议录 50897 卷/册、外文学位论文 645500 篇、外文行业报告 1736900 篇、中文图书 356993 种/385600 册、中文期刊 17321 种、中文学位论文 3215000 篇。订购国外出版印本期刊 3489 种、中文图书 9013 种、西文图书/会议录 6180 种 6855 册、光盘数据库 7 种。

开放知识资源建设与服务及其内容加工和数据服务能力逐步深化。通过 2017 年的院所协同项目，IR-Grid 已覆盖全院各研究所，并成为有影响力的全球最大的机构知识库群。持续进行全院分布式大数据知识资源中心及服务体系项目建设，初步完成 9 个综合中心、3 个特色资源中心、12 个领域资源中心建设。知识组织建设与服务取得重大突破，“华为知识分类顾问项目”持续到 2017 年，多项成果获得华为公司高度认可。基于在华为的服务效果，2017 年开展面向中科院综合交叉领域的知识组织体系构建方法探索研究，开展面向科研工作的知识组织建设，采集与集成湿地领域实体数据、构建大科学装置知识组织体系，为科研团队、研究所提供服务。

构建覆盖创新价值链的科技情报研究与服务体系，持续加强情报研究服务能力。加大对国家战略问题、宏观科技决策、科技体制改革和科技发展的深度支撑，建立“8＋2”领域论文数据自动监测，支撑领域布局规划，及时监测领域重要宏观数据和指标，实现“图解战略报告”功能，达到帮助科学家和决策者“战略阅读”的目的。通过部署实施院所协同项目，提供可推广的院所协同情报服务体系示范，有效地推动了院所两级学科情报服务能力与体系建设。积极参与科技促进社会经济发展工程和科技服务网络建设，大力拓展面向区域、行业和技术转移转化工作的科技信息服务，打造定制化的文献情报服务产品，并初步形成深入区域、面向国民经济主战场的文献情报共享服务网。凝练设计面向中科院决策一线、科研一线、产业一线的覆盖创新价值链的“竞争力 T 系列”情报产品。2017 年，中心相继与中国国家纳米科学中心和施普林格·自然集团联合发布《国之大器　始于毫末——中国纳米科学与技术发展状况概览》中英文白皮书，与美国化学文摘社联合发布《全球科技趋势报告：石墨烯研发态势监测分析报告》中英文报告。

深化院所协同服务，提升知识服务能力。根据发展部署，通过新增能力建设、机构知识库（IR）二期建设、资源保障分析规划二期建设，积极推进支撑科研创新的院所协同服务。完善文献情报系统 10 个业务协调组，建设 10 个专业领域大数据知识资源中心及服务体系，覆盖中科院文献情报系统“十三五”规划中的 4 个重点战略任务。共同组建特色领域情报网、创新院所协同服务机制以来，中国科学院文献情报系统的“先进能源”“先进制造与新材料”“生物安全”“海洋科技”“光电科技”“长江流域资源与环境”领域示范情报网部署工作有序进行。

面向研究所的重要创新活动，提供专门学科情报服务，全年为 30 余个研究所的 60 余个任务需求提供服务；开展面向研究所及特定用户的知识产权信息服务；打造定制文献情报服务产品，从专题文献服务到情报服务，形成“动态简报”“战略规划研究”“竞争力分析”“产业技术分析”“学科态势分析”“专题情报调研”“战略研究报告”等多种服务产品。

继续推进面向科研一线的学科化知识服务，了解用户需求，有效组织、协同推进知识服务的开展。2017 年 5 月，“中国科讯”正式版上线发布，在提升用户体验及资源覆盖度的同时，尝试泛科研社交功能，并推出国际版在阿布扎比现场发布。“中国科讯”APP 端、PC 端、微信公众号多平台互动联通，注册用户近 6 万人，累计使用突破千万次。“中国科讯”微信公众号粉丝总量达 3.5 万余人。组织开展知识库建设、科研数据管理、情报研究新方法等多维度、全方位的文献情报素质培训，全年共组织培训 700 余场，培训学员 2 万余人次，“中国科讯”在线培训人数超 2.5 万人。

信息服务支撑能力显著提升。2017 年着力进行文献情报大数据计算服务平台及重要战略服务支撑系统的建设。建成文献情报大数据计算与基础服务支撑平台，将计算能力、存储能力、检索能力提升百倍，为转型智能服务打下坚实基础。全面开展学术知识图谱建设，推动精准知识发现能力提升。“中国科讯”2.0 版本实现全球首个“多平台、多功能、多语种”立体化知识服务体系；中国科学院科技论文预发布平台（ChinaXiv）加强身份识别和质量控制规范，论文质量明显提升。为国家 15 个重点领域的 62 个专题提供网络科技自动监测服务。建设一系列重要战略应用服务平台：国际专利知识发现系统正式上线；新一代文献传递服务系统升级上线，彻底解除了对第三方文献检索系统的依赖，并支撑各类终端的正常访问；科学计量模块化分析平台初具服务能力；中科院学位论文知识发现平台对硕博论文和引文数据进行深度组织；iSWITCH数据交换中心服务稳定运营，并新增对IOP开发获取数据资源的完整支持；统一自动化系统技术运维工作有序进行。面向服务转型，积极探索科研指纹自动识别方法，基于群体智能的知识服务平台已初见服务成效，"科技天际线"情报知识服务的构建推动了传统被动服务向主动服务模式的转型发展，极大地提高了用户体验。

全面发展科学文化传播、科技期刊出版工作。在推动院期刊改革的同时，中心在科技期刊集约化、数字化以及平台建设方面都打下深厚基础，建立了高水平的研究队伍，成为中科院乃至国家科技期刊改革的重要参与单位。新型出版模式研究成果丰硕，并迈出国际化步伐。期刊影响力持续提升，《图书情报工作》《中国生物工程杂志》首次获得院出版基金资助；《图书情报工作》和《化学进展》再次入选中国知网"最具国际影响力期刊"；JDIS相继被CSCD、GoogleScholar等24个国内外数据库收录。

科学文化传播工作成绩斐然。参与筹备并圆满完成"率先行动　砥砺奋进——'十八大'以来中国科学院创新成果展"。累计现场接待观众逾4.5万人次，得到社会各界及公众的充分肯定。其中有14个展项入选国家"砥砺奋进的五年"大型成就展，体现出"率先行动"成果展的溢出效应，凸显中科院重大成果在国家层面的显示度。有序推进"中国科学院科技创新年度系列巡展"，使科普工作服务于国家战略。"科学人讲坛""求是论坛""科普论坛"等系列活动，吸引众多干部职工和社会公众踊跃参与。丰富了创新文化广场活动，产生良好的示范带动作用。

截至2017年底，全中心及挂靠单位共有在职人员497人（其中正高级专业技术人员47人，副高级专业技术人员118人）。设有图书情报与档案管理一级学科博士学位授予点与一级学科博士培养点，设有图书馆学、情报学博士后流动站，在读研究生180人。全中心职工平均年龄38岁。

文献情报中心是中国科学院档案馆、中国科学院现代化研究中心、全国科学技术名词审定委员会事务中心、中国图书馆学会专业图书馆分会、中国科学院自然科学期刊编辑研究会、中国科学院科学传播研究中心的挂靠单位。中心主办的期刊有《图书情报工作》《知识管理论坛》《数据分析与知识发现》《化学进展》《电子政务》等14种。（中国科学院文献情报中心　汪维）

【中国科学院文献情报中心举办预印本与新型学术交流开放研讨会】 7月20日，中国科学院预印本与新型学术交流开放研讨会在中心举办。来自NSTL、国家自然科学基金委、中国科学院科学传播局、中国科学院高能物理研究所、清华大学、Elsevier、Taylor & Francis、万方数据和中国科学院文献情报中心等机构的领导、专家参加会议，共同探讨预印本和新型学术交流模式发展中面临的机遇与挑战，并为如何更好促进预印本在国内发展、如何为科研人员提供更好地科研交流平台献计献策。会议由中国科学院文献情报中心副主任、中国科学院武汉文献情报中心主任张智雄主持，分为"学术报告"和"研讨交流"两项议程。5位专家从不同角度阐述对预印本发展的看法；与会专家围绕"预印本未来发展""开放学术交流与传播"等主题展开交流研讨。本次研讨内容对于促进中国预印本平台发展具有重要意义，也为中国科学院科技论文预发布平台下一步发展提供有益建议。（中国科学院文献情报中心）

【院属期刊编辑部整合经验交流会在中国科学院文献情报中心召开】 8月22日，由科学传播局主办的中国科学院院属期刊编辑部整合经验交流会在中心召开，来自中科院主办、承办及挂靠期刊4种以上的25家院属单位的期刊工作分管领导及部门负责人共37位代表参会。科学传播局局长周德进到会并做重要讲话。

编辑部整合工作是中科院科技期刊"十三五"发展规划的重点任务之一，2016年共组织推动首批9家院属单位的65种期刊开展编辑部整合工作。在此次会议上，相关负责人介绍《中国科学院科技期刊"十三五"发展规划》和《中国科学院院属单位期刊编辑部整合管理办法（试行）》中关于院属期刊编辑部整合的相关政策及工作要求；首批参与编辑部整合的单位做经验交流，为今年第二批开展编辑部整合工作的单位提供经验借鉴；与会代表还就各单位期刊整合推动思路和亟待解决问题展开深入研讨与交流。（中国科学院文献情报中心）

【中国科学院文献情报中心签署 OA2020 倡议意向书】 10月24日，中心主任刘会洲代表中国科学院文献情报中心，作为中国首家机构签署 Open Access 2020（OA2020）关于《大规模实现期刊论文开放获取的 OA2020 倡议意向书》，着力解决全社会日益增长的创新需求与不平衡不充分的知识获取之间的矛盾。

OA2020 倡议由德国马普学会等机构于2016年3月21日发起，要求凡是科研机构订购出版社期刊，该机构成员作为通讯作者在这些期刊上发表论文自动免费立即实现开放获取，由此将现有绝大部分学术期刊从订阅模式转换为开放出版。OA2020 倡议邀请大学、研究机构、资助者、图书馆和出版商共同努力以快速高效地实现这一转换。截至2017年10月24日，已有29个国家92家机构签署加入该倡议的意向书。中国科学院长期致力于推动公共资助项目科研成果的开放获取，2004年在中国首家签署《关于科学与人文知识开放获取的柏林宣言》，2012年在中国首家参加"国际高能物理开放出版资助联盟"，2013年与国家自然科学基金委员会一起代表中国首家签署全球研究理事会开放获取行动计划，2014年与国家自然科学基金委员会一起首家发布"公共资助项目科学论文开放获取的政策声明"，并建立起全球最大的开放获取机构知识库网络。（中国科学院文献情报中心）

【中国科学院文献情报中心举办首届国际开放获取知识库研讨班】 11月23—24日，"首届国际开放获取知识库研讨班"于第五届中国机构知识库学术研讨会之后在北京举办。此次培训班由中心与中国农业科学院农业信息研究所、中国机构知识库推进工作组和中国高校机构知识库联盟共同主办。邀请来自德国、日本和国内专家，就开放获取知识库的基础知识、实践中的开放获取条款等基础理论问题，知识库的互操作、知识库资产的受控词表等专业技术问题进行授课，并对数据管理服务、数据管理计划、数据服务设计和 CSpace 6.0 的功能与使用等新问题进行讲解和培训。（中国科学院文献情报中心）

【中国科学院成都文献情报中心】 2017年，中国科学院成都文献情报中心（以下简称"中心"）有在职职工93人，其中高级职称39人。新世纪百千万人才工程国家级人才1人，四川省突出贡献优秀专家1人，全国专利信息领军人才1人，全国专利信息师资人才1人，博士生导师2人，硕士生导师13人。设有中国科学院大学图书馆学、情报学硕士培养点，情报学博士培养点，同时与四川大学合办有情报学和图书馆学硕士培养点。全年新增项目91项、子课题158个；发表论文71篇，出版专著9部；新增软件著作权4件、商标注册权2件。获得四川省第十七次社会科学成果奖1项；获得国家自然科学基金项目2项、国家社科基金项目3项、国家科技部现代服务业项目2项，中科院重大信息化应用专项项目1项。

开通使用数字文献数据库108个，包括3.2万余种中外文全文电子期刊、41.5万篇外文学位论文、215万篇中文学位论文以及大量的网络版工具书、专利文献等，并通过网络共享 NSTL 的科技文献资源；印本文献总量为220万册（件），较完整地收藏国际著名会议文献 SPIE、IEEE、LNCS 等。

《天然产物研究与开发》（月刊）全年出版正刊12期，增刊2期，共计530余万字；《世界科技研究与发展》（双月刊）全年共出版6期，74万字。持续推进对上述两种学术期刊的转型升级，并取得初步进展。由18位领域内权威专家组成的编委会组建工作基本完成；通过各个途径面向学科领域专家约稿1644次；目前已与10余家单位达成合作办刊意向。（中国科学院成都文献情报中心）

【中国科学院成都文献情报中心开展专业型科技智库建设】 2017年，中心向专业型科技智库转型发展取得进一步成效。一是围绕科技型智库建设的目标，规划引领筹建新型知识服务创新单元，建设工作取得重大突破性进展。2017年，中心成为全国地方科技智库联盟副理事长单位；"现代产业与创新发展研究智库"建设取得开创性成效，中心入选四川省政府正式公布的首批 22 个智库名单；“知识产权研究咨询中心”工作获得国家认可，中心入选全国专利文献服务网点、首批 15 家国家知识产权分析评议示范机构；挂牌成立“科学计量与科技评价研究中心（SERC）”；与致公党四川省委员会签约共建新型智库“中科天府创新发展研究中心”。

二是结合国家、中科院及地方政府需求开展发展规划决策咨询，提升智库影响力初获成效。全年完成咨询建议报告 22 篇，4 篇材料被国务院办公厅采用；多次获国务院办公厅、中科院办公厅邀稿。中心负责编制的《四川省“十三五”产业技术创新规划指南》由四川省政府正式发布；承担省政策研究室委托的“创新驱动发展战略研究”“经济大省比较研究”两个重要智库研究课题；完成东方汽轮机有限公司的“50MW 重型燃机专利战略和专利布局研究”项目；与省社会科学院联合发布“中华智库影响力报告 2017”。

三是聚焦智库研究与智库作用，开展高水平学术研究和传播，提高中心人员的学术研究能力和社会影响力。围绕重大项目实施，组织“2017 科学计量与科技评价天府论坛”“第二届农业大数据发展与利用研讨暨培训会”等高质量、高水平国际会议；聘请 7 位国内外专业领域高影响力专家作为中心客座研究员。此外，全年共邀请 10 位专家教授举办 15 场次专题报告会。12 位中心领导及骨干人员受邀在四川省政府、西昌市政府、重庆两江新区政府、上海浦东新区知识产权局等多地政府及各大学术论坛中做专家咨询或专题报告共 28 次，有力提升中心的学术影响力和智库影响力。（中国科学院成都文献情报中心）

【中国科学院成都文献情报中心建设科技合作服务网络】 在全国科学院联盟框架下，中心为满足省科院科研和管理人员需求，加强文献保障基础服务，积极承担情报分析调研项目。与重庆科学院、四川标榜职业技术学院等单位共建查新分中心 4 个，与成都大熊猫繁育研究基地、天府生命科技园等单位共建特色阅览室 5 个。聚焦区域发展决策需求扩展合作与服务网络，与中国核动力研究设计院、四川省农村科技发展中心、上海浦东智产科技服务中心等地方政府、科研机构、产业园区签订合作协议 32 份，与四川省投资促进局、陕西省知识产权局等举行咨询服务座谈会 10 次。（中国科学院成都文献情报中心）

【中国科学院兰州文献情报中心】 截至 2017 年底，该中心有工作人员 107 人，其中硕士研究生及以上学历人员 57 人，本科学历人员 35 人，大专学历人员 5 人。正高级专业技术人员 10 人，占人员总数的 9.35%；副高级 24 人，占 22.4%；中级 46 人，占 43%。2017 年有 1 人入选中科院“青年创新促进会”成员，1 人获中科院“公派出国留学计划”资助。全年出版图书馆学、情报学专著 8 种，科研立项 55 项（其中获批国家社会科学基金青年项目 1 项），在省级以上刊物或国际会议上发表论文 74 篇，获甘肃省水利科技进步一等奖 1 项，获甘肃省科技情报学会科学技术二等奖 2 项。该中心每周开馆时间 70 小时，建有服务点、分馆 3 个。全年解答咨询 1.1 万条，代检索课题 1247 项，编制二、三文献 106 种，网站点击量达 156.69 万次。

科技文献信息资源保障能力进一步提升。截至 2017 年底，馆藏纸质藏书总量 239.76 万册，其中图书 36.58 万册、报刊 131.45 万册、缩微文献 1.7 万件、视听文献 0.25 万件，电子文献 69.69 万种，外文书刊 107.18 万册。全年新入藏中文科技图书 4544 种 4669 册，订购中外文期刊 227 种、电子文献 5.64 万种。订购 EMIS、CNKI 会议文献数据库和年鉴数据库等，持续开通 CSDL 和 NSTL 两个文献传递服务系统，进一步增强科技文献保障能力。全年共接待读者 15342 人次，接受各类用户原文传递请求总计 13985 篇，满足 12793 篇，满足率为 91.5%。

知识资源保障体系进一步完善。加快中国开放科技知识云建设，开发 CSpace IR、CSpace DR 和 CSpace HUB 新版本，建成“全球变化知识资源中心”“干旱区生态环境知识资源中心”“青藏高原盐湖化工知识资源中心”等专门知识资源组织服务系统，启动建设“全球科研项目知识库”“开放科技报告数据库”“思路文明兴衰知识资源平台”等专门开放知识资源系统。

面向科技战略决策的情报咨询服务成效显著。提供有深度独立观点与解决方案的研究报告和咨询建议 30 余份，被《中科院专报信息》采用 7 份，《领导参阅材料》采用 2 份，其中“全球能源转型的 15 个信号及对我国的启示”“多研究关注气候变化对中国冬季霾污染的影响”和

"中美联合研究发现：沙尘减少加剧中国东部空气污染"被中办国办采用，1份得到国家领导人批示，1份得到中科院领导批示。10月，与青岛海洋科学与技术国家实验室举行战略研讨会暨合作协议签署仪式，合作构建国际重点海洋机构的常态化监测平台，建立全球海洋科研机构定标对比分析标准，为综合竞争力分析提供工具和依据，以实现海洋科技信息自动化监测。组织完成"中亚油气资源分布格局与开发现状""一带一路沿线国家自然灾害风险""中亚矿产资源分布格局与开发现状分析"等10余份系列分析报告，获得良好反响并受到广泛关注。

面向区域创新的联合知识服务影响力不断提升。在支撑区域决策咨询方面，向省委、省政府提交"祁连山生态保护与修复的现状问题与建议""关于首次开展祁连山综合科学考察的建议"等系列专报，得到省级领导的批示。针对甘肃省特色优势农业产业提质增效需求，向省政府提交"兰州百合产业技术创新现状分析及建议""甘肃省特色优势农业产业发展问题分析与对策建议"等系列专报，被省政府办公厅《甘肃情况》第133期、136期采纳并印发。承担并完成"兰白科技创新改革试验区战略性新兴产业发展路线图""依靠科技创新驱动资源型城市转型发展战略研究——以嘉峪关市为例"等报告。编制《新丝路观察》快报6期并同步建设区域发展决策咨询大数据平台，有效支撑区域内相关单位参与"一带一路"建设。在产业情报研究产品研制方面，与兰石集团能源装备工程研究院合作发布"能源装备制造业发展态势2017"等年度报告，与酒钢集团技术中心合作完成"先进电解铝产业发展态势及关键技术"等调研与分析报告。

面向科研创新的学科知识服务不断深入。针对相关研究所承担的科技部重点研发计划"中藏药现代化栽培"项目需求，完成"中藏药现代化栽培进展综述""羌活等中藏药现代化栽培的重点成果筛选"等咨询报告。7月，组织召开资源环境科技情报协同体系工作研讨会，共同探讨在新的科研环境下，资源环境情报协同的工作模式、热点、难点和关键问题。11月，在2017年自然地理大会上组织举办"资源环境情报分析与科学服务决策机制"专题论坛，进一步推进院所系统服务体系建设。学科化服务团队全年完成本地到所服务129次、外地到所服务175次；组织面向文献情报专业人员的专题学术研讨、专题学术论坛、专项能力培训、讲座等33场次，1190人次参加；开展个别培训，年度服务VIP 328人次，服务科研人员2585人次，提供学科情报类研究报告33份，专题信息快报72份。

知识产权分析评议服务工作扎实推进。完成"甘肃省知识产权特色强省建设若干问题分析""国家知识产权局与甘肃省知识产权会商方案"等报告。支持白银公司白银炉相关专利获得甘肃省专利奖二等奖，支持酒泉奥凯集团获得甘肃省专利奖一等奖。

资源环境与区域发展智库建设取得实质性进展。8月，在嘉峪关市召开第三届环境与发展智库论坛，着力研讨"一带一路"与区域协同发展需求、资源型产业升级与绿色产业发展、生态环境治理与区域可持续发展等环境与发展的协同问题。举办"2017科技决策咨询能力提升研修班"，培育科技战略决策智库人才和科学传播工作骨干队伍、挖掘科技战略决策智慧资源，有效支撑国家科技战略决策和科技创新。积极与相关传统科学传播媒体建立合作，利用新媒体和自媒体平台，扩大智库产品的影响力，《亚太日报》、凤凰卫视、人民网、光明网、中国科学报等媒体予以报道和关注。

面向社会公众的科学文化传播工作取得新进展。继续打造"书香科苑"服务品牌效应，新增开放书架服务覆盖中科院兰州分院整个园区（兰州、西宁），投放书刊8461册，流通超过1.5万册次；联合NSTL兰州服务站推出"服务快车"活动，向全社会免费开放原文传递和信息培训，新注册用户比上年增加24.5%；与中国图书馆学会阅读推广委员会联合推广"扫码看书 百城共读"活动，为精准扶贫点共建阅览室捐赠图书1100多册，与科学院中学共建阅览室新购图书250本。调研全省69家科普教育基地并举办科普教育基地联盟工作年会，推出甘肃省科普教育基地成果库，完成创新文化广场6期展览；"公众科学日"期间接待到馆读者达1.2万人次，科普知识有奖问答吸引500多人次参与；科普图书馆建设有实质性进展，经过对2万多种科普书目的遴选，首批3000种已经发订。

该中心"需求驱动、信息集成、开放协同、支撑发展"的战略咨询和知识服务，获得"2017年甘肃图书馆最美故事"系列风采展示活动之优

秀服务。（甘肃省图书馆学会）

【中国科学院兰州文献情报中心打通科技文献获取最后一公里】 9月20日，中国科学院兰州文献情报中心正式启动“书香科苑　服务快车”系列服务，面向全社会提供免费文献传递、代查代借和培训服务。国家科技图书文献中心（NSTL）主任彭以祺、兰州大学图书馆馆长田中禾、甘肃省图书馆副馆长陈军、西北师范大学图书馆副馆长张会田、兰州理工大学图书馆副馆长李演军、兰州文献情报中心主任曲建升出席启动仪式，启动仪式由中心副主任吴新年主持。本次活动由兰州文献情报中心与 NSTL 兰州服务站联合举办，启动仪式后还进行了 NSTL 资源与服务培训。近年来，中国科学院兰州文献情报着力打造“书香科苑”服务品牌，重点加强科学普及、阅读推广和文献保障服务，取得积极成果，并且在 2016 年中国图书馆年会上被授予“最美基层图书馆”称号。（甘肃省图书馆学会　张毅宏）

【中国科学院所属上海地区专业图书馆】 2017 年，中国科学院在上海地区所属的 10 个研究所图书馆（信息中心）及 1 个高校图书馆可访问数字文献资源包括：中外文数据库 100 多个；中文电子图书 18 万种、电子期刊 1.1 万种、中文博硕士论文 150 万篇；外文电子图书 3.9 万种、电子期刊 1.52 万种、外文博硕士论文 34 万篇，初步形成满足科研一线需求的数字资源保障体系。在 2017 年中国科学院文献情报能力建设专项院所协同项目中，申报并获得总计 17 项资助。上海科技大学图书馆人员配置和业务体系设置更为完整，面向科研及教学需求的资源保障体系日臻完善，面向需求开展的多种形式学科服务成效显著。（上海市图书馆学会秘书处）

【中国科学院上海生命科学信息中心建立复旦大学图书情报专业硕士实践基地】 5月16日，复旦大学图书情报专业硕士实践基地揭牌仪式在中科院上海生命科学信息中心（以下简称“信息中心”）举行。该实践基地由信息中心与复旦大学图书馆合作举办，双方单位领导、导师代表、研究生代表等出席揭牌仪式。信息中心主任于建荣与复旦大学图书馆馆长陈思和代表双方单位签署合作协议书，标志实践基地正式开始运作。这是信息中心作为专业文献情报机构与高校图书馆在合作培养专业人才方面的新尝试。（上海市图书馆学会秘书处）

【中国科学院上海生命科学信息中心获多项奖项】 10月18日，“2017 年华东地区科学技术情报成果奖”及“2017 年上海科学技术情报成果奖”颁布，信息中心主持的“上海市企业研发机构创新能力分析”项目获“2017 年华东地区科学技术情报成果奖”二等奖；“徐汇区生物医药及生命健康产业发展战略研究”“生物技术领域创新力监测与评估”项目获“2017 年上海科学技术情报成果奖”二等奖，“《国际科技评估方法与实践》专著出版”项目获该奖项三等奖。此外，信息中心参与的“知识产权评议（专利分析）技术规范研究”项目获“2017 年上海科学技术情报成果奖”二等奖。信息中心徐萍获“2017 年度长三角地区优秀科技情报工作者”称号。（上海市图书馆学会秘书处）

【2017 年中科院华东地区文献情报工作研讨会在宁波召开】 12月4—5日，由中科院上海生命科学信息中心、中科院宁波材料技术与工程研究所网络信息中心共同举办的 2017 年中科院华东地区文献情报工作研讨会在宁波召开，中科院华东地区 7 个研究所的 20 多位文献情报工作人员参会。会议主题是“十三五”图书情报转型发展。来自 5 个图书馆（信息中心）的代表做大会报告，分别就“深化情报服务，协同科研创新——服务/创新/协作/进取”“南古所文献情报服务交流”“馆员文献情报服务素质的自我提升”“新问题，新机遇——资源建设遇到的问题和应对”“数字资源建设新需求和新方案”等内容进行交流。（上海市图书馆学会秘书处）

【中国科学院新疆分院文献信息中心】 2017 年，中国科学院新疆分院文献信息中心资源建设经费投入总计 103.6 万元。新增印本图书 450 余册，订购外文期刊 31 种、中文报刊 47 份；订购开通中外文数据库 17 个，共享数据库 86 个，试用库 12 个。加工 7 种特色俄文期刊共 23 期文摘 200 篇，并上传至国家科技图书文献中心；分类编目中、西文文献 450 余册，并上传图书编目及馆藏数据至中科院图书统一自动化系统。提交第六批《国家珍贵古籍名录》。全年接待读者、参观者近 2000 人次；新增及更新“随意通（E-key）”服务账号约 100 人次。

进行网络、镜像资源更新与维护，对万方资源系统（镜像）、维普中文科技期刊数据库、国研网资源库等系统迁移与更新共计约 2.7TB；上传 IR 数据文件 2 个、数据 625 条；采集完成全年两季博硕士论文电子数据。网站、数据库建设与网络安全方面随时监控、防范黑客非法入侵，基本做到重点设备日清日查。

完成科技查新项目 612 项，收录与引用报告 186 项，受理成果鉴定材料审查、指导、编写 90 项。组织专家赴库车、阿勒泰、哈密等地进行 44 个项目的现场勘验工作，并协助专家制作现场勘验意见。

对外争取中国科学院文献情报中心、自治区自然科学基金资助项目、自治区科技厅科技支撑项目等软科学、平台建设项目，共计引进项目经费 70 余万元，全年实现文献信息服务创收 109 万元。承担研制自治区科技基础条件平台建设、上合组织科技伙伴计划平台建设专项、自治区自然科学基金等科研项目；参与研制中科院文献情报中心资源环境领域构建“一带一路”情报信息服务协同网络项目、国际合作项目“中哈联合分析测市中心建设”等科研项目。

紧密结合中科院、研究所、新疆科研及决策需求，完成新疆生态与地理研究所 2016—2017 年 SCI、EI、ISTP、CSCD 论文及专利产出统计分析、欧亚干旱带荒漠化研究调研、中亚西亚风沙环境研究调研、中西亚国家有关生态环境保护及荒漠化防治法律法规调研等 17 个情报调研项目，取得较好成效。

多次担任中科院、所相关科学考察、研究、国际合作等随同翻译，围绕研究所中亚生态环境研究，完成文字编、审、译共计 17 万余字；协助科研处、中亚室部分对外国际交流工作，及部分课题组联系出访及接待事宜；协助院合作局欧洲处与俄语地区合作机构进行联络，包括重新与俄罗斯、白俄罗斯、波兰、哈萨克斯坦等国家科学院在院级层面建立联系，进行合作项目对接；撰写俄罗斯科学院院长大选、俄罗斯西伯利亚和远东分院北极航道研究状况、本院与俄罗斯科学院合作情况等调研报告，以及合作局中奥项目、中荷项目、中捷项目、诺和诺德项目统计分析报告。

在国务院统一部署开展的第一次全国可移动文物普查工作中，中心受到国家文物局“全国可移动文物普查的先进集体”表彰。2017 年还获批入选国家知识产权局全国专利文献服务网点单位，使中心更进一步融入全国专利信息服务体系，为今后发展提供一个更为广阔的平台。（中国科学院新疆分院文献信息中心　张小云）

【广东省科技图书馆举办专利法与专利挖掘实务培训】 5 月 9 日，由广东省科技图书馆、省科学技术情报学会、广州奥凯信息咨询有限公司联合举办的“科研机构的专利法与专利挖掘实务培训”在粤科图举行。来自 13 个省科学院下属研究所及其他相关企事业机构 100 余人参加培训。培训邀请广州奥凯信息咨询有限公司培训师围绕科研流程中所面临的知识产权申报、管理及利用等问题展开讲解，分别介绍专利法基础知识、专利申请、审查流程以及常用的专利检索分析方法和工具，并从科研创新的角度出发，结合实际案例展示如何运用专利大数据挖掘进行产业方向预测和研发风险规避以及专利全生命周期的管理。此次培训内容翔实，案例丰富，深受学员欢迎，并结合工作实践与老师进行交流和探讨。（广东省科技图书馆　刘漪）

【广东省科技图书馆与中国科学院成都文献情报中心共建“海丝知识产权研究中心”】 6 月 27 日，广东省科技图书馆（广东省科技信息与发展战略研究所）与中国科学院成都文献情报中心（以下简称“成都中心”）在粤科图举行“海丝知识产权研究中心”签约及揭牌仪式。广东省科学院副院长李定强应邀出席活动并致词。粤科图馆（所）长魏东原和成都中心主任张志强分别代表合作双方签署共建协议；与会领导共同为“海丝知识产权研究中心”牌匾揭牌。签约、揭牌仪式结束后，张志强应邀为粤科图员工做题为“完善质量管理机制，建设一流科技智库”的专题报告。（广东省科技图书馆　彭仁耀）

【广东省科技图书馆承办 2017 战略情报研究学术论坛】 11 月 15—17 日，由中国科学院文献情报中心战略情报研究协调组主办，粤科图承办的“2017战略情报研究学术论坛”在广州召开。来自中科院文献情报中心等20家相关机构的领导、专家和情报研究人员150余人参加论坛。广东省科学院院长廖兵、中科院文献情报中心主任刘会洲出席会议并致辞。本届论坛日程紧凑、报告密集，为期2天的会期里共安排60多个报告。在特邀报告会上，上海社会科学院信息研究所研究员王世伟、中科院计算技术研究所研究员王元卓和中科院武汉测量与地球物理研究所研究员郝晓光分别以“内参专报撰写的五大要素”“大数据情报分析方法与应用案例”和“战略思维在情报研究中的应用——以竖版世界地图为例”为题做专题学术报告；广东省科学院副院长李定强和中科院发展规划局战略研究处处长甘泉分别介绍省科学院开展智库建设与服务的探索、实践和中科院“十三五”期间战略发展规划及其对战略情报的需求、要求。专题论坛分为情报研究方法与技术、学科领域情报研究与服务和科技战略与政策情报研究与服务3个分会场，来自中科院内外的50余位战略情报研究服务人员围绕各分主题，就国内外科技领域的战略情报研究与决策咨询服务、情报研究理论方法研究、科学计量与知识计算方法与应用、情报研究分析工具平台、科技智库建设等问题进行深入交流与研讨。在大会报告环节，中科院文献情报中心副主任刘细文就计量学方法在政策研究中的应用，粤科图馆（所）长魏东原就该馆（所）开展智库服务的实践探索，中科院文献情报中心副主任、武汉文献情报中心主任张智雄就构建支撑领域监测及评估的云服务体系，中科院兰州文献情报中心主任曲建升就科技决策咨询范式与影响力拓展机制，上海生命科学信息中心主任于建荣就大数据环境下科技情报战略协同研究与服务，中科院文献情报中心副主任、成都文献情报中心主任张志强就政策定量分析以及与智库决策咨询等主题分别做阐述。（广东省科技图书馆　彭仁耀）

中国社会科学院图书馆（调查与数据信息中心）

【概况】 2017年是实施“十三五”规划的重要一年，是全面建成小康攻坚之年。在中国社会科学院党组的正确领导和大力支持下，中国社会科学院图书馆（以下简称“图书馆”）坚持正确的政治方向和学术导向，坚持全心全意服务科研，重视和强化管理，加快推进名馆、名库、名网建设等主要工作，全力开展国家哲学社会科学文献中心建设、全院古籍清理核实、服务高端智库等重点工作。图书馆各项工作不断迈上新台阶，为中国社会科学院的建设与发展做出了积极贡献。

落实中央要求，扎实推进国家哲学社会科学文献中心（以下简称“文献中心”）建设。图书馆依托中国社会科学院深厚的资源优势和全院“一库一网一平台”的信息化建设经验、哲学社会科学海量数据库建设成果，用短短3个月时间建成的国家哲学社会科学文献中心于2016年底正式上线运行一年以来，该中心发展迅速，面向国内外提供开放性、公益性和权威性的综合性人文社会科学开放获取文献信息资源与服务。于2013年建成的国家哲学社会科学学术期刊数据库借助文献中心建设的重大机遇实现跨越式发展，全年新收录中文学术期刊近500种，新上线论文60余万篇。截至2017年底，该库签约中文学术期刊总量约2000种，上线学术论文总量约700万篇。除国家哲学社会科学学术期刊数据库外，文献中心还建有外文学术期刊数据库、中国社会科学院科研成果数据库等特色资源数据库，提供外文学术期刊8000种及部分外文图书、古籍等文献资源。

图书馆利用多渠道、多领域、多形式，积极传播中国学术声音，在海内外推广宣传文献中心及其子库国家哲学社会科学学术期刊数据库。截至2017年底，该中心注册个人用户约70万人，签约国内外机构用户约1200家，实现点击量超过1亿次、检索次数近1200万次、文献下载量超过1500万篇，受到国内外研究机构和研究人员的好评。

根据中宣部部署，完成并上报《国家哲学社会科学文献中心建设总体方案》。5月17日，时任中央政治局委员、国务院副总理刘延东考察文献中心，对该中心建设取得的成就给予充分肯定。

重视古籍管理与保护，启动中国社会科学院古籍清理核实工作。中国社会科学院党组高度重视文物古籍保护工作，近几年在完善领导体制、加强制度建设、改善文物古籍保存条件等方面做了大量工作。12月1日，院务会议审议批准实施《中国社会科学院古籍清理核实工作实施方案》，方案指出为确保国有珍贵资产安全，为下一步全院古籍保护和开发利用提供准确的数据支持，争取用一年时间对院属各单位收藏的古籍进行全面清理核实。为切实加强对古籍清理核实工作的领导，保证清理核实工作有序推进并取得预期成果，成立中国社会科学院古籍清理核实工作领导小组，院领导任领导小组组长，院属各古籍收藏单位党委书记和分管古籍工作的所领导担任成员。12 月 20 日，召开中国社会科学院古籍清理核实工作启动动员大会，院党组成员张英伟就开展全院古籍清理核实工作做动员讲话并提出具体要求；院古籍清理核实工作领导小组副组长，图书馆党委书记、馆长王岚主持会议并通报《中国社会科学院古籍清理核实工作实施方案》的主要内容和要求。院财务基建计划局及院属 18 家古籍收藏单位的负责人和古籍管理人员出席会议。会后，院属各古籍收藏单位着手开展本单位古籍清理核实工作。

大力推进纸本资源建设，构建本院特色纸本藏书体系。在纸本图书建设方面，图书馆重视本院特色馆藏文献的完整性和系统性，以及研究藏书的权威性和相对系统性，少量择优采购与社会科学相关的人文科学类图书、自然科学类图书，以参考工具书为优先。在图书采购流程中严格遵守我院图书采购总代理制，经专家选书和研究人员荐书等主要形式开展中外文图书采访与编目工作。全年采访购入中文图书 11483 册、外文图书 2874 册，并完成编目入库；完成 1800 册馆藏地方志志稿普查登记和多套丛书共 2000 函古籍的分编工作。截至 2017 年底，图书馆纸本藏书总量约 167 万册。在纸本期刊建设方面，2017 年馆藏中文期刊 1360 种、外文期刊 763 种。在学位论文收藏方面，作为国务院学位办公室指定的哲学社会科学学位论文的法定收集单位之一，全年收集加工学位论文近 4 万册，截至 2017 年底，收藏全国 59 所高校的哲学社会科学学位论文总量约 50 万册。建成全院古籍收藏中心，为古籍收藏提供安全可靠的物理环境。

大力推进哲学社会科学海量数据库（以下简称“海量库”）和数字资源建设，为科研人员提供数据支撑和相关用户服务。在海量库和馆藏资源数字化建设方面，海量库一期基本完成，相关子库数据不断充实。其中，馆藏文献数据库整合各类资源元数据 12000 万多条；科研成果数据库上线成果数据近 14 万条；社会调查数据库包含 7 个调查项目的共享数据；古籍善本数据库收录古籍 179 种 2354 册共计 20 万拍图像数据，完成 10 种 130 册共计 370 多万字的全文识别，古籍修复工作正在进行中。在商业型数字资源引进方面，执行院里关于数字资源长期永久使用的精神积极开展数字资源引进工作，特别是加大力度引进社科院智库和创新工程研究项目急需的资源。全年引进商业数据库约 89 个，目前在用数据库近 150 个。在网络开放资源整合方面，查找整理国内外网络开放获取数据库资源，供科研人员选择和使用。

深化读者线上线下服务，探索智库服务机制。图书馆继续坚持取消全部收费项目的政策，面向全院科研人员提供免费服务，贯彻“九大服务理念”，不断提升服务满意度。全年接待到馆读者超过 2 万人次；开展馆际互借 82 人次、220 册次；为中央领导精选图书约 200 种 500 余册。为便于研究人员了解和使用数字资源，图书馆结合院内研究人员实际需求，以多种形式推介资源，包括小型沙龙、使用培训等活动。通过 QQ 群在线服务、微信、邮件咨询服务、电话咨询服务解答科研人员关于数字资源使用和资源引荐等相关问题。搭建和开通远程访问系统，方便研究人员随时随地查阅图书馆引进的数字资料。将智库服务列为重点工作之一，组建智库服务团队，制定智库服务手册，并为院内智库开展重点服务，承接上级单位的服务任务，取得较好效果。

加快基础设施和信息化建设步伐，提供强有力的信息技术保障服务。2017 年，完成骨干网络基础设施升级改造，将原主干单线网络结构平滑升级为双线负载的网络结构，重新优化网络区域结构和防火墙策略；实现双链路出口改造工程，将出口带宽提升至 1G；配合中国社科院大学建设，利用双路复用技术保障社科院大学的用网需求，敷设、优化信息点近 3000 个，有效提升了网络的稳定性和可扩展性；完成科研楼西段等办公区域 800 多个信息点数的综合布线工作，确保建设区域内办公用网的上网速度和稳定性；建成 4 号机房，加强全院 4 个机房的运维管理；优化邮件系统服务，强化邮件系统安全，确保邮件系统的正常使用，不断提高用户满意度；加强网络安全管理，开展全院网络安全管理员培训，到重点科研院所宣讲网络安全知识，部署天眼、鹰眼等安全设备，增强信息安全防御能力，配合公安部等单位及时有效处置相关问题；落实审计署部署，完成全院信息化建设审计工作。

全力做好技术保障，为网站建设提供坚实支撑。全年完成院内外网站发布平台的日常运维、安全保障和技术支持工作，保障网站平台及其所支撑的中国社会科学网及院属各单位共 80 余个站点及托管的全院 600 余台网络设备、服务器、存储等设备的正常稳定运行。在各种国家重大活动时期，如“两会”“一带一路”高峰论坛、党的十九大召开期间，做好院网站平台的重点保障工作，修订完善应急预案，组织相关运维公司进行院网站平台的重点保障工作，通过实行 24 小时驻场值守、加强巡检、增加各种安全保障措施、及时处理相关发现问题等措施，保证全院网站未发生任何安全事故，受到公安部门的肯定和好评。

加快综合集成实验室建设，推进科研手段创新。不断完善实验室管理规范和评估流程，组织完成 9 个批次的实验室内容建设评估和后期资助，共产生成果数据库 3 个，计算机软件 2 个，专著 18 部，翻译丛书 8 部，研究报告集 7 部，论文集 2 部，调查报告、论文、要报等近 231 篇，《快讯》244 期及《工作论文》182 期。还启动综合集成实验室调研工作，成立专门的部门负责相关建设。

积极实施科研项目和社会调查项目，发表相关科研成果。全年新立项的科研项目共 4 项，包括院级国情考察项目 1 项，即“图书馆转型与国家哲学社会科学文献中心建设”（王岚主持）；所级创新工程研究项目 1 项，即“文献信息研究与期刊转型”（黄长著主持、张大伟代管）；所级国情调研基地项目 2 项，即“‘一带一路’战略下敦煌市图书馆的文化扶贫”（王岚主持）和“山东武城优秀传统文化传承与普及调研”（王玉巧主持），上述项目于年底前完成结项。

全年开展 2 个社会调查项目，包括启动新承接社会学研究所委托的“2017 年中国大学生就业、生活及价值观追踪调查”项目，开展与有关高校的项目联络、问卷回收、数据复核与录入等工作。继续完成政治学所上年度委托的“中国公民服务参与与表达参与问卷调查”项目，完成结项相关事宜。

图书馆科研业务人员全年发表著作《智慧城市让生活更便捷》、论文“2016 年国外学术评价研究——基于文献计量学视角”、研究报告“2016 年度国家社科基金项目论文统计分析”等相关学术成果。参加中国社会科学情报学会 2017 年学术年会征文，各有 1 篇论文获得一、二等奖，4 篇论文获得三等奖。（中国社会科学院图书馆　魏进）

【四川省社会科学院文献信息中心】 2017 年，四川省社会科学院文献信息中心全年接待读者 1.63 万人次，借还书 4736 册。优化图书资源的建设，向重点学科、优长学科倾斜，全年验收入库新书 3200 余册、新刊 11000 册；收受赠书 982 册，对外赠书 500 余册。完善特色资源的建设和管理，加强对汶川地震资料中心、袁珂神话研究室、林凌图书资料室的日常管理。根据院内学科建设和教学科研需要，在多方征求意见的基础上完成 2018 年报刊订购工作。加强电子资源建设、用户培训及数据库建设，利用电子阅览室、远程访问系统为院内读者服务。

在社科专题咨询检索服务方面，参与编辑报送资料汇编，根据科研和教学需要，逐步探索以课题服务、定题服务和个性化服务等重点的信息咨询服务，进一步关注个性化信息推送系统和网络数据库整合检索系统等咨询服务的相关信息。全年推出《参阅资料》12 期，《社会科学研究参考资料》12 期，《参阅资料》廉政专刊 12 期，共计 120 多万字。

在网络服务方面，做好图书馆管理系统的日常维护、核心数据的安全管理和备份工作，保证馆内自动化系统的正常运行。注重局域网安全建设，完成网络故障维护、网络系统设备策略实时更新等局域网管理工作，累计拦截外网攻击 10.05 万次。完成四川省级政务云迁移等信息化建设工作、政务信息系统整合共享的审计调查工作。协助设置财务网专网防火墙以保障院财务信息安全。

在网站日常编辑管理方面，完成“四川社会科学在线”等网站管理、维护、数据备份及改版升级；完成网站“三网”的信息管理和协调工作。全年组织协调发布信息 1 万余条，翻译稿件 118 篇。加强网站重点栏目和专题的建设，全年配合院重大科研活动、专题会议宣传制作专题页面 4 个。完成省委网信办、省政府办公厅等部门有关政府网站建设的工作。

在学术交流与研究方面，加强与社科院系统、党校系统、高校系统等图书馆的交流与协作，参加2017年四川省机关公文写作培训、“2017年地方文献工作与研究培训班”等培训；参加2017年四川全省图书馆馆长会议、“图书馆业务流程精细化与资源共建共享”业务交流会、第二十一次全国社科院图书馆馆长协作会议暨新型智库建设与社科图书馆发展论坛、中国社会科学情报学会2017年学术年会等。刘用作为项目负责人开展“李冰与川主信仰研究”课题研究；胡小文参与湖南省社科基金重点项目“全面深化改革背景下雷锋精神弘扬与践行的路径思考”等课题研究；黄兵参与“深化军民融合发展培育成都战略新兴产业”等课题研究，论文《军民融合背景下中国（绵阳）科技城的军工单位转型研究》入选由中共绵阳市委、绵阳市人民政府举办的“从三线建设到军民融合发展”专家论坛。（四川省社会科学院文献信息中心）

中国医学科学院医学信息研究所（中国医学科学院图书馆）

【概况】 2017年，中国医学科学院医学信息研究所/图书馆（以下简称“所馆”或“医科院信息所”）认真落实“十三五”发展规划和“123”创新行动计划。持续加强医学信息资源保障与创新服务，突出医学信息学和卫生政策与管理等方面的研究特色，形成由资源建设、信息服务、信息研究和决策支持等多种功能互为支撑的服务体系，为政府、社会和广大科技人员提供一流的、全方位、多层次的医学信息服务和决策咨询，成为国家医药卫生事业改革发展和医学科技创新体系中一支不可替代的重要支撑力量，发挥信息库和智库作用。主要完成以下工作：

不断优化印本资源结构，积极开展资源宣传推广。全年订购外文印本期刊3501种（其中新增46种），套订非刊文献352套774种（其中新增2套14种），数据库97个。新增用户需求迫切的JoVE（实验室视频期刊）数据库、Innography（专利分析挖掘）、ESI学科分析等数据库。编辑出版16期《国外医学新书评介》，3期《学科专集》，举办“食管异物的CT诊断”“糖尿病精准医疗”学术专题研讨会，获得出版商外文图书赠书271册。做好印本书刊及OA资源编目签到。遵循中西文文献编目规则，分类标引、主题标引相关规则，完成中西文新书编目1656种（册）、期刊目录维护和更新608种，完成OA期刊/报告/会议编目3646条。完成NSTL联合目录质检2000余条。完成期刊验收31939册。继续开展院校研究生学位论文知识库建设。继续深化中文医学术语服务，开展临床、公众健康信息领域术语标准应用服务。深入开展医学文本信息自动处理技术研究，建立中文医学文献标引审核工作系统。继续开展引文、机构和基金数据规范研究，提升SinoMed平台知识服务能力。

拓展信息服务领域，全面做好文献信息服务工作。全年完成原文传递服务37.8万篇（NSTL系统内完成8.2万篇），国内外馆际互借78篇。完成委托检索327项，定题跟踪服务5项以及服务相关咨询2300余人次，在NSTL文献服务质量检中表现良好。完成各类成果评奖及课题申报等委托科技查新345项，院士增选、国家自然科学基金杰出青年评选、职称晋升、拔尖人才、长江学者、申请评奖等委托文献收录与引用检索证明610项，专题检索摘译服务13项。面向国家重大战略专项需求，做好支持科技创新的增值服务，编辑《精准医疗前沿》6期，《慢性病防控研究动态》6期，约计16万余字，在《健康报》发表文章3篇。编写《精准医学发展态势分析报告》和《重大慢性非传染性疾病防控研究态势分析报告》，约计8万字。完成信息咨询服务16项。承担NSTL“重点领域信息门户”服务管理以及“重大新药创制”“重大疾病防治”“生物安全”3个重点门户建设与服务专项任务，利用网络、微信、报纸等开展服务宣传与推广。调整更新重点领域门户、动态快报和微信公众号的栏目与内容，改善门户网站的知识服务功能、规范信息发布内容格式。截至2017年12月31日，新增信息源272个、监测目录414个，跟踪网络科技信息56025条；编译报道500条，专题推荐1186条，加工动态简报26期；新增注册用户171人次；用户访问20562次。发布2017年服务统计报告4份，组织培训与用户交流会10场次。通过“新药研发动态”和“传染病研究动态”2个微信公众号推送原创微信45条，关注用户达3186人，阅读5000次。利用重点学科领域平台推送新药发信息153条，传染病研究动态信息112条。完成“医学信息援疆援藏服务”专项任务，积极推进与西藏人民医院、新疆医科大学图书馆的合作，促进国家医学信息资源在两区的利用。

医学信息研究与情报调研工作取得新进展。撰写多份医学情报调研咨询报告，编辑出版《中国医学科技发展报告2017》，发布2017年度中国医院科技影响力排行榜。重点开展医学智能计算技术研发、健康医疗大数据应用等。做好国家重点研发计划精准医学研究专项“重大疾病精准医学数据库群”和“精准医学本体和语义网络构建”研究工作；稳步推进中国工程院项目“医药卫生专业知识服务系统”建设；承担国家人口与健康科学数据共享平台相关工作；实施所馆信息安全体系建设，开展新农合结算系统信息网络安全等级保护（第三级）测评工作。围绕国家卫生科技发展需求，开展“国家健康保障工程重点任务”规划等医学健康规划、政策、专题研究。开展医学科技评价与医学科技监测研究工作。稳步推进国家重点研发计划项目“乳腺三维超声容积成像应用模式与标准研究”等课题研究。认真做好药物、医疗器械情报研究工作。围绕整合型卫生服务体系建设，重点开展分级诊疗、医联体、家庭医生签约服务等相关理论和实证研究，积极参与综合医院、基层卫生、妇幼健康、公共卫生、卫生信息化等领域决策咨询活动，提供决策支持服务。做好人口与健康科学数据共享平台卫生决策专题研究与建设工作，进行系统的功能完善和资源扩充。

科研教育、国家合作、编辑出版工作不断发展。全年共获得国家、卫计委等各级各类科研项目和课题98项，其中国家重点研发计划牵头子课题、国家自然科学基金和国家社会科学基金资助项目8项；以第一作者或通讯作者发表期刊论文153篇，其中SCI/SSCI收录期刊上发表论文9篇；主编学术专著3部；形成咨询或研究报告162份。按照院校重点实验室申报工作统一部署，遴选所馆特色研究领域，积极申报。目前，“中国医学科学院医学信息智能技术”重点实验室已经院校批准。新增研究生导师2名，2017年招收研究生20名，在读研究生64名；承担北京协和医学院相关课程教学工作。应邀参加国际会议，赴美国等国家参加项目学术交流活动，邀请来自于德国国家医学图书馆、美国国立卫生研究院图书馆、美国国立生物技术信息中心等机构的专家教授进行学术交流和讲座。完成世界卫生组织卫生与生物医学信息合作中心续任工作及年度工作报告。所馆在第九届“挑战杯”首都大学生课外学术科技作品竞赛中取得优异成绩，参赛作品共获得1项特等奖、2项三等奖，是所馆参加该竞赛以来获奖数量最多的一次。其中程萱团队作品《我国快速城镇化背景下精神疾病患者社会治理问题研究——以移民城市深圳为例》荣获特等奖，并获得代表北京市参加全国级“挑战杯”大学生竞赛资格。

《医学信息学杂志》荣获国家卫生计生委委管出版物主题宣传激励活动“最佳期刊”；《医学研究杂志》连续9年被评为中国科技论文统计源期刊；《中国医药导报》《中国现代医生》两刊影响因子等主要评价指标均有所上升；《中国卫生政策研究》入选中国科学引文数据库（CSCD）来源期刊（核心库），这是该刊继2011年进入中国科技核心期刊（中国科技论文统计源期刊）、2013年入选CSCD来源期刊（扩展库）、2015年入选中文核心期刊、2016年入选《中国人文社会科学期刊评价报告（AMI）》引文数据库来源期刊和人大复印报刊资料重要转载来源期刊的又一重要突破。（中国医学科学院医学信息研究所/图书馆）

【《城乡居民基本医疗保险（新型农村合作医疗）跨省就医联网结报服务框架协议》签约仪式在北京举行】 为深入贯彻落实党中央、国务院关于加快推进基本医保全国联网和结报工作的指示精神，切实推动异地结报工作，2月23日上午，国家卫生计生委基层卫生司在前期举办8省互认签约的基础上，在北京举办跨省就医联网结报签约仪式，将异地就医范围扩大到31个省（区、市）的定点医疗机构。同时，为进一步发挥社会力量参与异地就医结报工作，国家卫生计生委引入深圳市腾讯计算机系统有限公司优化与定点医疗机构的联通通道。医科院信息所代表国家卫生计生委异地就医结算机构，分别与省级新农合管理结算机构、各省跨省就医联网定点医疗机构以及中国人寿保险股份有限公司共同签署《城乡居民基本医疗保险（新型农村合作医疗）跨省就医联网结报服务框架协议》，与深圳市腾讯计算机系统有限公司签署《城乡居民基本医疗保险（新农合）跨省就医联网结报合作框架协议》。继去年 11 月签署《城乡居民基本医疗保险（新农合）跨省就医联网结报服务协作协议》以来，在国家卫生计生委基层司等司局的指导和支持下，医科院信息所制定技术规范、增置软硬件设备、开发信息系统，已实现各协议省份信息系统的互联互通。陕西、甘肃、四川、贵州、吉林等省已为多例跨省就医患者提供联网结报服务。此次协议的签署，进一步扩大了参合农民跨省就医联网结报范围，切实为老百姓外出就医报销提供便利。医科院信息所将继续做好国家级新农合跨省就医联网结算信息系统的建设与运维，为各省和医疗机构推进跨省就医联网结报工作提供技术支撑。（中国医学科学院医学信息研究所/图书馆）

【北京协和医学院图书馆举办百年馆庆系列学术活动】 8 月 31 日，北京协和医学院百年校庆与图书馆百年馆庆系列学术活动“知识服务与下一代图书馆发展学术研讨论坛”在协和礼堂召开。论坛由中国医学科学院/北京协和医学院医学信息研究所/图书馆联合国家科技图书文献中心（NSTL）共同举办。邀请美国国立生物技术信息中心（NCBI）副主任陆致用、美国国立医学图书馆 Lister Hill 国家生物通信中心认知科学部主任 Olivier Bodenreider、法国国家科学研究中心高级研究员 Pierre Zweigenbaum、NSTL 副主任吴波尔、CALIS 总工程师王文清、中国国防科技信息中心研究员陈豫、中航工业发展研究中心张魁清等出席论坛。医科院信息所所长、北京协和医学院图书馆馆长池慧主持此次论坛，对北京协和医学院经历的百年历程以及图书馆百年来取得的成就进行回顾，并代表院校致欢迎词。此次论坛是对“百年协和，追求卓越，铸就辉煌”精神的延续，也是北京协和医学院图书馆在数据密集型知识时代，探索语义搜索引擎、认知计算、知识抽取与知识表示、跨语言自然语言处理等新兴技术的盛会，来自中国农业科学院农业信息研究所、中国中医科学院中医药信息研究所等多家单位的 200 余位业界同行参会。此次论坛推动图书馆在知识表示与服务、智能计算等领域的相关研究，也将推动图书馆与国际顶尖机构在医学知识服务等领域的合作。

9 月 29 日，北京协和医学院图书馆举办“医学图书馆知识服务创新发展论坛”。论坛以“世纪传承，创新发展”为主题，邀请国内外图书馆界的 7 位知名专家做主题报告。近 300 名专家学者和业界同人参加会议，围绕“文化传承”“资源创新”“服务创新”等方面进行研讨与交流。论坛由池慧主持，国家卫生计生委科技教育司副司长吴沛新，NSTL 主任彭以祺，中国医学科学院副院长、北京协和医学院副校长张学先后致辞。在学术交流环节，德国国家医学图书馆前馆长 Ulrich Korwitz、美国国立卫生研究院图书馆馆长 Keith Cogdill、美国纽约大学健康科学图书馆馆长、美国医学院校图书馆学会主席 Neil Rambo 分别做精彩的学术报告；中国农业科学院农业信息研究所所长孙坦分享数据密集型知识服务系统方面的最新进展；中国科学技术信息研究所信息资源中心曾建勋主任介绍数字环境下图书馆的元数据战略；北京大学医学图书馆馆长张大庆阐述医学图书馆与医学人文的关系；池慧回顾了北京协和医学院图书馆的百年发展历程，展望发展前景，并发出共建国内医学图书馆创新服务联盟的倡议。（中国医学科学院医学信息研究所/图书馆）

【2017 年度中国医院科技影响力排行榜发布】 12 月 19 日，由中国医学科学院（以下简称“医科院”）主办、医科院信息所承办的“2017 年度中国医院科技影响力排行榜发布仪式暨第五届中国医学科学发展论坛”在医科院礼堂举行。来自全国三级医院、科研机构的 300 余名专家学者参加发布仪式。医科院院长、北京协和医学院校长曹雪涛院士出席发布仪式并致辞。医科院信息所所长池慧发布“2017 年度中国医院科技影响力排行榜”，排名前 100 的医院主要分布在 20 个省份。池慧在对榜单进行深入解读中指出，本年度排行榜修订了评价指标体系，跟进国家创新要求，纳入国家重点研发计划指标，增加科技成果转移转化类指标及鼓励青年科技人才参与科技创新的杰出人才类指标；扩大评价医院范围，评价的医院由 1325 家增加到 1629 家；增加评价学科覆盖面，学科数量由 26 个增加到 29 个。此外，榜单还提高学科分类准确性，完善医院数据核查机制。希望通过开展系统、客观、综合的医院科技影响力评价研究，为医院科技管理工作提供新的手段和工具，形成激励医学科技创新的正确导向，推动医院学科建设，促进

医学科技成果向临床应用转化，为提高医疗质量提供更有力的科技支撑。（中国医学科学院医学信息研究所/图书馆）

中国中医科学院中医药信息研究所（中国中医科学院图书馆）

【概况】 中国中医科学院中医药信息研究所与中国中医科学院图书馆是所馆合一的机构（以下简称“信息所”）。2017 年，信息所围绕中心工作，不断加强党的思想、组织、作风、制度和党风廉政建设，增强全所干部职工的凝聚力和战斗力，牢固树立创新、协调、绿色、开放、共享的发展理念，按照中国中医科学院“十三五”发展规划和信息所“十三五”发展规划，以中医药信息学科建设为主线，以中医药信息标准和知识库建设为重点，全面提高中医药信息服务能力和水平，为继承好、发展好、利用好中医药做贡献，为推进中医药继承创新及健康中国建设做贡献。

1. 重点工作

（1）由中国中医科学院牵头、信息所研究员李宗友担任负责人，联合中国科学院计算技术研究所、中国科学院软件研究所、广州中医药大学、北京科技大学等 21 家单位申报的 2017 年科技部重大专项“大数据驱动的中医智能辅助诊断服务系统”项目获批准立项，并完成任务书的填报工作。

（2）作为信息所“十三五”重点任务之一，会同国家古籍保护中心，《中华医藏》编纂项目完成向财政部上报“中华古籍保护计划——《中华医藏》编纂”项目、方案和经费预算工作，并针对财政审计提出的要求进行完善，完成选目、体例和方法的专家征询工作。

（3）深化改革，完善绩效考核制度，以资源建设为重点，在进一步完善“科研岗”“服务岗”分类管理办法的基础上，重点推进杂志出版中心、图书馆等科室的改革，并根据社会需求推进数据库向知识库的转型升级。主要措施包括：强化杂志出版中心在推动全所快速发展中的重要地位及其应承担的责任，在调研的基础上对杂志出版中心版面费的收入、支付做出相应调整，在扣除支付其绩效工资的基础上按照所内横向课题进行管理；成立以开发图书馆特藏资源为主要工作的特藏资源研发部，鼓励人才流动，引入竞争机制；调整文献资源研究室的功能定位，逐步加大服务外包力度，将现有人力资源从事务性工作中解放出来，集中精力开展馆藏资源数字化工作，重点加强中医药图书知识库和民国资源建设，提供一站式全天候线上远程服务；将古籍文献数字化与现代文献数字化一并列为实现数字图书馆建设目标的基础性工作。

2. 基础性工作

（1）加强特色文献信息资源建设，创新信息所服务品牌。完成馆藏善本古籍 2 万余册的清查工作；新增文献库数据 13773 条、中医经典古方数据库数据 16400 条、中医古籍养生知识库文本化和结构化 38 种；中医古籍文献知识库完成 104 种文本校对、130 种文本结构化和审校术语 2 万余条；研发“国医典藏”“民国医粹”等特色馆藏信息系统并向社会推广；加强中医药知识平台建设，在已有网络版的基础上，新开通中医药知识服务平台（微信版），重点研发“古今医案云平台”“中医智能辅助决策系统”“中医临床术语系统”，并向社会推广应用；继续加强中医医案挖掘与利用，建设完成中医药共建共享系统，实现中医验案数据库与名老中医验案数据库的对接；完成“国家人口与健康科学数据共享平台—中医药学数据中心”数据迁移及年度现场绩效考核工作。

（2）创新服务模式，提高对行业的服务水平。通过学术评价团队建设，加强中医药情报研究，引领学术方向。加强评价机构建设，积极向国家中医药管理局科技司请示，推动局级中医药文献检索中心建设，拟改名为中医药科技信息检索与评价中心；引进评价人才，组建稳定的学术评价团队；开展对临床研究基地、重点实验室、研究室的学术水平评价，探索中医药科技进步评价和中医科学院机构评价的方法；加强与中华中医药学会等学术团体的合作，拟开展中医药学科、创新团队及个人学术地位评价，已完成相关评价的框架思路；积极宣传评价成果，已完成“糖尿病、糖尿病肾病、肺癌论文学术影响力评价结果”的微信发布，在朋友圈中产生较大影响。

加强中医药统计分析工作，完成全国《中医药季度统计资料》1—3 期；开发统计摘编数据分析系统、建设完成中医药战略决策知识平台并推广试用工作；更新中医药国际交流与合作平台信息 306 条，开发微信版面向中医药行业提供信息服务。

加强中医药发展政策及战略情报研究。主持“中医药健康养老服务发展战略研究”“中国工程院项目——雄安新区生物医药与健康产业发展战略研究”“中医药发展战略规划纲要（2016—2030）实施监测研究”“中医药在重大疾病治疗中的协同作用研究”等相关工作。已完成《中医药标准化政策分析及政策需求研究报告》《中医药传承政策分析及政策需求研究报告》《中医药监督政策分析及政策需求研究报告》《中医药信息化政策框架与政策及互联网 + 中医药发展模式报告》等 6 个研究报告。

加强科技成果转化应用，提升服务意识和服务能力。支持开展多种类型的横向课题合作，全年先后与北京云知声信息技术有限公司、广州大象健康科技有限公司、上海道生医疗科技有限公司等企业建立联合实验室，加强中医药知识语音智能识别、中医药健康运动处方、中医智能四诊等研究。全年横向合作近 50 项，合作经费近 500 万元。

（3）拓展服务模式和方式。完成查新检索 240 项（加急 219 项）、引文 51 项、检索 12 项，提供对上服务资料 76 篇、专题调研报告 6 份，为局属各部门及中医科学院相关部门提供中医药统计数据服务 58 次、《中医药国际参考》1—11 期和《2016 年全国中医药统计摘编》；接待读者 1600 余人次，电子资源检索 1730 余万次、下载 158 余万篇/册；提供摄影摄像 23 次、素材总量 653G，制作视频资料 32 部集、《2016 年中医药事业发展新闻掠影》汇编 1 部；通过中国中医科学院图书馆、《中国中医药信息杂志》《国际中医中药杂志》、《中国中医药图书情报杂志》的系列官方微信推送信息与服务，扩大业界影响力；所属 3 种杂志如期出刊，来稿率明显提升，用稿率较同期有所减少。

（4）稳步推进标准研制工作。由信息所主持研制的国际标准 ISO/TC249：19465 中医临床术语系统分类框架和 ISO/TC215 针灸的语义信息标准：第 4 部分：经络相继由 ISO 发布；中医药学主题词表网络版应用有序推进，重构中医药学语言系统。

（5）开展科研、教育、国际交流与合作工作。

科研项目及成果方面，申报课题 49 项，立项课题 46 项（含科技部重大专项 1 项、国家自然科学基金 1 项、部局级课题 11 项）；发表论文 46 篇（含 SCI 论文 3 篇），出版专著 44 部，获软件著作权 12 项；信息所作为第二完成单位第一完成人的“基于名老中医临床诊疗数据的知识发现方法学及应用示范”获 2016 年度中华中医药学会科学技术二等奖，“中医古籍资源发现与知识组织研究”获中国中医科学院科学技术一等奖。

学位教育及行业培训方面，招收研究生 6 名，其中硕士研究生 5 名、博士研究生 1 名；毕业 5 名，其中医学硕士 2 名、管理学硕士 1 名、同等学力硕士 2 名；完成 5 人开题工作，其中硕士研究生 4 人、博士后 1 人；1 人分获北京市优秀毕业生和中国中医科学院优秀毕业生，1 人获 2017 年裴元植优秀硕士学位论文二等奖。申报 2018 年国家级继续教育 7 项，完成 2017 年度国家级继续教育项目 1 项；面向行业举办 4 个知识服务培训班。召开各类学术会议 8 次。另外，挂靠信息所的 4 个专业委员会——中华中医药学会中医药信息学分会、中国中医药信息研究会中医药信息数字化专业委员会、中西医结合学会信息专业委员会和世界中联信息专业委员会在 2017 年都举办了年度学术会议。

国际交流与合作方面，选派 1 名副研究员赴美国深造；与德国莱比锡大学签署成立本体联合实验室备忘录；举办国际学术会议 4 次，接待国外代表团 3 批 5 人次。（中国中医科学院中医药信息研究所/中国中医科学院图书馆）

中国农业科学院农业信息研究所（国家农业图书馆）

【概况】 2017 年，中国农业科学院农业信息研究所（以下简称“信息所”）通过优化农业信息资源的采集与评价、强化知识服务系统的构建与应用、细化知识服务产品的产出与推广，积极做好农业信息科技创新和公益服务等两大主体任务，不断提升国家农业图书馆的核心竞争力。

资源建设方面，共采集印本文献 10711 种，包括外文期刊 2128 种，外文会议录等文献 744 册，外文图书 714 册，中文期刊 38 种，中文图书 7087 册；开展咖啡厅读书角、书墙展示区、漂流书架等开放阅读区域图书遴选和加工工作，共处理 4000 余册。电子资源建设方面，2017 年中国农业科学院电子文献资源建设进入快速发展阶段，并以国家、中国农业科学院、院直属单位三方投入、共建共享的模式持续进行，全年共引进文献数据库80种，外文电子期刊品种超过9000种，外文电子全文保障率超过85%。引进电子资源利用情况平稳，全文数据库年度下载量达到600.5万篇，文摘工具型数据库年度检索次数达到28.7万次。电子资源联合采购方面，继续牵头开展全国农业科研系统电子资源集团采购工作，集团采购的外文电子期刊资源利用情况明显提升，全文下载量达63.7万篇，较上一年增长16.7%。

数据加工方面，完成印本文献书目信息描述、期刊登到等传统联合目录建设工作，全年共完成文献编目16157册，期刊登到14712册。继续开展开放获取期刊、会议录、图书母体信息和篇级信息的采集与加工，全年共完成篇级数据采集与加工13.56万篇，正式启动非析出文献深度描述，并在NSTL开放资源统一元数据标准要求下，完成83种非析出文献书目深度揭示加工任务。外文文摘与引文数据加工方面，全年文摘计划加工量19.77万条，截至12月底，外文文摘加工总量已达到21.31万条，其中期刊文摘数据19.97万条，西文会议1924条，学位论文2605条，文集汇编4080条，科技丛书4872条；外文引文计划加工量400万条，共完成外文引文数据加工并提交425.99万条，超额完成年度任务。数据加工管理工作方面，加强数据加工队伍建设，继续优化本地化数据加工流程，实施农科数字化加工业务精细化管理，建立加工过程实时监控机制，提高数据加工的精细化管理水平、加工效率和数据质量。开展第三方来源与NSTL订购品种覆盖核对分析；开展数据流程再造与新数据加工系统方案设计。海外农业数据库建设方面，根据中国农业科学院农业信息研究所统一工作部署，2017年全面启动海外农业数据库建设。该数据库采用数字资源采集、碎片化结构化加工的信息管理模式，从不同角度收集和揭示90余个国家农业自然资源与基础设施、农业概况与农业政策、农民收入与教育情况、农业自然灾害、社会与政治环境等方面信息。全年共完成年鉴、图书、咨询报告、论文、会议录等11.3万份、230多万页文献采集与碎片化加工任务。

数字图书馆研究方面，努力做好基础设施建设与运维、数字化加工处理、资源描述与组织、数据研究与管理、服务系统构建与管理等相关工作。基础支撑环境运维管理方面，完成60多台套服务设备运维管理，虚拟化平台构建，安全监控，全面支撑图书馆自动化、数字化、网络化业务；完成Primo以及SFX的版本升级，Primo、SFX知识库维护；继续做好科研人员移动科研环境支撑，办理50余笔农E通业务，新开通账号72个，用户总数达到566人，接待咨询100余人次。服务系统研究、构建与运维方面，开展数据加工技术及工具研发、15类资源元数据标准规范研究和语义发现关键技术研究；开展全球农业大数据与信息服务联盟农业科技信息资源共建共享平台构建与运维工作，平台现有文献资源总量2742.11万条，科学数据集630个，用户总量26773人，访问总量460735PV，形成“全国农科院系统科研产出分析报告”初稿；完成联盟机构知识库系统总库平台和省院系统1.0开发，及其元数据规范初稿设计；开展中国工程科技知识中心农业分中心农业专业知识服务系统建设与运维工作，包括农知搜索、全产业链资源整合、专题资源聚合服务和新媒体运营等方面；开展中国农业科学院机构知识管理系统构建与运维工作，如科研通行证系统、中国农业科学院机构知识库、农业科学家在线和创新团队学术关系网络等；完成国家农业科学数据共享中心资源建设及日常综合管理，科技基础分中心网站运维与资源建设以及科学数据论文出版工作。

信息服务方面，全年接待读者4万人次，办理读者卡1500余张，接待参观来访16批次，借还书1.24万册次；6—12月，国家农业图书馆信息共享（IC）空间预约1423次；完成科技查新报告251份，论文收引检索服务300多项，定题服务33项，提供中外文文献1185篇，专利全文113篇、外文文摘7657篇、文献综述6篇。原文传递方面，全年通过国家科技图书文献中心（NSTL）系统共完成原文请求服务19580篇，累计发送原文约149452页；其中含代查代借服务377篇，发送原文约2520页；“国家农业科技创新联盟农业科技信息资源共建共享平台”累计注册用户近2.6万人，访问量45.02万人次，访客数5.57万人次；原文下载量11.33万篇；文献请求量7.16万篇；完成传递量7.02万篇，申请满足率96.09%。资源培训方面，编制《2017年电子文献资源指南》，免费向科研人员发放3200册并受到欢迎；组织2次大型电子资源培训以及5次新增资源专题培训；开展“国家农业科技创新联盟农业科技信息资源共建共享平台”系列宣传培训28场，涉及24个国家级或省级科研院所，发放培训资料3000多份，培训科研人员4000多人次；继续开展面向农业系统科研、管理人员和研究生、留学生的农业科技文献信息资源及服务的宣传推介和用户培训工作，全年总计开展宣传及培训活动7场，培训用户累计800多人次；开展“知识图谱与知识加工”NSTL数据库建设专题培训。院士服务方面，全年为7位院士每周提供新闻资讯和原文共1183篇、简报364期、农业知库64期共87篇。援疆援藏服务方面，作为专项工作组组织协调相关工作，出版服务简报，开展交流培训，如新疆西域文献数字化保护与专题库建设开题、支持新疆农科院馆藏书目图书出版、西藏大型仪器共享平台建设与培训以及农科援疆援藏工作组赴藏开展“走进科研一线”活动；农业科技创新联盟全年累计为新疆农科院、新疆农垦科学院、新疆畜牧科学院、西藏自治区农牧科学院、西藏农牧学院5个单位用户提供文献8823篇；支持西藏自治区农牧科学院1人来京，提供为期两个月的技能培训。学科服务方面，完成《基于incoPat—土壤耕作与秸秆还田对盐碱地改良专利分析》《基于文献计量的土壤耕作与秸秆还田对盐碱土改良利用研究发展态势分析》等6个报告；为农科院生物所“作物分子育种技术”创新团队提供动态快报4期，包括文献题录信息573条、前沿资讯30条、全文文献10篇；完成“一带一路”战略背景下中国农业国际合作发展战略研究专题快报工作，提供中外文文献140篇、报告14期，制作“一带一路”农业国际合作信息参考10期。

NSTL专项任务方面，开展外文数据质量检查与监控预警专项任务；组织开展国际科学引文数据库建设与应用发展研究专项研究工作；修改完善《NSTL数据库建设岗位设置总体方案》和《NSTL数据库建设岗位设置说明》；开展拟南芥信息资源数据库（TAIR）长期保存研究；主持和参与4个NSTL专项工作，其中“NSTL文献保障分析研究”和“NSTL开放资源遴选与评价”2个专项完成验收，“开放资源获取与组织”和“国外新书评介”2个专项持续进行；开展OA资源监控方法研究。NSTL重点领域信息门户建设与服务方面，完成图书情报、食物与营养、生物安全、农业立体污染防治、转基因生物新品种培育5个重点领域信息门户的建设与服务。开展NSTL专项任务“棉花分子育种技术的全球专利分析研究”和中国科学院文献情报中心主持的“NSTL支撑国家三大战略信息服务体系建设”子专题研究，前者由信息所专项组与农科院生物所“作物分子育种技术”创新团队的首席专家和青年骨干组成专项情报服务团队，共同完成此专项研究，形成最终成果《棉花分子育种全球专利态势分析报告》；针对国家三大战略发展的信息服务，设计《重点农业机构信息需求调研问卷》1份，向“长江经济带”与“京津冀协同发展”16个省57个重点农业机构发放问卷，回收整理问卷155份，撰写《重点农业机构需求调研结果反馈报告》1份。

科研和学术交流方面，在研科研项目203项，新增科研立项184项；获3项省部、院级科技成果奖，全年申请发明专利32项、授权发明专利6项，申请实用新型专利30项、软件著作权45项，制定国家标准3项；全年发表学术论文193篇，其中SCI/EI文章34篇，中文核心期刊文章121篇。主办2017中国农业展望大会，发布《中国农业展望报告（2017—2026）》，对未来十年中国主要农产品市场形势进行展望预测。

国际合作方面，全年共接待外宾73人次；出访44个团组、86人次。分别与联合国粮食及农业组织（FAO）、国际应用生物科学中心（CABI）和全球农业发展青年论坛（YPARD）签署11份双边协议。举办蔬菜科技成果对接会、海外农业研究大会、扬帆出海农业政策研究班、APEC科学数据共享研讨会等国际会议和培训班。全年执行国际合作项目13项，项目总体执行情况良好。

期刊经营与管理方面，根据广电总局改刊要求和农业信息研究所对期刊发展的战略布局，先后提交关于《中国畜牧兽医文摘》等4个刊物的刊名更改申请并获得批复，其中，《中国畜牧兽医文摘》更名为《农业大数据学报》，《中国园艺文摘》更名为《生物技术通报（英文）》，《农业网络信息》更名为《智慧农业》，《农业图书情报学刊》更名为《农业图书情报》。《中国乳业》杂志社等单位联合承办2017中国国际乳业合作大会暨第十五届中国国际奶业展览会。《农业科学学报》(Journal of Integrative Agriculture) 2016年影响因子为1.042，较上年度的0.724增长44%，首次实现1的突破，并再次入选“中国精品科技期刊”，是15种入选的英文期刊中唯一的农业类科技期刊，同时再次入选“中国科技核心期刊”。根据2017版《中国科技期刊引证报告》(CJCR)，《中国农业科学》总被引频次11241次，核心影响因子1.854，在35种农业综合类期刊中均居第一，综合评价总分95.50，在入选的2008种核心期刊中位列第三，比去年提升两位，取得历史最好成绩；该刊还第15次荣获“百种中国杰出学术期刊”称号，连续四届入选“中国精品科技期刊”，22篇论文入选2017“领跑者5000——中国精品科技期刊顶尖学术论文”。(中国农业科学院农业信息研究所)

【召开全国农科系统第八届电子资源培训会】 4月12—13日，由信息所主办、中国农业科学院深圳农业基因组所协办的“走进研究所—增进用户感受、提升服务质量”全国农科系统第八届电子资源培训会在深圳召开。会议邀请中科院武汉情报中心主任张智雄、CALIS联合编目中心主任喻爽爽等8名专家及12家知名数据库商的专业培训师，分别从图书馆资源组织与揭示、语义挖掘的研究与实践、开放资源遴选与评价、电子资源特色、平台功能与使用技巧等方面做专题报告。信息所副所长周国民、基因组所副书记骆建忠出席会议并讲话。来自全国38个涉农科研机构100多位科研人员及文献服务人员参加培训，学员们通过学习、交流收获颇多。信息所也将以此为契机不断总结经验，推动建立以需求为导向的资源建设与服务体系，不断完善电子文献资源共建共享机制，更好地支撑院科技创新和一流院所建设工作。(中国农业科学院农业信息研究所)

【赴藏开展“走进科研一线”活动】 7月17—24日，在NSTL副主任沈仲祺带领下，由化工、农科同志组成的专家组一行赴西藏自治区，开展国家科技图书文献中心农业援疆援藏工作组“走进科研一线”活动。专家组一行于7月17日实地调研林芝市农牧林复合农业生产情况，在西藏农牧学院举行文献需求和服务学术报告和交流座谈会，针对该院科研教学尤其是生态农业领域需求，明确后续援助活动的内容和范围。此后由林芝市乘车赴拉萨市沿途调研藏东南向藏中农业过渡情况。7月20日，专家组赴西藏自治区农牧科学院调研，在“国家科技图书文献中心援藏工作座谈会”上，双方就农业科技文献援藏深行深入交流。NSTL已将区农科院纳入援藏工作组整体服务体系，支持开展了“西藏农业科技历史文献数字化抢救与开发利用”工作，应区农科院要求多次提供专项文献保障服务，并将继续在西藏农业科技文献服务建设、农业信息研究人员能力建设、技术培训与技术注入方面加大支持力度。专家组还与科研人员就“农业科技信息资源共建共享平台”的建设与使用进行交流。7月21—22日，专家组赴日喀则市调研，与日喀则市农业科学研究所就农业科技文献援助服务进行交流。调研显示，西藏农业科技领域文献资源共享普遍不足，基层农业研究机构更加需要定制化加工的聚焦科研成果、科研方向的动态信息服务。NSTL将与区农科院共同加强基层信息人员能力建设和开展专项科技文献信息服务。本次调研工作，有利于NSTL把援疆援藏服务跟西藏一线科研需求紧密结合，极大提升NSTL援藏工作效率，提高其科技文献服务的针对性和服务水平，从而进一步增强西藏自治区农业科技创新与农业技术服务的文献保障能力。国家科技文献中心农业援疆援藏工作组下一步将赴西藏自治区其他地市深入调研、把握需求，切实推进国家平台文献资源在西藏科技创新中发挥有效支撑作用。(中国农业科学院农业信息研究所)

【国家农业科技创新联盟提升援疆服务质量】 2017年，信息所通过国家农业科技创新联盟服务平台主动推广和提供服务，与NSTL文献传递系统形成很好互补。上半年为新疆农科院、新疆农垦科学院、新疆畜牧科学院三院用户提供文献传递服务量由去年的208篇增加为2570篇，效果明显。通过学术交流和平台宣传培训，改变了科研人员使用传统渠道获取信息、利用信息的观念，拓展其获取资源、分析资源、分享资源的视野，对推动科技文献在新疆的有效使用提供便捷的渠道和途径，有助于解决获取和充分利用信息资源的瓶颈问题。(中国农业科学院农业信息研究所)

【开展“国家农业科技创新联盟农业科技信息资源共建共享平台”系列宣传培训活动】 2017年，国家农业图书馆组织开展“国家农业科技创新联盟农业科技信息资源共建共享平台”系列宣传培训工作，先后深入至中国农业科学院、中国热带农科院及黑龙江、山东、宁夏等24个国家级或省级科研院所，针对科技人员开展28场宣传培训，发放培训资料3000多份，培训科研人员4000多次。同时，借助新华网、网易新闻等知名媒体及新浪微博、微信等新媒体宣传渠道，提高联盟知名度，增强用户接受度。基于新媒体推送平台最新功能及服务通知，提高了信息流转效率，保证了信息交流时效性，加强了用户忠诚度和使用率。（中国农业科学院农业信息研究所）

【国家农业图书馆信息共享（IC）空间正式投入运行】 2017年，国家农业图书馆在空间建设与服务探索上取得重大进展。信息共享（IC）空间经过半年多的前期软硬件设施建设，建成功能完备、人性化的预约管理平台和空间设施；完善IC空间制度建设，起草各项规章制度、空间简介和使用说明，完成外包人员聘用、服务人员培训事宜，并正式投入运行。系统试运行和正式运行后，时刻跟踪系统平台运行状况，与开发公司就遇到的各类故障保持及时对接，在年底读者访问量、需求量激增、故障迅速增加的情况下保障平台基本正常运行。IC空间可分为三部分，分别为一层大厅、二层空间和一层咖啡厅。根据国家农业图书馆现有条件，将IC空间划分为自主学习区、自助服务区、群组研讨区、休闲体验等6个功能服务区，主要为用户提供前台咨询、自主学习、自助服务、在线阅览、高端创作、群组研讨、文化沙龙、信息培训、休闲水吧、视听体验、户外活动等服务，为用户提供一个集学习、研讨、体验、交流、休闲于一体的一站式服务平台。（中国农业科学院农业信息研究所）

中国林业科学研究院图书馆

【概况】 2017年，为配合“十三五”期间林业科技六项重点任务、十大重点工程的实施，加强林业科技条件能力的建设，中国林业科学研究院图书馆（以下简称“图书馆”）从资源建设、信息服务、科技条件平台及知识产权保护几方面为提升林业科技创新水平，强化林业科技整体实力提供信息支撑。加强对林业长远发展的重大理论及林业生态保护与修复、森林培育与可持续经营、木材安全、林业资源高效利用等林业发展关键技术方面的资源建设，进一步完善馆藏结构。通过升级馆内自助服务设施，开通图书馆微信公众平台、“林业知识服务”微信公众号，搭建与读者沟通的桥梁，增加图书馆宣传和服务的窗口，提升服务水平。承担国家科技基础条件平台项目——林业科学数据平台文献子平台建设任务，充分利用林业自建数据库资源，整合文献子平台与“中国林业信息网”，统一对外提供服务，全年用户访问量达38万余人次，用户在线下载量达到18万条，新增注册用户1000余户。承担中国工程院的中国工程科技知识中心建设项目——“林业专业知识服务系统”建设任务，2017年该系统正式上线运行，提供语义检索、知识链接、知识导航、可视化分析、知识图谱等功能，基本实现从林业行业信息服务到知识服务的转变。在林业知识产权保护方面，维护“中国林业知识产权网”“中国林业植物新品种保护网”和“2017林业知识产权宣传周网站”，完善林业知识产权基础数据库14个，平台新增记录达5万条以上，提高了林业知识产权信息资源的利用效率和共享水平。（中国林业科学研究院图书馆）

【为院士提供个性化定制服务】 2017年，图书馆作为林业分中心参加中国工程院院士推送服务，依据院士及学科团队提出的信息需求，及时跟踪、收集并下载相关研究领域的国内外最新科技信息，信息类型包括资讯、期刊论文、研究报告等。每位院士的信息推送工作，均由专人负责，每周推送1期。在服务过程中对服务定期进行跟踪反馈，及时调整信息需求，帮助院士及时了解相关研究领域的科研动态和学科发展水平，更好地为林业科研的开展发挥助推器的作用。（中国林业科学研究院图书馆）

【建成林业专业知识服务系统】 2017年，图书馆承担的中国工程科技知识中心建设项目——“林业专业知识服务系统”建成并正式上线运行。该系统实现与中国工程科技知识中心总平台的对接，包括资源汇交、搜索服务接口开发与接入、统一认证和知识应用接入；完成500多万条林业数据资源的汇聚、关联和打通，资源建设和共享保证了公益性、稀缺性、时效性和权威性；通过系统优化和改版，“林业专业知识服务系统”WEB2.0 上线运行，提高系统的检索响应速度；开发该系统移动端应用——“林业APP”，提供基于移动设备的“一站式”检索和个性化推荐服务；开通“林业知识服务”微信公众号和“林业智库”头条号，跟踪全球林业科技热点，定期发布原创林业科技前沿文章，在线查询林业专业知识服务系统的科学数据和文献资源，为用户提供全面、便捷、智能的多维度林业知识服务；“林业统计数据可视化分析系统”获软件著作权登记。截至 2017 年底，该系统网站浏览量（PV）达到 28 万余人次；“林业知识服务”微信公众号和“林业智库”头条号关注人数 2000 多人，发布林业知识服务专题 40 期，原创林业科技前沿文章 160 篇，累计阅读次数超过 10 万人次。（中国林业科学研究院图书馆）

【开展林业知识产权政策研究】 2017 年，图书馆以国家林业局知识产权研究中心为依托，开展林业知识产权相关政策研究和国际林业知识产权发展动态跟踪研究，为政府决策和国际履约提供信息支撑，为林业企业和行业的科技创新提供支撑。跟踪各国林业知识产权动态和研究进展，重点开展加拿大、印度和澳大利亚植物新品种的政策研究和植物遗传资源发展现状研究，编辑发行《林业知识产权动态》6 期；全面梳理和总结中国林业知识产权工作主要进展和成果，编辑出版《2016 林业知识产权年度报告》和《中国林业植物授权新品种（2016）》；开展林业重点领域知识产权预警机制研究，完成湿地保护、白蚁、碳汇、纳米纤维素技术和植物新品种基因育种技术的专利分析研究并提供成果网上共享，重点开展木门、木塑复合材料和木地板锁扣技术 3 项技术的专利分析，研究成果将于 2018 年正式出版；开通“2017 林业知识产权宣传周”网站，图文并茂地展示林业知识产权最新成就，提高林业行业知识产权保护意识。（中国林业科学研究院图书馆）

中国科学技术信息研究所国家工程技术图书馆

【概况】 2017 年，中国科学技术信息研究所国家工程技术图书馆（以下简称“图书馆”）采购国外工程技术领域科技期刊 4231 种，外文会议录等文献 358 套，外文学位论文 3 万余份，中文学位论文 31 万册，订购和开通国内外文献数据库 49 种。完成馆文献文摘数据加工 110 万条，中外文期刊引文数据加工 2597 万条。全年提供全文传递服务 17.9 万份。中国科学技术信息研究所暨国家工程技术数字图书馆网站文摘数据总量达到 1.35 亿条，全文数据总量 8563 万篇；全年用户访问量达到 115 万次，页面浏览量访问 4763 万次，网站点击量 7556 万次。大力开展全国范围的资源与服务宣传推广和用户培训工作，在北京、上海、武汉、重庆、合肥、西安等地开展用户培训 20 多场。申请并立项国家社会科学基金重点项目 1 项，博士后基金项目 1 项，其他各类课题 22 项；申请软件著作权 10 项。汉语主题词表（自然科学卷）的编制和审核工作全部完成，自科基金“基于海量数字资源的科研关系网络构建研究”以及“我国文献信息标准体系框架研究”“面向文献相关性度量的共词与引文综合分析方法研究”2 个社科基金项目顺利结题验收。举办 2017 年全国知识组织与知识链接学术交流会、标准质量管理及信息化应用培训研讨班，参加知识组织、国际标准化组织 2017 年会（ISO TC46）、第 83 届国际图联大会等国际学术交流活动。为研究生开设“信息组织”“数字图书馆概论”等 4 门课程。（中国科学技术信息研究所国家工程技术图书馆）

【院士著作馆建设】 截至 2017 年底，由中国科学技术信息研究所建立的院士著作馆收藏中国科学院和中国工程院 1100 多位院士捐赠的著作 5000 多部，学术论文 30 万多篇，院士风采物品 1000 多件。全年举办龙乐豪、戚发轫、吴澄等院士报告会 8 场，吸引来自大学和科研院所听众 2000 多人次。（中国科学技术信息研究所国家工程技术图书馆）

【国家学术开放资源建设】 2017 年，在国家科技图书文献中心（NSTL）的支持下，图书馆作为牵头单位，与中科院文献情报中心、农科院信息研究所、医科院信息研究所一起开展“国家开放外文学术资源”建设。建设工作从开放资源元数据标准制定、遴选规范、数据采集流程方法、版权评估及风险等多个方面进行，并负责开放资源工作整体管理与运营，针对开放资源建设工作特点设计开发开放期刊、开放会议录采集管理系统，数据转换与质检工具，有效规范NSTL开放资源建设流程，提高工作效率。（中国科学技术信息研究所国家工程技术图书馆）

【文献大元数据仓储建设】 2017年，在NSTL支持下，继2016年启动多来源文献元数据获取渠道的拓展和谈判以及元数据集成整合工作之后，积极与教图公司、Springer出版社开展谈判，已与教图公司签署合作协议，数据配送工作即将正式启动；与Springer出版社完成数据测试，达成初步的合作意向。多来源元数据进入元数据集成管理系统的工作流程已建立，并初步建立对多来源元数据质检流程及标准。（中国科学技术信息研究所国家工程技术图书馆）

【编制完成《汉语主题词表》(自然科学版)】 继2014年《汉语主题词表》（工程技术版）编制完成后，《汉语主题词表》（自然科学版）于2017年编制完成。该词表覆盖自然科学12个学科专业，收录正式主题词（叙词）约6.5万条、非正式主题词（入口词）6.1万条；等同率从旧版汉表的18%提高到94%，入族率从旧版汉表的68%提高到99%，相关参照度从旧版汉表的38%提高到81%；词族层级平均为4级，每个词族平均有叙词30个；概念属性包括范畴、英文译称、同义词、上位词、下位词、族首词和注释。（中国科学技术信息研究所国家工程技术图书馆）

【开辟科技档案服务新模式】 2017年，图书馆以建设科技档案加工与研究队伍、优化科技档案整理及加工流程作为工作重点，基本分为档案接收、档案整理、档案著录、档案审核与上架四大模块，并建设相应的国家科技计划项目档案采集管理系统。与科技部农村中心、高技术中心、21世纪中心、遥感中心等8家单位建立档案加工与保存合作关系。设计“支撑计划”“863计划”“973计划”“国家重点研发计划”等内容，主要包含科技档案、管理档案、部分文书档案及财务档案。截至2017年底，累计收藏科技项目档案约12万卷。同时，图书馆还承担了科技部重大专项办公室《重大专项档案管理工作方案》的研究任务，制定《重大专项（民口）档案管理规定》，现已颁布实施，并制定相应的标准（初稿）；参与大规模集成电路制造技术及成套工艺重大专项工作，并开展重大专项档案管理试点工作。（中国科学技术信息研究所国家工程技术图书馆）

【举办2017年全国知识组织与知识链接学术交流会】 11月29日，由中国科学技术信息研究所、国家科技图书文献中心、中国科学技术情报学会共同主办的第八届“全国知识组织与知识链接学术会议（KOLink）”在中国科学技术信息研究所召开。来自北京大学、清华大学、武汉大学、医科院、中科院、国家图书馆等114个机构的200余位研究人员参加会议。中信所所长戴国强、NSTL主任彭以祺出席会议并致辞。清华大学计算机科学与技术系教授李涓子、南京大学信息管理学院教授欧石燕、北京信息科技大学计算机学院教授吕学强、北京大学信息管理系教授王军、滴滴出行科技有限公司首席工程师朱金清、北京大学信息科学技术学院教授王厚峰、中国医学科学院医学信息研究所研究员任慧玲等7位专家分别做大会报告，阐述各自在知识组织与知识链接领域取得的最新研究成果。此次会议为促进大数据环境下的数据—信息—知识转型提供前沿、开放的交流平台。（中国科学技术信息研究所国家工程技术图书馆）

【建立ISTIC-Plum文献大数据发现实验室】 2017年，图书馆全面推进与美国EBSCO公司联合建立“ISTIC-Plum文献大数据发现实验室”的相关研究工作，6项获得实验室基金支持的课题共发表论文14篇，即将进行结题验收。通过维基百科、FaceBook、Twitter等国际社交网络媒体对科研论文的关注、评论等量化数据对于中国SCI论文表现力、全球主要国家论文社交表现力进行分析，编写完成《2016’中国SCI论文国家社交网络媒体表现力报告》及《2016’Scopus全球主要国家社交网络媒体表现力报告》。（中国科学技术信息研究所国家工程技术图书馆）

中国地质图书馆
（中国地质调查局地学文献中心）

【概况】 2017年，中国地质图书馆（中国地质调查局地学文献中心）（以下简称“地质图书馆”）文献信息资源建设持续加强，文献资源采集经费约1307万元。全年采购中外文图书约4200册、中外文期刊1100种/9500册，馆藏文献总量达77万册（件）。采集20个数据库，完成国家地学文献目录数据采集6.72万条，涵盖馆藏中西文图书编目数据、地学文献联合编目数据，地学院校博硕士论文及特色馆藏目录数据及非书资料（多媒体）及开放获取资源。与243个国外地学机构进行文献交换，共收到国外交换书、刊、图等449册（件）；向国外发刊2100册。加强对国外各地学机构网络公开出版物及开放获取资源的搜寻力度和元数据加工整理工作，全年加工下载文献约1069篇。完成2017年度地学目录中心建设任务，累计增加各类目录元数据51.72万条，地图扫描数字化3000张；为地质调查工作采集文献数据库36个，新增印本中外文图书约4200册、中外文期刊1100种/9500册。制定《地学文献目录数据采集技术要求》，提出图书、期刊、图件、学位论文、会议论文、地学标准等6类地学文献的目录数据采集技术要求。开发地学情报综合服务系统和英文文献发现系统，其中，地学情报综合服务系统对外发布文章、报告摘要328篇，采集当年情报近3万条，单IP访问量达1.8万人次；英文文献发现系统已部署完成，全年提供超过9亿条的英文文献元数据，为地质调查科技人员获取国外科技文献信息提供帮助。全年接待到馆读者约25万余人次，办理借书证3315张；借还书8204人次、31429册次；为部局机关、发展中心、地科院提供流动上门服务139次，服务读者476人次。接收新书3686种5435册、中西文新刊7193种8813册。为读者提供复印扫描服务48.92万页，其中，为来馆读者提供2.54万页，为局系统各单位及行业单位提供外刊专项服务46.38万页。

网站建设与服务平台日趋完善。数字图书馆门户网站和2017年度国家地学文献目录中心上线运行正常。完成文献中心地质云分节点建设，依托云平台为全社会提供了地学文献、地调科普、地调出版物、地质术语词典等方面的在线服务；从资源、服务、技术环境的等方面积极推进数字图书馆建设，更新地学文献资源仓储资源1000万条，响应国家和部局重大战略需求及时推出6个专题文献服务，开发地质术语词典应用，建设英文文献发现系统和融入大数据思想的新版门户网站。完成页岩气、可燃冰等4期专题文献目录服务及微信推送服务，启动“国家地质”虚拟展馆，成功举办“中国首批地学院士资料与文献展”。全年开通远程访问账号8400多个，门户网站和移动门户年访问人次达到77万人次，微信公众号关注人数已超过5800人，页面访问数超过280万，文献下载次数超过460万篇。

推进《中国地质（英文版）》创刊工作，完成期刊刊名变更，启动在国内外招聘常务副主编和编辑部主任工作，协调项目组调整项目预算落实前期办刊资金，初步完成第一期刊物组稿及组织专家评审，完成期刊工作系统搭建及办刊软件试运行。围绕部、局的重大工作部署，瞄准行业发展方向及需求，集成整合各类地学资源，发刊共计119期，其中公开出版物包括《中国地质调查》（6期）、《国土资源科普与文化》（4期）、《中国地质文摘（英文版）》（4期）；内部期刊包括《国外地学动态》（12期）、《海洋地质信息》（12期）、《非常规能源信息》（12期）、《国外地质调查管理》（24期）、《地调舆情》（45期）。

按照人才引进计划，通过公开招聘方式引进3名应届毕业生。组织召开博士研究生和35岁以下全日制硕士研究生座谈会，以“如何激发专业技术人员的干事热情，鼓励创新，鼓励出成果、出人才，为单位的长远发展出谋划策”为主题开展讨论，积极推进人才强馆和科技兴馆战略。（中国地质图书馆办公室　陈慧）

【个性化服务】 2017年，开展高端地质人才的“一对一”服务，为中国地质调查局系统院士提供有针对性的文献信息服务；根据工程及二级项目进展和实际需求，利用馆藏现有的纸本及电子资源，为二级项目负责人提供铀矿、海洋地质、航空遥感、地球化学、地质灾害等方面的相关专题文献服务；开展学科馆员上门服务，涉及成都地调中心、成都综合所、成都探矿工艺所、宁夏地质局、黑龙江地调院等20多家单位，全年为科研人员提供远程访问账号675个，截至年底总数已达8456个。完成科技查新报告36份、文献引证报告170份，用户满意度均达100%。

（中国地质图书馆办公室　陈慧）

【开展前瞻性专题情报研究】 2017年，开展前瞻性专题情报研究，推出系列专题情报服务产品。其中，为“七大地质科技攻坚战”提供情报支撑，开展情报需求调研40多人次，在《非常规能源信息》《海洋地质信息》《国外地学动态》内刊上编报文章109篇，发布地学情报快讯20期。编写天然气水合物专刊29期、研究报告1份、简报10份；编写地热专刊2期、页岩（油）气研究报告3份，海洋地质调查研究报告、国外地质调查研究报告、“一带一路”研究报告各1份。针对全国城市地质调查工作等热点事件，编辑《地调舆情》45期；跟踪主要国家地质调查工作的战略规划、组织和项目管理等信息，编辑《国外地质调查管理》24期，推进各项管理工作向着国际化的管理模式发展。

跟踪国外天然气水合物试采技术和进展，提供专刊15期、专题研究报告7本、海上钻探标准APP专题应用等。编制《国外铀矿找矿理论及找矿技术方法进展》、《砂岩型铀矿文献汇编》等，为局页岩气、铀矿等重大任务提供文献与情报支撑；围绕页岩气、遥感等地质热点，完成4期地学新书资源专题推介。利用《中国地质调查》《国土资源科普与文化》期刊，设置“能源与矿产资源”和“资源博览”栏目，实时追踪地质调查取得的成果及进展。（中国地质图书馆办公室　陈慧）

【建设科普宣传平台】 2017年，发挥中国地质调查局局科普办公室作用，举办一系列科普宣传活动。组织地球日等系列活动、“中国地质调查科普培训班”“地质调查重点项目科普产品推进会”、局科普讲解员大赛试讲等；建设维护地调科普宣传平台，发布科普产品和地调科普信息；搭建局地调科普网站、公众微信号、科普大讲堂等科普平台，组织各类科普产品、信息上万条，网络专题4个，发布近千条，汇聚全局科普产品近100项。创作地学科普宣传产品，编制《赏石与健康》《奇妙的观赏石》2部科普图书，《地质探秘之旅》系列丛书（全6册）荣获中国地质学会优秀科普产品奖；策划“松科二井科普策划方案”、地质云科普、矿业大会科普文章，完成《地质大科普是怎么练成的》等科普文章4篇、可燃冰系列微视频3个；组织专题网页、科普专题展览、开发《地质调查100问—可燃冰》系列视频，服务第173个矿种科普知识传播。开展地学科普活动，邀请行业知名专家做客“名师讲堂”，分别做题为“中国区域地质调查—现状及发展趋势”“穿透地球化学与深部找矿”“深空对地观测现状与发展趋势”“深海探测科技创新”“可燃冰勘探开发新进展”“一带一路与特提斯成矿成藏”的学术报告6场，“名师讲堂”视频栏目全年浏览下载量达1792次。制作“我国矿产资源简况”、“土地日科普知识手册”、地质调查成果、生物大灭绝、汽车能源等专题展板，组织科普巡展4次；在中国科技馆举行“守护地球的天眼”、在石油大学附小举行“龙凡将军的地质人生”科普讲座等科普活动10次。（中国地质图书馆办公室　陈慧）

【开展地学文化理论研究】 2017年，编写完成《新时期地质工作者核心价值观解读》和《关于保护与利用“中国地质调查所旧址”的报告》，公开出版《地质文化建设研究》一书；举办“2017年地球科学与文化研讨会”和“丁文江学术思想研讨会”，为地质文化研究交流搭建平台；协助局有关部门开展思想文化建设工作，创办《中国地质调查局纪检监察工作通报》，举办“小漫画大廉政”展览，更新廉政文化图书馆展板，编写干部职工“四态”调查报告；开展地质人物史、地质科学史等研究。（中国地质图书馆办公室　陈慧）

【加大成果管理研究力度】 围绕成果管理热点问题，加大成果管理研究力度，完成2017年地质科技奖励支撑服务工作。围绕地调成果管理需求，提交成果管理研究专题报告5期；结合国家科技奖励改革精神，编制局科普奖与国际合作奖奖励方案和科技奖励申报方案，开展奖励业务培训与专家咨询，指导局奖励推荐工作；推荐国土资源科技奖24项，其中有16项获奖；组织国家奖成果申报9项；编制发布2016年局获奖成果宣传册中英文各1部；开展2017年度局级成果评奖推荐工作，推进119项成果评审。（中国地质图书馆办公室　陈慧）

中国计量科学研究院文献馆

【概况】 2017年，中国计量科学研究院文献馆（以下简称“文献馆”）拥有计量科技图书、期刊、会议录、科研成果等50万余册，以及1972年以来我国公开发行的所有计量检定规程、技术规范等国家计量技术法规。继续围绕国家《质量发展纲要（2011—2020）》《计量发展规划（2013—2020年）》及《2006—2020年国家信息化发展战略》，在夯实基础的同时，持续加大数字资源建设力度，采用先进科学技术方法，数据加工质量及服务能力都得到一定提升。依托NSTL网络服务平台，坚持以人为本、服务至上，继续实现7天不间断、24小时原文传递服务，为全国科研人员提供普惠、公益的计量科技文献信息服务，逐步建立计量科技文献的普惠化服务体系，将知识服务很有效地应用到计量科学事业的发展中，受到读者的普遍好评。面对信息环境的变化和读者需求的变化，在新常态下稳步推进服务模式有效转型，在计量科技信息、计量经济效益等方面开展多项国家层面的调研分析研究工作，搭建知识服务技术平台，为科技发展、政策制定等提供极具价值的大数据分析信息，为计量科研创新提供强有力的支撑保证，为国家各项质量安全稳定提供坚实的基础。同时，面向国家重大需求持续开展文献信息服务，并建立相应的服务保障机制，为院士、计量重大科研团队、新疆、西藏等西部地区，以及全军提供高质量的计量科技文献信息服务。全年为读者提供国内外文献30余万篇次，文献馆网站访问量50余万人次。（中国计量科学研究院文献馆）

【开展专题信息服务】 2017年，文献馆与计量院国家质量技术基础（简称NQI）重点专项课题组合作，开展多种形式的专业化信息服务。文献馆定期为课题组提供指定的知识数据以及知识分析工具，提供专利数据9000余条，科技成果数据5000余条；开展知识分析方法与应用研究，进行面向NQI的深度信息分析与研究工作，形成《领域知识深度分析报告》《计量院专利分析年度报告》《2017中国校准市场调查研究及发展前景预测》等报告，为课题组的决策和战略规划提供情报研究服务10余项。（中国计量科学研究院文献馆）

【开展特色知识服务】 2017年，文献馆承担计量院“110GHz～170GHz波段毫米波功率基准领域专利预警分析和风险应对策略研究”项目并高质量完成。该项目对中国、东南亚、欧洲及美国专利信息进行遴选、加工和分析，依托TI和ORBIT专利分析系统进行专利分析与风险预警，受到毫米波功率基准项目组专家的一致好评。11月，完全自主研发和制造的110GHz—170GHz波段毫米波功率基准正式通过美国国家标准与技术研究院的专家验收，该项目组研究人员高度评价文献馆的相关工作，称赞文献馆专业高效的信息服务为其在同行竞争中赢得主动，为科技创新和质量基础走出国门保驾护航。（中国计量科学研究院文献馆）

【开展学科评价研究】 文献馆在计量院科管部支持下，与科睿唯安信息服务公司合作开展“中国计量科学研究院学科评价研究”工作。通过对项目、论文、专利、新仪器及量传方法、成果、人才和平台等多方面的信息采集和文献计量分析，初步建立计量学科竞争力评价体系，研究确定学科竞争力评价的方法，得到专家和科研管理者的认可。2017年，文献馆共采集相关科研产出、科研成果、成果转化应用等方面数据20万余条，规范、清洗、知识标注各指标数据18类，数据处理量达5万余条；完成《计量学科国家科研合作现状报告》及《中国计量科学研究院科学评价报告》。（中国计量科学研究院文献馆）

中国标准化研究院国家标准馆

【概况】 2017年是标准化改革深化之年，也是标准化战略推进之年，更是中国标准化研究院国家标准馆（以下简称“标准馆”）的“改革年”。全馆人员以“夯实基础，提升质量，强化公益，国际突破”为宗旨，积极探索标准文献资源建设与开发利用新模式，大力推进各项业务工作发展转型，稳步提升标准信息公益服务技术能力，努力推动标准信息资源基础建设、标准大数据分析研究、标准宣传推广工作等，努力形成科研型标准信息服务新格局。

1. 业务科研工作及成效

（1）加强资源建设，夯实发展基础。深入贯彻落实《标准联通“一带一路”行动计划（2015—2017）》《国家标准化体系建设发展规划（2016—2020）》文件精神，优选“一带一路”沿线国家和重点领域开展标准资源建设。截至2017年12月底，新增标准2.81万件，IHS、PERINORM、韩国标准数据库共计光盘458张（约含标准28万件）；国内外标准化文献460册；国内外标准化期刊1259册。与地方标准化机构及科技企业合作开展平台资源建设，推进资源共建共享机制，新增标准数据4.54万条，有效提升资源加工和数字化的质量和效率。

（2）立足标准馆公益服务定位，利用现代信息技术手段拓宽发展思路。研发标准文献本地全文阅览系统，为标准院科研人员提供本地标准电子全文阅览服务，支撑科研工作发展。升级标准信息导读系统，全面展示标准信息研究成果及应用方法。丰富平台网站内容，高效提供标准文献咨询、标准文献专题、标准数据库检索查询、强制性国家标准在线阅览、标准发布信息和标准制修订信息推送、标准大数据查询、专家在线咨询等公益性服务。深入拓展标准指标比对分析、标准大数据研究等科研工作，为中车集团、南方电网等大型国有企业提供定制化标准信息服务解决方案，持续提升标准信息服务能力。

（3）利用现代信息技术手段，为系统运行提供信息保障。改版并完善平台门户网站形式和内容，突出公益服务特色，优化检索用户体验，提供强标阅读、教育视频、专题浏览、批量查询等免费服务；全面支撑正版标准销售和代购的版权要求、标准查新业务全流程。上线新版“标准起草单位大数据分析系统”，提供覆盖2001—2016年全部国标、行标的整体分析、地区分析、行业分析、类别分析和排行榜，为标准起草单位大数据分析提供有效支撑。另外，积极开发研究标准指标比对系统，完成全部国标的文字化和结构化，以及主要发达国家自动翻译、收集并上线标准词表检索系统、上线基于结构化资源的指标揭示加工和服务系统。

（4）强化科研能力，培育发展潜力。继续加强标准知识管理与服务领域建设，围绕政府需求开展“中国标准走出去适用性技术研究”一期的管理和研究工作，召开两次项目推进会，完成项目年度执行报告；启动该项目二期的立项工作，编制项目管理办法、统计标准比对分析报告，根据专家意见组织项目参与单位全面推进项目研究。同时作为“我国与重点贸易区域标准体系差异性研究”课题承担单位，开展非洲重点贸易国的标准化体系现状研究，完成部分非洲重点国家标准体系研究报告。组织编写《国家标准起草单位大数据报告（2016）》和《国际标准化资料概览》系列丛书。加强文献领域标准制修订工作，完成国家标准草案2项（标准文献分类规则、标准文献技术指标揭示数据规范），修订1项（标准文献元数据）。

深入参与国际标准化活动，广泛开展国际和区域合作交流。拓展国际标准化合作项目，包括与柬埔寨合作共建绿色智慧标准馆，与埃塞俄比亚推动开展小水电与畜牧业两大领域合作并编写项目概念书。以政策法规和发展前沿为视角，追踪更新国际标准化组织、区域标准化组织、国家标准化机构的最新标准化动态，编制完成3期《国际标准化信息监测报告》。参加由中国出版协会科技出版工作委员会主办的，以“中国标准出版走出去”为主题的2017年度科技出版国际合作研讨会，标准馆馆长汪滨在会上以“中国标准服务‘一带一路’战略”为题做交流发言。

全年科研项目14项，新立项3项，验收8项；申请软件著作权14项；出版论著1部，发表论文11篇，其中中文核心期刊2篇、《中国标准化》和《标准科学》9篇。1篇论文获国家科技图书文献中心“2017数字信息资源建设学术研讨会暨第五届科技文献资源建设研讨会”三等奖。基本形成以国家重点研发计划项目为引领，以标准文献平台项目为应用示范，以中央基本科研业务费项目为培育，以社会化服务研究项目为推广的科研体系。

（5）注重宣传推广，打造服务品牌。充分发挥资源优势，加强标准普及宣传推广，通过新媒体平台推送各种标准化信息，扩大社会影响力，打造标准信息服务领域的权威品牌。进一步推进国家标准文献共享服务平台工作，2017年标准文献平台新增注册用户8242人，注册用户总量达28万；平台访问1494504人次、27806897页次；服务用户单位6148家。进一步推广标准服务体系建设，与青海标准化研究所签署“标准信息服务协议”，开通“国家标准文献共享服务平台青海服务站”。举办世界标准日公众开放周活动“标准信息知识”系列讲座，来自水利、水电、建筑、气象、轨道交通、冶金、钢铁、广播电视、航空、化工等领域单位的100余位嘉宾参加活动。与北京地铁传媒公司合作，首次在地铁1号线、2号线复兴门和建国门换乘站站厅LCD电子显示屏上，投放以“纵览全球标准！尽在国家标准馆”为主题的公益广告，增强社会影响力。在中国国际图书进口中心开展围绕标准知识和文献资源检索的培训。继续出版平台简报，增加“一带一路”专题新闻部分，不断丰富平台新闻内容。通过标准馆微信公众号及时发布馆内及国家标准文献共享服务平台相关新闻，逐步完善订阅号相关功能，与微信公众号订阅用户实现良好的线上互动。

2. 成果转化情况

在完成各项业务工作的同时，致力于标准相关科研成果的转化工作，着力推动标准体系研究、标准内容数据挖掘、标准比对分析研究等方面的成果转化。将标准文献平台研究的标准大数据分析、标准指标比对等研究成果固化到平台网站相关栏目中，持续向社会公众提供精准高效的创新型标准信息服务。将标准化信息咨询、数据挖掘、标准体系研究等技术成果用于为企业提供标准信息服务解决方案，如与中车集团、南方电网等大型国有企业的合作。研究开发“标准起草单位大数据分析系统”，通过对标准起草单位的大数据分析结果，持续有效地服务于各级政府和各行业领域标准化管理工作。在后续的成果转化方面，将紧密围绕国家创新发展需求、标准化改革要求，拓展“标准化+”应用，将标准化深度融入新兴产业、现代服务业、社会治理、政府管理等各领域。

3. 支撑政府工作成效

为国家标准化管理委员会政府决策提供技术支撑和服务。支撑国家标准委开展“政策、规则、标准”三位一体“软联通”研究，作为主要起草单位，参与制订《标准联通共建“一带一路”行动计划（2018—2020）》。该行动计划于12月22日正式发布，从总体要求、主要目标、重点任务、专项行动、保障措施五个方面明确未来三年标准支撑“一带一路”建设的主要任务。初步完成《“政策、规则、标准”三位一体“软联通”研究报告》，阐述“政策、规则、标准”与“软联通”的辩证关系等。（中国标准化研究院国家标准馆　汪滨）

【召开国家重点研发计划“中国标准走出去适用性技术研究（一期）”项目推进会】 6月8—9日，中国标准化研究院在广西北海组织召开国家重点研发计划项目NQI专项“中国标准走出去适用性技术研究（一期）”项目推进会，广西标准技术研究院作为该项目第四课题承担单位承办此次会议。该项目由中国标准化研究院国家标准馆牵头，联合20家国内相关科研院所、企业和高校共同完成。项目牵头单位、参与单位的相关领导，项目专家组成员，课题和子课题负责人、科研骨干等参加会议。会议由中国标准化研究院副院长李爱仙主持。5个课题的负责人分别就课题研究进展、研究成果、创新点、经费预算执行情况、课题研究遇到的问题等进行汇报。项目专家分别对各课题执行情况进行点评，针对性地给出意见和建议，并与各课题成员进行面对面的交流互动和研讨。

12月13—14日，中国标准化研究院在云南昆明再次组织召开该项目推进会，课题承担单位中国家用电器研究院承办此次会议。专家组对项目组19个参加单位项目和课题完成情况进行检查和指导。此次会议由项目负责人、中国标准化研究院国家标准馆馆长汪滨主持，并代表项目组汇报项目进展情况。截至2017年11月底，已完成35个重点贸易国家的标准化现状分析；完成59项标准比对、32项标准转化；建成1个老挝哈密瓜标准化示范区；完成中外标准指标比对加工和检索系统、标准云翻译平台建设；完成1600万中文字符、1500万英文单词的英汉双语语料库建设，发表论文26篇，项目研究进展顺利。（中国标准化研究院国家标准馆　计雄飞　张明）

【开通国家标准文献共享服务平台青海服务站】 6月20日，由中国标准化研究院党委副书记段炼率领的援青专家团一行4人奔赴青海开展援青工作。标准馆与青海省标准化研究所在西宁举行标准信息服务协议签订仪式，开通“国家标准文献共享服务平台青海服务站”。青海省质监局局长李良才等领导及相关负责人参加仪式。青海服务站的开通，将充分发挥国家标准文献共享服务平台的资源优势，支持青海标准化研究所的基础设施建设，有助于提升标准信息基础性资源在青海产业体系建设中的重要技术支撑作用，推动实现标准信息资源共享，提高青海标准化科研与服务能力。（中国标准化研究院国家标准馆　于立梅）

【举办世界标准日公众开放周活动】 10月13日，标准馆举办世界标准日公众开放周活动，庆祝第48个世界标准日的到来。中国标准化研究院副院长兼总工程师李爱仙出席活动并发表致辞。活动现场举办的“标准信息知识系列讲座”受到社会各个行业领域专家和学者的广泛关注，来自水利、水电、建筑、气象、轨道交通、冶金、钢铁、广播电视、航空、化工等领域单位的100余位嘉宾参加此次活动。此次系列讲座共分为“足不出户，纵览天下标准”——标准文献阅览服务系统、标准文献中的指标揭示、国家标准研制贡献指数、NSTL资源与服务介绍四个部分，从标准馆藏资源、标准检索、标准本体研究、标准指标比对、国家标准大数据分析研究、NSTL资源检索和服务方式等方面详细介绍标准信息的研究成果和服务方式。讲座活动现场气氛热烈、发言踊跃，与会嘉宾认真学习、积极互动，针对本行业关注的问题与标准信息专家相互交流，取得良好效果。讲座结束后，众多院外专家学者前往标准馆参观学习。（中国标准化研究院国家标准馆　张明）

【研发标准起草单位大数据分析系统】 标准馆研发的“标准起草单位大数据分析系统”综合该馆现有的所有标准化数据，全方位、多角度的对标准起草、主导研制、参与研制工作进行分析和总结，拓展得出包括指数地区分布、企业合作关系、标准贡献指数、年度变化趋势等重要的数据成果。该系统不仅能够对标准化专业领域进行整体分析，还能对全国各个省、直辖市、自治区（不含港澳台地区）、省内各地区进行区域分析，涵盖各级地区参与的起草标准数量、主导研制数量、参与研制数量等多项数据。此外，系统还能够对其收录的企业进行同等分析，并且进行不同单位之间的比对，最终形成企业标准贡献指数排行榜等多个榜单。2017年，该系统在原有的国家标准数据库基础上，加入行业标准数据库和企业所属行业数据库，进一步扩大系统覆盖面，增加大数据分析的适用性。根据该系统数据分析研究，发布了“大数据：看上海标准化发展”“大数据：看深圳标准化发展”“大数据：看山西标准化发展”“大数据：看江西标准化发展”“大数据：看吉林标准化发展”“大数据：看湖北标准化发展”报告。（中国标准化研究院国家标准馆　甘克勤）

中国民族图书馆

【概况】 截至2017年底，中国民族图书馆有从业人员28人，其中少数民族职工17人，占比60.71%；高级职称13人，占比43.43%；中级职称12人，占比42.86%。自3月1日起实行全年开馆，公休日、节假日向社会公众开放。全年共接待读者3600余人次、观众12000余人次。

全年新增图书3023种5025册、期刊4958册、报纸19927份，涉及汉文少数民族类图书和蒙古文、藏文、维吾尔文、哈萨克、朝鲜文、彝文、壮文、水文、侗文、柯尔克孜文、锡伯文、泰文、缅文、老挝文等文种图书报刊。在购书经费十分有限的情况下，馆领导多渠道加强文献资源建设，经多方努力，争取获赠图书1600余种2310余册，码洋21.8万元。获海春生先生捐赠藏文、蒙古文古籍40部，具有很高的文化和历史研究价值。

中国民族图书馆微信和微博服务平台在2017年正式运行，充分利用现代媒体加大对图书馆各项工作的宣传力度，让更多的民族文化工作者、同行以及社会公众更好地了解中国民族图书馆。全年继续以两微一平台（微信、微博、官网）推广读者服务，共发布信息520条，包含新闻公告、藏书推荐、赠书名录、展览展示、讲座推介、文献展专题文献推介等，微博阅读数39.06万次；微信关注人数同比增长125%，有7783人次阅读2.88万次。“藏文古籍”微信公众平台发布9条“藏文古籍”专题信息、文章，朋友圈转发9644次，共40092人阅读，点击52084人次。

在展览展示方面，全年分别与国家民委全国少数民族古籍整理研究室、国家民委政策法规司、辽宁省阜新市政协、北京市西城区委宣传部、北京市西城区文学艺术界联合会等多家单位合作，举办“新中国少数民族优秀文学作品展”“中国少数民族世界级非物质文化遗产暨文献展”“墨香遗珍——辽宁省阜新市政协文史馆藏北京木刻版蒙古文藏文古籍珍品展”“纪念内蒙古自治区成立70周年——民族区域自治法暨内蒙古民族文献专题展”“湘西土家族苗族自治州暨土家族苗族文献展展览”“中国入选世界记忆文化遗产项目文献展”“墨香遗珍——满族古今重要文献特展”“民族遗珍·书香中国：中国少数民族古籍珍品暨保护成果展”全国巡展（北京站）等8次文献展。这些展览让收藏在图书馆的民族文化典籍精品走向大众，让人们认识民族文献，阅读民族文献，了解少数民族文化，促进民族团结。

在科研工作方面，全年获得立项项目2项，即与中央民族大学信息工程学院共同申请的国家自然科学基金项目“基于深度学习的水书古籍文字识别关键技术研究”和与中央民族大学少数民族语言与古籍研究所共同承担的国家民委项目“中国少数民族古籍数字化保护标准研究”。结项项目4项，包括国家社会科学基金项目“北方少数民族家谱整理与研究”、国家民委项目“推动少数民族文化‘走出去’研究”等。完成并申请结项项目1项，即国家社会科学基金项目“首部藏文全集类《目录加持速降》翻译校勘研究”。在研项目8项，包括国家标准项目“中国少数民族文字古籍定级”、中华古籍保护计划项目“《中华古籍总目·水文卷》”“全国水文古籍书影采集”等研究均进展顺利。

在学术交流方面，3月，中国民族图书馆派副研究馆员先巴到辽宁阜新市政协文史馆协助整理该馆馆藏藏文古籍200余函，这是先巴继2016年后第二次赴该馆协助整理藏文古籍文献，两馆计划在民族古籍展示、整理开发、研究等方面开展多种合作。7月，应四川省少数民族古籍整理办公室邀请，先巴赴成都参加国家民委少数民族古籍“十三五”重点出版项目《藏族古籍经典系列丛书》分类评审会；应青海民族大学和青海师范大学邀请，先巴赴西宁分别参加两校举办的藏文古籍文献交流会，并协助整理青海民族大学藏学院文献资料中心收藏的藏文古籍，向历史文献学研究生讲解“北京版藏文古籍源流与版式流变”。11月，中国民族图书馆馆长吴贵飙在北京参加由中国图书馆学会专业图书馆分会主办的“第二届古籍典藏文献特色服务与开发利用研讨会”，并做题为“少数民族古籍保护与传承——以中国民族图书馆为例”的大会发言。

在业务交流方面，3月，内蒙古自治区乌审旗图书馆馆长那布庆花一行6人来访，就馆际交流、少数民族文献资源建设及读者服务等问题进行探讨。4月，甘肃省拉卜楞寺图书馆格桑索巴等一行4人来访，就藏文古籍保护与研究进行参观交流。5月，吉林省延边朝鲜族自治州图书馆馆长金赫、原馆长金勇进一行来访，就朝鲜文文献数据库建设和民族文献资源共建共享等进行业务交流；湖北省恩施土家族苗族自治州图书馆馆长谭华梅一行3人来访，双方就古籍、民国文献抢救保护，图书馆的业务工作、馆际交流，召开民族文献阅读推广委员会学术年会等问题进行交流、探讨。6月，西藏大学图书馆副馆长樊海平，著名藏文古籍研究专家、西藏大学藏文古籍研究所所长西热桑布教授、副研究员才项南杰等一行5人来访，双方就藏文古籍文献抢救保护，图书馆的业务工作、展览展示、馆际交流，以及共同开发藏文文献等问题进行交流、探讨。馆长吴贵飙、副馆长艾合买提等分别接待访问。（中国民族图书馆　李香）

【举办中国少数民族世界级非物质文化遗产暨文献展】 3月9日至5月8日，该展览在中国民族图书馆展出。展览由国家民委全国少数民族古籍整理研究室、民族文化宫、中共北京市西城区委宣传部主办，中国民族图书馆、民族文化宫展览馆承办，旨在展现我国少数民族非遗项目的真实面貌和独特的文化魅力，落实习近平总书记在文艺工作座谈会上的精神，延续民族文化血脉，推进人类各种文明交流交融、互学互鉴。展览以“维吾尔木卡姆艺术”“蒙古族长调民歌”“热贡艺术”“玛纳斯”等我国少数民族14个已入选世界级非物质文化遗产项目为主题，以20余件图片文字、300余册各民族图书、若干个非遗视频等方式呈现我国少数民族非遗的魅力，丰富首都观众的文化生活。（中国民族图书馆　李香）

【海春生先生向中国民族图书馆捐赠40部古籍】 5月9日，在北京民族文化宫举行的“墨香遗珍——辽宁省阜新市政协文史馆藏北京木刻版蒙古文藏文古籍珍品展”开幕式上，著名民族宗教文物收藏家、鉴赏家，辽宁省阜新市政协文史馆馆长海春生将40部蒙古文、藏文古籍文献捐赠给中国民族图书馆。捐赠古籍文献涉及医药、文学、历法、宗教等，其中不乏珍本、孤本，具有很高的文化和历史研究价值。（中国民族图书馆　李香）

【举办"纪念内蒙古自治区成立 70 周年——民族区域自治法暨内蒙古民族文献专题展"】 6 月 29 日至 8 月 16 日，该展览在民族文化宫展出。展览由国家民委政策法规司支持，民族文化宫主办，中国民族图书馆、民族文化宫展览馆承办。国家民委副主任陈改户等出席开幕式。展览旨在贯彻落实中央民族工作会议精神，展示民族区域自治制度在内蒙古自治区的成功实践，开展民族区域自治法法制宣传。展览精选中国民族图书馆馆藏民族区域自治制度图书，汉文、蒙古文新书，蒙古文古籍等约 300 册，内容涉及民族区域自治法、民族区域自治制度，内蒙古政治、经济、社会、历史、文化等方面，全面反映内蒙古自治区成立 70 周年发生的巨大变化。（中国民族图书馆　李香）

【承办"民族遗珍　书香中国——中国少数民族古籍珍品暨保护成果展"全国巡展（北京站）】 7 月 25 日至 8 月 4 日，该展览在中国国家博物馆展出。展览精选现存少数民族古籍中具有代表性的珍贵原件 178 册（件），多为入选《国家珍贵古籍名录》的珍品。展览还展出部分省区 30 多年来整理出版的少数民族古籍大型出版成果 16 种 1000 册和全国少数民族古籍工作成果展示板 31 幅。本次展览共展示东巴文、彝文、西夏文、契丹文、女真文、古壮字、布依文、水文、藏文、八思巴文、傣文、回鹘文、蒙古文、满文、察合台文、于阗文、佉卢文、突厥文 18 个文种。中国民族图书馆作为主要承办单位之一，全程参与展览大纲的起草、论证、设计，展品选择、布展等各个环节。展览展出中国民族图书馆提供的古籍珍品 56 部，保护成果 14 种 600 册。（中国民族图书馆　李香）

【启动馆藏藏文古籍普查工作】 古籍普查工作是国家重大文化工程"中华古籍保护计划"的一项重要内容，而"全国古籍普查平台"是建设全国古籍书目数据库的工作平台。自 2007 年开始，中国民族图书馆在该平台上进行汉文古籍普查工作，至 2011 年已经结束。2017 年 8 月，该馆正式启动利用"全国古籍普查平台"（藏文版）进行馆藏藏文古籍普查工作，也是全国第一家在该平台普查少数民族文字古籍的单位。中国民族图书馆馆藏藏文古籍达 3.27 余万部，门类齐全，内容丰富，珍本不少。普查以客观著录为原则，著录每部古籍的详细信息，多则 16 表 54 项内容，每部上传版本与破损书影 3—5 张。此项工作计划用 4 年时间完成。（中国民族图书馆　李香）

【举办中国入选世界记忆遗产名录文献展】 9 月 25 日至 12 月 5 日，"中国入选世界记忆遗产名录文献展"在中国民族图书馆展出。展览由全国少数民族古籍整理研究室、民族文化宫主办，中国民族图书馆承办，西藏自治区档案馆、云南省丽江市东巴文化研究院协办。截至 2017 年 6 月，我国共有 10 项珍贵文献遗产入选世界记忆遗产名录。此次展览展出的展品为中国民族图书馆、丽江市东巴文化研究院从馆藏文献中遴选图书及相关音像制品，共计 200 余种。展览通过展板、图书及相关音像制品等多种载体，全方位展示我国 10 项珍贵文献遗产的独特魅力和真实面貌，对文献遗产的抢救与保护具有重大意义。（中国民族图书馆　李香）

【赴贵州调研水族水文古籍保护工作】 11 月 11—17 日，中国民族图书馆馆长吴贵飙等一行 3 人赴贵州省水族聚居地区调研水书收藏保护传承情况，旨在完成国家重大文化工程"中华古籍保护计划"《中华古籍总目・水文卷》项目。调研组先后到三都水族自治县、荔波县进行调研，并与水族专家和非遗传承人交流和探讨水族文献水书的保护与传承问题。调研组实地考察了三都水族自治县图书馆建馆工程，参观了荔波县"水家记忆馆"。（中国民族图书馆　李香）

中国艺术研究院图书馆

【概况】 2017 年，中国艺术研究院图书馆（以下简称"图书馆"）仍延续在临时办公地点办公，部分珍贵藏品临时存放工美馆库房。全馆上下团结一致，克服困难，尽最大努力保证日常工作不受影响，充分发挥图书馆在中国艺术研究院（以下简称艺研院）科研、教学、交流活动中的信息保障作用，较好地完成各项工作任务。全年接待读者 1100 余人次，图书流通 2.5 万余册次。继续协助编撰艺研院科研项目《京剧艺术大典・美术典》和《中国大百科全书・戏曲卷》第三版。《中国近代地方戏曲剧本丛刊・第一辑》

在5月面世，这是图书馆与戏曲研究所、首都图书馆合力承担艺研院重大科研出版项目的一次成功实践；《中国近代地方戏曲剧本丛刊·第二辑》扫描工作已结束，正在进行拼图、切割、修图的工作，预计2019年正式出版。采集48项院活动的9000张图像资料和7000分钟视频资料。

文献资源建设工作不仅在量上提供文献保障，更在文献品质、时效性及服务针对性上下功夫，比如采购的《大公报合订本》，即是在艺研院专家急需的情况下特事特办，采取计划外采购的方式完成的。全年完成计划内采购总金额240万元，计划外采购25万元。其中：采购中文图书3895种5515册，外文图书237册，中文期刊231种，外文期刊29种；采购数据库2个，更新数据库数据7个。同时，将现有馆藏图书分阶段实施数字化，扫描后开放电子借阅，以缓解纸本图书借阅压力，利用现有条件最大限度地为艺研院读者提供阅览服务。截至10月底，共扫描加工馆藏图书7万种，并对读者开放。

申报文化部“美术作品收藏项目”，接收彦涵、力群、王琦3位版画家共48件作品；同时，与文化艺术出版社合作出版《2017年度国家美术作品收藏和捐赠系列·力群 彦涵 王琦》系列画册。此项目收藏的作品，是我国新兴木刻运动时期最具有代表性的、艺术成就突出的版画家的代表作品，填补了艺研院版画名家收藏的空白。全年接待参观70余人次，并做好布展、讲解等工作。为首届全国雕塑艺术大展提供参展雕塑藏品14件；协助筹备艺研院百年巨匠展览前期工作，选取梅兰芳等大师作品、手稿20余件。

馆藏资源的开发与利用方面，“馆藏音响和图片档案抢救保护”项目全年分为12个小项目进行。由图书馆承担的“院藏音响档案（古琴与阿炳传世乐曲）出版项目”是首次以馆藏珍贵音响档案为主要内容的出版项目。古琴音乐与阿炳传世乐曲是艺研院传统音乐录音档案中十分重要的部分，也是入选联合国教科文组织首批《世界记忆名录》档案中的一部分，图书馆在年内完成该项目的公开招标、签合约、光盘设计、文字内容的编辑、校对工作以及琴曲版本整理等所有出版准备工作。该项目是艺研院对所藏音乐音响档案保护、保存和利用之成果的集中体现，更是中国传统音乐文献整理与研究的重要成果。

图书馆门户网站建设方面，作为艺研院科研、教学、创作的信息资源基础，图书馆以建设专业化、学术化、信息化的国家级艺术资源中心为目标，以数字图书馆为发展方向，经过10余年的努力，已形成完整的馆藏音像资源目录及对象数据体系，至2017年采集数字信息近50TB。以图书馆所积累建立的海量数字信息资源为基础，建设面向网络的门户网站已时机成熟，图书馆微信公众号也即将开通。（中国艺术研究院图书馆 王志勇）

医院图书馆

【解放军医学图书馆举办世界读书日系列活动】 4月23日，解放军医学图书馆启动以“阅享时光、此智不愚”为主题的“4·23”世界读书日系列活动。活动持续2个星期，由7项主题、20项子项目组成。整个活动坚持继承传统与改革创新相统一，内容丰富多彩，组织形式新颖，融合问卷调查、公益医学知识讲座、评选“阅读之星”、军事医学资源推广、“诵读寄语”、微型图书馆展示、智能服务机器人展示等多项活动，为读者献上了一场阅读盛宴。（军事科学院图书馆 张明华）

【精准医学大数据管理与利用研修班在贵阳举办】 9月25—28日，“精准医学大数据管理与利用研修班”在贵州省贵阳市举办。培训班由中华医学会医学信息学分会、中华医学会继续教育部主办，解放军医学图书馆承办。国家卫生计生委医药卫生科技发展研究中心副主任、医学信息学分会主任委员代涛出席开班式并致辞。开班式由解放军医学图书馆馆长、医学信息学分会副主任委员陈锐主持，来自全国各地的100余位学者参加此次研修班。培训班上，中国医学科学院医学信息研究所副所长钱庆、中国中医科学院中医药信息研究所研究员崔蒙等13位专家相继授课。（军事科学院图书馆 张利）

【解放军医学图书馆建制变更】 2017年9月，解放军医学图书馆由原军事医学科学院划归军事科学院军事科学信息研究中心建制领导，与原军事科学院图书馆合并后更名为军事科学院图书馆。（军事科学院图书馆 张明华）

【河北医科大学第四医院图书馆参与实施癌症患者阅读疗法】 2017年，河北医科大学第四医院图书馆通过“心理康复悦读工作坊”活动，继续参与实施乳腺癌患者团体阅读疗法。9月，“心理康复悦读工作坊”正式纳入河北省癌症康复会心理康复工作室活动内容。此外，该馆还负责河北省癌症康复会微信公众号“河北肿瘤康复通讯”的编制维护工作。以“悦读 疗心 助乳腺癌患者抱团取暖”为主题的服务案例，荣获2017年河北省图书馆学会服务创新案例评比活动的三等奖。（河北医科大学第四医院图书馆 张艳芬）

【山西省儿童医院图书馆建设成效显著】 2017年，山西省儿童医院图书馆作为集纸质文献、数字资源、信息管理、科研服务、互动交流、个性化服务等为一体的多功能医院图书馆，根据医院人才培养、科研与学科建设需要，不断扩充数字资源，积极开展信息服务，为全院医疗和学科发展提供了有力信息保障。一是深度整合数字资源服务，通过内外网两个平台面向全院医务人员提供服务。二是深入开展用户需求调研分析，主要通过网站板块使用率、数据库文献下载量、与全院科室科研项目和院重点学科人员面对面进行信息需求分析、发放调查问卷等方式，详细了解用户需求，为进一步拓展服务范畴做好第一手资料准备。三是积极提供个性化服务，主要开展数字资源利用和信息素养培训、信息推送服务、科研跟踪服务、知识挖掘等多种类型的服务，得到全院人员的广泛好评与肯定。同时，该馆将数字资源做成系列微课，利用网络和微信平台针对不同性质的人员进行选择性推送，从而便于医护人员利用碎片化的时间，轻松学习各个数据库的使用方法。（山西省儿童医院 高莉）

【复旦大学图书馆医科新馆开馆】 11月21日，原址重建的复旦大学图书馆医科馆在复旦大学上海医学院创建九十周年之际，以智能化、信息化的崭新面貌向读者开放。医科馆位于地下一层至地上七层，总建筑面积约18000平方米，将智慧图书馆与医学人文作为建设重点，集藏书、阅览、展览和交流等多种功能于一体。利用VR、AR技术打造沉浸式医学互动体验，三维全景技术真实再现特藏智慧之美；机器人馆员复小白、自助取书柜、图书自动分拣机、智能书架等设备，提升图书馆服务的自动化水平。馆内设置多间不同规模的独立研究室、24小时无人值守图书馆、多功能智慧研讨间和学术讨论区、录音录像空间和小舞台等特色空间，力求将图书馆打造成师生展开学术交流、分享、创造以及休闲娱乐的最佳场所；同时注重医学人文教育，“复旦一上医人文库”展示历代“上医人”的著述、手稿、教案教具等史料。除基础服务外，医科新馆还提供在线预约、室内导航、智能提醒及微信推送等多项创新服务。（复旦大学图书馆医科馆 宋元明）

【2017中美医学图书馆学术研讨会在上海举行】 11月20—23日，2017中美医学图书馆学术研讨会（2017 China & US Medical Library Symposium）在上海复旦大学图书馆医科馆多功能报告厅举行，主题为“医学图书馆发展趋势和未来”。研讨会由复旦大学图书馆、复旦大学上海医学院、美国密歇根大学图书馆联合主办，共有国内外医学图书馆同人逾百人报名参会，其中包括7名国外图书馆馆长。研讨会就医学图书馆发展新趋势、医学图书馆在科研、管理和决策中的作用、医学图书馆的转型发展、医学图书馆在医学教育中的作用四个主题展开讨论，采用主题演讲的方式，介绍了各医学图书馆在建设与发展中遇到的问题和经验。研讨会后召开中美医学图书馆馆长论坛，来自两国的图书馆馆长与全国各地的医学图书馆同人进行深入交流，对医学图书馆的管理制度、发展前景进行探讨。（复旦大学图书馆医科馆 宋元明）

【华中科技大学同济医学院附属同济医院图书馆设立本院专家学者著作库】 2017年1月，华中科技大学同济医学院附属同济医院图书馆的“本院专家学者著作库”正式开放。作为“机构馆建设”的一个组成部分，该库是对图书馆现有本医院专家学者所著所译书籍的汇总整理，分为实体书库和电子书两个部分。（华中科技大学同济医学院附属同济医院图书馆 秦方）

【华中科技大学同济医学院附属同济医院图书馆开展嵌入式学科服务】 2017年，华中科技大学同济医学院附属同济医院图书馆积极参与医院科研教学和培训工作，深入开展嵌入式学科服务。全年共举办大型学术讲座 4 场，内容涉及"临床研究的选题和立题""利用 SINOMED 数据库进行课题的查新"等临床研究相关热点内容，受众逾千人。针对数据库使用举办预约培训 12 场，下科室开展 UPTODATE 数据库使用专题培训 8 场。此外，还建立了文献即时响应 QQ 群——"外文文献服务群"，为医院的用户提供点对点的专业信息服务，自 8 月建立以来提供各类外文文献 88 篇。这种服务方式因其创新性和方便快捷，受到院内读者的广泛好评。（华中科技大学同济医学院附属同济医院图书馆　胡鸿）

【广州市妇女儿童医疗中心图书馆科普图书馆向市民开放】 11 月 28 日，广州市科技创新委员会向广州市妇女儿童医疗中心授牌广州市智慧健康科普教育基地，面向全体市民开放，开展智慧型健康科普教育。广州市妇女儿童医疗中心图书馆同时成为科普图书馆，全年向市民开放 198 天，提供医学健康教育讲座、医学健康普及知识、医学健康文献资源（纸质版医学科普图书 2 万册、期刊 126 种，电子版医学图书 26 万册，医学文献数据库 5 个），对读者进行医学健康的导读工作。（广州市妇女儿童医疗中心图书馆　陈励和）

香港特别行政区

公共图书馆

【概况】 香港公共图书馆提供图书馆和信息服务，以满足市民在知识、信息、研究和消闲方面的需求，并借以支持终身学习。此外，香港公共图书馆还致力推广阅读风气和文学艺术，为不同年龄人士举办图书馆推广活动。2017 年香港公共图书馆积极应用信息科技和通过与社区合作，加强服务、提升设施和丰富馆藏，借以实践把公共图书馆发展为信息枢纽及“无墙图书馆”的目标，并根据联合国教育、科学及文化组织《公共图书馆宣言》中所载的信念，扮演开启知识门户的角色，致力提供终身学习、独立思考、文化发展的环境，以满足社会各界人士对信息、知识、终身学习、研究及消闲的需求；同时作为社会的文化中心、推广阅读风气、文学艺术及相关研究。

香港公共图书馆系统内共有图书馆 82 个，包括固定的图书馆 70 个及流动图书馆（车）12 个。按图书馆的规模和服务性质，香港公共图书馆体系由中央图书馆、主要图书馆、分区图书馆、小型图书馆和流动图书馆 5 层架构组成。截至 2017 年底，全港的公共图书馆藏有书籍及多媒体数据合共 1490 万项，登记读者近 453 万人，外借书籍及其他图书馆数据超过 5025 万项。2017—2018 年度香港特别行政区政府公共图书馆的修订财政拨款为 11 亿 9740 万港元，较 2016—2017 年度的修订预算增加 5550 万港元。

香港公共图书馆与非营利地区组织携手合作，推行“便利图书站—小区图书馆伙伴计划”，提供以小区为本的图书馆服务。香港公共图书馆为有关组织提供集体借阅服务，并就这些组织为其服务对象设立小区图书馆的事宜提供专业意见。（香港公共图书馆　李景贤）

【推广活动与提倡阅读和文学艺术的工作】 2017 年度举办的图书馆推广活动共有 22882 项。其中比较重要的有以“中华文化”为主题的“4·23 世界阅读日创作比赛”，以及在“阅读缤纷月”中开展的“中华文化逍遥游”大型展览。此外，18 区的公共图书馆也与不同地区团体合作，举办多项阅读活动以切合区内人士的需要。为推广文学艺术，康乐及文化事务署还举办“第十四届香港中文文学双年奖”和“全港诗词创作比赛”，分别推广香港作家的中文文学作品和中国古典诗词。此外，香港中央图书馆继续与学者和专业团体合作举办涵盖不同范畴的专题讲座。（香港公共图书馆　李景贤）

【元朗公共图书馆迁往新址】 2017 年 6 月，元朗公共图书馆迁往新址，设施和服务均得以提升。新馆面积 2900 多平方米，属分区图书馆。设施及服务包括成人图书馆、儿童图书馆、报刊阅览室、计算机信息中心、特快归还服务、自助借书服务及推广活动室，并设有多媒体数据图书馆，及有 200 个座位的学生自修室。新图书馆馆藏约 140000 万项，涵盖成人和儿童中、英文书籍，以及激光唱片等；报刊阅览室备有 150 余种本地及海外出版的报刊及杂志，供不同年龄及兴趣的市民阅读。此外，为推广及培养市民的阅读兴趣，该馆会定期举办各类型的图书馆推广活动，如儿童故事时间及书籍展览等。图书馆也欢迎学校及文教机构预约集体参观活动，让教学团体进一步了解馆内设施。（香港公共图书馆　李景贤）

【各区公共图书馆活动】 在 2016—2017 年度，香港公共图书馆继续与区议会携手合作，发展地区图书馆服务和筹办活动，以满足区内人士的需要。有关工作年内已见成果，各区公共图书馆为推广阅读文化而举办的小区活动日益多元化，优化图书馆设施和阅读环境，活动种类也有增加。

2017 年，香港公共图书馆运用区议会的财政资助，举办 3500 多项定期推广活动和大型阅读活动，包括深水埗区的暑期阅读活动“历史乐悠游”“屯门阅读节 2016——向正能量出发”、西贡区的“暑期阅读活动”、观塘区的“爱在观塘书卷里”计划、九龙城区的“同一天空下”活动，以及离岛区的“儿童故事剧场”。

为提高市民对地区历史及文化的兴趣，香港公共图书馆与各社区组织合办多项推广活动，例如“离岛区文化及历史”活动、“香港文化及历史传承系列——中西区古迹印记”、“荃湾文化古迹——寻找老围的回忆”，以及“观塘历史及文化探索”系列讲座。

区议会一向积极优化图书馆设施和阅读环境，不但提出新工程计划，而且为有关工程提供财政资助。区议会在 2016—2017 年度开展并完成多项工程计划，其中包括：提升和更换图书馆空调设备、照明和闭路电视系统及公众广播系统，以及为新流动图书馆服务站安装电箱。（香港公共图书馆　李景贤）

【公共图书馆的参考和信息服务】 香港目前为市民提供参考和信息服务的图书馆，主要有香港中央图书馆和其他 6 个主要图书馆（大会堂公共图书馆、九龙公共图书馆、屏山天水围公共图书馆、沙田公共图书馆、荃湾公共图书馆和屯门公共图书馆）。香港中央图书馆的参考图书馆设有 6 个专科参考部门，收藏超过 100 万项参考数据，并提供各类电子资源，以满足用户对参考、自修及终身学习的需要。此外，参考图书馆不断丰富馆藏的参考数据，并通过定期的“文献征集”活动征集文献资料；该馆也收存 9 个国际组织特藏。

香港中央图书馆的艺术资源中心、香港文学数据室和地图图书馆，以及大会堂公共图书馆的工商业图书馆、创造力及创新资源中心和基本法图书馆，均为市民提供专科参考服务。九龙公共图书馆的教育资源中心提供教育专科资源和服务；沙田公共图书馆设有“运动与健体”特藏及其网页；屯门公共图书馆设有“食物与营养”特藏，通过一站式平台为市民提供有关食物与营养的信息；荃湾公共图书馆主要设有“现代生活”特藏，以引发市民对环保、健康和时尚生活的兴趣。香港公共图书馆与教育局、学术界人士和相关范畴的非政府机构合作，通过工作坊、图书馆参观活动和专题讲座向市民推广多元化的参考数据及专题资源。香港中央图书馆还设有转介服务，让已登记的用户阅览香港大学图书馆的馆藏。香港公共图书馆全年共处理数据查询 336 万项。

香港公共图书馆拥有电子数据库 65 个、电子书 24 万册。已登记的读者可通过香港公共图书馆入门网站的电子资源网页查阅在电子资源馆藏的所有电子书和 23 个电子数据库，其余 42 个电子数据库，可于图书馆的开放时间内在指定图书馆使用。所有公共图书馆均可连接一般电子数据库，至于专门电子数据库，则可在中央参考图书馆及其他主要公共图书馆的参考图书馆查阅。（香港公共图书馆　李景贤）

【信息科技新措施和数码图书馆服务】 新世代综合图书馆系统提供全面的网上图书馆服务，包括全日 24 小时检索目录、预约和续借图书馆数据。从 2016—2017 年度下半年开始，香港公共图书馆计划以试验形式分阶段设置 3 个自助图书站，在港岛、九龙及新界各设 1 个。自助图书站会提供 24 小时借阅、归还、领取预约图书馆数据和缴付罚款及费用等服务。

“多媒体信息系统”是香港公共图书馆的数字图书馆系统，为各图书馆提供多媒体服务。该系统是一个全日 24 小时运作的入门网站，配备一站式检索功能，用户可通过便于使用的版面阅览超过 600 万页数字化数据，包括香港旧报纸、照片、表演艺术的场刊和海报、地图、手稿、录音节目、电子书，以及电子数据库。使用者可经由互联网，或预约使用香港中央图书馆和其余 70 个固定图书馆的 1300 台工作站，浏览多媒体信息系统的馆藏。“多媒体信息”流动应用程序让读者可随时随地浏览系统中数量庞大的数字化数据，包括电子书、图像及影音数据。

“香港记忆”网站是一个多媒体数字平台，公众可以免费浏览有关香港历史和文化的数字化资料，包括文献、照片、海报、录音、电影及录像。截至 2017 年 3 月，“香港记忆”网站载有 26 个特藏、20 项虚拟展览和 100 多个口述历史档案，供公众浏览。香港公共图书馆相关网站或网上服务的搜览数目，全年共超过 2460 万次。（香港公共图书馆　李景贤）

【书刊注册组工作】 书刊注册组负责为香港本地印制的书刊注册，并监察国际标准书号系统的应用。该组每季在《政府宪报》刊登《香港印刷书刊目录》，市民也可上网浏览有关目录。在2016—2017年度，该组共处理书籍13994册、期刊的登记数据8850份，以及国际标准书号的出版社识别代号936个。(香港公共图书馆　李景贤)

专业图书馆

【概况】 香港的专业图书馆涵盖不同行业及业务，由政府部门或商业机构管理。为了使图书馆界对不同行业的专业图书馆及其工作性质有更深入的认识，香港图书馆协会邀请到在本港一家律师行任职信息及研究部经理孙绮华及香港体育学院体育信息中心助理、体育信息及研究经理卢美诗分别于2017年4月及10月，在香港图书馆协会的互联网会讯新专栏Librarians in the Field中分享她们在专业图书馆的工作经验。

国际图联（IFLA）开发的世界图书馆地图（Library Map of the World，https：//librarymap.ifla.org/）旨在提供基本的统计数据，比较世界各地不同类型的图书馆，如国家图书馆、学术图书馆、公共及小区图书馆、学校图书馆以及专业图书馆在提供互联网的使用、职员及义工人数、登记读者和访客人数及图书借阅情况等的表现指标。香港有10个专业图书馆参与此次调查，并于2017年6月向IFLA提交数据。

2017年香港图书馆教育及职业讲座邀请太古集团香港历史档案馆的历史档案馆经理施清介绍太古集团香港历史档案馆的馆藏、功能、主要业务、业务持份者及行业发展机会等。太古集团香港历史档案馆于2015年开放使用，保存了不同形式及有关太古集团在香港业务发展的历史档案。(香港图书馆协会　马咏欣)

学校图书馆

【2017年国际学校图书馆学会暨香港学校图书馆主任协会学校图书馆主任卓越成就奖】 奖项由国际学校图书馆学会（IASL）及香港学校图书馆主任协会（HKTLA）设立，旨在表彰学校图书馆老师在香港学校图书馆发展上的贡献。分设中学组及小学组两个奖项，名额各一个。2017年获奖者分别是小学组啬色园主办可铭小学的董雅诗及中学组加拿大神召会嘉智中学的陈嘉仪。(香港图书馆协会　谭黎绮珊)

【联合大学图书馆员咨询委员会(JULAC)成立50周年】 JULAC于50年前，由香港大学图书馆与香港中文大学图书馆馆长成立，现已发展为香港特别行政区大学教育资助委员会资助的8所大学图书馆组成的一个机构。为庆祝50年所取得的成就，JULAC在香港大学庄月明文化中心举办题为"Library Collaboration at Dizzying Heights：Innovation and Impact"的学术会议。教资会秘书长Richard Armor、香港大学校长马菲森、香港中文大学副校长潘伟贤及JULAC主席郑保英分别致辞。OCLC副总裁兼首席战略家Lorcan Dempsey、CAVAL首席执行官Michael Robinson和中山大学图书馆馆长程焕文做主题报告。会议通过确定和交流国际最佳做法来推测未来的发展，重点是深度合作。(香港大学图书馆　鲍国葆)

【联合大学图书馆员咨询委员会(JULAC)启动新图书馆系统】 7月17日，JULAC启动新图书馆系统（ILS），用以取代旧的图书馆系统。新系统由ExLibris的Alma和Primo在云平台上支持，拥有超过1800万个书目记录，为超过380000名用户提供服务。

Alma是新一代图书馆管理解决方案，它将使JULAC图书馆能够通过单一界面管理其印刷、电子和数字馆藏。它支持馆际合作，并通过丰富的分析帮助图书馆优化用户体验。共享ILS实施项目由香港中文大学图书馆馆长李露丝和香港大学图书馆馆长苏德毅担任联合主席，JULAC馆长担任指导委员会。项目组分为7个职能工作组（FWG）：采购（Acquisitions）、中日韩馆藏管理（CJK）、元数据管理（Metadata Management）、检索及用户体验（Primo Discovery & User Experience Primo）、资源管理（Resource Management）、系统与开发（System & Development）和用户管理及履行（User Management & Fulfillment）。(香港大学图书馆　鲍国葆)

图书馆协会

【提升对图书馆服务的持续发展】 为了与不同海外专业团体联系，提升香港业界发展的专业水平，同时改善香港图书馆专业服务的可持续性，2017年香港图书馆协会通过社交媒体上载国际图联期刊，推介 IFLA“如何识别真假讯息”的信息等。为使图书馆服务能落实到每位用户身上，该会在 2017 年 4 月的期刊刊登 IFLA 以图书馆服务支持特殊需要人士组别（Library Services to People with Special Needs—LSN）主席 Ms. Misako Nomura 撰写以“促进人人用图书馆服务——为有特殊需要人士提供图书馆服务而努力”为题的文章，让香港图书馆在照顾不同特殊需要人士上的专业服务逐步提升。（香港图书馆协会　陈敏仪）

【十八世纪亚美尼亚祷告滚动条讲座及展览举办】 4 月 26 日，由香港图书馆协会与香港大学合办的“十八世纪亚美尼亚祷告滚动条”讲座及展览在香港大学举办，此次活动所介绍及陈展的珍贵文物包括 11 世纪至 18 世纪的亚美尼亚和格鲁吉亚手稿（the American and Georgian Manuscripts），让人大开眼界。（香港图书馆协会　陈敏仪）

【香港图书馆教育和职业论坛 2017】 7 月 15 日，“香港图书馆教育和职业论坛 2017”在中央图书馆举行。论坛由香港图书馆协会和香港中央图书馆联合主办，来自业界 130 余人参加论坛，参加人数为近几年最多。香港中文大学专业进修学院讲师郭远谋，香港大学教育学院讲师 Mr. Peter Warning，香港大学专业进修学院高级课程主任余玲玲，香港教育大学博士郑保瑛，香港公共图书馆高级馆长（荃湾区）谢嘉仪，香港太古集团有限公司历史档案经理、集团香港历史档案服务部施清及香港学校图书馆主任协会会长叶锦莲做主题报告。（香港图书馆协会　陈敏仪）

【提供奖学金支持专业发展】 香港图书馆协会设立奖学金，以鼓励具创意的同行持续进修，在业界发热发光，为推动图书馆服务做出贡献。2017 年度赫莲妮林奖学金（Heleni Linton Bursary）获奖者为李纵略。他利用奖学金报读在线课程，利用录像软件（Camtasia、Blue Yeti）麦克风录音及 Facebook 向香港大学学生及公众人士推广在电子数码年代个人需拥有的信息素养。（香港图书馆协会　陈敏仪）

澳门特别行政区

【概况】 澳门的图书馆体系主要由公共图书馆、高校及专科学校图书馆及阅览室、学校图书馆和专门图书馆组成。2017 年，澳门共有各类图书馆 303 个。其中公共图书馆及阅书报室 85 个（主要图书馆及阅书报室 76 个），学校图书馆 103 个、专门图书馆 81 个、高校与专科图书馆 34 个。

公共图书馆方面，主要由澳门文化局、教育暨青年局及其他（包括其他政府部门、教会、私人机构及社团）所开办。依其主管部门可分为政府开办有 46 个、社团开办有 22 个、教会开办有 16 个、私人机构有 1 个。在 85 个图书馆中，有 55 个是重点向市民提供阅览服务，其他只是依母体机构服务职能为主，附设图书馆服务而已。澳门公共图书馆的特色是以社区图书馆及阅览室、公园图书馆为主，部分图书馆馆舍设计相当有特色，讲求空间及阅读气氛的营造，是各类型图书馆中发展最快的。

澳门的高校及专科学校图书馆及阅览室共 34 个，由政府及私人图书馆所组成，部分可以颁授学位的机构并没有成立图书馆，也有部分是澳门大学的学院及书院图书馆。目前高校图书馆藏书约 110 万册，从事图书馆人员约有 110 人，半数以上具有图书馆专业学位，是各类型图书馆中专业比例最高的一类。

学校图书馆有 103 个。总面积为 12000 多平方米，阅览座位 4400 多个。目前澳门共有全职学校的图书馆员及阅读推广人员 100 多人，兼职人员为 80 人。在藏书方面，共约 95 万册、期刊约 2800 种、报纸约 380 种、视听资料约 20000 种。其中妇联学校（新校部）图书馆、培正中学图书馆、圣德兰学校、广大中学中学部、鲍思高粤华小学图书馆均为对社区开放的学校图书馆。

澳门的专门图书馆主要为政府机关图书馆、医学图书馆、法律图书馆、经济图书馆、博物馆图书馆、工程图书馆、治安部门图书馆、宗教图书馆及专业社团图书馆等，共计 81 个。

2017 年度计划兴建或搬迁的图书馆如下：公共图书馆方面，政府计划在新落成公屋设立适当数量的图书馆，如文化局的图书馆设于石排湾市政综合大楼 6 楼，可使用面积约 2000 平方米，预计 2018 年向公众开放。澳门新中央图书馆，预计 2018 年完成深化设计工作。学校图书馆方面，计划兴建的有慈幼中学图书馆及圣公会（澳门）蔡高中学图书馆。大专及专门图书馆方面，则有圣经学院图书馆、澳门理工学院图书馆等。专门图书馆方面有海关图书馆及行政暨公职局新图书馆。

2017 年度经台风及水灾而一度暂停开放的图书馆有：圣若瑟大学图书馆、红街市图书馆、路环图书馆、沙梨头图书馆及流动书车、白鸽巢公园黄营均图书馆及纪念孙中山公园黄营均图书馆。另外，澳门理工学院博彩教学暨研究中心图书馆亦因内部装修而暂停服务。

文化局青洲图书馆、圣若瑟教区中学第六校图书馆、濠江英才学校图书馆于本年度完成整修并已重新开放。其中，青洲图书馆整修后增设母乳喂哺室。

回归以来，澳门图书馆事业正朝向人员专业化、服务人性化、藏书电子化、活动多元化等方面发展。对公共图书馆 24 小时开放的议题，就市民实际对图书馆的利用情况做科学的数据分析，并有效地运用及调配资源。同时，强调并延展本地区对图书馆学及其相关学科工作人员的专业资格认可，不只局限于本科专业，对只拥有相关学科的硕士或博士学位的人员，也认可其专业资格。澳门公共及高校图书馆之间的合作更加紧密，为迎接粤港澳及大湾区资源共建共享的未来发展做准备。（澳门图书馆暨资讯管理协会　潘雅茵　王国强）

【图书馆利用情况】 根据《澳门统计年鉴 2017》中的表 6.2“向公众开放的图书馆及阅书报室”的主要指标分析，2017 年主要图书馆为 76 个，馆藏书籍量为 2242195 册，较 2016 年增加 123467 册（约 5.8%）；期刊 14028 份，较

2016增加223份。电子书籍2264112册，较2016年减少36178册；电子期刊324842种，较2016年增加7116种。2017年总计有图书资源4938162册/种/套，较2016年增加95243册/种/套。本年度电子书刊在总量中占52.4%。

全年向公众开放的图书馆及阅报室共接待5374474人次，较2016年减少98025人次。借书823639册次，较2016年增加22302册次。全澳对外开放的图书馆面积增至837089平方呎，较2016年增加1496平方呎。在阅览座位方面也随之有所增加，总计为8819个，较2016年增加195个。而提供可上网的电脑有949台，较2016年减少40台；电脑使用的人次为433516，较2016年减少89392人次。图书馆的购书经费为93342000澳门元，较2016年增加了27369000澳门元。工作人员则为376人，较2016年增加10人（详见表1）。（澳门图书馆暨资讯管理协会　潘雅茵　王国强）

表1　2014—2017澳门图书馆主要统计资料

项目	2014	2015	2016	2017
主要图书馆及阅书报室(个)	66	70	70	76
总面积(平方呎)	794774	821752	835593	837089
工作人员(人)	359	391	366	376
座位数目(个)	7581	8180	8624	8819
购书总支出(千澳门元)	81813	75212	65973	93342
藏书籍(册)	1908109	2094188	2118728	2242195
期刊杂志(份)	13107	14174	13805	14028
多媒体资料(套)	2548149	2782456	2710386	2681939
电子书籍(册)	2157183	2286838	2300290	2264112
电子期刊杂志(种)	315568	406889	317726	324842
提供公众上网的电脑设备(台)	937	1036	989	949
接待读者(人次)	4756487	5026353	5472499	5374474
借书(册次)	706592	946858	801337	823639
电脑使用(人次)	512658	511840	522908	433516

资料来源:《澳门统计年鉴2017》

【图书馆技术服务概况】 澳门各类型图书馆采用的图书馆自动化系统主要有SLS、LIB、VLIB、Ex libris Aleph、HyLib、INNOPAC/Millennium、Sirsi Symphony TOTALS II等；其他的服务系统还包括自助借还书系统、防盗系统、线上导览系统、RFID等；使用的分类法主要有《中国图书馆分类法》《杜威十进分类法》《国际十进分类法》及《三民主义分类法》等。（澳门图书馆暨资讯管理协会　潘雅茵　王国强）

【电子化服务及馆藏发展】 文化局澳门公共图书馆自2017年2月6日起推出全新的检索系统“Enterprise”，让读者能够更方便地利用系统进行续借、预约及整理个人阅读清单等功能。此外，系统特加设ADA模式，即无障碍网页模式，让有需要人士在已安装读字软件的电脑上浏览网页或使用图书馆服务。文化局澳门公共图书馆全面优化升级电子书服务，读者只需通过澳门公共图书馆网站或HyRead ebook应用程序，使用澳门公共图书馆读者帐号及密码即可登入，随时随地借阅或下载电子书及电子杂志。同时何东图书馆、氹仔图书馆、沙梨头图书馆，以及红街市图书馆增设HyRead行动图书馆导览机。

电子馆藏方面，澳门的公共图书馆馆购电子馆藏主要集中在文化局辖下的澳门公共图书馆，购置约25个资料库及6个线上互动学习课程，并自建有“澳门出版物数据库”“中葡关系四百五十年数据库”等6个特藏及展览资料库。

在高校图书馆的电子馆藏方面，根据9所高校图书馆在其官网发布的资料库数量，共计有

760多个资料库（详见表2），以澳门大学图书馆、澳门科技大学图书馆及澳门理工学院图书馆投入的资源最多。澳门大学图书馆开发的“澳门高校图书馆联盟电子资源中心平台”已于2014年启用，今后澳门9所高等院校师生均可通过网络平台，免费使用“澳门高校图书馆联盟”（Macau Academic Library Alliance，MALA）提供的电子资源。该联盟资源的经费主要来自澳门高等教育辅助办公室的支持，2017年共购置12个资料库。（澳门图书馆暨资讯管理协会　潘雅茵　王国强）

表2　2017年度澳门高校图书馆电子馆藏统计表

院校	馆购资料库(个)
澳门大学	240(含约40个自建库及网上免费资源)
澳门科技大学	176(含6个自建库及44种网上免费资源)
澳门理工学院	113
旅游学院	58(含10多种网上免费资源)
圣若瑟大学	40
澳门镜湖护理学院	43
澳门城市大学	66
澳门管理专业学院	12
澳门保安部队高等学校	12

【图书馆赠书活动】　2017年，中华青年进步协会会长李玉培向高雄大学图书馆转赠由澳门基金会赞助的澳门相关书籍。国际著名钢琴演奏家苏显亮向澳门科技大学图书馆赠送乐谱。外交部驻澳特派公署参赞丘薇薇率公署妇女小组成员，向妇联学校赠送逾100册儿童书籍。5月27日，由教育暨青年局与国家民族事务委员会港澳台办公室合办、中华民族团结促进会承办、民族画报社支持的“民族画报进澳门”赠刊仪式举行，向澳门多所学校赠送《民族画报》，期望加深澳门学生对中华民族大家庭的了解，认识汉族和各少数民族丰富多彩、各具特色的文化。澳门大学图书馆获香港大学图书馆赠书约4600多册、香港中文大学图书馆赠书3000册、澳门基督教礼拜堂1300多册、Mark Hudson先生1500多件（含CD音乐唱片）、叶锦鸿1500多册等。汇才慈善会、澳门阅读写作促进会为协助贵州平塘10所学校解决书本不足问题，2016年起在澳门发起募捐，呼吁读者“一人一书”赠贵州10校。最终筹得近10万元人民币善款，并在珠海雅之风书店支持下，最后，10所小学共分得6000余册的图书。（澳门图书馆暨资讯管理协会　潘雅茵　王国强）

【社会义务】　澳门公共图书馆等单位于“2017澳门图书馆周”期间举办“逾期期刊义卖”活动。11月4—5日，明爱图书馆在南湾湖水上活动中心举办的第48届慈善园游会中举行图书义卖活动。澳门图书馆暨资讯管理协会继续向中山大学信息管理系提供每年5000元人民币的奖学金。（澳门图书馆暨资讯管理协会　潘雅茵　王国强）

【澳门学校图书馆经费】　教育暨青年局资助每所学校的图书购置金额。按校部为资助单位，根据教育阶段、班级数目/学生数目订定资助金额。本学年图书资助按校部的每个教育阶段计算，设有15班或以下为2.5万元，15班以上为5万元，年预算约为400万澳门元。此外，为了推动班级阅读，每学生每月有5元补贴期刊购买经费，每月预计支出40万元，有关图书及期刊资助，可以合并使用，用于购买电子资源的资助，不可多于资助金额的40%。（澳门图书馆暨资讯管理协会　潘雅茵　王国强）

【澳门图书馆阅读推广活动】　2017年的阅读推广活动，形式多样，有书展、阅读比赛、演讲、利用教育、游戏、话剧、电影欣赏、故事会、图书交换、义工服务、参观交流等，加上每年一度的图书馆周、书香文化节、书市嘉年华、终身学习周系列活动以及好书大晒（两年一度）等。开展的主要活动有：

书香文化节。3月24日至4月2日，由澳门出版协会和理工学院合办，体育局和澳门图书馆暨资讯管理协会协办，星光书店承办的“二○一七春季书香文化节”在塔石体育馆举行。参展单位150多个，展出近14万种图书与影音产品，较往年增加近万种。此外，书展还设有11个文化讲座及新书发布仪式等。

2017图书馆周。由澳门文化局、澳门公共图书馆、教育暨青年局及图书馆暨资讯管理协会合办，于4月23日在南湾旧法院大楼举行启动式，此次图书馆周以“阅读与图像”为主题，开展了一系列阅读推广活动，包括深受市民欢迎的逾期期刊义卖、好书交换及书刊漂流等活动。有 20 多个图书馆参加，推出 90 项参加活动。

书市嘉年华。澳门阅读写作促进会和理工学院合办第 20 届澳门书市嘉年华于 7 月 21—31 日在理工学院体育馆举行，以“阅读・向智者学习”为题，展出海峡两岸暨港澳地区出版的中文书，美、英、新加坡英文书及葡文图书 3 万余种，并设多场本地文化讲座和新书发行仪式。20 年间通过活动推广阅读文化，期望澳门人“读而优则写”，成为新一代的智者；并继续开展“一人一书关读・关怀”行动，为贵州 10 所小学和 1 所中学的教室图书角捐书。

2017 终身学习周。由教育暨青年局联同文化局等 8 个机构于 10 月 21—27 日举办“2017 终身学习周”活动。期间进行的活动接近 100 项，内容包括职业技术教育、个人成长、家庭生活教育、身心保健及博雅教育等。此外，活动首日还将举行“终身学习奖励计划”颁奖礼，以表扬在余暇时间持续学习的市民。

好书大晒。11 月 4 日，由文化局澳门公共图书馆举办的 2017“好书大晒”启动礼暨《澳门阅读地图》发行仪式在何东图书馆揭幕。本年度以“阅读与游历”为主题，通过文学游踪、图书馆夜读、亲子定向、工作坊、专题讲座以及展览等活动，跨越平面的纸张，跟读者一起走进立体的阅读世界。适逢深圳于 11 月举行的年度文化盛事“深圳读书月”，为加强深圳、澳门两地图书馆、出版事业和阅读推广活动的合作，促进深澳两地市民阅读体验和交流，文化局与深圳市文体旅游局合作开展一系列活动，包括深澳两地同日举行夜读活动，图书馆义工深圳文化交流等。

秋季书香文化节。由澳门出版协会、台湾图书出版事业协会合办的“2017 秋季书香文化节”，于 11 月 25 至 12 月 3 日举行，书香节以“台版名著齐检阅，华夏好书共品评”为主题。书展由体育局、澳门图书馆暨资讯管理协会协办，文化广场统筹，澳门基金会赞助部分经费。

此外，2017 年澳门图书馆界举办各种公开比赛 5 次，开展面向公众的普及课程及讲座 100 多次，举办读书会及故事会 70 次。展览 4 次。（澳门图书馆暨资讯管理协会潘雅茵　王国强）

【澳门图书馆专业人才培养及学术活动】 由澳门业余进修中心与武汉大学合办、澳门图书馆暨资讯管理协会协办的第 5 届图书馆学专业硕士学位课程（澳门班）本年度共有 10 位学员入学。修读本科课程的有：辅仁大学 4 人、淡江大学 6 人、武汉大学 1 人。本科毕业的有：辅仁大学 1 人、淡江大学 2 人。武汉大学硕士 1 人。修读研究生课程的有：台湾大学 1 人、政治大学 1 人、武汉大学（澳门班）30 多人。

2017 年开办图书馆专业课程及工作坊 5 次，重要的有澳门图书馆暨资讯管理协会与澳门大学持续进修中心合办的“图书馆专业技术文凭/系列证书课程”（共 5 单科）；澳门图书馆暨资讯管理协会与澳门大学持续进修中心合办的“中文古籍管理基础证书课程”；澳门图书馆暨资讯管理协会、武汉大学、澳门业余进修中心合办的“第三届图书馆硕士学位课程”以及由澳门图书馆暨资讯管理协会主办的“图书馆常识工作坊”。举办 5 次专业讲座及研讨会，影响较大的有澳门城市大学图书馆主办、澳门图书馆暨资讯管理协会协办的“大数据时代的图书馆服务创新讲座”；澳门大学图书馆主办的“动荡时代学术图书馆之价值”讲座；澳门图书馆暨资讯管理协会、同方知网（北京）技术有限公司举办的“二〇一七澳门行业创新与知识服务研讨会”等。

此外，本年度出版的书刊有澳门文化局的《澳门阅读地图》、澳门文化局和上海古籍出版社合作出版的《利玛窦明清中文文献资料汇释》、澳门图书馆暨资讯管理协会的《澳门图书馆调查与研究二》、澳门大学图书馆的 *East Meets West: An Illustrated Catalogue of Some Rare Books in Western Languages in the University of Macau Library*（《东西方交流：澳门大学图书馆外文古籍图录》）。（澳门图书馆暨资讯管理协会　潘雅茵　王国强）

【合作与交流】 澳门图书馆暨资讯管理协会拜访圣若瑟教区中学第五校。2 月，澳门大学图书馆馆长潘华栋与中国国家图书馆文献提供中心签署馆际互借及文献传递协议书，让澳大师生可获中国国家图书馆提供馆际互借与文献传递服务。5 月，图书馆暨资讯管理协会一行 14 人赴武汉进行作专业交流及考察。6 月 1—2 日，第十八次粤港澳文化合作会议在佛山召开，三地政府就文化合作领域作深入讨论，与会代表约 130 人。三地签署《粤港澳共同推进“一带一路”文化交流合作意向书》《粤港澳青少年文化交流合作意向书》及《粤港澳青年戏剧交流与合作意向书（第二阶段）》。6 月 6 日，“粤港澳高校图书馆联盟”正式成立，由澳门大学图书馆倡议、香港中文大学图书馆及中山大学图书馆附议，并签署了合作协议。联盟首届理事会理事长由澳门大学图书馆馆长潘华栋担任，副理事长则由中山大学图书馆馆长程焕文及香港中文大学图书馆馆长李露丝（Louise Jones）出任。

为增进粤港澳图书馆界同行之间的沟通和友谊，推进三地图书馆文献信息资源共建共享，2017 年粤港澳公共图书馆交流考察活动在珠海、江门、佛山、广州等地展开。澳门文化局公共图书馆代表参加了系列活动，包括在广东省立中山图书馆举行的粤港澳图书馆同行交流座谈会。7 月 28—31 日，世界华语学校图书馆论坛于长沙举行，澳门劳工子弟学校的阅读推广员李锦霞代表澳门发表“亲子阅读现状及家长指导策略的调查与分析”。

澳门特别行政区政府曾于 2011 年捐款兴建内蒙古兴安盟图书馆，经过 6 年的紧张建设和筹备，2017 年图书馆终于落成启用。项目总投资 2 亿元人民币，其中澳门基金会捐赠 3000 万元。澳门基金会将继续关心图书馆的发展，定期为图书馆增添新的图书，努力将图书馆打造成澳、蒙合作和兴安盟文化发展的重要平台。（澳门图书馆暨资讯管理协会　潘雅茵　王国强）

（本文鸣谢澳门公共图书馆管理厅、教育暨青年局成人教育中心、明爱图书馆、澳门科技大学图书馆、澳门澳门理工学院图书馆、澳门旅游学院图书馆、澳门护理学院图书馆、澳门大学图书馆、培正中学图书馆等单位提供资料。）

图书馆学会组织

中国图书馆学会

【概况】 2017年是巩固发展“十三五”良好开局的关键一年，是全党迎接十九大胜利召开和学习贯彻十九大精神的重要年份。中国图书馆学会在党委和理事会的正确领导下，在中国科协、文化部和国家图书馆的大力支持下，全面学习贯彻党的十九大精神，依据《中国图书馆学会2017年工作要点》，团结带领全体会员和全国广大图书馆工作者，稳中求进，开拓创新，各项工作均取得较大成绩，多项工作有新突破、新亮点。

一、学术交流与编辑出版工作

1. 进一步推动图书馆学理论研究和图书馆管理的实践融合，做好2017年中国图书馆年会各项筹备工作，面向全国图书馆界完成年会主题和论文征集等工作。年会主题确定为“图书馆与社会：共享　效能　法治”，征文活动围绕年会主题，设立23个分主题，共计收到约1200人提交的论文1170篇。7月25日，2017中国图书馆学会年会征文终评会顺利召开。经业界90余位专家学者组成的评审组和终评会综合评定，2017中国图书馆学会年会征文最后评出一等奖、二等奖、三等奖论文400余篇。由一等奖获奖论文组成的《中国图书馆学会年会论文集（2017年卷）》已正式出版。

2. 举办扶贫工作研讨会。11月14—17日，图书馆扶贫工作研讨会在重庆举办，会议主题为“文化扶贫，你我同行”，深入探讨贫困地区基层图书馆的建设发展需求，切实加强贫困地区基层图书馆的人才队伍建设，全面提升贫困地区基层图书馆的服务水平。会议结束后，推荐30名贫困地区基层图书馆青年馆员分别赴杭州图书馆、宁波市图书馆和上海市嘉定区图书馆，实地开展培训。

3. 协调指导各分支机构开展学术活动，2017中国高校图书馆发展论坛、专业图书馆分会2017年学术年会、医学图书馆分会第25届学术研讨会暨2017年学术年会、中国高职图书馆发展论坛（2017）、第29届全国十五城市公共图书馆工作研讨会、2017中国原创图画书论坛、全国图书馆新型服务能力建设学术研讨会、2017公共图书馆信用服务论坛、2017公私藏书与经典阅读论坛等品牌学术活动顺利举办。

4. 严格执行双向匿名审稿制度，编辑、出版、发行《中国图书馆学报》2017年1—6期，发文51篇。其中“创刊六十周年特约稿”9篇，回顾与反思过去六十年我国图书馆学术研究和事业发展状况，展望未来发展趋势，在学业和业界产生较大反响。召开“《中国图书馆学报》选题策划会暨第三届青年学术论坛”。整理编辑《〈中国图书馆学报〉创刊六十周年文选》和《图书馆员论文撰写与投稿指南》。在选题策划、学术期刊国际化、网站建设等方面取得实质性突破。

5. 编辑、出版《基层图书馆管理与服务》。根据文化部办公厅公布的《第二批全国基层文化队伍培训教材立项选题名单的通知》，中国图书馆学会申报的《基层图书馆管理与服务》选题获得立项。教材基本涵盖了基层图书馆管理与服务的内容，主要面向全国县级公共图书馆、乡镇综合文化站和村级文化活动中心的管理者、业务骨干和工作人员。目前已完成培训教材的编写工作，并通过文化部专家组的终审，将由北京师范大学出版社出版。

6. 深入研究图书馆阅读推广工作，出版《“阅读推广人”系列教材（第二辑）》。为了加强阅读推广人才队伍建设，更加规范有效地开展阅读推广活动，进而从根本上促进我国全民阅读事业的发展，继2016年出版《“阅读推广人”系列教材（第一辑）》后，再次聚集图书馆领域权威专家和一线工作者，编辑出版系列教材（第二辑），内容包括《中国阅读的历史与传统》《图书评论与阅读推广》《图书馆讲坛工作》《图书馆家庭阅读推广》《图书馆绘本阅读推广》《大学图书馆阅读推广》等6种。

二、组织建设与评选表彰工作

1. 建立务实高效、位阶有序的学会议事制度，党委会主动参与学会“三重一大”事项前置审议。党委会、学会负责人工作会议、常务理事会、理事会等在不同层面共同推进学会工作开展和事业发展。其中，审议通过《专业图书馆分会关于更换中国图书馆学会理事、常务理事的请示》等理事（常务理事）更换请示，《阅读推广委员会关于更换委员的请示》等分支机构委员增补、更换、辞职请示；《2013—2016年中国图书馆学会优秀会员和优秀学会工作者评选报告》和《中国图书馆学会财务管理办法》；《中国图书馆学会专项资金管理办法（修订审议稿）》和《2015—2017年中国图书馆学会专项资金资助方案》；发布《关于延期举办中国图书馆年会的情况通报》。

2. 召开2017年秘书长联席会议。3月21日至24日，中国图书馆学会2017年秘书长联席会议暨《中国图书馆年鉴》编纂工作会议在云南保山召开。本次会议以“图书馆学会能力提升与承接政府转移职能”为主题，专题研讨图书馆学会承接政府转移职能工作，解读《第六次全国县级以上公共图书馆评估标准》，培训“全国公共图书馆评估管理服务平台”，总结和部署《中国图书馆年鉴》编纂工作。

3. 完善会员管理体系和会员管理与服务平台，继续开展单位会员（事业单位会员和企业单位会员）、个人会员的组织发展、收缴会费和颁发证书等工作。截至2017年底，会员管理与服务平台登记在册的单位会员540个，个人会员14408人。

4. 严格按照《合同书》要求，认真落实中国科协学会创新和服务能力提升工程优秀科技社团项目的各项任务，并提交《学会创新与服务能力提升工程优秀科技社团建设项目总结报告》，拓展了学会工作新领域，提升了服务创新能力、服务社会和政府能力以及自身发展能力。同时，成功申报并积极开展中国科协创新驱动助力工程试点资助项目和继续教育示范项目等重点项目。

5. 开展学会年检工作和中国科协交办的综合统计、学术交流、科学普及、继续教育、调研宣传等工作，年检结果“合格”，相关工作受到主管部门的好评。

6. 表彰2013—2016年中国图书馆学会优秀会员和优秀学会工作者。为充分调动广大会员和学会工作者的积极性，弘扬求真务实、乐于奉献、开拓进取、勇于创新的精神，表彰先进，树立榜样，经九届四次常务理事会研究决定，授予337人“优秀会员”光荣称号，授予40人“优秀学会工作者”光荣称号。

7. 为展现图书馆的风采、宣传图书馆人的职业精神与道德风范，推动图书馆事业创新发展，经文化部同意，组织开展“2017年中国图书馆最美故事”系列风采展示活动，各省（区、市）文化厅（局）和学会各分会等有关单位共计推荐感人事迹33件，优秀服务35项，创新案例37个，后续将组织专家进行研议，推荐出更具代表性的事迹、服务和案例进行展示。

8. 2017年4月，中国图书馆学会秘书长霍瑞娟经推荐被人力资源社会保障部和中国科协授予“全国科协系统先进工作者”荣誉称号。开展韦棣华助学金评审工作，共计27名学生获得2017年韦棣华助学金51000元人民币。开展李炳穆交流合作奖申报和评审工作，国家图书馆外文采编部馆员王瑜世获奖。开展2015—2017年中国图书馆学会专项资金资助工作，经评选，共有7个项目获批资助，资助总金额9.5万元。

深入参与中国科协“党建强会计划”，积极申报并获准开展“创建党建学习宣传阵地”项目，并向中国科协科技社团党委提交结项报告。

三、承接政府转移职能与行业协调工作

1. 按照第六次全国县级以上公共图书馆评估定级工作整体安排，在文化部公共文化司指导下，充分发挥社会组织的特色和优势，开展评估定级相关工作（参见“纪事”之“第六次全国县级以上公共图书馆评估定级工作开展”）。

2. 承接文化部公共文化司“县级图书馆总分馆制建设研究”项目，举办全国县级图书馆总分馆制建设研讨会。11月1—2日，由中国图书馆学会主办、苏州市吴江区文化广播电视新闻出版局承办、苏州市吴江区图书馆协助落实的“全国县级图书馆总分馆制建设研讨会”在江苏省苏州市吴江区召开。本次会议的举办，旨在进一步了解全国各地贯彻落实《关于推进县级文化馆、图书馆总分馆制建设的指导意见》的基本情况，促使我国县级图书馆总分馆制建设快速推进。

3. 根据来函要求，配合中国科协就全国人大法工委送来的《中华人民共和国公共图书馆法（草案）》开展征求意见工作，形成意见并以正式复函的形式报送中国科协。

4. 承接文化部公共文化司基层文化队伍培训县级示范性培训项目，开展全国县级图书馆馆长培训。2017 年，在江西、河北和青海三省开展培训，共计培训 404 人，取得良好的社会效果。培训内容涵盖政治理论和党性修养、公共文化政策理论、县级图书馆业务能力建设、领导能力与团队建设等方面，培训形式包括专题授课、现场教学、座谈研讨、案例分析、学员论坛等。同时，承接文化部 2017 年全国公共文化巡讲活动，共举办图书馆专业类培训班 8 期，培训各类图书馆馆长及业务骨干 1094 人。

5. 开展全国数字图书馆建设与服务联席会议工作。9 月 26—28 日，第十八次会议在陕西省图书馆召开，主题为“数字资源计量和资产管理”，重点讨论数字资源计量办法和评价、数字资源编目和检索、数字资源管理业务流程、数字资源管理关键技术、数字资源管理模式等。会议还通过和发布《数字图书馆安全管理指南》。

6. 开展数字图书馆建设与服务宣传推广工作。推广活动包括举办高级研讨班、数字图书馆推广工程体验区等内容。2017 年，“网络书香 · 数字图书馆建设与服务”宣传推广项目完成山东站、黑龙江站和湖南站系列活动，共计培训馆长和业务骨干 526 人。

7. 开展全国图书馆未成年人服务提升计划。2017 年以“面向省级区域”和“面向全国，以省为基地”两种模式分别在甘肃和内蒙古举办，共计培训未成年人图书馆工作者 336 人。

8. 开展民国时期文献保护计划宣传推广工作。采用全国性培训与地区深入推广相结合的方式，开展培训、展览、讲座等，培训专业人员 378 人。

9. 配合国家图书馆开展“同筑中国梦　共度书香年”春节系列活动，通过推送以楹联为主题的新春文化“大礼包”，丰富全国图书馆春节活动资源。据统计，全国约 600 家图书馆及有关单位承办本次活动，受惠公众约 240 万人次。行业联动、全国联动成效显著，受到社会公众的普遍欢迎和新闻媒体的广泛关注。

10. 充分发挥学会继续教育职能，举办图书馆信息组织和资源建设研修班及大数据技术在图书馆应用培训班。7 月 3—7 日，图书馆信息组织和资源建设研修班在北京举办，来自全国地市级以上公共图书馆采编部主任及业务骨干共 110 人参加。12 月 19—21 日，大数据技术在图书馆应用培训班在武汉举办，来自全国各级各类图书馆近 180 名学员参加。

四、科普与阅读工作

1. 在全国范围内下发 2017 年“全民阅读”工作通知，号召全国各级各类图书馆深入贯彻习近平总书记系列重要讲话精神，以迎接、宣传、贯彻党的十九大为主线，贯彻落实《中华人民共和国公共文化服务保障法》以及《关于加快构建现代公共文化服务体系的意见》和《关于推进县级文化馆图书馆总分馆制建设的指导意见》精神，认真做好“第六次全国县级以上公共图书馆评估定级”工作，切实提高图书馆服务效能和业务水平；继续开展“阅读推广人”培育行动，以少儿阅读为抓手，以数字图书馆推广工程为依托，重点主题活动与自主策划相结合，努力构建全民阅读推广服务体系，着力提质增效，为推动“全民阅读”工作再上新台阶做出应有贡献。

2. 开展 2017 年全国少年儿童阅读年活动。4 月 12 日上午，“2017 全国少年儿童阅读年”系列活动启动仪式在株洲召开，40 名小学生通过情景剧表演的方式展现 2017 年的各项活动。最后，参加启动仪式的领导通过微信扫描二维码的方式，带领全场观众共同启动“2017 全国少年儿童阅读年”系列活动。本次活动以“儿童阅读与仁爱、礼仪、诚信”为主题，策划并实施 18 项丰富多彩的主旨活动，旨在增强儿童对我国优秀传统文化的参与感、获得感和认同感，形成向上向善的社会风尚。

3. 召开第十一届全民阅读论坛。4 月 17 日至 20 日，“东亚文都 · 书香长沙”——中国图书馆第十一届全民阅读论坛系列活动在湖南省长沙市举办。活动分为 4 个版块：中国图书馆学会阅读推广委员会 2017 年工作会议、中国图书馆第十一届全民阅读论坛、“扫码看书 · 百城共读”—— 2017 年数字阅读峰会以及分主题论坛。

4. 开展“全民阅读”年度评选和命名活动。本年度，授予 24 个单位“全民阅读示范基地”称号，授予 19 个单位“2016 年全民阅读优秀组织”称号，授予 61 个单位“2016 年全民阅读先进单位”称号，遴选出45个“2016年阅读推广优秀项目”。同时，对往年已获“全民阅读示范基地”称号的148家单位进行复核，其中147家单位通过复核，继续保留“全民阅读示范基地”称号。

5. 举办2017年“书香社区”发现活动。活动吸引126个社区申报，通过材料审议和专家评审相结合的方式，兼顾地域特点，北京市赵家楼社区等40个社区进入2017年“书香社区”发现活动名单。11月3日，在宁波召开的2017年“书香社区”论坛上，为入围“书香社区”发现活动的社区举行了授牌仪式。

6. 开展“阅读推广人”培育行动。2017年，分别在湖南株洲、内蒙古鄂尔多斯、江苏江阴举办3期“阅读推广人”培育行动，全年总参与人数550人。培训以“少儿阅读推广”和“阅读推广基础工作”为主题，理论结合实践，深受参训学员好评。这将有助于提升阅读推广人的业务水平和能力，更加规范有效地开展阅读推广活动，促进我国全民阅读事业发展。

7. 开展“中国阅读——阅读推荐榜”活动。2016年，中国图书馆学会与杭州市委宣传部联合启动“中国阅读——阅读推荐榜”活动，在此基础上，通过业界相关协作平台，采集了全国城市公共图书馆各类图书的借阅基础数据。随着“中国阅读”项目不断扎实及推进，2017年10—11月分别完成“中国阅读”项目核心内容“图书推荐榜”的初评、终评工作，组织专家推选出最受公众欢迎的作品及作者。

8. 举办“我听·我读——2017年全国少儿读者朗诵大赛”。本次大赛历时7个月，共有26个省、直辖市、自治区141个单位注册报名，上传作品7549部。经过专家评审，按学龄前、小学、中学等三个组别分别评出一等奖1名、二等奖2名、三等奖3名，共评出优秀参与奖544名；根据各图书馆和学校等有关单位报送作品数量及参与情况，评出“有声阅读示范基地”10个；根据各省、自治区、直辖市图书馆学（协）会组织动员情况，评出“最佳组织奖”10个。

五、国际合作与交流工作

1. 推举副理事长程焕文参选国际图联管理委员会委员，其成功当选。

2. 做好业界代表参与国际交流的信息咨询与服务工作。共为87位国内代表申请国际图联大会及美国图书馆协会年会邀请函。

3. 接待国外图书馆界同行来华访问，派员参加2017年美国图书馆协会年会暨展览会并设置2017年中国图书馆年会展位。

4. 为响应国际图联倡议，积极反映我国图书馆现状与有关情况，向全球图书馆联合发展提供参考建议，牵头组织两场研讨会。其中，9月7日由专业图书馆分会和中国科学院文献情报中心承办面向国内专业图书馆的研讨会；9月19日由中山大学图书馆承办面向公共图书馆和高校图书馆的研讨会。（中国图书馆学会秘书处）

公共图书馆分会

【概况】 2017年，中国图书馆学会公共图书馆分会认真学习中国科协以及中图学会制定、修订的文件和办法，遵循学会进一步加强精细化服务相关精神，对公共图书馆分会专业委员会各位委员任职情况重新梳理并填表，制作并分发任职资格聘书。组织公共图书馆参加中图学会开展的学术交流活动，推荐中国图书馆学会专项基金项目申报材料3项，成功立项2项，分别是“图书馆年报制度研究：以编制规范与配套政策为中心”“图书馆婴幼儿阅读推广实践研究”；推荐3位代表参加中图学会第七届青年学术论坛。

举办公共图书馆分会大型特色品牌活动“第一届公共图书馆创新创意征集推广活动”。该活动包含策划动员、作品征集、初评、终评、巡展、巡讲、作品结集出版等多项内容。2017年5月、7月，2018年1月，在首都图书馆、上海图书馆召开多次工作会议，就活动方案进行策划、动员和总结。2017年9月—2018年1月，完成作品征集、网络投票、专家初评、专家终评、获奖公示等内容；并于后续按计划继续开展宣传推广活动，为推动公共图书馆领域的创新创意先进经验交流积极努力。

协办21世纪海上丝绸之路数字图书馆资源建设培训班。5月，公共图书馆分会图书馆一带一路工作委员会参与协办21世纪海上丝绸之路数字图书馆资源建设培训班，该培训班在“海丝重镇”福建泉州举办。此次培训是学习贯彻习近平总书记在“一带一路”国际合作高峰论坛上的重要讲话精神，落实国家“一带一路”倡议发展的首期图书馆行业内培训，共有来自“海上丝绸之路”沿线的11个省、自治区的67家图书馆的

81名工作人员参加，内容包括专题讲座、经验分享和现场教学等。

承办召开图书馆扶贫工作研讨会。11月，公共图书馆分会图书馆扶贫工作委员会和图书馆青年工作委员会组织专题会议深入探讨贫困地区基层图书馆的建设发展，参会人数超过120人，研讨会后启动西部地区馆员异地培训交流活动，25名经选拔而出的贫困地区基层公共图书馆青年馆员赴东部交流，重庆图书馆、杭州图书馆、宁波市图书馆、上海市嘉定区图书馆对该项目的成功启动给予极大支持。该活动将工作研讨与青年馆员培训相结合，切实做好东西部图书馆扶贫协作和对口支援，是落实党中央、国务院的精准扶贫重要战略部署的一次创新尝试。

发起"城市图书馆研究合作伙伴计划"，并举办第一届"城市图书馆学术论坛"。"城市图书馆研究合作伙伴计划"是公共图书馆分会城市图书馆工作委员会的特色活动，该计划以"服务效能"为导向，搭建城市图书馆之间业务交流和学术研究交流平台，全国共有来自26个省市自治区的近100所公共图书馆加入该计划。在该计划基础上，2017年12月，城市图书馆工作委员会牵头组织召开第一届"城市图书馆学术论坛"，论坛以"城市图书馆信息公开规范与年报制度研究"为主题，分为主旨演讲、学术报告、案例交流3个环节，邀请10多位图书馆界专家、学者及业务骨干进行研讨，全国23个省市50多个省、市、区公共图书馆、高校图书馆代表和广州市图书馆学会员360余人参加此次会议。

创办《图书馆创新工作委员会工作通讯》。为开阔视野，及时捕捉国内外图书馆及其相关行业的发展动向和趋势，公共图书馆分会图书馆创新工作委员会加大《图书馆创新工作委员会工作通讯》编发和宣传力度，通讯按月定期发布，内容包括分会及专业委员会工作动态、专题报道、热点关注和研究撷英等。

各专业委员会积极召开工作会议。2月，分会图书馆创意工作委员会第一次工作会议在河北石家庄召开，委员会就图书馆特色文化资源开发和整理、文化创意产品开发和品牌创新、图书馆创意工作合作与交流、培育图书馆创意文化、打造图书馆创意空间等内容进行磋商。3月，分会基层图书馆工作委员会第一次工作会议在山东济南举行，委员会就工作制度草案、馆员培训、资源共享、学术研究、宣传推广等具体工作展开讨论。10月，分会图书馆区域协作工作委员会第一次会议在辽宁盘锦举行，委员会就工作制度、工作计划和各地区开展区域协作工作的代表项目和实践经验等内容进行深入交流。（公共图书馆分会）

【举办第一届公共图书馆创新创意征集推广活动】 自公共图书馆分会成立起就酝酿策划的特色品牌活动"第一届公共图书馆创新创意征集推广活动"于2017年9月正式开启，该活动以"创新引领未来"为号召，旨在鼓励动员公共图书馆界贯彻落实党和国家关于创新驱动发展、开展文化创意等精神，发现一批创新示范性强、应用价值高、具有推广借鉴意义的创新创意项目，并推动它们在全国范围内的交流展示和学习借鉴。该活动由公共图书馆分会主办，分会图书馆创新工作委员会、图书馆青年工作委员会承办，同方知网（北京）技术有限公司大力支持，得到全国公共图书馆同行的积极支持和热情参与，共有来自全国28个省（自治区、直辖市）的公共图书馆和相关机构提交有效作品311个，合计投票高达183587票；另有来自分会内设图书馆创新工作委员会等7个委员会邀请的57位专家参加这一活动的专家评选工作；来自25个省市自治区的130余位作品代表参加在上海图书馆专门组织的现场答辩交流活动，活动辐射面广泛、影响力显著。（公共图书馆分会）

高等学校图书馆分会

【概况】 2017年，中国图书馆学会高等学校图书馆分会（以下简称"高校分会"）完成中国图书馆学会布置的相关工作。配合学会秘书处完成新任高校图书馆馆长理事人选的更换。推荐3名高校图书馆代表在中国图书馆学会第七届青年学术论坛上发言。组织"2017年中国图书馆最美故事"奖项的评选工作。组织各高校图书馆开展2017年全民阅读活动，并推选高校分会系统内的全民阅读活动"先进单位奖"和"全民阅读示范基地"。

举办2017年中国高校图书馆发展论坛，保持高校分会学术品牌。6月7—10日，此次论坛在贵州省贵阳市举行，由贵州民族大学图书馆和中国教育装备采购网联合承办。论坛的主题是“双一流背景下大学图书馆的创新与发展”。下设若干分主题：一流学科资源体系：建设、组织与知识发现；文献资源与服务的科学计量与评估；特色资源的建设、保护、修复及利用；数字人文、数字学术与高校图书馆；“双创”教育与创客空间；学科化服务的新进展；研究数据管理；智慧图书馆；其他与图书馆创新发展相关的内容等。会议还邀请美国图书馆界同行参加，来自国内外近 300 所高校图书馆的代表以及相关公司代表近 800 人参会。论坛包括 2 场主论坛、6 场分论坛，内容涉及学科资源体系建设与知识组织、科学计量与研究数据管理、学科化知识服务与智慧图书馆、“双创”教育及创客空间、特色资源与数字人文研究、大学图书馆经典案例分享等。另外，论坛对所征集的学术论文和案例进行评审及颁奖，同期举办图书馆设备展览和产品演示活动。

组织全国高校图书馆新任馆长培训班。近年来，为帮助各高校图书馆新任馆长了解先进办馆理念、交流管理经验，高校分会与教育部高校图书情报工作指导委员会及北京大学图书馆联合举办“高等学校图书馆新任馆长高级研修班”。研修班聘请图书馆界著名专家学者授课，培训内容包括：图书馆的使命、职能和发展规划；高校图书馆资源建设和共享；高校图书馆服务创新；图书馆现代化及数字图书馆；高校图书馆人力资源建设等。培训按专题划分授课单元，采用专家理论授课、学员课堂交流、分组案例研讨、案例展示与提问等培训形式，收到较好培训效果。2017 年的新任馆长培训班由燕山大学图书馆承办，于 7 月 3—8 日举办，共有 100 余名新任馆长参加培训。

加强与各专业委员会和相关单位的合作。3 月 20—24 日，与中国科学院文献情报中心、中国图书馆学会专业图书馆分会联合举办“2017 数据馆员培训班”。4 月 12—14 日，与中国高教学会高等财经教育分会、美国威斯康星大学图书馆、北京大学图书馆及中经网数据有限公司联合举办“高校图书馆外文数字资源建设与管理培训班”。

推进对外合作与交流。举办“中国图书馆馆员暑期培训班”（培训地点：美国伊利诺伊大学厄巴纳—香槟分校）。此项活动已举办十多年，累计参加人数已逾 200 人。与会者相互探讨中美图书馆行业的经验和技术，开阔了视野，在促进高校图书馆与国际接轨方面发挥积极作用。（高等学校图书馆分会）

专业图书馆分会

【概况】 2017 年，专业图书馆分会（以下简称“专业分会”）继续围绕“知识服务能力建设”的主线组织各类活动，在各工作委员会的支持下，秉承搭建平台、推进合作、服务会员、促进发展的活动思路，关注党的十八大以后国家科技创新新动向，瞄准专业图书馆发展方向，组织专业图书馆开展未来愿景、应对挑战和发展策略的学术探讨与实践交流活动，分享变革和创新发展的经验，探索专业图书馆文献情报服务能力转型发展的途径，活跃专业图书馆的学术氛围，展示专业图书馆的发展理念和发展潜力，提升专业图书馆员的知识服务能力，促进专业图书情报事业的发展。

学术活动以知识服务为核心，跟踪领域前沿，共享实践经验，探索发展新模式。全年开展各类学术活动共计 10 项，约 1500 多人次参加。全年学术活动表现为三个特点：一是围绕数据驱动、智能服务新趋势组织学术年会，探讨专业图情机构持续发展新引擎、新动力；二是支持开放获取、机构知识库在国内的发展应用，积极参与组织由中科院文献情报中心主办的开放获取周、中国机构知识库会议，探讨图书馆在开放信息环境、数字科研环境中的新角色和新实践；三是围绕新型学术出版促进研究型图书馆服务转型的热点，联合组织中国图书馆馆长与国际出版社高层对话论坛，探讨图书馆与学术出版社跨界融合发展、再造产业链的新路径；四是组织专题学术活动，跟踪领域前沿，促进实践交流，开阔会员学术视野。

专业培训围绕知识服务能力建设中心，提升运用新工具、新方法、新技能开展专业化服务的能力。专业图书馆分会的培训包括两个层面，一是面向图情机构、会员单位的业界培训，二是承担国家科技图书文献中心（NSTL）以及中科院文献情报中心相关项目委托培训。全年组织培训班共计 11 期，700 多人次参加培训。其中：面向业界的培训班共 7 期，每期 5 天，包括图书馆先进知识服务工具技能培训班、数据馆员培训班（2 期）、企业创新战略与情报服务实践研讨班、第 23 期图书情报工作高级研修班、第 2 届数字资源长期保存理论与实践研讨班以及科技态势监测与动态快报编制培训班；组织实施 2017 年 NSTL 专业能力与科技战略咨询培训班 4 期，包括科研数据管理与服务实践培训班、技术预见与产业服务研讨班、研究数据管理实践研讨班和科学技术趋势分析工具及应用培训班。

完成中国图书馆学会相关任务。组织专业图书馆的青年员工参加中图学会第六届青年学术论坛活动，来自中科院文献情报中心、中国医学科学院信息所的 2 名青年获“青年学术之星”称号，1 名中国科技信息研究所青年获优秀奖；组织撰写《中国图书馆年鉴 2017》专业图书馆部分的稿件，中科院、社科院、NSTL 等主要系统图情机构参与报告撰写，宣传专业图书馆的特色资源与优势服务；组织完成中国图书馆学会专项资金申请，“图书馆著作权服务手册编制”获得项目通过；组织开展 2017 中国图书馆最美故事（创新案例）参评工作，中国社会科学院图书馆获得 2017 中国图书馆最美故事（创新案例）奖项。（专业图书馆分会秘书处　赵树宜）

【举办第 9 届中国图书馆馆长与国际出版社高层对话论坛】 8 月 24 日，专业分会继续联合中国图书进出口（集团）总公司、国家科技图书文献中心以及中国图书馆学会高校图书馆分会，共同主办第 9 届“中国图书馆馆长与国际出版社高层对话论坛”。论坛主题为：“知识系统：出版社与图书馆的共同选择”。中外嘉宾从数字技术、知识服务平台推动出版模式变革、图书馆知识服务升级的角度，探讨图书馆与出版社走跨界融合发展之路，构建新型学术关系，结为知识发现、知识管理与知识服务的共同体，再造整体产业链，共同寻找未来面向学术研究、面向用户、面向读者开展知识服务、智慧服务的基点。NSTL 主任彭以祺到会致辞，论坛邀请清华大学图书馆、中国中医科学院图书馆、浙江大学图书馆以及爱思唯尔、泰勒弗朗西斯、剑桥出版社的 6 位专家发言，来自国内外近 150 家、约 200 多名各类型图书馆的馆长、负责人、出版集团高层参加论坛。（专业图书馆分会秘书处　赵树宜）

【组织专题学术交流活动】 9 月 7 日，为响应国际图联（IFLA）发起的“全球图书馆愿景”倡议，专业分会和中科院文献情报中心联合举办“IFLA 全球愿景研讨会——中国专业图书馆未来展望”学术交流活动，邀请 30 位专业图书馆馆长和青年图书馆业务骨干，围绕专业图书馆的愿景以及正在和即将面临的挑战与机遇等议题展开讨论。会上形成的专业图书馆发展思考和建议编入中国图书馆报告提交 IFLA，并反映在国际图联据此制订的全球规划和工作计划中，意义重要。11 月 16 日，为促进专业图书馆馆藏典籍文献的收藏与保护利用，专业分会联合会员单位人民教育出版社图书馆共同举办“第二届专业图书馆古籍典藏文献特色服务与开发利用研讨会”，组织 24 家社科专业馆的 30 位专家参加交流，探讨特色文献、历史文献的收集、保护、整理、研究等问题，会后，代表们赴恭王府图书馆进行实地交流。（专业图书馆分会秘书处　赵树宜）

医学图书馆分会

【概况】 2017 年，中国图书馆学会医学图书馆分会（以下简称“分会”）面向医学科技创新对信息服务的新要求，不断加强学会组织建设，积极组织开展学术活动，不断推进医学图书馆领域科学研究工作，较好地发挥了行业纽带作用，促进了全国医院图书馆行业交流，进一步推动医院图书馆服务模式的转型发展。

在学术活动方面，围绕“医学图书馆服务创新与发展：知识管理、知识服务、知识共享”的主题，举办“中国图书馆学会医学图书馆分会第 25 届学术研讨会暨 2017 年学术年会”，参会人数 170 余人次，征集论文 30 余篇。同时，北京、上海、辽宁、河北、吉林、山东、天津、湖北、海南、浙江、湖南等省市医院图书馆委员会分别召开学术年会，围绕“医院图书馆服务创新与发展”“新战略下的医学图书馆学科服务”“大数据环境下医院数字图书馆的建设与服务创新”“医院图书馆信息化建设”“医院图书馆的发展趋势和服务模式”“整合优质医学信息资源，知识服务再创新”等相关主题和内容，研讨交流学科领域的新进展新实践和技术发展新趋势，参会人数 1000 余人次。经分会推荐申报，华中科技大学同济医学院附属同济医院图书馆侯胜超在中国图书馆学会第七届青年学术论坛主题沙龙上做交流发言，并获得“青年学术之星”称号。

在科研活动方面，组织进行2015—2016年度科研项目的结题验收，开展材料初审、评审组专家评审等工作，最终新疆军区总医院信息科闵波的“基于时间加权的生物医学文献知识发现研究”等5个项目被评为优秀，其他9个项目为合格，14个项目均符合结题要求准予结题。中国医科大学附属盛京医院图书馆郑黎强申报的“血浆多胺及抗氧化物质动态变化与脑卒中发病的巢式病例对照研究”获得国家自然科学基金项目立项，项目经费60万元。天津市医院图书馆委员会姜楠“天津地区三级甲等医院图书馆投入与科研产出的调研研究”项目获得2015—2017年中国图书馆学会专项资金资助，申获资助经费5000元。

在专题研讨交流方面，河北省图书馆学会医院图书馆委员会举办河北省“互联网+”时代的医院图书馆专题研讨会；天津市图书馆学会医院图书馆委员会组织召开“医院数字化资源建设天津研讨会”；浙江省图书馆学会医院图书馆委员会、浙江省医院协会医院情报图书馆管理专业委员会和浙江省医院图书管理指导中心骨干组织召开联合会议，重点研讨并修订《浙江省三级医院图书馆评估标准》。

在业务培训与宣传活动方面，浙江大学医学院附属第一医院图书馆举办“医学科研产出评价与管理能力建设”学习班，60名学员参加并通过考试，获得国家级一类继续教育学分；吉林大学第一医院图书馆举办国家继续教育项目“提升信息检索技能以有效遴选研究课题”学习班，来自省内外30多家医院的130多名学员参加学习，还以“医学文献资源开发与利用”为主题面向临床医护人员开展14场专题讲座和实践答疑活动；浙江省图书馆学会医院图书馆委员会举办“浙江省医院图书馆基础业务知识”培训班，全省38名学员参加培训；由中华医学会医学信息学分会、中华医学会继续教育部主办，解放军医学图书馆承办的“精准医学大数据管理与利用研修班”在贵阳市举办，来自全国各地的100余名学员参加；大连医科大学附属第一医院图书馆继续开展面向全院的信息互动系列培训讲座24次；北京市图书馆协会医院图书馆专业委员会举办“新战略下的医学图书馆学科服务”学术讲座，80余人参加。解放军医学图书馆、重庆医科大学附属第一医院图书馆、中国医科大学附属盛京医院图书馆、辽宁省肿瘤医院图书馆等单位相继举办4·23世界读书日系列活动，广受欢迎与肯定，其中解放军医学图书馆、重庆医科大学附属第一医院图书馆被中国图书学会评为“2016年全民阅读先进单位”。华中科技大学同济医学院附属同济医院图书馆围绕“医学是有温度的人文科学”的主题举办第四届优质读者座谈会；重庆医科大学附属第一医院图书馆面向全院推出“月讲座”活动的同时，积极开展面向基层医院的科研帮扶活动，赴梁平区人民医院、重庆青杠老年护养中心举办资源利用专题讲座；黑龙江省医院图书馆委员会激活“2017年医院图书馆行业阅读月”活动，各会员馆在此期间开展了形式多样的阅读推广活动。

在组织建设方面，继续开展中国图书馆学会个人会员登记与发展工作，组织会员参与“中国图书馆学会会员管理与服务平台”的注册申请工作，截至2017年底，现有注册用户396人，正式个人会员233人；其中1人被评为中国图书馆学会2013—2016年优秀学会工作者，11人被评为优秀会员。各省市图书馆学会医院图书馆委员会组织建设开展有序，上海市图书馆学会医院图书馆委员会更名为医学图书馆委员会，山东省图书馆学会医院图书馆委员会于4月正式成立，成员54人。截至2017年底，医学图书馆分会QQ群成员325人，微信群成员218人，有效保障了分会内部的信息传递和交流沟通，推动医学图书馆同行间的信息共享与交流合作。会员单位动态信息服务成效显著，吉林大学第一医院图书馆继续主办《现代医院参考信息简报》管理版和学科版，改进学科版出版频次，进一步扩大信息量，并与《国内医院动态》一同作为共享资源定期与省内外同人分享；新疆军区总医院编辑《医学信息》《医学专题信息》等动态刊物，为医护人员、医院医教研工作提供最新文献保障服务。

（医学图书馆分会　郝继英　马红月　王伯秋）

【中国图书馆学会医学图书馆分会第25届学术研讨会暨2017年学术年会在长春举办】 7月18—21日，中国图书馆学会医学图书馆分会第25届学术研讨会暨2017年学术年会在吉林省长春市召开，会议主题为“医院图书馆服务创新：知识管理、知识服务、知识共享”，来自全国125家医学图书馆和其他医学信息机构的170余名代表参会。征集论文 34 篇，评选优秀论文一等奖 3 篇、二等奖 5 篇、三等奖 7 篇。会议总结了医学图书馆分会的年度工作，研讨商议分会相关工作。在专题报告版块，特邀吉林大学公共卫生学院信息系统与信息管理学系主任王伟、解放军医学图书馆馆长陈锐分别做题为“图书馆生存空间与可持续发展”“‘健康中国’战略中医学图书馆的挑战与机遇”的主题报告；邀请首都医科大学图书馆馆长黄芳、华中科技大学图书馆副馆长邹立君分别做题为“基于因子分析法的中国医学院校科研竞争力评价研究”“图书馆情报专业学位研究生教育的实践与思考”专题学术报告。在医院图书馆发展创新交流版块，广州市妇女儿童医疗中心图书馆主任陈励和、上海交通大学医学院图书馆馆长仇晓春等 6 位专家分别就“图书馆服务创新——以广州市妇儿医疗中心图书馆为例”“医学科研的文献计量学评价”等内容进行交流与分享。另外，6 位优秀论文作者做大会论文交流，7 位出版机构和公司代表做最新技术与产品报告。（医学图书馆分会　郝继英　马红月　王伯秋）

【2017 年河北省图书馆学会医院图书馆委员会学术年会在秦皇岛召开】 6 月 23—25 日，2017 年河北省图书馆学会医院图书馆委员会学术年会在河北省秦皇岛市第一医院召开，来自全省各地 63 家医院图书馆的 91 名代表参加会议。会议由开幕式、学术讲座、图书馆创新讲坛三部分组成。开幕式上，表彰 2013—2016 年以来河北省各地市医院图书馆工作中做出突出贡献的 5 名先进集体和 5 名先进个人并颁发荣誉证书。华北理工大学图书馆研究馆员刘志国做题为“隐形知识建构与馆员科研能力提升”的专题报告，介绍隐形知识的概念、分类和价值，并结合自身的科研体会就知识的积累、科研能力的提升提出工作建议。在图书馆创新讲坛上，河北医科大学第四医院图书馆馆长张艳芬做题为“定位与创新——河北医大四院图书馆新业务简介”的专题报告，介绍医学学术视频在医院图书馆文献资源建设的重要作用等；秦皇岛市第一医院图书档案处处长詹美玉、北京同方知网医学事业部经理张帅分别做题为“医院图书馆新馆建设体会”“协同创新时代下中国知网个性化知识服务与价值提升”的专题报告。本次年会突出学术，结合实际，加强了河北省医院图书馆间的学术业务交流。（河北省图书馆学会医院图书馆委员会　江建忠　顾沿泊）

【山东省图书馆学会医院图书馆委员会成立大会暨 2017 年学术研讨会在济南召开】 4 月 21—23 日，山东省图书馆学会医院图书馆委员会成立大会暨 2017 年学术研讨会在山东省济南市召开。会议由山东省图书馆学会医院图书馆委员会主办、山东大学齐鲁医院图书馆承办，会议主题为“医院图书馆的发展趋势和服务模式”。该委员会主任委员、山东大学齐鲁医院党委书记曹宪忠，省图书馆学会副理事长周玉山、省图书馆副馆长李勇慧等领导和特邀知名专家以及来自省内各家医院图书馆及相关行业的专家学者 70 余人参会。会议首先举行山东省图书馆学会医院图书馆委员会成立仪式，周玉山宣读省图书馆学会聘任的委员名单，曹宪忠发表讲话。会议特邀上海和山东的图书情报专家做专题学术报告，全面介绍医院图书馆的最新进展和研究动态，深入探讨图书馆未来发展的趋势和方向，从宏观角度为医院图书馆的发展提出切实可行的前瞻性策略。（山东大学齐鲁医院图书馆　庞兴梅）

高职院校图书馆分会

【概况】 2017 年，高职院校图书馆分会（以下简称“分会”）积极利用微信平台及时传达中图学会各类文件精神、分会文件精神及相关通知，由各委员直接转发到各省高职高专图书馆馆长群，确保会议精神的贯彻落实。

着力做好会员的发展工作，颁发《中国图书馆学会高职院校图书馆分会发展会员计划》文件（中图高职分会字〔2017〕1 号），有效采取如下三种措施：1. 高职院校图书馆分会委员所在图书馆，必须成为中国图书馆学会单位会员。2. 本分会下属各专业委员会委员，必须成为中国图书馆学会（以下简称“中图学会”）个人会员，鼓励其所在图书馆成为单位会员。3. 高职院校图书馆分会委员，有义务积极宣传和号召本省高职院校图书馆工作者加入中图学会，并积极参与学会的各项活动。做好会员平台建设和管理，于 2017 年 4 月开设高职图书馆分会会员管理账号。各委员馆积极响应文件要求，认真贯彻落实，学会会员数稳步增加。

注重学术成果的交流。举办主题为“高职图书馆与现代职业教育”的“中国高职图书馆发展论坛（2017）”，来自全国400多家单位的550余名代表参会；设置“高职图书馆与院校专业建设”“高职图书馆与学生综合素养”等分主题，共收到论文128篇、案例90个，遴选最具影响力论文（2016）29篇，评选出一、二、三等奖案例40项，一、二、三等奖优秀论文57篇，表彰最具影响力论文10篇。及时报道高职图书馆界各项活动，出版3期《高职图书馆动态》；组织开展2015—2017年中图学会专项资金资助项目申报工作，并推荐上报“高职院校图书馆传统阅读提升方式的研究与实践”项目。

积极参加中图学会各项活动并取得好成绩。推选3名代表参加中国图书馆学会第七届青年学术论坛，其中，长沙商贸旅游职院图书馆的朱明松获得“青年管理之星”奖项，并参加此次论坛主题沙龙（分会场二）交流发言，报告主题是“新业态，新模式——图书馆业务建设研究”；完成中图学会“2017年中国图书馆最美故事”系列风采展示的推荐活动，被推荐的金华职业技术学院“书香校园　阅动无限”活动案例获得“最美故事之创新案例”奖项；分会委员武爱斌、唐晓应分别荣获2013—2016年中国图书馆学会优秀会员、优秀学会工作者光荣称号。（高职院校图书馆分会　辜小红）

党校图书馆分会

【概况】 中国图书馆学会党校图书馆分会（以下简称“分会”）包含48家副省级以上党校图书馆分会。选举产生分会主任、副主任，秘书处以及学术委员会、资源建设委员会、技术委员会、培训委员会等4个内设机构主任。2017年，分会工作有序推进，有力地推动党校系统图书馆的整体转型发展。

召开分会专题工作会议，推进数字资源建设协同发展。7月7日，在浙江省委党校召开“习近平总书记系列重要讲话精神”专题数据库建设协调会；7月14—15日，在重庆市委党校召开西南地区分会党校数字图书馆建设工作交流会议；7月25—26日，在天津市委党校召开华北地区工作会议。这些会议的召开，交流工作、增强感情、加强合作，促进各馆数字资源建设的协调发展。

充分发挥《中国图书馆学会党校图书馆分会会议通讯》（以下简称《学会通讯》）的作用。中央党校图书馆成立《学会通讯》编辑委员会，各位片区负责人任编辑委员会副主任。《学会通讯》力求内容翔实、突出重点、印刷精美。2017年共印制四期：第一期内容是全国党校系统图书馆技术人员培训班相关材料及一些地方会议材料；第二期是中央党校和部分地方党校“4·23”世界读书日活动专题；第三期、第四期均为分会举办各类会议的相关材料等。

带领地方党校图书馆共同建设“四大专题数据库”。2016年11月16日，中央党校图书馆向48家副省级以上党校图书馆以及湖州、嘉兴、赤峰、铜陵等4家地市级党校图书馆印发《“四大专题数据库”建设实施方案》，明确“十三五”期间党校系统图书馆数字资源建设的任务书、路线图和时间表。从此，“四大专题数据库”建设工作在全国党校系统图书馆中全面启动。2017年9月21日，在中央党校图书馆召开“四大专题数据库”申报项目评审会，对地方党校图书馆申报的子库项目和子课题项目进行评审，共有37家地方党校的68个子库项目、30家单位的61个子课题项目立项。各申报单位正在进行项目建设中。

在全国党校系统图书馆中试行技术平台的联合采购。经过与同方知网（北京）技术有限公司、中新金桥数字科技（北京）有限公司的和北京中数创新科技股份有限公司就价格、数据接口和互联互通进行多次磋商，最终确定以低于10万元的价格在全国党校系统图书馆中进行联合采购，为各馆建设“四大专题数据库”提供更多的选择，降低数据库建设成本。（中央党校图书馆　杜敏）

【召开“习近平总书记系列重要讲话精神”专题数据库建设协调会】 7月7日，“习近平总书记系列重要讲话精神”专题数据库建设协调会在浙江省委党校召开。此次会议的主题是明确数据库建设思路，交流建库经验，协调推进“习近平总书记系列重要讲话精神专题数据库”建设。分会主任、中央党校图书馆馆长郝永平、浙江省委党校常务副校长陆发桃出席会议，浙江省委党校校委委员、教育长陈立旭主持会议并致辞。会上，郝永平做主题报告，中央党校图书馆相关负责同志介绍数据库建设的技术规范和建设内容，明确数据加工标准、数据资源建设验收要求，确定数据库建设的目标、思路、各参建馆的具体分工、进度安排。中新金桥技术公司相关人员介绍数据库建设方案，并进行现场演示。陕西、河北、福建、浙江、上海、重庆等 6 家参建党校图书馆负责人分别做交流发言，介绍各馆建库经验，研究并解决所面临的问题。此次会议在数据库建设意义、框架功能、内容要求等方面达成多项共识，推动全国党校系统图书馆共建共享体系的建立。（中央党校图书馆　杜敏）

【召开全国党校系统西南地区党校数字图书馆建设工作交流会议】 7 月 14—15 日，全国党校系统西南地区党校数字图书馆建设工作交流会议在重庆市委党校召开。会上，分会主任、中央党校图书馆馆长郝永平做主题报告，重庆市委党校常务副校长谢金锋致辞，重庆市委党校教育长刘昌雄主持会议。中央党校图书馆有关处室负责人、全国党校系统图书馆各片区负责人出席会议。西南地区省级、副省级党校图书馆馆长、西藏党校图书馆馆长，以及重庆市委党校相关处室和重庆市党校系统五大协作片区组长单位负责人共 40 多人参加会议。会议深入分析党校图书馆面临的机遇与挑战，明确以“供给侧改革”推动转型发展的基本思路；交流有关党校图书馆贯彻落实全国党校系统图书馆工作会议精神，开展“供给侧改革”的基本情况；研究讨论“四大专题数据库”项目建设的有关事宜；同时，会议还通过中国图书馆学会党校图书馆分会人事调整方案。通过会议交流，与会代表进一步认识到加快转型发展、推动图书馆“供给侧改革”、推进数字资源建设共建共享工作的紧迫性和重要性，明确“十三五”期间西南地区党校系统图书馆各项建设任务，并就加强各馆协同合作，加快实现数字资源共建共享达成共识。（中央党校图书馆　杜敏）

【召开中国图书馆学会党校图书馆分会华北地区会议】 7 月 25—26 日，中国图书馆学会党校图书馆分会华北地区会议在天津市委党校召开。此次会议主题为以“京津冀一体化数据库”建设为引领，全面推动“四大专题库”建设。来自中央党校、北京市委党校、河北省委党校、山西省委党校、内蒙古自治区委党校、铁道总公司党校、天津市委党校图书馆的代表共 30 余人参会，围绕贯彻 2016 年全国党校系统图书馆工作会议精神，推动“四大专题库”建设等问题进行深入交流。天津市委党校常务副校长孙大海致辞，副校长董礼宏主持会议并做总结讲话。会上，分会主任、中央党校图书馆馆长郝永平以“全面贯彻两次会议精神、切实推动图书馆供给侧改革”为题做专题报告。来自山西省委党校、河北省委党校等校图书馆的代表分别就“贯彻落实全国党校系统图书馆工作会议精神、进一步推动‘十三五’期间‘四大专题数据库’建设”等内容做大会发言；中国知网党政与社团知识管理公司等有关企业的代表分别就“全国党校‘四大专题数据库’建库方案”“党校机构知识库建设服务”等主题做报告。会议对于华北地区各党校图书馆深入学习贯彻落实全国党校系统图书馆工作会议精神，促进党校图书馆“四大专题数据库”建设具有深刻影响和重要意义。（中央党校图书馆　杜敏）

【召开“四大专题数据库”申报项目评审会】 9 月 21 日，“四大专题数据库”申报项目评审会在中央党校图书馆召开，对各地方党校图书馆申报的子库项目和子课题项目进行评审。评审会由分会主任、中央党校图书馆馆长郝永平主持，分会副主任、中央党校图书馆副馆长刘俊瑞、张学森等 9 人组成评审小组。会议通报地方党校图书馆参与“四大专题数据库”子库项目、子课题申报工作情况。申报子库项目的单位共 37 家，其中省级党校 25 家、副省级党校 7 家、地（市）级党校 5 家；申报子库项目共 68 项，其中：“马克思主义理论教育专题数据库”4 个，“习近平总书记系列重要讲话精神专题数据库”10 个，“领导干部党性修养专题数据库”29 个，“新型高端智库建设专题数据库”19 个（包括文化研究数据库）。除此之外，根据各区域自身特色并结合当前自建数据库发展趋势，增设申报 6 个知识机构库或者文库。申报子课题研究的单位共 30 家，子课题 61 个。评审小组对申报的“四大专题数据库”68 个子库项目和 61 项子课题的申请书进行逐一审阅，提出具体的评审意见，并进行充分的讨论与评议，最后以无记名投票的方式表决通过所有申请项目的申请，全部予以立项。

评审会后，中央党校图书馆对各地方党校申报的子库、子课题进行论证与审核，颁发项目通知书和项目证书，完成项目的立项工作。（中央党校图书馆　杜敏）

【制定《全国党校系统图书馆工作评估指标体系》】 9月27日，中国图书馆学会党校图书馆分会、中央党校图书馆本着科学性、适用性、可操作性、前瞻性的原则，强调以读者为中心，以服务为根本，强化数字资源建设与学科化服务，制定完成《全国党校系统图书馆工作评估指标体系》。该指标体系以1994、2005年指标体系为基础，一方面对原指标体系中合理成分进行充分吸收，另一方面又综合考虑现代图书馆管理理念、信息技术、数字技术和多媒体技术等因素对图书馆组织机构、工作模式、工作机理和图书馆管理理念等方面的深刻影响，对原有的体系进行合理的修订和增删，进行大胆的改革与创新。该体系包括办馆条件、典藏建设、数字化建设、读者服务、科学管理等5个一级指标；包括体制、队伍、经费、馆舍、典藏、硬件、软件等20个二级指标，涉及61个评估要点。指标体系注重纸质与数字的融合，坚持质量与数量的统一，体现馆藏与效用的并重，是《党校办学质量评估指标体系》的一个重要组成部分。（中央党校图书馆　杜敏）

各省、自治区、直辖市图书馆学会

北京市

【概况】 2017年，北京市图书馆协会发展个人会员1025人，团体会员36个。协会严格遵守北京市社科联和主管单位北京市文化局的要求，不断完善、健全各项规章制度，督导会员正确、合理参加与开展各项学术研究活动，并按规定完成社会团体法人登记证、组织机构代码证、统计证等年检工作和“三证合一”的更换工作。受中图学会委托完成本市中图学会会员在中图学会会员计算机系统的登记工作。配合社团办完成对协会的抽查审计工作。坚持组织会员单位开展阅读活动，面向读者推荐图书、引导阅读。全年举办各类阅读活动5000余次，190余万人次参与其中。积极组织会员参加中国图书馆学会及其各专业委员会的学术征文活动，17名会员获奖；组织成员单位参加中图学会组织的“2017全国少年儿童阅读年”“2017书香社区论坛”“大数据技术在图书馆应用培训班”等学术活动，取得良好的效果。（北京市图书馆协会　高莹）

【开展学术培训】 2017年，北京市图书馆协会开展形式多样的培训。全年共举办各类交流培训5次，共计300余人次参加，促进各会员馆之间的业务合作与交流。其中，参与举办ALEPH500图书馆集成管理系统培训班、北京市文献联合编目中心中文图书高级编目培训班等，组织成员单位的150余人次到首图业务部门进行学习和实习；参与举办的南开大学教授柯平主讲的“公共图书馆评估定级的目的意义及总体要求、新特点和工作机制”培训班、评估标准解读培训班等，先后接待成员单位的140余人次到首图研讨交流。（北京市图书馆协会　李木子）

天津市

【概况】 2017年，天津市图书馆学会积极贯彻党中央提出的“以人为本，构建和谐社会”的发展目标，积极推进学术理论研究与图书馆实践相结合，侧重探讨天津市公共、高校、科研三大系统图书馆的合作与资源共享，顺利完成学会制定的年度工作目标，促进天津市图书馆事业的整体发展。截至2017年底，天津市图书馆学会共有个人会员959人，单位会员69个。

积极指导区级公共图书馆开展评估准备工作，完成文化部第六次全国县级以上公共图书馆评估工作；开展职称专业课培训、在职人员继续教育培训、全市少年儿童图书馆通借通还服务工作培训等多项培训活动；参与2017年“书香社区”发现评选活动，学会推荐的和平区新疆路社区荣登2017年“书香社区”发现活动名单；完成《中国图书馆年鉴2017》天津部分的编纂工作，撰稿1.5万字，提供代表性照片15张；发动并组织各馆参与中国图书馆学会主办的“我听·我读——2017年全国少儿读者朗诵大赛”活动，荣获“最佳组织单位”奖。

学会会刊《图书馆工作与研究》稳步发展。刊物在主办单位天津图书馆、天津市图书馆学会、天津市少年儿童图书馆以及协办单位天津市高等学校图书情报工作委员会的支持下，编辑部全体人员严把稿件质量关，全年收文 3230 篇，刊发 281 篇，其中基金项目 127 篇，继续保持“全国中文核心期刊”“天津市一级刊物”的地位。（天津市图书馆学会）

【指导各区图书馆做好迎评准备工作】 2017 年，天津市图书馆学会积极指导各区级公共图书馆开展迎接文化部第六次全国县级以上公共图书馆评估定级的准备工作。配合天津市文广局社文处管理参评区级成人图书馆和少儿图书馆的网上报名工作，核实确认报名数据，指导各区级公共图书馆在规定时间内填写评估指标数据，组建市评估专家库，指导评估专家网上操作，确保评估专家网上评审工作顺利进行。组织 2 次评估基础业务培训，共培训参评馆 206 人次。（天津市图书馆学会）

【开展职称专业课培训】 5 月—7 月，天津市图书馆学会举办 2017 年度天津市图书资料专业技术职称培训和考试。学会围绕职称培训工作的指导思想和图书馆工作的重点及参加培训人员的特点，安排培训课程，内容包括计算机技能、图书馆学概论、读者工作、文献标引、文献编目和参考咨询等。来自全市各公共、科研院所、中小学的图书馆工作者 112 人参加培训和考试，累计培训 320 学时，满足专业人员业务工作和评聘职称的基本专业要求。（天津市图书馆学会）

【开展在职人员继续教育】 2016 年 10 月，“天津市图书资料专业人员培训平台”正式上线，平台利用“互联网 +”，采用线上和线下相结合的方式开展馆员继续教育培训，为图书资料专业人员提供了丰富且具有针对性的学习内容和灵活便捷的学习方式。2017 年年内，平台邀请业界专家教师录制并上线 27 门课程，共计 126 学时。全市共有 1442 人报名参加培训。通过后台管理程序统计分析各区图书馆的人员结构（年龄、性别、学历、从业时间等）和网上听课行为，并根据数据改进课程设置和培训形式。另外，平台建立师资库实现教师与学员的互动，解决专业人员在工作中遇到的问题，使培训平台的培训效果达到最优。（天津市图书馆学会）

河北省

【概况】 2017 年，河北省图书馆学会按照章程继续大力吸引全省图书馆界优秀人才入会，新增会员 99 人，会员总数达到 1745 人。学会开展“先进学会”“先进单位”“优秀会员”“优秀学会工作者”评选活动。在中国图书馆学会举办的全民阅读评选表彰活动中，学会报送的石家庄市图书馆、廊坊市图书馆和唐山市丰南区图书馆荣膺“全民阅读示范基地”称号。唐山市图书馆荣获“2016 年全民阅读优秀组织”奖，邢台市图书馆荣获“2016 年全民阅读先进单位”，沧州市图书馆的“遇书房 · 经典阅览室”项目获得“2016 年阅读推广优秀项目”奖。河北省图书馆学会被中图学会评为“同筑中国梦　共度书香年”春节主题活动优秀组织单位奖。

重视以年会为平台，开展学术研讨、展示发展成就。组织会员参与学术征文、课题研究、繁荣学术；先后邀请 10 余位业界、学界著名专家，举办高水平学术报告。组织开展以“冀读经典，阅成习惯”为主题的第十四届燕赵少年读书系列活动；举办第四届全省图书馆服务创新案例竞赛；组织会员单位举办主题阅读活动，开展全民阅读表彰奖励。组织实施全省县级以上公共图书馆评估定级工作。强化业界合作交流，推动图书馆事业法制化进程。受省人大常委会委托，在全国人大常委会对《公共图书馆法》进行初审和二审前，学会组织专家调研座谈，提交书面意见；还在学会年会上专门设置公共图书馆法与图书馆评估分会场。组织发起成立“河北省公共图书馆阅读推广联盟”。强化业务培训创新，助力行业队伍建设。为促进全省图书馆专业队伍建设、事业均衡发展产生有利影响。

积极承接参与中图学会各项工作，提升在全国图书馆业界影响力。9 月，学会和沧州市图书馆等多家单位承办第二届“全国公私藏书与经典阅读论坛”，全国业界、出版界、藏书界的专家、同人等共 300 余名代表，对促进藏书事业的发展、经典阅读的推广和传统文化的传承产生积极影响。组织全省图书馆参加中图学会举办的“同筑中国梦　共度书香年”春节主题活动并获优秀组织单位奖。

各市级学会、各会员单位和专业分会创新业绩。全省各市级图书馆学会组织形式多样的阅读推广、学术交流，推动事业发展；开展基层业务辅导工作，尤其是在对县区图书馆以及分馆、流动图书站等的业务指导做了有益探索和实践。省学会高职高专院校分会举办工作研究暨学术研讨会；医院图书馆委员会举办全省性学术研讨活动。石家庄学院图书馆、河北师范大学图书馆等单位承办省学会主办的图书馆新入职馆员在线研修班、图书馆员职业生涯规划大赛、第四届服务创新案例竞赛等多项活动。（河北省图书馆学会　田宏瑞）

【2017年度燕赵少年读书系列活动在邯郸市启动】 4月23日，以“冀读经典　阅成习惯”为主题的河北省第十四届（2017年度）燕赵少年读书系列活动启动仪式在邯郸市图书馆举行。此次活动由河北省文化厅、省教育厅、共青团河北省委联合主办，河北省图书馆学会、省图书馆，全省各市文广新局、教育局、团委，各市、县图书馆学会和图书馆共同承办。在中小学读者中开展“书之蕴”——经典名著主题荐读活动、“书之思”——给作家写封信活动、“行以持”——321阅读习惯养成挑战赛、书香燕赵拼图——特色读书活动、“书之趣”——经典名著故事竞猜等一系列丰富多彩的读书活动。此项活动在全省各地反响热烈，参与人数连续5年突破10万人次，燕赵少年读书系列活动已经成为河北省公共文化服务体系建设中的一个重要文化品牌。（河北省图书馆学会　田宏瑞）

【河北省图书馆学会组织开展全省第六次县级以上公共图书馆的评估定级工作】 5月至10月，在河北省文化厅的指导、协调下，河北省图书馆学会具体组织开展全省第六次县级以上公共图书馆的评估定级工作。评估定级工作办公室设在学会秘书处，负责日常工作。学会起草评估工作实施方案，筹办评估定级工作部署会暨培训班，对此次评估定级工作做具体部署和安排；邀请专家解读《公共文化服务保障法》，评估定级宣讲工作专家委员会委员解读评估标准相关内容，沧州、廊坊和新乐市3个图书馆的馆长做迎评工作经验交流。来自各市文广新局公共文化处（科）干部、各市县图书馆馆长及业务骨干200余人参加培训。从天津市图书馆、河北省文化厅、财政厅、发改委、河北大学和省市两级图书馆中邀请专家，组成省级专家队伍。组织专家召开专题研讨会，就网上初评阶段出现的问题进行座谈并达成共识。编印评估专家手册，制定《实地评估程序要求》，编制《必备条件梯度打分一览表》等文件供专家参考。向评估小组下发《评估意见反馈表》，要求评估小组对所评各级馆进行意见反馈，说明存在问题与意见建议，为各馆今后的建设发展奠定基础。首次启用网上填报平台，密切关注全省各级图书馆的网上报名和网上填报情况，利用各种联络交流手段及时辅导，答疑解惑。学会全程参与各级图书馆的评估定级工作具体流程，确保评估工作有序开展，为图书馆事业发展发挥重要作用。（河北省图书馆学会　田宏瑞）

【河北省公共图书馆阅读推广联盟正式成立】 5月13日，河北省图书馆学会、河北省图书馆和全省11个设区市公共图书馆联合发起成立“河北省公共图书馆阅读推广联盟”。联盟吸收全省各级近百家图书馆自愿加入。阅读推广联盟以各设区市馆为地区中心馆，全省各级各类图书馆为成员馆。中心馆发挥引领、示范和带动作用，成员馆积极参与，协同开展公益讲座、展览及其他阅读推广活动。下一步将建立河北省公共图书馆“全民阅读推广活动项目库”和公益讲座专家志愿者团队，打造具有河北特色的活动、讲座、展览等品牌，把知识服务延伸到更深层次；定期举办河北省公共图书馆阅读推广联盟馆阅读推广工作座谈会，总结联盟工作开展情况，研讨新思路、新问题，健全联盟阅读推广活动的长效机制。该联盟将在今后的工作中共享资源，协同开展全民阅读和其他读者活动，以形成阅读推广的强大平台。（河北省图书馆学会　田宏瑞）

【河北省图书馆学会举办公共图书馆未成年人阅读推广服务专题培训班】 6月23日，由河北省图书馆学会主办，河北大学管理学院、保定市图书馆承办的“公共图书馆未成年人阅读推广服务专题培训班”在保定市举办。培训班特邀美国北卡罗来纳大学副教授布赖恩·斯特姆（Brian Sturm）为全省会员培训。布赖恩·斯特姆一方面系统展示美国公共图书馆的儿童与青少年服务的历史和经验，并用丰富的案例向学员直观展示；另一方面极富感染力地讲述未成年人阅读推广中“讲故事”的概括、表现方式与活动管理方案。来自全省公共图书馆的60余名学员及河北大学管理学院的学生参加培训。此次培训是学会近年来首次邀请外籍专家举办的未成年人阅读推广服务专题培训，提升了馆员的专业素质和水平，推动了公共图书馆未成年人阅读推广服务的发展。（河北省图书馆学会　田宏瑞）

【公私藏书与经典阅读论坛在沧州市举办】 9月20日，由中国图书馆学会阅读推广委员会主办，中图学会阅读推广委员会经典阅读推广专业委员会、河北省图书馆学会等单位共同承办的公私藏书与经典阅读论坛在沧州市举办。本次活动以“跨界・融合・传承：公私藏书的活化与经典阅读推广的创新融合”为主题，分为学术论坛及“对话沧州——珍贵典籍活化展”两部分。学术论坛部分邀请国内图书馆界专家、学者以及藏书家、出版人、作家、获奖征文作者做主旨报告和大会交流；展览部分包括“沧海之滨　华典雅集——沧州公私典藏展”、古籍版本知识图文展、图书馆新技术新设备展以及古籍版本知识普及讲座、读者藏书与阅读指导服务等一系列活动。此次论坛对促进公私藏书事业的发展、经典阅读的推广和传统文化的传承产生积极影响。（河北省图书馆学会　田宏瑞）

【河北省图书馆学会举办首期全省公共图书馆业务骨干培训班】 11月20日，首期河北省公共图书馆业务骨干培训班开班仪式在武汉大学信系管理学院举行。来自全省各级公共图书馆的70名学员接受为期7天的封闭式图书馆学专业理论与实务培训。培训班授课内容既有资源建设、用户服务、营销与公共关系等基础理论，也有服务创新、大数据、转型发展等前沿内容，还充实了关于党的十九大以及全国人大常委会新通过公布的《公共图书馆法》的讲解。培训班邀请武汉大学教授陈传夫、黄如花、肖希明等多位学界专家和湖北省图书馆副馆长谢春枝授课。此次培训班是自2016年8月河北省图书馆与武汉大学信息管理学院签订全面战略合作协议以来的首个合作项目。（河北省图书馆学会　田宏瑞）

【2017河北省图书馆学会年会暨河北省图书馆复馆30年学术研讨会召开】 12月5—7日，2017河北省图书馆学会年会暨河北省图书馆复馆30年学术研讨会在石家庄召开，来自全国其他省市的嘉宾代表及全省300余名业界同人参加盛会。年会期间，举办馆长论坛，国家图书馆副馆长兼国家古籍保护中心副主任张志清做题为“办好公共图书馆　培育民族精神家园”的主旨报告，上海图书馆馆长陈超做题为“新时代中国公共图书馆亟需新思维”的学术报告。年会设置“第四届青年论坛——图书馆员职业发展与规划”“第四届图书馆服务创新竞赛——案例分享”“阅读推广与数字服务”“法制　效能——公共图书馆法与图书馆评估”等4个分会场。闭幕式当天，举办学术报告会，中国人民大学信息资源管理系教授索传军做“关于图书馆知识服务的思考”学术报告，北京大学信息管理系教授、党委书记张久珍做“图书馆创新服务的方向”专题报告。闭幕式上宣读2016年全省图书馆年会以来工作回顾和2018年工作展望。大会召开期间，举办第四届图书馆创新服务案例宣传海报展和“砥砺奋进中国梦　辉煌冀图三十年——河北省图书馆复馆三十周年图文展”。

大会前夕，省学会召开八届六次常务理事会议和八届五次理事会议，通报年会筹备情况，审查通过有关决定、决议，听取学会工作的汇报。大会之后，省学会召开“2017年省、市公共图书馆馆长联席会议”，各馆就第六次全国县级以上公共图书馆评估定级迎评等工作做交流，对建立全省公共图书馆讲座展览资源的共知共享机制（微平台）等事项进行深入讨论。（河北省图书馆学会　田宏瑞）

山西省

【概况】 2017年，山西省图书馆学会继续按照抓学术交流、行业服务和科普阅读三条主线，加强组织建设和制度管理，完善会员管理制度，健全会员和业务管理档案制度，团体会员单位及个人会员人数大幅增长。截至12月底，山西省学会注册团体会员单位72个，个人会员726人，新发展大学生会员5人，会员结构更趋完善。

在学术委员及会员单位支持配合下，广泛参与业界学术活动。4月20—22日，在朔州市图书馆举办“山西省公共图书馆第六次评估定级培训班”。全省各市、县（区）图书馆馆长及业务骨干共计200多人参加培训。据统计，会员累计参加国家级会议、论坛、培训67场，省级155场，地方级39场，累计参与人数636人次。征集2017年中国图书馆年会论文及全国中小型公共图书馆联合会征文；参加第六次全国县级以上公共图书馆评估定级培训，组织申报中国图书馆学会“2016年全民阅读先进单位和阅读示范基地”评选；联动省内40家地市公共图书馆举办2017年“同筑中国梦　共度书香年”春节主题活动；参加由中国图书馆学会组织的2017年“最美中国图书馆故事”申报评选工作。组织开展“2017我听・我读——全国少儿读者朗读大赛”；组织青年馆员参加在湖北武汉举办的第七届青年馆员学术论坛。鼓励支持各市级图书馆学会独立自主开展学术活动，提高广大会员的学术研究水平。在第22个“世界读书日”之际，围绕“悦读・在路上”的活动主题，组织全省各图书馆开展阅读推广活动。继续以科普宣传周活动为契机，制订活动方案，组织全省60多家各级图书馆，利用展板、科普宣传资料、好书推荐、网上信息发布等渠道进行广泛的科普宣传。

2017年，获得由中国图书馆学会颁发的“同筑中国梦　共度书香年”活动优秀组织单位；获得由省科协颁发的“2017年科普宣传周先进集体奖”；由山西省图书馆学会推送的古交市图书馆、应县图书馆获得“全民阅读”先进单位；太原市图书馆报送的“真人图书馆”及隰县图书馆报送的“甜甜姐姐讲故事”获得阅读推广“优秀项目”；推荐山西省少儿图书馆在中国图书馆学会举办的“2017全国少年儿童阅读年系列活动”中获优秀组织奖，省图书馆李子峰获得“全国中小型公共图书馆联合会2017年研讨会”论文征集活动一等奖、汾阳市图书馆畅健等9位同志分获第18届山西省优秀论文二、三等奖。（山西省图书馆学会　武锦丽）

【山西省公共图书馆第六次评估定级培训班举行】　4月20—22日，由山西省文化厅主办，山西省图书馆学会、山西省图书馆、朔州市图书馆承办的“山西省公共图书馆第六次评估定级培训班”在朔州市图书馆举行。来自全省各市、县（区）图书馆馆长及业务骨干共计200多人参加了此次培训。在为期两天的培训中，山西省图书馆馆领导、业务专家从不同方面解读、释疑第六次公共图书馆评估定级的标准及新特点。通过培训，广大学员了解第六次评估定级各大指标的评分标准，掌握系统平台的使用方法，为第六次公共图书馆评估定级工作打下坚实的基础。（山西省图书馆　梁金平、王健）

【山西省图书馆学会召开五届十六次常务理事会】　12月19日，山西省图书馆学会五届十六次常务理事会在省图书馆召开，19位常务理事出席。山西省图书馆学会副理事长兼秘书长石焕发做2017年学会工作总结，并向各位常务理事就“关于调整山西省图书馆学会第五届理事、常务理事”“关于变更山西省图书馆学会理事长、副理事长”“关于表彰省图学会2014年—2017年优秀会员、优秀学会工作者”等4项议题向常务理事会提出审议申请。太原科技大学图书馆馆长赵子龙安排各专业委员会制定2018年学术工作计划与开展学术活动事宜。与会理事分别从教育培训、活动开展、存在问题、课题研究等方面建言献策，认真履行常务理事工作职责，为山西省图书馆事业发展共同努力。（山西省图书馆学会　武锦丽）

内蒙古自治区

【概况】　2017年，内蒙古自治区图书馆学会认真贯彻落实中国图书馆学会、内蒙古自治区社科联、内蒙古自治区文化厅等上级文件、通知精神，组织、号召全区图书馆工作者参加各级各类的学术研讨会、培训班等，积极撰写论文参加征文比赛，充分做好桥梁纽带作用，积极推荐区内优秀单位和个人申报各级各类的评选活动。完成内部连续性出版物《内蒙古图书馆工作》汉文版一年4期、蒙文版一年2期的组稿、编辑和出版工作。完成《中国图书馆年鉴2017》《内蒙古社科联2014—2016年内蒙古自治区图书馆学会年鉴》的编写工作。参加全区公共图书馆第六次评估定级的专家评定工作，对全区7个盟市10余个旗县进行实地评估考核。2017年，内蒙古自治区图书馆学会首次参与自治区级社会组织的评估定级，在93个参加评定的社会组织中脱颖而出，并获得社会科学类第一个5A级社会组织。7月18日在全国社科联第十八次学会工作会议上内蒙古自治区图书馆学会荣获“全国先进学会”的荣誉称号。11月24—26日，内蒙古自治区图书馆学会在呼伦贝尔市举办2016—2017年度内蒙古自治区图书馆学会年会暨新时代图书馆事业发展对策论坛。（内蒙古自治区图书馆学

会　乌兰格日勒　李文清）

【全国第三期图书馆评估定级与阅读推广培训班开班】 5月24日，全国第三期图书馆评估定级与阅读推广培训班在巴彦淖尔市五原县开班，来自全国各省、自治区、直辖市，各地（市）县，各高校的图书馆馆长等近200人参加培训。中国图书馆学会副理事长刘小琴等领导出席开班仪式。本次培训班由中国图书馆学会主办，内蒙古自治区图书馆学会、巴彦淖尔市图书馆学会、五原县人民政府承办，为期2天。培训邀请具有图书馆评估工作经验、教学经验和管理经验的图书馆馆长及专家授课，就评估定级与图书馆数字阅读、评估定级与图书馆经典阅读、《评估标准》中图书馆阅读推广条文、公共图书馆第六次评估在线问答服务、评估定级管理服务平台使用和填报等进行详细讲解。（内蒙古自治区图书馆学会　乌兰格日勒　李文清）

【2016—2017年度内蒙古自治区图书馆学会年会暨新时代图书馆事业发展对策论坛举办】 11月24—26日，内蒙古自治区图书馆学会在呼伦贝尔市举办2016—2017年度内蒙古自治区图书馆学会年会暨新时代图书馆事业发展对策论坛。全区各级各类图书馆300余位会员参加会议。内蒙古自治区图书馆学会理事长李晓秋做题为"砥砺奋进、压茬拓展，开启全面建设内蒙古自治区图书馆事业新征程"工作报告。大会表彰在2016—2017年度工作突出的先进集体和个人。本次年会特邀北京大学教授、国家公共文化服务体系建设专家委员会主任委员李国新做专题讲座，向全体参会人员深度解读《中华人民共和国公共图书馆法》。在年会期间召开内蒙古自治区图书馆学会第七届二次常务理事扩大会议。（内蒙古自治区图书馆学会　乌兰格日勒　李文清）

【"同读一本书　共圆中国梦"——内蒙古图书馆面向全区盟市旗县公共图书馆发起深入学习《习近平谈治国理政》(第二卷)阅读挑战赛】 12月9日，"同读一本书共圆中国梦"深入学习《习近平谈治国理政》（第二卷）阅读挑战赛活动启动仪式在内蒙古图书馆举行。本次活动由内蒙古自治区图书馆学会和内蒙古图书馆组织举办，面向全区12个盟市、104个旗县公共图书馆发出"同读一本书　共圆中国梦"的倡议。全区117个公共图书馆在同一时间、以同一种形式，组织全区干部群众同读《习近平谈治国理政》第二卷，来自全区各界干部群众6000余人参加活动。（内蒙古自治区图书馆学会　乌兰格日勒　李文清）

辽宁省

【辽宁省图书馆学会获"2017年'同筑中国梦共度书香年'活动表现突出单位"】 2017年1月—3月，辽宁省图书馆学会组织动员省内鞍山市图书馆、鞍山市少儿图书馆、本溪市图书馆、丹东市图书馆、营口市图书馆、阜新市图书馆、盘锦市图书馆等公共图书馆联合开展"同筑中国梦共度书香年"图书馆春节主题活动。各参与单位分别通过相关报纸、电视台、网络、微信平台等方式进行活动宣传，参与活动人数达到3万余人次。辽宁省图书馆学会在此次活动中被中国图书馆学会评为"2017年'同筑中国梦共度书香年'活动表现突出单位"。（辽宁省图书馆学会）

【辽宁图书馆学会开展第六次全国县级以上公共图书馆评估定级工作】 4月26—28日，由中国图书馆学会主办，辽宁省图书馆学会和辽宁省图书馆共同承办的第六次全国县级以上公共图书馆评估定级培训班（沈阳站）开班。中国图书馆学会副理事长刘小琴，辽宁省图书馆学会理事长、辽宁省图书馆馆长王筱雯分别在开幕式上致辞，辽宁省图书馆副馆长卢丹主持开幕式。来自全国各省（自治区、直连辖市）地市级公共图书馆和县级公共图书馆320名学员参加此次培训。7月27—28日，在沈阳举办辽宁省第六次县级以上公共图书馆评估定级工作评估专家培训班，来自省内的62位评估专家参加了为期两天的培训学习。（辽宁省图书馆学会）

【东北地区第十六次图书馆学科学讨论会举办】 10月30日—11月2日，由辽宁、吉林、黑龙江三省图书馆学会联合主办，盘锦市图书馆学会承办的东北地区第十六次图书馆学科学讨论会在盘锦举办，来自东北三省图书馆界的专家学者和图书馆工作者140余人参会。以"驱动社会融合发展"为主题，三省图书馆学会共征集会议论文213篇，6名图书馆工作者在会上进行交流发言。会议特邀《图书情报工作》杂志社社长、主编初景利做“从传统服务能力到新型服务能力的转型变革”学术报告。（辽宁省图书馆学会）

吉林省

【吉林省图书馆学会八届五次常务理事（扩大）会召开】 3月10日，吉林省图书馆学会八届五次常务理事（扩大）会议在省图书馆召开，48名学会常务理事、地区馆长和部分高校馆长参加会议。会议听取和审议学会副理事长、长春市图书馆馆长谢群所做的学会2016年工作报告，以及学会副理事长、东北师范大学图书馆馆长刘万国介绍学会2017年工作计划，着重部署召开第九次会员代表大会、全省公共图书馆馆长例会、组织专业课题申报及立项和县级以上公共图书馆评估定级等重点工作，审议并通过《2017年度吉林省图书馆学、情报与文献学课题指南》。批准成立阅读推广委员会、未成年人服务委员会等9个专门委员会。正式吸纳吉林电子信息职业技术学院图书馆等3个单位加入学会。向与会人员传达省文化厅第六次全国县级以上公共图书馆评估定级工作方案，以及文化部等五部委联发的《关于推进县级文化馆图书馆总分馆制建设的指导意见》。（吉林省图书馆学会秘书处）

【第六次全国县级以上公共图书馆评估定级吉林省培训班举办】 4月21日，由吉林省文化厅主办，吉林省图书馆学会、吉林省图书馆承办的第六次全国县级以上公共图书馆评估定级吉林省培训班在省图书馆举办。来自各地区文广新局评估工作负责人及全省52家市（州）、县（区）图书馆馆长及业务骨干近300人参加培训。培训班邀请第六次全国县级以上公共图书馆评估定级宣讲工作专家委员会委员、华博胜讯（北京）信息科技有限公司评估定级平台研发负责人胡凤彬就评估平台和网上填报做介绍和演示。省图书馆副馆长宋艳介绍评估工作总体要求、试评估工作经验及体会，孙秀萍、马慧艳、侯国柱3位老师分别从评估定级工作的服务效能、业务建设和保障条件等3个方面，对图书馆必备条件和评估标准进行详细解读。通过培训，有效地进全省各级公共图书馆基础设施、业务建设、服务工作和办馆效益的提升，指导和推动各地评估定级工作的有序开展。（吉林省图书馆学会秘书处）

【吉林省公共图书馆馆长培训班召开】 5月10—11日，由吉林省文化厅主办，吉林省图书馆学会、吉林省图书馆承办，中国宏观经济学会协办的吉林省公共图书馆馆长培训班在长春举办。全省各市（州）、县（市、区）及强县扩权试点县图书馆馆长参加培训。此次培训班邀请中国经济体制改革研究会特约研究员李晓宁、吉林大学心理健康指导中心副教授何思彤、文化部全国公共文化发展中心研发推广部处长陈移兵3位专家，分别以“经济全球化与现代情报·组织”“卓越领导力的识别与培养”“公共数字文化体系的建设与服务—全国文化信息资源共享工程”为题做报告。围绕文献资源建设工作召开吉林省文献联合编目中心成立会议。围绕《公共文化服务保障法》、县级总分馆制、公共馆评估定级3面内容交流座谈。（吉林省图书馆学会秘书处）

【吉林省第六次全国县级以上公共图书馆评估工作暨专家培训会议在长春召开】 7月18日，由吉林省文化厅主办，吉林省图书馆学会、吉林省图书馆承办的吉林省第六次全国县级以上公共图书馆评估工作暨专家培训会议在省图书馆召开。省文化厅公共文化处处长王勇、省图书馆馆长赵瑞军等领导及来自长春、吉林、延边、白城等地的全省评估专家组专家总计20人参加会议。会议传达本次评估的整体工作目标和工作安排，公布各组专家名单及所负责地区，落实各组工作任务。省文化厅与各组专家分别签订承诺书，并向其颁发聘书。根据本次会议部署，该省评估工作共设3个评估专家组，分别由省文化厅、省图书馆、长春市图书馆牵头组织实施。计划用一个半月时间完成对全省60个市州、县区图书馆的网上评审以及部分图书馆的实地评估及终评总结工作。（吉林省图书馆学会秘书处）

【吉林省首届“图书馆管理与双一流建设”云舟论坛举办】 9月29日，由吉林省图书馆学会图书馆管理委员会主办，吉林农业大学与北华大学承办的吉林省首届“图书馆管理与双一流建设”云舟论坛在吉林农业大学图书馆召开。吉林省图书馆学会理事长、省图书馆馆长赵瑞军，吉林省高校图书情报工作委员会副主任、东北师范大学图书馆馆长刘万国，中原工学院原图书馆馆长张怀涛，湖北省高校图书情报工作委员会副秘书长、武汉大学图书馆副馆长黄鹏以及省内各高校、公共图书馆馆长及馆员100余人参加论坛。论坛由吉林农业大学图书馆馆长崔永军主持。会前，吉林农业大学副校长陈光与赵瑞军等参会嘉宾就图书馆如何为大学“双一流”建设服务做充分交流。赵瑞军为论坛致辞，张怀涛、刘万国分别做题为“图书馆转型及图书馆员责任”“‘双一流’环境下世界级文献服务体系建设”主题报告。本次论坛旨在提高全省高校图书馆馆员对高校转型期“双一流建设”的认识，加强各高校间的学术交流与沟通，推动全省高校加快双一流建设。（吉林省图书馆学会秘书处）

【吉林省图书馆学会数字图书馆建设委员会2017年会召开】 12月1日，由东北师范大学图书馆主办的吉林省图书馆学会数字图书馆建设委员会2017年会暨图书馆系统部主任联席会议第一次会议，在吉林华桥外国语学院图书馆召开，来自全省高校、公共馆、省委党校等近40家主管系统业务的副馆长和部门主任70余人参会。数图建设委员会主任、东北师大图书馆副馆长刘青华主持会议，并做“技术与服务：融入、促进、引领”主题报告，北华、东北师大等10余个单位参会代表分享本馆系统建设与服务方面的成功案例。各馆技术人员针对工作中的问题进行交流。（吉林省图书馆学会秘书处）

黑龙江省

【黑龙江省第六次全国县级以上公共图书馆评估定级工作完成】 根据文化部办公厅《关于开展第六次全国县级以上公共图书馆评估定级工作的通知》精神，黑龙江省文化厅于3月1日召开会议部署评估工作，并下发《关于开展第六次县级以上公共图书馆评估定级工作的通知》；组织全省参加中图学会举办的各期评估培训班，并于4月7日至8日举办全省业务评估培训班；5月26日，黑龙江省图书馆学会召开全省地市图书馆馆长会议，进一步推进评估工作；7月21日，黑龙江省文化厅社文处召开全省地市文化局局长和图书馆馆长参加的评估工作会议。

黑龙江省共有13个地市，按照层级评估原则，省文化厅组建省级专家组（按文化部要求从全国评估专家库中特邀两位外省专家）负责评估11个地市图书馆（黑河地区、绥化地区没有地区图书馆），2个省直管县级市图书馆（绥芬河市图书馆、抚远市图书馆），以及绥化北林区少儿图书馆、牡丹江朝鲜族图书馆，对各地区评估情况进行抽查。各地市文化局组成本地区评估专家组，负责评估辖区内县区图书馆。各地市评估工作于8月10日结束。8月15日至30日，省文化厅组成两个专家组，对全省公共图书馆进行评估检查。共评估16个地市级图书馆，抽查49个县区级图书馆。9月8日全省评估工作完成。（黑龙江省图书馆学会秘书处）

【2017年全省图书馆业务辅导暨学会秘书长工作会议召开】 10月31日，2017年黑龙江省图书馆业务辅导暨学会秘书长工作会议在辽宁省盘锦市召开，来自全省市（地）图书馆学会秘书长、辅导部主任18人参会。黑龙江省图书馆学会理事长、省图书馆馆长高文华讲话，安排、部署全省工作。省学会秘书长、辅导培训部主任邓小姣做“《关于推进县级文化馆图书馆总分馆制建设的指导意见》文件解读”的报告。（黑龙江省图书馆学会秘书处）

【2017年黑龙江省图书馆学会年会召开】 11月14—15日，由黑龙江省科学技术协会、黑龙江省图书馆学会主办的2017年黑龙江省图书馆学会年会在省图书馆召开，来自全省各级图书馆及学会同行近200人参加会议。开幕式由黑龙江省图书馆学会常务理事、省图书馆副馆长张大尧主持。黑龙江省图书馆学会理事长、省图书馆馆长高文华致辞。会议分学术报告、学术交流、专题讲座3部分。学术报告包括：北京大学信息管理系教授王余光主讲“图书馆经典阅读室建设”；省学会学术委员会主任、黑龙江大学信息管理学院副院长、研究馆员蒋永福主讲“《中华人民共和国公共图书馆法》解读”；高文华主讲“深入实施文化惠民工程　促进公共文化平衡充分发展”；省学会秘书长邓小姣主讲“《关于推进县级文化馆图书馆总分馆制建设的指导意见》解读”。学术交流包括：黑龙江科技大学图书馆馆长苏显义主讲“黑龙江科技大学图书馆‘义务馆员’教育工作十周年回顾”；黑龙江省图书馆阅读推广部主任王政主讲“传统文化阅读推广案

例介绍——《诗经》国学公开课”。专题讲座环节是由文化部全国公共文化发展中心培训保障部副处长焦延杰主讲“国家公共文化云”。会议以“创新驱动发展”为主题，共收到论文 37 篇、服务案例 56 项，经省图书馆学会学术委员会评审，最终评出获奖论文 30 篇等奖、获奖服务案例 30 项。（黑龙江省图书馆学会秘书处）

上海市

【概况】 2017 年，上海市图书馆学会在业务主管单位上海市科学技术协会、挂靠单位上海图书馆（上海市科学技术情报研究所）的管理指导下，在第九届理事会直接领导下和各工作委员会及各会员单位图书馆的积极支持配合下，积极进取，开拓创新，各项工作均取得新的成绩。承担完成第六次全国县级以上公共图书馆评估定级上海区（县）级图书馆评估工作；继续保持上海市科协“二星级”学会称号。全年累计举办各类型全国性、区域性及全市性学术会议、年会、论坛、报告、讲座、征文、培训、科研课题申报等活动 30 余次。组织申报完成 2017 年度上海市科协学术课题项目两项。学会会刊《图书馆杂志》年度出版发行达 6.6 万份、数字版机构用户达 6000 余个，荣获“第六届华东地区优秀期刊奖”，《图书馆杂志》数据出版管理平台项目获上海市新闻出版局立项。（上海市图书馆学会秘书处）

【图书馆阅读推广理论与实践专题研讨会】 1 月 12 日，研讨会在上海师范大学举行。会议由上海市图书馆学会、上海市高等学校图书情报工作委员会共同主办，上海市图书馆学会大学生阅读推广委员会、《图书馆杂志》、《上海高校图书情报工作研究》、上海师范大学图书馆承办。邀请《大学图书馆学报》副主编王波，华东师范大学信息管理系范并思做专场学术报告，并举行“悦读青春　书香校园”《上海高校图书馆阅读推广工作案例汇编（2012—2016）》发布活动，该案例收录全市 16 所高校图书馆提交的阅读推广工作案例 28 份，翔实地记录阅读推广活动的进程。来自上海本地图书馆行业的 150 余名图书馆员参会。（上海市图书馆学会秘书处）

【图书馆学基础理论与实践培训研讨班】 4 月 12—13 日，由上海市图书馆学会、上海市高等学校图书情报工作委员会共同主办，《图书馆杂志》、《信息与管理研究》、《上海高校图书情报工作研究》、上海师范大学图书馆承办的图书馆学基础理论与实践培训班在上海师范大学举办。上海师范大学、上海市图书馆学会秘书处等领导出席。此次研讨班聘请到上海市政府参事、中国图书馆学会副理事长兼学术委员会主任吴建中，北京大学信息管理系教授王子舟，南京大学信息管理系教授叶继元，上海师范大学天华学院图书馆馆长吴志荣 4 位图书馆界知名专家学者进行图书馆基础理论研究的讲座和培训。来自北京、河北、浙江、江苏、江西、湖北、四川、广西、云南等 10 余个省、自治区、直辖市及上海本地图书馆行业的 180 余名图书馆员与会参加培训。除现场与会人员会，此次研讨班还进行网络直播，更多的场外馆员通过直播收看专家讲座。（上海市图书馆学会秘书处）

【图书馆学实证研究研讨班】 5 月 12—13 日，由上海市图书馆学会主办，同济大学图书馆承办的图书馆学实证研究研讨班在同济大学德文图书馆举办。研讨班由南开大学商学院信息资源管理系教授徐建华领衔的学术团队为参会人员做专题培训。培训专题包括“社交媒体、搜索引擎与行为科学研究”“问卷调查的研究设计”“访谈技巧及实施”“数据录入与审查、因素分析、信效度检验、描述性统计、均值比较、回归分析”“实证研究报告与论文的写作”“国家社科基金项目申请”和“图书馆人职业生涯规划与管理”共 7 个专题。来自上海地区的图书馆员以及全国各地的其他地区图书馆员共 120 余人参加此次研讨班。培训活动结束后，上海市图书馆学会秘书长金晓明与南开大学商学院信息资源管理系教授徐建华为各位学员颁发了培训证书。（上海市图书馆学会秘书处）

【2017 年儿童阅读推广人培训】 5 月 14—17 日，2017 年儿童阅读推广人培训在浦东图书馆举行。为推动全民阅读，加强阅读推广人队伍建设，2015 年起，上海市图书馆学会联合上海浦东图书馆，并以上海浦东图书馆为率先试点单位，全面探索和建立“阅读推广人”制度及培训、认证机制。此次培训邀请北京师范大学文学

院教授陈晖，上海市图书馆学会阅读推广委员会主任赵亮，著名阅读推广人、心理学者郭骅，著名阅读推广人、画家姬炤华，上海故事妈妈工作室创办者黄欣雯，科普作家、玉米实验室创始人史军，深圳少年儿童图书馆阅读指导组负责人蔡淼，杭州少年儿童图书馆副主任吴白羽等 8 位知名专家及从业人员为学员们开课。课程涉及“儿童文学与儿童文学阅读指导”“绘本的基本概念与分类”“儿童心理与阅读”“绘本与美育”“生命教育”“如何评价少儿科普读物的优劣”“如何带领读书会”“少儿阅读推广活动的策划”等领域，较为全面的涉及儿童阅读推广工作的诸多方面。（上海市图书馆学会秘书处）

【图书馆学基础理论与实践培训研讨会(第二期)暨 2017 长三角高校图书馆联盟论坛】 6 月 14—15 日，在上海师范大学举行。本次会议由上海市图书馆学会、上海市高等学校图书情报工作委员会共同主办，《图书馆杂志》《信息与管理研究》、上海师范大学图书馆承办，高等教育出版社协办。本次研讨会邀请到北京大学图书馆馆长朱强、北京大学信息管理系教授王余光、武汉大学信息管理学院教授肖希明 3 位图书馆界知名专家进行图书馆学基础理论的学术报告。会议同时邀请到上海图书馆副馆长周德明、复旦大学图书馆党委书记兼常务副馆长严峰、上海交通大学图书馆副馆长林皓明、同济大学图书馆党委书记兼档案馆馆长慎金花 4 位来自上海图书馆业界的专家，以“图书馆资源建设工作的思考”为主题，进行学术访谈和对话交流。来自北京、河北、江苏、浙江、安徽、广西、宁夏、内蒙古、云南等 10 余个省、自治区、直辖市及上海本地图书馆行业的 150 余名图书馆员与会参加培训，研讨会闭幕式上为与会馆员颁发了培训证书。（上海市图书馆学会秘书处）

【图书馆空间再造与功能重组转型研讨会】 6 月 22 日，研讨会在上海市徐汇区举行。会议由中国图书馆学会学术研究委员会图书馆建筑与设备专业委员会、上海市图书馆学会联合主办，上海市徐汇区图书馆、《图书馆杂志》等承办，上海阿法迪智能标签系统技术有限公司协办。此次研讨会邀请到上海市政府参事、中国图书馆学会副理事长兼学术委员会主任吴建中，中国图书馆学会图书馆建筑与设备专业委员会副主任、东南大学教师教学发展中心主任顾建新，现代建筑设计集团上海建筑设计研究院建筑三院院长、上海院副总设计师姜世峰，中国图书馆学会图书馆建筑与设备专业委员会副主任、首都图书馆副馆长邓菊英，中国图书馆学会常务理事、北京师范大学图书馆馆长张奇伟，中国图书馆学会学术委员会图书馆统计与评价专业委员会副主任、华南师范大学图书馆馆长高波等专家做专题报告。同济大学图书馆党委书记兼档案馆馆长慎金花和徐汇区图书馆馆长房芸芳分别主持专家报告。来自北京、福建、广西、江西、江苏、河南、安徽、陕西、湖北、湖南、贵州、沈阳、四川以及上海本地的 200 余名图书馆同人参会。（上海市图书馆学会秘书处）

【2017 年图书馆学术论坛】 10 月 21 日，由上海市图书馆学会、上海市高等学校图书情报工作委员会主办，上海师范大学图书馆承办的 2017 年图书馆学术论坛在上海师范大学举行。论坛邀请范并思、任树怀、顾晓光、吴志荣就图情项目申报及论文撰写与发表做专题报告，在论坛的交流环节，部分优秀论文作者进行了写作交流，并得到专家们的现场专业点评。上海市图书馆学会理事长、上海图书馆副馆长周德明到会致辞，上海师范大学图书馆馆长刘民钢主持开幕式。此次论坛从 4 月份征文到 8 月底截稿，共收到投稿论文 80 篇，其中 16 篇论文进入大会交流。论坛为优秀论文获奖代表颁发获奖证书。（上海市图书馆学会秘书处）

【“图书馆在海派文化推广中的作用与地位”研讨会】 10 月 26 日，研讨会在上海商学院举办。会议由上海市图书馆学会主办，上海商学院、上海师范大学图书馆、徐汇区图书馆、华东师范大学信息管理系共同承办。会议邀请到上海市政府参事、中国图书馆学会副理事长兼学术委员会主任吴建中，上海师范大学人文学院教授孙逊，华东师范大学人文学院教授陈子善，作家与学者林华，南京大学信息管理学院教授徐雁，巴金故居纪念馆常务副馆长周立民，上海商学院图书馆馆长张建华等学术界、文化界、文学界以及图书馆界的知名专家、学者和作家，就“海派文化”及“图书馆在推广中的作用与地位”开展探讨。来自上海图书馆界的馆长、书记、馆员，图书馆学情报学专业学生，《图书馆杂志》《上海高校图书情报工作研究》《图书馆报》《中国出版传媒商报》《海派文化报》《新华网》《新闻晨报》及高等教育出版社等新闻界、文化界200余位同人与会。（上海市图书馆学会秘书处）

【上海市图书馆学会2017年学术年会】 12月26日，由上海市图书馆学会、上海图书馆（上海科学技术情报研究所）主办，上海市中心图书馆、文化部公共文化研究上海图书馆基地协办，复旦大学图书馆承办的上海市图书馆学会2017年学术年会在复旦大学召开。上海图书馆、上海市图书馆学会等单位领导以及来自全市各系统各级各类图书馆会员单位、相关企业的会员代表，应文化部公共文化研究上海图书馆基地邀请的西藏、新疆、四川、贵州、重庆、山西、广西、湖北等地区公共图书馆的代表以及其他省市高校等系统图书馆代表500余人参加年会各项活动。在开幕式上，举行复旦大学人文社科数据研究所揭牌仪式，复旦大学校长助理陈志敏、上海图书馆馆长陈超、复旦大学图书馆馆长陈思和与复旦大学大数据学院副院长吴力波共同为研究所揭牌。学会副理事长于建荣宣读第九届学术委员会、阅读推广委员会、青年学者委员会主任和组成成员名单。学会副理事长金波宣读“上海市图书馆学会关于表彰2017年度‘优秀学术活动组织特别贡献奖’和‘优秀学术活动组织奖’的决定”，为获得“优秀学术活动组织特别贡献奖”“优秀学术活动组织奖”的单位以及获得“第二届上海市信息资源管理优秀成果奖”的集体和个人进行颁奖。开幕式上还举行首次《上海市少年儿童阅读报告》发布仪式。此次年会的主题为“智慧与包容：迎接新时代”。复旦大学社会科学研究数据中心主任、复旦大学人口与发展政策研究中心主任彭希哲，中国图书馆学会副理事长、上海市图书馆学会名誉理事长吴建中分别做题为“数据为基础的人口科学研究”和“推进数据管理助力开放科学——学习十九大报告的几点思考”的报告。年会还分设5个分会场，与会者围绕“融合数据、启迪智慧”“社会包容：理论、政策与实践”“服务与资源建设之转型发展”“转型与融汇：案例·经典·文化”和“海派新声：历史与现实的质疑和超越”5个主题展开讨论。（上海市图书馆学会秘书处）

江苏省

【概况】 2017年，江苏省图书馆学会发展省图书馆学会个人会员191人、单位会员15家，发展中国图书馆学会个人会员180人、单位会员7家。共在册省学会个人会员1876人、单位会员121家，中图学会个人会员847人、单位会员20家。江苏省图书馆学会不断加强自身建设，凝聚全省力量，开展评估定级，加强业务培训，推动学术研究，扩大合作交流，促进全民阅读，完成第六次全国县级以上公共图书馆评估定级工作。

开展学术交流，浓厚学术氛围。举办“首届江苏省图书馆数据管理与服务创新”专题大赛，开展2017年江苏省图书馆学会课题申报，召开江苏省图书馆学会2016—2017年学术年会。协助开展2017年中国图书馆学会年会征文活动，江苏地区共提交论文126篇，其中66篇获奖，一等奖17篇、二等奖15篇、三等奖34篇，南京图书馆一等奖获奖总数为全省第一，江苏省图书馆学会、南京图书馆获“年会征文组织奖”。各专业委员会正常开展活动，1月13日专业图书馆委员会在省科技情报研究所召开大数据时代信息资源开发与利用工作研讨会；10月30日—11月1日阅读推广委员会在江苏大学图书馆举办2017华夏阅读论坛暨书评馆员培训与全民阅读推广研讨会；11月8—10日，医院图书馆委员会在金坛举办学术年会；11月8日，高校图书情报工作委员会在浙江省湖州师范学院图书馆召开2017江浙两省数字图书馆发展论坛。11月25日，新一届未成年人图书馆服务专业委员会召开成立大会。

组织评估定级，圆满完成任务。3月30日举办全省培训班，印制发放《评估定级检查学员手册》，建立全省评估工作QQ群，公布咨询电话，成立3个专家评估小组，邀请外省市专家参加评估定级检查工作，在完成网络平台初评打分的基础上，通过听取汇报、查阅台账、实地察看等形式，先后对12个地级市图书馆、3个地级市少儿馆进行实地复评，并抽查14个县级馆。9月上旬，文化厅组织专家组集体讨论后确定最终评估得分，完成网上正式提交。12月10—13日，文化部第六评估组对南京图书馆、金陵图书馆两家副省级以上公共图书馆进行实地评估定级，并随机抽查扬州市图书馆、江都区图书馆和仪征市图书馆。江苏省整体评估工作得到文化部评估组“组织有序、实施得力”的好评。

开展教育培训，提高队伍素质。全年累计主办或承办各类培训班4个，参训1000余人次。3月27—29日，承办少年儿童图书馆评估定级培训班；3月30日，举办江苏省第六次全国县级以上公共图书馆评估定级培训班；4月17—19日，承办第六次全国县级以上公共图书馆评估定级培训班（苏州站）；6月6—9日，举办全国图书馆民国时期文献编目工作研修班。

开展协作协调，促进阅读推广。积极组织2017年“同筑中国梦　共度书香年”活动，江苏省图书馆学会被评为“表现突出单位”。配合中国图书馆学会开展2017年“全民阅读”工作，江苏省14家单位获得相关荣誉称号。其中：南京邮电大学图书馆、镇江市图书馆2家单位获得“全民阅读示范基地”称号，连云港市图书馆、张家港市少年儿童图书馆、苏州市姑苏区图书馆、南京工业大学图书馆和南京艺术学院图书馆5家单位获“全民阅读先进单位”称号，昆山市图书馆的“小书虫俱乐部”等7个项目获“阅读推广优秀项目”，南京图书馆等14家“全民阅读示范基地”单位全部通过复核。组织发动全省县区级图书馆开展2017年“书香社区”发现活动，常熟市蒋巷村、苏州市葑塘社区、常熟市聚和佳苑社区、无锡市太湖花园第二社区、常熟市海福新城社区、苏州市翰林缘社区、张家港市永合社区、常熟市双港社区、张家港市东莱社区共9个社区进入该名单，占全国40个社区的22.5%。

加强宣传出版，扩大社会影响。全年编辑出版发行省学会会刊《新世纪图书馆》12期，全年收到投稿2088篇，刊登论文244篇，发行1850份。对省学会内刊《图书馆之窗》和省图书馆学会网站进行改版，进一步厘清功能定位，重新设计版面，增删相关栏目，每期确立一个主题，提高刊物的原创性、学术性和可读性，全年出版6期，每期印发1800份。完成《中国图书馆年鉴2017》图书馆事业栏目中有关江苏地区公共图书馆、高校图书馆、学会工作3部分内容。

加强自身建设，促进协调发展。先后召开理事长会、第七届二次常务理事会、第七届三次理事会通讯会、召开各市图书馆学会秘书长座谈会，建立理事会QQ工作群，积极做好上传下达及兄弟学会的联系工作，南通、苏州、盐城、常州等市图书馆学会先后召开会员代表大会，及时进行换届选举。（江苏省图书馆学会　李浩　储兰　董莹）

【江苏省图书馆学会七届二次常务理事会召开】 1月5日，江苏省图书馆学会七届二次常务理事会在南京图书馆召开。江苏省文化厅党组成员、副厅长兼省图书馆学会理事长裴旭，南京图书馆副馆长、省学会常务副理事长全勤，副理事长孙建军、顾建新、叶志锋、管红星、周晓明、董群及各常务理事出席会议，12个分支机构负责人及各市图书馆学会秘书长列席会议。会议由全勤主持并审议通过裴旭所做的工作报告。秘书长李浩报告省学会2016年收支情况。12个分支机构负责人分别报告2016年工作及2017年计划。（江苏省图书馆学会　李浩　储兰　董莹）

【江苏省第六次全国县以上公共图书馆评估定级培训班举办】 3月30日，由江苏省文化厅指导、省图书馆学会和南京图书馆主办、北京超星数图信息技术有限公司协办的江苏省第六次全国县级以上公共图书馆评估定级培训班在南京图书馆举办。省文化厅副厅长、党组成员，省图书馆学会理事长裴旭做开班动员讲话。培训班先后由省图书馆学会常务副理事长、南京图书馆副馆长全勤和省图书馆学会秘书长李浩主持。刘晓清、陈昊琳、慎志浩、刘树峰、叶艳鸣等专家授课，来自全省各市、县（区）图书馆馆长及业务骨干240余人参加培训。（江苏省图书馆学会　李浩　储兰　董莹）

【首届江苏省图书馆数据管理与服务创新专题大赛举办】 4月10日，江苏省图书馆学会和江苏省高等学校图书情报工作委员会主办，省学会学术研究委员会、省图工委学术研究与继续教育委员会、北京超星集团南京分公司共同承办首届江苏省图书馆数据管理与服务创新专题大赛。大赛历时4个月，共收到专题作品87篇，最后评出一等奖5篇。（江苏省图书馆学会　李浩　储兰　董莹）

【2017年江苏省图书馆学会课题申报工作开展】 4月13日，江苏省图书馆学会发布《关于开展2017年江苏省图书馆学会课题申报工作的通知》（省图学〔2017〕3号），面向全省公共图书馆、高校图书馆及医院、中小学、党校等各类型图书馆展开课题申报工作。10月27日，江苏省图书馆学会公布2017年课题立项名单，确定《苏州地区公共图书馆低幼儿阅读推广与服务的现状与策略研究》等40项课题立项。共收到课题申报86个，为体现公开、公正、公平的原则，所有申报课题实行匿名评审，邀请江苏省图书馆学会副理事长、南京大学信息管理学院院长孙建军，省图书馆学会学术研究委员会主任、南京大学教授郑建明，省图书馆学会副秘书长、南京工业大学图书馆馆长赵乃瑄，省图书馆学会阅读推广委员会主任、南京邮电大学图书馆馆长钱军，省图书馆学会常务理事、南京艺术学院图书馆馆长陈亮，省图书馆学会常务理事、南京中医药大学图书馆馆长李文林参加评审。在通过初审、复审的基础上，召开专家终审会，最终讨论确定立项。（江苏省图书馆学会　李浩　储兰　董莹）

【江苏省图书馆学会2016—2017年学术年会在连云港市召开】 7月27—28日，由省图书馆学会、南京图书馆主办，连云港市图书馆学会、连云港市图书馆、同方知网（北京）技术有限公司江苏分公司协办的江苏省图书馆学会2016—2017年学术年会在连云港市召开。此届学术年会主题为“探索与研究：创新视域中的图书馆”，全省各级各类图书馆工作者、学会会员以及特邀专家、学者、同行等共200余人出席，共同探讨当前形势下图书馆的前沿热点和服务创新。（江苏省图书馆学会李浩　储兰　董莹）

【江苏省14家图书馆获得2016年全民阅读相关荣誉称号】 10月16日，在中国图书馆学会公布的2016年全民阅读相关称号中，江苏省14家单位获得相关荣誉称号，其中：南京邮电大学图书馆、镇江市图书馆2家单位获得“全民阅读示范基地”称号，连云港市图书馆、张家港市少年儿童图书馆、苏州市姑苏区图书馆、南京工业大学图书馆和南京艺术学院图书馆5家单位获“全民阅读先进单位”称号，昆山市图书馆的“小书虫俱乐部”等7个项目获“阅读推广优秀项目”，南京图书馆等14家“全民阅读示范基地”单位全部通过复核。（江苏省图书馆学会　李浩　储兰　董莹）

浙江省

【《中华人民共和国公共文化服务保障法》宣讲班举办】 5月4日，浙江省图书馆学会在浙江图书馆报告厅举办《中华人民共和国公共文化服务保障法》（以下简称《保障法》）宣讲班，特邀国家公共文化服务体系建设专家委员会主任、北京大学教授李国新解读《保障法》，来自全省各公共图书馆和浙江图书馆职工200多人听取宣讲。李国新教授介绍《保障法》立法背景和立法进程、立法的重要意义，并结合现实问题和实际情况详细解读了法律界定的重要概念、法律明确的方针原则、法律建立的基本制度、法律强化的政府责任、法律衔接的改革政策、触犯法律的行政责任6个方面的内容。此次宣讲班使全省广大图书馆工作者能更好地学习理解《保障法》、贯彻落实《保障法》，积极作为，依法加快推进现代公共文化服务体系建设。（浙江省图书馆学会秘书处）

【2017年全省公共图书馆馆长培训班举行】 6月6—9日，由浙江省文化厅主办、浙江图书馆、浙江省图书馆学会、浙江艺术职业学院承办、衢州市图书馆协办的2017年全省公共图书馆馆长培训班在浙江衢州举行。全省100名公共图书馆馆长参加培训。培训紧紧围绕“公共图书馆创新与发展”这一主题，组织安排5场专题报告、3场交流互动和现场参观。辽宁师范大学管理学院张文亮和沈超、上海社会科学院信息研究所王世伟、北京大学信息管理系张久珍、河南省图书馆文创中心主任田利分别做“公共图书馆空间研究”“公共图书馆阅读推广的产品创新及探讨”“智慧图书馆与创新发展”“图书馆创客空间研究与实践”“创新形势下图书馆文创开发工作实践与思考”的专题报告。（浙江省图书馆学会秘书处）

【第三届“浙思享”之人工智能环境下的图书馆新业态研讨会召开】 6月16日，由浙江省图书馆学会主办、上海万方数据有限公司协办的第三届“浙思享”之人工智能环境下的图书馆新业态研讨会在杭州举行。浙江省图书馆学会学术委员会主任、分委会主任、图书馆馆长、业务骨干和相关专家学者共60余人参会。研讨会分为主题报告和主题辩论两个环节，主题报告分别是上海图书馆系统网络中心赵亮的“关于人工智能——一个图书馆员的思考”，云栖小镇云计算产业联合会副秘书长李利江的“智慧城市与人工智能”，数梦工场大数据总监闫军的“DT时代的图书馆服务”，网易数据科学中心总监余利华的“网易大数据实践”，上海万方数据有限公司总经理周轶雷先生的“浅谈人工智能”。主题报告后，以“在我们可见的五年内，人工智能能否代替图书馆馆员的核心能力”为主题，邀请部分专家学者和部分馆长、馆员分成正反两方，展开辩论。通过业内外专家的报告、专家学者的热烈讨论，围绕人工智能这一热点，从理论、实践，特别是能否引入图书馆，为图书馆和信息技术的融合，图书馆和其他行业的跨界融合做了一次探索。（浙江省图书馆学会秘书处）

【新一代知识出版与服务创新学术研讨会举行】 7月4日，由浙江省图书馆学会主办，超星集团承办的“新一代知识出版与服务创新学术研讨会”在杭州举行。来自全省各市图书馆、图书馆学会的代表共200余人参加研讨会。中国科技期刊编辑学会副理事长汪新红做题为“新一代的知识传播”的主题报告。中山大学图书馆馆长程焕文做题为“融合、开放、共享，新时代的交流共同体”的主题演讲。中国索引学会副理事长叶艳鸣做“新媒体、新技术、新服务与数字图书馆发展”的主题报告。浙江大学学报（英文版）总编张月红做题为“文化自信——浅论期刊&图书馆的时空魅力”的专题报告。浙江省图书馆学会学术委员会副主任、浙江大学宁波理工学院图书馆馆长赵继海主持主题对话环节，6位嘉宾就“新一代知识出版与服务创新”纷纷发表见解，和与会代表交流。（浙江省图书馆学会秘书处）

【“共读一本书”浙江全民共读数字阅读推广活动】 10月1日—12月30日，浙江省图书馆学会组织开展“共读一本书”浙江全民共读数字阅读推广活动，由北京世纪超星信息技术发展有限责任公司提供技术支持，全省图书馆员、广大读者参与，选择其中的一本或者几本图书进行共读，并参与线上“读书打卡”“我最喜欢的书摘”及“读书心得”的任务活动。全省共有101个图书馆（公共图书馆53个、高等院校图书馆48个）和读者共2576人参与活动。（浙江省图书馆学会秘书处）

【浙江省图书馆学会第十五次(2017)学术年会召开】 10月30日—11月2日，由浙江省图书馆学会主办，丽水学院、丽水市图书馆学会共同承办浙江省图书馆学会第十五次（2017）学术年会在丽水举行。来自浙江省公共、高校、科研三大系统图书馆的代表，福建省图书馆代表和国内知名图书馆界专家约250人参加。年会以“图书馆服务创新与效能”为主题，包括3场主旨报告、4个分会场、1个展览、1个论坛和2个卫星会议。开幕式上，浙江省图书馆学会对获得第七届优秀学术论文评选、第十五次学术年会征文评选、优秀图书馆服务品牌评选、读者最喜爱的乡镇（街道）图书馆等荣誉的单位和个人进行了表彰和颁发证书。年会特邀中山大学资讯管理学院教授程焕文，上海图书馆上海科技情报所副馆（所）长周德明，国家公共文化服务体系建设专家委员会顾问、上海市社会科学创新研究基地首席专家蒯大申分别做题为“新时代　新目标　新使命：中国公共图书馆的发展路向”“公共图书馆服务效能及实现”“从公共性看公共服务发展趋势”的主旨报告。4个分会场分别是“24小时自助图书馆（城市书房）建设经验交流会”、“中华优秀传统文化传承发展和古籍保护利用”论坛、“数字资源发现与组织管理研讨会”和“学术论文写作与投稿专题研讨会”，同时举办“最美阅读空间”摄影大赛优秀作品展，展示优美的图书馆建筑和舒适的阅读环境。（浙江省图书馆学会秘书处）

【浙江省图书馆阅读推广活动创意策划大赛暨阅读推广人培训举行】 11月6日，由浙江省图书馆学会、浙江图书馆主办，浙江省图书馆学会阅读推广与文化传播分委会、宁波市图书馆承办的浙江省阅读推广活动创意策划大赛决赛在宁波举办。来自全省各公共图书馆、高校图书馆的33家代表团队以“4·23世界读书日”为主题策划了风格各异、形式多彩的阅读推广活动。大赛现场评出创意策划大赛的各个奖项，并以“微信投票+市民投票+专家投票”的形式评出创意海报评比的一、二、三等奖及若干单项奖。各公共图书馆的优秀阅读推广人交流阅读推广活动经验。（浙江省图书馆学会秘书处）

安徽省

【2017年全省图书资料专业技术人员继续教育培训班举办】 3月19—25日，由安徽省学图书馆学会主办的2017全省图书资料专业技术人员继续教育培训班在安徽省图书馆举行，来自全省各系统图书馆的240余名从业人员参加，培训课程主要有“图书馆工作概论”“信息组织”“信息检索”“公共图书馆法”等。为期7天的系统培训，对于提升全省广大从业人员的业务素养和工作能力起到很好的促进作用。（安徽省图书馆学会　武巍泓）

【安徽省图书馆学会组织开展“同筑中国梦　共度书香年”春节主题活动】 1月，根据中国图书馆学会通知要求，为营造欢乐祥和传统节日氛围，省图书馆学会积极组织开展“同筑中国梦　共度书香年”春节主题活动。1月20日—2月10日，“同筑中国梦　共度书香年”年俗文化展在省图书馆大厅展出，吸引许多读者前来观展。省图书馆学会还同时将展览资源电子版向全省公共图书馆联盟成员馆进行推送，共有近50个“联盟”成员馆参与该项活动。（安徽省图书馆学会　武巍泓）

【安徽省图书馆学会参与中国图书馆学会第一届公共图书馆创新创意案例征集评选活动】 安徽省图书馆是中国图书馆学会公共图书馆分会图书馆社会化委员会的挂靠单位。为了更好地了解业界社会化工作进程，谋划下一步工作，为制定图书馆社会化标准、指南等提供依据，2017年5月，省图书馆学会拟文发布关于开展图书馆社会化工作优秀案例征集活动的通知，该项征集活动被纳入中国图书馆学会“创新引领未来——第一届公共图书馆创新创意征集推广活动”中。截至2017年12月20日，共收到来自全国各类图书馆的创新创意案例70例。省图书馆学会组织5位专家根据评审标准按时完成评审工作。（安徽省图书馆学会　武巍泓）

【安徽省图书馆学会完成中国图书馆学会2017年度全民阅读评选活动组织推荐上报工作】 5月，根据中国图书馆学会关于开展2017年“全民阅读”工作通知要求，省图书馆学会组织发动全省各级公共图书馆参与该项活动。截至5月30日，共组织推荐上报“全民阅读”先进单位奖3个、“全民阅读示范基地”2个、“全民阅读推广优秀项目”1个。（安徽省图书馆学会　武巍泓）

【安徽省图书馆学会参与组织第六次安徽省县级以上公共图书馆评估定级工作】 根据“文化部办公厅关于开展第六次全国县级以上公共图书馆评估定级工作的通知”及省文化厅制订的全省第六次县级以上公共图书馆评估方案，2017年3月—12月，省图书馆学会积极发挥桥梁纽带作用，承接安徽省第六次县级以上公共图书馆评估定级相关工作，认真细致为省文化厅、评估专家、中国图书馆学会做好各项交流、沟通、联络工作。主要承担并完成以下工作：一是根据省文化厅组建的国家库专家组和省级专家组名单，征集专家信息，在中国图书馆学会评估平台创建专家信息。二是对全省公共图书馆评估报名情况进行摸底，在全省122个公共图书馆中，120个参评，参评率达98.36%。三是根据省文化厅评估工作进度安排，加强与省级各评估组的交流联系，征集、整理各评估组评估报告及数据，为全省评估工作报告的撰写提供依据。四是参加省文化厅召开的全省第六次县级以上公共图书馆评估定级工作专题汇报会，梳理第五次、第六次全省公共图书馆评估情况，完成两次评估等级情况对比分析及全省市、县公共图书馆人才队伍建设分析报告等。（安徽省图书馆学会　武巍泓）

福建省

【2017华夏阅读论坛举办】 5月11—13日，由中国写作学会阅读学专业委员会、中国图书馆学会阅读推广委员会、福建省图书馆学会、三明学院等单位联合主办的“2017华夏阅读论坛”在三明学院举行，中国出版协会常务副理事长邬书林、北京大学教授王余光、南京大学教授徐雁以及国内阅读推广领域专家学者与一线工作者200余人参加论坛。论坛旨在凝聚业内外人士的专业智慧，交流全民阅读活动成功案例，进一

步推动全民阅读事业的拓展、深耕和创新。邬书林、王余光分别在论坛上做题为“朱熹阅读观与全民阅读推广”“图书馆阅读推广的十大新进展”的主旨报告。与会代表还围绕“移动互联时代的阅读推广”“少儿读书与全民阅读”“创新校园阅读推广工作”“阅读环境的营造与读书习惯的养成”“唤醒毕业生的阅读记忆”等专题进行分享和讨论。（福建省图书馆学会秘书处）

【福建省图书馆学会 2017 年学术年会召开】 11 月 20—22 日，福建省图书馆学会 2017 年学术年会在三明市召开，主题为“图书馆与社会：共享、效能、法治”，年会同时为省科协第十七届学术年会分会场，全省各系统图书馆近 200 名代表出席会议。福建省文化厅副厅长陈吉做重要讲话，广州图书馆馆长方家忠，福建师范大学图书馆原馆长、非物质文化遗产研究与保护中心主任方宝川分别做题为“广州市公共图书馆体系建设：制度设计与最新进展”“图书馆与阅读推广”专题报告。年会还设立优秀论文作者交流及当地图书馆参观环节。（福建省图书馆学会秘书处）

【专家讲师团巡讲（辅导）活动举办】 2017 年 3—11 月，福建省图书馆学会启动专家讲师团巡讲（辅导）活动。活动首次面向全省各系统图书馆招募 26 名志愿者专家，形成 52 门巡讲课程，采取由各地根据巡讲课程目录（辅导内容）按需申报、学会派出专家到各站点主讲（辅导）的方式进行。全年分别在福清市图书馆、厦门市少年儿童图书馆、江夏学院图书馆、建宁县图书馆、石狮市图书馆、晋江市图书馆、武夷学院图书馆、厦门市图书馆、三明市图书馆等站点举办巡讲（辅导）活动计 12 期，培训学员 1000 余人。（福建省图书馆学会秘书处）

【学习宣传贯彻党的十九大精神图书馆百馆联动活动举办】 2017 年 11 月，福建省图书馆学会与省图书馆联合全省图书馆开展“新时代新征程——学习宣传贯彻党的十九大精神图书馆百馆联动”活动。此次活动邀请福建省炎黄研究会常务副会长马照南，福建省委党校教授林建华、郑镇，福建师范大学公共管理学院教授柴宇平，集美大学马克思主义学院副院长李晋玲等专家，在厦门市图书馆、龙岩市图书馆、福州大学图书馆、福建农林大学图书馆等 14 家公共及高校图书馆，开展“党的十九大时代定位与前景展望”“从现代化视角解读党的十九大精神”“迈向中国特色社会主义新时代——深入学习党的十九大精神”“习近平新时代文化思想”等主题宣讲活动。活动还走进厦门市武警水电部队、三钢中板厂、三明市公安局、泉州边防检查站、上杭县古田镇等机关单位，共 5000 余人参与活动。（福建省图书馆学会秘书处）

【“阅读推广人”培训举办】 11 月 29 日—12 月 1 日，由福建省图书馆学会主办，福建省图书馆学会阅读推广委员会、厦门市图书馆学会、厦门市图书馆联合承办的福建省图书馆学会“阅读推广人”培训暨厦门市图书馆学会第五届青年学术沙龙在厦门市图书馆举行，全省各类型图书馆共计 161 人参加培训。培训邀请台湾大学图书资讯学系暨研究所教授陈书梅讲授“由‘知识殿堂’到‘心灵疗愈所’——台湾之图书馆书目疗法服务发展现况”，台湾云林县斗六市绘本馆馆长沈秀茹讲授“绘本阅读推广案例”，台湾世新大学信息传播学系教授、图书馆原馆长叶乃静讲授“台湾图书馆的阅读推广创新服务”。还邀请厦门市图书馆苏华分享获得 2017 年出版界图书馆界全民阅读年会一等奖的“真诚相邀　全城共读——厦门市图书馆全市性阅读推广案例”，厦门大学图书馆毕媛媛分享“Global Vision：第 83 届国际图联大会见闻”。（福建省图书馆学会秘书处　厦门市图书馆）

江西省

【概况】 截至 2017 年底，江西省图书馆学会共有省图学会会员 769 人，中国图书馆学会（以下简称“中图学会”）会员 430 人。2017 年主要做了两项重点工作：配合省文化厅实施江西省全国第六次县级以上公共图书馆评估定级工作；筹备江西省图书馆学会第六次会员代表大会。

打造交流平台，引领学术发展。精心组织征文活动，2017 年中图学会征文活动中江西省共有 8 篇征文获奖，其中包括一等奖 1 篇、二等奖 2 篇、三等奖 5 篇。在 2017 年江西省学术年会征文活动中，共收到 79 篇论文，评选出一等奖 4 篇、二等奖 8 篇、三等奖 12 篇、优秀奖 26 篇。

积极组织课题申报，向江西省社会科学规划办公室上报课题3项，立项1项；向江西省艺术科学规划办公室申报课题17项。2017年报送的5个艺术科学规划项目通过审核完成结项。

开展阅读推广与科普宣传活动。联合全省各图书馆开展“同筑中国梦 共度书香年”春节主题活动，获得2017年中图学会“同筑中国梦 共度书香年”活动表现突出单位的荣誉。积极倡导、推动全民阅读活动，抓好“世界读书日”“图书馆服务宣传周”的宣传与普及。组织全民阅读示范基地和全民阅读活动先进单位申报，萍乡市图书馆和景德镇市图书馆荣获中图学会授予的“全民阅读示范基地”称号，往年已获此称号的江西省图书馆、抚州市图书馆、江西省靖安县图书馆亦顺利通过复核，继续保留“全民阅读示范基地”称号；赣州市图书馆和江西师范大学图书馆荣获“2016年全民阅读先进单位”称号；江西财经大学图书馆的《蛟湖书声》入选“2016年阅读推广优秀项目”。积极参与省委宣传部、省社联联合举办的江西省第六届社科普及宣传周暨2017年学术活动周活动。

服务政府科学决策。为充分掌握和了解全省公共图书馆事业发展的规模、建设水平及运行动态等实际情况，学会完成《中国图书馆年鉴2017》江西部分的编纂工作及《2017年江西省公共图书馆数据概览》。编辑《江西图书馆动态》4期，为各馆的信息交流提供平台。

加强与省科协、省社联、中图学会的联系，办理50余个文件。承接省文化厅社文处交办的验收县级图书馆总分馆制建设等工作。加强与各设区市学会及高校图书馆的联系，建立工作联络人微信群，收集有关资料，组织编辑《全省图书馆通讯录》，收集江西省公共图书馆运行情况调查问卷，江西省县级图书馆总分馆推进情况等有关数据，整理装订2013年至2016年学会办公室收发文档。（江西省图书馆学会　谢佳新）

【江西省图书馆学会举办学习贯彻《公共文化服务保障法》暨第六次全国图书馆评估定级工作培训班】 4月11—12日，江西省图书馆学会主办，新余市图书馆承办的学习贯彻《公共文化服务保障法》暨第六次全国图书馆评估定级工作培训班在新余市开班，全省设区市、县、区公共图书馆相关负责人及业务骨干共计130余人参加培训。文化部公共文化服务专家委员会委员，原文化部全国文化信息资源建设管理中心主任张彦博，江西省图书馆副馆长黄俊，评估定级信息化平台研发负责人胡凤彬，江西省图书馆温凌云分别就“《公共文化服务保障法》解读”“各级图书馆等级必备条件及评估标准解读”“全国第六次公共图书馆评估平台简介和填报注意事项”3个主题为学员做专题讲座。（江西省图书馆学会　谢佳新）

【2017年江西省设区市公共图书馆馆长联席会召开】 4月13日，2017年江西省设区市公共图书馆馆长联席会在新余市召开。省图书馆学会理事长、省图书馆馆长周建文主持会议并讲话，省文化厅社文处副调研员戴玉，省图书馆副馆长黄俊、李晓君及省内各设区市、省直管县图书馆馆长共20余人参加会议。周建文指出，迎接评估工作是2017年全省公共图书馆工作的重中之重，各馆要认清形势，主动作为；要有效组织，上下联动，强化督导交流，确保工作扎实推进；要以评促建，以评促管，以评促用，突出重点，补短补弱，推进图书馆建设及服务提水平、上台阶。李晓君向参会人员传达中国图书馆学会2017年秘书长联席会议精神。与会馆长深入交流2016年工作情况和2017年工作思路，就如何开展好迎评估工作进行深入讨论。最后，会议部署2017年评估定级的重点工作任务，明确下一阶段全省公共图书馆建设和发展的目标。

11月9日，2017年江西省设区市公共图书馆馆长联席会在赣州召开。会议由江西省图书馆学会主办，赣州市图书馆承办。省文化厅社文处、赣州市文广新局、省图书馆学会有关负责同志、各设区市图书馆馆长及省直管县图书馆馆长共30余人参加会议。会上，与会代表围绕学习党的十九大精神及《公共图书馆法》主题，总结江西省第六次公共图书馆评估工作经验，就县级图书馆总分馆制建设、图书馆开展社会化工作、图书馆扶贫工作等议题展开深入交流与讨论。省文化厅社文处调研员涂为民就贯彻落实《公共文化服务保障法》及《公共图书馆法》、加快推进公共文化服务体系建设、提高公共图书馆服务效能等方面向各馆提出具体要求。理事长周建文传达文化部《中国茶文化资料集成》丛书编委会对公共图书馆参与资料收集的工作要求，并对江西

省公共图书馆如何做好《中国茶文化资料集成·江西卷》文献资料的收集做详细布置。（江西省图书馆学会　谢佳新）

【2017年全国基层文化队伍示范性培训——全国县级图书馆馆长培训班举办】 4月17日，由文化部公共文化司主办，中国图书馆学会承办，江西省图书馆学会、景德镇市图书馆协办的2017年全国基层文化队伍示范性培训——全国县级图书馆馆长培训班在江西省景德镇市启动。120余名来自华东地区及其他地区的县级图书馆馆长参加培训。此次培训为期5天，邀请中央文化管理干部学院科研处处长卢娟等8位知名专家授课。培训内容包括政治理论和党性修养，公共文化政策理论、县级图书馆评估标准解读、公共图书馆业务能力建设、领导能力与团队建设等4个方面。此次培训班采取专家授课、座谈研讨、案例分析、学员论坛等多种方式进行培训。（江西省图书馆学会　谢佳新）

【江西省第六次县级以上公共图书馆评估工作专家组工作会召开】 7月26日，江西省第六次县级以上公共图书馆评估工作专家组工作会议在省图书馆召开，省文化厅党组成员、副厅长任永新，省文化厅社文处有关负责同志及省评估专家组成员、工作人员共计23人参加会议，会议由省图书馆学会理事长、省图书馆馆长周建文主持。会上，省文化厅社文处副调研员戴玉向省评估专家组成员通报全省公共图书馆参评情况及评估数据网上填报情况，介绍省评估专家组分组安排及评估工作要求。省图书馆副馆长黄俊结合有关县级图书馆申报材料，就县级图书馆评估打分细则逐条进行解读。与会专家就有关评估事项展开讨论并达成共识，签署了评估专家承诺书。（江西省图书馆学会　谢佳新）

【新一代知识出版与图书馆服务创新学术研讨会召开】 9月21日，由江西省图书馆学会、省高校图工委主办的"新一代知识出版与图书馆服务创新学术研讨会"在南昌召开，全省图书馆代表共450人参会。会议邀请浙江省图书馆学会副理事长、省图书馆副馆长刘晓清做"图书馆融合创新与发展"的报告。武汉大学图书馆副馆长张洪元为大家讲解"数字资源建设实践解析"，从数字资源结构、特性、建设思维、建设模式、工作流程、各类型资源数字与纸质处理等方面，向大家综合阐述数字资源的建设与发展。（江西省图书馆学会　谢佳新）

山东省

【概况】 2017年，山东省图书馆学会在加强学会科学管理，完善学会组织建设，坚持民主办会等方面取得新的进展。在广大理事的共同努力和推动下，学会工作开展得有声有色，取得较大进步。

组织机构建设方面，2017年度中国图书馆学会有效会员总数达到500人，注册更新省图书馆学会有效会员860人，会费的收缴工作完成情况良好；协助中国图书馆学会发展团体会员，目前已发展山东省图书馆、烟台图书馆等6个图书馆。召开省学会六届一次常务理事会暨六届一次理事会，审议并通过《关于设立山东省图书馆学会成果评奖机制的报告》《关于山东省图书馆学会专门工作委员会的设立及机构负责人的聘任》《关于省学会社团登记证业务范围变更的说明》等。正式设立学术研究委员会、信息技术与科普委员会、阅读推广工作委员会、协作协调委员会、教育培训委员会、未成年人图书馆服务委员会、高校图书馆委员会、医院图书馆委员会、党校图书馆委员会9个专门工作委员会，并向各委员会主任委员及委员发放聘书。配合省科协做好党员管理服务工作，建立党员双重活动电子档案。

学术研讨与交流方面，举办山东省图书馆学会第二十四次科学讨论会，研讨主题为"技术发展与社会服务——前行中的图书馆"，共收到征文234篇。配合中国图书馆学会做好2017年中国图书馆学会年会的征文组织工作，选送100余篇优秀论文参加年会论文评选，其中30余篇论文分获一、二、三等奖。组织全省公共图书馆参加中国图书馆学会全民阅读先进评选的申报工作。组织各地市图书馆学会、图书馆参加"中国图书馆学会2017年'书香社区'发现活动"，省图书馆学会推荐的"济南市和平路社区"等8家单位荣获"书香社区"称号。组织省内17地市图书馆学会、图书馆积极参与《公共图书馆法》的宣传工作。

科普宣传活动方面，省图书馆学会、省图书

馆在春节期间联手举办丰富多彩的读者活动，如少儿新春民俗文化体验营、尼山书院“新六艺”国学体验冬令营、尼山书院新春送福活动、新年民族音乐会等，营造春节期间的喜庆气氛；同时组织动员全省30余家公共图书馆参加中国图书馆学会“同筑中国梦 共度书香年”春节主题活动。持续做好“大众讲坛”、尼山书院公益讲座及各种公益性展览、座谈会等工作，如华彩历城“鹊华新色”美术、书法、摄影展暨历城当代艺术委员会成立大会、山东省通俗文艺研究会首届书画名家作品邀请展、翰墨书香——全省中青年名家书画邀请展等。在全国图书馆服务宣传周暨“六一”国际儿童节期间，号召全省各级各类图书馆结合读者需求，充分利用馆藏资源、馆舍优势开展多种形式的宣传活动。相继举办“看见·最美的世界”六一助残公益活动、“童音诵古韵·经典有新声”2017年全国少儿诗词在线诵读、“我的童年阅读记忆”馆藏精品连环画展、山东省首届少年儿童电子绘本创作大赛、“第六届换书大集”等活动。

编辑出版方面，编辑出版山东省图书馆学会第二十四次科学讨论会获奖论文专辑《山东图书馆学刊·2017年技术发展与社会服务——前行中的图书馆专辑》；全年编辑出版学会内部刊物《山东图书馆信息》6期，为广大会员和图书馆工作者提供交流和学习的平台。（山东省图书馆学会 王玮）

【全省公共图书馆第六次评估定级工作培训班举办】 4月8—9日，山东省图书馆学会、山东省图书馆在济南举办“全省公共图书馆第六次评估定级工作培训班”。来自全省17个地市（区县）公共图书馆的170余名业务骨干参加培训。此次培训结合第六次评估标准，从“服务效能”“业务建设”“保障条件”3大部分，为学员进行详细的辅导与解读，对市县级公共图书馆评估标准及定级必备条件进行重点解读说明，对评估定级管理服务平台的操作与使用进行深入指导。（山东省图书馆学会 王玮）

河南省

【召开河南省图书馆学会九届四次理事会】 5月26日，河南省图书馆学会九届四次全体理事会会议在郑州大学西亚斯国际学院图书馆新馆召开，来自全省各系统图书馆的106名理事参加会议。河南省文化厅副厅长康洁出席会议并致辞。理事长孔德超做“河南省图书馆学会2016年工作总结”并提出2017年工作思路，常务副秘书长严真做“河南省图书馆学会2016年度财务工作报告”，会议审议并通过以上两个工作报告。会上还表彰信阳市图书馆、郑州大学西亚斯国际学院图书馆等82个2016年度“全民阅读”先进单位，通报“中国图书馆学会2017年工作计划”，并调整、增补九届理事会理事。（河南省图书馆学会 严真 马秀峰 刘洋）

【举办河南省第三届采编工作与学术研讨会】 10月19日，由河南省图书馆学会主办的河南省第三届采编工作与学术研讨会在省图书馆召开。会议邀请到南开大学商学院信息资源管理系教授徐建华、黑龙江大学信息管理学院院长马海群、中国人民大学图书馆采编部主任胡宁、河南大学图书馆党总支书记郭鸿昌、河南师范大学图书馆馆长苏全有、《图书馆工作与研究》副主编王雅丽等专家和学者共议图情热点。全省80余所高校图书馆和公共图书馆的代表以及化学工业出版社、北京大学出版社、清华大学出版社等出版社的代表共计180余人参加此次会议。

省图书馆学会秘书长申少春主持采编工作经验交流会。徐建华做题为“纸质资源馆配的下一个黄金十年”的主旨报告，提出馆藏优化的标志是纸质资源与数字资源的合理配置，对图书馆资源建设未来的发展方向提出建设性意见；郭鸿昌做题为“新形势下的图书馆文献资源建设的发展趋势”的主旨报告，阐述文献资源的概念及馆藏评估的新形势，指出图书馆资源建设发展的趋势；胡宁做题为“图书馆如何应对低价中标说NO”的主旨报告，就图书招标采购的利弊分析、低价中标对图书馆的影响以及图书馆在招标过程中如何争取主动、如何利用馆配商评价为招标提供依据做详细说明；河南省图书馆文创中心主任田利做“图书馆馆配工作实践与回顾”工作汇报。在省图书馆学会交流与合作委员会副主任邵坚主持的学术研讨会上，马海群、王雅丽、苏全有分别做题为“科研选题与国家社科基金项目申报论证”“论文选题与写作方法”“图书馆资源建设发展趋势与学术研究”的主旨报告，他们从自己科研经验出发，分别就申报科研课题、撰写学术论文、图书馆文献资源深入发展分享心得和体会。此次会议通过对图情研究热点与前沿性问题的深入探讨，不仅进一步加强出版社、馆配商、图书馆之间的合作与交流，而且对全省今后的图书馆资源建设工作起到更加科学的指导性作用。（河南省图书馆学会　严真　马秀峰　刘洋）

【2017 全国图书馆文献资源建设研讨会举行】 10 月 20—21 日，由中国图书馆学会学术研究委员会主办，河南省图书馆学会等单位承办的 2017 全国图书馆文献资源建设研讨会在郑州举行。来自全国各级各类图书馆、出版社以及相关科技企业的 200 多位业内专家齐集一堂，共商图书馆资源建设与创新转型发展。中国图书馆学会副理事长吴建中，北京大学信息管理系教授刘兹恒，国家图书馆外文采编部主任顾犇，南开大学商学院信息资源管理系教授徐建华，中国人民大学图书馆采编部主任胡宁，河南省图书馆文创中心主任、郑州日成图书有限公司总经理田利等分别就“图书馆资源建设的转型与创新”“高校图书馆文献资源建设的回顾与展望”“国家图书馆国外文献资源建设”“馆藏优化与纸质书的生命周期”“馆配商的选择与创新”等专题做深度阐述。（河南省图书馆学会　严真　马秀峰　刘洋）

湖南省

【湖南省图书馆学会第十次会员代表大会暨十届一次理事会议召开】 4 月 20 日，湖南省图书馆学会第十次会员代表大会在湖南图书馆召开。第九届理事会全体理事以及来自湖南图书馆、湖南省图书馆学会各分支机构代表近 200 人出席大会。湖南省文化厅党组书记、厅长禹新荣，湖南省社会科学界联合会党组成员、副主席郑升出席大会并讲话。湖南图书馆馆长、第九届理事会理事长张勇代表省图书馆学会向第十次会员代表大会做工作报告，详细汇报五年来省学会的工作情况。大会还特邀上海图书馆副馆长周德明做题为“图书馆服务创新与转型——上海图书馆的探索与实践”的主旨报告。会员代表大会审议通过《2012—2016 度湖南省图书馆学会工作报告》《关于〈湖南省图书馆学会章程〉修改草案的说明》《学会〈财务收支情况报告〉》。大会通过全体代表无记名投票，选举产生湖南省图书馆学会第十届理事。在随后的十届一次理事会议上，选举产生湖南省图书馆学会第十届常务理事、理事长、副理事长、秘书长。大会上还表彰湖南省图书馆学会 2012—2016 年度先进单位、优秀学会工作者和优秀会员，并颁发证书。（湖南图书馆　段蓓虹）

【湖南省图书馆学会获“全国社科联先进社会组织”荣誉称号】 2017 年 7 月，全国社科联第十八次学会工作会议在广西召开，会议决定对湖南省图书馆学会等 137 个先进社会组织授予“全国社科联先进社会组织”称号。湖南省图书馆学会自 1979 年成立以来，全面贯彻党的路线方针政策，特别是深入学习贯彻习近平总书记系列重要讲话精神和治国理政新理念、新思想和新战略，坚持正确的办会方向，做好自身建设，更新观念、革新思想，优化服务品质。积极开展各项学术活动、学术交流活动和各类培训活动。（湖南省图书馆学会　段蓓虹）

广东省

【概况】 截至 2017 年底，广东图书馆学会注册会员 5215 人，新增会员 1825 人。2017 年，该学会着力于开拓思路求突破，努力创新求发展，开展了以下重点工作。

组织全省开展第六次全国县级以上公共图书馆评估定级工作。承办中国图书馆学会主办的第六次全国县级以上公共图书馆评估定级培训班（广州站）。按照广东省文化厅部署，制订评估工作方案，组织专家组完成网上评估和实地评估，撰写评估总报告，顺利完成全省县级以上图书馆评估工作。

配合广东省文化厅继续开展“广东省县域总分馆建设试点工作”项目，积极参与方案制订、建设指导、检查验收等工作。

依托学会秘书处，举办多场学术讲座、论坛。举办“广东图书馆学会 2017 年学术年会暨图书馆发展岭南论坛”、“广东省首届图书馆杯 4·23世界读书日”主题海报创意设计大赛、“第七届图书馆杯广东全民英语口语大赛”、“第六届英语电影配音大赛”、“第七届广东省盲人诗歌朗诵比赛”。

组织科研课题研究工作。2017 年广东省图书馆科研课题立项申报材料 136 项，已完成申报材料整理、审查、通讯评审和会议评审工作，稍后将确定2017年课题立项名单并报厅审批。划拨2016年广东省图书馆科研课题资助经费共69000元，并完成经费划拨后的回单收集及报账工作。组织课题组基本完成国家标准《乡镇图书馆管理规范》制定工作。

定期举办培训和学术讲座。春季学术讲座邀请华南师范大学束漫教授做“图书馆员幸福学与职业规划”学术报告，并利用网络向深圳、肇庆等地区进行同步视频直播。

编辑出版《广东图书馆园地》。2017年共编辑出版4期，每期3000册，寄发至全国各省图书馆学会、各省级公共图书馆及省内各大系统图书馆。（广东图书馆学会）

【第六次全国县级以上公共图书馆评估定级培训班（广州站）举办】 3月14日，由中国图书馆学会主办，广东图书馆学会和广东省立中山图书馆共同承办的第六次全国县级以上公共图书馆评估定级培训班（广州站）在广东省立中山图书馆开幕。中国图书馆学会副理事长程焕文和广东图书馆学会理事长刘洪辉分别在开幕式上致辞，广东省立中山图书馆副馆长倪俊明主持开幕式。此次培训班为期3天，来自全国各省、自治区、直辖市地市级公共图书馆和县级公共图书馆的300余名学员参与培训。第六次全国县级以上公共图书馆评估定级宣讲工作专家委员会主任柯平主讲公共图书馆评估定级的目的、意义及评估总体要求、新特点和工作机制，第六次全国县级以上公共图书馆评估定级宣讲工作专家委员会委员刘洪辉、陈昊琳、谢林分别从服务效能、业务建设和保障条件等3个方面对地市、县级公共图书馆必备条件和评估标准进行详细解读和宣讲。佛山市图书馆馆长屈义华、深圳市宝安区图书馆馆长周英雄介绍参与评估工作的经验。（广东图书馆学会）

【第七届图书馆杯广东全民英语口语大赛落幕】 5月21日，第七届图书馆杯广东全民英语口语大赛总决赛在广东省立中山图书馆举行。20名选手用流利的英语诠释“文化岭南，筑梦广东”这一主题。大赛邀请中山大学、广东外语外贸大学、广东工业大学、广州大学、广东金融学院等多所高校的英语教授和副教授以及其他英语口语培训师担任评委。作为广东省文化厅2017年“粤读越精彩”全民阅读系列活动之一，大赛在全省范围内实现省市联动、“公共图书馆+高校图书馆”协同推进的模式，由广东图书馆学会、广东省高校图工委、广东省立中山图书馆联合全省120余个图书馆共同举办，吸引20369人报名参赛，报名人数再创新高。依托互联网环境，初赛和复赛突破了地域限制，利用自动语音分析技术，实现系统自动评分和择优筛选。（广东省立中山图书馆　黄舒敏　李家敏）

【广东省图书馆总分馆试点建设案例交流会召开】 9月27—29日，广东图书馆学会与广东省立中山图书馆在珠海金湾区图书馆联合举办广东省图书馆总分馆试点建设案例交流会。广东省图书馆总分馆第一批与第二批试点单位共80余人参加会议，会议邀请吴昊、屈义华、冯玲、吕梅、周英雄、陈卫东等总分馆建设专家组成员作为嘉宾出席。与会人员考察珠海市金湾区的总分馆建设情况，先后参观金湾区红旗镇图书馆、村居图书室、金海岸文化艺术中心。考察结束后，在建设案例交流会现场，第一批试点单位的汕头市澄海区图书馆、开平市图书馆、广州市黄埔区图书馆、珠海市金湾区图书馆以及第二批试点单位的佛山市南海区图书馆、四会市图书馆、惠州市惠阳区图书馆、河源市源城区图书馆先后介绍各地在开展总分馆建设工作中的特点及遇到的问题。与会专家对每一个分享案例进行剖析和点评，会议最后对该省推进县级图书馆总分馆制建设进行总结，形成“金湾共识”。（广东图书馆学会）

【广东图书馆学会2017年学术年会召开】 11月21—24日，广东图书馆学会2017年学术年会暨首届“图书馆发展岭南论坛”，在河源市图书馆新馆召开。此次会议由广东图书馆学会和河源市文化广电新闻出版局主办，河源市图书馆学会、河源市图书馆承办，16家国内图书馆技术、设备服务商协办。会议主题是“图书馆发展：法律保障和创新驱动”。中国图书馆学会副理事长、中山大学图书馆馆长程焕文，河源市委常委、宣传部长张玲，省文化厅副巡视员王莉先后致辞，广东图书馆学会理事长刘洪辉宣布此届学术年会开幕并致开幕词。开幕式上，颁发优秀会员、优秀学会工作者、杰出贡献奖、优秀服务奖、终身荣誉奖。刘洪辉、上海社会科学院文学研究所研究员巫志南分别以“法律保障视野下的图书馆创新驱动”和“《公共文化服务保障法》的重要意义和精神实质”为主题做主旨报告。

首届“图书馆发展岭南论坛”由中山大学资讯管理学院副院长张靖主持。论坛上半场围绕《公共图书馆法》主题，下半场围绕“国家创新驱动战略下的图书馆”主题，专家们进行开放式研讨。论坛设 7 个分会场，主题涵盖“高校图书馆的转型与发展”“公共图书馆评估定级”“图书馆管理与绩效评价”“面向领导决策的图书馆知识服务”“网络与智能”“公共图书馆空间与服务”“未成年人图书馆服务的行业协作与协调”等方面。此次年会共入选论文 63 篇，其中一等奖 6 篇、二等奖 8 篇、三等奖 16 篇。闭幕式上，邀请全国政协委员、知名作家聂震宁做题为“全民阅读：为了不同目的的阅读”的主题演讲。随后对首届图书馆杯“4·23 世界读书日”主题海报创意设计大赛的获奖代表及获奖论文作者进行颁奖。

会后，还组织广东省图书馆资源建设研讨会。华东师范大学信息管理系教授金武刚，广东图书馆学会副理事长、中山大学图书馆副馆长林明，出版界代表，广东省立中山图书馆采编部主任潘咏怡分别就“《公共图书馆法》的解读”“高校资源建设发展——中山大学文献资源建设情况”“出版界的文献资源工作”“文献采访工作的规范化建设”做专题学术报告。

此次年会有几个特点：一是参会规模大；二是学术规格高；三是组织形式新；四是年会主题新；五是首设图书馆发展岭南论坛；六是线上线下互动。（广东图书馆学会）

【第一届“城市图书馆学术论坛”举办】 12 月 19—22 日，由中国图书馆学会公共图书馆分会主办，公共图书馆分会城市图书馆工作委员会、广州市图书馆学会、广州图书馆承办的第一届“城市图书馆学术论坛”在广州图书馆举行。论坛以“城市图书馆信息公开规范与年报制度研究”为主题，分为主旨演讲、学术报告、案例交流 3 个环节，来自全国 23 个省自治区、直辖市各系统图书馆代表和广州市图书馆学会会员共 360 余人参加。中国图书馆学会副理事长刘小琴做题为“坚定文化自信，开启图书馆事业新时代”的主旨演讲。广州图书馆馆长方家忠、中山大学资讯管理学院副教授唐琼、中山大学资讯管理学院副研究员肖鹏分别做题为“城市图书馆在公共图书馆发展中的引领作用——以广州市公共图书馆体系建设为例”“中国城市图书馆年度报告公开现状研究”“国内外图书馆年度报告编撰规范与体例研究”的报告。案例交流环节邀请在年报编撰方面做出优秀实践探索的深圳图书馆、杭州图书馆、厦门图书馆及广州图书馆分享各自经验。（广州图书馆）

广西壮族自治区

【概况】 截至 2017 年底，广西图书馆学会有团体会员 115 个。设内部机构 2 个（秘书处、《图书馆界》编辑部），工作人员 6 人，专职工作人员 3 人，兼职工作人员 3 人。现任领导机构是第十届理事会，有理事 83 人，其中常务理事 23 人。会长韦江，秘书长贾莹。5 月 12 日，广西图书馆学会通过邮件方式召开十届一次常务理事会，会议研究在学会理事会层面成立党的工作小组的相关工作。7 月 13 日，成立广西图书馆学会办公室。9 月 22 日，在广西壮族自治区图书馆召开第十届二次常务理事会议。会议由学会秘书长贾莹主持，15 名常务理事出席此次会议，学会理事长韦江通报 2017 年 1—9 月学会主要工作，常务理事们着重研究年会与各工作委员会建设的相关工作。学会刊物《图书馆界》全年共编辑出版 6 期，刊发论文 134 篇。（广西图书馆学会）

【举办 2017 年图书馆业务培训班】 6 月 26—30 日，广西图书馆学会在广西壮族自治区图书馆举办图书馆业务培训班。培训班共有学员 79 人，分别来自区内 42 个市级、县级公共图书馆和高校图书馆。学会针对图书馆新进员工和非图情专业的馆员，设计了图书馆基础业务系列课程，包括图书馆事业发展新业态、信息资源检索与利用、中文编目工作、中文图书分类、计算机新技术在图书馆的应用、读者活动的组织与策划等，并较之以往新增了图书馆学研究热点及论文写作、图书馆员职业规划两门课程。培训班邀请广壮族自治区西图书馆人事教育科科长甘新、信息服务部主任何玉英、网络数据中心主任冼育华、采编中心副主任胡海燕、研究辅导部副主任董惠霖、采编中心梁俭、研究辅导部廖鑫欣以及

南宁市图书馆读者活动部副主任黄珂等图书馆业务骨干为此次培训班授课。（广西图书馆学会）

【召开第七届全区图书馆采访工作研讨会】 7月4日，广西图书馆学会采访工作委员会和现代化技术工作委员会联合举办的第七届全区图书馆采访工作研讨会在南宁召开，广西图书馆学会理事长、广西壮族自治区图书馆馆长韦江，湖北三新文化传媒有限公司董事长宋旅黄，沈阳师范大学图书馆馆长王宇，广西图书馆学会现代化技术工作委员会负责人陈春明，以及来自广西各级各类图书馆、多家国内知名出版社、书商等近200名代表应邀出席此次研讨会。研讨会围绕图书馆数字资源建设与阅读推广等主题，从图书馆、出版社和书店等多方角度，分析和讨论了在移动互联网时代，图书馆传统纸质资源和电子数字资源建设的新模式和新途径。王宇就当前的图书馆发展趋势做题为“图书馆推动数字阅读的实现路径”的主题讲座。（广西图书馆学会）

【举办广西图书馆学会2017年年会暨第35次科学讨论会】 11月30日，广西图书馆学会2017年年会暨第35次科学讨论会在钦州召开，会议主题为“图书馆与社会：共享　效能　法治”。来自全区公共、高校、科研系统图书馆及部分企业代表共270人参加此次会议。开幕式由钦州市图书馆馆长曾庆勇主持，广西图书馆学会理事长、自治区图书馆馆长韦江做“广西图书馆学会2017年工作报告”，北京大学信息管理系教授王子舟做“公共阅读空间的兴起与发展”主旨报告，安徽省图书馆办公室主任钱兰岚做“安徽省公共图书馆联盟运行模式探索与服务创新”报告，首都图书馆宣传策划部主任王海茹做“同力合作　共筑阅读之美——以‘阅读之城——市民读书计划’为例浅谈图书馆的合作助力模式”报告。闭幕式由学会秘书长贾莹主持。闭幕式上颁发广西图书馆学会2017年年会优秀论文奖、征文活动组织奖以及“中国知网CNKI”杯《图书馆界》2017年度优秀论文奖，为第一届广西壮族自治区全民阅读网络知识答题竞赛获奖者颁奖。广西图书馆学会副理事长、广西大学图书馆副馆长王承就致闭幕词。（广西图书馆学会）

海南省

【召开海南省图书馆协会二届六次常务理事会】 10月25日，海南省图书馆协会二届六次常务理事会在省图书馆召开，会议由省图书馆协会会长、省图书馆馆长李彤主持。会议确定省图书馆协会第三次会员代表大会召开的时间、地点、正式代表组成及人数；副会长组成人员里要有一家高职高专学校图书馆的代表；各专业委员会的主要负责人由新一届副会长担任，其组成成员由负责人推选；换届选举办法采用等额无记名投票方式选举；新一届理事总名额为75人，常务理事总名额不超过理事总名额的1/3，即常务理事总名额为25人；新一届副秘书长名单由秘书长提议。会议明确，副会长单位因人员变动，需函告省图书馆协会，并推选新的候选人员名单，经常务理事会或理事会表决通过方可担任。（海南省图书馆协会　文一叶）

【召开海南省图书馆协会第三次会员代表大会】 12月22日，海南省图书馆协会第三次会员代表大会在省图书馆召开。来自各公共图书馆、高校图书馆、党校图书馆、中小学图书馆、医院图书馆、科研院所图书馆及企业等省图书馆协会会员单位的正式会员代表134人参加会议。海南省图书馆馆长、海南省图书馆协会第二届理事会会长李彤做省图书馆协会二届理事会工作报告。海南省图书馆副馆长、海南省图书馆协会第二届理事会秘书长张蕊主持会议。大会审议通过《海南省图书馆协会第二届理事会工作报告》《海南省图书馆协会第二届理事会财务收支情况报告》《海南省图书馆协会会员会费标准及管理办法》和《海南省图书馆协会第三次会员代表大会选举办法》。大会采用等额无记名投票的方式选举产生由75名理事组成的第三届理事会，表决通过9名企业常务理事名单。在随后召开的三届一次理事会上，通过等额无记名投票的方式选举产生25名常务理事和10名协会负责人。海南省图书馆馆长李彤当选为会长，海南大学图书馆馆长李文化等8人当选为副会长，海南省图书馆副馆长张蕊当选为秘书长。确定5个专业委员会和7个分支机构委员会的主任委员名单。在闭幕式上，宣布大会决议。（海南省图书馆协会　文一叶）

重庆市

【概况】 2017年，重庆市图书馆学会荣获中国图书馆学会“同筑中国梦 共度书香年”活动优秀组织单位奖；南岸区图书馆跻身“2016年全民阅读优秀组织”，北碚图书馆荣获“2016年全民阅读先进单位奖”，万盛经开区图书馆“读山水·看万盛——创新阅读、美丽万盛”项目荣誉2016年阅读推广优秀项目。成功举办图书馆扶贫工作研讨会，“民国时期文献保护计划”宣传推广活动——重庆站系列活动，评估定级与图书馆数字化建设培训班，贫困地区基层公共图书馆青年馆员培训项目；承担中国图书馆学会公共图书馆分会图书馆扶贫工作委员会秘书处日常工作，召开扶贫工作委员会第二次工作会议；参与组织重庆市区县馆第六次全国公共图书馆评估定级相关工作；学会单位会员42家，活跃会员618人；学会刊物《重庆图情》全年出刊4期，平均每期收录通讯、论文80余篇。（重庆市图书馆学会）

【评估定级与图书馆数字化建设培训班在重庆举办】 5月9—12日，评估定级与图书馆数字化建设培训班在重庆图书馆举行。此次培训由中国图书馆学会主办，重庆市图书馆学会、重庆图书馆承办。来自全国各省、自治区、直辖市的省级、地市级和县级公共图书馆近300名学员参加培训。第六次全国县级以上公共图书馆评估定级宣讲工作专家委员会委员为学员授课。东北师范大学计算机科学与信息技术学院硕士生导师陈昊琳，重庆图书馆党委书记、馆长任竞，中国人民大学信息资源管理学院教授、博士生导师、中国人民大学图书馆副馆长索传军，浙江图书馆副馆长刘晓清和“全国公共图书馆评估定级管理服务平台”研发负责人胡凤彬分别就“评估定级标准中业务建设数字化相关指标”“评估定级标准中服务效能数字化相关指标”“数字时代背景下图书馆评估的创新与发展”“图书馆数字化建设的服务效能、业务建设和保障条件”以及“平台使用及注意事项”做专题讲座。（重庆市图书馆学会）

【“民国时期文献保护计划”宣传推广活动在重庆举办】 5月23—26日，“民国时期文献保护计划”宣传推广活动——重庆站系列活动在重庆图书馆举行，此次活动由文化部公共文化司指导，国家图书馆、中国图书馆学会、重庆市文化委员会主办，重庆图书馆、重庆市图书馆学会承办。培训班上，民国时期文献保护工作办公室主任马静介绍“民国时期文献保护计划”立项情况。国家图书馆古籍馆文献保护组组长、古籍保护科技文化部重点实验室副主任田周玲，国家图书馆研究馆员朱芊、刘小玲、延卫平分别做题为“民国文献脱酸概述”“民国时期图书标引中应注意的问题”“民国时期图书著录”和“全国联合编目系统民国时期图书馆藏编制和添加”的专题讲座。同期，举办“民国时期文献保护计划”展览，播放“历史的审判——《远东国际军事法庭庭审记录》”视频，发放《国民时期文献保护计划文献整理出版成果宣传册》。（重庆市图书馆学会）

【图书馆扶贫工作研讨会在重庆举办】 11月14—16日，由中国图书馆学会主办，重庆市图书馆学会、重庆图书馆、中国图书馆学会公共图书馆分会图书馆扶贫工作委员会、青年工作委员会承办，杭州图书馆、宁波市图书馆、上海市嘉定区图书馆、重庆五洲世纪文化产业投资集团有限公司协办的图书馆扶贫工作研讨会在重庆图书馆举办。研讨会主题为“文化扶贫 你我同行”。全国图书馆界和相关业界专家学者、各级各类图书馆代表、新闻媒体代表289人出席开幕式。中国图书馆学会副理事长、上海市政府参事吴建中做题为“图书馆推进文化精准扶贫的路径与实践”主旨报告。在随后两天会期中，西南大学公共文化研究中心副主任孙道进做“十三五贫困地区公共文化服务体系建设指标体系解读”专题报告，重庆图书馆党委书记、馆长任竞做“我国西部贫困地区公共图书馆建设调研报告”，首都图书馆党委书记肖维平做“图书馆志愿服务工作探析”。11月16日，2017年中国图书馆学会公共图书馆分会图书馆扶贫工作委员会工作会议在重庆图书馆举行，对2017年开展各项扶贫调研、培训和文化惠民工作进行梳理总结，并围绕十九大报告、文化扶贫及2018年工作计划展开讨论交流。扶贫工作委员会部分委员出席16日下午召开的交流座谈会，与参会代表及贫困地区青年馆员代表们围绕公共图书馆开展文化精准扶贫的难点、热点问题进行面对面交流与对话。（重庆市图书馆学会）

四川省

【概况】 四川省图书馆学会下设分支机构6个，专业委员会12个。现有团体会员27个，个人会员1140人。

积极搭建学术平台，提高会员科研能力和水平。全年出版《四川图书馆学报》（双月刊）6期，《川图导报》4期。组织会员参加2017年中国图书馆学会年会征文活动，省内有33篇论文获奖；组织“小康社会的现代公共文化服务体系建设”高峰论坛，收到论文108篇；组织会员参加“四川省图书馆空间与文化建设”研讨会等学术活动。

着力打造品牌活动，服务公民文化素质提升。全年举办“巴蜀讲坛”共计50场，平均每场讲座听众约350人，惠及群众17000余人次。举办“周末艺术鉴赏会”40余场，获得观众一致好评。同时，还在线上开办讲座和鉴赏会的同步直播，线上点播约数十万人次。积极发挥学会职能，深度拓展行业影响力。在活动组织方面，组织评选“2016年四川省全民阅读基地”“2016年四川省最美基层图书馆（区县级）”，全省有66个公共图书馆和高校图书馆参加评比。根据中国图书馆学会通知要求，组织开展2016年度四川省全民阅读先进单位、全民阅读基地的申报、评比工作，全省有30多个公共图书馆、高校图书馆参加评比。其中：邓小平图书馆荣获“全民阅读示范基地”称号；乐山师范学院图书馆、内江市图书馆荣获“2016年全民阅读先进单位”称号；广汉市图书馆“‘悦读小达人，读书夺宝’全民阅读推广活动”获得“2016年阅读推广优秀项目”；成都图书馆、电子科技大学图书馆、泸州市图书馆、眉山市图书馆、攀枝花市图书馆、四川大学图书馆、西南交通大学图书馆通过“全民阅读示范基地”复核，继续保留“全民阅读示范基地”称号。在决策支持方面，为省文化厅起草《四川省县级图书馆总分馆制建设实施方案》《〈四川省公共图书馆条例〉实施情况汇报》，对省内公共图书馆总分馆建设和公共图书馆条例实施情况进行调研、摸底和总结。在培训工作方面，按照四川省文化厅《四川省2017—2018年度“三区计划”文化工作者专项实施方案》的工作部署，策划实施针对少数民族地区的三区图书馆业务骨干培训，重点培训藏文古籍整理编目及公共图书馆基础业务。在政府转移职能服务方面，承接第六次全国县级以上公共图书馆评估定级工作，承担全省市县两级公共图书馆的评估培训、标准解读、数据审核、专家库建设、评估组织等工作。

注重建设人才队伍，加强学会人员培训和交流。先后组派9人次参加由国家新闻出版广电总局主办的出版单位从业人员业务培训、第六次全国县级以上公共图书馆评估定级标准培训、2017年度图情期刊创新发展与论文写作投稿研修班、阅读推广委员会组织的内刊内报研讨会、上海图书馆学术研讨会等培训和活动。加强学会人才队伍培养，提升从业人员专业素质。（四川省图书馆学会秘书处）

【四川省完成第六次市县两级公共图书馆评估阶段工作】 自文化部办公厅下发《关于开展第六次全国县级以上公共图书馆评估定级工作的通知》以来，四川省文化厅按照文化部的工作部署，第一时间会同四川省图书馆、四川省图书馆学会建立组织机构并及时制订下发全省实施方案，科学规划，积极组织全省公共图书馆参加此次评估。参与此次评估定级的公共图书馆达191家，参评占比达94%。经领导小组的研究策划，建立省、市（州）两级评估管理架构。省文化厅组织市州一级的评估定级工作，市州文广新局负责组织区县一级的评估定级工作。将全省按照地域分为5大片区，省专家组组长同时兼任片区专家组组长，统一监督、随时抽查，从上至下控制此次的评估质量和标准的执行，保障了此次评估工作顺利及时地完成。9月18日，经四川省厅办公会集体研究商议，四川省第六次评估定级终评结果及参评馆拟报等级按时上报文化部。此次评估省文化厅共向文化部申报一级馆53个，二级馆46个，三级馆42个。（四川省图书馆　刘韩萍）

贵州省

【概况】 截至2017年底，贵州省图书馆学会共有会员1272人，其中新增会员62人。根据省民政厅社会组织信息平台的建设要求，完善该学会的基础信息录入，并通过审核；完善该省中国图书馆学会会员的注册和管理。省图书馆学会申报并获得2018年承接政府购买服务资质。

召开2次常务理事扩大会议。会议就部分副

理事长、常务理事因工作变动，进行相应调整，并提交学会理事会表决通过。会议还重点讨论研究“贵州图书馆学会2017年学术年会”的征文主题、论文评奖、会议规模、召开时间及地点等相关事宜。

经省图书馆学会推荐，贵州省民族大学图书馆、贵阳市乌当区图书馆于2017年荣获中国图书馆学会颁发的“2016年度全民阅读示范基地”；贵阳幼儿示范学院荣获“全民阅读推广先进单位”奖。

由贵州省图书馆学会、贵州省图书馆报刊部创新打造的《贵图阅读剧场》在喜迎十九大之际应运而生。此阅读推广活动打破以往方式，以舞台剧的形式展现给大家。该剧在平坝监狱及5所高校中成功演出，并获得中国图书馆学会最佳青年创新奖。

负责贵州省唯一的图书馆专业期刊——《贵图学苑》编辑工作。为保证刊物的质量，《贵图学苑》编辑委员会除对每期稿件进行集中评审选稿外，还对录用论文进行学术不端检测。此外，学会还向基层图书馆的会员免费寄发。

组织会员撰写论文，积极参加2017中国图书馆学会年会和中国图书馆学会各专业委员会举办的学术研讨会。在2017年中国图书馆学会年会征文中，该省3名会员获得二等奖、4名会员获得三等奖。（贵州省图书馆学会　王霞）

【开展绩效评估工作】 2017年是第六次全国县级以上公共图书馆评估定级之年，省图书馆学会除了梳理准备工作的相关材料外，还配合省文化厅组织学会专家到全省市、州、县公共图书馆开展评估定级工作。

接受省民政厅组织的第三方对全省社会组织评估，根据省级学会评估指标，对近3年省图书馆学会的相关材料进行系统收集和整理，向评估组提供对应材料，在此次参评的76家学会（协会）中排名27位，获AAA等级的第一名。

参加省社科联组织的“贵州人文科学普及示范基地”申创评估工作。学会对照省级“人文社科示范基地”申创评估条件，撰写《贵州省图书馆省级“人文社科示范基地”申创报告》，按照申创条件要求提供对应材料，得到专家组的充分肯定，入选首批十家省级“人文社科示范基地”。（贵州省图书馆学会　王霞）

【组织和参加各类公益活动与科普活动】 2017年春节前夕，学会组织各市、州图书馆学会及分支机构共同打造了“同筑中国梦　共度书香年”春节楹联文化展主题活动，全省52个图书馆积极参与此活动。1月24日，省图书馆学会在贵州省图书馆组织开展春节楹联展览及邀请省内著名书法协会邀请了中国书法家协会会员、贵州省书法家协会名誉主席邓健，中国书法家协会会员、贵州省书法家协会副主席陈弘，中国书法家协会会员、贵阳市书法家协会副主席王世鹏等省内知名书法家现场挥墨书写春联，赠送给广大读者和市民。此外现场也引来部分爱好书法的小读者，他们现场模仿临摹这些书法家的作品并且得到了书法家的现场指导。

参加省科协组织的2017全国科普日·贵州科普嘉年华、省社联联组织的麻江、筑成广场的社会科学宣传普及周活动等公益活动，赠送科普读物6000余册。还积极参加省科协、中国图书馆学会、国家图书馆、省文化厅、省民政厅、省社科联召开的各种会议。（贵州省图书馆学会　王霞）

【承接《贵州省公共图书馆条例》立法调研工作】 3月23日，省文化厅下发的《〈贵州省公共图书馆条例〉立法调研工作领导小组的通知》（黔文发〔2017〕13号）文件中明确委托贵州省图书馆学会和贵州民族大学负责《贵州省公共图书馆条例》立法调研及文本起草工作。4月，学会在贵州省图书馆举行“贵州省公共图书馆条例”的立法调研启动仪式，就立法调研开展和法律文本起草工作做具体安排。5月，先后到遵义市、毕节市、黔东南州、铜仁市的4个市（州）文广新局、公共图书馆、学校等单位，9个县（市）文广新旅游局、公共图书馆、学校等单位，以及乡（镇）、村（社区）进行调研，听取包括当地发改局、财政局、人社局、编制办和主管部门等各方面的意见和建议。调研组还赴四川省、广东省就公共图书馆的立法相关问题进行全面深入调研考察，并对相关文献资料、调研数据多次召开会议进行认真分析讨论，并在此基础上完成和提交《贵州省公共图书馆条例（征求意见稿）》。（贵州省图书馆学会　王霞）

【举办第六次全国县级以上公共图书馆评估

定级培训班(贵阳站)】 4月10—12日，由中国图书馆学会主办，贵州省图书馆和贵州省图书馆学会承办的“第六次全国县级以上公共图书馆评估定级培训班（贵阳站）”在贵州省图书馆举办。中国图书馆学会副理事长吴建中等专家及来自全国各地公共图书馆的300多名学员参加此次培训，为2017年第六次全国县级以上公共图书馆评估工作奠定基础。(贵州省图书馆学会　王霞)

【召开贵州省图书馆学会2017年学术年会】 12月20—22日，贵州省图书馆学会在贵州省图书馆召开2017年学术年会。省文化厅领导及来自全省公共图书馆、高校图书馆和专业图书馆的代表180余人参会。此次学术年会以“图书馆服务变革与实践”为主题，共征集学术论文127篇，入选68篇。共评出一等奖3篇、二等奖5篇、三等奖18篇。贵州省图书馆、贵州大学图书馆、贵州师范大学图书馆、贵州财经大学图书馆、贵州民族大学图书馆、铜仁学院图书馆、贵州商学院图书馆获优秀组织奖。此次年会还特别邀请北京大学李国新做《中华人民共和国公共图书馆法》解读；《图书与情报》常务副主编魏志鹏做“图书馆论文写作及投稿”学术报告。(贵州省图书馆学会　王霞)

陕西省

【概况】 2017年，在中国图书馆学会、陕西省文化厅和陕西省图书馆的大力支持下，陕西省图书馆学会依据七届六次常务理事会通过的全年工作计划要点，重点发挥在学术交流、行业协调和全民阅读中的重要作用，围绕中心，服务大局，开拓创新，提升能力，为促进全省图书馆事业全面、协调、可持续发展做出一定的成绩。

省图书馆学会全年参与和开展的活动既有全国性的，也有西北地区的，更多是面向陕西全省的；有面向全体会员的，更有面向基层公共图书馆的。如借全国省级及副省级市公共图书馆参考咨询工作培训在陕西省图书馆举办之机，组织全省高校馆、公共馆同人聆听两场主题报告；承办由中国图书馆学会主办的第六次全国县级以上公共图书馆评估定级培训班（西安站）和由陕西省文化厅主办的第六次全省县级以上公共图书馆评估定级工作培训班；与其他四省（区）图书馆学会合办第五届陕西省阅读文化月之第五届陕西（西部）丝路图书交易博览会；与省图书馆合办陕西省2017年图书馆创新服务专题研讨班；举办“2017陕西省图书馆学会基层文化志愿服务活动铜川行”活动，培训铜川市图书馆及所属各县区图书馆及社区乡镇图书馆、文化站、农家书屋业务骨干70余名；与省高等学校图书情报工作委员会等合办第十三届“馆藏与出版”论坛；继续推进高校图书馆与基层公共图书馆的结对帮扶工作，在神木县图书馆进行结对帮扶工作调研，分别在汉中市洋县金水初级中学、洋县图书馆、佛坪县图书馆开展帮扶捐赠活动。另外，联合陕西公共图书馆联盟，组织全省图书馆参加由国家图书馆主办、中国图书馆学会协办的“同筑中国梦　共度书香年”楹联拜年活动，共有18家单位参加，累计受众达7.7万人次，省图书馆学会获得此次活动优秀组织奖。(陕西省图书馆　霍彩玲)

【举办第六次全国县级以上公共图书馆评估定级培训班(西安站)】 3月29日，由中国图书馆学会主办，陕西省图书馆学会、省图书馆共同承办的第六次全国县级以上公共图书馆评估定级培训班（西安站）在陕西省图书馆开幕。中国图书馆学会副理事长刘小琴和陕西省图书馆馆长马民玉分别在开幕式上致辞，陕西省图书馆副馆长李振杰主持开幕式。此次培训班为期3天，来自全国各省、自治区、直辖市的地市级、县级公共图书馆的300余名学员参与培训。此次培训解决了众多图书馆在迎评促建工作中存在的困惑和问题。(陕西省图书馆　霍彩玲)

【举办第六次全省县级以上公共图书馆评估定级工作培训班】 4月10—12日，由陕西省文化厅主办、陕西省图书馆学会与陕西省图书馆共同承办的第六次全省县级以上公共图书馆评估定级工作培训班在陕西省军区招待所举办，来自全省地市级、县级公共图书馆的280余名学员参加此次培训。培训特邀此次评估定级宣讲工作专家委员会主任、南开大学教授柯平主讲公共图书馆评估定级的目的、意义及评估总体要求、新特点和工作机制；评估定级宣讲工作专家委员会委员任竞、刘晓清、谢林，分别从服务效能、业务建设和保障条件三个方面对地市级、县级公共图书馆必备条件和评估标准进行详细解读和宣讲。此次评估定级管理服务平台研发负责人现场对平台使用情况进行详细说明和演示。最后，陕西省文化厅及省图书馆评估定级工作相关人员就学员们在培训过程中提出的各种问题进行解答。

7月19—20日，省图书馆学会和省图书馆承办第六次全省县级以上公共图书馆评估定级专家组培训班，来自全省地市、县级公共图书馆和业外的35名专家组成员参加培训。会议安排部署此次全省评估定级工作，并分别就服务效能、业务建设和保障条件的打分细则，少儿馆与成人馆的区别，评估定级管理服务平台的具体操作与评估流程等进行详细解读和研究，就各类特例问题经讨论达成一致意见。（陕西省图书馆　霍彩玲）

【陕西省图书馆学会第十次学术成果评奖结果揭晓】 2017年7月，陕西省图书馆学会学术研究委员会以通讯方式对第十次上报学术成果进行评奖。此次评奖范围是2014年1月—2016年12月期间全省图书馆界职工发表的学术研究成果。参与此次评奖的有27家会员单位提交的124项成果，其中著作4部、研究报告5篇、论文116篇。经过13位学术研究委员会委员评审，根据“陕西省图书馆学会学术成果评奖办法”及陕西省图书馆学会学术成果评奖标准，最终评选出一等奖成果12项、二等奖成果23项、三等奖成果40项。（陕西省图书馆　霍彩玲）

【举办第五届陕西省阅读文化月之第五届陕西(西部)丝路图书交易博览会】 为推动陕西省“书香社会”建设，扩大“陕西丝路图书交易博览会”社会影响力，搭建馆、社、店交流合作平台，9月26—28日，由陕西新华出版传媒集团，陕西、甘肃、宁夏、青海、新疆五省（区）图书馆学会联合主办的第五届陕西省阅读文化月之第五届陕西（西部）丝路图书交易博览会在西安举办。此届博览会活动主题为“尚文明礼　书香三秦”。博览会上，不仅组织新书发布会、作家签售、阅读推广等活动，还组织采购商订货、现采，各市级新华书店组织图书零售，举办成果发布会。此届博览会第一次将西北五省（区）图书馆学会纳入为主办单位，设有主会场和分会场，以期激发公众阅读兴趣，引领社会读书热潮。（陕西省图书馆　霍彩玲）

【举办陕西省2017年图书馆创新服务专题研讨班】 9月28—30日，由陕西省图书馆学会和省图书馆主办，全国文化信息资源共享工程陕西省分中心承办，西安数图网络科技有限公司协办的陕西省2017年图书馆创新服务专题研讨班在西安举办。此次培训是第五届陕西省阅读文化月的一部分，来自西北地区各级各类图书馆学员300余人参加。文化部原副部长、国家图书馆荣誉馆长周和平做题为“加快构建现代公共文化服务体系，全面推进县级图书馆事业发展”的主旨报告。华东师范大学信息管理系教授许鑫、上海图书馆副馆长刘炜分别做题为“文化传承与传播中的信息技术应用”“改变图书馆未来的十大技术应用”的主题报告。中国图书馆学会副理事长吴建中讲授“图书馆创新发展与技术应用”。文化部全国公共文化发展中心宣传活动处处长王芬琳主讲“在公共文化惠民服务中激发传播正能量”。北京大学图书馆馆长朱强、美科科技（北京）有限公司CEO王镇山、清华同方计算机有限公司副总经理袁继昕分别做“图书馆创客空间建设与服务”“人工智能教育/创客教育”“从背包式主机到多人交互虚拟现实”讲座。在“沙龙对话互动”环节，5位与会专家、企业代表和媒体代表围绕“什么是图书馆，图书馆是干什么的？”“怎样将市县图书馆集合起来达成有效的合作？”“请各位专家说说最想给在座同人的建议是什么？”3个话题来阐述图书馆目前最简单却又最难以回答的问题，现场气氛紧张而热烈。培训最后由上海图书馆读者服务部主任谢影主讲“上海图书馆新媒体服务实践与探索”。此次培训是陕西省图书馆学会承担的西北五省（区）馆员联合培训任务。（陕西省图书馆　霍彩玲）

【召开陕西省高校图书馆与县级图书馆结对帮扶工作总结暨经验交流会】 12月15日，陕西省图书馆学会和省高校图工委联合在陕西师范大学长安校区图书馆召开高校图书馆与基层公共图书馆结对帮扶工作总结暨经验交流会议。参与结对帮扶的9家高校图书馆和13家公共图书馆相关负责人等30余人参加会议。会议由陕西省高校图工委副主任委员、西安交通大学图书馆馆长贾申利主持，陕西师范大学图书馆馆长李永明致欢迎词。会上，陕西师范大学图书馆副馆长田向阳代表省图书馆学会协作协调委员会主任委员馆对2015至2017年间结对帮扶工作情况进行总结。在经验交流环节，与会各馆根据各自的帮扶实践和思考，提出未来结对帮扶的工作计划和重点，并对整个结对帮扶提出意见和建议。省图书馆学会秘书长解虹简单介绍了国家及陕西省公共文化事业发展相关的扶持政策，鼓励公共图书馆要充分了解和争取相关政策支持，共同推动图书馆事业发展。陕西省图书馆学会副理事长、空军军医大学图书馆馆长孙艳最后做总结发言。在此次会议上，西安电子科技大学图书馆与平利县图书馆、西安科技大学图书馆与佛坪县图书馆、西安科技大学图书馆与西安市长安区图书馆分别签订结对帮扶协议。至此，共有14家高校图书馆与19家县区级图书馆结为帮扶对子。（陕西省图书馆　霍彩玲）

【举办第十三届“馆藏与出版”论坛】 11月22—24日，由陕西省图书馆学会、省高等学校图书情报工作委员会、“馆藏与出版”论坛理事会联合举办的第十三届“馆藏与出版”论坛在西安举办。此次论坛汇聚中国图书馆界和出版界152家单位的近400名代表，共同探讨智慧图书馆的发展趋势。11月22日晚上，先期召开“馆藏与出版”论坛2017年第二次理事会，共同探讨业内动态和论坛发展方向。此次论坛共安排5场学术报告，包括：南京大学图书馆副馆长邵波的“基于智能机器人的智慧图书馆建设——探索与实践”，武汉大学教授肖希明的“服务‘双一流’建设的高校图书馆信息资源建设”，南开大学教授柯平的“公共图书馆转型与创新”，黑龙江省图书馆副馆长毕洪秋的“俄图纪行”和南京大学教授叶继元的“从粗放型到精细化：图书馆馆藏文献资源评价的新趋向”。西安电子科技大学出版社等出版机构做4场功能介绍。（陕西省图书馆　霍彩玲）

甘肃省

【概况】 截至2017年底，甘肃省图书馆学会有个人会员694人，单位会员64个，理事102人，常务理事31人；有中国图书馆学会个人会员165人，理事2人，常务理事1人。分设图书馆学理论专业委员会、文献资源建设与共享专业委员会、地方文献专业委员会、古籍保护与研究专业委员会、公共图书馆工作委员会、高校图书馆工作委员会、科研系统图书馆工作委员会、少儿图书馆工作委员会等8个分支机构，分别挂靠在甘肃省图书馆、兰州大学图书馆、中科院兰州文献情报中心等单位开展工作。召开甘肃省图书馆学会2017年度理事会议（七届十一次理事会议），审议并表决通过省学会2017年工作报告、2018年工作要点等文件，通报并交流各分支机构工作。

在会议交流方面，召开2017甘肃省图书馆学会年会，在会上颁发“甘肃省图书馆学会第一届青年人才奖”；首次开展“甘肃图书馆最美故事”评选活动，并在会上进行“2017甘肃图书馆最美故事”系列风采展示。协调组织西北五省（区）图书馆第四次峰会。与兰州书立方文化传播有限公司、兰州城市学院图书馆联合举办甘肃省第五届图书馆出版社文化论坛及新书现采会。协办第五届陕西省阅读文化月之第五届陕西（西部）丝路图书交易博览会和陕西省2017年图书馆创新服务专题研讨班。

在教育培训方面，应邀在张掖市图书馆、白银市图书馆召开的公共图书馆第六次评估定级培训会上讲解评估指标；承办全省第六次公共图书馆评估定级工作培训班和2017年全国图书馆未成年人服务提升计划——甘肃站培训活动；组织举办全省图书馆基础业务知识暨图书馆员继续教育培训班等。全年举办各类培训班、研讨会、辅导班等6期，培训学员439人次。

在行业协调方面，组织开展以“悦读，在路上”为主题的2017年度全民阅读活动，并利用学会工作通讯——《甘肃图书馆工作》对全省开展的各项活动做集中宣传报道，同时做好活动总结和表彰引导等工作。西北民族大学图书馆、金昌市图书馆、张掖市甘州区图书馆被中国图书馆学会授予“全民阅读活动先进单位奖”；河西学院图书馆等4家单位被省图书馆学会命名为2016—2017年度全民阅读基地，西北民族大学图书馆等14家单位被评为全民阅读活动先进单位，帕提曼等10名同志被评为全民阅读活动先进个人。组织召开甘肃图书情报界讲座展览联盟2017年工作会议。

在编辑出版和网络宣传方面，会刊《图书与情报》继续保持核心期刊的地位，全年收稿3100余篇，出刊6期，刊发文章120余篇，并参与甘肃省新闻出版广电局举办的评选活动，获得

“首届甘肃省十佳期刊”称号；内部交流刊物《甘肃图书馆工作》改版升级，提升刊物的印刷质量和内容容量；更新维护学会网站；编辑出版《甘肃图书馆学会年会论文集（2017）》，由甘肃民族出版社出版，收录论文30篇，计20余万字。（甘肃省图书馆学会）

【举办甘肃省第六次公共图书馆评估定级工作培训班】 4月18—19日，由甘肃省文化厅主办、省图书馆和省图书馆学会承办的“全省第六次公共图书馆评估定级工作培训班”在兰州举办。来自全省各市州文化局相关负责人、市县两级公共图书馆馆长和业务骨干160余人参加培训。省图书馆学会秘书长董隽主讲此次评估定级的目的、意义及评估总体要求、新特点和工作机制，并解读业务建设、保障条件两大模块指标；业务骨干王文涛讲解服务效能指标。此次评估首次使用信息化管理平台，实行线上线下评估相结合的模式。为了做好网上填报工作，培训班专门邀请华博胜讯（北京）信息科技有限公司评估定级产品研发负责人胡凤彬，对“全国公共图书馆评估定级管理服务平台”的使用进行培训并示范操作。（甘肃省图书馆学会　张毅宏）

【举办甘肃省第五届图书馆出版社文化论坛及新书现采会】 4月20—22日，由甘肃省图书馆学会、全国美术出版社联合发行集团共同主办，兰州城市学院图书馆等承办的甘肃省第五届图书馆出版社文化论坛及新书现采会在兰州城市学院逸夫图书馆举办。兰州城市学院党委常委、副校长莫超，安宁区政协副主席尚亚林，甘肃省图书馆副馆长陈军，以及甘肃省内高校、公共图书馆和全国百佳出版社参会代表300余人参加论坛。此次会议包括图书馆出版社文化论坛、“美好新安宁，桃花遇见书”图书文化博览会、“书语桃花”书画展三部分内容，旨在为图书馆界和出版社之间搭建信息共享和交流服务的平台。（甘肃省图书馆学会　张毅宏）

【举办2017年全国图书馆未成年人服务提升计划——甘肃站专题培训活动】 7月12—13日，由国家图书馆、中国图书馆学会及甘肃省文化厅主办，甘肃省图书馆和省图书馆学会承办的2017年全国图书馆未成年人服务提升计划——甘肃站专题培训活动在兰州举办。来自全省14个市州公共图书馆、高校图书馆和专业图书馆的150余名馆长、业务骨干和图书馆员参加培训。中国图书馆学会副理事长刘小琴代表主办单位向甘肃省图书馆颁授“全国图书馆未成年人服务提升计划”示范基地牌匾，同时向甘肃省图书馆和省图书馆学会颁发感谢状。华东师范大学教授范并思、德国慕尼黑国际青少年图书馆汤娅·罗伊特女士、深圳少年儿童图书馆馆长宋卫、武汉大学信息管理系教授黄如花分别主讲“图书馆未成年人服务和阅读推广”“德国图书馆青少年阅读推广”“迎接第六次图书馆评估，促未成年人服务”和“美国图书馆的未成年人服务”；甘肃省图书馆、张掖市甘州区图书馆分别做该馆开展未成年人阅读推广活动优秀案例演示，获得大家的一致好评。（甘肃省图书馆学会　张毅宏）

【召开2017甘肃省图书馆学会年会】 12月12日，2017甘肃省图书馆学会年会在兰州召开。该届年会主题为“图书馆的技术发展与服务创新”。甘肃省人民政府参事、学会会长郭向东等领导出席开幕式。来自全省14个市州公共图书馆、高校图书馆和专业图书馆的170余名代表参加会议。在开幕式上，举行“甘肃省图书馆学会第一届青年人才奖”颁奖仪式，中国科学院兰州文献情报中心安培浚等5名青年馆员获奖；举行“2017甘肃图书馆最美故事”系列风采展示活动之感人事迹、创新案例、优秀服务的视频展播活动和颁奖仪式，有3件感人事迹、3项优秀服务和3个创新案例入选，这是省图书馆学会首次开展“甘肃图书馆最美故事”系列风采评选及展示活动。会议邀请上海社会科学院信息研究所研究员王世伟做题为“人工智能与图书馆服务重塑”的学术报告。学术交流环节，6位获奖论文作者从不同层面与角度，阐述了各自的研究成果、学术进展、工作思路和发展设想。工作交流环节，来自中科院兰州文献情报中心、西北师范大学图书馆、兰州城市学院图书馆、嘉峪关市少儿图书馆等8家单位的代表分别就各馆创新服务案例和开展全民阅读活动工作的经验做大会交流。会上还举行2016—2017年度全民阅读基地、全民阅读活动先进单位和先进个人，年会征文优秀组织奖以及获奖征文颁奖仪式。此次年会得到各理事单位和广大会员的积极响应，共收到征文89篇，评出获奖论文52篇，其中一等奖9

篇、二等奖16篇、三等奖27篇。年会论文集收录论文30篇，计20余万字。（甘肃省图书馆学会　张毅宏）

青海省

【2017年第三期全国县级图书馆馆长培训班在青海举办】 8月6—12日，2017年第三期全国县级图书馆馆长培训班在青海西宁举办。此次培训班由文化部公共文化司主办，中国图书馆学会承办，青海省图书馆学会和青海省图书馆协办。培训班上共有来自全国各县级公共图书馆馆长142人参加了培训。文化部原副部长、国家图书馆名誉馆长周和平，中国图书馆学会副理事长、国家图书馆常务副馆长陈力等领导出席开班式。此次培训以"贯彻落实保障法，推进公共文化领域的重点改革任务"为主题，以专家授课、学员座谈研讨、参观学习等形式，为提升我国县级公共图书馆馆长的政治理论、公共文化政策、县级图书馆总分馆体系建设和业务建设以及领导力等具有重要的促进和指导意义。（青海省图书馆学会　李盛福）

【青海省开展第六次全省县级以上公共图书馆评估定级】 根据文化部办公厅印发的《关于开展第六次全国县级以上公共图书馆评估定级工作的通知》和《全省第六次县级以上公共图书馆评估定级工作方案》的要求，青海省在完成网上评审（初评）的基础上，于8月18—28日，由青海省文化和新闻出版厅牵头，省图书馆学会组织专家组对全省7个市、州和上等级的图书馆开展"青海省第六次全省县以上公共图书馆评估定级"实地评估（复评）工作。通过实地评估、核实初评情况、复评打分，共建议评选出海西州图书馆为地市级二级馆；海南州图书馆、海北州图书馆为地市级三级馆；大通县图书馆为县级二级馆；格尔木市图书馆等17个县级图书馆为县级三级馆。9月完成评估总结报告的网上提交、上报和反馈工作。（青海省图书馆学会　李盛福）

宁夏回族自治区

【概况】 2017年，在组织建设方面，召开宁夏图书馆学会第七次会员代表大会，选举产生第七届理事会、专业委员会成员，同时成立宁夏图书馆学会党支部。做好本年度单位会员（含企业单位会员）及个人会员的组织发展、会费收缴工作，现有会员单位42个，常务理事单位18个，理事单位18个，个人会员553人。完成学会的年检工作。全年共发文件27份、简报9期。

在学术交流与编辑出版方面，宁夏图书馆学会本着活跃学术研究、推动学术交流、促进学科发展的宗旨，紧密结合图书馆事业发展的实际，有针对性地组织策划各类学术研究和业务活动，包括配合国家图书馆举办"民国时期文献保护计划宣传推广活动——宁夏站"和"全国图书馆决策咨询服务业务培训班——银川站"活动，举办"知识出版与数字图书馆融合创新"学术研讨会，配合中国盲文图书馆举办"宁夏回族自治区视障文化服务与阅读推广培训班"。编辑出版发行与宁夏回族自治区图书馆联合主办的专业学术期刊《图书馆理论与实践》12期，全年收到投稿3355篇，刊登论文281篇，发行量26400册。

在行业协调与服务工作方面，进一步拓展学会行业协调与指导的职能，开展跨地区、跨部门、跨系统、跨行业的协作工作。组织召开西北五省（自治区）图书馆第四次峰会暨西北五省（区）图书馆馆长、秘书长联席会议；组织召开西北五省（区）图书馆"第十四次科学讨论会"第一次工作会议，确定"第十四次科学讨论会"征文主题和分主题及论文集出版、发行等事宜；与西北五省（区）图书馆共同主办第五届陕西省阅读文化月之第五届陕西（西部）丝路图书交易博览会。举办第六次全区县级以上公共图书馆评估定级培训班，参与完成银川市、石嘴山市等11个公共图书馆的评估定级工作，全面完成全区公共图书馆评估的组织、计划、汇总、上报等工作。

组织参与中国图书馆学会相关活动，如配合中国图书馆学会组织全区公共图书馆共同开展2017年"同筑中国梦　共度书香年"春节期间系列活动，通过以楹联展为主题的新春活动，丰富图书馆春节期间的活动内容。世界读书日和文化遗产日期间，组织参与宁夏回族自治区图书馆与宁夏交通音乐台合作开展的"书香宁夏　为爱朗读"启动仪式暨"助力脱贫攻坚　关爱留守儿童"大型公益活动。特邀南京大学教授徐雁在石嘴山市大武口区图书馆举办"最是书香能致远"全民阅读专题讲座。以"资源共享、优势互补、服务大众、共谋发展"为原则，牵头成立宁夏回族自治区公共图书馆讲座展览联盟，制定联盟章程并与全区各公共图书馆签订讲座展览联盟协议，旨在进一步加强全区各级各类图书馆合作交流、互补互助，合力推进宁夏地区展览资源共享。结合全区讲座展览联盟协议，全年为包含公共、高校及科研院所的30余所图书馆提供巡展资源14个、展板千余块，举办巡展57场次，观众10余万人次。（宁夏图书馆学会）

【召开宁夏图书馆学会第七次会员代表大会】 3月10日，宁夏图书馆学会第七次会员代表大会在银川召开。来自全区公共、高校、科研等各系统推选的140余名会员代表参加会议。大会表彰优秀会员和学会先进工作者，审议并通过宁夏图书馆学会第六届理事会工作报告（含财务报告）、《宁夏图书馆学会章程（2017年修正案）》、《宁夏图书馆学会会费管理办法》，选举产生由61名理事、3名监事组成的第七届理事会。在七届一次理事会上，选举产生新一届理事会相关负责人和常务理事29名。宁夏回族自治区图书馆馆长韩彬当选第七届理事会理事长，宁夏回族自治区图书馆副馆长吕毅当选常务副理事长，宁夏社会科学院情报信息中心主任李习文、宁夏大学图书馆馆长蔡永贵、银川市图书馆馆长强朝晖、宁夏医科大学图书馆馆长王慧芳担任副理事长，宁夏图书馆研究与协作部主任张莉当选秘书长。全体理事协商产生秘书处及思想政治与行业道德建设委员会、协作与协调工作委员会、编辑出版委员会、学术研究委员会、阅读推广委员会、社会服务与专业培训委员会组成人员。（宁夏图书馆学会　张莉）

【举办第六次全区县级以上公共图书馆评估定级培训班】 5月17—19日，由自治区文化厅主办，宁夏图书馆学会和宁夏回族自治区图书馆共同承办的第六次全区县级以上公共图书馆评估定级培训班在银川开班。自治区文化厅副厅长刘浩出席开班仪式并做重要讲话。来自全区地市级和县级文体局领导、公共图书馆馆长及业务骨干在内的120余名学员参加培训。培训班特邀第六次全国县级以上公共图书馆评估定级宣讲工作专家委员会（以下简称“专家委员会”）副主任、上海图书馆上海科技情报研究所副馆（所）长周德明就此次评估定级目的意义进行讲解并对《公共图书馆评估标准》服务效能部分做详细解读；专家委员会委员谢林、张文亮分别就《公共图书馆评估标准》保障条件和业务建设部分的必备条件与指标做详细解读；专家委员会委员、评估定级平台研发单位研发负责人胡凤彬对评估定级平台的使用和注意事项进行演示和说明。（宁夏图书馆学会　张莉）

【召开西北五省(区)图书馆第四次峰会暨西北五省(区)图书馆馆长、秘书长联席会议】 6月20—22日，西北五省（区）图书馆第四次峰会暨西北五省（区）图书馆馆长、秘书长联席会议在宁夏固原召开。来自陕西、甘肃、宁夏、青海和新疆的省级图书馆馆长、学会理事长和秘书长以及特邀代表30余人参会。此次峰会主题是“立足资源优势，强化服务合作——西北地区图书馆创新发展”。各代表就西北五省（区）公共图书馆合作发展的现状、存在的问题、今后的发展方向发表意见和建议。代表们一致认为应在联合开展课题研究、建立讲座展览联盟、共建共享特色数字资源库、人才队伍建设等方面进行深入交流合作，并针对《西北五省（区）公共图书馆合作协议（征求意见稿）》的相关内容展开讨论，最后达成一致意见。除此之外，与会代表就加强西北五省（区）专业委员会建设、西北地区地方文献数据库共享、成立西北五省（区）讲座展览联盟等事项进行深入讨论，达成西北五省（区）图书馆第四次峰会暨西北五省（区）图书馆馆长、秘书长联席会议“固原共识”，确定西北五省（区）第十四次科学研讨会于2018年在宁夏召开，西北五省（区）图书馆第五次峰会于2019年在甘肃举行。（宁夏图书馆学会　张莉）

【召开知识出版与数字图书馆融合创新学术研讨会】 7月26日，由宁夏图书馆学会主办、北京超星数图信息技术有限公司协办的“知识出版与数字图书馆融合创新”学术研讨会在银川举办，来自浙江、江西、福建、宁夏等地的各级各类图书馆主管领导和业务骨干120余名代表参加。此次研讨会主要围绕创新知识传播模式、学术出版转型、如何实现从传统出版向“互联网+知识服务产业”的转变、如何形成“互联网+知识创新过程+知识利用过程”的社会化知识产业等议题展开，与会代表就图书馆界和出版界共同关注的实际问题展开交流和讨论。嘉兴市图书馆馆长沈红梅、宁波市人民政府突出贡献专家颜务林、中国索引学会副理事长叶艳鸣、超星集团副总经理张慧敏，分别做题为“嘉兴市图书馆总分馆数字化建设与服务”“从第六次评估标准看基层公共图书馆未来数字化发展趋势”“知识空间中的专题服务思维”“图书馆实体空间与虚拟空间建设应用”的专题报告。（宁夏图书馆学会　张莉）

【举办宁夏回族自治区视障文化服务与阅读推广培训班】 10 月 30 日，由中国盲文图书馆主办，宁夏回族自治区残疾人联合会、宁夏回族自治区图书馆、宁夏图书馆学会承办的宁夏回族自治区视障文化服务与阅读推广培训班在银川举办。来自全区各级公共图书馆领导、视障阅览骨干及各地残联、盲人协会负责人、会员共 80 余名代表参加培训。 自治区残疾人联合会副理事长王宇峰、自治区图书馆副馆长陶爱兰、中国盲文图书馆馆长朱兵出席开班仪式并分别致辞。此次培训以视障服务与阅读推广为主题，中国盲文图书馆信息无障碍中心主任何川从视障群体的基本情况、图书馆服务及中国盲文图书馆特色化服务等方面进行讲授；中国盲人协会副主席、宁夏回族自治区盲人协会主席王结结合当前全区视障文化服务的工作现状，讲授宁夏回族自治区视障文化服务的挑战与机遇；山东省盲协主席汤建泉分享了山东省盲协的工作经验，并就盲人创客、视障朗读等做精彩报告；中国盲文图书馆信息无障碍中心龚文静讲授盲人的阅读方式、视障阅览室建设方案及随行导盲动作；中国盲文图书馆数字资源部刘东晓与学员们分享“让阅读无处不在——中国盲文图书馆数字资源服务”；陕西省图书馆借阅部主任张革联讲授“新时期图书馆馆员职业素养与人性化服务”，详细介绍图书馆的起源与发展、图书馆馆员职业素养及视障读者个性化服务。培训班还特别安排盲协与视障文化服务供需座谈会，推动宁夏地区视障服务与阅读推广发展。（宁夏图书馆学会　张莉）

新疆维吾尔自治区

【概况】 2017 年，新疆维吾尔自治区图书馆学会积极开展各项工作，现发展会员 615 人，理事单位 49 个，常务理事单位 20 个，并下设学会（汉、维吾尔文）编辑出版委员会、合作交流委员会、宣传教育委员会、科普与阅读指导委员会、学术研究委员会 5 个专业委员会机构。

学术交流与研讨方面呈现良好发展态势。组织会员积极参加 2017 年中国图书馆学会年会征文评选活动，共 4 篇论文获奖，其中二等奖 2 篇、三等奖 2 篇。征文活动的持续开展，极大地调动了会员学术研究的积极性和创造性，提升学术研究水平。此外，由新疆维吾尔自治区图书馆、自治区图书馆学会联合举办的“十三五”新疆图书馆事业发展规划研讨会，对进一步推动“十三五”时期新疆地区公共图书馆事业科学发展，加快构建现代公共文化服务体系，保障各族人民群众基本文化权益具有重要现实意义。

专业研究与网络宣传方面，全年编辑出版《西域图书馆论坛》（汉文）、《图书论坛》（维吾尔文）各 4 期，刊登图书馆专业学术论文（汉文、维吾尔文）130 余篇。结合新疆图书馆事业发展目标，对两刊进行改版，通过调整完善，提升办刊品质；编辑出版《新疆图书馆学会通讯》4 期，收录各地州全民阅读活动特色信息 260 余条；定期维护新图讲坛网页，发挥网站的阵地与传播作用。

讲坛工作方面，辐射面扩大，惠及大众。学会除邀请多位国内知名专家学者举行学术报告外，还积极拓展和完善多种形式的对外宣传与服务途径，推出“昆仑讲坛下基层”——进学校、进社区、进军营等系列公益讲座 9 场次，听众达 3900 余人次，讲座的品牌效应、知识传播效应进一步显现。同时，配合中国图书馆学会在全疆组织楹联文化巡展、新思路 · 心纽带——“一带一路”主题展览等，为振兴全区的人文环境做出积极贡献。此外，学会进一步筹划修改讲座展览联盟协议，为基层图书馆开办讲座、展览提供支持，全年分别向阿勒泰地区图书馆、塔城地区和丰县图书馆、巴州图书馆等单位推荐讲座 5 场次，向各地州县图书馆提供展览 26 场次。

业务培训方面，侧重下基层业务辅导，提升专业队伍素质。学会负责组织、协调、完成全疆的图书馆业务建设交流培训活动，其中包括 2017 年度图书资料专业技术人员继续教育培训班、赴山西省图书馆开展省际交流学习培训、2017 年“春雨工程”——全国文化志愿者边疆行基层业务培训班（塔城站）等。同时，根据会员单位业务需要，多次赴基层开展业务培训与辅导，加强自治区、地州、县市三级纵向联动，实施资源共享，如根据昌吉州图书馆 2017 年继续教育培训课程需求，派遣自治区图书馆 5 名馆员配合其完成主题授课；贴近乌恰县等基层图书馆业务发展需要及薄弱点举办各类基层业务培训 4 次，培训人员 760 人次；举办青少年科技活动 2 场次，培训 1250 余人次。

行业协调与服务方面，组织开展 2017 年全民阅读活动，积极打造“书香新疆 · 全民阅读”品牌，并做好活动的总结表彰和总结工作。其中，新疆维吾尔自治区图书馆“全民阅读示范基地”复审合格，昌吉州图书馆、巴音郭楞蒙古族自治州图书馆获“2016 年全民阅读优秀组织奖”，布尔津县图书馆获“2016 年全民阅读先进单位奖”，库尔勒市图书馆获“2016 年阅读推广优秀项目”奖和“2016 年全民阅读表彰单位”奖；积极配合科协、社科联等社团管理部门工作，参与《新疆科协年鉴 · 2017》《新疆社科联年鉴 · 2017》的编辑撰写；配合完成科协关于 2017 年全疆学会的评估工作，并荣获“2017 年度自治区学会（协会、研究会）先进集体”奖，学会理事长历力荣获“2017 年度自治区学会工作先进个人”。（新疆维吾尔自治区图书馆学会　赵燕）

【新疆维吾尔自治区图书馆学会参加 2017 年“五下乡”服务示范活动】 2 月 25 日，2017 年新疆维吾尔自治区首场文化、科技、卫生、法律、爱国爱教宗教服务“五下乡”服务示范活动启动仪式在乌鲁木齐县托里乡举行。新疆“五下乡”20 个成员单位，乌鲁木齐市、乌鲁木齐县有关负责同志和各级相关工作人员，以及托里乡各族群众和爱国宗教人士代表近 400 余人参加活动。自治区图书馆学会根据自治区社科联工作部署，受邀参加此次活动，现场展示“浓情聚力，开拓创新，推动新疆图书馆事业可持续发展：新疆维吾尔自治区图书馆学会工作集锦”展板，主要介绍学会 2016 年度开展的学术交流活动、特色服务、业务培训、全民阅读推广以及昆仑讲坛系列活动等内容。同时，为参观者介绍新疆图书馆二期改扩建情况、推广手机阅读，指导安装超星移动阅读客户端 APP、关注图书馆公众微信号并派发图书馆宣传资料，并为当地农牧民捐赠价值 1300 元的图书。（新疆维吾尔自治区图书馆学会　赵燕）

【召开新疆维吾尔自治区图书馆学会第六届常务理事扩大会议】 4 月 10 日，会议在乌鲁木齐市召开，自治区图书馆学会常务理事、地州市公共图书馆馆长等近 30 人参会。学会理事长历力主持会议。学会秘书长丛冬梅做 2016 年自治区图书馆学会工作总结，汇报学会学术交流、讲坛展览联盟、全民阅读活动、社会教育、经费使用等工作情况，同时对学会存在的一些问题与不足进行剖析，明确学会今后在发挥行业引领、行业管理和服务职能等方面进一步努力的目标。各常务理事、公共图书馆馆长在座谈交流中各抒己见，研究探讨各馆间加强协作协调的新途径、新模式和新方法，并围绕 2017 年公共图书馆定级评估工作等问题展开讨论。（新疆维吾尔自治区图书馆学会　赵燕）

【举办“十三五”新疆图书馆事业发展规划研讨会】 8 月 31 日—9 月 2 日，新疆维吾尔自治区图书馆、自治区图书馆学会联合在乌鲁木齐市举办此次会议。来自全区各级公共图书馆和部分高校、科研图书馆馆长及业务骨干、新疆图书馆馆员 100 余人参加研讨。会议分专题报告与座谈交流两部分内容，首先由南开大学信息资源管理系教授柯平、博士张雅琪、博士胡银霞分别做“公共图书馆转型与服务创新”“图书馆空间再造”“图书馆参考咨询与智库服务”专题报告，报告内容丰富、视野独特、事例鲜活、语言精辟，获得与会者的高度评价。随后，召开“十三五”新疆图书馆事业发展规划座谈会，与会代表围绕《新疆维吾尔自治区图书馆“十三五”发展规划》草案五稿，从信息化建设、参考咨询服务、地方特色资源挖掘、新馆功能性布局等不同侧面进行深度探讨。最后，柯平就免费开放、经费不足、培训机制等方面与参会代表进行互动交流，将讨论推向高潮。（新疆维吾尔自治区图书馆学会　赵燕）

【2017 年“春雨工程”——全国文化志愿者边疆行走进塔城】 9 月 5—7 日，2017 年“春雨工程”——全国文化志愿者边疆行基层业务培训活动在新疆塔城地区图书馆举办。此次培训由陕西

省文化厅、新疆维吾尔自治区文化厅主办，陕西省图书馆、新疆图书馆、塔城地区图书馆，陕西省图书馆学会、新疆图书馆学会联合承办，来自塔城地区 2 市 5 县图书馆的 50 余名学员参加培训。培训班特邀第六次全国县级以上公共图书馆评估定级研制专家委员会主任、南开大学信息资源管理系教授柯平做题为“公共图书馆地方文献工作创新”的学术报告。在课程设置方面，结合边疆民族地区基层群众需求和内地省份文化资源特点，陕西省图书馆学会以满足塔城地区所属图书馆业务发展和读者需求为导向，围绕图书馆核心业务开展动静结合、普及与提高相结合的援助活动，授课具有针对性。（新疆维吾尔自治区图书馆学会　赵燕）

学术研究与活动

图书馆（学）在线课程联盟成立大会暨首批在线开放课程建设研讨会

1月9日，由教育部高等学校图书情报工作指导委员会（简称“图工委”）、教育部高等学校图书馆学专业教学指导委员会（简称“图书馆学教指委”）、“爱课程”网联合发起的图书馆（学）在线课程联盟成立大会暨首批在线开放课程建设研讨会在北京大学召开。图书馆学教指委主任委员、北京大学教授王余光，图工委主任委员、北京大学图书馆馆长朱强到会并致辞。来自北京大学、清华大学、武汉大学、中国科学技术大学、中山大学、四川大学、北京师范大学、华中师范大学、东北师范大学等25所高校的图书馆与图书馆学院系40余位代表与会。

在线课程联盟成立仪式上，王余光结合图书馆学教指委近2年在推进图书馆学在线开放课程建设与应用方面所做的工作，充分肯定成立联盟的意义。朱强着重指出，根据《普通高等学校图书馆规程》规定，高校图书馆除信息服务职能外还承担教育职能，长期承担文献检索、参考咨询等课程的教学工作。目前大多数高校图书馆担任教学工作的馆员数量非常有限，往往显得力不从心。大力开展在线教育，制作开放课程，将是使图书馆的教育职能充分发挥的重要手段。

会议还开展在线开放课程建设与应用培训，并对申报的在线课程选题进行论证与评议，最终确定武汉大学信息管理学院、中山大学图书馆等单位申报的18门课程为联盟首批在线开放课程。这18门课程涵盖与图书馆业务相关的文献检索、学术研究、图书馆利用、阅读推广等课程，以及信息素养、信息组织、信息检索、信息分析、信息评价等图书馆学核心课程。这些课程将以“信息素养”“全民阅读”2个系列在图书馆（学）在线课程联盟网站（http：//lis.icourses.cn）陆续上线，初步形成图书馆（学）在线开放课程群。（摘编自中华人民共和国教育部网站）

西部省级公共图书馆联盟成立大会

2月24日，西部省级公共图书馆联盟成立大会在重庆图书馆召开，国家图书馆常务副馆长陈力，重庆市文化委员会副巡视员谢宾，来自新疆、西藏等西部12个省区市的13家省级公共图书馆领导及相关负责人出席大会，就推进西部公共图书馆事业可持续发展展开交流。

谢宾首先致辞，指出西部省级公共图书馆联盟是西部地区经济文化交流与合作的大胆尝试，是共建“一带一路”的重要行动、是推进供给侧结构性改革的重要举措、是贯彻落实《公共文化服务保障法》的重要措施，并提出建立常态化的合作机制和充分发挥联盟纽带作用的建议。重庆图书馆馆长任竞介绍西部省级公共图书馆联盟的筹备情况，就图书馆联盟的内涵和意义、我国图书馆联盟的现状、西部省级公共图书馆联盟的目标和任务进行解释，介绍西部省级公共图书馆联盟章程，并对章程的框架结构和主要内容进行详尽的说明。随后，西部各省区市图书馆负责人对联盟章程进行深入讨论，在资源共享共建、联合参考咨询、专业人才培养、开展惠民服务等方面充分交换意见，并对联盟组织机构的搭建及运行机制初步达成共识。陈力对会议做总结，他代表国家图书馆对西部省级公共图书馆联盟的成立表示祝贺，并对联盟的下一步发展进行具体的业务指导，并就各家图书馆都非常关心的第六次全国公共图书馆评估工作和图书馆参与创制文创产品等重点、热点问题答疑解惑。（摘编自重庆图书馆网站）

大学图书馆的新趋势：环境、空间、资源、服务高端论坛

4月1—2日，大学图书馆的新趋势：环境、空间、资源、服务高端论坛暨《大学图书馆学报》2017年编委会在重庆大学召开。18位编委和重庆大学图书馆书记彭晓东、馆长杨新涯及该馆骨干馆员参加会议。

各位编委围绕会议主题“大学图书馆的新趋势：环境、空间、资源、服务”，结合自己当前研究，针对一些热门话题比如“iSchool时代，谁来为图书馆行业提供思想？”“图书馆大数据与大数据图书馆”“数字资源的资产清查与管理”“高校图书馆组织文化”“高校图书馆健康信息服务”等进行研讨。

编辑部汇报《大学图书馆学报》年度概况。《大学图书馆学报》在2016年共采用编委们投递和推荐的稿件18篇，编委对刊物的学术贡献率为历年最高。学报的影响因子在各大期刊数据库中保持学科第二名；在中国人民大学复印报刊资料中，被全文转载13篇，全文转载率排名由2015年的第九跃居第四，综合指数排名由第十二跃居第十；被教育部评为A刊。（摘编自教育部高等学校图书情报工作指导委员会网站）

中国图书馆第十一届全民阅读论坛

4月18—20日，“东亚文都·书香长沙”——中国图书馆第十一届全民阅读论坛系列活动在湖南省长沙市举办。本次活动由中国图书馆学会、湖南省新闻出版广电局、中共长沙市委员会、长沙市人民政府联合主办，中国图书馆学会阅读推广委员会、湖南省图书馆学会、中共长沙市委宣传部、长沙市文化广电新闻出版局共同承办。共有来自全国及海外图书馆界的专家、学者及从业人员1000余人参与。

本次活动共分4个板块：中国图书馆学会阅读推广委员会2017年工作会议、中国图书馆第十一届全民阅读论坛、“扫码看书·百城共读”——2017年数字阅读峰会以及分主题论坛。

一、中国图书馆学会阅读推广委员会2017年工作会议

4月18日，中国图书馆学会阅读推广委员会（以下简称“阅读推广委员会”）2017年工作会议在长沙市图书馆报告厅举行。长沙市文化广电新闻出版局党委书记、局长杨长江出席并致欢迎词。阅读推广委员会顾问吴晞，阅读推广委员会主任、东莞图书馆馆长李东来，阅读推广委员会副主任陈坚、邱冠华、王新才、张岩，阅读推广委员会及21个内设机构委员，2016年中国图书馆学会阅读推广课题项目成员，全民阅读示范基地代表等240余人参加会议。会议由阅读推广委员会副主任、河北大学管理学院教授赵俊玲主持。

杨长江指出，阅读是文化自信的基石，推广阅读是图书馆开展公共文化服务的重要手段。李东来做阅读推广委员会2017年工作报告，对阅读推广委员会2016年的工作情况进行总结，并对阅读推广委员会目前存在的问题提出意见和要求。他表示，2017年阅读推广委员会将在中国图书馆学会领导下，按照既定工作思路，对照工作计划和目标，积极整合各内设机构和图书馆力量，开展阅读推广活动和学术研究，延续和深化阅读推广委员会工作。

阅读推广委员会十分注重阅读推广理论研究。阅读推广理论研究专业委员会主任、华东师范大学教授范并思在会上就理论研究报告的编撰问题进行专题发言。他指出，社会组织撰写行业进展报告，是社会组织服务社会，服务会员，推动事业或学术发展的重要措施之一。他以《阅读

推广理论研究进展：2005—2015》为例，重点阐述了报告撰写的人员支撑、利益保障、研究方法和发布方式，从研究主体、研究内容和研究产出3个维度分析我国图书馆阅读推广领域的研究进展情况。

本次会议专门邀请中央电视台“中国诗词大会”季军、知名阅读推广人、石家庄学院图书馆王子龙围绕“阅读推广、馆员能力建设和社会影响”进行专题发言，讲述打造知名阅读推广人的现实需要，同时分享“明星馆员”阅读推广团队，通过电视媒体、同龄示范阅读、明月诗社、社会文化交流互动、公选课、明星馆员会客厅等方式，开展系列阅读推广活动的案例，提出新时代阅读推广人应做到“能上课、会阅读、懂推广”。

二、中国图书馆第十一届全民阅读论坛

4月19日上午，中国图书馆第十一届全民阅读论坛开幕。来自日本京都市文化市民局文化艺术都市推进室、文化艺术企画课东亚文化之都担当课长井上悦道先生，韩国大邱广域市寿城区立高山图书馆馆长黄仁淡女士先后分享“全民阅读”推广经验。

此次论坛邀请著名学者、作家、哲学家周国平以“阅读与人生”为题做主旨演讲，从为什么读、读什么、怎么读3方面阐述对阅读的理解。开幕式上，全体与会嘉宾现场还体验了长沙图书馆利用公共场所、地铁、公交车站台蓝牙基站创新推出的“摇一摇”数字阅读推广项目。与此同时，在长沙市图书馆五楼多元文化馆举行“东亚文化之都”文献资源中心的揭幕仪式。

三、“扫码看书·百城共读”——2017年数字阅读峰会

4月19日下午，“扫码看书·百城共读”——2017年数字阅读峰会在长沙音乐厅湘江厅举行，湖南省图书馆学会理事长、湖南图书馆馆长张勇出席并担任峰会主持。会上，阅读推广委员会主任李东来介绍“扫码看书·百城共读”主题。他指出，现在各地都在手机端大力推广数字化阅读，这对图书馆业界来说是一把“双刃剑”，既能让更多人参与进来，也引发人思考。随着网络信息技术的迅猛发展，人们阅读方式和习惯不断变化，数字阅读已成为全民阅读中一个不容忽视的部分。通过整体统筹，合力推进的方式，“扫码看书·百城共读”使图书馆界努力打开数字阅读的大门，让数字阅读成为图书馆新的发展机遇。

随后，大会进入公共图书馆评估与数字化建设论坛环节。第六次全国县级以上公共图书馆评估定级宣讲工作专家委员会主任、南开大学教授柯平，第六次全国县级以上公共图书馆评估定级宣讲工作专家委员会副主任、上海图书馆副馆长周德明分别做论坛沙龙发言，并与现场代表进行互动问答。两位专家一致认为图书馆的转型必须是功能、管理等多领域的转型。转型的过程中，如何促进图书馆的利用率，提高效能，让百姓更有获得感才是关键。

最后，举行数字阅读报告环节，由阅读推广委员会副主任邱冠华主持。武汉大学信息管理学院图书馆学系教授肖希明、中国索引协会副理事长叶艳鸣、长沙市图书馆馆长王自洋分别做题为“数字阅读与图书馆信息资源建设”“新媒体、新技术、新阅读——让阅读成为一种生活方式”“悦读　创新　效能”的报告。

四、分论坛活动

4月20日上午，长沙市图书馆同步举办3场分论坛活动，分别以“阅读，推动社会进步的力量”“双创服务，图书馆的新使命”“精准，大数据时代的阅读推广”为主题，从多个角度深入探讨当今图书馆界普遍关注的一系列理论及实践课题，对当前及今后一段时期内全民阅读推广模式探索、公共图书馆理论研究及工作实践等具有重大的指导意义。（摘编自中国图书馆学会网站）

第三届新技术时代大学图书馆领导与管理创新馆长论坛暨国际会议

4月10—11日，由同济大学图书馆主办的第三届新技术时代大学图书馆领导与管理创新馆长论坛暨国际会议在同济大学举办。来自国内外的嘉宾就当前图书馆发展中面临的挑战、存在的问题以及“双一流”建设中图书馆如何发展等问题进行深入分析与研讨。

4月10日，馆长论坛开幕。论坛由美国辛辛那提大学图书馆馆长王雪茅主持，来自于哈佛大学、辛辛那提大学、蒙大拿州立大学、石溪大学、德国哥廷根大学、德国卡尔斯鲁厄理工学院（KIT）、乌尔姆大学通信工程学院、柏林国家图书馆及国内部分985高校的18位图书馆馆长，结合各自图书馆的实践现状，围绕新技术时代图书馆定位、其核心特征和最佳实践模式、组织结构及人员培训、融合教学和研究的空间需求、数字人文建设5个议题进行充分的交流与讨论。

4月11日，9位欧美及国内图书馆的专家分享主旨报告，国内外图书馆界120余位同行参加会议。上海交通大学图书馆馆长陈进就交大图书馆在激发学生创新思维方面的实践进行了分享，交大图书馆通过建立创客空间支持鼓励学生创新，并期望依托创客空间，未来形成校内校外联动的创新体系。哈佛燕京图书馆馆长 Cheng, James K. M. 就数字时代馆藏的发展战略进行介绍，他认为馆藏与图书馆的类型、读者类型、高校类型有着密切的关系，而不应对电子及纸本馆藏设定固定的比例，James 介绍哈佛燕京图书馆与中国、日本、韩国相关的特藏项目，倡导特藏电子化并进行资源共享。德国哥廷根大学图书馆馆长 Wolfram Horstmann 介绍期刊开放存取的发展现状及对图书馆、科研人员和机构知识库的重要性。美国蒙大拿州立大学图书馆馆长张沙丽介绍数字化环境下图书馆组织及岗位的变化情况，她认为全方位支持学校科研活动将成为研究型图书馆的常态，图书馆越来越需要全方位的人才。同济大学图书馆馆长陈欣就图书馆在科研绩效评价与服务、支持学科发展、支持人才引进方面展开的工作进行介绍，他强调要继续加强人才培养及服务流程的优化。王雪茅就中美图书馆服务的差异进行对比，他认为图书馆未来在科学研究中的作用越来越重要。石溪大学全球图书馆倡议办公室负责人黄柏楼介绍石溪大学图书馆协作空间再造过程。德国卡尔斯鲁厄理工学院（KIT）图书馆馆长 Frank Scholze 和德国柏林国家图书馆东亚部负责人 Matthias Kaun 分别就研究数据管理和专业资讯服务进行介绍。（摘编自同济大学网站）

2017年中国高校图书馆发展论坛

6月8—9日，2017年中国高校图书馆发展论坛在贵阳孔学堂文化传播中心举办。论坛由中国图书馆学会高等学校图书馆分会、北京大学图书馆主办，贵州民族大学图书馆、中国教育装备采购网承办。中国图书馆学会副理事长、高校图书馆分会主任、北京大学图书馆馆长朱强等领导出席，来自国内外近300所高校图书馆的代表以及相关公司代表近800人参会。为契合国家“双一流”的发展战略，探索新时代背景下高校图书馆的发展方向，本届论坛主题定为“双一流’背景下高校图书馆的创新与发展”。论坛期间开展近50场学术交流报告。与此同时，举办学术论文征集、案例评审和图书馆设备展览及产品演示活动。

朱强做题为“双一流’建设背景下的高校图书馆发展趋势和面临挑战”的报告。中国农业科学院农业信息研究所所长孙坦做题为“知识组织VS认知计算：数据驱动的数字图书馆”的报告；北京中文在线教育科技发展有限公司常务副总经理杜嘉做题为“数字图书馆在高校校园文化建设中的作用”的报告；贵州民族大学图书馆馆长卢云辉做“双一流背景下大学图书馆文化坚守与创新”的演讲。

高校图书馆分会秘书长、中国人民大学图书馆副馆长宋姬芳介绍本次论坛学术论文及应用案例征集与评审的情况并宣读获奖人员名单。此次论坛共收到学术论文223篇，案例60余份。通过专家评审，其中评选出论文一等奖10篇、二等奖29篇、三等奖60篇。案例类一等奖4篇、二等奖10篇、三等奖19篇。同时还评选出高校图书馆分会2016—2017年度网站优秀特约通讯员，其中突出贡献奖5名、最佳新闻奖3名、十佳通讯员10名。（摘编自贵州民族大学网站）

全国高校图书馆统计与评估研讨会

6月15—16日，由教育部高校图书情报工作指导委员会战略规划组主办的全国高校图书馆统计与评估研讨会在安徽医科大学召开。教育部高校图工委秘书长陈凌、教育部高校图工委副主任委员兼战略规划组组长詹长智、教育部高校图工委战略规划组成员和全国高校图书馆业务骨干230多人参加会议。

本次大会围绕“高校图书馆统计与评估”核心主题，邀请11位专家做专题报告，如陈凌的“CALIS十三五评估评价项目规划与实践”，南京大学叶继元教授的“‘全评价’分析框架在高校图书馆统计与评估的应用”，天津财经大学图书馆馆长唐承秀的“高水平大学建设中图书馆参与学生成功评价的路径分析”等。大会的主旨报告中不仅包括高校图书馆理论的阐释和政策的解读，更有实践经验的分享。国际图联统计评估专业组常务委员会委员张红霞以英国国家图书馆为例，介绍英国图书馆评估的方法和主要理念。海南省高校图工委原主任委员詹长智介绍海南省高校图书馆规划与评估工作相互衔接的经验。江苏大学图书馆刘海军与大家分享江苏大学图书馆强化统计与评估的经验。

会议中间设置开放论坛，詹长智主持。他邀请10位与会代表们围绕会议主题做“精彩100秒”的即席演讲。在会议总结和闭幕环节，北京大学图书馆研究馆员王波、上海工程技术大学图书馆馆长宓一鸣、安徽医科大学图书馆馆长陈志武、北京工业大学图书馆馆长阮平南对会议进行总结点评，教育部高校图工委秘书长陈凌致闭幕词。（摘编自教育部高等学校图书情报工作指导委员会网站）

中国高职图书馆发展论坛（2017）

6月22—24日，由中国图书馆学会高职院校图书馆分会主办、山西职业技术学院承办、同方知网（北京）技术有限公司支持的中国高职图书馆发展论坛（2017）在山西太原召开。

此次论坛以“高职图书馆与现代职业教育”为主题，包括“高职图书馆与院校专业建设”“高职图书馆与学生综合素养”“高职图书馆与校园文化建设”“高职图书馆与社会（社区）服务”4个分主题，设置开幕式、奖项揭晓、政产学研对话、分论坛和优秀案例展。中国图书馆学会高职院校图书馆分会主任张兆忠等专家学者，从职业教育国际化、院校管理、高职图书馆实践、新技术应用等多个视角进行主题演讲，探讨适应高等职业教育创新发展新形势下的高职图书馆目标定位及服务方向，来自全国400多家单位的500余名代表参加。

同方知网（北京）技术有限公司副总经理薛德军提出“一个目标、两项工作、三个中心”的下一代数字图书馆定位，即面向学校人才培养目标，做好知识管理和知识服务两项工作，建立知识中心、学习中心和服务中心，并介绍同方知网面向职业教育数字图书馆建设的实践案例。台湾正修科技大学图书资讯处施文玲系统介绍台湾正修科技大学图书馆在行动学习、知识飨宴、人文陶冶、空间转型、创新教学、校务资讯和云端服务等方面的实践案例，展示如何将图书馆业务与学校教学工作融为一体，提高图书馆服务的范围和水平。

在分论坛上，来自全国14所高职院校的图书馆馆长和专家，围绕4个分主题介绍各自学校的经验和思考，深刻体现了高职图书馆的服务理念，为高职图书馆服务模式的创新发展提供了良好案例。其中，广西电力职业技术学院图书馆副馆长唐小洁从图书馆职能谈起，审视图书馆服务的工作，分享该院数字化校园建设成果，并总结高校图书馆工作中的6大重点。

本届论坛首次开展“中国高职图书馆发展研究最具影响力学术论文”评选活动，共收到案例91个、论文128篇。经“中国引文数据库”遴选、网络投票和专家评审，高职分会秘书长辜小红在现场揭晓“中国高职图书馆发展研究十大最具影响力学术论文（2016）”，以及“中国高职图书馆发展论坛（2017）”案例征集和论文征集一等奖、二等奖及三等奖获奖名单。（摘编自《中国教育报》2017年7月10日报道）

第29届全国十五城市公共图书馆工作研讨会

7月27日，由中国图书馆学会主办、哈尔滨市图书馆承办的第29届全国十五城市公共图书馆工作研讨会在黑龙江省哈尔滨市召开。本届会议主题为“公共图书馆评估与城市图书馆发展研究”。中国图书馆学会、黑龙江省图书馆学会、哈尔滨市文广新局等单位有关负责人，全国15个副省级城市公共图书馆馆长、业务骨干，哈尔滨市各区县（市）图书馆相关人员等近70人参加研讨会。哈尔滨市文化广电新闻出版局副局长王胜祥和黑龙江省图书馆馆长、黑龙江省图书馆学会理事长高文华分别致辞，中国图书馆学会秘书长霍瑞娟出席并讲话，黑龙江大学信息管理学院副院长蒋永福对会议论文进行点评。开幕式由哈尔滨市文化广电新闻出版局公共文化处处长范延成主持。

霍瑞娟在讲话中指出，本次会议以“公共图书馆评估与城市图书馆发展研究”为主题，使城市图书馆的创新和发展问题与第六次公共图书馆评估工作充分结合，达到以评促建、以评促管、以评促用的目的，希望广大图书馆工作者以此为契机增强使命感和责任感。

南京图书馆副馆长许建业在会上做题为“‘十三五’时期我国城市图书馆创新发展的若干思考”的主旨报告。就当代公共图书馆的现状、存在的共性问题以及某些城市公共图书馆的办馆新思路做全面的概括说明，并提出一些全新的见解与观点，为构建公共图书馆体系建设提供珍贵的佐证材料、奠定理论基础、提供理论依据、打开新的思路。使与会人员深受启发，提高了对城市公共图书馆的认知度，了解城市公共图书馆事业的现状与发展趋势。

会议期间，与会馆长和代表就公共图书馆评估与城市图书馆发展中的现实问题进行交流。大家围绕构建图书馆优质服务和事业发展的成功经验，信息技术飞速发展、生存环境面临深刻变化环境下城市公共图书馆遇到的现实问题展开深入探讨，并由此提出城市公共图书馆事业发展的可行策略。本次会议还决定第30届十五城市公共图书馆工作研讨会由成都图书馆承办。

全国十五城市公共图书馆工作研讨会是由全国计划单列城市图书馆工作研讨会发展而来，在图书馆界颇具影响性、权威性、专业性和学术性。自 1987 年以来，已成功举办 28 届。其成员馆包括哈尔滨市图书馆、长春市图书馆、沈阳市图书馆、大连图书馆、青岛市图书馆、金陵图书馆、宁波市图书馆、厦门市图书馆、武汉图书馆、成都图书馆、西安图书馆、杭州图书馆、济南市图书馆、深圳图书馆和广州图书馆。这些城市公共图书馆具备良好的政策、经济和文化发展条件，治馆理念比较具有前瞻性，治馆方针具有一定的针对性，治馆措施具有一定的代表性，不仅在基础设施及硬件建设上具有一定规模，而且在管理与服务理念创新、服务效益提升、现代技术应用等方面成绩斐然，十五城市公共图书馆已经成为我国公共图书馆界的中坚力量，在我国图书馆事业中占有重要地位。（摘编自哈尔滨市图书馆网站 2017 年 7 月 27 日报道）

第六期全国县级图书馆馆长培训班

8 月 6—12 日，由文化部公共文化司主办，中国图书馆学会承办，青海省图书馆、青海省图书馆学会协办的全国基层文化队伍示范性培训——第六期全国县级图书馆馆长培训班在西宁市举办。8 月 7 日，文化部原副部长、国家图书馆名誉馆长周和平，中国图书馆学会副理事长、国家图书馆常务副馆长陈力，青海省文化和新闻出版厅副厅长董杰人等领导出席开班仪式，董杰人、陈力分别致辞，来自全国近 150 名县级图书馆馆长参加培训。

董杰人在致辞中重点介绍近年来青海省公共文化服务体系建设情况，特别是基层图书馆建设和发展的基本情况，并对西宁市文化发展状况及图书馆事业发展情况进行简要介绍。陈力在致辞时指出，中国图书馆学会受文化部公共文化司委托，在总结去年 3 期全国县级图书馆馆长培训经验的基础上，今年继续对全国县（区、市）图书馆主要负责人开展 3 期系统性、规范性的轮训。学会将充分发挥自身组织管理、凝聚合力、信息共享、研究拓展等方面的优势，按照要求努力做好各项培训工作。

周和平为参训馆长讲授第一课——“加快构建现代公共文化服务体系　全面推进图书馆事业发展”。他从“图书馆与时代同行，见证历史，传承文明”“新时期国家实施重大文化工程，推动公共图书馆事业蓬勃发展”和“对县级图书馆事业发展的思考”等 3 方面为学员做深入浅出的讲授，并从历史和现实的层面为学员梳理了我国公共图书馆的历史源流、发展脉络和建设现状，高屋建瓴地指明了加快构建现代公共文化服务体系、全面推进图书馆事业发展，特别是县级图书馆建设和发展的前进道路，对学员今后的工作具有重要的指导意义。

接下来几天的授课环节由青海省图书馆副馆长霍福主持。根据培训的实际需求，培训班先后安排国家行政学院教授程萍、中央党校马克思主义学院副教授李双套、苏州图书馆原馆长邱冠华、佛山市图书馆馆长屈义华、上海图书馆副馆长周德明、南开大学信息资源管理系教授柯平分别为学员做题为“县级图书馆馆长领导力提升”“学习习近平总书记关于全面从严治党的重要论述”“县级图书馆阅读推广”“县级图书馆管理”“县级图书馆服务效能提升”“县级图书馆服务体系和总分馆制建设”的讲授。此外，培训班还特意安排分组座谈、现场教学和学员论坛等环节，通过案例分享与研讨引导学员自主学习，着重从党性修养和政治觉悟、公共文化服务政策与法规、基层图书馆管理与服务等多个层次实现县级图书馆馆长在学识上的积淀、视野上的拓展和理念上的提升。（摘编自中国图书馆学会网站）

中国图书馆学会第七届青年学术论坛

10月11—14日，由中国图书馆学会主办，武汉图书馆和武汉市图书馆学会承办的中国图书馆学会第七届青年学术论坛在湖北省武汉图书馆汤湖分馆举办。本届论坛的主题是“转型与创新：新时代图书馆员的使命与责任”，来自全国图书馆界和相关业界的专家学者、国内各大高校图书馆学系和各省区市各级各类图书馆青年代表共计300余人出席论坛。

论坛上，中国图书馆学会图书馆学教育委员会主任陈传夫、中国图书馆学会副理事长吴建中、中国科学院文献情报中心教授张晓林和超星集团副总经理杨庆刚分别以“新视野·新方向——图书馆事业发展探索”“新业态·新模式——图书馆业务建设研究”“新技术·新课题——图书馆技术创新跟踪”“新媒体·新服务——数字图书馆技术创新发展”为主题做主旨报告。

为更好地在全国范围内发现和培养优秀青年人才，本届论坛专门组织推选各系统和各地区图书馆及相关机构中已有一定研究成果或业务专精的青年学术人才和管理人才，在论坛上进行主题发言，分享学术观点。其间，各分支机构和省级图书馆学（协）会推荐发言代表共计67名。经专家委员会评议，遴选出24名代表在本届论坛上发言。基于发言代表在主题沙龙中的表现，论坛以专家点评和与会代表现场投票相结合的方式评出“青年学术之星”“青年管理之星”“优秀奖”等奖项。（摘编自中国图书馆学会网站）

2017数字资源建设与知识服务学术研讨会

10月16—18日，2017数字资源建设与知识服务学术研讨会在东北师范大学图书馆召开。此次会议由教育部高等学校图书情报工作指导委员会文献资源建设工作组主办，全国师范院校图书馆联盟、大学数字图书馆国际合作计划（CADAL）东北地区中心协办，东北师范大学图书馆承办，旨在推动资源建设与“双一流”建设同步，带动全国高校图书馆共同发展。

清华大学、北京大学、北京师范大学、华东师范大学等104所图书馆200余人参加研讨会。来自国内外的16位报告专家做了18场报告。教育部高校图工委副主任、清华大学图书馆馆馆长邓景康，全国师范院校图书馆联盟理事长、北京师范大学图书馆馆长张奇伟，西南交通大学图书馆馆长高凡，高等教育文献保障系统（CALIS）管理中心副主任、北京大学图书馆副馆长陈凌，武汉大学图书馆副馆长张洪元，美国俄亥俄大学图书馆馆长Scott Seaman，美国乔治·华盛顿大学图书馆馆长兼大学学术创新负责人Geneva Henry，美国卡内基·梅隆大学图书馆馆长Keith Webster，国际图书馆联盟顾问Thomas John Sanville，美国纽约州立大学石溪分校全球图书馆倡议办公室负责人Michael Bailou Huang等国内外嘉宾参加会议并做报告。

会议以“高校图书馆数字资源建设和知识服务策略与举措”为主题，从图书馆资源建设切入，围绕图书馆服务新时代的变化、机遇和挑战，新时期图书馆建设的功能导向和责任使命以及以“共享”和“特色”为理念内核的图书馆发展策略等方面展开了学术讨论，探讨“双一流”环境下图书馆发展规划、联盟合作、用户研究、知识服务等热点问题。（摘编自东北师范大学网站）

2017 中国开放获取推介周

10 月 25—26 日，2017 中国开放获取推介周在中科院文献情报中心举办。本届会议由中科院文献情报中心主办，中国图书馆学会专业图书馆分会、中科院自然期刊编辑研究会和中国图书馆学会高校图书馆分会协办。

本次会议聚焦 OA2020 倡议和开放科学的新发展，围绕“开放科学与创新服务”主题，共设置 18 场讲座和 4 次交流互动环节，吸引来自科研界、教育界、图书馆界、期刊界和出版界等各界同人 300 余人，共同探讨中国开放获取进一步推动落实的发展战略和行动建议。

中科院文献情报中心主任刘会洲在开幕式上表示，中科院长期致力和推动我国科技信息开放获取的发展，中国的开放获取政策正在逐步落地。但随着时代的发展，开放获取也向我们提出新的问题和挑战。本次会议探讨的议题既具有历史背景，又具有时代意义。希望与会嘉宾广泛交流，凝聚共识，共同推动我国开放获取运动的蓬勃发展。同时，刘会洲宣布，中科院文献情报中心于 2017 年 10 月 24 日签署大规模实现期刊论文开放获取的 OA2020 倡议意向书，成为中国首家签署机构。

在随后 2 天的会议中，与会专家就“开放获取 2020：中国的挑战与选择”“开放科学：创新服务与政策建议”“期刊出版界近年来开放获取的新进展”“开放获取资源的新发展与新挑战”4 个论题展开报告与讨论。（摘编自中国科学院文献情报中心网站）

中国图书馆学会专业图书馆分会 2017 年学术年会

10 月 31 日—11 月 3 日，中国图书馆学会专业图书馆分会 2017 年学术年会在广西桂林举办。本次年会继续围绕知识服务展开，聚焦“数据融汇与智能化”，重点交流探讨文献信息机构在大数据时代和机器智能时代的发展规划以及情报服务与知识服务创新实践。大会吸引来自全国专业、高校、公共类型图情机构，涵盖中央部委、中科院、社科院、国防、部队以及省市科技情报所、企业等系统 90 家机构 190 多名同人参会。分会理事长、中科院文献情报中心主任刘会洲，国家科技图书文献中心（NSTL）副主任吴波尔分别致辞，分会秘书长、中科院文献情报中心副主任刘细文主持开幕式并做大会报告。

本届年会以知识服务为主题，与历届年会既一脉相承，又重点突出，以“数据融汇与智能化”的知识服务为主线，交流专业图书馆机构的趋势、目标与行动。大会设立战略与规划、最佳实践与探索、论文交流 3 个版块，邀请 25 位专家学者、5 位获奖论文作者通过理论探讨、趋势预测、工具开发、角色定位、探索实践等不同侧面，全面展示图书情报机构研究和实践的新成果。（摘编自中国图书馆学会专业图书馆分会网站）

全国高校图书馆志愿者服务工作经验交流与研讨会

11 月 1—2 日，由教育部高等学校图书情报工作指导委员会主办、山东师范大学承办的全国高校图书馆志愿者服务工作经验交流与研讨会在山东师范大学图书馆举行。

教育部高校图工委副主任、读者服务创新与推广工作组组长、上海交通大学图书馆馆长陈进，工作组副组长、南方医科大学图书馆馆长顾萍，华中师范大学图书馆馆长李玉海、湖南大学图书馆馆长郑章飞、北京科技大学图书馆馆长季淑娟、天津财经大学图书馆馆长唐承秀、辽宁大学图书馆馆长刘宁宁、长春职业技术学院图书馆馆长杜贵明以及来自全国 86 所高校图书馆的馆长、老师及志愿者同学等共计约 230 多位代表出席会议。

此次会议共有 3 个优秀案例、5 个特色案例和 9 所高校图书馆的案例参与大会交流。四川大学图书馆研究馆员姜晓做题为“沉默于书间，执着于奉献——四川大学图书馆志愿者队建设实践与思考”的报告；上海交通大学图书馆王昕做题为“挖掘内涵，德润无声——上海交通大学图书馆志愿者育人平台案例交流”的报告；山东师范大学图书馆馆长杜保国做题为“书香路·志愿情·育人行——山东师范大学图书馆志愿服务育人工作实践”的报告。5 个案例交流：南京大学图书馆《志愿者服务长效机制初探》；厦门大学图书馆《厦门大学志愿者服务实践与思考》；北京科技大学图书馆《有一个青春故事与你的大学图书馆有关——大学生志愿服务与图书馆工作的关联和转型》；天津师范大学图书馆《高校图书馆志愿服务的有机生长创新机制研究》和南京晓庄学院图书馆《构筑儿童阅读推广新模式——以校馆协同创新视野下的大学生志愿者服务为视角》。此外，华中师范大学、南开大学、东北大学、南方医科大学、上海海事大学、广西科技大学、曲阜师范大学、山东农业大学和南京航空航天大学金城学院等 9 所高校图书馆的代表也与大家分享案例。（摘编自山东师范大学网站）

第十届图书馆管理与服务创新论坛

11 月 2—3 日，由教育部高等学校图书情报工作指导委员会、中国图书馆学会高等学校图书馆分会、CALIS 管理中心、上海交通大学图书馆主办，山东大学图书馆承办的第十届图书馆管理与服务创新论坛在济南召开，来自全国各大高校、科研机构的 300 余位专家、学者出席论坛。山东大学党委书记郭新立、教育部高校图工委主任朱强出席开幕式并致辞。

本届论坛以“十载奋进耕耘路，传承创新谱华章”为主题，全面总结论坛 10 年来的工作成果，围绕与图书馆服务创新密切相关的热点问题，通过专家报告、案例分享、互动交流等形式展开研讨、交流，广泛深入地探讨图书馆的创新转型和可持续发展策略。

在专家报告环节，上海交大图书馆馆长陈进以“大学图书馆管理与服务 10 年发展历程梳理与总结”为主题做报告。北大图书馆原馆长朱强、香港理工大学图书馆馆长黄朝荣、清华大学图书馆馆长邓景康、同济大学图书馆党委书记慎金花、《图书情报工作》杂志社社长主编初景利、重庆大学图书馆馆长杨新涯等图情领域 12 位专家分别围绕图书馆服务创新热点问题做学术报告。在案例分享和互动交流阶段，专家和代表们结合不断变幻的信息环境，围绕技术、资源、服务、馆员和读者等与智慧图书馆密切相关的热点问题，展开深入的理论探讨与实践总结。（摘编自中国图书馆学会高等学校图书馆分会网站）

出版界图书馆界全民阅读年会（2017）

11月9—10日，出版界图书馆界全民阅读年会（2017）在云南省图书馆举行。本届年会由全民阅读活动组织协调办公室指导，中国图书馆学会、韬奋基金会、中国出版集团公司、中国书刊发行业协会、中国新华书店协会主办，中国图书馆学会阅读推广委员会、新华书店总店·《图书馆报》、云南省图书馆学会、云南省图书馆承办，中国图书馆学会阅读推广委员会阅读与出版专业委员会、北京中文在线教育科技发展有限公司协办。

中国图书馆学会副理事长刘小琴，中国出版集团公司副总裁姜军，韬奋基金会副理事长兼秘书长左晓光，云南省文化厅党组成员、省纪委驻厅纪检组组长邱旗，新华万维国际文化传媒（北京）有限公司常务副总经理高德明分别致辞，新华书店总店党委副书记、《图书馆报》总编辑柏万良出席开幕式。韬奋基金会副秘书长黄国荣主持大会致辞、主旨报告、图书捐赠仪式和全民阅读优秀案例颁奖仪式，云南省图书馆学会理事长、云南省图书馆馆长王水乔主持全民阅读优秀案例路演。来自全国27个省市的出版社和各级各类图书馆300余位与会代表，紧紧围绕“阅读推广与图书馆服务效能提升”主题，共同探讨新时期公共文化建设新途径，加快推进全民阅读。（摘编自云南省图书馆网站）

中国社会科学情报学会2017年学术年会

11月9日，以“认真学习贯彻党的十九大精神　迎接社会科学情报学发展的新时代”为主题的中国社会科学情报学会2017年学术年会在南京大学召开，来自全国社科院系统、高校系统、党校系统、部队系统、公共图书馆系统等从事社科情报理论研究和实践工作的130余位专家学者及学会会员出席大会。本次年会由中国社会科学情报学会、中国社会科学院图书馆主办，南京大学与南京农业大学共同承办。

南京大学校长助理范从来、中国社会科学院图书馆副馆长张大伟，以及中国社会科学情报学会名誉理事长、中国社会科学院学部委员黄长著为大会致开幕辞。开幕式由中国社会科学情报学会常务副理事长兼秘书长、中国社会科学院图书馆副馆长蒋颖主持。

会议包括9场专家报告。南京大学信息管理学院院长孙建军、武汉大学信息管理学院院长方卿、北京大学信息管理系主任李广建、中国人民大学报刊资料中心主任武宝瑞、中国科技信息研究所工程中心常务副主任刘耀、南京大学中国社会科学评价中心副主任闵红平、中国人民大学信息资源管理学院教授周晓英、国防大学政治学院教授周军、中国社会科学院图书馆规划建设部主任杨齐等专家做主题演讲。专家们就学科建设与发展、实践应用与服务等主题与参会者分享各自的新观点、新思想。大会还设立图书馆学情报学前沿与热点、本届年会优秀论文报告2个分论坛，12位优秀学者和获奖论文代表交流各自的研究成果和心得。

本次大会为期2天。其间，学会理事会举行年度工作会议，蒋颖代表学会秘书处做2017年度工作报告，会议还讨论理事变更，进行了新增理事选举。

本次会议还公布中国社科情报学会2017年学术征文评审结果，黄长著等学会领导和专家为获奖代表颁发奖状。（摘编自中国社会科学网站）

第二届全国高校图书馆阅读推广案例大赛暨研讨会

11月16—17日，由教育部高校图书情报工作指导委员会读者服务创新与推广工作组、中国高等教育文献保障系统CALIS管理中心主办，上海交通大学图书馆、辽宁省高校图书情报工作委员会、辽宁大学图书馆联合承办的第二届全国高校图书馆阅读推广案例大赛暨研讨会在辽宁大学举行，来自全国120所高校的图书馆馆长、书记、馆员共300余人参加会议。

本次会议以党的十九大精神为引领，以“阅读推广，推动文化传承创新”为主题，旨在积极探索高校图书馆阅读推广理论与实践问题，不断进行理论研究和实践创新，促进高校图书馆在阅读推广的理念、内容、方法、手段和经验等方面的交流与分享，充分发挥高校图书馆在文化传承创新中的作用，为建设书香校园与书香社会做出贡献。

本届大赛分为初赛与决赛两个阶段。全国共有118所高校图书馆参赛。16日决赛现场，各参赛队通过PPT、视频、展演等丰富多彩的形式充分展示各高校图书馆各具特色的阅读推广工作成果。经过激烈的角逐，专家评委和大众评委本着公平、公正、科学、规范的原则，最终评审出一等奖5项，二等奖10项，三等奖15项，单项奖13项，优秀奖74项。

在17日全国高校图书馆阅读推广研讨会上，清华大学、南京邮电大学及沈阳师范大学图书馆的3位专家分别以“让图书馆成为大学的精神家园——清华大学图书馆阅读推广创新服务实践”“热情读者的培养与校园阅读推广创意策划”及“阅读文化空间的设计与实践”为题做主题报告，并同与会者进行互动交流。（摘编自教育部高校图书情报工作指导委员会网站）

第五届中国机构知识库学术研讨会

11月21—22日，第五届中国机构知识库学术研讨会在中国农业科学院农业信息研究所举办。会议由中国科学院文献情报中心、中国农业科学院农业信息研究所、中国机构知识库推进工作组和中国高校机构知识库联盟主办，中国农业科学院农业信息研究所和中国机构知识库推进工作组秘书处承办，中国图书馆学会专业图书馆分会、中国图书馆学会高校图书馆分会、中国科学院自然科学期刊编辑研究会、《大学图书馆学报》、《图书情报工作》、《数据分析与知识发现》、*Journal of Data and Information Science*、国家农业图书馆、国家农业科学数据共享中心协办。本次会议旨在宣传推广近年来机构知识库（IR）建设的最新成果，跟踪探讨国内外IR的发展趋势。

会议设置22场报告，吸引来自科技界、教育界、图书馆界、期刊界和出版界等各界同人200余人参会，交流共享IR在开放科学环境中的新特点和新进展。在研讨会之后，会议主办方还开设首届国际开放获取知识库培训班，邀请国内外知名专家就相关问题进行详细讲解和深入剖析，有80余名学员参加为期2天的培训。（摘编自中国科学院文献情报中心网站）

第五届全国文献编目工作研讨会

11月21—24日，由中国图书馆学会主办，中国图书馆学会学术研究委员会信息组织专业委员会承办，洛阳市图书馆协办的第五届全国文献编目工作研讨会在河南洛阳召开。中国图书馆学会常务理事、学术研究委员会副主任兼信息组织专业委员会主任、国家图书馆馆长助理汪东波，中国图书馆学会理事、学术研究委员会委员、上海图书馆副馆长刘炜等嘉宾，以及来自国家图书馆、公共图书馆、高校图书馆、专业图书馆等108家单位的192名代表出席会议。

本次会议主题为“回顾与展望——新媒体时代下信息组织方法的创新与发展”，内容涉及以资源描述与检索（RDA）、FRBR图书馆参考模型（FRBR-LRM）、新型书目框架（BIBFRAME）为代表的编目新方法对我国编目工作的启示及本地化应用研究；互联网+时代下编目协作共享，以及书目数据开放互联的理论与实践研究；我国书目标准化发展历程及新媒体时代下编目实践研究；网络环境下知识组织理论与工具的创新与发展；数字资源整合揭示和元数据仓储建设；新媒体时代编目员面对的挑战等。汪东波在开幕式致辞，对编目行业近几年变革和探索的成果进行总结：1. 国际同行纷纷跟进RDA，国内RDA本地化工作进入实践层面。介绍了国家图书馆西文编目已完成本地政策声明暨书目记录操作细则等相关情况；2. IFLA发布图书馆参考模型，国内编目界广泛思考。对新近发布的FR家族统一版概念模型LRM的研究进展给予关注；3. 持续跟进内容和格式标准的国际进展，新国家标准陆续完成。介绍了《资源描述》国家标准、《中国机读书目格式》国家标准、《信息与文献——CNMARC的XML表示》国家标准的进展；4. 名称规范工作蓬勃发展，知识组织工具不断完善。充分肯定了名称规范共建共享和规范控制的推广，以及《中图法》、《中分表》修订维护系统升级更新、自动标引服务系统设计等工作。

随后，会议邀请6位专家围绕大会主题做主旨报告，分别为刘炜的“关联数据与信息组织”、北京大学信息管理系教授王军“面向用户体验的信息组织”、华东师范大学图书馆研究馆员胡小菁的“国际编目标准现状与进展”、国家图书馆外文采编部副主任罗翀的“国家图书馆RDA本地化梦想的编织与实现”、《中图法》编委会常务副主编、国家图书馆研究馆员卜书庆的“《中图法》最终用户的知识服务体系方案研究”以及山西大学经济与管理学院教授贾君枝的“名称规范档的共建共享”。

除了围绕大会主题的专家报告外，本次会议还设置“编目的新理念、新模式、新进展”“我国书目标准历程与编目实践”“新媒体对信息组织的挑战及应对之策”3个分会场，邀请获奖论文作者和大家分享观点。内容从具体的编目实践到新兴的编目理论，从各类概念模型的探讨到具体工作的应用，方方面面都有所涉猎，并对未来编目工作的发展趋势做出展望。（摘编自中国图书学会网站）

第十四届数字图书馆前沿问题高级研讨会

12月3—6日，第十四届数字图书馆前沿问题高级研讨会在福州召开。此次研讨会由中国图书馆学会高等学校分会、数字图书馆分会和福建省高校数字图书馆及福州大学图书馆联合举办。来自国内外图书馆领域专家学者、各类型图书馆负责人、技术负责人及相关工作人员近400名代表参加会议。会议采用大会主题报告、分主题讨论、专题培训、小型沙龙、视频转播等多种形式，搭建国内外数字图书馆前沿问题研究者和实务者的深度交流平台，共同研讨国内外数字图书馆发展状况。

研讨会由福建省高校数字图书馆秘书长、福州大学图书馆馆长刘敏榕主持，福州大学党委常委、副校长黄志刚，中国图书馆学会副理事长兼高校分会主任朱强分别致辞。会议邀请来自美国雪城大学、肯特州大学、辛辛拉提大学、香港中文大学、北京大学、厦门大学等 9 位专家分别带来“数字图书馆向开放数字仓储的转变”“对图书馆数字学术服务的新要求”“Jupyter 在数据科学中的应用，对图书馆数字学术的前瞻意义”“国际图像互操作框架（IIIF）APIs 和应用实例”“从‘数字化’到‘数据化’到‘智能化’——图档博领域的智慧数据发展趋势”“新时代的信息科学”“大屏幕、大显示屏及可视化在图书馆的实际应用”“在新的 Digital Scholarship Ecosystem 环境下，高校图书馆馆长应该关注的若干前沿问题”“从‘服务’到‘嵌入’到‘团队’——辛辛拉提大学图书馆数字学术中心心得”“知识型员工及其合作：数字化工作环境”“创新思维建设智慧性图书馆”“智慧数据从哪里来——机器学习与数字人文数据的语义化”等主题报告，围绕“数字学术与智慧图书馆”建设与创新进行交流与分享。（摘编自福州大学网站）

法律法规与政策性文件

法律法规与政策性文件综述

2017年，图书馆政策法规建设取得突破性进展，《中华人民共和国公共图书馆法》正式出台，总分馆制建设、文化事业“十三五”规划等政策文件陆续出台，全面促进全国图书馆事业发展。

一、《中华人民共和国公共图书馆法》正式发布

2017年11月4日，第十二届全国人大常务委员会第三十次会议通过《中华人民共和国公共图书馆法》（以下简称《公共图书馆法》）。《公共图书馆法》从启动制定到审议通过，历经16载，社会各界、广大人民群众和文化工作者期盼已久，是几代图书馆人的梦想，对进一步促进公共图书馆事业的发展将起到里程碑式的作用。《公共图书馆法》是中华人民共和国成立以来第一部国家层面的图书馆法律，它的历史贡献主要体现在：对公共图书馆做出既体现国际一般规律又具有中国特色的法律界定；指引我国公共图书馆事业发展方向；呼应新时代社会主要矛盾转化的历史要求；明确政府设立和保障公共图书馆的责任；创新公共图书馆体制机制；促进公共图书馆服务与现代科技融合发展；确立引导和鼓励社会力量参与的基本方针；明确国家图书馆的性质功能，完善出版单位出版物交存制度。

二、文化事业“十三五”规划文本陆续发布

2017年，全国各类文化事业“十三五”规划陆续发布，《文化部“十三五”时期公共数字文化建设规划》《“十三五”时期全国公共图书馆事业发展规划》《“十三五”推进基本公共服务均等化规划》《文化部“十三五”时期文化产业发展规划》《“十三五”时期繁荣群众文艺发展规划》《“十三五”时期文化扶贫工作实施方案》《“十三五”时期全国古籍保护工作规划》等一大批文化事业“十三五”规划出台，在总结分析“十二五”事业发展成就和问题的基础上，部署安排“十三五”事业发展重点。《“十三五”时期全国公共图书馆事业发展规划》明确“十三五”时期全国公共图书馆事业发展主要目标、重点任务和保障措施，重点任务主要包括：完善公共图书馆设施服务网络；加强文献信息资源保障能力建设；提高服务效能，推进公共图书馆服务均等化建设；加强新技术应用，提升数字化服务能力；充分利用馆藏资源，传承和弘扬中华优秀传统文化；加强政策理论研究，完善相关法律法规和行业标准；创新管理体制机制，促进社会化发展；加强国际交流与合作，进一步提升国际影响力。《“十三五”时期全国古籍保护工作规划》是我国首个古籍保护五年规划，规划提出按照坚持保护为主、坚持抢救第一、坚持合理利用、坚持加强管理的基本原则，到2020年，全国古籍资源和保存状况基本摸清，国家级、省级珍贵古籍保护状况明显改善，实施一批珍贵古籍修复项目，完成一批在全国有重大影响的古籍影印出版工作，珍贵古籍缩微复制和数字化成果显著，古籍公共文化服务功能和社会教育的作用更加彰显，古籍保护人才队伍结构不断优化，制度建设、立法工作和标准规范有较大进展，社会参与的广度和深度不断拓展的总体目标，并对每一项目标提出具体的数据指标。

此外，一些地区也结合本地区事业发展现状和需要，制定本地区的文化事业发展“十三五”规划，如甘肃省人民政府办公厅印发《甘肃省“十三五”推进基本公共服务均等化规划》，黑龙江省人民政府办公厅印发《黑龙江省“十三五”基本公共服务清单的通知》，广西壮族自治区人民政府办公厅印发《广西“十三五”基本公共服务均等化规划》，四川省广元市人民政府办公室印发《广元市“十三五”基本公共服务均等化规划》。而且，在全国或各地的教育“十三五”规划、科技发展“十三五”规划、老龄事业“十三五”规划、信息技术“十三五”规划等政策文件中，都提及图书馆事业的发展。

三、政府向社会力量购买公共文化服务相关政策批量出台

为转变政府职能，提高行政效能，规范政府购买公共文化服务行为，推动公共文化服务社会化发展，不断满足人民群众的公共文化服务需求，为人民群众提供更加方便、快捷、优质、高效的公共文化服务，各地陆续出台政府向社会力量购买公共文化服务的相关政策文件。据不完全统计，2017年发布的相关

文件有20个，包括山东省、海南省、吉林市、九江市、福州市、呼和浩特市、徐州市、辽阳市、大连市、包头市等等。这些文件对政府向社会力量购买公共文化服务基本原则、购买内容、购买方式、购买目录、购买程序、资金保障、监督管理、绩效考评、法律责任等几个方面进行详细规定。

（国家图书馆　王秀香）

法律法规与政策性文件全文

文化部关于印发《文化部“十三五”时期公共数字文化建设规划》的通知
（文公共发〔2017〕18号）

各省、自治区、直辖市文化厅（局），新疆生产建设兵团文化广播电视局，各计划单列市文化局，本部各司局、各直属单位，国家文物局：

《文化部“十三五”时期公共数字文化建设规划》已经文化部党组同意，现印发给你们，请结合实际认真贯彻执行。

特此通知。

文化部

2017年7月7日

文化部“十三五”时期公共数字文化建设规划

公共数字文化建设是加快构建现代公共文化服务体系的重要任务。“十二五”时期，我国大力推进公共数字文化建设，统筹实施了全国文化信息资源共享工程、数字图书馆推广工程、公共电子阅览室建设计划等重点公共数字文化工程。目前，公共数字文化建设工作框架基本建立，覆盖全国的服务网络基本成型，资源库群初具规模，服务模式不断创新，政策标准逐步完善，保障水平明显提高，对构建现代公共文化服务体系发挥了重要的支撑作用。虽然我国公共数字文化建设取得了显著成绩，但仍存在诸多突出矛盾和问题，主要表现在：与固定设施服务、流动服务有机结合的数字文化服务网络尚不完善；公共数字文化服务与群众文化需求缺乏有效对接，服务效能不高；不同公共数字文化工程缺乏有效统筹，没有完全实现互联互通和相互支撑；社会力量参与机制不健全，公共数字文化建设活力不足等。

“十三五”时期，是基本建成现代公共文化服务体系的冲刺阶段，是落实国家“互联网+”行动计划、大数据战略和推进公共数字文化发展的重要战略机遇期。为加快推进公共数字文化建设，根据《中华人民共和国公共文化服务保障法》、《中共中央办公厅　国务院办公厅关于加快构建现代公共文化服务体系的意见》、《国家“十三五”时期文化发展改革规划纲要》和《文化部“十三五”时期文化发展改革规划》，特制定本规划。

一、总体要求

（一）指导思想

全面落实党的十八大和十八届三中、四中、五中、六中全会精神，深入贯彻习近平总书记系列重要讲话精神和治国理政新理念新思想新战略，围绕中央关于加快构建现代公共文化服务体系的决策部署，按照公益性、基本性、均等性和便利性要求，以现代信息技术为支撑，以重点公共数字文化惠民工程为抓手，以资源建设和服务推广为重点，进一步完善公共数字文化服务网络，丰富服务资源，提升服务效能，全面提高公共文化管理和服务的信息化、网络化水平，促进基本公共文化服务标准化、均等化，更好地满足广大人民群众快速增长的数字文化需求。

（二）基本原则

1. 坚持正确工作导向。坚持社会主义先进文化前进方向，以社会主义核心价值观为引领，进一步完善公共数字文化服务网络、丰富服务内容，提高服务的针对性和实效性，保障人民群众基本文化权益，促进社会文明进步。

2. 坚持政府主导、社会参与。牢牢把握公共数字文化服务的公益属性，全面落实政府主体责任，充分发挥政府主导作用，完善社会力量参与机制，畅通社会力量参与渠道，鼓励和引导社会力量参与，激发公共数字文化发展活力。

3. 坚持服务群众、突出效能。建立健全群众文化需求征集和评价反馈机制，以群众需求为导向，丰富公共数字文化产品和服务内容，为人民群众提供集成化、“一站式”公共数字文化服务，促进供需有效对接，提升服务效能。

4. 坚持科学管理、创新发展。围绕建设、管理和服务等关键环节，完善公共数字文化建设工作机制，创新服务模式，完善公共数字文化建设政策保障，优化配置各级各类公共数字文化资源，促进互联互通、共建共享，实现创新发展。

（三）目标任务

到2020年，基本建成与现代公共文化服务体系相适应的开放兼容、内容丰富、传输快捷、运行高效的公共数字文化服务体系。

——公共数字文化服务网络初步建成。公共图书馆、文化馆和基层综合性文化服务中心基本实现无线网络覆盖，全国县级以上公共图书馆均具备数字图书馆服务能力，全国50%以上的文化馆具备数字文化馆服务能力，文化信息资源共享工程基层服务点实现提档升级。

——分级分布式资源体系基本建成。建成一批结构合理、内容丰富、品质精良的公共数字文化资源，资源总量达到3500TB以上，可供全国共享使用的资源达到1500TB以上，其中特色资源达到880TB以上，与移动互联服务相适应的资源比例明显提高。

——公共数字文化服务效能显著提升。依托国家公共数字文化服务云平台，实现线上线下互动式服务模式广泛应用，菜单式、点单式服务实现普及，数字文化服务与群众文化需求有效对接，成为保障人民群众基本文化权益的重要方式。

——社会力量参与程度明显增强。社会力量参与公共数字文化平台开发、资源建设、服务供给、运营管理的工作机制更加完善，参与渠道更加通畅，参与方式更加多元，政府主导、市场和社会力量广泛参与公共数字文化建设的格局基本形成。

——公共数字文化保障机制完善。公共数字文化建设工作体系进一步完善，运行管理标准化、规范化，数字文化服务实现远程监管，群众满意度第三方评价机制基本形成，政府主导责任有效落实，政策、资金、人才、技术保障有力，公共数字文化服务可持续发展能力不断增强。

二、重点任务

(一)构建互联互通的公共数字文化服务网络

结合"宽带中国"、"智慧城市"等国家重大信息工程，依托国家公共数字文化工程服务平台，构建覆盖全国的公共数字文化服务网络，开展公共文化云服务，提升公共文化服务的数字化、网络化、智能化水平。

1. 加强国家公共数字文化工程服务平台建设。完善国家公共文化数字支撑平台，健全门户导航、资源调度分发、需求征集和服务反馈等功能，实现网络联通、资源共享、定制导航、交互服务。继续推进中国文化网络电视、国家数字文化网等新媒体建设，加强宣传推广，提高点击率和用户量。推动县级公共图书馆接入数字图书馆推广工程服务平台，完善数字图书馆推广工程服务网络，促进各级公共图书馆数字资源的整合与共享。建立标准化和开放性的数字图书馆系统，打造基于新媒体的数字图书馆服务业态，提供"互联网＋借阅"、"互联网＋信息服务"，形成面向移动终端、贯通线上线下的服务新格局。

2. 建设区域综合性、一站式公共数字文化服务平台。结合实施中央补助地方公共数字文化建设项目，鼓励各地建设基层综合性公共数字文化服务平台，对公共文化设施、资源、惠民项目进行综合智能管理，统筹整合和揭示各类公共数字文化资源，实现共建共享，提供一站式、集成式、多媒体覆盖的公共数字文化服务。

3. 提高公共文化设施的信息化、智能化水平。加强图书馆、文化馆(站)、美术馆、博物馆等公共文化机构信息化设施设备配备，建立业务管理信息化系统，提升公共文化设施信息化水平。推进数字图书馆、数字文化馆、数字美术馆、数字博物馆建设，开展线上服务，提高公共文化服务信息化、网络化水平。鼓励公共文化机构建立互动体验空间，充分运用人机交互、虚拟现实、增强现实、3D打印等现代技术，设立阅读、舞蹈、音乐、书法、绘画、摄影、培训等交互式文化体验专区，增强公共文化服务互动性和趣味性。

4. 推进贫困地区公共数字文化设施提档升级。结合文化精准扶贫，将中西部贫困地区22个省份的832个贫困县县级公共图书馆、文化共享工程乡镇基层服务点建设纳入公共数字文化建设项目，实现提档升级。结合边疆万里数字文化长廊建设，在沿边沿海的18个省(区、市)和新疆生产建设兵团，继续推进草原牧场、边境口岸、边防哨所、边贸集市等服务盲区基层服务点建设，消除服务"盲点"，助力文化脱贫。

5. 推动各类公共数字文化服务平台互联互通。推进国家公共文化数字支撑平台与国家数字图书馆推广工程平台之间的互联互通，实现数据资源和应用服务的合理调度。积极推进基层公共数字文化服务平台与国家公共数字文化服务平台之间实现用户、数据、资源、服务的互通互联，形成覆盖全国的公共数字文化服务网络。鼓励各级各类公共数字文化服务平台与商业运营平台、网络传播媒体、公共服务平台开展合作，嵌入公共数字文化服务，增强公共文化服务便利性。

专栏 1
重点项目 1：国家公共文化数字支撑平台建设 以已建的 1 个国家平台和 33 个省级平台为基础，按照统一的标准规范，聚拢资源、应用、数据，提供“一站式”应用服务。加载汇集分散在图书馆、文化馆、美术馆、博物馆等公共文化机构中的数字文化资源，形成全国公共数字文化资源云目录，实现按需下载、个性化推送。“十三五”期末，文化共享工程各级分支中心、50%的县级以上文化馆接入平台，50%的乡镇基层服务点能够依托平台提供公共数字文化服务。 重点项目 2：数字图书馆推广工程服务平台建设 推进公共图书馆基础设施提档升级，完善专网建设，加快实现基层图书馆互联互通。对唯一标识符等业务系统升级扩容，到“十三五”末，实现 33 家省级公共图书馆和具备条件的市、县级公共图书馆纳入用户统一管理体系，移动阅读服务覆盖 500 家公共图书馆。加强推广工程资源库与各地资源的整合揭示服务，建立面向全媒体的数字图书馆推广工程服务平台，与海外文化中心合作共同推动中华文化走出去。 重点项目 3：中西部贫困地区数字文化设施提档升级 加强中、西部贫困地区县级公共图书馆、文化馆、乡镇基层服务点设施设备配置，把中西部贫困地区 22 个省份的 832 个贫困县县级公共图书馆、乡镇基层服务点纳入中央补助地方公共数字文化建设专项资金支持项目，实现到 2020 年中西部贫困地区县级图书馆具备数字图书馆服务能力、文化共享工程基层服务点实现提档升级。 重点项目 4：边疆万里数字文化长廊建设 在我国沿边沿海的 18 个省（区、市）和新疆生产建设兵团，建成不少于 1 万个能够提供便捷服务的数字文化驿站，利用现代信息技术特别是移动通信技术，进一步整合资源，提高配置标准，消除公共文化服务“盲点”。

（二）打造公共数字文化资源库群，加强资源保障

坚持“需求导向、分工合作、共建共享”的原则，打造分级分布式数字文化资源库群，优化资源结构，盘活资源存量，增加资源总量，提升资源质量，丰富适用于移动互联网传输的数字文化资源，加强公共数字文化资源保障。

1. 统筹推进公共数字文化资源建设。根据不同公共数字文化工程的功能定位和发展目标，合理确定数字资源建设重点和方向，统筹规划公共数字文化资源建设。建立公共数字文化资源群众需求征集制度，定期征集公共数字文化资源建设方向，编制资源建设指南，科学推进数字文化资源建设。全国文化信息资源共享工程重点建设与文化艺术普及和基本公共文化服务相适应的资源，数字图书馆推广工程重点建设与公共图书馆服务相适应的资源。

2. 建立国家基本公共数字文化资源库。坚持弘扬社会主义核心价值观，以群众文化需求为导向，有序推进艺术鉴赏、全民阅读、知识讲座、实用科技、健康生活等基础性数字文化资源建设，形成国家全民艺术普及基础资源库和全民阅读基础资源库。针对不同群体的文化需求，定制惠农资源、务工资源、少儿资源、社区服务资源、残障专题资源、精准扶贫资源等各具特色的数字文化资源产品，满足不同群体数字文化需求。

3. 加强地方特色公共数字文化资源建设。坚持弘扬和传承中华优秀传统文化，加强中国戏曲、书法、民歌等优秀传统文化资源，以及红色历史文化、少数民族文化、当代文化艺术与群众文化等资源建设。深入挖掘地方特色文化资源，加强体现民族文化、历史文化、地域文化等特色文化资源建设，建成体现社会主义核心价值观、展示中华文化精神、反映当代中国人审美追求，思想性、艺术性、观赏性较强的地方特色数字文化资源。

4. 加强少数民族数字文化资源建设。鼓励各地建设民族风俗、民族艺术、民族手工艺、民族旅游等地方资源项目，丰富民族特色资源内容，增加少数民族双语资源建设数量。加强少数民族语言资源建设中心和少数民族地区省级分中心建设，研究开发少数民族语言与汉语之间的智能互译技术和设备，增强民族语言资源译制能力。针对少数民族地区群众需要和文化生活习惯，采取译制、购买等方式，丰富数字文化资源种类。加强各民族文化交流特色项目建设，打造民族文化交流品牌。

5. 完善公共数字文化资源建设工作机制。建立和完善公共数字文化资源建设事前规划立项、

事中监管、事后评价的工作机制，完善项目评审、专家咨询、监督检查、绩效评价等重点环节的制度规范，强化资源应用评价和激励约束，推动资源建设工作可持续开展。

专栏2
重点项目5：全民艺术普及基础资源库 着眼于保障人民基本文化权益、提高全民艺术素养，规划和建设覆盖各艺术门类的全民艺术普及基础资源库，满足艺术鉴赏、艺术培训、艺术实践等艺术活动的基本资源需求。 重点项目6：地方特色文化资源库 以传承传播优秀传统文化，弘扬革命历史文化，展示当代文化艺术发展和群众文化建设成果为目标，以数字化、影像化等方式，生动形象地讲述中国文化、中国故事。深入挖掘地方特色文化，有重点地建设一批具有鲜明地方文化特点，具有较强代表性和较高历史、人文、科学价值的数字文化资源。 重点项目7：公共图书馆基础资源库 建立包括精品电子书、主流期刊报纸、精品公开课的公共图书馆基础资源库，借助各级公共数字文化服务平台面向全民推广，充分利用移动互联网的优势和特点，满足不同群体的阅读需求。

（三）创新服务方式，提升服务效能

应用最新科技成果，畅通公共数字文化服务渠道，创新服务模式，精准对接群众文化需求，提供多层次、多样化的数字文化服务，提升公共数字文化服务的针对性、实效性。

1. 建立基于大数据分析的群众文化需求反馈机制。依托各类公共数字文化服务平台，开发和应用集信息发布、需求征集、意见反馈、在线互动的公共数字文化服务管理系统。通过公共数字文化服务平台和新媒体渠道，常态化征集群众数字文化需求信息，测评公共数字文化服务群众满意度。建立健全大数据分析系统，加强需求信息的整理、归纳和分析，精准识别群众文化需求。

2. 畅通公共数字文化服务传播渠道。加强各类公共数字文化服务设备的开发与应用，实现公共数字文化服务全媒体、多终端覆盖，提高公共文化数字资源的传播效率。鼓励各级公共文化机构利用互联网、新媒体等手段，借助公共数字文化服务平台，开展远程辅导和培训，广泛传播数字文化资源，方便基层群众通过各类终端方便快捷地获取数字文化服务。加强公共数字文化资源面向基层公共文化机构的推送力度，建立数字文化资源定期更新机制，提高公共数字文化资源使用效率。

3. 创新公共数字文化服务方式。依托公共数字文化服务管理系统，探索建立公共文化物联网，形成与设施阵地服务、流动服务有机结合的公共数字文化服务体系。广泛采用“订单式”、“菜单式”、“预约式”服务模式，实现数字文化资源订单式配送、场地网上预订、活动网上预约、网上评价反馈等功能，形成线上线下有机结合的服务模式，增强基本公共文化服务供给精准度。加强公共数字文化服务品牌建设，继续开展“戏曲动漫进校园”、“百姓大舞台”、“网络书香”等品牌活动，丰富群众精神文化生活。

4. 加强数字文化创意产品开发与推广。鼓励公共图书馆、文化馆、美术馆、博物馆等公共文化机构充分利用馆藏资源，深入挖掘文化资源的价值内涵和文化元素，加强现代科技在数字文化创意产品开发设计中的应用，开发设计集艺术性和实用性相统一、适应现代生活需求的数字文化创意产品，增强群众的文化体验感，提升数字文化创意产品附加值。加大数字文化创意产品的展示和推广，培育数字文化创意产品品牌，推动文化产品和服务的数字化、网络化传播。

5. 加大贫困地区和特殊群体服务力度。开展中西部贫困地区数字文化资源配送活动和数字图书馆精准帮扶专项活动，加大公共数字文化资源和产品“点对点”直接配送力度，精准提供公共数字文化服务。引导和鼓励各地根据实际情况，在人员流动量较大的公共场所、务工人员较为集中的区域以及留守妇女儿童较为集中的农村地区，配备必要的数字文化设施，提供便利可及的公共数字文化服务。将务工人员作为重点对象，广泛开展公益性数字文化培训，帮助其掌握互联网、获取数字化服务的基本技能。大力推进少年儿童数字图书馆建设，通过网站、手机、手持阅读器、数字电视、电子数据库等多种模式向青少年提供数字图书馆服务。推进残障人士数字图书馆、音频馆建设，建立残障人士阅读和视听服务体系。通过微信、网站、广播电视等渠道向贫困地区和特殊群体广泛推广数字文化资源。

专栏3

重点项目8:面向特殊群体的数字图书馆

进一步完善公共图书馆残障人士数字化服务内容和保障措施,建立和完善残障人士阅读服务体系,为残障人士提供无障碍数字图书馆服务,保障残障人士获取信息、学习知识的文化权利。完善少儿图书馆数字化服务,构建中华优秀传统文化网络教育平台,向青少年儿童推送经典文化资源,提供健康绿色的数字图书馆服务。

重点项目9:数字文化馆建设

探索建立数字文化馆标准体系,重点开展数字文化馆基础硬件网络支撑环境、业务系统、线上应用服务平台、线下数字艺术体验馆建设。“十三五”期末,副省级以上文化馆普遍完成数字化建设,50%以上市县级文化馆提供数字文化馆服务,全民艺术普及云服务基本形成。

(四)统筹推进重点公共数字文化工程建设

统筹规划、协调推进全国文化信息资源共享工程、国家数字图书馆推广工程和公共电子阅览室建设计划,在网络建设上开放接口、兼容互用,在资源建设上明确分工、突出特色,使各工程互为支撑、形成合力,整体提升服务效能。

1. 推进全国文化信息资源共享工程建设。推进文化资源信息共享工程国家中心及各级分中心、支中心和基层服务点软硬件系统升级换代,提高服务终端配置标准,实现数字存储空间、网络带宽扩容增能。将各级文化共享工程分中心、支中心和服务点纳入国家公共文化数字支撑平台,形成公共文化特色应用集成,进一步拓展各级文化共享工程设施的服务功能,促进用户、数据、资源、服务的整合,实现公共数字文化资源按需推送、一站式服务。

2. 推进数字图书馆推广工程建设。推进公共图书馆软硬件系统等基础设施升级换代,改善各级数字图书馆存储空间、网络设备、终端服务设施配置。建设面向基层、互联互通的数字图书馆服务网络,构建覆盖国家、省、市、县四级公共数字图书馆网络服务体系。建设数字图书馆优秀文化资源库群,加强大数据分析与知识挖掘,提升资源建设和使用效能。对国家数字图书馆统一用户管理、唯一标识符、资源发现、移动服务等业务系统进行升级扩容,优化系统性能,推进各类业务平台在各级公共图书馆的开放应用。

3. 推进公共电子阅览室升级换代。促进公共数字文化基层服务点标准化配置,推动各地对公共电子阅览室进行升级换代,提升软硬件设施配置水平。加强公共文化服务一体机、电脑、各类移动设备、无线网络设施的更新换代,提高互联网络服务带宽,提供有线与无线网络接入服务,支持多种终端设备访问,为基层群众提供集成化、一站式公共数字文化服务。安装网络服务监测管理系统,加强运行监测和维护,形成常态化的设备和技术更新机制。

(五)鼓励和支持社会力量参与公共数字文化建设

按照政府职能转变的要求,搭建社会力量参与平台,拓宽参与渠道,推广政府与社会资本合作模式,鼓励和引导社会力量进入公共数字文化服务领域,激发公共数字文化建设活力。

1. 完善社会力量参与机制。建立和完善社会力量参与公共数字文化平台开发、资源建设、服务推广、运营管理的工作机制,推动具备资质、符合条件的文化企业、社会机构与公共文化机构开展公平竞争。推动落实社会力量参与公共文化服务的优惠政策,鼓励和支持社会力量通过委托管理、捐赠设备、提供资源、赞助活动、合作研发等方式参与公共数字文化建设,形成以政府为主导、社会力量广泛参与的公共数字文化建设格局。

2. 加大政府和社会力量合作力度。落实政府向社会力量购买公共文化服务工作的意见,把公共数字文化服务作为政府向社会力量购买公共文化服务的重要内容,将政府负责提供且适宜由社会力量承担的文化服务事项纳入购买范围,加大政府购买力度。探索公共数字文化设施的委托运营和管理,科学选定社会承接主体,加强绩效评价,提高运营管理的规范化水平。鼓励公共文化单位、高等院校与高科技文化企业合作,根据公共数字文化服务建设的实际需要,共同开展关键技术攻关,研发公共数字文化产品。

3. 鼓励社会力量参与提供公共数字文化服务。积极鼓励各类社会文化机构、文化企业和个人依托公共数字文化服务平台提供公共文化服务,开展健康有益的文化活动。鼓励社会机构、文化企业开发和推广具有民族精神、反映时代特点的数字文化资源和产品,免费或以优惠条件提供公共数字文化服务。

(六)加强公共数字文化建设管理

加强公共数字文化工作管理,完善公共数字

文化科技研发、内容建设、标准规范制定、绩效考核评价工作机制，提高公共数字文化建设工作的科学化、规范化水平。

1. 加强公共数字文化内容监管。按照“谁提供、谁负责”的原则，由各级公共文化机构履行内容审核的主体责任，坚持以传播社会主义核心价值观为首要标准，加强对公共数字文化资源内容的审核，确保资源内容符合社会主义先进文化发展方向。加强传播渠道的管理，建立安全风险防范机制，保证服务内容向善向上，把符合基层群众文化需求、富有地方特色的公共数字文化资源及时传递给人民群众。加大公共数字文化资源知识产权保护力度。

2. 强化公共数字文化网络安全管理。定期开展公共数字文化网络平台安全检查工作，推动各级公共文化机构落实安全管理责任制，建立安全管理应急机制。按照信息安全等级保护、重要信息系统基础设施保护的基本要求，及时完善、更新网络安全系统和设施，构建公共数字文化安全管理平台，提高网络安全防护能力，保障网络系统、信息内容、传播渠道和用户数据的安全，保证国家数字文化安全。

3. 完善公共数字文化建设标准规范。建立和完善资源建设、系统开发、服务提供、数据开放等方面的公共数字文化标准规范体系，促进数据、资源和服务在互联网环境下的开放利用。完善包括资源内容、元数据、对象数据的加工规范和长期保存规范，保证各类公共数字文化资源建设的规范性。依据“平台化”的原则制订开放接口规范、数据交换规范、新媒体服务类规范，确保异构系统间的数据交换、资源整合和服务调度。制订可兼容现有数据结构的、同时具备良好可扩展性的数据结构规范和符合开放数据标准的数据格式规范，提高公共数字文化资源的开放共享水平和服务效能。

4. 加强绩效考核评价。建立以效能为导向的公共数字文化服务绩效考核机制。完善绩效评价指标体系，坚持建管用并重，加大效能指标权重，引导政府和公共文化服务机构切实提升服务效益。建立公共文化数字监管平台，对公共文化机构日常运行、服务效果等进行实时监控。开展公共数字文化工程年度考核，发现和解决公共数字文化工程建设中存在的问题，推动公共数字文化工程科学发展。以群众文化需求为导向，研究制定公共数字文化服务群众满意度指标，建立和完善“第三方”评价机制，加大群众满意度测评方式的应用。

三、保障措施

（一）加强组织领导。各级文化行政部门要高度重视公共数字文化建设工作，推动纳入当地政府文化发展规划。结合本规划，制定具体的工作计划和落实方案，抓好工作落实，形成公共数字文化建设工作合力。加大宣传力度，营造全社会共同关注、支持和参与公共数字文化建设的良好氛围。

（二）完善经费保障。中央财政通过现有资金渠道，统筹支持地方公共数字文化建设，重点向革命老区、民族地区、边疆地区和贫困地区倾斜。各地文化行政部门要积极争取本地党委政府的重视和支持，将公共数字文化建设纳入财政预算，加强经费保障、管理和使用，提高财政资金使用效益。

（三）注重队伍建设。采取专兼职结合等方式，建立一支总量均衡、相对稳定、技术过硬、业务精湛的公共数字文化人才队伍。完善选人用人机制，采取聘用制、劳务派遣、委托管理、服务外包、联建共享等方式，加强公共数字文化人才配备。建立分级培训机制，采取网络远程培训和集中培训等方式，加强队伍培训，提升队伍整体素质。结合“阳光工程”，吸纳文化志愿者参与公共数字文化工作。加强与公共文化服务机构、科研院所、高等院校、文化企业等合作，搭建专业技术人才交流平台。

（四）强化督查落实。把公共数字文化建设纳入公共文化服务体系建设督查内容，定期开展督查，加强对规划落实的跟踪指导，推动落实公共数字文化建设工作责任。建立规划落实评估制度，引入群众满意度测评，定期对规划实施情况进行评估，推动规划落实。

文化部关于印发《“十三五”时期全国公共图书馆事业发展规划》的通知
（文公共发〔2017〕19号）

各省、自治区、直辖市文化厅（局），新疆生产建设兵团文化广播电视局，各计划单列市文化局，本部各司局、各直属单位：

《“十三五”时期全国公共图书馆事业发展

规划》已经文化部党组同意，现印发给你们，请结合实际认真贯彻执行。

特此通知。

文化部

2017年7月7日

“十三五”时期全国公共图书馆事业发展规划

为推动“十三五”时期公共图书馆事业科学发展，加快构建现代公共文化服务体系，更好地保障人民群众基本文化权益，根据《中华人民共和国公共文化服务保障法》《国家“十三五”时期文化发展改革规划纲要》《文化部“十三五”时期文化发展改革规划》有关精神，特制定本规划。

一、总体要求

（一）指导思想

全面贯彻党的十八大和十八届三中、四中、五中、六中全会精神，深入贯彻落实习近平总书记系列重要讲话精神和治国理政新理念新思想新战略，围绕中央关于加快构建现代公共文化服务体系的决策部署，按照公益性、基本性、均等性和便利性要求，以完善设施网络为基础，以丰富服务内容、强化资源整合、提高服务效能为重点，以完善体制机制为保障，努力构建覆盖城乡、服务高效、惠及全民的公共图书馆服务网络，进一步推进全民阅读，坚定文化自信，提高全民族科学文化素质和社会文明程度，增强人民群众对公共文化服务的获得感。

（二）基本原则

1. 坚持导向、服务大局。坚持社会主义先进文化的前进方向，坚持以人民为中心，以社会主义核心价值观为引领，牢固树立阵地意识，传播先进文化，促进在全社会形成积极向上的精神追求，助推全面建成小康社会目标实现。

2. 政府主导、社会参与。将公共图书馆事业发展纳入现代公共文化服务体系，加强组织领导、政策支持和监督管理，落实基本公共文化服务标准，鼓励和引导社会力量参与公共图书馆的建设、管理和服务。

3. 统筹兼顾、创新发展。立足实际，加强指导，统筹推进区域之间和城乡之间公共图书馆均衡发展，建立覆盖全社会的公共图书馆服务体系，创新管理体制和运行机制，进一步增强发展活力。

4. 服务基层、提升效能。坚持重心下移、资源下移、服务下移，加强资源整合，把优质公共文化服务向城乡基层延伸，完善群众评价和反馈机制，提升服务的针对性和有效性，促进供需有效对接。

（三）主要目标

到2020年，全国公共图书馆设施网络进一步完善，文献资源保障能力明显增强，县级图书馆总分馆制基本建立，公共图书馆服务标准化、均等化水平显著提高，信息网络等新技术应用更加普及，法人治理结构建设积极推进，人才队伍建设有效加强，政策法律保障更加有力，社会力量广泛参与，公众对公共图书馆服务的满意度持续提升。

“十三五”时期全国公共图书馆事业发展主要指标

<table>
<tr><th>类　别</th><th colspan="2">指　标</th><th>单　位</th><th>2015年</th><th>2020年</th></tr>
<tr><td>设施网络</td><td colspan="2">公共图书馆达标率(部颁三级以上)</td><td>%</td><td>72.50</td><td>80</td></tr>
<tr><td rowspan="2">设施网络</td><td colspan="2">每万人公共图书馆建筑面积</td><td>平方米</td><td>94.7</td><td>110</td></tr>
<tr><td colspan="2">阅览室座席数</td><td>万个</td><td>91.07</td><td>105</td></tr>
<tr><td rowspan="4">文献资源</td><td colspan="2">人均公共图书馆藏书量</td><td>册</td><td>0.61</td><td>1</td></tr>
<tr><td colspan="2">人均公共图书馆年新增图书藏量</td><td>册</td><td>0.04</td><td>0.08</td></tr>
<tr><td colspan="2">人均公共图书馆购书经费</td><td>元</td><td>1.43</td><td>1.8</td></tr>
<tr><td colspan="2">县均公共图书馆数字资源</td><td>TB</td><td>—</td><td>5</td></tr>
<tr><td rowspan="3">服务效能</td><td colspan="2">有效读者总人数</td><td>万人</td><td>5721</td><td>8000</td></tr>
<tr><td colspan="2">年流通人次</td><td>亿人次</td><td>5.89</td><td>8</td></tr>
<tr><td colspan="2">文献外借册次</td><td>亿册次</td><td>5.09</td><td>8</td></tr>
<tr><td rowspan="2">队伍建设</td><td rowspan="2">专业技术人员比例</td><td>高级职称</td><td rowspan="2">%</td><td>10.2</td><td>12.7</td></tr>
<tr><td>中级职称</td><td>32.7</td><td>33</td></tr>
</table>

二、重点任务

(一)完善公共图书馆设施服务网络

1. 加强公共图书馆设施建设。加强对公共图书馆布局的统筹规划,在"十二五"建设的基础上,按照均衡配置、规模适当、经济适用、节能环保等要求,根据城乡发展和人口分布,推动地方建成比较完备的公共图书馆设施网络,对设施空白或不达标的地市级和县级公共图书馆进行新建、改建和扩建,重点加强对贫困地区公共图书馆的统筹规划建设。

2. 推进乡镇(街道)、村(社区)图书室建设。推动乡、村基层综合性文化服务中心建设,按照相关建设标准和要求设立图书室,配备相应的器材设备,完善管理制度。村级不具备单独设立图书室条件的,可开辟图书阅览区。

3. 加强流动服务设施与数字服务设施建设。鼓励有条件的地方为公共图书馆配置流动图书车或具有借阅功能的流动文化车。重点为革命老区、民族地区、边疆地区和贫困地区公共图书馆配备流动服务设施设备。依托文化信息资源共享工程、公共电子阅览室建设计划、数字图书馆推广工程,加强公共图书馆数字服务设施建设,并配置相应器材设备。

4. 加快推进县级图书馆总分馆制建设。落实文化部等部委《关于推进县级文化馆图书馆总分馆制建设的指导意见》,因地制宜建立以县级图书馆为总馆,乡镇(街道)综合文化站为分馆,村(社区)综合性文化服务中心为基层服务点,上下联通、资源共享、有效覆盖的总分馆体系。通过总分馆制,整合县域内的公共阅读资源,实现总馆主导下的文献资源统一采购、统一编目、统一配送、通借通还和人员的统一培训。加强部门协同,推动符合条件的农家书屋成为图书馆分馆。鼓励符合条件、具有资质的上网服务场所成为总分馆的基层服务点。

专栏1　公共图书馆设施网络建设

项目1:流动图书车配备项目

国家和省级重点为革命老区、民族地区、边疆地区和贫困地区配备流动图书车,有条件的市、县为辖区图书馆配备流动图书车,合理设置服务网点及营运路线,根据基层群众需要,开展图书借阅、流动办证、流动展览、流动讲座、数字资源流动下载等多种形式的服务,有效拓展服务半径。

项目2:城市24小时阅读服务空间

鼓励地方采取与社会力量合作等方式,建设自助图书服务空间,因地制宜设置自助图书设备,开展办证、阅览、外借等24小时图书馆服务;科学规划自助图书服务空间和设备的布点,与各级各类图书馆相辅相成,打造百姓身边的公共阅读场所;加强资源更新、用户辅导和设备维护。

(二)加强文献信息资源保障能力建设

1. 推进公共图书馆文献信息资源体系建设。加大文献资源建设经费投入,确保文献资源达到一定规模并持续更新,通过整体布局、协调采购、分工入藏、分散采集等方式,在全国建立若干总量丰富、各具特色的地区性文献资源保障中心,扩大文献资源规模。落实新增藏量指标,优化文献资源结构,建立涵盖纸本文献、缩微文献、数字资源、网络资源等各种资源类型的公共图书馆信息资源体系。

2. 加强文献信息资源采集。完善文献信息资源购置标准,加强对采集规模、类型、更新率及复本量等方面的科学安排。国家图书馆加大对重点国家、重点地区和重点领域文献的采集入藏,加快推进国家文献信息资源总库建设。省级公共图书馆兼顾文献覆盖面和文献专深度,丰富本省出版或内容涉及本省的文献采集收藏,逐步形成涵盖广泛、富有特色的省级文献资源体系;市、县级公共图书馆加强对内容涉及本地文献、本地编印文献以及与当地群众文化需求相适应的出版物采集。在总分馆体系中承担总馆职能的县级图书馆,根据本地实际需要,统筹分馆文献资源建设。尚未建立总分馆制的地方,由县级公共图书馆指导乡镇(街道)和村(社区)图书室文献资源采集。各级公共图书馆要适应文献载体形态的发展变化,加强数字资源等新兴载体资源的采集入藏,推进新媒体终端适用资源建设。

3. 完善文献资源协调与共享机制。充分发挥省级公共图书馆作为地区性文献资源保障中心的作用,联合本地区各级公共图书馆共同开展地方文献资源的建设与服务。加强各级公共图书馆与其他系统图书馆之间的资源共建共享,实现分工协作、优势互补。加强各级公共图书馆联合馆藏建设，完善国家文献信息资源总目，实现文献信息资源在统一平台上的共享利用。

专栏2　文献信息资源保障能力建设
项目3：国家文献信息资源总目建设 充分发挥国家图书馆作为国家书目中心的作用，建立全国联合编目系统，不断加强各级各类图书馆之间的书目合作与共享，加快推进数字化国家书目系统建设；进一步落实国家出版物呈缴制度，不断提升国家书目收录内容的系统性与完整性；深入挖掘国家文献信息资源总目的服务功能，针对不同用户的特定需求，综合各种不同检索方式，利用数据挖掘技术，定制多类交互界面，实现个性化服务。 项目4："中国记忆"项目 坚持抢救性、代表性、前瞻性原则，由国家图书馆牵头，以口述史料与影像文献为特色，围绕中国现当代重大历史事件、重要代表人物、重点热点话题等，有选择地采集和制作专题资源，联合各级各类文化、教育、研究机构，社会团体，家庭及个人，搭建开放、统一的资源共建共享平台，传播与分享集体记忆和个人记忆，建设"中国记忆资源库"，实现对国家现当代有关资料的系统搜集、整理、保存和利用。 项目5：国家图书馆国家文献战略储备库建设工程 到"十三五"末，基本完成国家图书馆国家文献战略储备库的基础设施建设，并同步建立相应的标准规范和工作制度。以此为契机，推进国家文献信息资源总库的科学规划与合理布局。鼓励有条件的省(区、市)建设本地文献储备设施，为建成分级分布、共建共享的国家文献战略储备体系奠定基础。

（三）提高服务效能，推进公共图书馆服务均等化建设

1. 提升免费开放工作水平。落实国家基本公共文化服务指导标准和地方实施标准，推动各级公共图书馆健全免费开放项目，完善规章制度，创新服务手段，优化阅读环境，提升设施空间利用效率；完善信息公开制度，及时向社会公示公共图书馆基本服务项目和开放时间，有条件的公共图书馆应当根据当地群众实际需要，实行错时开放；完善免费开放工作监督评价机制，推动免费开放经费投入与服务效能挂钩。

2. 深入开展全民阅读。各级公共图书馆根据职责制定阅读推广计划，围绕世界读书日、图书馆服务宣传周、全民读书月以及中华传统节日、重要节假日和重大节庆活动，深入开展系列阅读推广活动；完善针对不同读者群体的优秀读物推荐机制；鼓励基层群众依托公共图书馆，兴办读书社、阅读兴趣小组等，开展阅读活动，进行读书交流；发挥中国图书馆学会等行业组织的作用，指导各级公共图书馆探索形成符合本地实际的阅读推广方式。

3. 提高专业化服务能力。打造一批专业化服务水平较高的公共图书馆，通过定题检索、文献查证、委托课题、信息推送等方式，为政府科学决策提供咨询服务，为企业和教育科研机构提供专题服务，为社会公众创新创业提供文献支撑和信息服务。省、地两级公共图书馆要加强对本行政区域内基层图书馆(室)的业务指导。配合京津冀协同发展、长江经济带等重大区域发展战略，建设区域图书馆联盟，提供联合服务。推动公共图书馆与博物馆、文化馆等其他公共文化机构的互联互通，加强跨部门、跨行业、跨地域的公共文化资源整合。

4. 加强特殊群体服务。加强老年人、未成年人、残疾人、农民工和农村留守妇女儿童等特殊群体适用资源建设和设施配备，有针对性地开展新技术应用培训、阅读辅导、送书上门、网络服务等，为其更好地融入社会提供帮助。加强对少年儿童的阅读指导，开展面向农村留守儿童的基础阅读促进工作。推进公共图书馆与独立建制少儿图书馆的阅读资源共享，为中小学图书馆开展阅读活动提供资源保障和业务支持。

专栏3　公共图书馆阅读服务
项目6："4·23"图书馆阅读推广活动 落实国务院"促进全民阅读，建设书香社会"的要求，开展4月23日"世界读书日"阅读推广活动，各级公共图书馆结合各地实际，设置主题，通过专家讲座、读书征文、荐书送书、座谈交流、网上交流等多种形式，借助书展、读书节、图书博览会等现有阅读平台和载体，开展丰富多彩的全民阅读活动，打造一批国家级和地方阅读品牌活动，倡导"让阅读成为一种生活方式"理念，推动全民阅读的常态化。

项目 7:全国少年儿童图书馆阅读提升计划

依托中国图书馆学会和各地方图书馆学会、协会组织,联合全国各地公共图书馆、少儿图书馆、中小学图书馆,以及社会各界的儿童阅读推广力量,举办"全国少年儿童阅读年"系列活动,为全国少年儿童阅读提供服务和指导,评选优秀少儿读物。深入推进全国少年儿童阅读研究,编制少儿阅读指导书目,发布少儿阅读调查报告,为少年儿童阅读服务和图书出版提供科学依据。

(四)加强新技术应用,提升数字化服务能力

1. 加强图书馆数字化建设。深入实施数字图书馆推广工程,提高各地公共图书馆数字化服务能力,构建标准统一、覆盖城乡、互联互通、便捷高效的公共数字文化服务网络,县级以上公共图书馆全部具备提供互联网服务和移动终端服务的能力。加强公共图书馆数字资源的整合利用,丰富资源类型,提升资源适应性,满足不同终端、不同人群的实际需求。

2. 加强新技术研发和应用。结合国家重大信息工程建设,加强先进技术研究转化和应用,利用云计算、大数据等信息技术,推动图书馆信息化装备和系统软件的研发应用,促进图书馆数字服务手段升级换代,提升公共图书馆的现代化服务水平。通过互联网等新技术手段,深入开展用户需求数据分析,推广线上线下互动的服务模式。

3. 推进基层公共数字文化综合服务平台建设。依托文化信息资源共享工程和数字图书馆推广工程,逐步建立集信息报送、网络监测、统计分析、数据发布、绩效评价等功能于一体的基层公共数字文化综合服务平台,引导优质公共数字文化资源向基层传输,通过开展"菜单式"、"订单式"服务,促进供需有效对接。

专栏 4　数字图书馆建设

项目 8:数字图书馆推广工程

依托国家数字图书馆建设成果,提高基层公共图书馆数字化服务水平;建设优质数字文化资源库群,促进对数字资源的整合与共享,加强大数据分析与知识挖掘,提升资源建设和使用效能;构建面向移动终端、贯通线上线下的服务模式,为社会公众提供基于全媒体的资源与服务。

项目 9:公共图书馆互联网服务覆盖项目

推动公共图书馆利用互联网开展图书借阅、数字阅读、信息推送、终身教育等服务,在有条件的公共图书馆开通微信公众号、微博等服务,实现图书馆资源和服务上线;积极与其他社会化服务平台进行服务对接,让图书馆服务融入群众日常生活环境。

(五)充分利用馆藏资源,传承和弘扬中华优秀传统文化

1. 深入开展中华古籍和民国时期文献的普查与保护工作。做好与可移动文物普查工作的对接,到"十三五"末,基本完成全国古籍及民国时期文献普查工作,海外中华古籍及民国时期文献调查工作取得实质性进展。推进古籍和民国时期文献保存保护的研究与实践,加强文献修复技艺传承和培训,加快濒危文献抢救性修复保护,有序推进古籍和民国时期文献再生性保护,推动各级公共图书馆按照国家标准和行业标准建设一批标准化书库,有效改善古籍及民国时期文献存藏条件。

2. 推进传统文献典籍的整理推广和开发利用。深入推进专题文献整理出版和专题特色资源库建设,重点加强对地方特色资源、优秀传统文化资源、少数民族文化资源的挖掘整理。推进《中华传统文化百部经典》编纂等重大出版项目实施,依托国家重大文化工程和地方文化建设项目,加大对传统文化典籍的整理阐释与宣传推广。推动有条件的图书馆建立中华优秀传统文化实践基地,开展丰富多彩的社会教育活动。

3. 文化创意产品开发。把文化创意产品开发纳入公共图书馆评估定级标准。推动各级公共图书馆利用古籍善本、图书报刊和数字文化资源等开发文化创意产品,挖掘地方传统文献资源,开发一批弘扬中华优秀传统文化、反映时代精神、符合群众实际需求的文化创意产品。举办文化创意产品开发培训班,培训图书馆领域创意开发和营销推广人才。

专栏 5　中华优秀传统文化的保护、传承和利用

项目 10:中华古籍保护计划

基本完成全国 2000 家古籍收藏机构所藏古籍的普查登记工作,完善分级保护制度,继续开展《国家珍贵古籍名录》和全国古籍保护重点

单位评审工作，加强少数民族文字古籍保护；改善古籍存藏环境，实施国家珍贵古籍专库（专架）管理，提高珍贵古籍书库应急防灾能力；加强古籍修复中心建设，推进古籍修复用材安全、文献脱酸等科技立项和研究，继续实施“天禄琳琅”等修复项目；促进古籍文献的整理利用，推进中华古籍数字资源库建设，编纂出版《中华古籍总目》分省卷，推动《中华再造善本》（三编）《中国古籍珍本丛书》等整理出版工作；推进中华优秀传统文化实践基地建设，加强对古籍保护成果的宣传推广和展示利用。

项目11：民国时期文献保护计划

完善民国时期文献保护工作机制。开展民国时期文献的普查登记，编制民国时期文献总目。开展海内外民国时期文献的征集与合作开发，促进文献实物回归以及缩微、数字化成果回归。加强文献研究、开发与利用，推进文献史料的整理出版。建立文献信息资源整合和揭示平台，为学界和公众利用资源提供便利。做好宣传推广工作，为民国时期文献保护工作营造良好舆论氛围。

项目12：海外中华古籍调查暨数字化合作

以海外中华古籍调查摸底为基础，积极推动海外古籍资源以数字化、影印出版及其他形式实现回归与共享，编纂出版《海外中华古籍珍本丛刊》《海外中华古籍书目书志丛刊》等一批具有学术影响力和重要历史文化价值的古籍出版物。

项目13：文化创意产品开发试点工作

文化部确定37家省级、副省级公共图书馆试点单位，推动建立文化创意产品开发联盟，依托古籍和民国文献、图书报刊、老照片、数字文化资源等馆藏资源，探索开发具有图书馆特色的文化创意产品，利用新闻媒体和中国图书馆年会等平台进行宣传展示。

（六）加强政策理论研究，完善相关法律法规和行业标准

1. 强化法律和政策保障。落实公共文化服务保障法，深入开展公共图书馆立法支撑研究，推动出台公共图书馆法。加快古籍保护立法进程，鼓励和支持各地制定地方性图书馆法律法规。

2. 完善标准规范体系。加强图书馆标准化研究，推进图书馆相关标准的制（修）订和宣传贯彻工作。制定出台各级公共图书馆业务规范，建立涵盖图书馆业务、技术、管理和服务等主要领域的较为完善的标准体系，推动一批重点领域国际标准的本土化研究和应用。

3. 加强理论研究。围绕公共图书馆建设、管理和服务等关键环节，策划一批重点理论研究课题。依托国家图书馆，以及相关高校、科研机构等，加强图书馆理论研究队伍建设，建立一批各具特色的研究基地。加强图书馆领域关键技术的研发应用，推动公共图书馆事业与科学技术融合发展。

专栏6　图书馆理论研究

项目14：落实公共图书馆法相关制度研究

推进公共图书馆立法工作，就法律出台后的贯彻实施开展制度设计和调查研究，针对公共图书馆资源建设、运行管理、服务内容、经费保障、捐赠制度、总分馆制建设、法人治理结构建设、社会力量参与图书馆建设、基层公共文化资源整合等重点问题，形成具体的制度设计成果，促进地方公共图书馆立法工作。

项目15：图书馆标准规范体系建设

进一步加强图书馆领域标准化建设，健全政府主管部门、标准化技术委员会与行业协会组织共同参与、相互配合的标准化工作机制；结合我国图书馆事业发展需求及标准化工作现状，开展图书馆设施、资源、管理、服务及技术等主要领域的标准规范制定工作，重点推进一批图书馆基础业务指导标准和基本服务保障标准的研制和应用；积极适应图书馆新技术、新业务、新服务的发展变化，探索建立图书馆标准规范体系的动态调整机制。

（七）创新管理体制机制，促进社会化发展

1. 深入推进公共图书馆法人治理结构改革。推动全国地市级以上规模较大、面向社会提供公益服务的公共图书馆，基本建立以理事会为主要形式的法人治理结构，吸纳有关方面代表、专业人员、各界群众参与，落实法人自主权，健全决策、执行和监督机制，进一步提升公共图书馆管理水平和服务效能。建立法人治理结构的公共图书馆按有关规定可以适当扩大人事管理自主权、收入分配自主权等。

2. 加强行业组织建设。按照中央关于文化领

域行业组织建设的有关要求，加强中国图书馆学会、中国古籍保护协会等相关行业组织的建设和管理，确保正确发展方向；强化行业组织自身能力建设，完善内部管理制度，促进其在服务行业发展、开展行业自律、制定相关标准、维护会员权益等方面发挥积极作用；鼓励和支持具备条件的行业组织依法承担政府相关转移职能，办好中国图书馆年会等重要活动。

3. 支持社会力量参与公共图书馆建设。鼓励和支持公民、企事业单位、社会团体以及其他组织兴建、捐建或与政府部门合作建设公共图书馆，或者通过捐资、捐赠、捐建等方式参与公共图书馆建设、管理和服务。健全政府向社会力量购买公共文化服务的工作机制，将公益性图书服务纳入政府购买的指导性目录。有条件的公共图书馆可探索引入社会专业机构，进行委托经营，或将公共图书馆的信息采集、书刊编目等业务外包，推动公共图书馆专业化、社会化发展。

4. 广泛开展文化志愿服务。弘扬志愿服务精神，坚持志愿服务与政府服务、市场服务相衔接，鼓励和支持公共图书馆开展参与广泛、内容丰富、形式多样的文化志愿服务，探索具有图书馆特色的文化志愿服务模式，打造一批公共图书馆志愿服务品牌。完善公共图书馆志愿者注册招募、服务记录、管理评价和激励机制。各级文化行政部门对公共图书馆志愿服务给予必要的指导和支持。

专栏7　创新公共图书馆管理体制

项目16：中国图书馆年会

按照“政府指导、学会主办、行业参与、市场运作”的原则，发挥行业组织优势和承办城市的积极性，引入社会力量参与，结合年度公共文化建设重点任务，组织举办全国图书馆年会，邀请公共图书馆从业人员代表和有关专家学者参会，通过组织工作会议、学术论坛、展览展示等，促进业界交流合作。

项目17：公共图书馆志愿服务活动

着眼于丰富公共图书馆服务项目和内容，弥补公共图书馆工作人员不足，在各级公共图书馆和基层综合性文化服务中心，广泛招募志愿者，建立相应工作制度，辅助做好图书管理、借阅咨询、阅读辅导和推广活动等工作，加强志愿者培训，并为其开展服务提供必要条件。

（八）加强国际交流与合作，进一步提升国际影响力

1. 积极开展国际交流活动。落实中华文化“走出去”战略部署，加强与国际图书馆协会联合会等国际图书馆行业组织，以及国外图书馆界的联系与合作，为海外中国文化中心数字图书馆建设提供资源与服务支持，宣传介绍我国图书馆事业发展成就。配合国家“一带一路”倡议，筹建丝绸之路国际图书馆联盟和丝绸之路数字图书馆，策划举办丝绸之路图书馆馆长论坛和亚大地区国家图书馆馆长会议。

2. 推动实施对外合作项目。充分发挥图书馆在传播中国精神方面的独特优势，围绕典籍展览展示、文献保护利用、资源共建共享、人才培养交流等领域，通过交换馆员计划、图书馆高层互访、合作办展、数字图书馆合作等形式，有针对性地参与或组织策划国际业务合作和学术交流项目，培养一批具有国际视野、具备参与国际图书馆领域规则制定等重要事务能力的专业人才，推进与其他国家和地区图书馆之间的务实合作。

专栏8　图书馆国际交流与合作

项目18：丝绸之路国际图书馆联盟

以国家图书馆以及丝绸之路国内各相关省、市图书馆为依托，联合丝绸之路沿线其他国家图书馆，通过联盟方式，逐步建立起沿线各国图书馆间的长期战略合作关系和定期交流互访机制，共同策划合作项目，在文献信息资源的共建共知共享、区域珍贵历史文明成果的保存保护、数字图书馆建设、专业技术人才培养、学术交流与业务培训等领域开展广泛深入合作，带动沿线各国图书馆事业共同进步。

项目19：海外中国文化中心图书馆

以国家图书馆为主，部分有条件的省、市级公共图书馆参与，为海外中国文化中心图书馆提供图书文献采选与加工、图书馆自动化系统建设、图书馆业务培训与现场指导等服务，提高中国文化中心图书馆的专业化水平；推进中国文化中心数字图书馆建设，有针对性地推送特色鲜明、内容丰富的中华文化优秀数字资源，通过线上线下多种方式举办展览、讲座等文化活动，加强中华优秀文化的传播推广。

三、保障措施

(一)加强组织领导。各地要根据本规划,制定相关工作计划和落实方案,明确责任,统筹实施。要推动将公共图书馆建设纳入本地国民经济和社会发展总体规划,纳入政府议事日程和领导班子绩效考核。各级文化行政部门要始终把导向意识贯穿到工作全过程。各级公共图书馆也要根据规划,细化目标任务,采取有力措施,抓好工作落实。

(二)完善经费保障。建立健全经费保障机制,合理保障公共图书馆日常运行经费。支持公共图书馆免费开放工作,重点向革命老区、民族地区、边疆地区、贫困地区倾斜。支持农村和城市社区的公共图书馆(室)建设。

(三)加强队伍建设。完善选人用人机制,培养一支具有现代意识、创新意识和专业水准的公共图书馆从业人员队伍。重点推动贫困地区公共图书馆人员编制落实。加强分级分类培训,重点加强对基层公共图书馆从业人员培训,力争在"十三五"期间对县级以上公共图书馆从业人员轮训一遍。

(四)健全监督管理。完善公共图书馆绩效考评制度,开展第六次公共图书馆评估定级,健全图书馆领域重大文化惠民工程综合绩效评估制度。加强用户评价和反馈,探索建立第三方评价机制,开展群众满意度调查,增强评价的客观性和科学性。考核结果作为预算确定、收入分配和负责人奖惩的重要依据。

文化部关于印发《"十三五"时期全国古籍保护工作规划》的通知
(文公共发〔2017〕24号)

各省、自治区、直辖市文化厅(局),新疆生产建设兵团文化广播电视局,各计划单列市文化局,本部各司局、各直属单位:

《"十三五"时期全国古籍保护工作规划》已经文化部党组同意,并征求了全国古籍保护工作部际联席会议其他成员单位的意见,现印发给你们,请结合实际认真贯彻执行。

特此通知。

文化部

2017年8月7日

"十三五"时期全国古籍保护工作规划

为贯彻落实中央关于传承和弘扬中华优秀传统文化的重要决策部署,深入做好"十三五"时期中华古籍保护工作,根据《中华人民共和国公共文化服务保障法》《中华人民共和国文物保护法》《中共中央办公厅　国务院办公厅关于实施中华优秀传统文化传承发展工程的意见》《国家"十三五"时期文化发展改革规划纲要》和《文化部"十三五"时期文化发展改革规划》有关精神,特制定本规划。

一、总体要求

(一)指导思想

全面贯彻党的十八大和十八届三中、四中、五中、六中全会精神,深入贯彻落实习近平总书记系列重要讲话精神和治国理政新理念新思想新战略,围绕中央关于传承和弘扬中华优秀传统文化的部署要求,坚持以社会主义核心价值观为引领,坚持"保护为主、抢救第一、合理利用、加强管理"的工作方针,以普查登记为基础,以分级保护和揭示利用为重点,不断提升古籍保护水平,切实发挥古籍传承中华优秀传统文化的重要作用,真正让"书写在古籍里的文字活起来"。

(二)基本原则

1. 坚持保护为主。始终把古籍保护作为工作重心,遵循古籍保护工作规律,坚持依法保护和科学保护,把古籍的抢救性保护与预防性保护有机结合,加大对珍贵古籍的保护力度,建立科学有效的古籍保护长效机制。

2. 坚持抢救第一。把握古籍具有易损性、不可再生性等特点,重点加强对濒危珍贵古籍的抢救,加大古籍保护技术的研发和应用,培育古籍修复人才,改善古籍存藏条件,提升古籍修复能力。

3. 坚持合理利用。推动中华优秀传统文化的创造性转化和创新性发展,通过展览展示、数字化服务、影印出版和文化创意产品开发等多种方式,加强对中华古籍的揭示和利用,发挥古籍的文化价值和社会服务功能。

4. 坚持加强管理。加强古籍保护相关职能部门之间的沟通与协调,进一步完善古籍保护工作制度，加强古籍保护单位管理，建立古籍标准化体系，实施严格的古籍保护责任制度和责任追究制度，促进古籍保护工作科学化规范化。

（三）发展目标

到2020年，全国古籍资源和保存状况基本摸清，国家级、省级珍贵古籍保护状况明显改善，实施一批珍贵古籍修复项目，完成一批在全国有重大影响的古籍影印出版工作，珍贵古籍缩微复制和数字化成果显著，古籍公共文化服务功能和社会教育的作用更加彰显，古籍保护人才队伍结构不断优化、专业水平明显提升，制度建设、立法工作和标准规范有较大进展，社会参与的广度和深度不断拓展，古籍传承文明、服务社会的能力进一步提升。

"十三五"时期全国古籍保护工作主要指标

类别	指标	单位	2016年	2020年
普查登记	完成古籍普查登记的古籍收藏机构数量	家	1218	2000
	出版《普查登记目录》的古籍收藏机构的数量	家	122	200
	古籍普查数据的发布量	万条	40.6	72.6
保护修复	珍贵古籍修复数量	万叶	250	350
资源利用	完成古籍数字资源	万部	4.6	7
	发布古籍数字资源	万部	2.7	7
	影音出版古籍数量	万部	1.34	1.5
队伍建设	培训古籍收藏单位从业人员数量	人次	8396	10000
标准规范	制定出台古籍定级、存藏、修复、数字化等专业技术标准数量	部	5	15

二、重点任务

（一）基本完成全国古籍普查登记工作

1. 完善古籍普查登记管理制度。进一步提高古籍普查登记质量，明确各级人民政府及文化、教育、民族、宗教、文物等部门对本地、本系统古籍普查登记的职责。健全各级古籍普查登记机构，实现古籍登记管理常态化。设立年度古籍普查进度通报制度，依托古籍保护数字服务平台，对各地、各有关单位古籍普查情况进行统计。

2. 加大全国古籍普查登记力度。各相关部门加强对本系统古籍收藏机构普查登记工作的督促指导，全面摸清本系统内古籍资源，将宗教活动场所藏书、雕版等纳入普查范围。统一普查数据格式，依托全国古籍普查登记平台，对各地各单位报送的数据进行汇总和核校，完善鉴定著录，确保普查准确规范。鼓励民间古籍收藏机构按照规定登记所藏古籍。同时，继续做好海外中华古籍的调查摸底工作，重点对美国、加拿大、德国、法国和英国等国家存藏的中华古籍进行调查。

3. 加强古籍普查登记目录建设。依托全国古籍普查登记平台，建立古籍普查登记编号及信息库，形成全国收藏单位古籍普查登记目录档案。在各省级古籍保护中心、古籍收藏单位对本地本单位普查登记信息的审校和编纂工作的基础上，由国家古籍保护中心汇总形成《全国古籍普查登记目录》并陆续出版。继续推进《中华古籍总目》编纂工作，完成一批省级分卷出版项目。加快推进《中国少数民族古籍总目提要》的整理、研究和出版工作。

4. 促进古籍普查数据开放共享。古籍保护机构要加强与文物系统的协调合作，共同做好古籍普查与全国可移动文物普查的数据对接工作，及时进行数据交换。建立中华古籍综合信息数据库，及时将各古籍保护机构的普查数据输入数据库，并完善导入和导出功能，加快建设全国古籍联合书目通用检索系统，及时公布普查成果，实现古籍普查数据在全国范围的开放共享。

专栏1　中华古籍普查登记项目

《全国古籍普查登记目录》项目。加快古籍普查进度，各古籍收藏单位在完成普查登记的基础上，汇总整理形成古籍普查登记目录并正式出版。"十三五"期间，力争完成不少于200家收藏单位的古籍普查登记目录。

《中华古籍总目》编纂项目。在《全国古籍普查登记目录》基础上，由国家古籍保护中心牵头组织，主要采取省级分卷的形式，编纂出版《中华古籍总目》。在分省（区、市）编纂的同时，《中华古籍总目》还将依机构、类型、文种等分卷编纂。收藏古籍在100万册以上的单位，可独立成卷；简帛古籍、敦煌遗书、碑帖拓片等按类型编纂。

《中国少数民族古籍总目提要》编纂出版项目。编纂项目由国家民委组织实施。收录我国55个少数民族及古代民族文献典籍、碑刻铭文、口头传承等现存古籍目录和内容提要，全套书目按民族分卷，计划收录书目30余万条，约60卷，100余册，系统真实地反映我国各少数民族古籍现存情况。

（二）切实加大古籍保护力度

1. 完善古籍分级保护制度。研究制定珍贵古籍评级标准，馆藏古籍日常养护技术标准和管理规范。研究制定中国少数民族文字古籍定级标准。完善省级珍贵古籍名录和古籍重点保护单位向国家古籍保护中心的报备制度。研究制定国家级、省级珍贵古籍名录和重点保护单位的管理办法。

2. 加强珍贵古籍保护。继续开展国家和省级珍贵古籍名录及古籍重点保护单位的申报评审，重点做好少数民族文字珍贵古籍申报评审工作。根据《图书馆古籍书库基本要求》，做好各级古籍收藏机构的库房新建和改扩建工作。对国家珍贵古籍实施专库或专架管理，确保珍贵古籍实体安全。各地古籍保护机构根据实际做好珍贵古籍装具配置工作。推进国家图书馆国家文献战略储备库建设。推动建设一批符合国家标准的古籍寄存书库，为不具备存藏条件的单位提供寄存服务。建立国家古籍数字资源异地镜像保存体系。鼓励有条件的地方推进古籍异地异质灾备工作。继续实施新疆、西藏及四省藏区的古籍保护工作专项，加大对新疆、西藏及四省藏区宗教活动场所古籍保护经费投入。

3. 促进海外中华古籍回归。建立海外中华古籍回归工作机制，依托各级古籍保护中心和有关高校、科研院所、出版机构等，发挥各自优势，明确责任分工，有计划、分步骤开展海外中华古籍回归工作。以海外中华古籍主要存藏机构的古籍调查摸底为基础，积极开展海外古籍资源数字化、影印出版及其他形式的回归，编纂出版一批具有学术影响力和重要历史文化意义的海外珍贵中华古籍。加大与古籍保护国际组织和民间机构的交流合作力度，积极参与古籍保护国际行动，举办高质量国际古籍保护学术会议，推进国际间古籍保护项目合作和科技攻关。深化与港澳台地区古籍收藏机构的交流协作。

专栏2　珍贵古籍保护项目

国家和省级珍贵古籍名录、古籍重点保护单位申报评审。建立健全申报、核查、评审、公布和支持制度。适时开展第六批国家珍贵古籍名录和全国古籍重点保护单位的申报评审工作。推动未开展省级申报评审工作的省份尽快建立本省份评审制度并开展相关工作，力争“十三五”末实现全覆盖。

西藏古籍保护工作专项。协助西藏自治区以宗教、文物系统为重点开展古籍普查，推进普查登记目录的编纂出版。支持西藏藏文古籍修复中心开展修复工作以及相关标准、技术研究，提升古籍修复能力。结合国家珍贵古籍数字化项目，完成西藏地区入选《国家珍贵古籍名录》古籍的数字化工作。加强西藏自治区古籍保护人才培养，提高古籍保护队伍业务能力。支持采取多种形式宣传古籍保护成果。

新疆古籍保护工作专项。协助新疆维吾尔自治区开展古籍普查登记，编纂出版《新疆维吾尔自治区珍贵古籍图录》。推进新疆维吾尔自治区古籍修复中心建设，积极开展古籍修复工作。结合“国家珍贵古籍数字化”项目，完成新疆地区入选《国家珍贵古籍名录》古籍的数字化工作。

（三）全面提升古籍修复能力

1. 加强珍贵古籍修复。重点抓好列入《国家珍贵古籍名录》和濒危古籍的修复工作。完善国家级古籍修复中心申报制度、评审标准和退出机制，适时开展第二批国家级古籍修复中心的申报评审工作。制定古籍修复档案标准规范。继续实施“天禄琳琅”等古籍专项修复项目，谋划实施一批新的修复项目。鼓励图书馆、博物馆、档案馆等古籍收藏机构合作开展古籍修复工作。加强少数民族文字古籍修复工作，推进少数民族文字古籍修复中心（修复室）建设。

2. 促进古籍修复技艺传承发展。发挥古籍修复专家的传帮带作用，采取古籍修复基础研究与古籍修复项目相结合的方式，传承古籍修复技艺，提高古籍修复水平。鼓励和支持省级古籍保护中心在本地区建立古籍修复技艺传习单位。加大对古籍修复等非物质文化遗产代表性传承人的扶持力度，支持开展收徒、教学等传承活动。推广国家古籍保护中心在古籍用纸定制生产等方面的做法和经验，扶持古籍修复用纸传统工艺传承与发展。

3. 加强古籍保护技术研究。推进古籍保护机构和存藏单位与其他公共文化单位、高等院校、科研院所、中等职业学校、高科技企业等领域的深度合作，开展古籍修复的理论和技术研究。借鉴国外先进修复技术，创新我国古籍修复的工艺和方法。在具备条件的图书馆设立高水平文献保护重点实验室，开展古籍保护技术的研究和实验。

专栏3　国家级古籍修复中心和古籍保护实验室建设项目

依托国家级古籍修复中心，开展古籍修复工作和科学研究，推进国家级古籍修复中心可移动文物修复资质的申报工作。加强国家级古籍保护实验室建设，完善管理制度，推动硬件升级，深入开展修复用材安全性研究、中国古籍纸张老化程度检测方法研究等古籍保护科研工作。

(四)加强古籍整理出版和数字化建设

1. 做好古籍整理出版工作。推动《中华再造善本》(三编)《中国古籍珍本丛刊》、《中国古籍书志书目丛刊》、《儒藏》、《中华续道藏》、《大藏经》、《中华医藏》、《海外中华古籍珍本丛刊》、《海外中华古籍书目书志丛刊》和《国外所藏汉籍善本丛刊》等一批国家级重点古籍影印和整理出版项目实施。完善古籍影印出版管理制度，对重点出版项目进行绩效评估，提高古籍影印和整理出版项目专项资金的监管水平和使用效益。

2. 推进珍贵古籍缩微复制保存。继续开展珍贵古籍缩微化工作，依据全国古籍普查登记情况，对尚未拍摄的珍贵古籍文献，有计划地开展缩微工作。充分发挥缩微技术有利于长期保存的优势，依托数转模技术，以珍贵古籍数字化项目成果为基础，开展珍贵古籍数字资源转换缩微胶片，逐步实现全部珍贵古籍缩微化长期保存。

3. 加强古籍数字化工作。鼓励和支持各古籍收藏单位加快古籍数字化步伐，借助互联网、大数据、云服务等高新技术，率先对馆藏特色文献和珍贵古籍进行数字化，加快建立中华古籍数字资源库和中华古籍综合信息数据管理平台，扩大古籍数字资源开放，促进资源共享，提高利用效率。

专栏4　古籍整理出版及数字化建设项目

《中华再造善本(三编)》和《中国古籍珍本丛刊》编纂出版项目。《中华再造善本(三编)》收录标准为版本稀少、文献及学术价值较高的珍贵古籍，其中大部分属国家一、二级古籍。《中国古籍珍本丛刊》计划出版海内外图书馆、博物馆等藏书机构珍藏善本文献，收录标准为中华再造善本之外、现存传本数量在3部以内(含3部)且具重要历史文献价值的古籍善本，计划收录海内外70余家藏书机构5000种古籍善本。

《儒藏》(精华编)编纂出版项目。由教育部指导，北京大学具体组织实施，依托现有工作机制和队伍进行编纂，在充分利用古籍整理出版及数字化成果的基础上，对我国两千多年来儒家思想方面的典籍进行系统整理，计划精选历史上有较大影响和价值的儒学著作339册进行编纂出版。

《中华医藏》编纂出版项目。由国家中医药管理局会同文化部、新闻出版广电总局共同组织推进，分为经典著作、基础理论、临床各科和民族医药四编，重点从我国现存的医药古籍文献中，遴选出兼具学术价值和版本价值的医药古籍，分阶段影印出版，有效促进我国医药文化的传承发展和古籍的保护利用。

《中华续道藏》编纂出版项目。《中华续道藏》是《中华道藏》的续编，由国家宗教事务局组织实施，重点对《中华道藏》未收录的道教典籍及流传于民间的道教典籍，进行抢救、整理和点校。同时，建设《中华续道藏》数字资源库，全面推进道教古籍保护利用及道教文化建设。

汉文《大藏经》整理编纂项目。由国家宗教事务局指导中国佛教协会组织实施。重点是在现存汉文《大藏经》和《大藏经》研究成果基础上，依次对汉文《大藏经》律藏、论藏、经藏等进行整理编纂，建设佛教典籍数字化资源库，全面推进佛教古籍的保护利用，佛教教义的现代阐释。

“中华古籍数字资源库”建设项目。以国家和省级珍贵古籍数字化为带动，加强各古籍收藏单位之间的合作，通过利用现有资源以及向社会购买资源等方式，建立品种齐全、版本丰富的“中华古籍数字资源库”。按照边建设、边服务的原则，及时发布古籍影像信息资源，免费为专家学者和社会大众提供便捷优质的阅览服务。

“中华古籍综合信息数据管理平台”建设项目。建立集古籍普查登记、修复保护、宣传推广、人才培养等多功能于一体的综合信息管理平台，通过大数据收集、整理和统计，对全国古籍保护相关信息进行分析研判和动态监测。同时，依托管理平台，建立综合信息数据年报制度，全面掌握古籍保护年度工作情况，便于进行数据对比和信息查询。

（五）利用古籍传承和弘扬中华优秀传统文化

1. 深入挖掘古籍的深厚文化内涵。推进国家传统文化典籍整理工程实施，组织开展《中华传统文化百部经典》《中华珍贵古籍史话》等国家重点古籍编纂出版项目，依托哲学、历史、文学、宗教等多个领域的专家学者，根据典籍的学术代表性和社会影响力，兼顾学科分类和年代分布，对中华优秀典籍进行诠释和解读，深入阐发中华优秀传统文化精髓，研究中华文化的历史渊源、发展脉络和基本走向，进一步激发中华优秀传统文化的生机与活力。

2. 组织开展古籍宣传推广活动。建立中华优秀古籍的宣传推广机制，运用数字化、信息化、网络化等现代技术手段，采取线上线下相结合的方式，加强对中华优秀古籍多媒体、多渠道、多终端传播。开展“册府千华”系列展览、“我与中华古籍”系列宣传推广活动，形成品牌示范带动效应。以中国古籍保护网为平台，及时发布古籍资源和保护工作成果。依托中华优秀传统文化实践基地，组织经常性的讲座、展览、互动体验、技能竞赛等活动，开展礼敬中华优秀传统文化系列活动，实施中华经典诵读工程，推动优秀传统文化的传承和发展。

3. 加强古籍文化创意产品开发。坚持社会效益第一，鼓励符合条件的古籍收藏机构发挥古籍资源丰富的优势，依托全国公共图书馆文化创意产品开发联盟等平台，依法通过委托、与文化企事业单位合作等多种方式，开发一批弘扬中华优秀传统文化、反映时代精神、符合群众实际需求的古籍类文化创意产品。把古籍文化创意产品开发与读书活动相结合，举办中华古籍创客大赛、古籍文化创意产品推介会等活动。提高古籍文化创意产品开发的整体品质，加强过程监管。借助国内外图书馆行业会议或学术会议，广泛推介中华古籍类文化创意产品。

专栏5　中华优秀文化典籍推广工程

《中华传统文化百部经典》编纂项目。由中宣部牵头，文化部协调国家图书馆具体组织实施，着眼于对中华优秀传统文化的创造性转化、创新性发展，从传统文化典籍中精选100部具有代表性的经典书目，涵盖政治、经济、文化、社会、历史、生态等内容，采取大众化、品读导读的方式，推动传统经典普及传播。

“我与中华古籍”系列宣传推广项目。推动古籍保护与全民阅读相融合，利用广播电视、报刊杂志等传统媒体和新闻网站、微博、微信等新兴媒体，传播古籍保护知识，宣传古籍保护工作取得的新进展新成效。继续举办文津讲坛、珍贵古籍特展等宣传推广活动，配合古籍修复、雕版印刷、碑帖传拓等互动体验服务，以群众喜闻乐见的形式，向公众普及古籍保护知识，提高全社会的古籍保护意识。

（六）加强古籍保护制度、法规和标准建设

1. 完善古籍保护工作机制。充分发挥全国古籍保护工作部际联席会议、全国古籍整理出版规划领导小组和全国高等院校古籍整理研究工作委员会的平台作用，进一步完善统筹规划、分类指导、部门协同、权责明确的古籍保护工作制度。由文化行政部门牵头，各相关部门发挥职能和资源优势，在规划编制、政策衔接、标准制定和项目实施等方面加强沟通协作，形成工作合力。

2. 加快古籍保护立法。积极推进国家古籍保护立法工作，做好与《中华人民共和国文物保护法》等相关法律的区分和衔接，开展专题调研，起草法律文本，争取尽早纳入国家立法计划。鼓励和支持古籍资源较为丰富的地方探索制定古籍保护法律法规，从法律层面规范古籍管理、保护与利用等工作，解决古籍保护工作中存在的突出问题，使古籍保护有法可依。

3. 加强古籍保护标准化建设。依托全国图书馆标准化技术委员会、各系统各层级古籍保护机构、高等院校、科研院所等，充分运用各学科研究成果，围绕古籍装具、古籍修复用品、古籍传拓技艺、古籍数字化等方面，开展古籍保护科学研究，编制一批古籍保护技术标准、管理标准、评价标准，重点推进各类型古籍文献除虫、防霉、防酸脱酸等技术标准发展，加强新制定标准的应用推广和效果评价，逐步建立起比较完备的古籍保护标准体系。

4. 加强古籍保护专家委员会建设。依据工作需要，适时调整全国古籍保护工作专家委员会，补充公共文化领域专家和古籍保护相关管理部门人员，建立起跨地区、跨专业、跨单位的专家队伍。创新和完善专家委员会工作机制，促进成员在加强理论研究、提供决策咨询、指导地方实践和参与人才培养等方面发挥积极作用。各省(区、市)可参照建立省级古籍保护工作专家委员会。

三、保障措施

(一)加强组织领导。各级文化行政部门要发挥牵头作用，会同古籍保护工作相关部门，加强对古籍保护工作的组织领导，推动古籍保护工作纳入本地经济社会发展总体规划，纳入公共文化服务体系建设整体安排，结合实际制定具体的工作计划和落实方案，明确责任，统筹实施。各级古籍收藏机构也要根据规划，细化目标任务，采取有力措施，抓好工作落实。

(二)推进队伍建设。将古籍保护人才队伍建设纳入全国基层文化队伍培训计划，统筹开展分类分层培训。发挥古籍保护人才培训基地作用，持续开展在职培训，多层次、多渠道培养古籍人才队伍。发挥高校古籍教学科研人才较多的优势，利用高等院校古籍人才培养及整理研究专项基金，加强对古籍保护研究型人才培养。依托国家民委少数民族古籍文献人才培养与科学研究基地，加强少数民族古籍保护人才培养。完善全国古籍保护工作专家委员会，建立起结构合理、业务过硬、工作高效的专家队伍。

(三)开展监督评价。各级文化行政部门要会同古籍保护工作相关部门加强过程管理和动态监测，建立健全面向各类古籍保护主体、项目的绩效评价指标体系、评价制度、问责机制和信息公开制度，切实加强古籍保护工作的日常监管、定期督查和年度考评，并将考核结果与相关单位收入分配和人员奖惩等挂钩，推动古籍保护工作持续高效开展。

重庆市人民政府办公厅关于印发重庆市公共图书馆管理办法的通知
(渝府办发〔2017〕140 号)

各区县（自治县）人民政府，市政府各部门，有关单位：

《重庆市公共图书馆管理办法》已经市政府同意，现印发给你们，请认真贯彻执行。

重庆市人民政府办公厅
2017 年 9 月 4 日

重庆市公共图书馆管理办法

第一章　总　则

第一条　为促进公共图书馆事业发展，加强公共图书馆管理，根据《中华人民共和国公共文化服务保障法》等法律法规规定，结合我市实际，制定本办法。

第二条　本市公共图书馆管理和运行适用本办法。

第三条　本办法所称公共图书馆，是指政府举办的，以提供阅读服务为主要目的，收集、整理、保存、研究和传播文献信息资源，面向社会公众开放的公益性文化机构。

本办法所称文献信息资源，是指以文字、图形、符号、声频、视频等方式记录在各种载体上的知识和信息资源。

第四条　市政府积极促进公共图书馆服务的普及，对少数民族和贫困地区的公共图书馆事业给予重点扶持。

市文化主管部门对全市公共图书馆实施统一管理。各区县(自治县，以下简称区县)文化主管部门负责本行政区域内公共图书馆的管理。

市和区县发展改革、财政、教育、城乡建设、人力社保、国土房管、规划、科技、税务、通信管理等部门根据各自职责，保障和支持公共图书馆事业发展。

第五条　市、区县公共图书馆是本行政区域图书馆网络中心，负责组织、指导、协调本行政区域内公共图书馆文献信息资源建设、服务、学术研究等工作。鼓励公共图书馆与学校图书馆、科学研究机构图书馆及其他类型图书馆开展交流与合作，实现资源共享与联合服务。

第六条 鼓励社会组织及个人以资助项目、赞助活动、提供设施、捐赠等方式支持公共图书馆建设。倡导企事业单位、社会团体以及其他组织及个人的图书馆面向社会公众开放。

第二章 规划与建设

第七条 区县人民政府应当根据本行政区域经济社会发展水平、文化需求和人口分布、地域特点以及交通、环境等因素，确定本行政区域内公共图书馆的数量、规模、结构和分布，并通过固定馆舍和流动服务、自助服务、总分馆服务等方式，为公众提供服务，建立覆盖城乡、便捷实用的公共图书馆网络。

第八条 有条件的区县，应当设置独立建制的少年儿童图书馆，无独立建制少年儿童图书馆的区县，应当在公共图书馆内设置独立的少年儿童阅览室(区)。

公共图书馆应当逐步完善残疾人阅览室(区)或者阅览专座。

第九条 区县人民政府应当将公共图书馆事业纳入国民经济和社会发展总体规划，将公共图书馆建设纳入城乡总体规划，优先安排公共图书馆建设用地，保证公共图书馆建设用地需要。

公共图书馆建设布局应贯彻和遵循创新、协调、绿色、开放、共享的发展理念和普遍均等原则，选址要考虑城市公共交通、服务半径、服务人口等因素；建筑面积、书库容量、阅览座位和停车库等配置，应当满足建筑节能、绿色建筑和国家有关公共图书馆评估定级标准的要求。

第十条 区县人民政府应当加大对公共图书馆建设的投入，多渠道筹集资金，保障公共图书馆事业发展经费。

财政、审计等部门应当加强对公共图书馆经费管理和使用情况的监督检查。

第十一条 公共图书馆的新建、改建、扩建应当符合公共图书馆发展规划，适应现代化管理和服务需要。

第十二条 因城乡建设确需拆除公共图书馆，或者改变其功能、用途的，应当依照有关法律、行政法规的规定重建、改建，并坚持先建设后拆除或者建设拆除同时进行的原则。重建、改建公共图书馆的设施配置标准、建筑面积等指标不得降低。

第十三条 公共图书馆的馆舍、文献信息资源和相关设施、设备必须严格管理、保护，任何组织和个人不得侵占、损毁或者擅自改变公共图书馆的功能和用途。

第三章 文献信息资源管理

第十四条 公共图书馆应当根据本地区经济、社会和文化需要，结合馆藏基础，确定文献信息资源的收藏原则，并做好搜集入馆。

第十五条 公共图书馆应当积极采用以计算机和网络为基础的自动化管理技术，有步骤地实现馆藏文献信息资源的数字化，不断拓展虚拟馆藏资源。

第十六条 公共图书馆应当系统搜集、整理、保护、研究、开发地方和传统文献信息资源，逐步形成馆藏特色，保存和传承地方文化。

第十七条 公共图书馆应当加强古籍文献、其他珍贵文献的保护和管理，落实安全措施。建立古籍保护制度，开展古籍登记、定级、著录，改善古籍保管条件，推进古籍修复、整理、出版和研究利用。

第十八条 建立地方文献资料呈缴制度。市内出版单位应当按照国家有关规定向公共图书馆呈缴正式出版物。

鼓励单位和个人将在市内外出版或编印的资料，自愿捐赠给公共图书馆。

接受呈缴或者捐赠的公共图书馆应当向出版机构、单位或者个人出具接受呈缴凭证或者捐赠证明。

第十九条 公共图书馆应当按照国家公布的标准、规范对馆藏文献信息资源进行整理，建立馆藏文献信息资源目录。

公共图书馆应当建立、完善馆藏文献信息资源目录数据库，实现计算机联网检索，并依法向社会公开。

第二十条 对丧失收藏和使用价值的文献资料，应当按照《藏书剔旧规则》进行剔除。公共图书馆制定的《藏书剔旧规则》应当向同级文化主管部门备案。

第二十一条 公共图书馆应当建立健全文献资料管理制度，加强文献资料的保存和保护工作。

任何单位和个人，不得侵占、损坏公共图书馆的文献信息资源。

第四章 运行与服务

第二十二条 公共图书馆应当有固定的开放时间，双休日应当对外开放。市级公共图书馆每周开放时间不少于64小时；区级公共图书馆每周开放时间不少于60小时；县级公共图书馆每周开放时间不少于56小时。独立建制的少年儿童图书馆每周开放时间不少于40小时。

独立建制的少年儿童图书馆与公共图书馆开设的少年儿童阅览室(区)在双休日和学校寒暑假期间每天的开放时间不得少于8小时。

第二十三条　凡是能够遵守公共图书馆有关管理规定的社会公众均可成为公共图书馆的读者。

公共图书馆应当免费开放公共空间的设施场地，免费向读者提供文献信息资源查询、借阅服务，一般性参考咨询，以及开展公益性讲座、培训、展览、书刊宣传推荐等全民阅读推广活动。

第二十四条　公共图书馆应当拓展服务领域和服务功能，采取通借通还、流动借阅、馆际互借等服务方式，实现与其他各类图书馆的协作协调以及文献信息资源共建共享，提高资源利用率，为经济社会发展和科学研究提供服务。

第二十五条　公共图书馆应当加强数字资源建设，利用数字化、网络化和多媒体等技术，向读者提供现代信息服务。

第二十六条　公共图书馆应当配备相关专业人员，根据不同年龄段读者的特点，开展阅读指导和社会教育活动。

公共图书馆应当考虑老年人、残疾人等特殊群体特点，提供适合的文献信息资源、设施设备和阅读服务。

第二十七条　公共图书馆为读者收集专题信息，编写参考资料，提供古籍保护和修复或者进行代查、代译、复印、打印文献信息资源等服务时，可收取成本费用。

第二十八条　读者使用公共图书馆应当遵守法律、法规、规章，以及公共图书馆服务管理规定，爱护公共图书馆的文献信息资源和设施设备，尊重知识产权，合法利用文献信息资源。

读者逾期未归还所借文献信息资源的，公共图书馆按照前款规定收取滞还费；造成公共图书馆馆藏文献信息资源和公共设施设备损坏、遗失的，应当依法予以赔偿。

第二十九条　公共图书馆应当与读者建立畅通的沟通机制，便于接受读者的批评、建议和监督。

公共图书馆应妥善保护读者个人隐私，不得泄露或者向他人非法提供个人信息、借阅信息等。

第三十条　公共图书馆的服务范围、内容、时间以及读者须知、借阅(使用)规则、服务承诺等基本服务事项，应在馆内公示栏和图书馆网站向读者公示。其他服务事项及服务信息，可通过其他途径方便读者获取。

公共图书馆闭馆或者变更开放时间，至少应当提前1周告知读者。

第三十一条　公共图书馆应当建立健全安全管理制度，依法配置安全保护设备和人员，保障公共图书馆和读者安全。

第三十二条　公共图书馆应当在每年第一季度内，将本馆上一年度公共文化服务年报向社会公开。

第五章　工作人员

第三十三条　公共图书馆馆长、副馆长应当具备较高的文化知识、专业水平和组织管理能力。

第三十四条　公共图书馆应当根据工作需要设置岗位和选配人员，其中专业技术人员不得低于总人数的75%。

第三十五条　市、区县文化主管部门应当推动公共图书馆建立法人治理结构，吸纳有代表性的社会人士、专业人士和社会公众参与公共图书馆管理。

第三十六条　公共图书馆应根据公共文化、社会公益活动的需要，建立志愿者服务机制，吸纳志愿者参与公共图书馆的服务活动。

第三十七条　市、区县文化主管部门应当将公共图书馆的专业技术人员和管理人员纳入业务培训范围，定期开展业务培训。

第六章　附　则

第三十八条　市、区县文化主管部门应当对公共图书馆服务进行监督管理，开展公共图书馆服务绩效考评。

第三十九条　本办法自印发之日起施行。

图书馆相关法律法规及政策性文件目录

主题	标题	文号	发布与实施时间
综合性法律法规	广州市文化广电新闻出版局关于印发《广州市公共图书馆服务规范》的通知	穗文广新规字〔2017〕1号	2017年1月9日发布，2017年1月25日实施
	江苏省文化厅关于组织参加第六次全国公共图书馆评估定级工作的通知	苏文公共〔2017〕1号	2017年2月9日发布并实施
	福州市文化广电新闻出版局关于开展第六次全国县级以上公共图书馆评估定级工作的通知	榕文广新综〔2017〕86号	2017年3月31日发布并实施
	漯河市人民政府办公室关于推进全市美术馆、公共图书馆、文化馆(站)免费开放工作的实施意见	漯政办〔2017〕42号	2017年6月14日发布并实施
	文化部关于印发《文化部“十三五”时期公共数字文化建设规划》的通知	文公共发〔2017〕18号	2017年7月7日发布并实施
	文化部关于印发《“十三五”时期全国公共图书馆事业发展规划》的通知	文公共发〔2017〕19号	2017年7月7日发布并实施
	广州市文化广电新闻出版局关于印发《广州市公共图书馆第三方评估管理办法》的通知	穗文广新规字〔2017〕2号	2017年8月15日发布并实施
	上海市教育委员会关于印发《上海市特殊教育学校图书馆建设指南(试行)》的通知	沪教委基〔2017〕51号	2017年8月22日发布并实施
	重庆市人民政府办公厅关于印发重庆市公共图书馆管理办法的通知	渝府办发〔2017〕140号	2017年9月4日发布并实施
	黑龙江省文化厅关于转发文化部等五部委《关于推进县级文化馆图书馆总分馆制建设的指导意见》和印发我省《实施意见》的通知	黑文发〔2017〕155号	2017年9月20日发布并实施
	中华人民共和国公共图书馆法	主席令第79号	2017年11月4日发布，2018年1月1日实施
	福州市文化广电新闻出版局关于2018年县级文化馆图书馆总分馆制建设试点工作有关事项的通知	榕文广新综〔2017〕474号	2017年12月26日发布并实施
文化建设与服务	济宁市人民政府办公室关于做好政府向社会力量购买公共文化服务工作的实施意见	济政办发〔2017〕2号	2017年1月3日发布并实施
	商丘市人民政府办公室转发市文化广电新闻出版局等部门关于做好政府向社会力量购买公共文化服务工作实施意见的通知	商政办〔2017〕10号	2017年1月13日发布并实施
	乐山市人民政府办公室转发市文广新局等部门关于做好政府向社会力量购买公共文化服务工作的实施意见的通知	乐府办发〔2017〕4号	2017年1月20日发布并实施
	衡水市人民政府办公室转发市文广新局等部门关于向社会力量购买公共文化服务实施意见的通知	衡政办发〔2017〕5号	2017年1月22日发布并实施

续表

主题	标题	文号	发布与实施时间
文化建设与服务	国务院关于印发“十三五”推进基本公共服务均等化规划的通知	国发〔2017〕9号	2017年1月23日发布并实施
	安阳市人民政府办公室转发市文广新局等部门关于做好政府向社会力量购买公共文化服务工作实施意见的通知	安政办〔2017〕11号	2017年2月6日发布并实施
	文化部办公厅、国家文物局办公室关于召开全国文化文物系统学习贯彻公共文化服务保障法视频会议的通知	办公共函〔2017〕38号	2017年2月8日发布并实施
	文化部办公厅关于学习宣传贯彻《中华人民共和国公共文化服务保障法》的通知	办公共函〔2017〕45号	2017年2月13日发布并实施
	山西省人民政府办公厅转发省文化厅等部门关于推动山西省文化文物单位文化创意产品开发实施意见的通知	晋政办发〔2017〕13号	2017年3月11日发布并实施
	大连市人民政府办公厅转发市文广局等部门关于做好政府向社会力量购买公共文化服务工作实施意见的通知	大政办发〔2017〕35号	2017年3月14日发布并实施
	九江市人民政府办公厅转发市文广新局市财政局市体育局关于做好政府向社会力量购买公共文化服务工作实施意见的通知	九府厅发〔2017〕4号	2017年3月15日发布并实施
	四川省人民政府办公厅转发文化厅等部门关于推动文化文物单位文化创意产品开发实施意见的通知	川办发〔2017〕23号	2017年3月16日发布并实施
	吉林市人民政府办公厅关于做好政府向社会力量购买公共文化服务工作的实施意见	吉市政办发〔2017〕5号	2017年3月17日发布并实施
	杭州市人民政府办公厅关于印发杭州市社会发展(基本公共服务均等化)“十三五”规划的通知	杭政办函〔2017〕26号	2017年4月6日发布并实施
	文化部关于推动数字文化产业创新发展的指导意见	文产发〔2017〕8号	2017年4月11日发布并实施
	文化部关于印发《文化部“十三五”时期文化产业发展规划》的通知		2017年4月12日发布并实施
	广元市人民政府办公室关于印发《广元市“十三五”基本公共服务均等化规划》的通知	广府办发〔2017〕56号	2017年4月26日发布并实施
	文化部关于印发《“十三五”时期繁荣群众文艺发展规划》的通知	文公共发〔2017〕10号	2017年5月4日发布并实施
	江苏省政府办公厅关于印发江苏省“十三五”时期基本公共服务清单的通知	苏政办发〔2017〕65号	2017年5月4日发布并实施
	国家旅游局关于印发《全域旅游示范区创建工作导则》的通知	旅发〔2017〕79号	2017年5月17日发布并实施
	赤峰市人民政府办公厅关于政府向社会力量购买公共文化服务的实施意见	赤政办发〔2017〕26号	2017年5月23日发布并实施

续表

主题	标题	文号	发布与实施时间
文化建设与服务	“十三五”时期文化扶贫工作实施方案	办财务函〔2017〕131号	2017年5月25日发布并实施
	兴安盟行政公署办公厅印发关于政府向社会力量购买公共文化服务的实施意见	兴署办发〔2017〕37号	2017年5月26日发布并实施
	辽阳市人民政府办公室关于印发辽阳市政府向社会力量购买公共文化产品和服务管理办法的通知	辽市政办发〔2017〕44号	2017年6月5日发布并实施
	呼和浩特市人民政府关于加快构建现代公共文化服务体系的实施意见	呼政发〔2017〕29号	2017年6月21日发布，2017年7月21日实施
	山东省文化厅关于印发鼓励社会资本参与公共文化设施建设运营暂行细则的通知	鲁文群〔2017〕7号	2017年6月22日发布，2017年7月22日实施
	呼和浩特市人民政府办公厅印发关于政府向社会力量购买公共文化服务的实施办法的通知	呼政办发〔2017〕32号	2017年6月28日发布，2017年7月28日实施
	福州市人民政府办公厅转发市文化广电新闻出版局等部门关于做好政府向社会力量购买公共文化服务工作的实施意见的通知	榕政办〔2017〕186号	2017年6月30日发布并实施
	徐州市政府办公室转发市文广新局等部门关于做好政府向社会力量购买公共文化体育服务实施办法（试行）的通知	徐政办发〔2017〕131号	2017年6月30日发布并实施
	包头市人民政府办公厅关于政府向社会力量购买公共文化服务实施意见	包府办发〔2017〕151号	2017年6月30日发布并实施
	吉林省人民政府办公厅转发省文化厅等部门关于推动文化文物单位文化创意产品开发实施意见的通知	吉政办发〔2017〕53号	2017年7月4日发布并实施
	海南省人民政府办公厅关于政府向社会力量购买公共文化服务的实施意见	琼府办〔2017〕115号	2017年7月21日发布并实施
	盘锦市人民政府办公室印发关于做好政府向社会力量购买公共文化服务工作实施意见的通知	盘政办发〔2017〕81号	2017年8月1日发布并实施
	甘肃省人民政府办公厅关于印发《甘肃省“十三五”推进基本公共服务均等化规划》的通知	甘政办发〔2017〕137号	2017年8月5日发布并实施
	重庆市人民政府办公厅转发市文化委市财政局引导城乡居民扩大文化消费试点工作实施意见的通知	渝府办发〔2017〕123号	2017年8月6日发布并实施
	黑龙江省人民政府办公厅关于印发黑龙江省“十三五”基本公共服务清单的通知	黑政办规〔2017〕41号	2017年8月9日发布并实施
	福建省新闻出版广电局关于印发深化农家书屋延伸服务工作方案的通知		2017年8月10日发布并实施
	广西壮族自治区人民政府办公厅关于印发广西“十三五”基本公共服务均等化规划的通知	桂政办发〔2017〕113号	2017年8月23日发布并实施
	文化部公共文化司关于公布2017—2018年度国家公共文化服务体系制度设计研究课题立项名单的通知	公共函〔2017〕50号	2017年8月17日发布并实施

续表

主题	标题	文号	发布与实施时间
文化建设与服务	浙江省人民政府办公厅转发省文化厅等部门关于推动文化文物单位文化创意产品开发实施意见的通知	浙政办发〔2017〕104号	2017年9月15日发布并实施
	中共甘肃省委办公厅、甘肃省人民政府办公厅关于印发《甘肃省实施中华优秀传统文化传承发展工程方案》的通知	甘办发〔2017〕61号	2017年9月22日发布并实施
	苏州市政府关于印发关于加快推进文化和旅游深度融合的实施意见的通知	苏府〔2017〕138号	2017年11月4日发布并实施
	文化部、国家发展改革委、财政部、新闻出版广电总局、体育总局、中国科协办公厅关于开展《中华人民共和国公共文化服务保障法》暨公共文化领域中央重点改革任务贯彻落实情况督察工作的通知	办公共函〔2017〕250号	2017年11月20日发布并实施
	福建省数字档案共享管理办法	福建省人民政府令第197号	2017年12月1日发布，2018年2月1日实施
	期刊出版管理规定	国家新闻出版广电总局令第13号	2017年12月11日发布并实施
	音像制品出版管理规定	国家新闻出版广电总局令第13号	2017年12月11日发布并实施
	娱乐场所管理办法(2017修订)	文化部令第57号	2017年12月15日发布并实施
	北京市商务委员会、北京市发展和改革委员会、北京市公安局等关于印发《关于进一步促进展览业创新发展的实施意见》的通知	京商务贸发字〔2017〕37号	2017年12月29日发布并实施
	北京市人民政府办公厅印发《关于保护利用老旧厂房拓展文化空间的指导意见》的通知	京政办发〔2017〕53号	2017年12月31日发布并实施
文化遗产保护	文化部关于印发《中国非物质文化遗产传承人群研修研习培训计划(2017)》的通知	文非遗发〔2017〕2号	2017年1月21日发布并实施
	国家文物局关于容县近代建筑——容县图书馆旧址修缮工程立项的批复	文物保函〔2017〕163号	2017年2月7日发布并实施
	中华人民共和国档案法实施办法(2017修订)	国务院令第676号	2017年3月1日发布并实施
	国家文物局关于"中美合作所"集中营旧址部分建筑修缮工程立项的批复	文物保函〔2017〕549号	2017年3月24日发布并实施
	吉林省非物质文化遗产保护条例	吉林省第十二届人民代表大会常务委员会公告(第78号)	2017年3月24日发布，2017年6月1日实施
	国家文物局关于国民党"一大"旧址保护范围内图书馆二期改扩建工程方案的意见	办保函〔2017〕342号	2017年3月28日发布并实施
	文化部办公厅关于开展2017年"文化和自然遗产日"非物质文化遗产宣传展示活动的通知	办非遗函〔2017〕94号	2017年4月18日发布并实施

续表

主题	标题	文号	发布与实施时间
文化遗产保护	内蒙古自治区非物质文化遗产保护条例	内蒙古自治区第十二届人民代表大会常务委员会第三十三次会议通过	2017 年 5 月 26 日发布，2017 年 7 月 1 日实施
	四川省非物质文化遗产条例	四川省第十二届人民代表大会常务委员会公告第 87 号	2017 年 6 月 3 日通过，2017 年 9 月 1 日实施
	国家文物局关于国民党“一大”旧址保护范围内广东省立中山图书馆二期工程设计方案的批复	文物保函〔2017〕1158 号	2017 年 7 月 5 日发布并实施
	文化部关于印发《“十三五”时期全国古籍保护工作规划》的通知	文公共发〔2017〕24 号	2017 年 8 月 7 日发布并实施
	国家新闻出版广电总局、全国古籍整理出版规划领导小组关于公布《2011—2020 年国家古籍整理出版规划》调整情况的通知	新广出发〔2017〕50 号	2017 年 8 月 28 日发布并实施
	中华人民共和国文物保护法实施条例（2017 第二次修订）	国务院令第 687 号	2017 年 10 月 7 日发布并实施
	天津市人民政府办公厅关于进一步加强文物工作的实施意见	津政办发〔2017〕105 号	2017 年 10 月 25 日发布并实施
	中华人民共和国文物保护法（2017 修正）	主席令第 81 号	2017 年 11 月 4 日发布，2017 年 11 月 5 日实施
	青海省非物质文化遗产保护办法	青海省人民政府令第 119 号	2017 年 12 月 14 日发布，2018 年 2 月 1 日实施
	国务院关于文化遗产工作情况的报告		2017 年 12 月 23 日发布并实施
教育事业	国务院关于印发国家教育事业发展“十三五”规划的通知	国发〔2017〕4 号	2017 年 1 月 10 日发布并实施
	教育部关于印发《教育部 2017 年工作要点》的通知	教政法〔2017〕4 号	2017 年 1 月 22 日发布并实施
	国家新闻出版广电总局办公厅关于开展 2017 年“少儿报刊阅读季”活动的通知	新广出办函〔2017〕79 号	2017 年 3 月 7 日发布并实施
	内蒙古自治区人民政府办公厅关于加快中西部教育发展的实施意见	内政办发〔2017〕52 号	2017 年 3 月 31 日发布并实施
	教育部办公厅关于做好 2017 年中小学生暑期有关工作的通知	教基厅〔2017〕3 号	2017 年 7 月 27 日发布并实施
	教育部办公厅关于举办 2017 年全民终身学习活动周的通知	教职成厅函〔2017〕33 号	2017 年 7 月 27 日发布并实施
	教育部关于印发《中小学德育工作指南》的通知	教基〔2017〕8 号	2017 年 8 月 17 日发布并实施
	教育部关于印发《中小学综合实践活动课程指导纲要》的通知	教材〔2017〕4 号	2017 年 9 月 25 日发布并实施
	教育部关于印发《义务教育学校管理标准》的通知	教基〔2017〕9 号	2017 年 12 月 4 日发布并实施
	国务院教育督导委员会办公室关于印发《加快中西部教育发展工作督导评估监测办法》的通知	国教督办〔2017〕10 号	2017 年 12 月 12 日发布并实施

续表

主题	标题	文号	发布与实施时间
教育事业	安徽省教育厅关于印发《安徽省义务教育阶段学校办学基本标准》的通知(2017修订)	皖教基〔2017〕24号	2017年12月27日发布并实施
	福建省教育厅、中共福建省委文明办、福建省民政厅等十部门关于进一步加快发展社区教育的实施意见	闽教职成〔2017〕90号	2017年12月29日发布并实施
特殊人群权益保护	福建省老年人权益保障条例	福建省第十二届人民代表大会第五次会议公告第3号	2017年1月22日发布,2017年3月1日实施
	国务院关于印发"十三五"国家老龄事业发展和养老体系建设规划的通知	国发〔2017〕13号	2017年2月28日发布并实施
	国务院办公厅关于制定和实施老年人照顾服务项目的意见	国办发〔2017〕52号	2017年6月6日发布并实施
	内蒙古自治区人民政府办公厅关于转发老年教育发展实施意见的通知	内政办发〔2017〕120号	2017年7月10日发布并实施
	黑龙江省人民政府关于印发黑龙江省"十三五"促进民族地区和人口较少民族发展规划的通知	黑政规〔2017〕24号	2017年8月1日发布并实施
	贵州省人民政府办公厅关于印发贵州省"十三五"老龄事业发展规划的通知	黔府办发〔2017〕31号	2017年8月2日发布并实施
	宁夏回族自治区人民政府办公厅关于印发宁夏回族自治区"十三五"老龄事业发展和养老体系建设规划的通知	宁政办发〔2017〕147号	2017年8月8日发布并实施
	上海市教育委员会关于印发《上海市特殊教育学校图书馆建设指南(试行)》的通知	沪教委基〔2017〕51号	2017年8月22日发布并实施
	广西壮族自治区实施《中华人民共和国未成年人保护法》办法(2017修订)	广西壮族自治区人大常委会公告12届第79号	2017年9月21日发布,2017年12月1日实施
	广东省老年人权益保障条例(2017修订)	广东省第十二届人民代表大会常务委员会公告第93号	2017年9月28日发布,2017年11月1日实施
	江西省人民政府关于印发江西省老龄事业发展"十三五"规划的通知	赣府发〔2017〕35号	2017年9月29日发布并实施
	全国老龄工作委员会关于落实《"十三五"国家老龄事业发展和养老体系建设规划》成员单位分工的意见	全国老龄委发〔2017〕6号	2017年10月17日发布并实施
	天津市人民政府办公厅关于印发天津市贯彻落实老年教育发展规划(2016—2020年)实施方案的通知	津政办函〔2017〕119号	2017年10月27日发布并实施
	天津市人民政府办公厅关于印发天津市"十三五"老龄事业发展和养老体系建设规划的通知	津政办发〔2017〕106号	2017年11月1日发布并实施
	辽宁省无障碍环境建设管理规定	辽宁省人民政府令第310号	2017年11月29日发布,2018年1月1日实施
	江西省无障碍环境建设办法	江西省人民政府令第228号	2017年12月4日发布,2018年2月1日实施

续表

主题	标题	文号	发布与实施时间
政府信息公开	中共南京市委办公厅、南京市人民政府办公厅印发《关于全面推进政务公开工作的实施意见》的通知		2017 年 1 月 23 日发布并实施
	上海市国家税务局办公室、上海市地方税务局办公室关于报送 2016 年政府信息公开工作年度报告的函	沪国税办函〔2017〕11 号	2017 年 2 月 14 日发布并实施
	海南省商务厅关于修订印发厅政府信息公开工作相关制度的通知	琼商办〔2017〕339 号	2017 年 8 月 8 日发布并实施
	宁夏回族自治区人民政府办公厅关于印发开展基层政务公开标准化规范化试点工作实施方案的通知	宁政办发〔2017〕148 号	2017 年 8 月 9 日发布并实施
	甘肃省人民政府办公厅关于 2016 年政务公开工作考核情况的通报	甘政办发〔2017〕136 号	2017 年 8 月 17 日发布并实施
科技发展	国家知识产权局关于印发知识产权人才“十三五”规划的通知	国知发人字〔2017〕12 号	2017 年 2 月 24 日发布并实施
	文化部关于印发《文化部“十三五”时期文化科技创新规划》的通知	文科技发〔2017〕9 号	2017 年 4 月 26 日发布并实施
	重庆市人民政府关于印发重庆市“十三五”信息化规划的通知	渝府发〔2017〕32 号	2017 年 8 月 15 日发布并实施
	国务院知识产权战略实施工作部际联席会议办公室关于印发《“十三五”国家知识产权保护和运用规划重点任务分工方案》的通知	国知战联办〔2017〕17 号	2017 年 8 月 17 日发布并实施
	天津市人民政府办公厅关于印发天津市加快推进智能科技产业发展总体行动计划和十大专项行动计划的通知	津政办发〔2017〕112 号	2017 年 12 月 26 日发布并实施
	海南省人民政府办公厅关于印发海南省促进科技服务业发展实施方案的通知	琼府办〔2017〕230 号	2017 年 12 月 30 日发布并实施
政府工作	国家新闻出版广电总局关于开展 2017 年全民阅读工作的通知	新广发〔2017〕7 号	2017 年 1 月 17 日发布并实施
	江苏省全民阅读活动领导小组关于印发江苏省“十三五”全民阅读发展规划的通知	苏阅发〔2017〕2 号	2017 年 3 月 31 日发布并实施
	江苏省全民阅读活动领导小组关于印发 2017 年江苏省全民阅读工作要点的通知	苏阅发〔2017〕3 号	2017 年 3 月 31 日发布并实施
	黑龙江省人民代表大会常务委员会关于促进全民阅读的决定	2017 年 4 月 7 日黑龙江省第十二届人民代表大会常务委员会第三十三次会议通过	2017 年 4 月 6 日发布，2017 年 4 月 23 日实施
	石家庄市人民政府关于促进全民阅读的实施意见	石政发〔2017〕17 号	2017 年 4 月 21 日发布并实施
	吉林省全民阅读促进条例	吉林省第十二届人民代表大会常务委员会公告第 94 号	2017 年 9 月 29 日通过，2017 年 12 月 1 日实施

（国家图书馆　王秀香整理编辑）

专业文献

2017年部分院校图书馆学情报学博士学位论文摘要

[中文题名]"任务—数据—方法"三维情报分析模型研究

[英文题名]Research on Three-dimensional Information Analysis Model of Task, Data and Method

[论文作者]祝振媛

[指导老师]李广建

[学位授予单位]北京大学

[内容摘要]论文旨在探究在情报融合的新形势下，情报分析中任务、数据与方法三要素间的相互作用关系与关联规律，并展开相应的有关三维模型构建的研究工作。主要成果有：一是系统调研已有的国内外情报分析模型研究成果，基于理论启示构建起"任务—数据—方法"三维情报分析的模型框架，从模型构建原则与方法、模型概念框架、模型结构框架等方面阐明模型的机理。二是从"任务导向""数据驱动""方法引导"这三个角度切入情报分析，对模型中的任务、数据、方法要素分别进行分析：在情报任务的分析部分，从情报任务的层次划分、情报任务术语表构建、任务类型分析、任务属性分析四个方面对情报任务进行归纳；在多源数据的分析部分，探索大数据环境下多源数据在情报分析中的应用现状与趋势，从数据的结构、属性以及类型划分三个方面对情报分析中运用的数据情况进行梳理；在情报分析方法部分，从情报方法术语表构建、方法层次辨析、类型划分以及属性分析四个方面对情报分析方法进行研究。三是通过构建情报分析领域本体实现模型的实践指导意义。

[中文题名]基于生活世界的信息可见性研究——一种关于信息的情报学解释

[英文题名]The Study of Information Visibility Based on the Life-world: An Information Science Explanation about the Nature of Information

[论文作者]朱爱菊

[指导老师]陈建龙

[学位授予单位]北京大学

[内容摘要]论文从情报学视角研究信息的可见性特性，旨在揭示信息的存在特性及其含义显现的特性，为信息选择、传递、研究和使用提供理论启示，为信息资源管理、信息服务、情报分析等提供理论依据。在分析评估相关研究现状的基础上，论文以"可见性"概念为逻辑起点，以情报选择传递理论为依据，以信息哲学基础理论和现象学中的生活世界理论为基础，将人在生活世界中存在的结构、关系和过程作为信息的载体，由此获得作为人的存在的间接反映的信息的存在特性，并将其符号化，赋予其特定的信息结构和逻辑关系。即研究是在人与信息的关系层面上考察信息可见性的本质、类型和结构。论文综合运用实例解析、个案追踪、焦点团体、诠释等研究方法，探索不同场景中信息可见性的不同特性，抽象出信息生成中信息可见性的人格特性，以及相应的人属信息、含人信息和人用信息等类型特征；信息交流中信息可见性的形式特性，以及相应的深度信息、阴影信息、意念信息和底纹信息等形式特征；信息显现中信息可见性的意义特性，以及相应的具有整体性特征的符号信息、风格信息和助人信息等意义特征；揭示出不同信息类型之间形成的信息可见性的多重结构；并指出信息的本质就是可见性，包括含义的可见性以及含义所反映的物质世界的可见性；信息可见性的本质是助人，信息的情报学解释就是助人。

[中文题名]电动汽车产学研合作的知识产出过程研究

[英文题名]An Empirical Study on the Knowledge Process of the Emerging Electric Vehicle Industry in China

[论文作者]陈家昌

[指导老师]赵澄谋

[学位授予单位]北京大学

[内容摘要]论文以国内电动汽车技术发展过程为背景，围绕产学研合作知识产出过程这一问题，采用"研发团队外部异质性知识—团队过程—团队知识产出"的过程视角，从微观层面构建产学研合作中异质性知识与知识冲突的概念模

型，分析产学研合作的知识创造和知识集成相关的要素、特征和机理。为解读我国长期存在的科技和经济两张皮现象提供一个微观视角的分析工具，为科技政策和决策提供参考。论文的主要内容为：一、采用案例研究方法和扎根理论编码分析方法，对国内电动汽车整车技术和关键零部件技术发展过程进行比较分析，归纳新兴技术发展初期知识产出过程及其特征。研究发现：以公共支持为特征的技术平台和以产品开发为目标的产品平台之间的接续机制，是支撑国内电动汽车成功发展的技术保障机制。二、结合新兴技术领域产学研合作特征，将知识创造和知识集成同时纳入分析过程，提出知识创造的操作性定义，验证知识创造和知识集成两个概念具有良好的区分度和实际意义，初步提出一个对知识创造和知识集成的测量工具。三、通过问卷调查数据，验证团队内知识冲突和产学研异质性知识关系的作用机理。知识冲突是异质性知识主体之间相互作用的重要因子，在知识链中处于关键位置。四、通过对新兴产业初期产学研合作过程中知识生成特征、模式和机理的研究，提出相应的管理策略建议。

[中文题名]面向临床决策的检索系统模型与应用研究

[英文题名]Research on the Information Retrieval Model and Application to Support Clinical Decision

[论文作者]程煜华

[指导老师]赖茂生

[学位授予单位]北京大学

[内容摘要]论文首先从相关性理论、医学知识转化理论等角度分析支持临床决策的信息检索的理论基础，并对支持临床决策的信息检索的相关环节及互动关系进行剖析，从情景相关性层次出发建立文档、知识、认知、任务到社会认知环境的多层次模型结构。其次，结合现有技术研究，分析支持临床决策的信息检索的技术实现要点并提出技术框架，进一步提出基于D-S理论的检索模型，重点研究技术框架中的不确定语义表示、多源证据融合与基于医学推断的信息检索，并基于公开数据集对技术框架中提出的主要方法进行实验研究与验证。最后，在论文构建的实验性系统基础上，根据实际需求，进一步分析基于知识工程的支持临床决策的信息检索系统架构，探讨系统构建与实现的关键环节与技术。论文的主要成果有：一、从情景相关性层面建立支持临床决策的信息检索理论模型，能系统分析这一场景中的主要关联因素，提供解决问题的整体思路。二、基于知识库推理的医学推断检索，能够显著提升检索效果；基于D-S理论的检索模型能够整合基于知识库的推理、多源证据并能表示不确定性，可取得较好的检索结果，并且这一检索模型在理论上具有包容性与可扩展性。三、研究提出的支持临床决策的信息检索技术方案能概括主要相关技术，能为进一步应用实现提供指引。

[中文题名]数据密集型科研范式下科研人员科学数据能力研究

[英文题名]A Study on Scientific Data Competence of Researchers in Data-intensive Scientific Research Paradigm

[论文作者]迟玉琢

[指导老师]王延飞

[学位授予单位]北京大学

[内容摘要]论文围绕“科研人员科学数据能力”这一核心议题，主要开展以下研究：一、系统梳理国内外科学数据能力相关研究成果。二、以已有研究成果为基础，梳理科研人员科学数据能力概念的基本框架，并发展为扩展框架。三、以扩展框架为基础，采用扎根理论构建科研人员科学数据能力解析模型。 四、以工程类科研人员为研究样本，根据构建的解析模型，提出工程类科研人员的科学数据能力研究假设。五、根据研究假设设计调查问卷，通过获得的数据，验证工程类科研人员科学数据能力的关键关联要素。 六、提出提升工程类科研人员科学数据能力的建议。论文的主要结论有：一、科学数据能力具体表现为在科研活动过程中根据数据需求来获取、处理、分析、保管、交流科学数据、解决科研问题的一系列行为。二、工程类科研人员的科学数据能力的关键关联要素有：情境因素中的投入时间、工作年限、所在机构；环境因素中的数据资源、仪器设备、科研资金、学术交流、人际关系、科研评价、数据规范；个人因素中的自学培训、学历教育、数据意识、数据知识和数据技能；数据效用因素中的个人发展、科研理想。三、提升工程类科研人员的科学数据能力

可通过管理层面引导、服务层面推进和科研人员发挥自身主观能动性等方式。

[中文题名]高校图书馆员版权素养研究

[英文题名]A Study on the Copyright Literacy of University Librarians

[论文作者]董舞艺

[指导老师]刘兹恒

[学位授予单位]北京大学

[内容摘要]论文将重点放在版权制度变迁背后的社会、文化等因素上，探究和理解我国版权法的行为主体之一高校图书馆员版权素养问题的文化意蕴和内涵，并从制度、文化、机构、教育等多方面对提升我国图书馆员版权素养给出相关建议。首先，通过纵、横两个方向的历史比较，对比西方国家版权制度及版权文化与我国版权制度及版权文化的特点，从历史文化角度论证版权文化与版权素养间的逻辑关系，强调版权素养的提升应该制度与文化并重。其次，从理论角度，讨论高校图书馆员的版权素养。再次，从实践角度论述高校图书馆员版权素养的体现。通过分析图书馆业务流程中的版权风险，探讨高校图书馆员在图书馆信息资源建设、信息资源服务及用户教育中所具备的版权知识和版权应用技能。在考察高校图书馆对版权人才需求的特点及要求后，指出当前图书馆学教育中版权教育存在的问题，为我国图书馆学教育变革提供思路。最后，针对我国高校图书馆员版权素养现状，从版权制度完善、版权文化构建、图书馆管理、图书馆学专业教育等方面提出建议。

[中文题名]企业开放式创新及知识转化影响要素研究

[英文题名]Research on Enterprise Open Innovation and Its Knowledge Transfer Influential Factors

[论文作者]李爱新

[指导老师]赖茂生

[学位授予单位]北京大学

[内容摘要]论文旨在研究企业在产品研究与开发中采用开放式创新实践的影响要素，为企业和指导客户开放式创新转型的咨询同行提供一个较为全面的框架，充实开放式创新的理论与实践，帮助企业成功实施开放式创新，并不断提升创新能力。首先，通过案例分析总结出典型的采用开放式创新案例企业在实施开放式创新过程中的影响要素；其次，在案例分析基础上，结合理论研究构建基于过程的全开放式创新及知识转化模型，目的是应用知识转化作为中介，通过文献调研探究在开放式创新中影响知识转化的要素，并对这些要素对开放式创新的影响提出假设；再次，结合传统四要素与知识转化要素，构建出企业开放式创新影响要素初始模型，并在此基础上通过专家访谈进一步完善初始模型；最后，通过网络问卷调查的方式，获得对影响开放式创新因素的重要度认知，分析各要素的重要性以及人群差异对要素认知的影响，并优化要素模型。最终的模型是以业务战略为核心，在组织架构、流程/机制、信息技术之外增加价值主张、员工技能、绩效指标、企业文化等内部因素，以及由生态环境和外部主体两个外部因素共同构成的企业开放式创新要素模型。

[中文题名]日本公共图书馆思想的形成与发展

[英文题名]The Formation and Development of Japanese Public Library Thoughts

[论文作者]李易宁

[指导老师]王子舟

[学位授予单位]北京大学

[内容摘要]论文希望通过梳理日本公共图书馆思想从传入到发展成熟的过程，进而展开对各阶段主导思想的主观表述、社会影响因素和思想在客观世界的表象这三个方面的探讨。论文以日本公共图书馆思想形成过程为主要研究对象，以日本公共图书馆思想的传入、本土化思想的形成以至成熟的发展过程作为主线，探讨源自社会的客观约束力对公共图书馆思想的制约作用，及其约束下形成的非理性的思想表象。通过对思想源头的呈现、对客观约束力以及客观约束力影响之下思想表象的分析与比较，对公共图书馆思想的形成与发展脉络进行深入研究。其次，以日本公共图书馆思想的发展与其近代社会的发展之间的关系为切入点，探讨不同时期公共图书馆的公共属性的变化，以公共哲学的公、共、私三元论为依据，对公共图书馆的公共属性的含义进行剖析，并与公共主体的概念相结合，从而厘清日本公共图书馆思想的发展脉络。

[中文题名]香港高校图书馆馆舍空间发展研究

[英文题名]A Study on the Library Space Development of University Libraries in Hong Kong

[论文作者]刘丽芝

[指导老师]吴慰慈

[学位授予单位]北京大学

[内容摘要]论文从图书馆学角度研究香港高校图书馆馆舍发展的历史背景、馆藏空间、近十年的空间重组目标和状况，并探讨因空间变化而出现的新服务模式。香港高校图书馆馆舍发展可归纳为三个主要时期：第一段是 20 世纪 60—90 年代的初创期，这是香港高校图书馆建馆高峰期，馆舍空间的功能以馆藏为主，主要为满足大学对教学研究资源的需求，用作学习与教学功能的空间较为有限。第二段时期始于 90 年代末期，网络电子信息的普及带来局部性小规模的空间改动，馆舍增添电脑区或信息共享空间，馆舍的重心仍然围绕实体馆藏，馆藏空间短缺问题没有得到真正解决。第三段时期由香港高等教育改革驱动，约为 2007—2016 年，是论文研究的重点，这期间馆舍空间出现较大变化。在第三阶段，香港地区 8 所重点高校图书馆的空间建设或重组都明显呈现出由“以馆藏为中心”到“以学习为中心”的转变。具体表现为：学习或公共空间扩大；数字资源战略扩展达到效果，实体馆藏增幅变缓；馆舍空间重组呈现出馆藏空间缩减、馆舍功能转型、增设社交及协作空间、重视研究生的空间需求、24 小时开放、拓展特色馆藏空间、数字媒体制作空间等趋势，近几年又出现了创客空间和支持数字学术的空间。此外，论文还以个案研究方式深入探讨其中一所研究型图书馆的馆舍空间建设理念、社交学习空间利用情况、支持学习与研究的架构体系。

[中文题名]卡尔·黑斯廷斯·米兰研究

[英文题名]The Research on Carl Hastings Milam

[论文作者]左平熙

[指导老师]吴慰慈

[学位授予单位]北京大学

[内容摘要]卡尔·黑斯廷斯·米兰是美国图书馆协会历史上执任时间最长的秘书。从 1920 年到 1948 年，他在任期间美国图书馆协会迅速发展扩大，国内外影响力逐步增强。20 世纪 20—40 年代，美国经历了 20 年代的喧嚣、30 年代的大萧条和 40 年代的第二次世界大战。这一系列重大事件深刻地影响着美国公共图书馆界和美国图书馆协会的发展。米兰作为协会的领导者带领协会克服困难，在复杂的国内外形势下谋求协会发展的计划。论文主要研究内容为：第一章主要阐述研究缘起、意义、方法、难点等，并梳理国内外有关研究情况。第二章介绍米兰的生平。第三章阐述米兰和美国图书馆协会的关系。论述米兰执任美国图书馆协会长达 28 年的主要成就。第四章通过美国图书馆协会开展的国际文化交流与合作项目，分析米兰把图书馆作为文化交流使者这一观念。第五章论述米兰与美国基金会的关系，并分析美国基金会对美国公共图书馆发展的重要作用。第六章着重阐述米兰和联邦政府的关系，分析米兰寻求联邦政府资助的时代背景和具体实践。第七章总结米兰对美国图书馆协会和美国图书馆事业的贡献，并分析米兰作为美国图书馆协会发展黄金时代的领袖代表人物所具有的卓越的领袖特质。第八章为结语。论文主要的成果是：通过对米兰的研究，包括分析他所处年代的特殊背景、他所任职的组织的发展历史、他所开展的众多活动，以及和他联系的相关人物，得出米兰取得杰出成就的主观和客观原因，以及他所具有的领导力特质，为中国图书馆事业发展带来启迪。

[中文题名]政府信息公开视角下的政务双微比较研究

[英文题名]A Comparative Study of Government's Microblog and WeChat from the Perspective of Government Information Publicity

[论文作者]肖博

[指导老师]段尧清

[学位授予单位]华中师范大学

[内容摘要]论文根据政府信息公开的各要素搭建分析框架，从信息公开模式、信息公开内容和信息公开效果三个方面展开两者的比较研究。首先，在信息公开模式的研究中，分别对政务双微（政务微博和政务微信）信息公开主体、公开渠道、公开受众、公开方式进行比较，总结政务双微信息公开模式的差异。其次，在信息公开内

容的研究中，以政务双微发布的信息作为研究对象，分别从表现形式、内容主题和情感倾向三个维度对采集的信息样本做深入研究，并进行跨平台、跨部门的比较。在信息公开效果评价的研究中，突破政务双微平台的限制，围绕传播力、引导力构建政务双微信息公开效果评价指标体系，利用层次分析法和灰色关联法比较评价同时开通政务双微的政府部门，为综合评价政务双微的信息公开效果提供参考。论文根据已有研究，指出政务双微在建设和运营方面存在的问题，并从规范厘清政务双微关系、规范政务双微管理、开放政务双微数据和建立政务双微联动等四个方面提出改善政务双微发展的建议。

[中文题名]基于潜在主题的交叉学科知识组合与知识传播研究

[英文题名]Research on Knowledge Combination and Knowledge Dissemination in Cross-discipline Based on Latent Topics

[论文作者]商宪丽

[指导老师]王学东

[学位授予单位]华中师范大学

[内容摘要]论文将从交叉学科研究文献内容中识别出潜在的研究主题，以主题为视角，通过挖掘主题间的联系，揭示交叉学科中知识组合和知识传播的结构与规律，以窥探交叉学科的运行规律。论文以主题为切入视角，剖析交叉学科中的知识组合和知识传播结构，主要内容为：第一章，阐明研究背景与选题意义，分析国内外研究现状；第二章，整理相关基础理论，并对主题模型理论和方法进行系统梳理；第三章，提出整合交叉学科和基础学科研究文献的集成数据集的交叉学科主题识别方法；第四、五章，通过构建和分析交叉学科主题共现网络，提出交叉学科的主题共现关系是交叉学科知识创新过程中知识组合的体现；第六章，在主题引用网络基础上研究交叉学科中跨学科知识传播结构。论文选择数字图书馆这一较为成熟的交叉学科作为示例学科，并进行实证研究。研究发现，LDA 主题模型能够较好地识别出数字图书馆学科中的潜在主题。论文以主题为观察粒度，采用主题共现网络、学科—对象—方法主题网络和主题引用网络分析组成的交叉学科知识组合与知识传播分析框架，能够从细粒度上观察数字图书馆学科中的知识组合关系、识别知识组合模式和剖析知识传播结构。

[中文题名]中英教育模式对中学生个人信息世界的影响研究

[英文题名]Impact Study of Chinese and UK's Educational Patterns to Middle and High School Students' Information Worlds of Individuals

[论文作者]于斌斌

[指导老师]于良芝

[学位授予单位]南开大学

[内容摘要]图书馆情报学很早就开始研究学生这一群体的信息行为和信息素养状况。但现有研究未能全面考察不同教育模式下学生作为信息主体的综合特征，也未能明确教育模式对学生信息主体特征的影响及作用机制，为此，论文对这一领域开展研究。研究内容主要包含两个方面：一、以个人信息世界概念为工具，测度不同教育模式下，学生作为信息主体的综合差异是否显著以及差异的具体表现；二、探索教育模式作用于学生个人信息世界的机制。研究以中国和英国作为两种教育模式的代表，共向两国中学生发放问卷 2973 份。通过独立样本 t 检验及相关性分析和回归分析，研究显示，两国学生个人信息世界存在显著差异，他们在个人信息世界的可及信息源、可获取信息源、智识边界、目的性信息实践等构成维度上得分明显更高。因此，教育模式这一变量能够直接解释个人信息世界的变异量。此外，通过对中英样本的单独考察发现，教育模式能够显著解释批判思维和好奇心的变异量，而这两者又能显著解释个人信息世界的变异量，因此教育模式不仅能直接影响学生的个人信息世界，还会通过批判思维和好奇心产生影响。研究发现的中英两国中学生个人信息世界存在显著差异这一结果，丰富了“教育模式对学生作为信息主体存在影响”的相关理论，弥补了仅从信息行为和信息素养观测学生的不全面，将培养富裕的信息主体纳入教育应该考虑的目标。

[中文题名]基于个人信息世界情境的农村居民信息搜寻行为研究

[英文题名]Research on Information Seeking Behavior of Rural Residents Based on Their Individual Information World Context

[论文作者]李亚设

[指导老师]于良芝

[学位授予单位]南开大学

[内容摘要]论文将个人信息世界作为考察信息搜寻发生的情境要素，考察不同富裕程度的个人信息世界如何作用于个人为解决具体问题而发生信息搜寻行为，以揭示社会角色及生活情境相同、但信息贫富有别的个体，在面对具体问题时表现出的信息搜寻行为特征差异。研究基于个人信息世界得分将研究样本中的农村居民分为信息相对富裕组和相对贫困组，通过对具体情形下信息搜寻行为的分析，考察两组居民有何不同。研究借鉴 Savolainen 提出的信息搜寻行为过程模型，采用田野调查方法，综合问卷调查、深度访谈和参与式观察等收集数据。研究以黑龙江省某镇 52 位农村居民为样本。研究显示，信息相对富裕组居民的信息需求意识较强，对问题的感知属于问题驱动型感知；解决问题的态度更加乐观；面对具体情形时，利用的信息源种类和数量更丰富，包括电子资源、印刷资源和人力资源等。而信息相对贫困组居民的信息需求意识薄弱，对问题的感知不强，属于问题压迫型感知；在表述时易用情绪化的语言，解决问题的态度比较悲观；在面对具体问题时，利用的信息源种类贫乏，以人力资源为主。通过对比发现，个人信息世界中的智识维度、信息源维度和空间维度都会对信息搜寻行为有影响。研究的结论可以为致力于改善农村居民信息贫困状态的公共机构提供指导和借鉴，以便他们根据人们的智识维度、空间维度和信息源维度特征，提供更有针对性的帮助，提高他们通过搜寻相关信息解决问题的能力。

[中文题名]图书馆的数字人文实现模式研究

[英文题名]Research on the Realization Mode of Digital Humanity in Library

[论文作者]宫平

[指导老师]柯平

[学位授予单位]南开大学

[内容摘要]论文深入探究图书馆数字人文涉及的一些基本理论问题，并通过网络调查与实证探索，构建图书馆数字人文的实现模式。在此基础上，基于现实基础与发展趋势，提出我国图书馆的数字人文实现策略。研究的主要成果为：第一，辨析图书馆与数字人文的关系。通过对数字人文内涵与研究的演化分析，从知识演化路径、实践领域与理论层面深度剖析两者间的关系。对数字图书馆和数字人文进行关联与差异分析，以此解答图书馆为什么参与数字人文，界定图书馆数字人文实现模式要解决的问题。第二，基于图书馆角色定位构建图书馆的数字人文实现模式，即支持辅助模式、参与合作模式与主导模式，为未来图书馆开展数字人文相关研究提供参考模型。第三，着眼于我国图书馆的现实基础与数字人文整体的发展趋势，提出我国图书馆的数字人文实现策略。一方面从理念、政策等方面营造数字人文大环境，为有效推进图书馆行业更好地融入其中提供参考。另一方面，在图书馆的角色转换、资源组织、技术应用、人员培育与运行管理等方面提出可操作的建议，为图书馆适应数字人文的发展需求进行创新与改变提供行动指南。

[中文题名]以事件为中心的网络舆情演化研究

[英文题名]Study on the Evolution of Event-Centered Online Public Opinion

[论文作者]翟羽佳

[指导老师]王芳

[学位授予单位]南开大学

[内容摘要]论文首先以议程设置理论为指导，以文本挖掘方法为基础，建立以事件为中心的网络舆情分析框架。然后，深入网络舆情的事件层、话题层以及观点层，通过实证案例分别探索不同层次各自的演化过程。最后，从议题和特征两个层面研究以事件层为代表的媒体议程与以话题层和观点层为代表的公共议程之间的互动关系。研究的主要结论为：一、事件情节互动结构提取的方法能清晰展现完整的事件脉络，帮助网络参与者和政策制定者理解和把握事件报道的发展。同时，事件情节的演化过程呈伞状结构，情节之间会彼此抢夺媒体的关注焦点。最后，新闻媒体会通过重复报道来加强公众对于某些子事件的认知，但新闻媒体平台间并不存在议程争夺的现象。二、从子话题的内容上来看，大多数微博关注的是对事件进展的讨论，而且充满人文关怀，从关键词变化来看，政府对事件的积极回应能极大缓解舆情恶化。三、“疑惑”“关注”和“诋毁”往往是公共安全事件舆情中常常存在并占据主导地位的情感。四、媒体议程影响了公共

议程的议题，而公共议程则影响着媒体议程的议题特征。

[中文题名]面向食品安全管理的风险信息元素抽取研究

[英文题名]Study on Risk Information Elements Extraction for Food Safety Management

[论文作者]陈锋

[指导老师]王芳

[学位授予单位]南开大学

[内容摘要]论文以食品质量安全风险管理为研究对象，旨在为风险管理提供信息分析的视角，揭示风险信息的主要元素，探索有效的数据采集和信息抽取方法，辅助风险管理决策。研究采用理论演绎法、访谈法、问卷法等，对风险信息进行定义和规范化描述，揭示其主要元素，说明不同类别风险信息的特征和交互关系。同时参考开放数据的标准考察互联网信息资源的特征，构建词表，采集社交媒体等互联网数据，使用自然语言处理方法探讨信息元素的抽取策略。在此过程中，通过数据观察和对比实验实现对信息元素抽取方法的优化。研究的主要结论为：一、不同风险信息在内容、来源、更新、性质等方面有差异，因此风险信息应区分为静态风险信息和动态风险信息。二、互联网中与食品安全有关的风险信息资源具有内容丰富、可检索、可获取、更新及时的特征，但数据结构多样，信息可信度差异大，有效信息密度低和信息冗余度高。搜索词表加网络爬虫的方法可以实现风险信息的数据采集。实验建立一个包含 10 万条目的词表和 8 万条微博的食品安全风险信息实验语料库。三、依存语义角色模板加筛选的方法可以一次性从微博文本中抽取动态风险信息的主要元素，查全率为 70.77%。使用基于字符表征和依存语义角色相似的微博融合方法加以改进后，可以将准确率提高到 67.63%，而查全率无显著下降。

[中文题名]在线健康社区用户参与行为的案例研究

[英文题名]A Case Study of Users' Participation in Online Healthy Community

[论文作者]张鑫

[指导老师]王芳

[学位授予单位]南开大学

[内容摘要]论文以百度乳腺吧为案例，研究在线健康社区用户参与行为的相关理论要素及作用机理。首先，研究对乳腺吧社区案例进行统计分析，发现社区用户参与行为的数量及参与用户的增长趋势较为明显；参与用户群体的流动性较强；人数相对较少的高度活跃群体贡献大部分内容。其次，研究抽取乳腺吧社区中 1000 条主题帖以及与之相对应的回复帖，并对其进行内容分析，归纳出在线健康社区用户的五大类参与行为。再次，研究对 43 名用户进行深度访谈和定性分析，从参与动机、过程、结果等方面阐明在线健康社区用户参与行为的理论要素，在此基础上，构建参与行为模型。研究发现：用户的参与动机表现为受外部情境和内部状态刺激而产生的一系列参与需求；用户参与过程主要包括弥补不确定性、巩固自我图式、解构复杂性等认知意义建构，以及自我中心、同类心理等心理作用；用户参与结果主要表现为满足基本信息需求、获得整体认识、指导现实决策和加强情境把控等认知支持，以及减轻悲伤感、排遣无助感、缓解孤独感、建立认同感和重获正常感等心理支持。最后，论文依据对百度乳腺吧及用户参与行为模型的分析，梳理在线健康社区存在的问题，并从管理层、功能层和信息层三个方面提出对策和建议。

[中文题名]基于服务内容的科学数据服务用户满意度研究

[英文题名]Study on Users' Satisfaction of Research Data Service Based on the Contents of Service

[论文作者]黄鑫

[指导老师]邓仲华

[学位授予单位]武汉大学

[内容摘要]论文以欧美多个著名科学数据服务机构为调查对象，从服务内容角度构建科学数据服务用户满意度测量指标体系。使用结构方程模型分析方法和 KANO 用户满意度分析方法从服务内容角度对科研用户服务满意度进行实证研究。研究的主要内容为：第一章阐明研究背景、目标、意义、内容及方法。第二章概述科学数据管理理论，描述 ACSI 客户满意度模型和 KANO 用户满意度模型理论。第三章从服务内容角度使用多层指标调查与分析多个国外著名科学数据服

务机构的服务建设现状，包括科学数据介绍服务、导航服务、获取服务等九个方面，并构建基于服务内容的科学数据服务用户满意度测量指标体系。第四章进行基于服务内容的科学数据服务用户满意度影响因素研究，假设并验证基于服务内容的科学数据服务用户满意度影响因素模型。第五章将九类科学数据服务内容划分为 24 个子服务内容，使用 KANO 模型分析法，研究子服务内容对科学数据服务用户满意度的影响。第六章从科学数据的获取、服务、存储、咨询、引用等服务类型的建设方面探讨对我国科学数据服务建设的启示。第七章为总结与展望。

[中文题名]科学数据元数据互操作研究——以地球科学领域为例

[英文题名]Research on Metadata Interoperability of Scientific Data ——Take the Earth Sciences for Example

[论文作者]贾欢

[指导老师]司莉

[学位授予单位]武汉大学

[内容摘要]论文选取地球科学相关领域的科学数据元数据标准，研究元数据之间的互操作方法，以为其他领域科学数据元数据互操作的实现提供借鉴。研究的具体内容如下：绪论介绍研究背景及意义，梳理了国内外研究现状，明确研究目标、内容及方法。第 1 章阐述科学数据、元数据互操作等相关概念，探讨支撑元数据互操作的理论。第 2 章分析科学数据元数据互操作的必要性及可行性。第 3 章建立元数据互操作方法的框架及层次，将层次划分为语义、语法与结构、协议，并分析每个层面及其适用性，探讨元数据互操作在科学数据中的应用。第 4 章对地球科学科学数据相关领域的元数据标准进行选取，并选择合适的方法，实现元数据之间的互操作。第 5 章选取包含国家环境信息中心海洋地质数据等在内的 9 种地球科学相关领域科学数据平台使用的元数据标准，从元数据元素的数量、元数据的层级、元数据的内容以及元数据元素语义详细程度 4 个方面对其进行比较。第 6 章实现上述 9 种科学数据元数据互操作的本体构建。第 7 章为结语。研究的结论主要有：元数据互操作方法适用于科学数据领域；使用本体能更好地实现科学数据元数据之间的语义互操作。

[中文题名]我国高校科研数据机构库联盟的建设模式研究

[英文题名]Research on the Construction Model of Consortium of Institutional Data Repositories among Universities in China

[论文作者]庄晓喆

[指导老师]司莉

[学位授予单位]武汉大学

[内容摘要]论文旨在通过对我国高校科研数据机构知识库联盟建设面临的机遇和挑战的梳理，以及对国外机构库联盟与数据联盟建设经验的总结，分析比较科研数据机构库联盟可采取的几种建设模式，探讨其特点及适用情境，并提出相应的落实措施；探讨特定学科领域的科研数据机构库联盟在我国高校的建设模式与策略，促进机构知识库联盟以及高校科研数据管理与共享的发展。论文的主要内容如下：绪论部分阐明研究背景和意义，梳理国内外研究情况，介绍研究目标、内容和方法。第 1 章探讨信息生态等理论对科研数据机构库联盟建设的指导作用，并对科研数据等概念进行辨析。第 2 章分析我国高校科研数据机构库联盟建设的必要性与可行性。第 3 章通过问卷调查和专家访谈开展我国高校科研数据机构库联盟建设需求调查。第 4 章高校科研数据机构库联盟建设模式的构建与选择，提出联盟建设模式的组成要素，即数据资源、机构成员、管理机制和系统平台；提出构建联盟建设模式的整体性原则、协调性原则、因地制宜原则和服务导向原则。随后分析集中式、分布式和混合式三种建设模式的优劣。第 5 章从标准规范体系建设等方面，探讨采用不同的建设模式时宜采取的策略。第 6 章以社会科学为例，研究我国高校科研数据机构库联盟建设的构想。第 7 章为结语。

[中文题名]斯里兰卡大学图书馆利用社交媒体工具的适应性

[英文题名]The Adaptation of Social Media for Marketing of University Libraries in Sri Lanka

[论文作者]王雯娜（Wathsala Veenadari Athukorala）

[指导老师]陈传夫

[学位授予单位]武汉大学

[内容摘要]论文旨在调查大学图书馆学者利用社会媒体工具的适应性，以将研究成果运用于

斯里兰卡大学图书馆营销。研究的主要内容为：第一章介绍研究背景、目的，并对一些主要概念进行界定。第二章阐述研究的理论背景，并梳理国内外有关研究情况。第三章介绍研究设计和方法。与多数社交媒体营销研究不同，研究采用应用调查方法。第四至七章为数据分析。其中，第四章分析图书馆员使用社交媒体进行营销的激励因素。第五章分析社交媒体在图书馆市场营销中的实用性。第六章基于社交媒体为图书馆用户提供的服务，探讨图书馆社交媒体的营销。第七章分析社交媒体给图书馆专业人士带来的挑战，网速慢、社交媒体政策缺乏、隐私问题和信息保密等问题是斯里兰卡高校图书馆使用社交媒体平台的主要障碍。第八章在上述研究基础上，提出在斯里兰卡大学图书馆利用社交媒体进行市场营销的用户—图书馆员合作模型。第九章为结论和展望。

[中文题名]我国政府数据开放的用户需求及其保障策略研究

[英文题名]A Study on the User's Needs and Ensuring Strategies for Open Government Data in China

[论文作者]李白杨

[指导老师]黄如花

[学位授予单位]武汉大学

[内容摘要]论文主要聚焦于我国政府数据开放的用户需求及其保障策略，围绕三方面展开：一、我国政府数据开放的用户群体、用户需求及用户需求特点有哪些；二、调查我国政府数据开放的供给现状与障碍；三、提出我国政府数据开放用户需求的保障策略。论文的具体内容为：引言部分介绍研究背景、意义，阐释相关概念并界定研究范围。第1章整理分析国内外与政府数据开放相关的论文、研究报告、政策法规等。第2章进行用户需求模型的构建与研究假设。第3章介绍研究的问卷调查与数据处理情况。第4章分析用户需求，通过数据分析首先得出用户对政府数据开放的认知情况；其次，分别利用KANO模型和变量因素，量化分析用户需求的层次化特点和差异化特点；最后，利用数据分析的结果验证研究假设。第5章对我国政府数据开放的供给现状进行调查统计和研究，并对照用户需求，分析我国政府数据开放的供给障碍，包括数据来源、数据共享等五方面。第6章探讨我国政府数据开放用户需求的保障策略，包括政策保障、标准规范保障、平台建设保障等方面。第7章为总结与展望。

（国家图书馆　杨凡整理）

2017 年部分院校图书馆学情报学硕士学位论文目录

题目	作者	学校	导师	学科专业
基于社会化网络的知识联盟的知识协同机制研究——借鉴欧洲创新型联盟的经验	汤晓珊	安徽大学	储节旺	情报学
开放创新背景下高校新型智库协同建设研究	李　安	安徽大学	储节旺	情报学
社会化网络、知识协同和开放式创新绩效的关系研究	张　静	安徽大学	储节旺	情报学
合肥市基层公共图书馆公共文化服务现状调查与研究	徐从平	安徽大学	陆和建	图书馆学
合肥市社会力量参与公共图书馆服务供给研究	李　杨	安徽大学	陆和建	图书馆学
我国公共图书馆法人治理结构研究	吴　凡	安徽大学	陆和建	图书馆学
商务智能(BI)用户的行为影响因素研究	田　安	安徽大学	罗　艳	情报学
心理距离对知识型员工知识共享意愿的影响研究	聂天奇	安徽大学	肖志雄	情报学
信息生态环境对员工创新行为的影响研究——以科技型小微企业为例	蔡金秋	安徽大学	肖志雄	情报学
健康信息网站初始信任的形成机理研究	杨　敏	安徽大学	谢阳群	情报学
学术虚拟社区中网络学术信息可信度影响因素分析	王　倩	安徽大学	谢阳群	情报学
自媒体用户信息内容消费意愿影响因素研究	王赟芝	安徽大学	谢阳群	情报学
大学生持续使用移动购物平台意愿的影响因素研究	贾鹏飞	安徽大学	周　瑛	情报学
基于竞争情报的O2O模式企业竞争力评价体系研究——以美团网为例	丁俊飞	安徽大学	周　瑛	情报学
社会化问答平台用户持续使用意愿影响因素研究——基于使用与满足理论	胡守伟	安徽大学	周　瑛	情报学
基于英文科技论文结构的文本聚类效果研究	姜庆远	北京大学	李广建	情报学
温州“城市书房”研究	杨　珊	北京大学	李国新	图书馆学
搜索前后用户知识变化及学习产出影响因素研究——以医疗健康搜索为例	宋筱璇	北京大学	刘　畅	情报学
协作与独立模式的信息搜索比较及协作搜索交流内容与模式的探索研究	张　璐	北京大学	刘　畅	情报学
科学数据开放出版质量控制研究	涂志芳	北京大学	刘兹恒	图书馆学
国际大都市创新评价指标体系构建及应用研究	赵域航	北京大学	申　静	情报学
管理咨询业的创新组织模式研究	云梦妍	北京大学	申　静	情报学
海洋技术领域的专利计量与知识图谱研究	孙　静	北京大学	王继民	情报学
政务微博影响力评价指标体系的构建与实证研究	郭　鑫	北京大学	王继民	情报学
电商生态视角下的用户网购体验影响因素研究	李振淼	北京大学	王　军	情报学
中国普通高校大学生上网偏好研究	林子婕	北京大学	王　军	情报学
跨境电商竞争情报保障的研究模式探索	刘芝玮	北京大学	王延飞	情报学
互联网金融研究领域的知识图谱分析	王林武	北京大学	王益明	情报学
聊天表情辅助网络交流模式理论研究	金　玮	北京大学	王益明	情报学
从知识增长看中国图书馆学“生长度”(2000—2015)	王申罡	北京大学	王子舟	图书馆学

续表

题目	作者	学校	导师	学科专业
中国图书馆学研究对象认知史研究(1949—2016)	张晓芳	北京大学	王子舟	图书馆学
P2P网络借贷中的个人信用评估研究	赵炳容	北京大学	徐　扬	情报学
个人网络捐赠行为影响因素研究	刘丹丹	北京大学	徐　扬	情报学
社会化问答社区中的知识分享研究	沈宇飞	北京大学	徐　扬	情报学
公共图书馆整体服务外包中的政府责任体系研究	李宇佳	北京大学	张广钦	图书馆学
我国公共文化服务督导制度研究	张申扬	北京大学	张广钦	图书馆学
高校图书馆创客空间的实践研究及启示	钱　欣	北京大学	张久珍	图书馆学
高校图书馆入馆教育研究	程珊珊	北京大学	张久珍	图书馆学
小学生信息素养与学科课程整合教学研究	尉　鑫	北京大学	张久珍	图书馆学
学习小组协作中的用户协作角色研究	王　哲	北京大学	张鹏翼	图书馆学
移动购物用户信息获取行为及对购买的影响研究——基于美丽说APP用户日志的分析	周　翔	北京大学	张鹏翼	图书馆学
MOOC平台付费认证策略下学习者学习行为分析	赵　薇	北京大学	赵丹群	情报学
购买决策视角下的电商用户类型研究	张瑾贤	北京大学	赵丹群	情报学
政府信息公开中的个人信息分级保护策略研究	王琪斯	北京大学	周庆山	情报学
基于社会网络分析的医学领域主题演化探测研究	宫小翠	北京协和医学院	安新颖	情报学
我国社会办医发展环境的优化措施研究	魏晓瑶	北京协和医学院	池　慧	情报学
健康医疗可穿戴设备数据安全与隐私保护问题研究	何晓琳	北京协和医学院	钱　庆、吴思竹	情报学
生态系统视角下健康医疗可穿戴设备数据标准体系框架研究	张　泽	北京协和医学院	钱　庆、吴思竹	情报学
基于医学生信息素养新内涵的MOOC课程设计研究	陆春吉	北京协和医学院	任慧玲	情报学
基于资源建设的开放获取期刊评价研究	陈艳佳	北京协和医学院	任慧玲	情报学
社交媒体在图书馆服务中的应用现状及对策研究	王小康	东北师范大学	王翠萍	图书馆学
我国公共图书馆创客空间构建与发展策略研究	凌　群	福建师范大学	洪秋兰	情报学
福建省生物医药产业竞争情报供给主体服务研究	林珊珊	福建师范大学	孟雪梅	情报学
高校图书馆重点学科信息资源优化配置策略研究——以福建师范大学中国现当代文学为例	刘月惠	福建师范大学	孟雪梅	图书馆学
移动O2O用户信息需求与行为倾向研究	赵曼琳	福建师范大学	孟雪梅	情报学
E-science环境下高校图书馆科学数据服务研究	毛玉容	福建师范大学	许春漫	图书馆学
政务信息资源应用性价值测度研究	庞进京	广西民族大学	罗贤春	情报学
粉笔公考在线教育平台的竞争环境及策略研究	帅梦晨	广西民族大学	麻新纯	情报学
基于中国—东盟博览会的竞争情报服务研究	李　曦	广西民族大学	麻新纯	图书馆学
情报学视域下的网站"第三方授权登录"安全研究	朱博昌	广西民族大学	欧阳剑	情报学
基于标准化和适应性的广西区图书馆智慧服务质量测度研究	张云开	广西民族大学	苏瑞竹	图书馆学
开放政府数据保障机制研究	张绍岩	河北大学	陈兰杰	图书馆学
英国开放政府数据政策研究	王晓宇	河北大学	陈兰杰	图书馆学
数字出版环境下图书馆的社会功能	齐文君	河北大学	金胜勇	图书馆学

续表

题目	作者	学校	导师	学科专业
新技术背景下图书馆空间发展研究	张亚娜	河北大学	任瑞娟	图书馆学
年轻母亲网络健康信息搜寻行为研究	马守军	河北大学	宛　玲	情报学
信息生态视角下微信用户信息共享行为影响因素研究	霍艳花	河北大学	宛　玲	情报学
基于行动者网络理论的京东演化过程研究	李龙霞	河北大学	杨秀丹	情报学
京津冀农产品信息资源协同配置机制研究	奚洋洋	河北大学	杨秀丹	情报学
面向精准医疗的信息服务问题及对策研究	王东雨	河北大学	宇文姝丽	情报学
裴松之《三国志注》的注释内容与方法研究	孙盟盟	河北大学	张社列	图书馆学
美国公共图书馆暑期阅读项目研究	周恩妮	河北大学	赵俊玲	情报学
美国公共图书馆阅读咨询服务发展研究	鲍玉静	河北大学	赵俊玲	情报学
黄逢元《补晋书艺文志》研究	李　奕	黑龙江大学	傅荣贤	图书馆学
基于心理学视角的我国儿童图书馆服务研究	何　欣	黑龙江大学	傅荣贤	图书馆学
我国高校图书馆参与生态文明建设的思考	魏　辉	黑龙江大学	贺延辉	图书馆学
基于用户信息行为的高校图书馆微信服务研究	牛　扬	黑龙江大学	黄丽霞	图书馆学
建国后我国图书馆政策的演变及其特征研究	赵　莹	黑龙江大学	蒋永福	图书馆学
英美国家图书馆立法中的社会包容理念比较研究	盖佳宁	黑龙江大学	蒋永福	图书馆学
中国古代文献秩序中的思想秩序建构机制研究	孟　越	黑龙江大学	蒋永福	图书馆学
产学研联盟知识转移影响因素的实证研究	孙　颖	黑龙江大学	刘春艳	情报学
基于用户评论数据挖掘的网商信用度实证研究	冯　畅	黑龙江大学	刘甲学	情报学
基于网络环境中个人数据的隐私安全影响因素研究	魏丹阳	黑龙江大学	马海群	情报学
我国政府数据开放的共享机制研究	江尚谦	黑龙江大学	马海群	情报学
大数据环境下我国企业信息安全影响因素研究	王雪涛	黑龙江大学	马小琪	情报学
面向可穿戴智能设备软件的信息服务模式研究	孙照轩	黑龙江大学	马小琪	情报学
微博用户信息管理的行为影响因素研究	赵　悦	黑龙江大学	马小琪	情报学
网络个人信息安全保护法研究	孟祥劼	黑龙江大学	牛晓宏	情报学
公共图书馆服务创新的理论与实践研究	徐童童	华东师范大学	段宇锋	情报学
我国公共图书馆婴幼儿服务研究	王巧丽	华东师范大学	范并思	情报学
大数据环境下管理咨询模式演变趋势研究	朱蓓琳	华东师范大学	侯经川	情报学
eBay Listing 的优化与分析	谢杰伟	华东师范大学	陆建平	情报学
开放存取环境下自然科学的科学基金影响力探究	于　霜	华东师范大学	许　鑫	情报学
网络社区知识服务的购买意愿研究	黄　彬	华东师范大学	袁　毅	情报学
多源引文复合研究：方法比较与分布规律	苏林伟	华东师范大学	赵　星	情报学
任务驱动下社会化问答平台的用户信息搜寻行为研究	王　佳	华中师范大学	曹高辉	情报学
社会化问答平台的用户兴趣识别研究	赵卫平	华中师范大学	曹高辉	情报学
基于政府信息多维特征的微信公众号点赞率影响因素实证分析	程宁静	华中师范大学	段尧清	情报学
湖北省县域电子商务产业园发展模式研究	陈怡辰	华中师范大学	桂学文	情报学
医疗物联网水平评价模型研究	王玉阳	华中师范大学	黎苑楚	情报学
集团型企业信息共享服务中心建设研究	王　娟	华中师范大学	李玉海	情报学
基于技术接受模型的移动支付使用意愿研究	贾筱筱	华中师范大学	娄策群	情报学

续表

题目	作者	学校	导师	学科专业
跨境电子商务信息流模型与效率研究	曾　丽	华中师范大学	娄策群	情报学
消费者隐私关注对其网购行为的影响研究	韩艳芳	华中师范大学	娄策群	情报学
基于专利分析的新能源汽车电池发展研究	程　凡	华中师范大学	谭春辉	情报学
基于专利产学研合作创新网络研究——以湖北省为例	王　吉	华中师范大学	王学东	情报学
基于专利和论文互引的科学——技术关联研究	叶梦竹	华中师范大学	王学东	情报学
基于微信的企业品牌建设与认知研究	张　菁	华中师范大学	王战平	情报学
在线社会网络环境下的企业危机管理研究	李仝牢	华中师范大学	王战平	情报学
基于布卢姆教育目标分类理论的信息素质教育游戏模型设计	李　雪	华中师范大学	吴建华	图书馆学
信息素质教育游戏地图分析与设计	徐越颖	华中师范大学	吴建华	图书馆学
信息素质教育游戏设计与开发方法	张　铮	华中师范大学	吴建华	图书馆学
文献计量常用软件比较研究	周超峰	华中师范大学	夏南强	图书馆学
湘西地方文献叙录	石伟丽	华中师范大学	夏南强	图书馆学
研究生学术阅读行为与需求分析	彭　倩	华中师范大学	夏南强	图书馆学
基于社会化问答平台的个人知识管理研究——以知乎为例	汤　欢	华中师范大学	熊回香	情报学
科研社交网站中的学者推荐研究	杨雪萍	华中师范大学	熊回香	情报学
社交网络中基于用户特征的专家推荐研究	倪　振	华中师范大学	熊回香	情报学
基于改进 ARIMA 模型的北京市教育行业发展态势分析	严奉云	华中师范大学	杨　安	情报学
基于时空数据分析的京津冀现代服务业协同发展策略研究	苗　红	华中师范大学	杨　安	情报学
社会化标签系统中基于多维社会网络的 Web 知识推送研究	马　彬	华中师范大学	易　明	情报学
数字图书馆知识链接影响机理研究	刘庆旭	吉林大学	毕　强	图书馆学
面向弱势群体的政府信息服务评价指标体系研究	关心惠	吉林大学	陈晓美	情报学
零售网站商品信息质量控制	于殿隆	吉林大学	窦平安	情报学
多媒体网络舆情危机监测指标体系构建研究	金　鑫	吉林大学	黄　微	情报学
网络舆情传播影响因子研究——基于微博意见领袖身份与事件相关度	韩瑞雪	吉林大学	黄　微	情报学
微博舆情信息老化测度研究	王洁晶	吉林大学	黄　微	情报学
在线评论有用性排序模型研究	翟　倩	吉林大学	李　贺	情报学
高校图书馆创客空间服务模式研究	梁文佳	吉林大学	刘　佳	图书馆学
公共移动图书馆个性化荐读服务模型构建	常馨月	吉林大学	马　捷	图书馆学
新媒体环境下科研团队信息共享的影响因素及模式研究	曹茹烨	吉林大学	王晰巍	情报学
公共图书馆少儿阅读推广服务模式研究	苑红梅	吉林大学	吴正荆	图书馆学
吉林省工业化和信息化深度融合的实现路径研究	夏丹阳	吉林大学	张海涛	情报学
吉林省信息化与工业化深度融合的发展模式研究	李佳逸	吉林大学	张海涛	情报学
我国汽车产业链协同发展的信息服务模式研究	李　爽	吉林大学	张向先	情报学
基于云服务平台的竞争情报服务联盟构建及运行机制研究	杨　冉	吉林大学	郑　荣	情报学
开放学术环境下的高校图书馆开放获取资源建设与共享研究——以东北地区高校为例	郭方圆	辽宁大学	范艳芬	图书馆学
辽宁地区高校图书馆阅读推广活动研究	赵　申	辽宁大学	张　羽	图书馆学

续表

题目	作者	学校	导师	学科专业
高校机构知识库微观政策研究	王红伟	辽宁大学	郑　伟	图书馆学
基于用户体验的公共图书馆人文环境研究	李至楠	南京大学	陈　雅	图书馆学
互联网消费信贷背景下的招商银行信用卡竞争态势及策略研究	陈　静	南京大学	沈固朝	情报学
面向安全领域的情报学课程探析	魏雅雯	南京大学	沈固朝	情报学
基于结构和内容的股权众筹网站群体分析与挖掘	周文宇	南京大学	孙建军	情报学
连锁董事网络对二元创新的影响研究	宋广宇	南京大学	孙建军	情报学
分类共现跨学科性的测度探讨与实证检验	唐继瑞	南京大学	叶　鹰	图书馆学
江苏省新型城镇化和信息化协调发展测度研究	朱　婕	南京大学	郑建明	图书馆学
投资者过度自信及其传导机制研究	吴秉灵	南京理工大学	岑咏华	情报学
基于社会网络分析的网络舆情潜在主题发现研究	龚思兰	南京理工大学	丁晟春	情报学
网络外部性下考虑用户行为的B2B平台投资决策建模与仿真研究	朱　莉	南京理工大学	李　莉	情报学
基于多维鲁棒数据质量分析模型的中文专利法律状态信息清洗研究	路　霞	南京理工大学	吴　鹏	情报学
突发事件应急响应中的微博意见领袖情感倾向性影响仿真研究	王佳敏	南京理工大学	吴　鹏	情报学
中英双语专利信息检索及主题聚类研究	陶志恒	南京理工大学	颜端武	情报学
在线社交网络中基于用户的知识组织模式研究	赵　华	南京理工大学	章成志	情报学
娱乐性移动Apps用户非持续使用行为影响机制研究	赵笑笑	南京理工大学	朱　鹏	情报学
任务类型、任务属性与网络用户图像搜索行为关系研究	赵梦菊	南开大学	李月琳	情报学
基于数据挖掘的"两化"融合与技术创新能力互动关系研究	刘嘉伟	青岛科技大学	柴丽俊	情报学
青岛经济—能源—环境(3E)协调发展评价研究	李　宁	青岛科技大学	雷仲敏	情报学
产业技术创新战略联盟隐性知识共享影响因素研究	陈建新	青岛科技大学	李文明	情报学
基于反竞争情报的专利信息保护研究——橡胶机械行业为例	田　祎	青岛科技大学	孙在东	情报学
基于主成分与神经网络的我国电商企业客户流失风险预警研究	傅莹莹	青岛科技大学	王文鹏	情报学
高校图书馆微信公众平台用户持续关注行为模型研究	杨　甜	曲阜师范大学	李秀霞	图书馆学
基于内容信息的中外图书情报学期刊互引关系对比研究	李婷婷	曲阜师范大学	李秀霞	图书馆学
中美高校URL引用网络结构特征对比研究	陈　微	曲阜师范大学	李秀霞	图书馆学
我国图书馆学研究生学位论文研究热点分析——基于共词聚类分析法	秦　凯	曲阜师范大学	马秀峰	图书馆学
中美高校图书馆数字参考咨询服务比较研究	贾双双	曲阜师范大学	马秀峰	图书馆学
高校图书馆艺术类学科服务研究	赵晓瑞	曲阜师范大学	王焕景	图书馆学
高校学生用户探索式搜索行为研究	单思远	曲阜师范大学	王焕景	图书馆学
中外图书馆学科服务比较研究——基于科学计量和网站调研的双重视角	孙兴敏	曲阜师范大学	王焕景	图书馆学
价值共创视角下图书馆信息资源建设的用户满意度研究	史乐乐	山东大学	张　辉	图书馆学

续表

题目	作者	学校	导师	学科专业
基于信息觅食理论的 SNS 搜索影响因素研究	王玉飞	山东科技大学	何明祥	情报学
基于加权动态兴趣度的微博推荐方法研究	李园艺	山东科技大学	路　燕	情报学
基于用户评价的企业竞争情报社会网络分析	徐　萌	山东科技大学	路　燕	情报学
企业竞争对手威胁力评估及预测	徐海宁	山东科技大学	孙忠林	情报学
高校网络舆情话题热度趋势预测研究	李　青	山东科技大学	徐建国	情报学
基于知识管理的企业竞争情报体系构建与评价研究	高遵升	山东科技大学	张福俊	情报学
基于知识图谱的国际海洋科学研究前沿与技术机会分析	于路云	山东科技大学	张福俊	情报学
基于众创背景下高校机构知识库信息保障与质量控制研究	毕　煜	山东理工大学	刘文云	情报学
我国政府数据开放保障机制研究	岳丽欣	山东理工大学	刘文云	情报学
餐饮类网络团购用户使用意愿研究	闫雅娟	山西财经大学	白才进	情报学
图书情报学期刊关于大数据高被引论文的研究	李燕林	山西财经大学	韩雅鸣	情报学
中国网络信息资源地域分布对地区经济发展影响研究	史婧红	山西财经大学	韩雅鸣	情报学
基于社会网络分析的自媒体时代舆情传播研究——以新浪微博为例	陈　媛	山西财经大学	贾　伟	情报学
农产品微信用户信息分享行为及营销策略研究	王　宇	山西财经大学	尚成国	情报学
农业观光旅游者个性化信息服务需求研究	赵丽佳	山西财经大学	尚成国	情报学
社会化问答网站用户采纳行为分析——以知乎为例	龙泽慧	山西财经大学	王　昌	情报学
搜索引擎服务质量与用户使用满意度关系研究——以“百度”为例	张慧芳	山西财经大学	王　红	情报学
竞争情报视角下的山西民营绘本馆研究	张　芳	山西财经大学	吴汉华	情报学
基于 Contourlet 变换的数字图书馆视频资源检索研究	张国标	山西财经大学	徐彤阳	情报学
基于生命周期模型的科技期刊起源数据语义管理	寇蕾蕾	山西大学	贾君枝	情报学
中文名称规范档与维基百科的资源整合研究	薛秋红	山西大学	贾君枝	情报学
基于信息生态学的危机管理信息保障研究	武　瀚	山西大学	裴成发	图书馆学
图书馆跨界服务研究	王　彤	山西大学	裴成发	图书馆学
基于社会化媒体的公共图书馆健康信息服务研究	任　煦	山西大学	石艳霞	图书馆学
个人数据保护与开发的多学科理论研究	杨　蕙	山西大学	相丽玲	情报学
网络经营者收集与传输个人数据行为的法律规范研究	王景辉	山西大学	相丽玲	情报学
移动环境下基于价值链的图书馆价值创造研究	刘晓琳	天津工业大学	董永梅	图书馆学
“互联网”背景下高校图书馆基于微信公众平台创新服务研究	张　喆	天津工业大学	韩海涛	图书馆学
我国高校图书馆战略执行力构成维度的探索性研究	王　蒙	天津工业大学	贾东琴	图书馆学
基于虚拟社区的科研人员信息需求研究——以小木虫论坛为例	宋仁君	天津工业大学	李秋实	图书馆学
研究生数字能力现状调查研究——以天津工业大学为例	张霄澜	天津工业大学	周凤飞	图书馆学
基于微信公众平台的高校图书馆阅读推广研究——以“985”高校图书馆为例	周　萌	天津工业大学	周秀会	图书馆学
高校机构知识库联盟 CALIS 建设探究——基于台湾 TAIR 与大陆 CALIS 比较视角	符敏华	天津师范大学	黄雪梅	图书馆学

续表

题目	作者	学校	导师	学科专业
档案网站用户持续使用意向影响因素实证研究	刘亚萌	天津师范大学	蒋　冠	情报学
民族地区市级公共图书馆老年用户信息服务提升策略研究——以内蒙古地区为例	王彦龙	天津师范大学	刘春茂	图书馆学
大数据交易中的产权问题研究	汤　琪	武汉大学	陈传夫	图书馆学
我国高校图书馆学术诚信教育研究	惠　澜	武汉大学	陈传夫	图书馆学
基于回归分析的网约车需求量影响因素研究	张　欣	武汉大学	邓仲华	情报学
数字图书馆互操作安全研究	夏莉丹	武汉大学	胡昌平	情报学
基于期刊科研数据政策的生物医学科研数据服务研究	叶文生	武汉大学	黄如花	图书馆学
武汉近代公共图书馆史研究(1840—1937)	陈　闯	武汉大学	黄如花	图书馆学
基于点击流数据分析的在线新闻偶遇行为影响因素研究	陈舜昌	武汉大学	姜婷婷	情报学
基于社交网络的“小众专家”识别及其群体稳定性研究	张　岩	武汉大学	李　纲	情报学
科研团队角色识别及其特征分析	柳明飞	武汉大学	李　纲	情报学
面向微博热点事件的舆情分析系统	徐　伟	武汉大学	李　纲	情报学
学术搜索过程中用户认知负荷变化——以中国知网的实证研究为例	杨　宇	武汉大学	刘　萍	情报学
基于眼动分析的文档内辅助阅读行为模式研究	汪艾莉	武汉大学	陆　泉	情报学
文本标记导航系统可用性影响因素研究	赵　琴	武汉大学	陆　泉	情报学
基于词汇功能的学术文献引文推荐研究	陈海华	武汉大学	陆　伟	情报学
学术文献中数据使用的自动识别——以计算机科学为例	张秋子	武汉大学	陆　伟	情报学
慢病本体的构建、重用模式——以高血压为例	刘千卉	武汉大学	马费成	情报学
大数据环境下高校图书馆知识服务模式研究	田　磊	武汉大学	邱均平	情报学
基于替代计量学的学术期刊影响力评价研究	翟莉莉	武汉大学	邱均平	情报学
基于异常检测的学科领域新兴主题识别研究	何文静	武汉大学	邱均平	情报学
世界一流智库网络影响力评价研究	刘　宁	武汉大学	邱均平	情报学
政策文件替代计量指标分布特征与形成过程研究	肖婷婷	武汉大学	邱均平	情报学
基于专利计量的专利布局研究	郭晓婉	武汉大学	冉从敬	图书馆学
基于专利计量的专利预警及实证研究	涂文艳	武汉大学	冉从敬	图书馆学
云音乐著作权侵权风险及其规避策略研究	李天才	武汉大学	冉从敬	图书馆学
高校科研数据机构库联盟构建影响因素研究	张孝天	武汉大学	司　莉	图书馆学
高校科研数据机构库联盟运行风险研究	封　洁	武汉大学	司　莉	图书馆学
阅读疗法对提升大学生心理资本的作用及其机制研究	潘秋玉	武汉大学	司　莉	图书馆学
图情领域学者的社会网络关系与学术关注点————基于微博和知网的比较分析	刘乙蓉	武汉大学	宋恩梅	情报学
社交网站心理依赖研究:基于社会性依附理论	詹刘寒	武汉大学	孙永强	情报学
一种融合新闻热度和读者态度的情感分析方法	叶晨孟	武汉大学	唐晓波	情报学
馆藏误置数据分析及启示——以澳门大学伍宜孙图书馆为例	古康年	武汉大学	吴　丹	图书馆学
基于用户满意度的高校图书馆数字资源可获取性评价研究	刘巧园	武汉大学	肖希明	图书馆学
企业参与公共数字文化服务的现状与对策研究	卢世晴	武汉大学	肖希明	图书馆学

续表

题目	作者	学校	导师	学科专业
基于系统动力学的企业价值链协同知识创新研究	罗　政	武汉大学	查先进	情报学
企业招聘微信公众号用户持续使用意愿影响因素研究	赵喜梅	武汉大学	查先进	情报学
在线知识问答用户付费意愿影响因素研究——以医疗健康问答为例	于　申	武汉大学	查先进	情报学
基于OA期刊的国际学术论文影响力评价研究	冯雪峰	武汉大学	赵蓉英	情报学
微博用户转发行为预测研究	陈　姝	西安电子科技大学	窦永香	情报学
基于社会化标签的图书馆书目推荐研究	李海英	西安电子科技大学	李恩科	图书馆学
基于主题模型的在线评论分析方法研究	胡云凤	西安电子科技大学	李　慧	情报学
基于ECM-IT的高校图书馆微信用户持续使用意愿影响因素研究	张莹莹	西安电子科技大学	刘成山	图书馆学
一种基于Hadoop的微博舆情监控系统模型研究	杨爱东	西安电子科技大学	刘东苏	情报学
基于语义相似度的中文文本分类研究	李晓军	西安电子科技大学	刘怀亮	情报学
基于知识元的文本资源语义空间研究	谢庆球	西安电子科技大学	秦春秀	情报学
微博舆情热点发现及趋势预测研究	胡　悦	西安电子科技大学	王亚民	情报学
基于用户信息行为的图书馆社交网络服务满意度评价研究	宋　歌	西北大学	杨九龙	图书馆学
我国图书馆馆配供应链的构建及其运行机制的研究	喻莉君	西北大学	杨玉麟	图书馆学
大学生日常生活信息查询中人际关系利用的影响因素研究——以重庆地区大学生为例	申东阳	西南大学	韩　毅	情报学
科研论文零被引影响因素模型研究——以CSSCI收录的图书情报与文献学学科科研论文为例	伍　玉	西南大学	韩　毅	情报学
图书馆众筹大众参与意愿研究	牛艳芬	西南大学	黄　敏	图书馆学
高校图书馆服务补救效果的影响因素研究——以学生用户为例	李　洋	西南大学	李　健	情报学
大学生数学建模团队信息行为研究	章小童	西南大学	阮建海	情报学
研究生学位论文选题阶段信息查寻元认知调控研究	鲍红琼	西南大学	张　敏	情报学
基于读者满意度的医学高校图书馆网站评价实证研究	张精理	西南大学	郑　宏	图书馆学
临床实习阶段医学生的阅读行为研究——以重庆市2所医科大学为例	叶春芳	西南大学	郑　宏	图书馆学
图书馆读者转移因素及成本分析研究	蒋祥婧	西南大学	郑　宏	图书馆学
公共图书馆政府信息公开服务公众满意度研究	刘晓丽	西南科技大学	胡翠红	情报学
基于词袋模型和本体的图像分类研究	韦　炼	西南科技大学	李端明	情报学
科研情境下研究生移动阅读行为研究	和树俊	西南科技大学	李志民	情报学
我国汽车企业整车销售环节知识共享绩效评价研究	宋　佳	西南科技大学	李志民	情报学
基于微博的企业竞争情报应用研究	武　涛	西南科技大学	庞建刚	情报学
学术网络社区知识创新行为影响因素研究	隆晓雯	西南科技大学	庞建刚	情报学
竞争环境分析方法在我国跨境电子商务中的应用研究	王雪猛	西南科技大学	王玉平	情报学
MOOC环境下高校图书馆信息服务策略研究	温亮明	西南科技大学	文　忠	情报学
基于本体的突发事件网络舆情案例推理研究	吴文晓	西南科技大学	文　忠	情报学
跨国化妆品公司在华的专利布局分析及本土企业对策	鲁家婷	西南科技大学	吴景海	情报学

续表

题目	作者	学校	导师	学科专业
高校师生开放获取与共享行为的引导研究	周　霞	西南科技大学	赵　静	情报学
基于WEB评论的企业竞争情报分析与实证研究	陈　元	西南科技大学	赵　静	情报学
我国自助图书馆建设现状与发展策略	熊赳赳	湘潭大学	陈能华	图书馆学
当代中国公共图书馆政府政策研究	杨小凤	湘潭大学	龚蛟腾	图书馆学
社交网络中用户情感挖掘及传播特征分析	蔡梦思	湘潭大学	李　勇、旸　陈	情报学
湘西少数民族地区儿童阅读动机调查与对策研究	赵绮雨	湘潭大学	刘昆雄	图书馆学
完善基层政府信息公开对策研究	彭谢辉	湘潭大学	毛太田	情报学
基于深度学习的中文文本情感分类及其在舆情分析中的应用研究	吴俊江	湘潭大学	谭　旭、毛太田	情报学
基于粗糙集的供应链信息共享评价研究	张彬乐	湘潭大学	唐　毅	情报学
人文社会科学学术专著开放出版商业模式创新研究	张　蔚	湘潭大学	汪全莉	图书馆学
原创少儿科普产品编辑的内容呈现能力提升研究	王　嘉	湘潭大学	汪全莉	图书馆学
我国有声书出版盈利模式研究	张　卫	湘潭大学	王丙炎、汤　曼	图书馆学
媒介融合背景下专业出版商业模式创新研究	刘若男	湘潭大学	王丙炎	图书馆学
基于 Altmetrics 的单篇论文影响力评价研究	程爱娟	湘潭大学	杨思洛	图书馆学
公共图书馆发展潜力评价研究	文　卉	湘潭大学	张　勇、邹　凯	情报学
高校图书馆微信阅读推广现状及改善策略研究	蒋逸颖	湘潭大学	周淑云	图书馆学
我国地方图书馆立法研究	伍　丹	湘潭大学	周淑云	图书馆学
长株潭地区面向农民工的公共图书馆服务研究	陈　思	湘潭大学	周永红	图书馆学
智慧城市信息安全风险评估模型构建与实证研究	向　尚	湘潭大学	邹　凯	情报学
智慧城市信息服务公众满意度测评研究	张晓瑜	湘潭大学	邹　凯	情报学
智慧社区信息化建设绩效测评研究	余鑫琳	湘潭大学	邹　凯	情报学
信息生态视角下图书馆资源协同共享系统研究	包东肖	郑州大学	付立宏	情报学
中英高校图书馆用户义务性规范比较研究	闫明英	郑州大学	付立宏	情报学
相关系数调整的 h 型指数研究	王　倬	郑州大学	郭　强	情报学
数字资源的语义丰富化方法研究	梁园园	郑州大学	郭少友	情报学
图书馆与博物馆之间数字资源语义整合研究	李亚菲	郑州大学	郭少友	情报学
基于 SPC 的用户生成内容质量监控研究	李　丹	郑州大学	金　燕	情报学
基于用户信誉评级的 UGC 质量预判方法	闫　婧	郑州大学	金　燕	情报学
政府应对网络舆情的信息需求研究	赵一凡	郑州大学	尚新丽	情报学
网络实体图书馆发展研究	张静良	郑州大学	王国强	图书馆学
中文《圣经》和合本与新译本的版本比较研究	陈少芳	郑州大学	王国强	图书馆学
基于链接分析的高校图书馆网站评价研究——以“985”高校为例	道玉明	郑州大学	王　娜	情报学
基于用户信息获取行为的网络信息过载防控机制研究	张丽娟	郑州大学	王　娜	情报学
河南省高校移动图书馆服务用户满意度研究	冯佩茹	郑州大学	王　平	图书馆学

续表

题目	作者	学校	导师	学科专业
基于多维计量的学科结构与演化轨迹研究	李慧贞	郑州大学	杨瑞仙	情报学
电子期刊长期保存方案的比较研究	赵　毅	郑州大学	臧国全	情报学
个人数字资源长期保存的产权风险与对策研究	韩　康	郑州大学	臧国全	情报学
高校图书馆数字阅读推广研究	郑雅娟	郑州大学	张怀涛	图书馆学
基于学术授信的群组分析法研究	王涵墨	郑州大学	周春雷	情报学
社会化问答社区用户初始参与意愿研究	李木子	郑州大学	周春雷	情报学
网络环境下图书馆电子文献著作权保护与合理使用问题研究	施占鑫	郑州大学	周拴龙	图书馆学
开放获取期刊资源采集系统研究与实现	黄　政	中国农业科学院	张学福	情报学
基于 LDA 模型的中美欧农业科研项目研究主题分析	王德川	中国农业科学院	赵瑞雪	情报学
澳大利亚中医药学历教育发展现状及分析	陈旖旎	中国中医科学院	赵英凯	情报学

（国家图书馆　杨凡整理）

2017 年出版图书馆学情报学著作目录

（按责任者姓名汉语拼音排序）

序号	书名	责任者	出版社	ISBN
1	不可思议的图书之旅	(阿根廷)加布里埃尔·格拉斯曼,(阿根廷)伊莱亚娜·罗特斯台著;(阿根廷)哈维尔·巴西莱绘;丁志芳译	新疆青少年出版社	978-7-5590-0206-8
2	Elasticsearch 集成 Hadoop 最佳实践	(美) Vishal Shukla 著;贾传青译	清华大学出版社	978-7-302-46967-4
3	元数据	(美)杰弗里·波梅兰茨(Jeffrey Pomerantz)著;李梁译	中信出版集团股份有限公司	978-7-5086-7078-2
4	深入理解 Elasticsearch	(美)拉斐尔·酷奇(Rafal Kuc),(美)马雷克·罗戈任斯基(Marek Rogozinski)著;张世武,余洪森,商旦译	机械工业出版社	978-7-111-56825-4
5	书架	(美)莉迪亚·派恩著;贾晓光译	新星出版社	978-7-5133-2598-1
6	畅游世界最大图书馆——美国国会图书馆	(美)刘嫄著/摄影	漓江出版社有限公司	978-7-5407-8219-1
7	型男爱读书	(美)美国型男爱读书著;树蘑菇译	北京联合出版公司	978-7-5502-9860-6
8	大规模元搜索引擎技术	(美)孟卫一(Weiyi Meng),(美)於德(Clement T. Yu)著;朱亮译	机械工业出版社	978-7-111-55617-6
9	搜索	(美)斯特凡·韦茨(Stefan Weitz)著;任颂华译	中信出版集团股份有限公司	978-7-5086-7322-6
10	经籍访古志	(日)涩江全善,(日)森立之等撰;杜泽逊,班龙门点校	上海古籍出版社	978-7-5325-8496-3
11	书的故事	(苏)伊林(M. Llin)著;张允和译	北京出版社	978-7-200-11750-9
12	艺术中的灰姑娘:西方书籍装帧	(英)罗勃·谢泼德著;李凌云译	海豚出版社	978-7-5110-3842-5
13	书的历史	(英)马丁·里昂斯著;龚橙译	中央广播电视大学出版社	978-7-304-08226-0
14	读书的力量	《读书的力量》编辑出版委员会编	长江文艺出版社	978-7-5354-4515-5
15	古籍研究. 总第 65 卷	《古籍研究》编辑委员会编	凤凰出版社	978-7-5506-2618-8
16	古籍研究. 总第 66 卷	《古籍研究》编辑委员会编	凤凰出版社	978-7-5506-2698-0

续表

序号	书名	责任者	出版社	ISBN
17	文津学志. 第十辑	《文津学志》编委会编	国家图书馆出版社	978-7-5013-6151-9
18	中国索引. 第二辑	《中国索引》编辑部编	复旦大学出版社有限公司	978-7-309-13109-3
19	中国索引. 第三辑	《中国索引》编辑部编	复旦大学出版社有限公司	978-7-309-13373-8
20	测绘学专业分类表·2版	《中国图书馆分类法》编辑委员会,《中国图书馆分类法·测绘学专业分类表》编委会编	测绘出版社	978-7-5030-3184-7
21	SEO的艺术/影印版	Eric Enge, Stephan Spencer, Jessie C. Stricchiola 著	东南大学出版社	978-7-5641-6869-8
22	图书馆学概论	阿玉孜曼,马桂萍主编	东北师范大学出版社	978-7-5681-3937-3
23	维吾尔族古文献论集	艾合买提·买买提著	辽宁民族出版社	978-7-5497-1627-2
24	图书馆管理与阅读服务	白波,刘晶晶,张海霞著	现代出版社	978-7-5143-5834-6
25	外观设计互联网检索实务	白光清主编	知识产权出版社	978-7-5130-5049-4
26	高等院校图书馆管理与读者服务	白海燕著	世界图书出版公司长春有限公司	978-7-5192-3232-0
27	信息检索与利用	白建华,刘凤侠主编	中国农业大学出版社	978-7-5655-1799-0
28	高校图书馆服务学生自主学习研究	白琳琳著	西安交通大学出版社	978-7-5693-0321-6
29	图书馆学基础	白素镭,张雪莉主编	西北工业大学出版社	978-7-5612-5337-3
30	美国图书馆志愿者研究	白兴勇著	山东大学出版社	978-7-5607-5880-0
31	阅读心理学	白学军,闫国利等著	华东师范大学出版社	978-7-5675-6100-7
32	开放数字环境下的个性化科研信息空间研究	包冬梅著	华南理工大学出版社	978-7-5623-5506-9
33	图书馆少儿阅读理论与实践研究	薄楠编著	天津科学技术出版社	978-7-5576-2728-7
34	北京大学中国古文献研究中心集刊. 第十六辑	北京大学中国古文献研究中心编	北京大学出版社	978-7-301-28381-3
35	八桂飘书香:广西全民阅读手册	本书编写组编	广西科学技术出版社	978-7-5551-0777-4
36	RDA百日通	蔡丹,罗翀主编	国家图书馆出版社	978-7-5013-6200-4
37	查询推荐理论与方法	蔡飞等著	科学出版社	978-7-03-051200-0
38	医学院校图书馆理论与实践	蔡鸿新主编	厦门大学出版社	978-7-5615-6737-1
39	文献信息检索教程·2版	蔡丽萍主编	北京邮电大学出版社	978-7-5635-5101-9
40	浙江图书馆藏国家珍贵古籍题跋图录	曹海花主编;浙江图书馆编	国家图书馆出版社	978-7-5013-6104-5
41	公共图书馆讲座实务	曹海英主编	国家图书馆出版社	978-7-5013-6073-4
42	科技文献检索与应用简明教程	曹可生,王绪绪编著	科学出版社	978-7-03-056174-9
43	农业古籍数字化建设实践	曹玲著	安徽师范大学出版社	978-7-5676-3211-0
44	苏州传统藏书文化研究	曹培根著	广陵书社	978-7-5554-0694-5
45	高校图书馆学科化服务研究	常弘著	现代出版社	978-7-5143-6235-0
46	东亚文献与语言交流丛考	陈东辉著	浙江大学出版社	978-7-308-16955-4

续表

序号	书名	责任者	出版社	ISBN
47	云计算市场交易与资源调度机制	陈冬林等著	电子工业出版社	978-7-121-31644-9
48	厦门古籍序跋补编	陈峰编纂;厦门市图书馆编	厦门大学出版社	978-7-5615-6458-5
49	西南少数民族经济古籍文献研究	陈海玉著	中国社会科学出版社	978-7-5203-0571-6
50	敦煌·西域·民语·外文善本掌故	陈红彦主编	上海远东出版社	978-7-5476-1211-8
51	古籍善本掌故.一	陈红彦主编	上海远东出版社	978-7-5476-1038-1
52	古籍善本掌故.二	陈红彦主编	上海远东出版社	978-7-5476-1039-8
53	金石碑拓善本掌故.一	陈红彦主编	上海远东出版社	978-7-5476-1207-1
54	金石碑拓善本掌故.二	陈红彦主编	上海远东出版社	978-7-5476-1208-8
55	区域图书馆系统一体化建设研究	陈冀宏著	万卷出版公司	978-7-5470-4406-3
56	信息组织与利用	陈剑光,毛一国,赵惠芳编著	浙江大学出版社	978-7-308-17244-8
57	高校图书馆阅读推广案例精编	陈进,李笑野,郭晶主编	海洋出版社	978-7-5027-9579-5
58	航空情报服务	陈肯,何光勤,黄邦菊主编	西南交通大学出版社	978-7-5643-5255-4
59	中国古代图书史	陈力著	社会科学文献出版社	978-7-5201-0481-4
60	信息计量学	陈立新著	科学技术文献出版社	978-7-5189-2522-3
61	书香在线	陈亮,连朝曦,张婷编著	海天出版社	978-7-5507-1944-6
62	古籍修复与装裱	陈宁著	浙江摄影出版社	978-7-5514-1831-7
63	图书情报与信息资源开发	陈其翠主编	吉林人民出版社	978-7-206-14644-2
64	信息检索与利用·2版	陈氢,陈梅花主编	清华大学出版社	978-7-302-46244-6
65	数字图书馆建设与服务	陈清等著	红星电子音像出版社	978-7-83010-201-2
66	网络信息保存保护体系建设研究	陈清文著	浙江工商大学出版社	978-7-5178-2419-0
67	信息素养与信息检索	陈泉主编	清华大学出版社	978-7-302-47409-8
68	现代高校图书馆管理与服务探究	陈陶平,赵宇,蔡英著	九州出版社	978-7-5108-6099-7
69	上海图书馆善本题跋辑录	陈先行,郭立暄编著	上海辞书出版社	978-7-5326-5040-8
70	高校图书馆建设发展与管理	陈晓峰编著	辽宁大学出版社有限责任公司	978-7-5610-8522-6
71	大数据时代的信息素养教育理论与实践	陈晓红著	西南交通大学出版社	978-7-5643-5670-5
72	新编信息检索与利用	陈新艳,陈振华主编	武汉理工大学出版社	978-7-5629-5639-6
73	高校图书馆信息管理与服务创新研究	陈月华,任瑞荣著	天津科学技术出版社	978-7-5576-2839-0
74	社会网络分析在情报分析中的应用	陈云伟著	科学出版社	978-7-03-054358-5
75	化学文献检索与应用导引·3版	陈子康,张连水,李华民编著	北京师范大学出版社	978-7-303-22126-4
76	签名本丛考	陈子善著	海豚出版社	978-7-5110-3418-2
77	成都图书馆	成都图书馆编著	天津大学出版社	978-7-5618-5940-7
78	珍本古医籍版本叙录	程新著	合肥工业大学出版社	978-7-5650-3472-5
79	图书馆实用管理与服务研究	程莹,吴淑娟,郑杨主编	世界图书出版公司长春有限公司	978-7-5192-2783-8
80	书史纵横	程章灿,许勇著	江苏人民出版社	978-7-214-17399-7
81	古典文献研究.第十九辑.下卷	程章灿主编	凤凰出版社	978-7-5506-2638-6

续表

序号	书名	责任者	出版社	ISBN
82	古典文献研究.第二十辑.上卷	程章灿主编	凤凰出版社	978-7-5506-2713-0
83	古典文献研究.第二十辑.下卷	程章灿主编	凤凰出版社	978-7-5506-2714-7
84	杭州图书馆	褚树青主编	天津大学出版社	978-7-5618-5939-1
85	新时期图书馆服务变革研究	寸淑梅主编	吉林大学出版社	978-7-5692-0036-2
86	从书籍史到阅读史	戴联斌著	新星出版社	978-7-5133-2474-8
87	图书情报与财经理论研究.第六辑	党大恩主编	陕西科学技术出版社	978-7-5369-7077-9
88	报业转型与图片资源开发	党西民著	社会科学文献出版社	978-7-5201-0888-1
89	中医药文献检索·3版	邓翀主编	上海科学技术出版社	978-7-5478-3400-8
90	信息检索与利用·3版	邓发云编著	科学出版社	978-7-03-055157-3
91	文献检索与论文写作·2版	邓富民,梁学栋主编	经济管理出版社	978-7-5096-5131-5
92	仪礼文献学	邓声国著	江西人民出版社	978-7-210-09813-3
93	现代高校图书馆管理与服务探究	邓伟珍,闫丽萍著	东北师范大学出版社	978-7-5681-3707-2
94	高校图书馆数字化文献资源建设	邓银鹏著	延边大学出版社	978-7-5688-3074-4
95	高校图书馆信息技术与资源服务研究	丁恩俊著	吉林出版集团股份有限公司	978-7-5581-2678-9
96	图书馆创新服务与现代管理研究	丁枝秀,周斌斌,林青编著	吉林人民出版社	978-7-206-14006-8
97	信息资源检索实用教程	董民辉主编	海洋出版社	978-7-5027-9898-7
98	数字图书馆著作权问题研究	董媛媛著	三秦出版社	978-7-5518-1534-5
99	高校图书馆信息服务创新研究	杜建林著	吉林文史出版社	978-7-5472-4276-6
100	自信　和谐　共建:中国西部公共图书馆联合会第四届(2017)年会暨学术研讨会论文集	杜文平主编;中国西部公共图书馆联合会等编	朝华出版社	978-7-5054-4104-0
101	俄罗斯图书馆指南手册	段洁滨编译	国家图书馆出版社	978-7-5013-6168-7
102	出版物国际交换的理论与实践	段洁滨编著	文化发展出版社	978-7-5142-1830-5
103	文献国际交换与文化国际交流	段洁滨著	国家图书馆出版社	978-7-5013-6162-5
104	信息检索与利用	段雪香主编	中国矿业大学出版社有限责任公司	978-7-5646-3571-8
105	海洋文献检索	方胜华主编	海洋出版社	978-7-5027-9762-1
106	化工信息检索·2版	冯西宁主编	科学出版社	978-7-03-046706-5
107	信息时代下的图书馆管理与服务研究	付国帅,张登科,张洪升著	九州出版社	978-7-5108-6412-4
108	中国古典文献的阅读与理解	傅刚主编	北京大学出版社	978-7-301-27861-1
109	中国古代目录学研究	傅荣贤著	知识产权出版社	978-7-5130-4883-5
110	甘肃图书馆地方文献工作述论	甘肃省图书馆编	甘肃人民出版社	978-7-226-05114-6
111	汉语科技词系统(黑色金属卷)	钢铁研究总院,中国科学技术信息研究所,中国工程院编著	科学技术文献出版社	978-7-5189-1823-2
112	过云楼梦	高福民编著	文汇出版社	978-7-5496-2191-0
113	顾公硕残稿拾影	高福民主编	文汇出版社	978-7-5496-2325-9
114	矗立在彩云之南的文化殿堂	高建辉,李全华著	西安出版社	978-7-5541-2158-0

续表

序号	书名	责任者	出版社	ISBN
115	情报分析方法论	高金虎,张魁著	金城出版社	978-7-5155-1516-8
116	信息检索	高俊宽主编	世界图书出版公司	978-7-5192-3064-7
117	大数据搜索与挖掘及可视化管理方案·3版	高凯主编	清华大学出版社	978-7-302-47378-7
118	法学研究与文献检索	高利红主编	北京大学出版社	978-7-301-27982-3
119	医学文献检索·2版	高巧林,章新友主编	人民卫生出版社	978-7-117-24992-8
120	开放创新模式下研究型图书馆战略变革	高士雷编著	中国农业大学出版社	978-7-5655-1951-2
121	余华作品版本叙录	高玉,王晓田编著	浙江工商大学出版社	978-7-5178-2289-9
122	个人信息保护问题研究	弓永钦著	人民日报出版社	978-7-5115-5125-2
123	书香西山风雨兼程	苟闻芝著	云南人民出版社	978-7-222-16522-9
124	新媒体时代中小学图书馆读者工作研究	顾鸣鸣编著	吉林人民出版社	978-7-206-13988-8
125	基于用户行为和信息粒度的网络信息组织模式研究	顾伟泉,王秀珍著	黑龙江人民出版社	978-7-207-11208-8
126	广州市属高校大学生中华经典阅读推广活动巡礼	广州市教育局编	广东教育出版社	978-7-5548-2118-3
127	图书馆的那些事	广州市教育装备中心,广州教育学会中学图书管理专业委员会编	线装书局	978-7-5120-2908-8
128	广州图书馆藏可居室文献图录·增补版	广州图书馆主编;蔡晓绚,李莺莺,丁玲编著	广西师范大学出版社	978-7-5495-9575-4
129	中小型公共图书馆的社会合作与发展	郭斌主编	朝华出版社	978-7-5054-4117-0
130	甘肃省图书馆学会年会论文集.2017	郭向东主编	甘肃民族出版社	978-7-5421-4081-4
131	高职高专院校图书馆绩效评价方法研究	郭向勇主编	电子工业出版社	978-7-121-30391-3
132	济南图书馆	郭秀海主编	天津大学出版社	978-7-5618-5944-5
133	书卷多情似故人	国家古籍保护中心办公室编	北京大学出版社	978-7-301-29051-4
134	书志.第一辑	国家图书馆,国家古籍保护中心主编	中华书局	978-7-101-12007-3
135	中国分类主题词表·3版	国家图书馆《中国图书馆分类法》编辑委员会编	国家图书馆出版社	978-7-5013-6051-2
136	2017年国家图书馆青年学术论坛论文集	国家图书馆编	国家图书馆出版社	978-7-5013-6166-3
137	国家图书馆年鉴2017	国家图书馆编	国家图书馆出版社	978-7-5013-6190-8
138	国家图书馆外文文献资源RDA本地政策声明暨书目记录操作细则	国家图书馆编目工作委员会编	国家图书馆出版社	978-7-5013-6276-9

续表

序号	书名	责任者	出版社	ISBN
139	国家图书馆藏西域文献的修复与保护	国家图书馆古籍馆编	国家图书馆出版社	978-7-5013-6016-1
140	信息素养教育论	韩冬，傅兵著	北京理工大学出版社	978-7-5682-3729-1
141	先秦文学与文献论考	韩高年著	中华书局	978-7-101-12451-4
142	基于“学术单元”的知识组织新框架	韩松涛编著	浙江大学出版社	978-7-308-16815-1
143	图书馆馆藏数字资源开发与管理	韩新月等著	国家图书馆出版社	978-7-5013-6187-8
144	美术信息检索与利用	韩雪主编	东北大学出版社	978-7-5517-1587-4
145	中国图书馆事业发展报告（数字图书馆卷）	韩永进主编	国家图书馆出版社	978-7-5013-5945-5
146	中国图书馆事业发展报告（少年儿童图书馆卷）	韩永进主编	国家图书馆出版社	978-7-5013-6053-6
147	中国图书馆史	韩永进主编	国家图书馆出版社	978-7-5013-6143-4
148	“互联网＋”背景下的图书馆服务研究	何丽芳著	西北工业大学出版社	978-7-5612-5617-6
149	外语院校图书馆国学资源数字化研究	何天云，林移刚著	哈尔滨工程大学出版社	978-7-5661-1663-5
150	古典文学与目录学综论	何新文著	中国社会科学出版社	978-7-5161-9712-7
151	高校图书馆创新发展研究	何秀荣主编	中国农业大学出版社	978-7-5655-1922-2
152	吕思勉文献学成就研究	何周著	黄山书社	978-7-5461-5669-9
153	阅读成就梦想	黑龙江省全民阅读工作领导小组办公室编	黑龙江人民出版社	978-7-207-10993-4
154	黑龙江省人民代表大会常务委员会关于促进全民阅读的决定	黑龙江省人民代表大会常务委员会编	黑龙江人民出版社	978-7-207-11003-9
155	大学生数字阅读	侯壮编著	电子科技大学出版社	978-7-5647-4350-5
156	国家创新发展中的信息服务跨系统协同组织	胡昌平等著	武汉大学出版社	978-7-307-17185-5
157	数字图书馆建设与知识产权保护研究	胡雍著	天津科学技术出版社	978-7-5576-3630-2
158	华东师范大学图书馆馆藏珍本图录	华东师范大学图书馆编	上海世纪出版股份有限公司上海书店出版社	978-7-5458-1539-9
159	现代图书馆管理	黄俊民，李荣添主编	中国商务出版社	978-7-5103-1771-2
160	基于图像和视频的检索、超分辨重建研究	黄兰英著	吉林大学出版社	978-7-5677-9637-9
161	信息检索与利用实验教材	黄如花，胡永生主编	武汉大学出版社	978-7-307-18869-3
162	图书馆学研究进展	黄如花，司莉，吴丹主编	武汉大学出版社	978-7-307-18727-6
163	数字信息资源开放存取	黄如花著	武汉大学出版社	978-7-307-18218-9
164	智识之窗	黄文俊，张益民主编	人民法院出版社	978-7-5109-1825-4
165	秦汉简帛文献与《说文解字》新证	黄潇潇著	中国农业大学出版社	978-7-5655-1782-2
166	图书馆工作四十四年	霍灿如编著	黑龙江大学出版社	978-7-5686-0094-1

续表

序号	书名	责任者	出版社	ISBN
167	知识发现	吉久明,李楠著	上海科学技术文献出版社	978-7-5439-7433-3
168	在线信息搜寻行为的非介入性研究	姜婷婷著	科学出版社	978-7-03-054622-7
169	高校图书馆管理与创新研究	金花著	江西人民出版社	978-7-210-09361-9
170	探索与研究	金俊平主编	江西人民出版社	978-7-210-09917-8
171	金陵图书馆	金陵图书馆编著	天津大学出版社	978-7-5618-5937-7
172	信息资源建设	金胜勇,锅艳玲,陈则谦编著	科学出版社	978-7-03-052808-7
173	公共图书馆信息资源建设规范研究	金胜勇,刘雁著	科学出版社	978-7-03-054943-3
174	文化建设视野下的图书馆事业	靳婉燕著	光明日报出版社	978-7-5194-2983-6
175	当代图书馆管理模式研究	康宁,魏婧,沈凯心著	吉林大学出版社	978-7-5692-1513-7
176	图书馆组织文化:CIS、形象设计与文化建设	柯平主编	国家图书馆出版社	978-7-5013-6309-4
177	基于用户认知风格差异的信息检索交互行为研究	柯青,周海花著	科学出版社	978-7-03-052424-9
178	图书馆资源配置研究	孔德超主编	河南人民出版社	978-7-215-10575-1
179	大数据时代专题文献数据库系统设计	孔敬著	中国社会科学出版社	978-7-5203-0365-1
180	科技基础条件资源开放共享体制优化研究	赖一飞著	科学出版社	978-7-03-051942-9
181	先秦儒家乐教文献的生成与思想演进	雷永强著	中国社会科学出版社	978-7-5203-1237-0
182	网络情报获取与分析技术	冷静,李佟鸿主编	科学技术文献出版社	978-7-5189-2801-9
183	书香一甲子	黎素军,王一鸣主编	武汉出版社	978-7-5582-1003-7
184	公共图书馆评估与城市图书馆发展研究:第二十九届全国十五城市公共图书馆工作研讨会论文集	李冬梅主编	国家图书馆出版社	978-7-5013-6289-9
185	情报学与信息管理研究文集	李广建主编	北京大学出版社	978-7-301-29014-9
186	图书馆与社会阅读发展史	李海春编著	天津科学技术出版社	978-7-5576-2568-9
187	构建书香社会	李海燕,聂凌睿,张思瑶著	南京师范大学出版社	978-7-5651-2967-4
188	国家公共文化数字支撑平台数字资源标准规范	李宏主编	国家图书馆出版社	978-7-5013-6084-0
189	吕祖谦文献学研究	李洪波著	社会科学文献出版社	978-7-5201-1499-8
190	图书馆学理论与实践	李虎,黄晓勤,马英花主编	上海交通大学出版社	978-7-313-17276-1
191	情报 3.0 时代科技情报服务能力构建	李辉,张惠娜,付宏著	社会科学文献出版社	978-7-5201-0777-8
192	高校图书馆服务标准体系研究	李健著	科学出版社	978-7-03-052771-4
193	韦棣华与中国图书馆事业	李劲军,汲言斌著	山东画报出版社	978-7-5474-2493-3
194	情报分析	李景龙著	时事出版社发行部	978-7-5195-0050-4
195	版本研究专论	李景文等著	中国社会科学出版社	978-7-5203-0517-4

续表

序号	书名	责任者	出版社	ISBN
196	武汉图书馆	李静霞主编	天津大学出版社	978-7-5618-5943-8
197	李久琦文集	李久琦著;中国民族图书馆编	辽宁民族出版社	978-7-5497-1758-3
198	图书馆印记	李梅军编著	北京燕山出版社	978-7-5402-4643-3
199	信息时代背景下图书馆服务功能的优化与创新研究	李梅著	吉林出版集团股份有限公司	978-7-5581-4561-2
200	创新思维与文献驱动	李明主编	科学出版社	978-7-03-055377-5
201	信息资源检索·3版	李谋信编著	机械工业出版社	978-7-111-56370-9
202	医学文献检索·2版	李彭元,何晓阳,耿鹏主编	科学出版社	978-7-03-051458-5
203	图书馆信息服务与管理自动化研究	李品潇,李金鑫,孙婷著	吉林大学出版社	978-7-5692-0933-4
204	阅读是心灵的呼吸	李青,何宣,王坚方编著	广东人民出版社	978-7-218-12042-3
205	图书馆员职业伦理建设研究	李清著	中国社会科学出版社	978-7-5203-0874-8
206	人物、文本、年代:出土文献与先秦古书年代学探索	李锐著	中国人民大学出版社	978-7-300-24181-4
207	同文与族本——新出简帛与古书形成研究	李锐著	中西书局	978-7-5475-1221-0
208	图书馆资源的充分利用	李厦著	沈阳出版社	978-7-5441-8246-1
209	图书馆绘本阅读推广	李世娟,李东来主编	朝华出版社	978-7-5054-3914-6
210	图书情报学理论与实践研究	李素美,程洁,张学媛著	吉林大学出版社	978-7-5692-0296-0
211	中文字符数转模技术研究	李晓明,王浩,齐子杨著	国家图书馆出版社	978-7-5013-6189-2
212	全国图书馆文献缩微复制中心数转模加工标准与操作指南	李晓明著	国家图书馆出版社	978-7-5013-6188-5
213	图书馆管理与阅读服务创新	李永钢,张海静,王力主编	中国纺织出版社	978-7-5180-3412-3
214	医学文献查询与利用	李勇文主编	四川大学出版社	978-7-5690-0371-0
215	大数据时代高校数字图书馆发展模式研究	李愈华著	北京燕山出版社	978-7-5402-4694-5
216	新媒体时代图书馆管理与服务研究	李珍连著	吉林出版集团股份有限公司	978-7-5581-3216-2
217	网络情报检索与分析	李竹群著	吉林大学出版社	978-7-5692-0546-6
218	大学生数字化阅读	李子运著	江西教育出版社	978-7-5392-9169-7
219	辽宁省农家书屋社区书屋管理员工作手册	辽宁省新闻出版广电局编	辽宁大学出版社有限责任公司	978-7-5610-8560-8
220	公民基本信息素养	廖开明主编	中央广播电视大学出版社	978-7-304-08781-4
221	厦门市图书馆	林丽萍主编	天津大学出版社	978-7-5618-5945-2
222	CADAL数字图书馆知识标准规范及应用研究	刘柏嵩编著	浙江大学出版社	978-7-308-16885-4
223	知识供应链中的数字资源共享研究	刘灿姣著	中南大学出版社	978-7-5487-3077-4
224	中医药文献信息利用	刘川著	人民日报出版社	978-7-5115-4667-8
225	信息检索与创新专利·2版	刘二稳等编著	科学出版社	978-7-03-053262-6

续表

序号	书名	责任者	出版社	ISBN
226	大学生信息素养与创新教育	刘芳,朱沙编著	华中科技大学出版社	978-7-5680-2988-9
227	图书馆事业与发展文集	刘格著	海南出版社	978-7-5443-7234-3
228	高校古旧书画修复课程教学研究	刘化宇著	吉林大学出版社	978-7-5677-9212-8
229	计算机技术与公共图书馆管理	刘剑英,叶艳,姚晓鹭著	九州出版社	978-7-5108-6090-4
230	国外图书馆学教育发展	刘竞著	江苏大学出版社	978-7-5684-0429-7
231	信息检索与利用	刘琳琳主编	东北大学出版社	978-7-5517-1588-1
232	基于知识图谱的学科主题识别方法研究	刘敏娟,张学福著	中国农业科学技术出版社	978-7-5116-2835-0
233	新媒体时代大学生阅读导论	刘敏著	黑龙江人民出版社	978-7-207-11153-1
234	现代信息检索与利用教程·2版	刘培兰主编	上海交通大学出版社	978-7-313-16379-0
235	馆际互借与文献传递若干问题研究	刘庆财主编	国家图书馆出版社	978-7-5013-6130-4
236	徐霞客游记书影	刘瑞升著	上海远东出版社	978-7-5476-1255-2
237	现代图书馆信息共享与服务创新探究	刘喜球著	四川大学出版社	978-7-5690-1138-8
238	信息资源检索与综合利用	刘晓红,张晓丽,牛继宏主编	东北大学出版社	978-7-5517-1623-9
239	大数据时代高校图书馆信息服务创新研究	刘晓华著	吉林出版集团股份有限公司	978-7-5581-4361-8
240	新编中文工具书	刘晓军编著	华东师范大学出版社	978-7-5675-6422-0
241	全民阅读与阅读行为模式研究	刘旭晖著	吉林大学出版社	978-7-5677-9060-5
242	现代图书馆的科学管理探微	刘雪飞著	吉林出版集团股份有限公司	978-7-5581-2961-2
243	现勘图像检索技术	刘颖著	科学出版社	978-7-03-054380-6
244	图书馆管理与读者服务	刘勇著	吉林文史出版社	978-7-5472-4175-2
245	信息资源检索与利用	柳宏坤,杨祖逵主编	上海财经大学出版社	978-7-5642-2761-6
246	图书馆采编业务外包管理	龙净林著	天津人民出版社	978-7-201-11961-8
247	云南彝族重要古籍文献数字化保护与整理研究	龙倮贵,曹贵雄著	中国商务出版社	978-7-5103-1964-8
248	21世纪美国高校图书馆管理与服务	卢家利著	漓江出版社	978-7-5407-8144-6
249	计算机信息检索	陆和建,方雅琴,翁畅平等编著	安徽师范大学出版社	978-7-5676-2638-6
250	信息检索与利用	陆和建,康媛媛,陈云光编著	安徽师范大学出版社	978-7-5676-2639-3
251	数字图书馆的信息化建设与管理方法探究	陆峻波,于俊夫,李元川著	四川大学出版社	978-7-5690-1234-7
252	智慧图书馆	陆丽娜,王玉龙主编	东北林业大学出版社	978-7-5674-1244-6
253	辽北书香	路芳编著	沈阳出版社	978-7-5441-8299-7
254	知中.008,了不起的宋版书特集	罗威尔主编	中信出版集团股份有限公司	978-7-5086-7626-5
255	资料室管理工作导论	吕建新,管迎春,战继环编著	吉林人民出版社	978-7-206-14377-9

续表

序号	书名	责任者	出版社	ISBN
256	中小学图书馆建设与实践	吕梅主编;天津市普通教育技术装备管理中心编著	天津教育出版社	978-7-5309-8115-3
257	治理路径下的公共图书馆理事会模式探索与实践	马春,叶汝强著	上海科学技术文献出版社	978-7-5439-7418-0
258	区县图书馆地方文献工作探讨研究	马莉虹著	东北师范大学出版社	978-7-5681-3987-8
259	高校图书馆、特别是民族高校图书馆发展初谈	马凌云著	中国社会科学出版社	978-7-5203-1119-9
260	基于S1000D规范的民用飞机维修类技术出版物开发技术	马小骏等编著	科学出版社	978-7-03-052707-3
261	现代图书馆信息管理及服务研究	马雨佳,于霏,高玉清主编	九州出版社	978-7-5108-6256-4
262	国家图书馆业务规范	毛雅君主编	国家图书馆出版社	978-7-5013-6105-2
263	孟广均国外图书馆与情报学研究文选	孟广均著;初景利,王传清编	海洋出版社	978-7-5027-9730-0
264	基于用户感知的移动图书馆服务接受与使用行为研究	明均仁著	武汉大学出版社	978-7-307-19942-2
265	数字图书馆信息安全体系概论	倪萍著	东北师范大学出版社	978-7-5681-3384-5
266	阅读力	聂震宁著	生活·读书·新知三联书店	978-7-108-05125-7
267	阅读力(精装)	聂震宁著	生活·读书·新知三联书店	978-7-108-05903-1
268	砥砺奋进书香致远	宁波市图书馆编	宁波出版社	978-7-5526-3061-9
269	数字文献资源高维聚合模型研究	牛奉高著	中国社会科学出版社	978-7-5203-0782-6
270	语义网与数字图书馆	欧石燕著	南京大学出版社	978-7-305-19584-6
271	想象图书馆的未来:图书馆与信息机构情境规划	欧书亭(Steve O'Connor),苏德毅(Peter Sidorko)著;李丹译	国家图书馆出版社	978-7-5013-6141-0
272	湖南期刊研究.第1辑	欧阳勋主编	湖南大学出版社	978-7-5667-1041-3
273	图书馆信息资源建设与服务创新研究	潘丽琼著	东北师范大学出版社	978-7-5681-2967-1
274	2017年广州市未成年人阅读年度报告	潘燕桃等著	广东人民出版社	978-7-218-12258-8
275	信息检索与利用	庞慧萍,罗惠主编	北京理工大学出版社有限责任公司	978-7-5682-4066-6
276	媒介融合时代的阅读推广活动研究	裴永刚著	中国广播影视出版社	978-7-5043-7833-0
277	目录学教程·2版	彭斐章主编	高等教育出版社	978-7-04-047427-5
278	高校图书馆核心竞争力研究	彭洁著	天津古籍出版社	978-7-5528-0508-6
279	皮高品集	皮高品著;周荣等整理	武汉大学出版社	978-7-307-18961-4
280	外国传教士与中国近代图书馆事业	齐诚,马楠著	光明日报出版社	978-7-5194-1908-0
281	外文连续出版物采访工作手册	齐东峰,宋萍编著	国家图书馆出版社	978-7-5013-6035-2

续表

序号	书名	责任者	出版社	ISBN
282	我国现代图书馆管理理论与实践研究	钱静雅,秦丽英,刘桂英著	中国水利水电出版社	978-7-5170-5466-5
283	高等院校图书馆运作理论与实践研究	钱静雅,肖霞,杨淑亚著	中国水利水电出版社	978-7-5170-5467-2
284	书香满园	钱军,蔡思明,张思瑶编著	海天出版社	978-7-5507-1943-9
285	义疏学衰亡史论	乔秀岩著	生活·读书·新知三联书店	978-7-108-05968-0
286	图书馆讲坛工作	邱冠华主编	朝华出版社	978-7-5054-4021-0
287	纸质文献保护技术	邱建辉,葛怀东主编	郑州大学出版社	978-7-5645-4820-9
288	中国学术期刊评价研究报告(武大版):RCCSE权威、核心期刊排行榜与指南.2017—2018	邱均平等编著	科学出版社	978-7-03-053571-9
289	全国质检系统青春飞扬——事业·人生青年读书会文集	全国质检系统"书香质检"阅读活动领导小组办公室编	中国质检出版社;中国标准出版社	978-7-5026-4443-7
290	书香质检映像	全国质检系统"书香质检"阅读活动领导小组主编	中国质检出版社	978-7-5026-4416-1
291	建设书香中国·引领阅读风尚	全民阅读办公室编	中信出版集团股份有限公司	978-7-5086-7673-9
292	山东省音像资料可移动文物调查与研究	山东省第一次全国可移动文物普查办公室编	山东大学出版社	978-7-5607-5814-5
293	修·行	山东省古籍保护中心编著	线装书局	978-7-5120-2690-2
294	带着孩子去寻楼	单骅著	现代出版社	978-7-5143-6689-1
295	浦东人的精神家园	上海浦东图书馆编	上海科学技术文献出版社	978-7-5439-7318-3
296	上海市古籍保护十年	上海市古籍保护中心编	上海古籍出版社	978-7-5325-8464-2
297	那些年,我们读过的书	上海市振兴中华读书指导委员会办公室编	上海科学技术文献出版社	978-7-5439-7287-2
298	文知馨语:首届海峡两岸青少年共享阅读活动作品集	申显杨主编	厦门大学出版社	978-7-5615-6667-1
299	高校图书馆知识管理与服务	莘岩著	吉林文史出版社	978-7-5472-4275-9
300	光影图书馆	沈娟编著	中国戏剧出版社	978-7-104-04500-7
301	数字图书馆用户信息行为研究	沈旺著	吉林大学出版社	978-7-5692-0192-5
302	图书馆学 ABC	沈学植著	知识产权出版社	978-7-5130-4616-9
303	文献元数据设计指南和实践	沈仲祺,张建勇编著	科学技术文献出版社	978-7-5189-2860-6
304	戴震的文献学理论与实践成就	石开玉著	安徽师范大学出版社	978-7-5676-2761-1
305	嵌入教育和教学的图书馆服务新模式	石长地主编	首都师范大学出版社	978-7-5656-4000-1
306	书香京城	书香中国·北京阅读季领导小组办公室编著	北京出版社	978-7-200-13679-1

续表

序号	书名	责任者	出版社	ISBN
307	领读者	司书人一编著	新世界出版社	978-7-5104-6390-7
308	书香天府	四川省出版物发行业协会编	巴蜀书社	978-7-5531-0758-5
309	书海撷英	四川省电力工会委员会编	中国电力出版社	978-7-5198-0784-9
310	图书制作与印刷流程实训教程	宋国华,刘永鑫编著	吉林人民出版社	978-7-206-14653-4
311	高校图书馆开放存取资源整合研究	宋家明著	天津科学技术出版社	978-7-5576-2681-5
312	外文连续出版物工作指南	宋仁霞编著	国家图书馆出版社	978-7-5013-6156-4
313	爱读书的孩子,不会变坏	宋怡慧著	北京日报出版社	978-7-5477-2413-2
314	沧州图书馆	宋兆凯主编	天津大学出版社	978-7-5618-5934-6
315	图书馆信息平台的理论基础与技术开发	隋春荣,刘华卿著	电子科技大学出版社	978-7-5647-4627-8
316	民间藏书 • 2 版	孙锋,柳霞编著	泰山出版社	978-7-5519-0028-7
317	与图书馆交朋友	孙刚主编	上海教育出版社	978-7-5444-7428-3
318	信息可视化在高校图书馆知识服务中的应用研究	孙莉群著	吉林出版集团股份有限公司	978-7-5581-4047-1
319	高校图书馆核心竞争力研究	孙琴著	东北师范大学出版社	978-7-5681-2875-9
320	图书馆文献资源建设概论	孙守俭著	吉林文史出版社	978-7-5472-4577-4
321	现代图书馆信息服务创新研究	孙婷,李金鑫,张晶著	吉林大学出版社	978-7-5692-1062-0
322	现代图书馆服务体系建设探索	孙婷,张晶,李金鑫著	吉林大学出版社	978-7-5692-0878-8
323	云中论图:解构与重构——论数字图书馆标准规范体系建设	孙晓菲,韩子静,熊健敏著	浙江大学出版社	978-7-308-16887-8
324	高校学生图书馆利用指导教程	孙秀斌,田会明,李洪伟主编	黑龙江大学出版社	978-7-5686-0177-1
325	化学信息学 • 3 版	谭凯主编	化学工业出版社	978-7-122-29578-1
326	医学文献管理与信息服务	汤伟著	天津科学技术出版社	978-7-5576-3003-4
327	图书馆发展的新挑战、新趋势、新业态	汤旭岩,徐力文主编;湖北省图书馆学会编	湖北科学技术出版社	978-7-5352-9277-3
328	高校数字图书馆资源建设与信息服务	唐莉萍著	延边大学出版社	978-7-5688-3007-2
329	大数据时代高校图书馆信息服务创新研究	唐敏,谢小军,许冬玲著	吉林文史出版社	978-7-5472-4546-0
330	公共文化服务保障法与图书馆服务	唐铭杰,江晔主编;上海市图书馆学会编	上海辞书出版社	978-7-5326-5014-9
331	现代文献信息资源检索	唐圣琴编著	贵州大学出版社	978-7-81126-991-8
332	天一阁文丛. 第 15 辑	天一阁博物馆编	浙江古籍出版社	978-7-5540-1155-3
333	图书馆馆配工作研究与实践	田利著	北京理工大学出版社有限责任公司	978-7-5682-4922-5
334	文献用纸保存寿命研究	田周玲著	国家图书馆出版社	978-7-5013-6306-3
335	六朝隋唐汉籍旧钞本研究	童岭著	中华书局	978-7-101-12605-1
336	现代高校图书馆管理与建设	万海鸾编著	吉林大学出版社	978-7-5692-1084-2
337	书香传家:家庭阅读指南	万宇等编著	海天出版社	978-7-5507-1941-5

续表

序号	书名	责任者	出版社	ISBN
338	信息检索技术·3版	汪楠,成鹰主编	清华大学出版社	978-7-302-45945-3
339	面向"十三五"的省馆服务功能定位研究	王兵主编	国家图书馆出版社	978-7-5013-6167-0
340	中外图书馆阅读推广活动研究	王波等著	海洋出版社	978-7-5027-9732-4
341	书话点将录	王成玉著	文汇出版社	978-7-5496-2121-7
342	汉籍与汉学.二〇一七年第一期(总第一期)	王承略主编	山东人民出版社	978-7-209-11067-9
343	大学生信息检索素养教程	王冲编著	清华大学出版社	978-7-302-46006-0
344	古文献与学术史论稿	王刚著	中国社会科学出版社	978-7-5161-9900-8
345	互联网环境下的高校图书馆多元化创新服务研究	王海丰著	九州出版社	978-7-5108-5486-6
346	信息检索无处不在	王宏波主编	天津科技翻译出版有限公司	978-7-5433-3709-1
347	拾翠洲边:北京市东城区第一图书馆建馆六十周年读者征文集	王鸿鹏主编	世界知识出版社	978-7-5012-5651-8
348	数字图书馆信息资源共建共享及其检索利用研究	王军,刘素军,何泽宁主编	吉林大学出版社	978-7-5692-0306-6
349	高校图书馆电子资源评价体系建构研究	王军光著	天津科学技术出版社	978-7-5576-2675-4
350	基于创新测度的人文社会科学图书评价研究	王兰敬著	中国经济出版社	978-7-5136-4564-5
351	图书馆数字阅读的研究与实践	王乐春著	国家图书馆出版社	978-7-5013-6176-2
352	中国全民阅读工程发展简史	王磊,李岩主编	海洋出版社	978-7-5027-9368-5
353	"藏"书丝路	王丽凤著	远方出版社	978-7-5555-0940-0
354	水仙阁精选集,藏书点滴	王丽霞,子午源主编	上海书店出版社	978-7-5458-1414-9
355	实用科技文献检索	王丽雅,曹丽娟,董光芹编著	东北大学出版社	978-7-5517-1712-0
356	古籍常识与古籍保护	王荔著	山东画报出版社	978-7-5474-2563-3
357	阅读史导论	王龙著	国家图书馆出版社	978-7-5013-6098-7
358	互联网背景下图书馆建设与管理	王苗,刘崇学著	陕西科学技术出版社	978-7-5369-7073-1
359	图书馆管理与阅读服务	王宁,吕新红,哈森著	光明日报出版社	978-7-5194-1193-0
360	文献信息检索教程·2版	王琦,王冠韬主编	电子工业出版社	978-7-121-31635-7
361	图书馆学短论	王启云著	知识产权出版社有限责任公司	978-7-5130-5131-6
362	图书馆管理与阅读服务	王荣凤,吴明智,刘慧南主编	北京燕山出版社	978-7-5402-4784-3
363	图书馆管理学概论	王瑞存,黄晓军主编	中国商务出版社	978-7-5103-2052-1
364	图书馆人力资源管理与信息服务	王师爽编著	吉林文史出版社	978-7-5472-4747-1
365	图书馆管理学基础	王书雅,王胜男主编	吉林大学出版社	978-7-5692-0301-1
366	信息检索实用教程	王巍,徐盛主编	西安交通大学出版社	978-7-5605-9530-6
367	文献信息检索与论文写作·6版	王细荣,丁洁,苏丽丽编著	上海交通大学出版社	978-7-313-18234-0

续表

序号	书名	责任者	出版社	ISBN
368	新形势下高校图书馆管理与创新研究	王筱娟,李佳,孟凡美主编	光明日报出版社	978-7-5194-3115-0
369	农业科技查新指南	王昕,徐艳,崔淑贤主编	中国农业科学技术出版社	978-7-5116-3136-7
370	大学图书馆阅读推广	王新才主编	朝华出版社	978-7-5054-4023-4
371	图书馆学基础	王秀琴,刘文英,周伟主编	中国商务出版社	978-7-5103-2165-8
372	大学生信息素养研究	王雪梅,胡燕主编	西安地图出版社	978-7-5556-0353-5
373	情报研究论	王延飞,杜元清,钟灿涛等编著	北京大学出版社	978-7-301-28551-0
374	网络信息与检索	王妍编著	辽宁美术出版社	978-7-5314-7024-3
375	书史造纸史简稿	王燕,邱敏主编	江苏人民出版社	978-7-214-20119-5
376	天堂应该是图书馆模样	王一心著	黄山书社	978-7-5461-5906-5
377	中国阅读通史·魏晋南北朝卷	王余光主编;何官峰著	安徽教育出版社	978-7-5336-8634-5
378	中国阅读通史·清代卷.上	王余光主编;何官峰著	安徽教育出版社	978-7-5336-8638-3
379	中国阅读通史·隋唐五代两宋卷	王余光主编;黄镇伟著	安徽教育出版社	978-7-5336-8635-2
380	中国阅读通史·辽西夏金元卷	王余光主编;王龙著	安徽教育出版社	978-7-5336-8636-9
381	中国阅读通史·明代卷	王余光主编;王龙著	安徽教育出版社	978-7-5336-8637-6
382	中国阅读通史·清代卷.下	王余光主编;王美英著	安徽教育出版社	978-7-5336-8639-0
383	中国阅读通史·理论卷	王余光主编;王余光,汪琴著	安徽教育出版社	978-7-5336-8632-1
384	中国阅读通史·图录卷	王余光主编;熊静等编	安徽教育出版社	978-7-5336-8641-3
385	中国阅读通史·先秦秦汉卷	王余光主编;徐林祥,张立兵,张积著	安徽教育出版社	978-7-5336-8633-8
386	中国阅读通史·民国卷	王余光主编;许欢著	安徽教育出版社	978-7-5336-8640-6
387	大连图书馆善本古籍藏书印鉴辑考	王雨霖编著	广西师范大学出版社	978-7-5495-8969-2
388	高校图书馆阅读推广理论与实践	王云洪主编	天津科学技术出版社	978-7-5576-3266-3
389	古典文献学术论丛.第六辑	王政,周有斌主编	黄山书社	978-7-5461-6376-5
390	跨文化背景下中美高校图书馆比较	王志华著	中国广播影视出版社	978-7-5043-7936-8
391	信息检索与应用	王卓群等主编	吉林摄影出版社	978-7-5498-2965-1
392	图书馆学研究法	王子舟著	北京大学出版社	978-7-301-28618-0
393	科技论文写作与文献检索	韦剑锋主编	天津科学技术出版社	978-7-5576-2493-4
394	上书房行走	韦力著	海豚出版社	978-7-5110-3805-0
395	九域芸香·书楼觅踪	韦力著	中信出版集团股份有限公司	978-7-5086-6572-6
396	图书馆服务体系构建与信息管理	韦祺,张颖,常绍慧著	中国财富出版社	978-7-5047-4822-5
397	移动图书馆云服务研究	魏群义著	科学出版社	978-7-03-052363-1
398	古籍版本鉴定丛谈	魏隐儒,王金雨编著	中国社会科学出版社	978-7-5161-8817-0
399	新媒体时代图书馆阅读推广工作研究	温云飞著	沈阳出版社	978-7-5441-8620-9
400	专利信息计量学	文庭孝著	科学出版社	978-7-03-052173-6

续表

序号	书名	责任者	出版社	ISBN
401	高校信息素养教育理论与实践研究	吴慧华著	科学出版社	978-7-03-052755-4
402	从启蒙到学术：百年中国大学图书馆功能演变	吴民祥著	浙江大学出版社	978-7-308-17170-0
403	地方档案与文献研究．第三辑	吴佩林主编	国家图书馆出版社	978-7-5013-6319-3
404	信念网络在话题识别与追踪中的应用研究	吴树芳，朱杰著	科学出版社	978-7-03-051885-9
405	民国时期地方志所见基层图书馆史料汇考	吴澍时编著	国家图书馆出版社	978-7-5013-6137-3
406	民国时期基层图书馆研究	吴澍时著	国家图书馆出版社	978-7-5013-6207-3
407	图书馆学基础·2版	吴慰慈主编	高等教育出版社	978-7-04-046549-5
408	图书馆学文稿：吴慰慈自选集	吴慰慈著	首都师范大学出版社	978-7-5656-3924-1
409	中国人民大学复印报刊资料转载指数排名研究报告．2016	武宝瑞主编	中国人民大学出版社	978-7-300-23985-9
410	基于技术融合的图书馆数字资源利用服务机制研究	武三林，韩雅鸣等著	科学技术文献出版社	978-7-5189-2435-6
411	图书馆阅读推广与文献情报检索	夏春红，王芳主编	团结出版社	978-7-5126-5123-4
412	现代图书馆资源管理与推广服务	夏春红，于刚，印重主编	北京理工大学出版社	978-7-5682-0490-3
413	基于语义的馆藏资源深度聚合与可视化展示理论与方法研究	夏立新等著	科学出版社	978-7-03-052743-1
414	校雠学	向宗鲁著	商务印书馆	978-7-100-15133-7
415	图书馆学情报学知识图谱研究	肖明等著	中国书籍出版社	978-7-5068-6134-2
416	网络计量学	肖明主编	北京师范大学出版社	978-7-303-21553-9
417	国内图书情报知识图谱实证研究	肖明著	中国经济出版社	978-7-5136-4655-0
418	iSchools 运动与图书情报学教育的变革	肖希明等著	武汉大学出版社	978-7-307-17868-7
419	党校图书馆转型发展实践研究	肖友国主编	四川大学出版社	978-7-5690-1433-4
420	古籍文本数据格式比较研究	肖禹著	上海远东出版社	978-7-5476-1244-6
421	信息检索与利用	谢朝颖，高万斌主编	电子工业出版社	978-7-121-30438-5
422	新兴技术与科技情报	谢威主编	北京邮电大学出版社	978-7-5635-4938-2
423	蒐书记（精装）	辛德勇著	九州出版社	978-7-5108-4848-3
424	蒐书记	辛德勇著	九州出版社	978-7-5108-5414-9
425	开放获取数字化文献资源研究	辛海霞著	吉林出版集团股份有限公司	978-7-5581-3132-5
426	图书馆建设与服务创新	新疆维吾尔自治区图书馆，新疆维吾尔自治区图书馆协会编	新疆文化出版社；新疆电子音像出版社	978-7-5469-9155-9
427	薪火学刊．第四卷	薪火学刊编辑部编	复旦大学出版社有限公司	978-7-309-13380-6
428	中国阅读的历史与传统	熊静，何官峰著	朝华出版社	978-7-5054-3876-7

续表

序号	书名	责任者	出版社	ISBN
429	西安图书馆	胥文哲主编	天津大学出版社	978-7-5618-5935-3
430	大数据时代高校图书馆服务创新研究	徐春晖等著	郑州大学出版社	978-7-5645-4713-4
431	现代大学图书馆文化建设	徐春晖著	郑州大学出版社	978-7-5645-4714-1
432	耕读新曲	徐炯主编	中西书局	978-7-5475-1310-1
433	信息检索实用教程・2版	徐岚编著	化学工业出版社	978-7-122-30333-2
434	公共图书馆未成年人阅读推广	徐双定,陈淑霞,张雪梅编著	甘肃人民出版社	978-7-226-05206-8
435	新形势下高校图书馆的发展与创新研究	徐娅囡著	中国纺织出版社	978-7-5180-3714-8
436	图书评论与阅读推广	徐雁,钱军,李海燕主编	朝华出版社	978-7-5054-4022-7
437	宁波市图书馆	徐益波主编	天津大学出版社	978-7-5618-5933-9
438	书香曲靖　快乐阅读	徐云锋主编	云南人民出版社	978-7-222-16779-7
439	读活书活读书	许道化著	陕西人民美术出版社	978-7-5368-3425-5
440	领读中国	许金晶编著	江苏人民出版社	978-7-214-20585-8
441	高等院校图书馆特色信息服务研究	许娟著	世界图书出版公司长春有限公司	978-7-5192-3233-7
442	恰如其分的美好:神华集团女职工读书活动优秀作品集	薛丽主编	红旗出版社	978-7-5051-4003-5
443	公共图书馆儿童读者活动理论与实务	薛天著	湖南大学出版社	978-7-5667-1278-3
444	网络多媒体的高级图像检索技术	颜成钢等著	科学出版社	978-7-03-053110-0
445	信息服务活动中用户技术接受行为研究	颜端武,吴鹏,李晓鹏著	科学出版社	978-7-03-053221-3
446	变革与发展:大学图书馆的探索和实践	杨国富主编	浙江大学出版社	978-7-308-16781-9
447	书香百年	杨国富主编	浙江大学出版社	978-7-308-16957-8
448	世界图书馆大观・2版	杨红樱主编.	明天出版社	978-7-5332-9160-0
449	文溯阁研究	杨菁,李声能,白成军著	天津大学出版社	978-7-5618-5887-5
450	刘师培家藏文献研究初集	杨丽娟著	商务印书馆	978-7-100-15007-1
451	古籍修复概述及案例	杨林玫著	中国书籍出版社	978-7-5068-6356-8
452	近代云南西文文献	杨梅著	云南大学出版社	978-7-5482-3064-9
453	图书馆文献资源建设及服务创新研究	杨蓉蓉著	东北师范大学出版社	978-7-5681-3525-2
454	石油高校图书馆服务创新与实践	杨薇,景民昌,张芹编	地质出版社	978-7-116-10719-9
455	新媒体环境下数字图书馆服务研究	杨晓光著	延边大学出版社	978-7-5688-2632-7
456	中国农家书屋的建设与管理实务	杨效军编著	国家图书馆出版社	978-7-5013-6107-6
457	城市图书馆项目化管理研究	杨玉麟等著	中山大学出版社	978-7-306-06059-4
458	杨昭悊集	杨昭悊著	武汉大学出版社	978-7-307-17406-1
459	文献检索实用教程	姚洁,黄建琼,陈章斌主编	清华大学出版社	978-7-302-46988-9

续表

序号	书名	责任者	出版社	ISBN
460	中国目录学史	姚名达著	吉林出版集团有限责任公司	978-7-5581-1778-7
461	中国目录学史	姚名达著	商务印书馆	978-7-100-15177-1
462	从 Lucene 到 Elasticsearch	姚攀编著	清华大学出版社	978-7-302-48306-9
463	中药药学信息检索与应用	姚毅，吴水生主编	人民卫生出版社	978-7-117-24069-7
464	图书馆资源建设与阅读服务	姚颖莉，钱岩主编	延边大学出版社	978-7-5688-2590-0
465	高校图书馆信息资源建设与信息服务	叶莉著	吉林大学出版社	978-7-5692-1357-7
466	书的命名	叶守法著	中国书籍出版社	978-7-5068-5587-7
467	现代图书馆信息管理与服务	叶艳著	九州出版社	978-7-5108-6139-0
468	农村信息服务的虚拟价值网络模式研究	易法敏著	中国经济出版社	978-7-5136-4692-5
469	新空间新服务新体验：图书馆空间建设与信息共享	殷利艳著	光明日报出版社	978-7-5194-2984-3
470	深圳全民阅读发展报告. 2017	尹昌龙主编；深圳市全民阅读研究与推广中心编	海天出版社	978-7-5507-1937-8
471	第二届获奖优秀科普作品评介	尹霖，李正伟主编	科学普及出版社	978-7-110-08903-3
472	图书馆口述资料收藏研究	尹培丽著	国家图书馆出版社	978-7-5013-6103-8
473	第五届中国古籍数字化国际学术研讨会论文集	尹小林主编	五洲传播出版社	978-7-5085-3721-4
474	高校图书馆建设与创新研究	于成杰，陈作新著	西北工业大学出版社	978-7-5612-5720-3
475	美国图书馆行业协会年会研究	于春明著	九州出版社	978-7-5108-5069-1
476	图书馆信息服务与特色服务研究	于海英，仲晓凤，马海霞著	万卷出版公司	978-7-5470-4426-1
477	青岛市图书馆	于婧主编	天津大学出版社	978-7-5618-5938-4
478	信息检索实践教程	于喜展，孙志梅主编	南京大学出版社	978-7-305-19084-1
479	目录学发微　古书通例	余嘉锡著	商务印书馆	978-7-100-15120-7
480	新时期高校图书馆参考咨询服务的创新发展研究	余佩琪，毕涛著	天津古籍出版社	978-7-5528-0545-1
481	搜索引擎优化	俞国红主编	北京理工大学出版社有限责任公司	978-7-5682-4020-8
482	中国高被引分析报告. 2016	曾建勋主编	科学技术文献出版社	978-7-5189-3047-0
483	中国高被引分析报告. 2015	曾建勋主编	科学技术文献出版社	978-7-5189-3066-1
484	中国高被引分析报告. 2014	曾建勋主编	科学技术文献出版社	978-7-5189-3065-4
485	文献情报的焦虑	曾建勋著	科学技术文献出版社	978-7-5189-3440-9
486	信息检索技术实用教程·2版	曾健民，孙德红，高薇主编	清华大学出版社	978-7-302-47747-1
487	图书馆工作论丛. 第六辑	张白影，聂道良主编	北京理工大学出版社有限责任公司	978-7-5682-5024-5
488	移动数字图书馆	张成昱等著	清华大学出版社	978-7-302-44485-5
489	给孩子的童年书	张贵勇著	广西师范大学出版社	978-7-5495-9992-9

续表

序号	书名	责任者	出版社	ISBN
490	图书馆营销研究	张浩如著	国家图书馆出版社	978-7-5013-6047-5
491	科技文献检索与科教论文写作	张虎芳主编	中国石化出版社	978-7-5114-4615-2
492	科技期刊研究与管理	张靖庚著	甘肃科学技术出版社	978-7-5424-2494-5
493	图书馆管理学	张立,李莘主编	电子科技大学出版社	978-7-5647-4056-6
494	研究前沿探测及其演化分析方法与实证研究	张丽华著	武汉大学出版社	978-7-307-19100-6
495	阅读打造精神高地	张良成主编	湖北人民出版社	978-7-216-09099-5
496	洞见斯文	张铭著	吉林文史出版社	978-7-5472-4481-4
497	千载芸香:城关图书典籍溯源	张其遵著;中共兰州市城关区委党史办公室,兰州市城关区地方志编纂委员会办公室编	甘肃文化出版社	978-7-5490-1339-5
498	21 世纪的大学图书馆管理从理念到实践	张奇伟主编	北京师范大学出版社	978-7-303-22638-2
499	汽车专业资料检索・2 版	张琴友,吴志军,王洪涛编著	人民交通出版社股份有限公司	978-7-114-13916-1
500	书香留韵	张守涛著;南京市文化遗产管理局编	江苏凤凰文艺出版社	978-7-5399-9392-8
501	图书馆利用与文献检索	张涛著	东北师范大学出版社	978-7-5681-2219-1
502	移动互联网时代图书馆服务研究	张涛著	吉林科学技术出版社	978-7-5578-2147-0
503	公共图书馆转型与内涵发展	张伟,刘锦山主编	国家图书馆出版社	978-7-5013-6056-7
504	古籍提要题跋节录	张伟丽著	哈尔滨工程大学出版社	978-7-5661-1569-0
505	阅读悦好	张席贵著	吉林出版集团股份有限公司	978-7-5581-3278-0
506	共享经济时代的企业信息披露	张鲜华著	经济科学出版社	978-7-5141-7692-6
507	简帛量词研究	张显成,李建平著	中华书局	978-7-101-12380-7
508	专利检索与信息分析实务	张晓东著	华东理工大学出版社	978-7-5628-5126-4
509	民族高校图书馆文献信息检索与利用	张晓彤主编	甘肃文化出版社	978-7-5490-1428-6
510	文献检索与毕业论文写作	张言彩主编	西安电子科技大学出版社	978-7-5606-4642-8
511	深圳模式:深圳“图书馆之城”探索与创新	张岩,王林主编	中国社会科学出版社	978-7-5161-9853-7
512	图书馆家庭阅读推广	张岩主编	朝华出版社	978-7-5054-4024-1
513	深圳图书馆	张岩主编	天津大学出版社	978-7-5618-5936-0
514	探秘国家图书馆	张彦祥主编	开明出版社	978-7-5131-3153-7
515	数字图书馆参考咨询系统的建设与实践	张洋著	北京日报出版社	978-7-5477-1975-6
516	温州市图书馆	张永苏主编	天津大学出版社	978-7-5618-5932-2
517	海源续阁藏善本古籍掇英	张玉坤编	北京联合出版公司	978-7-5502-9682-4

续表

序号	书名	责任者	出版社	ISBN
518	教师读书的30种体验	张肇丰,徐士强主编	华东师范大学出版社	978-7-5675-7065-8
519	中学图书管理工作的创新	张壮飞著	北京燕山出版社	978-7-5402-4740-9
520	文献检索	章新友主编	中国医药科技出版社	978-7-5067-8801-4
521	数字图书馆管理与服务创新研究	赵春辉主编	吉林文史出版社	978-7-5472-4196-7
522	中国文献载体演变史	赵海丽,蔡先金编著	齐鲁书社	978-7-5333-3771-1
523	韩国日本吟诵文献辑释	赵季,周晓靓,叶言材著	天津教育出版社	978-7-5309-8111-5
524	图书馆系统信息管理	赵金玲著	北京燕山出版社	978-7-5402-4722-5
525	现代信息查询与利用·4版	赵静编著	科学出版社	978-7-03-053388-3
526	网络数字环境下图书馆新型服务	赵丽芳著	东北师范大学出版社	978-7-5681-3524-5
527	信息计量分析工具理论与实践	赵蓉英编著	武汉大学出版社	978-7-307-19665-0
528	中国工程科技知识中心元数据规范. I	赵瑞雪等主编	中国农业科学技术出版社	978-7-5116-3338-5
529	网络信息检索与实践	赵胜主编	化学工业出版社	978-7-122-29568-2
530	大数据环境下高校图书馆信息服务模式创新	赵晓暄著	中国书籍出版社	978-7-5068-6213-4
531	新媒体时代公共信息服务改革与创新研究	赵媛编著	东北林业大学出版社	978-7-5674-1026-8
532	高校图书馆的管理与创新	赵越编著	中译出版社	978-7-5001-5474-7
533	我家有了读书会	赵云良,代俊东主编	吉林人民出版社	978-7-206-14324-3
534	浙江省古籍普查报告	浙江省古籍保护中心编;徐晓军,曹海花,童圣江主编	国家图书馆出版社	978-7-5013-6186-1
535	中国古籍修复纸谱	浙江图书馆编	国家图书馆出版社	978-7-5013-5907-3
536	SEO搜索引擎优化	郑杰编著	人民邮电出版社	978-7-115-44155-3
537	历代书籍形态之美	郑军著	山东画报出版社	978-7-5474-2376-9
538	书海同舟	郑力人等主编	社会科学文献出版社	978-7-5201-0419-7
539	公共图书馆竞争力研究	郑雯著	世界图书出版公司长春有限公司	978-7-5192-3238-2
540	信息检索教程·2版	郑瑜,王小雄主编	人民邮电出版社	978-7-115-45935-0
541	基于多Agent的大规模中文领域本体的自动化构建方法与应用研究	支丽平著	科学技术文献出版社	978-7-5189-3543-7
542	书香满屏山　圆梦新福建	中共福建省委省直机关工作委员会编	海峡书局	978-7-5567-0344-9
543	学习大行动	中共杭州市委宣传部编	杭州出版社	978-7-5565-0587-6
544	龙江处处飘书香	中共黑龙江省直属机关工作委员会,黑龙江省新闻出版广电局编著	黑龙江人民出版社	978-7-207-11005-3
545	汉语科技词系统(有色金属卷)	中国科学技术信息研究所,钢铁研究总院,中国工程院编著	科学技术文献出版社	978-7-5189-1957-4

续表

序号	书名	责任者	出版社	ISBN
546	图书馆、情报与文献学研究的新视野. 8	中国社会科学情报学会，中国科学技术情报学会编	中国书籍出版社	978-7-5068-5873-1
547	图书馆、情报与文献学研究的新视野. 9	中国社会科学情报学会编	中国书籍出版社	978-7-5068-6148-9
548	中国图书馆年鉴 2016	中国图书馆学会，国家图书馆编	国家图书馆出版社	978-7-5013-6036-9
549	回顾与展望：新媒体时代下信息组织方法的创新与发展	中国图书馆学会学术研究委员会信息组织专业委员会编	国家图书馆出版社	978-7-5013-6288-2
550	专业图书馆“十二五”期间事业发展报告	中国图书馆学会专业图书馆分会编	国家图书馆出版社	978-7-5013-5997-4
551	信息检索与利用	钟诚，王文溥，张玉霞主编	电子科技大学出版社	978-7-5647-4619-3
552	信息服务实践与应用	钟新春，赵世华主编	北京邮电大学出版社	978-7-5635-5118-7
553	图书情报领域实用多元统计	周爱民主编	郑州大学出版社	978-7-5645-0776-3
554	宁波藏书文化	周达章，周娴华主编	宁波出版社	978-7-5526-2839-5
555	信息组织 · 4 版	周宁主编	武汉大学出版社	978-7-307-19668-1
556	公共图书馆体系化服务六论	周文杰著	中国社会科学出版社	978-7-5203-0245-6
557	书香社会	周燕妮，聂凌睿，马德静编著	海天出版社	978-7-5507-1942-2
558	旧籍丛话	周越然著	北方文艺出版社	978-7-5317-3913-5
559	书书书：版本与书籍	周越然著；张琦整理	北方文艺出版社	978-7-5317-3750-6
560	书书书：版本与书籍 · 2 版	周越然著；张琦整理	北方文艺出版社	978-7-5317-3846-6
561	中国少数民族古籍学	朱崇先主编	中央民族大学出版社	978-7-5660-1326-2
562	中国少数民族古籍文献整理研究	朱崇先著	商务印书馆	978-7-100-15452-9
563	数据仓库与数据挖掘概念、方法及图书馆应用	朱东妹著	安徽师范大学出版社	978-7-5676-3022-2
564	Elasticsearch 技术解析与实战	朱林编著	机械工业出版社	978-7-111-55327-4
565	图书馆管理制度与制度化管理	朱明著	中国社会科学出版社	978-7-5203-0806-9
566	云南省数字图书馆推广工程建设应用指南	朱庆华编	云南科技出版社	978-7-5587-0680-6
567	大数据时代图书馆信息化服务创新与应用研究	朱庆华著	云南科技出版社	978-7-5587-0681-3
568	大学图书馆服务社会创新策略研究	朱曦，赵益民等著	云南人民出版社	978-7-222-16707-0
569	数字图书馆与知识产权问题的相关研究	祝凤云著	西安交通大学出版社	978-7-5693-0270-7
570	国际执业医师考试资源检索与利用	庄善洁，于静，王杰主编	知识产权出版社	978-7-5130-4879-8
571	古书里的神秘宝藏	邹贺编著	世界图书出版西安有限公司	978-7-5192-1716-7
572	党校图书馆功能论	邹艳秋著	河北人民出版社	978-7-202-12121-4

统计资料

2017 年全国公共图书馆事业统计

按年份全国公共图书馆经费收支及设施情况

年 份	收入合计（万元）	财政拨款	支出合计（万元）	新增藏量购置费	新购图书（万册）	实际使用房屋建筑面积（万平方米）	书库	阅览室	阅览室座席数（万个）
1979年	5040	5040	5206	2163		86.6	38.1	21.1	
1980年	5476	5476	5486	2273		92.0	42.1	23.5	
1985年	15272	15272	13393	4164	1343	172.0	64.1	46.1	23.1
1986年	19891	19070	17242	5300	1359	210.2	73.0	53.4	33.7
1990年	32328	29292	30271	8474	895	326.0	98.4	76.1	32.1
1991年	36764	32593	34388	8927	771	349.1	104.3	80.0	34.0
1992年	45354	39010	41132	9916	740	363.6	105.3	84.3	34.4
1993年	50917	42975	48211	10698	631	368.0	108.0	85.0	34.3
1994年	74586	60639	63295	9252	556	409.1	113.6	85.7	34.8
1995年	79685	65829	74080	16788	551	415.5	117.8	88.3	35.2
1996年	93235	76582	88963	19626	577	441.4	120.8	94.0	35.6
1997年	114004	93177	113927	25527	680	471.5	124.9	98.0	37.4
1998年	129082	107521	127032	28067	700	492.5	131.7	101.8	39.9
1999年	137430	115830	135826	30473	678	506.0	137.4	105.7	41.6
2000年	163799	139321	157173	37141	692	598.2	139.0	109.7	41.6
2001年	183368	152732	187661	36489	819	561.8	146.4	114.4	43.7
2002年	213322	176882	208929	41853	946	582.8	151.6	122.6	43.9
2003年	242188	205252	235819	44407	1049	588.6	156.0	129.7	46.1
2004年	281234	238141	275034	50780	1228	625.1	158.4	138.6	47.2
2005年	325880	277848	312571	59781	1535	677.0	170.0	150.0	48.0
2006年	366089	319479	344076	66095	1686	718.9	175.5	159.0	50.0
2007年	450512	395441	431326	78262	1871	741.4	181.6	169.2	52.7
2008年	531926	477616	519841	83832	2071	780.0	183.5	179.3	55.4
2009年	613175	550808	606630	104404	2939	850.3	194.7	203.5	60.2
2010年	646085	583685	643629	111093	2956	900.4	204.5	220.6	63.1
2011年	813232	756357	794778	141477	3985	994.9	212.9	245.3	68.1
2012年	1002068	934890	977556	147785	5826	1058.4	230.1	281.9	73.5
2013年	1151163	1070575	1130035	165959	4865	1158.5	240.2	318.9	81.0
2014年	1212979	1137210	1163583	170133	4742	1231.6	252.4	331.8	85.6
2015年	1358370	1270354	1340481	197468	5151	1301.5	268.4	358.0	91.1
2016年	1494998	1415668	1451469	216020	6275	1424.3	281.9	398.2	98.6
2017年	1801356	1722791	1692580	236506	7034	1515.3	302.7	433.5	106.4

按年份全国公共图书馆主要业务活动情况

年　份	机构数（个）	从业人员（人）	总藏量（万册件）	总流通人次（万人次）	外借人次	书刊、文献外借册次（万册次）	书架单层总长度（万米）	发放借书证数（万个）	本年新购藏量（万册）
1979年	1651		18353	7787		9625			
1980年	1732		19904	9045		11830			
1985年	2344	29350	25573	11614		18942			1343
1986年	2406	31849	26133	11722		16205	504	523	1359
1990年	2527	40247	29064	12435		20242	772	603	895
1991年	2535	42037	30614	20496	7949	13325	758	631	771
1992年	2558	43051	31175	18495	7653	12625	748	563	740
1993年	2572	44656	31410	16973	6970	11685	797	562	631
1994年	2589	44367	32332	14451	7232	11852	776	552	556
1995年	2615	45323	32850	14142	7160	11814	899	540	551
1996年	2620	46457	33686	14793	7731	13544	967	527	577
1997年	2628	47882	37549	16114	8561	15685	817	556	680
1998年	2662	48313	38514	17058	8910	15422	873	582	700
1999年	2669	48792	39539	18040	9075	16290	934	596	678
2000年	2675	51342	40953	18854	9600	16913	978	623	692
2001年	2696	48579	42130	20757	9829	17559	945	792	819
2002年	2697	48447	42683	21950	10428	20021	995	918	946
2003年	2709	49646	43776	21440	10666	18775	1035	943	1049
2004年	2720	49069	46152	22095	10140	18536	1247	1056	1228
2005年	2762	50423	48056	23332	10821	20269	1320	1062	1535
2006年	2778	51311	50024	25218	11408	21039	1413	1160	1686
2007年	2799	51650	52053	26103	11454	21319	1318	1273	1871
2008年	2820	52021	55064	28141	12251	23129	1112	1454	2071
2009年	2850	52688	58521	32167	13277	25857	1216	1749	2939
2010年	2884	53564	61726	32823	13934	26392	1200	2020	2956
2011年	2952	54475	63896	37423	15316	28452	1218	2214	3985
2012年	3076	54997	68827	43437	17402	33191	1216	2485	5826
2013年	3112	56320	74896	49232	20552	40868	1191	2877	4865
2014年	3117	56071	79092	53036	22737	46734	1210	3944	4742
2015年	3139	56422	83844	58892	23085	50896	1262	5721	5151
2016年	3154	57219	90163	66037	24892	54725	1335	5593	6275
2017年	3166	57567	96953	74450	25503	55091	1432	6736	7034

按年份各地区公共图书馆机构数

单位：个

地　区	1995年	2000年	2005年	2010年	2015年	2016年	2017年
总　计	**2615**	**2675**	**2762**	**2884**	**3139**	**3154**	**3166**
北　京	22	24	25	24	24	24	23
天　津	31	31	32	31	31	31	32
河　北	134	145	153	165	172	172	173
山　西	119	121	122	126	126	127	128
内蒙古	107	108	110	113	117	117	117
辽　宁	127	128	126	128	129	130	130
吉　林	51	60	63	65	66	66	66
黑龙江	96	97	96	107	107	108	109
上　海	31	31	28	28	25	24	24
江　苏	94	101	103	111	114	114	115
浙　江	81	83	90	97	100	102	101
安　徽	83	84	88	88	122	123	124
福　建	78	81	84	86	90	90	90
江　西	104	104	104	108	114	113	113
山　东	130	133	145	149	154	154	154
河　南	132	134	136	142	158	158	158
湖　北	100	103	102	107	112	112	116
湖　南	116	115	120	124	137	137	139
广　东	114	124	129	132	140	142	143
广　西	99	94	95	108	112	114	115
海　南	19	19	20	20	21	23	23
重　庆		42	43	43	43	43	43
四　川	166	129	141	161	203	203	204
贵　州	87	89	91	93	96	99	98
云　南	148	148	149	150	151	151	151
西　藏	18	1	4	4	79	81	81
陕　西	114	114	111	112	110	110	110
甘　肃	86	91	92	94	103	103	103
青　海	41	38	43	44	49	49	49
宁　夏	20	22	20	20	26	26	26
新　疆	66	80	96	103	107	107	107

按年份各地区公共图书馆从业人员

单位：人

地区	1995年	2000年	2005年	2010年	2015年	2016年	2017年
总计	**45323**	**51342**	**50423**	**53564**	**56422**	**57219**	**57567**
北京	886	1080	1219	1307	1263	1249	1239
天津	1084	1111	1057	1077	1189	969	986
河北	1592	1711	1690	1789	1855	1875	1899
山西	1370	1527	1631	1575	1554	1676	1673
内蒙古	2015	1833	1776	1804	1942	1944	1913
辽宁	2859	4916	2888	3152	2805	2761	2662
吉林	1596	1724	1783	1661	1628	1620	1600
黑龙江	2014	1846	1669	1846	1693	1664	1688
上海	1686	2513	2597	2180	2113	2091	2101
江苏	1953	2092	2363	2838	3183	3439	3473
浙江	1565	1936	2122	3040	3577	3616	3607
安徽	1168	1241	1217	1239	1510	1559	1558
福建	1077	1172	1110	1190	1330	1409	1536
江西	1386	1462	1373	1406	1395	1379	1420
山东	2318	2506	2690	2680	2750	2828	2877
河南	2352	2626	2742	2762	2949	2955	2911
湖北	2054	2299	2253	2151	2212	2198	2204
湖南	1733	1925	1963	1993	2092	2094	2149
广东	2355	2837	3252	3761	4159	4360	4450
广西	1335	1540	1459	1509	1509	1589	1660
海南	252	250	250	374	325	323	313
重庆		785	755	854	874	920	964
四川	2415	1719	1869	1972	2261	2371	2413
贵州	869	876	905	937	1046	1089	1081
云南	1429	1571	1661	1760	1826	1874	1814
西藏	50	42	62	64	187	189	216
陕西	1317	1572	1691	1988	2121	2123	2020
甘肃	979	1110	1179	1306	1443	1450	1473
青海	400	378	365	398	411	425	483
宁夏	498	537	509	543	558	555	565
新疆	770	907	951	978	1083	1092	1102

按年份各地区公共图书馆总藏量

单位：万册(件)

地　区	1995年	2000年	2005年	2010年	2015年	2016年	2017年
总　计	**32850**	**40953**	**48056**	**61726**	**83844**	**90163**	**96953**
北　京	670	767	1121	1715	2425	2594	2759
天　津	677	786	869	1258	1697	1806	1662
河　北	845	1081	1307	1611	2200	2340	2547
山　西	777	867	963	1208	1548	1727	1751
内蒙古	621	683	744	940	1513	1704	1787
辽　宁	1786	1970	2326	2953	3736	3929	3964
吉　林	921	1030	1202	1380	1768	1862	1973
黑龙江	1094	1186	1291	1644	1827	1926	2158
上　海	1586	5500	6049	6809	7568	7676	7773
江　苏	2420	2669	3179	4370	6847	7602	8598
浙　江	1511	1715	2324	3761	6250	6969	7813
安　徽	752	787	847	1236	1942	2162	2537
福　建	902	985	1274	1682	2821	3051	3322
江　西	1070	1122	1282	1520	2159	2178	2429
山　东	1724	1989	2746	3636	4727	5065	5539
河　南	1062	1239	1429	1837	2472	2646	2874
湖　北	1445	1678	1923	2361	3003	3318	3597
湖　南	1362	1514	1667	1961	2555	2833	3050
广　东	1651	2316	3119	4615	7008	7900	8708
广　西	1243	1312	1491	1881	2606	2720	2786
海　南	137	154	184	285	424	458	490
重　庆		811	768	1031	1304	1442	1672
四　川	2356	1722	2002	2599	3328	3518	3793
贵　州	616	681	764	812	1221	1258	1386
云　南	1104	1254	1371	1566	1944	2091	2111
西　藏	51	60	42	53	162	177	195
陕　西	733	837	887	1127	1506	1626	1733
甘　肃	670	745	860	1042	1340	1394	1496
青　海	280	286	324	358	415	451	459
宁　夏	338	380	378	462	706	687	721
新　疆	489	579	817	1113	1303	1418	1502

按年份各地区人均拥有公共图书馆藏量

单位：册(件)

地　区	1995年	2000年	2005年	2010年	2015年	2016年	2017年
全　国	**0.27**	**0.32**	**0.37**	**0.46**	**0.61**	**0.65**	**0.70**
北　京	0.54	0.55	0.73	0.87	1.12	1.19	1.27
天　津	0.72	0.79	0.83	0.97	1.10	1.16	1.07
河　北	0.13	0.16	0.19	0.22	0.30	0.31	0.34
山　西	0.25	0.26	0.29	0.34	0.42	0.47	0.47
内蒙古	0.27	0.29	0.31	0.38	0.60	0.68	0.71
辽　宁	0.44	0.46	0.55	0.68	0.85	0.90	0.91
吉　林	0.36	0.38	0.44	0.50	0.64	0.68	0.73
黑龙江	0.30	0.32	0.34	0.43	0.48	0.51	0.57
上　海	1.12	3.29	3.40	2.96	3.13	3.17	3.21
江　苏	0.34	0.36	0.43	0.56	0.86	0.95	1.07
浙　江	0.35	0.37	0.47	0.69	1.13	1.25	1.38
安　徽	0.13	0.13	0.14	0.21	0.32	0.35	0.41
福　建	0.28	0.28	0.36	0.46	0.73	0.79	0.85
江　西	0.26	0.27	0.30	0.34	0.47	0.47	0.53
山　东	0.20	0.22	0.30	0.38	0.48	0.51	0.55
河　南	0.12	0.13	0.15	0.20	0.26	0.28	0.30
湖　北	0.25	0.28	0.34	0.41	0.51	0.56	0.61
湖　南	0.21	0.24	0.26	0.30	0.38	0.42	0.44
广　东	0.24	0.27	0.34	0.44	0.65	0.72	0.78
广　西	0.27	0.29	0.32	0.41	0.54	0.56	0.57
海　南	0.19	0.20	0.22	0.33	0.47	0.50	0.53
重　庆		0.26	0.27	0.36	0.43	0.47	0.54
四　川	0.21	0.21	0.24	0.32	0.41	0.43	0.46
贵　州	0.18	0.19	0.20	0.23	0.35	0.35	0.39
云　南	0.28	0.29	0.31	0.34	0.41	0.44	0.44
西　藏	0.21	0.23	0.15	0.18	0.50	0.53	0.58
陕　西	0.21	0.23	0.24	0.30	0.40	0.43	0.45
甘　肃	0.27	0.29	0.33	0.41	0.52	0.53	0.57
青　海	0.58	0.55	0.60	0.64	0.70	0.76	0.77
宁　夏	0.66	0.68	0.63	0.73	1.06	1.02	1.06
新　疆	0.29	0.30	0.41	0.51	0.55	0.59	0.61

按年份各地区公共图书馆总流通人次

单位：万人次

地区	1995年	2000年	2005年	2010年	2015年	2016年	2017年
总计	**14142**	**18854**	**23332**	**32823**	**58892**	**66037**	**74450**
北京	272	320	715	775	1264	1402	1555
天津	265	461	483	606	789	851	1403
河北	473	736	635	736	1428	1622	2308
山西	227	261	256	374	830	981	1190
内蒙古	282	270	380	312	649	743	1003
辽宁	829	1184	1133	1457	2068	2313	2580
吉林	385	409	505	503	732	806	867
黑龙江	631	608	505	622	968	986	1072
上海	687	1225	1249	1853	3931	4170	2993
江苏	883	1227	1735	3006	6001	6489	7975
浙江	555	1140	1398	3454	7942	9788	10847
安徽	372	561	461	760	1739	1994	2376
福建	466	647	734	1193	2396	2604	2970
江西	413	485	534	639	1258	1375	1722
山东	509	795	1422	1717	2729	3644	3972
河南	650	713	828	1026	2233	2539	2951
湖北	559	714	1145	1516	1955	2082	2388
湖南	618	808	787	1028	1617	1955	2177
广东	1447	2235	3543	4540	7855	8335	9147
广西	809	927	896	1343	2065	2067	2344
海南	94	121	115	172	445	377	524
重庆		266	595	621	1235	1309	1524
四川	776	554	766	1168	2010	2358	2601
贵州	462	228	187	369	594	604	784
云南	559	654	735	907	1223	1381	1261
西藏		2	2	3	20	25	25
陕西	242	275	365	519	982	1156	1357
甘肃	225	185	317	468	678	724	775
青海	39	58	68	89	112	111	159
宁夏	140	142	167	163	282	319	465
新疆	140	263	212	350	474	529	552

按年份各地区公共图书馆图书外借册次

单位：万册次

地　区	1995年	2000年	2005年	2010年	2015年	2016年	2017年
总　计	**11814**	**16913**	**20269**	**26392**	**50896**	**54725**	**55091**
北　京	283	442	678	804	940	1026	1047
天　津	237	274	380	572	859	876	1058
河　北	379	673	469	493	972	1054	1416
山　西	204	207	272	282	547	650	810
内蒙古	239	233	243	312	574	705	780
辽　宁	856	1119	1173	1456	1708	1795	1900
吉　林	332	387	794	412	748	737	766
黑龙江	500	527	789	479	688	647	794
上　海	507	970	1028	1461	8681	8624	2792
江　苏	967	1269	1494	2542	4980	5088	5586
浙　江	550	1054	1233	2924	5727	6520	6982
安　徽	343	455	341	683	1481	1682	1899
福　建	517	779	729	1097	2465	2659	3351
江　西	383	543	723	562	1119	1302	1561
山　东	573	718	1379	1514	2331	2810	3031
河　南	517	695	647	915	1676	1862	2097
湖　北	543	769	927	1846	1816	1882	2136
湖　南	562	735	801	1059	1540	1701	1849
广　东	687	1192	2037	2267	4377	5219	6851
广　西	528	688	761	733	1155	1142	1183
海　南	49	64	28	86	222	247	243
重　庆		435	472	706	949	1026	1223
四　川	691	564	651	924	1617	1751	1845
贵　州	133	189	118	222	476	493	551
云　南	529	680	701	702	1072	973	958
西　藏		11	4	4	7	8	8
陕　西	238	305	264	305	681	707	795
甘　肃	173	153	261	345	588	619	662
青　海	51	52	58	42	91	81	103
宁　夏	125	265	212	182	302	295	363
新　疆	91	251	175	317	440	486	381

按年份各地区公共图书馆财政拨款

单位：万元

地　区	1995年	2000年	2005年	2010年	2015年	2016年	2017年
总　计	**65829**	**139321**	**277848**	**583685**	**1270354**	**1415668**	**1722791**
北　京	1683	8734	15554	32746	58565	59955	65390
天　津	1295	2751	10980	18500	37294	39120	51189
河　北	1827	2980	6717	10034	28569	30381	32945
山　西	1184	2150	4862	9838	22710	35281	38397
内蒙古	1432	2452	5086	17898	38852	35753	42464
辽　宁	3737	6822	15446	31121	48542	50897	50929
吉　林	1707	3364	5861	12385	28732	30517	36298
黑龙江	2088	3104	7752	13616	28784	33679	30198
上　海	5558	22870	30636	56345	85027	100740	211156
江　苏	3620	6729	16075	34240	82558	99159	112375
浙　江	2356	6509	20316	43536	94626	106823	124141
安　徽	1165	2054	5436	10008	24786	28176	32914
福　建	1778	3681	6579	14975	35015	37536	52259
江　西	1184	2022	3780	9726	24660	26095	28194
山　东	2814	6129	12039	22996	54919	58850	66482
河　南	1766	3591	5987	12252	33275	34813	41625
湖　北	1649	2896	6498	29240	47629	50865	67289
湖　南	1816	2550	5376	12154	29914	39260	46874
广　东	6110	11868	28592	58296	127501	156204	189105
广　西	1563	2851	5469	12191	32734	29939	45983
海　南	378	322	631	3373	9758	12639	15270
重　庆		1491	2957	7650	23778	27377	28656
四　川	2591	2877	7229	16955	64020	53607	54186
贵　州	746	1259	3401	5939	15290	18763	23913
云　南	2178	5134	6096	11763	24864	33464	34425
西　藏	72	111	336	1145	6932	6095	7665
陕　西	934	2038	3973	11547	25922	32442	33640
甘　肃	985	1752	4438	9648	22858	27324	30646
青　海	724	678	1237	3096	9340	12580	12178
宁　夏	408	786	1504	5067	12731	10483	12381
新　疆	1062	1476	3360	8089	21635	30234	29957

按年份各地区公共图书馆总支出

单位：万元

地　区	1995年	2000年	2005年	2010年	2015年	2016年	2017年
总　计	**74080**	**157173**	**312571**	**643629**	**1340481**	**1451469**	**1692580**
北　京	1851	5326	16840	26706	59616	61590	65118
天　津	2128	3074	7548	20119	35517	37285	53488
河　北	2044	3458	7208	11062	28024	30458	33234
山　西	1170	2270	5085	10787	23050	33899	38235
内蒙古	1458	2536	4959	15124	39865	36627	37507
辽　宁	4392	7783	16225	32183	49577	51013	53537
吉　林	1835	3520	6295	12613	29390	30474	37538
黑龙江	2139	3409	8602	13500	31318	34794	30724
上　海	7021	24425	36757	63728	93556	104749	133059
江　苏	4046	8400	20630	37964	86604	103891	111938
浙　江	3082	8500	22905	47316	100338	108932	129175
安　徽	1384	2641	5767	11788	26927	30155	35021
福　建	1710	3916	7446	15517	34971	41040	55251
江　西	1323	2343	4343	10432	25599	24551	29988
山　东	2968	6881	13242	23206	56509	60983	69331
河　南	2140	3902	6377	13452	32060	35681	42322
湖　北	2372	3952	8120	31444	50295	49833	58296
湖　南	2329	3399	6431	13378	30504	36364	44180
广　东	6807	14597	33777	61294	134518	156094	195714
广　西	1769	3077	6288	13369	35915	32947	45992
海　南	369	355	658	4320	9808	10830	17605
重　庆		2026	3856	9335	24115	27796	31118
四　川	3245	3462	8218	17841	59960	51872	55065
贵　州	810	1428	3497	6736	17210	18010	25116
云　南	2234	3928	6786	12632	27661	35625	35951
西　藏	61	110	336	689	5146	6262	6928
陕　西	951	2263	4405	11820	27944	34020	36020
甘　肃	1011	1799	4399	9592	25254	26657	30907
青　海	424	780	1315	3155	9074	10825	12440
宁　夏	430	783	1574	5786	12828	13422	14981
新　疆	1119	1677	3999	8890	26944	29828	30223

按年份各地区公共图书馆新增藏量购置费

单位：万元

地　区	1995年	2000年	2005年	2010年	2015年	2016年	2017年
总　计	**16788**	**37141**	**59781**	**111093**	**197468**	**216020**	**236506**
北　京	251	914	3413	4483	8392	8889	7364
天　津	318	563	1527	3267	4870	4688	12399
河　北	302	428	677	1524	4063	3636	5088
山　西	131	292	385	1482	2466	4811	3103
内蒙古	86	166	169	939	3209	3261	3489
辽　宁	768	948	2027	5165	6801	5073	7008
吉　林	250	459	777	1312	3877	3727	3406
黑龙江	235	395	410	1584	2436	2256	2507
上　海	2204	11210	10342	14950	19127	18595	16399
江　苏	732	1780	3739	8279	15421	18287	18827
浙　江	578	1577	3994	10908	17781	19658	21670
安　徽	262	297	619	1454	4634	4818	3802
福　建	311	716	1599	2801	6229	7781	8381
江　西	99	302	646	1299	2624	3239	4168
山　东	506	978	1868	4000	7665	10248	12023
河　南	255	413	655	1449	4166	4342	5808
湖　北	299	699	1296	1847	8752	8634	10579
湖　南	207	415	900	1672	3933	4956	5380
广　东	1186	2832	7394	12506	23670	29651	32870
广　西	291	520	674	1863	5043	4537	5470
海　南	59	41	92	874	873	656	1403
重　庆		330	569	1626	3230	3958	4154
四　川	431	485	1095	2129	4912	5201	6582
贵　州	100	166	301	682	1446	1962	3769
云　南	441	538	720	1700	2699	3001	2567
西　藏	14	16	43	119	1176	265	370
陕　西	104	117	701	1527	3270	3749	4028
甘　肃	170	289	594	1177	2382	2599	2929
青　海	33	54	72	153	785	1298	544
宁　夏	41	68	136	501	1355	1068	1624
新　疆	91	136	347	925	1480	3465	1657

按年份各地区公共图书馆人均购书费

单位：元

地区	1995年	2000年	2005年	2010年	2015年	2016年	2017年
全国	**0.139**	**0.293**	**0.457**	**0.829**	**1.434**	**1.562**	**1.697**
北京	0.201	0.661	2.219	2.286	3.866	4.091	3.392
天津	0.338	0.562	1.464	2.525	3.148	3.001	7.964
河北	0.047	0.063	0.099	0.212	0.547	0.487	0.677
山西	0.043	0.089	0.115	0.415	0.673	1.306	0.838
内蒙古	0.039	0.070	0.071	0.380	1.278	1.294	1.380
辽宁	0.188	0.224	0.480	1.181	1.552	1.159	1.604
吉林	0.096	0.168	0.286	0.478	1.408	1.364	1.254
黑龙江	0.063	0.107	0.107	0.414	0.639	0.594	0.517
上海	1.558	6.697	5.817	6.494	7.919	7.684	6.782
江苏	0.104	0.239	0.500	1.052	1.933	2.286	2.345
浙江	0.134	0.337	0.815	2.004	3.210	3.517	3.831
安徽	0.044	0.050	0.101	0.244	0.754	0.778	0.608
福建	0.096	0.206	0.452	0.759	1.623	2.009	2.143
江西	0.024	0.073	0.150	0.291	0.575	0.705	0.902
山东	0.058	0.108	0.202	0.418	0.778	1.030	1.202
河南	0.028	0.045	0.070	0.154	0.439	0.456	0.608
湖北	0.052	0.116	0.227	0.323	1.496	1.467	1.792
湖南	0.032	0.064	0.142	0.254	0.580	0.726	0.784
广东	0.173	0.328	0.804	1.199	2.182	2.696	2.943
广西	0.064	0.116	0.145	0.405	1.051	0.938	1.120
海南	0.081	0.052	0.111	1.008	0.538	0.716	1.515
重庆		0.107	0.203	0.564	1.071	1.299	1.351
四川	0.038	0.058	0.133	0.265	0.599	0.630	0.793
贵州	0.029	0.047	0.081	0.196	0.410	0.552	1.053
云南	0.111	0.125	0.162	0.370	0.569	0.629	0.535
西藏	0.058	0.061	0.155	0.396	3.629	0.802	1.097
陕西	0.030	0.032	0.188	0.409	0.862	0.983	1.050
甘肃	0.070	0.113	0.229	0.460	0.916	0.996	1.115
青海	0.069	0.104	0.133	0.271	1.334	2.188	0.909
宁夏	0.080	0.121	0.228	0.796	2.029	1.582	2.381
新疆	0.055	0.071	0.173	0.424	0.627	1.445	0.678

按年份各地区公共图书馆购书费支出占总支出的比重

单位：%

地区	1995年	2000年	2005年	2010年	2015年	2016年	2017年
全国	**22.7**	**23.6**	**19.1**	**17.3**	**14.7**	**14.9**	**14.0**
北京	13.6	17.2	20.3	16.8	14.1	14.4	11.3
天津	14.9	18.3	20.2	16.2	13.7	12.6	23.2
河北	14.8	12.4	9.4	13.8	14.5	11.9	15.3
山西	11.2	12.9	7.6	13.7	10.7	14.2	8.1
内蒙古	5.9	6.5	3.4	6.2	8.0	8.9	9.3
辽宁	17.5	12.2	12.5	16.0	13.7	9.9	13.1
吉林	13.6	13.0	12.3	10.4	13.2	12.2	9.1
黑龙江	11.0	11.6	4.8	11.7	7.8	6.5	8.2
上海	31.4	45.9	28.1	23.5	20.4	17.8	12.3
江苏	18.1	21.2	18.1	21.8	17.8	17.6	16.8
浙江	18.8	18.6	17.4	23.1	17.7	18.0	16.8
安徽	18.9	11.2	10.7	12.3	17.2	16.0	10.9
福建	18.2	18.3	21.5	18.0	17.8	19.0	15.2
江西	7.5	12.9	14.9	12.4	10.3	13.2	13.9
山东	17.0	14.2	14.1	17.2	13.6	16.8	17.3
河南	11.9	10.6	10.3	10.8	13.0	12.2	13.7
湖北	12.6	17.7	16.0	5.9	17.4	17.3	18.1
湖南	8.9	12.2	14.0	12.5	12.9	13.6	12.2
广东	17.4	19.4	21.9	20.4	17.6	19.0	16.8
广西	16.4	16.9	10.7	13.9	14.0	13.8	11.9
海南	16.0	11.5	14.0	20.2	8.9	6.1	8.0
重庆		16.3	14.8	17.4	13.4	14.2	13.4
四川	13.3	14.0	13.3	11.9	8.2	10.0	12.0
贵州	12.3	11.6	8.6	10.1	8.4	10.9	15.0
云南	19.7	13.7	10.6	13.5	9.8	8.4	7.1
西藏	23.0	14.5	12.8	17.2	22.8	4.2	5.3
陕西	10.9	5.2	15.9	12.9	11.7	11.0	11.2
甘肃	16.8	16.1	13.5	12.3	9.4	9.8	9.5
青海	7.8	6.9	5.5	4.8	8.7	12.0	4.4
宁夏	9.5	8.7	8.6	8.7	10.6	8.0	10.8
新疆	8.1	8.1	8.7	10.4	5.5	11.6	5.5

按年份各地区公共图书馆新购图书册数

单位：万册

地 区	1995年	2000年	2005年	2010年	2015年	2016年	2017年
总 计	**551**	**692**	**1535**	**2956**	**5151**	**6275**	**7034**
北 京	11	33	114	125	196	226	135
天 津	12	17	35	74	102	110	166
河 北	26	15	33	68	122	159	191
山 西	7	12	17	45	81	126	70
内蒙古	7	11	8	67	68	154	145
辽 宁	41	39	72	157	179	183	190
吉 林	14	14	32	52	96	94	88
黑龙江	17	17	26	71	88	127	183
上 海	44	67	100	176	242	151	222
江 苏	41	57	106	259	478	584	796
浙 江	33	54	142	337	643	711	753
安 徽	9	11	23	61	191	228	176
福 建	18	25	71	103	211	244	354
江 西	9	15	26	65	91	127	207
山 东	23	32	64	133	259	327	502
河 南	16	21	30	95	124	160	202
湖 北	23	28	43	60	185	296	284
湖 南	19	24	54	80	134	273	172
广 东	69	77	316	368	557	886	865
广 西	16	20	26	56	149	132	128
海 南	6	3	3	25	27	35	29
重 庆		12	23	52	104	153	203
四 川	25	21	47	95	211	202	257
贵 州	5	8	7	27	61	58	141
云 南	22	15	26	43	93	112	97
西 藏			2	2	39	18	16
陕 西	5	6	25	43	79	108	117
甘 肃	7	7	12	26	55	61	94
青 海	1	2	3	6	19	16	17
宁 夏	2	3	5	31	33	27	37
新 疆	6	5	15	32	93	58	64

按年份各地区公共图书馆阅览室座席数

单位：万个

地　区	1995年	2000年	2005年	2010年	2015年	2016年	2017年
总　计	**35.2**	**41.6**	**48.0**	**63.1**	**91.1**	**98.6**	**106.4**
北　京	0.5	0.8	1.1	1.3	1.5	1.7	1.8
天　津	0.5	0.7	1.0	0.9	1.5	1.5	1.7
河　北	1.4	1.8	2.0	2.2	3.3	3.8	4.1
山　西	0.9	1.1	1.2	1.6	2.7	3.2	3.4
内蒙古	1.2	1.3	1.4	1.7	2.6	2.8	3.2
辽　宁	1.7	2.0	2.3	3.0	3.5	3.8	3.8
吉　林	0.9	1.2	1.2	1.4	1.9	2.1	2.1
黑龙江	1.1	1.1	1.3	1.8	2.3	2.3	2.8
上　海	1.2	1.5	1.5	1.9	2.2	2.2	2.3
江　苏	1.8	2.2	2.5	3.9	5.1	5.4	6.5
浙　江	1.2	1.6	2.5	3.5	6.1	6.5	6.9
安　徽	0.9	0.8	1.0	1.6	3.3	3.6	4.0
福　建	1.3	1.3	1.7	2.5	3.2	3.3	3.7
江　西	1.6	1.6	1.7	2.2	3.1	3.5	3.6
山　东	1.4	2.0	2.7	3.7	5.6	6.1	6.3
河　南	1.2	1.6	1.7	2.4	4.2	4.9	5.0
湖　北	2.1	2.1	2.4	2.7	3.7	4.3	4.5
湖　南	2.2	2.5	2.3	3.0	3.3	3.6	3.8
广　东	2.6	3.0	4.0	5.9	9.0	9.4	9.5
广　西	1.8	2.0	1.8	2.5	2.8	2.9	3.3
海　南	0.3	0.3	0.3	0.4	0.6	0.6	0.6
重　庆		0.8	0.8	1.4	2.1	2.5	2.8
四　川	2.2	2.1	2.3	2.6	4.6	5.0	5.5
贵　州	0.8	1.0	1.1	1.2	2.0	2.1	2.5
云　南	1.5	1.9	1.9	2.1	2.6	2.7	3.1
西　藏					0.3	0.3	0.3
陕　西	0.9	0.9	1.3	1.4	2.0	2.2	2.4
甘　肃	0.7	0.8	1.0	1.3	1.9	2.0	2.2
青　海	0.2	0.2	0.2	0.3	0.4	0.4	0.4
宁　夏	0.4	0.4	0.5	0.5	0.9	0.9	1.2
新　疆	0.5	0.7	1.0	1.4	2.3	2.4	2.7

按年份各地区每万人公共图书馆建筑面积

单位：平方米

地　区	1995年	2000年	2005年	2010年	2015年	2016年	2017年
全　国	**34.3**	**47.3**	**51.8**	**67.2**	**94.7**	**103.0**	**109.0**
北　京	56.7	75.3	99.5	86.6	113.6	126.4	138.3
天　津	81.6	99.9	162.0	103.1	167.4	168.8	209.1
河　北	26.9	33.5	38.5	34.6	59.2	63.2	65.5
山　西	27.6	34.3	45.0	67.8	114.3	129.9	138.5
内蒙古	46.0	53.0	65.8	90.4	135.5	154.3	160.7
辽　宁	53.8	61.6	81.3	100.8	126.7	128.3	132.8
吉　林	35.5	39.6	50.1	53.3	98.9	101.6	105.9
黑龙江	33.6	36.6	48.2	65.0	76.6	78.0	86.2
上　海	85.8	132.6	137.2	160.9	173.2	173.2	177.4
江　苏	30.3	35.5	57.9	83.1	129.3	145.2	152.4
浙　江	34.8	57.7	83.7	106.7	171.7	189.0	190.4
安　徽	14.6	15.9	23.9	37.0	65.0	71.7	76.6
福　建	42.2	47.5	65.9	117.1	99.1	102.6	130.2
江　西	38.6	39.9	47.6	61.1	80.1	80.5	87.0
山　东	22.6	26.9	42.3	49.7	83.8	106.6	110.7
河　南	21.6	25.9	27.2	34.5	57.9	64.1	64.2
湖　北	35.1	39.3	49.9	57.3	91.9	118.9	125.8
湖　南	33.6	38.7	39.7	54.9	61.1	63.1	68.8
广　东	43.2	132.1	57.8	80.6	115.9	117.2	120.0
广　西	38.1	46.8	45.1	55.8	72.0	80.8	86.5
海　南	36.0	41.9	53.1	98.2	88.5	90.6	90.7
重　庆		37.5	47.2	70.8	97.6	101.6	110.6
四　川	22.6	27.3	34.2	42.1	68.5	72.3	75.6
贵　州	23.9	39.7	35.7	44.5	63.7	64.6	71.8
云　南	44.6	48.5	78.4	65.5	75.1	77.1	84.3
西　藏	52.1	61.1	104.7	89.6	156.2	163.1	165.2
陕　西	32.8	33.8	52.7	53.5	64.4	71.7	73.9
甘　肃	34.5	43.7	41.6	63.2	84.3	102.6	108.2
青　海	60.5	73.4	68.1	78.9	105.9	107.8	127.9
宁　夏	78.2	78.3	68.8	133.9	158.8	183.0	195.5
新　疆	43.1	44.7	54.7	82.0	100.6	105.2	113.3

	机构数（个）	从业人员（人）				
			专业技术人才			
				正高级职称	副高级职称	中级职称
总　计	**3166**	**57567**	**41250**	**829**	**5673**	**18729**
其中：少儿图书馆	122	2544	1858	49	293	791
按隶属关系分：						
中央	1	1517	1403	69	423	739
省、区、市	39	7580	6488	312	1301	2817
地、市	373	15366	11928	316	1955	5572
县、市、区	2753	33104	21431	132	1994	9601
县图书馆	1580	15008	9938	53	886	4522

续表 1

	在藏量中		电子图书（万册）			
	开架书刊	少儿文献		本馆自建	本馆外购	从其他机构免费共享
总　计	**47168.82**	**9999.64**	**102626.90**	**1843.16**	**76012.78**	**24760.97**
其中：少儿图书馆	2419.71	2081.91	1613.34	27.96	1004.79	580.59
按隶属关系分：						
中央	181.57	9.33	426.83	76.98	349.85	
省、区、市	5165.97	1037.87	9766.13	32.49	6296.06	3437.58
地、市	14290.45	3582.60	50880.79	410.94	45188.97	5280.88
县、市、区	27530.82	5369.84	41553.15	1322.75	24177.90	16042.52
县图书馆	8862.15	1787.63	16373.54	539.50	9575.44	6258.60

书馆基本情况

总藏量（万册）	图书	盲文图书	古　籍	善本	报刊	视听文献	缩微制品	其他
96952.93	**75758.50**	**98.28**	**2701.46**	**275.61**	**9184.99**	**1782.32**	**1515.87**	**6009.78**
4368.53	3842.93	2.88	44.60	6.97	211.27	141.77	2.89	125.07
3768.62	1400.17	0.31	194.94	28.27	1557.92	41.33	164.67	409.60
20447.86	12743.03	9.00	1352.16	167.62	2009.26	380.22	1289.29	2673.90
25649.33	21273.36	24.89	675.78	40.70	2152.10	636.27	7.73	904.09
47087.11	40341.94	64.09	478.58	39.02	3465.71	724.51	54.18	2022.19
17363.08	14280.24	31.88	227.48	21.67	1868.08	200.96	15.38	770.94

书架单层总长度（米）	本年新增藏量（万册）	本年新增电子图书（万册）	当年购买的报刊种类（种）	有效借书证数（个）	总流通人次（万人次）	书刊文献外借人次	书刊文献外借册次（万册次）	组织各类讲座次数（次）
14317331	**7033.70**	**14204.24**	**1126794**	**67360811**	**74449.88**	**25502.78**	**55090.52**	**74174**
393258	321.59	279.11	39722	3609082	3167.95	1280.52	3655.22	6592
	122.62	2.19	16714	4169139	583.93	39.61	68.40	568
2927188	711.31	607.03	151852	8063462	8435.99	1755.05	5097.54	5356
5209704	1719.83	5163.45	333990	24254845	22982.37	8059.44	17554.05	21495
6180439	4479.95	8431.57	624238	30873365	42447.59	15648.67	32370.54	46755
2600605	1436.01	4005.11	261766	8889461	13276.56	5872.23	10389.87	18320

续表 2

	为读者举办各种活动					开展基层培训辅导人次（万人次）
	参加人次（万人次）	举办展览（个）	参加人次（万人次）	举办培训班（个）	培训人次（万人次）	
总　　计	**1254.34**	**30443**	**7190.98**	**50973**	**411.44**	**131.69**
其中：少儿图书馆	83.30	1292	352.04	4710	23.38	2.67
按隶属关系分：						
中央	6.98	20	123.09	254	12.76	12.21
省、区、市	235.92	4090	1505.70	5859	129.55	24.69
地、市	319.50	6471	2557.75	14510	85.11	20.93
县、市、区	691.94	19862	3004.44	30350	184.03	73.86
县图书馆	291.98	9816	1175.24	11992	179.66	37.18

续表 3

	购书专项经费	上级补助收入	事业收入	经营收入	附属单位上缴收入	其他收入
总　　计	**2021366**	**200579**	**303302**	**56479**	**591**	**224709**
其中：少儿图书馆	91550	9223	4656	154		5881
按隶属关系分：						
中央	140000		151470	30968		16218
省、区、市	577003	11858	114224	12359		35447
地、市	614752	39248	10134	3285	450	84675
县、市、区	689611	149473	27474	9867	141	88369
县图书馆	175716	77793	8385	325	125	32363

本单位受训人次(万人次)	计算机(台)	供读者使用电子阅览室终端数	图书馆网站访问量(页次)	本年收入合计(千元)	财政补贴收入	免费开放资金	中央资金
27.56	**220992**	**144255**	**1952162847**	**18013566**	**17227906**	**1152352**	**343698**
1.80	7802	4399	33884815	802862	782948	102639	11617
0.48	3606	700	913138786	935351	736695		
5.96	19890	8995	311950740	4563486	4389598	264063	12003
8.07	50869	31058	445100903	5320845	5183053	251504	83232
13.05	146627	103502	281972418	7193884	6918560	636785	248463
5.77	70661	51273	149430771	2343077	2224086	264512	154342

本年支出合计(千元)	基本支出	项目支出	经营支出	在支出合计中：工资福利支出	商品和服务支出	差旅费	劳务费
16925802	**9104208**	**7506313**	**21426**	**5686956**	**4054385**	**89535**	**325131**
796078	462133	322379	172	261481	167011	3775	18811
965825	473334	488493	3997	218598	333937	3307	8983
3820299	1564029	2197951	10619	1008053	1121502	17750	48344
4981005	2584592	2362441	2781	1656514	1027173	21483	96271
7158673	4482253	2457428	4029	2803791	1571773	46995	171533
2345478	1629080	586956	1373	1066610	401835	22321	46309

续表 4

	福利费	各种税金支出	对个人和家庭补助支出	抚恤金和生活补助	其他资本性支出	各种设备、交通工具、图书购置费
总　计	**49683**	**15578**	**1639221**	**61901**	**4014828**	**3254179**
其中：少儿图书馆	2044	1154	84154	3447	181770	150802
按隶属关系分：						
中央	352	825	188425	2129	192755	186775
省、区、市	9801	4532	309017	7434	932617	813080
地、市	13058	5392	522271	21112	1344144	1032533
县、市、区	26472	4829	619508	31226	1545312	1221791
县图书馆	7790	1620	202258	13387	463403	370503

续表 5

	电子阅览室面积	实际拥有产权面积（万平方米）	阅览室座席数（个）	少儿阅览室座席数	盲人阅览室座席数	志愿者服务队伍数（个）
总　计	**61.73**	**883.09**	**1064163**	**256151**	**25391**	**7379**
其中：少儿图书馆	1.75	23.29	37558	27025	732	781
按隶属关系分：						
中央	0.11	27.81	5427	300	12	1
省、区、市	3.06	112.74	76935	11020	1012	1034
地、市	14.14	233.19	282977	59437	5343	1539
县、市、区	44.42	509.36	698824	185394	19024	4805
县图书馆	22.05	235.57	307540	90650	9140	1930

新增藏量购置费	新增数字资源购置费	资产总计（千元）	固定资产原值	实际使用公用房屋建筑面积（万平方米）	书库面积	阅览室面积	书刊阅览室面积
1912640	**452422**	**63014509**	**46798546**	**1515.27**	**302.71**	**433.48**	**316.58**
83594	23063	1980509	1552912	46.80	7.98	15.04	12.25
138689	32710	6014382	3535213	27.81	6.93	3.43	2.69
475065	141800	18734273	13774804	178.60	40.22	49.40	43.27
529290	157207	15859625	13168166	442.79	86.78	128.58	102.20
769596	120705	22406229	16320363	866.08	168.77	252.07	168.42
229883	38806	10792277	6310188	343.10	74.52	100.59	63.77

志愿者服务队伍人数（人）	图书馆延伸服务情况				文化创意产品情况		
	流动图书车数（辆）	流动服务书刊借阅人次（万人次）	流动图书馆车书刊借阅册次（万册次）	分馆数量（个）	文化创意产品种类（个）	文化创意产品销售收入（千元）	文化创意产品销售利润（千元）
323431	**2135**	**2704.02**	**4669.58**	**19239**	**1391**	**119708**	**19198**
29826	30	291.39	599.70	1102	22		
168				16	111	14062	6079
71740	24	151.57	242.53	1024	278	26707	12506
98708	406	902.41	1603.56	4036	357	1369	409
152815	1705	1650.03	2823.49	14163	645	77570	204
39823	1116	718.62	1101.05	4296	205	313	202

2017年各地区公共

地区	机构数(个)	从业人员(人)	专业技术人才	正高级职称	副高级职称	中级职称	总藏量(万册)	图书
总　计	**3166**	**57567**	**41250**	**829**	**5673**	**18729**	**96952.93**	**75758.50**
北　京	23	1239	1014	14	91	376	2759.15	2448.52
天　津	32	986	887	19	140	371	1662.14	1471.42
河　北	173	1899	1333	37	213	585	2546.89	2094.97
山　西	128	1673	1075	14	90	441	1751.19	1381.11
内蒙古	117	1913	1582	9	328	680	1786.86	1505.04
辽　宁	130	2662	2065	68	285	1159	3964.01	3254.06
吉　林	66	1600	1302	51	280	569	1972.76	1637.06
黑龙江	109	1688	1396	98	383	631	2158.41	1764.25
上　海	24	2101	1760	43	151	690	7773.08	3483.36
江　苏	115	3473	2350	49	320	1083	8597.62	7563.37
浙　江	101	3607	2204	59	298	995	7812.91	6854.07
安　徽	124	1558	1018	7	96	447	2537.10	2100.94
福　建	90	1536	1013	7	90	485	3322.26	2650.64
江　西	113	1420	878	11	87	389	2428.77	1928.22
山　东	154	2877	2379	51	382	1103	5539.31	4577.40
河　南	158	2911	1643	17	171	715	2874.06	2359.95
湖　北	116	2204	1741	22	204	914	3596.76	2963.17
湖　南	139	2149	1518	9	136	771	3050.16	2494.95
广　东	143	4450	2938	52	245	1418	8708.30	7380.38
广　西	115	1660	1205	11	114	533	2785.98	1989.22
海　南	23	313	246	1	5	90	489.85	443.97
重　庆	43	964	602	25	88	249	1671.79	1350.35
四　川	204	2413	1425	12	117	577	3792.88	3095.27
贵　州	98	1081	815	13	115	300	1385.60	1109.44
云　南	151	1814	1597	12	437	739	2110.62	1618.41
西　藏	81	216	116	11	13	16	195.14	154.98
陕　西	110	2020	1298	9	78	582	1733.22	1442.72
甘　肃	103	1473	873	11	84	372	1496.03	1129.24
青　海	49	483	294	4	41	140	458.53	376.08
宁　夏	26	565	424	8	52	186	721.28	489.84
新　疆	107	1102	856	6	116	384	1501.68	1245.97

盲文图书	古　籍	善本	报刊	视听文献	缩微制品	其他	在藏量中		电子图书（万册）
							开架书刊	少儿文献	
98.28	**2701.46**	**275.61**	**9184.99**	**1782.32**	**1515.87**	**6009.78**	**47168.82**	**9999.64**	**102626.90**
0.37	46.93	7.01	74.51	104.67	0.36	84.17	1451.03	299.30	1484.46
1.12	58.72	10.58	58.91	25.65	1.23	46.21	887.96	215.52	1637.87
4.45	57.97	2.60	218.45	51.34	7.44	116.72	1417.92	237.89	1639.86
3.46	75.34	10.97	229.23	30.36	1.52	33.63	841.41	143.10	919.01
1.73	34.68	2.50	142.95	14.67	0.85	88.67	960.30	119.95	1089.22
2.76	135.30	16.07	288.73	95.23	1.56	189.14	2257.63	487.93	1791.97
1.71	45.54	7.11	171.35	37.71	3.35	77.75	770.16	206.49	3380.09
1.56	43.43	2.15	245.73	43.76	29.71	31.54	1063.49	137.33	1022.99
1.65	201.14	19.46	389.42	132.78	1235.94	2330.44	2204.01	348.10	2972.60
5.89	343.29	27.43	511.17	117.42	5.70	56.66	4617.32	946.27	7142.43
5.02	195.18	21.99	456.30	223.80	0.82	82.74	4684.34	1128.89	36170.06
7.63	62.60	4.43	182.88	45.77	0.98	143.94	1121.82	292.66	4565.09
1.87	47.38	3.67	254.76	72.98	2.50	294.01	1812.67	577.45	2627.05
3.28	76.02	7.25	283.15	21.25	0.91	119.23	1000.39	241.12	1496.32
7.52	140.64	24.70	495.60	46.14	4.54	274.99	3090.09	525.43	3230.12
8.69	110.89	8.41	334.32	28.41	1.23	39.26	1404.04	291.70	2125.56
3.95	97.71	8.81	342.36	62.18	37.36	93.98	1853.71	319.92	4166.08
4.83	117.28	8.88	319.17	62.09	1.69	54.99	1580.36	392.75	1675.81
4.04	81.52	5.28	496.40	263.18	2.84	483.98	4986.68	1510.09	5845.84
0.86	43.38	2.53	426.22	36.53	1.07	289.57	1058.28	230.63	2309.18
0.37	1.19	0.43	38.55	4.39	0.02	1.72	295.09	46.38	1108.93
3.96	71.90	9.32	132.15	26.69	1.15	89.56	946.91	223.37	1326.41
9.57	159.72	10.35	389.17	52.06	3.51	93.17	1958.76	362.37	3319.39
2.20	22.01	1.30	173.70	15.34	1.82	63.30	882.76	111.21	1674.06
1.84	92.90	5.90	301.08	22.38	1.01	74.85	1083.55	163.95	2328.56
0.17	1.17	0.12	19.40	0.88	0.36	18.35	22.74	9.23	27.32
2.63	57.31	5.92	171.94	17.62	0.39	43.24	855.28	120.63	3508.82
1.97	52.10	9.67	213.82	11.22	0.41	89.24	785.26	101.16	316.25
0.61	15.17	1.27	35.46	2.86	0.34	28.62	119.19	26.25	216.95
0.86	5.73	0.95	63.35	55.54	0.20	106.62	275.52	66.97	385.24
1.43	12.43	0.28	166.86	16.10	0.43	59.90	698.59	106.27	696.54

续表 1

地区				书架单层总长度（米）	本年新购藏量（万册）	本年新增电子图书（万册）	当年购买的报刊种类（种）	有效借书证数（个）
	本馆自建	本馆外购	免费共享					
总　计	**1843.16**	**76012.78**	**24760.97**	**14317331**	**7033.70**	**14204.24**	**1126794**	**67360811**
北　京	23.90	630.89	829.67	289467	134.80	42.26	23364	1387129
天　津	1.73	1245.64	390.50	227668	166.07	201.92	20130	776713
河　北	78.82	1423.05	137.99	501154	191.28	453.07	34447	1440964
山　西	25.93	561.37	331.71	253385	69.56	242.97	22606	1213868
内蒙古	72.07	751.69	265.47	284910	144.71	494.84	26300	643125
辽　宁	41.61	1406.55	343.81	499173	189.52	601.36	47479	1397956
吉　林	72.74	2966.36	340.99	264063	88.13	228.43	22901	1123075
黑龙江	13.82	340.68	668.50	405251	182.97	181.30	25141	821761
上　海	4.30	874.91	2093.39	550674	222.15	248.16	49511	2804581
江　苏	127.91	5164.05	1850.48	1358166	795.61	1218.26	87391	13007203
浙　江	261.44	32476.00	3432.62	858252	753.23	2626.61	84511	10405481
安　徽	54.68	3907.53	602.89	332108	175.84	729.70	33279	1785138
福　建	90.85	1857.77	678.44	416109	353.95	467.68	38453	2347321
江　西	34.13	1120.25	341.94	221133	206.84	179.15	30307	1555201
山　东	27.68	2839.79	362.64	824049	501.56	920.57	64608	3216293
河　南	53.61	1563.70	508.25	377123	201.88	334.25	39892	1435719
湖　北	111.15	2092.80	1962.13	548614	284.40	545.36	40752	1866764
湖　南	235.38	864.58	575.84	810297	172.20	396.63	39762	1713781
广　东	27.10	3524.21	2294.52	1318034	864.93	597.66	91246	6803696
广　西	3.26	1615.74	690.18	415559	128.15	109.58	37896	1039388
海　南	33.40	1021.99	53.55	80406	28.91	864.49	8555	213610
重　庆	74.95	918.68	332.79	328450	202.76	289.55	28074	1567730
四　川	39.84	1984.12	1295.43	1624711	256.99	1002.49	47924	1810979
贵　州	55.09	1401.79	217.18	208408	141.24	684.02	21284	628567
云　南	14.48	1412.47	901.61	509561	97.43	173.38	38532	509131
西　藏	1.12	7.53	18.67	32466	15.71	2.04	4930	15420
陕　西	108.87	487.83	2902.14	273908	116.71	106.28	24992	483605
甘　肃	4.84	259.81	51.61	164574	94.22	41.78	21635	423672
青　海	8.50	197.05	11.40	85440	16.65	72.01	3970	168037
宁　夏	0.10	200.50	184.64	109080	48.86	60.67	10904	208865
新　疆	62.89	543.62	90.03	145138	63.83	85.60	39304	376899

总流通人次(万人次)	书刊文献外借人次	书刊文献外借册次(万册次)	为读者举办各种活动					
			组织各类讲座次数(次)	参加人次(万人次)	举办展览(个)	参加人次(万人次)	举办培训班(个)	培训人次(万人次)
74449.88	**25502.78**	**55090.52**	**74174**	**1254.34**	**30443**	**7190.98**	**50973**	**411.44**
1555.33	390.75	1047.17	2226	17.53	489	166.51	1313	4.72
1403.09	420.89	1057.88	1453	20.53	583	75.41	395	3.02
2308.00	740.31	1416.23	3178	32.15	893	128.68	1465	8.62
1189.57	382.11	809.92	2120	35.96	593	196.74	816	6.03
1003.07	381.15	780.00	1393	21.35	495	36.87	530	4.21
2579.67	878.77	1900.48	2696	25.49	1000	292.90	2730	8.27
866.93	433.50	766.10	835	10.43	333	95.79	413	3.16
1071.71	379.05	794.44	1357	19.46	781	75.05	1302	5.13
2992.53	671.21	2792.09	2665	39.99	422	97.56	1605	9.85
7975.09	2970.20	5585.74	3545	54.10	1566	374.38	2359	10.85
10846.51	2862.42	6982.16	5258	89.98	2618	745.58	6769	39.48
2376.33	1069.64	1899.00	2374	45.09	900	207.14	1008	8.67
2970.12	1165.54	3350.67	2327	28.60	1092	241.67	2396	110.32
1722.10	873.06	1561.39	1743	25.45	1361	276.20	1041	7.79
3972.23	1757.52	3031.28	5826	76.79	1753	279.01	3233	20.16
2950.86	1400.31	2097.24	4192	78.06	1444	160.77	2170	14.27
2388.28	1181.64	2136.35	2605	51.47	992	169.61	1639	9.59
2176.80	899.32	1849.16	4233	166.70	942	347.03	2377	21.99
9147.06	2110.50	6850.62	8394	173.31	4310	1619.04	5977	32.73
2344.30	586.97	1182.88	1777	32.81	942	393.12	1747	11.58
523.54	82.12	242.55	244	5.15	115	15.49	768	1.75
1524.03	546.23	1222.65	1604	26.36	996	180.88	1952	10.92
2601.11	1088.02	1845.22	3601	57.35	1289	394.96	1419	8.80
783.92	357.01	551.31	1572	17.68	591	59.33	729	5.33
1261.24	519.58	958.49	2012	28.94	1300	169.45	1411	11.35
24.80	4.69	7.83	92	0.89	154	2.83	190	0.23
1357.45	453.76	795.00	1893	30.13	995	130.90	1734	9.86
774.86	379.72	661.81	1131	18.60	449	45.06	404	3.45
158.66	70.14	102.98	169	1.77	116	6.83	118	0.92
465.20	195.58	362.62	320	3.36	161	18.79	178	1.05
551.57	211.46	380.88	771	11.90	748	64.34	531	4.60

续表 2

地区	开展基层培训辅导人次(万人次)	本单位受训人次(万人次)	计算机(台)	供读者使用电子阅览室终端数	图书馆网站访问量(页次)	本年收入合计(千元)	财政补贴收入	免费开放资金
总　计	**131.69**	**27.56**	**220992**	**144255**	**1952162847**	**18013566**	**17227906**	**1152352**
北　京	7.98	0.58	4544	2179	25430434	667240	653898	27932
天　津	1.24	0.69	4387	2834	14838004	522378	511892	12641
河　北	3.59	1.02	7994	5585	24016798	337386	329452	42830
山　西	3.79	0.99	6587	4810	5393904	385867	383965	33723
内蒙古	1.63	0.45	7201	4943	10802263	429760	424636	28492
辽　宁	4.35	2.22	9592	5945	38304027	519885	509288	14672
吉　林	1.97	0.83	4722	2912	7698770	367231	362977	15549
黑龙江	2.73	0.41	6332	4189	14541812	304817	301981	20901
上　海	1.21	0.99	6283	3029	48715509	2209357	2111555	18896
江　苏	10.53	1.77	11739	6769	95619747	1169981	1123750	143339
浙　江	3.90	1.70	11813	7551	87185275	1287322	1241413	45413
安　徽	4.23	0.75	7823	5792	17060507	345629	329140	27920
福　建	1.01	1.00	7051	4585	78296440	564290	522593	25538
江　西	8.12	0.25	7159	5035	22822653	307819	281939	29231
山　东	4.59	0.59	12042	7951	35981976	681577	664817	55720
河　南	4.67	1.29	9757	6582	16185946	420673	416252	37886
湖　北	5.82	1.15	7576	5025	65055913	699217	672885	20723
湖　南	3.84	2.34	7226	4887	61304685	501543	468735	47879
广　东	4.31	2.75	17453	10928	142568951	1938428	1891048	134326
广　西	3.33	1.26	6643	4334	21933035	477477	459831	30570
海　南	0.40	0.15	1609	976	5986456	159215	152700	59169
重　庆	2.68	0.14	4667	3474	28312909	302544	286557	30857
四　川	14.15	0.19	11249	7966	31838487	554804	541862	77839
贵　州	1.60	1.25	5507	3666	26428899	260395	239125	23717
云　南	3.38	0.54	7623	5390	88974206	354785	344245	38164
西　藏	0.42	0.01	1437	1010	47447	78466	76654	16662
陕　西	8.22	0.51	5884	4202	15173430	351644	336396	27940
甘　肃	2.71	0.21	5358	3505	5324724	314153	306463	25147
青　海	0.59	0.06	2194	1379	966550	125063	121782	7273
宁　夏	0.44	0.68	2303	1784	1051685	130339	123809	7258
新　疆	2.09	0.32	5631	4338	1162619	308930	299571	24145

中央资金	购书专项经费	上级补助收入	事业收入	经营收入	附属单位上缴收入	其他收入	本年支出合计(千元)	基本支出
343698	**2021366**	**200579**	**303302**	**56479**	**591**	**224709**	**16925802**	**9104208**
4105	77767	432	10767	407		1736	651183	355423
3200	76437	2191	5075	375		2845	534876	397585
17065	33683	280	79	45		7530	332338	241163
13676	16965	835	340	229		498	382349	149525
17821	26269	1712				3412	375070	286487
3463	58311	9861	457			279	535365	361726
7645	34510	1584		154		2516	375384	195031
12521	21492	685	927			1224	307235	210981
833	210469	1775	81725	1951		12351	1330586	599702
2449	163377	7532	8838	9371		20490	1119380	639903
652	197053	15384	7364	2141		21020	1291747	612005
10410	38903	11295	921			4273	350207	211051
3983	76220	19499	6591	2906		12701	552506	222475
8131	34774	18925	1524		11	5420	299882	174352
10939	89477	3812	445			12503	693313	412437
17910	37242	975	274	1808	5	1359	423218	278098
8578	92176	13040	834			12458	582956	321073
15351	40802	5360	2116	1116	100	24116	441800	271932
6277	271084	29138	5939			12303	1957141	907803
17558	44345	12319	626	140		4561	459915	164633
1151	7205	799				5716	176046	86401
15580	35788	4233	6395			5359	311177	150897
37600	62727	9010	1900			2032	550648	280669
12032	17918	8856	1452	170	470	10322	251160	143439
27086	25312	2644	239	3233		4424	359513	247292
12388	5179	1480	153			179	69277	32378
17800	35288	5881	1736	756		6875	360198	200965
18715	22847	3400	2265	704		1321	309068	164589
794	7366	2534	180	5	5	557	124395	74769
2440	8561	3068	366			3096	149813	78715
15545	11819	2040	2304			5015	302231	157375

续表 3

地区	项目支出	经营支出	在支出合计中：					
			工资福利支出	商品和服务支出	差旅费	劳务费	福利费	各种税金支出
总计	**7506313**	**21426**	**5686956**	**4054385**	**89535**	**325131**	**49683**	**15578**
北京	295444	270	234043	243235	587	4701	2739	515
天津	137150	4	150055	143693	542	5966	2169	836
河北	86441	90	136532	53746	1229	2138	1072	68
山西	227321	929	105474	44916	1420	5801	491	52
内蒙古	83032		161841	77778	3790	5865	972	109
辽宁	165271	10	213734	133829	1925	8508	176	512
吉林	175905	154	114834	72016	2073	7903	208	
黑龙江	92121	50	119308	58109	2234	2199	282	9
上海	729443	1439	401358	384793	6123	8398	6461	1306
江苏	473392	2327	367685	236753	7369	29254	2478	1486
浙江	667124	1699	443074	316093	4548	44255	13287	1077
安徽	122591	120	125315	74820	2788	6263	507	208
福建	317913	1652	152938	128873	1588	16459	779	169
江西	111417	55	104162	61962	2943	5555	1780	188
山东	263806	14	258754	123181	2684	11119	1460	25
河南	134371	1865	196604	69691	2175	10423	1184	292
湖北	247284		215130	115314	3015	11968	1656	1207
湖南	145678	1118	187349	90319	3153	10259	1548	175
广东	1035564	20	573201	476924	3455	46366	4233	4494
广西	288696	394	138644	76983	3967	3346	370	351
海南	66460		28861	67151	815	4010	4	14
重庆	155583	22	95779	92242	8396	15548	804	364
四川	264452	59	216496	154206	6674	18125	1858	54
贵州	84191	595	90351	51014	1656	2903	429	40
云南	104100	3062	188933	73440	3252	6764	672	51
西藏	33977	12	21141	14867	297	46		
陕西	151481	987	145801	64408	2102	4768	463	69
甘肃	127152	362	93886	97393	1941	6773	629	696
青海	49437	10	41645	18124	606	1651	74	85
宁夏	44045	50	50579	21240	720	3239	33	4
新疆	136978	60	94851	83335	2161	5575	513	297

对个人和家庭补助支出	抚恤金和生活补助	其他资本性支出	各种设备购置费	新增藏量购置费	新增数字资源购置费	资产总计(千元)	固定资产原值	实际使用公用房屋建筑面积(万平方米)
1639221	**61901**	**4014828**	**3254179**	**1912640**	**452422**	**63014509**	**46798546**	**1515.27**
47809	995	117641	103791	62047	11589	2730704	1958186	30.02
65938	637	161526	154208	107052	16941	1131618	936538	32.56
34496	1405	71370	60316	43033	7842	1054410	750923	49.28
22508	479	166566	83399	16721	14306	855528	714391	51.28
63064	3075	56554	49709	29237	5651	1461836	1166830	40.65
82024	9164	94930	77360	53320	16758	2614999	2262333	58.00
57431	2152	82195	54882	26385	7673	779822	662952	28.77
63911	2179	52833	44436	21098	3976	883914	822957	32.65
27378	2814	213999	188114	139794	24194	6509483	4873393	42.90
149280	2598	340444	241561	159256	29017	4001910	3321185	122.40
63859	1327	389883	273227	184837	31858	3477535	2752825	107.71
43339	1500	80776	61047	29368	8647	1069756	902156	47.90
25355	491	222647	186342	69740	14069	1422545	1207666	50.92
26889	1266	75443	66291	32561	9116	1116415	993745	40.22
76559	3645	186179	156298	96889	23344	1939821	1723191	110.75
26862	1446	112942	96463	43874	14209	1777648	1441105	61.40
61342	2087	160225	132548	83576	22215	2416359	2140409	74.24
36189	2679	104111	83760	43349	10452	1827599	1629559	47.17
246547	2314	461018	416105	264221	64477	5966245	5414141	134.02
21107	1807	112993	101961	40165	14535	1158506	835209	42.25
3167		23474	19161	9380	4650	227857	195956	8.40
21770	993	74581	65665	24456	17088	4237206	679673	34.01
32030	2871	111783	84256	51277	14541	1687210	1202799	62.80
20854	1804	52384	44496	28233	9461	930580	641513	25.70
25282	2354	45266	36905	23214	2458	1187392	1029169	40.47
2208		26498	6662	3221	477	370474	311214	5.57
16845	2339	61222	51704	31569	8712	1051689	775642	28.36
46061	3346	56088	49740	23226	6063	1193612	916703	28.42
11919	316	39258	36588	3494	1942	266078	163937	7.65
10963	509	38674	20313	14489	1750	788112	366804	13.33
17810	1180	28570	20096	14869	1701	863264	470229	27.70

续表 4

地区	书库面积	阅览室面积	书刊阅览室面积	电子阅览室面积	实际拥有产权面积(万平方米)	阅览室座席数(个)	少儿阅览室座席数
总　计	**302.71**	**433.48**	**316.58**	**61.73**	**883.09**	**1064163**	**256151**
北　京	6.02	7.60	6.12	0.77	9.63	17637	3450
天　津	6.74	9.85	6.55	0.93	4.57	17242	3807
河　北	10.18	15.56	12.17	2.19	32.89	40683	8717
山　西	8.82	15.85	10.86	2.80	48.15	33917	6451
内蒙古	6.24	12.06	8.94	2.30	18.47	31973	7248
辽　宁	10.54	15.99	11.80	2.33	31.10	38011	8318
吉　林	4.63	8.77	6.95	1.04	15.13	21430	4301
黑龙江	5.54	9.24	6.04	1.58	12.53	28168	6789
上　海	9.52	10.71	9.17	0.88	28.17	22684	4739
江　苏	17.42	32.39	22.75	2.86	60.75	65425	16699
浙　江	18.95	30.90	21.17	3.51	46.57	68536	16408
安　徽	8.97	15.04	11.24	2.20	32.68	39852	10652
福　建	11.27	16.00	12.91	1.46	30.57	37364	9731
江　西	11.08	13.04	8.83	1.94	22.48	36248	10707
山　东	21.93	25.63	18.40	3.54	48.40	62878	14023
河　南	13.63	16.83	12.52	2.99	39.52	50101	12384
湖　北	16.61	22.02	15.59	4.00	54.42	44751	10684
湖　南	13.00	11.83	8.45	2.41	38.60	38091	12297
广　东	22.75	41.41	33.78	5.10	63.92	95355	22658
广　西	9.90	10.74	7.82	1.70	24.37	32677	9475
海　南	2.06	3.09	2.68	0.32	7.04	6039	1441
重　庆	6.52	10.05	7.04	1.22	23.69	27622	6280
四　川	12.86	21.93	16.24	3.71	44.04	55179	13012
贵　州	7.35	8.21	5.81	1.30	21.00	24559	5738
云　南	10.41	11.28	6.93	2.44	29.56	30971	7699
西　藏	1.19	1.24	0.72	0.39	4.01	2939	312
陕　西	6.02	9.19	6.90	1.57	18.54	23741	5725
甘　肃	5.57	6.82	4.80	1.22	19.16	21726	5968
青　海	1.53	2.79	1.91	0.50	3.33	4352	939
宁　夏	2.83	4.34	3.03	0.77	9.53	11963	2005
新　疆	5.70	9.65	5.80	1.67	12.45	26622	7194

盲人阅览室座席数	志愿者服务队伍数（个）	志愿者服务队伍人数（人）	图书馆延伸服务情况			
			流动图书车数（辆）	流动服务书刊借阅人次（万人次）	流动图书车书刊借阅册次（万册次）	分馆数量（个）
25391	**7379**	**323431**	**2135**	**2704.02**	**4669.58**	**19239**
229	81	7332	17	12.84	67.34	332
221	149	3458	9	23.73	51.34	103
824	185	10411	79	39.19	68.50	253
1092	218	6619	161	56.81	83.06	529
811	70	2817	51	37.28	69.60	428
881	297	19860	28	253.31	564.15	1155
514	96	5482	22	61.74	96.68	268
436	127	4376	46	69.10	135.07	651
236	301	17598	72	93.66	134.13	434
1598	279	20923	59	156.64	250.62	3787
1259	644	35689	97	282.82	628.30	1259
1451	151	5312	30	76.57	106.65	1185
671	393	13320	19	57.30	106.98	824
1563	203	26205	42	132.26	144.16	537
2029	424	12987	46	110.12	177.20	1365
1240	328	6652	71	116.12	119.76	476
1101	793	5708	113	185.54	261.30	587
906	733	15435	54	61.76	93.48	507
1077	624	54440	306	233.21	490.89	1387
502	181	10068	86	52.52	116.71	144
84	34	1462	18	9.46	18.26	16
770	105	5192	46	83.24	153.93	800
1526	226	8467	134	114.83	174.70	668
894	101	3504	68	60.88	76.01	278
1090	154	3058	102	123.25	172.16	294
4	58	829	81	1.72	1.27	6
751	136	7098	104	57.52	86.41	505
636	139	2039	58	33.40	52.07	56
101	8	135	47	18.12	28.79	4
368	26	1417	12	60.17	95.48	57
514	114	5370	57	28.91	44.58	328

地区	机构数（个）	从业人员（人）	专业技术人才	正高级职称	副高级职称	中级职称	总藏量（万册）	图书
总计	**122**	**2544**	**1858**	**49**	**293**	**791**	**4368.53**	**3842.93**
北京	3	77	52	2	2	13	101.14	70.15
天津	11	175	155	2	23	51	319.09	302.03
河北	1	7	6		2	2	34.41	34.41
山西	1	10	9	1		4	12.67	10.00
内蒙古	1	12	12		3	4	16.26	14.11
辽宁	16	267	214	8	36	124	452.50	426.20
吉林	5	323	238	15	65	85	587.76	483.53
黑龙江	1	11	11	1	1	6	4.67	2.16
上海	4	70	51		6	28	180.96	147.69
江苏	7	108	58	2	9	23	160.58	147.06
浙江	5	193	149	5	21	59	373.75	313.72
安徽	12	81	55	1	3	22	93.12	78.70
福建	5	84	66		10	24	186.96	168.57
江西								
山东	1	58	54		9	23	61.15	60.70
河南	7	124	89		9	25	140.95	119.49
湖北	5	69	57	1	7	26	177.32	136.27
湖南	8	157	102		13	59	201.37	178.82
广东	5	220	137	2	21	60	635.54	603.37
广西	3	69	52		9	30	119.71	111.21
海南	1	3	1			1	4.15	4.15
重庆	2	98	66	5	11	29	140.41	127.42
四川	1	7	5		1	2	6.48	6.40
贵州	2	9	7			1	15.23	11.26
云南	4	65	64	1	12	32	75.24	61.21
西藏	1	8	8				16.68	16.49
陕西	3	35	30		2	15	29.93	26.04
甘肃	6	69	39		3	10	46.95	44.16
青海	1	135	71	3	15	33	173.57	137.65
宁夏								
新疆								

盲文图书	古　籍	善本	报刊	视听文献	缩微制品	其他	在藏量中		电子图书（万册）
							开架书刊	少儿文献	
2.88	**44.60**	**6.97**	**211.27**	**141.77**	**2.89**	**125.07**	**2419.71**	**2081.91**	**1613.34**
			1.02	9.55		20.42	65.13	30.07	209.64
0.16			2.56	4.14	0.05	10.32	225.78	147.95	25.92
							19.40	19.40	0.05
			2.67				12.67	9.65	0.71
			1.82	0.14		0.20	1.80	0.30	
0.14	0.72	0.02	5.53	10.19		9.87	322.10	212.66	113.49
0.34	23.14	5.35	62.18	4.53	2.58	11.80	166.81	110.13	175.95
			0.32	0.05		2.14	2.16		
0.10			1.68	23.20		8.38	129.07	134.69	35.79
0.10			5.50	4.61		3.42	136.41	114.52	28.15
0.09	0.08		15.38	17.53		27.05	265.40	106.70	128.99
0.08			8.28	2.07		4.06	57.91	49.55	206.91
0.35			16.33	2.06			179.73	160.67	58.73
0.06	0.21	0.11	0.12	0.12		0.01	13.00	6.00	24.30
0.09	0.50	0.10	15.76	5.01		0.20	116.07	87.06	196.46
0.38	3.89	0.34	4.54	11.42	0.20	21.00	90.07	8.77	66.67
0.38	0.09		13.97	6.79	0.01	1.69	187.54	163.53	12.02
0.21			1.79	30.34		0.04	137.62	578.80	47.38
0.02			6.59	1.91			87.77	46.77	107.06
									0.30
	1.25	0.02	6.20	4.65		0.90	63.63	56.97	46.35
0.00			0.02	0.06			2.77	3.72	0.49
			1.43	1.62		0.92	3.30	2.80	7.18
0.14	1.34		11.61	1.06		0.02	56.07	18.85	4.77
0.10	0.01	0.01	0.01	0.02		0.15	8.50		0.20
0.02	1.43	0.02	2.21	0.16		0.09	13.80	7.24	112.46
0.06	0.46		1.73	0.09		0.51	19.60	3.67	2.38
0.08	11.48	1.00	22.04	0.47	0.05	1.89	35.65	1.44	1.00

续表 1

地　区				书架单层总长度（米）	本年新购藏量（万册）	本年新增电子图书（万册）	当年购买的报刊种类（种）	有效借书证数（个）
	本馆自建	本馆外购	免费共享					
总　计	**27.96**	**1004.79**	**580.59**	**393258**	**321.59**	**279.11**	**39722**	**3609082**
北　京	0.39	22.42	186.83	11820	5.87	6.52	841	88131
天　津	0.02	25.90		8811	33.14	19.19	1787	83127
河　北	0.05			1537	5.39		186	80000
山　西		0.71		900	0.10		63	5321
内蒙古				2045	0.21		83	2200
辽　宁	2.66	95.83	15.00	33323	31.49	9.59	3847	278558
吉　林		173.44	2.52	107396	20.03	0.93	5097	206426
黑龙江				482	0.24		80	320
上　海		35.79		15317	13.58	1.76	1087	45936
江　苏		26.95	1.20	21066	15.36	18.89	1958	146393
浙　江	0.08	108.79	20.13	21626	30.71	83.74	3280	270120
安　徽	12.59	136.32	58.00	5240	6.56	63.57	2393	71472
福　建	0.20	48.53	10.00	8354	10.27	7.96	2597	1079047
江　西								
山　东		9.30	15.00	5600	1.51		1185	28015
河　南		96.46	100.00	5892	36.37	2.27	2380	136224
湖　北	10.29	39.49	16.89	8658	18.22	2.96	1145	50224
湖　南	1.00	11.02	0.01	16161	7.46	1.05	2588	193778
广　东	0.08	46.50	0.80	26133	55.77	2.39	2095	585902
广　西	0.06	65.70	41.30	9252	10.15	40.48	1323	82629
海　南		0.30						577
重　庆	0.30	46.06		7522	4.53	14.61	854	40866
四　川		0.49		138	0.72		240	10902
贵　州	0.26	6.91	0.01	5027	1.75	1.46	137	20344
云　南		4.43	0.35	15426	4.45	1.35	1275	32132
西　藏		0.20		1		0.20	487	
陕　西		0.20	112.26	3466	1.11		572	2923
甘　肃		2.07	0.31	4005	4.52	0.20	694	14095
青　海		1.00		48060	2.10		1448	53420
宁　夏								
新　疆								

总流通人次（万人次）	书刊文献外借人次	书刊文献外借册次（万册次）	为读者举办各种活动					
			组织各类讲座次数（次）	参加人次（万人次）	举办展览（个）	参加人次（万人次）	举办培训班（个）	培训人次（万人次）
3167.95	**1280.52**	**3655.22**	**6592**	**83.30**	**1292**	**352.04**	**4710**	**23.38**
29.49	12.64	49.37	212	0.80	10	5.10	55	0.38
141.20	98.18	174.20	227	2.71	117	17.32	79	0.35
80.00	25.00	28.45	40	0.10	25	2.00	100	0.20
8.31	8.31	8.31			5	1.10		
2.50	0.25	0.35	6	0.02	7	0.04	3	0.01
281.35	126.67	351.16	351	6.03	75	10.71	1072	1.76
208.50	83.47	175.55	117	1.24	31	13.30	6	0.03
0.56	0.26	0.96	1	0.02	2	0.04	1	0.00
105.99	54.95	289.90	190	0.83	27	5.23	329	0.99
221.50	122.86	206.49	165	2.62	51	8.17	403	0.81
481.86	148.78	473.10	491	8.27	81	37.24	659	8.45
148.43	75.33	129.84	327	5.11	41	4.64	195	1.01
175.12	68.75	304.11	195	4.26	214	14.12	67	0.29
32.00	11.55	31.08	40	0.16	20	6.00	50	0.20
230.64	147.47	229.85	1302	32.30	187	22.48	736	3.44
120.91	26.95	107.50	298	1.61	78	3.26	334	0.23
184.48	34.10	106.47	91	1.20	67	7.46	56	0.57
322.25	103.77	756.39	2205	11.07	110	176.21	149	2.97
129.71	28.81	70.84	63	0.56	43	6.11	63	0.59
			3	0.02	5	0.13	2	0.02
80.65	44.17	53.25	45	0.22	16	2.09	147	0.80
15.16	5.90	6.04	13	0.35	12	4.24	16	0.01
9.30	5.54	8.39	20	0.42	4	0.40	8	0.03
42.04	10.82	38.69	52	0.34	21	2.37	8	0.07
3.63	0.20	0.30	2	0.02	3	0.10	150	
34.32	22.97	31.82	77	2.21	12	0.70	14	0.09
30.06	9.21	11.37	36	0.39	14	0.50	5	0.06
48.00	3.64	11.43	23	0.42	14	1.00	3	0.02

续表 2

地　区	开展基层培训辅导人次（万人次）	本单位受训人次（万人次）	计算机（台）	供读者使用电子阅览室终端数	图书馆网站访问量（页次）	本年收入合计（千元）	财政补贴收入	免费开放资金
总　计	**2.67**	**1.80**	**7802**	**4399**	**33884815**	**802862**	**782948**	**102639**
北　京	0.10	0.12	243	124	4701066	25649	25566	1000
天　津	0.21	0.08	555	357	584879	65417	65374	3841
河　北			11	6		1810	1810	250
山　西			31	20		2668	2668	500
内蒙古	0.00	0.00	53	30	12721	2462	2462	200
辽　宁	0.25	0.19	779	453	997617	60882	60879	1240
吉　林	0.56	0.02	1052	534	2000962	82809	80664	3260
黑龙江		0.00	35	25		927	927	100
上　海	0.08	0.01	283	149	3342872	32832	31477	100
江　苏	0.11	0.10	313	218	899958	22360	21624	1360
浙　江	0.33	0.31	444	204	10114550	59228	54670	860
安　徽	0.34	0.04	345	271	681570	17196	16986	3050
福　建	0.02	0.01	588	324	797876	32624	30828	5410
江　西								
山　东	0.00	0.02	120	60	1552544	12366	12256	1250
河　南	0.14	0.02	378	234	811524	34492	34071	2100
湖　北	0.05	0.02	165	84	314231	21893	21243	1000
湖　南	0.15	0.57	266	133	2002358	34540	33342	5400
广　东	0.04	0.18	670	269	609845	112224	112213	11730
广　西	0.11	0.07	219	144	337030	10527	10037	1000
海　南						50000	50000	50000
重　庆	0.07	0.01	216	86	2793863	27281	22873	1540
四　川			53	48	3820	2261	2261	500
贵　州	0.00	0.00	72	45	9762	3296	2096	518
云　南	0.03	0.01	301	185	938042	15526	15526	1020
西　藏			75	50		2045	2045	50
陕　西	0.04	0.02	118	107	324305	4292	3870	600
甘　肃	0.01	0.00	227	139	53420	9387	9387	860
青　海	0.03	0.01	190	100		55868	55793	3900
宁　夏								
新　疆								

中央资金	购书专项经费	上级补助收入	事业收入	经营收入	其他收入	本年支出合计(千元)	基本支出
11617	**91550**	**9223**	**4656**	**154**	**5881**	**796078**	**462133**
200	1282		83			25623	16327
900	1865		15		28	67743	50762
250	900					1810	660
250	45					2829	2175
160	60					2462	2007
140	8070				3	65162	35955
670	12490	1390		154	601	90446	40159
100	80					934	709
	5237	239	1115		1	32255	18462
	3750				736	24580	9663
	6599	3250			1308	56754	34852
1550	4356	210				17211	8990
1073	4850	1794			2	32379	15862
	800	100			10	12256	9662
1050	5440	200			221	32510	12861
525	3470	570			80	21711	14081
800	4450	315	33		850	32010	21712
435	18100				11	112177	54907
800	1110	420			70	10423	5433
						50000	50000
400	2300	480	3410		518	24373	14463
400	200					2261	1061
418	306				1200	2219	820
416	1000					14355	9661
40						1923	1478
480	390	180			242	3945	3300
560	400					10259	7397
	4000	75				45468	18714

续表 3

地区	项目支出	经营支出	在支出合计中：					
			工资福利支出	商品和服务支出	差旅费	劳务费	福利费	各种税金支出
总计	**322379**	**172**	**261481**	**167011**	**3775**	**18811**	**2044**	**1154**
北京	9296		11915	8004	18	86	34	
天津	16980		23814	9591	83	389	266	105
河北	1150		660	250				
山西	654		969	854	13	282	25	
内蒙古	455		1158	484				
辽宁	27363		23170	14122	263	1638	47	421
吉林	50133	154	20985	34871	816	2385	10	
黑龙江	225		659	225	9	8		4
上海	13792		6028	4842	52	125	190	
江苏	14917		6965	7609	467	2432	95	22
浙江	21901		26546	16713	228	3270	750	2
安徽	2382	18	6415	3686	149	227	16	
福建	16517		10417	10362	153	2407		
江西								
山东	2594		4329	362	47	308	7	
河南	19457		9732	2926	94	566	65	
湖北	7630		8642	4436	170	366	8	12
湖南	10298		14310	6212	349	765	64	
广东	54991		38874	20671	281	626	407	246
广西	4990		6027	2259	115	84	13	
海南			150					
重庆	9910		10371	5785	75	881		330
四川	1200		937	313	7	302	4	
贵州	1399		683	788	20	104	5	
云南	4694		7636	2874	56	73	2	12
西藏	45		1098	508	14	11		
陕西	224		2395	634	64	166	35	
甘肃	2428		4559	2001	67	206	1	
青海	26754		12037	5629	165	1104		
宁夏								
新疆								

对个人和家庭补助支出	抚恤金和生活补助	其他资本性支出	各种设备购置费	新增藏量购置费	新增数字资源购置费	资产总计（千元）	固定资产原值	实际使用公用房屋建筑面积（万平方米）
84154	**3447**	**181770**	**150802**	**83594**	**23063**	**1980509**	**1552912**	**46.80**
2179		2734	1840	1623	217	58343	51952	1.03
11304	114	16708	16281	9930	4008	181889	162480	2.34
		900	900	900		3038	3038	0.12
636		370	370	28	274	2238	1976	0.08
727		93	93	93		1254	1089	0.23
9098	1524	15134	7585	5354	950	188106	141280	3.83
14703	788	19821	17791	9055	3446	219763	185508	7.30
		50	50	50		212	212	0.05
988	127	7793	7141	4886	1341	70070	60889	1.45
1167		8839	5229	3420	525	119387	65137	2.88
4816	24	8316	7050	6408	130	126363	94691	3.60
789		4976	4445	1585	896	45756	41526	1.48
1968		8632	6790	3858	1021	74957	51158	2.88
3557	122	800	800	800		18203	18203	1.98
577	96	18297	12385	8542	2654	72460	61449	2.29
3821	199	4709	4664	2306	1297	78178	71362	1.20
3095	9	7853	3855	1798	1484	57573	38268	2.35
13011	108	23378	21871	17000	2300	339041	285378	4.18
784	152	1353	1236	1050	110	26961	25018	0.98
								0.20
1875	1	5258	5258	1567	1958	55652	50095	0.91
		200	200	200		2335	1795	0.19
21		689	527	121	225	4746	3340	0.36
1294	53	1751	1495	1060	27	71842	34297	1.36
317								0.47
186	43	449	449	257	100	5978	5622	0.39
832		1274	1104	743	100	23951	22962	1.25
6409	87	21393	21393	960		132213	74187	1.43

续表 4

地区	书库面积	阅览室面积	书刊阅览室面积	电子阅览室面积	实际拥有产权面积（万平方米）	阅览室座席数（个）	少儿阅览室座席数	盲人阅览室座席数
总计	**7.98**	**15.04**	**12.25**	**1.75**	**23.29**	**37558**	**27025**	**732**
北京	0.11	0.27	0.22	0.05	0.57	612	482	
天津	0.45	1.12	0.94	0.09	0.35	2254	2169	30
河北		0.10	0.09	0.01		200	200	
山西	0.06	0.02	0.01		0.08	35	35	
内蒙古	0.05	0.06	0.03	0.01	0.23	240	80	
辽宁	0.47	0.84	0.65	0.16	1.78	2890	2462	55
吉林	1.18	2.35	2.20	0.11	1.72	4052	796	16
黑龙江		0.02		0.01	0.05	90		
上海	0.24	0.54	0.47	0.07	0.48	1562	1241	11
江苏	0.74	0.89	0.58	0.08	1.53	2508	2262	46
浙江	0.67	1.39	1.16	0.20	1.51	2835	1928	12
安徽	0.23	0.66	0.37	0.17	1.01	2080	1926	84
福建	0.45	0.48	0.37	0.09	0.57	1491	1426	55
江西								
山东	0.08	0.15	0.13	0.02	1.98	604	104	20
河南	0.25	1.10	0.96	0.13	0.26	2594	1984	60
湖北	0.43	0.13	0.06	0.03	1.04	983	719	14
湖南	0.57	0.66	0.54	0.12	1.55	2058	2022	36
广东	0.32	1.63	1.55	0.07	2.21	3126	2796	32
广西	0.21	0.51	0.33	0.05	0.97	1284	1255	25
海南	0.15	0.03				192	96	12
重庆	0.38	0.40	0.34	0.07	1.11	860	786	19
四川	0.10	0.10	0.08	0.02	0.19	366	356	10
贵州	0.04	0.12	0.11	0.01	0.32	578	472	106
云南	0.34	0.47	0.39	0.04	1.36	1218	325	20
西藏	0.02	0.11	0.09	0.02		358	38	4
陕西	0.05	0.15	0.11	0.02	0.47	437	294	
甘肃	0.17	0.28	0.14	0.06	0.54	899	639	42
青海	0.22	0.45	0.35	0.04	1.43	1152	132	23
宁夏								
新疆								

志愿者服务队伍数（个）	志愿者服务队伍人数（人）	图书馆延伸服务情况				文化创意产品情况
		流动图书车数（辆）	流动服务书刊借阅人次（万人次）	流动图书车书刊借阅册次（万册次）	分馆数量（个）	文化创意产品种类（个）
781	**29826**	**30**	**291.39**	**599.70**	**1102**	**22**
6	410	1	0.15	2.62		
22	1551		2.90	7.86	20	
2	50					
1	20				3	
52	1284	1	180.75	408.76	325	
24	1680		20.99	35.66	11	6
1	11				8	
15	368					4
10	655	1	6.57	9.86	15	
19	1978	5	18.77	55.65	134	
12	1006	2	1.02	1.55	15	
256	6715	1	11.85	14.38	332	
					5	
26	868	4	30.27	8.75	27	
10	344	1	4.19	11.64	22	2
13	462		0.71	1.88	63	
282	10487	1	1.63	8.95	54	10
8	451	2	5.96	24.77	13	
1	25					
3	556	2	0.23	0.66	22	
1	20				5	
3	42	1	0.46	0.37	2	
2	70				12	
1	356					
5	237	5	4.57	5.79	14	
4	132	2	0.36	0.55		
2	48	1				

2017年各地区省级

地区	机构数（个）	从业人员（人）	专业技术人才	正高级职称	副高级职称	中级职称	总藏量（万册）	图书
总　计	**39**	**7580**	**6488**	**312**	**1301**	**2817**	**20447.86**	**12743.03**
北　京	1	347	329	11	42	146	844.93	703.02
天　津	2	328	310	12	67	141	744.75	651.74
河　北	1	195	123	12	41	46	320.49	257.72
山　西	1	238	220	7	32	60	301.80	178.09
内蒙古	1	160	152	3	48	56	375.16	285.04
辽　宁	1	226	208	17	52	91	675.60	546.84
吉　林	1	236	163	11	45	52	471.27	378.02
黑龙江	1	186	160	26	56	66	389.06	302.32
上　海	2	791	720	43	112	346	5666.60	1538.91
江　苏	1	513	393	21	90	188	1178.65	859.52
浙　江	1	277	250	12	51	120	690.64	502.95
安　徽	1	172	136	4	26	62	341.92	271.28
福　建	2	222	201	2	31	92	429.74	347.24
江　西	1	148	139	6	23	76	379.77	252.98
山　东	1	226	217	15	39	99	861.93	556.42
河　南	2	213	182	9	42	67	397.10	309.48
湖　北	1	299	282	12	55	76	801.44	651.25
湖　南	2	304	285	3	41	128	596.49	429.43
广　东	1	297	266	10	49	136	884.48	672.49
广　西	3	323	305	10	57	134	714.54	570.41
海　南	1	102	96	1	5	55	164.89	158.36
重　庆	2	310	234	15	42	96	454.04	313.88
四　川	1	307	183	2	34	56	538.48	373.70
贵　州	1	152	119	5	35	58	232.84	178.65
云　南	1	184	176	4	76	70	344.15	207.91
西　藏	1	53	31	9	11	9	49.78	39.57
陕　西	1	193	158	6	18	91	506.80	399.07
甘　肃	1	220	175	9	24	84	451.40	353.31
青　海	1	135	71	3	15	33	173.57	137.65
宁　夏	1	134	125	6	26	42	216.79	110.02
新　疆	1	89	79	6	16	41	248.79	205.78

盲文图书	古籍	善本	报刊	视听文献	缩微制品	其他	在藏量中		电子图书(万册)
							开架书刊	少儿文献	
9.00	**1352.16**	**167.62**	**2009.26**	**380.22**	**1289.29**	**2673.90**	**5165.97**	**1037.87**	**9766.13**
0.08	41.80	6.71	39.90	47.85	0.03	12.34	125.10	128.63	274.91
0.09	54.21	10.35	13.63	16.32	1.18	7.67	398.34	132.31	334.69
0.46	8.02	0.56	39.73	11.93	2.80	0.28	101.85	14.10	310.01
0.38	29.69	5.02	88.54	2.73	0.40	2.35	179.64	21.57	56.27
0.40	22.00	2.00	15.30	1.23	0.49	51.10	87.39	7.28	57.34
0.35	45.99	12.22	57.89	9.06	0.59	15.23	179.99	26.67	362.85
0.15	23.14	5.35	53.52	2.21	2.58	11.80	59.76	11.55	130.20
0.31	13.37	0.66	40.07	4.19	29.10		72.03	9.21	129.29
0.60	192.23	19.24	352.59	39.40	1235.93	2307.54	774.46	80.80	2274.61
0.22	160.00	14.00	111.32	30.33	4.21	13.28	90.00	14.08	146.44
0.50	82.24	15.01	93.22	11.80	0.39	0.04	140.41	3.94	254.54
0.08	35.51	3.27	33.57	1.05	0.46	0.04	47.63	14.70	110.38
0.31	25.19	2.06	43.07	12.91	1.34		251.91	97.01	301.95
0.02	37.00	3.00	39.94	1.24	0.14	48.47	131.41	11.07	145.81
0.26	75.35	20.00	123.20	7.96	0.72	98.29	436.84	42.33	84.56
0.08	50.66	3.00	33.87	2.76	0.24	0.09	102.09	48.97	316.44
0.40	46.18	5.87	65.42	26.69	3.52	8.38	192.30	39.57	819.13
0.89	62.14	5.00	69.08	31.79	0.46	3.60	253.24	129.91	339.97
0.19	44.01	3.25	144.92	20.22	2.46	0.38	316.36	30.29	184.16
0.12	26.65	1.65	96.75	18.94	0.17	1.62	83.21	22.14	874.94
0.19	0.02	0.01	5.42	1.09			105.87	27.25	592.79
1.33	45.26	6.99	56.57	7.63	1.03	29.68	129.61	44.41	264.30
0.14	65.00	6.07	95.03	4.44	0.32	0.01	174.94	3.82	137.70
0.42	15.76	0.50	37.08	0.99	0.25	0.11	200.36	6.34	309.00
0.17	59.62	3.30	71.99	4.45	0.13	0.06	55.35	4.44	164.04
	0.11		7.96	0.04		2.10	0.79	1.05	0.60
0.21	32.84	4.37	60.46	6.67	0.03	7.74	145.33	26.27	359.18
0.59	31.76	6.78	61.95	3.69	0.23	0.47	242.22	11.56	65.46
0.08	11.48	1.00	22.04	0.47	0.05	1.89	35.65	1.44	1.00
0.03	3.73	0.12	19.66	50.14	0.08	33.16	51.91	9.00	232.37
	11.23	0.26	15.56		0.02	16.20		16.20	131.21

续表 1

地区	本馆自建	本馆外购	免费共享	书架单层总长度（米）	本年新购藏量（万册）	本年新增电子图书（万册）	当年购买的报刊种类（种）	有效借书证数（个）
总计	**32.49**	**6296.06**	**3437.58**	**2927188**	**711.31**	**607.03**	**151852**	**8063462**
北京	0.56	171.35	103.00	100467	34.30	1.93	7142	441761
天津	1.69	333.00		126097	57.60	10.58	8070	335531
河北	0.01	310.00		71800	19.77	19.87	5739	318392
山西	0.15	56.12		36505	6.09	0.68	2532	275544
内蒙古	0.06	53.71	3.57	85196	16.92	10.50	2133	36110
辽宁	4.66	172.89	185.30	157878	23.05	107.69	5338	69999
吉林		130.20		101196	12.90		4401	165592
黑龙江		129.29		55376	18.03	12.00	2320	240831
上海		204.61	2070.00	341357	61.96	3.63	14213	875969
江苏	9.12	137.32		260000	39.92	1.32	5864	718208
浙江	0.51	254.03		122923	32.96	79.72	8057	60833
安徽		60.19	50.20	60168	13.92	4.00	2937	223367
福建	0.05	301.90		55413	18.31	70.35	6178	1094272
江西	1.00	144.81		2200	15.47	10.50	4900	289995
山东		84.56		154116	32.42	34.82	6401	58262
河南		216.44	100.00	46016	28.76	1.70	3220	133016
湖北		819.13		163732	40.08	78.66	5588	320002
湖南	0.70	174.27	165.00	84405	13.92		2720	362642
广东		24.16	160.00	262119	59.83		8628	557088
广西		800.59	74.35	83317	37.87	1.15	8274	367942
海南	3.38	589.41		33947	13.37	27.92	3069	124051
重庆	8.46	255.84		44300	19.55	38.07	4673	353512
四川	0.01	126.54	11.16	40221	8.49	23.50	5907	33492
贵州	0.50	300.00	8.50	62906	32.38		3051	77657
云南	0.73	53.31	110.00	129035	9.09		4012	102232
西藏		0.60		22708	1.41	1.03	1149	6424
陕西		129.18	230.00	115656	20.60	2.00	4974	107221
甘肃		65.46		6000	14.43	3.53	4378	143839
青海		1.00		48060	2.10		1448	53420
宁夏		65.88	166.49	44896		30.67	1730	62898
新疆	0.91	130.30		9178	5.82	31.21	2806	53360

总流通人次（万人次）	书刊文献外借人次	书刊文献外借册次（万册次）	为读者举办各种活动					
			组织各类讲座次数（次）	参加人次（万人次）	举办展览（个）	参加人次（万人次）	举办培训班（个）	培训人次（万人次）
8435.99	**1755.05**	**5097.54**	**5356**	**235.92**	**4090**	**1505.70**	**5859**	**129.55**
528.59	46.38	213.24	151	2.05	85	64.34	15	0.08
302.25	142.86	401.82	110	1.21	55	41.70	25	0.09
268.54	31.43	127.72	259	2.00	21	17.09	43	0.55
212.52	52.15	264.29	233	8.80	23	38.33	196	0.58
61.30	40.20	123.24	82	3.16	19	1.20	3	0.12
341.57	25.39	132.13	72	1.11	98	174.75	248	1.04
148.02	33.60	94.02	69	0.78	26	12.20	1	0.01
214.49	34.62	96.26	228	1.75	148	11.78	380	1.14
320.86	176.55	683.98	197	6.08	85	23.30	75	2.97
433.70	144.99	145.82	138	2.93	114	149.13	316	0.21
458.27	46.32	167.63	188	3.06	68	46.52	120	0.87
168.76	45.29	150.01	67	1.32	20	15.06	4	0.02
322.48	52.18	384.50	312	5.86	220	51.12	172	96.72
126.00	68.27	106.23	55	1.26	276	141.30	58	0.91
126.44	42.99	108.74	422	2.79	41	2.17	502	0.87
263.82	118.67	193.01	133	1.98	166	18.03	703	2.98
270.82	73.04	209.59	110	4.58	46	47.10	64	0.33
368.68	45.47	213.48	375	105.77	62	11.24	232	7.79
1182.83	112.86	224.75	1152	57.41	2217	333.51	1443	5.53
513.19	102.30	203.32	197	3.10	63	146.50	171	1.54
337.19	31.29	141.07	81	2.19	7	2.01	689	1.21
318.72	65.17	145.41	131	1.77	64	44.50	159	1.11
197.93	16.17	37.15	95	3.08	27	52.50	4	0.02
54.00	13.00	36.00	54	1.50	11	1.35	15	0.29
206.74	28.29	56.57	55	1.07	20	19.88	64	0.91
3.00	0.53	0.60	32	0.18	4	0.05	5	0.02
298.65	66.76	213.77	169	5.65	43	26.83	116	1.23
179.38	33.98	101.93	80	1.56	30	6.69	13	0.07
48.00	3.64	11.43	23	0.42	14	1.00	3	0.02
153.00	55.66	104.05	75	1.17	14	4.10	15	0.17
6.25	5.03	5.80	11	0.34	3	0.41	5	0.16

续表 2

地区	开展基层培训辅导人次(万人次)	本单位受训人次(万人次)	计算机(台)	供读者使用电子阅览室终端数	图书馆网站访问量(页次)	本年收入合计(千元)	财政补贴收入	免费开放资金
总计	**24.69**	**5.96**	**19890**	**8995**	**311950740**	**4563486**	**4389598**	**264063**
北京	5.90	0.01	897	538	11739967	231153	225298	5662
天津	0.46	0.03	1209	717	3465709	203681	195822	
河北	0.45	0.34	580	153	1869652	49821	49720	16330
山西	0.20	0.04	600	267	365110	69158	69078	12000
内蒙古	0.01	0.01	541	404	7218643	55727	53357	6000
辽宁	0.16	1.50	732	404	14452464	84939	84339	3970
吉林	0.51	0.01	792	405	1700612	67013	66767	2250
黑龙江	0.76	0.08	853	504	11479123	59530	58636	3885
上海	0.80	0.29	2326	705	26376195	1625658	1538173	
江苏	0.08	0.05	1163	140	20542822	171307	161774	90000
浙江	0.39	0.01	811	472	19562972	129097	121066	2100
安徽	0.35	0.04	365	213	2580744	71507	71293	3580
福建	0.33	0.05	1101	557	23762885	88995	84549	10248
江西	0.18	0.01	329	100	10124693	65260	65260	10000
山东	0.13	0.00	589	300	8100000	90453	90007	4000
河南	0.00	0.01	265	126	945587	70354	68419	4820
湖北	0.36	0.43	974	503	45843478	140719	140719	
湖南	0.18	1.77	487	109	44679108	130942	128059	14800
广东	0.07	0.44	944	207	7690167	164617	153992	5917
广西	0.87	0.44	794	390	5102282	185628	182629	6787
海南	0.01	0.09	300	106	3537971	57835	57773	6350
重庆	0.32	0.01	734	513	9844921	95437	84406	3220
四川	5.14	0.03	450	200	4230110	83047	76744	21074
贵州	0.22	0.05	220	116	18059665	57514	57428	3500
云南	0.21	0.09	328	157	142434	55782	52260	2500
西藏			127	60	1152	44957	43719	2600
陕西	6.10	0.05	446	195	7158561	87800	85067	4570
甘肃	0.30	0.02	563	157	1100000	125833	124091	9000
青海	0.03	0.01	190	100		55868	55793	3900
宁夏	0.07	0.01	180	177	273713	38278	38002	2000
新疆	0.10	0.05				105576	105358	3000

中央资金	购书专项经费	上级补助收入	事业收入	经营收入	其他收入	本年支出合计(千元)	基本支出
12003	**577003**	**11858**	**114224**	**12359**	**35447**	**3820299**	**1564029**
2070	39874		5472	137	246	221647	120150
	36060	2134	3148		2577	221364	199377
	9065		10		91	49686	22331
	5800	80				73956	30264
	9661				2370	53727	26608
	20000		419		181	90688	51486
	10290			154	92	74735	28627
	5500		858		36	61604	28768
	143782		80069	1951	5465	756759	234759
	45000		5028	532	3973	196994	82086
	40790		4099	2141	1791	139673	67206
	7200		32		182	71321	41138
933	13000	3841	366		239	102950	42388
	10000					73002	14316
	11800		418		28	90964	48378
	6200			1795	140	68426	33609
	49831					163105	54049
	11000		1402	1076	405	100648	51711
	10800	10	3811		6804	196845	109329
	21390		426		2573	174512	33575
	3810				62	77975	11747
	13700		6395		4636	108555	47901
	5550	4480	1576		247	93499	34861
	4000				86	55021	20179
	9500			3233	289	55822	27952
	2000	1238				38957	13762
	10000			756	1977	94046	23360
9000	12000		695	584	463	120552	28029
	4000	75				45468	18714
	2200				276	47686	2659
	3200				218	100112	14710

续表 3

地区	项目支出	经营支出	在支出合计中：					
			工资福利支出	商品和服务支出	差旅费	劳务费	福利费	各种税金支出
总计	**2197951**	**10619**	**1008053**	**1121502**	**17750**	**48344**	**9801**	**4532**
北京	101497		62702	102123	342	1053	700	427
天津	21986		54726	63916	217	602	1328	397
河北	27355		17509	1229	148	106	334	
山西	43692		21527	15035	448	1530	304	
内蒙古	27119		15986	15584	685	207	245	
辽宁	39201		19645	40660	383	2363		73
吉林	45954	154	13786	32706	603	2301	8	
黑龙江	32836		13518	20716	596	217		
上海	520561	1439	173930	187898	1557	4562	2030	1268
江苏	114376	532	64990	38955	349	3367	123	874
浙江	70768	1699	43974	36147	540	1581	2618	64
安徽	30183		23174	16567	877	2351	7	
福建	60562		29961	31873	479	4224		44
江西	58686		11317	17618	526	1758	426	
山东	42586		28302	30274	309	2518	5	
河南	33021	1795	27555	12417	194	1031	356	167
湖北	109056		41775	48246	757	5036	387	374
湖南	47861	1076	37380	26122	421	1533		49
广东	85596		62974	41622	318	898		126
广西	140937		39277	24561	1046	541	121	315
海南	44379		11260	54726	380	632		1
重庆	60654		34911	38135	3133	2006	154	353
四川	58637		32578	30266	754	178	246	
贵州	34842		14820	28287	361			
云南	24848	3022	23196	20668	440	632	1	
西藏	25195		10595	4976	162			
陕西	69930	756	24988	22913	142	119	160	
甘肃	92377	146	13200	67802	583	3909	199	
青海	26754		12037	5629	165	1104		
宁夏	21100		16879	11154	234	1575		
新疆	85402		9581	32677	601	410	49	

对个人和家庭补助支出	抚恤金和生活补助	其他资本性支出	各种设备购置费	新增藏量购置费	新增数字资源购置费	资产总计(千元)	固定资产原值	实际使用公用房屋建筑面积(万平方米)
309017	**7434**	**932617**	**813080**	**475065**	**141800**	**18734273**	**13774804**	**178.60**
14793	325	42029	38095	31168	3721	1522966	876094	9.40
21682	211	76037	76037	63539	9052	703955	580795	12.78
3592	23	6172	6172	5958		164297	123400	5.06
8015	188	23262	18517	3180	7508	192255	127224	8.03
8700	140	13457	13457	8618	1043	332230	215215	3.50
9226	413	21157	21157	14212	6283	1443839	1272941	10.32
10880	243	17363	15333	7592	2698	182063	154226	6.32
11584	40	15786	15786	4000	1500	328075	328075	3.39
14045	1935	113812	103954	85953	11980	4324875	2887071	13.39
31492	28	61557	52500	34713	11139	1156609	1051170	10.30
6648	214	51198	44095	25807	13996	663962	549296	5.70
17260	471	14319	10075	5843	1399	246392	220246	3.69
6422	35	34693	19869	10875	5044	353479	291851	4.22
6259	25	25776	25776	6691	3309	177357	144724	2.25
14436	509	17952	17943	15046	2897	494698	464308	4.49
3765	104	22894	19032	7620	3492	216220	190121	3.89
10629	220	62455	62455	40355	13248	1231469	1098749	10.23
8359	79	27711	24239	8589	1364	242889	179180	4.40
46487	203	45762	40773	25724	7830	1062573	1006042	9.03
6206	322	57952	57949	20040	9920	555149	313565	11.00
1050		10939	10939	4510	4010	71201	71201	2.80
5761	40	29748	29581	4891	12394	264840	225163	5.62
4599	277	26056	6055	5302		472464	122808	5.19
4257	294	5746	5746	4000	350	206434	81913	2.52
2151		6276	5836	5178		308313	258979	3.04
1488		21277	2773	1562	438	79812	47389	1.79
2480	350	13100	12010	6822	3190	543666	347037	4.98
12658	60	26892	26892	10917	3495	545220	291016	6.52
6409	87	21393	21393	960		132213	74187	1.43
4036	375	15617	5441	2200	500	123886	75616	3.32
3648	223	4229	3200	3200		390872	105202	

续表 4

地　区	书库面积	阅览室面积	书刊阅览室面积	电子阅览室面积	实际拥有产权面积（万平方米）	阅览室座席数（个）	少儿阅览室座席数
总　计	**40.22**	**49.40**	**43.27**	**3.06**	**112.74**	**76935**	**11020**
北　京	1.32	2.67	2.49	0.18		3346	535
天　津	2.03	5.04	2.64	0.25	0.14	5194	919
河　北	1.12	0.93	0.86	0.07	5.06	3070	280
山　西	1.29	1.71	1.67	0.04	8.03	3237	212
内蒙古	0.58	1.56	1.28	0.28	3.50	1972	598
辽　宁	1.74	3.81	3.32	0.49	9.93	5862	390
吉　林	1.02	2.11	2.05	0.06	1.40	3308	120
黑龙江	0.34	1.21	1.13	0.08	3.05	2333	320
上　海	6.11	1.37	1.32	0.03	12.11	2316	472
江　苏	1.03	1.80	1.69	0.10	3.40	1840	415
浙　江	2.03	1.13	1.09	0.04	5.17	1500	38
安　徽	0.77	0.90	0.75	0.06	3.69	1659	278
福　建	0.78	0.96	0.73	0.07	4.20	1855	772
江　西	1.52	0.72	0.70	0.03		1411	160
山　东	1.80	1.50	1.47	0.03	3.84	1884	160
河　南	1.04	1.46	1.38	0.08	2.95	2078	932
湖　北	1.80	4.20	3.90	0.30	10.23	5293	750
湖　南	1.36	1.23	1.19	0.04	4.29	2697	974
广　东	1.88	1.53	1.49	0.04	0.90	7790	388
广　西	2.51	2.27	2.08	0.13	5.12	2742	316
海　南	0.57	2.00	1.95	0.05	2.50	1670	380
重　庆	1.07	1.47	1.05	0.08	0.60	2379	611
四　川	0.52	1.45	1.38	0.07	5.19	2958	198
贵　州	1.66	0.86	0.83	0.03	2.74	1092	95
云　南	0.75	0.82	0.75	0.08	3.04	1324	70
西　藏	0.42	0.34	0.26	0.07	2.97	300	45
陕　西	1.03	1.72	1.62	0.10		1597	160
甘　肃	1.04	0.86	0.64	0.06	3.92	1576	150
青　海	0.22	0.45	0.35	0.04	1.43	1152	132
宁　夏	0.90	1.33	1.24	0.10	3.32	1500	150
新　疆							

盲人阅览室座席数	志愿者服务队伍数(个)	志愿者服务队伍人数(人)	图书馆延伸服务情况			
			流动图书车数(辆)	流动服务书刊借阅人次(万人次)	流动图书车书刊借阅册次(万册次)	分馆数量(个)
1012	**1034**	**71740**	**24**	**151.57**	**242.53**	**1024**
41	49	5304		0.03	3.43	18
20	9	998	1	0.45	0.92	5
22	7	3975	3	4.70	8.24	2
212	22	1540				164
96	1	421				50
80	42	6300	3	5.57	10.15	151
8	14	620		20.07	32.50	1
52	9	205				78
8	104	1382	1	1.97	4.94	
10	2	1352		11.02	10.35	1
44	4	770				23
24	1	97		15.27	7.29	6
50	253	6587	2	6.10	29.72	206
20	12	22419	1	36.00	48.60	56
20	32	2300		4.75	7.01	2
4	26	1039	1	1.37	3.24	18
24	1	83	1	3.70	8.34	
24	353	3290		0.33	0.86	54
10	1	3349				90
26	4	1410	2	8.28	20.70	3
8	20	500		0.59	1.86	2
29	7	2920	2	3.03	8.74	21
8	27	3500	1	0.30	0.50	11
30	3	298		5.30	7.97	
50	4	260				16
	1	53	1	0.40		5
14	20	580	1	0.45	1.00	27
30	3	130	1	1.21	3.64	4
23	2	48	1			
25	1	10	1	20.46	22.54	2
			1	0.21		8

2017年各地区地市级

地区	机构数(个)	从业人员(人)	专业技术人才	正高级职称	副高级职称	中级职称	总藏量(万册)	图书
总计	**373**	**15366**	**11928**	**316**	**1955**	**5572**	**25649.33**	**21273.36**
北京								
天津								
河北	12	515	456	23	96	177	919.99	690.66
山西	9	415	209	6	32	98	399.38	324.88
内蒙古	12	532	480	5	125	219	474.65	417.31
辽宁	23	1188	999	44	153	508	2024.51	1603.11
吉林	10	545	477	31	134	186	797.03	673.73
黑龙江	12	568	453	47	124	204	882.71	671.31
上海								
江苏	16	991	737	18	112	368	2380.19	2018.06
浙江	14	1130	769	26	123	328	2230.27	1903.45
安徽	21	536	376	3	38	180	841.19	660.19
福建	13	571	367	4	37	174	1081.61	811.18
江西	11	353	265	1	39	120	616.01	517.72
山东	17	908	765	30	139	353	1563.94	1331.77
河南	18	758	611	8	95	228	1047.66	869.70
湖北	16	673	604	10	109	321	1179.67	1002.90
湖南	17	603	446	5	59	234	818.59	721.63
广东	27	1742	1438	34	144	739	3932.84	3553.53
广西	15	578	372	1	42	196	884.18	521.39
海南	4	69	53			17	124.45	110.53
重庆								
四川	22	678	451	5	55	222	1203.36	996.75
贵州	10	303	268	4	51	106	309.34	256.70
云南	18	484	415	7	107	192	489.19	400.01
西藏	6	43	24			5	48.96	42.33
陕西	7	295	216	1	33	100	355.63	324.02
甘肃	17	320	213	1	25	97	317.14	256.65
青海	7	130	85	1	18	36	103.23	94.93
宁夏	5	139	118	1	17	48	199.40	131.42
新疆	14	299	261		48	116	424.20	367.50

公共图书馆基本情况

盲文图书	古籍		报刊	视听文献	缩微制品	其他	在藏量中		电子图书(万册)
		善本					开架书刊	少儿文献	
24.89	**675.78**	**40.70**	**2152.10**	**636.27**	**7.73**	**904.09**	**14290.45**	**3582.60**	**50880.79**
1.76	43.50	1.55	89.84	19.03	4.31	72.66	563.23	95.64	367.28
1.66	16.47	1.44	34.01	20.40		3.63	209.92	49.49	386.32
0.62	9.98	0.33	39.83	5.91	0.00	1.62	254.79	31.86	431.87
0.96	84.94	2.91	184.15	63.13	0.23	88.95	1340.98	253.65	1003.81
0.56	21.04	1.72	71.24	18.98	0.14	11.91	259.91	109.58	2633.79
0.53	29.55	1.49	133.29	33.57	0.05	14.94	458.38	60.10	397.96
1.17	128.94	9.84	190.82	40.36	1.05	0.97	1355.73	305.11	1805.94
1.17	58.39	4.24	124.55	127.89	0.01	15.99	1234.83	341.63	30060.65
1.88	15.13	0.73	68.28	17.82		79.77	484.39	130.56	1661.26
0.64	10.13	0.64	96.06	21.25	0.03	142.97	514.51	216.87	719.94
0.92	16.64	1.75	63.51	9.04	0.04	9.05	255.15	75.58	719.60
1.12	40.99	2.08	134.21	10.96	0.52	45.50	978.94	164.64	1648.81
1.18	45.09	4.22	121.18	8.14	0.59	2.96	598.64	122.84	699.30
1.67	36.02	1.19	102.48	14.05	0.13	24.08	724.53	87.60	1618.73
0.97	15.38	0.56	60.06	17.46	0.33	3.74	533.64	104.13	568.29
2.03	24.85	1.10	180.95	142.70	0.18	30.64	2137.38	984.70	1980.16
0.37	8.44	0.72	96.59	10.02	0.00	247.73	419.30	118.09	1145.29
0.15	0.58	0.01	11.20	2.08	0.01	0.06	95.73	11.15	41.50
2.02	46.55	2.07	117.09	32.16	0.08	10.75	617.87	141.45	1019.85
0.42	2.20	0.00	43.53	4.46		2.45	192.69	26.42	398.00
0.71	6.72	0.04	71.13	5.47	0.00	5.86	240.51	40.68	847.65
0.10	0.11	0.01	3.06	0.05		3.42	13.04	1.75	14.70
0.40	4.70	0.76	19.41	2.88		4.62	239.18	18.97	229.55
0.76	7.83	1.03	28.97	1.70	0.01	21.98	175.58	26.52	69.58
0.20	0.73	0.08	3.72	0.44	0.02	3.40	36.70	11.93	142.86
0.19	0.21	0.20	13.20	0.45	0.01	54.12	81.41	15.77	88.81
0.76	0.69	0.00	49.76	5.91		0.35	273.51	35.90	179.30

续表 1

地　区				书架单层总长度（米）	本年新购藏量（万册）	本年新增电子图书（万册）	当年购买的报刊种类（种）	有效借书证数（个）
	本馆自建	本馆外购	免费共享					
总　计	**410.94**	**45188.97**	**5280.88**	**5209704**	**1719.83**	**5163.45**	**333990**	**24254845**
北　京								
天　津								
河　北	10.56	342.95	13.76	136472	53.16	28.02	9545	677537
山　西	21.61	109.87	254.84	78997	13.05	9.69	4966	638968
内蒙古	0.03	269.54	162.30	72625	28.79	218.23	6130	285317
辽　宁	5.80	919.50	78.51	189334	101.60	433.89	24821	772055
吉　林	5.07	2517.26	111.47	83134	32.54	27.97	9871	717512
黑龙江	13.37	31.16	353.43	252075	38.99	4.74	10125	335872
上　海								
江　苏	59.79	1495.13	251.02	613741	209.41	116.08	30222	7992958
浙　江	9.61	29660.98	390.06	285618	169.55	2013.05	23096	2039619
安　徽	2.77	1555.99	102.50	124348	46.41	450.39	13950	855475
福　建	32.01	677.91	10.02	147287	134.56	85.66	11978	656610
江　西	8.33	555.86	155.41	48845	48.00	64.78	7694	616224
山　东	0.71	1596.05	52.05	294031	127.31	203.97	28797	1357388
河　南	0.29	517.51	181.50	136368	73.59	187.01	14051	600382
湖　北	6.88	401.36	1210.50	189745	49.46	169.98	12303	810582
湖　南	210.69	190.59	167.01	478044	60.85	209.06	10732	701636
广　东	2.31	1605.40	372.45	581662	325.16	162.90	42313	3182220
广　西	0.07	602.82	542.40	132458	40.77	71.25	11374	419244
海　南		32.50	9.00	19764	8.49	3.50	1635	50859
重　庆								
四　川	1.12	862.01	156.72	987592	40.62	331.92	14296	688431
贵　州		312.60	85.40	29328	9.91	191.67	5295	116636
云　南	0.14	395.61	451.89	133017	23.75	97.71	9459	141854
西　藏	1.00	5.70	8.00	945	1.61	0.70	775	2784
陕　西	0.06	98.49	131.00	63163	29.74	7.50	6461	161905
甘　肃	1.00	52.06	16.52	56398	18.83	1.40	6310	87439
青　海	0.70	133.66	8.50	9953	7.02	53.16	938	96467
宁　夏		88.81		22337	7.37	5.30	2475	72722
新　疆	17.01	157.65	4.64	42423	19.30	13.95	14378	176149

总流通人次（万人次）	书刊文献外借人次	书刊文献外借册次（万册次）	为读者举办各种活动					
			组织各类讲座次数（次）	参加人次（万人次）	举办展览（个）	参加人次（万人次）	举办培训班（个）	培训人次（万人次）
22982.37	**8059.44**	**17554.05**	**21495**	**319.50**	**6471**	**2557.75**	**14510**	**85.11**
1120.62	293.33	557.34	931	9.18	200	67.87	545	2.58
335.18	89.84	160.59	569	9.97	64	78.95	113	0.96
451.18	92.43	227.05	489	6.83	92	4.68	63	0.86
1163.25	416.20	954.33	1109	11.22	353	67.24	1698	3.26
372.59	217.86	368.30	372	4.05	133	34.72	170	1.15
414.22	171.77	292.16	333	3.94	177	22.37	367	1.34
2716.32	938.69	1788.92	1039	16.33	453	77.96	729	2.32
2528.78	963.81	2020.02	1512	23.01	720	197.85	2644	17.90
753.81	346.23	607.93	732	15.84	231	115.88	209	1.75
996.74	390.63	1123.53	699	6.70	181	85.14	478	7.51
542.92	252.14	477.55	361	6.86	199	50.49	361	1.68
1736.32	577.81	1017.09	1540	22.50	427	137.62	889	7.66
1272.54	468.27	735.67	1999	42.37	387	56.52	510	3.32
1032.98	478.93	925.53	941	16.47	223	28.74	833	3.02
641.47	182.67	519.81	1834	26.22	285	255.53	884	5.00
3607.39	968.18	3580.40	3667	41.73	849	890.33	2464	12.83
753.70	155.29	301.72	425	6.51	298	185.30	398	2.97
118.90	21.79	49.04	54	1.82	19	6.58	24	0.14
807.63	388.45	669.81	776	16.74	254	75.08	308	2.51
182.57	99.40	144.51	216	2.63	65	6.35	50	0.54
322.31	125.23	248.64	578	7.88	343	41.36	327	2.65
12.10	0.49	1.97	29	0.38	16	0.24	155	0.08
478.12	106.40	201.13	573	7.71	240	37.59	91	0.49
218.53	127.97	246.17	376	7.65	76	8.12	32	0.48
62.03	38.01	57.76	60	0.34	25	0.54	29	0.19
132.45	71.36	134.08	97	0.93	34	4.30	15	0.15
207.73	76.28	143.02	184	3.70	127	20.41	124	1.77

续表 2

地区	开展基层培训辅导人次(万人次)	本单位受训人次(万人次)	计算机(台)	供读者使用电子阅览室终端数	图书馆网站访问量(页次)	本年收入合计(千元)	财政补贴收入	免费开放资金
总计	**20.93**	**8.07**	**50869**	**31058**	**445100903**	**5320845**	**5183053**	**251504**
北京								
天津								
河北	0.22	0.42	1740	1080	10096621	140650	140364	5161
山西	0.11	0.41	1348	969	3064640	179075	178819	3587
内蒙古	0.29	0.08	1924	1220	2267018	180162	179937	5195
辽宁	0.40	0.36	3400	1915	21706501	258616	249070	3995
吉林	0.13	0.67	1357	641	3304586	132458	131455	4200
黑龙江	1.22	0.20	1619	974	1769414	114719	114285	3945
上海								
江苏	5.84	0.93	3134	1739	16420650	491110	479427	27412
浙江	0.53	0.26	2817	1726	49437914	422033	415219	8620
安徽	0.47	0.14	2416	1660	7921348	139248	138138	9600
福建	0.19	0.68	1880	1293	40232960	283360	262370	5490
江西	0.74	0.07	1257	844	8416290	104232	91658	8083
山东	0.60	0.20	3415	2003	18189490	291690	281973	20336
河南	1.39	0.66	2820	1861	11524739	174233	173566	9800
湖北	0.37	0.35	1753	988	13418561	317192	309819	7291
湖南	0.61	0.30	1620	1026	5956602	167624	147162	10935
广东	1.87	1.16	6429	3611	121351100	1007296	1003117	63792
广西	0.96	0.38	1611	910	15406259	177287	173297	7668
海南	0.04	0.01	430	186	919996	22389	17729	1125
重庆								
四川	3.26	0.05	2326	1487	7978128	190329	189123	11920
贵州	0.23	0.32	773	470	4310530	71364	65989	4450
云南	0.36	0.13	2005	1273	77063754	111722	110042	10120
西藏			277	236	41987	14451	14451	1650
陕西	0.18	0.15	743	369	2392176	93978	88994	3500
甘肃	0.24	0.04	947	588	424959	71784	71041	4490
青海	0.11	0.03	487	358	439950	31442	29200	1753
宁夏	0.04	0.02	682	427	532192	31328	29897	1400
新疆	0.55	0.06	1659	1204	512538	101073	96911	5986

中央资金	购书专项经费	上级补助收入	事业收入	经营收入	附属单位上缴收入	其他收入	本年支出合计(千元)	基本支出
83232	**614752**	**39248**	**10134**	**3285**	**450**	**84675**	**4981005**	**2584592**
2550	17269		69			217	139887	109779
1750	3950			229		27	174943	29857
4400	11920					225	126532	90664
745	27011	9540				6	269935	167488
1950	17699					1003	133611	78951
2750	6045	240	10			184	118482	84290
1529	56107	1140	1166			9377	407081	217889
100	62396	1200	833			4781	410521	195708
5050	19258	317	116			677	139624	77147
610	33340	2034	5922	2906		10128	269813	82016
3390	11550	9133	450			2991	86891	54378
6900	40915	203				9514	300694	147970
4500	19996		50			617	181720	102462
3522	20734	2608	87			4678	179665	121473
4600	12644	310	250			19902	137408	79086
1970	181393	2848	618			713	1004356	476733
5500	12576	3822				168	176362	52075
500	280					4660	22156	9945
8800	25052	303				903	176385	85249
3340	4866	720	30	150	450	4025	67081	49258
6500	7777	80	120			1480	113548	75411
1240	344						13656	4272
2400	9978	1428				3556	89267	39631
3200	4550	330	413				68724	40602
424	1503	2189				53	40937	24582
800	1407	803				628	31885	24119
4212	4192					4162	99841	63557

续表 3

地区	项目支出	经营支出	在支出合计中：					
			工资福利支出	商品和服务支出	差旅费	劳务费	福利费	各种税金支出
总计	**2362441**	**2781**	**1656514**	**1027173**	**21483**	**96271**	**13058**	**5392**
北京								
天津								
河北	30108		51764	32473	648	900	510	
山西	144157	929	19843	11314	152	1652	128	47
内蒙古	35866		49613	35841	1131	2557	411	2
辽宁	102445		100946	65132	855	3471	128	421
吉林	54056		45480	24559	827	4275	81	
黑龙江	34185		47052	21150	517	924	236	2
上海								
江苏	189191		126931	82493	3137	18848	603	125
浙江	214813		142182	100877	1791	13875	4631	113
安徽	55190		48543	33590	670	1657	119	
福建	184144	1652	59690	53576	420	3278	600	64
江西	32328		29844	21310	629	1689	168	76
山东	152184		89020	49646	647	3945	277	9
河南	78468		73344	30261	747	6900	543	78
湖北	57409		77427	35034	1041	3213	797	592
湖南	50160		58638	23422	915	3270	456	61
广东	525343		315091	203811	1516	5336	1386	3718
广西	123990		48275	24864	884	964	162	
海南	12211		7371	7845	70	3021		11
重庆								
四川	91125		67751	47534	1644	6342	674	23
贵州	17622	200	32397	11407	516	1087	185	8
云南	38127		58304	24994	1006	2097	346	14
西藏	8514		3453	9131	14	11		
陕西	49636		26747	10823	399	1518	114	13
甘肃	20901		19150	14851	418	1546	175	
青海	16354		14524	9046	137	383	1	15
宁夏	7766		13507	6101	172	557		
新疆	36148		29627	36088	580	2955	327	

对个人和家庭补助支出	抚恤金和生活补助	其他资本性支出	各种设备购置费	新增藏量购置费	新增数字资源购置费	资产总计（千元）	固定资产原值	实际使用公用房屋建筑面积（万平方米）
522271	**21112**	**1344144**	**1032533**	**529290**	**157207**	**15859625**	**13168166**	**442.79**
19353	346	35013	26968	17630	4471	386255	318418	14.95
4863	158	120688	46591	4617	3568	272242	248558	14.75
17678	525	17088	14723	10617	817	778997	636144	14.13
44135	6973	56623	41149	27794	8913	810850	682373	23.92
24124	773	37516	20026	9811	4252	395120	342659	10.92
29298	669	20636	16606	7649	1756	308789	280103	12.81
50728	826	145134	79581	52612	6313	1385081	956821	33.78
24783	138	91097	80290	48655	12123	1172818	944914	27.91
11134	91	37184	25527	9527	5025	454073	424986	19.84
8868	211	138798	124034	32560	5227	509411	421773	20.15
8989	154	22222	17462	11014	2502	246465	193453	12.22
38003	1763	91409	72515	38715	16585	856990	730551	36.41
13556	731	56804	47844	20328	7313	953003	845467	25.48
27881	1207	35197	33371	19358	5447	573665	504798	30.04
14954	1533	30674	25795	16126	5496	290970	236144	13.41
115051	183	250560	232273	141808	44959	3762530	3416619	55.58
7862	681	35694	27200	10034	2521	375253	329088	13.19
1083		4757	2802	2144	60	75861	52136	1.72
10340	1660	34428	32503	15328	6466	457594	392727	14.72
9377	622	11278	8364	3430	3756	118681	104943	4.34
8364	259	17776	15652	7547	1676	298546	241195	11.90
720		287	185	185		28803	18978	1.69
3172	81	16977	15955	10764	3160	241419	199810	4.83
14438	883	11673	7885	4518	1085	338561	326676	7.04
3758	205	8982	7550	523	1870	47375	41570	2.62
3442	89	4470	2446	1615	581	511169	149180	4.23
6317	351	11179	7236	4381	1265	209104	128082	10.21

续表 4

地区	书库面积	阅览室面积	书刊阅览室面积	电子阅览室面积	实际拥有产权面积（万平方米）	阅览室座席数（个）	少儿阅览室座席数
总计	**86.78**	**128.58**	**102.20**	**14.14**	**233.19**	**282977**	**59437**
北京							
天津							
河北	2.04	4.25	3.92	0.29	9.91	10073	1704
山西	1.98	4.70	3.07	0.77	12.26	8699	891
内蒙古	2.01	3.41	2.74	0.49	5.15	9018	1281
辽宁	4.52	5.95	3.87	0.68	11.42	12829	3144
吉林	1.65	3.05	2.31	0.23	6.35	6965	901
黑龙江	2.23	3.02	1.99	0.31	3.02	8961	1199
上海							
江苏	6.46	9.22	7.96	0.56	14.11	19644	4119
浙江	4.94	7.54	6.29	0.62	10.45	15334	4478
安徽	4.06	7.33	6.08	0.60	13.24	17345	3805
福建	3.43	6.88	6.39	0.39	8.33	14742	2753
江西	3.45	4.36	3.23	0.39	5.60	9469	2723
山东	8.39	9.79	7.53	0.94	19.83	19289	3581
河南	5.82	6.80	5.21	1.06	19.15	16986	2767
湖北	7.48	7.65	5.18	1.57	15.26	12449	2687
湖南	4.32	3.49	2.76	0.63	9.41	9317	2294
广东	7.40	18.09	16.16	1.80	18.73	31534	8840
广西	2.36	3.31	2.48	0.36	6.41	9446	3102
海南	0.50	0.35	0.27	0.06	2.06	1263	290
重庆							
四川	3.52	4.43	3.71	0.47	11.18	12548	2859
贵州	1.25	1.66	1.42	0.17	4.20	4532	632
云南	3.04	4.10	2.30	0.67	7.90	8626	1437
西藏	0.11	0.25	0.14	0.08	0.44	644	73
陕西	1.06	1.67	1.58	0.10	5.77	3840	530
甘肃	1.75	2.53	2.08	0.29	5.29	6140	1284
青海	0.49	1.34	0.99	0.17	0.89	1311	298
宁夏	0.69	0.82	0.50	0.13	2.46	3586	519
新疆	1.85	2.61	2.06	0.34	4.36	8387	1246

盲人阅览室座席数	志愿者服务队伍数（个）	志愿者服务队伍人数（人）	图书馆延伸服务情况			
			流动图书车数（辆）	流动服务书刊借阅人次（万人次）	流动图书车书刊借阅册次（万册次）	分馆数量（个）
5343	**1539**	**98708**	**406**	**902.41**	**1603.56**	**4036**
164	32	2318	3	7.53	17.54	43
112	87	3054	6	11.39	18.63	63
151	10	1180	2	12.96	29.02	79
247	85	7298	11	221.20	495.09	621
173	23	3105	3	8.49	7.34	34
72	22	2091	3	21.22	38.50	138
226	86	7286	13	44.03	59.80	313
223	245	16122	16	77.97	152.98	315
398	43	2735	4	17.01	30.04	214
178	26	1486	5	17.83	35.61	259
266	16	1270	5	44.70	37.91	93
390	39	2911	9	34.16	46.18	268
387	74	2458	10	46.80	26.15	77
225	38	1408	16	62.39	98.84	242
167	89	4374	3	16.54	23.82	203
283	421	26270	246	91.84	205.83	498
135	38	6805	4	12.66	45.30	67
18	8	855	12	2.53	6.54	5
353	45	1756	11	38.48	56.62	98
194	10	647	1	7.32	5.20	20
406	59	846		46.42	56.80	41
4	1	356	1	0.00	0.01	
96	6	897	4	11.56	22.56	65
201	9	244		6.76	15.63	
44	4	66	7	8.56	17.66	2
53	7	160	3	24.12	48.84	31
177	16	710	8	7.94	5.14	247

地区	机构数（个）	从业人员（人）	专业技术人才	正高级职称	副高级职称	中级职称	总藏量（万册）	图书
总计	**2753**	**33104**	**21431**	**132**	**1994**	**9601**	**47087.11**	**40341.94**
北京	22	892	685	3	49	230	1914.22	1745.50
天津	30	658	577	7	73	230	917.39	819.68
河北	160	1189	754	2	76	362	1306.41	1146.59
山西	118	1020	646	1	26	283	1050.01	878.14
内蒙古	104	1221	950	1	155	405	937.05	802.69
辽宁	106	1248	858	7	80	560	1263.90	1104.11
吉林	55	819	662	9	101	331	704.46	585.31
黑龙江	96	934	783	25	203	361	886.65	790.62
上海	22	1310	1040		39	344	2106.48	1944.45
江苏	98	1969	1220	10	118	527	5038.78	4685.80
浙江	86	2200	1185	21	124	547	4892.00	4447.68
安徽	102	850	506		32	205	1353.98	1169.46
福建	75	743	445	1	22	219	1810.91	1492.22
江西	101	919	474	4	25	193	1432.99	1157.51
山东	136	1743	1397	6	204	651	3113.44	2689.22
河南	138	1940	850		34	420	1429.30	1180.77
湖北	99	1232	855		40	517	1615.65	1309.02
湖南	120	1242	787	1	36	409	1635.07	1343.88
广东	115	2411	1234	8	52	543	3890.98	3154.35
广西	97	759	528		15	203	1187.27	897.42
海南	18	142	97			18	200.50	175.09
重庆	41	654	368	10	46	153	1217.75	1036.47
四川	181	1428	791	5	28	299	2051.04	1724.83
贵州	87	626	428	4	29	136	843.43	674.09
云南	132	1146	1006	1	254	477	1277.28	1010.48
西藏	74	120	61	2	2	2	96.40	73.09
陕西	102	1532	924	2	27	391	870.79	719.64
甘肃	85	933	485	1	35	191	727.49	519.27
青海	41	218	138		8	71	181.73	143.49
宁夏	20	292	181	1	9	96	305.09	248.39
新疆	92	714	516		52	227	828.69	672.69

盲文图书	古 籍	善本	报刊	视听文献	缩微制品	其他	在藏量中		电子图书(万册)
							开架书刊	少儿文献	
64.09	**478.58**	**39.02**	**3465.71**	**724.51**	**54.18**	**2022.19**	**27530.82**	**5369.84**	**41553.15**
0.29	5.13	0.31	34.61	56.82	0.33	71.83	1325.93	170.66	1209.55
1.03	4.50	0.23	45.28	9.34	0.05	38.54	489.63	83.21	1303.18
2.23	6.44	0.48	88.88	20.38	0.34	43.78	752.85	128.16	962.57
1.42	29.18	4.51	106.68	7.24	1.12	27.66	451.85	72.04	476.42
0.71	2.70	0.17	87.82	7.53	0.36	35.95	618.12	80.82	600.01
1.45	4.37	0.94	46.69	23.04	0.74	84.97	736.67	207.61	425.31
0.99	1.37	0.04	46.60	16.52	0.63	54.04	450.48	85.36	616.10
0.72	0.50		72.36	6.00	0.56	16.60	533.09	68.03	495.75
1.06	8.91	0.22	36.84	93.37	0.01	22.91	1429.55	267.31	697.99
4.50	54.36	3.59	209.04	46.72	0.44	42.42	3171.59	627.08	5190.06
3.36	54.55	2.74	238.53	84.11	0.43	66.70	3309.10	783.33	5854.87
5.67	11.96	0.43	81.02	26.90	0.51	64.12	589.81	147.40	2793.46
0.92	12.06	0.98	115.63	38.83	1.13	151.04	1046.25	263.57	1605.16
2.34	22.37	2.50	179.70	10.97	0.73	61.72	613.84	154.47	630.91
6.14	24.31	2.62	238.18	27.22	3.31	131.20	1674.31	318.46	1496.74
7.44	15.14	1.18	179.27	17.52	0.39	36.21	703.30	119.88	1109.81
1.88	15.50	1.76	174.46	21.44	33.72	61.52	936.87	192.75	1728.22
2.98	39.77	3.32	190.03	12.84	0.90	47.66	793.48	158.70	767.56
1.83	12.66	0.93	170.53	100.26	0.20	452.97	2532.94	495.11	3681.52
0.37	8.29	0.17	232.88	7.56	0.90	40.21	555.76	90.41	288.95
0.03	0.59	0.42	21.94	1.22	0.01	1.66	93.49	7.98	474.64
2.63	26.64	2.33	75.58	19.06	0.12	59.88	817.30	178.96	1062.11
7.42	48.17	2.21	177.05	15.46	3.12	82.41	1165.95	217.11	2161.83
1.36	4.05	0.80	93.09	9.89	1.57	60.74	489.71	78.46	967.06
0.97	26.56	2.56	157.96	12.47	0.88	68.94	787.69	118.84	1316.87
0.07	0.95	0.10	8.37	0.79	0.36	12.84	8.91	6.44	12.02
2.02	19.77	0.79	92.07	8.08	0.36	30.88	470.78	75.39	2920.09
0.61	12.51	1.86	122.91	5.84	0.18	66.79	367.47	63.08	181.21
0.33	2.96	0.19	9.71	1.95	0.28	23.33	46.84	12.88	73.09
0.65	1.80	0.63	30.49	4.95	0.11	19.35	142.20	42.20	64.06
0.67	0.51	0.02	101.54	10.19	0.42	43.34	425.08	54.17	386.02

续表 1

地区	本馆自建	本馆外购	免费共享	书架单层总长度（米）	本年新购藏量（万册）	本年新增电子图书（万册）	当年购买的报刊种类（种）	有效借书证数（个）
总计	**1322.75**	**24177.90**	**16042.52**	**6180439**	**4479.95**	**8431.57**	**624238**	**30873365**
北京	23.35	459.54	726.67	189000	100.50	40.34	16222	945368
天津	0.04	912.64	390.50	101571	108.47	191.34	12060	441182
河北	68.25	770.10	124.23	292882	118.35	405.19	19163	445035
山西	4.17	395.39	76.87	137883	50.42	232.60	15108	299356
内蒙古	71.98	428.43	99.60	127089	99.00	266.11	18037	321698
辽宁	31.15	314.16	80.00	151961	64.87	59.79	17320	555902
吉林	67.67	318.90	229.52	79733	42.70	200.46	8629	239971
黑龙江	0.45	180.23	315.07	97800	125.95	164.56	12696	245058
上海	4.30	670.30	23.39	209317	160.18	244.53	35298	1928612
江苏	59.00	3531.60	1599.46	484425	546.28	1100.87	51305	4296037
浙江	251.33	2560.98	3042.55	449711	550.72	533.84	53358	8305029
安徽	51.91	2291.35	450.19	147592	115.52	275.31	16392	706296
福建	58.79	877.96	668.41	213409	201.09	311.67	20297	596439
江西	24.80	419.58	186.53	170088	143.37	103.87	17713	648982
山东	26.97	1159.18	310.59	375902	341.83	681.79	29410	1800643
河南	53.32	829.75	226.75	194739	99.53	145.54	22621	702321
湖北	104.28	872.32	751.63	195137	194.86	296.72	22861	736180
湖南	23.99	499.72	243.84	247848	97.43	187.57	26310	649503
广东	24.79	1894.65	1762.08	474253	479.94	434.76	40305	3064388
广西	3.19	212.34	73.42	199784	49.51	37.18	18248	252202
海南	30.01	400.08	44.55	26695	7.06	833.07	3851	38700
重庆	66.49	662.84	332.79	284150	183.21	251.48	23401	1214218
四川	38.71	995.58	1127.55	596898	207.88	647.07	27721	1089056
贵州	54.59	789.19	123.28	116174	98.96	492.35	12938	434274
云南	13.61	963.55	339.72	247509	64.59	75.67	25061	265045
西藏	0.12	1.23	10.67	8813	12.69	0.31	3006	6212
陕西	108.80	260.17	2541.14	95089	66.37	96.78	13557	214479
甘肃	3.84	142.29	35.08	102176	60.97	36.84	10947	192394
青海	7.80	62.38	2.90	27427	7.53	18.85	1584	18150
宁夏	0.10	45.81	18.15	41847	41.49	24.70	6699	73245
新疆	44.97	255.66	85.39	93537	38.71	40.44	22120	147390

总流通人次（万人次）	书刊文献外借人次	书刊文献外借册次（万册次）	为读者举办各种活动 组织各类讲座次数（次）	参加人次（万人次）	举办展览（个）	参加人次（万人次）	举办培训班（个）	培训人次（万人次）
42447.59	**15648.67**	**32370.54**	**46755**	**691.94**	**19862**	**3004.44**	**30350**	**184.03**
1026.74	344.38	833.94	2075	15.48	404	102.16	1298	4.64
1100.84	278.04	656.06	1343	19.32	528	33.71	370	2.93
918.84	415.55	731.16	1988	20.97	672	43.73	877	5.49
641.87	240.12	385.04	1318	17.19	506	79.47	507	4.48
490.58	248.52	429.71	822	11.36	384	30.99	464	3.23
1074.85	437.18	814.02	1515	13.15	549	50.91	784	3.98
346.33	182.04	303.78	394	5.59	174	48.87	242	1.99
443.00	172.66	406.02	796	13.76	456	40.90	555	2.65
2671.67	494.66	2108.11	2468	33.90	337	74.26	1530	6.88
4825.07	1886.52	3651.00	2368	34.84	999	147.28	1314	8.32
7859.46	1852.28	4794.52	3558	63.90	1830	501.20	4005	20.71
1453.76	678.12	1141.07	1575	27.93	649	76.19	795	6.91
1650.91	722.74	1842.65	1316	16.04	691	105.41	1746	6.09
1053.18	552.66	977.62	1327	17.33	886	84.41	622	5.20
2109.47	1136.72	1905.45	3864	51.50	1285	139.21	1842	11.63
1414.50	813.37	1168.55	2060	33.72	891	86.22	957	7.96
1084.47	629.67	1001.23	1554	30.42	723	93.77	742	6.24
1166.65	671.18	1115.88	2024	34.70	595	80.26	1261	9.21
4356.84	1029.47	3045.47	3575	74.18	1244	395.21	2070	14.38
1077.42	329.37	677.84	1155	23.20	581	61.32	1178	7.07
67.44	29.05	52.45	109	1.14	89	6.90	55	0.41
1205.30	481.06	1077.24	1473	24.59	932	136.38	1793	9.81
1595.55	683.39	1138.27	2730	37.53	1008	267.38	1107	6.28
547.35	244.61	370.80	1302	13.55	515	51.62	664	4.49
732.19	366.06	653.28	1379	20.00	937	108.21	1020	7.79
9.70	3.67	5.26	31	0.33	134	2.54	30	0.13
580.68	280.60	380.11	1151	16.77	712	66.48	1527	8.14
376.95	217.78	313.71	675	9.39	343	30.25	359	2.89
48.64	28.50	33.79	86	1.01	77	5.29	86	0.70
179.75	68.56	124.49	148	1.27	113	10.39	148	0.73
337.58	130.15	232.07	576	7.86	618	43.52	402	2.68

续表 2

地　区	开展基层培训辅导人次（万人次）	本单位受训人次（万人次）	计算机（台）	供读者使用电子阅览室终端数	图书馆网站访问量（页次）	本年收入合计（千元）	财政补贴收入	免费开放资金
总　计	**73.86**	**13.05**	**146627**	**103502**	**281972418**	**7193884**	**6918560**	**636785**
北　京	2.08	0.58	3647	1641	13690467	436087	428600	22270
天　津	0.78	0.66	3178	2117	11372295	318697	316070	12641
河　北	2.92	0.26	5674	4352	12050525	146915	139368	21339
山　西	3.48	0.54	4639	3574	1964154	137634	136068	18136
内蒙古	1.33	0.36	4736	3319	1316602	193871	191342	17297
辽　宁	3.79	0.35	5460	3626	2145062	176330	175879	6707
吉　林	1.34	0.16	2573	1866	2693572	167760	164755	9099
黑龙江	0.75	0.13	3860	2711	1293275	130568	129060	13071
上　海	0.41	0.70	3957	2324	22339314	583699	573382	18896
江　苏	4.60	0.79	7442	4890	58656275	507564	482549	25927
浙　江	2.98	1.43	8185	5353	18184389	736192	705128	34693
安　徽	3.41	0.57	5042	3919	6558415	134874	119709	14740
福　建	0.50	0.27	4070	2735	14300595	191935	175674	9800
江　西	7.20	0.17	5573	4091	4281670	138327	125021	11148
山　东	3.87	0.39	8038	5648	9692486	299434	292837	31384
河　南	3.28	0.62	6672	4595	3715620	176086	174267	23266
湖　北	5.09	0.37	4849	3534	5793874	241306	222347	13432
湖　南	3.06	0.27	5119	3752	10668975	202977	193514	22144
广　东	2.37	1.15	10080	7110	13527684	766515	733939	64617
广　西	1.49	0.43	4238	3034	1424494	114562	103905	16115
海　南	0.35	0.05	879	684	1528489	78991	77198	51694
重　庆	2.36	0.13	3933	2961	18467988	207107	202151	27637
四　川	5.74	0.10	8473	6279	19630249	281428	275995	44845
贵　州	1.14	0.88	4514	3080	4058704	131517	115708	15767
云　南	2.82	0.31	5290	3960	11768018	187281	181943	25544
西　藏	0.42	0.01	1033	714	4308	19058	18484	12412
陕　西	1.94	0.31	4695	3638	5622693	169866	162335	19870
甘　肃	2.17	0.15	3848	2760	3799765	116536	111331	11657
青　海	0.45	0.02	1517	921	526600	37753	36789	1620
宁　夏	0.32	0.65	1441	1180	245780	60733	55910	3858
新　疆	1.44	0.21	3972	3134	650081	102281	97302	15159

中央资金	购书专项经费	上级补助收入	事业收入	经营收入	附属单位上缴收入	其他收入	本年支出合计(千元)	基本支出
248463	**689611**	**149473**	**27474**	**9867**	**141**	**88369**	**7158673**	**4482253**
2035	37893	432	5295	270		1490	429536	235273
3200	40377	57	1927	375		268	313512	198208
14515	7349	280		45		7222	142765	109053
11926	7215	755	340			471	133450	89404
13421	4688	1712				817	194811	169215
2718	11300	321	38			92	174742	142752
5695	6521	1584				1421	167038	87453
9771	9947	445	59			1004	127149	97923
833	66687	1775	1656			6886	573827	364943
920	62270	6392	2644	8839		7140	515305	339928
552	93867	14184	2432			14448	741553	349091
5360	12445	10978	773			3414	139262	92766
2440	29880	13624	303			2334	179743	98071
4741	13224	9792	1074		11	2429	139989	105658
4039	36762	3609	27			2961	301655	216089
13410	11046	975	224	13	5	602	173072	142027
5056	21611	10432	747			7780	240186	145551
10751	17158	5050	464	40	100	3809	203744	141135
4307	78891	26280	1510			4786	755940	321741
12058	10379	8497	200	140		1820	109041	78983
651	3115	799				994	75915	64709
15580	22088	4233				723	202622	102996
28800	32125	4227	324			882	280764	160559
8692	9052	8136	1422	20	20	6211	129058	74002
20586	8035	2564	119			2655	190143	143929
11148	2835	242	153			179	16664	14344
15400	15310	4453	1736			1342	176885	137974
6515	6297	3070	1157	120		858	119792	95958
370	1863	270	180	5	5	504	37990	31473
1640	4954	2265	366			2192	70242	51937
11333	4427	2040	2304			635	102278	79108

续表 3

地区	项目支出	经营支出	在支出合计中：					
			工资福利支出	商品和服务支出	差旅费	劳务费	福利费	各种税金支出
总　计	**2457428**	**4029**	**2803791**	**1571773**	**46995**	**171533**	**26472**	**4829**
北　京	193947	270	171341	141112	245	3648	2039	88
天　津	115164	4	95329	79777	325	5364	841	439
河　北	28978	90	67259	20044	433	1132	228	68
山　西	39472		64104	18567	820	2619	59	5
内蒙古	20047		96242	26353	1974	3101	316	107
辽　宁	23625	10	93143	28037	687	2674	48	18
吉　林	75895		55568	14751	643	1327	119	
黑龙江	25100	50	58738	16243	1121	1058	46	7
上　海	208882		227428	196895	4566	3836	4431	38
江　苏	169825	1795	175764	115305	3883	7039	1752	487
浙　江	381543		256918	179069	2217	28799	6038	900
安　徽	37218	120	53598	24663	1241	2255	381	208
福　建	73207		63287	43424	689	8957	179	61
江　西	20403	55	63001	23034	1788	2108	1186	112
山　东	69036	14	141432	43261	1728	4656	1178	16
河　南	22882	70	95705	27013	1234	2492	285	47
湖　北	80819		95928	32034	1217	3719	472	241
湖　南	47657	42	91331	40775	1817	5456	1092	65
广　东	424625	20	195136	231491	1621	40132	2847	650
广　西	23769	394	51092	27558	2037	1841	87	36
海　南	9870		10230	4580	365	357	4	2
重　庆	94929	22	60868	54107	5263	13542	650	11
四　川	114690	59	116167	76406	4276	11605	938	31
贵　州	31727	395	43134	11320	779	1816	244	32
云　南	41125	40	107433	27778	1806	4035	325	37
西　藏	268	12	7093	760	121	35		
陕　西	31915	231	94066	30672	1561	3131	189	56
甘　肃	13874	216	61536	14740	940	1318	255	696
青　海	6329	10	15084	3449	304	164	73	70
宁　夏	15179	50	20193	3985	314	1107	33	4
新　疆	15428	60	55643	14570	980	2210	137	297

对个人和家庭补助支出	抚恤金和生活补助	其他资本性支出	各种设备购置费	新增藏量购置费	新增数字资源购置费	资产总计(千元)	固定资产原值	实际使用公用房屋建筑面积(万平方米)
619508	**31226**	**1545312**	**1221791**	**769596**	**120705**	**22406229**	**16320363**	**866.08**
33016	670	75612	65696	30879	7868	1207738	1082092	20.61
44256	426	85489	78171	43513	7889	427663	355743	19.77
11551	1036	30185	27176	19445	3371	503858	309105	29.27
9630	133	22616	18291	8924	3230	391031	338609	28.49
36686	2410	26009	21529	10002	3791	350609	315471	23.02
28663	1778	17150	15054	11314	1562	360310	307019	23.77
22427	1136	27316	19523	8982	723	202639	166067	11.53
23029	1470	16411	12044	9449	720	247050	214779	16.45
13333	879	100187	84160	53841	12214	2184608	1986322	29.51
67060	1744	133753	109480	71931	11565	1460220	1313194	78.32
32428	975	247588	148842	110375	5739	1640755	1258615	74.10
14945	938	29273	25445	13998	2223	369291	256924	24.37
10065	245	49156	42439	26305	3798	559655	494042	26.55
11641	1087	27445	23053	14856	3305	692593	655568	25.75
24120	1373	76818	65840	43128	3862	588133	528332	69.85
9541	611	33244	29587	15926	3404	608425	405517	32.03
22832	660	62573	36722	23863	3520	611225	536862	33.97
12876	1067	45726	33726	18634	3592	1293740	1214235	29.36
85009	1928	164696	143059	96689	11688	1141142	991480	69.41
7039	804	19347	16812	10091	2094	228104	192556	18.07
1034		7778	5420	2726	580	80795	72619	3.88
16009	953	44833	36084	19565	4694	3972366	454510	28.39
17091	934	51299	45698	30647	8075	757152	687264	42.89
7220	888	35360	30386	20803	5355	605465	454657	18.84
14767	2095	21214	15417	10489	782	580533	528995	25.54
		4934	3704	1474	39	261859	244847	2.09
11193	1908	31145	23739	13983	2362	266604	228795	18.55
18965	2403	17523	14963	7791	1483	309831	299011	14.85
1752	24	8883	7645	2011	72	86490	48180	3.61
3485	45	18587	12426	10674	669	153057	142008	5.78
7845	606	13162	9660	7288	436	263288	236945	17.49

续表 4

地　　区	书库面积	阅览室面积			实际拥有产权面积(万平方米)	阅览室座席数(个)	少儿阅览室座席数
			书刊阅览室面积	电子阅览室面积			
总　　计	**168.77**	**252.07**	**168.42**	**44.42**	**509.36**	**698824**	**185394**
北　　京	4.69	4.93	3.63	0.59	9.63	14291	2915
天　　津	4.71	4.80	3.92	0.67	4.44	12048	2888
河　　北	7.02	10.39	7.39	1.83	17.92	27540	6733
山　　西	5.55	9.44	6.13	1.99	27.86	21981	5348
内 蒙 古	3.65	7.09	4.92	1.54	9.83	20983	5369
辽　　宁	4.29	6.24	4.61	1.16	9.76	19320	4784
吉　　林	1.95	3.61	2.58	0.76	7.38	11157	3280
黑 龙 江	2.98	5.01	2.92	1.18	6.46	16874	5270
上　　海	3.42	9.34	7.85	0.85	16.07	20368	4267
江　　苏	9.94	21.37	13.10	2.20	43.24	43941	12165
浙　　江	11.98	22.23	13.80	2.85	30.94	51702	11892
安　　徽	4.14	6.82	4.41	1.54	15.75	20848	6569
福　　建	7.06	8.16	5.79	1.00	18.03	20767	6206
江　　西	6.12	7.96	4.90	1.53	16.88	25368	7824
山　　东	11.75	14.35	9.40	2.57	24.73	41705	10282
河　　南	6.77	8.57	5.93	1.86	17.43	31037	8685
湖　　北	7.33	10.16	6.51	2.13	28.94	27009	7247
湖　　南	7.32	7.11	4.50	1.74	24.90	26077	9029
广　　东	13.47	21.80	16.13	3.26	44.29	56031	13430
广　　西	5.03	5.16	3.26	1.21	12.84	20489	6057
海　　南	1.00	0.75	0.47	0.21	2.48	3106	771
重　　庆	5.45	8.58	5.99	1.14	23.09	25243	5669
四　　川	8.82	16.05	11.15	3.17	27.66	39673	9955
贵　　州	4.45	5.69	3.57	1.09	14.06	18935	5011
云　　南	6.62	6.36	3.89	1.69	18.62	21021	6192
西　　藏	0.66	0.65	0.32	0.24	0.60	1995	194
陕　　西	3.93	5.80	3.70	1.38	12.77	18304	5035
甘　　肃	2.79	3.43	2.07	0.88	9.95	14010	4534
青　　海	0.82	1.00	0.57	0.30	1.02	1889	509
宁　　夏	1.24	2.19	1.29	0.54	3.75	6877	1336
新　　疆	3.85	7.04	3.74	1.33	8.09	18235	5948

盲人阅览室座席数	志愿者服务队伍数（个）	志愿者服务队伍人数（人）	图书馆延伸服务情况			
			流动图书车数（辆）	流动服务书刊借阅人次（万人次）	流动图书车书刊借阅册次（万册次）	分馆数量（个）
19024	**4805**	**152815**	**1705**	**1650.03**	**2823.49**	**14163**
188	32	2028	17	12.81	63.91	314
201	140	2460	8	23.28	50.42	98
638	146	4118	73	26.95	42.72	208
768	109	2025	155	45.42	64.43	302
564	59	1216	49	24.32	40.58	299
554	170	6262	14	26.53	58.92	383
333	59	1757	19	33.18	56.83	233
312	96	2080	43	47.88	96.57	435
228	197	16216	71	91.69	129.19	434
1362	191	12285	46	101.59	180.47	3473
992	395	18797	81	204.85	475.32	921
1029	107	2480	26	44.30	69.33	965
443	114	5247	12	33.37	41.66	359
1277	175	2516	36	51.57	57.64	388
1619	353	7776	37	71.21	124.02	1095
849	228	3155	60	67.96	90.37	381
852	754	4217	96	119.44	154.12	345
715	291	7771	51	44.89	68.81	250
784	202	24821	60	141.37	285.06	799
341	139	1853	80	31.58	50.71	74
58	6	107	6	6.34	9.87	9
741	98	2272	44	80.21	145.20	779
1165	154	3211	122	76.05	117.59	559
670	88	2559	67	48.25	62.85	258
634	91	1952	102	76.83	115.36	237
	56	420	79	1.31	1.26	1
641	110	5621	99	45.52	62.85	413
405	127	1665	57	25.43	32.80	52
34	2	21	39	9.56	11.14	2
290	18	1247	8	15.58	24.10	24
337	98	4660	48	20.76	39.44	73

主要统计指标解释

1. **藏量**：指本馆已编目的古籍、图书、期刊和报纸的合订本、小册子、手稿，以及缩微制品、录像带、录音带、光盘等视听文献资料数量之和。

对同一书名，但分若干册（卷）的图书，按每一册（卷）作为一册统计。期刊和报纸均以每一合订本为一册统计。至填报本表时，尚未装订成册编目的期刊和报纸不应统计在内。

2. **图书**：指装订成册，不少于 49 页，并在“古籍”范围以外的纸介质图书。装订成册但不足 49 页的，按小册子统计到“其他”类中。

3. **盲文图书**：指供盲人读者阅读的图书。

4. **报刊**：指刊登当前事件的专题或综合新闻，每周至少出版一张并按年、月、日顺序或按编号排列的连续出版物。或者是同一刊名下，按顺序号或按年、月、日出版的定期或不定期的一种连续出版物。包括报纸和期刊。

5. **古籍、善本**：实际成书和出版年代在 1911 年（含 1911 年）以前的线装、卷轴装、经折装、蝴蝶装、包背装等书籍为古籍。其中清乾隆六十年即 1795 年（含 1795 年）以前的古籍为善本，1795 年至 1911 年间的具有历史文献性、学术资料性和印刷装帧艺术代表性的也归为善本。

6. **视听文献**：包括各类型声频文献（唱片、录音带、盒式磁带等）、视频文献（例如幻灯片、透明正片等）和声频与视频混合文献（例如有声电影、录像片等）。

7. **缩微文献**：指所有经过缩微处理制成缩微胶卷和缩微平片，使用时需要放大的文献资料。

8. **其他**：指馆藏文献资源中，不在以上任何一类文献中的内容。

9. **开架书刊**：指图书馆总藏量中已上架并可用于外借或馆内阅读的图书、报刊等。

10. **少儿文献**：是指供少儿阅读的文献，包括图书、绘本、画册、连环画等，不论其是否装订成册，或页数是否达到 49 页，均按 1 个“册件”计算在内。“少儿文献”不纳入“总藏量”加总计算，在图书、报刊、视听文献、缩微制品中，涉及少儿文献的，仍然分别统计在内。

11. **电子图书**：指本馆通过购买方式取得当前使用权的电子图书，以及本馆自建或与其他机构合作建设的电子图书。

本馆自建电子图书：指本馆通过数字化加工、网络采集、依法保存等方式获得，并在本地存储和保管的电子图书。

本馆外购电子图书：指本馆付费获得使用权不少于 12 个月的电子图书。

从其他机构免费共享的电子图书：指其他机构通过 VPN 共享、本地镜像或硬存储等方式免费授权给本馆使用的电子图书。

12. **书架单层总长度**：指馆藏实际占用书架、书柜单层单面长度之和。

13. **本年度新购藏量**：是指本年度内，通过购买、征集、竞拍等各种方式新入藏的各类型文献资源总量（不包括电子图书）。

14. **新增电子图书**：指图书馆本年度通过自建、购买（获得使用权不少于 12 个月）的电子图书总量。

15. **当年购买的报刊种类**：指图书馆当年购买的期刊和报纸种类之和。其计量原则同图书。

16. **有效借书证数**：是指由本馆或本馆所在总分馆体系中其他图书馆发放，并在当年内在本馆、本馆下辖分馆或本馆派出各类馆外服务设施中使用过至少一次的借书证数。

17. **总流通人次**：指本年度内到图书馆场馆接受图书馆服务的总人次，包括借阅书刊、咨询问题，以及参加各类读者活动等。

18. **书刊文献外借人次**：指通过本馆或本馆所辖分馆以及本馆派出的馆外服务设施将本馆各类型文献资源借出阅读的读者人次。

19. **书刊文献外借册次**：指读者通过由本馆或本馆所辖分馆以及本馆派出的馆外服务设施借出阅读的本馆各类型文献册次。

20. **组织各类讲座次数、参加人次**：指由本馆举办或与外机构联合举办的各类讲座次数及参加这些讲座的人次。

21. **举办展览个数、参观人次**：指本馆举办或与外机构联合举办的在馆内或馆外展览的展览个数及参观人次。个数按展览的内容计算。同一内容的展览不论在哪些地点展出和展出时间多久，只计算一个。

22. **举办训练班班次、培训人次**：指本馆举办或与外机构联合举办的各种科普、文化、艺术等训练班，按截止到年底办完的班数及培训人数分别计算班次及培训人次。截止到年底未办完的班数和人数均在下一年度统计。

23. **为少儿举办的专场活动**：是指专门以少年儿童为受众组织的展览、讲座、读书、培训等活动，含亲子阅读类活动。

24. **图书馆网站访问量**：指本年度中图书馆网站中所有网页（含文件及动态网页）被访客浏览的总次数。图书馆网站指有独立域名的Web站点，其中包括cn和通用顶级域名下的Web站点。

25. **计算机台数**：指图书馆内列入固定资产管理并正在使用的计算机终端台数。

26. **供读者使用的终端数**：指图书馆内放置可供读者使用的计算机台数。

27. **新增藏量购置费**：指本馆本年购进图书、报刊、缩微制品、视听文献等藏品所用经费之和。

28. **新增电子图书购置费**：指图书馆本年度专门用于自建、购买电子图书的经费。

29. **少儿阅览室座席数**：指图书馆中专门提供给少年儿童使用的座位数。

30. **盲人阅览室座席数**：指图书馆中专门提供给盲人使用，并配置有专门的辅助阅读、视听设备的座位数。

31. **流动服务书刊借阅人次/册次**：是指图书馆利用流动服务方式开展书刊借阅服务的读者人次和册次。

32. **分馆数量**：是指在以本馆为中心馆的总分馆体系中，接受本馆统一管理，具有独立馆舍、一定数量的馆藏、专职管理人员的图书馆数量。总馆对分馆负有业务指导关系，并且总、分馆之间实现文献资源共建共享、通借通还。

（本统计资料由文化和旅游部财务司规划统计处提供）

2017 年全国高校图书馆统计数据

2017 年 850 所高校图书馆在编职工人数统计表

序号	图书馆名称	在编职工(人)	序号	图书馆名称	在编职工(人)
1	武汉大学图书馆	256	36	湖南师范大学图书馆	106
2	中山大学图书馆	243	37	江苏师范大学图书馆	106
3	上海交通大学图书馆	210	38	兰州大学图书馆	105
4	山东大学图书馆	195	39	河北科技大学图书馆	104
5	四川大学图书馆	186	40	上海师范大学图书馆	103
6	华中科技大学图书馆	174	41	福州大学图书馆	102
7	复旦大学图书馆	171	42	浙江师范大学图书馆	102
8	浙江大学图书馆	171	43	黑龙江大学图书馆	102
9	武汉理工大学图书馆	165	44	临沂大学图书馆	102
10	厦门大学图书馆	164	45	深圳大学城图书馆	101
11	中南大学图书馆	147	46	河海大学图书馆	100
12	扬州大学图书馆	146	47	河北师范大学图书馆	99
13	苏州大学图书馆	142	48	宁波大学图书馆	98
14	上海大学图书馆	139	49	暨南大学图书馆	98
15	同济大学图书馆	138	50	西南交通大学图书馆	98
16	西北民族大学图书馆	137	51	集美大学图书馆	97
17	西北农林科技大学图书馆	134	52	大连理工大学图书馆	97
18	深圳大学图书馆	130	53	长安大学图书馆	96
19	西安交通大学图书馆	128	54	南京农业大学图书馆	96
20	南京大学图书馆	127	55	福建师范大学图书馆	96
21	南昌大学图书馆	126	56	东北林业大学图书馆	94
22	东南大学图书馆	123	57	潍坊学院图书馆	92
23	东北师范大学图书馆	122	58	宁夏大学图书馆	92
24	清华大学图书馆	122	59	华中师范大学图书馆	92
25	华东师范大学图书馆	121	60	电子科技大学图书馆	91
26	湖南大学图书馆	117	61	中国海洋大学图书馆	91
27	西南大学图书馆	117	62	兰州理工大学图书馆	90
28	重庆大学图书馆	117	63	海南师范大学图书馆	90
29	九江学院图书馆	117	64	南京财经大学图书馆	89
30	哈尔滨师范大学图书馆	116	65	温州大学图书馆	89
31	中国人民大学图书馆	115	66	延边大学图书馆	88
32	河北大学图书馆	114	67	华南农业大学图书馆	87
33	江苏大学图书馆	112	68	内蒙古师范大学图书馆	86
34	南京师范大学图书馆	109	69	湘潭大学图书馆	86
35	青岛科技大学图书馆	108	70	广东外语外贸大学图书馆	86

续表

序号	图书馆名称	在编职工(人)	序号	图书馆名称	在编职工(人)
71	海南大学图书馆	86	111	合肥工业大学图书馆	74
72	华南师范大学图书馆	85	112	江西师范大学图书馆	74
73	广州大学图书馆	85	113	哈尔滨工程大学图书馆	73
74	东北大学图书馆	84	114	南京理工大学图书馆	73
75	山东农业大学图书馆	84	115	北华大学图书馆	72
76	四川师范大学图书馆	84	116	湖北工程学院图书馆	72
77	南京航空航天大学图书馆	83	117	廊坊师范学院图书馆	71
78	江南大学图书馆	83	118	西安科技大学图书馆	71
79	南通大学图书馆	83	119	内蒙古医科大学图书馆	70
80	华北电力大学图书馆	83	120	内蒙古民族大学图书馆	70
81	武汉纺织大学图书馆	82	121	井冈山大学图书馆	70
82	南华大学图书馆	82	122	西北工业大学图书馆	69
83	内蒙古工业大学图书馆	81	123	大连海事大学图书馆	68
84	齐齐哈尔大学图书馆	81	124	湖北工业大学图书馆	68
85	华东理工大学图书馆	81	125	湖南工业大学图书馆	68
86	山东师范大学图书馆	81	126	辽宁大学图书馆	68
87	中南林业科技大学图书馆	81	127	北方工业大学图书馆	68
88	贵州大学图书馆	80	128	江苏科技大学图书馆	67
89	贵州师范大学图书馆	80	129	郑州轻工业学院图书馆	67
90	安徽工业大学图书馆	79	130	西南民族大学图书馆	66
91	河北理工大学图书馆	79	131	重庆师范大学图书馆	66
92	安徽大学图书馆	78	132	上海中医药大学图书馆	66
93	安徽师范大学图书馆	78	133	沈阳大学图书馆	65
94	湖北大学图书馆	77	134	淮海工学院图书馆	65
95	广东工业大学图书馆	77	135	中国地质大学图书馆	65
96	内蒙古大学图书馆	76	136	西华师范大学图书馆	65
97	武汉科技大学图书馆	76	137	淮阴师范学院图书馆	65
98	三峡大学图书馆	76	138	河北工业大学图书馆	65
99	中国药科大学图书馆	76	139	山西大学图书馆	64
100	湖南科技大学图书馆	76	140	西南财经大学图书馆	64
101	东北财经大学图书馆	75	141	西北大学图书馆	64
102	西安建筑科技大学图书馆	75	142	西安财经学院图书馆	64
103	陕西师范大学图书馆	75	143	石家庄学院图书馆	64
104	岭南师范学院图书馆	75	144	南京工业大学图书馆	63
105	中国科学技术大学图书馆	75	145	成都理工大学图书馆	63
106	首都师范大学图书馆	75	146	吉林师范大学图书馆	62
107	河北工程大学图书馆	75	147	浙江工商大学图书馆	62
108	辽宁石油化工大学图书馆	74	148	哈尔滨商业大学图书馆	62
109	吉首大学图书馆	74	149	淮北师范大学图书馆	61
110	广东海洋大学图书馆	74	150	华侨大学图书馆	61

续表

序号	图书馆名称	在编职工(人)	序号	图书馆名称	在编职工(人)
151	台州学院图书馆	61	190	咸阳师范学院图书馆	54
152	沈阳师范大学图书馆	61	191	淮阴工学院图书馆	54
153	东华大学图书馆	60	192	南京林业大学图书馆	54
154	西南政法大学图书馆	60	193	安徽理工大学图书馆	54
155	辽宁师范大学图书馆	60	194	北京理工大学图书馆	54
156	福建工程学院图书馆	60	195	中国政法大学图书馆	53
157	上海应用技术学院图书馆	59	196	江西理工大学图书馆	53
158	四川农业大学图书馆	59	197	贵州财经大学图书馆	53
159	成都大学图书馆	59	198	贵州民族大学图书馆	53
160	重庆文理学院图书馆	59	199	温州医科大学图书馆	53
161	福建农林大学图书馆	59	200	丽水学院图书馆	53
162	闽南师范大学图书馆	59	201	东北农业大学图书馆	52
163	上海财经大学图书馆	59	202	广东技术师范学院图书馆	52
164	大连大学图书馆	58	203	湖北经济学院图书馆	51
165	华中农业大学图书馆	58	204	西南石油大学图书馆	51
166	西华大学图书馆	58	205	广东金融学院图书馆	51
167	杭州师范大学图书馆	58	206	宜春学院图书馆	51
168	中国矿业大学图书馆	57	207	南昌航空大学图书馆	51
169	西安翻译学院图书馆	57	208	吉林财经大学(原长春税务学院)图书馆	50
170	山西财经大学图书馆	57	209	黑龙江中医药大学图书馆	50
171	内蒙古财经大学图书馆	57	210	华东政法大学图书馆	50
172	辽宁科技大学图书馆	56	211	湖南科技学院图书馆	50
173	辽东学院图书馆	56	212	广东药科大学图书馆	50
174	长春理工大学图书馆	56	213	四川外语学院图书馆	50
175	东北石油大学图书馆	56	214	陕西科技大学图书馆	50
176	深圳职业技术学院图书馆	56	215	肇庆学院图书馆	50
177	四川理工学院图书馆	56	216	内蒙古科技大学图书馆	49
178	西安工程大学图书馆	56	217	长春工业大学图书馆	49
179	南京信息工程大学图书馆	56	218	浙江财经大学图书馆	49
180	常熟理工学院图书馆	56	219	东华理工大学图书馆	49
181	湖南理工学院图书馆	55	220	德州学院图书馆	49
182	西安电子科技大学图书馆	55	221	中南民族大学图书馆	49
183	湖北民族学院图书馆	55	222	韩山师范学院图书馆	49
184	湖北第二师范学院图书馆	55	223	重庆三峡学院图书馆	49
185	赣南师范大学图书馆	55	224	西安理工大学图书馆	49
186	广东财经大学图书馆	55	225	西昌学院图书馆	49
187	沈阳理工大学图书馆	54	226	内江师范学院图书馆	49
188	长春工程学院图书馆	54	227	苏州科技大学图书馆	49
189	杭州电子科技大学图书馆	54	228	浙江理工大学图书馆	49

续表

序号	图书馆名称	在编职工（人）	序号	图书馆名称	在编职工（人）
229	渤海大学图书馆	49	268	安徽农业大学图书馆	44
230	四川工商学院（原四川师范大学成都学院）图书馆	48	269	闽江学院图书馆	44
231	沈阳音乐学院图书馆	48	270	辽宁工程技术大学图书馆	43
232	江苏理工学院图书馆	48	271	上海电力学院图书馆	43
233	浙江万里学院图书馆	48	272	浙江科技学院图书馆	43
234	宝鸡文理学院图书馆	48	273	武昌首义学院图书馆	43
235	西安文理学院图书馆	48	274	海南热带海洋学院（原琼州学院）图书馆	43
236	河南工业大学图书馆	48	275	南京工程学院图书馆	43
237	江西科技师范大学图书馆	48	276	南京医科大学图书馆	43
238	许昌学院图书馆	48	277	大连海洋大学图书馆	43
239	西南科技大学图书馆	47	278	辽宁科技学院图书馆	42
240	西北政法大学图书馆	47	279	沈阳农业大学图书馆	42
241	西安外事学院图书馆	47	280	嘉兴学院图书馆	42
242	佛山科学技术学院图书馆	47	281	皖西学院图书馆	42
243	成都中医药大学图书馆	47	282	池州学院图书馆	42
244	中国计量大学图书馆	47	283	韶关学院图书馆	42
245	南昌工程学院图书馆	47	284	绍兴文理学院图书馆	42
246	常州工学院图书馆	47	285	沈阳工业大学图书馆	42
247	北京科技大学图书馆	47	286	泉州师范学院图书馆	42
248	中央民族大学图书馆	46	287	上海工程技术大学图书馆	42
249	东北电力大学图书馆	46	288	上海外国语大学图书馆	42
250	上海海事大学图书馆	46	289	陕西理工大学图书馆	42
251	西安外国语大学图书馆	46	290	牡丹江师范学院图书馆	41
252	陕西学前师范学院图书馆	46	291	金陵科技学院图书馆	41
253	兰州交通大学图书馆	46	292	浙江传媒学院图书馆	41
254	盐城工学院图书馆	46	293	黄山学院图书馆	41
255	沈阳药科大学图书馆	46	294	四川音乐学院图书馆	41
256	上海理工大学图书馆	46	295	遵义师范学院图书馆	41
257	浙江大学城市学院图书馆	45	296	浙江海洋大学图书馆	41
258	莆田学院图书馆	45	297	绥化学院图书馆	41
259	北方民族大学图书馆	45	298	河套学院图书馆	41
260	湖州师范学院图书馆	45	299	湖北医药学院图书馆	41
261	中国医科大学图书馆	45	300	哈尔滨医科大学图书馆	40
262	上海立信会计金融学院图书馆	45	301	华东交通大学图书馆	40
263	赤峰学院图书馆	45	302	武汉华夏理工学院图书馆	40
264	忻州师范学院图书馆	44	303	西安工业大学图书馆	40
265	包头师范学院图书馆	44	304	首都医科大学图书馆	40
266	武汉工程大学图书馆	44	305	呼伦贝尔学院图书馆	40
267	延安大学图书馆	44	306	沧州医学高等专科学校图书馆	39

续表

序号	图书馆名称	在编职工(人)	序号	图书馆名称	在编职工(人)
307	苏州职业大学图书馆	39	343	贵州师范学院图书馆	34
308	武汉工商学院图书馆	39	344	重庆科技学院图书馆	34
309	长江师范学院图书馆	39	345	西安石油大学图书馆	34
310	青海师范大学图书馆	39	346	西安欧亚学院图书馆	34
311	西藏民族大学图书馆	39	347	嘉应学院图书馆	34
312	吉林工商学院图书馆	39	348	武汉船舶职业技术学院图书馆	34
313	山东工商学院图书馆	39	349	湖南中医药大学图书馆	34
314	扬州市职业大学图书馆	39	350	沈阳工程学院图书馆	33
315	常州大学图书馆	38	351	白城师范学院图书馆	33
316	成都信息工程大学(原成都信息工程学院)图书馆	38	352	南京审计大学图书馆	33
317	贵州工程应用技术学院图书馆	38	353	景德镇陶瓷大学图书馆	33
318	辽宁中医学院图书馆	38	354	山东协和职业技术学院图书馆	33
319	大连职业技术学院图书馆	38	355	中国民用航空飞行学院图书馆	33
320	大庆师范学院图书馆	38	356	宜宾学院图书馆	33
321	集宁师范学院图书馆	38	357	达州职业技术学院图书馆	33
322	湖南财政经济学院(原湖南财经高等专科学校)图书馆	37	358	龙岩学院图书馆	33
323	江西农业大学图书馆	37	359	北京服装学院图书馆	33
324	沈阳航空航天大学(原沈阳航空工业学院)图书馆	37	360	沈阳化工大学图书馆	32
325	山西农业大学图书馆	36	361	湖北汽车工业学院图书馆	32
326	辽宁工业大学图书馆	36	362	三亚学院图书馆	32
327	新乡学院图书馆	36	363	攀枝花学院图书馆	32
328	渭南师范学院图书馆	36	364	西安医学院图书馆	32
329	甘肃农业大学图书馆	36	365	南方医科大学图书馆	32
330	川北医学院图书馆	36	366	大连医科大学图书馆	32
331	徐州医科大学图书馆	36	367	江西中医药大学图书馆	32
332	铜仁学院图书馆	36	368	赣南医学院图书馆	32
333	锦州医科大学(原名锦州医学院)图书馆	36	369	上海对外经贸大学图书馆	32
334	鞍山师范学院图书馆	36	370	南昌师范学院图书馆	32
335	上饶师范学院图书馆	36	371	天津农学院图书馆	31
336	中国美术学院图书馆	35	372	黑龙江工程学院图书馆	31
337	武汉东湖学院(原武汉大学东湖分校)图书馆	35	373	蚌埠学院图书馆	31
338	浙江农林大学图书馆	35	374	汕头大学图书馆	31
339	湖南警察学院图书馆	35	375	五邑大学图书馆	31
340	中国人民公安大学图书馆	34	376	贵州医科大学图书馆	31
341	顺德职业技术学院图书馆	34	377	遵义医学院图书馆	31
342	广东轻工职业技术学院图书馆	34	378	凯里学院图书馆	31

序号	图书馆名称	在编职工(人)	序号	图书馆名称	在编职工(人)
379	三明学院图书馆	31	417	四川交通职业技术学院图书馆	28
380	上海电机学院图书馆	31	418	商洛学院图书馆	28
381	河北医科大学图书馆	30	419	六盘水师范学院图书馆	28
382	长春中医学院图书馆	30	420	浙江越秀外国语学院图书馆	28
383	南京晓庄学院图书馆	30	421	包头医学院图书馆	27
384	温州职业技术学院图书馆	30	422	连云港职业技术学院图书馆	27
385	淮南师范学院图书馆	30	423	九江职业技术学院图书馆	27
386	萍乡学院图书馆	30	424	西安体育学院图书馆	27
387	江西科技学院图书馆	30	425	西京学院图书馆	27
388	南昌理工学院图书馆	30	426	河源职业技术学院图书馆	27
389	贵阳学院图书馆	30	427	河北政法职业学院图书馆	27
390	陕西工业职业技术学院图书馆	30	428	南昌职业学院图书馆	27
391	西交利物浦大学图书馆	30	429	东北师范大学人文学院图书馆	27
392	湖北中医学院图书馆	30	430	吉林化工学院图书馆	26
393	武汉职业技术学院图书馆	30	431	宿迁学院图书馆	26
394	福建医科大学图书馆	30	432	金华职业技术学院图书馆	26
395	石家庄铁道大学(原石家庄铁道学院)图书馆	30	433	西北工业大学明德学院图书馆	26
396	沈阳体育学院图书馆	29	434	泸州医学院图书馆	26
397	武汉体育学院图书馆	29	435	黔南民族师范学院图书馆	26
398	武汉科技大学城市学院图书馆	29	436	福建中医药大学图书馆	26
399	西安邮电大学图书馆	29	437	河北工程技术高等专科学校图书馆	26
400	商洛职业技术学院图书馆	29	438	北京师范大学珠海分校图书馆	26
401	西北大学现代学院图书馆	29	439	南方科技大学图书馆	26
402	浙江中医药大学图书馆	29	440	福建江夏学院图书馆	25
403	朝阳师范高等专科学校图书馆	29	441	宁波职业技术学院图书馆	25
404	武夷学院图书馆	29	442	浙江外国语学院图书馆	25
405	呼和浩特民族学院(原内蒙古民族高等专科学校)图书馆	29	443	乐山师范学院图书馆	25
406	包头轻工职业技术学院图书馆	29	444	四川工程职业技术学院图书馆	25
407	河北中医学院图书馆	29	445	宁德师范学院图书馆	25
408	广州番禺职业技术学院图书馆	29	446	上海政法学院图书馆	25
409	广州工商学院图书馆	29	447	吉林工程技术师范学院图书馆	24
410	四川文理学院图书馆	28	448	上海音乐学院图书馆	24
411	哈尔滨职业技术学院图书馆	28	449	贵州理工学院图书馆	24
412	宁波大红鹰学院图书馆	28	450	贵阳中医学院图书馆	24
413	合肥师范学院图书馆	28	451	武汉城市职业学院图书馆	24
414	广州医科大学图书馆	28	452	重庆工业职业技术学院图书馆	24
415	广州中医药大学图书馆	28	453	西安航空职业技术学院图书馆	24
416	惠州学院图书馆	28	454	甘肃政法学院图书馆	24

续表

序号	图书馆名称	在编职工(人)	序号	图书馆名称	在编职工(人)
455	广东岭南职业技术学院图书馆	24	493	辽宁交通高等专科学校图书馆	21
456	四川职业技术学院图书馆	24	494	上海第二工业大学图书馆	21
457	汉江师范学院(郧阳师范高等专科学校)图书馆	24	495	东莞理工学院图书馆	21
458	安徽工程大学图书馆	24	496	广东松山职业技术学院图书馆	21
459	盘锦职业技术学院图书馆	24	497	四川建筑职业技术学院图书馆	21
460	厦门理工学院图书馆	24	498	绵阳职业技术学院图书馆	21
461	常州信息职业技术学院图书馆	24	499	内江职业技术学院图书馆	21
462	广东外语外贸大学南国商学院图书馆	24	500	长春建筑学院图书馆图书馆	21
463	宁波工程学院图书馆	23	501	杨凌职业技术学院图书馆	21
464	杭州医学院	23	502	广安职业技术学院图书馆	21
465	新余学院图书馆	23	503	浙江水利水电学院图书馆	21
466	江西旅游商贸职业学院图书馆	23	504	长春金融高等专科学校图书馆	21
467	鄂州职业大学图书馆	23	505	长春职业技术学院图书馆	21
468	琼台师范高等专科学校图书馆	23	506	四川民族学院图书馆	21
469	成都体育学院图书馆	23	507	东莞职业技术学院图书馆	21
470	西安航空学院图书馆	23	508	甘肃民族师范学院图书馆	21
471	海南软件职业技术学院图书馆	23	509	吉林建筑大学城建学院图书馆	21
472	成都农业科技职业学院图书馆	23	510	通辽职业学院图书馆	21
473	安顺学院图书馆	23	511	温州科技职业学院图书馆	20
474	北京中医药大学图书馆	23	512	西安电力高等专科学校图书馆	20
475	江苏建筑职业技术学院图书馆	23	513	陕西国际商贸学院图书馆	20
476	长春工业大学人文信息学院图书馆	23	514	西安交通大学城市学院图书馆	20
477	长春光华学院图书馆	23	515	鹤壁职业技术学院图书馆	20
478	南昌大学科技学院图书馆	23	516	兴义民族师范学院图书馆	20
479	湖南财经工业职业技术学院图书馆	23	517	南京工业职业技术学院图书馆	20
480	鲁迅美术学院图书馆	22	518	白城医学高等专科学校图书馆	20
481	上海体育学院图书馆	22	519	包头钢铁职业技术学院图书馆	19
482	合肥学院图书馆	22	520	上海杉达学院图书馆	19
483	武汉学院(原中南财经政法大学武汉学院)图书馆	22	521	南京特殊教育职业技术学院图书馆	19
484	重庆师范大学涉外商贸学院图书馆	22	522	宁波城市职业技术学院图书馆	19
485	咸阳职业技术学院图书馆	22	523	宿州学院图书馆	19
486	广州航海学院图书馆	22	524	仰恩大学图书馆	19
487	北华航天工业学院图书馆	22	525	成都工业学院图书馆	19
488	广州城市职业学院图书馆	22	526	重庆教育学院图书馆	19
489	江西服装学院图书馆	22	527	西安美术学院图书馆	19
490	四川传媒学院图书馆	22	528	宝鸡职业技术学院图书馆	19
491	内蒙古机电职业技术学院图书馆	22	529	广东省外语艺术职业学院图书馆	19
492	内蒙古化工职业学院图书馆	22	530	清远职业技术学院图书馆	19

续表

序号	图书馆名称	在编职工(人)	序号	图书馆名称	在编职工(人)
531	广东司法警官职业学院图书馆	19	571	西安培华学院图书馆	17
532	贵州商学院图书馆	19	572	广州美术学院图书馆	17
533	浙江金融职业学院图书馆	19	573	电子科技大学中山学院图书馆	17
534	沈阳医学院图书馆	19	574	揭阳职业技术学院图书馆	17
535	上海健康医学院图书馆	19	575	安徽商贸职业技术学院图书馆	17
536	上海建桥学院图书馆	19	576	辽宁农业职业技术学院图书馆	17
537	福州外语外贸学院图书馆	19	577	吉林华桥外国语学院图书馆	17
538	广州大学华软软件学院图书馆	19	578	武汉工程科技学院图书馆	17
539	内蒙古电子信息职业技术学院图书馆	19	579	汕头大学医学院图书馆	17
540	四川文轩职业学院图书馆	19	580	广州商学院图书馆	17
541	甘肃中医药大学图书馆	19	581	广东舞蹈戏剧职业学院图书馆	17
542	浙江农林大学暨阳学院图书馆	19	582	延安大学西安创新学院图书馆	17
543	上海师范大学天华学院图书馆	18	583	浙江财经大学东方学院图书馆	16
544	南京科技职业学院	18	584	浙江国际海运职业技术学院图书馆	16
545	闽西职业技术学院图书馆	18	585	厦门华厦学院图书馆	16
546	长春财经学院图书馆	18	586	江西工程学院图书馆	16
547	四川旅游学院图书馆	18	587	佛山职业技术学院图书馆	16
548	四川水利职业技术学院图书馆	18	588	成都航空职业技术学院图书馆	16
549	陕西中医药大学图书馆	18	589	南充职业技术学院图书馆	16
550	中山职业技术学院图书馆	18	590	黔南民族医学高等专科学校图书馆	16
551	广东警官学院图书馆	18	591	榆林学院图书馆	16
552	成都职业技术学院图书馆	18	592	西安音乐学院图书馆	16
553	黄冈职业技术学院图书馆	18	593	兰州职业技术学院图书馆	16
554	浙江医药高等专科学校图书馆	18	594	成都艺术职业学院图书馆	16
555	浙江商业职业技术学院图书馆	18	595	湖北三峡职业技术学院图书馆	16
556	浙江经贸职业技术学院图书馆	18	596	浙江工贸职业技术学院图书馆	16
557	黑龙江农垦职业学院图书馆	18	597	威海职业学院图书馆	16
558	福建信息职业技术学院图书馆	18	598	华南农业大学珠江学院图书馆	16
559	天津大学仁爱学院图书馆	18	599	广东工程职业技术学院图书馆	16
560	营口理工学院图书馆图书馆	18	600	广东财经大学华商学院图书馆	16
561	惠州经济职业技术学院图书馆	18	601	南昌工学院图书馆	16
562	华东交通大学理工学院图书馆	18	602	南昌航空大学科技学院图书馆	16
563	赣州师范高等专科学校图书馆	18	603	杭州师范大学钱江学院图书馆	16
564	承德医学院图书馆	17	604	江苏警官学院图书馆	15
565	长春医学高等专科学校图书馆	17	605	常州轻工职业技术学院图书馆	15
566	连云港师范高等专科学校图书馆	17	606	九江职业大学图书馆	15
567	浙江交通职业技术学院图书馆	17	607	江西电力职业技术学院图书馆	15
568	武汉音乐学院图书馆	17	608	湖南信息职业技术学院图书馆	15
569	广东农工商职业技术学院图书馆	17	609	中山大学南方学院图书馆	15
570	乐山职业技术学院图书馆	17	610	陕西服装工程学院图书馆	15

续表

序号	图书馆名称	在编职工(人)	序号	图书馆名称	在编职工(人)
611	广州科技职业技术学院图书馆	15	650	景德镇学院图书馆	13
612	四川国际标榜职业学院图书馆	15	651	成都纺织高等专科学校图书馆	13
613	雅安职业技术学院图书馆	15	652	南昌师范高等专科学校图书馆	13
614	辽宁对外经贸学院图书馆	15	653	陕西交通职业技术学院图书馆	13
615	福建警察学院图书馆	15	654	西安铁路职业技术学院图书馆	13
616	江西警察学院图书馆	15	655	陕西铁路工程职业技术学院图书馆	13
617	湖南中医药高等专科学校图书馆	15	656	西安科技大学高新学院图书馆	13
618	吕梁高等专科学校图书馆	15	657	泸州职业技术学院图书馆	13
619	江西科技职业学院图书馆	15	658	四川中医药高等专科学校图书馆	13
620	广东科学技术职业学院图书馆	15	659	浙江机电职业技术学院图书馆	13
621	吉林医药学院图书馆	15	660	上海海关学院图书馆	13
622	东华理工大学长江学院图书馆	15	661	广州城建职业学院图书馆	13
623	天津商业大学宝德学院图书馆	14	662	江西经济管理干部学院图书馆	13
624	黑龙江农业经济职业学院图书馆	14	663	上海工商外国语职业学院图书馆	12
625	江苏信息职业技术学院图书馆	14	664	浙江长征职业技术学院图书馆	12
626	四川警察学院图书馆	14	665	浙江大学宁波理工学院图书馆	12
627	江西交通职业技术学院图书馆	14	666	江西信息应用职业技术学院图书馆	12
628	恩施职业技术学院图书馆	14	667	广东水利电力职业技术学院图书馆	12
629	民办南华工商学院图书馆	14	668	南昌大学共青学院图书馆	12
630	成都医学院图书馆	14	669	贵州广播电视大学图书馆	12
631	西安交通工程学院图书馆	14	670	陕西职业技术学院图书馆	12
632	宁夏工商职业技术学院图书馆	14	671	汕尾职业技术学院图书馆	12
633	广东工贸职业技术学院图书馆	14	672	四川托普信息技术职业学院图书馆	12
634	海南外国语职业学院图书馆	14	673	江西工程职业学院图书馆	12
635	浙江纺织服装职业技术学院图书馆	14	674	泉州经贸职业技术学院图书馆	12
636	漳州职业技术学院图书馆	14	675	广东理工职业学院图书馆	12
637	上海出版印刷高等专科学校图书馆	14	676	华南理工大学广州学院图书馆	12
638	邢台职业技术学院图书馆	14	677	南京医科大学康达学院图书馆	12
639	泰州职业技术学院图书馆	14	678	江西财经大学现代经济管理学院图书馆	12
640	宜春职业技术学院图书馆	14	679	四川幼儿师范高等专科学校图书馆	11
641	武昌职业学院图书馆	14	680	辽宁警察学院(原辽宁警官高等专科学校)图书馆	11
642	广东食品药品职业学院图书馆	14	681	陕西财经职业技术学院图书馆	11
643	惠州卫生职业技术学院图书馆	14	682	海南政法职业学院图书馆	11
644	中山大学新华学院图书馆	14	683	阿坝师范高等专科学校图书馆	11
645	四川大学锦城学院图书馆	14	684	宜宾职业技术学院图书馆	11
646	吉林工程职业学院图书馆	14	685	浙江艺术职业学院图书馆	11
647	闽江师范高等专科学校图书馆	14	686	浙江旅游职业学院图书馆	11
648	常州工程职业技术学院图书馆	13	687	上海旅游高等专科学校图书馆	11
649	湖州职业技术学院图书馆	13	688	湖南现代物流职业技术学院图书馆	11

续表

序号	图书馆名称	在编职工(人)
689	上海视觉艺术学院图书馆	11
690	天津电子信息职业技术学院图书馆	11
691	鹰潭职业技术学院图书馆	11
692	江西现代职业技术学院图书馆	11
693	山东中医药高等专科学校图书馆	11
694	深圳技术大学图书馆	11
695	广东创新科技职业学院图书馆	11
696	江苏第二师范学院图书馆	11
697	四川护理职业学院图书馆	11
698	香港中文大学图书馆	11
699	四川卫生康复职业学院图书馆	11
700	江西师范高等专科学校图书馆	11
701	铜川职业技术学院图书馆	11
702	包头铁道职业技术学院图书馆	10
703	四川商务职业学院图书馆	10
704	上海东海职业技术学院图书馆	10
705	浙江同济科技职业学院图书馆	10
706	浙江东方职业技术学院图书馆	10
707	西安职业技术学院图书馆	10
708	广东建设职业技术学院图书馆	10
709	四川航天职业技术学院图书馆	10
710	江西先锋软件职业技术学院图书馆	10
711	福州理工学院图书馆	10
712	浙江建设职业技术学院图书馆	10
713	嘉兴职业技术学院图书馆	10
714	上海电子信息职业技术学院图书馆	10
715	江西卫生职业学院图书馆	10
716	山西水利职业技术学院图书馆	10
717	福建卫生职业技术学院图书馆	10
718	广州南洋理工职业学院图书馆	10
719	江西生物科技职业学院图书馆	10
720	内蒙古商贸职业学院图书馆	10
721	厦门海洋职业技术学院图书馆	9
722	上海济光职业技术学院图书馆	9
723	浙江体育职业技术学院图书馆	9
724	台州科技职业学院图书馆	9
725	福建华南女子职业学院图书馆	9
726	茂名职业技术学院图书馆	9
727	三亚航空旅游职业学院图书馆	9
728	吉安职业技术学院图书馆	9
729	重庆工商职业学院图书馆	9
730	四川工商职业技术学院图书馆	9
731	健雄职业技术学院图书馆	9
732	武汉警官职业学院图书馆	9
733	赣州卫生健康职业学院图书馆	9
734	湖北水利水电职业技术学院图书馆	9
735	浙江经济职业技术学院图书馆	9
736	湖南铁路科技职业技术学院图书馆	9
737	江西制造职业技术学院图书馆	9
738	江西农业工程职业学院图书馆	9
739	上海科技大学图书馆	9
740	江西理工大学应用科学学院图书馆	9
741	广东环境保护工程职业学院图书馆	9
742	海南科技职业学院图书馆	9
743	江西建设职业技术学院图书馆	9
744	江西医学高等专科学校图书馆	9
745	江西水利职业学院图书馆	9
746	抚州职业技术学院图书馆	9
747	江西工业贸易职业技术学院图书馆	9
748	上海公安学院图书馆	8
749	正德职业技术学院图书馆	8
750	义乌工商职业技术学院图书馆	8
751	宁波教育学院图书馆	8
752	江西工业职业技术学院图书馆	8
753	江西财经职业学院图书馆	8
754	西安汽车科技职业学院图书馆	8
755	西安财经学院行知学院图书馆	8
756	宁夏民族职业技术学院图书馆	8
757	四川化工职业技术学院图书馆	8
758	浙江育英职业技术学院图书馆	8
759	绍兴职业技术学院图书馆	8
760	黑龙江民族职业学院图书馆	8
761	渤海船舶职业学院图书馆	8
762	吉林电子信息职业技术学院图书馆	8
763	上海农林职业技术学院图书馆	8
764	上海震旦职业学院图书馆	8
765	上海民航职业技术学院图书馆	8
766	潍坊护理职业学院图书馆	8
767	江门职业技术学院图书馆	8
768	广州体育职业技术学院图书馆	8

续表

序号	图书馆名称	在编职工(人)	序号	图书馆名称	在编职工(人)
769	巴中职业技术学院图书馆	8	810	四川文化产业职业学院图书馆	5
770	川南幼儿师范高等专科学校图书馆	8	811	四川机电职业技术学院图书馆	5
771	重庆机电职业技术学院图书馆	8	812	江西洪州职业学院图书馆	5
772	中国计量大学现代科技学院图书馆	8	813	三明职业技术学院图书馆	5
773	天津医科大学临床医学院图书馆	7	814	安徽医学高等专科学校图书馆	5
774	上海商学院图书馆	7	815	上海思博职业技术学院图书馆	5
775	上海工商职业技术学院图书馆	7	816	广东技术师范学院天河学院图书馆	5
776	浙江工商职业技术学院图书馆	7	817	广东文艺职业学院图书馆	5
777	江西司法警官职业学院图书馆	7	818	四川三河职业学院图书馆	5
778	江西机电职业技术学院图书馆	7	819	江西中医药高等专科学校图书馆	5
779	湖南民族职业学院图书馆	7	820	昆山杜克大学图书馆	5
780	广州铁路职业技术学院图书馆	7	821	上海科学技术职业学院图书馆	4
781	四川司法警官职业学院图书馆	7	822	金华教育学院图书馆	4
782	四川艺术职业学院图书馆	7	823	泉州纺织服装职业学院图书馆	4
783	陕西国防工业职业技术学院图书馆	7	824	江西陶瓷工艺美术职业技术学院图书馆	4
784	陕西警官职业学院图书馆	7	825	广州工程技术职业学院图书馆	4
785	四川邮电职业技术学院图书馆	7	826	江西传媒职业学院图书馆	4
786	四平职业大学图书馆	7	827	重庆警察学院图书馆	4
787	烟台黄金职业学院图书馆	7	828	眉山职业技术学院图书馆	4
788	江西青年职业学院图书馆	7	829	赣西科技职业学院图书馆	4
789	山东商务职业学院图书馆	7	830	福建体育职业技术学院图书馆	4
790	苏州科技大学天平学院图书馆	7	831	珠海艺术职业学院图书馆	4
791	广州现代信息工程职业技术学院图书馆	7	832	川北幼儿师范高等专科学校图书馆	4
792	中山火炬职业技术学院图书馆	7	833	广东碧桂园职业学院图书馆	4
793	福建艺术职业学院图书馆	7	834	长春教育学院图书馆	4
794	吉林广播电视大学图书馆图书馆	7	835	江西工商职业技术学院图书馆	4
795	长春汽车工业高等专科学校图书馆	6	836	绍兴文理学院元培学院图书馆	4
796	四川财经职业学院图书馆	6	837	陕西机电职业技术学院图书馆	3
797	天津理工大学中环信息学院图书馆	6	838	江西工业工程职业技术学院图书馆	3
798	广州松田职业学院图书馆	6	839	广东亚视演艺职业学院图书馆	3
799	榆林职业技术学院图书馆	6	840	上海行健职业学院图书馆	3
800	赣南师范大学科技学院图书馆	6	841	上海兴伟学院图书馆	3
801	宜春幼儿师范高等专科学校图书馆	6	842	广东行政职业学院图书馆	3
802	江西农业大学南昌商学院图书馆	6	843	景德镇陶瓷职业技术学院图书馆	3
803	江西枫林涉外经贸职业学院图书馆	6	844	浙江特殊教育职业学院图书馆	3
804	江西外语外贸职业学院图书馆	6	845	福州英华职业学院图书馆	2
805	科尔沁艺术职业学院图书馆	6	846	武夷山职业学院图书馆	2
806	南京交通职业技术学院图书馆	5	847	江西中医药大学科技学院图书馆	2
807	泉州理工职业学院图书馆	5	848	江西新能源科技学院图书馆	2
808	江西环境工程职业学院图书馆	5	849	四川华新现代职业学院图书馆	1
809	四川信息职业技术学院图书馆	5	850	江西师范大学科学技术学院图书馆	1

2017年777所高校图书馆馆舍面积统计表

序号	图书馆名称	馆舍总面积(平方米)	序号	图书馆名称	馆舍总面积(平方米)
1	山东大学图书馆	146687.0	38	上海交通大学图书馆	61695.3
2	中山大学图书馆	116660.0	39	华侨大学图书馆	61637.0
3	厦门大学图书馆	102858.0	40	兰州大学图书馆	61000.0
4	贵州大学图书馆	88339.0	41	安徽工业大学图书馆	61000.0
5	浙江大学图书馆	86376.0	42	中国矿业大学图书馆	60000.0
6	大连理工大学图书馆	83000.0	43	甘肃中医药大学图书馆	59800.0
7	合肥工业大学图书馆	82614.2	44	西安电子科技大学图书馆	59700.0
8	华南师范大学图书馆	82000.0	45	广东外语外贸大学图书馆	59574.9
9	暨南大学图书馆	81762.5	46	江西师范大学图书馆	59466.0
10	福州大学图书馆	79652.0	47	西南交通大学图书馆	59316.0
11	武汉理工大学图书馆	79594.0	48	南昌大学图书馆	59003.0
12	武汉大学图书馆	77389.0	49	河海大学图书馆	59000.0
13	苏州大学图书馆	77300.0	50	北京大学图书馆	58530.0
14	贵州师范大学图书馆	75656.0	51	浙江工商大学图书馆	57800.0
15	扬州大学图书馆	75177.0	52	陕西师范大学图书馆	57758.0
16	福建农林大学图书馆	74927.2	53	福建师范大学图书馆	55571.0
17	广东工业大学图书馆	74004.0	54	河北大学图书馆	55100.0
18	中南大学图书馆	73289.7	55	中国人民大学图书馆	54985.0
19	南京大学图书馆	73100.0	56	九江学院图书馆	54800.0
20	临沂大学图书馆	71835.0	57	广东药科大学图书馆	54641.0
21	杭州师范大学图书馆	71611.0	58	长安大学图书馆	54372.0
22	清华大学图书馆	70647.0	59	武汉科技大学图书馆	54300.0
23	河北理工大学图书馆	69000.0	60	上海大学图书馆	53900.0
24	西南大学图书馆	68452.0	61	武汉纺织大学图书馆	53826.6
25	电子科技大学图书馆	66974.0	62	西安理工大学图书馆	53525.0
26	东南大学图书馆	66900.0	63	南昌理工学院图书馆	53354.6
27	复旦大学图书馆	66137.0	64	广东财经大学图书馆	53185.0
28	同济大学图书馆	66040.0	65	华东师范大学图书馆	53087.0
29	青岛科技大学图书馆	65997.0	66	盐城工学院图书馆	53000.0
30	华中科技大学图书馆	64581.0	67	浙江师范大学图书馆	52819.6
31	南通大学图书馆	64512.0	68	西北大学图书馆	52661.0
32	重庆大学图书馆	64490.0	69	温州大学图书馆	52229.0
33	山东师范大学图书馆	64400.0	70	江南大学图书馆	52217.0
34	东北大学图书馆	64210.0	71	广州大学图书馆	52000.0
35	安徽大学图书馆	64045.0	72	西安石油大学图书馆	51980.0
36	贵州财经大学图书馆	63578.0	73	深圳大学图书馆	51202.0
37	四川大学图书馆	63438.0	74	成都理工大学图书馆	51007.0

续表

序号	图书馆名称	馆舍总面积(平方米)	序号	图书馆名称	馆舍总面积(平方米)
75	武汉学院(原中南财经政法大学武汉学院)图书馆	51000.0	113	中国人民公安大学图书馆	44000.0
76	西南财经大学图书馆	50000.0	114	内蒙古大学图书馆	44000.0
77	西北民族大学图书馆	49808.0	115	哈尔滨师范大学图书馆	44000.0
78	青海师范大学图书馆	49731.9	116	黑龙江大学图书馆	44000.0
79	湖北经济学院图书馆	49635.0	117	常州工学院图书馆	43835.0
80	苏州科技大学图书馆	49581.0	118	三亚学院图书馆	43800.0
81	兰州交通大学图书馆	49463.0	119	湖南工业大学图书馆	43620.0
82	江苏大学图书馆	49403.0	120	哈尔滨工业大学图书馆	43534.0
83	西南民族大学图书馆	49144.0	121	重庆师范大学图书馆	43085.0
84	湖北工业大学图书馆	48600.0	122	西安工业大学图书馆	43023.0
85	西安外国语大学图书馆	48589.2	123	海南大学图书馆	42912.0
86	湖北第二师范学院图书馆	48486.0	124	三峡大学图书馆	42605.3
87	哈尔滨医科大学图书馆	48240.0	125	安徽农业大学图书馆	42546.0
88	安徽师范大学图书馆	48150.0	126	江西理工大学图书馆	42490.0
89	渤海大学图书馆	48000.0	127	绵阳师范学院图书馆	42403.0
90	江西科技师范大学图书馆	48000.0	128	深圳职业技术学院图书馆	42300.0
91	南昌航空大学图书馆	47683.5	129	浙江传媒学院图书馆	42029.0
92	南京财经大学图书馆	47300.0	130	南京航空航天大学图书馆	42000.0
93	湖北大学图书馆	47251.0	131	中国海洋大学图书馆	42000.0
94	华东理工大学图书馆	46766.0	132	中国科学技术大学图书馆	41783.0
95	上海海事大学图书馆	46425.0	133	东北林业大学图书馆	41765.0
96	中南民族大学图书馆	46217.0	134	东北电力大学图书馆	41700.0
97	西北工业大学图书馆	46161.0	135	合肥学院图书馆	41400.0
98	哈尔滨商业大学图书馆	46106.0	136	广东创新科技职业学院图书馆	41093.7
99	南京林业大学图书馆	46000.0	137	金陵科技学院图书馆	41056.0
100	常熟理工学院图书馆	46000.0	138	遵义医学院图书馆	41020.8
101	河南工业大学图书馆	45693.0	139	辽宁师范大学图书馆	41000.0
102	许昌学院图书馆	45498.0	140	集美大学图书馆	40950.0
103	河北师范大学图书馆	45300.0	141	内蒙古科技大学图书馆	40800.0
104	东莞理工学院图书馆	45020.0	142	西安科技大学图书馆	40700.0
105	东北石油大学图书馆	45000.0	143	上海师范大学图书馆	40371.5
106	安徽理工大学图书馆	45000.0	144	湖州师范学院图书馆	40300.0
107	遵义师范学院图书馆	44977.0	145	深圳大学城图书馆	40000.0
108	海南热带海洋学院(原琼州学院)图书馆	44792.0	146	沈阳理工大学图书馆	39950.0
109	南方医科大学图书馆	44661.0	147	浙江建设职业技术学院图书馆	39910.0
110	四川农业大学图书馆	44607.0	148	淮阴师范学院图书馆	39900.0
111	南京师范大学图书馆	44605.0	149	宁波大学图书馆	39436.0
112	潍坊学院图书馆	44254.0	150	四川师范大学图书馆	39406.7

续表

序号	图书馆名称	馆舍总面积(平方米)	序号	图书馆名称	馆舍总面积(平方米)
151	华中师范大学图书馆	39357.0	189	陕西科技大学图书馆	34600.0
152	西南石油大学图书馆	39172.6	190	西华大学图书馆	34576.0
153	西安财经学院图书馆	39016.8	191	宁夏大学图书馆	34551.0
154	湖北工程学院图书馆	39000.0	192	西北政法大学图书馆	34400.0
155	佛山科学技术学院图书馆	38916.0	193	东华大学图书馆	34266.0
156	河南工业职业技术学院图书馆	38874.0	194	南京晓庄学院图书馆	34090.0
157	山东协和职业技术学院图书馆	38800.0	195	西华师范大学图书馆	34000.0
158	东北师范大学图书馆	38675.0	196	江苏理工学院图书馆	33800.0
159	山西大学图书馆	38505.7	197	上海财经大学图书馆	33712.0
160	南京工程学院图书馆	38500.0	198	华南农业大学图书馆	33702.0
161	东华理工大学图书馆	38329.0	199	南京审计大学图书馆	33665.0
162	黄山学院图书馆	38076.0	200	广东科学技术职业学院图书馆	33656.0
163	淮阴工学院图书馆	37893.0	201	苏州职业大学图书馆	33443.0
164	杭州电子科技大学图书馆	37813.0	202	江西农业大学图书馆	33430.0
165	西南政法大学图书馆	37684.0	203	南昌工程学院图书馆	33386.0
166	台州学院图书馆	37500.0	204	广州中医药大学图书馆	33350.0
167	成都信息工程大学(原成都信息工程学院)图书馆	37487.3	205	西安工程大学图书馆	33337.0
168	辽宁大学图书馆	37470.0	206	北华大学图书馆	33185.0
169	淮南师范学院图书馆	37300.0	207	辽宁石油化工大学图书馆	33078.3
170	湖南科技大学图书馆	37239.4	208	北方工业大学图书馆	33078.0
171	西南科技大学图书馆	37202.0	209	江西旅游商贸职业学院图书馆	33026.0
172	华北电力大学图书馆	37063.0	210	沈阳工业大学图书馆	33000.0
173	湖北中医学院图书馆	37000.0	211	北京师范大学珠海分校图书馆	32844.0
174	南京理工大学图书馆	36662.0	212	广东轻工职业技术学院图书馆	32790.8
175	延安大学图书馆	36448.0	213	长春理工大学图书馆	32720.0
176	郑州轻工业学院图书馆	36440.0	214	武夷学院图书馆	32600.0
177	西安交通大学图书馆	36394.0	215	延边大学图书馆	32530.0
178	江西科技学院图书馆	36000.0	216	南京信息工程大学图书馆	32414.7
179	浙江理工大学图书馆	36000.0	217	宝鸡文理学院图书馆	32200.0
180	四川工商学院(原四川师范大学成都学院)图书馆	35877.0	218	大连大学图书馆	32150.0
181	海口经济学院图书馆	35787.2	219	四川理工学院图书馆	32123.2
182	长江师范学院图书馆	35264.0	220	西北农林科技大学图书馆	32104.3
183	浙江财经大学图书馆	35053.0	221	内蒙古民族大学图书馆	32000.0
184	西京学院图书馆	34980.0	222	齐齐哈尔大学图书馆	32000.0
185	成都师范学院图书馆	34671.0	223	南京工业大学图书馆	32000.0
186	贵州医科大学图书馆	34643.1	224	连云港师范高等专科学校图书馆	32000.0
187	顺德职业技术学院图书馆	34630.8	225	武汉工商学院图书馆	32000.0
188	宿州学院图书馆	34600.0	226	韩山师范学院图书馆	32000.0

续表

序号	图书馆名称	馆舍总面积(平方米)	序号	图书馆名称	馆舍总面积(平方米)
227	西安医学院图书馆	32000.0	264	浙江大学城市学院图书馆	29610.0
228	南京农业大学图书馆	32000.0	265	浙江万里学院图书馆	29530.0
229	沈阳航空航天大学(原沈阳航空工业学院)图书馆	32000.0	266	常州工程职业技术学院图书馆	29462.0
230	汉江师范学院(郧阳师范高等专科学校)图书馆	31913.5	267	韶关学院图书馆	29426.0
231	中南林业科技大学图书馆	31722.4	268	中山大学南方学院图书馆	29092.0
232	内蒙古财经大学图书馆	31700.0	269	广东财经大学华商学院图书馆	29070.0
233	岭南师范学院图书馆	31543.0	270	西安文理学院图书馆	29000.0
234	嘉应学院图书馆	31540.0	271	中国药科大学图书馆	29000.0
235	内蒙古师范大学图书馆	31327.0	272	赤峰学院图书馆	29000.0
236	陕西理工大学图书馆	31240.0	273	甘肃民族师范学院图书馆	28879.0
237	西安邮电大学图书馆	31125.0	274	陕西国防工业职业技术学院图书馆	28876.0
238	武汉工程科技学院图书馆	31020.6	275	吉林师范大学图书馆	28858.0
239	华中农业大学图书馆	31000.0	276	浙江越秀外国语学院图书馆	28814.0
240	上海建桥学院图书馆	31000.0	277	吉林建筑大学城建学院图书馆	28657.8
241	广州番禺职业技术学院图书馆	30993.0	278	浙江农林大学图书馆	28558.0
242	南昌职业学院图书馆	30990.6	279	江苏信息职业技术学院图书馆	28500.0
243	武汉城市职业学院图书馆	30900.0	280	浙江农林大学暨阳学院图书馆	28332.0
244	宿迁学院图书馆	30703.0	281	首都师范大学图书馆	28243.0
245	渭南师范学院图书馆	30681.0	282	河源职业技术学院图书馆	28000.0
246	成都工业学院图书馆	30674.0	283	武汉职业技术学院图书馆	28000.0
247	江西中医药高等专科学校图书馆	30628.0	284	福建工程学院图书馆	28000.0
248	闽南师范大学图书馆	30542.0	285	江苏建筑职业技术学院图书馆	28000.0
249	湖南大学图书馆	30497.9	286	广州城建职业学院图书馆	28000.0
250	上海应用技术学院图书馆	30300.0	287	广州医科大学图书馆	27992.0
251	咸阳师范学院图书馆	30290.0	288	宁波大红鹰学院图书馆	27800.0
252	中国计量大学图书馆	30254.0	289	凯里学院图书馆	27703.0
253	武汉东湖学院(原武汉大学东湖分校)图书馆	30000.0	290	华东政法大学图书馆	27564.0
254	宜宾学院图书馆	30000.0	291	上海电机学院图书馆	27559.2
255	广州科技职业技术学院图书馆	30000.0	292	中国医科大学图书馆	27500.0
256	铜仁学院图书馆	30000.0	293	泸州医学院图书馆	27400.9
257	南华大学图书馆	30000.0	294	内蒙古工业大学图书馆	27374.7
258	绍兴文理学院元培学院图书馆	30000.0	295	长春工程学院图书馆	27224.0
259	浙江科技学院图书馆	29900.0	296	兴义民族师范学院图书馆	27189.2
260	温州医科大学图书馆	29798.0	297	长春财经学院图书馆	27017.0
261	西安交通工程学院图书馆	29736.0	298	辽宁工程技术大学图书馆	27000.0
262	广东岭南职业技术学院图书馆	29700.0	299	吉安职业技术学院图书馆	27000.0
263	西安汽车科技职业学院图书馆	29644.0	300	清远职业技术学院图书馆	27000.0

续表

序号	图书馆名称	馆舍总面积(平方米)	序号	图书馆名称	馆舍总面积(平方米)
301	沈阳药科大学图书馆	27000.0	340	湖南中医药大学图书馆	24808.0
302	上海工程技术大学图书馆	27000.0	341	江苏警官学院图书馆	24800.0
303	武汉工程大学图书馆	26859.0	342	连云港职业技术学院图书馆	24711.0
304	沈阳师范大学图书馆	26800.0	343	福建医科大学图书馆	24622.0
305	常州信息职业技术学院图书馆	26700.0	344	上海理工大学图书馆	24600.0
306	西昌学院图书馆	26684.0	345	山东农业大学图书馆	24597.3
307	合肥师范学院图书馆	26599.0	346	辽东学院图书馆	24548.5
308	江苏科技大学图书馆	26578.0	347	中国地质大学图书馆	24500.0
309	广东海洋大学图书馆	26511.0	348	香港中文大学图书馆	24500.0
310	重庆文理学院图书馆	26417.0	349	五邑大学图书馆	24438.0
311	赣南师范大学图书馆	26348.0	350	九江职业大学图书馆	24325.1
312	四川外语学院图书馆	26300.0	351	江西应用科技学院图书馆	24302.5
313	吉林财经大学(原长春税务学院)图书馆	26111.0	352	大连海事大学图书馆	24132.0
314	辽宁工业大学图书馆	26000.0	353	中国政法大学图书馆	24050.0
315	萍乡学院图书馆	26000.0	354	上饶师范学院图书馆	24010.0
316	江西中医药大学图书馆	25896.0	355	上海杉达学院图书馆	24000.0
317	北京科技大学图书馆	25892.0	356	贵州商学院图书馆	24000.0
318	西安培华学院图书馆	25780.0	357	广东食品药品职业学院图书馆	24000.0
319	扬州市职业大学图书馆	25737.5	358	吉林医药学院图书馆	23800.0
320	辽宁科技大学图书馆	25600.0	359	重庆工业职业技术学院图书馆	23732.0
321	重庆教育学院图书馆	25500.0	360	辽宁中医学院图书馆	23704.0
322	淮北师范大学图书馆	25459.0	361	民办南华工商学院图书馆	23582.5
323	山西农业大学图书馆	25430.0	362	广东警官学院图书馆	23579.0
324	包头师范学院图书馆	25414.0	363	丽水学院图书馆	23532.0
325	东北财经大学图书馆	25400.0	364	呼伦贝尔学院图书馆	23524.8
326	东北农业大学图书馆	25228.0	365	集宁师范学院图书馆	23457.0
327	黑龙江工程学院图书馆	25224.0	366	泉州师范学院图书馆	23395.0
328	宁德师范学院图书馆	25210.0	367	西安建筑科技大学图书馆	23286.4
329	徐州医科大学图书馆	25124.0	368	武汉华夏理工学院图书馆	23278.0
330	西安翻译学院图书馆	25083.4	369	威海职业学院图书馆	23208.0
331	江西师范大学科学技术学院图书馆	25075.2	370	莆田学院图书馆	23175.0
332	浙江中医药大学图书馆	25033.0	371	淮海工学院图书馆	23154.0
333	常州大学图书馆	25003.0	372	吕梁高等专科学校图书馆	23019.0
334	沈阳化工大学图书馆	25000.0	373	长春中医学院图书馆	23000.0
335	浙江财经大学东方学院图书馆	25000.0	374	江西工程学院图书馆	23000.0
336	宁波工程学院图书馆	25000.0	375	广东农工商职业技术学院图书馆	23000.0
337	陕西学前师范学院图书馆	25000.0	376	四川职业技术学院图书馆	23000.0
338	山东商务职业学院图书馆	25000.0	377	山东中医药高等专科学校图书馆	23000.0
339	北方民族大学图书馆	24961.0	378	肇庆学院图书馆	22820.0

续表

序号	图书馆名称	馆舍总面积(平方米)	序号	图书馆名称	馆舍总面积(平方米)
379	嘉兴学院图书馆	22816.0	417	景德镇陶瓷大学图书馆	21000.0
380	内蒙古医科大学图书馆	22723.3	418	惠州学院图书馆	21000.0
381	长春工业大学图书馆	22713.5	419	成都纺织高等专科学校图书馆	21000.0
382	佛山职业技术学院图书馆	22600.0	420	江苏师范大学图书馆	21000.0
383	西北大学现代学院图书馆	22600.0	421	宜春幼儿师范高等专科学校图书馆	21000.0
384	琼台师范高等专科学校图书馆	22584.0	422	泸州职业技术学院图书馆	20900.0
385	乐山师范学院图书馆	22574.0	423	景德镇学院图书馆	20870.0
386	广州工商学院图书馆	22572.0	424	宁波职业技术学院图书馆	20723.8
387	上海外国语大学图书馆	22500.0	425	沈阳工程学院图书馆	20700.0
388	海南师范大学图书馆	22377.0	426	池州学院图书馆	20639.0
389	湖南财政经济学院(原湖南财经高等专科学校)图书馆	22358.6	427	上海立信会计金融学院图书馆	20600.0
390	浙江经贸职业技术学院图书馆	22300.0	428	咸阳职业技术学院图书馆	20558.0
391	武昌工学院图书馆	22000.0	429	蚌埠学院图书馆	20500.0
392	贵阳中医学院图书馆	22000.0	430	仰恩大学图书馆	20500.0
393	西交利物浦大学图书馆	22000.0	431	河套学院图书馆	20433.0
394	南京医科大学图书馆	22000.0	432	牡丹江师范学院图书馆	20300.0
395	贵州民族大学图书馆	22000.0	433	皖西学院图书馆	20300.0
396	四川大学锦城学院图书馆	22000.0	434	长春光华学院图书馆	20200.0
397	广州大学华软软件学院图书馆	21931.7	435	成都医学院图书馆	20195.0
398	广安职业技术学院图书馆	21900.0	436	锦州医科大学(原名锦州医学院)图书馆	20109.7
399	江西警察学院图书馆	21861.0	437	德州学院图书馆	20100.0
400	包头轻工职业技术学院图书馆	21800.0	438	赣州师范高等专科学校图书馆	20009.0
401	贵阳学院图书馆	21700.0	439	南京交通职业技术学院图书馆	20000.0
402	湘潭大学图书馆	21663.0	440	常州轻工职业技术学院图书馆	20000.0
403	东莞职业技术学院图书馆	21630.0	441	长春建筑学院图书馆图书馆	20000.0
404	安徽工程大学图书馆	21567.0	442	商洛职业技术学院图书馆	20000.0
405	三明学院图书馆	21553.0	443	兰州理工大学图书馆	20000.0
406	重庆三峡学院图书馆	21431.0	444	四川国际标榜职业学院图书馆	20000.0
407	温州职业技术学院图书馆	21409.0	445	吉林华桥外国语学院图书馆	20000.0
408	辽宁对外经贸学院图书馆	21320.0	446	上海海洋大学图书馆	20000.0
409	陕西国际商贸学院图书馆	21300.0	447	上海科技大学图书馆	20000.0
410	汕头大学图书馆	21245.0	448	辽宁科技学院图书馆	19990.0
411	山东工商学院图书馆	21235.0	449	甘肃农业大学图书馆	19980.0
412	江西工业贸易职业技术学院图书馆	21200.0	450	安徽医学高等专科学校图书馆	19911.8
413	浙江大学宁波理工学院图书馆	21159.0	451	新乡学院图书馆	19800.0
414	大连医科大学图书馆	21100.0	452	浙江工商职业技术学院图书馆	19763.0
415	湖北民族学院图书馆	21022.5	453	四川民族学院图书馆	19564.4
416	黑龙江中医药大学图书馆	21000.0	454	贵州师范学院图书馆	19490

续表

序号	图书馆名称	馆舍总面积(平方米)	序号	图书馆名称	馆舍总面积(平方米)
455	沈阳大学图书馆	19300.0	494	贵州工程应用技术学院图书馆	17453.0
456	广州商学院图书馆	19278.8	495	浙江商业职业技术学院图书馆	17392.0
457	辽宁交通高等专科学校图书馆	19270.0	496	电子科技大学中山学院图书馆	17241.0
458	四川幼儿师范高等专科学校图书馆	19120.0	497	上海对外经贸大学图书馆	16877.0
459	大连职业技术学院图书馆	19100.0	498	阿坝师范高等专科学校图书馆	16802.5
460	上海电力学院图书馆	19043.0	499	湖北汽车工业学院图书馆	16800.0
461	长春工业大学人文信息学院图书馆	19000.0	500	福建中医药大学图书馆	16800.0
462	四川建筑职业技术学院图书馆	18829.7	501	南京科技职业学院	16764.0
463	西安航空学院图书馆	18818.0	502	漳州职业技术学院图书馆	16676.0
464	福建江夏学院图书馆	18795.0	503	广东省外语艺术职业学院图书馆	16587.0
465	龙岩学院图书馆	18760.0	504	廊坊师范学院图书馆	16500.0
466	山西财经大学图书馆	18565.7	505	厦门海洋职业技术学院图书馆	16460.0
467	东华理工大学长江学院图书馆	18550.0	506	南昌航空大学科技学院图书馆	16447.0
468	广东工程职业技术学院图书馆	18525.0	507	石家庄学院图书馆	16396.1
469	攀枝花学院图书馆	18514.0	508	三亚航空旅游职业学院图书馆	16391.0
470	包头医学院图书馆	18500.0	509	大庆师范学院图书馆	16360.0
471	鹤壁职业技术学院图书馆	18500.0	510	西安外事学院图书馆	16334.0
472	华东交通大学图书馆	18443.0	511	重庆师范大学涉外商贸学院图书馆	16300.0
473	邢台职业技术学院图书馆	18370.0	512	福州理工学院图书馆	16232.0
474	中国刑事警察学院图书馆	18360.0	513	长春汽车工业高等专科学校图书馆	16228.5
475	广东培正学院图书馆	18330.0	514	绥化学院图书馆	16100.0
476	四川工程职业技术学院图书馆	18200.0	515	四川音乐学院图书馆	16000.0
477	江西理工大学应用科学学院图书馆	18200.0	516	厦门理工学院图书馆	16000.0
478	黔南民族师范学院图书馆	18163.6	517	河北工程技术高等专科学校图书馆	16000.0
479	河北工程大学图书馆	18024.0	518	泰州职业技术学院图书馆	16000.0
480	武昌首义学院图书馆	18000.0	519	上海出版印刷高等专科学校图书馆	15900.0
481	四川文化产业职业学院图书馆	18000.0	520	商洛学院图书馆	15860.0
482	茂名职业技术学院图书馆	18000.0	521	西北工业大学明德学院图书馆	15800.0
483	南昌工学院图书馆	17956.8	522	湖北水利水电职业技术学院图书馆	15773.1
484	绍兴文理学院图书馆	17940.0	523	赣南医学院图书馆	15761.7
485	台州科技职业学院图书馆	17910.0	524	六盘水师范学院图书馆	15750.0
486	九江职业技术学院图书馆	17807.0	525	西安欧亚学院图书馆	15700.0
487	内蒙古机电职业技术学院图书馆	17800.0	526	温州科技职业学院图书馆	15635.0
488	河北科技大学图书馆	17797.0	527	兰州职业技术学院图书馆	15560.0
489	中国民用航空飞行学院图书馆	17735.0	528	上海政法学院图书馆	15500.0
490	大连海洋大学图书馆	17511.0	529	长春医学高等专科学校图书馆	15496.0
491	黄冈职业技术学院图书馆	17500.0	530	泉州理工职业学院图书馆	15446.0
492	浙江海洋大学图书馆	17500.0	531	浙江水利水电学院图书馆	15404
493	宜春学院图书馆	17500.0	532	成都艺术职业学院图书馆	15400.0

续表

序号	图书馆名称	馆舍总面积(平方米)	序号	图书馆名称	馆舍总面积(平方米)
533	哈尔滨职业技术学院图书馆	15200.0	569	河北工业大学图书馆	13623.0
534	辽宁警察学院(原辽宁警官高等专科学校)图书馆	15146.7	570	成都航空职业技术学院图书馆	13600.0
535	黑龙江农业经济职业学院图书馆	15118.0	571	湖北三峡职业技术学院图书馆	13533.0
536	广东金融学院图书馆	15100.0	572	成都中医药大学图书馆	13500.0
537	华南理工大学广州学院图书馆	15000.0	573	鞍山师范学院图书馆	13434.0
538	东北师范大学人文学院图书馆	15000.0	574	浙江经济职业技术学院图书馆	13403.0
539	江西财经大学现代经济管理学院图书馆	15000.0	575	井冈山大学图书馆	13340.0
540	江西经济管理干部学院图书馆	15000.0	576	河北政法职业学院图书馆	13313.0
541	广州美术学院图书馆	14951.0	577	北京中医药大学图书馆	13311.0
542	沈阳体育学院图书馆	14878.0	578	贵州广播电视大学图书馆	13295.0
543	广州航海学院图书馆	14864.0	579	杨凌职业技术学院图书馆	13125.0
544	西藏民族大学图书馆	14821.0	580	天津医科大学临床医学院图书馆	13106.0
545	惠州经济职业技术学院图书馆	14800.0	581	四川文理学院图书馆	13074.7
546	广东技术师范学院图书馆	14791.7	582	安顺学院图书馆	13073.9
547	四川信息职业技术学院图书馆	14700.0	583	陕西警官职业学院图书馆	13036.0
548	甘肃政法学院图书馆	14700.0	584	江西交通职业技术学院图书馆	13000.0
549	成都大学图书馆	14684.0	585	陕西工业职业技术学院图书馆	13000.0
550	闽江学院图书馆	14653.0	586	西安科技大学高新学院图书馆	13000.0
551	湖南警察学院图书馆	14543.0	587	湖北医药学院图书馆	13000.0
552	浙江外国语学院图书馆	14500.0	588	广东碧桂园职业学院图书馆	13000.0
553	广东松山职业技术学院图书馆	14441.0	589	南京医科大学康达学院图书馆	13000.0
554	浙江国际海运职业技术学院图书馆	14325.0	590	湖州职业技术学院图书馆	12900.0
555	浙江金融职业学院图书馆	14300.0	591	华东交通大学理工学院图书馆	12886.1
556	南昌大学共青学院图书馆	14250.0	592	闽西职业技术学院图书馆	12863.0
557	忻州师范学院图书馆	14092.0	593	巴中职业技术学院图书馆	12831.8
558	厦门华厦学院图书馆	14072.7	594	榆林学院图书馆	12800.0
559	广东水利电力职业技术学院图书馆	14063.0	595	江西科技职业学院图书馆	12800.0
560	嘉兴职业技术学院图书馆	14045.4	596	宁夏工商职业技术学院图书馆	12787.0
561	四川托普信息技术职业学院图书馆	14042.0	597	石家庄铁道大学(原石家庄铁道学院)图书馆	12639.0
562	浙江旅游职业学院图书馆	14000.0	598	沈阳医学院图书馆	12616.0
563	湖南财经工业职业技术学院图书馆	14000.0	599	山西工商职业学院图书馆	12570.7
564	陕西铁路工程职业技术学院图书馆	13954.1	600	宁夏民族职业技术学院图书馆	12560.0
565	中国美术学院图书馆	13900.0	601	陕西中医药大学图书馆	12538.0
566	吉林化工学院图书馆	13800.0	602	上海师范大学天华学院图书馆	12500.0
567	首都医科大学图书馆	13800.0	603	陕西服装工程学院图书馆	12500.0
568	四川工商职业技术学院图书馆	13630.0	604	内江师范学院图书馆	12500.0

续表

序号	图书馆名称	馆舍总面积(平方米)	序号	图书馆名称	馆舍总面积(平方米)
605	呼和浩特民族学院(原内蒙古民族高等专科学校)图书馆	12464.0	644	苏州科技大学天平学院图书馆	10700.0
606	辽宁农业职业技术学院图书馆	12430.0	645	广州城市职业学院图书馆	10596.0
607	武汉科技大学城市学院图书馆	12372.0	646	潍坊护理职业学院图书馆	10520.0
608	健雄职业技术学院图书馆	12300.0	647	惠州卫生职业技术学院图书馆	10485.0
609	天津大学仁爱学院图书馆	12256.0	648	内江职业技术学院图书馆	10351.1
610	河北中医学院图书馆	12175.0	649	闽江师范高等专科学校图书馆	10340.0
611	川北医学院图书馆	12104.9	650	江苏第二师范学院图书馆	10300.0
612	广东司法警官职业学院图书馆	12100.0	651	南昌大学科技学院图书馆	10300.0
613	广州南洋理工职业学院图书馆	12096.0	652	四川文轩职业学院图书馆	10289.0
614	上海健康医学院图书馆	12090.0	653	广东技术师范学院天河学院图书馆	10126.6
615	承德医学院图书馆	12000.0	654	福建卫生职业技术学院图书馆	10112.8
616	四川警察学院图书馆	12000.0	655	江西机电职业技术学院图书馆	10106.0
617	四川水利职业技术学院图书馆	12000.0	656	重庆工商职业学院图书馆	10065.0
618	成都农业科技职业学院图书馆	12000.0	657	浙江医药高等专科学校图书馆	10000.0
619	宜宾职业技术学院图书馆	12000.0	658	广东工贸职业技术学院图书馆	9920.0
620	四川传媒学院图书馆	12000.0	659	泉州经贸职业技术学院图书馆	9917.0
621	南昌师范学院图书馆	12000.0	660	浙江纺织服装职业技术学院图书馆	9872.0
622	内蒙古商贸职业学院图书馆	12000.0	661	赣南师范大学科技学院图书馆	9843.0
623	四川旅游学院图书馆	11998.2	662	四川现代职业学院图书馆	9800.0
624	浙江长征职业技术学院图书馆	11969.0	663	吉林工程技术师范学院图书馆	9774.6
625	南京特殊教育职业技术学院图书馆	11862.7	664	浙江机电职业技术学院图书馆	9728.5
626	江西工业职业技术学院图书馆	11844.0	665	江西电力职业技术学院图书馆	9700.0
627	长春职业技术学院图书馆	11604.0	666	盘锦职业技术学院图书馆	9622.0
628	沧州医学高等专科学校图书馆	11602.5	667	福建华南女子职业学院图书馆	9490.0
629	江门职业技术学院图书馆	11540.0	668	揭阳职业技术学院图书馆	9487.0
630	上海体育学院图书馆	11537.0	669	华南农业大学珠江学院图书馆	9356.0
631	安徽商贸职业技术学院图书馆	11480.0	670	天津农学院图书馆	9273.0
632	营口理工学院图书馆图书馆	11389.0	671	重庆警察学院图书馆	9233.0
633	四川航天职业技术学院图书馆	11278.5	672	上海商学院图书馆	9200.0
634	南京工业职业技术学院图书馆	11210.0	673	武汉体育学院图书馆	9200.0
635	义乌工商职业技术学院图书馆	11200.0	674	福建警察学院图书馆	9200.0
636	江西财经职业学院图书馆	11200.0	675	中山大学新华学院图书馆	9041.1
637	浙江交通职业技术学院图书馆	11130.0	676	中国计量大学现代科技学院图书馆	9000.0
638	鲁迅美术学院图书馆	11087.0	677	陕西职业技术学院图书馆	8800.0
639	杭州医学院	11052.5	678	正德职业技术学院图书馆	8620.0
640	四川邮电职业技术学院图书馆	10991.0	679	赣西科技职业学院图书馆	8500.0
641	江西现代职业技术学院图书馆	10934.1	680	江西医学高等专科学校图书馆	8446.0
642	铜川职业技术学院图书馆	10827.0	681	江西建设职业技术学院图书馆	8200.0
643	南方科技大学图书馆	10727.0	682	宁波城市职业技术学院图书馆	8101.6

续表

序号	图书馆名称	馆舍总面积(平方米)	序号	图书馆名称	馆舍总面积(平方米)
683	上海工商外国语职业学院图书馆	8052.0	721	宜春职业技术学院图书馆	6054.0
684	福建信息职业技术学院图书馆	8044.0	722	四川商务职业学院图书馆	6049.0
685	成都体育学院图书馆	8033.0	723	白城医学高等专科学校图书馆	6020.0
686	绵阳职业技术学院图书馆	8000.0	724	漳州理工职业学院图书馆	6000.0
687	绍兴职业技术学院图书馆	8000.0	725	天津商业大学宝德学院图书馆	6000.0
688	江西外语外贸职业学院图书馆	8000.0	726	浙江同济科技职业学院图书馆	6000.0
689	陕西交通职业技术学院图书馆	7898.0	727	雅安职业技术学院图书馆	6000.0
690	江西制造职业技术学院图书馆	7833.5	728	广州现代信息工程职业技术学院图书馆	6000.0
691	天津电子信息职业技术学院图书馆	7815.0	729	贵州理工学院图书馆	5915.0
692	上海电子信息职业技术学院图书馆	7800.0	730	海南软件职业技术学院图书馆	5719.0
693	南充职业技术学院图书馆	7737.0	731	上海行健职业学院图书馆	5600.0
694	成都职业技术学院图书馆	7704.0	732	海南外国语职业学院图书馆	5528.0
695	中山火炬职业技术学院图书馆	7700.0	733	吉林工程职业学院图书馆	5268.0
696	川南幼儿师范高等专科学校图书馆	7457.0	734	浙江特殊教育职业学院图书馆	5256.0
697	四川交通职业技术学院图书馆	7402.0	735	广州工程技术职业学院图书馆	5247.0
698	上海农林职业技术学院图书馆	7386.0	736	广东文艺职业学院图书馆	5100.0
699	达州职业技术学院图书馆	7372.0	737	西安财经学院行知学院图书馆	5068.0
700	渤海船舶职业学院图书馆	7344.0	738	上海公安学院图书馆	5061.0
701	上海海关学院图书馆	7121.0	739	浙江工贸职业技术学院图书馆	5040.0
702	宝鸡职业技术学院图书馆	7100.0	740	吉林工商学院图书馆	5028.0
703	北京服装学院图书馆	7042.0	741	四川华新现代职业学院图书馆	5000.0
704	西安铁路职业技术学院图书馆	7031.5	742	广东建设职业技术学院图书馆	4900.0
705	江西生物科技职业学院图书馆	7000.0	743	武汉音乐学院图书馆	4870.1
706	恩施职业技术学院图书馆	6921.6	744	湖南中医药高等专科学校图书馆	4742.0
707	四平职业大学图书馆	6919.2	745	广州工程技术职业学院图书馆	4730.0
708	通辽职业学院图书馆	6898.7	746	西安电力高等专科学校图书馆	4463.0
709	西安航空职业技术学院图书馆	6852.0	747	四川艺术职业学院图书馆	4449.5
710	四川机电职业技术学院图书馆	6602.0	748	沈阳音乐学院图书馆	4447.0
711	上海东海职业技术学院图书馆	6509.0	749	吉林电子信息职业技术学院图书馆	4400.0
712	海南政法职业学院图书馆	6493.0	750	江西信息应用职业技术学院图书馆	4390.0
713	广州体育职业技术学院图书馆	6457.5	751	上海工商职业技术学院图书馆	4364.0
714	西安体育学院图书馆	6351.0	752	西安交通大学城市学院图书馆	4347.0
715	眉山职业技术学院图书馆	6314.0	753	深圳技术大学图书馆	4300.0
716	四川中医药高等专科学校图书馆	6300.0	754	科尔沁艺术职业学院图书馆	4300.0
717	西安美术学院图书馆	6152.0	755	汕尾职业技术学院图书馆	4280.0
718	广东舞蹈戏剧职业学院图书馆	6148.9	756	西安职业技术学院图书馆	4259.0
719	上海旅游高等专科学校图书馆	6130.0	757	上海民航职业技术学院图书馆	4236.0
720	北京师范大学—香港浸会大学联合国际学院图书馆	6088.0	758	江西水利职业学院图书馆	4174.0

序号	图书馆名称	馆舍总面积(平方米)	序号	图书馆名称	馆舍总面积(平方米)
759	浙江艺术职业学院图书馆	4112.0	769	抚州职业技术学院图书馆	3517.0
760	上海科学技术职业学院图书馆	4000.0	770	江西传媒职业学院图书馆	3360.0
761	浙江东方职业技术学院图书馆	4000.0	771	黔南民族医学高等专科学校图书馆	3296.0
762	上海思博职业技术学院图书馆	4000.0	772	延安大学西安创新学院图书馆	3250.0
763	福建艺术职业学院图书馆	4000.0	773	陕西财经职业技术学院图书馆	3200.0
764	天津理工大学中环信息学院图书馆	3929.4	774	江西司法警官职业学院图书馆	3099.6
765	广州铁路职业技术学院图书馆	3777.0	775	西安音乐学院图书馆	3048.0
766	汕头大学医学院图书馆	3750.0	776	浙江体育职业技术学院图书馆	3000.0
767	江西农业工程职业学院图书馆	3709.0	777	川北幼儿师范高等专科学校图书馆	3000.0
768	湖南信息职业技术学院图书馆	3529.6			

2017年782所高校图书馆电子资源购置费统计表

序号	图书馆名称	购电子资源(元)	序号	图书馆名称	购电子资源(元)
1	北京大学图书馆	49040224.0	39	暨南大学图书馆	13970000.0
2	中山大学图书馆	44150344.0	40	华东理工大学图书馆	13871228.0
3	清华大学图书馆	43130952.0	41	北京科技大学图书馆	13838466.0
4	西南大学图书馆	36799560.0	42	东北大学图书馆	13385035.0
5	浙江大学图书馆	32170586.0	43	东北师范大学图书馆	13073652.0
6	上海交通大学图书馆	29367552.0	44	广东工业大学图书馆	13014192.0
7	四川大学图书馆	27396842.0	45	山东师范大学图书馆	12870000.0
8	中国人民大学图书馆	25765946.0	46	福州大学图书馆	12420973.0
9	南京大学图书馆	25248376.0	47	西交利物浦大学图书馆	12388731.0
10	大连理工大学图书馆	24356064.0	48	西南财经大学图书馆	12306664.0
11	同济大学图书馆	24314574.0	49	武汉理工大学图书馆	11740844.0
12	华中科技大学图书馆	23913024.0	50	南京理工大学图书馆	11707746.0
13	重庆大学图书馆	23632500.0	51	西北农林科技大学图书馆	11600800.0
14	厦门大学图书馆	23407992.0	52	广州大学图书馆	11594120
15	深圳大学城图书馆	23262260.0	53	山西大学图书馆	11459619.0
16	首都师范大学图书馆	23206448.0	54	南昌大学图书馆	11249100.0
17	中国科学技术大学图书馆	23130000.0	55	苏州大学图书馆	11167750.0
18	中南大学图书馆	21549704.0	56	中国海洋大学图书馆	10916400.0
19	山东大学图书馆	20329304.0	57	西安电子科技大学图书馆	10889970.0
20	西安交通大学图书馆	19622426.0	58	合肥工业大学图书馆	10871657.0
21	复旦大学图书馆	19580898.0	59	首都医科大学图书馆	10817688.0
22	电子科技大学图书馆	19574886.0	60	内蒙古大学图书馆	10735156.0
23	武汉大学图书馆	19357590.0	61	浙江师范大学图书馆	10407887.0
24	华东师范大学图书馆	18582280.0	62	扬州大学图书馆	10228095.0
25	深圳大学图书馆	18409486.0	63	南京航空航天大学图书馆	10214200.0
26	兰州大学图书馆	17873730.0	64	福建农林大学图书馆	10147864.0
27	西北大学图书馆	16687836.0	65	宁夏大学图书馆	10117703.0
28	西南交通大学图书馆	16335455.0	66	南京农业大学图书馆	10113640.0
29	广东外语外贸大学图书馆	16236755.0	67	华南农业大学图书馆	9966156.0
30	北京理工大学图书馆	16111410.0	68	华中师范大学图书馆	9830651.0
31	陕西师范大学图书馆	15986350.0	69	华中农业大学图书馆	9754659.0
32	南京师范大学图书馆	15810556.0	70	上海财经大学图书馆	9746428.0
33	集美大学图书馆	15769866.0	71	上海师范大学图书馆	9657114.0
34	南方科技大学图书馆	15580302.0	72	河海大学图书馆	9655392.0
35	湖南大学图书馆	14924181.0	73	江苏大学图书馆	9635784.0
36	华南师范大学图书馆	14490826.0	74	中国地质大学图书馆	9623493.0
37	东南大学图书馆	14245132.0	75	上海科技大学图书馆	9510925.0
38	西北工业大学图书馆	14136715.0	76	宁波大学图书馆	9427941.0

续表

序号	图书馆名称	购电子资源(元)	序号	图书馆名称	购电子资源(元)
77	西华师范大学图书馆	9412894.0	117	东莞理工学院图书馆	6500000.0
78	河北大学图书馆	9307126.0	118	上海大学图书馆	6452500.0
79	安徽师范大学图书馆	9256679.0	119	内蒙古师范大学图书馆	6413316.0
80	江南大学图书馆	9218380.0	120	上海理工大学图书馆	6401191.0
81	山东农业大学图书馆	9098565.0	121	陕西科技大学图书馆	6367800.0
82	福建师范大学图书馆	8917149.0	122	北方民族大学图书馆	6361684.0
83	海南大学图书馆	8775417.0	123	华东政法大学图书馆	6320000.0
84	南方医科大学图书馆	8721051.0	124	南京医科大学图书馆	6165323.0
85	四川农业大学图书馆	8669681.0	125	常州大学图书馆	6163978.0
86	贵州大学图书馆	8582800.0	126	河北医科大学图书馆	6000000.0
87	华北电力大学图书馆	8368267.0	127	南京财经大学图书馆	5992548.0
88	上海海事大学图书馆	8288016.0	128	临沂大学图书馆	5965900.0
89	江西师范大学图书馆	8282100.0	129	东北农业大学图书馆	5960466.5
90	杭州师范大学图书馆	8113583.0	130	西南石油大学图书馆	5959661.0
91	温州大学图书馆	7973449.0	131	郑州轻工业学院图书馆	5955080.5
92	中国矿业大学图书馆	7922969.0	132	中国药科大学图书馆	5897000.0
93	南京工业大学图书馆	7854115.0	133	南京林业大学图书馆	5799123.0
94	华侨大学图书馆	7704790.0	134	兰州理工大学图书馆	5742800.0
95	汕头大学图书馆	7639315.0	135	成都理工大学图书馆	5734950.0
96	安徽大学图书馆	7606340.0	136	辽宁大学图书馆	5716039.0
97	内蒙古工业大学图书馆	7605602.0	137	长安大学图书馆	5631938.0
98	河北师范大学图书馆	7521828.0	138	浙江理工大学图书馆	5623319.0
99	上海健康医学院图书馆	7519475.0	139	广东金融学院图书馆	5500000.0
100	河北理工大学图书馆	7243500.0	140	沈阳工业大学图书馆	5481554.0
101	西南科技大学图书馆	7231000.0	141	安徽工业大学图书馆	5467068.0
102	东北林业大学图书馆	7218268.0	142	武汉科技大学图书馆	5381000.0
103	大连海事大学图书馆	7084308.5	143	西安理工大学图书馆	5363203.0
104	中国医科大学图书馆	7065106.0	144	苏州科技大学图书馆	5332397.0
105	延边大学图书馆	7054080.0	145	上海电力学院图书馆	5305806.0
106	安徽理工大学图书馆	7049150.0	146	温州医科大学图书馆	5299809.0
107	广州医科大学图书馆	7048457.0	147	内蒙古科技大学图书馆	5225200.0
108	河北工业大学图书馆	7023009.0	148	西安科技大学图书馆	5209584.0
109	黑龙江大学图书馆	6990955.0	149	顺德职业技术学院图书馆	5083738.0
110	四川师范大学图书馆	6827560.0	150	南通大学图书馆	5063317.0
111	杭州电子科技大学图书馆	6820491.0	151	南京审计大学图书馆	5059700.0
112	广东技术师范学院图书馆	6820491.0	152	安徽农业大学图书馆	5014891.0
113	上海工程技术大学图书馆	6654000.0	153	大连医科大学图书馆	4971553.0
114	湖北大学图书馆	6626992.0	154	沈阳药科大学图书馆	4970000.0
115	江苏师范大学图书馆	6611450.5	155	浙江财经大学图书馆	4946729.0
116	西南民族大学图书馆	6582247.5	156	东北财经大学图书馆	4925150.0

续表

序号	图书馆名称	购电子资源(元)	序号	图书馆名称	购电子资源(元)
157	浙江工商大学图书馆	4891813.0	194	江西科技师范大学图书馆	3746720.0
158	大连大学图书馆	4849058.0	195	河北工程大学图书馆	3745367.0
159	上海外国语大学图书馆	4796089.0	196	甘肃农业大学图书馆	3706251.0
160	西北民族大学图书馆	4779000.0	197	中南林业科技大学图书馆	3689900.0
161	广东药科大学图书馆	4773445.5	198	西安外国语大学图书馆	3689250.0
162	上海海洋大学图书馆	4771917.0	199	南华大学图书馆	3659786.0
163	盐城工学院图书馆	4749369.0	200	西安建筑科技大学图书馆	3656404.5
164	南京信息工程大学图书馆	4718612.0	201	沈阳师范大学图书馆	3648300.0
165	山西财经大学图书馆	4668833.0	202	沈阳农业大学图书馆	3602662.0
166	兰州交通大学图书馆	4640000.0	203	内蒙古医科大学图书馆	3599839.0
167	四川理工学院图书馆	4590000.0	204	西华大学图书馆	3566743.0
168	湖北工业大学图书馆	4565565.0	205	河北科技大学图书馆	3550000.0
169	中南民族大学图书馆	4562097.0	206	西安邮电大学图书馆	3518800.0
170	内蒙古财经大学图书馆	4561828.0	207	上海体育学院图书馆	3439345.0
171	中国计量大学图书馆	4518226.0	208	上海商学院图书馆	3387000.0
172	浙江万里学院图书馆	4507666.0	209	长春理工大学图书馆	3349700.0
173	广州中医药大学图书馆	4487612.5	210	上海对外经贸大学图书馆	3320088.8
174	新乡学院图书馆	4394620.0	211	浙江中医药大学图书馆	3304582.0
175	浙江农林大学图书馆	4377615.0	212	景德镇陶瓷大学图书馆	3299954.0
176	浙江农林大学暨阳学院图书馆	4377615.0	213	佛山科学技术学院图书馆	3290000.0
177	上海应用技术学院图书馆	4361959.0	214	遵义医学院图书馆	3279675.3
178	成都中医药大学图书馆	4335700.0	215	三峡大学图书馆	3270400.0
179	南昌航空大学图书馆	4273200.0	216	嘉兴学院图书馆	3265434.0
180	河南工业大学图书馆	4241794.0	217	皖西学院图书馆	3245050.0
181	成都大学图书馆	4141708.8	218	宝鸡文理学院图书馆	3184600.0
182	重庆教育学院图书馆	4132600.0	219	哈尔滨师范大学图书馆	3150000.0
183	海南师范大学图书馆	4104000.0	220	武汉纺织大学图书馆	3043600.5
184	中国民用航空飞行学院图书馆	4049552.8	221	上饶师范学院图书馆	3017698.0
185	淮阴师范学院图书馆	4042526.0	222	井冈山大学图书馆	3015800.0
186	江西理工大学图书馆	4033900.0	223	西昌学院图书馆	2999390.0
187	广东海洋大学图书馆	4020000.0	224	石家庄铁道大学(原石家庄铁道学院)图书馆	2996000.0
188	广东财经大学图书馆	3985287.0	225	浙江海洋大学图书馆	2984705.0
189	深圳职业技术学院图书馆	3962500.0	226	西安工程大学图书馆	2962300.0
190	陕西服装工程学院图书馆	3880000.0	227	成都信息工程大学(原成都信息工程学院)图书馆	2951441.0
191	西南政法大学图书馆	3817554.0	228	上海政法学院图书馆	2929700.0
192	北京师范大学—香港浸会大学联合国际学院图书馆	3786386.0	229	岭南师范学院图书馆	2924353.0
193	闽南师范大学图书馆	3783190.0	230	上海中医药大学图书馆	2913050.0

续表

序号	图书馆名称	购电子资源(元)	序号	图书馆名称	购电子资源(元)
231	韶关学院图书馆	2902900.0	269	惠州学院图书馆	2481548.0
232	锦州医科大学(原名锦州医学院)图书馆	2893000.0	270	福建医科大学图书馆	2457120.0
233	湖南中医药大学图书馆	2890000.0	271	武汉工程大学图书馆	2418727.0
234	泸州医学院图书馆	2883900.0	272	辽宁中医学院图书馆	2418400.0
235	山西农业大学图书馆	2880997.0	273	河北中医学院图书馆	2417585.0
236	绍兴文理学院图书馆	2867690.0	274	合肥学院图书馆	2389900.0
237	福建中医药大学图书馆	2866626.0	275	吉林师范大学图书馆	2379500.0
238	五邑大学图书馆	2836630.0	276	常熟理工学院图书馆	2369043.0
239	中国人民公安大学图书馆	2832493.0	277	江西财经大学图书馆	2340000.0
240	吉首大学图书馆	2814403.0	278	徐州医科大学图书馆	2316244.0
241	湖南工业大学图书馆	2813100.0	279	甘肃政法学院图书馆	2315410.0
242	包头师范学院图书馆	2800000.0	280	许昌学院图书馆	2313700.0
243	贵州理工学院图书馆	2777000.0	281	中国政法大学图书馆	2260965.0
244	上海电机学院图书馆	2766090.0	282	湖北经济学院图书馆	2260000.0
245	湖北中医学院图书馆	2756100.0	283	四川外语学院图书馆	2255118.0
246	贵阳学院图书馆	2747000.0	284	上海杉达学院图书馆	2253791.0
247	哈尔滨商业大学图书馆	2746000.0	285	吉林农业大学图书馆	2249900.0
248	北华大学图书馆	2729752.3	286	江西农业大学图书馆	2201800.0
249	江苏理工学院图书馆	2714137.0	287	湖北民族学院图书馆	2137000.0
250	华东交通大学图书馆	2703200.0	288	辽宁科技大学图书馆	2131174.0
251	上海第二工业大学图书馆	2684782.0	289	延安大学图书馆	2128600.0
252	泉州师范学院图书馆	2672300.0	290	肇庆学院图书馆	2118482.0
253	浙江科技学院图书馆	2670000.0	291	宜春学院图书馆	2108900.0
254	九江学院图书馆	2665000.0	292	宁波工程学院图书馆	2105103.0
255	东北电力大学图书馆	2657117.0	293	江西中医药大学图书馆	2100000.0
256	闽江学院图书馆	2627040.0	294	西安医学院图书馆	2069616.0
257	赣南师范大学图书馆	2619184.0	295	贵州师范大学图书馆	2061793.0
258	南昌工程学院图书馆	2601700.0	296	浙江传媒学院图书馆	2057664.0
259	淮北师范大学图书馆	2595050.0	297	吉林财经大学(原长春税务学院)图书馆	2015200.0
260	齐齐哈尔大学图书馆	2594516.0	298	淮阴工学院图书馆	2010257.0
261	贵州财经大学图书馆	2574500.0	299	河西学院图书馆	2002800.0
262	南京工程学院图书馆	2561400.0	300	琼台师范高等专科学校图书馆	1999802.0
263	西安工业大学图书馆	2558242.0	301	西安欧亚学院图书馆	1995000.0
264	淮海工学院图书馆	2557476.0	302	呼伦贝尔学院图书馆	1987167.0
265	内蒙古民族大学图书馆	2550000.0	303	贵州民族大学图书馆	1949401.0
266	南京晓庄学院图书馆	2522017.0	304	莆田学院图书馆	1941770.0
267	集宁师范学院图书馆	2494800.0	305	青岛科技大学图书馆	1934902.0
268	重庆师范大学图书馆	2483974.3	306	甘肃中医药大学图书馆	1929500.0

续表

序号	图书馆名称	购电子资源(元)	序号	图书馆名称	购电子资源(元)
307	嘉应学院图书馆	1907217.0	343	西安航空学院图书馆	1562730.0
308	海南热带海洋学院(原琼州学院)图书馆	1895599.0	344	长春工业大学图书馆	1542400.0
309	东华理工大学图书馆	1894520.0	345	湖北医药学院图书馆	1535596.0
310	哈尔滨医科大学图书馆	1870663.0	346	西藏民族大学图书馆	1508560.0
311	包头医学院图书馆	1861803.0	347	四川警察学院图书馆	1504200.0
312	赤峰学院图书馆	1847143.0	348	榆林学院图书馆	1500300.0
313	沈阳工业大学图书馆	1830000.0	349	连云港职业技术学院图书馆	1500000.0
314	沈阳化工大学图书馆	1801171.0	350	淮南师范学院图书馆	1500000.0
315	南京工业职业技术学院图书馆	1800390.0	351	宁德师范学院图书馆	1480867.0
316	内江师范学院图书馆	1800000.0	352	渭南师范学院图书馆	1465000.0
317	宜宾学院图书馆	1798000.0	353	武汉体育学院图书馆	1434400.0
318	辽宁石油化工大学图书馆	1775353.0	354	成都医学院图书馆	1426000.0
319	山东工商学院图书馆	1760056.0	355	白城师范学院图书馆	1401000.0
320	西安财经学院图书馆	1757018.0	356	陕西国际商贸学院图书馆	1400000.0
321	陕西理工大学图书馆	1753500.0	357	宜宾职业技术学院图书馆	1400000.0
322	黑龙江中医药大学图书馆	1748300.0	358	川北医学院图书馆	1386100.0
323	上海电子信息职业技术学院图书馆	1735800.0	359	辽宁工程技术大学图书馆	1382000.0
324	赣南医学院图书馆	1708500.0	360	贵阳中医学院图书馆	1372000.0
325	辽宁工业大学图书馆	1705000.0	361	杨凌职业技术学院图书馆	1372000.0
326	汕头大学医学院图书馆	1658722.3	362	重庆三峡学院图书馆	1364000.0
327	湖州师范学院图书馆	1655678.0	363	浙江越秀外国语学院图书馆	1362198.0
328	甘肃民族师范学院图书馆	1653000.0	364	长江师范学院图书馆	1341900.0
329	六盘水师范学院图书馆	1647583.0	365	辽宁对外经贸学院图书馆	1340100.0
330	长春中医学院图书馆	1636000.0	366	呼和浩特民族学院(原内蒙古民族高等专科学校)图书馆	1336960.0
331	陕西中医药大学图书馆	1635550.0	367	龙岩学院图书馆	1310750.0
332	沈阳航空航天大学(原沈阳航空工业学院)图书馆	1630100.0	368	西安翻译学院图书馆	1306230.0
333	青海师范大学图书馆	1629000.0	369	潍坊学院图书馆	1300000.0
334	贵州医科大学图书馆	1602119.0	370	武汉城市职业学院图书馆	1300000.0
335	浙江金融职业学院图书馆	1600138.0	371	遵义师范学院图书馆	1251000.0
336	广州番禺职业技术学院图书馆	1600000.0	372	广东轻工职业技术学院图书馆	1250000.0
337	湖南财政经济学院(原湖南财经高等专科学校)图书馆	1586100.0	373	沈阳大学图书馆	1220000.0
338	重庆科技学院图书馆	1583132.0	374	赣南师范大学科技学院图书馆	1213830.0
339	吉林工商学院图书馆	1581000.0	375	西安石油大学图书馆	1208695.5
340	北京师范大学珠海分校图书馆	1577879.9	376	德州学院图书馆	1198400.0
341	浙江工商职业技术学院图书馆	1565760.0	377	湖北第二师范学院图书馆	1198300.0
342	台州学院图书馆	1564297.6	378	东莞职业技术学院图书馆	1193467.0

序号	图书馆名称	购电子资源(元)	序号	图书馆名称	购电子资源(元)
379	吉林化工学院图书馆	1189838.0	418	海南政法职业学院图书馆	817300.0
380	宁波大红鹰学院图书馆	1188624.0	419	广州美术学院图书馆	815023.0
381	辽宁师范大学图书馆	1170374.0	420	咸阳师范学院图书馆	806026.0
382	黄山学院图书馆	1170000.0	421	河北政法职业学院图书馆	800000.0
383	江西科技学院图书馆	1167297.0	422	湖北工程学院图书馆	796800.0
384	沧州医学高等专科学校图书馆	1161000.0	423	凯里学院图书馆	792600.0
385	安顺学院图书馆	1145500.0	424	沈阳医学院图书馆	789649.0
386	牡丹江师范学院图书馆	1141500.0	425	电子科技大学中山学院图书馆	789000.0
387	常州工学院图书馆	1128049.0	426	山西工商职业学院图书馆	783000.0
388	陕西学前师范学院图书馆	1125300.0	427	西安体育学院图书馆	782040.0
389	石家庄学院图书馆	1120000.0	428	池州学院图书馆	780550.0
390	合肥师范学院图书馆	1118200.0	429	南昌理工学院图书馆	776450.0
391	上海建桥学院图书馆	1112696.0	430	浙江纺织服装职业技术学院图书馆	775094.0
392	东北石油大学图书馆	1100000.0	431	武汉音乐学院图书馆	762579.0
393	上海公安学院图书馆	1093175.0	432	浙江机电职业技术学院图书馆	755059.0
394	榆林职业技术学院图书馆	1078300.0	433	重庆工商职业学院图书馆	750000.0
395	吉林医药学院图书馆	1058000.0	434	广东科学技术职业学院图书馆	750000.0
396	攀枝花学院图书馆	1030000.0	435	中国美术学院图书馆	749560.0
397	韩山师范学院图书馆	1029000.0	436	贵州商学院图书馆	744000.0
398	成都师范学院图书馆	1019300.0	437	吉林工程技术师范学院图书馆	738000.0
399	新余学院图书馆	1017380.0	438	苏州职业大学图书馆	732334.0
400	乐山师范学院图书馆	1011900.0	439	鞍山师范学院图书馆	722600.0
401	长春工程学院图书馆	1000000.0	440	江西警察学院图书馆	704000.0
402	四川音乐学院图书馆	1000000.0	441	西安美术学院图书馆	702511.0
403	上海海关学院图书馆	999641.0	442	常州工程职业技术学院图书馆	700000.0
404	广州铁路职业技术学院图书馆	980000.0	443	邢台职业技术学院图书馆	700000.0
405	成都工业学院图书馆	970127.0	444	四川民族学院图书馆	700000.0
406	重庆文理学院图书馆	957505.0	445	西安铁路职业技术学院图书馆	699500.0
407	广州城市职业学院图书馆	937000.0	446	陕西铁路工程职业技术学院图书馆	696500.0
408	绥化学院图书馆	912500.0	447	浙江经贸职业技术学院图书馆	695430.0
409	三亚学院图书馆	899600.0	448	辽宁科技学院图书馆	690000.0
410	四川文理学院图书馆	898999.0	449	辽宁警察学院(原辽宁警官高等专科学校)图书馆	678970.0
411	湖南科技学院图书馆	868000.0	450	四川旅游学院图书馆	676000.0
412	成都体育学院图书馆	860621.0	451	浙江建设职业技术学院图书馆	675333.0
413	浙江旅游职业学院图书馆	850392.0	452	广东省外语艺术职业学院图书馆	673500.0
414	西安航空职业技术学院图书馆	850000.0	453	西京学院图书馆	671000.0
415	西北政法大学图书馆	846200.0	454	西安外事学院图书馆	669000.0
416	广州工程技术职业学院图书馆	825000.0	455	浙江水利水电学院图书馆	666000.0
417	宁波职业技术学院图书馆	821765.0	456	河套学院图书馆	665000.0

续表

序号	图书馆名称	购电子资源(元)	序号	图书馆名称	购电子资源(元)
457	兴义民族师范学院图书馆	664000.0	497	温州科技职业学院图书馆	523125.0
458	商洛学院图书馆	661000.0	498	漳州职业技术学院图书馆	521000.0
459	江西中医药高等专科学校图书馆	658000.0	499	广东岭南职业技术学院图书馆	512000.0
460	南昌师范学院图书馆	654500.0	500	赣州师范高等专科学校图书馆	510000.0
461	蚌埠学院图书馆	640000.0	501	长春工业大学人文信息学院图书馆	505000.0
462	浙江外国语学院图书馆	630689.0	502	江西司法警官职业学院图书馆	500000.0
463	杭州医学院	625409.0	503	江西经济管理干部学院图书馆	496000.0
464	宿迁学院图书馆	620000.0	504	广东农工商职业技术学院图书馆	493667.0
465	江西师范高等专科学校图书馆	620000.0	505	江西现代职业技术学院图书馆	492700.0
466	承德医学院图书馆	618006.0	506	南京特殊教育职业技术学院图书馆	490000.0
467	广东培正学院图书馆	612923.0	507	四川工程职业技术学院图书馆	490000.0
468	重庆工业职业技术学院图书馆	612700.0	508	四川交通职业技术学院图书馆	487800.0
469	闽江师范高等专科学校图书馆	606000.0	509	常州信息职业技术学院图书馆	487200.0
470	广东工贸职业技术学院图书馆	600000.0	510	大庆师范学院图书馆	483808.0
471	广东食品药品职业学院图书馆	600000.0	511	沈阳工程学院图书馆	483020.0
472	长春光华学院图书馆	600000.0	512	川南幼儿师范高等专科学校图书馆	480000.0
473	西安文理学院图书馆	598364.0	513	武昌首义学院图书馆	479845.0
474	铜仁学院图书馆	592327.0	514	海南软件职业技术学院图书馆	475000.0
475	武汉华夏理工学院图书馆	592000.0	515	广东松山职业技术学院图书馆	473661.0
476	宿州学院图书馆	589300.0	516	辽宁交通高等专科学校图书馆	472800.0
477	忻州师范学院图书馆	581000.0	517	沈阳体育学院图书馆	469723.0
478	连云港师范高等专科学校图书馆	581000.0	518	广东理工职业学院图书馆	467900.0
479	苏州科技大学天平学院图书馆	581000.0	519	浙江同济科技职业学院图书馆	465236.0
480	广东技术师范学院天河学院图书馆	578000.0	520	武汉职业技术学院图书馆	465070.3
481	四川文化产业职业学院图书馆	576000.0	521	南京科技职业学院	465000.0
482	广东培正学院图书馆	572923.0	522	湖北汽车工业学院图书馆	464000.0
483	黄冈职业技术学院图书馆	570000.0	523	广东水利电力职业技术学院图书馆	463950.0
484	东华理工大学长江学院图书馆	568350.0	524	武汉工程科技学院图书馆	460000.0
485	西安培华学院图书馆	563500.0	525	四川大学锦城学院图书馆	458873.0
486	江苏警官学院图书馆	562700.0	526	成都航空职业技术学院图书馆	452800.0
487	海口经济学院图书馆	559000.0	527	江西财经职业学院图书馆	450000.0
488	吉林华桥外国语学院图书馆	550206.0	528	陕西国防工业职业技术学院图书馆	450000.0
489	重庆师范大学涉外商贸学院图书馆	550000.0	529	西安汽车科技职业学院图书馆	449200.0
490	湖南现代物流职业技术学院图书馆	550000.0	530	浙江大学宁波理工学院图书馆	443950.0
491	陕西工业职业技术学院图书馆	547000.0	531	佛山职业技术学院图书馆	442000.0
492	浙江经济职业技术学院图书馆	544626.0	532	泰州职业技术学院图书馆	438400.0
493	江西工程职业学院图书馆	535000.0	533	乐山职业技术学院图书馆	433000.0
494	九江职业技术学院图书馆	534400.0	534	上海师范大学天华学院图书馆	430540.0
495	吕梁高等专科学校图书馆	531000.0	535	宝鸡职业技术学院图书馆	430000.0
496	中山职业技术学院图书馆	530000.0	536	吉安职业技术学院图书馆	428000.0

序号	图书馆名称	购电子资源(元)	序号	图书馆名称	购电子资源(元)
537	四川文轩职业学院图书馆	420000.0	577	河北工程技术高等专科学校图书馆	321200.0
538	湖南信息职业技术学院图书馆	419000.0	578	嘉兴职业技术学院图书馆	319216.0
539	成都农业科技职业学院图书馆	417500.0	579	广州工商学院图书馆	319000.0
540	河源职业技术学院图书馆	415000.0	580	南充职业技术学院图书馆	316800.0
541	广州商学院图书馆	405923.0	581	福建体育职业技术学院图书馆	312680.0
542	白城医学高等专科学校图书馆	402000.0	582	江西环境工程职业学院图书馆	310000.0
543	江西旅游商贸职业学院图书馆	401000.0	583	广东警官学院图书馆	309802.0
544	厦门海洋职业技术学院图书馆	400000.0	584	西安职业技术学院图书馆	306800.0
545	威海职业学院图书馆	400000.0	585	四川职业技术学院图书馆	303580.0
546	黔南民族师范学院图书馆	397000.0	586	宁波城市职业技术学院图书馆	300000.0
547	健雄职业技术学院图书馆	396000.0	587	江西工业工程职业技术学院图书馆	300000.0
548	抚州职业技术学院图书馆	395000.0	588	兰州职业技术学院图书馆	300000.0
549	西北工业大学明德学院图书馆	386073.0	589	宁夏民族职业技术学院图书馆	300000.0
550	扬州市职业大学图书馆	384546.0	590	湖北水利水电职业技术学院图书馆	300000.0
551	南昌工学院图书馆	380300.0	591	朝阳师范高等专科学校图书馆	300000.0
552	泸州职业技术学院图书馆	380000.0	592	山东中医药高等专科学校图书馆	300000.0
553	陕西警官职业学院图书馆	377500.0	593	阿坝师范高等专科学校图书馆	299800.0
554	潍坊护理职业学院图书馆	372900.0	594	浙江交通职业技术学院图书馆	298643.0
555	安徽商贸职业技术学院图书馆	363000.0	595	重庆警察学院图书馆	298000.0
556	鹰潭职业技术学院图书馆	360000.0	596	仰恩大学图书馆	295000.0
557	包头轻工职业技术学院图书馆	360000.0	597	贵州工程应用技术学院图书馆	295000.0
558	浙江工贸职业技术学院图书馆	359276.0	598	安徽医学高等专科学校图书馆	294255.0
559	山东协和职业技术学院图书馆	357500.0	599	台州科技职业学院图书馆	293469.0
560	广东行政职业学院图书馆	352100.0	600	长春职业技术学院图书馆	290000.0
561	广州航海学院图书馆	350000.0	601	三明职业技术学院图书馆	286000.0
562	四川职业技术学院图书馆	350000.0	602	渤海船舶职业学院图书馆	284300.0
563	湖北三峡职业技术学院图书馆	350000.0	603	四川邮电职业技术学院图书馆	283800.0
564	赣西科技职业学院图书馆	350000.0	604	浙江商业职业技术学院图书馆	282576.0
565	浙江医药高等专科学校图书馆	349227.0	605	义乌工商职业技术学院图书馆	282302.0
566	上海视觉艺术学院图书馆	340000.0	606	广州南洋理工职业学院图书馆	282000.0
567	湖州职业技术学院图书馆	336704.0	607	沈阳音乐学院图书馆	281580.0
568	成都纺织高等专科学校图书馆	331049.0	608	广东工程职业技术学院图书馆	280500.0
569	长春医学高等专科学校图书馆	330000.0	609	四川建筑职业技术学院图书馆	279900.0
570	清远职业技术学院图书馆	330000.0	610	内江职业技术学院图书馆	278000.0
571	东北师范大学人文学院图书馆	329000.0	611	上海旅游高等专科学校图书馆	275200.0
572	景德镇学院图书馆	328000.0	612	鄂州职业大学图书馆	272800.0
573	广州大学华软软件学院图书馆	326000.0	613	包头铁道职业技术学院图书馆	270000.0
574	温州职业技术学院图书馆	322560.0	614	浙江大学城市学院图书馆	269000.0
575	西安音乐学院图书馆	322000.0	615	浙江国际海运职业技术学院图书馆	267104.0
576	四川财经职业学院图书馆	321530.0	616	哈尔滨职业技术学院图书馆	266000.0

续表

序号	图书馆名称	购电子资源(元)	序号	图书馆名称	购电子资源(元)
617	江西应用科技学院图书馆	265000.0	654	广东碧桂园职业学院图书馆	200000.0
618	武汉学院(原中南财经政法大学武汉学院)图书馆	258000.0	655	江西交通职业技术学院图书馆	198380.0
619	浙江财经大学东方学院图书馆	255000.0	656	天津医科大学临床医学院图书馆	198000.0
620	南昌师范高等专科学校图书馆	252500.0	657	四川司法警官职业学院图书馆	198000.0
621	鲁迅美术学院图书馆	250000.0	658	汉江师范学院(郧阳师范高等专科学校)图书馆	196000.0
622	广州城建职业学院图书馆	249898.0	659	上海行健职业学院图书馆	195000.0
623	闽西职业技术学院图书馆	249800.0	660	江西医学高等专科学校图书馆	195000.0
624	揭阳职业技术学院图书馆	249000.0	661	四川工商职业技术学院图书馆	190000.0
625	四川卫生康复职业学院图书馆	249000.0	662	华南农业大学珠江学院图书馆	190000.0
626	西安财经学院行知学院图书馆	247000.0	663	天津大学仁爱学院图书馆	188000.0
627	绵阳职业技术学院图书馆	245000.0	664	武昌工学院图书馆	187000.0
628	江西水利职业学院图书馆	240000.0	665	江苏信息职业技术学院图书馆	182000.0
629	天津商业大学宝德学院图书馆	237976.0	666	海南外国语职业学院图书馆	180000.0
630	长春建筑学院图书馆图书馆	235000.0	667	武汉船舶职业技术学院图书馆	180000.0
631	广安职业技术学院图书馆	234000.0	668	四川传媒学院图书馆	180000.0
632	湖南中医药高等专科学校图书馆	233000.0	669	江西工业贸易职业技术学院图书馆	178400.0
633	四川国际标榜职业学院图书馆	230182.0	670	汕尾职业技术学院图书馆	177500.0
634	江西中医药大学科技学院图书馆	228085.0	671	黑龙江农业经济职业学院图书馆	175000.0
635	吉林电子信息职业技术学院图书馆	228000.0	672	浙江艺术职业学院图书馆	173620.0
636	营口理工学院图书馆	220032.0	673	上海农林职业技术学院图书馆	172300.0
637	江西信息应用职业技术学院图书馆	220000.0	674	四川幼儿师范高等专科学校图书馆	170000.0
638	湖南铁路科技职业技术学院图书馆	220000.0	675	江西制造职业技术学院图书馆	169226.0
639	内蒙古机电职业技术学院图书馆	220000.0	676	福建卫生职业技术学院图书馆	169100.0
640	江西师范大学科学技术学院图书馆	219652.0	677	上海民航职业技术学院图书馆	167760.0
641	武汉工商学院图书馆	215000.0	678	江西卫生职业学院图书馆	167300.0
642	武汉科技大学城市学院图书馆	214791.0	679	武昌职业学院图书馆	166034.8
643	西安交通大学城市学院图书馆	212000.0	680	四川航天职业技术学院图书馆	160080.0
644	陕西职业技术学院图书馆	209500.0	681	江西工业职业技术学院图书馆	160000.0
645	宁夏工商职业技术学院图书馆	208000.0	682	长春财经学院图书馆	160000.0
646	福建警察学院图书馆	206300.0	683	盘锦职业技术学院图书馆	160000.0
647	赣州卫生健康职业学院图书馆	206000.0	684	浙江东方职业技术学院图书馆	155866.0
648	湖南民族职业学院图书馆	203000.0	685	陕西交通职业技术学院图书馆	155000.0
649	湖南财经工业职业技术学院图书馆	202600.0	686	中山大学南方学院图书馆	154000.0
650	茂名职业技术学院图书馆	200000.0	687	南昌职业学院图书馆	153000.0
651	黑龙江农垦职业学院图书馆	200000.0	688	四川工商学院(原四川师范大学成都学院)图书馆	150000.0
652	江西科技职业学院图书馆	200000.0	689	四川艺术职业学院图书馆	150000.0
653	山东商务职业学院图书馆	200000.0	690	四平职业大学图书馆	150000.0

续表

序号	图书馆名称	购电子资源(元)	序号	图书馆名称	购电子资源(元)
691	惠州经济职业技术学院图书馆	150000.0	731	通辽职业学院图书馆	100000.0
692	广东财经大学华商学院图书馆	150000.0	732	科尔沁艺术职业学院图书馆	100000.0
693	江西机电职业技术学院图书馆	148000.0	733	海南科技职业学院图书馆	95000.0
694	广州体育职业技术学院图书馆	148000.0	734	达州职业技术学院图书馆	90000.0
695	辽宁农业职业技术学院图书馆	146000.0	735	宁波教育学院图书馆	88000.0
696	四川商务职业学院图书馆	145000.0	736	成都职业技术学院图书馆	87000.0
697	商洛职业技术学院图书馆	145000.0	737	惠州卫生职业技术学院图书馆	80000.0
698	宜春职业技术学院图书馆	143600.0	738	上海东海职业技术学院图书馆	77400.0
699	铜川职业技术学院图书馆	141800.0	739	广东舞蹈戏剧职业学院图书馆	72000.0
700	西安科技大学高新学院图书馆	139800.0	740	上海工商外国语职业学院图书馆	70000.0
701	川北幼儿师范高等专科学校图书馆	138200.0	741	江西工程学院图书馆	70000.0
702	西安电力高等专科学校图书馆	138000.0	742	四川三河职业学院图书馆	68000.0
703	雅安职业技术学院图书馆	138000.0	743	上海震旦职业学院图书馆	65000.0
704	天津电子信息职业技术学院图书馆	136600.0	744	上海工商职业技术学院图书馆	59000.0
705	恩施职业技术学院图书馆	134000.0	745	咸阳职业技术学院图书馆	59000.0
706	浙江体育职业技术学院图书馆	130000.0	746	四川托普信息技术职业学院图书馆	55000.0
707	四川信息职业技术学院图书馆	130000.0	747	上海兴伟学院图书馆	50113.0
708	吉林建筑大学城建学院图书馆	130000.0	748	陕西机电职业技术学院图书馆	50000.0
709	浙江特殊教育职业学院图书馆	130000.0	749	金华教育学院图书馆	50000.0
710	广东建设职业技术学院图书馆	126000.0	750	烟台黄金职业学院图书馆	50000.0
711	华东交通大学理工学院图书馆	125641.0	751	巴中职业技术学院图书馆	50000.0
712	内蒙古商贸职业学院图书馆	125000.0	752	江西电力职业技术学院图书馆	49500.0
713	延安大学西安创新学院图书馆	124638.0	753	广东文艺职业学院图书馆	49000.0
714	江苏建筑职业技术学院图书馆	121000.0	754	吉林工程职业学院图书馆	48600.0
715	上海音乐学院图书馆	120792.6	755	江西建设职业技术学院图书馆	48000.0
716	广东司法警官职业学院图书馆	120000.0	756	上海出版印刷高等专科学校图书馆	45960.0
717	江西生物科技职业学院图书馆	119800.0	757	丽水学院图书馆	45000.0
718	眉山职业技术学院图书馆	119000.0	758	黑龙江民族职业学院图书馆	45000.0
719	上海济光职业技术学院图书馆	115000.0	759	江西传媒职业学院图书馆	44000.0
720	福州理工学院图书馆	114500.0	760	四川护理职业学院图书馆	44000.0
721	厦门华厦学院图书馆	112980.0	761	杭州师范大学钱江学院图书馆	41896.4
722	上饶职业技术学院图书馆	110800.0	762	浙江育英职业技术学院图书馆	41048.0
723	四川化工职业技术学院图书馆	110000.0	763	上海科学技术职业学院图书馆	40000.0
724	江苏第二师范学院图书馆	109501.0	764	江西枫林涉外经贸职业学院图书馆	40000.0
725	贵州财经大学图书馆	109500.0	765	上海思博职业技术学院图书馆	35442.3
726	九江职业大学图书馆	108600.0	766	三亚航空旅游职业学院图书馆	35000.0
727	南昌大学共青学院图书馆	106000.0	767	长春教育学院图书馆	33000.0
728	民办南华工商学院图书馆	100000.0	768	北京中医药大学图书馆	32000.0
729	西安交通工程学院图书馆	100000.0	769	福建华南女子职业学院图书馆	30000.0
730	江门职业技术学院图书馆	100000.0	770	广东创新科技职业学院图书馆	30000.0

续表

序号	图书馆名称	购电子资源(元)	序号	图书馆名称	购电子资源(元)
771	四川机电职业技术学院图书馆	27900.0	777	广州现代信息工程职业技术学院图书馆	10000.0
772	黔南民族医学高等专科学校图书馆	20000.0	778	昆山杜克大学图书馆	10000.0
773	绍兴文理学院元培学院图书馆	20000.0	779	江西洪州职业学院图书馆	4000.0
774	武汉警官职业学院图书馆	17641.0	780	江苏科技大学图书馆	462.7
775	包头钢铁职业技术学院图书馆	10000.0	781	绵阳师范学院图书馆	173.6
776	常州轻工职业技术学院图书馆	10000.0	782	金陵科技学院图书馆	140.0

2017年826所高校图书馆纸质资源购置费统计表

序号	图书馆名称	购纸质资源(元)	序号	图书馆名称	购纸质资源(元)
1	中山大学图书馆	79046632.0	38	西北农林科技大学图书馆	8224670.0
2	浙江大学图书馆	30017806.0	39	河海大学图书馆	8053552.0
3	包头医学院图书馆	23267966.0	40	内蒙古大学图书馆	8010205.0
4	复旦大学图书馆	17693408.0	41	西南交通大学图书馆	7985494.0
5	北京大学图书馆	17634632.0	42	华南师范大学图书馆	7880000.0
6	武汉大学图书馆	16912166.0	43	杭州师范大学图书馆	7825684.0
7	南京大学图书馆	15451408.0	44	贵州财经大学图书馆	7755469.5
8	四川大学图书馆	14922637.0	45	吉安职业技术学院图书馆	7604733.5
9	东南大学图书馆	14170814.0	46	华侨大学图书馆	7297800.5
10	山东大学图书馆	13751793.0	47	西南民族大学图书馆	7149306.0
11	华东师范大学图书馆	13742666.0	48	南京农业大学图书馆	7111699.5
12	清华大学图书馆	12690137.0	49	上海师范大学图书馆	7072949.0
13	福建师范大学图书馆	12432075.0	50	湖南大学图书馆	6981858.5
14	宁夏大学图书馆	12339299.0	51	西安培华学院图书馆	6846440.5
15	华中科技大学图书馆	12275507.0	52	东北师范大学图书馆	6785218.0
16	中国人民大学图书馆	12097349.0	53	同济大学图书馆	6697809.0
17	东北大学图书馆	11915985.0	54	北京科技大学图书馆	6623006.0
18	深圳大学城图书馆	11692741.0	55	湖北民族学院图书馆	6563000.0
19	上海政法学院图书馆	11518135.0	56	厦门大学图书馆	6540630.0
20	中南大学图书馆	11018358.0	57	甘肃政法学院图书馆	6524909.0
21	上海交通大学图书馆	10260224.0	58	兰州大学图书馆	6424696.0
22	深圳大学图书馆	10132582.0	59	长安大学图书馆	6373644.0
23	华东政法大学图书馆	9839270.0	60	青岛科技大学图书馆	6347191.0
24	西安外国语大学图书馆	9830602.0	61	广东海洋大学图书馆	6300000.0
25	中国海洋大学图书馆	9801000.0	62	苏州大学图书馆	6205278.0
26	成都艺术职业学院图书馆	9742022.0	63	中国政法大学图书馆	6185165.0
27	西北工业大学图书馆	9468185.0	64	河西学院图书馆	6159500.0
28	北京师范大学—香港浸会大学联合国际学院图书馆	9265654.0	65	安徽大学图书馆	6151713.0
29	西安交通大学图书馆	9174559.0	66	江南大学图书馆	6148914.0
30	西南大学图书馆	8978000.0	67	海南大学图书馆	6087845.5
31	暨南大学图书馆	8810000.0	68	四川文轩职业学院图书馆	6072439.0
32	重庆大学图书馆	8702400.0	69	南昌工程学院图书馆	5866561.0
33	贵州大学图书馆	8700000.0	70	广州大学图书馆	5859195.0
34	武汉理工大学图书馆	8610436.0	71	湖南工业大学图书馆	5762084.0
35	西交利物浦大学图书馆	8580000.0	72	西安科技大学图书馆	5705011.0
36	宁波大学图书馆	8572059.0	73	西南财经大学图书馆	5667677.0
37	华中师范大学图书馆	8319957.0	74	内蒙古师范大学图书馆	5637823.5

续表

序号	图书馆名称	购纸质资源(元)	序号	图书馆名称	购纸质资源(元)
75	景德镇陶瓷大学图书馆	5526769.0	114	南京航空航天大学图书馆	4298835.5
76	南京师范大学图书馆	5489425.5	115	上海对外经贸大学图书馆	4289238.5
77	三明学院图书馆	5476176.0	116	北方民族大学图书馆	4288695.0
78	四川师范大学图书馆	5468961.0	117	福州大学图书馆	4280835.0
79	河南工业大学图书馆	5467915.0	118	集美大学图书馆	4272348.5
80	上海大学图书馆	5450840.5	119	南方科技大学图书馆	4263776.0
81	福建农林大学图书馆	5413055.0	120	深圳技术大学图书馆	4250000.0
82	合肥工业大学图书馆	5394860.5	121	广东工业大学图书馆	4241681.5
83	大连理工大学图书馆	5327224.0	122	陕西理工大学图书馆	4234105.5
84	江西中医药高等专科学校图书馆	5168000.0	123	河北师范大学图书馆	4233635.5
85	华东理工大学图书馆	5146558.0	124	南华大学图书馆	4232402.0
86	南京医科大学图书馆	5111697.5	125	韩山师范学院图书馆	4213924.0
87	南昌大学图书馆	5063181.0	126	成都理工大学图书馆	4213637.5
88	电子科技大学图书馆	5055825.5	127	南京财经大学图书馆	4213000.0
89	华南农业大学图书馆	5040590.0	128	西北大学图书馆	4208771.5
90	江西理工大学图书馆	5033571.5	129	河北理工大学图书馆	4199910.0
91	南京晓庄学院图书馆	5021866.5	130	川北医学院图书馆	4194146.8
92	广东外语外贸大学图书馆	5021149.0	131	石家庄铁道大学(原石家庄铁道学院)图书馆	4193046.0
93	四川农业大学图书馆	5017295.0	132	上海师范大学天华学院图书馆	4179044.8
94	山西大学图书馆	4966388.0	133	浙江海洋大学图书馆	4162732.0
95	哈尔滨工业大学图书馆	4886473.0	134	扬州大学图书馆	4130471.0
96	上饶师范学院图书馆	4884828.0	135	南京工业大学图书馆	4117000.0
97	赣南医学院图书馆	4823213.0	136	新乡学院图书馆	4098685.8
98	西京学院图书馆	4772551.5	137	湖州师范学院图书馆	4094629.5
99	浙江传媒学院图书馆	4743796.5	138	首都师范大学图书馆	4091068.8
100	成都中医药大学图书馆	4724818.0	139	许昌学院图书馆	4087876.8
101	上海财经大学图书馆	4706910.5	140	西南科技大学图书馆	4017406.0
102	浙江财经大学图书馆	4700000.0	141	西北民族大学图书馆	3996237.3
103	安徽师范大学图书馆	4625000.0	142	长安大学图书馆	3978355.5
104	海南师范大学图书馆	4552000.0	143	山东师范大学图书馆	3950000.0
105	陕西师范大学图书馆	4548520.0	144	广东财经大学华商学院图书馆	3939641.5
106	台州学院图书馆	4454442.5	145	中国药科大学图书馆	3880000.0
107	广东财经大学图书馆	4450000.0	146	嘉应学院图书馆	3855000.0
108	上海外国语大学图书馆	4410213.5	147	中国矿业大学图书馆	3835887.0
109	苏州科技大学图书馆	4363019.5	148	四川外语学院图书馆	3827997.0
110	河北科技大学图书馆	4350000.0	149	中国人民公安大学图书馆	3827735.5
111	华北电力大学图书馆	4349978.0	150	西南政法大学图书馆	3799555.8
112	四川理工学院图书馆	4309935.0	151	上海杉达学院图书馆	3794730.0
113	浙江理工大学图书馆	4301392.0	152	中国民用航空飞行学院图书馆	3783034.3

续表

序号	图书馆名称	购纸质资源(元)	序号	图书馆名称	购纸质资源(元)
153	闽南师范大学图书馆	3770648.8	192	九江学院图书馆	3353000.0
154	郑州轻工业学院图书馆	3744848.0	193	西华师范大学图书馆	3338067.5
155	浙江工商大学图书馆	3730532.3	194	肇庆学院图书馆	3335132.8
156	浙江大学城市学院图书馆	3728600.0	195	上海工程技术大学图书馆	3330502.8
157	中国科学技术大学图书馆	3724107.0	196	武汉城市职业学院图书馆	3300000.0
158	四川传媒学院图书馆	3722000.0	197	琼台师范高等专科学校图书馆	3299000.0
159	遵义医学院图书馆	3720908.8	198	河北工业大学图书馆	3298915.8
160	西安财经学院图书馆	3698157.8	199	惠州学院图书馆	3282260.8
161	贵州师范大学图书馆	3675346.3	200	宜春幼儿师范高等专科学校图书馆	3250585.0
162	浙江师范大学图书馆	3637857.0	201	中南林业科技大学图书馆	3250403.5
163	福建医科大学图书馆	3636244.3	202	江西农业大学图书馆	3247090.8
164	西安建筑科技大学图书馆	3636181.3	203	华中农业大学图书馆	3245339.5
165	深圳职业技术学院图书馆	3626000.0	204	淮阴师范学院图书馆	3241896.0
166	贵阳中医学院图书馆	3615864.8	205	江苏大学图书馆	3226936.3
167	哈尔滨医科大学图书馆	3602719.0	206	江苏师范大学图书馆	3225792.5
168	韶关学院图书馆	3598565.5	207	潍坊学院图书馆	3222078.8
169	山西财经大学图书馆	3594468.0	208	武夷学院图书馆	3213999.8
170	宝鸡文理学院图书馆	3593292.8	209	甘肃民族师范学院图书馆	3210925.0
171	南昌理工学院图书馆	3590554.8	210	兰州理工大学图书馆	3175810.0
172	浙江农林大学图书馆	3583393.3	211	中南民族大学图书馆	3146156.8
173	井冈山大学图书馆	3580034.0	212	泸州医学院图书馆	3134190.3
174	江西师范大学图书馆	3576211.5	213	莆田学院图书馆	3115789.3
175	陕西学前师范学院图书馆	3571330.8	214	温州医科大学图书馆	3101995.3
176	中国矿业大学图书馆	3541537.3	215	甘肃农业大学图书馆	3100000.0
177	南京信息工程大学图书馆	3541537.3	216	绍兴文理学院图书馆	3078840.3
178	内蒙古科技大学图书馆	3521398.8	217	上海理工大学图书馆	3078435.0
179	四川工商学院(原四川师范大学成都学院)图书馆	3514453.0	218	华东交通大学图书馆	3070040.3
180	东北石油大学图书馆	3511800.0	219	泉州师范学院图书馆	3065500.0
181	四川大学锦城学院图书馆	3505734.0	220	广州医科大学图书馆	3057454.5
182	内蒙古工业大学图书馆	3505000.0	221	中国美术学院图书馆	3030890.5
183	大连海事大学图书馆	3470000.0	222	江西科技学院图书馆	3022511.5
184	浙江越秀外国语学院图书馆	3466215.5	223	广州航海学院图书馆	3018092.0
185	成都医学院图书馆	3456431.8	224	武汉音乐学院图书馆	3000000.0
186	上海建桥学院图书馆	3431991.0	225	重庆三峡学院图书馆	3000000.0
187	福建工程学院图书馆	3429225.3	226	兰州交通大学图书馆	2999763.8
188	杭州电子科技大学图书馆	3422331.5	227	南京审计大学图书馆	2999649.5
189	广东技术师范学院图书馆	3422331.5	228	广州美术学院图书馆	2998459.8
190	安徽理工大学图书馆	3401694.0	229	广东培正学院图书馆	2987606.5
191	西安电子科技大学图书馆	3377716.0	230	淮阴工学院图书馆	2980398.0

续表

序号	图书馆名称	购纸质资源(元)	序号	图书馆名称	购纸质资源(元)
231	咸阳师范学院图书馆	2959755.8	270	广州商学院图书馆	2592524.3
232	北京理工大学图书馆	2959090.8	271	淮南师范学院图书馆	2590000.0
233	河北医科大学图书馆	2955000.0	272	贵州民族大学图书馆	2565940.8
234	武汉纺织大学图书馆	2952808.0	273	上海海事大学图书馆	2551393.8
235	东莞理工学院图书馆	2950000.0	274	广东轻工职业技术学院图书馆	2548342.3
236	龙岩学院图书馆	2927088.8	275	西华大学图书馆	2535918.0
237	鞍山师范学院图书馆	2926350.3	276	渭南师范学院图书馆	2509794.0
238	五邑大学图书馆	2925567.5	277	湖北医药学院图书馆	2500000.0
239	江苏理工学院图书馆	2923400.0	278	池州学院图书馆	2485665.3
240	岭南师范学院图书馆	2911433.8	279	长春建筑学院图书馆图书馆	2482031.8
241	河北大学图书馆	2908519.3	280	浙江农林大学暨阳学院图书馆	2481347.5
242	内江师范学院图书馆	2900696.5	281	上海海洋大学图书馆	2479345.5
243	温州大学图书馆	2881770.3	282	贵州医科大学图书馆	2475705.8
244	内蒙古医科大学图书馆	2877712.3	283	西安石油大学图书馆	2471383.0
245	上海健康医学院图书馆	2869396.3	284	四川国际标榜职业学院图书馆	2467230.0
246	南通大学图书馆	2850022.0	285	成都工业学院图书馆	2458166.5
247	北京中医药大学图书馆	2828027.3	286	三亚学院图书馆	2450500.0
248	德州学院图书馆	2819000.0	287	榆林学院图书馆	2439868.3
249	广州工商学院图书馆	2813925.3	288	江西工商职业技术学院图书馆	2439606.0
250	贵州师范学院图书馆	2807985.3	289	上海商学院图书馆	2438196.0
251	河北中医学院图书馆	2800000.0	290	长春工业大学图书馆	2418324.8
252	呼和浩特民族学院(原内蒙古民族高等专科学校)图书馆	2779240.0	291	新余学院图书馆	2390818.3
253	中国地质大学图书馆	2770499.3	292	陕西国际商贸学院图书馆	2389044.5
254	四川建筑职业技术学院图书馆	2746968.5	293	苏州职业大学图书馆	2387963.3
255	巴中职业技术学院图书馆	2734472.5	294	湖北大学图书馆	2381165.0
256	湖北工业大学图书馆	2731766.8	295	闽江学院图书馆	2378919.8
257	西安理工大学图书馆	2730303.5	296	福建江夏学院图书馆	2377863.5
258	常州工学院图书馆	2721000.0	297	安徽农业大学图书馆	2362332.0
259	北京师范大学珠海分校图书馆	2709862.3	298	哈尔滨商业大学图书馆	2357123.5
260	长春光华学院图书馆	2705426.8	299	昆山杜克大学图书馆	2355453.5
261	贵州理工学院图书馆	2700000.0	300	浙江财经大学东方学院图书馆	2340061.0
262	顺德职业技术学院图书馆	2681136.5	301	成都职业技术学院图书馆	2337800.0
263	佛山科学技术学院图书馆	2679686.0	302	南京工程学院图书馆	2327900.0
264	安徽商贸职业技术学院图书馆	2675000.0	303	山东工商学院图书馆	2308367.3
265	福建工程学院图书馆	2642509.5	304	东莞理工学院图书馆	2300000.0
266	中国计量大学图书馆	2637529.3	305	西北政法大学图书馆	2284102.0
267	广东创新科技职业学院图书馆	2630252.0	306	汕头大学图书馆	2283248.0
268	辽宁科技大学图书馆	2611215.5	307	西藏民族大学图书馆	2272081.5
269	浙江旅游职业学院图书馆	2596675.0	308	安徽工业大学图书馆	2271200.0

续表

序号	图书馆名称	购纸质资源(元)	序号	图书馆名称	购纸质资源(元)
309	长春中医学院图书馆	2268400.0	346	成都大学图书馆	2059000.0
310	山东农业大学图书馆	2239562.5	347	西南石油大学图书馆	2057663.0
311	惠州经济职业技术学院图书馆	2237564.8	348	西北工业大学明德学院图书馆	2056843.4
312	忻州师范学院图书馆	2235943.3	349	沈阳医学院图书馆	2041730.5
313	邢台职业技术学院图书馆	2230000.0	350	西安工程大学图书馆	2035503.5
314	广州中医药大学图书馆	2229029.5	351	江西科技师范大学图书馆	2034994.3
315	杭州医学院	2218810.8	352	甘肃中医药大学图书馆	2030000.0
316	武昌首义学院图书馆	2218264.5	353	贵阳学院图书馆	2017000.0
317	浙江大学宁波理工学院图书馆	2216028.3	354	武汉东湖学院(原武汉大学东湖分校)图书馆	2016659.6
318	西安翻译学院图书馆	2214164.0	355	中山大学新华学院图书馆	2004480.5
319	电子科技大学中山学院图书馆	2204712.8	356	重庆科技学院图书馆	2003017.1
320	广州番禺职业技术学院图书馆	2190671.8	357	辽宁对外经贸学院图书馆	2001600.0
321	宜春学院图书馆	2185695.3	358	皖西学院图书馆	2000000.0
322	白城师范学院图书馆	2182000.0	359	西安欧亚学院图书馆	2000000.0
323	长江师范学院图书馆	2166258.0	360	广东金融学院图书馆	2000000.0
324	赣南师范大学图书馆	2157530.0	361	攀枝花学院图书馆	1996136.6
325	黔南民族师范学院图书馆	2154652.3	362	包头师范学院图书馆	1992000.0
326	江苏第二师范学院图书馆	2154044.5	363	武汉工商学院图书馆	1991200.0
327	南昌职业学院图书馆	2149080.0	364	上海中医药大学图书馆	1983971.9
328	宜宾学院图书馆	2144900.0	365	广东农工商职业技术学院图书馆	1979946.0
329	集宁师范学院图书馆	2144017.5	366	广东技术师范学院天河学院图书馆	1975046.3
330	上海电力学院图书馆	2128455.5	367	重庆文理学院图书馆	1967646.4
331	九江职业大学图书馆	2120000.0	368	哈尔滨师范大学图书馆	1964099.6
332	宁波大红鹰学院图书馆	2116788.8	369	武汉科技大学图书馆	1961765.5
333	浙江万里学院图书馆	2114611.0	370	萍乡学院图书馆	1959500.0
334	黑龙江大学图书馆	2112703.5	371	西安工业大学图书馆	1950214.6
335	浙江科技学院图书馆	2105000.0	372	西安航空学院图书馆	1950117.4
336	上海电机学院图书馆	2104381.3	373	乐山师范学院图书馆	1949240.6
337	海南热带海洋学院(原琼州学院)图书馆	2083966.6	374	湖北经济学院图书馆	1938000.0
338	成都师范学院图书馆	2083563.5	375	浙江外国语学院图书馆	1935639.8
339	首都医科大学图书馆	2083424.4	376	湖南中医药大学图书馆	1934953.4
340	宿迁学院图书馆	2082098.0	377	武汉学院(原中南财经政法大学武汉学院)图书馆	1931916.0
341	广东省外语艺术职业学院图书馆	2073079.6	378	宁波工程学院图书馆	1925512.0
342	南京工业职业技术学院图书馆	2064193.1	379	浙江中医药大学图书馆	1924920.9
343	延安大学图书馆	2063188.0	380	常熟理工学院图书馆	1922122.6
344	浙江建设职业技术学院图书馆	2061466.0	381	哈尔滨职业技术学院图书馆	1905000.0
345	江西现代职业技术学院图书馆	2060174.9	382	河套学院图书馆	1903277.5

续表

序号	图书馆名称	购纸质资源(元)	序号	图书馆名称	购纸质资源(元)
383	福建中医药大学图书馆	1901306.8	421	长春理工大学图书馆	1685472.9
384	湖北第二师范学院图书馆	1899005.1	422	宁波职业技术学院图书馆	1676195.9
385	重庆教育学院图书馆	1897700.0	423	牡丹江师范学院图书馆	1675700.0
386	吉林农业大学图书馆	1890852.0	424	上海应用技术学院图书馆	1674094.6
387	西安体育学院图书馆	1883793.5	425	西安邮电大学图书馆	1668601.3
388	石家庄学院图书馆	1883006.3	426	铜仁学院图书馆	1660686.0
389	南昌师范高等专科学校图书馆	1881177.3	427	凯里学院图书馆	1660523.9
390	黑龙江中医药大学图书馆	1878833.4	428	杨凌职业技术学院图书馆	1660499.6
391	泰州职业技术学院图书馆	1878218.9	429	辽宁大学图书馆	1659671.1
392	西北大学现代学院图书馆	1867015.3	430	华东交通大学理工学院图书馆	1655155.0
393	重庆师范大学涉外商贸学院图书馆	1860131.0	431	成都体育学院图书馆	1652726.6
394	浙江机电职业技术学院图书馆	1850000.0	432	九江职业技术学院图书馆	1651772.4
395	山西工商职业学院图书馆	1847654.4	433	常州信息职业技术学院图书馆	1649400.0
396	合肥学院图书馆	1832612.8	434	大连大学图书馆	1643406.0
397	沈阳农业大学图书馆	1831737.0	435	上海体育学院图书馆	1634994.4
398	中国医科大学图书馆	1807648.0	436	海南政法职业学院图书馆	1633943.5
399	广东科学技术职业学院图书馆	1800000.0	437	上海视觉艺术学院图书馆	1630000.0
400	武汉科技大学城市学院图书馆	1799884.1	438	广东药科大学图书馆	1627002.0
401	东北财经大学图书馆	1797246.3	439	三峡大学图书馆	1626128.6
402	东北林业大学图书馆	1793612.0	440	海口经济学院图书馆	1612610.0
403	江西旅游商贸职业学院图书馆	1782000.0	441	扬州市职业大学图书馆	1601396.9
404	山东协和职业技术学院图书馆	1760000.0	442	吉首大学图书馆	1600469.4
405	贵州工程应用技术学院图书馆	1753667.9	443	南京特殊教育职业技术学院图书馆	1600000.0
406	辽宁中医学院图书馆	1746971.6	444	闽西职业技术学院图书馆	1596740.9
407	江苏警官学院图书馆	1737595.5	445	绍兴文理学院元培学院图书馆	1594569.5
408	湖南财政经济学院(原湖南财经高等专科学校)图书馆	1737151.0	446	上海电子信息职业技术学院图书馆	1592252.9
409	四川文理学院图书馆	1733916.1	447	重庆师范大学图书馆	1584028.4
410	四川职业技术学院图书馆	1732982.0	448	泸州职业技术学院图书馆	1578855.0
411	常州大学图书馆	1731619.4	449	苏州科技大学天平学院图书馆	1578400.0
412	东华理工大学图书馆	1729385.8	450	武汉职业技术学院图书馆	1574298.9
413	西安医学院图书馆	1726207.1	451	上海第二工业大学图书馆	1572944.0
414	青海师范大学图书馆	1725537.6	452	内蒙古民族大学图书馆	1570900.0
415	黄山学院图书馆	1722400.0	453	上海海关学院图书馆	1555708.8
416	赤峰学院图书馆	1720000.0	454	吉林师范大学图书馆	1553849.5
417	西昌学院图书馆	1709822.1	455	南京科技职业学院	1547762.4
418	广州城市职业学院图书馆	1705500.0	456	陕西中医药大学图书馆	1542804.8
419	吉林财经大学(原长春税务学院)图书馆	1698482.8	457	沈阳师范大学图书馆	1533173.8
420	广东碧桂园职业学院图书馆	1689717.4	458	西安财经学院行知学院图书馆	1523586.5

续表

序号	图书馆名称	购纸质资源(元)	序号	图书馆名称	购纸质资源(元)
459	长春工程学院图书馆	1523112.3	497	江西经济管理干部学院图书馆	1354500.0
460	武昌工学院图书馆	1511587.3	498	广东岭南职业技术学院图书馆	1350000.0
461	蚌埠学院图书馆	1510900.0	499	西安汽车科技职业学院图书馆	1339382.4
462	湖北中医学院图书馆	1509154.8	500	延边大学图书馆	1329052.3
463	成都纺织高等专科学校图书馆	1500000.0	501	江西医学高等专科学校图书馆	1322025.3
464	大连职业技术学院图书馆	1500000.0	502	漳州职业技术学院图书馆	1320023.6
465	江西中医药大学图书馆	1500000.0	503	南昌工学院图书馆	1318173.1
466	内蒙古财经大学图书馆	1497605.8	504	辽宁工业大学图书馆	1303160.0
467	辽宁师范大学图书馆	1476330.6	505	广州大学华软软件学院图书馆	1301672.6
468	东北师范大学人文学院图书馆	1470333.0	506	沈阳航空航天大学(原沈阳航空工业学院)图书馆	1289163.1
469	陕西科技大学图书馆	1453387.5	507	贵州商学院图书馆	1280313.5
470	西安美术学院图书馆	1446639.5	508	达州职业技术学院图书馆	1278000.0
471	上海民航职业技术学院图书馆	1445104.6	509	浙江水利水电学院图书馆	1276622.0
472	景德镇陶瓷职业技术学院图书馆	1443256.3	510	浙江金融职业学院图书馆	1275165.5
473	大连海洋大学图书馆	1437672.3	511	金陵科技学院图书馆	1271300.0
474	广东水利电力职业技术学院图书馆	1436059.0	512	重庆工商职业学院图书馆	1268194.0
475	盐城工学院图书馆	1435489.9	513	绍兴职业技术学院图书馆	1264871.3
476	武汉工程大学图书馆	1430000.0	514	浙江医药高等专科学校图书馆	1255216.0
477	江苏建筑职业技术学院图书馆	1419200.0	515	广州南洋理工职业学院图书馆	1255211.0
478	陕西服装工程学院图书馆	1412418.0	516	宿州学院图书馆	1250000.0
479	齐齐哈尔大学图书馆	1405483.9	517	东莞职业技术学院图书馆	1249912.3
480	浙江经贸职业技术学院图书馆	1400291.8	518	临沂大学图书馆	1249097.0
481	淮北师范大学图书馆	1400000.0	519	宜宾职业技术学院图书馆	1230000.0
482	江西财经职业学院图书馆	1400000.0	520	杭州师范大学钱江学院图书馆	1228103.6
483	江西水利职业学院图书馆	1400000.0	521	吉林化工学院图书馆	1220000.0
484	珠海艺术职业学院图书馆	1399442.1	522	蚌埠学院图书馆	1219780.0
485	成都信息工程大学(原成都信息工程学院)图书馆	1397350.6	523	六盘水师范学院图书馆	1218160.5
486	湖州职业技术学院图书馆	1381679.4	524	广州城建职业学院图书馆	1216019.0
487	吉林华桥外国语学院图书馆	1380415.3	525	连云港师范高等专科学校图书馆	1210838.4
488	湖北工程学院图书馆	1379860.3	526	沈阳工程学院图书馆	1210224.3
489	四川旅游学院图书馆	1379115.0	527	南昌航空大学图书馆	1210000.0
490	吉林医药学院图书馆	1375779.8	528	山东中医药高等专科学校图书馆	1200000.0
491	黔南民族医学高等专科学校图书馆	1374824.6	529	浙江经济职业技术学院图书馆	1194158.6
492	成都航空职业技术学院图书馆	1373677.3	530	辽东学院图书馆	1187493.8
493	广东松山职业技术学院图书馆	1364487.4	531	南方医科大学图书馆	1185000.0
494	大庆师范学院图书馆	1356479.4	532	河源职业技术学院图书馆	1180000.0
495	徐州医科大学图书馆	1355000.0	533	武汉华夏理工学院图书馆	1175682.3
496	四川民族学院图书馆	1354730.6	534	浙江纺织服装职业技术学院图书馆	1175064.4

续表

序号	图书馆名称	购纸质资源(元)	序号	图书馆名称	购纸质资源(元)
535	广东警官学院图书馆	1170023.1	572	辽宁农业职业技术学院图书馆	1005000.0
536	商洛职业技术学院图书馆	1157964.0	573	四川卫生康复职业学院图书馆	1004404.0
537	武汉体育学院图书馆	1152941.1	574	江苏信息职业技术学院图书馆	1003000.0
538	陕西国防工业职业技术学院图书馆	1136515.8	575	四川警察学院图书馆	1000726.0
539	清远职业技术学院图书馆	1128000.0	576	四川幼儿师范高等专科学校图书馆	1000000.0
540	南昌师范学院图书馆	1126621.3	577	宁波城市职业技术学院图书馆	1000000.0
541	陕西工业职业技术学院图书馆	1121256.5	578	广东工贸职业技术学院图书馆	1000000.0
542	常州工程职业技术学院图书馆	1120000.0	579	绵阳职业技术学院图书馆	999000.0
543	茂名职业技术学院图书馆	1120000.0	580	四川音乐学院图书馆	995539.1
544	浙江工贸职业技术学院图书馆	1114501.6	581	沈阳药科大学图书馆	995142.0
545	赣州师范高等专科学校图书馆	1113700.0	582	江门职业技术学院图书馆	994442.2
546	东北电力大学图书馆	1112378.9	583	上海东海职业技术学院图书馆	994004.6
547	福建警察学院图书馆	1103740.1	584	西安外事学院图书馆	991400.3
548	山东商务职业学院图书馆	1100000.0	585	河北工程技术高等专科学校图书馆	975026.6
549	长春财经学院图书馆	1092433.3	586	锦州医科大学(原名锦州医学院)图书馆	972000.0
550	三明职业技术学院图书馆	1090000.0	587	温州科技职业学院图书馆	969964.5
551	淮海工学院图书馆	1088816.1	588	江西外语外贸职业学院图书馆	962747.9
552	广州工程技术职业学院图书馆	1080973.0	589	上海音乐学院图书馆	962681.5
553	福州理工学院图书馆	1075925.8	590	湖北汽车工业学院图书馆	959191.5
554	安顺学院图书馆	1074260.5	591	上海思博职业技术学院图书馆	955800.2
555	四川华新现代职业学院图书馆	1072477.8	592	上海出版印刷高等专科学校图书馆	954017.0
556	义乌工商职业技术学院图书馆	1067290.9	593	宁德师范学院图书馆	951897.4
557	佛山职业技术学院图书馆	1066925.1	594	阿坝师范高等专科学校图书馆	950053.6
558	宁夏工商职业技术学院图书馆	1059530.5	595	沈阳工业大学图书馆	948035.8
559	川南幼儿师范高等专科学校图书馆	1058000.0	596	浙江艺术职业学院图书馆	945673.9
560	天津大学仁爱学院图书馆	1055170.0	597	浙江同济科技职业学院图书馆	943822.9
561	广东食品药品职业学院图书馆	1050000.0	598	常州轻工职业技术学院图书馆	934872.0
562	辽宁石油化工大学图书馆	1048482.5	599	广州铁路职业技术学院图书馆	920000.0
563	西安科技大学高新学院图书馆	1033802.9	600	辽宁警察学院(原辽宁警官高等专科学校)图书馆	919323.4
564	上海科技大学图书馆	1024254.1	601	民办南华工商学院图书馆	917381.3
565	台州科技职业学院图书馆	1024000.0	602	陕西交通职业技术学院图书馆	916020.0
566	江西财经大学现代经济管理学院图书馆	1018080.3	603	浙江工商职业技术学院图书馆	913794.3
567	仰恩大学图书馆	1015923.0	604	厦门海洋职业技术学院图书馆	900000.0
568	漳州理工职业学院图书馆	1013636.6	605	沈阳理工大学图书馆	900000.0
569	江西应用科技学院图书馆	1010742.4	606	辽宁工程技术大学图书馆	899829.9
570	西安文理学院图书馆	1010510.3	607	温州职业技术学院图书馆	897296.5
571	江西警察学院图书馆	1008808.6	608	四川文化产业职业学院图书馆	895713.2

续表

序号	图书馆名称	购纸质资源(元)	序号	图书馆名称	购纸质资源(元)
609	北华大学图书馆	893314.3	649	西安交通大学城市学院图书馆	720095.1
610	内蒙古化工职业学院图书馆	891263.8	650	湖北三峡职业技术学院图书馆	720000.0
611	嘉兴职业技术学院图书馆	887522.0	651	南昌航空大学科技学院图书馆	718419.5
612	健雄职业技术学院图书馆	882100.0	652	吉林工程技术师范学院图书馆	715000.0
613	沈阳大学图书馆	880000.0	653	上海公安学院图书馆	700000.0
614	海南科技职业学院图书馆	874464.4	654	中国计量大学现代科技学院图书馆	697949.6
615	大连医科大学图书馆	868529.9	655	广东行政职业学院图书馆	692400.0
616	天津商业大学宝德学院图书馆	864245.6	656	沈阳体育学院图书馆	690093.6
617	西安职业技术学院图书馆	851312.5	657	江西建设职业技术学院图书馆	685000.0
618	江西财经大学图书馆	850000.0	658	东北农业大学图书馆	683661.4
619	海南软件职业技术学院图书馆	847000.0	659	西安铁路职业技术学院图书馆	682426.8
620	南充职业技术学院图书馆	833212.6	660	四川信息职业技术学院图书馆	677842.0
621	广东建设职业技术学院图书馆	830000.0	661	汕尾职业技术学院图书馆	659100.0
622	四川交通职业技术学院图书馆	826451.0	662	沈阳音乐学院图书馆	652627.2
623	上海旅游高等专科学校图书馆	817988.6	663	营口理工学院图书馆	650000.0
624	重庆警察学院图书馆	815289.3	664	江西生物科技职业学院图书馆	650000.0
625	广东理工职业学院图书馆	814853.0	665	江西制造职业技术学院图书馆	649257.1
626	上海科学技术职业学院图书馆	800716.4	666	四川商务职业学院图书馆	639000.0
627	长春工业大学人文信息学院图书馆	794184.9	667	中山火炬职业技术学院图书馆	630000.0
628	中山大学南方学院图书馆	793739.0	668	延安大学西安创新学院图书馆	621327.4
629	厦门华厦学院图书馆	792614.4	669	上海工商外国语职业学院图书馆	616011.1
630	安徽医学高等专科学校图书馆	780609.1	670	闽江师范高等专科学校图书馆	610800.0
631	咸阳职业技术学院图书馆	779472.1	671	吉林建筑大学城建学院图书馆	605250.9
632	合肥师范学院图书馆	766828.0	672	乐山职业技术学院图书馆	600000.0
633	河北工程大学图书馆	763592.9	673	东华理工大学长江学院图书馆	599457.9
634	浙江育英职业技术学院图书馆	763152.1	674	天津医科大学临床医学院图书馆	597178.1
635	绥化学院图书馆	757055.1	675	包头铁道职业技术学院图书馆	596825.0
636	景德镇学院图书馆	751944.5	676	内江职业技术学院图书馆	596123.0
637	辽宁科技学院图书馆	750000.0	677	陕西警官职业学院图书馆	583924.4
638	西安航空职业技术学院图书馆	750000.0	678	赣州卫生健康职业学院图书馆	581000.0
639	湖南铁路科技职业技术学院图书馆	750000.0	679	成都农业科技职业学院图书馆	580000.0
640	连云港职业技术学院图书馆	748915.6	680	广东文艺职业学院图书馆	570000.0
641	吉林电子信息职业技术学院图书馆	745000.0	681	四川司法警官职业学院图书馆	569209.9
642	浙江商业职业技术学院图书馆	737058.6	682	江西工程学院图书馆	567578.0
643	湖南科技学院图书馆	730231.2	683	四川现代职业学院图书馆	562299.3
644	湖南科技学院图书馆	730231.2	684	武昌职业学院图书馆	560000.0
645	白城医学高等专科学校图书馆	727660.3	685	重庆工业职业技术学院图书馆	559726.0
646	西安交通工程学院图书馆	721676.1	686	浙江国际海运职业技术学院图书馆	559666.6
647	辽宁交通高等专科学校图书馆	720409.0	687	宁夏民族职业技术学院图书馆	557777.0
648	沈阳化工大学图书馆	720125.9	688	四川工商职业技术学院图书馆	553000.0

续表

序号	图书馆名称	购纸质资源(元)	序号	图书馆名称	购纸质资源(元)
689	黄冈职业技术学院图书馆	550000.0	728	汕头大学医学院图书馆	400470.8
690	威海职业学院图书馆	550000.0	729	江西环境工程职业学院图书馆	400000.0
691	广安职业技术学院图书馆	549243.3	730	广东司法警官职业学院图书馆	400000.0
692	四川航天职业技术学院图书馆	545721.6	731	黑龙江民族职业学院图书馆	400000.0
693	江西传媒职业学院图书馆	541356.8	732	浙江体育职业技术学院图书馆	395000.0
694	四川托普信息技术职业学院图书馆	532523.9	733	湖南财经工业职业技术学院图书馆	393079.7
695	包头轻工职业技术学院图书馆	530000.0	734	抚州职业技术学院图书馆	390000.0
696	福建信息职业技术学院图书馆	524945.6	735	中山职业技术学院图书馆	387510.3
697	承德医学院图书馆	515000.0	736	宝鸡职业技术学院图书馆	387208.0
698	天津电子信息职业技术学院图书馆	514575.2	737	浙江交通职业技术学院图书馆	386000.0
699	商洛学院图书馆	514247.7	738	上海农林职业技术学院图书馆	380599.2
700	福建华南女子职业学院图书馆	512785.8	739	遵义师范学院图书馆	376657.1
701	兰州职业技术学院图书馆	510000.0	740	江西卫生职业学院图书馆	375566.3
702	四川工程职业技术学院图书馆	508310.2	741	四川邮电职业技术学院图书馆	371698.0
703	江西信息应用职业技术学院图书馆	500043.8	742	江西交通职业技术学院图书馆	369000.0
704	江西工业工程职业技术学院图书馆	500000.0	743	三亚航空旅游职业学院图书馆	368599.8
705	山东大学图书馆	500000.0	744	陕西职业技术学院图书馆	360000.0
706	江西科技职业学院图书馆	500000.0	745	武汉船舶职业技术学院图书馆	360000.0
707	泉州经贸职业技术学院图书馆	500000.0	746	山西水利职业技术学院图书馆	360000.0
708	内蒙古机电职业技术学院图书馆	500000.0	747	呼伦贝尔学院图书馆	359152.7
709	江西工业贸易职业技术学院图书馆	497573.4	748	浙江长征职业技术学院图书馆	356639.5
710	宜春职业技术学院图书馆	496050.0	749	江西中医药大学科技学院图书馆	344086.1
711	潍坊护理职业学院图书馆	490000.0	750	陕西铁路工程职业技术学院图书馆	343303.0
712	惠州卫生职业技术学院图书馆	481393.1	751	吉林工商学院图书馆	342092.9
713	广东舞蹈戏剧职业学院图书馆	480845.9	752	鹤壁职业技术学院图书馆	324148.5
714	盘锦职业技术学院图书馆	470700.0	753	四川化工职业技术学院图书馆	321124.5
715	海南外国语职业学院图书馆	451547.1	754	江西机电职业技术学院图书馆	317120.1
716	西安音乐学院图书馆	443687.5	755	山西农业大学图书馆	314030.4
717	江西理工大学应用科学学院图书馆	440025.6	756	汉江师范学院(郧阳师范高等专科学校)图书馆	311787.5
718	江西青年职业学院图书馆	432646.0	757	四平职业大学图书馆	301000.0
719	浙江特殊教育职业学院图书馆	426626.2	758	河北政法职业学院图书馆	300000.0
720	上海行健职业学院图书馆	420018.4	759	广州体育职业技术学院图书馆	300000.0
721	正德职业技术学院图书馆	420000.0	760	四川护理职业学院图书馆	300000.0
722	揭阳职业技术学院图书馆	415000.0	761	福建体育职业技术学院图书馆	294255.3
723	沧州医学高等专科学校图书馆	412446.9	762	宁波教育学院图书馆	293593.2
724	江西工业职业技术学院图书馆	410000.0	763	江西司法警官职业学院图书馆	290000.0
725	赣西科技职业学院图书馆	410000.0	764	烟台黄金职业学院图书馆	290000.0
726	湖南民族职业学院图书馆	407315.8	765	上海济光职业技术学院图书馆	289000.0
727	浙江东方职业技术学院图书馆	401274.5	766	江西农业大学南昌商学院图书馆	287783.7

续表

序号	图书馆名称	购纸质资源(元)	序号	图书馆名称	购纸质资源(元)
767	上饶职业技术学院图书馆	281546.9	797	江西师范大学科学技术学院图书馆	149252.0
768	贵州广播电视大学图书馆	280000.0	798	朝阳师范高等专科学校图书馆	147045.9
769	长春医学高等专科学校图书馆	277223.2	799	金华教育学院图书馆	140023.0
770	长春职业技术学院图书馆	273763.0	800	兴义民族师范学院图书馆	135659.1
771	鄂州职业大学图书馆	257335.8	801	广东亚视演艺职业学院图书馆	129878.0
772	铜川职业技术学院图书馆	250000.0	802	包头钢铁职业技术学院图书馆	120000.0
773	上海工商职业技术学院图书馆	243647.0	803	湖南现代物流职业技术学院图书馆	106000.0
774	上海震旦职业学院图书馆	239532.1	804	江西新能源科技学院图书馆	101648.0
775	恩施职业技术学院图书馆	234000.0	805	福州英华职业学院图书馆	100425.1
776	福建艺术职业学院图书馆	215432.7	806	江西工程职业学院图书馆	100000.0
777	雅安职业技术学院图书馆	212809.6	807	四川三河职业学院图书馆	97790.3
778	黑龙江农垦职业学院图书馆	211000.0	808	华南农业大学珠江学院图书馆	94921.8
779	湖南信息职业技术学院图书馆	210000.0	809	江西农业工程职业学院图书馆	90686.0
780	江西电力职业技术学院图书馆	202000.0	810	上海兴伟学院图书馆	90658.0
781	陕西机电职业技术学院图书馆	200000.0	811	广州松田职业学院图书馆	89616.4
782	赣南师范大学科技学院图书馆	198338.3	812	湖南中医药高等专科学校图书馆	83278.4
783	陕西财经职业技术学院图书馆	196528.9	813	武汉警官职业学院图书馆	82065.8
784	黑龙江农业经济职业学院图书馆	180319.2	814	四川水利职业技术学院图书馆	80000.0
785	吕梁高等专科学校图书馆	175930.7	815	眉山职业技术学院图书馆	79902.4
786	内蒙古商贸职业学院图书馆	173030.1	816	广东工程职业技术学院图书馆	78871.0
787	渤海船舶职业学院图书馆	170000.0	817	川北幼儿师范高等专科学校图书馆	66188.3
788	榆林职业技术学院图书馆	169852.6	818	江西洪州职业学院图书馆	65000.0
789	四川财经职业学院图书馆	169582.6	819	长春教育学院图书馆	63888.0
790	南昌大学科技学院图书馆	162555.0	820	南昌大学共青学院图书馆	61406.2
791	西安电力高等专科学校图书馆	162238.5	821	江西枫林涉外经贸职业学院图书馆	48000.0
792	吉林工程职业学院图书馆	162092.8	822	科尔沁艺术职业学院图书馆	39950.0
793	长春金融高等专科学校图书馆	160000.0	823	四川机电职业技术学院图书馆	33326.6
794	武汉工程科技学院图书馆	150854.0	824	广州现代信息工程职业技术学院图书馆	32452.7
795	四川艺术职业学院图书馆	150000.0	825	武夷山职业学院图书馆	12217.8
796	通辽职业学院图书馆	150000.0	826	丽水学院图书馆	1435.0

2017年842所高校图书馆文献资源购置费统计表

序号	图书馆名称	文献资源购置费(元)	序号	图书馆名称	文献资源购置费(元)
1	中山大学图书馆	123196976.0	39	西交利物浦大学图书馆	20998730.0
2	北京大学图书馆	68059952.0	40	西北大学图书馆	20935262.0
3	浙江大学图书馆	63149584.0	41	中国海洋大学图书馆	20717400.0
4	清华大学图书馆	57144544.0	42	陕西师范大学图书馆	20555290.0
5	西南大学图书馆	45831060.0	43	北京科技大学图书馆	20461472.0
6	四川大学图书馆	43110296.0	44	武汉理工大学图书馆	20351280.0
7	南京大学图书馆	40699784.0	45	集美大学图书馆	20044482.0
8	上海交通大学图书馆	39717776.0	46	南方科技大学图书馆	19981596.0
9	中国人民大学图书馆	37903420.0	47	东北师范大学图书馆	19942792.0
10	复旦大学图书馆	37429760.0	48	西北农林科技大学图书馆	19825470.0
11	武汉大学图书馆	36430908.0	49	北京理工大学图书馆	19070500.0
12	华中科技大学图书馆	36234132.0	50	华东理工大学图书馆	19017786.0
13	深圳大学城图书馆	35000000.0	51	内蒙古大学图书馆	18745360.0
14	山东大学图书馆	34081096.0	52	华中师范大学图书馆	18153708.0
15	中南大学图书馆	32568062.0	53	西南财经大学图书馆	18004822.0
16	华东师范大学图书馆	32335792.0	54	宁波大学图书馆	18000000.0
17	重庆大学图书馆	32334900.0	55	河海大学图书馆	17708944.0
18	同济大学图书馆	31066204.0	56	广州大学图书馆	17453316.0
19	厦门大学图书馆	30241364.0	57	苏州大学图书馆	17375532.0
20	大连理工大学图书馆	29683288.0	58	贵州大学图书馆	17286800.0
21	西安交通大学图书馆	28796986.0	59	广东工业大学图书馆	17255874.0
22	深圳大学图书馆	28542068.0	60	南京农业大学图书馆	17250340.0
23	东南大学图书馆	28423946.0	61	合肥工业大学图书馆	16876818.0
24	首都师范大学图书馆	27573736.0	62	山东师范大学图书馆	16825822.0
25	中国科学技术大学图书馆	26857376.0	63	上海师范大学图书馆	16730063.0
26	东北大学图书馆	25324020.0	64	福州大学图书馆	16701808.0
27	包头医学院图书馆	25130268.0	65	山西大学图书馆	16436841.0
28	电子科技大学图书馆	24652432.0	66	南昌大学图书馆	16312281.0
29	西南交通大学图书馆	24326402.0	67	华东政法大学图书馆	16159270.0
30	兰州大学图书馆	24321828.0	68	杭州师范大学图书馆	15939267.0
31	西北工业大学图书馆	23605700.0	69	福建农林大学图书馆	15561719.0
32	暨南大学图书馆	22780000.0	70	江南大学图书馆	15371361.0
33	宁夏大学图书馆	22457002.0	71	华南农业大学图书馆	15011850.0
34	华南师范大学图书馆	22370826.0	72	华侨大学图书馆	15002590.0
35	湖南大学图书馆	21961140.0	73	海南大学图书馆	14863262.0
36	福建师范大学图书馆	21376506.0	74	南京航空航天大学图书馆	14520147.0
37	南京师范大学图书馆	21343266.0	75	上海财经大学图书馆	14459120.0
38	广东外语外贸大学图书馆	21283668.0	76	上海政法学院图书馆	14447835.0

续表

序号	图书馆名称	文献资源购置费(元)	序号	图书馆名称	文献资源购置费(元)
77	扬州大学图书馆	14358566.0	116	河北工业大学图书馆	10341925.0
78	西安电子科技大学图书馆	14272286.0	117	广东海洋大学图书馆	10323000.0
79	浙江师范大学图书馆	14049776.0	118	杭州电子科技大学图书馆	10245770.0
80	四川农业大学图书馆	13998976.0	119	广东技术师范学院图书馆	10245770.0
81	安徽师范大学图书馆	13881679.0	120	南京财经大学图书馆	10205548.0
82	西南民族大学图书馆	13851554.0	121	广州医科大学图书馆	10110771.0
83	安徽大学图书馆	13758053.0	122	汕头大学图书馆	10067735.0
84	西安外国语大学图书馆	13520752.0	123	上海工程技术大学图书馆	9984503.0
85	北京师范大学—香港浸会大学联合国际学院图书馆	13052040.0	124	南方医科大学图书馆	9962026.0
86	华中农业大学图书馆	13017221.0	125	成都理工大学图书馆	9948587.0
87	首都医科大学图书馆	12906936.0	126	浙江理工大学图书馆	9924711.0
88	江苏大学图书馆	12866720.0	127	中国药科大学图书馆	9877000.0
89	西华师范大学图书馆	12760307.0	128	江苏师范大学图书馆	9847243.0
90	华北电力大学图书馆	12718245.0	129	成都艺术职业学院图书馆	9742022.0
91	中国地质大学图书馆	12393992.0	130	河南工业大学图书馆	9709709.0
92	四川师范大学图书馆	12296521.0	131	郑州轻工业学院图书馆	9699929.0
93	河北大学图书馆	12215645.0	132	苏州科技大学图书馆	9695417.0
94	内蒙古师范大学图书馆	12051139.0	133	浙江财经大学图书馆	9646729.0
95	长安大学图书馆	12025782.0	134	上海理工大学图书馆	9492847.0
96	南京工业大学图书馆	11971115.0	135	东莞理工学院图书馆	9450000.0
97	上海大学图书馆	11939770.0	136	上海外国语大学图书馆	9206302.0
98	江西师范大学图书馆	11858311.0	137	黑龙江大学图书馆	9103659.0
99	中国矿业大学图书馆	11788856.0	138	江西理工大学图书馆	9067472.0
100	河北师范大学图书馆	11760000.0	139	成都中医药大学图书馆	9063518.0
101	南京理工大学图书馆	11708268.0	140	东北林业大学图书馆	9011880.0
102	河北理工大学图书馆	11443410.0	141	湖北大学图书馆	9008157.0
103	山东农业大学图书馆	11338128.0	142	河北医科大学图书馆	8955000.0
104	南京医科大学图书馆	11277020.0	143	兰州理工大学图书馆	8918610.0
105	西南科技大学图书馆	11250445.0	144	四川理工学院图书馆	8900535.0
106	内蒙古工业大学图书馆	11110602.0	145	中国医科大学图书馆	8889043.0
107	上海科技大学图书馆	10935179.0	146	甘肃政法学院图书馆	8840319.0
108	西安科技大学图书馆	10914595.0	147	景德镇陶瓷大学图书馆	8826723.0
109	温州大学图书馆	10880484.0	148	西北民族大学图书馆	8775237.0
110	上海海事大学图书馆	10852615.0	149	内蒙古科技大学图书馆	8747822.0
111	北方民族大学图书馆	10650379.0	150	内蒙古科技大学图书馆	8747822.0
112	大连海事大学图书馆	10554308.0	151	湖北民族学院图书馆	8700800.0
113	安徽理工大学图书馆	10451344.0	152	海南师范大学图书馆	8658184.0
114	上海健康医学院图书馆	10388871.0	153	浙江工商大学图书馆	8630345.0
115	贵州财经大学图书馆	10349970.0	154	湖南工业大学图书馆	8575184.0

续表

序号	图书馆名称	文献资源购置费(元)	序号	图书馆名称	文献资源购置费(元)
155	新乡学院图书馆	8493306.0	194	安徽农业大学图书馆	7377223.0
156	南昌工程学院图书馆	8468261.0	195	武汉科技大学图书馆	7342765.5
157	中国政法大学图书馆	8446130.0	196	湖北工业大学图书馆	7309131.5
158	广东财经大学图书馆	8435287.0	197	西安建筑科技大学图书馆	7295187.0
159	温州医科大学图书馆	8422124.0	198	淮阴师范学院图书馆	7284422.0
160	延边大学图书馆	8383132.0	199	上海海洋大学图书馆	7251262.0
161	青岛科技大学图书馆	8282093.0	200	临沂大学图书馆	7214997.0
162	山西财经大学图书馆	8263301.0	201	石家庄铁道大学(原石家庄铁道学院)图书馆	7189046.0
163	中国矿业大学图书馆	8261207.5	202	浙江海洋大学图书馆	7177437.0
164	南京信息工程大学图书馆	8261207.5	203	中国计量大学图书馆	7155755.5
165	河西学院图书馆	8162300.0	204	嘉兴学院图书馆	7142622.5
166	西安理工大学图书馆	8093506.5	205	中南林业科技大学图书馆	7060303.5
167	南京审计大学图书馆	8059349.5	206	遵义医学院图书馆	7000584.0
168	吉安职业技术学院图书馆	8032733.5	207	景德镇学院图书馆	6859762.5
169	西南石油大学图书馆	8018453.5	208	浙江农林大学暨阳学院图书馆	6859762.5
170	浙江农林大学图书馆	7964608.0	209	甘肃农业大学图书馆	6806251.0
171	广州中医药大学图书馆	7944342.0	210	浙江传媒学院图书馆	6801460.5
172	蚌埠学院图书馆	7925216.0	211	宝鸡文理学院图书馆	6778652.5
173	南通大学图书馆	7913339.0	212	东北财经大学图书馆	6722396.5
174	上饶师范学院图书馆	7902526.0	213	中国人民公安大学图书馆	6660228.5
175	河北科技大学图书馆	7900000.0	214	东北农业大学图书馆	6647628.0
176	常州大学图书馆	7895597.5	215	浙江万里学院图书馆	6624577.0
177	南华大学图书馆	7892188.0	216	井冈山大学图书馆	6595834.0
178	贵州财经大学图书馆	7864969.5	217	赣南医学院图书馆	6532913.0
179	陕西科技大学图书馆	7838768.0	218	韶关学院图书馆	6501465.5
180	中国民用航空飞行学院图书馆	7833447.0	219	大连大学图书馆	6495464.0
181	顺德职业技术学院图书馆	7764874.5	220	四川文轩职业学院图书馆	6492439.0
182	安徽工业大学图书馆	7738268.0	221	内蒙古医科大学图书馆	6477551.5
183	闽南师范大学图书馆	7717675.0	222	沈阳工业大学图书馆	6429589.5
184	中南民族大学图书馆	7713254.0	223	许昌学院图书馆	6401577.0
185	兰州交通大学图书馆	7699764.0	224	广东药科大学图书馆	6400447.5
186	深圳职业技术学院图书馆	7624500.0	225	成都大学图书馆	6200708.5
187	西南政法大学图书馆	7618609.5	226	盐城工学院图书馆	6184859.0
188	上海对外经贸大学图书馆	7610539.5	227	重庆教育学院图书馆	6111700.0
189	南京晓庄学院图书馆	7543883.5	228	西华大学图书馆	6109661.0
190	广东金融学院图书馆	7500000.0	229	福建医科大学图书馆	6093364.0
191	上海电力学院图书馆	7434261.5	230	四川外语学院图书馆	6084615.0
192	西安培华学院图书馆	7416970.5	231	内蒙古财经大学图书馆	6059434.0
193	辽宁大学图书馆	7378272.5	232	上海杉达学院图书馆	6058521.0

序号	图书馆名称	文献资源购置费(元)	序号	图书馆名称	文献资源购置费(元)
233	上海应用技术学院图书馆	6036053.5	273	西安邮电大学图书馆	5187901.0
234	泸州医学院图书馆	6020090.0	274	哈尔滨师范大学图书馆	5114099.5
235	台州学院图书馆	6018740.0	275	哈尔滨商业大学图书馆	5103123.5
236	九江学院图书馆	6018400.0	276	上海体育学院图书馆	5074339.5
237	武汉纺织大学图书馆	5996408.5	277	长春理工大学图书馆	5070375.5
238	陕西理工大学图书馆	5988305.5	278	莆田学院图书馆	5059023.0
239	佛山科学技术学院图书馆	5969686.0	279	淮阴工学院图书馆	5010655.0
240	沈阳药科大学图书馆	5965142.0	280	闽江学院图书馆	5005959.5
241	绍兴文理学院图书馆	5952087.5	281	西安工程大学图书馆	4999097.5
242	岭南师范学院图书馆	5866787.0	282	贵阳中医学院图书馆	4987864.5
243	大连医科大学图书馆	5840083.0	283	南京工程学院图书馆	4916718.0
244	江西中医药高等专科学校图书馆	5826000.0	284	上海中医药大学图书馆	4897022.0
245	上海商学院图书馆	5825196.0	285	三峡大学图书馆	4896528.5
246	南京林业大学图书馆	5799123.0	286	哈尔滨工业大学图书馆	4886473.0
247	江西科技师范大学图书馆	5781714.0	287	成都医学院图书馆	4884431.5
248	华东交通大学图书馆	5773240.5	288	上海电机学院图书馆	4870471.5
249	惠州学院图书馆	5763808.5	289	甘肃民族师范学院图书馆	4863925.0
250	嘉应学院图书馆	5762217.0	290	浙江越秀外国语学院图书馆	4828413.5
251	五邑大学图书馆	5762197.5	291	湖南中医药大学图书馆	4824953.5
252	湖州师范学院图书馆	5752607.5	292	包头师范学院图书馆	4792000.0
253	贵州师范大学图书馆	5747131.0	293	赣南师范大学图书馆	4776714.0
254	泉州师范学院图书馆	5737800.0	294	浙江科技学院图书馆	4775000.0
255	江苏理工学院图书馆	5637537.0	295	福建中医药大学图书馆	4767932.5
256	川北医学院图书馆	5581122.0	296	贵阳学院图书馆	4764000.0
257	哈尔滨医科大学图书馆	5568684.0	297	辽宁科技大学图书馆	4742782.0
258	南昌航空大学图书馆	5484200.0	298	西昌学院图书馆	4709212.0
259	三明学院图书馆	5478033.5	299	内江师范学院图书馆	4701796.5
260	贵州理工学院图书馆	5477000.0	300	陕西学前师范学院图书馆	4696630.5
261	西安财经学院图书馆	5455176.0	301	集宁师范学院图书馆	4638817.5
262	肇庆学院图书馆	5453614.5	302	东北石油大学图书馆	4613600.0
263	江西农业大学图书馆	5448891.0	303	上海师范大学天华学院图书馆	4609585.0
264	西京学院图书馆	5444551.5	304	武汉城市职业学院图书馆	4600000.0
265	沈阳农业大学图书馆	5434399.0	305	上海建桥学院图书馆	4544687.0
266	琼台师范高等专科学校图书馆	5298802.0	306	潍坊学院图书馆	4525079.0
267	陕西服装工程学院图书馆	5292418.0	307	贵州民族大学图书馆	4519712.0
268	沈阳师范大学图书馆	5271474.0	308	西安工业大学图书馆	4509656.5
269	皖西学院图书馆	5245050.0	309	河北工程大学图书馆	4508960.0
270	韩山师范学院图书馆	5242924.0	310	吉首大学图书馆	4414872.5
271	浙江中医药大学图书馆	5230503.0	311	重庆三峡学院图书馆	4389000.0
272	河北中医学院图书馆	5217585.0	312	南昌理工学院图书馆	4367005.0

续表

序号	图书馆名称	文献资源购置费(元)	序号	图书馆名称	文献资源购置费(元)
313	成都信息工程大学(原成都信息工程学院)图书馆	4348791.5	347	甘肃中医药大学图书馆	3959500.0
314	上海电机学院图书馆	4336781.5	348	宜宾学院图书馆	3942900.0
315	宜春学院图书馆	4297195.5	349	榆林学院图书馆	3941348.3
316	常熟理工学院图书馆	4291665.5	350	吉林师范大学图书馆	3933520.3
317	北京师范大学珠海分校图书馆	4287742.0	351	长春中医学院图书馆	3904400.0
318	湖北中医学院图书馆	4265255.0	352	四川传媒学院图书馆	3902000.0
319	上海第二工业大学图书馆	4257726.0	353	锦州医科大学(原名锦州医学院)图书馆	3865000.0
320	深圳技术大学图书馆	4250000.0	354	南京工业职业技术学院图书馆	3864583.0
321	龙岩学院图书馆	4243427.0	355	常州工学院图书馆	3849049.0
322	合肥学院图书馆	4222512.5	356	武汉工程大学图书馆	3848727.0
323	湖北经济学院图书馆	4198000.0	357	广州美术学院图书馆	3814057.8
324	延安大学图书馆	4192488.0	358	广东轻工职业技术学院图书馆	3798342.3
325	江西科技学院图书馆	4191308.5	359	西藏民族大学图书馆	3796676.5
326	辽宁中医学院图书馆	4165371.8	360	西安医学院图书馆	3796323.0
327	吉林农业大学图书馆	4140752.0	361	广州番禺职业技术学院图书馆	3790671.8
328	呼和浩特民族学院(原内蒙古民族高等专科学校)图书馆	4126200.0	362	陕西国际商贸学院图书馆	3789494.5
329	内蒙古民族大学图书馆	4120900.0	363	中国美术学院图书馆	3780450.5
330	淮南师范学院图书馆	4090000.0	364	东北电力大学图书馆	3769495.8
331	广东财经大学华商学院图书馆	4089641.5	365	咸阳师范学院图书馆	3766881.8
332	贵州医科大学图书馆	4079824.8	366	武汉音乐学院图书馆	3762579.0
333	山东工商学院图书馆	4078423.3	367	吉林财经大学(原长春税务学院)图书馆	3713682.8
334	重庆师范大学图书馆	4068002.5	368	西安石油大学图书馆	3681178.5
335	湖北医药学院图书馆	4035596.0	369	徐州医科大学图书馆	3671244.0
336	宁波工程学院图书馆	4030615.0	370	重庆科技学院图书馆	3668549.3
337	德州学院图书馆	4017400.0	371	四川工商学院(原四川师范大学成都学院)图书馆	3664453.0
338	西安欧亚学院图书馆	4001000.0	372	鞍山师范学院图书馆	3648950.3
339	齐齐哈尔大学图书馆	4000000.0	373	淮海工学院图书馆	3646292.3
340	浙江大学城市学院图书馆	3997600.0	374	东华理工大学图书馆	3643905.3
341	淮北师范大学图书馆	3995050.0	375	北华大学图书馆	3633066.5
342	海南热带海洋学院(原琼州学院)图书馆	3979565.5	376	黑龙江中医药大学图书馆	3629333.5
343	长安大学图书馆	3978355.5	377	广东培正学院图书馆	3600529.5
344	渭南师范学院图书馆	3974794.0	378	江西中医药大学图书馆	3600000.0
345	长春工业大学图书馆	3974524.8	379	长江师范学院图书馆	3594558.0
346	四川大学锦城学院图书馆	3964607.0	380	白城师范学院图书馆	3583000.0

续表

序号	图书馆名称	文献资源购置费(元)	序号	图书馆名称	文献资源购置费(元)
381	赤峰学院图书馆	3567143.0	419	邢台职业技术学院图书馆	2930000.0
382	广东培正学院图书馆	3560529.5	420	沈阳航空航天大学(原沈阳航空工业学院)图书馆	2924633.3
383	浙江旅游职业学院图书馆	3555067.0	421	黄山学院图书馆	2892400.0
384	内蒙古科技大学图书馆	3521398.8	422	浙江金融职业学院图书馆	2875303.5
385	西安翻译学院图书馆	3521124.0	423	六盘水师范学院图书馆	2865743.5
386	西安航空学院图书馆	3514597.3	424	北京中医药大学图书馆	2860027.3
387	福建工程学院图书馆	3429225.3	425	杭州医学院	2844219.8
388	成都工业学院图书馆	3428293.5	426	沈阳医学院图书馆	2832379.5
389	新余学院图书馆	3408198.3	427	辽宁石油化工大学图书馆	2823835.5
390	广州航海学院图书馆	3368092.0	428	牡丹江师范学院图书馆	2817200.0
391	青海师范大学图书馆	3354537.8	429	忻州师范学院图书馆	2816943.3
392	三亚学院图书馆	3350100.0	430	贵州师范学院图书馆	2807985.3
393	辽宁对外经贸学院图书馆	3341700.0	431	巴中职业技术学院图书馆	2784472.5
394	上海电子信息职业技术学院图书馆	3328052.8	432	沈阳工业大学图书馆	2778035.8
395	湖南财政经济学院(原湖南财经高等专科学校)图书馆	3323251.0	433	广东省外语艺术职业学院图书馆	2746579.8
396	宁波大红鹰学院图书馆	3307212.8	434	浙江建设职业技术学院图书馆	2736799.0
397	长春光华学院图书馆	3305426.8	435	长春建筑学院图书馆图书馆	2717031.8
398	池州学院图书馆	3266215.3	436	宿迁学院图书馆	2712098.0
399	宜春幼儿师范高等专科学校图书馆	3250585.0	437	武昌首义学院图书馆	2699609.5
400	武夷学院图书馆	3213999.8	438	四川国际标榜职业学院图书馆	2697412.0
401	山西农业大学图书馆	3195027.5	439	西安体育学院图书馆	2665833.5
402	江西财经大学图书馆	3190000.0	440	广东创新科技职业学院图书馆	2660252.0
403	陕西中医药大学图书馆	3178854.8	441	浙江大学宁波理工学院图书馆	2659978.3
404	广州工商学院图书馆	3132925.3	442	辽宁师范大学图书馆	2646704.5
405	西北政法大学图书馆	3131722.0	443	福建工程学院图书馆	2642509.5
406	苏州职业大学图书馆	3120297.3	444	广州城市职业学院图书馆	2642500.0
407	成都师范学院图书馆	3102863.5	445	四川文理学院图书馆	2632915.0
408	湖北第二师范学院图书馆	3097305.0	446	山西工商职业学院图书馆	2630654.3
409	安徽商贸职业技术学院图书馆	3038000.0	447	宜宾职业技术学院图书馆	2630000.0
410	杨凌职业技术学院图书馆	3032499.8	448	浙江机电职业技术学院图书馆	2605059.0
411	四川建筑职业技术学院图书馆	3026868.5	449	浙江财经大学东方学院图书馆	2595861.0
412	攀枝花学院图书馆	3026136.5	450	武汉体育学院图书馆	2587341.0
413	辽宁工业大学图书馆	3008160.0	451	浙江外国语学院图书馆	2569301.0
414	石家庄学院图书馆	3003006.3	452	河套学院图书馆	2568277.5
415	广州商学院图书馆	2998447.3	453	上海海关学院图书馆	2555349.8
416	电子科技大学中山学院图书馆	2993712.8	454	广东技术师范学院天河学院图书馆	2553046.3
417	乐山师范学院图书馆	2961140.5	455	江西现代职业技术学院图书馆	2552874.8
418	重庆文理学院图书馆	2950151.3	456	黔南民族师范学院图书馆	2551652.3

续表

序号	图书馆名称	文献资源购置费(元)	序号	图书馆名称	文献资源购置费(元)
457	广东科学技术职业学院图书馆	2550000.0	495	海口经济学院图书馆	2172910.0
458	成都体育学院图书馆	2533347.8	496	哈尔滨职业技术学院图书馆	2171000.0
459	长春工程学院图书馆	2523112.3	497	苏州科技大学天平学院图书馆	2159400.0
460	沈阳化工大学图书馆	2521567.5	498	西安美术学院图书馆	2150650.5
461	四川警察学院图书馆	2505926.0	499	常州信息职业技术学院图书馆	2136600.0
462	宁波职业技术学院图书馆	2497960.8	500	南昌师范高等专科学校图书馆	2133677.3
463	浙江工商职业技术学院图书馆	2479554.3	501	山东协和职业技术学院图书馆	2117500.0
464	广东农工商职业技术学院图书馆	2473613.0	502	绍兴文理学院元培学院图书馆	2101956.5
465	凯里学院图书馆	2454523.8	503	沈阳大学图书馆	2100000.0
466	海南政法职业学院图书馆	2451243.5	504	浙江经贸职业技术学院图书馆	2095721.8
467	西北工业大学明德学院图书馆	2443766.5	505	南京特殊教育职业技术学院图书馆	2090000.0
468	东莞职业技术学院图书馆	2443379.3	506	汕头大学医学院图书馆	2059193.0
469	江西工商职业技术学院图书馆	2439606.0	507	贵州商学院图书馆	2056213.5
470	吉林医药学院图书馆	2433779.8	508	四川民族学院图书馆	2055202.6
471	宁德师范学院图书馆	2432764.5	509	四川旅游学院图书馆	2055115.0
472	成都职业技术学院图书馆	2424800.0	510	贵州工程应用技术学院图书馆	2048667.9
473	重庆师范大学涉外商贸学院图书馆	2410131.0	511	武汉职业技术学院图书馆	2039369.3
474	吉林化工学院图书馆	2409838.0	512	四川职业技术学院图书馆	2036562.0
475	惠州经济职业技术学院图书馆	2387564.8	513	重庆工商职业学院图书馆	2018194.0
476	福建江夏学院图书馆	2377863.5	514	武汉东湖学院(原武汉大学东湖分校)图书馆	2017159.6
477	昆山杜克大学图书馆	2365453.5	515	武汉科技大学城市学院图书馆	2014675.1
478	呼伦贝尔学院图书馆	2346319.8	516	南京科技职业学院	2012762.4
479	泰州职业技术学院图书馆	2316619.0	517	中山大学新华学院图书馆	2004480.5
480	南昌职业学院图书馆	2302080.0	518	四川音乐学院图书馆	2001139.1
481	江苏警官学院图书馆	2300295.5	519	扬州市职业大学图书馆	1985942.9
482	东莞理工学院图书馆	2300000.0	520	上海视觉艺术学院图书馆	1970000.0
483	辽宁工程技术大学图书馆	2281829.8	521	萍乡学院图书馆	1959500.0
484	江苏第二师范学院图书馆	2263545.5	522	泸州职业技术学院图书馆	1958855.0
485	铜仁学院图书馆	2254756.0	523	浙江纺织服装职业技术学院图书馆	1950158.4
486	连云港职业技术学院图书馆	2248915.5	524	浙江水利水电学院图书馆	1944922.0
487	九江职业大学图书馆	2228600.0	525	吉林华桥外国语学院图书馆	1930921.3
488	安顺学院图书馆	2220860.5	526	吉林工商学院图书馆	1923092.9
489	浙江大学宁波理工学院图书馆	2216028.3	527	广州工程技术职业学院图书馆	1905973.0
490	武汉工商学院图书馆	2206200.0	528	广东水利电力职业技术学院图书馆	1900009.0
491	武汉学院(原中南财经政法大学武汉学院)图书馆	2189916.0	529	广州铁路职业技术学院图书馆	1900000.0
492	九江职业技术学院图书馆	2186172.3	530	广东碧桂园职业学院图书馆	1889717.4
493	江西旅游商贸职业学院图书馆	2183000.0	531	合肥师范学院图书馆	1885028.0
494	湖北工程学院图书馆	2176660.3	532	西北大学现代学院图书馆	1867435.3

序号	图书馆名称	文献资源购置费(元)	序号	图书馆名称	文献资源购置费(元)
533	广东岭南职业技术学院图书馆	1862000.0	572	广东工贸职业技术学院图书馆	1600000.0
534	蚌埠学院图书馆	1859780.0	573	辽宁警察学院(原辽宁警官高等专科学校)图书馆	1598293.4
535	江西经济管理干部学院图书馆	1850500.0	574	河源职业技术学院图书馆	1595000.0
536	江西财经职业学院图书馆	1850000.0	575	陕西国防工业职业技术学院图书馆	1586515.8
537	闽西职业技术学院图书馆	1846540.9	576	沧州医学高等专科学校图书馆	1573447.0
538	大庆师范学院图书馆	1841187.4	577	江苏建筑职业技术学院图书馆	1540200.0
539	漳州职业技术学院图书馆	1841023.6	578	川南幼儿师范高等专科学校图书馆	1538000.0
540	宿州学院图书馆	1839300.0	579	广州南洋理工职业学院图书馆	1537211.0
541	广东松山职业技术学院图书馆	1838148.4	580	江西医学高等专科学校图书馆	1517025.3
542	成都纺织高等专科学校图书馆	1831049.0	581	佛山职业技术学院图书馆	1508925.1
543	成都航空职业技术学院图书馆	1826477.3	582	大连职业技术学院图书馆	1500000.0
544	常州工程职业技术学院图书馆	1820000.0	583	山东中医药高等专科学校图书馆	1500000.0
545	上海公安学院图书馆	1799975.0	584	温州科技职业学院图书馆	1493089.5
546	东北师范大学人文学院图书馆	1799633.0	585	广东警官学院图书馆	1479825.1
547	连云港师范高等专科学校图书馆	1791838.4	586	浙江工贸职业技术学院图书馆	1473777.6
548	西安汽车科技职业学院图书馆	1788832.4	587	四川文化产业职业学院图书馆	1471713.1
549	南昌师范学院图书馆	1781121.3	588	广州城建职业学院图书馆	1465917.0
550	华东交通大学理工学院图书馆	1780796.0	589	清远职业技术学院图书馆	1458000.0
551	西安财经学院行知学院图书馆	1771186.5	590	吉林工程技术师范学院图书馆	1453000.0
552	武汉华夏理工学院图书馆	1767682.3	591	景德镇陶瓷职业技术学院图书馆	1443256.3
553	武昌工学院图书馆	1753587.3	592	辽宁科技学院图书馆	1440000.0
554	浙江经济职业技术学院图书馆	1738784.6	593	大连海洋大学图书馆	1437672.3
555	湖州职业技术学院图书馆	1718383.4	594	湖北汽车工业学院图书馆	1423191.5
556	江西警察学院图书馆	1712808.6	595	赣南师范大学科技学院图书馆	1412168.3
557	南昌工学院图书馆	1699473.1	596	浙江同济科技职业学院图书馆	1409058.9
558	沈阳工程学院图书馆	1693544.3	597	珠海艺术职业学院图书馆	1399442.1
559	绥化学院图书馆	1669555.1	598	黔南民族医学高等专科学校图书馆	1394824.6
560	陕西工业职业技术学院图书馆	1668456.5	599	西安铁路职业技术学院图书馆	1381926.8
561	西安外事学院图书馆	1660500.3	600	三明职业技术学院图书馆	1376000.0
562	广东食品药品职业学院图书馆	1650000.0	601	达州职业技术学院图书馆	1368000.0
563	江西水利职业学院图书馆	1640000.0	602	义乌工商职业技术学院图书馆	1350892.9
564	广州大学华软软件学院图书馆	1627672.6	603	海南软件职业技术学院图书馆	1322000.0
565	遵义师范学院图书馆	1627657.1	604	茂名职业技术学院图书馆	1320000.0
566	赣州师范高等专科学校图书馆	1623700.0	605	台州科技职业学院图书馆	1317469.0
567	上海民航职业技术学院图书馆	1612864.6	606	四川交通职业技术学院图书馆	1314251.0
568	西安文理学院图书馆	1610474.3	607	仰恩大学图书馆	1310923.0
569	浙江医药高等专科学校图书馆	1604443.0	608	福建警察学院图书馆	1310040.1
570	湖南科技学院图书馆	1600231.3	609	商洛职业技术学院图书馆	1303364.0
571	西安航空职业技术学院图书馆	1600000.0	610	厦门海洋职业技术学院图书馆	1300000.0

续表

序号	图书馆名称	文献资源购置费(元)	序号	图书馆名称	文献资源购置费(元)
611	宁波城市职业技术学院图书馆	1300000.0	650	河北政法职业学院图书馆	1100000.0
612	山东商务职业学院图书馆	1300000.0	651	江门职业技术学院图书馆	1094442.3
613	长春工业大学人文信息学院图书馆	1299184.9	652	上海旅游高等专科学校图书馆	1093188.6
614	河北工程技术高等专科学校图书馆	1296226.6	653	上海音乐学院图书馆	1089883.1
615	广东理工职业学院图书馆	1282753.0	654	景德镇学院图书馆	1079944.5
616	健雄职业技术学院图书馆	1278100.0	655	安徽医学高等专科学校图书馆	1074864.1
617	江西应用科技学院图书馆	1275742.4	656	四川华新现代职业学院图书馆	1072477.8
618	金陵科技学院图书馆	1271440.0	657	上海东海职业技术学院图书馆	1071404.6
619	杭州师范大学钱江学院图书馆	1270000.0	658	陕西交通职业技术学院图书馆	1071220.0
620	宁夏工商职业技术学院图书馆	1267530.5	659	湖北三峡职业技术学院图书馆	1070000.0
621	绍兴职业技术学院图书馆	1264871.3	660	广东行政职业学院图书馆	1044500.0
622	四川卫生康复职业学院图书馆	1253404.0	661	陕西铁路工程职业技术学院图书馆	1040053.0
623	长春财经学院图书馆	1252733.3	662	乐山职业技术学院图书馆	1033000.0
624	阿坝师范高等专科学校图书馆	1249853.6	663	浙江商业职业技术学院图书馆	1019634.6
625	榆林职业技术学院图书馆	1248152.6	664	江西财经大学现代经济管理学院图书馆	1018080.3
626	绵阳职业技术学院图书馆	1244000.0	665	民办南华工商学院图书馆	1017381.3
627	天津大学仁爱学院图书馆	1243170.0	666	漳州理工职业学院图书馆	1013636.6
628	温州职业技术学院图书馆	1219856.5	667	上海出版印刷高等专科学校图书馆	999977.0
629	闽江师范高等专科学校图书馆	1216800.0	668	四川工程职业技术学院图书馆	998310.2
630	嘉兴职业技术学院图书馆	1206738.0	669	成都农业科技职业学院图书馆	997500.0
631	辽宁交通高等专科学校图书馆	1193209.0	670	上海思博职业技术学院图书馆	991242.5
632	福州理工学院图书馆	1190425.8	671	吉林电子信息职业技术学院图书馆	973000.0
633	辽东学院图书馆	1187493.8	672	陕西警官职业学院图书馆	971424.4
634	江苏信息职业技术学院图书馆	1185000.0	673	湖南铁路科技职业技术学院图书馆	970000.0
635	东华理工大学长江学院图书馆	1177808.0	674	海南科技职业学院图书馆	969464.4
636	重庆警察学院图书馆	1176289.3	675	江西外语外贸职业学院图书馆	962747.9
637	商洛学院图书馆	1175247.6	676	广东建设职业技术学院图书馆	956000.0
638	西安科技大学高新学院图书馆	1174042.9	677	威海职业学院图书馆	950000.0
639	重庆工业职业技术学院图书馆	1172426.0	678	中山大学南方学院图书馆	947739.0
640	四川幼儿师范高等专科学校图书馆	1170000.0	679	常州轻工职业技术学院图书馆	944872.0
641	沈阳体育学院图书馆	1159816.6	680	沈阳音乐学院图书馆	934207.2
642	西安职业技术学院图书馆	1158232.5	681	西安交通大学城市学院图书馆	932695.1
643	辽宁农业职业技术学院图书馆	1151000.0	682	中山职业技术学院图书馆	917510.3
644	南充职业技术学院图书馆	1150012.6	683	厦门华厦学院图书馆	907414.8
645	承德医学院图书馆	1133006.0	684	沈阳理工大学图书馆	900000.0
646	白城医学高等专科学校图书馆	1129660.4	685	内蒙古化工职业学院图书馆	891263.8
647	黄冈职业技术学院图书馆	1120000.0	686	包头轻工职业技术学院图书馆	890000.0
648	浙江艺术职业学院图书馆	1119293.9	687	内江职业技术学院图书馆	874123.0
649	天津商业大学宝德学院图书馆	1102221.6	688	营口理工学院图书馆图书馆	870032.0

续表

序号	图书馆名称	文献资源购置费(元)	序号	图书馆名称	文献资源购置费(元)
689	包头铁道职业技术学院图书馆	866825.0	729	浙江交通职业技术学院图书馆	684643.0
690	潍坊护理职业学院图书馆	862900.0	730	江西工业贸易职业技术学院图书馆	675973.4
691	宁夏民族职业技术学院图书馆	857777.0	731	揭阳职业技术学院图书馆	664000.0
692	上海科学技术职业学院图书馆	840716.4	732	湖南现代物流职业技术学院图书馆	656000.0
693	咸阳职业技术学院图书馆	838972.1	733	四川邮电职业技术学院图书馆	655498.0
694	汕尾职业技术学院图书馆	836600.0	734	天津电子信息职业技术学院图书馆	651175.2
695	浙江国际海运职业技术学院图书馆	826770.6	735	宜春职业技术学院图书馆	639650.0
696	西安交通工程学院图书馆	822376.1	736	江西工程学院图书馆	637578.0
697	江西制造职业技术学院图书馆	818483.1	737	江西工程职业学院图书馆	635000.0
698	宝鸡职业技术学院图书馆	817408.0	738	海南外国语职业学院图书馆	631547.1
699	兰州职业技术学院图书馆	810000.0	739	盘锦职业技术学院图书馆	630700.0
700	四川信息职业技术学院图书馆	807842.0	740	中山火炬职业技术学院图书馆	630000.0
701	浙江育英职业技术学院图书馆	804200.1	741	湖南信息职业技术学院图书馆	629000.0
702	江西工业工程职业技术学院图书馆	800000.0	742	江西师范高等专科学校图书馆	620000.0
703	兴义民族师范学院图书馆	799659.1	743	广东文艺职业学院图书馆	619000.0
704	天津医科大学临床医学院图书馆	795178.1	744	上海行健职业学院图书馆	615018.4
705	江西司法警官职业学院图书馆	790000.0	745	武汉工程科技学院图书馆	610854.0
706	赣州卫生健康职业学院图书馆	787000.0	746	湖南民族职业学院图书馆	610315.8
707	抚州职业技术学院图书馆	785000.0	747	长春医学高等专科学校图书馆	607223.2
708	四川商务职业学院图书馆	784000.0	748	福建体育职业技术学院图书馆	606935.3
709	广安职业技术学院图书馆	783243.3	749	乐山职业技术学院图书馆	600000.0
710	江西生物科技职业学院图书馆	769800.0	750	湖南财经工业职业技术学院图书馆	595679.7
711	四川司法警官职业学院图书馆	767209.9	751	四川托普信息技术职业学院图书馆	587523.9
712	西安音乐学院图书馆	765687.5	752	江西传媒职业学院图书馆	585356.8
713	赣西科技职业学院图书馆	760000.0	753	江西中医药大学科技学院图书馆	572171.1
714	延安大学西安创新学院图书馆	745965.4	754	江西工业职业技术学院图书馆	570000.0
715	四川工商职业技术学院图书馆	743000.0	755	陕西职业技术学院图书馆	569800.0
716	吉林建筑大学城建学院图书馆	735250.9	756	江西交通职业技术学院图书馆	567380.0
717	江西建设职业技术学院图书馆	733000.0	757	长春职业技术学院图书馆	563763.0
718	武昌职业学院图书馆	726034.8	758	四川现代职业学院图书馆	562299.3
719	江西信息应用职业技术学院图书馆	720043.8	759	惠州卫生职业技术学院图书馆	561393.1
720	山东大学图书馆	720000.0	760	浙江东方职业技术学院图书馆	557140.6
721	内蒙古机电职业技术学院图书馆	720000.0	761	浙江特殊教育职业学院图书馆	556626.2
722	南昌航空大学科技学院图书馆	718419.5	762	上海农林职业技术学院图书馆	552899.2
723	江西环境工程职业学院图书馆	710000.0	763	广东舞蹈戏剧职业学院图书馆	552845.9
724	吕梁高等专科学校图书馆	706930.7	764	江西卫生职业学院图书馆	542866.3
725	四川航天职业技术学院图书馆	705801.6	765	福建华南女子职业学院图书馆	542785.8
726	江西科技职业学院图书馆	700000.0	766	武汉船舶职业技术学院图书馆	540000.0
727	中国计量大学现代科技学院图书馆	697949.6	767	鄂州职业大学图书馆	530135.8
728	上海工商外国语职业学院图书馆	686011.1	768	浙江体育职业技术学院图书馆	525000.0

续表

序号	图书馆名称	文献资源购置费(元)	序号	图书馆名称	文献资源购置费(元)
769	福建信息职业技术学院图书馆	524945.6	806	湖北水利水电职业技术学院图书馆	300000.0
770	广东司法警官职业学院图书馆	520000.0	807	内蒙古商贸职业学院图书馆	298030.1
771	汉江师范学院(郧阳师范高等专科学校)图书馆	507787.5	808	江西农业大学南昌商学院图书馆	287783.7
772	泉州经贸职业技术学院图书馆	500000.0	809	华南农业大学珠江学院图书馆	285621.8
773	四川财经职业学院图书馆	491112.6	810	贵州广播电视大学图书馆	280000.0
774	江西机电职业技术学院图书馆	465120.1	811	江西电力职业技术学院图书馆	251500.0
775	渤海船舶职业学院图书馆	454300.0	812	鲁迅美术学院图书馆	250000.0
776	四平职业大学图书馆	451000.0	813	陕西机电职业技术学院图书馆	250000.0
777	广州体育职业技术学院图书馆	448000.0	814	通辽职业学院图书馆	250000.0
778	朝阳师范高等专科学校图书馆	447045.9	815	福建艺术职业学院图书馆	215432.7
779	黑龙江民族职业学院图书馆	445000.0	816	吉林工程职业学院图书馆	210692.8
780	江西理工大学应用科学学院图书馆	440025.6	817	川北幼儿师范高等专科学校图书馆	204388.3
781	江西青年职业学院图书馆	432646.0	818	眉山职业技术学院图书馆	198902.4
782	四川化工职业技术学院图书馆	431124.5	819	陕西财经职业技术学院图书馆	196728.9
783	正德职业技术学院图书馆	420000.0	820	金华教育学院图书馆	190023.0
784	黑龙江农垦职业学院图书馆	411000.0	821	福建卫生职业技术学院图书馆	169100.0
785	上海济光职业技术学院图书馆	404000.0	822	南昌大学共青学院图书馆	167406.2
786	三亚航空旅游职业学院图书馆	403599.8	823	四川三河职业学院图书馆	165790.3
787	上饶职业技术学院图书馆	392346.9	824	南昌大学科技学院图书馆	162555.0
788	铜川职业技术学院图书馆	391800.0	825	长春金融高等专科学校图书馆	160000.0
789	宁波教育学院图书馆	381593.2	826	上海兴伟学院图书馆	140771.0
790	江西师范大学科学技术学院图书馆	370104.0	827	科尔沁艺术职业学院图书馆	139950.0
791	恩施职业技术学院图书馆	368000.0	828	包头钢铁职业技术学院图书馆	130000.0
792	鹰潭职业技术学院图书馆	360000.0	829	广东亚视演艺职业学院图书馆	129878.0
793	山西水利职业技术学院图书馆	360000.0	830	江西新能源科技学院图书馆	101648.0
794	广东工程职业技术学院图书馆	359371.0	831	福州英华职业学院图书馆	100425.1
795	浙江长征职业技术学院图书馆	356639.5	832	武汉警官职业学院图书馆	99706.8
796	黑龙江农业经济职业学院图书馆	355319.2	833	长春教育学院图书馆	96888.0
797	雅安职业技术学院图书馆	350809.6	834	江西农业工程职业学院图书馆	90686.0
798	四川护理职业学院图书馆	344000.0	835	广州松田职业学院图书馆	89616.4
799	烟台黄金职业学院图书馆	340000.0	836	江西枫林涉外经贸职业学院图书馆	88000.0
800	鹤壁职业技术学院图书馆	324148.5	837	四川水利职业技术学院图书馆	80000.0
801	湖南中医药高等专科学校图书馆	316278.4	838	江西洪州职业学院图书馆	69000.0
802	上海震旦职业学院图书馆	304532.1	839	四川机电职业技术学院图书馆	61226.6
803	上海工商职业技术学院图书馆	302647.0	840	丽水学院图书馆	47835.0
804	西安电力高等专科学校图书馆	300638.5	841	广州现代信息工程职业技术学院图书馆	42452.7
805	四川艺术职业学院图书馆	300000.0	842	武夷山职业学院图书馆	12217.8

2017年849所高校图书馆年度总经费统计表

序号	图书馆名称	年度总经费(元)	序号	图书馆名称	年度总经费(元)
1	中山大学图书馆	133349480.0	39	西南交通大学图书馆	25281586.0
2	北京大学图书馆	92683968.0	40	宁夏大学图书馆	25195634.0
3	复旦大学图书馆	77098312.0	41	南京师范大学图书馆	24933334.0
4	浙江大学图书馆	64669968.0	42	福建农林大学图书馆	24766874.0
5	清华大学图书馆	57348040.0	43	华南师范大学图书馆	24666776.0
6	武汉大学图书馆	52887644.0	44	安徽师范大学图书馆	23988680.0
7	西南大学图书馆	48111060.0	45	四川建筑职业技术学院图书馆	23237868.0
8	四川大学图书馆	46750592.0	46	暨南大学图书馆	22780000.0
9	南京大学图书馆	42636924.0	47	湖南大学图书馆	22599000.0
10	山东大学图书馆	40571816.0	48	宁夏大学图书馆	22457002.0
11	华中科技大学图书馆	40273664.0	49	东北师范大学图书馆	22230586.0
12	上海交通大学图书馆	40061376.0	50	西北大学图书馆	22217662.0
13	中国人民大学图书馆	39707152.0	51	中国海洋大学图书馆	22117400.0
14	深圳大学城图书馆	35112092.0	52	北京科技大学图书馆	21966924.0
15	同济大学图书馆	35059012.0	53	贵州大学图书馆	21822994.0
16	厦门大学图书馆	34263244.0	54	陕西师范大学图书馆	21705370.0
17	中南大学图书馆	34148080.0	55	合肥工业大学图书馆	21359294.0
18	华东师范大学图书馆	33883876.0	56	南方科技大学图书馆	21351382.0
19	河北理工大学图书馆	33531480.0	57	景德镇学院图书馆	21290944.0
20	大连理工大学图书馆	32559156.0	58	西北农林科技大学图书馆	21264122.0
21	西安交通大学图书馆	32427726.0	59	西交利物浦大学图书馆	21138730.0
22	重庆大学图书馆	32334900.0	60	佛山科学技术学院图书馆	21059686.0
23	南京农业大学图书馆	32117722.0	61	集美大学图书馆	20480108.0
24	深圳大学图书馆	30793860.0	62	江南大学图书馆	19915194.0
25	首都师范大学图书馆	30038596.0	63	西安科技大学图书馆	19890984.0
26	东南大学图书馆	29501252.0	64	华东理工大学图书馆	19855008.0
27	西北工业大学图书馆	29268652.0	65	华东政法大学图书馆	19530492.0
28	电子科技大学图书馆	29169936.0	66	成都理工大学图书馆	19354902.0
29	河北医科大学图书馆	29166000.0	67	内蒙古大学图书馆	19265068.0
30	电子科技大学图书馆	28905542.0	68	北京理工大学图书馆	19202858.0
31	武汉理工大学图书馆	28836054.0	69	西南财经大学图书馆	19082932.0
32	中国科学技术大学图书馆	28220212.0	70	山东师范大学图书馆	19078434.0
33	成都中医药大学图书馆	27932180.0	71	华东理工大学图书馆	19017786.0
34	东北大学图书馆	27174972.0	72	华中师范大学图书馆	18803374.0
35	广东外语外贸大学图书馆	26515470.0	73	广州大学图书馆	18677316.0
36	福建师范大学图书馆	25800966.0	74	苏州大学图书馆	18456684.0
37	包头医学院图书馆	25717228.0	75	中南民族大学图书馆	18392912.0
38	兰州大学图书馆	25374560.0	76	南昌大学图书馆	18348142.0

续表

序号	图书馆名称	年度总经费(元)	序号	图书馆名称	年度总经费(元)
77	宁波大学图书馆	18305000.0	116	深圳职业技术学院图书馆	12930500.0
78	河海大学图书馆	18169028.0	117	内蒙古师范大学图书馆	12592761.0
79	广东工业大学图书馆	18064616.0	118	安徽理工大学图书馆	12421344.0
80	福州大学图书馆	17951808.0	119	河南工业大学图书馆	12354709.0
81	上海财经大学图书馆	17852968.0	120	四川师范大学图书馆	12296521.0
82	沈阳药科大学图书馆	17628142.0	121	河北大学图书馆	12291145.0
83	广州大学图书馆	17453316.0	122	南京工业大学图书馆	12289115.0
84	上海师范大学图书馆	17015218.0	123	山东农业大学图书馆	12182631.0
85	山西大学图书馆	16460382.0	124	河北师范大学图书馆	12074255.0
86	杭州师范大学图书馆	15955060.0	125	上海工程技术大学图书馆	11839282.0
87	扬州大学图书馆	15945766.0	126	台州学院图书馆	11787164.0
88	西南民族大学图书馆	15761050.0	127	南京理工大学图书馆	11778859.0
89	海南大学图书馆	15743839.0	128	南方医科大学图书馆	11755909.0
90	华南农业大学图书馆	15683324.0	129	西南科技大学图书馆	11742538.0
91	北京师范大学—香港浸会大学联合国际学院图书馆	15624540.0	130	东莞理工学院图书馆	11736148.0
92	中国矿业大学图书馆	15617656.0	131	南京财经大学图书馆	11635548.0
93	四川农业大学图书馆	15463976.0	132	上海海事大学图书馆	11553422.0
94	西安电子科技大学图书馆	15326392.0	133	南京医科大学图书馆	11539904.0
95	华侨大学图书馆	15002590.0	134	江苏师范大学图书馆	11434399.0
96	浙江师范大学图书馆	14787076.0	135	北方民族大学图书馆	11374355.0
97	上海科技大学图书馆	14708687.0	136	内蒙古工业大学图书馆	11321402.0
98	南京航空航天大学图书馆	14672567.0	137	大连海事大学图书馆	10902308.0
99	上海政法学院图书馆	14560510.0	138	贵州财经大学图书馆	10771514.0
100	江苏大学图书馆	14542624.0	139	青岛科技大学图书馆	10726045.0
101	首都医科大学图书馆	14176736.0	140	广州医科大学图书馆	10624709.0
102	长安大学图书馆	14042661.0	141	徐州医科大学图书馆	10573363.0
103	安徽大学图书馆	14028053.0	142	上饶师范学院图书馆	10548393.0
104	临沂大学图书馆	13922202.0	143	上海健康医学院图书馆	10495508.0
105	中国地质大学图书馆	13825875.0	144	杭州电子科技大学图书馆	10481127.0
106	江西师范大学图书馆	13818495.0	145	广东技术师范学院图书馆	10481127.0
107	河北工业大学图书馆	13790336.0	146	郑州轻工业学院图书馆	10470471.0
108	西安外国语大学图书馆	13730752.0	147	广东海洋大学图书馆	10383184.0
109	青海师范大学图书馆	13595376.0	148	汕头大学图书馆	10364256.0
110	上海大学图书馆	13539817.0	149	成都艺术职业学院图书馆	10308807.0
111	华北电力大学图书馆	13537492.0	150	中国药科大学图书馆	10255000.0
112	温州大学图书馆	13430952.0	151	上海理工大学图书馆	10006833.0
113	西华师范大学图书馆	13420750.0	152	浙江理工大学图书馆	9924711.0
114	华中农业大学图书馆	13206221.0	153	浙江财经大学图书馆	9849629.0
115	中国政法大学图书馆	12950466.0	154	苏州科技大学图书馆	9843693.0

续表

序号	图书馆名称	年度总经费(元)	序号	图书馆名称	年度总经费(元)
155	温州医科大学图书馆	9758135.0	194	南通大学图书馆	8247808.5
156	东北林业大学图书馆	9635880.0	195	中国民用航空飞行学院图书馆	8208505.5
157	湖北大学图书馆	9630152.0	196	南华大学图书馆	8196552.5
158	四川理工学院图书馆	9615439.0	197	上海对外经贸大学图书馆	8193014.0
159	景德镇陶瓷大学图书馆	9543745.0	198	顺德职业技术学院图书馆	8163195.5
160	黑龙江大学图书馆	9531121.0	199	河西学院图书馆	8162300.0
161	贵州师范大学图书馆	9495701.0	200	吉安职业技术学院图书馆	8098247.5
162	陕西科技大学图书馆	9466768.0	201	兰州交通大学图书馆	8047602.5
163	江西理工大学图书馆	9404234.0	202	惠州学院图书馆	8047597.0
164	南京信息工程大学图书馆	9374541.0	203	南华大学图书馆	8044438.0
165	深圳技术大学图书馆	9350000.0	204	石家庄铁道大学(原石家庄铁道学院)图书馆	8044088.5
166	兰州理工大学图书馆	9231476.0	205	嘉兴学院图书馆	8037265.5
167	浙江万里学院图书馆	9225705.0	206	河北科技大学图书馆	8021507.0
168	上海外国语大学图书馆	9206302.0	207	西安建筑科技大学图书馆	7986809.0
169	湖北民族学院图书馆	9163600.0	208	西南政法大学图书馆	7981800.5
170	浙江工商大学图书馆	9125171.0	209	蚌埠学院图书馆	7925216.0
171	南京晓庄学院图书馆	9094751.0	210	贵州财经大学图书馆	7864969.5
172	甘肃政法学院图书馆	9044702.0	211	安徽农业大学图书馆	7839090.0
173	湖北工业大学图书馆	9008607.0	212	闽南师范大学图书馆	7752747.0
174	中国计量大学图书馆	9003731.0	213	安徽工业大学图书馆	7738268.0
175	广州中医药大学图书馆	8964646.0	214	乐山职业技术学院图书馆	7733000.0
176	中国医科大学图书馆	8951756.0	215	浙江海洋大学图书馆	7711738.0
177	四川文轩职业学院图书馆	8947239.0	216	上海电力学院图书馆	7633416.5
178	广东财经大学图书馆	8915287.0	217	武汉科技大学图书馆	7617765.5
179	海南师范大学图书馆	8908184.0	218	淮阴师范学院图书馆	7614422.0
180	内蒙古科技大学图书馆	8895082.0	219	浙江越秀外国语学院图书馆	7589645.5
181	湖南工业大学图书馆	8815184.0	220	辽宁大学图书馆	7581672.5
182	西北民族大学图书馆	8797766.0	221	广东金融学院图书馆	7500000.0
183	新乡学院图书馆	8759996.0	222	西安培华学院图书馆	7437370.5
184	浙江农林大学图书馆	8616686.0	223	绍兴文理学院图书馆	7429137.5
185	闽南师范大学图书馆	8557667.0	224	甘肃农业大学图书馆	7426251.0
186	常州大学图书馆	8552707.0	225	许昌学院图书馆	7420506.5
187	南昌工程学院图书馆	8468261.0	226	三峡大学图书馆	7379951.5
188	南京审计大学图书馆	8464646.0	227	东北财经大学图书馆	7280874.5
189	延边大学图书馆	8413132.0	228	遵义医学院图书馆	7227611.0
190	西安理工大学图书馆	8385156.0	229	中国人民公安大学图书馆	7126428.5
191	上海海洋大学图书馆	8380135.5	230	中南林业科技大学图书馆	7075373.5
192	西南石油大学图书馆	8361188.5	231	潍坊学院图书馆	7070750.5
193	山西财经大学图书馆	8360891.0	232	集宁师范学院图书馆	7060416.5

续表

序号	图书馆名称	年度总经费(元)	序号	图书馆名称	年度总经费(元)
233	浙江传媒学院图书馆	7038799.5	273	大连医科大学图书馆	6106776.5
234	常州工程职业技术学院图书馆	6991659.5	274	上海建桥学院图书馆	6035588.0
235	景德镇学院图书馆	6987502.5	275	长春理工大学图书馆	6017553.5
236	浙江农林大学暨阳学院图书馆	6987502.5	276	五邑大学图书馆	6003147.5
237	皖西学院图书馆	6962050.0	277	西京学院图书馆	5987224.5
238	宝鸡文理学院图书馆	6862226.0	278	嘉应学院图书馆	5979200.0
239	赣南医学院图书馆	6855445.0	279	贵阳学院图书馆	5975350.0
240	东北农业大学图书馆	6847628.0	280	上海商学院图书馆	5961294.0
241	井冈山大学图书馆	6833964.5	281	华东交通大学图书馆	5961140.5
242	盐城工学院图书馆	6820359.0	282	莆田学院图书馆	5941323.0
243	大连大学图书馆	6818664.0	283	湖州师范学院图书馆	5907866.5
244	哈尔滨医科大学图书馆	6769534.5	284	武汉城市职业学院图书馆	5880000.0
245	琼台师范高等专科学校图书馆	6752133.0	285	泉州师范学院图书馆	5876600.0
246	广东药科大学图书馆	6715329.0	286	攀枝花学院图书馆	5800277.5
247	武汉纺织大学图书馆	6703721.0	287	南京林业大学图书馆	5799123.0
248	韶关学院图书馆	6673210.0	288	江苏理工学院图书馆	5789537.0
249	沈阳工业大学图书馆	6589743.0	289	江西科技师范大学图书馆	5781714.0
250	包头师范学院图书馆	6562000.0	290	江西农业大学图书馆	5778891.0
251	福建医科大学图书馆	6549915.5	291	西安医学院图书馆	5768518.5
252	甘肃中医药大学图书馆	6495700.0	292	肇庆学院图书馆	5758614.5
253	重庆教育学院图书馆	6487700.0	293	西安财经学院图书馆	5679681.0
254	九江学院图书馆	6485608.0	294	西安工业大学图书馆	5660774.5
255	内蒙古医科大学图书馆	6477551.5	295	淮北师范大学图书馆	5648498.0
256	川北医学院图书馆	6439166.0	296	贵州理工学院图书馆	5620933.0
257	泸州医学院图书馆	6438036.5	297	闽江学院图书馆	5618674.5
258	岭南师范学院图书馆	6408411.0	298	重庆师范大学图书馆	5589602.5
259	成都大学图书馆	6351243.5	299	河北中医学院图书馆	5563185.0
260	上海应用技术学院图书馆	6338003.5	300	西安工程大学图书馆	5559905.0
261	江西中医药高等专科学校图书馆	6328000.0	301	三亚学院图书馆	5552886.0
262	内江师范学院图书馆	6302809.0	302	淮阴工学院图书馆	5529655.0
263	内蒙古财经大学图书馆	6299434.0	303	长江师范学院图书馆	5510558.0
264	三明学院图书馆	6263340.5	304	陕西服装工程学院图书馆	5442418.0
265	合肥学院图书馆	6240512.5	305	沈阳农业大学图书馆	5434399.0
266	西华大学图书馆	6239661.0	306	辽宁科技大学图书馆	5431568.0
267	南京工程学院图书馆	6216648.0	307	浙江中医药大学图书馆	5404019.5
268	陕西理工大学图书馆	6216295.5	308	韩山师范学院图书馆	5389874.0
269	上海杉达学院图书馆	6198044.0	309	西安邮电大学图书馆	5378387.5
270	南昌航空大学图书馆	6194200.0	310	哈尔滨师范大学图书馆	5364099.5
271	四川外语学院图书馆	6186615.0	311	哈尔滨商业大学图书馆	5327763.5
272	吉林华桥外国语学院图书馆	6108762.0	312	沈阳师范大学图书馆	5271474.0

续表

序号	图书馆名称	年度总经费(元)	序号	图书馆名称	年度总经费(元)
313	上海体育学院图书馆	5224339.5	348	广东轻工职业技术学院图书馆	4469293.5
314	湖南中医药大学图书馆	5212631.5	349	常熟理工学院图书馆	4460835.0
315	浙江科技学院图书馆	5210248.0	350	内蒙古民族大学图书馆	4450600.0
316	四川工商学院(原四川师范大学成都学院)图书馆	5184606.0	351	龙岩学院图书馆	4442827.0
317	湖南财政经济学院(原湖南财经高等专科学校)图书馆	5182293.0	352	广州番禺职业技术学院图书馆	4438606.5
318	上海电机学院图书馆	5142160.5	353	山东工商学院图书馆	4422747.5
319	南昌工学院图书馆	5137291.5	354	吉首大学图书馆	4414872.5
320	成都医学院图书馆	5079831.5	355	苏州职业大学图书馆	4413739.5
321	上海体育学院图书馆	5074339.5	356	呼和浩特民族学院(原内蒙古民族高等专科学校)图书馆	4400300.0
322	贵阳中医学院图书馆	5061449.5	357	湖北医药学院图书馆	4350000.0
323	宁德师范学院图书馆	5007338.5	358	贵州医科大学图书馆	4328603.0
324	西安翻译学院图书馆	5007308.5	359	江西科技学院图书馆	4314127.5
325	甘肃民族师范学院图书馆	4984180.0	360	延安大学图书馆	4313978.0
326	上海中医药大学图书馆	4930310.5	361	武汉工程大学图书馆	4304899.0
327	湖北中医学院图书馆	4930117.0	362	北京师范大学珠海分校图书馆	4287742.0
328	遵义师范学院图书馆	4929963.0	363	武汉音乐学院图书馆	4268188.0
329	西昌学院图书馆	4906012.0	364	咸阳师范学院图书馆	4258732.0
330	淮南师范学院图书馆	4888583.0	365	上海第二工业大学图书馆	4257726.0
331	西安石油大学图书馆	4865078.5	366	浙江大学城市学院图书馆	4256200.0
332	东北石油大学图书馆	4856800.0	367	榆林学院图书馆	4221148.5
333	赣南师范大学图书馆	4831714.0	368	湖北经济学院图书馆	4206723.0
334	辽宁中医学院图书馆	4815371.5	369	广州美术学院图书馆	4204057.5
335	贵州民族大学图书馆	4807857.0	370	西藏民族大学图书馆	4158618.8
336	陕西学前师范学院图书馆	4796630.5	371	渭南师范学院图书馆	4143758.5
337	南京工业职业技术学院图书馆	4779409.0	372	吉林农业大学图书馆	4140752.0
338	福建中医药大学图书馆	4767932.5	373	四川大学锦城学院图书馆	4137213.0
339	河北工程大学图书馆	4764380.0	374	长春中医学院图书馆	4136422.0
340	江西中医药大学图书馆	4683500.0	375	常州工学院图书馆	4129049.0
341	南昌职业学院图书馆	4617088.0	376	德州学院图书馆	4122840.0
342	上海师范大学天华学院图书馆	4609585.0	377	安徽商贸职业技术学院图书馆	4111000.0
343	宁波工程学院图书馆	4586067.0	378	广东财经大学华商学院图书馆	4089641.5
344	成都信息工程大学(原成都信息工程学院)图书馆	4568791.5	379	中国美术学院图书馆	4077560.8
345	重庆三峡学院图书馆	4553000.0	380	齐齐哈尔大学图书馆	4065000.0
346	南昌理工学院图书馆	4498978.0	381	海南热带海洋学院(原琼州学院)图书馆	4059565.5
347	宜春学院图书馆	4470306.5	382	泰州职业技术学院图书馆	4044395.0

续表

序号	图书馆名称	年度总经费(元)	序号	图书馆名称	年度总经费(元)
383	宜宾学院图书馆	4042334.5	420	四川文理学院图书馆	3560520.0
384	长春工业大学图书馆	4038824.8	421	宁波职业技术学院图书馆	3530460.8
385	四川传媒学院图书馆	4032000.0	422	石家庄学院图书馆	3465681.3
386	浙江旅游职业学院图书馆	4027067.0	423	茂名职业技术学院图书馆	3422000.0
387	吉林师范大学图书馆	4021462.3	424	新余学院图书馆	3420538.3
388	山西农业大学图书馆	4019669.3	425	陕西中医药大学图书馆	3418194.8
389	西安欧亚学院图书馆	4017000.0	426	海口经济学院图书馆	3409590.0
390	长安大学图书馆	3978355.5	427	宁波大红鹰学院图书馆	3407212.8
391	东华理工大学图书馆	3947001.8	428	沈阳航空航天大学(原沈阳航空工业学院)图书馆	3396766.0
392	锦州医科大学(原名锦州医学院)图书馆	3943500.0	429	池州学院图书馆	3378215.3
393	浙江金融职业学院图书馆	3925303.5	430	泸州职业技术学院图书馆	3343865.0
394	东北电力大学图书馆	3907036.3	431	辽宁对外经贸学院图书馆	3341700.0
395	陕西国际商贸学院图书馆	3885186.5	432	重庆文理学院图书馆	3313407.3
396	乐山师范学院图书馆	3868961.8	433	长春光华学院图书馆	3305426.8
397	常州工学院图书馆	3860049.0	434	西北工业大学明德学院图书馆	3283946.0
398	西安航空学院图书馆	3857432.0	435	浙江工商职业技术学院图书馆	3247882.3
399	吉林财经大学(原长春税务学院)图书馆	3833076.3	436	闽江师范高等专科学校图书馆	3245800.0
400	广州番禺职业技术学院图书馆	3825671.8	437	武夷学院图书馆	3213999.8
401	湖北第二师范学院图书馆	3822065.0	438	西北政法大学图书馆	3211165.3
402	广东培正学院图书馆	3808859.3	439	广州工商学院图书馆	3192377.0
403	武汉体育学院图书馆	3798199.0	440	江西财经大学图书馆	3190000.0
404	黑龙江中医药大学图书馆	3749184.5	441	九江职业技术学院图书馆	3187694.3
405	宜春幼儿师范高等专科学校图书馆	3743485.0	442	浙江机电职业技术学院图书馆	3162929.3
406	广州航海学院图书馆	3715892.0	443	邢台职业技术学院图书馆	3160000.0
407	成都工业学院图书馆	3711385.3	444	四川建筑职业技术学院图书馆	3157045.8
408	重庆科技学院图书馆	3668549.3	445	凯里学院图书馆	3153011.3
409	鞍山师范学院图书馆	3648950.3	446	四川国际标榜职业学院图书馆	3147412.0
410	上海电子信息职业技术学院图书馆	3648932.8	447	浙江建设职业技术学院图书馆	3136667.0
411	淮海工学院图书馆	3646292.3	448	北京中医药大学图书馆	3135868.8
412	北华大学图书馆	3642199.5	449	山西工商职业学院图书馆	3132852.3
413	电子科技大学中山学院图书馆	3609907.8	450	成都师范学院图书馆	3102863.5
414	广州商学院图书馆	3608149.5	451	长春建筑学院图书馆图书馆	3091278.8
415	福建工程学院图书馆	3598715.3	452	杨凌职业技术学院图书馆	3088683.8
416	白城师范学院图书馆	3593000.0	453	东莞职业技术学院图书馆	3085191.3
417	广东创新科技职业学院图书馆	3590768.0	454	宿迁学院图书馆	3057098.0
418	沈阳大学图书馆	3579530.0	455	厦门海洋职业技术学院图书馆	3050000.0
419	赤峰学院图书馆	3567143.0	456	浙江经贸职业技术学院图书馆	3011056.8

续表

序号	图书馆名称	年度总经费(元)	序号	图书馆名称	年度总经费(元)
457	辽宁工业大学图书馆	3008160.0	496	呼伦贝尔学院图书馆	2543430.8
458	江西旅游商贸职业学院图书馆	2955300.0	497	广东农工商职业技术学院图书馆	2540413.0
459	辽宁石油化工大学图书馆	2949841.5	498	吉林医药学院图书馆	2531553.8
460	牡丹江师范学院图书馆	2938200.0	499	长春工程学院图书馆	2523112.3
461	六盘水师范学院图书馆	2922162.3	500	江苏第二师范学院图书馆	2521137.8
462	广州城市职业学院图书馆	2917386.5	501	海南政法职业学院图书馆	2520269.3
463	黄山学院图书馆	2899334.0	502	合肥师范学院图书馆	2507983.8
464	忻州师范学院图书馆	2881943.3	503	铜仁学院图书馆	2495473.0
465	广东省外语艺术职业学院图书馆	2881495.5	504	安顺学院图书馆	2490451.0
466	贵州师范学院图书馆	2871985.3	505	重庆警察学院图书馆	2467572.5
467	浙江财经大学东方学院图书馆	2868811.0	506	惠州经济职业技术学院图书馆	2462564.8
468	昆山杜克大学图书馆	2865929.3	507	江苏警官学院图书馆	2453499.0
469	成都职业技术学院图书馆	2864460.0	508	江西工商职业技术学院图书馆	2439606.0
470	沈阳医学院图书馆	2858578.5	509	西安美术学院图书馆	2425650.5
471	杭州医学院	2844219.8	510	重庆师范大学涉外商贸学院图书馆	2421131.0
472	武昌首义学院图书馆	2821398.5	511	江西警察学院图书馆	2419807.5
473	巴中职业技术学院图书馆	2799472.5	512	武汉工商学院图书馆	2419068.0
474	辽宁师范大学图书馆	2796704.5	513	湖北工程学院图书馆	2416091.3
475	浙江大学宁波理工学院图书馆	2784526.3	514	扬州市职业大学图书馆	2411580.0
476	沈阳工业大学图书馆	2778035.8	515	西安航空职业技术学院图书馆	2393000.0
477	成都体育学院图书馆	2764934.3	516	福建江夏学院图书馆	2377863.5
478	上海海关学院图书馆	2747076.0	517	湖州职业技术学院图书馆	2363383.3
479	浙江外国语学院图书馆	2730779.0	518	上海视觉艺术学院图书馆	2350000.0
480	四川职业技术学院图书馆	2727562.0	519	广州城建职业学院图书馆	2342820.0
481	广东技术师范学院天河学院图书馆	2721196.3	520	四川民族学院图书馆	2328602.5
482	宜宾职业技术学院图书馆	2683003.0	521	南京科技职业学院	2317132.5
483	西安体育学院图书馆	2665833.5	522	宿州学院图书馆	2315300.0
484	沈阳化工大学图书馆	2665514.3	523	东莞理工学院图书馆	2300000.0
485	浙江大学宁波理工学院图书馆	2663980.8	524	连云港职业技术学院图书馆	2292162.0
486	黔南民族师范学院图书馆	2663272.3	525	辽宁工程技术大学图书馆	2281829.8
487	广东科学技术职业学院图书馆	2663029.8	526	中山大学南方学院图书馆	2279639.0
488	吉林化工学院图书馆	2647838.0	527	河源职业技术学院图书馆	2257300.0
489	江西现代职业技术学院图书馆	2642874.8	528	成都航空职业技术学院图书馆	2248379.3
490	仰恩大学图书馆	2640923.0	529	九江职业大学图书馆	2241400.0
491	河套学院图书馆	2638503.5	530	江西财经职业学院图书馆	2230000.0
492	湖北三峡职业技术学院图书馆	2622000.0	531	四川旅游学院图书馆	2228312.0
493	贵州工程应用技术学院图书馆	2618668.0	532	武汉学院(原中南财经政法大学武汉学院)图书馆	2226920.0
494	四川警察学院图书馆	2548926.0	533	浙江水利水电学院图书馆	2223469.3
495	中山大学新华学院图书馆	2544245.0	534	山东协和职业技术学院图书馆	2217500.0

续表

序号	图书馆名称	年度总经费(元)	序号	图书馆名称	年度总经费(元)
535	上海公安学院图书馆	2216475.0	573	江西经济管理干部学院图书馆	1908000.0
536	广东松山职业技术学院图书馆	2211104.3	574	广东碧桂园职业学院图书馆	1889717.4
537	南京特殊教育职业技术学院图书馆	2197800.0	575	武汉华夏理工学院图书馆	1889682.3
538	汕头大学医学院图书馆	2179928.3	576	义乌工商职业技术学院图书馆	1888475.4
539	苏州科技大学天平学院图书馆	2174000.0	577	闽西职业技术学院图书馆	1877712.4
540	常州信息职业技术学院图书馆	2171600.0	578	西北大学现代学院图书馆	1867435.3
541	哈尔滨职业技术学院图书馆	2171010.0	579	东北师范大学人文学院图书馆	1838623.0
542	贵州商学院图书馆	2157213.5	580	西安文理学院图书馆	1828874.3
543	重庆工商职业学院图书馆	2156194.0	581	西安财经学院行知学院图书馆	1811508.5
544	浙江国际海运职业技术学院图书馆	2154806.5	582	西安汽车科技职业学院图书馆	1806957.4
545	绍兴文理学院元培学院图书馆	2147589.5	583	连云港师范高等专科学校图书馆	1791841.4
546	南昌师范高等专科学校图书馆	2133677.3	584	广州松田职业学院图书馆	1776199.4
547	武汉职业技术学院图书馆	2127369.3	585	金陵科技学院图书馆	1766975.0
548	浙江商业职业技术学院图书馆	2121680.3	586	浙江经济职业技术学院图书馆	1738784.6
549	华东交通大学理工学院图书馆	2106721.0	587	温州科技职业学院图书馆	1734429.6
550	蚌埠学院图书馆	2105180.0	588	重庆工业职业技术学院图书馆	1724626.0
551	四川音乐学院图书馆	2093609.8	589	浙江医药高等专科学校图书馆	1723693.0
552	嘉兴职业技术学院图书馆	2074477.9	590	辽宁科技学院图书馆	1722500.0
553	安徽医学高等专科学校图书馆	2070264.1	591	广东食品药品职业学院图书馆	1720000.0
554	武汉科技大学城市学院图书馆	2059572.1	592	陕西工业职业技术学院图书馆	1718456.5
555	武昌工学院图书馆	2057904.5	593	四川文化产业职业学院图书馆	1711213.1
556	武汉东湖学院(原武汉大学东湖分校)图书馆	2047159.6	594	河北政法职业学院图书馆	1696000.0
557	西安外事学院图书馆	2041462.3	595	绥化学院图书馆	1694055.1
558	漳州理工职业学院图书馆	2025436.6	596	广州大学华软软件学院图书馆	1676432.6
559	浙江纺织服装职业技术学院图书馆	2021328.4	597	江西水利职业学院图书馆	1671300.0
560	山东中医药高等专科学校图书馆	2012000.0	598	温州职业技术学院图书馆	1665996.5
561	成都纺织高等专科学校图书馆	2005049.0	599	陕西国防工业职业技术学院图书馆	1635290.3
562	广东岭南职业技术学院图书馆	2002000.0	600	辽宁交通高等专科学校图书馆	1633209.0
563	广州工程技术职业学院图书馆	1997414.5	601	赣州师范高等专科学校图书馆	1623700.0
564	吉林工商学院图书馆	1983000.9	602	江苏建筑职业技术学院图书馆	1615200.0
565	萍乡学院图书馆	1959500.0	603	上海民航职业技术学院图书馆	1612864.6
566	漳州职业技术学院图书馆	1955667.1	604	川南幼儿师范高等专科学校图书馆	1609700.0
567	广州铁路职业技术学院图书馆	1950000.0	605	广东工贸职业技术学院图书馆	1605000.0
568	大庆师范学院图书馆	1949848.4	606	湖南科技学院图书馆	1603918.3
569	南昌师范学院图书馆	1933412.3	607	景德镇陶瓷职业技术学院图书馆	1600872.3
570	广东水利电力职业技术学院图书馆	1929009.0	608	辽宁警察学院(原辽宁警官高等专科学校)图书馆	1598293.4
571	福建警察学院图书馆	1912768.4	609	达州职业技术学院图书馆	1598000.0
572	沈阳工程学院图书馆	1910044.3	610	三明职业技术学院图书馆	1596000.0

续表

序号	图书馆名称	年度总经费(元)	序号	图书馆名称	年度总经费(元)
611	台州科技职业学院图书馆	1588069.0	651	绍兴职业技术学院图书馆	1293780.8
612	沧州医学高等专科学校图书馆	1586497.0	652	长春财经学院图书馆	1292763.3
613	江西医学高等专科学校图书馆	1566825.3	653	上海出版印刷高等专科学校图书馆	1291377.0
614	广州南洋理工职业学院图书馆	1560301.0	654	内蒙古化工职业学院图书馆	1288852.8
615	西安铁路职业技术学院图书馆	1532935.8	655	黄冈职业技术学院图书馆	1285000.0
616	浙江工贸职业技术学院图书馆	1527515.6	656	天津商业大学宝德学院图书馆	1280448.4
617	大连职业技术学院图书馆	1526400.0	657	杭州师范大学钱江学院图书馆	1275800.0
618	武昌职业学院图书馆	1526034.8	658	四川卫生康复职业学院图书馆	1273404.0
619	浙江艺术职业学院图书馆	1518473.9	659	承德医学院图书馆	1268906.0
620	清远职业技术学院图书馆	1516950.0	660	广安职业技术学院图书馆	1253243.3
621	佛山职业技术学院图书馆	1508925.1	661	上海音乐学院图书馆	1249883.1
622	商洛职业技术学院图书馆	1508870.0	662	江门职业技术学院图书馆	1249092.3
623	湖北汽车工业学院图书馆	1504691.5	663	榆林职业技术学院图书馆	1248152.6
624	广东警官学院图书馆	1504474.5	664	四川幼儿师范高等专科学校图书馆	1245000.0
625	珠海艺术职业学院图书馆	1494242.1	665	东华理工大学长江学院图书馆	1230336.0
626	西安科技大学高新学院图书馆	1491545.9	666	汕尾职业技术学院图书馆	1222850.0
627	商洛学院图书馆	1487599.4	667	景德镇学院图书馆	1221709.5
628	四川交通职业技术学院图书馆	1484251.0	668	辽东学院图书馆	1221493.8
629	吉林工程技术师范学院图书馆	1478000.0	669	辽宁农业职业技术学院图书馆	1211000.0
630	绵阳职业技术学院图书馆	1465000.0	670	江苏信息职业技术学院图书馆	1195300.0
631	浙江同济科技职业学院图书馆	1454658.9	671	咸阳职业技术学院图书馆	1193359.0
632	黔南民族医学高等专科学校图书馆	1437735.6	672	沈阳体育学院图书馆	1186241.6
633	大连海洋大学图书馆	1437672.3	673	中山职业技术学院图书馆	1183946.4
634	上海旅游高等专科学校图书馆	1433957.6	674	四川华新现代职业学院图书馆	1177477.8
635	广东理工职业学院图书馆	1430553.0	675	民办南华工商学院图书馆	1176794.4
636	天津大学仁爱学院图书馆	1429777.0	676	南充职业技术学院图书馆	1175512.6
637	长春工业大学人文信息学院图书馆	1419194.9	677	陕西交通职业技术学院图书馆	1174213.0
638	赣南师范大学科技学院图书馆	1415919.6	678	白城医学高等专科学校图书馆	1162701.9
639	阿坝师范高等专科学校图书馆	1398193.6	679	沈阳音乐学院图书馆	1160145.1
640	山东商务职业学院图书馆	1382000.0	680	中国计量大学现代科技学院图书馆	1155484.5
641	健雄职业技术学院图书馆	1381100.0	681	西安音乐学院图书馆	1151874.3
642	宁波城市职业技术学院图书馆	1380000.0	682	厦门理工学院图书馆	1121702.0
643	宁夏工商职业技术学院图书馆	1347530.5	683	上海农林职业技术学院图书馆	1104311.3
644	江西应用科技学院图书馆	1347239.3	684	上海东海职业技术学院图书馆	1103950.3
645	海南软件职业技术学院图书馆	1336000.0	685	江西交通职业技术学院图书馆	1103281.0
646	福州理工学院图书馆	1320602.8	686	湖南民族职业学院图书馆	1102645.8
647	河北工程技术高等专科学校图书馆	1318808.4	687	兴义民族师范学院图书馆	1099564.9
648	西安职业技术学院图书馆	1314250.5	688	四川航天职业技术学院图书馆	1095892.6
649	四川工程职业技术学院图书馆	1313146.3	689	广东行政职业学院图书馆	1088668.4
650	广东理工职业学院图书馆	1293833.0	690	陕西铁路工程职业技术学院图书馆	1085106.5

续表

序号	图书馆名称	年度总经费(元)	序号	图书馆名称	年度总经费(元)
691	江西财经大学现代经济管理学院图书馆	1074280.3	730	江西司法警官职业学院图书馆	814000.0
692	上海思博职业技术学院图书馆	1019076.1	731	浙江育英职业技术学院图书馆	809200.1
693	沈阳理工大学图书馆	1015000.0	732	中山火炬职业技术学院图书馆	805000.0
694	威海职业学院图书馆	1012580.0	733	江西生物科技职业学院图书馆	801800.0
695	成都农业科技职业学院图书馆	1009080.0	734	四川现代职业学院图书馆	799794.7
696	抚州职业技术学院图书馆	1007000.0	735	湖南信息职业技术学院图书馆	798000.0
697	陕西警官职业学院图书馆	995484.4	736	长春医学高等专科学校图书馆	797223.2
698	吉林电子信息职业技术学院图书馆	987200.0	737	浙江交通职业技术学院图书馆	796443.0
699	广东建设职业技术学院图书馆	978000.0	738	湖南现代物流职业技术学院图书馆	796000.0
700	宜春职业技术学院图书馆	974657.0	739	揭阳职业技术学院图书馆	788930.0
701	湖南铁路科技职业技术学院图书馆	970000.0	740	延安大学西安创新学院图书馆	779465.4
702	西安交通大学城市学院图书馆	967507.4	741	四川司法警官职业学院图书馆	776209.9
703	江西外语外贸职业学院图书馆	962747.9	742	广东文艺职业学院图书馆	765249.0
704	赣西科技职业学院图书馆	952000.0	743	江西环境工程职业学院图书馆	763000.0
705	西安交通工程学院图书馆	951028.1	744	江西信息应用职业技术学院图书馆	754965.2
706	包头轻工职业技术学院图书馆	950000.0	745	江西建设职业技术学院图书馆	744600.0
707	常州轻工职业技术学院图书馆	949872.0	746	吕梁高等专科学校图书馆	737930.7
708	营口理工学院图书馆	935032.0	747	南昌航空大学科技学院图书馆	731419.5
709	四川工商职业技术学院图书馆	926323.9	748	浙江东方职业技术学院图书馆	731036.1
710	江西工业工程职业技术学院图书馆	925000.0	749	内蒙古机电职业技术学院图书馆	727000.0
711	厦门华厦学院图书馆	924975.8	750	陕西职业技术学院图书馆	725567.0
712	江西制造职业技术学院图书馆	924583.1	751	广东舞蹈戏剧职业学院图书馆	706045.9
713	上海科学技术职业学院图书馆	900716.4	752	四川邮电职业技术学院图书馆	702498.0
714	东华大学图书馆	900000.0	753	江西科技职业学院图书馆	700000.0
715	江西工程职业学院图书馆	898000.0	754	湖南财经工业职业技术学院图书馆	699779.7
716	宝鸡职业技术学院图书馆	888408.0	755	江西工业贸易职业技术学院图书馆	696056.9
717	内江职业技术学院图书馆	880123.0	756	上海工商外国语职业学院图书馆	696011.1
718	四川信息职业技术学院图书馆	877842.0	757	盘锦职业技术学院图书馆	694400.0
719	宁夏民族职业技术学院图书馆	869777.0	758	天津电子信息职业技术学院图书馆	658735.2
720	包头铁道职业技术学院图书馆	866825.0	759	海南外国语职业学院图书馆	647547.1
721	潍坊护理职业学院图书馆	862900.0	760	浙江特殊教育职业学院图书馆	641626.2
722	宁夏民族职业技术学院图书馆	857777.0	761	广东工程职业技术学院图书馆	639246.2
723	天津医科大学临床医学院图书馆	854969.2	762	江西工程学院图书馆	637578.0
724	赣州卫生健康职业学院图书馆	843000.0	763	上海行健职业学院图书馆	630018.4
725	浙江体育职业技术学院图书馆	832580.0	764	武汉工程科技学院图书馆	627591.0
726	兰州职业技术学院图书馆	830000.0	765	江西师范高等专科学校图书馆	627000.0
727	吉林建筑大学城建学院图书馆	820197.4	766	江西工业职业技术学院图书馆	620000.0
728	四川托普信息技术职业学院图书馆	819010.9	767	宁波教育学院图书馆	613652.9
729	四川商务职业学院图书馆	817000.0	768	长春职业技术学院图书馆	611376.5

续表

序号	图书馆名称	年度总经费(元)	序号	图书馆名称	年度总经费(元)
769	江西中医药大学科技学院图书馆	608081.1	808	浙江长征职业技术学院图书馆	366639.5
770	福建华南女子职业学院图书馆	606962.8	809	雅安职业技术学院图书馆	359797.1
771	福建体育职业技术学院图书馆	606935.3	810	烟台黄金职业学院图书馆	343000.0
772	四平职业大学图书馆	603000.0	811	湖南中医药高等专科学校图书馆	338778.4
773	乐山职业技术学院图书馆	600000.0	812	鹤壁职业技术学院图书馆	324148.5
774	江西传媒职业学院图书馆	585356.8	813	上海震旦职业学院图书馆	309272.1
775	武汉船舶职业技术学院图书馆	580000.0	814	西安电力高等专科学校图书馆	305138.5
776	惠州卫生职业技术学院图书馆	569228.6	815	上海工商职业技术学院图书馆	303547.0
777	广州体育职业技术学院图书馆	568000.0	816	四川艺术职业学院图书馆	300000.0
778	江西卫生职业学院图书馆	552866.3	817	湖北水利水电职业技术学院图书馆	300000.0
779	朝阳师范高等专科学校图书馆	551045.9	818	内蒙古商贸职业学院图书馆	298030.1
780	广东司法警官职业学院图书馆	540000.0	819	江西农业大学南昌商学院图书馆	287783.7
781	江西机电职业技术学院图书馆	536931.1	820	贵州广播电视大学图书馆	280000.0
782	鄂州职业大学图书馆	530135.8	821	鲁迅美术学院图书馆	279000.0
783	福建信息职业技术学院图书馆	524945.6	822	陕西财经职业技术学院图书馆	269018.9
784	汉江师范学院(郧阳师范高等专科学校)图书馆	517787.5	823	江西电力职业技术学院图书馆	264000.0
785	四川化工职业技术学院图书馆	511124.5	824	通辽职业学院图书馆	260000.0
786	渤海船舶职业学院图书馆	509200.0	825	广东亚视演艺职业学院图书馆	234078.0
787	恩施职业技术学院图书馆	507300.0	826	南昌大学共青学院图书馆	229406.2
788	泉州经贸职业技术学院图书馆	503000.0	827	福建艺术职业学院图书馆	215432.7
789	三亚航空旅游职业学院图书馆	497086.3	828	吉林工程职业学院图书馆	214892.8
790	四川财经职业学院图书馆	491112.6	829	福建卫生职业技术学院图书馆	210638.6
791	上海济光职业技术学院图书馆	480000.0	830	川北幼儿师范高等专科学校图书馆	204388.3
792	丽水学院图书馆	455392.1	831	眉山职业技术学院图书馆	198902.4
793	山西水利职业技术学院图书馆	448000.0	832	金华教育学院图书馆	190023.0
794	黑龙江民族职业学院图书馆	445000.0	833	南昌大学科技学院图书馆	187355.0
795	江西青年职业学院图书馆	441273.3	834	四川三河职业学院图书馆	176790.3
796	江西理工大学应用科学学院图书馆	440025.6	835	上海兴伟学院图书馆	170771.0
797	陕西机电职业技术学院图书馆	422800.0	836	长春金融高等专科学校图书馆	160000.0
798	正德职业技术学院图书馆	420000.0	837	江西农业工程职业学院图书馆	139386.0
799	铜川职业技术学院图书馆	411800.0	838	包头钢铁职业技术学院图书馆	130000.0
800	黑龙江农垦职业学院图书馆	411600.0	839	江西枫林涉外经贸职业学院图书馆	118000.0
801	黑龙江农业经济职业学院图书馆	410319.2	840	武汉警官职业学院图书馆	104706.8
802	上饶职业技术学院图书馆	406346.9	841	江西新能源科技学院图书馆	101648.0
803	四川护理职业学院图书馆	404000.0	842	福州英华职业学院图书馆	100925.1
804	科尔沁艺术职业学院图书馆	402950.0	843	江西洪州职业学院图书馆	99000.0
805	江西师范大学科学技术学院图书馆	396404.0	844	长春教育学院图书馆	96888.0
806	华南农业大学珠江学院图书馆	375739.2	845	广州松田职业学院图书馆	91216.4
807	鹰潭职业技术学院图书馆	367000.0	846	四川水利职业技术学院图书馆	80000.0

续表

序号	图书馆名称	年度总经费(元)	序号	图书馆名称	年度总经费(元)
847	四川机电职业技术学院图书馆	61226.6	849	武夷山职业学院图书馆	12217.8
848	广州现代信息工程职业技术学院图书馆	49952.7			

（此部分数据出自教育部高校图书馆事实数据库，为各馆自报。版权归教育部高等学校图书情报工作指导委员会秘书处所有）

2017 年国家图书馆馆情数据统计表

类别		项目	数据
面积		总建筑面积	28 万平方米
		总馆南区	17 万平方米
		总馆北区	8 万平方米
		古籍馆	3 万平方米
机构	处级机构	处级机构总数	33 个
		职能部门	13 个
		业务部门	19 个
		后勤服务部门	1 个
	党支部	党支部总数	22 个
	科组	科组总数	102 个
人员结构	在编人员	在编人员总数	1511 人
		党员总数	805 人
	学历结构	博士	85 人
		硕士	765 人
		本科	474 人
		大专	99 人
		大专以下学历	88 人
	专业技术人员职称结构	专业技术人员	1399 人
		高级专业技术人员	492 人
		中级专业技术人员	738 人
		初级专业技术人员	169 人
	离退休人员	离退休人员总数	1097 人
		党员总数	452 人
经费		财政拨款总数	73669.47 万元
		购书经费	14000 万元
		事业经费	24375.95 万元
资产		资产总额	601439.24 万元
		固定资产总额	353521.34 万元
馆藏		馆藏文献总量	3768.62 万册(件)
		中文文献总量	2568.89 万册(件)
		外文文献总量	1199.73 万册(件)
		善本古籍总量	34.02 万册(件)
		普通古籍总量	162.89 万册(件)
		善本特藏(不含古籍)	94.63 万册(件)
		数字资源总量	1603.87TB(网络资源 175.95TB,自建资源 1102.24TB)
		外购数据库	255 个(中文数据库 127 个,外文数据库 128 个)

续表

<table>
<tr><th>类别</th><th colspan="2">项目</th><th>数据</th></tr>
<tr><td rowspan="22">服务</td><td rowspan="5">开馆时间</td><td>总馆南区</td><td>周一至周日 9:00—17:00</td></tr>
<tr><td>总馆北区</td><td>周一至周五 9:00—21:00
周六至周日 9:00—17:00</td></tr>
<tr><td>古籍馆</td><td>周一至周五 9:00—17:00</td></tr>
<tr><td>少年儿童馆</td><td>周一至周日 9:00—17:00</td></tr>
<tr><td>典籍博物馆</td><td>周二至周日 9:00—17:00</td></tr>
<tr><td colspan="2">阅览室</td><td>25 个(总馆南区 14 个,总馆北区 9 个,古籍馆 2 个)</td></tr>
<tr><td colspan="2">阅览座位</td><td>5427 个(总馆南区 2007 个,总馆北区 3320 个,古籍馆 100 个)</td></tr>
<tr><td colspan="2">到馆读者</td><td>583.93 万人次</td></tr>
<tr><td colspan="2">流通书刊</td><td>2555.80 万册次</td></tr>
<tr><td colspan="2">各类咨询</td><td>104.92 万件</td></tr>
<tr><td colspan="2">网站点击量</td><td>9.13 亿次</td></tr>
<tr><td colspan="2">办理读者证卡</td><td>37.61 万个(实体证卡 21.40 万个,网络实名注册 16.21 万个)</td></tr>
<tr><td colspan="2">公益讲座</td><td>568 场,6.98 万人次</td></tr>
<tr><td colspan="2">公益展览</td><td>20 场,123.09 万人次</td></tr>
<tr><td colspan="2">公开课现场录制</td><td>19 场</td></tr>
<tr><td colspan="2">馆际互借</td><td>702 家文献信息单位</td></tr>
<tr><td colspan="2">国际互借</td><td>63 个国家和地区的 535 家图书馆</td></tr>
<tr><td colspan="2">部委分馆</td><td>16 家</td></tr>
<tr><td rowspan="3">全国图书馆联合编目中心</td><td>分中心</td><td>33 家</td></tr>
<tr><td>成员馆</td><td>2713 家</td></tr>
<tr><td>数据用户</td><td>3348 家</td></tr>
<tr><td rowspan="3">国际交流</td><td colspan="2">国际交换</td><td>117 个国家和地区的 552 家机构</td></tr>
<tr><td colspan="2">建立人员交流与合作关系
(不含中国港澳台地区)</td><td>50 个国家图书馆</td></tr>
<tr><td colspan="2">国际图联相关机构任职人员</td><td>11 名</td></tr>
</table>

(国家图书馆)

2017年图书馆相关国家标准、行业标准统计

2017年发布图书馆相关国家标准

序号	标准名称	标准号	发布时间	实施时间	采标情况
1	科技人才元数据元素集	GB/T 35397—2017	2017-12-29	2018-04-01	无
2	信息与文献　期刊描述型元数据元素集	GB/T 35430—2017	2017-12-29	2018-04-01	无
3	信息与文献电子办公环境中文件管理原则与功能要求　第2部分:数字文件管理系统指南与功能要求	GB/T 34840.2—2017	2017-12-29	2018-04-01	修改采用 ISO 16175-2:2011
4	信息与文献　电子办公环境中文件管理原则与功能要求　第3部分:业务系统中文件管理指南与功能要求	GB/T 34840.3—2017	2017-12-29	2018-04-01	修改采用 ISO 16175-3:2010
5	信息与文献　图书馆及相关组织的注册服务	GB/T 35433—2017	2017-12-29	2018-04-01	修改采用 ISO 2146:2010
6	信息与文献　电子办公环境中文件管理原则与功能要求　第1部分:概述和原则	GB/T 34840.1—2017	2017-11-01	2018-02-01	修改采用 ISO 16175-1:2010
7	信息与文献　文字名称表示代码	GB/T 34836—2017	2017-11-01	2018-05-01	修改采用 ISO 15924:2004
8	信息与文献　CNMARC的XML表示	GB/T 34832—2017	2017-11-01	2018-05-01	修改采用 ISO 25577:2013
9	信息与文献　文件管理体系　基础与术语	GB/T 34110—2017	2017-07-31	2017-11-01	等同采用 ISO 30300:2011
10	信息与文献　文件管理体系　要求	GB/T 34112—2017	2017-07-31	2017-11-01	等同采用 ISO 30301:2011
11	信息和文献WARC文件格式	GB/T 33994—2017	2017-07-12	2018-02-01	等同采用 ISO 28500:2009
12	信息与文献　图书馆射频识别(RFID)第1部分:数据元素及实施通用指南	GB/T 35660.1—2017	2017-12-29	2017-12-29	修改采用 ISO 28560-1:2014
13	信息与文献　图书馆射频识别(RFID)第2部分:基于ISO/IEC 15962规则的RFID数据元素编码	GB/T 35660.2—2017	2017-12-29	2018-07-01	修改采用 ISO 28560-2:2014
14	图书冷冻杀虫技术规程	GB/T 35661—2017	2017-12-29	2018-07-01	无
15	古籍函套技术要求	GB/T 35662—2017	2017-12-29	2018-07-01	无

2017年立项图书馆相关标准制修订计划项目

序号	标准计划项目名称	计划编号	标准性质	制定/修订	所属标委会
1	中小学图书馆评估指标	20171836-T-357	推荐性 国家标准	制定	全国图书馆标准化 技术委员会
2	信息与文献　图书馆RFID　第3部分:基于ISO IEC15962带分区存储器的RFID标签数据编码方案	20174029-T-357	推荐性 国家标准	制定	全国图书馆标准化 技术委员会
3	汉文古籍集外字描述规范	WH2017-03	推荐性 文化行业标准	制定	全国图书馆标准化 技术委员会
4	汉文古籍文本数据规范	WH2017-04	推荐性 文化行业标准	制定	全国图书馆标准化 技术委员会
5	图书馆民国文献特藏书库基本要求	WH2017-05	推荐性 文化行业标准	制定	全国图书馆标准化 技术委员会
6	公共图书馆评估指标　第1部分:省级图书馆	WH2017-06	推荐性 文化行业标准	修订	全国图书馆标准化 技术委员会
7	公共图书馆评估指标　第2部分:市级图书馆	WH2017-07	推荐性 文化行业标准	修订	全国图书馆标准化 技术委员会
8	公共图书馆评估指标　第3部分:县级图书馆	WH2017-08	推荐性 文化行业标准	修订	全国图书馆标准化 技术委员会
9	公共图书馆评估指标　第4部分:省级少年儿童图书馆	WH2017-09	推荐性 文化行业标准	修订	全国图书馆标准化 技术委员会
10	公共图书馆评估指标　第5部分:市级少年儿童图书馆	WH2017-10	推荐性 文化行业标准	修订	全国图书馆标准化 技术委员会
11	公共图书馆评估指标　第6部分:县级少年儿童图书馆	WH2017-11	推荐性 文化行业标准	修订	全国图书馆标准化 技术委员会

（国家图书馆　田颖整理）

2017年图书馆界获得各类基金资助项目统计

2017年国家社会科学基金资助项目

项目名称	负责人	工作单位	项目类别	预期成果	批准号
基于关联数据的学术文献内容语义发布及其应用研究	欧石燕	南京大学	重点项目	论文集　研究报告	17ATQ001
基于知识组织的图书馆资源发现服务体系研究	曾建勋	中国科学技术信息研究所	重点项目	研究报告	17ATQ002
公共文化服务绩效评估的理论构建与实证研究	张广钦	北京大学	重点项目	研究报告	17ATQ003
中国古籍传统修复技艺的知识保存与传承模式研究	林　明	中山大学	重点项目	论文集	17ATQ004
清代汉满蒙藏合璧碑文整理与研究	高　娃	中央民族大学	重点项目	专著	17ATQ005
基于全生命周期的政府开放数据整合利用机制与模式研究	段尧清	华中师范大学	重点项目	专著　研究报告	17ATQ006
信息生态视角下智慧城市信息协同结构与模式研究	马　捷	吉林大学	重点项目	专著　论文集	17ATQ007
面向领域知识发现的科学信息学理论与应用研究	张志强	中国科学院成都文献情报中心	重点项目	专著　研究报告	17ATQ008
中国人文社科学术成果的国际影响力综合评价研究	杨思洛	武汉大学	重点项目	研究报告　论文集	17ATQ009
“互联网＋档案”新业态研究	王协舟	湘潭大学	重点项目	专著	17ATQ010
档案学经典著作评价研究	胡鸿杰	中国人民大学	重点项目	专著	17ATQ011
法律规制视域下中国档案工作规范体系建设研究	陈忠海	郑州大学	重点项目	研究报告	17ATQ012
清末及民国时期日本破坏中国图书馆事业及掠夺中国文献之研究	李彭元	第三军医大学	一般项目	专著　研究报告	17BTQ001
中国古代读书图研究	王　波	北京大学	一般项目	专著	17BTQ002
中国图书馆技术史研究(1974—)	陈定权	中山大学	一般项目	专著	17BTQ003
图书馆异构特藏资源的数字人文研发与共享模式研究	李　欣	华东师范大学	一般项目	研究报告　电脑软件	17BTQ004
农村精准扶贫与乡村图书馆建设相互关系研究	贺洪明	中共贵州省委党校	一般项目	研究报告	17BTQ005
未成年人公共文化服务的文化治理功能、机制与模式研究	张　靖	中山大学	一般项目	论文集	17BTQ006
公共图书馆用户权利义务规范配置研究	付立宏	郑州大学	一般项目	研究报告	17BTQ007
百年中国苗学论著总目编纂与知识图谱研究(1917—2016)	李筑艳	贵州财经大学	一般项目	专著　工具书	17BTQ008
文献整理学术传统在古籍数字化中的价值实现研究	李明杰	武汉大学	一般项目	论文集　研究报告	17BTQ009

续表

项目名称	负责人	工作单位	项目类别	预期成果	批准号
《申报》新疆文献整理与研究(1872—1949)	高　健	新疆大学	一般项目	工具书	17BTQ010
苯教《大藏经》目录编译研究	才项南杰	西藏大学	一般项目	工具书	17BTQ011
历代石刻买地券搜集整理与研究	姜同绚	西华师范大学	一般项目	专著	17BTQ012
专利法视野下专利引文分析方法的误差发现及对策研究	李　睿	四川大学	一般项目	专著	17BTQ013
施引者引用意向与文献计量视角的学术论文被引影响因素研究	成　颖	南京大学	一般项目	论文集　研究报告	17BTQ014
大数据时代学术评价理论方法改进研究	杨红艳	中国人民大学	一般项目	论文集　研究报告	17BTQ015
新媒体环境下网络档案信息检索创新发展研究	赵　屹	解放军南京政治学院	一般项目	专著	17BTQ016
国立北平图书馆学人群体研究	周余姣	中山大学	一般项目	专著	17BTQ017
基于用户行为的高校图书馆空间再造与评价研究	伍玉伟	广州大学	一般项目	论文集　研究报告	17BTQ018
丝路文化交流中的佛教写本图书馆研究	王　翔	北京师范大学	一般项目	专著	17BTQ019
图书馆空间再造与创新研究	蒋春林	华南理工大学	一般项目	论文集	17BTQ020
中国少数民族文献目录研究	李　敏	郑州大学	一般项目	研究报告	17BTQ021
中国与“一带一路”沿线国家图书馆国际合作项目评价及质量提升策略研究	胡　琳	四川大学	一般项目	研究报告	17BTQ022
濒危土家语征编及语料库建设研究	刘喜球	吉首大学	一般项目	论文集　研究报告	17BTQ023
机构知识库可持续发展研究	龚亦农	南京师范大学	一般项目	论文集　研究报告	17BTQ024
开放科学理念下的科研数据治理研究	刘桂锋	江苏大学	一般项目	论文集　专著	17BTQ025
人工智能图书采访决策模型研究	王　红	山西财经大学	一般项目	论文集　研究报告	17BTQ026
生命周期视野下图书馆技术绩效评价体系构建及实证研究	杨九龙	西北大学	一般项目	专著　论文集	17BTQ027
学术虚拟社区知识交流效率研究	徐美凤	南京财经大学	一般项目	专著　研究报告	17BTQ028
多元共治背景下社会力量参与公共文化服务运行模式研究	荆晓燕	中国共产党青岛市委员会党校	一般项目	研究报告　专著	17BTQ029
公共图书馆文化治理功能、效应及提升机制研究	张收棉	国家图书馆	一般项目	专著　研究报告	17BTQ030
文化精准扶贫中公共图书馆的参与机制研究	严贝妮	安徽大学	一般项目	论文集　研究报告	17BTQ031
小世界生活情境下的西南民族村落信息贫困研究	杨　峰	四川大学	一般项目	研究报告	17BTQ032
图书馆创客空间服务体系中馆员与创客协作发展机制研究	王　宁	安徽行政学院	一般项目	论文集　研究报告	17BTQ033
图书馆服务“双创”的模式设计及绩效评估研究	刘巧英	中原工学院	一般项目	研究报告	17BTQ034
图书馆服务体系层级结构与效能优化研究	李东来	东莞图书馆	一般项目	研究报告	17BTQ035
图书馆服务智能化及机器人应用研究	刘晓清	浙江图书馆	一般项目	研究报告　电脑软件	17BTQ036
《读史方舆纪要》地名考证及地理信息系统平台建设研究	刘正涛	三江学院	一般项目	专著　电脑软件	17BTQ038
《四库全书考证》整理与研究	李花蕾	湖南科技学院	一般项目	专著　论文集	17BTQ039

续表

项目名称	负责人	工作单位	项目类别	预期成果	批准号
桂馥著述整理研究	孙雅芬	西安工业大学	一般项目	专著　研究报告	17BTQ040
移动图书馆的用户体验模型与服务质量提升研究	魏群义	重庆大学	一般项目	专著	17BTQ037
海内外现存易学古籍版本目录的调查与研究	李勇慧	山东省图书馆	一般项目	专著	17BTQ041
刘永济未刊手稿(孤本5种)抢救性整理与研究	王焕林	吉首大学	一般项目	专著	17BTQ042
民国婚俗文书文献整理与研究	吴志凌	湖南城市学院	一般项目	专著　研究报告	17BTQ043
学术分科视域下民国文献学科的形成与发展研究	杨翔宇	河南师范大学	一般项目	专著　论文集	17BTQ044
中国古籍传统修复技艺的知识保存与研究	万　群	天津图书馆	一般项目	论文集　研究报告	17BTQ045
敦煌发现的《解深密经》藏译本整理及研究	确丹才让	西北民族大学	一般项目	专著	17BTQ046
宁夏佛教、道教汉文文献整理与研究	丁峰山	宁夏大学	一般项目	专著	17BTQ047
吐蕃以来藏文训诂文献整理与研究	达　琼	西藏自治区社会科学院	一般项目	工具书	17BTQ048
伊犁河流域民间所藏托忒文古籍总目	叶尔达	中央民族大学	一般项目	工具书	17BTQ049
中国古代农业文献编撰研究	莫鹏燕	河南大学	一般项目	专著　研究报告	17BTQ050
大数据时代情报学的知识体系更新及其理论边界研究	高庆德	解放军外国语学院	一般项目	专著	17BTQ051
新型智库协同知识管理能力与智慧服务创新研究	刘春艳	黑龙江大学	一般项目	专著	17BTQ052
信息承载力视角下西北五省区区域信息治理与信息援助的模式与路径研究	徐晓锋	兰州大学	一般项目	专著	17BTQ053
服务于风险投资决策的专利信息分析方法研究	吴欣望	广东工业大学	一般项目	研究报告	17BTQ054
基于多源数据融合的突发事件决策需求研究	徐绪堪	河海大学	一般项目	专著　论文集	17BTQ055
基于公众风险感知动态监测的应急响应信息沟通研究	牛春华	兰州大学	一般项目	研究报告　论文集	17BTQ056
竞争情报视角下省域产业协作领域定位指标体系的构建研究	王晓慧	辽宁师范大学	一般项目	专著　研究报告	17BTQ057
面向产业技术创新全流程的高校图书馆专利服务体系建设研究	张善杰	上海海事大学	一般项目	专著　论文集	17BTQ058
大数据时代支持创新设计的多维度多层次专利文本挖掘研究	俞　琰	南京工业大学	一般项目	论文集　研究报告	17BTQ059
古代中国医学文献的知识标注与知识挖掘研究	谢　靖	南京中医药大学	一般项目	论文集　研究报告	17BTQ060
基于WEB短文本挖掘的大型在线学习社区学习分析研究	叶俊民	华中师范大学	一般项目	论文集　电脑软件	17BTQ061
基于表示学习的跨模态检索模型与特征抽取研究	李志义	华南师范大学	一般项目	论文集	17BTQ062
基于大数据分析技术的中医信息服务知识库研究	魏鲁霞	南京中医药大学	一般项目	专著　论文集	17BTQ063
面向群体智慧涌现的在线研讨信息组织研究	邓卫华	华中农业大学	一般项目	论文集　研究报告	17BTQ064

续表

项目名称	负责人	工作单位	项目类别	预期成果	批准号
“大众创业、万众创新”背景下的科技成果转化信息服务体系研究	肖国华	中国科学院成都文献情报中心	一般项目	专著　研究报告	17BTQ065
基于多源数据融合的情报用户需求探测研究	化柏林	北京大学	一般项目	研究报告	17BTQ066
社交媒体中基于群体深度交互的信任生成研究	刘迎春	浙江工业大学	一般项目	论文集　研究报告	17BTQ067
网络信息治理视域下社交网络不可信用户识别研究	吴树芳	河北大学	一般项目	专著	17BTQ068
网络学习社区用户的知识传播与接受研究	厉小军	浙江工商大学	一般项目	论文集　研究报告	17BTQ069
社交媒体视域下科研评价的理论与方法研究	刘晓娟	北京师范大学	一般项目	论文集	17BTQ070
数字科研环境下学术信息交流系统的变化规律与模型重构研究	丁敬达	上海大学	一般项目	专著	17BTQ071
以注重知识价值为导向的创新型科技人才多元评价系统构建与应用研究	杨月坤	常州大学	一般项目	论文集　研究报告	17BTQ072
大数据背景下的民生档案信息服务发展与创新研究	李广都	南京理工大学	一般项目	论文集　研究报告	17BTQ073
大数据时代智慧档案信息服务平台构建与创新研究	卞咸杰	盐城师范学院	一般项目	专著　论文集	17BTQ074
档案机构微信服务质量优化研究	陈祖芬	莆田学院	一般项目	专著	17BTQ075
建立数字信任:政府社交媒体文件管理策略研究	王　健	中国人民大学	一般项目	研究报告	17BTQ076
民国时期档案管理思想研究	张会超	上海师范大学	一般项目	论文集	17BTQ077
社交媒体背景下的档案信息公开策略研究	张江珊	扬州大学	一般项目	研究报告	17BTQ078
基于读者数据挖掘的图书馆阅读社群构建研究	肖　雪	南开大学	一般项目	论文集	17BTQ079
全民阅读时代青少年数字阅读行为的实证研究	刘　婧	南京邮电大学	一般项目	论文集　研究报告	17BTQ080
新版民国文献总目编撰(1949—)	蔡迎春	上海师范大学	一般项目	工具书　电脑软件	17BTQ081
明代江右王学重镇安福县学人群文献整理与研究	彭树欣	江西财经大学	一般项目	专著　其他	17BTQ082
科技报告服务中的著作权平衡策略研究	许　燕	中国科学技术信息研究所	一般项目	专著　研究报告	17BTQ083
网络可视媒体大数据版权保护策略研究	姜明芳	湖南第一师范学院	一般项目	研究报告　论文集	17BTQ084
商务网络信息生态链价值的协同创造机理研究	张海涛	吉林大学	一般项目	论文集	17BTQ085
基于可信语义深度学习的网络文献搜索精准度评价研究	曾国荪	同济大学	一般项目	论文集　研究报告	17BTQ086
用户探索式搜索行为的意图—策略关联模式研究	袁　红	南通大学	一般项目	论文集　研究报告	17BTQ087
民国档案学人及其学术思想研究	刘旭光	山东大学	一般项目	专著	17BTQ088
数字人文视角下特藏资源建设的众包模式驱动因素与激励设计研究	徐孝娟	安徽大学	青年项目	论文集　研究报告	17CTQ001
图书馆与社会记忆研究	郑秀花	浙江图书馆	青年项目	专著　其他	17CTQ002
我国与“一带一路”沿线国家图书贸易关联度测评及精准化走出去研究	田常清	湘潭大学	青年项目	研究报告	17CTQ003

续表

项目名称	负责人	工作单位	项目类别	预期成果	批准号
基于关联数据的南海水下文化遗产文献资源共享和可视化检索研究	张兴旺	桂林理工大学	青年项目	论文集　研究报告	17CTQ004
基于引文内容标注的引文数据开放关联模型及发布流程研究	宋丹辉	河南科技大学	青年项目	论文集　研究报告	17CTQ005
科学数据出版的元数据保障研究	邱春艳	曲阜师范大学	青年项目	论文集　研究报告	17CTQ006
面向贫困地区返乡“双创”人员的精准信息服务机制研究	樊振佳	南开大学	青年项目	论文集　研究报告	17CTQ007
数字青年网络阅读行为模式识别及引导策略研究	张文亮	辽宁师范大学	青年项目	专著　研究报告	17CTQ008
“智慧图书馆”情境感知微服务模式研究	周玲元	南昌航空大学	青年项目	论文集　研究报告	17CTQ009
基于心理资本的高校图书馆员服务创新行为研究	王　芳	山东理工大学	青年项目	研究报告	17CTQ010
数字图书馆用户的“行为偏好隐私”保护方法研究	吴宗大	温州大学	青年项目	论文集　研究报告	17CTQ011
图书馆移动微服务用户契合的实现机制与测评模型研究	沈军威	南京农业大学	青年项目	研究报告	17CTQ012
《明史》传记编纂研究	陈　洁	江苏师范大学	青年项目	专著	17CTQ013
出土中兽医学文献综合研究	张本瑞	上海中医药大学	青年项目	专著	17CTQ014
郑玄《周易注》二十一种整理与研究	朱天助	北京大学	青年项目	专著	17CTQ015
明清乡镇志书考录与研究	陈　凯	上海大学	青年项目	专著	17CTQ016
湘黔桂边区侗医药古籍文献收集、整理及数字化研究	郑钦方	湖南医药学院	青年项目	论文集　研究报告	17CTQ017
新疆出土古藏文木简整理与研究	多杰尖措	西藏大学	青年项目	专著	17CTQ018
中国近代学者海外出版阿拉伯文译著搜集、整理与研究	马保全	山东师范大学	青年项目	研究报告　其他	17CTQ019
“国家大数据战略”背景下健康医疗开放数据资源分类体系构建与应用研究	李赞梅	中国医学科学院	青年项目	论文集　研究报告	17CTQ020
云南人口较少民族信息贫困的现状、成因及多维减贫对策研究	朱　明	云南大学	青年项目	研究报告	17CTQ021
大数据环境下健康领域实体语义挖掘研究	韩　普	南京邮电大学	青年项目	论文集　研究报告	17CTQ022
基于文献知识关联的颠覆性技术预见方法研究	白光祖	中国科学院兰州文献情报中心	青年项目	论文集　研究报告	17CTQ023
社会网络中基于用户认知结构的知识标注研究	林　鑫	华中师范大学	青年项目	论文集　研究报告	17CTQ024
学者驱动的学术资源语义共享模式及其应用研究	楼　雯	华东师范大学	青年项目	研究报告	17CTQ025
基于语义关联的多源医学信息资源发现服务体系研究	张军亮	新乡医学院	青年项目	论文集　研究报告	17CTQ026
老年群体社交网络信息服务质量评价与体验优化研究	曹园园	杭州电子科技大学	青年项目	专著　论文集	17CTQ027
基于社交媒体的学术交流行为模式及优化策略研究	李　晶	安徽大学	青年项目	论文集　研究报告	17CTQ028

续表

项目名称	负责人	工作单位	项目类别	预期成果	批准号
论文专利互引知识关联揭示的科学和技术之间的联系分析研究	高继平	中国科学技术信息研究所	青年项目	研究报告	17CTQ029
学术虚拟社区知识交流效率测度研究	杨瑞仙	郑州大学	青年项目	研究报告	17CTQ030
“资源驱动型”档案文化创意产品开发模式及其实现研究	王玉珏	武汉大学	青年项目	论文集　研究报告	17CTQ031
大数据环境下数字档案资源知识服务研究	宋魏巍	中央财经大学	青年项目	论文集　研究报告	17CTQ032
我国台湾地区数位典藏产业链建置研究	隋　鑫	清华大学	青年项目	论文集　研究报告	17CTQ033
美国图书馆员职业化的历史考察(1939—1970)	周　亚	华东师范大学	青年项目	研究报告	17CTQ034
民国时期图书馆学人留学史料整理与研究	郑丽芬	首都师范大学	青年项目	专著	17CTQ035
融合进程中的电子书出版产业组织研究	郭　晶	河南大学	青年项目	论文集　研究报告	17CTQ036
图书馆数字化服务的著作权问题及其解决方案研究	罗　娇	中国科学院文献情报中心	青年项目	专著　研究报告	17CTQ037
学术译著出版研究(1949—2016)	肖　超	陕西师范大学	青年项目	专著	17CTQ038
图谱化知识关联的演进、分歧和交融研究	杨　萌	上海工程技术大学	青年项目	专著	17CTQ039
大数据时代图书馆数据素养教育理论建构与实践创新研究	孟祥保	东南大学	青年项目	论文集	17CTQ040
高校图书馆科研数据服务模式与服务系统研究	陈媛媛	黑龙江大学	青年项目	专著	17CTQ041
开放数据背景下我国高校图书馆数字学术服务研究	周力虹	武汉大学	青年项目	论文集　研究报告	17CTQ042
赵注《孟子》传本与校勘研究	王耐刚	华东师范大学	青年项目	专著	17CTQ043
大数据时代军队信息安全困境及应对策略研究	涂三军	海军陆战学院	青年项目	研究报告	17CTQ044
东盟涉华舆情的观点挖掘及信息聚合研究	王连喜	广东外语外贸大学	青年项目	论文集　电脑软件	17CTQ045
跨境电子商务信息服务协同创新模式研究	郭海玲	河北大学	青年项目	论文集　研究报告	17CTQ046
社交媒体视域下的跨学科用户发现及其推荐研究	吴小兰	安徽财经大学	青年项目	研究报告	17CTQ047
大数据时代档案服务业理论与实践研究	王　毅	辽宁大学	青年项目	专著　研究报告	17CTQ048
国家建设工程档案资源保障体系研究	高大伟	郑州航空工业管理学院	青年项目	研究报告	17CTQ049
科技馆提升公民科学素养的机理及策略研究	许　玮	浙江工业大学	青年项目	论文集　研究报告	17CTQ050

2017 年国家社会科学基金重大项目

课题名称	首席专家	责任单位
情报学学科建设与情报工作未来发展路径研究	苏新宁	南京大学
基于认知计算的学术论文评价理论与方法研究	陆　伟	武汉大学
大数据环境下政务信息资源归档与管理研究	张　斌	中国人民大学
边疆民族地区濒危少数民族档案文献遗产保护及数据库建设	周耀林	武汉大学
中国图书馆学教育百年史及其文化影响研究	肖希明	武汉大学
《王重民全集》编纂	王锦贵	北京大学

2017年国家社会科学基金西部项目

项目名称	负责人	工作单位	预期成果	批准号
面向数字出版的蒙古文字形规范问题研究	斯日古楞	内蒙古社会科学院	研究报告电脑软件	17XTQ001
汉、蒙、藏、满、英、梵、新蒙文七种文字合璧《大藏经》目录编制与比较研究	乌兰其木格	内蒙古师范大学	专著　工具书	17XTQ002
图书馆古籍文献的数字人文开发与应用模式研究	欧阳剑	广西民族大学	研究报告	17XTQ003
越南古代汉文铭刻集释	郭洪义	西华师范大学	专著	17XTQ004
基于图书馆科技扶贫中的精准信息识别与测度体系研究	杨志萍	中国科学院 成都文献情报中心	研究报告	17XTQ005
边疆少数民族地区农村公共文化产品供给效率研究	毕　东	云南农业大学	专著　研究报告	17XTQ006
大数据背景下智库决策支持信息保障协同创新机制研究	赵豪迈	陕西师范大学	专著　研究报告	17XTQ007
基于维吾尔族社会融合信息需求的图书馆服务保障研究	井　水	西安财经学院	专题论文集　研究报告	17XTQ008
新出秦汉陶文整理研究与字谱编纂	马　瑞	西安工程大学	工具书　其他	17XTQ009
清代陇右乡贤文献整理与研究	陈尚敏	兰州城市学院	专著	17XTQ010
濒危口头诗学青海撒拉族“玉尔”的数字化保护与传承研究	杨明委	青海大学	专题论文集　研究报告	17XTQ011
青海稀见文献整理研究	孙中强	青海民族大学	专著	17XTQ012
青海多民族花儿特色数据库云平台建设及深度学习挖掘研究	王青海	青海师范大学	研究报告　电脑软件	17XTQ013
宁夏段丝绸之路档案文献遗产目录数据库建设研究	陈　瑜	北方民族大学	研究报告	17XTQ014

2017年国家社会科学基金后期资助项目

项目名称	申请人	工作单位	项目批准号
民国时期图书馆社团研究	王阿陶	四川大学	17FTQ001
基于术语关系的贝叶斯网络检索模型扩展	徐建民	河北大学	17FTQ002
技术进步与版权制度变迁	唐伶俐	武汉理工大学	17FTQ003
钱亚新年谱	谢　欢	南京大学	17FTQ004
宋代文书违法及防治研究	钟文荣	福建师范大学	17FTQ005
汲古阁汇纪	苏晓君	国家图书馆	17FTQ006
清代书业广告研究	王海刚	湖南师范大学	17FTQ007

2017年国家自然科学基金资助项目

项目名称	项目负责人	依托单位	项目类别	项目批准号
交流可见度和结构洞视角下交互记忆系统及知识行为研究	严亚兰	武汉科技大学	面上项目	71774126
突发事件网民负面情感的模型检测研究	吴　鹏	南京理工大学	面上项目	71774084
基于深度学习的多特征层次化用户生产内容质量测度与缺陷检测模型研究	王　平	武汉大学	面上项目	71774121
基于专利语义分析的潜在竞争对手识别方法研究	史　敏	湖南农业大学	面上项目	71774052
基于情报视角的应急决策推演的智库协同模式研究	蒋　勋	南京大学	面上项目	71774078
在线信息偶遇过程中趋避行为的产生规律与神经机制研究	姜婷婷	武汉大学	面上项目	71774125
论文层面的Altmetrics指标对被引的作用机制:基于匹配巢式病例对照的实验研究	宗乾进	华南师范大学	青年科学基金项目	71704057
心智空间视角下科学知识生成与演化机理研究	张　斌	武汉大学	青年科学基金项目	71704138
学科知识扩散规律及动力学机制研究	岳增慧	济宁医学院	青年科学基金项目	71704063
基于全文本数据的软件实体抽取与学术影响力研究	潘雪莲	南京大学	青年科学基金项目	71704077
面向精准医学的基因—疾病—药物语义关系抽取研究	范少萍	中国医学科学院	青年科学基金项目	71704188
基于深度语义挖掘的引文推荐多样化研究	程齐凯	武汉大学	青年科学基金项目	71704137
面向专利文本中实体关系抽取的远程监督方法研究	陈　亮	中国科学技术信息研究所	青年科学基金项目	71704169
基于信息级联和个性化推荐的电子图书移动阅读羊群行为研究	刘启华	江西财经大学	地区科学基金项目	71764006
基于"排名分析—特征识别"的应急决策专家发现	叶光辉	华中师范大学	应急管理项目	71740012

2017年教育部人文社会科学研究规划基金、青年基金项目

项目名称	项目类别	申请人	学校名称
羌族种落文献整理与研究	规划基金项目	曾晓梅	阿坝师范学院
数据驱动的图书馆精细化服务模式与保障机制研究	规划基金项目	李书宁	北京师范大学
"互联网+"背景下学术资源的众筹出版研究	规划基金项目	余　望	福建师范大学
大数据背景下政府开放数据的因素与机理研究:生态系统的视角	规划基金项目	胡海波	广东药科大学
欧美高校图书馆出版服务研究	规划基金项目	石德万	广西科技大学
RDA及其在我国的本地化研究	规划基金项目	胡晓鹰	广州大学

续表

项目名称	项目类别	申请人	学校名称
基于社会主义核心价值观培育的大学生“互联网＋经典阅读”模式研究	规划基金项目	张　正	广州大学
桂滇黔地区汉传佛教文化遗产数字化建设及其移动视觉搜索系统研究	规划基金项目	秦晓珠	桂林理工大学
近代图书馆地方文献事业与学术发展研究(1912—1945)	规划基金项目	江　山	合肥学院
基于本体的数字图书馆语义用户兴趣模型构建机理及应用模式研究	规划基金项目	孙雨生	湖北工业大学
宋代刻书史料的整理与研究	规划基金项目	丁红旗	华东师范大学
基于CCDVTP模型的中美大学图书馆营销管理模式比较研究	规划基金项目	谈大军	华南师范大学
基于深度学习的数字图书馆跨媒体语义检索方法研究	规划基金项目	金汉均	华中师范大学
认知视角下用户科学数据素养偏差及其干预策略研究	规划基金项目	张　群	江南大学
甘肃省非物质文化遗产数字化保护研究	规划基金项目	刘　勐	兰州大学
藏区藏学文献事业发展史	规划基金项目	王　黎	乐山师范学院
“十四年抗日战争”日本文化侵略的图书馆视角	规划基金项目	王一心	南京师范大学
链路预测视角下的互联网舆情群体事件预警机制研究	规划基金项目	魏　静	南京邮电大学
嵌入式信息素养教育的价值营销与用户感知耦合机制研究	规划基金项目	常　红	山东工商学院
高校图书馆阅读推广的绩效评价与政策选择	规划基金项目	李小娟	温州职业技术学院
面向虚拟社群的社会化专家建模及推荐研究	规划基金项目	傅　魁	武汉理工大学
西喜马拉雅地区8至11世纪藏文题刻的整理与翻译研究	规划基金项目	夏吾卡先	西藏大学
物联网环境下个人隐私信息泄密的机制、模拟试验及治理研究	规划基金项目	董新平	浙江大学宁波理工学院
基于信息级联的网络舆论演化及传播效果评价	规划基金项目	魏建良	浙江工商大学
基于社交媒体的阅读推广绩效评估	规划基金项目	池晓波	浙江工业大学
网络舆情场内信息受众的观点分析与情感极化管控研究	青年基金项目	高俊峰	北华大学
基于电子病历文本的临床知识挖掘研究	青年基金项目	尚小溥	北京交通大学
设计思维在高校图书馆服务创新中的应用研究	青年基金项目	盛　卿	北京邮电大学
明清以来私人藏书楼的地理空间分布及变迁	青年基金项目	陈　熙	复旦大学
日本图书馆汉诗钞本文献整理与研究	青年基金项目	李杰玲	广东第二师范学院
现存明刊《琵琶记》综录及研究	青年基金项目	罗　欢	广州大学
基于多级安全的电子文件流转中的访问控制研究	青年基金项目	姚　晔	杭州电子科技大学
春秋人物史料汇辑与研究	青年基金项目	赵晓斌	杭州电子科技大学
高校学报学术影响力扩散的机理分析及评价研究	青年基金项目	陈留院	河南师范大学
公安情报共享中的利益协调机制及优化策略研究	青年基金项目	张苗苗	湖北警官学院
抗战时期古籍抢救保护史料整理与研究	青年基金项目	李柳情	湖南大学
多维度视阈下高校图书馆数字资源服务绩效评价与优化研究	青年基金项目	陈　英	湖南商学院
基于团队效能的高校图书馆学科服务团队建设研究	青年基金项目	景　晶	华南师范大学
民国时期读书会史料整理与研究	青年基金项目	凌冬梅	嘉兴学院
大数据时代高校图书馆多样性的个性化推荐服务研究	青年基金项目	柳益君	江苏理工学院
区块链虚拟组织信息资源的知识表示方法研究	青年基金项目	颜嘉麒	南京大学
清至民国岭南地区杂字文献收集、整理与汇编	青年基金项目	丘　妮	梧州学院

续表

项目名称	项目类别	申请人	学校名称
基于多源数据融合的移动图书馆用户偏好挖掘研究	青年基金项目	赵　杨	武汉大学
基于关联数据语义扩展的标准知识语义链接服务研究	青年基金项目	马万钟	武汉大学
情境偏好视角下社会化信息搜寻行为影响机制研究	青年基金项目	张晋朝	武汉大学
数字时代全民阅读立法研究	青年基金项目	谭小军	西南大学
智库国际传播力评价理论与实证研究	青年基金项目	丁炫凯	盐城师范学院
大数据环境下跨媒体信息情感挖掘及互检索应用研究	青年基金项目	唐智川	浙江工业大学
戏曲与俗文学文献校勘研究	青年基金项目	冯先思	中山大学
改革开放以来中国图书馆事业发展路径与经验总结：口述史与数字人文视角下的探索性研究	青年基金项目	肖　鹏	中山大学

2017年教育部人文社会科学研究西部和边疆地区项目

项目名称	项目类别	申请人	学校名称
基于大数据的智慧图书馆构建与智慧服务模式研究	规划基金项目	陈　臣	兰州财经大学
云南少数民族濒危语言档案化建设与开发研究	规划基金项目	陈子丹	云南大学
引文分析中引入“极性”概念的实证研究	青年基金项目	尹　莉	长安大学
精准扶贫视角下西南彝区贫困县图书馆儿童低成本阅读推广实践研究	青年基金项目	刘湘萍	楚雄师范学院
文化遗产传承视野下西部少数民族口述档案资源建设研究	青年基金项目	张志东	云南大学

2017年教育部人文社会科学研究西藏项目

项目名称	项目类别	申请人	学校名称
全媒体视阈下西藏大学生媒介与信息素养教育研究	规划基金项目	张　淼	西藏民族大学

（国家图书馆　马祥涛整理）

2017年国内图书馆学专业硕士、博士学位授予单位名录

2017年国内图书馆学专业硕士学位授予单位名录

序号	单位名称	序号	单位名称
1	北京大学信息管理系	30	西安电子科技大学经济管理学院
2	中国人民大学信息资源管理学院	31	西北大学公共管理学院
3	北京师范大学政府管理学院	32	山西大学经济与管理学院
4	中国农业大学图书馆	33	山东大学管理学院
5	北京协和医学院信息所	34	曲阜师范大学信息技术与传播学院
6	中国科学院文献情报中心	35	河北大学管理学院
7	中国科学院研究生院	36	郑州大学信息管理系
8	中国科学技术信息研究所	37	河南科技大学图书馆
9	中国中医科学院中医药信息研究所	38	安徽大学管理学院
10	南开大学商学院	39	四川大学公共管理学院
11	天津师范大学管理学院	40	中科院成都文献情报中心
12	吉林大学管理学院	41	重庆大学经济与工商管理学院
13	东北师范大学传媒科学学院	42	西南大学计算机信息与科学学院
14	黑龙江大学信息管理学院	43	云南大学情报与档案学院
15	辽宁师范大学管理学院	44	湘潭大学管理学院
16	辽宁大学历史文化学院	45	武汉大学信息管理学院
17	复旦大学文献信息中心	46	华中师范大学信息管理系
18	上海大学图书情报档案系	47	第四军医大学图书馆
19	第二军医大学训练部	48	福建师范大学社会历史学院(社会发展学院)
20	空军政治学院	49	中山大学资讯管理学院
21	南京政治学院上海分院军事信息管理系	50	华南师范大学经济管理学院
22	南京大学信息管理学院	51	广西民族大学管理学院
23	东南大学情报科学技术研究所	52	华东师范大学商学院
24	南京理工大学经济管理学院	53	兰州大学管理学院
25	南京农业大学信息科学技术学院	54	南昌大学管理学院
26	苏州大学社会学院	55	浙江大学公共管理学院
27	江苏大学科技信息研究所	56	贵州财经大学信息学院
28	南昌大学人文学院	57	郑州航空工业管理学院信息科学学院
29	西安交通大学公共政策与管理学院	58	天津工业大学经济与管理学院

2017年国内图书馆学专业博士学位授予单位名录

序号	单位名称	序号	单位名称
1	北京大学信息管理系	6	南京政治学院上海分院军事信息管理系
2	中国人民大学信息资源管理学院	7	南京大学信息管理学院
3	中国科学院文献情报中心	8	吉林大学管理学院
4	武汉大学信息管理学院	9	中山大学资讯管理学院
5	南开大学商学院		

（国家图书馆　杨凡整理）

年度大事记

2017 年中国图书馆大事记

1 月

1 月 6 日，北京高校图书馆 2017 年馆长年会暨 BALIS 工作总结会在北京怀柔举行。

1 月 9 日，由教育部高等学校图书情报工作指导委员会、图书馆学教指委、“爱课程”网联合发起的图书馆（学）在线课程联盟成立大会暨首批在线开放课程建设研讨会在北京大学信息管理系召开。

1 月 16—18 日，山东省公共数字文化建设与服务培训班在山东枣庄举行。

2 月

2 月 17 日，第七届中国馆配高层论坛暨 2017 年度全国馆配商联盟年会在湖南长沙召开。

2 月 24 日，西部省级公共图书馆联盟成立大会在重庆图书馆召开。

2 月 28 日，全国公共图书馆创意工作委员会在河北省图书馆成立。

2 月 28 日，国家图书馆（国家古籍保护中心）与上海图书馆、天津图书馆、浙江图书馆、云南省图书馆等 4 家单位在国家图书馆联合在线发布古籍数字资源，免费服务大众阅览和学术研究。

3 月

3 月 1 日，《中华人民共和国公共文化服务保障法》正式施行。

3 月 7—9 日，四川省图书馆、四川省图书馆学会联合凉山彝族自治州图书馆在四川西昌举办四川地区公共图书馆基础业务培训班。

3 月 14 日，由国家古籍保护中心主办、江西省古籍保护中心承办的第十六期《全国古籍普查登记目录》审校人员培训班开班典礼在江西省图书馆举行。

3 月 13—15 日，由中国图书馆学会主办，广西图书馆学会、广西图书馆承办的第六次全国县级以上公共图书馆评估定级培训班在广西南宁举办。

3 月 21 日，由国家古籍保护中心主办、陕西省古籍保护中心协办的第六期全国古籍修复技术与工作管理研修班开班典礼在陕西省图书馆举行。

3 月 21 日，由深圳少年儿童图书馆、深圳读书月组委会、全民阅读委员会等牵头筹备组织的“深圳市阅读推广人协会”——国内首个“阅读推广人协会”在深圳少年儿童图书馆成立。

3 月 21—24 日，由国家图书馆主办、上海市文广局人才培训交流中心承办的数字图书馆推广工程新媒体培训班在上海召开。

3 月 29 日，北京市公共图书馆馆长工作会在首都图书馆召开。

3 月 31 日，国务院法制办公室公布《全民阅读促进条例（征求意见稿）》，征求社会各界意见。

3 月 31 日，CALIS 助力北京地区高校学科服务研讨会在中国人民大学召开。

4 月

4 月 5—7 日，2017 年全国图书馆新型服务能力建设学术研讨会在沈阳师范大学图书馆召开。

4 月 6—7 日，由文化部公共文化司主办、中国图书馆学会承办、河北省图书馆协办的第六次全国县级以上公共图书馆评估定级工作培训班在河北石家庄举办。

4 月 10 日，由国家古籍保护中心主办、国家图书馆古籍馆承办的第三期全国碑帖编目与鉴定研修班在国家图书馆开班。

4 月 10—11 日，第三届新技术时代大学图书馆领导与管理创新馆长论坛暨国际会议在同济大学举办。

4 月 11 日，上海图书馆发布《上海市公共图书馆 2016 阅读报告》。

4 月 12—14 日，“2017 全国少年儿童阅读年”系列活动启动仪式暨“阅读推广人”培育行动第七期培训班在湖南株洲举办。

4月13日，2017年江西省设区市公共图书馆馆长联席会在江西新余召开。

4月13日，四川全省图书馆馆长会议在四川成都召开。

4月14日，以“新阅听·新梦想”为主题的2017中国数字阅读大会在浙江杭州举行。

4月17日，由文化部公共文化司主办的2017年全国基层文化队伍示范性培训——全国县级图书馆馆长培训班在江西景德镇开班。

4月19日，以“阅读，文化自信的基石”为主题的“东亚文都·书香长沙”——中国图书馆第十一届全民阅读论坛在湖南长沙开幕。

4月19日，由国家图书馆主办、中央文化管理干部学院承办的全国少儿图书馆数字阅读推广培训班在北京举办。

4月19—20日，由山东省高校图工委主办、山东师范大学图书馆承办的2017年山东省高校（本科）图书馆馆长工作会议在山东师范大学召开。

4月20日，湖南省图书馆学会第十次会员代表大会暨十届一次理事会议在湖南图书馆召开。

4月23日，天津图书馆、天津市少年儿童图书馆及天津市20个区级公共图书馆、各区级少儿图书馆宣布从此日起实施中文图书免押金借阅服务。天津成为全国首个全区域范围内各级公共图书馆免押金服务的省市。

4月25日，第二届长江读书节在湖北省图书馆启动。

5月

5月9日，由国家古籍保护中心、福建省文化厅主办，福建省古籍保护中心承办的第三期全国传拓技术培训班暨第一期福建省传拓培训班在福建省图书馆举行开班仪式。

5月10日，由北京地区高校图书馆文献资源保障体系（BALIS）培训中心与北京师范大学图书馆联合举办的北京地区高校图书馆馆长论坛研讨会在北京举行。

5月10—11日，由中国图书馆学会主办、重庆市图书馆学会承办的评估定级与图书馆数字化建设培训班在重庆图书馆举办。

5月10—11日，由吉林省文化厅主办，吉林省图书馆学会、省图书馆承办，中国宏观经济学会协办的吉林省公共图书馆馆长培训班在吉林长春举办。

5月16日，由湖北省高等学校图书情报工作委员会管理工作专业委员会主办的2017年湖北省高校图书馆“形势·问题·对策”管理创新工作论坛在湖北大学举行。

5月16—19日，由中国高等教育文献保障系统（CALIS）管理中心、DRAA理事会主办，东南大学图书馆承办的数字资源与知识服务研讨会暨CALIS第十五届引进数据库培训周在东南大学举行。

5月16—19日，由全国图书馆文献缩微复制中心主办，四川省图书馆、四川省古籍保护中心承办的2017年全国公共图书馆技术部主任会议在四川成都召开。

5月17日，第25届亚洲及大洋洲地区国家图书馆馆长会议在国家图书馆举行。会议主题为“构建可持续发展的区域性国家图书馆网络”。

5月18—20日，教育部直属师范大学图书馆第23届馆长联席会议暨全国师范院校图书馆联盟常务理事会议在西南大学图书馆召开。

5月19日，在中央文化管理干部学院参加文化部第二期地市级图书馆馆长培训班的56家地市级图书馆馆长联合发起，共同成立全国地市级图书馆联盟。

5月24日，由文化部支持、中国国家图书馆举办的第2届中国与阿拉伯国家图书馆及信息领域专家会议在北京举行。

5月25日，国家古籍保护中心成立十周年座谈会在国家图书馆召开。

6月

6月1日，由国家图书馆主办、全国各级公共图书馆共同举办的“童音诵古韵·经典有新声”2017年全国少儿诗词在线诵读活动正式启动。

6月6—8日，2017年浙江全省公共图书馆馆长培训班在浙江衢州举行。主题为“公共图书馆创新与发展”。

6月7—8日，由国家图书馆、中国图书馆学会、江苏省文化厅主办，南京图书馆、江苏省图书馆学会承办的全国图书馆民国时期文献编目工作研修班在南京图书馆举办。

6月8—9日，2017年中国高校图书馆发展论坛在贵州贵阳举办。

6月13—16日，由国家图书馆主办、重庆文化艺术职业学院承办、重庆图书馆协办的数字图书馆推广工程系统平台建设及服务专题培训班在重庆召开。

6月14日，由上海市古籍保护中心主办、上海市12家古籍收藏单位参与的“汲古慧今——上海市古籍保护工作十年成果展”在上海图书馆开幕。

6月15—16日，由教育部高校图书情报工作指导委员会战略规划组主办的全国高校图书馆统计与评估研讨会在安徽医科大学召开。

6月21—22日，西北五省（区）图书馆第四次峰会在宁夏师范学院图书馆召开。

6月22—24日，由中国图书馆学会高职院校图书馆分会主办、山西职业技术学院承办的中国高职图书馆发展论坛（2017）在山西太原举办。

7月

7月4日，由云南省高等学校图书情报工作委员会与美国华人图书馆员协会共同主办的第八届中美图书馆实务论坛在昆明医科大学举行。

7月6日，由中国图书馆学会阅读推广委员会主办，中国图书馆学会阅读推广委员会推荐书目专业委员会、苏州市图书馆学会、苏州图书馆承办的2017年“中国图书馆界阅读推广类十佳内刊内报”展阅评优活动在江苏苏州举行。

7月7日，文化部发布关于印发《“十三五”时期全国公共图书馆事业发展规划》的通知。

7月7日，全国师范院校图书馆联盟古籍工作会议在北京师范大学图书馆召开。

7月8日，第二期中华优秀传统文化推广培训班在大连图书馆举办。

7月12日，由文化部公共文化司指导，国家图书馆、中国图书馆学会主办，甘肃省图书馆、甘肃省图书馆学会承办的2017“全国图书馆未成年人服务提升计划”巡讲活动在甘肃省图书馆举办。

7月12日，首届图书馆与民族文献阅读推广学术论坛在湖北恩施举行，来自全国21个省、直辖市、自治区的146位代表参会。

7月26—28日，第29届全国十五城市公共图书馆工作研讨会在黑龙江哈尔滨召开。会议主题为“公共图书馆评估与城市图书馆发展研究”。

7月27—28日，江苏省图书馆学会2016—2017年学术年会在江苏连云港召开。

8月

8月6—12日，由文化部公共文化司主办，中国图书馆学会承办，青海省图书馆、省图书馆学会协办的全国基层文化队伍示范性培训——第六期全国县级图书馆馆长培训班在青海西宁举办。

8月7日，文化部发布关于印发《“十三五”时期全国古籍保护工作规划》的通知。

8月14日，由文化部、国家宗教局指导，国家古籍保护中心、中国道教协会主办的第一期全国道教古籍修复技术培训班开班仪式在中国道教学院举行。

8月17日，以“转型升级、跨界融合、创新发展”为主题的2017数字出版与数字图书馆融合发展国际研讨会在山西太原召开。

8月24日，由中国图书进出口（集团）总公司、中国图书馆学会专业图书馆分会、中国图书馆学会高校图书馆分会、国家科技图书文献中心共同主办的第九届中国图书馆馆长与国际出版社高层对话论坛在北京召开。论坛主题为“知识系统：出版社与图书馆的选择”。

8月28—29日，2017数字资源长期保存全国学术研讨会在上海举办。会议主题为：面向非文本类型数字内容资源的长期保存。

9月

9月1—3日，由中国图书馆学会学术研究委员会主办，杭州图书馆承办的2017公共图书馆信用服务论坛在浙江杭州举行。

9月5—7日，广东省中心图书馆委员会和广东图书馆学会对外交流委员会共同组织2017年粤港澳公共图书馆交流考察活动。

9月5—8日，由全国图书馆文献缩微复制中心主办，中国文献影像技术协会、山东省图书馆和威海市图书馆联合承办的2017年全国公共图书馆缩微技术培训班在山东威海举办。

9月12日，2017上海书展暨“书香中国”之中国书业馆配年会暨图书馆与出版社高层论坛在上海嘉定开幕。

9月12日，全国图书馆文化创意产品开发联盟成立暨图书馆文化创意产品开发培训班在国家图书馆举行。

9月13日，由中宣部、财政部、文化部、国家新闻出版广电总局、中国残联组织实施的“盲人数字阅读推广工程”在国家图书馆启动。

9月13—16日，2017数字信息资源建设学术交流会暨第五届国家科技文献资源建设研讨会在宁夏银川召开。

9月13—16日，全国中小型公共图书馆联合会2017年研讨会在湖南株洲举行。

9月14日，由国家古籍保护中心主办，天津师范大学、天津图书馆、天津古籍出版社承办的第二届古籍保护学科建设研讨会召开。

9月15日，2017年中华古籍普查文化志愿服务行动总结座谈会在上海图书馆举行。

9月20—21日，全国图书馆决策咨询服务业务培训班在宁夏银川举办。

9月22日，《中东欧国家图书馆联盟倡议书》发布仪式在浙江杭州图书馆举行，标志着“中国—中东欧图书馆联盟”项目正式启动。

9月24—27日，由国家图书馆主办、中央文化管理干部学院承办的全国少儿图书馆资源建设培训班在北京召开。

9月26日，中国大学生阅读推广论坛在沈阳师范大学举行。

9月26—28日，全国数字图书馆建设与服务联席会议第十八次会议在陕西省图书馆召开。主题为“数字资源计量和资产管理”。

10月

10月9日，全国古籍保护工作部际联席会议在北京召开。

10月11—14日，中国图书馆学会第七届青年学术论坛在武汉图书馆汤湖分馆召开。论坛的主题是“转型与创新：新时代图书馆员的使命与责任”。

10月12日，国家图书馆总馆南区建成开馆30周年座谈会在国家图书馆召开。

10月12日，《中国图书馆史》发布座谈会在国家图书馆召开。

10月16—18日，2017数字资源建设与知识服务学术研讨会在东北师范大学图书馆召开。

10月18日，2017年全国图书馆馆际互借与文献传递业务研修班在贵州省图书馆举行。

10月19—22日，2017全国图书馆文献资源建设研讨会在河南郑州举行。

10月23日，2017江苏高校图书馆发展论坛在南京大学举行。

10月25—26日，第六届中国开放获取推介周在中国科学院文献情报中心举办。

10月26日，全国首个区域性专业性“双一流”大学建设协作平台——四川省“双一流”大学图书馆建设联盟宣告成立。

10月26日，国家科技图书文献中心（NSTL）正式签署开放获取2020计划倡议的《关于大规模实现学术期刊开放获取的意向书》。

10月30日—11月2日，由辽宁、吉林、黑龙江三省图书馆学会联合主办，盘锦市图书馆学会承办的东北地区第十六次图书馆学科学讨论会在辽宁盘锦召开。

10月31日—11月2日，浙江省图书馆学会第十五次（2017）学术年会在浙江丽水举行。

10月31日—11月3日，中国图书馆学会专业图书馆分会2017年知识服务学术年会在广西桂林召开。会议主题为“知识服务2017：数据融汇与智能化”。

11月

11月1—2日，由教育部高等学校图书情报工作指导委员会主办、山东师范大学承办的全国高校图书馆志愿者服务工作经验交流与研讨会在长清湖校区图书馆举行。

11月2日，由中国图书馆学会主办、苏州市吴江区文化广播电视新闻出版局承办的全国县级图书馆总分馆制建设研讨会在苏州吴江召开。

11月2—3日，由教育部高等学校图书情报工作指导委员会、中国图书馆学会高等学校图书馆分会、CALIS管理中心、上海交通大学图书馆主办，山东大学图书馆承办的第十届图书馆管理与服务创新论坛在山东济南召开。

11月2—3日，2017第三届浙闽论坛在浙江景宁举办。论坛由浙江省图书馆学会和福建省图书馆学会主办、丽水市图书馆学会和景宁畲族自治县图书馆承办。

11月2—5日，全国中医药图书信息学术会暨第十四届全国中医院校图书馆馆长会议在福建中医药大学召开。

11月4日，中华人民共和国第十二届全国人民代表大会常务委员会第三十次会议通过《中华人民共和国公共图书馆法》。

11 月 8—10 日，2017 江浙两省数字图书馆发展论坛在浙江湖州召开。

11 月 8—11 日，全国师范院校图书馆联盟第二届成员大会暨学术研讨会在四川南充市西华师范大学图书馆召开。会议期间同时召开全国师范院校图书馆联盟理事会。

11 月 9 日，以“认真学习贯彻党的十九大精神 迎接社会科学情报学发展的新时代”为主题的中国社会科学情报学会 2017 年学术年会在南京大学国际会议中心召开。

11 月 9—10 日，由上海市高校图书情报工作委员会、长三角地区高校图书馆联盟主办的首届图书馆战略情报分析研讨会在上海交通大学图书馆召开。

11 月 9—10 日，图书馆界、出版界 2017 年度全民阅读年会在云南省图书馆举行。

11 月 14—15 日，由黑龙江省科学技术协会、黑龙江省图书馆学会主办的 2017 年黑龙江省图书馆学会年会在黑龙江省图书馆召开。

11 月 15 日，2017 年“卓越联盟”高校图书馆馆长年会在东南大学图书馆召开。

11 月 15—17 日，由国家古籍保护中心、中山大学资讯管理学院、中山大学图书馆共同主办的第一届文献保护与修复研究生论坛暨古籍保护人才培养模式研讨会在中山大学资讯管理学院召开。

11 月 16—17 日，第二届全国高校图书馆阅读推广案例大赛暨研讨会在辽宁大学举行。

11 月 17 日，第六次全国副省级以上公共图书馆评估工作启动会在国家图书馆召开。

11 月 17 日，中国图书馆走出去工作研讨会暨“上海之窗”创建 15 周年总结会在上海图书馆举行。

11 月 20—22 日，福建省图书馆学会 2017 年学术年会在福建三明召开。

11 月 21—22 日，第五届中国机构知识库学术研讨会在中国农业科学院农业信息研究所举办。

11 月 21—24 日，由中国图书馆学会主办、中国图书馆学会学术研究委员会信息组织专业委员会承办、洛阳市图书馆协办的第五届全国文献编目工作研讨会在河南洛阳召开。

11 月 21—24 日，广东图书馆学会 2017 年学术年会暨首届“图书馆发展岭南论坛”在河源市图书馆新馆召开。

11 月 23—24 日，由上海市高校图书情报工作委员会、长三角地区高校图书馆联盟主办的高校文献资源建设与绩效管理研讨会在上海交通大学图书馆召开。

11 月 27 日，2016—2017 年内蒙古自治区图书馆学会年会在内蒙古呼伦贝尔召开。年会的主题为“新时代图书馆事业发展”。

11 月 28—29 日，第二十二届西南地区高校图工委联席会议在西南财经大学召开。

11 月 30 日，广西图书馆学会 2017 年年会暨第 35 次科学讨论会在广西钦州召开。

12 月

12 月 4 日，第十四届数字图书馆前沿问题高级研讨会在福建福州举行。

12 月 5—8 日，数字图书馆推广工程 2017 年数字图书馆推广工程馆长培训班（东部地区）在江苏镇江召开。

12 月 6 日，由国家图书馆、中国图书馆学会、云南省文化厅主办，云南省图书馆、云南省图书馆学会承办的“民国时期文献保护计划”宣传推广活动——云南站在云南省图书馆启动。

12 月 6 日，河北省图书馆复馆 30 周年系列活动在石家庄举办。

12 月 7 日，以“智慧 · 机遇 · 创新——新时代图书馆发展思变”为主题的 2017 年度湖北省高校图书馆馆长工作会议暨湖北省高校图书馆学术交流会在湖北荆州长江大学召开。

12 月 7 日，“图书馆与数字人文”国际研讨会在深圳大学城图书馆开幕。

12 月 8 日，2017CASHL 华东南地区宣传与推广工作会议在复旦大学举行，主题为“共享 · 提升 · 致远”。

12 月 12 日，2017 年重庆市高校图书馆馆员培训暨重庆“知网学苑”首届研修班在西南大学图书馆举办。

12 月 13—14 日，CALIS 2017 高职高专图书馆转型与创新发展研讨会暨第一届高职高专专家委员会会议在广东顺德职业技术学院召开。

12 月 18 日，天津图书馆、首都图书馆、河北省图书馆共同承办的首届京津冀“守望青春——我与图书馆故事”阅读推广交流展示活动在天津图书馆文化中心馆举行。

12月19—22日，由中国图书馆学会公共图书馆分会主办的第一届城市图书馆学术论坛在广州市图书馆举办。论坛主题为“城市图书馆信息公开规范与年报制度研究”。

12月19日，首届安徽省公共图书馆业务技能大赛在安徽省图书馆落幕。

12月26日，上海市图书馆学会2017年学术年会在复旦大学举行。

12月28日，湖南图书馆新馆建设奠基仪式在梅溪湖畔举行。

12月28日，2017年吉林省古籍保护工作会议暨吉林省图书馆学会特藏与古籍保护委员会成立会议在吉林省图书馆召开。

综合索引

B

G

H

K

L

M

N

O

P

Q

R

S

W

X

Y

(衡中青编制)